Gonglu Meixue

公路美学

吴华金　张林洪　编著

人民交通出版社股份有限公司
China Communications Press Co.,Ltd.

内　容　提　要

本书主要论述公路美学的基本理论和与公路相关结构、设施的美学设计及建构理论方法，系统论述了公路美学的基础理论、公路路域美学资源的保护与利用、公路选线及线形设计美学、公路构造物及设施美学、公路植物绿化美学、公路美学评价等。

本书可作为公路、铁路、管线等线性工程行业工程技术人员、管理人员的技术资料，以及相关专业大中专学生、研究生的学习用书。

图书在版编目(CIP)数据

公路美学 / 吴华金,张林洪编著. —北京：人民交通出版社股份有限公司, 2019.4
ISBN 978-7-114-15443-0

Ⅰ.①公… Ⅱ.①吴… ②张… Ⅲ.①公路景观-景观美学 Ⅳ.①U418.9

中国版本图书馆 CIP 数据核字(2019)第 060377 号

书　　名：公路美学
著　作　者：吴华金　张林洪
责任编辑：刘永芬
责任校对：刘　芹
责任印制：张　凯
出版发行：人民交通出版社股份有限公司
地　　址：(100011)北京市朝阳区安定门外外馆斜街 3 号
网　　址：http://www.ccpress.com.cn
销售电话：(010)59757973
总 经 销：人民交通出版社股份有限公司发行部
经　　销：各地新华书店
印　　刷：中国电影出版社印刷厂
开　　本：787×1092　1/16
印　　张：51.75
字　　数：1204 千
版　　次：2019 年 4 月　第 1 版
印　　次：2019 年 4 月　第 1 次印刷
书　　号：ISBN 978-7-114-15443-0
定　　价：248.00 元

(有印刷、装订质量问题的图书由本公司负责调换)

前 言

交通是有"生命"的,公路是有"性格"的。

公路存在于自然,生存于社会。自然地理环境和社会经济环境是公路的"阻尼边界条件"。

公路是以运输为核心功能的社会基础设施,是镶嵌在大自然的一座大型雕塑,从使用功能的角度评判的同时,还应从美的角度去评判。公路美景是以自然景观为底,公路为图的山水画卷。

公路美学建设的显性功能是使驾乘人员感到舒心愉悦,为公路沿线居民建设良好的人居环境,促进和谐社会的建设和生态绿色公路交通建设;隐性功能是满足社会经济发展、人类精神生活、发挥公路功能、保障道路交通安全、构建和谐社会、保护自然生态环境、社会可持续发展的需要,也是促进公路集约化建设、路域城镇、产业布局、旅游等综合发展,以及美学理论拓展的需要。为此,有必要提供一部系统阐述公路美学知识、相关学科理论和公路系统美学建设理论方法的书籍。

公路美学是美学理论的一个分支,具有很强的理论性,但也是美学的一个应用性学科,具有重大的实用价值。公路美学不但与其他美学理论和方法有很多联系,同时也是美学理论的深入发展。公路美学具有自身的特点、功能、原理、构成、思想和方法,公路美学建设需要与其沿线的自然和人文环境紧密结合,涉及和谐社会的构建、公路路域美学资源的保护与利用、选线美学、线形美学设计、构造物及设施美学设计、植物绿化美学设计以及公路美学评价等内容。

本书按照以下框架和内容展开:公路美学的基础理论→路域美学资源的保护与利用→公路选线及线形设计美学→公路构造物及设施美学设计与建构→公路植物绿化美学理论方法→公路美学评价。

本书在撰写过程中得到了云南省交通运输厅、昆明理工大学、云南省交通规划设计研究院、云南省交通集团、云南交通咨询有限公司,西石、昭会、小磨高速公路建设指挥部等单位的支持和帮助,得到了云南省交通运输厅科技项目:公路改扩建工程综合技术集成(云交科教〔2014〕246号)资金的资助,在此表示衷心感谢!

该书由吴华金、张林洪主著,王珏、李志厚、陈加洪、彭赛恒、苏子新、张国辉、李春晓、段翔、姚勇、李大茂、刘剑涛、王甦达、魏业清、柯剑、彭海鹰、于国荣、李冰、朱江林、胡乐文、刘鹏飞、丁磊、靳娟娟、代彦芹、吴坤霞、李文波、张洪波、张艳奇、陈德加、郭彪、赵庆保、牟希言、薛瑾、张驰等同事和同学参与了部分内容的编著。

随着美学理论的进步和完善,公路美学理论还会出现新的理论和方法措施,由于作者的水平和经验有限,以及审美视角的差异,本书定会有不足和缺陷,衷心希望得到广大读者的批评指正与探讨。

作 者

2018 年 4 月

引　言

儿时，笔者身居崇山峻岭间，在蓝天白云下，玩耍于田头、清溪、林间的羊肠小道。迎风飘逸的柳条可随手编成遮阳帽，树权加工成弹弓……童年的惬意被"该去上学识字了"惊走一半，虽然小书包里装的多是田间地头的兴致与恶作剧，但蹦蹦跳跳的小书包，不知不觉塞进了南京长江大桥的雄伟与漂亮、北京天安门的神圣与庄严……

古人云，"聪明在于勤奋"，高人道，"天才在于总结"。

笔者工作近30年来，在围绕公路工程勘察设计、教学、咨询审查和工程技术服务的工作中，源于儿时的憧憬，起于田间地头、羊肠小道、蓝天白云、崇山峻岭，基于建筑与美共生的认知，培养了学习、思考、总结的秉习。

一晃间，年过半百，在同仁们的帮助、激励和课题的支撑下，匆忙间将近十年断断续续的粗浅公路美感梳理编排，以祈求指正引玉。

公路存在于自然，生存于社会。

公路是有"性格"的，交通是有"生命"的。

公路的价值基于功能价值，蕴含社会价值、文化价值、美学价值和历史价值。

美学是研究美的本质及其意义的学科，是哲学的一个分支。美学首先是从人对现实的审美关系出发，以艺术为对象，研究美、丑等审美范畴，以及审美意识、美感经验，以及美的创造、发展及其规律的哲学问题，其基本问题是美的本质、审美意识与审美对象的关系等。因此，被称为"美的艺术的哲学"。

由于美学研究的方法是多元的，既可以采取哲学思辨的方法，也可以借鉴当今其他相关学科的研究方法，比如，经验描述和心理分析的方法、人类学和社会学的方法、语言学和文化学的方法等，美学不隶属任何学科。而"自然美""艺术美""社会美"等，是人们对"事物"给予的"美学"概念，即对自然、艺术、社会等给予的"美学"概念，因此，本文探索的公路美学就是对公路给予的"美学"概念。

事物的美先于人的思维而存在，但美的价值始于人的认知，成于思维。人对事物产生美的感觉不需要进行哲学等分析思维活动，而是人要表达这个感觉的时候，才启动思维程序用于选择表达的方式或者词汇，而后才出现"美"的概念问题，因此，"美"不是人"想"出来的，美的表达方法才涉及人的思维，而"美学"是对"美"做出的学术解释，是发展成为研究美的本质及其意义的独立学科。

美学一词来源于希腊语，最初的意义是"对感观的感受"，由德国哲学家鲍姆加登首次提出。

传统美学的任务是研究艺术作品的"美"的学说。美学（感性）的认知在很长的时间被认为是理性认知的对立面，后来被"该对立面不存在"取代，即理性的认知必然通过感性的认识过程而被认识。现代哲学将美学定义为认识艺术,是认知感觉的理论和哲学,一个客体的美学价值并不是简单的被定义为"美"或者"丑",而是认识客体的类型和本质。一件事物,可能具有美的方面,也可能具有丑的方面,很难有完美无缺的实物,美与丑是相对的,不同环境、不同历史、不同人的"美"与"丑"的标准各异。

朱光潜在《西方美学史》中提到,人类自脱离动物以来就开始了审美欣赏和审美创造活动,旧石器时代原始人的装饰品能看出人类早期的审美活动。人类社会发展的过程总是先有了某种生活、某种现象,尔后才开始思考、探讨,在反思和探讨的基础上建立相应的学科。苏格拉底、柏拉图、亚里士多德等古希腊哲学家都参与了美的反思和探讨。美学观点夹杂在政治、哲学、宗教、道德、艺术、科学技术等论著中。

1750年鲍姆加登出版的《美学》,标志美学成为一门独立的学科。美学是建立在古希腊以来历代思想家关于美的理论探讨之上,是建立在人们审美欣赏和审美创造活动基础之上,是人们审美活动的哲学反思的理性开始,是第一次把美学和逻辑学区分开来;人的心理活动一般分知、情、意三方面,研究人的理性认识为逻辑学,研究人的意志为伦理学,而研究人的情感感性学,即美学。

美学是认识艺术,是认知感觉的理论和哲学,是研究人的情感感性的学科。《大学》言:"物有本末,事有始终,知所先后,则近道矣"。万事万物皆按一定的规律运行、发展。处于设计与艺术在"边缘"对话、融合和交融的当代,公路工程作为人类为持续改善自身的交通条件,是集多学科知识和技术的综合应用,基于对自然的认识和审美认知,而进行的有组织、有目的,创造一个新的通过设计物化的存在物的活动。将"由技入道"和"由理入道"进行综合,学习了解感觉思维等系列美学理论知识,反思以自然环境为背景,在"自然园林"间建构一条满足交通运输功能,欣赏自然环境景观的公路工程建构是必要的。

"美"是什么?几千年来许许多多美学家进行了长期的研究与探索,至今没有一个统一的结论,相互争论,相互反驳。但无论是自然世界,还是人类社会,美无所不在,无时不在,既在身边又在远处。李泽厚言"中国传统经常把一切能作为欣赏对象的事物皆称为'美','美'是泛化的词,许多时候人们把审美对象等同于'美',即一块石头、一棵树"。朱光潜道"美是客观方面某些事物、性质和形态适合主观方面意识形态……人的主观情感、意识与对象结合起来,达到主客观在情感思想上的统一,才能产生美"。"美"是审美态度所创造,没有人去欣赏,"美"就没有价值。"美"的本质是绝对的,但"美"的阐述,即美的价值应该受具体的时代、具体的文化限制,美具有客观性、社会性、形象性和可怡性特征。

客观事物是美的物质基础,是客观事物所具有的,其存在不依赖人们的主观意识,具有客观的存在性,当然没有主观意识的审美,自然没有美的价值。美是现实社会生活中感官感知具体社会和自然的形象形态,人类社会的实践活动就是使人类本身、社会和自然的形态日益符合人类生存的需要,在人类社会实践活动的过程体现出美的社会性,同时也体现出美的发展性。美的事物皆具有可感的形象,具有情感的感染力,形象一般由色彩、线条、形体、声音等形式表现,作用于感官,影响思想情感。形式要素及其有规律的组合构成了形式美,形式美具有相对独立的审美意义,形式美同时具有一定的抽象性,其内容具有间接和朦胧性,美的形式不能脱离美的内容,与物质的属性、规律密不可分,也就是说美具有形象性,人类社会实践活动中往往利用形式美的规律创造美的事物,如建筑,如园林,如公路路线线形的连续性、圆滑性和指标的均衡性追求等,并给予人们美感的情趣,可愉可怡。

"美学"一词自创造至今就像"美"一样没有统一的定义,因其与文化和时代关联而发展,没有终结。任何人皆可以有一套自己的见解。18世纪查理斯·巴托阐述了艺术与技术的区别,艺术就是追求美的论述被普遍认可。李泽厚将美学划分为三块,一是美的本质,二是审美心理,三是艺术社会学。美不是一个实体,而是有寓于一个实体,初步观之,美,进而研之,又不知美在何处,如水中月的虚体。美学研究的对象是一个哲学的对象,可以概括为美的起源、审美现象、审美历史、审美文化、审美法则五个方面。公路工程是一种人类社会实践活动,将自然、社会物质资源和工程技术、实践经验和主观能动性智慧进行集成,为改善交通出行条件,使自然、社会日益符合人类生存发展的出行需要而创造的一个镶嵌在大自然的新的存在物,新的客观存在的客体。从其美的创作物理因子机制分析,大自然本身客观存在的自然美是不以人们的意志为转移的,自然存在的,"天人合一"的宛若天成,成为自然的一部分。公路工程镶得得体,嵌得恰当,宛若天成。

美感即审美感受,美是客观存在,审美是社会实践活动中主体对客体的感受、体验、认知和评价与改造,审美感受或者说审美愉快不是被动的生理反应,而是主动的心理活动,如康德言"愉快在先还是判断在先,是美感与快感的区别的关键",由愉快而判断对象美则是生理快感,人生理功能活动判断而生愉快才是美感。美感具有短促性,即具有直觉特征的瞬间性,其实直觉的瞬间性往往是美感体验积累的沉淀而至,当然就是进而研之的渐进性、顿悟性的时间"质变"的瞬间直觉。

美感首先是直觉与理性的统一,直觉的领悟不是抽象的思维而是感觉思维,是瞬间的领悟,其模糊和多义往往只能意会,难言传;其次美感是生理快感与心理愉快的统一,美感活动在人们的感觉活动范围,直接作用于感觉器官,美感活动中的生理快感是生理感官活动的和谐感受;再者,美感是非功利性和功利性的统一,客体在主体心理上感受是非功利性的,但最终判断评价往往掺杂着社会活动的功利性,以满足人们多种社会活动的需求;最后,美感是反映与创造活动的统一,美是第一性,美感是第二性,美感活动始终在"见景抒情"和"寓景于情"之间进行"由物及人""由人及物"和"物人合一"三阶段过程的交融统一。

审美是人的感性精神活动,是从耳目之快到情感宣泄,是大众精神文化活动的基本内容,是耳目之乐,情感之畅,从满足于当下心理之快感而言,似乎是人类精神活动中较粗浅的一种,不同于理性精神活动的科学活动,在日常生活中似乎非常常见,如擦肩而过的美女、一笑了之的消遣剧、茶余饭后的"幽默"笑料等。当然审美是人类精神文化活动之一,人类审美活动日益进入艺术创作创造的后时代,审美意识的复杂化,与科学、技术、哲学、宗教、政治、经济等活动联系,使审美越来越成为更深层次的意识活动,比如,当今对自然美的欣赏,自然而然与生态自然保护、遵循自然规律等科学活动交融,美于自然的形态,美于遵循自然的规律,因此,审美需要具有一定的能力,需要具有共同认可的核心价值观的建立与判断,需要具有客体感知的能力,超越审美对象、物质表象、时空限制的联想的想象力,即意象的能力和情感体验,以及理性顿悟、领悟的转换能力。能力有大小,能力的大小决定和影响审美趣味,因为在广域的大千世界主体的生理基础、心理素质、文化修养、生活环境和经历存在客观的"无穷"级差,主体千差万别的个性决定了审美的差异性,特别是在形象感知和内容感悟方面的差异尤为突出,"环肥燕瘦"就是形象感知的差异,对矗立街头的小品雕塑众说纷纭就是顿悟和领悟的差异。

任何人、任何时代、任何社会、任何群体的审美活动皆具有感觉和知觉的双重性,感觉是感性与快乐联系的情感,知觉是与客体联系的认知,审美感知关注于感觉快感的积累,审美知觉关注于多种因素之间的协调有致。

审美快感存在感觉器官之悦的生理快感、情意之悦的心理快感和智悟之悦的顿悟快感三个层次,是审美心理活动的内容或者阶段,其中想象与理解是审美的关键要素,也就是审美活动进而究之,康德说审美是想象和理解的和谐运动。

人是自然的一部分,理性的自然改造是可持续的符合人类生存和发展的需求。大自然千姿百态,自然美在自然,贵在自然,炫在自然显现。自然的存在不依赖于人,不依赖于人类社会,按自己的规律存在、发展和变化,其自然美是其社会价值(工具价值和生态价值),是人与自然的关系所决定(人类社会发展过程中过去侧重于工具价值,当今突显可持续发展的生态价值)。自然美侧重于形式美,占有突出压倒的地位和优势,在艺术美中要求形式与内容高度统一,社会美中内容重于形式,自然美的内容是自然物的自然生成,由于自然美的形式异常清晰、鲜明,非常容易激起人的审美感觉。自然美具有多方面的属性。首先,广阔的地域,以及环境条件的差异培育其丰富多彩的自然物,彰显其形形色色的多样性;其次,同一地域的同一自然物随着生长季节和日月的变更轮回,显现出形式、色彩的多样性;其三,自然物之间的交融、交融的方式等,比如云南的"树包塔"和"塔包树"的交融综合,显现其发展变化中的多样性;其四,自然物规模、体量的大小,如耸立的雄峰,宽阔的草原、戈壁等,展现的雄、奇形象;其五,审视自然物的视角与移动已否、移动的速度等的变化,自然物形式又展示出多样性;其六,自然物背景的多样性决定自然物自然美的多样性,比如天空光线、色彩、云层的变化;最后,审视主体的不同、主体心态的不同、主体出发点的不同,同一自然物展现的形式美又体现了其丰富的多样性。

自然美的欣赏更是中国人的偏爱,几千年来,诗、词、曲、歌、舞、剧、画、雕、刻等,人类只要能够抒情赞赏的媒介皆已舒展得淋漓尽致,并且毫不忌讳的、不受约束的、融入其中的、心有所会的、跨越时空的、自由自在的展示其对自然美的钟情,展示了从对自然的恐惧,到崇敬、敬畏,进而转变为感恩之爱、呵护之情。自然美在自然状态下本身没有什么文化的内涵,但中国传统的寄情,赋予了其深刻的内涵,如竹之高风亮节、松之挺拔、梅之傲雪等,也就是说自然山水依靠人类文化的发展、审美思想而获得其美之价值和丰富的内涵。

自然美的审美关联着人类的情感和思想,其千变万化的形式美在人类亲密性、参与性、闲趣性、敬畏性和自由性的交融中彰显自然美之贵。美是"抒情的表现",始于"形象的直觉",人类对自然的敬畏、亲密、参与和感恩多始于"惊",即震惊,终于震惊顿悟后的"喜",即欢喜或喜悦。如面对山的巍峨,海的浩荡。

公路工程美学是美学、工程学、环境学、生态学、景观学、人类社会学、建筑学等学科的交叉，工程美是工程创造中人类发挥想象、联想、灵感等直觉途径提出的科学假设，在创造构思中充分发挥主观能动性，领悟其内在美的内涵，用科学技术和经济指标来抉择工程方案，用美的尺度来衡量和评价工程成果，如果说欣赏艺术是"美中见真"的话，科学美、工程美就是"真中见美"。

公路工程美与建筑美、园林美、自然美、山水美、艺术美等具有相同的属性，特别与建筑美、自然美、园林美相近，是以压倒的优势侧重于形式美，在其美的多样性、社会性、时空性和动视性尤为突出。

公路工程美的多样性：美的多样性是由美和美感的多样性决定，包括美的形式和种类的多样性。公路工程美的多样性首先在于公路工程师以大自然为底，公路建筑为图的融合形式；其二，公路工程是由路线、路基、桥梁、涵洞、隧道等单体工程构成，其各个单体工程之间既相互有机组合集成成为一个相互关联而紧密的系统，完成共同的功能，又相互"独立"自成一体，承担服务主体功能的部分或者细节功能，其美美在有机紧密的关联和集成的系统，美在各自又可以创造美，既可以成为美的"一幅画"，又可成为整幅画的不可分割的一部分（如非常典型的桥梁、隧道，既可以独立形成桥梁美和桥梁美学，又是公路工程中不可缺少的有机的组成部分）；其三，公路工程属于带状的线性工程，路域自然环境条件"千变万化""千差万别"，世界上没有完全相同的一条路、一道涵洞、一座桥梁，其美美在"千差万别"，美在"千变万化"的多样性和丰富性；其四，公路工程是人类利用地形、地质等物质资源和工程技术、科学等非物质资源，发挥主观能动性的集成和智慧，是持续改善出行条件的基础设施，任何时代、背景条件下，集成的资源"千差万别"，资源的多样性，条件的多样性自然决定公路工程的多样性；其五，创造公路工程的团队主体存在多个层面、多个层次，抉择的角度、权重的因素不尽相同，创造一个新的存在物的过程和条件不一，自然而然呈现其多样性；其六，公路工程是镶嵌在多样性的自然之中，并且与其多样性的自然为景观的主体背景（底图）。总而言之，公路工程建构存在客体创造资源的多样性，存在时空背景的多样性，存在景观组成背景的多样性，存在客体、资源以及非物质资源进步的多样性，自然美美在其多样性。

公路工程美的时空性：时空从古至今就像人类研究人类的起源一样，被人类钟情和执着着，研究的成果之丰硕有目共睹，人类对时间、空间的层次性早已达成共识，孔子临河而叹"逝者如斯"的时间，老子言"有之为利，无之为用"的空间实在性，以及李白吟"夫天地者，万物之逆旅也，光阴者，百代之过客也"的时间和空间联系。多少年了，人们普遍认为事物皆是在时间长河和空间舞台上演出，当今人类从放眼宇宙开始，认识到如史蒂芬·霍金说的"时间不能完全脱离和独立于空间，……形成所谓的空间—时间客体"，没有不含时间因素的空间，也没有脱离空间的时间，一般认为空间三维加上时间是四维，其实时间不是空间的一维，而是与空间整体存在的不可逆转的性质，时间的尺度对应空间的尺度，以表述物质形态的时空一体性，人类当前的认识水平仅仅是时空尺度的一小层次，比如站在宇宙看地球，地球仅仅是宇宙的一个小颗粒，从地球表面看，山川河流就是地壳运动过程中反复叠加的结果，时间和空间是同步的，宇宙的自然物质形态表现时空的一体性。人类自身是最好、最典型的不断变化的时空一体性的范例,是一个有限的时空过程,人类创造的城镇、建筑等工程也具有一个有限的不断变化的时空一体特征,并且是不可逆转的。因此,自然生态景观在有限的时空变化过程中形成的千姿百态的地貌形态,在不同的时期呈现不同的美,与生物界更加"短暂"而有限的的四季交替变更的时空中,呈现其千姿百态的丰富多彩之美,彰显其自然美的时间性和空间性。再与公路工程运营的连续性、流动性实现的跨越区域空间特征,路域自然形态画卷逐一展现,展现自然形态的与建筑共生共荣一体的遵循可持续发展规律的理性的科学之美和交融之美,展现自然形态的多样性之美,展现自然形态的自然之美,展现自然形态的适者生存的生命之美,展现自然形态时空一体保护过程中的残缺之美,展现自然形态记录时空一体发展变化过程中的历史之美,展线自然形态的巍峨、雄壮与人类在其面前的渺小和脆弱的敬畏之美,展现人类探索自然,改造符合人类发展需求的悲壮、纠结的顿悟之美和交融的喜悦之美……

总而言之,公路路域自然形态地貌千姿百态、丰富多彩多样的时空一体变化与生物界短暂的四季变更叠加后,与公路工程连续的、流动的短时间内的区域时空跨越过程动视角耦合展现之美的形态和类型更是千变万化,"变"就是美,美在千姿、美在变化。对其欣赏与园林美学欣赏一脉相承,又有流动视角的流动速度区别,流动速度越快,欣赏专注的视野越小,另外,公路工程运营流动过程中美的欣赏多是"走"之余的"附加值",美之运营环境帮助调整运营过程中的情绪,有利于安全,运营安全是欣赏其美的基础和前提。当然行停结合的"慢"系统更接近风景园林的欣赏。路域自然形态美的类型、评价与审美在后续的章节探讨,路域自然形态之美客观存在,不以公路运营、使用者的意志为转移,但其价值与公路运营、使用者审美意识息息相关,不然"熟视无睹",就体现不了存在的价值。

公路工程美学意境的基本类型按审美视角可以分为外围景观和内部路容景观。按审美主体视觉的移动速度可以分为静态景观和动态景观。按公路工程功能可以分公路景观和桥梁、隧道、立交、服务区、停车区等单体景观,但很难将公路意境一一概括。公路是布设于大自然、穿梭于山川间的线性工程,是以自然生态环境景观为背景,即公路为与自然景观交融,成为满足交通运输功能,同时欣赏自然环境景观的行进路径,按中国古典园林意境构筑机制区分公路工程路域意境的构成最为恰当,根据公路工程意境以自然为底、为主题的特征,按自然生态的田园、山川等景观类型划分公路工程路域意境更为妥当。公路工程路域意境的构成总体上是组景式构建美学意境,其路线、路基、桥梁、隧道、立交等公路建筑工程为组织景观空间环境的要素,具有与自然生态环境交融和组织环境景观的作用,观赏主体,即司乘人员处于公路建筑工程空间和其他构成要素组构的意象环境中,欣赏视觉随路线移动,公路工程建筑是意境空间的基本框架,其他要素是以公路工程建筑为依托,路域外部景观是通过公路工程建筑与自然的融合和交融过程中借自然环境景观的方式渗透到建筑内部,与之融为一体,其境界可大可小、可放可缩、可遮可露、可引可诱,意境不存在非常明确的边界,边界是模糊的,并且随着视觉移动的速度而变化,但速度达到一定的速度时,其公路路域意境缩小到以路为中心的框内。一座以自然景观为主体的公路工程结构成为点景式构建景观的主体,工程结构是"点景",其意象融入自然环境,工程结构是"图",自然环境景观是"底",按其

"图"与"底"的关系一般呈现为聚点型景观意境,相互之间主要是在意境范围中的位置、体量的相对性关系;而沿线设置的观景台、停车区则是观景型意境,观景型意境的构成为其观赏主体处于观景建筑空间内,是透过敞开的面或建筑门窗,观赏外面的环境景观,主要由观景建筑、周围自然景观和人文景观组成,观景建筑作为观赏点的作用,自然景观是意境构成的绝对主体和主角。

美,人人皆能够欣赏评断,审美的客体多种多样。可以涉及方方面面,任何事物或物体,小到微观世界的菌体、冰晶,大到宏观世界连绵巍峨的青藏高原,甚至整个宇宙。"美"之评断,可以众说纷纭,甚至相悖。美学,争论几千年,流派众多,皆是研究主体与客体的关系,主流是客体之美不以主体的意志为转移,是一种天籁之美,但其价值是通过主体的审美意识而产生。公路是人类集物质资源和非物质资源创造的新的存在物,既是改造自然的智慧,又是融入自然、路景交融、景观自然再造的客体美,并且随着流动的动、静视觉快慢的变化,这种客体美多样化幻化为更多的多样化,在公路工程创造中实现"真中见美",在欣赏公路工程中感受"美中见真"的自然美、艺术美、科学美、技术美和工程美等的融合之美。

目 录

第1章 公路美学建设的重要意义 ……………………………………（1）
第2章 公路美学的基础理论 …………………………………………（6）
2.1 公路美学简述 …………………………………………………（6）
2.2 公路美学的相关术语简介 ……………………………………（7）
2.3 与公路美学紧密相关学科简介 ………………………………（12）
2.3.1 美学概论 …………………………………………………（12）
2.3.2 建筑美学 …………………………………………………（24）
2.3.3 园林美学 …………………………………………………（53）
2.3.4 环境美学 …………………………………………………（71）
2.4 公路美学原理 …………………………………………………（82）
2.4.1 传统美学的理论观点 ……………………………………（82）
2.4.2 公路美学的特征及其影响 ………………………………（84）
2.4.3 公路美学的功能 …………………………………………（85）
2.4.4 公路美学理论的建构 ……………………………………（86）
2.5 公路美学的发展 ………………………………………………（100）
2.5.1 国外公路美学的发展 ……………………………………（100）
2.5.2 我国公路美学的发展 ……………………………………（103）
2.5.3 公路美学研究现状 ………………………………………（104）
2.6 公路美学的基本特点 …………………………………………（107）
2.6.1 公路美景的特点 …………………………………………（107）
2.6.2 公路美学的特点 …………………………………………（108）
2.7 公路美学的构成系统及分类 …………………………………（114）
2.7.1 公路美学系统构成的划分原则 …………………………（115）
2.7.2 公路美学系统的构成 ……………………………………（115）
2.7.3 公路内在美系统的构成要素及分析 ……………………（116）
2.7.4 公路外在美系统的构成要素及分析 ……………………（136）
2.7.5 公路美学系统构成的分类方法 …………………………（153）
2.8 公路美学的思想和原则 ………………………………………（156）
2.8.1 公路美学的目的与作用 …………………………………（156）
2.8.2 公路美学建设的基本思想 ………………………………（157）
2.8.3 公路美学建设的基本原则 ………………………………（159）
2.9 公路审美感知 …………………………………………………（162）
2.9.1 公路景观审美主体与客体 ………………………………（162）

2.9.2　审美心理下的公路美学特质 ……………………………………………（163）
　　2.9.3　公路美学系统审美特质的感知 ……………………………………（164）
　　2.9.4　公路美学与人体感受 ………………………………………………（165）
2.10　公路对环境的影响与保护 ……………………………………………（185）
　　2.10.1　公路对环境的影响 ………………………………………………（185）
　　2.10.2　公路环境保护的措施 ……………………………………………（187）
2.11　公路美学与生态环境保护的关系 ……………………………………（190）
　　2.11.1　公路建设对生态环境的影响分析 ………………………………（190）
　　2.11.2　公路美学生态学理论 ……………………………………………（194）
　　2.11.3　公路建设中的生态美学保护 ……………………………………（199）
　　2.11.4　监督与管理 ………………………………………………………（215）
2.12　公路美学布局规划 ……………………………………………………（216）
　　2.12.1　公路美学维度 ……………………………………………………（216）
　　2.12.2　公路美学规划与设计 ……………………………………………（216）
　　2.12.3　公路美学规划程序 ………………………………………………（220）
　　2.12.4　公路色彩规划 ……………………………………………………（222）
2.13　公路美学设计 …………………………………………………………（224）
　　2.13.1　公路美学设计的考虑内容和要求 ………………………………（224）
　　2.13.2　公路美学与人的生理、心理行为理论 …………………………（229）
　　2.13.3　公路美学设计内容 ………………………………………………（231）
　　2.13.4　公路美学建设流程及相应工作 …………………………………（234）
　　2.13.5　公路美学环境等级的划分 ………………………………………（237）
　　2.13.6　公路美学设计方法 ………………………………………………（241）
　　2.13.7　公路美学的形式美法则 …………………………………………（249）
　　2.13.8　公路美学设计应注意的问题 ……………………………………（258）

第3章　公路路域美学资源的利用与保护 …………………………………（259）
3.1　公路美学资源利用与保护思想的发展 ………………………………（261）
3.2　路域美学资源利用与保护的原则和方法 ……………………………（262）
3.3　公路美学规划要求 ……………………………………………………（264）
3.4　公路沿线美学资源调查和分段 ………………………………………（266）
3.5　公路沿线美学资源评估与环境分级 …………………………………（274）
3.6　公路美学段落分区和主题确定 ………………………………………（279）
　　3.6.1　公路美学分区 ……………………………………………………（279）
　　3.6.2　公路美学环境段落主题的确定 …………………………………（280）
　　3.6.3　公路路段美学主题的构思 ………………………………………（282）
3.7　公路背景空间的美学设计方法 ………………………………………（283）
　　3.7.1　空间背景的内涵 …………………………………………………（283）
　　3.7.2　空间背景的感觉分析 ……………………………………………（283）

  3.7.3　空间背景的美学组织布局方法 …………………………………… (285)
 3.8　自然美学资源的保护与利用 ………………………………………………… (289)
  3.8.1　公路沿线自然美学资源利用的程序和方法 ……………………… (289)
  3.8.2　公路沿线自然美学资源利用的选线、定线方法 ………………… (291)
  3.8.3　公路美学的外部协调性设计 ……………………………………… (292)
  3.8.4　公路沿线自然美学资源利用的方法与补偿 ……………………… (297)
 3.9　沿线人文美学资源的利用与保护 …………………………………………… (319)
  3.9.1　公路美学中路域文化保护与利用的重要性 ……………………… (320)
  3.9.2　公路路域文化保护与展现的方法 ………………………………… (322)
 3.10　公路自然美学资源利用与路域文化展现的案例 ………………………… (326)

第4章　公路选线及线形设计美学 …………………………………………… (330)
 4.1　公路选线美学 ………………………………………………………………… (330)
 4.2　选线过程中美学感觉质量因素的考虑 ……………………………………… (332)
  4.2.1　特定公路美学感觉质量评估方法的确定 ………………………… (332)
  4.2.2　感觉机会和感觉限制 ……………………………………………… (332)
  4.2.3　美学资源的美学感觉阈值评价 …………………………………… (333)
 4.3　走廊带的选择 ………………………………………………………………… (334)
 4.4　公路美学选线与定线注意事项 ……………………………………………… (337)
 4.5　公路线形美学设计 …………………………………………………………… (339)
  4.5.1　公路线形美学设计概论 …………………………………………… (339)
  4.5.2　各种公路线形的美学特性 ………………………………………… (340)
  4.5.3　公路线形美学设计的原则及要求 ………………………………… (343)
  4.5.4　公路线形美学设计 ………………………………………………… (345)
  4.5.5　公路横断面设计 …………………………………………………… (357)
  4.5.6　公路与周围环境协调统一的处理方法 …………………………… (361)

第5章　公路构造物及设施美学 ……………………………………………… (371)
 5.1　构造物及设施美学建设的基本原则 ………………………………………… (371)
 5.2　路面美学 ……………………………………………………………………… (372)
 5.3　桥梁美学 ……………………………………………………………………… (373)
  5.3.1　桥梁的美学特性 …………………………………………………… (374)
  5.3.2　桥梁美学原则与法则 ……………………………………………… (378)
  5.3.3　桥梁美学设计过程及要点 ………………………………………… (399)
  5.3.4　桥梁的人性化考量 ………………………………………………… (409)
  5.3.5　桥梁选型与造型 …………………………………………………… (414)
  5.3.6　护栏之美 …………………………………………………………… (424)
  5.3.7　照明设计 …………………………………………………………… (428)
  5.3.8　梁桥的美学设计 …………………………………………………… (429)
  5.3.9　缆索桥的美学设计 ………………………………………………… (436)

    5.3.10　拱桥的美学设计 …………………………………………………… (448)
    5.3.11　桥梁美学设计实例 ………………………………………………… (456)
  5.4　互通立交美学 …………………………………………………………………… (462)
    5.4.1　立交的特点、类型及组成 …………………………………………… (463)
    5.4.2　公路立交美学设计原则 ……………………………………………… (478)
    5.4.3　立交美学设计内容 …………………………………………………… (480)
    5.4.4　公路立交美学设计步骤 ……………………………………………… (483)
    5.4.5　公路立交美学设计主题与基调的确定 ……………………………… (484)
    5.4.6　立交的美学设计 ……………………………………………………… (485)
    5.4.7　立交线形美学 ………………………………………………………… (493)
    5.4.8　匝道美学设计 ………………………………………………………… (494)
    5.4.9　照明设计 ……………………………………………………………… (497)
    5.4.10　边坡美学设计 ………………………………………………………… (498)
    5.4.11　互通中其他景观要素的美学设计 …………………………………… (499)
  5.5　跨线桥美学 ……………………………………………………………………… (501)
    5.5.1　跨线桥的美学特点 …………………………………………………… (501)
    5.5.2　跨线桥的美学设计原则 ……………………………………………… (502)
    5.5.3　跨线桥的美学设计 …………………………………………………… (504)
  5.6　公路边坡美学 …………………………………………………………………… (525)
    5.6.1　公路边坡美学理论及设计原则 ……………………………………… (525)
    5.6.2　公路边坡形态美学设计 ……………………………………………… (528)
    5.6.3　公路土质边坡防护美学建设 ………………………………………… (534)
    5.6.4　公路岩石边坡护坡美学建设 ………………………………………… (541)
    5.6.5　公路边坡美学建造 …………………………………………………… (544)
    5.6.6　边坡支挡结构美学 …………………………………………………… (547)
  5.7　公路交叉口美学 ………………………………………………………………… (559)
  5.8　公路隧道美学 …………………………………………………………………… (560)
    5.8.1　隧道洞口的美学设计 ………………………………………………… (560)
    5.8.2　隧道洞口附近美学设计 ……………………………………………… (580)
    5.8.3　隧道内部美学设计 …………………………………………………… (582)
  5.9　辅助设施美学 …………………………………………………………………… (583)
    5.9.1　边沟美学设计 ………………………………………………………… (583)
    5.9.2　截水沟美学设计 ……………………………………………………… (583)
    5.9.3　涵洞(通道)美学设计 ………………………………………………… (584)
    5.9.4　取、弃土场美学设计 ………………………………………………… (585)
    5.9.5　隔离栅及绿化带美学设计 …………………………………………… (586)
    5.9.6　声屏障的美学设计 …………………………………………………… (587)
    5.9.7　艺术小品 ……………………………………………………………… (590)

  5.9.8 安全设施 ……………………………………………………………… (602)
 5.10 中央分隔带美学 …………………………………………………………… (606)
  5.10.1 中央分隔带的宽度 …………………………………………………… (606)
  5.10.2 中央分隔带设计 ……………………………………………………… (607)
  5.10.3 中央分隔带绿化设计 ………………………………………………… (613)
  5.10.4 小磨高速公路中央分隔带美化绿化分析 …………………………… (616)
 5.11 交通工程设施美学 ………………………………………………………… (618)
 5.12 收费站美学 ………………………………………………………………… (622)
 5.13 门牌、地标、指示牌美学 ………………………………………………… (625)
 5.14 服务区美学 ………………………………………………………………… (628)

第6章 公路植物绿化美学 ……………………………………………………… (633)

 6.1 公路植物绿化的作用 ……………………………………………………… (634)
  6.1.1 植物绿化的生态环境作用 …………………………………………… (634)
  6.1.2 植物绿化的美化作用 ………………………………………………… (637)
  6.1.3 植物绿化的交通功能作用 …………………………………………… (638)
  6.1.4 植物绿化的经济作用 ………………………………………………… (640)
  6.1.5 植物绿化的社会文化意义 …………………………………………… (641)
 6.2 公路植物绿化的基本原则 ………………………………………………… (641)
  6.2.1 公路植物绿化的基本原则 …………………………………………… (641)
  6.2.2 公路绿化植物选择的基本原则 ……………………………………… (644)
 6.3 绿化美化的设计理论 ……………………………………………………… (645)
  6.3.1 公路绿化美化设计流程 ……………………………………………… (645)
  6.3.2 公路沿线美学环境的前期调查分析 ………………………………… (646)
  6.3.3 公路绿化美化设计理论 ……………………………………………… (647)
 6.4 中央分隔带的植物绿化 …………………………………………………… (660)
 6.5 边坡植物绿化设计 ………………………………………………………… (665)
 6.6 立交植物绿化设计 ………………………………………………………… (673)
 6.7 隧道进出口植物绿化设计 ………………………………………………… (685)
 6.8 公路路侧的植物绿化设计 ………………………………………………… (687)
 6.9 收费站、管理所植物绿化设计 …………………………………………… (694)
 6.10 服务区植物绿化设计 ……………………………………………………… (694)
 6.11 公路植物绿化的存在问题和发展趋势 …………………………………… (697)

第7章 公路美学评价 ……………………………………………………………… (700)

 7.1 公路美学评价的发展及现状 ……………………………………………… (700)
 7.2 公路美学评价的基本理论 ………………………………………………… (704)
  7.2.1 公路美学评价的特点 ………………………………………………… (704)
  7.2.2 公路美学评价的对象和范围 ………………………………………… (705)
  7.2.3 公路美学评价的内容 ………………………………………………… (705)

  7.2.4 公路美学评价的思路和程序 ……………………………………… (710)
  7.2.5 公路美学评价的方法 …………………………………………… (713)
  7.2.6 公路美学评价的标准 …………………………………………… (727)
 7.3 公路美学评价的原则 ………………………………………………… (728)
 7.4 公路美学评价指标 …………………………………………………… (731)
  7.4.1 公路美学评价指标体系 ………………………………………… (732)
  7.4.2 公路美学评价相关指标的定量计算 …………………………… (737)
  7.4.3 公路美学评价相关指标的获取方法 …………………………… (786)
  7.4.4 公路美学评价相关指标的权重取值 …………………………… (787)
 7.5 公路美学定量评价理论 ……………………………………………… (788)
  7.5.1 模糊综合评价 …………………………………………………… (789)
  7.5.2 灰色关联度法评价 ……………………………………………… (793)
  7.5.3 层次分析法 ……………………………………………………… (794)
  7.5.4 基于层次分析法(AHP)的多级模糊综合评价方法 …………… (795)
  7.5.5 主成分法评价 …………………………………………………… (798)
  7.5.6 集对分析法评价 ………………………………………………… (799)
  7.5.7 粗糙集理论评价法 ……………………………………………… (802)
 7.6 公路美学分级 ………………………………………………………… (803)
后记 ……………………………………………………………………………… (805)
参考文献 ………………………………………………………………………… (806)

第1章 公路美学建设的重要意义

美总会令人愉悦、振奋、激动,使人产生自豪和奋发向上的情感,激发人们建设美好家园的热情。反之,单调而沉闷的景观会给人以压抑的感觉和消极的情感。人们的日常生活追求的美学价值目标是宜,即宜生,诸如宜身、宜心、宜乐等。陈望衡提出环境居住层次有三个层面:宜居、利居和乐居。宜居重在生存,以生态为先;利居重在发展,以经济为先;乐居重在生活,以幸福为中心,指环境能够满足人精神层面的需要。

美包括有自然美、人工美,以及自然与人工的和谐美;美是有不同层次、不同方面的诉求;美学是为人类服务,为现在和将来的人类服务的;美是可以被感知的、可以被创造的;美的评价受人的社会地位、经历(熟悉美与新奇美)、文化、知识、民族、地域、物质条件、精神条件、所处时代、技术条件等的影响,既有绝对性也有相对性。

美学应该关注社会和大众文化,聚焦人们的日常生活。在当代审美文化实践层面,把大众置于当代审美实践主体的位置上,充分认可其在审美活动中的自主性、创造性和差异性,并尊重大众审美选择形成的潮流,也深切关注大众审美观念的内在成因及意义。美学的意义在于美化人的生活,提升人的境界,促进人类与自然界的和谐、持续发展。在公路交通已经成为人们日常生活基本和必需的组成部分的今天,公路美学建设更有其实际的意义。

1) 公路美学是社会发展、人类精神生活的需要

随着社会经济的发展,科学技术的进步,人们生活水平的不断提高,人们对公路的美学追求也不断提升。人们对公路的要求已不仅限于交通运输功能(公路的快捷、安全、经济、可靠);还要求其具有和谐、可持续及美感功能,要求道路连续、优美、顺畅,具有丰富的自然地理景观和地域人文内涵。当人们的物质生活达到一定水平时,就会更加注重对精神层面的追求。如一家国际咨询公司研究分析认为,当人均 GDP≥300 美元时,人们要求居住环境要绿化;GDP≥1000 美元时,居住环境要彩化;GDP≥2000 美元时,出现出国旅游热;GDP≥5000 美元时,休闲度假成为日常生活的组成部分。出国旅游、休闲度假的目的就是欣赏美,就是人类享受生活的精神追求。

现代社会中,公路是人类生活与生产活动不可缺少的最基本的公共设施,在保证人们交通安全、经济,出行方便、快捷,并能体会到轻松、愉快的感觉和得到精神方面享受的同时,公路与社会发展协调,与生态自然和谐,人类和自然发展可持续。因此,要求公路的运行空间环境应该是高质量、多目标的,既要满足安全、经济、快速、便利的时空转换要求,又要做到美感、舒适、人性化,还要使驾乘人员在旅行过程中感到舒适、惬意,使出行成为一种美好享受,同时也要保证社会环境和自然环境和谐,且可持续。美的公路对人们的行为产生愉快、振奋的影响,公路美凝聚着时代的物质文明和精神文明。

2) 公路美学是充分发挥公路功能的需要

社会经济各方面的繁荣、发展促进公路的建设和发展,公路的建设和发展反过来促进社

会各方面事业的建设和发展。公路的良好运行需要自身有一个科学合理的结构体系和一个和谐、美好的社会及自然环境。公路自身结构和环境的安全,可以保证公路运输的安全;公路投资合理、效益好可以提高公路投资者公路建设和维护管理的积极性,在公路建设中沿线社会和群众能获得公路建设和运行的红利,经济损失小,就会提高沿线社会和群众支持公路建设和运行的积极性,减少公路建设和运行的阻力,公路的功能和效益就会得到充分发挥和提高;美好靓丽的公路可以营造良好的环境、使驾乘人员保持轻松、愉快的驾驶操作和旅行心情,从而提高其交通运输的效率和安全度,公路功能就能得到保障和发挥;公路与社会和环境的和谐友好可以促进社会和环境的可持续发展,社会和环境的可持续发展,公路可以得到大众的呵护和维护,同样也反过来促进公路的可持续发展,进入公路与社会的良性互动。总而言之,公路功能的发挥与公路交通的安全、经济、社会和自然环境的和谐友好及可持续,以及公路和环境的人类美感是关联互动的,公路功能的良好发挥可以为沿线社会、人群和公路使用者、投资者带来良好的美感和舒畅、愉快的心情,人们的好心情和好感觉以及公路的安全、经济、社会和自然环境的和谐友好且可持续发展可以促进公路的建设和其功能的发挥。

3) 公路美学是构建和谐社会的需要

公路的修建会促进道路沿线及两端的经济发展和社会进步,带动沿线货物、人员的流动,加强信息的沟通。但是,也会造成公路交通事故的增加,对沿线人畜及财产安全产生影响;同时也会产生噪声、污染等问题,对沿线居民的健康、工农业生产产生不利影响;给沿线居民带来生产生活上的不利,特别是封闭的高速公路;公路建设将占用大量的土地资源、破坏植被、影响社会空间格局、文化史脉以及区域内文物、遗迹等。为此,公路的建设在满足货物和人员运输、信息交流的同时,还应尽可能减少对沿线社会的不利影响,获得沿线社会对公路建设和运行的支持,建立一个公路与周边社会和谐的美好社会环境。

4) 公路美学是保护自然环境的需要

地球生态环境是人类赖以生存的根本,保护生态环境已成为全球居民义不容辞的责任。无论是自然美景、美物还是人文景观都是人类社会的宝贵资源,且是不可再生资源。现实状况是地球环境在不断地恶化,而公路的建设和运行会对生态环境造成一定的负面影响;一是施工期间对自然环境造成的非污染性破坏,因施工机械的使用及大量的开挖取土及其他建材的开采,破坏了原有岩土体的自然结构和水的循环路径,相应地改变了生物的生存环境,影响其生长和活动的规律,阻碍生态系统的延续;二是公路运营后,公路分割了生物原来的生存空间;三是由于汽车尾气、噪声、生活垃圾等有害物质的产生,会使生物栖息的生态环境(空气、水、土壤)受到一定的影响,可能引起生物发育不良、繁殖机能减退、疾病增多、抗病能力下降等,造成种群数量减少,甚至可能会使整个生物群落产生病态等问题。

道路建设与营运造成植物分布格局和动物移动格局的改变,导致生态环境破碎、分隔,种群密度和种类丰富度的变化,可能会降低生物多样性;公路改变局部景观格局和演变过程,产生廊道效应和边缘效应,一定程度上干扰和影响部分生物繁衍的过程,影响到生态景观的部分功能;公路改变局部坡面和河道局部段落的水文状态、特征,造成局域地表水生环境的变化;公路拦截浅层地下水流,改变水流方向和径流输送路线,造成山坡径流的过度集中,引发局部区域侵蚀。道路网络又是水生态系统的污染源之一,这些过程都对下游鱼类和其他生物群产生长期的影响。因此,公路美学建设不仅仅是美景、美物的恢复和再造,更重要的任务之一是公路沿线生态系统功能的维护和恢复。公路美学建设的目的之一就是充分利用自然美景、美物,使道路与自然环境相协调、相融合。本着敬畏自然、呵护生态的原则,精心设计的公路应与周围环境和谐一致,应充分利用地形、地质等自然地理要素和美景、美物自然景观,将公路镶嵌或者种植于自然中,使公路融入自然,与自然共生,融为一体。

5) 公路美学是道路交通安全的需要

公路交通事业的迅速发展,带动和促进了各行业的发展,提高了国民经济的发展速度,改善并方便了人们的日常生活。然而,在公路上发生的交通事故数目也触目惊心。据2005年统计,全国发生交通事故450254起(公路上发生的交通事故272840起,造成76689人死亡,分别占道路交通事故总数的60.6%和77.7%)。虽然交通事故是交通运输的伴生物,世界上没有绝对安全的道路,交通事故是不可避免的,但降低交通事故率,尽可能避免重特大事故,将事故率和损失控制在一定范围内是公路建设、管理等各方义不容辞的义务。如果在公路设计中没有充分考虑美学要求,道路路域景观过于单调,驾驶员可能会过度放松,产生疲劳、瞌睡;或者使驾驶员心理上感到危险、害怕而紧张,造成危险,影响交通安全。公路美学建设的目的之一即改善公路的行驶环境,使驾乘人员在视觉上和心理上有安全感和舒适感,保持心情愉悦,有效减轻驾驶员的负荷和疲劳感,使其保持适当的兴奋度,具有足够的注意力,减少交通事故,保障公路的安全通畅。美的公路能给使用者以清晰、愉快的感觉,增添旅途的乐趣,消除疲劳,减少交通事故。

6) 公路美学是可持续发展的需要

当代社会的发展和工程建设需要考虑子孙后代的需求和发展。"可持续发展"的观念和理念已经深入人心,全社会在追求经济增长的同时,也要为今后的社会发展和人们生活需要留有资源和空间,尊重自然、敬畏自然,提倡生态环境的可持续发展;尊重自然发展过程,充分考虑生态自然的承载力,尽可能降低资源的消耗,倡导低消耗和能源与物质的循环利用,促进沿线自然环境的自我维持和修复;还要考虑社会发展和公路自身发展对公路建设的限制、约束和要求,为今后公路的改扩建和城镇、乡村的发展预留空间和余地。因此,实现经济、交通与环境的可持续发展不仅是路域经济可持续发展的前提与基础,也是公路基础设施建设发展的必然趋势。

7) 公路美学是沿线社会旅游发展的需要

公路作为人员、货物、信息交流和文化传递的产物,使得公路美学建设这一塑造"美"的艺术手法与公路建设的融合成为必然。公路沿途社会和历史人文景观如敞开的窗口,可以生动反映沿线路域的文化、经济与社会,美丽壮观的自然美景,让人享受的美物和丰富多样的人文景观犹如一幅幅形态各异的画卷展现在驾乘人员面前,使旅途变得快乐和惬意,对于沿途区域的旅游业发展乃至经济、社会的推动都具有重大影响。公路交通为驾乘人员欣赏和体验不同的风土人情提供了极大的便利。

公路美学是人类创造的人文景观,同时又承载着历史遗产、社会生活、人体感觉、场所特征、形象符号等精神方面的文化特征;公路"美"已经成为人们创造现代生活的标准之一,体现着独特的民族和地域风格,凝聚着时代的物质文明和精神文明。只有影响人们精神世界的美的东西,才能形成美的文化。公路美学建设应该形成自己的文化,公路建筑文化是公路"美"的灵魂,只有文化可以传承,子孙后代才能从精神上获得永久的受益。美的公路不仅是一条质量优良的行车走廊,更是一条美学独特、富有品位的动态美景带。

8) 公路美学是公路集约化建设的需要

美的公路同时也是一条经济的道路。公路设计和施工中可能引发的地质、生态环境问题很难预测,更不用说那些源于公路网络规划或公路路线规划时的环境问题,有些公路在施工和运行中,可能会产生地质灾害和结构破坏等问题。地形、地质、气候等自然地理环境要素是公路建设的边界条件,满足美学要求的公路,应该是介入自然地理环境的人工构筑物与边界条件积极的融合,尽可能减少或避免灾害的发生和结构构造的破坏,减少或避免交通安全事故的发生,减少或避免产生直接经济损失;同时,也要减少生态环境问题,减少或避免隐形或间接的经济损失。公路美学建设的目的之一即要尽可能减少或避免显性或隐性、直接或间接的经济损失,谋求经济高效的公路建设和运行。

9) 公路美学是美学发展的需要

公路美学是艺术和技术相结合的产物。它以不同的空间组合、线形、色彩、细部处理等与自然和社会环境协调,实现公路功能美、技术美、造型美的同时,使之形成内容与形式、目的与手段完美统一、和谐的建筑形象。

以往,受经济、技术的制约和对自然认识局限的影响,公路建构侧重于工程功能和经济,部分公路"劈山开路,遇沟筑堤",导致局部路段出现自然的"创伤",景色单调,缺乏地域特色和项目特点,甚至某些道路建设对当地的自然美景、人文景观产生了破坏和影响,这与当代的可持续发展要求是不一致的,也不符合我国道家思想"天人合一"的有机宇宙观。随着我国经济社会的进一步发展,单纯从使用功能上考虑公路的建构,已远远不能适应时代的要求,所以在公路工程建设的同时要考虑人的生理和心理感受需求,建设的公路除了满足交通需求外,还应给人以美的享受。

目前,国内外公路与自然生态环境关系的理论研究一直很少,还没有系统的指导理论。公路美学如何界定和构成、如何设计、如何评价,其表现手法又如何等,一直没有统一的观点,在理论上还有诸多空白,无论是理论层面还是在实践领域,公路美学还处于摸索的起步阶段。由于没有系统成熟的理论体系支撑,公路美学设计出现了盲目性、局限性和盲区,一度简单地将公路绿化视为公路景观,认为公路景观就是园林造景,既浪费了大量的人力物力又得不到美的效果。其实,公路美学建构是个系统性工程,既要满足使用功能安全、经济、快捷的要求,又要融入周围社会和自然环境,还要考虑子孙后代的发展和需求,提升用路者和沿线居民的美学感受,单纯借助于公路理论是不能有效解决的,需要多学科、跨专业协同和协作。在关注公路使用功能的同时,引入环保、美化、人文、生态的概念,使公路美学建设摆脱既有的模式,向安全化、舒适化、人性化、生态化、集约化、系统化和制度化的方向发展。公路美学建设不仅关系到公路自身的建设与发展,同时对我国交通运输业的繁荣、经济效益的提升、社会和自然和谐及可持续发展都有着重大、深远的意义。

简而言之,公路美学建构一不是简简单单的后期边坡"绿色恢复",二不是楼亭水榭的造园活动,三不是美物的堆积,四不是特征元素表现的"穿衣戴帽",五不是"涂脂抹粉"的作秀……公路美学是围绕着公路的功能美、技术美、安全美、节约美、造型美、形态美和建构美,秉持敬畏和呵护自然的态度,从自然生态的承载力和积极的融合度、协调性出发,融合生态环境景观,即自然的天然园林间镶嵌一条欣赏自然美景的交通运输道路,这一条交通要道资源是低耗的、集约的,破坏限度是最小的,恢复是最快的,与自然环境是无缝融合共生的,与路域产业布局、城镇经济发展是协调的,运营是安全便捷和快捷,是"路美景、愉心悦"的可持续发展的绿色的康庄大道……当前和今后公路美的建构需要与时俱进、更新理念、不断探索表现形式和手法,并与各项技术和学科的结合和融合。

第 2 章 公路美学的基础理论

2.1 公路美学简述

"公路"的字面含义是公众交通之路、公用之路,为汽车、摩托车、自行车、人力车、畜力车等众多交通工具及行人使用的通道。公路一般是指位于城市外围的城镇间道路,主要联系城市与城市、城市与郊区城镇、农村集镇的通道。按技术等级,公路分为高速公路、一级公路、二级公路、三级公路和四级公路五个等级。按行政等级,公路又可分为国道、省道、县道、乡道、村道和专用公路六个等级。

公路美学是根据公路使用者和欣赏者的感觉特性、行为特性研究公路系统的结构内容和形式等构筑公路艺术的一门学科,用以探索公路结构设施与公路使用者、欣赏者的感觉感受的一体化设计方法,从而创造令人愉快、满意、喜爱的公路结构设施系统。

公路美学是一门新兴的部门美学,是对现代公路美的本质规律的哲学概括。公路美学是从理论的高度来归纳、分析、评价公路的美学属性,它不但要对公路的外在形体、形态、环境等形式因素进行研究,还要对公路美的成因、类别及其历史演变进行深入分析,寻找其中的本质属性。从广义上讲,公路美学属于技术美学范畴,其研究对象包括一切与公路交通有关的人工建筑物及其与路域环境的关系。

公路美学是现代美学研究不断延伸、不断发展的结果,是当今美学重要的分支学科之一。公路美学的产生是公路工程学和美学交叉的必然结果。公路美学与美学存在关联性和交叉性。公路美是技术美的一个主干分支,主要研究公路交通活动中的审美现象与规律,创造公路工程在设计、施工、运行、管理中的美。公路美学以如何按照美的规律从事公路美的创造以及创作主体、客体、本体、受体之间的关系和交互作用为基本任务,其具体内容是:公路的审美本质和审美特征;公路的审美创造与现实交通生活的关系;公路工程的形式美法则;公路工程美的创造规律和应具有的美学品格;公路工程的审美价值和功能;鉴赏公路工程美的心理机制、过程、特点、意义、方法等。

公路美学的研究对象划分为几个方面:①公路的美学性质;②公路美学的基本范畴;③公路美学的美感问题;④公路工程勘测、设计过程中的美学问题;⑤公路工程施工、运行、管理中的美学问题;⑥公路美学史;⑦公路美学的审美文化问题;⑧公路美学的审美鉴赏问题。公路美学研究的中心问题是三对关系:①人与物的关系;②功能与形式的关系;③公路工程设计、施工、运行、管理中的主观创造性与客观约束性的关系。

由于公路是附着于地面上的建(构)筑物,它必然与沿线的城市、村庄、森林、草原、山川、河流、湖泊等自然美景、美物相映衬。所以,公路美学要与公路工程学、城市规划学、建筑美学、园林学、环境科学、地理学、地貌学、社会学、桥梁美学等学科相交叉。而且公路的最终服务对象是处于运动中的人和一些静态欣赏的人,因此公路工程还要与社会发生各种关系,故还要有人类心理学、生理学、社会学等学科作基础。因此,公路美学是一门与多种学科相交叉的边缘实用技术美学。

由于公路美学是理论和应用相交叉的学科,因此其研究方法不可能单一,必定是多学科研究方法的综合,也必定是一个较为完整的方法论体系。公路美学的研究方法:①哲学的方法;②兼用美学和公路工程学的方法;③历史与逻辑的方法;④理论与公路交通工程实践相结合的方法。必须注重理论与实践相结合,感性与理性、抽象与具体的统一,既要有横向的研究也不能缺乏纵向的研究,同时应当注重一些边缘学科如心理学、社会学、环境科学、建筑美学、园林美学、景观学等相关学科对公路美学影响的研究。

公路美学有三个作用:①研究公路美学有助于精神文明和物质文明建设;②能提高公路勘测、设计、施工、运行、管理的水平,拓展思维,有助于培养创新能力;③对于整个美学学科建设有很重要的理论意义。

公路美学在考虑安全、耐久、便利性的同时,还要引进环保、美化和人文等公路工程设计理念,需要着重考虑公路工程设计改善行车环境、创造景观空间的特点,促使可持续发展理念深入公路交通工程的规划、勘察、勘测、设计、施工、运行、管理、养护中。

2.2 公路美学的相关术语简介

感觉是对客观现实个别特性(声音、颜色、气味、光等)的反映,由来自物质世界的一定刺激直接作用于有机体的一定感觉器官,如光线引起视觉,声波引起听觉,味道引起嗅觉等;刺激在感官内引起的神经冲动,由感觉神经传导于大脑皮层的一定部位产生感觉。感觉属于认识的感性阶段,是一切知识的源泉,它同知觉紧密结合,为思维活动提供材料。感觉因分析器的不同分为视觉、听觉、味觉、嗅觉、肤觉、触觉、运动觉、机体觉、平衡觉等。感觉是其他一切心理现象的基础,没有感觉就没有其他一切心理现象。

情感是人内心的各种感觉、思想和行为的一种综合的心理和生理状态,是对外界刺激所产生的心理反应,以及附带的生理反应。情感包括道德感和价值感两个方面,具体表现为爱情、幸福、仇恨、厌恶、美感等。《心理学大辞典》中认为:"情感是人对客观事物是否满足自己的需要而产生的态度体验"。一般的普通心理学课程中还认为:"情绪(喜、怒、忧、思、悲、恐、惊)和情感都是人对客观事物所持的态度体验,只是情绪更倾向于个体基本需求欲望上的态度体验,而情感则更倾向于社会需求欲望上的态度体验"。

环境认知是人类在自己生存、生活以及工作等的环境当中,根据自己的实践、经历以及体验,将不同环境状态下物体的形态、位置、色彩等和社会现象的内心感受总结成规律,这些规律可以帮助人类识别自己对特定事物和现象的感情倾向、喜好特征等,这些规律又可以指导人类预测对将要发生或将要面临的特定自然和社会环境的内心感受。环境认知是人类对环境刺激的储存、加工、理解以及重新组合,从而识别和理解环境的过程。

审美心理作为一种心理活动,不仅仅是感受美、享受美,从中获取愉快的情感活动,同时也是发现美、创造美的认知活动,从中获取美的价值观进而去缔造美。审美心理是个互相关联、渐次深化、逐步推移的过程。首先是对美的形式上的感知,产生生理上的愉悦,然后才是审美情感的活动。情感是支撑审美心理活动具有可持续性的最重要因素。情感是审美产生的基础，也是审美展开的动力，同时还是强化审美弥散和升华审美心理的催化剂。当面对陌生、新颖的审美对象时，新奇感和期待感使得审美主体的注意力加强，强化感知，产生强烈的第一印象。当审美对象较为熟悉时，原有的感知和记忆就会影响情感心理，使审美主体产生一定的情绪反应，转过来支配感知的方向选择和审美价值取向。事实上美属于形而上学的范畴，因为任何美学判断最终是主观的判断。对美感的研究是从感受到理解和从分析到深入的双向过程，是从感受到推理的探索。当人们欣赏一幅美的画、一片美的自然风景、一座造型美的建筑或桥梁、一个美女或帅哥时，人们所得到的不仅是物质上的满足，很大程度上是精神的满足和享受，是对事物美的本质的欣赏和领悟。

美感产生的起点是人们通过感官（主要是视听感官）对审美对象产生某种印象和感觉。美感不仅是客体带给主体的愉悦感，广义而言，美感包括一切情感体验。美感是由客观对象的审美属性引起的，是人们接触到美的事物在感情上产生愉悦的心理状态，包括感受、知觉、想象、情感、思维等心理功能在审美对象的刺激下交织活动形成的心理状态。对事物形象的直观性是美感的重要特征。实际上美感的直观性不是纯粹的，它包含着理性内容，这些理性内容是人们在长期生活实践中形成感受美的心理积淀，并以此作为感知、想象、情感等的基础发挥作用。主观能动性也是美感的特征之一，美感不是对客观世界的消极反映，而是一种积极、能动的主观反应所形成美感的想象创造性，这种美感想象不断有新的意蕴，不断有新的发现，永无止境的发展。愉悦性是美感的又一特征。审美过程是通过人的生理机能使审美主体的各种精神因素产生相应的反应，使人的情感和审美需要处于和谐的统一之中，从而在心理上产生某种愉悦感受。

审美客体即审美对象，与审美主体相对，和审美主体同处审美关系之中，是被审美主体欣赏的客观物质对象。审美客体必须具有生动形象性，具有美的属性，体现在形象与形式上，即形态上，能为人的审美感官所感知，而不是概念或思想之类的抽象物。一般它都占有一定的时间和空间，具有形状、颜色、光彩、音响、质地、味道、运动等自然属性，并作为刺激物的信息，直接作用于人的视觉、听觉、味觉、嗅觉、运动觉等器官，引起人的审美活动。审美客体有多种形态，例如，有空间的对象，有时间的对象，或空间与时间综合的对象；有动态的，也有静态的；有看得见的，也有看不见的；有听得到的或闻得到的；有人类创造的艺术美、社会美，也有山川河流等自然形态的美；有专供欣赏而创作的各类艺术品，也有既实用又美观的物质产品等。

审美主体是指能够在一定社会实践活动中创造美和欣赏美的人，与审美客体相对。人的审美欣赏活动，是人类从精神上把握现实的一种特殊方式，本质上是感性与理性统一的复杂心理活动。欣赏者根据自己的生活经验、文化素养、审美观点，对审美客体有所理解的基础上进行感知。通过想象、联想、情感、思维等心理活动，审美主体对审美客体进行积极、能动的再创造，构成心中的审美意象，唤起美感。这种"再创造"是审美主体发挥审美作用所不可缺少的。任何审美客体，如果失去欣赏者，也就失去了自身美的意义和价值。欣赏者是审美客体实现和证实自身价值的前提条件，欣赏者即审美主体。欣赏者的审美情趣和能力千差万别，对于同一审美客体可能做出不同甚至截然相反的审美评价。但是，某些闻名的自然山水所具备的美，却能雅俗共赏，获得欣赏者大体相似的审美评价；某些优秀的艺术、建筑、工程作品也是如此。随着人类社会的不断发展,欣赏者审美能力和情趣也处于不断发展变化之中,一方面,众多的审美客体使得欣赏者的审美能力得以提高,丰富了欣赏者的审美情趣;另一方面,欣赏者不断提高的审美能力和对美的"再创造",又促进审美客体的丰富和发展。

审美观是指人们在社会实践活动中形成的对美、审美和美的创造、发展等问题所持有的包括标准、情趣和理想等的基本观点,是世界观、人生观的重要组成部分之一。审美观既有时代、民族、阶级、地域差别,也有个性差异。集体、个人的审美观都受时代、民族、阶级、地域的社会生活等各种因素的影响和制约,受社会文化条件、政治哲学和道德观念、宗教信仰、自然科学观点乃至年龄、职业、心理素质等各种因素的影响和制约。每个人的审美观都是社会实践、审美实践的产物,既有一般社会性,又有个别特殊性。各时代、民族、阶级的人,由于社会实践、审美实践有共同性、延续性,他们的审美观常常互相影响,表现出一些共同的特征。每个时代人们的审美观又总在某一特定的历史环境中形成和发展。审美标准在不同时代、社会、民族、国家具有一定的普遍性和共同性,也有较大的相对性,它在不同生活经历、知识修养、审美情趣、审美能力的人们那里表现为一定的差异性。

审美价值是指审美对象客观具有的能在一定程度上满足人们审美需要,给人们审美启迪及情感享受的价值。在审美活动中,审美对象所固有的审美价值客观上决定人们审美感受的方向、内容和程度。由于审美判断标准的相对性,不同的人具有不同的审美个性和审美风格,会产生不同的审美意象,所以人们大多是从主观体验来确认对象的审美价值。美的价值是随着社会进步、经济发展而发展和变化。

景观是客观存在的景物、景色,通过人们主观感受的描述,在人们心目中产生的感知和印象。在地理学意义上,景观是总体环境的空间可见整体;在园林风景学意义上,景观主要是视觉美学意义上的景观,即风景;在生态学意义上,景观被认为是具有结构和功能整体性的生态学单位,由相互作用的拼块或生态系统组成,有相似形式重复出现的具有高度空间异质性的区域。景观是客观和主观的结合,即客观景物在人们感受中的体现。美学家将景观定义为视觉上的价值,偏重于视觉美学方面的意义,即景观同义或近义与"景色""景致"。地理学家将景观界定为地理空间环境中所有实体的总称,描述一个区域的总体特征。生态学家对景观的认知分为两种方式:一种是基于视觉角度,即景观是基于视觉角度上的生态系统综合体,包括森林、田野、灌丛、村落等可视要素;另一种是抽象的生态学角度,即景观是对某个生态系统进行空间研究的生态学标。景观含有"景"与"观"两个独立而统一的概念:"景"是指能唤起人们美感的自然景物和人工景物;"观"是指景观组成要素通过人的视觉作用于人内心,而使人感受到愉悦感、舒适感等内在体验的复杂心理过程。美景是指非常美丽的景物和色彩。美景是让人心生愉悦,给人以美的享受的景物。

物是时空的填充内容,必具质量与体积。就外延方面而言:物指所有的物件,包括"精神物件"与"现实物件"。物是客观存在的,一般可指:①东西,动物;②指自己以外的人或跟自己相对的环境;③与人相对的客观世界。

美是人的眼、耳等感觉器官接受审美客体的刺激时产生的心理反应:即愉快、满意、令人喜爱等的感受。法国人往往把"美"叫作"我不知道它是什么"(Je ne sais quoi),意思是说,要给内涵丰富的"美"下个简单确切的定义并非易事。美,本义:味美。金文字形,从羊,从大,古人以羊为主要副食品,肥壮的羊吃起来味很美。美可分为内在和外在,内又称心灵的窗口,外又称形象的标志。美的基本形态是艺术美和现实美,其中现实美包括:自然美、社会美、教育美。美不仅要表面美,还要内在美,即"善",这样才算真正的美。通常指使人感到心情愉悦的人或者事物,一般可指:①指味、色、声、态的好,如:美味、美观;②指才德或品质的好,如:美德、价廉物美;③善事、好事;④赞美、称美;⑤喜欢、称心;⑥美洲、美国的简称;⑦美学的基本范畴和中心问题;⑧认为美;⑨外表美:外貌长得好看;⑩心灵(内在)美:心地善良,但外表不一定好看。

"美"通常有以下属性:

1)美的自然性

美是具体的。美的事物以具体的形象吸引着人们的注意。美的事物千姿百态,形象各异。由于美有具体物质形式的客观形象,它才是可以感知的。美的自然属性是客观存在的,不以审美主体的意志为转移,审美主体发现已否,欣赏已否皆客观存在,主体是客体美的价值实现和证实的前提条件。

2)美的社会性

美的社会性是美与人类社会不可分割的属性,客观事物的自然属性不等于美,美的特点是人在社会劳动中按照美的规律改造世界而创造出来的。美的社会性,最初体现为物品满足人类社会实用需要;然后,人们在直观产品中获得美感;最后,逐渐将审美需要从实际需要中独立出来。作为审美对象事物的自然性,又被人类按照美的规律,在社会劳动实践中加以改造成美的物品。所以,人类创造美的同时,并能动的创造和发展自身感知这种特性的审美能力。美对人类社会有意义,有价值,人类社会出现之前无所谓美的社会价值。

3)美的绝对性和相对性

美的绝对性是指美的内涵和标准所具有的普遍性和永恒性。美的相对性是指美在不同主、客观条件下不断变化和发展的相对标准。由于美的规律具有客观性和普遍性,因而不同阶层对于美的自然性或社会性的感受和认识并不一定都处于同一状态。这种对美的感受的共性即为美的绝对性。同时,由于美是发展、变化、多样的,审美的主体——人,由于时代、社会因素和个人因素的不同,对同一对象也会因时、因地有不同的审美感受,甚至是截然相反的感受,这种反映就是美的相对性。美的相对性还表现在周围环境和事物之间关系的影响。美不是孤立绝缘的,也不是凝固不变的,它与周围的事物和环境发生着各种各样的关系,并在各种复杂的关系中存在、发展、变化。一个对象,在此时此地是美的,可是到了彼时彼地却不一定美了,这也是美的相对表现。

4)美的愉悦性

美的事物引发人们生理和心理上的愉悦感也是美的本质特征之一。美物是美好的物品,或称美之物。从主体认知的角度,美物生成的途径包括美学途径(审美立场)、心理学途径和历史文化途径;从客体实存的角度,美物是自然力、自然过程和人类生存活动共同作用的产物。"美物"是指物组成要素通过人的感观(视觉、听觉、嗅觉、触觉等)作用于人内心,而使人感受到愉悦感、舒适感等内在体验的复杂心理过程。由此派生美物的三个基本属性特征:①美物的本质是人们的审美对象,当人作为审美活动的主体时,美物则是审美活动的客体,美物与人这两者之间既相互作用又相互联系;②美物是人与人、人与自然关系的客观体现,美物以人为主体而出现,人通过美物来寄托自己的期望和理想,美物的表象特征具有人与人之间的地域性差别,同时人还会出现想法和期望等的不同;③美物具有较强的地域性差别和时代性特征,在记录历史印迹的同时又可反映不同时期的发展和面貌。因此,美物是某一时代中社会、经济、文化以及思想观念等的综合表象,它不仅是一种社会形态的物化形式,同时也代表了时代的文明趋向。

美学是运用一系列的美学法则,充分考虑与环境配合、文化历史的影响、人类感觉生理和心理的特点,对审美客体进行美的塑造的科学。《现代汉语词典》(2016年第7版)把"美学"定义为"研究自然界、社会和艺术领域中美的一般规律与原则的科学。主要探讨美的本质,艺术和现实的关系,艺术创作的一般规律等。"

儒家美学在美与善的关系中寻找美的本质。"美"与"善"的统一,在一定意义上是指形式与内容的统一,"美"是形式,"善"是内容。艺术的形式应该是"美"的,而内容则应该是"善"的。《论语》记载"《势睢》乐而不淫,哀而不伤。"这就是儒家的审美标准。在中国古代,人们尊崇以用为美、以无害为美、以仁为美等。孔夫子以"尽善尽美"作为自己的审美标准。中国古代的艺术家始终致力于"以整体为美"的创作,将天、地、人、艺术、道德看作一个生气勃勃的有机整体。在建筑美的追求上,可概括为"致用、目观、比德、畅神"八个字,即"坚持效用为美,讲究目观之美,看重社会伦理道德,追求精神满足"。道家美学思想看重人的自然本性和人所处的自然环境,在审美方面追求一种人与自然的和谐统一境界,道家所谓的"道"就是现在的客观规律。所以道法自然、美在自然是追求一种人与自然浑然一体的自然之境。与大自然的基本节律相协调的、同宇宙的自然本性相契合的东西,就是美的;而那些违反自然本性的东西,就是无道的、丑恶的。在西方美学传统中突出的特点是"以个体为美",强调形象性、生动性、新颖性,认为这是"美之所以为美"的重要属性。

美学设计是运用统一与变化、均衡与稳定、尺度与比例等美学法则,以及充分考虑环境配合、文化历史影响、人类感觉生理和心理的特点等,对审美客体进行美的塑造的科学。美学设计是对美的再传递,审美活动则是对美的发现和再创造,而且审美主体的心理过程不一定与设计者的心理过程相匹配,获得的美感可能不同于美学设计者的初衷和体验。

交通美感主要是通过感觉、运动和时间变化产生的。如果环境和运动感觉无变化会使人感到厌倦,反之,急剧的感觉变化会使人惊慌失措;如果环境和运动感觉时而缓慢出现,时而缓慢消失,或刺激与松弛的适当反复,会给人一种节奏感,这种反复的变化将激起人们美的快感。

公路景观是人们视觉所能看到的各种自然与公路交通要素的综合体,是公路三维空间加上时间而成为能够反映时、空变化的四维空间造型和人的视觉、心理感受等形式的综合环境效应。公路景观是由公路主体、周围自然环境、沿线建筑和设施,及人的活动、气象等变动因素所构成一个总的空间概念,它表示了公路及其环境作为人眼所看到的一种风景的特性,包括自然物(如山水、土地、植物等)和人工物(如路面、车辆、建筑、桥梁等),当公路使用者在公路上以一定速度运动时,视野中的公路及环境形成四维空间形象;若公路使用者的运动速度为零,视野中看到的则是公路与环境的三维空间形象;前者是动态的,后者是静态的。公路景观也包含路外人视觉中对公路及其环境配合的宏观印象。公路景观分为路内景观与路外景观。公路内部景观是指公路路域范围内的工程构造物所构成的景观因子,主要包含:桥梁、互通立交、服务区、收费站、跨线桥、隧道、路堑边坡、附属设施建筑物、声屏障等。公路外部景观是指公路路域外与公路及沿线设施关系较密切的环境景观因子,包括地域、自然、人文、历史、社会等景观类型,如地域风貌、风景名胜、森林公园、文物古迹、农业示范区等。

人文就是人类文化中的先进部分和核心部分,即先进的价值观及其规范。《辞海》中"人文"的定义:"人文指人类社会的各种文化现象"。文化是人类或者一个民族、一个人群共同具有的符号、价值观及其规范。人文具有民族性、区域性和时代性。

公路路际一般是指公路所辖 50~70m 宽的范围内,数十至数百公里沿线的线性地域,包括道路用地范围内所有部分,如中央分隔带、路肩、边坡、隔离栅、路堤、路堑、桥涵、隧洞、护栏,以及服务管理站、收费处、加油站、立交区、取土场、弃土场等。

2.3 与公路美学紧密相关学科简介

2.3.1 美学概论

2.3.1.1 美学概述

美是一个比较广泛的、抽象的、多样化的概念,很难用某种具体的说法来阐述美的真谛。美,于生活之中,人人皆有的概念,浓眉大眼之人为美,小巧玲珑之人为美,大家闺秀之人为美,方正磅礴之建筑为美,连绵澎湃之江河为美,云雾缭绕之山峦为美。单从字面上看,"美"在古代中国指的是生理感官上的一种满足,有了甘之如饴的美味便有了美的愉悦与满足。以柏拉图为代表的理论认为"美"是审美客体的天然属性之一,具有"客观自在""不随人而异"的性质。以尼采为代表的西方哲学家认为"在肉体的活动中,性欲的力量占据首位",人们推崇性爱,认为"美的生物学目的,就是刺激生殖"。康德在其《判断力的批判》一书中写道:"美是无须概念的普遍的愉悦"。"无须概念"指审美行为的非功利性,"普遍"指审美感知的规律性,而"愉悦"则突出了审美体验的主观性。毫无疑问,现在人们认识和讨论的"美",在范围上已经远不止于生理感官的满足,艺术、情感、人与社会的关系等都已经纳入美学讨论的范围。

美学,顾名思义,是研究美的学问,是研究人与世界审美关系的一门学科。美学是关于人类精神幸福的科学,属于哲学的一个分支。"美学"这一词汇最早出现在鲍姆加登的《一切美科学的基础教程》,其英文为"Aesthetics",来自希腊文"aisthetikos",即"凭感官可以感知"。其后该书被正式命名《美学》并出版,标志着美学这一学科的正式诞生。《美学》中阐述美学是"一切感性认识的科学",是"自由的理论""美的思维艺术""与理性相类似的思维艺术"。"情""知""意"是美学三大方面。在现代哲学中将美学定义为对艺术、设计、科学和哲学中认知感觉的哲学和理论的认识。在研究对象上,有人认为美学的研究对象是美本身;有人认为美学是关于艺术的哲学;还有人认为美学是对审美经验和审美心理的研究。

美学理论经常被认为是以感知为基础,美学欣赏体验以感官体验为主。感觉不是简单的,感官体验不是纯粹的,所有的体验都与联想、意义、结构、情感密切相关。感知从来就不是完全个人化的,而总是寄生于大量的联想、结构和假设。感知并非某一个感官形态(如视觉或听觉的行为),也不是某个感知系统的独立的行为,而是整个机体的行为。体验美就是允许开放性、关联性、合作性,也允许缺陷的存在。对感知共性的机体需要、生存需要、人的需要,前提条件是它们让生命成为可能。

美学是一门边缘科学,然而由于它在哲学的母体中孕育的时间最长久,因而它的哲学性、抽象性仅次于哲学,高于其他的一切人文科学、社会科学和自然科学。美学思想到近代才真正意义上发展成为一门独立的学科,直至现代美学多元化经历了两千多年的漫长岁月。

2.3.1.2 国外美学发展

在西方国家,如果追溯美学这门科学的渊源,则要上溯到两千多年前的古代奴隶制社会。在古代社会,起初,人类以生存为出发点,易获取、易使用为美的感知与体验,逐步发展认识客观世界,在探索真和善的时候,开始了对美的自觉的、执着的探索,并提出了许多对后世很有影响和价值的美学观点。比如在古代希腊,毕达哥拉斯派提出:"美是和谐与比例"的观点;被列宁称作"辩证法的奠基人之一"的唯物主义哲学家赫拉克利特提出:"美在于和谐,而和谐在于对立统一";唯心主义哲学家苏格拉底关于美和善的论述,在美学史上也比较出名,客观唯心主义的著名哲学家柏拉图建立在他的"理念论"基础上的美学思想,对后来美学思想的发展一直有着很大的影响;被称为"欧洲美学思想的奠基人"的亚里士多德,以艺术模仿说为核心的美学思想,影响也极为深远,引用车尔尼雪夫斯基的话评价他"是第一个以独立体系阐明美学概念的人。"但是,在古代科学还没有充分发展和严格分科的条件下,许多美学观点,只能散见于人们的政治、哲学、宗教、伦理、文学艺术等论著中。也就是说,在古代社会的条件下,人们的美学思想还只是人们的哲学思想、神学思想、道德思想和文艺思想、政治思想的附庸,在当时还没有作为独立科学的美学科学产生。

从古希腊罗马时代到中世纪,这一时期的美学是建立在神学的基础之上,具体表现为柏拉图学说、普罗提诺的新柏拉图主义与基督教思想的结合。中世纪重要的美学家和思想家奥古斯丁在皈依基督教以前,认为美是和谐或整一,即是现实事物的美,而这归根结底也是一种关于数的关系;在皈依基督教以后,他认为上帝是美的根源,美本身即是上帝,美的源泉是至美、绝对美、无限美。与奥古斯丁思想相似的还有托马斯·阿奎那的思想,也是从神学出发,他认为美首先在于形式,同时他还认为,美是可感的,美只与形式有关,与内容无关,与欲念无关,与外在的实用目的无关。但丁也认为美在于各部分的秩序、和谐与鲜明。总之,这一时期的美学思想都把形式神秘化了。

17世纪初的笛卡儿认为,美的标准应该是可变的,这种可变又有其不变的因素,同时笛卡儿也认为:美是平稳的刺激,其美学准则是在数学与逻辑学上的。狄德罗认为:美在关系。康德认为:美是引起人们愉快的感性形式,美协调着想象力和理解力,美具有普遍性,美是道德观念的象征;从质、量、关系、模态四个方面探讨审美的判断。克罗齐认为:美是感官直觉的产物。

18世纪以后,随着欧洲产业革命的发展,自然科学、哲学、伦理学、心理学和艺术学等近代科学进入了逐步形成和全面发展的时期,鲍姆加登才有可能在自己的哲学体系中,第一次把美学和逻辑学区分开来,也给美学规定了自己独特的研究对象,即感性认识和形象思维,并且第一次用"美学"这个名称来标明这一门研究感性认识和形象思维的独立学科。在鲍姆加登之后,人们对于美学的研究对象、究竟应该是怎样一门科学的问题,一直进行着热烈的讨论和争论。在德国古典美学家中,首先是康德继承和发展了鲍姆加登的观点,第一次明确指出了美学是关于美的科学,第一次用系统的哲学观点研究美学问题,使美学具有了更严整的理论形态。此后,经过费希特和谢林到黑格尔,德国古典美学达到了发展的最高峰。无论是康德,还是黑格尔,他们的美学体系都是建立在唯心主义基础上的。黑格尔以后,一些唯心主义美学家继续争论美学的研究对象问题。

在第一次世界大战前,德国美学研究一直在世界范围内处于领先地位。它不仅拥有一些杰出的美学家,而且相当一部分美学的流派都发源于德国。20世纪30年代末期,由于世界大战的缘故,一些德国学者移居美国,许多艺术流派的主要理论家和创作家也纷纷迁往美国,将欧洲美学和艺术带进了美国。第二次世界大战以后,美学开始在美国成为名副其实的独立学科,并成为现代西方美学的中心。美国虽成为现代西方美学的中心,但并不意味着所有西方主要的美学流派都能在美国找到它的代表人物。

现代西方美学关于美的本质有不同看法,可以分为客观论、主观论、主客观关系论这三种最基本的论点。客观论认为美作为事物的一种客观属性,在于比例和谐,是一种对象使人感到愉快的能力;主观论认为美学作为一门心理反应的科学,是一种客观化了的快感,不可能为定义所掌握,是一种审美判断力;主客观关系论认为美存在于人与物之间的变化无常的关系中,客观事物则作为美的潜能呈现。

现代西方美学流派和理论共同表现出三个基本特点:

(1)避开对美学的哲学根本问题、美学的哲学基础即美的本质等问题做理论探讨。

(2)由经验主义走向神秘主义。由于反对和逃避探究美的本质问题,大肆提倡对艺术和审美作现象上各种实证的零碎论证和经验描述。

(3)现代西方的美学理论与其文艺创作实践与流派、思潮是互相呼应,彼此配合。

现代西方美学从总的倾向上来看,仍然在沿袭着费希特所提出的美学要舍弃传统的"自上而下"的思辨方法,而采取"自下而上"的经验主义方法。在经验主义者看来,那种对美的思辨的、形而上学的探讨已毫无意义。

现代西方美学基本可以分为三种基本类型:科学美学、心理学美学、分析美学。所谓"科学美学",按照托马斯·门罗的说法,它是一种科学的、描述的、自然主义的接近美学的公式。所谓"心理学美学",就是直接用某种心理学理论去解释美学艺术创作问题,从心理学的角度分析审美经验。所谓"分析美学"是企图把美学研究的中心集中在与审美判断有关的语言问题和意义问题上。对艺术和审美判断中所使用的语词、句子和意义做精密的语义分析。分析美学的出现有许多原因,首先,随着现代自然科学的发展,许多现代西方哲学流派对自然科学表现出日益强烈的兴趣,从而出现了哲学和自然科学相互渗透的趋势;其次,分析美学之所以在西方抬头,是由于现代西方哲学中的语义学倾向和新实证主义倾向这两股势力的合流。分析美学之所以盛行还有一个深刻原因,即整个西方美学像哲学一样已进入了困境,极其需要有一种新的概念去取代传统的旧概念,现在还在盛行的各种美学流派在内,都未能对美学的根本问题做出比以往更好的解释。

从西方美学史来看,柏拉图的"美是理念"、古罗马的普洛丁的"美是上帝的美的光芒的流溢"、中世纪奥古斯丁和托马斯·阿奎那的"美在上帝"、黑格尔的"美是理念的感性显现"等观点都是客观唯心主义的,即把美的本质归于一种客观存在的精神实体——理念或者上帝。康德的"美是形式的主观合目的性"或者"美是想象力和知性和谐运动的心意状态"、休谟的"美即快感"、叔本华的"美在意志的解脱"、尼采的"美在权力意志的扩张"、克罗齐的

"美即直觉"、里普斯的"美在移情"、布洛的"美在心理距离"等,都是主观唯心主义的世界观,即把美的本质归结为心灵、快感、意志、直觉、移情、心理距离等某种人类的主观心理因素。亚里士多德的"美要依靠大小比例和安排"、狄德罗的"美在(客观存在的)关系"、博克的"美是细小、光滑、变化而不露棱角、明亮等性质"、车尔尼雪夫斯基的"美是生活"、苏格拉底的认为美必定是有用的以及衡量美的标准就是效用等,虽然是唯物主义的世界观,但亚里士多德主张目的论,狄德罗的"关系"主要指客观事物内部之间的关系而忽视了物与人之间的实践关系,博克也是片面的经验主义者,而且对美的本质问题持一种机械的方法来分析,车尔尼雪夫斯基的唯物主义是直观的、生物学或体质人类学的和机械的,其历史观仍然是唯心主义的。

对于现代西方美学发展状况而言,首先,美学是不断发展的,是不断概括人类审美实践的新情况来丰富和发展自己的原理的。其次,现代西方美学虽然在本质上说是唯心主义,但也并不是简单的、毫无根据的胡说八道。它们的产生和传播不但有其阶级根源和认识论根源,而且在这些美学学说中也包含着一些重要的问题和某些有益探索。在美学问题上,需要采用一种实事求是的分析态度,那种非此即彼、不是正确就是错误的简单的分析,是完全不适合的。

西方现代美学的发展呈现多元演变的趋势,主要强调人本主题即精神主体,弘扬个体感性、本能、欲望和直觉。现代社会物质文明发展到了前所未有的高度,哲学和美学理论体系也不断得到开拓和深入。

西方古典美学的研究是源于古希腊哲学所开创的本体论的传统,其美学研究的方法是"自上而下"的概念逻辑推演,目的是想努力寻找到美的本质,用美的本质来解释一切美的现象。而现代美学则实现了其哲学观和方法论的转变,不再遵循传统思辨的路子,而是立足于现实的生活实际,从人生本位出发,按照"自下而上"的方法建立其理论体系,突破和超越了传统古典美学,实现了美学发展的新的方向。

2.3.1.3 我国美学发展

古代的中国属于自给自足的农耕形态,大多数民众为生存、为生活埋头奔波,日出而作,日落而息,承担了巨大的生活负担,无暇顾及何为"美学"。但是,也有一些"小众"的古代文人墨客,在为个人理想与生存价值不懈奋斗的同时,也完整地维续了独立的人格魅力和论点,很好地诠释了美学的意义。中国古典美学思想主要包括儒家美学思想、道家美学思想和佛家美学思想,分别呈现出各自鲜明的审美特征,即儒家的中和、道家的虚无、佛家的空灵。"中和"与"禅意"的审美观是其中最重要的美学思想的核心,也是中华传统文化的精髓。在"中和"与"禅意"的审美思想内核影响之下,中国文化呈现出"虚""雅""素""淡"的审美气质。传统中式风格以其独特的意境之美、气韵之美、格调之美、格律之美、风水之美,成为东方美学的源头和重要组成部分,主张人与自然的和谐共存,讲究审美主体与客体的默契和形式内容的和谐,重人情、重感受、重表现、重意境,以美为最高准则,强调美与善的结合。

孔子是儒家美学的创始人,以"仁学"作为分析和解决美和艺术的根本立场,仁的核心是爱人。孔子在对审美的社会功能的认识上,认为审美的社会功能是"兴、观、群、怨","兴"即用艺术的形象去感染人,教育人;"观"即考察社会的发展和变迁;"群"即促进情感的交流与团结;"怨"即批判社会的弊端。"君子比德"是孔子的重要思想,孔子主要有两方面美学的基本点:一方面是对满足个体心理欲求的必要性和合理性的充分肯定,另一方面是对把这种心理欲求的满足导向伦理规范的强调。他认为艺术的愉悦作用是必要的,又认为这种作用只有在使群体和谐发展的时候才真正有意义。美的合理性在于能导向伦理目的,个体的心理欲求必须与社会的伦理规范达到统一。此外,孔子还根据美善统一的要求,提出了美学批评的中庸尺度。

作为孔子美学思想的继承人,孟子更多地强调以先天的道德规范去改造和制约人的感性欲望,使美服从善;荀子则更多地强调以现实的人间规则去同化和统一人的功利欲望,以善来兼容美。孟子高扬人格美,他所谓的人格美是指人格精神与审美愉快紧密融合。荀子对美学的贡献主要在于肯定自然是人审美要求的现实感性基础,肯定了只有自然欲望得到满足,礼义才能实现。

《易传》美学的基本态度是实现仁义,安邦强国,以善为第一追求。《易传》中关于阴阳的论述,深深影响了中国美学中对阳刚之美和阴柔之美的认识。汉代大思想家董仲舒继承了荀子的美学思想,论述了"天人合一"的观念。

道家美学思想是以老子和庄子为代表,一是确立了"自然为美"的美学观,二是确立了中国美学基础即"天人合一"思想。道家的美学思想主要有:第一,道家的"道"是指自然的本源,更多的是指自然的运行规则和规律。第二,"天地有大美而不言"的思想。"天地之美"体现了"道"的自然无为的根本特性,"无为而无不为"是"天地有大美"的根本原因。第三,"圣人法天贵真"体现了关于美与真的关系的思想,真即自然。第四,"德有所长而形有所忘"体现了丑中之美的思想。第五,美的相对性思想。

禅宗美学是中国古典美学的一个重要组成部分。禅宗美学要解决的问题与传统佛教一样,即个人如何脱离现实苦海的问题。禅宗思想的鲜明特色是关注人的生命、反思人的生命意义、价值的追问以及生命存在本身。在超越的空灵态度中透露了对生命和自由的渴望。禅宗美学认为审美活动是一种生命运动,一种理想的生命存在方式。审美体验在中国传统美学中是指以身体和心验之,以思悟之的解谜过程,通过内心直觉以解密宇宙人生真谛所达到的精神境界。

中国最早使用"美学"二字,是由梁启超、王国维、蔡元培等人从日本引进的。因而在中国使用美学一词已有100多年历史。100多年来,中国美学研究大致可分为三个阶段:

第一阶段,从晚清到1949年。这一时期是美学在中国的形成期,梁启超等人翻译了大量的西方美学理论,王国维等人引用、介绍叔本华的哲学与美学,蔡元培提倡"美学"替代宗教。在此期间,有鲁迅、宗白华、朱光潜、蔡仪等人的多元美学思想,形成了第一次的美学热潮。

第二阶段,1950年到1980年代中期。1950年到1964年,中国引发了一次关于美学的大讨论,并形成了四大美学流派:①以李泽厚先生为代表的客观社会论;②以朱光潜先生为代表的主客观统一论;③以高尔泰先生为代表的绝对主观论;④以蔡仪先生为代表的绝对客观论。1976年之后,四大流派依然是争论不休的,但已系统地吸收了西方的一些理论。

第三阶段,1980年代中期至今。美学在这一阶段摆脱了形而上学的束缚,参与时代的议题,科技整合等,引导出了环境美学、生态美学、科技美学、生命美学、技术美学、功能美学等,形成了多元化美学。

近现代我国美学随时代变化呈现不同研究特点。在20世纪50~70年代,机械单一和政治性色彩浓是它的特点;80~90年代中期是美学发展期,内容庞大而显得杂乱是它的特点;90年代中期至今是第三个时期,更精密的学科化是这一时期的特点。50~70年代,整个美学理论领域和其他领域一样,深受"苏联模式"的影响,比较僵化,简单地以唯物主义和唯心主义的斗争概括整个美学的历史,美学研究中充满了很强的政治性色彩,西方现代美学很少地被引进和介绍,也很少有人专门研究西方美学,特别是西方现当代美学。80年代,人们解除了禁锢,在经济阔步发展的同时,人们对美的探索和研究热情空前高涨,西方各个美学流派、美学观点飞快地被引进到我国,人们的美学知识、美学视野在短时间里迅速膨胀传播扩散。但是,由于对西方美学特别是众多现当代美学的认识和消化还不够深入,因而在建立自己庞大美学思想体系的时候,各种材料有堆砌之嫌,热情有余而沉着不足,有些杂乱。进入90年代以后,由于社会主义市场经济建设的进一步推进,中国进入了一个持续稳步发展期,美学研究进入到一个相对冷静、和平发展的时期,古今中外各种丰富的美学资源出现在人们面前,人们可以自由选择和应用,美学进入到一个学科化和沉静化的时期,人们更多地思考怎样以这些美学资源为背景,以某一理论为基础,建立自己的适合时代发展需要的美学理论。

20世纪50~60年代的美学大讨论,形成了当代中国美学的几大流派,以蔡仪为代表的客观派通过举引马克思主义哲学认识论来论证美是客观的;以高尔泰和吕荧为代表的主观派通过举引马克思的意识形态观点来证明美是主观的;以朱光潜为代表的主客观统一派引用马克思主义的艺术生产论论述了美是主客观的统一;以李泽厚为代表的实践派引用马克思《1844年经济学哲学手稿》中的"自然的人化""人的本质力量对象化""劳动创造了美""美的规律"等美学观点论述和阐释了美是客观性和社会性的统一,美是实践的产物。在这种激烈的讨论氛围中,实践派美学脱颖而出,得到了美学界大多数人的认同,马克思主义实践美学最终得以创建起来。

70年代后期,美学讨论又趋活跃,讨论的规模较从前更为扩大,出版了多种美学刊物,上述各派美学观点各自在坚持中有所深化或发展,中国现代美学的发展受几个关键人物的影响非常明显。

蒋孔阳以马克思主义哲学为基础,确立了以实践论为基础、以创造论为核心的审美关系学说,认为美是多层积累的创造,着重围绕"美在创造中""美是人的本质力量对象化"和"美感的诞生"这三大理论观点来谈美。蒋孔阳认为整个宇宙都处在不断地变化和创造中,作为人类社会现象之一的美也理所当然处在变化和创造中,美是多种因素通过积累而形成的复合体。美是一个从量变到质变的突然创造过程,通过多种因素积累,当作为审美客体的对象与作为审美主体的人契合交融时,美就会突然产生和出现。如果美是人的本质力量对象化及其自由形式的显现,那么美感则是对它的感受、体验、观照、欣赏和评价,以及由此引起的内心满足感、愉快感、幸福感、和谐感和自由感。他既认为美感是审美主体对客观的美的反应,又主张美感完全是主体内在心灵和精神的能动创造。对于美感的诞生,蒋孔阳认为美感不是上帝的恩赐和自然的赋予,而是在人类使用和制造工具的社会实践活动中诞生的。

刘纲纪深入思考了马克思主义的实践本体论问题,提出了实践批判的存在论美学,为实践美学提供了一个新的维度。正是这些学者多角度、多侧面的对马克思主义美学的理解与阐释，才有了后来的从马克思主义实践论基本观点出发，提出了"21世纪美学为何"的问题，最终有了"和谐为美"的回答，从而进一步有了从美学角度构建社会主义和谐社会的重大想法。

朱光潜认为"美是主观与客观的统一""美既有客观性，也有主观性；既有自然性，也有社会性；不过这里客观性与主观性是统一的，自然性与社会性也是统一的"。美是直觉；美是心借物的形象来表现情趣；美必须经过心灵的创造；直觉活动限于创造和欣赏的刹那；艺术的形式与内容要能融合一气，这种融合就是美。其理论的中心是主观唯心主义美学、美是主观意识与客观自然的交互作用。

李泽厚认为美以乐为中心；美是线的艺术（节奏与韵律）；美是情理交融，是真与善的统一，是自由的形式；美是三层次——悦耳悦目、悦心悦意、悦志悦神。其理论中心是排除以唯物或唯心观点论美学和美，是主观实践与客观现实的交互作用。美是在人类的客观物质实践活动中产生的，人类在客观事物规律的基础上通过实践改造客观事物来实现人类的主观目的，从而产生了美。李泽厚指出美感的社会性和美的社会性是有区别的，美感的社会性是一种社会意识；而美的社会性是一种社会存在，社会意识是主观的，而社会存在是客观的。李泽厚批判了把人性看作纯粹自然性或社会性的观点，认为人性是感性与理性的统一。按照李泽厚的解释，"度"就是掌握分寸、恰到好处，这个"度"是由人类依据"天时、地气、材美"所主动创造。掌握分寸、恰到好处，出现了"度"，即是"立美"。

高尔泰反对把美归结为积淀，强调文化的创造与未来性；美感来源于感性动力。其理论中心是美是自由的象征。宗白华美学精华和核心则是以生命哲学为基础的天人合一的思想。蔡仪把认识美的过程中认识主体形成的精神状态称之为美感，认为美感是以快感为基础，或借助于想象，把模糊、空洞的个别表现结合成一个鲜明的整体形象，或借助于美唤起的满足自我的充足欲求和美感。

蔡仪对美做了两种分类：一种是根据不同事物构成状态的不同，将美分为单纯现象的美即"单象美"，完整个体的美即"个体美"与个体综合的美即"综合美"。从一般意义上来说，"个体美"高于"单象美"，"综合美"又高于"个体美"。另一种是根据不同事物产生条件的不同，将美划分为自然美、社会美和艺术美。自然美是纯自然产生的事物在没有人力的参与下而产生的美，主要指个体美，它是客体本身的美，由事物的本身属性决定。社会美是不以美为目的的一般社会事物在人力的参与下产生的美，主要指综合美，由社会关系决定。艺术美是以美为目的在人力参与下创造的事物产生的美。艺术美不属于现实美，但它创造的来源是现实美，所以又可以说艺术就是表现对现实美的认识。蔡仪重新指出社会美即行为美、性格美和环境美，认为性格的某一点的表现即为行为美；而性格美必须根据人的各种行为全面真实地展示人的内在世界；环境美，从大范围上讲，是各种社会关系总和的体现，社会美应该高于自然美。

杨春时的"后实践美学"主要从以下几个方面来挑战实践美学并提出了自己的美学观点。实践美学以"实践"为起点和切入点，但杨春时认为应当把"生存""生命"和"存在"这些范畴作为逻辑起点。杨春时指出了实践美学的四大缺陷："第一是实践美学跟其他古典美学一样，都把审美作为一种现实活动来看，抹杀了审美的超越性；第二是实践美学重视物质实践而忽视了精神创造，抹杀了审美的精神性；第三是实践美学片面强调了审美的社会性，忽视了审美的个体性;第四是实践美学虽然用一元论代替了传统的主客对立二元论,但没有完全消除主客体的区别,保留了实体的概念"。在此基础上界定审美的本质为超越性,即超越现实、物质、社会、理性和二元对立然后走向自由、精神、个性、超理性和物我同一。他还认为"生存"有自然、现实和自由三种方式,与此对应的还有巫术、理性和超理性三种解释方式,而"审美是超越现实的自由生存方式和超理性的解释方式""超越是生存的本质规定,审美成为生存的最高形式"。也就是说,生存的本质就是超越,超越就是审美。其次,"后实践美学"一方面认为实践美学的"实践""自由""人的本质力量对象化"等概念或命题都存在理性主义的痕迹,这些概念建构的理论都无法超越二元对立思维;另一方面,认为这些概念或命题的内涵和外延不是过小就是过大,不能对美、美感和艺术的本质做出合理的解释,也不能对审美活动和现象做出合理的解释。杨春时指出,实践美学把"实践"界定为"人类自觉地改造世界的活动",这无非是把人的生存活动中的非理性和超理性的活动都排除在实践之外,事实上审美活动与这些活动有着重要的关系。真正的自由不是由实践活动直接带来的,而是超越现实而产生的。杨春时把"生存"作为"超越美学"的哲学本体,强调"生存的基础是物质实践,但其本质是精神性的。生存是一种社会存在,但其本质是个体性的。生存要立足现实,但其本身是超越性的,它指向未来,指向自由。审美是最高的生存方式,它最充分地体现了生存的精神性、个体性和超越性"。

张玉能首先对"实践"的概念做了新的界定,他提出"实践"是以物质生产为中心包括物质生产、精神生产、话语实践的感性的、现实的活动;重新阐释了实践的结构、过程、类型、功能和双向对象化等与审美的关系,并对实践美学的美和审美的本质进行了更深层次的挖掘;重新阐释了"美是人的本质力量的对象化"的命题,并且把人的本质分为"本性(人的需要)""类特性"(自由自觉的活动)和"现实性(一切社会关系的总和)"三个层次。使"美是人的本质力量的对象化"这个命题的内涵立体化、丰富化;以实践的创造性自由为中心,建立了一个完整的实践美学的范畴体系:美是实践和自由的形象显现的肯定价值,丑是实践和反自由的形象显现的否定价值,崇高是实践和准自由的形象显现的肯定价值,滑稽和幽默是实践和不自由的形象显现的肯定价值和否定价值,悲剧性是崇高的集中表现,喜剧性是滑稽和幽默的集中表现,优美是柔美,崇高是刚美等;提出实践美学是人生论与审美人类学的统一;提出实践美学包涵了生态美学;揭示了实践美学与现代主义美学和后现代主义美学是同步发展的;以实践美学的基本原理回答了后实践美学的提问。新实践美学首先坚持了历史唯物主义的哲学方法;其次把自然科学、社会科学、人文科学等具体学科方法作为自己的方法,综合运用了观察法、内省法、实验法、问卷法、调查法等具体方法;在本体论层面上,美是社会的属性;在发生学层面上,美是社会实践达到一定程度的自由的产物;在价值论层面上,美是满足人的审美需要的一种形象的肯定价值;在现象学层面上,美是附在感性形象之上的性质等。他还认为,在性质上,美感是人所独有的社会意识,是超越了生理刺激和感官愉快的精神愉悦,是以情感为中介的包括认识、情感、意志的完整的心理活动;在特征上,美感是积淀着理性的直觉(认识),是隐含着功利的愉快(情感),是合规律与合目的的自由创造(意志);在结构上,按照现代心理学的阐释将美感分为:显意识(认识—感情—意志)——潜意识(直觉—移情—心理距离)——无意识(本能—需要—目的)等。他认为李泽厚的实践观过于狭窄,"实践"应包括物质实践、道德实践、艺术审美实践和个体情感实践等众多人生实践,他主张

"实践"是人的最基本生存方式,实践美学应以本体论和认识论相统一的实践论作为哲学基础。

易中天主张实践既是一种客观现实的物质性活动,又是一种有意识、有目的、有情感的生命活动,即是一种主客观统一的活动。易中天预设论证双方都同意"美的本质就是人的本质"这一命题,并在此命题基础上推出"劳动"是美学理论的逻辑起点。

1988年周来祥提出了美是和谐说的五大内涵:①美是感性对象形式的和谐;②美是感性对象内容的和谐;③美是内容与形式的和谐;④美是审美与审美主体之间的和谐;⑤美是和谐的、自由的人的形成。

刘纲纪的美学思想以"实践本体"作为哲学基础和逻辑起点,以创造自由论为理论核心,以审美反映论为艺术本质,三者环环相扣形成了一个层层推衍又互为支撑的立体网络思想体系结构。周来祥的"美的本质"以社会实践为美的根源,建构起"和谐自由的审美关系"说。朱立元"实践存在论"美学强调了"以人为本"思想,即对人的生存状况关怀,对人的物质需求和精神需求的关注。张玉能的"新实践美学"美学思想认为实践具有物质生产、精神生产和话语生产(实践)等三种类型,实践拥有建构、转化和解构等三种功能,体现为实践概念新论、实践功能新论、实践美学范畴新论这三个相互贯通相互印证的"新论"上,明确指认和论证了作为物质生产的重要组成部分的人的自身生产。邓晓芒的情感论美学坚持"美是人对自身的确证""审美活动是人借助于人化对象而与别人交流情感的活动"。彭富春的"天道论美学",可具体表述为"天道论美学和人道论(心性论)美学",认为实践亦即人的物质生产活动,是人类使用和创造工具的活动,是人类借此改造自然并同时改造自身的活动;世界就是欲望、技术和大道的游戏活动,当这一游戏活动圆满实现并显现的时候,它就是美;大道是智慧,并表现为关于人和世界真相的道理,它会以艺术、宗教和哲学等形态显现出来。

近年来实践论美学不断地自我超越、衍变发展,从其理论形态上看,至少有六种发展路径:刘纲纪的实践本体论美学、周来祥的实践和谐论美学、朱立元的实践存在论美学、张玉能的新实践美学、邓晓芒的情感论美学和彭富春的天道论美学。它们既有注重形下的实证研究,学术品格指向社会和艺术现实等五种相同的发展趋势,也共同面临着在同中国传统哲学资源的结合中如何阐述美善相乐、天道人道等与自由王国、自然人化等之间的区别和联系等诸多问题。

中国美学发展至今,在审美泛化的影响下,产生了三对重要的概念:一是"日常生活审美化"与"审美日常生活化",二是"审美"与"审丑",三是以"网络文化"为代表的当代文化与"传统文化",每一对概念中的两个部分都存在辩证统一的关系。

2.3.1.4 一些美学思想及理论

科学一般划分为自然科学、社会科学、人文科学三大类。在这三门科学之上的概括和结晶就是哲学。美学除了具有极强的哲学性以外,还是一门人文科学,与社会科学的关系相比,与自然科学的关系更为邻近。为此,必须坚持美学的人文科学性质,把美学研究与人类自身发展、人类现实生活、人类理想问题密切联系起来,促进美学的发展。从美学的人文科学性质来看,美学必须关注人的人性和精神世界,关注人的生命、人的生活、人的生存和发展,关注人的尊严、人的价值、人的解放、人的自由全面发展,致力于建设一个"每个人的自由发展是一切人的自由发展的条件"的和谐大同大美社会。美学的任务是要研究在社会实践中,如何才能够使人们的日常生活都审美化和艺术化。使得每一个人的生命、身体、生态都达到自由境界、审美化和艺术化。美学必须为培养和造就自由全面发展的人这个根本任务服务。

中国传统美学思想的生命精神是以人为本的,天地自然是人类的生存之基之源之友,是人类生存的人化环境,所以生态美学和身体美学是内在于中国传统美学思想的"人化自然"和"人自然化"的审美自由境界的学说。

黑格尔曾经说过"乍看起来,美好像是一个很简单的概念。但是不久我们就会发现,美可以有许多方面,这个人抓住的是这一方面,那个人抓住的是那一方面,纵然都是从同样的观点去看,究竟哪一面是本质的,也还是一个引起争论的问题。"人人都会对美有自己的感受能力,以至于许多人会替自己辩解说,有谁可以把"美"这种虚无缥缈,纯粹感觉的事物描述得清楚明了呢?关于"美"的现象从古至今似乎都像有着重重的迷雾,不同的人,不同的种族,不同地区,不同时代的人对美的看法都不尽相同。甚至有着几乎相同背景的人对美的看法也会有很大的差异。不可否认,对于外部事物的"看法"和"感知"是和感知的主体紧密关联的。而作为主体的人深深受外部社会环境,以及自身经验的影响,因而对"美"的现象有着不同的理解。

美学家李泽厚在其《美学四讲》中曾鲜明提出美学的四大范畴:一是自然美;二是社会美;三是艺术美;四是科技美。既然可以有技术美,当然就有技术美学。建设和谐社会就是追求一个美的社会,这不但是一个理论的问题,同时也是一个现实的问题。和谐社会的构建,即实现人与自然的和谐、人与社会的和谐、人与自身的和谐,实现人的全面发展,是我国当前最主要的任务,也是最艰巨的任务。和谐社会的构建离不开美学,因为美学最先决的条件就是和谐,在美学内涵中,所有美的事物都必须具备和谐的属性。

美学是种"不言而喻的感动",是一种"无法用言语完整描述,但是它在情感上的满足却非常饱满"的体验。美学思想具有时代性、民族性、实践性。马克思、恩格斯强调经济基础决定了作为上层建筑的艺术。恩格斯在马克思墓前的讲话中指出,人们首先必须吃、喝、住、穿,然后才能从事政治、科学、艺术、宗教等活动。马斯洛于20世纪五六十年代初将人类的需要层次论总结为七种层次的需要:①生理需要:最基本的需要,如饥饿、睡眠及口渴等;②安全需要:一个感到安全、可预测、免除焦虑和危险的环境;③归属和爱的需要:被他人爱护、关注和接纳,受到支持和鼓励,以及有归属感;④自尊需要:包括自我尊重和受到他人的尊重;⑤认知需要:知道、了解及探索;⑥美的需要:对称、秩序及美;⑦自我实现需要:包括实现自身的潜能及发现自我实现的途径。其中,自我实现是需求层次理论中的最高境界,是人类需要所追求的最终目标。马斯洛"以人为本"和"人的本质是积极美好的"的心理学模式肯定了人是审美主体的唯一担任者,审美的方向是满足自身需要的、积极向上的。马斯洛认为当人们满足了一种需求之后,这种需求就不再具有支配人动机的效力,将会出现新的且更具上层的需求和动机;人的需要是具有层次结构属性,人的心理需求是一种从低向高逐级上升的变化过程。从马斯洛的层次需求理论出发去演绎建筑美学的目的、任务、本质,很多问题会迎刃而解。有一家国际咨询公司统计研究分析,国民经济发展指标与民众对居、行环境要求和诉求存在关系,发现当一个国家国民经济人均GDP≥300美元时,民众期望居住环境绿化,有树有草,绿覆黄土;当GDP≥1000美元时,期望居住环境彩化,不仅有树有草,绿覆黄土,还要有山有水,相互映衬,色彩斑斓,有景有色;当 GDP≥2000 美元时,民众已经不再局限于家门口的风光无限,以团队形式期盼出国旅游,走出去欣赏万千世界;当 GDP≥3000 美元,出现井喷式走出去,欣赏异国风采出国旅游热;当 GDP≥5000 美元时,个性化的休闲度假型的需求,这种需求的变化就是民众审美的发展与趋向,验证了生活需求的层次。

美是在人的社会实践中产生的,是人的本质力量的对象化,是形式的和谐同内容的真与善的统一,能够使人产生愉悦的心情。一般来说,美有以下几个方面的特征:客观性与社会性的统一;理智性与形象性的统一;功利性与真实性的统一;形式美与内容美的统一。事物的美先于人的思维而存在,人对事物产生美的感觉不需要经过哲学分析等思维活动,只有人要表达这种感觉时才会启动思维选择词汇或表达方式,因此美是客观存在的。

和谐是美学的先决条件,所有美的事物都必须具备和谐这个属性,一切美学元素的基础就是和谐,美即和谐,和谐达到了,美的最高境界就达到了。

美学史上对于美的本质的认识有多种说法,但总结下来主要有以下五类:①古典主义:美在物体形式;②新柏拉图主义:美在完善;③英国经验主义:美感即快感,美即愉快;④德国古典美学:美在理性内容表现于感性形式;⑤俄国古典美学:美是生活。中国美学研究 100 多年来,有 2 个值得思考的美学倾向:一是从真善美到和合美学;二是从美学到感性学。

满足感知的需求既是一个美学要求,也是一个伦理道德要求。世界首先是美的,但同时也是道德的。健康的环境应该包括对视觉空间和物理空间的体验。凡是闯入这些空间的东西都必须证明它们对健康和安全有益。建筑环境的设计不应该主要考虑效率,通过经济或者交通管制予以引导,而是应该考虑它是否有益于提高和巩固人类生活、安全和福利水平。研究人工创造的艺术、人工创造的美,称之为"艺术美学"。研究技术创造的艺术、技术创造的美,称之为"技术美学"。

对比中西方美学体系,中式讲究"情",西式推崇"理",而当代美学应该追求"情理交融",则可以在美学研究中"同中求异、异中求同、同中求通"。中国美学思想的基本特征为:以审美境界为人生最高境界,还包括了 4 个统一,即人与自然的统一、情与理的统一、认知与直觉的统一、美与善的统一;并赋予人道主义精神。西方美学注重哲学认识论,因而非常讲究美与真的统一;中国美学非常注重伦理学,讲究的是美与善的统一。西方美学侧重理论形态,有其系统性;中国美学侧重经验形态,是直观性与经验性的,是随感性和即兴式的。

在整个审美过程中感性和理性是同时起作用的,只不过审美过程中的感性是显性的,而理性是隐性的;感性是外在的,而理性是内在的;感性是目的的,而理性是手段的。在分析审美过程时必须充分认识到它的复杂性,认识到感性、知性、理性在审美过程中的不同作用。审美现象是纷繁多变、错综复杂的,任何想要一劳永逸地抽象还原出某个东西从而解决它们复杂性的想法都是天真和徒劳的。在这样的情况下,必须以一种开放的、与时俱进的心态对待多元的美学理论取向,而且努力寻求出在"某一时间段内"最切合实际的价值观念作为理论主导,从而实现"主导多元"。

在认识论中,强调的是人与世界关系为"主客二分",在这样的关系下,人与自然是对立的,没有统一性可言。而当代存在论学说认为人与自然是一种"此在与世界"的客观存世关系,也正是这种存世关系论才使得人与自然和谐统一成为可能。

中国的有机辩证思维整体可以概括为"天人合一"的思维方式,提出"天人合德",把对自然的认识与人类社会的道德伦理联系起来并提升为一种世界观。人与自然的基本伦理关系成为中国传统思维的核心思想。

美学在什么时候都应该是人学,脱离人学的美学终究会被人们认识后而放弃的。因为脱离人学的美学必然走向披着各种神秘外衣的神学,最终将会导致把人们丰富多彩的审美活动推到神或上帝那里,要求人们放弃自己创化不息的审美意识,只能在上帝或神的神光照耀下去审美,这样必然会扼杀人的主体性,压抑人的自然合理性。人是自然的产物,人类的一切研究都是从人开始,最后还是要回到人自身。

在近代美学发展的趋势中,已逐渐放弃了"唯心、唯物、心物之间"这些理论,取而代之的是更直接、更具有实践性的美感追求方法。

一些美学理论,如意大利美学家克罗齐"形象直觉说",英国心理学家布洛的"心理距离说"和"游戏说"以及现代西方的格式塔学派、现象学派、心理分析学派等,都是从人的主观心理活动的角度来研究美学。这些五花八门的学说和学派的出现,固然有适应现代资产阶级的思想政治需要的一面,应该严肃的批判;但另一方面它们也是现代自然科学,特别是生理学、心理学的广泛影响下的产物,因此在不同程度上具有一些道理,对帮助我们理解审美心理的某些特点,全面认识美学研究的对象,不是毫无用处的,应该进行认真的分析,而不应该采取全盘否定的态度,否则会不利于我们的研究。

和唯心主义美学家不同,一些唯物主义美学家,把美学研究的对象,主要确定为现实中的美。他们侧重研究的问题,不是审美心理的一些问题,而是客观现实中的美。譬如18世纪英国一些具有唯物主义倾向的经验派美学家博克等,注重从客观事物本身的某些属性中探索美的特点;法国唯物主义哲学家狄德罗也主要从事物关系中探讨美的根源。他明确提出"美在关系",这的确是马克思主义美学产生前唯物主义美学的高峰;19世纪俄国著名的民主主义者车尔尼雪夫斯基,明确提出"美是生活",他特别强调美学要研究生活中的美,这是马克思主义美学产生前运用唯物主义观点研究美学的最杰出代表。这些唯物主义的美学观点,对推动美学学科的发展,具有重要的作用。当代全球美学突破了仅聚焦于艺术的窠臼,开始转向对于自然与生活的关注,从而在"当代艺术哲学"之后先后兴起了"环境美学"与"生活美学"的新潮。环境美学最初只是狭义的"自然美学",后来才实现了向"人类环境美学"的重要转变,生活美学最初来自对于"艺术界"的关注,并最终回归到广阔的生活世界来构建美学。"环境美学"成为近年来的美学研究中引人注目的一支,而"环境美学"的一系列核心概念,诸如"共生""互生""和生"等,都有一个共同的内在灵魂就是"和谐"。假如背离了"和谐",就不存在所谓的"共生""互生""和生"了,这就是和谐美学理论与环境美学理论的内在的必然的联系。"生活美学"主张美学要回归感性学,服务人的世俗幸福;"超越性美学"认为美学要批判消费主义文化,保持审美的超越性品格,服务人的精神自由。两种美学体系,植根于现代日常生活,又吸收了国外现代主义、后现代主义的思想资源,从而标志着中国现代美学建设的新进展。与其他学科相比,美学更需回归于生活世界来加以重构。当代"艺术""环境"与"生活"的美学已经成为全球美学发展的新潮与主潮,形成了一股物质生产审美化和日常生活审美化的热潮。

如何处理好对美、审美、艺术等的抽象的形而上思考向具体实证性质的科学转进之间的关系问题,即作为艺术哲学与感性学之间的关系,或者说是理性与应用性之间的关系问题,依然是亟须解决的一个课题。美学在同中国传统哲学资源的结合中,如何阐述美善相乐、天道、人道等与自由、自由王国、自然人化等之间的区别和联系以及天人合一如何实现,成了现代美学需要进一步解决和完善的问题。

美学要有进步,切不可泥古不化、故步自封。对古法借鉴而非剽窃,是扬弃而不是抛弃,立于时代前沿,以主人翁的姿态,深入到社会创造与审美实践中去。将审美与社会大众枝叶相连,使相对落后的精神文明于美学发展中获得新的进步,反之带动美学理论与创新发展。正如吴良镛先生所说"时代在前进,我们追求的目标必须不断随之向高处发展,难点在于这移动中的目标本身就需要不断寻觅,不能故步自封,学术思想总不能在原地踏步。"

2.3.2 建筑美学

2.3.2.1 建筑美学概述

建筑美学是建立在建筑学和美学的基础上,研究建筑领域里的美和审美问题的一门新兴学科。建筑美学以如何按照美的规律从事建筑美的创造以及创作主体、客体、本体、受体之间的关系和交互作用为基本任务,具体内容是:建筑艺术的审美本质和审美特征;建筑艺术的审美创造与现实生活关系;建筑艺术的发展历程和建筑观念、流派、风格的发展嬗变过程;建筑艺术的形式美法则;建筑艺术的创造规律和应具有的美学品格;建筑艺术的审美价值和功能;鉴赏建筑艺术的心理机制、过程、特点、意义、方法等。

建筑是一种综合性艺术,是一部凝固的史诗,是凝固的音乐。人类在建筑艺术中表现了复杂多样的美学思想,并要求以空间组合、比例、尺度、色彩、质感、体型等建筑艺术语言,统一多变,主次分明,有和谐韵律的结构布局,表现出多种不同的意境和风格。国际建筑师协会1981年第十四次大会发出的建筑师华沙宣言指出:"建筑学是为人类建立生活环境的综合艺术和科学。建筑师的责任是把已有的和新建的、自然的和人造的因素结合起来,并通过设计符合人的尺度的空间,来提高城市面貌的质量。建筑师应保护和发展社会的遗产,为社会创造新的形式,并保持文化发展的连续性。"新的建筑学概念要求建筑师除传统建筑设计的知识外,还必须掌握许多门学科的知识和种种技能,努力创造有个性、有特征的环境。建筑作为一种文化形态,不仅要与自然环境发生关系,还应与历史、现实以及未来发生关系。

美学被人们认为是艺术哲学,建筑这个词的拉丁文原意是指"巨大的工艺",说明建筑原本同艺术抑或美学密不可分,因此,建筑学本身就有艺术美学的内涵。建筑的美学内涵分析最早是毕达格拉斯学派,他们提出"美在和谐、美在对称和比例"的系列美学命题,而"和谐""对称"和"比例"等范畴又是建筑的形式内涵。

1)建筑设计的美学特征

(1)实用性与艺术性的统一。建筑设计的实用性,是整个建筑设计的基础与前提。建筑设计首先要充分考虑到实用性,包括建筑的内部空间适用于主体的活动需要,外部形式适应于材料的结构功能和特性。

(2)抽象性与形象性的统一。建筑设计的抽象性,表现在它运用象征、隐喻、朦胧等手段,营造出形式美。

(3)艺术性与文化性的统一。建筑设计的艺术性,不止表现在它的形式美、抽象性、形象诸方面,更重要的是它具有音乐性,具有韵律性、节奏性,所以建筑设计称作"凝固的音乐"。

有人说:"建筑是用石头写成的史书。"古埃及的金字塔、中国的长城,都成为人类文化的标志。

2) 建筑设计的美学语言

(1) 空间与形体。所有的建筑艺术,都是由建筑物的空间和形体两部分构成的,空间与形体是对立统一的关系,既互相独立,又互相依存,各以对方的存在为自身存在的条件。

(2) 色彩与光影。建筑色彩设计,应与周围环境与建筑物特色相一致,并从功能、主人性情、审美习惯出发,追求一种色彩意境。

(3) 质感与修饰。质感指材料表面的质地特性作用于人眼所产生的感觉反应。质感又分天然质感与人工质感两类,并分为粗、中、细三种形式。修饰包括装修和装饰,又分为构造类、即塑类、浮雕类、壁饰类、小品类五种。

3) 建筑设计的美学呈现

(1) 比例与尺度。建筑物的比例,指它的整体或各部分、各构件本身,或它们之间的大小高矮、长短、宽窄、厚薄、深浅等各方面的比例关系;尺度指物体的形体与人体、物体各部分之间合适的尺寸关系,尺度与比例关系密切。

(2) 均衡与稳定,均衡指建筑物前后、左右各部分之间的轻重关系,稳定指整体上下之间的轻重关系;建筑设计要做到均衡与稳定的统一。

(3) 节奏与韵律。节奏指建筑物形式要素有规律的重复;韵律指建筑形式要素以节奏为前提有秩序的变化。

(4) 多样与统一。多样指建筑要素之间的差异、变化;统一指建筑要素之间在形式上的某些共同特征和它们之间的关联、呼应、衬托、协调关系。

2.3.2.2 国外建筑美学发展

提及人类文明早期的建筑及建筑美学,不得不介绍几个人类文明发祥地的建筑,包括:古埃及、古代两河流域、古印度、古代爱琴海及古代中国。

古埃及的著名建筑一是金字塔(法老的陵墓),二是太阳神庙,这种建筑的美,对人来说是一种威慑力,是崇高。

古代两河流域的建筑多为砖结构,这里曾经有过辉煌的萨艮二世王宫,曾经有过号称古代奇迹之一的"空中花园"以及波斯的帕塞波利斯宫等优秀建筑。

古印度着重宗教建筑,宗教也是其美学,印度佛教建筑有两大类:一是佛塔,二是石窟。佛塔是佛教徒去世后的坟墓,为半圆形;石窟是佛教徒讲经说法和进行其他佛事活动的地方。

西方文化重要发祥地的古希腊,代表了地中海文明的灿烂辉煌。浩瀚的地中海上散布着众多岛屿,互不连续,互相分立,其农耕混合制的经济与渔业活动使生活在这里的西方民族对地理方位、空间布局的感受较强,极容易产生强烈的空间感。古希腊众多的岛屿相对隔离,无形中孕育了古希腊民族的空间观念,积淀了其"纯空间"的潜意识。多变的地形,客观上在西方人观念上造成了"空间是可以被限定的、有限的"思维定式与认识模式。从建筑美学的角度看,古希腊是个十分重要的时期,他们非常注重形式美,特别是其中的柱式,如帕提农神庙、波赛顿神庙、伊瑞克提翁神庙等,后来为整个西方古代建筑所沿用。帕提农神庙的正面有严格的几何构图关系,其高、宽比为"黄金比"即 0.618∶1。伊瑞克提翁神庙平面呈

"品"字形,其南墙西侧的半亭以6根柱组成,柱形为女性雕塑像,轻盈秀美、楚楚动人。其他建筑如列雪格拉底音乐纪念亭等,柱式呈现纤巧、丰富特点。

古罗马在建筑上大量学习古希腊,包括柱式、柱廊及其他建筑形式和细部,不但重视工程技术和功能,而且也很注重形式美。古罗马的建筑类型很多,如凯旋门、角斗场、潘松神庙、卡拉卡拉浴场等。

1)国外几种典型古建筑的美

(1)拜占庭(古希腊)风格的建筑美。一是集中式布局,往往以一个大厅为中心,以纵横两条中轴线布局;二是穹隆顶,大厅用半球形的穹隆顶,四周各用半个或1/4个穹隆顶布置,在高度上层层跌落,形成庄重、辉煌的造型效果。很多西方教堂沿用了拜占庭式的建筑风格,他们分别具有建筑平面紧凑、形式简洁宁静又庄重雄伟特点,具有活力和美感,遵守"变化与统一""均衡与稳定""比例与尺度"等建筑法则,建筑形态丰富多变、高高低低、色彩绚丽多姿、璀璨辉煌。

(2)罗马(意大利)风格的建筑美。建筑形态修长,出现了尖尖的屋顶,建筑形态及其与周围的建筑群和谐,不但建筑美而且奇。这一时期建筑开始使用肋、束柱、圆柱形门窗,体现了艺术与宗教的结合美。

(3)哥特式风格的建筑美。广泛使用线条轻快的尖拱卷,造型挺秀的尖塔,轻盈通透的飞扶壁,修长的束柱、彩色玻璃镶嵌的花窗,造成一种向上升腾至天国的幻觉,反映了基督教的时代观念和中世纪城市发展的物质和精神面貌,如巴黎圣母院(法国)、兰斯教堂(法国)、亚明教堂(法国)、乌尔姆教堂(德国)、林肯大教堂(英国)等。

(4)伊斯兰风格的建筑美。一部分吸收了罗马、拜占庭建筑风格,另一部分则是西亚建筑的传统建筑风格。一般的建筑形式采用立方体形式,顶上加建穹隆顶,加以叠涩拱券、彩色琉璃砖镶嵌以及高高的邦克楼等。属于这种建筑的类型的有克尔白(麦加)、布兰·达瓦扎清真寺(印度)、苏丹·哈桑礼拜寺(开罗)、伊斯法罕皇家礼拜寺(伊朗)、泰姬·玛哈尔陵(印度)、阿尔汗布宫(西班牙)等,这些有其伊斯兰建筑风格但又具有地域特点。

(5)东亚诸地风格的建筑美。主要范围除我国外,包括日本、朝鲜及中南半岛和马来半岛、南洋群岛等。日本古代建筑材料多用木材和石料,还有竹、土、树皮和草料等,早期建筑较为简陋原始,后来从我国学到很多建筑技术经验,房子建造技术越来越考究,而且成了定式。朝鲜早在4世纪时,出现三个国家:高句丽、新罗和百济,其古代建筑在继承三个国家建筑文化的基础上,又受到我国及日本建筑文化的影响,如佛国寺、昌德宫等。中南半岛建筑主要受到佛教文化和中华文化的影响,如仰光大金塔(缅甸)、大王宫(泰国)、吴哥城(柬埔寨)、千佛塔(印度尼西亚)、塔銮(老挝)、顺化皇城(越南)。

美洲古代文化发展比较早,但后来被西欧殖民者中断,但有好多积淀在古老的建筑上,如太阳神庙、羽蛇庙等。

2)国外古代建筑的艺术观念与美感特征

在18世纪以前,东西方均处于农业和手工业文明时代。西方古典建筑是当时手工业社会的产物,它使用砖石作为主要建筑材料,采用与之相应的结构形式,建筑功能相对简单,建筑类型不多,空间组合手法比较单调。人们的物质和精神的发展在一种较低层次上,处于相对平衡状态,注重形式、装饰和精雕细刻的倾向,像对待装饰一样对待建筑,表现出形式的和谐与统一,是西方古典建筑艺术的一个特征。在美学观念上也表现出追求和谐,强调"形式美"法则的特点,并认为美存在于一定的数值比例关系之中,这种美学观念可追溯至古希腊时期,并一直影响着西方古代建筑艺术。

尽管西方古代建筑的审美以和谐美为主线,但西方古代建筑的美也表现出从优美到宏丽、从崇高到人本、从追求扭曲变异到追求柔媚纤细等审美形态的变化。

(1) 从优美到宏丽

在古希腊和古罗马时期,追求的是以和谐美为主调的审美理想。其中,古希腊建筑艺术以优美为特征,即无论是在主体与客体、内容与形式,还是在材料与结构、工艺与技术等方面,都反映出和谐统一的美感特征,良好的人体尺度的应用使之充满了人本主义的优美感受。古罗马则更多地追求宏伟、壮丽的美学效果,以巨大的尺度和厚重的结构形态,在显赫的气氛中表现帝国的雄风和威严。

①古希腊的和谐优美

古希腊是欧洲文化的摇篮,古希腊建筑是西方建筑发展的基础,其美学思想一直影响到现代。在这样的美学思想之下,古希腊建筑与造型艺术也表现出一种和谐之美,这种和谐美主要体现在如下几个方面:a.和谐比例与数理美为特征的和谐统一;b.力学性能上的协调统一;c.人体比例的绝妙应用;d.基于自然主义的和谐美。

②古罗马的宏丽辉煌

主要体现在:a.推崇宏丽的美学效果;b.伦理化与基于实用的美学理念;c.追求永恒的艺术秩序。

(2) 从崇高到人本

①中世纪的崇高、神秘与自然秩序

中世纪建筑的审美观念有了一些新的发展:其一,在宗教建筑中拓展了"崇高"这一审美范畴;其二,城市空间布局中深化了自然与宗教秩序的结合。主要体现在:a.崇高的神秘感;b.有机的自然秩序。

②文艺复兴的人性化审美

中世纪强调宗教概念的表达,文艺复兴则再次高扬人本精神,重新肯定人的价值,并用现实之人取代了天国之神。追求现实中的人性美乃至世俗美成为当时的审美主潮。这种审美观念在绘画、雕塑乃至建筑中,均得到充分的反映。从文艺复兴的建筑来看,其美学特征和艺术创造表现在如下几个方面:a.人本主义倾向,文艺复兴的重要成就是将古希腊神庙外部所表述的人类感情移入建筑内部空间中,也把罗马时期和哥特时期仅限于平面设计的格律应用到空间塑造中;b.兼容的建筑风格,文艺复兴时期的建筑多采用拱券结构,充满了艺术个性;c.数理美学的应用,此时期的建筑摒弃了尺度不一、空间的无限性和分散性哥特式空间做法,也反对罗马式空间的偶然性,而是极力寻求一种秩序和规律。d.静观式美学效果的复兴,追求连续和无限的空间是哥特式建筑的特色。

(3) 从扭曲到柔媚

①巴洛克的扭曲与空间渗透

巴洛克艺术是17~18世纪在意大利文艺复兴的基础上发展起来的一种建筑艺术风格,

是对文艺复兴建筑的一种反叛和补充,表现出对文艺复兴时期所追求的严格、理性秩序的不满。巴洛克由罗马发起,一直到了17世纪中叶才盛行于德国和英国。巴洛克持续了近乎100年,是至今最后一个具有统一风格的形式。

巴洛克建筑物的规模、空间格局以及装饰的奢华,是为了宣扬教会和国家的威望,它满足了当时艺术上、思想上和社会上各种层面的需求。巴洛克出现在空间解放的时期,这是对规则、传统、基本几何关系和稳定感的一次反叛,是从对称形式,从内部空间与外部空间的对立中的一次解脱。它意味着精神状态从对古典主义者的俯首听命中解脱出来,去接受大胆、幻想、变化、对形式方面条条框框的排斥、舞台效果的变化无穷,接受不对称性和混乱,将建筑、雕刻、绘画、园林艺术以及水景等交织配合,反对僵化的古典形式,追求自由奔放的格调,表达世俗的情趣,摒弃古典建筑的种种规则和惯例,反对盲目崇拜古罗马建筑理论家维特鲁威,也冲破了文艺复兴晚期的种种清规戒律,反映了向往自由的世俗思想。

巴洛克式空间不是采用明确而有节奏的空间形式组合方式,而是将相互对比的空间形式并置;在垂直方向上,它摒弃16世纪建筑师将建筑物与穹顶明确区分,成为两个相对分开的体积的做法,而是把整个空间当作一个单位,弯顶与下面的空间融合为单一的连贯统一体,墙体结构也采用连续性的造型处理,在水平与垂直方向上互相渗透,使每一个空间单元丧失明确的界限,把空间互相渗透性表现得淋漓尽致。

②洛可可的柔媚与细腻

"洛可可"是18世纪20年代产生于法国的一种建筑风格。"洛可可"一词源自法国词汇"Rocaille",意味着岩石和贝壳,其意思是指岩状的装饰,基本是一种强调自然形的漩涡状花纹及反曲线的装饰风格,与巴洛克艺术风格最显著的差别就是,洛可可艺术更趋向精制、幽雅,具有装饰性的特色,不像巴洛克风格那样色彩强烈,装饰浓艳。

洛可可建筑在室内装饰上,具有柔媚、温软、细腻倾向。装饰题材倾向于自然主义——自然形态的叶子和枝干形状、贝壳、珊瑚、海草、浪花和泡沫等海浪形状,成为室内装饰的主要装饰题材,卷草舒花、缠绵盘曲,连成一体;室内应用明快的色彩和纤巧的细部饰物,家具也非常精致但偏于烦琐,常常采用不对称手法,喜欢用弧线和"S"形线,顶棚和墙面有时以弧面相连,转角处布置壁画。

为了模仿自然形态,洛可可建筑的室内部件也往往做成不对称形状,使之变化万千,但有时过于矫揉造作。室内墙面粉刷常用嫩绿、粉红、玫瑰红等鲜艳的浅色调,线脚大多用金色。室内护壁板有时用木板,有时作成精致的框格,框内四周有一圈花边,中间常衬以浅色东方织锦。

(4)从严谨到混杂

①古典主义的严谨与理性

a.强调普遍与永恒美学原则

古典主义是17世纪法国文化的总称。在美学中的"真、善、美"三者关系上,极力强调"真"的重要地位,认为只有反映真实,才能表现美。在建筑艺术上,也极力推崇理性,探求具有普遍性、永恒意义的建筑美学原则,反对个性、反对表现情感。认为建筑美就在于纯粹的几何形状和数学比例关系,把美完全归结于数学关系。同时,强调建筑局部与整体、局部之间严谨的逻辑性。

b.讲究轴线对称与主从关系

古典主义建筑在布局和构图中,讲究严格的对称均衡,突出中心轴线,主次关系十分明显,在外形上显得端庄雄伟;同时,追求抽象的对称与协调,寻求构图纯粹的几何结构和数学关系。古典主义的规划也强调轴线对称、主从关系,突出中心和规则的几何形体,强调统一性和稳定感,突出地表现人工的规整美,反映出控制自然、改造自然和创造一种明确秩序的强烈愿望。

②浪漫与折中主义的审美

进入18世纪,西方建筑审美领域开始转变方向。一方面,由于英国在17世纪中叶完成了资产阶级革命,而产业革命在城市里引起的消极后果促使人们厌恶城市生活和工业文明而向往田园,宣扬追求人的个性自由、道德完美,跟万物和谐地相处。他们向往中世纪的生活,在建筑上模仿中世纪寨堡和哥特风格。另一方面,在法国思想家卢梭的影响下,欧洲掀起"重新发现自然"运动。西方的这种变化,首先表现在放弃了对几何美的追求,转而追求自然主义美学。

折中主义建筑在19世纪上半叶兴起,主要是为了弥补古典主义和浪漫主义在建筑上的局限性,他们任意地模仿历史上的各种风格,或自由组合各种式样,所以也被称为"集仿主义"。这种主义建筑并没有固定的风格,但它讲究比例权衡,沉醉于"纯形式"的美。

3)现代国外建筑的审美拓展与当代建筑的审美变异

(1)从形式到功能的审美拓展

现代建筑对美学观念的拓展,表现在从注重形式美的追求转向以功能为表现内容的技术美学等的转变。

①从外形到空间

20世纪建筑领域最重要的观念变革,是"空间"的概念取代了以往"形式"的观念;在现代建筑运动中,实现了从形式美学向功能美学的转变。在现代建筑运动中,建筑师对空间观念的拓展是在长、宽、高三维空间中引进时间因素,从而产生流动空间的概念。

②从形式到功能

在现代主义之前,从文艺复兴到古典主义,西方建筑界一直以"形式美"法则作为塑造建筑的主要美学原则,直到18世纪下半叶,欧洲建筑仍然是古典主义美学的天下。但在此时,出现了布隆代尔、列杜和杜朗,其中,布隆代尔认为不同目的的建筑必须选择不同的性格,杜朗则在反复强调建筑的实用性和经济性,并指出"当一座建筑满足了其实际功能之后,想要其不可爱也是不可能的"。

功能主义的建筑美学主要有两种类型:一是"比拟于生物"的美;二是"比拟于机械"的美。

③从静态到流动

西方古典建筑空间多表现为静态的艺术形式。古希腊和古罗马建筑所表现的审美理想是以和谐为基础,不论是外部空间,还是内部空间,任何相邻空间的关系基本上都是绝对独立的,厚重的分隔墙也越发加强了这种独立性。不论是圆形空间还是方形空间,其共同规律都是对称性,以超人的宏伟构成双轴线的壮观效果,基本不会因观者存在而在效果上产生变化,是一种观静独立的艺术存在。尽管建筑空间形式在各时期有所变化,但以静态为特征的审美形式一直占据主导地位。

随着现代物理学的出现,经典的时空观念被打破,时间与空间不可分割的观念在建筑设计中得以反映,追求空间流动的艺术概念也在现代建筑运动中得以发展。

在当代,数字化技术使建筑空间的概念产生了极大的变化,以流动变化为特征的数字建筑艺术对传统空间观念产生了强烈的冲击,一些建筑师努力探索含混、复杂的空间,创造了前所未有的建筑形象。

(2) 审美变异的哲学内涵

20世纪60年代以来,建筑美学观念上出现了审美观念的剧变,其审美思想迥异于传统美学,被称为当代建筑的审美变异。

任何时候,美学与哲学都有着紧密的关系。一种哲学思潮的出现,总会在美学与艺术领域产生一定的影响,而某种美学流派的兴衰更迭,也与相应的哲学背景有很大的关系。哲学观对美学的影响与制约,具体表现在美学的本体论、认识论和方法论上,同时美学的中心概念和理论体系也与哲学相互对应。

古典理性主义主要表现为演绎逻辑和归纳逻辑两种形式。近代理性主义分化为推崇演绎法的大陆唯理论和推崇归纳法的英国经验论两种形式。唯理论推崇理性思维,贬低感觉经验,认为只有运用逻辑推理的方法,才能认识真理;经验论者则竭力抬高归纳逻辑的地位,并对理性进行了经验论解释。他们认为,理性要以特定的方式去接受过去经验的指导。

现代建筑设计思想萌生于19世纪中叶。受18世纪启蒙运动和产业革命的影响,现代建筑把创作观念牢固地建立在理性主义基础之上,并把理性精神贯穿于它的美学体系与艺术手段中。现代建筑的理性精神,既包含了推崇演绎逻辑、讲究概念明晰和数理秩序的古典理性,也包含了从经验主义发展而来、建立在现代实用主义基础上的理性主义成分。在本体论层次上,它以近代科学精神为指导,强调建筑的物质性;在认识论层次上,它关心经验支持,坚持科学性,反对神秘主义;在方法论层次上,它讲究逻辑推理方法,反对主观与随意性。同时,它把社会进步作为建筑设计的最高价值,体现出"价值的合理性",并采用工业化的生产手段,作为目标的追求方法,体现了"实践的合理性"。这些理性精神集中反映在它的功能理性、概念理性、逻辑理性与经济理性等方面。

但是,当代先锋建筑的审美变异,恰恰表现为对其理性精神的挑战与质疑,与此同时,唯意志论、存在主义、东方神秘主义等非理性主义思潮乘虚而入,使建筑美学理论呈现出理性失落的倾向。这种失落,其一,表现为在建筑创作中,夸大人的直觉、无意识、本能等非理性因素的地位与作用,追求自我,表现自我,忽视建筑的物质性和社会性制约因素;其二,抛弃理性的目的,仅仅关注理性的表现手段,甚至用理性的方式向理性概念质疑,从"超理性"走向非理性。在实际中,前者更多地反映在后现代等流派的创作观念中,后者则更多地反映在解构主义设计方法中。同时,当代先锋建筑思潮中的理性失落,隐含于"量变"到"质变"的过程中。所谓"量变",就是对现代建筑理性精神的质疑,并逐步渗入非理性情感因素;"质变",则是用非理性取代现代建筑的理性精神。当代建筑审美变异所体现的哲学特征,主要表现在消解功能理性、摒弃形式理性、否定逻辑理性、重释经济理性几个方面。

尽管早在古罗马,维特鲁威的建筑"三原则"就把实用功能置于首位,但是只有现代建筑才真正开创了以功能作为理性依据的创作新风。由于以功能作为主要的美学内容,从而使现代建筑的理性主义有别于古典建筑中的理性主义。因此,功能主义常用来指代那些把功能作为创作原则的设计思潮。其实,功能主义仍属于理性主义,它是功能理性——注重理性功用与实效的现代哲学思潮在建筑领域的反映。功能主义的基本理性特征主要表现在:注重形式生成的因果性,重视设计过程的逻辑性,追求设计与建筑产生最大功用与效益三个方面。功用理性的最大特点,就是着眼于理性的功用与效益,认为理性的观念在发生具体功效之前,本身没有内涵与价值,它的价值取决于解决问题的效果与能力。现代主义建筑师在设计中,亦追求建筑发挥最大的实用功效和经济效益,以功利主义的态度来看待建筑物的价值。因此,注目于实用功能,以此作为建筑设计的出发点,轻视人类的情感、历史文化、地方风俗等因素,在这种观念指导下,一些现代派建筑师甚至把人类生存环境的创造精简为满足最低限度生存要求的"机器",把建筑设计等同于工业产品设计。

功能主义的理性精神,还表现在他们把建筑设计的目的上升到美学中"善"的高度。古希腊哲学家苏格拉底认为,美与善的统一是以功用为标准的。亚里士多德亦认为,美是一种善,其所以引起快感正因为它是善。

现代建筑大师亦认为"美"即"善""善"即"美"。因此把"功能"作为建筑设计主要的美学依据,认为完善的功能表达就是"美"。同时,还把建筑设计看作是促进社会进步的手段和建设美好社会的伦理性行为,而非表达个人情感的器皿。功能主义摒弃先验、固有的理想模式,按照客观对象的功能、构造与材料性能进行建筑的形体设计。

以功能理性为特征的设计方法具有不可磨灭的历史功绩,但不可否认,它也带有一定的历史局限性,这种局限性在后来受到人们的不断质疑。

在第二次世界大战后,现代主义的功能理性概念不断受到人们的质疑。人们普遍要求恢复建筑与城市中历史文化的关联,寻求能促进情感交流的城市布局模式,探索能容纳生活的复杂性与矛盾性的建筑空间。一些建筑师和艺术家指责功能分区丧失了丰富的城市生活情趣,把一个复杂的城市有机系统肢解为简单的平面几何关系,它割断了历史与文化情感的联系,极力否定"功能城市"与"功能建筑",否定追求逻辑性的设计程序,抨击功能主义的纯洁理性。

排斥功能理性是当代审美变异的一个特点。技术美学是重视实用功能的美学,而当代审美变异却强调建筑作品的"意义"。它通过表现地方性,讲究人情味和借文脉、引喻、象征等各种手法表述独特的艺术内涵,以满足当代社会的审美心理。

追求概念合乎理性,讲究真实、明晰、使含糊性与不准确性最小,这是现代建筑设计思想的精华,也是技术美学又一个哲学特征。在这种观念的支持下,它要求建筑在内容表达上清晰明了,避免含混与矛盾性;在形式与内容关系上高度一致,避免虚假;在材料使用上讲究科学性,并具有表现上的真实感。同时,在形体塑造上符合形式美学,注重和谐统一,追求纯洁的外表、清晰的构成和精确的形象。对完美与精确的追求,使现代建筑大师采用数学和几何规律作为美的衡量尺度,反映出以形体和内容上的"真"为中心内核的理性精神。同时,这种理性观念导致建筑大师将装饰视为"罪恶",使"简洁""表里一致"成了现代建筑特有的"标签"。因此,将这种以"真"为追求目的、形体与内容的高度统一为特征、概念清晰为中心内容的美学观念称之为"概念理性"。

否定逻辑理性是当代审美变异的又一哲学特征。力求一致,避免矛盾,是现代建筑重要的美学原则,他们倡导以明确的逻辑、合理的功能流程、表里一致的形式进行建筑创作。为了追求最合理、最经济的生产效果,他们极力强调标准化、预制化等生产手段,而为了满足生产工艺流程,就必须符合一系列材料、力学性能,以及结构合理等逻辑法则。为此,现代主义大师把注重工业技术,摒弃装饰,结构精简,符合逻辑等充满理性精神的生产原则上升到美学高度,从而构成了"机器美学"的框架。

这种"逻辑理性"同样被当代某些建筑师不同程度的背离。一些建筑师反对建筑中表里一致的固定程序,主张用"东拼西凑"来构筑建筑文化,在他们的作品中,各种历史片断相互交织而失去逻辑联系。也有一些建筑师用手法主义取代了现代建筑的技术理性原则,他们则用高科技追求艺术化的效果,用"推向极端"的方法,取代现代建筑的逻辑理性——极端的重复模数构件、极端的逻辑性、夸张的结构形象,使现代建筑先驱的结构逻辑、纯洁表面的手法相形见绌。

更有一些建筑师企图凭借纯理性建立世界事物,对现代建筑持批判态度,他们推崇非理性和情感因素,认为机遇与偶然也具有合理性,把审美追求扩展到非逻辑的领域。

现代建筑设计哲学的基本特征是:用科学的客观方式去理解事物,以逻辑推理的方式追求万物之本原,用精确的定义、清晰的思路和几何数理规律去把握设计程序。而这种设计哲学的产生,与其追求经济合理的理性目标是紧密相关的。近代工业文明强调"时间就是金钱,效益就是生命"。因此,标准化、专业化、同步化成为工业时代生产的法则。精确的时间单位、通用的空间度量,这一切都使数理规律与逻辑在更大范围内适用,现代建筑的创作观正是建立在这一切的基础之上。由于建筑构件与机械生产紧密相连,因此,美学法则就必须与数理规律和几何秩序相适应。简洁、明确的几何体形,意味着能源的节约;机械化程度的提高,也意味着能取得更大的经济效益。因此,现代建筑积极遵从这种数理规律,并强化这种逻辑的秩序,使之成为最重要的理性原则之一。

然而,在当代西方建筑创作领域,特别是在某些先锋建筑中,经济理性的追求已大为减弱。资本主义社会巨额的剩余资本,商品社会追求广告效果的价值观,使建筑变成了大量挥霍金钱的场所,高强度铝、镜面玻璃、昂贵的工业材料,使建筑造价扶摇上升,一掷千金使之变成"富人的建筑",沉迷于富丽奢华之中。而现代建筑标准化的形式、朴素的外表反倒受到冷遇,被斥为"失去人情味"。

(3)审美变异的发展趋势

现代建筑表现出"重统一、轻多样"和"非此即彼"的审美价值取向。在当代建筑的审美变异中,"理性骨骼"的一部分正被非理性的"软组织"所取代,明显表现出观念多元化趋向,它抛弃了非此即彼、单一僵硬的审美模式,采取更为灵活兼容的审美态度,体现了一种"共生"精神,它表明了审美价值取向上的"软化",即柔软、灵活化。在追求审美理想多样化、审美情趣大众化、审美标准情感化的同时,也不断扩展冲突、残缺、怪诞等"否定性"美学范畴,在种种审美变异表面背后,包含着"审美软化"这一基本内涵。

"审美软化"意指美学和艺术领域出现的概念模糊化、标准情感化、观念多元化、情趣大众化等审美倾向。这种"非此即彼"的价值取向,在文化价值观、历史观以及技术价值观等方面得以集中反映。在当代,随着建筑审美观念体系中理性的失落,现代主义的机械、刻板、僵硬的价值标准受到严峻的挑战。人们抛弃统一的价值标准,代之以柔软、灵活、多元的审美观念,"兼容"而非"排斥"的审美态度,"发散"而非"线性"的思维模式,表现出价值观的多元取向。故此,将这种从"一"到"多"的过程视为"软化"的过程。

软化的基本目的是在建筑创作中实现人性的复归,即摒弃概念化之"人"的模式,把个性化之"人"作为建筑创作的核心、出发点与归宿。在建筑美学的本体论、认识论和方法论三个层次上,都从"物"回归到"人"本身。

在建筑审美领域,审美软化包括:a 审美价值观的软化——多元化;b 审美情趣的软化——个性化与俚俗化;c 审美信息的软化——模糊化与虚幻化;d 审美时空的软化——艺术化与情感化等内容。

多元化、俚俗化、模糊化、短暂化与过程化、情感化与艺术化,这是当代建筑审美变异的基本特征,也是其总体趋势,亦即审美软化的趋势。

①观念多元化

建筑的美学观念主要反映在"文化价值观""历史价值观"以及"技术价值观"等方面,而当代建筑的审美变异,正是由于这些价值观的多元取向,才出现各种复杂的审美现象。

随着多元文化价值观的确立,首先在世界范围内打破了单一的审美模式。建筑艺术从表现"功能"这一世界大同的内容,被有地区性差别的"文化"所代替。同时,随着各种文化价值观的兴起,建筑呈现了各异的风格。在当代多元的文化价值观念中,最有代表性的是新技术主义、批判地域主义、传统主义以及多元拼贴式的文化价值观。

新技术主义的文化价值观是现代主义在当代的发展,其特点是利用当代高技术手段创造不分地域和民族的建筑形式。这种文化模式在晚期现代建筑作品中表现得最为充分。他们耻于任何历史和文化的关联,而是关注建筑的空间形式、几何造型。

批判地域主义文化价值观广泛存在于第二、第三世界,它对西方技术和本地区、本民族的文化,均采取有选择地吸收的态度。其基本措施是:借助建筑的环境要素,立足于本地区的地理环境、气候特点进行建筑设计,反对国际式的建筑文化模式,摒弃无场所感的环境塑造方式。同时,追求具有地域特征与文化特色的建筑风格,并借助地方材料和吸收当地技术来达到这些目的。

多元拼贴的文化价值观的特征是:随意采撷世界范围的古今建筑遗产作为创作素材。在这种文化价值观念中,"拼贴"即是创造,"现有的"就是"传统"。故无所谓"本国的"还是"外国的","古代的"还是"现代的",只要合用,即可照搬,表现出"等价并列"的审美价值取向。

在这种审美观指导下,东方阴阳的哲理、西方文化的精华、密斯式的精雕细作、苏联构成主义的手段等都被视作可混杂和拼贴的材料,从而使作品出现无文化特征的"拼贴文化"情调。同时,由于失去历史与逻辑线索,常常产生一种超现实主义的梦幻之美。

传统主义的文化价值观是当代建筑文化思潮的重要组成部分。其特点是:强调建筑文化的历史沿袭性,倡导文化必须遵循时空与地域的限制,肯定文化的民族差异性,承认审美活动中的怀旧成分,反对现代主义激进的审美时空观和国际大同的文化观念。

②时空情感化

时空处理的艺术化与情感化是对现代主义"重物轻人"价值取向的反驳,也是对"均质化"时空处理所采取的情感补偿措施。西方古典理性主义一个重要特征,就是将自然现象与社会现象、人与物等同对待,固守"纯之又纯"的绝对客观真理,笃信理性万能,否定人的主观能动性,表现出不是以人、而是以"物"为中心的价值取向。

第二次世界大战后,随着人本主义思潮的兴起,现代主义重物轻人的价值取向逐渐受到人们的摒弃,在建筑和城市设计领域显示出对人的关注。

③信息模糊化

后现代建筑的一个重要特征,就是企图用含混多元的信息构成,以满足不同层次的审美交流。他们认为,现代主义设计观念的主要弱点,就是过分强调功能的单一性和信息构成的纯洁性,"在历史漫长进程中积累起来的多种功能的混杂,被当作反现代的东西而遭拒斥。功能的纯净、空地的纯净、空气的纯净成了人们的口头禅。"这种审美价值取向,导致了现代主义排斥性的审美态度——排斥俚俗、装饰、幽默和象征性手法,将文化与情感置于与功能对立的另一极,全然缺乏模糊性,结果导致了情感的疏离。

因此,后现代建筑师极力反对精确、清晰的空间组合关系,用模糊化审美信息,创造多义的建筑形象,使传统的"硬美学"在信息、构成方面得以软化。虚构、讽喻式拼贴,象征手法,滑稽的模仿,在矛盾对立中引进第三者……,这些都使后现代建筑呈现出游离不定的信息含义。空间构成的模糊性、主题的歧义性、时空线索构筑的随机性,这一切都包含在"是,然而……"这种矛盾复杂的语法结构中,形成层层相叠的美学"迷宫"。

④环境生态化

由于环境的破坏,人类对重塑平衡的生态环境越来越关注,生态化审美已成为当代审美的一个重要发展趋势,是否符合生态学原理、是否有助于生态平衡成为当代审美的一种趋势。

20世纪,随着科学技术的发展,人们注意到技术文明在给人类带来幸福的同时,也给人类带来了灾难性的后果:环境污染和无序开发,使人居环境日益恶化;对资源无节制地开采与破坏,使生态危机进一步加剧;城市文化特色丧失,一些富有地方特色的城市正在被千篇一律的"面孔"所取代。人类在获得极大物质享受的同时,地球的环境却在不断恶化,人类的文化环境也在逐渐消弭。在这一背景下,人类已进入"生态觉醒"的时代。事实上,在现代建筑运动中,一些建筑师已经在建筑和环境的融合上做过一些探索,如赖特、柯布西耶、阿尔托、富勒等都不同程度地引入所谓的"有机建筑""节能建筑"和"自持续"建筑的设计。

(4)审美变异的美学手段

在当代审美活动中,审美变异在美学手段上主要表现为二元消解、边缘拓展、多极互补、中心虚化等各种美学手段。

当代建筑的审美变异的审美情趣主要表现在开拓了个性化审美、对立面审美、片段化审美、过程化审美等方面。

对立面审美:在传统美学中,推崇优美、典雅、崇高等艺术效果,并把优美、典雅、崇高等作为美学范畴的肯定性因素。而在当代的审美文化中,出现对钟情丑陋、滑稽、怪诞的审美倾向,即将审美扩展到美学的否定性或对立面的审美范畴中,表现出变异的审美倾向。

冲突性审美主要体现在:①扭曲与破碎:古典的形式美学和技术美学均追求和谐完美,但在当代的一些审美领域,却表现出追求残缺与破碎等冲突化的审美倾向。在今天被称为解构主义建筑师的审美观念中,强调冲突破碎的意向尤其明显,在他们的作品中,经常出现支离破碎的建筑形象和爆炸式的空间构成。"飞梁法""扭曲""畸变""错位""散逸""重构"……，从他们的建筑艺术语言中，就可见一斑。②否定与裂解：否定与裂解的审美情趣是指否定秩序与规律，追求无序、混乱、冲突、破碎之美的审美情调，表现出一副美学反叛者的姿态。

过程化审美：重永恒、轻短暂是西方古典理性主义美学和现代建筑美学的共同特征，也是"硬美学"所具有的突出标志。在当代建筑审美领域，一个重要倾向，就是对短暂性美学和审美过程的关注，它构成了审美时空软化的又一基本内容。

2.3.2.3 中国建筑美学发展

1) 中国建筑的历史脉络

我国建筑的起源是穴居和巢居，单单就建筑的形式而言，讨论它们的美学价值似乎有些牵强。

在姜寨遗址和半坡遗址中有所谓的"大房子"原始聚落，其聚落的中心是"中心广场"；陕西临潼姜寨原始聚落具有颇为强烈的向心性。居舍围绕"中心广场"呈现环形或相向布置的态势，作为公共活动场所的"大房子"通常是设在整个群落的中心或者广场边缘，几乎所有的房屋大门都朝向"中心广场"。半坡遗址居住区的40余座原始"住宅"围绕"广场"按环形布置，"中心"中部偏西为"大房子"，同样形成一个向心的形态。反映出农耕民族亲近土地、崇尚稳定的向心。这种内敛、团聚的形态在以后的建筑乃至城市布局上都得到了反映。

从原始社会到先秦时代，我国建筑的发展正以像《诗经》所述"百堵皆兴"（《诗·小雅·鸿雁》）的历史姿态、犹如日出的磅礴之势。同时，在这个阶段的末期也是我国古典美学的发端。先秦时代是我国由奴隶制向封建制过渡的时代，殷周的密教神学统治发生了动摇，旧的观念纷纷瓦解。这时期出现了思想解放、百家争鸣的局面。这样一种社会条件，使得先秦成为我国美学史上第一个黄金时代。在这些古典美学理论发端之前，我国古代的建筑已经有了辉煌的发展，虽然理论的表述晚于建筑的初始形式。

河南偃师二里头遗址上层发现的大型宫殿基址，是迄今所知我国最早的宫殿建筑，年代约为公元前1900—前1500年，反映了这一时期建筑水平的代表性遗存，已经发掘的两座宫殿遗迹都建筑在夯土台基之上。这两座宫殿由殿堂、廊庑、庭院、大门等单位建筑组成，布局严谨，主次分明，其形制开创我国宫殿建筑之先河。

在此之后，公元前14—12世纪的殷墟（殷都遗址）是我国商王朝后期都城遗址，位于河南省安阳市西北郊的洹河南北两岸，面积约30平方千米。迄今所知我国商代规模最宏大的宫殿，也在河南安阳洹北商城内被发现，是整个商代乃至先秦时期最大的单体建筑。在当时的生产力条件下建造如此大规模的建筑物的确体现了当时人们追求宏伟的开拓精神，《周礼·考工记》中描述："殷人重屋，堂修七寻。堂崇三尺，四阿重屋。"在这段描述中可以看到殷代的宫殿相当宏伟，其基础高出地面三尺，已经有了高台基的特点，屋顶四面呈现坡形，而且是重檐屋顶。经过考古发掘证实在先秦时期人们确实创造了大量恢宏雄壮的建筑物，而这些建筑的形式为今后几千年的我国古代建筑形式定下了基调。春秋战国时代是众多思想家和思想流派涌现的年代，这些建筑的具体形式和样式并没有受到挑战，但建筑的格局、规模和相互关系上作为礼法被得到强化。尽管由于种种原因，先秦时期的建筑实物已经荡然无存，但从考古发掘的情况看，那个时期我国的建筑已经相当发达了。公元前12世纪末至前11世纪初,就有在基本统一的形式下完成的建筑群体组合,并且作为一种向往和效仿的标准存在下来。

在春秋战国时期,各种哲学、美学思想纷纷涌现,社会思想从原始崇拜、巫术占卜转而开始梳理成系统的理论,这应该是建筑在新的思想影响下蓬勃发展的时期,新的建筑式样应该更多地出现,但是我国古代建筑在这个时期并没有呈现焕然一新的面貌,而是沿着既有的道路和式样发展成熟下来,这也和当时主要思想家的思想观念有着直接的关系。

从儒家思想的确立开始,我国古代在观念上和行政制度上对物质的欲望都持一种排斥的态度,而建筑更多地在社会生活中体现的是其物质功效,这实际上对我国古代建筑的发展是有消极影响的,使得我国古代在很长一个时期内建筑形式比较单一,与当时发达的社会经济和迅速发展的科学技术相比,尤其是从建筑审美上来看,建筑形式的发展的确有些滞后。但从另一方面来说,这种现象对于一直流传至今的传统建筑式样却有大有裨益,因为时间给予它足够的空间来把自身推向近乎完美的极致境地。

中国古建筑受道家、儒家传统美学主流文化的影响,认为建筑主体上是人类适应环境的手段,是以适应环境为目的,对局部环境进行改良的人工构筑物。

宅是人类最原始的建筑,来源于防禽、避寒驱潮的需求。人类在生产力极低,改造能力完全处于被动的状态下,开始为避禽兽虫蛇之群害、潮湿伤民和避冬寒而"构木为巢"或者"择穴而居",地势低潮湿作巢,高而干燥作穴,即"下者为巢,上者为营窟"发展到建筑,成为《扬州春词》所提及的"园林多是宅",即营造浪漫休闲的园林,建筑成为标胜引景点景的主体。

(1)中国古建筑单体形态

中国木结构单体建筑平面以"间"为单元,面阔和进深取决间数,一般取奇(阳)数,最大为9,基本形式"一堂两内"。平面布局上有一堂前两内后的双开间或者一堂居中左右各一内的三开间两种形式。三开间更有利于以提供适宜的使用面积,满足分室要求、空间组织,获得良好的通风采光,同时便于组群布局和整体梁结构。立面区为"三分",梁以上为上分,梁与地(堂)间为中分,地以下为下分,下分一为防水避潮,二为固基、空间、规模的调整,同时标志等级。结构造型"上出下缩",有利于遮盖风雨、排泄雨水、纳阳蔽日和建筑外形的变化和丰富,是中国木结构建筑"三分"最突出的部分,被日本学者称为"盖世无比的奇异现象"。官式建筑屋顶高度规格化,形成一套非常严格的规定和系列,民式则依山傍水活便,不管怎么说,屋顶成为中国古建筑外观形态创作的重要组成,具有突出的艺术表现力。

(2)中国古建筑的群体形态

以木结构为主体的中国古建筑由于单体体量不宜过大,群体往往属于多栋散离型布局,并以庭院式布局为主流。以院为构成单元,具有空间聚合、气候调节、场所调适、防护戒卫、伦理礼仪、审美怡乐的功能,适合传统家族制居住群体。闭合而露天的庭院往往形成建筑占地70%、庭院30%的比例,不仅明显改善气候和防止寒流等不良气候的袭击,而且公共空间显得宽敞,适宜各种家庭活动和伦理排列布局。一般有回廊围合的廊院式和若干建筑单体、墙、廊围合的合院式,而组群构成分规则型和非规则型,规则型多以纵深轴线串联,体现中国传统文化的"择中",中为贵的观念,同时突出空间序列、严密规整和适度调节的构成特点,宫殿寺庙祠堂往往多采用纵深轴线串联构成机制,在民居中多采用单体间沿纵轴排列,行与行之间相对独立,没有形成横向并联的串并联,串并联则在纵横向皆存在明显的轴线关系,当今的双拼就是非常典型的规模较小的串并联,即"一颗印",规则型群体构成还有重围和护围。非规则型也就是活变型,主要根据建筑功能自身非对称、地形高低起伏和活泼性建筑属性,不拘一格、自由布局,有折转、错落等形式。

中国离散型和庭院型建筑皆构成了一个封闭的空间组合形态,从而产生空间美和实体美,体量不一自然显现不同的侧重,有些群体侧重建筑的体量和形体美,比如云南典型的"一颗印"虽然体量小,但闭合封闭的布局和狭小的天井空间自然体现了体量和实体美感,区别于侧重体现空间美的其他庭院。而规模宏大的宫殿庙宇往往侧重体现建筑组群的时空性和多层次的复合空间性。中国建筑形态构成的另外一个鲜明的特点就是突出自身门、窗、廊等单体的铺垫,画龙点睛,引人入胜。

(3) 中国古典建筑的物理理性

中华文明是农耕文明,实用性成为中华民族传统的文化精神和哲学,如云南傣族的"有山才有林、有林才有水……"。实用性理性是一种经验性理性,不同于科学理性,中国传统的"理"涵盖伦理和事理,在坛、祠堂、庙、殿等方面的建筑空间和形态严格执行了其次序、伦理、等级等之间的伦理性,而民居、庭院、园林等建筑较集中,体现事理,即"因势论"的理性精神:"以物为法""因天才,就地利""立国都,非于大山之下,必于广川之上"……并且贯穿于建筑活动的各个过程,体现在环境意识中的因地制宜、在构筑手段上的因材致用、在匠意上的因势利导。

① 因势利导的匠意布局

中国传统农耕文化形成的"万物有灵"情节不是对自然恐惧的宗教情感,而是浓厚的"天地者,生之本也"的感恩色彩,通过审察山川地势、地理脉络、时空经纬,以择吉利的建筑群落和建筑的基址、布局,其中渗透了"天之常态,在于利人"环境意识。

"天人合一"是中国古代最古典的哲学思想,以求天人之间的协调和统一,《老子》"万物负阴而抱阳,冲气以为和",表述遵循和适应自然规律的朴素认识,形成了建筑群落与自然环境充分融合与交融的理性传统,"阴阳之枢纽"涉及建筑的自然属性,"人伦之轨模"涉及建筑的社会属性,从而非常重视"气场",从有利于日照、挡风、给排水、水土保持、改善小气候,感受到屏卫得体、环抱有情、秩序井然、生机盎然的心理慰藉和审美意义。"天人合一"的朴素思想形成了"左有流水谓之青龙,右有长道谓之白虎,前有池塘谓之朱雀,后有丘陵谓之玄武"的最理想的住宅(建筑)布局,山、河、路、池为四大环境要素,成为建筑群落"枕山、环水、面屏"的最理想模式。其觅龙、察沙、观水、点穴是建设群落总体布局的环境要素分析,成为世代相传的"贵因顺势"的古典经验和思想。

文人哲匠在灵活变通的调节适宜意识的引导之下,特别追求"向往自然、寄情山水",采用"融入自然"和"自然融入"的方式,实现"顺乎自然、追求天趣"的境界,达到"虽由人作、宛自天开"的效果。北京颐和园就是中国保留较为完整的、集中体现因势利导匠意设计、调度山水梳理、疏通、整理自然、依山就势的代表。

② 因材致用的物理建构方式

"以物为法"是中国古典建筑物理性务实精神的彰显,自然形成了就地取材、因材致用、因物施巧的"多元一体"的理性传统,土木结构就是最典型的就地取材、因材致用、因物施巧的土木共济结构体系。

丰富的土资源就地取材,作为房屋建筑的围合(护)体,具有良好的防寒防火、保暖等作用,是最普及、最经济的天然材料,而质轻体小,易加工架设的木材作为建筑的支撑结构体系,实现了支撑与围合(护)分离的"墙倒房不倒"的"共济"结构机制,充分发挥了土(石)、木材料的特性。围合材料在不断的实践中创造性地添加如石灰等材料,改善和提高土材的性能,扩充了其使用的范围,可作为地面、屋面等。而木材具有一定的韧性,横为梁、竖为柱,"梁担千、柱担万"。基本结构有抬梁和穿斗两种结构体系,抬梁可以获得较大的空间,但需要较大的木材断面,穿斗式可充分发挥木材的特性,使用较小的木材,但需要牺牲空间,因此,官式建筑多采用抬梁结构体系,民居多采用穿斗结构体系。在不断的实践中,充分发挥主观能动性,将抬梁应用于正贴,穿斗应用于边贴,以获得较大的空间,同时实现因材致用。因材致用的"多元一体"在地域差异方面更是体现得淋漓尽致,比如窑洞、碉堡、竹楼等等。

③因物施巧的形象创造机制

"因物施法"的理性务实精神,引导了中国古建筑"因物施巧"的设计意匠和手法,彰显其匠心和智巧,以及结构与美学的有机结合。首先表现在清晰明了的结构体系,无论是外观造型还是内部空间皆赤裸裸的充分展现,成为结构力传递与造型美的有机结合,比如对称的形体,不仅是基于视觉平衡的审美需求,同时是结构受力的需要,木结构在充分展示受力结构的同时,非常注意非受力结构的处理,如墙体顶部的馒头形与宝盒形处理,木结构间的填充或者空间分隔的门窗、花罩、棂格等,以轻盈、剔透、玲珑形象与受力梁柱的刚劲挺拔构件形成鲜明的对比,再以传统的结构与非结构不同色彩(一般为绿、蓝和红色)衬托,使结构与非结构更加分明。其次台基、屋身与屋顶是土木结构体系合理构成的形态单元产物,按顺应构造需要而不断发展衍生的结合构造的巧妙处理是中国古建筑又一有机结合,大屋顶的基本形式与细部加工最集中的表现了其思想。屋顶面的平曲与梁柱的举折是形态上较突出的"非连续点",挺拔的屋脊是屋顶面交接构造的处理,山墙翘起的翼角又是顺应角梁前端上翘构造的自然,垂兽等装饰往往又是构造连接护钉的保护,这些主体皆遵循"坚而后论工拙"的"简便为雅"的审美朴实匠心。再次是在建筑材料选择和色彩调度上遵循"五材皆用,顺依材性",根据材料耐水、耐压等特性用于不同的部位,体现出材料的多样性、丰富性,合理组织材质、色彩配比,浓淡互补,突出艺术的表现力。最后是建筑装饰的"忘饰",建筑需要装饰,但不能堆砌牵强,中国古建筑将建筑的关节点、自由端、边际线、棂格网和表面层选择为装饰的载体,如前面所述的屋顶屋脊的关节点、角梁前端翘起的翼角,以及栏杆、柱顶、柱头装饰等皆是以自由端为载体,装饰载体的选择非常重要。总而言之,因物施巧关键在于巧,巧得结合有机、巧得忘饰、巧得顺应材性。

(4)中国古典建筑的伦理理性

中华农耕文明带来了务实的民族心理,中国古建筑伦理理性集中体现在"礼"对建筑的一系列约束,按"以血缘为纽带、等级为核心、道德为本位",首先表现在礼制性建筑系列,礼制性建筑绝对的首位,远远在实用性建筑之上,如坛、庙、宗祠等礼制性建筑,建筑等级被突出强调,维护君臣、父子等级。具体体现在城池、建筑组群、间架结构、装饰等方面,如小小的门环材质,这种理性的等级排列从"数量""质地""纹路""区位"形式严格限定,彰显其建筑规模的宏大和雄伟,当然细节与装饰更显精湛。

(5) 中国古建筑意境与机制

意境是中国传统美学中最具民族特色的美学概念,几乎渗透所有的艺术领域,在造园和建筑的实践中,意境的创造有其独特的体现。

审美意象是意境的前奏,其处于两种状态,一是物态化的,凝结在作品中(艺术形象);二是观念性的,存在创作者或欣赏者脑中(内心图像),两者是形象与情趣的契合,情和景的统一。黑格尔言"在艺术里,感性的东西是经过心灵化了,而心灵化的东西也借感性化而显现出来了",王夫道"景生情,情生景……景者情之景,情者景之情"。意象从"象"看是秀出表现的鲜明性、生动性和具体性,从"意"看隐其意的含蓄性、丰富性和多义性。马致远《天净沙》小令"枯藤老树乌鸦,小桥流水人家,古道西风瘦马,夕阳西下,断肠人在天涯"是诗歌意境的典范,但建筑不同于诗歌,建筑需要满足复杂的实用功能,通过一套技术法则,耗费巨大的时间和资源,受功能、技术、经济的严格制约。当然建筑是一种生活空间的实体,表现的空间环境性具有可观性,"意"和"境"具有先天的契合性、氛围表现的契合性、融合融化在自然中的优越性、功能多样性、触及人文的创造性优势生成建筑的意境机制。梁思成道"天然的材料经人的聪明建造,再受时间的洗礼,成美术与历史地理之和,引起……性灵的融合,神志的感触……"。

中国传统建筑意境多彩多姿,建筑要素与建筑内、外环境要素有着千变万化的组合,从建筑、景点和观赏三者相互关系可概括组景式、点景式和观景式三种构景方式,这三种方式并不是独立的,而是复合和组合的。

①中国古建筑组景式构成

组景式构建其建筑成为组织景观空间环境的作用,观赏主体处于建筑空间和其他构成要素组构的意象环境中,建筑是意境空间的基本框架,其他要素是以建筑为依托,外部景观是通过"借"的方式渗透到建筑内部,其境界可大可小,在中国园林、庭院方面表现得淋漓尽致。较典型的是300平方米的北海古柯庭,成为咫尺空间的"弹丸胜境"——体量较大的古柯正房与行性轩、绿意廊尽可能退缩沿周边布置,主题古柯槐偏于角落,为狭小的空间获得连绵成片的开朗场面,"分割"的三个空间相互穿插,大小、形状、内涵有别的连绵空间,配于孤石、树木廊墙与高低错落、进退自如的屋檐共同构建系列意境触发点。

②中国古建筑点景式构成

点景式构建其主要是自然景观为主体,建筑是"点景",建筑意象融入自然环境,建筑是"图",自然是"底",按其"图"与"底"的关系一般呈现为"聚点型""山包寺型"和"寺包山型",相互之间主要是在意境范围中的位置、体量的相对性关系。中国山水画之中更容易寻其特征和区别。

③中国古建筑观景式构成

观景式意境的构成为其观赏主体处于"观景建筑"空间内,是透过敞开面或门窗,观赏外面的环境景观,主要由"观景建筑"、周围自然景观和人文景观组成,"观景建筑"起到观赏点的作用。王羲之《兰亭集序》、范仲淹《岳阳楼记》皆是描述立于亭、楼所见所感的意境。从这些诗词中不难看出观景式意境的构成的关键在于观景场所的选择、合适的观景视点和视角、观景框(画框)的大小和形状等。

④中国古建筑意境主题因子

构成建筑意境者主体意象主要有人文景观和自然景观现象两类,除了北京故宫太和殿庭院、都市中心等仅仅有蓝天白云,彰显其雄伟、端庄、挺拔的意象的人文景观现象外,主体上多是如诗"风中雨中有声,日中月中有影,诗中酒中有情,闲中闷中有伴"的意象,无论是中国山水画、兰亭等多阐述山水触发的情趣之意境,说明如中国园林美学所道的山水是景观中最活跃的因子,其景观的意象具有突出的意境内涵,主要表现在以下三个方面。

一是中国农耕文明传统文化的影响,使得祖先对自然的崇拜,有浓厚的感恩色彩,美学上视自然景观为"天道",对自然景观持有亲和的态度,强调与德的联系,把自然美的欣赏提高至乐的审美境界,提高到精神自由、心灵解放、物我超越的境界,哲学上表现为"天人合一"的儒家思想。

二是山水审美意象受传统文化的影响,遵循儒家"荷出泥而不染"的真、善、美精神功利的"比德"审美意识和道家宗炳"山水以形媚道"的"畅神"审美意识,形成了相互交织的多元因子,就像松、梅、竹、兰之"比德"和其以"畅神"为前提的祥瑞布局交融审美意识。

三是中国传统园林、建筑从发现自然美和田园生活的追求,"道法自然"是通过追求自然的生活而对自然美有所会心,要求自然的风格。士是古代劳心者的知识分子阶层,多兼容儒道思想,普遍信仰"有道则见,无道则隐",山水花草自然美景成为避世之士的精神避难所,欣赏山水花草成为心理的调节,功名、情操的寄情物,成为林泉之乐、竹石之好的高雅欣赏。士之生活范式逐步影响中国园林、建筑的"十亩之宅、五亩之园"的审美布局意象,逐步趋向山水景象的"一勺水则碧流万顷"的"放大"机制。

中国古建筑意境创作与欣赏密切相关,实景是稳定的、直接的、可感可触的,而虚境是流动的、间接的、多意的,蒲霞元的"实以目视,虚以神通"是描写"情"与"景"的关系。"情"是由"景"化出来的,虚实相生,实为"基",是欣赏者心与实景的契合。景具有两重性,一是景本身,二是使人想出来的情,景是客体,情是意。在创作过程中突出因物喻志,托物寄兴,感物兴怀拓展想象的空间,这是最常用的方法,郑板桥言竹"未曾出土先有节",通过"通形同构"和"异质同构",实现"无竹令人俗"的寄兴、寄志、寄怀虚境空间。

虚实创作中一是充分利用和发挥景物要素自身之虚,如日月之光、晨雾烟云、花影风声、鸟语花香等与实景的组合;二是利用实景自身的结构形成虚实共存,如太湖石的通、透、漏、瘦,建筑自身层次、建筑围合的庭院空间等,实现疏密、远近、隐显、凹凸、明暗、曲幽的虚实效果。中国传统园林、建筑在远近虚实创作机制中非常擅长于"以远见灵"的"欲穷千里目,更上一层楼"的高视点,感受"远"所致的销魂壮怀,以及框格化的拉远效果,近实色深而轮廓清,远虚色淡轮廓模糊,产生若隐若现、似有似无的境界,这种机制在中国山水画艺术创作中被彰显得淋漓尽致。

艺术欣赏是认知的活动,黑格尔认为建筑是物质性最强的艺术,诗歌是精神性最强的艺术,而中国古建筑则是诗、词、赋、曲与建筑结合的典范,也就是说是将最强物质性与精神性融合的景物。根据瑞士心理学家皮亚杰认知过程公式:客体刺激—主体认知、同化—主体反应过程,中国古建筑审美欣赏可在诗词、景名景题的引导下提高欣赏的深度和境界。

2) 中国古建筑之美

中国古代建筑的美学思想是在古代美学和哲学思想的框架中,但从建筑的形式美来说,并不像西方那样严谨。在中国古代,建筑的美与伦理的关系很密切,色彩、尺寸、规模、装饰物等皆有等级性,比如柱的颜色,据《礼记》中记载,天子皇宫中的柱是红色的,诸侯宫中的柱是黑色的,大夫(古代官品,位于卿之下,士之上)的房子柱的颜色是蓝色的,士(介于大夫与庶民之间的阶层)的房子柱的颜色是土黄色的。以下分别论述宫殿、坛庙建筑、宗教建筑、居住建筑之美。

(1) 宫殿、坛庙建筑之美

中国的古建筑,大多为木构建筑。中国木构建筑的一个重要特征,就是数千年来形制基本不变。北京故宫太和殿的建筑形式,庑殿庑二重檐屋顶,可以追溯到先秦的殷周时代。这其实也是中国文化的特点:改朝换代,结构不变。五千年来,其体制基本不变,其观念形态和美学思想也基本不变。因此,研究中国古代建筑的美,无论是宫殿、坛庙、民居、寺院、园林等,都可以在留存至今的建筑中来分析研究。

明代北京的宫殿到了清代,基本上原封不动,今天的北京就有大量的宫殿、庙宇及其他建筑是明代所建的。明代北京的城市布局,继承了历代都城的规制,整个都城以皇城为中心,皇城前左(东)建太庙,右(西)建社稷坛,外城建天坛(南),城北建地坛,城的左右两边建日坛(东)和月坛(西)。皇城的北门(玄武门)外,每月逢四开市,称内市,以符合"左祖右社,前朝后市"的规制。

明清都城北京主次分明,运用中轴线布局,从外城之南的正中永定门开始向北一直到北城墙,中轴线长达8千米,其中经过正阳门、大明门(明代称大明门,清代改称大清门,民国时期改称中华门)、天安门、端门、午门、太和门,至太和殿、中和殿、保和殿,经乾清门,到乾清宫、交泰殿、坤宁宫,再经钦安殿至神武门,然后是景山,后面还有钟、鼓楼,最后到北城墙。以下以太和殿、天坛祈年殿为例分析其建筑美学思想。

太和殿是中国古代建筑中等级最高的建筑,庑殿二重檐屋顶是古代建筑中级别最高的形式。屋面上用的是黄色琉璃瓦,"皇"与"黄"谐音,是一种意象式的表达。斜脊上的仙人走兽数量达10个,是所有建筑中数量最多的。此建筑的开间为11开间,也是最多的,别的建筑不能用如此多的开间,这些都表现出皇权至极的思想。这座建筑美在伦理等级,至于形式美,是在均衡与稳定、比例与尺度等方面,可以用两个圆和一个正三角形来做构图几何分析。

天坛祈年殿是一座平面为圆形的建筑,屋顶形式为圆形攒尖三重檐。其建筑的功能是皇帝祭天的场所。因此,这座建筑的等级很高,而且其中好多做法都与"天"有关。其平面形状形成"天圆地方",屋顶用三重檐,为单数,象征阳,即天。如果将顶点和3个屋檐外端连起来,便形成左右两个圆弧,左圆弧的圆心正好落在右圆弧与地面相交的一点。右圆弧的圆心也同样位于左圆弧与地面相交处,这就是和谐,是天坛祈年殿的形式美。

(2) 宗教建筑之美

中国的佛塔形式多样,有木构楼阁式塔、砖构楼阁式塔、石构楼阁式塔、砖构密檐塔、砖构喇嘛塔、金属塔、琉璃塔、墓塔、金刚宝座塔以及塔林等。佛塔之美,一在教义的确切而巧妙的表达,二在建筑的形式美。

中国的佛塔构思巧妙,把象征佛陀的塔刹放在塔的最上面,而且往往是一座城市的最高点,以象征佛的至高无上。又把佛的"法物"(舍利子、佛的遗物和经卷等)放在地下,称"地宫"。地上的多层塔身让人们上去,可以一边参拜,一边饱览四野风光、大好河山,这充分表现出中国佛教的观念和美学思想。

佛教不同于某些西方宗教,西方宗教建筑(形式)带有强制性,其形式几乎一样,大同小异,而佛教建筑形式很不同,这是佛教思想之所致。佛教求取的是内在的真谛,不是外在的形式,所谓"四大皆空",连建筑形式也"入乡随俗",所以佛塔的形式也就多样,这正是佛教的美学思想所致。

中国佛塔形式多样,最有代表性的、最美的、最能将佛教与中国文化结合的,要算楼阁式佛塔,这种佛塔的形式,可以说世俗多于遁世,佛教的凡俗观也正是如此。这种多层楼阁式佛塔的美在于世俗之情,甚至已经文学化了。如果观看这种佛塔的造型,或者在塔上凭栏远眺,观看四野景物,也许会萌发诗情画意的审美意境。

道教建筑称观、宫、洞等。洞,是山洞,所谓"洞无福地",充分与自然结合。宫、观与寺院或宫殿相近,从总体来说也是中轴线分进布局,宫,观性质相近,都属道教的建筑。宫,从道教本义来说是天上神仙居住的场所,又称"帝乡",在那里,人可以长生不老,成为神仙。观是道教的庙宇,供奉道教之神的地方,如观内的三清殿,就是供奉原始天尊、灵宝天尊、道德天尊的场所。

(3)居住建筑之美

中国古代居住建筑的美,从审美的角度来说,不在形式美,首先重视的是社会观念、伦理等级的美,其次是民俗文化的种种观念的美,最后才讲究形式美。

远古时期,北方寒冷的地区多穴居,而南方湿热的地区多巢居,并进一步发展成架空的初级干阑式。先秦时期,北方民居多住在类似半穴居的房屋,圆形的居多,也有地面建筑;南方仍然是建造干阑式房屋,有部分榫卯结合的木构件。秦汉至南北朝时期,长江以北宅第的前堂后寝布局上,左右对称,正厅高敞,主次分明层层套院,几乎成为定式,房屋构架已普遍采用抬梁构架,重要建筑(斗拱、园林)已较为普遍。南方民居空间布局较自由,一字式、曲尺式等;房屋多为柱身直接承檩,枋木插入柱身,柱枋交角多设角背或替木,柱间设有斜撑木。隋唐时期北方出现"四合舍",南方经济较稳定,吴越、西蜀有一定的发展,园林建造精致,衣食用具华美,家具完成了垂足而坐的改造。到了宋辽金元时期,推崇程朱理学,建筑方面编制了《营造法式》,大型四合院的平面布局及使用要求得到定型。这时南方经济已得到开发,实力已超过了北方,精巧、细腻、轻柔的工艺对民居建筑产生了很多影响,发展了木构件装饰化、欣赏自然山水的微型化、模拟化。

3)中国民居之美

我国南北气候悬殊,东西山陵河海地理条件各不相同,材料资源又存在很大差别,加上各民族、各地区的风俗习惯、生活方式和审美要求不同,造就了我国传统民居鲜明的民族特色和多样的地方风格。这种传统民居浓厚的地方风格是在漫长的历史中建筑材料、经济条件、社会习俗、社会变革、文化交流、审美观等多种因素共同作用的结果,不同特色的传统民居建筑有不同的演化方式,从时间角度,有随历史发展向前推进的顺时风格演化,也有返古怀旧的逆时风格回归。总体空间演化模式可归纳如下:①异地建筑优秀特征被本地建筑吸收,前者融入了后者;②优秀的异地建筑文化渐进式的与当地民居结合,前者"占领"了后者;③本地建筑与异地建筑均等结合,产生了新的建筑风格;④本地建筑自发演变,受外来文化和建筑风格的影响不是很大;⑤异地建筑风格移植到新生的地理环境,形成新的建筑风格;⑥两种或多种不同的建筑风格共同移植到新环境形成新的建筑风格。

我国各民族传统民居建筑文化绚丽灿烂,有着丰富的美学思想,这种美学思想根植在漫长的历史所积淀的文化和其生活的环境中,有着浓厚的地域特色。但各民族都把自己的民居建筑充分融入自然,与天地浑然统一,热爱自然,敬畏自然,感恩自然。尽管北方民居与南方民居都有儒家思想影响,但北方四合院更表现出华丽气派、大气厚重,更容易避寒,而江南民居讲究经世致用,婉约秀美,利赏景"隔"水;少数民族受文化影响又由于其居住偏远,多为边疆地区,自然环境多为草原、高原、山地、沙漠,民居没有汉族民居建筑样式复杂精细,更多地体现自然流畅、简洁大方。色彩运用上汉文化民居多表现为深色而显端庄,但少数民族民居则多表现为浅色而显质朴,藏民居注重色彩绚丽而显华美。

我国传统民居分为:中原民居、江南民居、东北民居、山地民居、草原民居、绿洲民居、雪域民居。

(1) 中原文化的北方四合院

中原文化实际上就是我国传统文化的代名词,我国传统文化的基本精神,涵盖四大主要方面:以人为本的人文主义价值系统;自强不息、豁达乐观的民族心理;观物取象、整体直觉的思维方式;超越宗教、天人合一的审美理想。我国传统民居的宗法观、哲理观、思维观、环境观等,从各个不同层面反映出我国传统文化的博大精深和高明智慧。在中原传统民居中,四合院民居是其代表。

① 群己和谐

这一文化思想体现在四合院的布局组合上,实用功能上满足了家族中的相亲、相助,长幼有分、尊卑有序、内外有别。正房的明间多为主人和长辈居住,东西厢房为儿子或兄弟居住,内宅的后院是一排后罩房,为女儿及女仆居住。宅院系列组合、比例尺度严格遵循中轴线对称,给人以家族团结和睦、亲切、端庄美的感受。宅院错落有致,空间收敛节奏韵律强,主体建筑层层推出颇显气派。

② 直觉体悟和观物取象

在山西,许多传统的村落居民一户挨一户,比邻建房,共同遵循屋顶"以东为上"的习俗。整个村落的外观表现在富于变化的高墙、大门、脊饰、风水楼和风水塔等共同作用下,使得建筑沿街的轮廓线丰满舒展。民居虽古拙但不陈旧,统一但不单调,丰富但不零乱,细腻但不琐碎。正房屋脊由外院向内院逐级抬升,意芝麻开花节节高,自有激发人向上进取的亢奋,借以表示家族兴盛,后继有人,望子登科。北方向院内倾斜的单坡顶很多,除了降雨少,水珍贵原因外,有"肥水不流外人田"之意,象征财源滚滚而入。民居凤尾脊饰的线条细腻复杂,豪华富丽,有跃跃欲飞之生动感,风象征美好幸福、光明远大、逢凶化吉、消灾灭难。

③ 天人合一

我国传统建筑的组群布局强调个体建筑与个体建筑之间的和谐和个体与群体间的和谐,以突出群体的协调、错落有序来相互辉映,创造出一种群体的和谐之美。建筑造型不是将山体走势铲平,而是顺应山体走势,地坪节节升高,建筑顺应山势产生高低起伏的变化,

"前屋顶后庭院"的土掌房村寨是集中的反映其顺势就形的布局和群里和谐的思想。建筑造型中不是将水体走势取直,而是顺应水的走势,灵活布局。建筑形体融入整个环境中,呈现出一幅和谐静美的画面。民居一般背山面水,与自然充分融入,天人合一,相得益彰。

④自强不息

北方宅院正堂所挂中堂、对联,两边板壁上挂长条古画,八仙桌、太师椅、柱廊等精雕细刻,字画、雕刻内容大多是"岩石苍松""岁寒三友""竹繁松茂""八仙过海"等,寓意可见,古色古香、精美绝伦。

(2)江南水乡文化的江南枕水民居

江南文化根源于北方中原文化并与江南独特的山水地理环境交融形成,除了具有较强的封建等级宗法制度和天人合一的思想外,江南文化有着经世致用、务实求真、灵动睿智、精细柔婉、稳定和谐、人情风雅的文化心理,并创造了独有的江南水乡民居。

①平和务实,低调稳重

江南水乡民居采取局部平面对称而总体非对称的构筑方式,但布局严谨,格调整齐而又灵活,整体精巧而雅致,在持重中尽显雅致。这种布局有效地调和了礼仪的庄严性同生活的实用性之间的差异,巧妙地达到了二者的统一。与此相应,堂在该住宅平面的布局更为灵活,环境氛围更为轻松洒脱。从我国的传统礼仪习惯来看,这一处理因符合大多数平民百姓的实际生活和经济能力而采用甚广。建筑群装饰崇尚清新自然,少斗拱和重檐等,统一中求变化,韵律感强、和谐中求对比,个性低调,气质稳重。

②性格轻盈活泼,性情细腻儒雅

民居都为木架承重,屋脊高,大木结构高瘦,装饰玲珑,木刻砖雕十分精细,屋面轻巧,造就了明秀轻松的外观。江浙民居以不封闭式为多,墙体薄,立面造型棱角笔直,严格精确,又自由灵活。悬山、硬山、歇山、四坡屋顶皆应用,屋顶、屋檐及山墙的高低、大小多有变化,形成高低错落的、欢快的形体节奏。民居厅堂空间简洁高雅,不失细部设计精致含蓄,气质清雅、端庄。民居出入口大门门楣、墀头装饰带和厅堂书画中梅、兰、竹、菊和琴、棋、书、画题材较多,这些艺术品精细、生动,美不胜收,暗示着主人对崇高品德和知识技艺的追求。

③阴阳中和,刚柔相济

江南建筑的审美心理始终以中和为核心,民居建筑通过和谐的群体组合,适度的形体结构,协调的环境处理来展示这种中和之美。几乎看不到孤立突傲的单体建筑,它们的风格完全服从群体气势的需要,较少个性的张扬。以群体的协调、错落有致来相互辉映,形成整体的和谐之美。建筑尺度以能满足人们的生产生活要求为准,适可而止,使人倍感舒适和亲切。单体建筑的安排皆遵循前阳后阴的原则,前院为正堂客厅,强调高大威严的阳刚之气;后院多为闺房绣楼,强调婉媚秀丽、幽深雅静的阴柔之气,前后建筑阴阳和合。中空的天井与实体的楼阁一虚一实,内外空间交融互补。建筑造型形态上看,墙体与漏窗、横梁与竖柱亦是实中有虚,阴阳结合。

(3)山地文化的干阑民居

山地地域主要指云贵高原和附近的丘陵地带,包括云南全省、贵州、四川等省(区)的部分地区,是西南各民族居住繁衍生息的宝地。山地气候和社会历史演变孕育了各族人民灿烂的山地文化,建造了西南地区特有的吊脚楼等特色民居。

①融入自然，依顺自然

当地吊脚楼布局，不讲究对称，没有中轴线，但随形就势，错落有致，层层叠叠，重屋累居，表现了山地居民顺应自然、追求自由的传统。远远看去，整个村寨好似一部高低起伏、形如流水的乐章，村寨在青山绿水间，到处弥漫着大自然清新气息，又似一幅恬静而淡雅的水墨画。吊脚楼无论从横向空间或竖向空间进行观赏，都给人一种既分割又连续流动的新鲜、完整的时空印象，在一步一景中，感受独特的犹如"灌注了生命形式"的情趣美与意境美。

②多源文脉，多彩风俗

当地人受汉文化影响并与当地自然、人文环境结合。以吊脚楼为例，吊脚楼融合平原"井院式"民居特点，将正屋两头厢房吊脚楼部分的上部连成一体，形成一个四合院。两厢房的楼下相当于四合院的大门，但这种"四合院"进大门后，还需要上几步台阶，才能进入正屋。这种错落有致的结构，颇有现代复式楼的韵味，空间感极强。当地人喜欢背山面水、南北朝向的走向，场地讲究后山厚实，左右不虚。所以测定房屋方位，一般以"左青龙，右白虎，前朱雀，后玄武"为选宅基的基本条件。动工时，许多苗族房屋的大门口都埋一碗"龙水"，可谓对生命之美互渗共感的一种形象表达。这些建筑风俗蕴涵着当地人追求生命主体与生态环境协同创化美的境界。

③细腻灵性，活泼开朗

服饰家具、梁檐门柱到处是当地人刺绣织锦和工艺雕刻，图案色彩斑斓，栩栩如生。

④不屈不挠，勇武阳刚

当地吊脚楼鳞次栉比屹立于参差逶迤的群山中，烟云飘荡、苍翠漫流、秀丽雄浑、岁月轮回、岿然不动，如同一个个民族之魂守卫着起伏的田畴。当地吊脚楼在自然山地间逐层伸展，层层出挑，生机盎然，它向虚空的天际中争取空间，尽享朗朗阳光，活出无限，有一种居高临下的凝重悬空灵动之美，又给人挺拔、阳刚之气。

(4) 雪域文化的藏碉楼民居

雪域泛指青藏高原，包括西藏自治区和藏民分布较广的青海省西南部、四川省西部、甘肃省南部和云南省西北部。雪域文化的山地文化的背景与藏传佛教的烙印建造了个性鲜明的藏族碉楼。

①敬畏自然，善待生灵

藏族认为自然有神灵存在，不能轻易触动。聚落的选址讲究顺应自然、因山就势，尽量减少对地形的改变，这种观念使得藏族聚落高低起伏、鳞次栉比，与环境和谐共生、浑然天成。藏区自然条件严酷，植物种类稀少，花草树木尤显珍贵，由此藏族先民对动植物产生一种善良的宗教情感，将其视为神圣，藏区避免在多生物之地动土，特别是有大树的地方，因为那里很可能寄托着某个神灵。民居院落中尽可能植树养花，一到夏季，满院树影花香，空气怡人，赏心悦目。民居的装饰彩绘也常见各种花草图案，绚丽多彩，以求家庭的兴旺和祥瑞。

②膜拜神灵，追求无色界

寺院或佛塔是整个聚落的通往无色界的"天梯"，是理想"曼陀罗"结构的一种转换模式，经常建在聚落的中心或较高的位置，有很强的向心性和立面感，布局组合给人神圣、敬仰之意味。藏族民居大多以内向型的院落构成基本的人居单元，一般严格遵循着"三界"空间的构成层次：牲畜位于宅屋底层或另辟一院屋，中间人居住，神居的经堂位于顶层。屋顶作为民居中最接近天界的地方,是进行宗教仪式、沟通神灵的重要场所,屋顶的女儿墙上常建有煨桑炉;两角或四角筑有插五色经幡的墙垛,在蓝天下,桑烟冉冉升起,经幡随风猎猎,神秘、庄严、肃穆,构成了民居单体中象征意义上的"天梯",将人和天联系在一起。民居室内空间均围绕着柱子展开,柱子也被当作世界中心和"天梯"的象征,赋予了特别的敬意和装饰,往往施以雕刻彩绘,挂有白色的哈达和富有宗教含义的吉祥物。尤其是厨房中火塘旁边的柱子,被认为是家神(或曰灶神)的寄托物,柱头上捆绑着麦秆、杂木、鸡尾等东西,象征着保佑全家安康的家神。

③宁静圣洁,诚信无欺

民居外墙由毛石经过粗加工后,涂白色浆,整个房子呈现白色基调,颇感纯洁、安宁与平和。藏族十分重视家庭内部清洁,院落中的各种物品摆放整齐有序,门窗、家具、炊具和灶台擦拭清扫得非常干净,内部产生的污物也要尽可能隔绝在外部。在经堂中供奉着佛像、香炉、酥油灯、经书和各种法器,墙壁上绘有浓厚宗教色彩的壁画或挂有唐卡,天花板上绘有五彩绚丽的吉祥图案,所有布置一尘不染,无半点污渍,洁净而富丽堂皇。

④豁达开朗,热情浪漫

藏族人在穷山恶水的地理环境里造就了豪放、质朴、彪悍、热情的性格特点。每年冬季开始,在"将神节"到来时将房子外墙新刷一次,藏民直接从屋顶倒下色浆,或用盆将色浆泼洒在墙面,墙面自然流淌的肌理,使敦实的碉房看上去更加厚重刚健、粗犷质朴。藏族人的热情浪漫在藏族民居建筑艺术风格上还表现为热烈绚丽的色彩运用,碉房的门、窗、内墙、梁柱一般均施以彩画,天花顶也多为暖色调的纺织品吊顶,桌面、柜面装饰雕花漆画,以红色为主,色调热烈华丽。

(5)绿洲文化维吾尔"阿以旺"

绿洲是我国西北地区新疆和河西走廊沙漠地带维吾尔、回、汉等各族人民休养生息的据点,绿洲文化是东西方文化交汇融合的硕果,绿洲人生活栖息在丝绸之路上,建造了如"阿以旺"这一典型地域特色的绿洲民居。

①亲近自然,质朴民风

传统的"阿以旺"民居墙基、墙身大多采用夯土或土坯砌筑;墙体无抹面,保留土坯砖的肌理效果,颜色单一,外观自然、朴素无华。维吾尔人喜欢在户外活动,民居的室外空间几乎家家有果园、葡萄架,大自然的质朴和绿意交相辉映,景致迷人。

②开放包容,和而不同

居所内所有用房围绕"阿以旺"布置,具有较强的内向性。传统民居的墙体常与其他的住户所共有,一户户紧贴着搭建在一起,建筑高低错落结合,布局紧凑,整体感强。维吾尔族伊斯兰建筑风格突出,尤其是廊檐,有平直式和拱卷式,并且分别有半圆拱、垂花拱、尖拱、深拱和复式拱,式样各异,变化多端。

③热情奔放、内心豁达

"阿以旺"厅是民居中面积最大、顶空最高、装饰最好、最明亮的厅室。顶部提高了"阿以旺"屋面,侧面加天窗围护而成,"阿以旺"厅巨大宽敞的空间,使人心情开朗,激发洒脱性情。室内顶棚有木板拼花、彩画天棚等,彩画顶棚绘"满天彩",花纹或为集合图案,或连珠团花,或丛花满地。闻名的和田地毯更是重要的墙面装饰品,单体花纹、卷草纹、叶纹、蔓纹等色彩鲜艳的具有民族特色图案的墙挂毯光彩夺目、热烈奔放。

(6)草原文化的蒙古包

从兴安岭到阿尔泰山的蒙古高原,天高地广,水草丰盛。东胡、匈奴、鲜卑、突厥、契丹、女真和蒙古等民族次第承接。蒙古居民以其智慧、勇敢、勤劳创造出了特有的草原文化,世代沿袭居住在蒙古包。

①崇尚自然,敬仰天地

蒙古包里的家具,从佛龛到炕桌、箱子、树柜、碗架,无不彩绘牛羊骏马、翎毛花卉、山狍野鹿之类,色彩鲜艳,栩栩如生。蒙古包的圆形体状有一种视觉舒服、圆满的感觉,蒙古包色彩洁白如玉,在盛夏的草原上,好似绿色绒毯上扣着的银碗。蒙古包恰是天圆地方观念的形象物化,仿佛天幕之民时时在天地庇佑之下。蒙古族的天穹观还体现在蒙古包的许多本色工艺品上,如毛绣铺毡多为云朵纹、卷草纹,一般中心为圆形纹样,祈福天地神的赐福。

②粗犷豪放、自由爽朗

洁白零星的蒙古包在阳光映照下,如在壮丽辽阔的草原上撒落的珍珠,令人豪迈洒脱。蒙古包的空间构造有张有收,于乌乃和哈那形成的直线和交叉线以及圆形的天窗统一中求变化,不显呆板。蒙古木器彩画也集中的应用在蒙古包的门、箱、柜、桌面及包内支柱上,很有特色。纹样多以盘肠、八结、万字纹为骨架。在骨架纹样上缠绕变化繁密的云卷纹、卷草纹等,间绘龙凤、法螺、佛手、宝莲等,线条欢快明朗。色彩用对比色为主,对比色之间又用多层次退晕画法,使画面既富丽又和谐。

(7)东北文化的满族和朝鲜族民居

东北地区是中华民族兴起的摇篮之一,有着发源于辽河流域的红山文化,历史悠久,民族众多,除在漫长的接受和认同中原文化历史外,在白山黑水之间,形成了以满族、朝鲜族等为特征的东北地域民族文化。

①融入自然,亲和自然

东北传统民居形体低矮,除满足使用功能上的需要外,更强调了住宅与自然的联系,无论在起伏不平的山间,还是在宽阔的平原,远远望去,小小房屋是大自然不可或缺的部分。朝鲜族民居造型美观,屋顶坡度缓和,组成屋顶的线和面均为缓缓的曲线和曲面。整座建筑又稳稳地落座于低矮平实的石台基上,与自然界和谐地融为一体,在蓝天绿树的背景衬托下,显得更加简练、亲和、自然、敦实。而民居多以石头、木材、稻草等大自然的初级材料建造而成,颜色以黑、白、灰为基调,粗糙质朴。

②家族性弱化、社团性增强

满族大门开敞通透,有利于车马出入,中原传统影壁被取消,显得直截了当,明快顺畅。满族院落空间从尺度上看,一般是房屋面积的2~4倍,室内也讲究空间宽大通畅,整体建筑里外给人开敞大气的感觉。

4)中国建筑美学的特色

生活在农耕地理环境的中国人,在平缓绵延的冲积平原上,日出而作,日落而息,生活很有规律,劳作相当有序,过着日复一日、年复一年的循环往复的田园生活。其单一农耕型的经济结构,对四季变化依赖较大,人们容易产生强烈的时间意识。中国建筑和建筑思想对于建筑美学的发展产生了重大影响,其建筑美学主要体现在四个方面:

(1)建筑的审美价值和它的伦理价值密切相关。建筑的审美标准不仅要求使人感官愉悦,更重要的是恰当地表现形象本身所包含的伦理、政治内容。例如都城的构图表现出"体象乎天地,经纬乎阴阳,据坤灵之正位,放太紫之圆方"的威仪;宫殿表现"天子以四海为家,非壮丽无以重威"的气派。

(2)建筑艺术的形式美直接来源于功能内容和工程实践。我国建筑的形式美首先是它的群体美、序列美。这种总体的艺术气氛又都以满足礼仪和生活实用的要求为基础。即使是一所四合院住宅,它的布局和体量也都体现了封建家族中尊卑、长幼、内外、嫡庶、期服等不同等级人的生活地位和待遇。

(3)重视环境的内在意境甚于单纯的造型美观。我国传统建筑运用序列设计和环境气氛,获得巨大的审美效果,对世界建筑美学思想做出了重要的贡献。例如:承德避暑山庄和外八庙,模拟国内著名风景名胜和蒙、藏地区著名寺院,象征着统一的多民族国家的巩固与发展。

(4)中华民族具有良好的生态美学传统,如儒家的"天人合一"观念,道家的"道法自然"理论,佛家的"众生平等"原则,墨家的"兼爱""节用"等古代智慧,提出了较为丰富的生态审美智慧。

我国传统建筑美学的特点:①和谐美;②对称美;③中庸之美。

我国建筑的美学特色:①序列层次美。从周秦以来,凡城市规制、宫殿、坛庙、陵墓、住宅、祠堂的体量、形式、色彩、用材都有详细的等级规定和礼制理论;②与自然环境的和谐;③结构精巧美。巧妙的框架式结构是我国古代建筑在建筑结构上最重要的特征之一;④规格稳定美。早在春秋时的《考工记》中,就有了规格化、模数化的萌芽,至唐代已经比较成熟。到宋元明三年(1100年)编成的《营造法式》,模数化完全定型,清雍正十二年(1734年)颁布的《工部工程做法则例》又有了更进一步的简化。建筑的规格化,促使建筑风格趋于统一,也保证了各座建筑可以达到一定的艺术水平。我国建筑经过长期实践,至少从春秋战国开始,就注意在保持结构牢固、施工迅速地前提下,寻求各个结构部件之间的比例关系,进而使群体与单体、结构与造型之间呈现出和谐与稳定。

我国的传统哲学思想的精髓是"天人合一",在我国传统文化看"天"和"人"相互依存,相互促进,具有同构同源的特征。道家的深邃文化哲理构成了我国古代建筑的文化背景,这种哲学观强调的和谐美影响了我国传统建筑艺术,这也是我国传统建筑富有美学神韵的文化因素。和谐美影响到营造观念的各个方面,指导着建筑的选址、规划、布局和形制。在选址上充分考虑到周围的地理风貌、水土质量、天气等因素,注重自然生态环境和景观的和谐优美。在建筑布局上我国建筑多以群体组合见长,各单体建筑的横向有序铺排,各单体建筑之间用廊柱等结构将它们连接为一个庞大的建筑群体;建筑方位、建筑特色、建筑图案以及建筑空间方面深受"阴阳""五行""四象"等观念的影响,并将其作为建筑活动整体构思的内在依据。

5)中西方建筑美学的差异

中西方建筑的差异主要是中西文化的差异所决定的。文化传统的不同反映在建筑风格上有着不同的和谐之美,也就是中西建筑文化的差异,中西不同的文化造就了中西民族不同的价值观,在建筑上就体现出不同的建筑风格:我国的建筑文化重人、重道德和艺术、重融合,我国的民族风格是含蓄、和善、仁慈等多种人文风格;西方文化重物,较重视科学与宗教,重视不同时代或多种流派的独特精神。具体的建筑美学的差别为:①我国传统建筑特别注重"线形美",讲究线条的婉转、流动和节奏韵律,擅长以线造型,以线传情。西方建筑讲究"体积美",在古希腊、古罗马自然科学高度发展的历史条件下,人们对于数与几何图形有特别的认识,极其重视表现对象富于逻辑的几何可行性;②我国传统建筑重在和谐之美,讲究"天人合一",就是说自然环境和人居环境可以互相交流,和谐共生。西方古典建筑的艺术风格重在表现人与自然的对抗之美,石头、混凝土等建筑材料的质感生硬、冷峻,理性色彩浓,缺乏人情味。西方古建筑的空间序列采用向高空垂直发展,挺拔向上的形式。同时,西方古典建筑突出建筑个体特性的张扬,横空出世的尖塔楼,孤傲独立的纪念柱处处可见。每一座单体建筑,都不遗余力地表现自己的风格魅力,绝少雷同;③我国建筑发展进程平稳而缓慢,而西方建筑发展进程快速多变;④我国传统(古典)建筑文化偏重于建筑群体的时间因素,西方传统(古典)建筑文化则强调建筑单体的空间因素,由于东方各民族多生息于大河流域,生活环境比较优越且相对稳定,生存环境又处于同外部世界相对隔绝状态,东方民族多养成清静淡泊、自然无为、温顺好养、追求和谐等文化特点。西方民族生活的地理环境较差,且生活方式不稳定,时常要与自然抗争,与外敌斗争,故形成拼搏、竞争、重实、求真等文化特点。同时,东方民族生活的地理环境属于季风气候,雨热同季,大河冲积平原土壤肥沃疏松,灌溉便利,光热水土等自然因子组合良好,农耕生活节奏稳定而有序,遂产生"天人合一""中庸"等思想;希腊等地中海地区气候属夏干冬雨的地中海式气候,土地贫瘠,光热水土自然因子组合不协调,西欧的自然因子亦欠协调,加之欧洲民族海上生活常常与狂风恶浪搏斗,故产生"天人相分""人定胜天"等思想,这种文化观念反映在建筑风格上。我国传统建筑比西方传统建筑更加注重与自然环境的和谐,风格上也相对平和、含蓄一些。

2.3.2.4 建筑美学的进展

建筑美学的出现是 20 世纪的事情。英国美学家罗杰斯·思克拉顿运用美学理论,从审美的角度论述了建筑具有实用性、地区性、技术性、总效性、公共性等基本特征,可看成是建筑美学的创始人。美国现代建筑学家托伯特·哈姆林,提出了现代建筑技术美的 10 大法则:统一、均衡、比例、尺度、韵律、布局中的序列、规则的和不规则的序列设计、性格、风格、色彩,全面概括了建筑美学的基本内容。此外,包豪斯的建筑美学理论与现代主义联系较多,美国建筑大师文丘里从符号学的角度来探讨建筑的美和审美问题。

随着时间的推移,后现代主义逐渐兴起,后现代主义建筑的类型有:①戏谑的古典主义,使用部分的古典主义建筑的形式或符号,而表现手法具有折中的、戏谑的、嘲讽的特点;②比喻性的古典主义,采用传统风格作为构思,一半现代,一半传统,无戏谑、嘲讽的特点;③基本古典主义,强调用古典主义的城市布局为中心,采用古典的比例达到现代与传统的和谐统一;④复古主义,基本上是简单的复古作品,在形式上、功能上甚至结构上都没有突破传统的模式;⑤现代传统主义,一方面更加讲究细节的装饰主义,设计内容更丰富、奢华、艳俗;另一方面集中于现代建筑项目上,为现代主义基本构造加传统的装饰点缀。

后现代主义的理论认为风格通过使用与功能结合,通过结构和构造结合,讲究装饰、含糊、折中复杂,不交代结构、有立面装饰主义嫌疑,主张以装饰手法达到视觉上的丰富,提倡满足心理要求。

现代建筑运动超越了国界和文化圈,现代主义所产生的国际式建筑迅速统一了全世界的建筑语言,各种设计建筑思潮应运而生:①对"理性主义"的充实与提高;②讲求技术精美的倾向;③"粗野主义"的倾向;④"典雅主义"倾向;⑤注重"高度工业技术"的倾向;⑥讲究"人情化"与地方性的倾向;⑦讲求"个性"与"象征"的倾向;⑧后现代主义的建筑思潮。这是一次建筑美学的大趋同,并在发展中完成了其建筑理论框架的建构。

近几十年,建筑美学都在努力挣脱现代主义建筑的模式化束缚,朝着多元的方向发展:①构成:规则与无序并存。"规则"依旧反映在大多数人的建筑审美中,同时伴随着"无序"的萌动,产生了多元化的构成格局。从现代主义以后迸发的流派来看,主要有野性主义、光亮式、新古典主义、隐喻主义、后现代主义、晚期现代主义、高技派、新乡土派、新传统派、新自由派、新理性主义、解构主义、奇异建筑、新构成主义等多种倾向;②样态:明晰与混沌共生。混沌学所蕴含的深刻的洞察力和对传统思维的颠覆力,使建筑师以建筑自身的复杂性和多元性来构建聚落形态的复杂性和多元性,混乱与秩序并存,片段性与整体性同在。混沌思维赋予建筑师一种更加自由的创造精神,在静止与运动、确定与变化这样一些对立项之间,建筑师可以根据需要进行自由选择,甚至双极选择,创造出更灵活、更富有有机性和更符合当代审美需求的建筑聚落。虽然混沌思维作为机械论模式的对立面受到当代建筑师的重视,但同在其他领域中一样,"明晰"仍然在发挥它应有的作用;③追求:发展与回归相通。作为建筑审美的发展,人类中心论被逐渐打破。在当代人类世界有两种相关的危机:第一种是最直观的危机是环境的危机;第二种更微妙,也同样是致命的,这就是人类自身的危机——人类与自己的联系、与所有包围人类的一切关系的危机,还有和地球上各个群体之间的关系危机。这两个危机是紧密联系着的。如何恢复人与自然之间正常而和谐的关系、在人与自然生物及其环境之间建立一种平衡、为子孙后代留下一个不受污染的绿色生存空间等问题,以前所未有的严峻性摆在了当代人的面前。

当代建筑美学主要有以下四个方面内容:

(1)技术,新表皮机理。从最初的石材、木材,到砖、混凝土、玻璃、钢材的出现,新材料的研发不断改变着现代建筑的理念。建筑师在对表皮机理的设计中不断运用新技术、新材料,彰显现代的科技发展趋势。

(2)原生态理念。玻璃幕墙配上少量石材、金属板成为现在主流的发展方向。然而,在当今绿色环保的理念影响下,越来越多的建筑采用了相对传统的建材。

(3)传统文化的现代体现。在现代都市不断发展的今天,只有体现民族的文化特色,才能彰显一个城市,一个国家独有的人文精神。采用现代化的建筑手法,将传统文化发扬和升华也成为当代建筑的发展趋势。

(4)细微之处彰显节能理念。上海世博会主题馆巨大的墙面覆盖了绿色的植被,屋顶巨大的太阳能板总发电量 2.57×10^6 W;中新生态城展示中心在设计上采用了环境控制技术,使得光、水、空气等自然资源被最大限度的利用,外部双层太阳能板与内部的太阳电池,可以充分利用太阳能资源,实现高效导光、发电。这些措施从各个方面体现了节能理念,新技术使节能环保不再只停留在口号上,而真正付诸实践。

美学在现代建筑中的作用:①技术性美学,现代建筑产品在发展中不断向着"轻、光、挺、薄"等方向迈进,这与我国古典建筑所强调的"粗拙""繁缛"等艺术倾向存在较大差异,而这也充分体现了我国传统建筑美学与现代建筑美学在技术手段上的差异;②可持续发展的环境,我国建筑行业自改革开放以来一直沿用粗放型生产模式,各地区建筑企业在发展中均以创造更高经济效益作为核心目标,所以对于传统建筑行业来说其在发展中过于忽略社会效益与环境效益,从而使我国建筑业的发展成为各地区环境恶化的根本原因之一,这种过于重视短期开发的行为使社会居民赖以生存的自然环境遭到了破坏。现阶段我国社会各领域在发展中均要以实现可持续发展战略目标作为主要内容,而对于现代建筑领域来说创造体现人文景观的场所、与自然相协调的绿色建筑已成为主要发展方向,很多现代建筑产品在设计与生产阶段均积极融合了可持续发展理念,对于建筑美学来说其不仅十分强调建筑形象要具备良好的观赏性,在建筑艺术产品创造过程中也要注重与自然环境之间的协调发展;③和谐共生,"和谐共生"已成为现代建筑美学在发展中的精髓,现代建筑只有遵循美学内在发展规律才能达到这一境界,不仅强调现代建筑在设计过程中要实现建筑自身的和谐,同时也要达成建筑自身与广义环境之间的和谐,这样才能确保整个建筑产品的综合性能可以满足用户的实际需求。现代建筑自身的和谐在具体实践阶段主要强调空间与功能需求的和谐,实现建筑自身空间与安全性的和谐,需要在美学原则的基础上来对其进行整体设计,这才能为各层次用户生产出一个可以满足其个性化需求的生活或娱乐空间。建筑自身与广义环境之间的和谐主要体现在新旧建筑或建筑与其他构筑物之间的和谐。

当代建筑美学不仅仅在于外表的多样性,也是环保技术、可持续发展方法等各种高新科技的大集合。它的意义不仅在于建筑本身,更在于以后为人类发展带来的深刻影响。

建筑工程自然和谐的两种做法:"人化自然"就是指自然被"人化"了,在自然整体不被改变的情况下被人的道德水平所影响。它的表现以人类认知和行为的不同而有所不同。比如在自然风景区域内,为方便游客参观修建了道路,其余仍保持了原有的生态,其实质还是自然的。"人工自然"则是指被人类动手改造过的一种实体,以自然界的材料为主或模仿自然界的材料,比如各类技术产品等。人工自然的营造需按照人类的操作习惯并结合工作对象的自然属性、运用恰当的工具组合并采用合理的操作手段完成,用特定的物质材料来实现改造自然的外观及其功用,用以协助人类完成营造独特的人工自然物和特殊条件下的人工自然界的目的。

建筑本体论涉及建筑构成的三方面要素涵盖:社会行为方面、技术经济方面、文化艺术方面,也就是建筑构成的三个重要标准:实用性、坚固性和美观性。

建筑功能与形式的关系是古往今来建筑领域争论的焦点话题,但是,"适用、经济、美观"仍然是当今建筑设计的指导方针,即建筑的功能问题仍是建筑的核心问题;而从美学角度来分析,建筑的功能美决定了建筑美学与其他艺术形式的根本区别。建筑的功能之美表现在:①首先是建筑的实用功能。建筑是人类生活、休息、工作等的地方,同时在决定某种形式之前,建筑首先要满足需要。建筑的真正美存在于与功能相适应的形式之中;②建筑更为明显的特征是它的地区性。建筑物构成它们自己环境的重要特征,就如它们的环境就是它们的重要特征一样;③建筑的另一个特征就是技术的特征。什么是有可能的,这决定于人类能力的大小;在建筑中存在着许多的变化,这些变化完全不依赖于艺术认识的变化。

在建筑美学研究中,应当研究影响建筑审美的文化因素,关注这些文化因素的生态构成,同时把建筑放置于文化生态中,探索文化因素对建筑审美的影响。建筑的美和建筑的文

化(时代与地域文化)有深刻的联系,但又是两个不同的概念。建筑的文化性,作为一种集体意识在建筑中的体现,纵向上,随着时代而不同;横向上,随各区域民族而相异。

传统建筑美学关注的焦点更多的是独立的建筑物,它将建筑从周围的环境中剥离开来,进行切分式的、静态式的鉴赏。但建筑并非只是孤立的存在,而是和其他建筑与非建筑共同组成整体性结构。在这一结构中,建筑不管是否居于核心地位,它都与周围环境(其他建筑、非建筑)密不可分。在地理位置上,建筑是处于环境之中,是构成人类环境的一部分。在审美活动中,建筑是作为环境之中的建筑呈现的,它与环境共同作为审美对象出现。因此在建筑审美中的环境与建筑有着复杂的联系:环境塑造着建筑,建筑可以借助环境,增加背景,强化自身的空间感与层次感,从而生成新的审美特质和审美价值;同时建筑也改变着环境,建筑也可以在环境中建立焦点,从而使人类视野得以聚集,强化环境空间,增加环境未有的审美意义与价值,生成新的审美对象和审美理解。二者不可分离,相互影响,共同组成了一个生态性的有机整体——景观。

"生态建筑""以人为本"等成了当代建筑领域的焦点话题。美的标准应该是人类自身生存的适宜度,所以环境美学首先应该从人类生存的外部环境,如森林、河流、海洋等,以及对生态平衡的保护考虑。建筑环境美学就其特征来看,首先是严格遵循建筑科学和环境美学的规律性,力求在一定的经济、建筑科学技术条件下,尽可能处理好实用空间与视觉空间、周围环境的关系,使建筑实体分割出来的实用空间组合是在空间上和谐连续变化的序列;其次便是建筑环境美学必须沿袭中华民族优秀的建筑风格和传统,在现代建筑群的塑造上体现出时代性、民族性、地方性。当然,随着城市化进程的加快,还要注重新、旧建筑群的整体协调,使整个城市的建筑,既保持历史文脉的延续性,又各具特色并展现新时代建筑风格的雄浑气魄。生态建筑美学主要有以下特征:①生命质量意识;②各个系统之间的平等与和谐;③由建筑法规与建筑伦理体现出来的文化性,具有法治和伦理文明的功效;④低碳和环保法则。生态建筑美学主要有以下措施:①充分利用现代高科技材料;②出于对环保节能的技术考量;③表达出建筑的美学和谐性:a.建筑物自身的造型设计与建筑技术彼此和谐而产生的美;b.建筑与其周边环境相互融合而产生的美。

建筑"美"的内涵包括功能、美学、安全、健康、环保、低耗等诸多内容。建筑审美涉及更多的固然是建筑的艺术属性,但将艺术性单独割裂开来单独谈论"美"是不足以了解建筑之美的,建筑的审美不但涉及了建筑的艺术性,而且还受到了技术、经济甚至于社会政治等其他建筑所不能左右的事物的影响,也正是这些众多的因素和要义的加入使得对建筑审美的考察不得不涉及更广泛的范围。

一个建筑作品如果为了新潮的外表,在投资、功能、节能、健康、环保及绿色等方面代价过高,那它就难免给人造成"得大于失"的印象。建筑的"美"不一定是高代价的,当建筑的"美"与科技、节能、环保产生矛盾之时,应及时调整美学方向,用科技支撑美学观念。

今天的建筑美学与传统的建筑美学已经有了很大的不同,其所面临的课题(价值取向、审美思维、时空观念、文化模式等)极为复杂和难解,这与当代哲学与科学思想的影响和推动是密切相关的。当今的建筑美学在构成上、样态上及追求上都体现出一种兼容性。

当代建筑创作呈现着传统再现、象征隐喻、人本主义、全球化意识、环境意识、国际化意识等繁多、杂糅的特征。

2.3.2.5 现代建筑美学的一些误解

建筑美学的盲区主要是建筑美学走向艺术化,艺术化泛滥,美的过剩。第一,使每样东西都变美的做法破坏了美的本质,普遍存在的美已经失去了其特性,而仅仅堕落成为漂亮,或干脆就变得毫无意义;第二,全球化的审美策略成了自己的牺牲品,并以麻木不仁告终;第三,代之而起的是非美学的需要,这是一种对中断、破碎的渴望,对冲破装饰的渴求。

文化是建筑的内在灵魂,失去灵魂的形式加上花哨的装饰使得建筑形式的视觉形象失去了应有的光泽与内蕴,这样的建筑形式如同一个文盲少女的花枝招展般的模样——浓妆艳抹、俗不可耐。为了建筑形象而"形象",是建筑的政治化运动思维支配的结果。城市建筑形式被贴着形形色色的文化标签,被复制的"山寨"建筑形象到处可见,这些实际上是对建筑美学内涵的一种误解。

近十年来,建筑师做设计首要考虑的问题是好不好看,然后在即成的容器里布置功能空间,这种做法在国内许多设计已经成了正常的工作机制,并且在取得甲方和行政首脑的赞赏后,获得了长足的发展,有一发而不可收之势,甚至一些建筑师觉得,"功能服从形式"才适合当前国内建筑发展的需要。

2.3.3 园林美学

2.3.3.1 园林美学概述

园林是生活在一定文化背景中的人们,在自然环境的基础上根据特定的立意,综合运用特定的艺术手法与技术手段,由建筑、山水、花木等物质要素共同营构的富有诗情画意的物理环境。美的园林通过巧妙的构思,把人为的物质环境与自然风景合二为一,以一种"美的形式"表现出来,形成一个审美整体。

园林美是一种自然与人工、现实与艺术相结合的,融哲学、心理学、文学、美术、音乐等于一体的综合性艺术美。园林美的表现要素包括造园意境美、主题形式美、章法与韵律、点缀与装饰等。

人们在园林中的审美活动方式,包括视觉、听觉、味觉、嗅觉、触觉、通感等几个方面,以及审美"观照"中的"照",即照情、照理和融情入景、情理交融的三种境界。审美"静观"理论中有两个"观",二者在审美活动中所起到的作用是各不相同的。①由"观"而"静",这是一个审美心灵形成的过程,是为下一步的审美"观照"做心理上的准备,是人们在园林各种景物的引导下慢慢地将世俗凡尘抛弃的过程;②由"静"而"观",是建立在审美心灵已经具备的基础上,在"观"的过程中加入主观的情感想象和哲理感悟,是一个发挥主观能动性的过程。这个"观"可以分为"外观"和"内观"两个部分:"外观"是指人们运用视觉、听觉、嗅觉、触觉等去感受园林各景物的形状、声音、味道、质感……,或赏心悦目、或芳心沁鼻、或天籁入耳、或爽风拂面……"内观"则是指感受器官在接受园林景物的一个美的形象刺激后,就会唤起审美主体对以往生活经验以及知识积淀的联想,从而获得对审美对象的一个更加广阔的认识。

园林之美分为三个层次,即景物美、情感美和意境美,这三种美之间是一种层层递进的关系。景物美是园林景物给人们带来的一种生态和形式上的美感体验,是一种自然的生理体验,并不需要特定的心理条件。情感美是指审美主体将主观上的爱恨情仇移植到客观的景物之中,使得景物仿佛有了生命和情感,能够和人进行沟通对话,从而寓情于景、触景生情、情景交融。意境美既是艺术创作的出发点也是艺术欣赏的终点。对于美学中的最高境界——"意境",我国古典园林的意境之美是一种寄托着景物、情感和哲理的综合的审美感受,是一个融情入景,情理交融的境界。意境美的内涵中饱含着美景、深情与至理,是一种融情入景、情理交融的境界。意境的存在不仅要给人以身体上的快感,情感上的满足,还给予其人生的智慧,可以说意境的基本特征是以景载情、达理通情、情理交融。

园林美包括艺术美和自然美两大类,其中艺术美又分园林中使用艺术门类的美和园林自身的艺术美两种。一般来说,一些艺术类型可能会成为园林的内容,例如:雕塑、雕刻、绘画、壁画、装饰画、书法、篆刻、文学、音乐、建筑和构筑物、家具及陈设、工艺品等。

园林的审美构成要素主要有园林建筑、山石、河池及花木。一个园林整体可由点线面交织构成,建筑为点、廊为线、水体和植景为面。园林建筑类型可分为厅、堂、楼、阁、亭、轩、舫、榭、斋、馆、廊、桥、台等。园林建筑种类繁多、形状各异,既可单独设置,亦可自成一景,也可用游廊、墙体把它们组合成院落式的建筑群体,创造丰富多彩的空间效果。古人擅长用音律般的节奏创造空间的起承转合。

园林中的水、石、植景等也具有较为鲜明的精神意韵。传统中擅用比兴的手法来寓意于物、以物比德,强调因物喻志、托物寄兴、感物兴怀。以特定的自然景物来比拟品德美、精神美及人格美。

从园林构造动机及艺术构思的角度上看,它是一种涉及诗文、绘画等各种艺术活动的产物,是体现园林主人情思的、有着一定艺术构思活动的艺术品;从其建造的角度看,它脱离不开土木之事,它需要工匠们具体技术手段的运用与实施,作为营建室外活动的一种空间建筑,它又是建筑的一种;从园林形式上看,它是按照美的规律进行构筑,具有形式美的人造建筑空间;从其完成后所呈现出来的面貌以及园林在生活中所呈现的结果这一角度来看,其实质又是一种供人观、居、游、养等多种体验的审美环境。

经过几千年的发展,世界园林形成三大体系:以中国、日本为代表的东方园林体系,以英国、法国为代表的欧洲园林体系和以西班牙为代表的伊斯兰园林体系。

2.3.3.2 国外园林美学发展

西方园林最初起源于古埃及、古西亚的宅园园林和中世纪的庭园园林。埃及和西亚都处于干旱少雨的气候环境中,所以宅园园林中要有水池和纵横交织的水道。同时,按照西亚发展较早的波斯园林的布局,庭园四周有墙,园林平面按伊斯兰天国乐园的模式布置成"田"字形,四条水渠相交于中心的水池。从古埃及、古西亚的庭园,再经过古希腊、古罗马园林的融合、传播,这就构成了规律式园林的起端。14~16世纪的文艺复兴运动,使整个欧洲的规则式园林得到了很大发展,创造了一大批世界驰名的不朽杰作。

西方哲学家认为自然美,只是美的一种素材或源泉,自然美本身是有缺陷的,除非经过人工的改造,否则达不到完美的境地。所以在西方的园林中所体现的是人工美,他们往往通过各种理念去提升自然美,以此让园林设计达到艺术美的高度——形式美,不仅布局对称、规则、严谨,就连花草也都修整得方方正正,呈现出一种几何图案美。从现象上看西方造园主要是立足于用人工方法改变其自然状态。

2.3.3.3 中国园林美学发展

联合国教科文组织专家对我国园林的评价:"中国园林是世界造园之母。"我国园林在世界园林美学上具有重大的成果和重要的贡献,以下分别就我国园林类型、造园思想、历史脉络等加以论述。

1)我国园林的分类

我国古典园林主要分为皇家园林、私家园林和寺观园林3大类,其中更偏重于皇家园林和私家园林。皇家园林规模大,气势雄厚,典雅华贵;结构布局上轴线明晰,对称性明显,彰显王者风范;私家园林规模相对较小,诗情画意,文人意味浓厚;寺观园林则风格不明显,依附于文人园林,普遍与私家园林相似。

我国园林根据地理位置来分,可分为北方园林、江南园林、岭南园林3大园林类型。北方园林建筑风格端庄厚重,功能上以防寒为主;江南园林建筑风格小巧玲珑,功能上以采光为主;岭南园林建筑风格疏朗俊秀,功能上以通风为主。

小园受限于场地大小,不宜"游",更多的是"赏",对景的布置和意境的烘托尤为重要。大园可为景处较多,若都驻足静观则会使人对景产生倦意,而都为动观又会使游人审美疲劳。因此,大园之景的营造应以动景为主,静景为辅。

儒家的尊礼比德、道家的亲近自然、禅宗的重视心境是我国园林乃至我国艺术思想进化的三部曲,而哲学审美有2种理想,其一是儒式的"华丽繁复"之美,在皇家、贵族园林中有明显体现;另一种是道、禅的"平淡素净"之美,表现在民间文人园林的形态之中。在两种审美中,平淡素净的天然本质美,被认为具有更高的艺术境界。

2)我国园林美学进程简叙

(1)先秦:园林雏形中的原始宗教哲学美学

原始宗教精神在夏商两朝主宰着人们的世界观,并引导着人们的审美取向。春秋战国时期是我国哲学的起点,这时就出现了2个相对立的人生最高境界——"极高明"与"道中庸"。极高明是指庄子的逍遥出世、无为、忘我之境,是对生命的超越;道中庸是指孔子以圣人心态做入世之事的境界,是生命的现实态度。

从园林发展史和其他艺术发展史角度出发,都是哲学思想先发展,纯艺术紧随其后,然后才是建筑艺术,最后影响到园林。先秦哲学的出现,并没有引起美学领域跟随出现巨大变化,也没有马上使园林艺术思想发生明显的变革,因此,人类最初的生产与原始宗教精神,包括神话象征意义的图案与装饰,仍是园林雏形的基本思路,具有喻美、象征的特点。例如,古人认为山岳神圣,是神仙在人间居住的地方,在神人亲密的原始宗教精神影响下,使帝王除了隆重地祭祀高山以外,还登临高山,削山顶筑高台,来实现与天神相通的心愿。著名的西周灵沼中,"辟雍"的形体经考证为一座近似小丘的土台,其周围配以圆环形的水池,"象征王道教化圆满不绝",并深层寓意可达天庭的昆仑山及周边环绕的弱水,使"辟雍"神圣化,寓意西周奉天命、讨伐商朝。我国园林雏形,最初以通神求仙的高台为主要形式,具有"考天人之际、法阴阳之汇"的神圣主题。先秦哲学中朴素的理性思维缓慢的作用于艺术领域,尽管先秦后期的园林仍是以神仙思想为构建主导思想,但是其庄严感与敬畏感明显下降,君主帝王娱乐休闲的功能上升。

（2）汉朝：儒家哲学美学对皇家园林建设的主导

在秦朝统一国家之后，我国北方新出现的理性进步思维被未进化的南国神话（以《山海经》首）中的斑斓世界所掩盖，帝王对神仙的向往，使神仙思想成为社会主导。因此根据时代的需要，儒、道学家均披上阴阳家的外衣，纳入部分神仙思想于自己的学说理论中。汉朝儒家掌权成为正统，提出天人感应的神学体系，这一时期的美学思想，正是由添加了神话色彩的汉儒哲学所主导。

神话故事与艺术创作结合，人与神仙同台演出。可见这一时期的人类面对自然的态度，是从惧怕世界转向征服世界，于是新生的艺术作品尽管原始、粗简、古拙，却充满了活泼喜悦的人间美好情绪。在神仙思想的影响下，汉朝宫室建造依照天体星象进行整体布局，宫苑内对所有传说中的神仙居住环境，进行了全方位的模拟，包括北方神话中的昆仑、太液和南方神话中的瀛洲、方丈、蓬莱，拥有"一池三山"求仙模式的汉朝皇家园林形成，并以儒式功利性审美的华丽堂皇，展现帝王至上的地位，我国皇家园林的内容与模式就此奠定。由于神仙思想和儒家审美在汉朝皇家园林中已经发扬到极致，因而此后直至明清时期的皇家园林，都延续旧有皇家园林模式，并不断从民间的文人园林中吸取新鲜内容。

（3）魏晋南北朝：道家哲学美学嵌入民间文人园林

魏晋南北朝的社会动荡、人命如草芥，使民间的读书人群怀疑腐朽的儒学与谶纬，撕去汉儒的伪装，回到先秦哲学中，发现了儒家思想的"道中庸"与道家思想的"极高明"，他们了解并热爱老庄的"天人合一"。但在言论极度敏感、人人自危的魏晋南北朝，文人多以道家出世思想为主，玄学应运而生。

道家思想以亲近自然山水为悟道的手段，在魏晋南北朝开始对民间普通知识分子的园林观起作用。文人知识分子以道家思想为依托，归隐山林寻找人生的价值，同时发现了自然的清纯之美，发现了人类内心中隐藏的深情，这一时期在历史上被称为"人的自觉"期，神仙思想得以淡化。该时代名扬后世的文学家兼私人造园者正是其中典型，如陶渊明，他以道学家心态写出的《桃花源记》，成为后世文人造园竞相模拟的对象。

皇家园林基本还是对汉朝皇家园林的延续，但由于"人的自觉"与神仙思想淡化，通神求仙建筑形式得以保留，但被另外赋予其他功能，甚至（玄学中的）道家思想的天然清纯审美作为时代美学思潮，也影响到少数皇室贵族。这一时期，山水画作为领悟庄子"天人合一"的修道手段而出现，"小中见大"的画法不仅是悟道的手段，还是使人产生身在广阔山林的想象依据。由于山水画家也多出任造园师一职，他们以"小中见大"的心态观察山体，并试图通过人工堆叠假山，来营造身处小游园却如在自然山林的空间气氛。

在魏晋六朝时期，先秦儒道两家出世与入世相对立的2个最高境界被重新挖掘出来。以道学为主、融合了部分儒学的玄学，并没有消除"极高明"与"道中庸"的对立性，在园林建筑上也体现得非常明显：皇家宫苑富丽堂皇，文人避世茅屋简朴。

（4）唐朝：儒道禅综合作用下的中隐文人园

东汉末年，佛教传入我国，在魏晋六朝社会动荡的民众心理需求解脱的环境培育下得到发展，到隋唐时期发展成为国家的重要宗教。然而，佛教从一开始传入时，就无法抵抗国人原始宗教精神遗传下来的人神关系亲密、神为至善、人可成神等心理结构，再加上皇帝即是"天神委派"的政教合一系统与儒家理想思想渗透，佛教走到唐朝，已经汉化出与印度佛教面目全非的、适合我国人心理的稳定一脉：禅宗。文人知识分子对佛学，尤其是禅宗哲学，表现出极大的兴趣，并从中发现了一套系统分明的"心理分析"，这种"心理分析"正是我国哲学所缺少的。禅宗哲学提出"心是一切之源"的观点，巧妙地消除了"极高明"与"道中庸"的对立，而生成"中隐"思想，继而出现中隐文人园——入世的理性建筑与出世的咫尺山林，成为儒道互补的宅园结构。禅宗哲学使我国艺术开始全面走向"写意"，以写意的眼光观察园林石材之美，即以石头的形貌发挥想象力，成为非常普遍的现象。

（5）宋朝以后：理学兴起致使园林思想性淡化

禅宗盛行于中唐，其以人心为本的美学观点，在后面的时代继续发挥了巨大的影响力，出现了宋人尚意的美学特征。造园在模拟山林时，还以诗书画意入园，儒道互补的文人园林模式成熟。同时，皇家园林也不断从文人园林中吸取养分。

其后宋朝儒家学者结合部分禅宗、道家思想，形成精致的理学系统，理学在元朝以后的封建社会中统制了我国知识分子的思想。但由于理学贬低艺术价值，认为艺术不能使国家百姓勤劳安分，是读书人玩物丧志的游戏，因而此时的哲学不再担任艺术前进的灵魂导师，反而成为一股阻挠的力量，我国的哲学美学发展几近停滞。如果说汉代艺术体现了行动，魏晋南北朝艺术体现了精神，唐宋艺术体现了意境情绪，那么明清文艺所侧重的是世俗人情。

明朝中后期，商人为主体的市民文化兴起，园林艺术被模式化，成为彰显社会地位与财富的手段。例如，明清时期的扬州是南北水路枢纽和最大的商业基地，各路商人聚居此地，引领造园竞赛潮流。附庸风雅的商人雇用画家、艺术家造园，花费巨资、收集各地名贵造园材料，在形式上模拟出世逍遥的文人桃源，实际是娱乐加炫富。造园艺术精神的纯粹性下降，而色彩艳丽与装饰繁华的气派成为主流。延续着传统模式的皇家园林也受到繁复浓艳之风的感染，在今天的颐和园雕梁画栋的密集装饰中清晰可见。

（6）近代：多元且混乱

自1840年鸦片战争以来，我国的历史与社会发生了剧烈的变化，这种变化也深刻地影响了我国园林的发展。这一时期的园林美学发展明显受三个方面的影响。①中西方思想与审美的碰撞，这种碰撞既有中西合璧的审美典范的诞生，也造成了我国园林审美在一定程度上的混乱；②技术对园林审美的影响，诸如力学的发展，新材料的使用等，最初是对园林要素的建造技术变革，而后这种变革产生了其自身的审美诉求，使得诸如工业技术美、材料美等相继出现，既是对传统园林审美的破坏，也是多元审美建立的开始；③社会心理的影响，动荡的社会打破了原有文人的自娱自乐式的园林审美，使得园林美学从社会的精英阶层向普世大众扩展，虽然混乱，却对园林美学服务对象的扩充起了很大作用。

3）我国园林的造园思想与生态美学价值

"本于自然，高于自然"是我国园林造园的美学思想。古人从大自然的观察中受到强烈的影响，造园家们通常借鉴自然山水，且多是相依相存、互为衬托的关系：以山体硬朗的轮廓衬托水体柔媚的气质，以山的深沉衬托水明快的韵味，以山的静止衬托水活跃的性格，以山的内敛衬托水的开合有致。

在形态上，由于水没有固定的形状，因而可以以多样化的形态在园林中出现。可以表现出动态的美，如模拟自然泉水的喷泉、瀑布极具动感，晶莹透亮；也可以表现出静态的美，如模拟自然河流的溪涧、幽谷深潭，模拟自然湖泊的水池，岸线多变、回环转折。在园林构图上,一般采用小园水面集中处理、大园水面分散处理的方式,构成一种山环水绕的格局。

受"本于自然,高于自然"美学思想的影响,其造山艺术主要表现为:①园林假山的布置形式与种类十分丰富,有园山、厅山、楼山、阁山、书房山、池山、水假山、内室山、峭壁山等样式,可以方便地与各种建筑、环境相配合,有利于创造更为自然、理想的景观效果。②我国古典园林堆山多石山。在艺术手法的总结上也多以石山为主,在"本于自然"美学思想的影响下提取自然山体的形态元素,作为堆山的设计要素;以"高于自然"为美学指引,根据不同石材的特点而进行不同的设计与堆叠。为追求质感、色彩、纹理、姿态的协调、统一,园林中的假山石不会被混用。

"本于自然,高于自然"美学思想的山水精神与古代文化密切相关。我国园林艺术中的山水精神既收入了自然山水美的千姿百态,又凝聚了文学艺术美的精华,蕴含着典型的、具有民族特征的山水文化和山水精神。国人的山水精神是一种山水情操的陶冶。山水精神体现"不忘本心"的处事态度,在远古生产力低下的时代,人们只能依靠原始而简单的工具从大自然中获取有限的生活所需;在大自然面前,人类处于绝对的弱势,人类的生存条件完全取决于自然的变化。在人们依靠自然的赋予而生存的历史背景下,由于对大自然的理解局限于畏惧,除产生原始图腾崇拜以外,还产生一种对大自然的感恩之心。这种崇拜与感恩一直存在于人们的思想与行动之中,并在园林的艺术创作中融入这种对大自然的感恩之心,从而使我国园林艺术很好地继承了国人的山水精神。

深入了解中国造园思想还得详细梳理中国古典园林,阅《园记》"隐现无穷之态,招摇不尽之春"。建筑、山水和花木是园林物质生态建构的三要素,一般是在原始生态之地进行疏、凿、叠、理、栽、筑,将物质要素进行空间布局排列。在其空间排列中正如姚合《扬州春词》言"园林多是宅",建筑是园林的中心和起点,园林式建筑的延伸和扩大,是与自然环境的接触缓冲,与《皇帝宅经》的"人因宅而立,宅因人而生"所指,建筑是园林物质排序的第一要素,而园林建筑结构形式美不是简单的美学问题,不是单个建筑个体的"因内而符外"注重的"高"(台基防潮)"边"(边围合御风寒)"上"(上盖顶防雨雪)功能之外,园林中的建筑,台基的安稳更重要的是衬托和突出建筑的主体,墙柱门窗等形成的边更多地考虑区域气候环境特征和与建筑延伸部分的衔接,以及驻足观景的需要,同时美的对象需要间隔,台基、栏杆的间隔造就美的界境,而园林建筑的"边""上"的造型主要源于气候环境的造就,同时离不开材料的材质,材料是美感的基础,与园林建筑的内善相互契合。建筑美有个体美和群体美,个体美是群体美的基础,而园林建筑一般主要是彰显个体美,特别是园中供游人观赏、驻足、休息的廊、亭等游赏性建筑,这些游赏性建筑一是相对体型小,占地用料少,能够形成独特的"风景";二是灵活,与地形等环境适应性强,空间节省,空灵多姿,能够造景、点景、引景,产生多方位、多层次、多功能美感;三是形式多变,造型多样,可方可圆,可三角可八角,可扁可扇,檐可单可重,顶可平可尖,柱间可栏可墙……设置的位置更是可"随心所欲",可"虚"可"实",时空可幻化、无穷无尽。总之,园林建筑凭地势而"生成",造就《园冶·相地》所言的"自然天成之趣,不烦人事之工"。

随着时间的流逝和空间的转移,以及自然而然之美与创造美两种文化的交流,利用色彩的鲜艳和丰富多彩,以及其精雕细琢对感官的刺激与联想,逐步成为园林建筑的组成部分,并且一发不可收拾,细观中国园林建筑的雕刻与装饰,与其他体系的园林比,呈现"三隐三显",即大处隐而小处显、明处隐而暗处显、室外隐而室内显,山石、水池林木、建筑屋面、墙体,尽可能不见人工痕迹,有若天成,而斗拱、挂落、亭角、飞檐、柱基、门闩、方寸埔地,室内的屏、罩纱隔等则精雕细琢,但总体皆把握"宛自天开""不以人巧伤天然"的审美"度"。

在中国古典园林中离不开家具和古玩陈列,首先建筑与家具之间存在一定的同质、同构关系,其次存在着有机的、复合的联系,针对建筑的内部空间而言,它的美往往通过家具,坐卧依凭,享受生活的欢乐。家具和古玩陈列具有充实、组织、美化和活化空间的功能,其布设遵循形式统一、体量适称、功能相应、环境协调、整体和谐。

(1) 中国造园思想在园林山水构建方面的体现

地、水者,万物之本原,养育万物,《画山水序》道:"山水,质而有趣灵"。山水,园林物质生态构建不可少的要素,园林空间规模的限制,泉石成为山水的替代与浓缩,坐石品泉与游山玩水同性,山水是泉石的放大,泉石是山水的缩小。

石是园林之"骨",是山之"骨",可作山的象征,可作山峰的代表,文震亨《长物志》道"一峰则太华千里寻,一勺则江湖万里",名石成为镇园之宝。中国有着悠久的石文化,特殊的石情节,从透、漏、瘦、皱方面言石之美,皆是指石之形的形式美。瘦:石本无所谓肥瘦,是"燕瘦环肥"的人石互喻情节,"秀"涵大于"瘦",以阴柔婉约区别于阳刚,同时涵盖"透""漏"之巧秀,又连于"清",通于"秀",即"清瘦""清秀"也。皱,"开其面"也。在文人墨客的笔下对园林之石还有"陋劣之中有至好"的丑,"大巧若拙""大智若愚"的拙,郑板桥《石》道"老骨苍寒起厚坤,巍然直拟泰山尊"的雄和"亭亭孤且直"的峭之美。同时在园林立石造园之际还注重石之色、之质、之纹,甚至石之声。

山,概念广泛而复杂,中国山水画中对山分类很多,韩拙《山水纯全集·论山》中道"尖曰峰,平曰顶,圆曰峦,相连曰岭……通路曰谷,不通路者曰壑……两山夹水曰涧,陵夹水曰溪","峰"体现高峻立之美,"岭"彰显巍峨连绵之势。园林立峰往往近观,石峰通常横向堆叠,形成卷云衬托峰立之美。"坡""垅""阜"之旷皆是自然的仿造,园林之山"假"山也!是真山"假化"之艺术,妆山饰水,"假山""真化"之韵……

水,从生态学的角度看,园林离不开山,也离不开水,山石园林之骨,水园林之血脉,滋润万物。郑绩《梦幻居画学简明论泉》言"无骨则柔不能立,无血则枯不得生",山石赋予泉水之形态,泉水造就山石生机,乃"山脉之通,按其水径;水道之达,理其山形",在中国古典园林物质生态建构中理水重于叠山,并且水"假"不了,《园治·相地》道"立基先究其源头;疏源之去由,察水之来历"。日本园林按审美逻辑分池泉庭院和枯水园林,枯水园林常用白沙、小石子等固体作为水的象征,但仍然属于山水造园。

水,造园之首,从审美哲学的角度看,《周易》用"洁""虚""动""文"四个字高度概括园林水的审美特征:"洁",洁净之美,一般说,只有异物污染水,而水决不会污染他物,排沙驱尘,洗涤万物,具有"当暑而澄,凝冰而冽"的生态美;"虚",虚涵之美,水借助光辉投映天物,在水平似镜,平静无波之时,收纳万象于其中,体现"天光云影",鱼似天上游,船在空中泛,人在镜中行……将天空和周围的一切景象如实虚涵于水中;而倒影又不尽是如实,倒影的景象倒置,上下辉映,一正一反,微波晃动,倒影变形变色,屈曲聚散……倒影,科学是光学成像,美学是亦真亦幻,虚虚实实,呈现真实、变形、虚幻之美;"动",流动之美,"流"活也,流动营造出似镜、似瀑、似急、似蹲的不同形态,美其活;"文","文章"之美,该"文章"非文章也,中国美学史"文"和"章"是指线条和色彩有规律交织构成的形式美,可以成为造园之景观主题。水,依据水体的规模可以营造不同的景象,如湖、如池,同时可以依托水体营造桥梁、堤岛、塔、游鱼、水鸟等依水体景观。

园林离开了花木就不可能从宏观上作整体性的生态功能配置,不可能形成符合审美的符号画面。从科学的视角看花木与山水是生物与非生物的生态关系,从艺术视角看花木与建筑是园林建构彼此不可缺少的元素,从生态学的视角看园林最早就是种植,是从实用价值出发,后来发展侧重于审美价值,其别名为林园、林亭、林圃,即王维《山水论》道"山籍树而为衣,树籍山而为骨",骨不能无衣,衣不能无骨也!郭熙《林泉致远》再道"山以水为血脉,以草木为毛发……山得水而活,得草木而华",园无山、无花木,园则无骨无气无华、无生无趣无意而无味也。

绿色空间不但能够遮阴降温透风净化空气,还能够让人宁静抚慰、消疲解乏。绿是生命的色彩、健康的源泉、生态的象征、环保的符号、园林的标尺,几千年来,人们的日常生活不断捕捉绿、注视绿、欣赏绿、享用绿而营造绿、呵护绿。园林花木一般分为观花、观叶、林木、藤蔓、水生类等,花是美的化身、繁荣的形象、幸福的象征,带给人欢乐、温馨和希望。斯托洛维奇提出价值就是评定某对象对人的关系中所取的意义,那么园林花木的价值就是美、古、奇、名和雅。美不难理解,这里的美是普泛性的,而古是一种时间的累积,古木称寿木,体现时空价值,当然也体现在其苍劲的形态美,可谓"不凋不残寿而康"。

费尔巴哈指出"时间和空间是一切实体存在的形式",中国古典园林建与赏皆容易把握和注重园林的空间布局和形态美,但由于时间无影无踪、无声无息往往难于感知,因此,康德把时间作为"内感官形式"区别于空间。现代物理学和哲学研究表明,运动、时间和空间,三者是互为一体,相互依存渗透,世界是一个"四维平直时空",园林同样如此,美学家纽拜指出"风景不仅顺应自然力因时而变,而且也作为人的活动的结果因时而变,……不是一个风景而是一个风景序列……在时间中展开",展开陶渊明诗言"春水满四泽,夏云多奇峰,秋月扬明辉,冬岭秀孤松"之风景序列,呈现时间流逝之季节美,人对春夏秋冬有规律的周而复始系统,与旭日、夕阳、夜月时分系统流逝和阴雨雾绕气象变化系统的风景序列能够直觉感受,即"景则由时而现,时则因景而知"。

(2)中国造园思想在精神文化构建方面的体现

中国古典园林与西方园林相比比较注重精神文化,几乎把可能出现的艺术皆综合到园林之中,比如书法、绘画、雕刻、诗歌等,园林意境建构往往取诗、赋、歌、词之意,绘画、雕刻、碑文门联等皆凝固社会意识,记社会历史……彰显"园以人显",成为"自然环境"与"社会文化"的综合。

(3)中国造园思想在园林物理空间经营方面的体现

在园林艺术空间里,无论是建筑、山水和花木三大要素,还是其他物质和精神要素,皆服从于园林意境整体生成的调控,中国古典园林如同山水画"意在笔先",《画筌》道"目中有山,方可作树;意中有水,方可作山。作山先求入路……"。园林意境首先是空间布局,但空间皆是有限的,中国古典园林中皇家园林规模宏大,空间按景观主体分区分割,如颐和园昆明湖水景区、万寿山山区景区和后山景区,处理空间的层层相套;规模较小的私家园林彰显自然随意而不拘的多空间性,其共同之处是体现各空间情趣各异、曲径通幽处不可替代的意境，达到空间经营之妙，提及园林空间经营之妙，最妙的应该是以寺观园林为代表的山区园林，如镇江金山江天寺，一般采用山体坡度进行空间分割，极大增加了高低错落的空间立面层次和景区间的形式、形态、色彩等对比意味。园林空间经营之妙非常成功的还有以杭州西湖三潭印月为代表的水际园林，造就了湖中有岛，岛中有湖之园中园。

(4) 中国造园思想在反预期心理空间经营方面的体现

柳宗元提出的"奥如"和"旷如"两空间概念发展成为园林美学范畴，开阔和幽深。以灌注生气，化景物为情思，变心态为画面，从而近而不浮，远而不尽，以造就奥、旷之魅力，耐人寻思，寻思奥旷交替规律——"抑之欲其奥，扬之欲其明"，其集中体现在中国古典园林的"居尘而出尘"的"入门处必小曲"，滤、净入园"尘俗"，铺垫奥后之旷景，保清幽不外泄。而园内讲究的是奥旷交替转换，奥之突旷，旷中隐奥，营造"柳暗花明又一村""忽见千帆隐映来"的反预期心理产生的豁然开朗、别有洞天的奇趣和忽然之美感。

(5) 中国造园思想在主体意境经营与控制方面的体现

艺术需有主体，李成《山水诀》道"凡画山水，先立宾主之位"。园林是通过主体建筑、主体景区、主体景观统领控制全局意境，一般情况园林主体离不开建筑物，其标胜、点缀、引景，甚至点眼更离不开建筑物。中南海水体中的水云榭与水中倒影造就的蓬莱仙境成为水体标胜引景，北海团城圆亭与堆筑假山成为山体标胜引景和制高点标胜引景之典范，使景区主体突出鲜明。标胜引景之点景建筑物造型和体量与周边环境的协调适宜至关重要。

"亏蔽"包含两个相对而又相关的美学范畴概念，蔽相当于"遮隔"，"亏"是透又不是透，是隔又不是隔，是藏又是露，是景区空间经营分割的方法和意境的营造，而蜿蜒于景区间连接亏蔽之景的"曲而达"之曲径，既是赏景之路径，又是营造反预期心理空间于奇趣、破解"亏蔽"亲临亲近其景之道之视角，中国古典园林在空间营造中将曲径发挥得淋漓尽致，有曲桥、曲堤、曲溪、曲岸、曲廊等，并且借曲点景，以景自曲，形成美就美在"山之妙在于拥楼，楼之妙在于纳山"的双方互妙的概念关系。这与狄德罗言之"美总是随着关系而产生，而增长，而变化……美总是由关系构成"不谋而合。

(6) 中国造园思想在园林意境空间方面的体现

意境或者境界，是一个空间概念，刚开始与宗教意识结合虚幻成为一种精神空间，具有虚幻不定的特征，唐宋以后转化成为艺术的精神空间，一方面吸取了"实"的空间内涵，另一方面又吸取了哲学意识的"虚"的空间内涵，成为耐人寻味的"象存境中，境生象外"，在哲学史上的"有""无"空间相关性，在园林空间营造中的亭、台、楼、阁往往突出体现了不受界域限制的空间意识，表现出来"不昵于山，故能尽有山"的空间虚廓超越意象，是一种内外有别的开放系统，凭借"唯道集虚"的美学，采用"透风漏月"以获得审美意象和视觉的充分自由——眼界一放，心胸一宽。

中国古典园林虽然是一个内外有别的系统，但通过借景打破界域，拓展扩大空间。有以空间距离和方位为逻辑之借，有以时间流程为逻辑之借，有按形态和美因素为逻辑之借等形式，同时中国古典园林空间营造发挥得淋漓尽致的另一方面就是利用门窗框格美学，着眼于"空灵"意象，由此诞生了"尺幅窗，无心画"之无心图画命题，即实处之妙皆因虚而生，以及框格制造其景深营造出另一空间的延幻。

总而言之，空间是哲学的概念，是美学的范畴。大千世界无不存在于空间之中，从美学的视觉看,美首先是空间的造型美。空间,中国古典传统园林传承"天圆地方"的"原始思维",积淀形成心理学"集体无意识"的"集体表现"文化心理,由此,传承需要思考,取之精华,与时代俱进。

(7)从赏析的角度领悟中国造园思想

说起欣赏,中国古典园林标胜引景的亭、台、楼、阁、塔等建筑造型是古典园林最接地气、亲近民众的景观,与花木配置、园区空间"亏蔽"等其他意境营造相比,一般不需要欣赏者具有基本的专业素养和知识,可以根据各自的喜好,从建筑的自律性和功能的合目性,从整体的造型进行评判赏析。评判赏析既是观赏的精神活动,同时又是思考和营造的反思,由此,学习了解传承发扬中国古典园林造园思想可从赏析开始。

中国古典园林建筑与西方园林建筑相比,最为明显的区别在于建筑物翼角起翘、屋檐反曲的屋顶结构。追寻其源曾受"集体表现"的影响,认为是"乐舞文化"飞翔意识的表达。屋顶翼角起翘的建筑物基本上集中于中国南方,其合目性的功能是"防霜雪雨露",出檐反翘不仅有利于保护外围墙体,而且不影响采光,同时增添造型美,黑格尔道"在原始建筑结构里,安稳是基本的定性,建筑就止于安稳……",李泽厚先生说"心理结构是浓缩了人类历史的文明",飞檐反宇是中华民族追求自由腾飞浪漫情怀的象征,是"法于飞鸟"的仿生,是"有亭翼然"的沉淀,是克服材料重量的创造,将沉重的建筑展现为轻巧态势,变单调为丰富、生硬为柔和、静为动,富于美感,一举多得,得轻、得巧、得翼、得柔。

中国古典园林的"一水三山"之蓬岛瑶台的空间经营,三山注重其大小、高低和主次的搭配,《山水诀》道"山头不得重犯",不仅材质提升,山水、建筑品质提高,而且重视了山水、花木、建筑间的群体组合。受"万物有灵"的原始崇拜和"炼石补天"精神,以及"石为云根"触石兴云自然景观现象启发的多重影响,顽石悄然进入园林的艺术雅堂,置堂以小见大,立园树峰,其形其质增添园林意境,在传承发展的历程中不断赋予、丰富其内涵和象征,即赋予"仁者乐山""如石之固"等内涵,同样山水、花木、泉石以其物理原始属性、形态、色彩获得的精神欢愉意象,同时经过几千年传统文化沉淀而赋予的象征成为其第三性,如奇石"致美结而为精"到"使君池亭风月古"之思古幽情的"石命人古""山令人静"等。了解中国古典园林的精髓必须悟其沉淀之第三性之象征,品园林才算品出味道,自然会感受到其孕育出来的"近而不浮,远而不尽"。

中国古典园林被联合国教科文组织专家评价为世界造园之母,其"天人合一"的思想对世界造园具有生态观念和文化两方面的价值。

①"天人合一"的观念价值:中国传统的"天人合一"观首先是建立在"天人相分"的天人关系论上,将天与人划分了界限,认为人要改变生态原始的、屈从自然的被动状态,要学会制服自然,利用自然。董仲舒《春秋繁露》提到的"天人同构"的论据虽然有些牵强附会,但其观点与马克思的"人是自然界的一部分"的生命维系关系一致,即"天地之生万物也,以养人""与天同者,大治;与天异者,大乱",其内涵与"可持续发展"核心一致。虽然因时代的发展,阐述方式不同,但内涵在不断得到扩展,理性得到升级,总之,社会发展到今天,就像李泽厚先生所言,没有必要浪费笔墨去嘲笑古人的错误与荒谬。天地、自然作为人的生存环境,人可以"取天地之美以养其身","与天地同节",既不能按庄子那样无为顺从自然而不取,被自然束缚而原始,也不能自为主宰而随心所欲取之,应遵循《周易》"天行健,君子以自强不

息"的"泰初有为"的哲学思想。

西方发达国家曾经在牛顿《自然哲学之数学原理》的指导下,应用科学理性和科技手段,认识、利用和改造自然,社会生产力突飞猛进,社会经济空前发展,正如美国查尔斯·哈伯《环境与社会》言:"自然环境资源被评价为生产产品的资源……"形成科技优越性和经济重要性的极端绝对化,掩盖了事物发展往往存在正反两倾向的复杂性,掩盖了自然环境平衡破坏的负面倾向。直至梅勒《生态现象学》痛切"大地母亲已经躺在特护病区的病床上",开始认识到事物发展的复杂性和"福兮祸之所伏"。

哲学是时代敏感的神经,20世纪20年代英国哲学家罗素从"大地母亲躺病床上"深思熟虑,在《中国问题》道"中国人摸索出的生活方式已沿袭数千年……若不借鉴一向被我们轻视的东方智慧,我们的文明就没有指望了"。"东方智慧"之一就是"天人合一""天地人不可无一",翻译为当代语言就是"坚信人与自然统一的必要性和可能性""与天地相依"的园林生活,可居可游之天地也。

②"天人合一"的文化价值:"四时得节,万物不伤,群生不夭"自然理念构造的中国古典私家园林,集中体现了美的荟萃、史的沉积、山川的缩影,彰显了精神文化生态与自然生态的互补共生,相与融合,可审美净化,心智恢复,集中体现和弘扬了中国传统生态观的"绿色启迪",从文化价值方面看"居移气,养移体",借园林绿色文化空间的优势静心洗尘养性,悦志浴德,在审美价值可行、可望、可游和可居"四可"的基础上,在精神文化上增加了"可养","久在樊笼中,复得返自然"之养。

公路是人类介入自然构筑的新的存在物,是自然环境景观中为园中游赏的"路径",往来的驾乘人员是"游"人,桥梁隧道等构筑物为通幽之"游"径,《梅花别墅记》道"然则人何必各有园也,身处园中,不知其园",驾车行于路上,无日不行于园中、行于大自然,如罗丹所言"对于我们的眼睛,不是缺少美,而是缺少发现"。在翻阅中国古典园林美学,悟其"天人合一"的观念价值和文化价值,冥思其建构之空间经营之道,苦想领悟其山水、花木、建筑之第三性和其泛化的艺术,联现代绿色公路选线和桥梁建构,与"在原始生态之地进行疏、凿、叠、理、载、筑,将物质要素进行空间布局排列"的造园一脉相承,公路建构就是按汽车动力学,在大自然"无非园者"中选择构筑一条供人们驾乘车辆快速行游观赏自然风光的路径,美在自然,设计就是发现美,就是选择交通运输融合布景路径。

4)中西方园林美学的对比

我国园林深受道家"崇尚自然"思想和儒家"天人合一"思想的影响,以至"崇尚自然、师法自然"成为我国古典园林所遵循的一条不可动摇的原则,在园林创作上体现的是理性和积极,文人将自己的主观感情赋予创作中,景观意象的选取和表达与人的心理极为符合。西方秉持"人定胜天"的思想理念,因此,园林美学以人的活动为上,仅将自然美作为美的一种来源,认为未经修饰的自然美客观存在,但不具备审美意义,只有通过人工的改造使其能反映人的意志、表达人类世界的内涵后才具备进行艺术审美的条件。

在生态园林美学中,人与园林其实是一个互动的关系,这一点东方和西方不同。西方的审美主体和审美客观是严格二分的,人类是审美的主体,而景观则是作为审美客体而存在的。但在我国的哲学中,提倡的是"天人合一"的理念,也就是人与自然是高度和谐的,人的内心是一个小的天地,而宇宙则是一个大的天地,两者是息息相通的,所以人要顺应大自然的规律才能生生不息。

中西方古典园林在风格上有着不同的特点,前者是自然的人化,而后者则是人化的自然,前者追求意境之美,而后者则追求形式之美,这样的差异与中西方的不同文化背景、哲学与美学思想的迥异密不可分。

由于美学思想和社会背景的不同,中西方在美学表达方式上有所不同,前者偏重于感性,后者偏重于理性。我国园林艺术的创作多随造园人自己对美学的内心感悟和理解来进行,没有特定的造园标准;文人士大夫作为传统园林的造园主体,其绘画、诗词等艺术创作以及思想情感等都会反映在园林的创作中,从而决定了园林美学表达上的感性基调。而西方更注重研究规律和数学,试图从理性角度寻找美的内在法则,其园林美多表现出精确地控制和比例,感性色彩较少。

我国的园林重在意境美,美的表达重点不是在直观的视觉上,而是通过各个园林要素间的相互配合而创造的意境。受比德思想的影响,传统园林中植物被拟人化,借植物的品种、外形、栽植方式等来表现园林主人的高尚品德和生活态度,如竹子象征谦虚奋进、虚怀若谷,牡丹象征富贵、莲花象征清廉等。除此之外,园林建筑上的匾额、对联以及园林建筑中的造景也十分注重意境的营造。相对于我国的传统园林而言,西方的美学表达重在形式美,侧重于给人的视觉体验。西方古典园林中的植物多表现为人工修剪、图案繁杂的造型花篱;其建筑的布局也大多采用中轴对称的布局形式来表现宏伟和威严,这一点与我国传统的皇家园林不谋而合。到了现代,西方的园林开始往简约方向发展,以极简主义为例,园林通过简单的几何形式和线性划分进行美的创造,意图表现一种简约的形式美。

在设计过程中,我国古典园林设计风格不求规则整齐,对称韵律,而是追求依山傍水,蜿蜒曲折的流畅质感,设计元素尽力取于自然、用以自然,建筑工程中也力求参差错落。而西方园林所体现的是用人工方法改变自然,在设计中寻求轴线对称,多用几何图形,植物修剪出各式造型,整齐划一。

西方园林艺术的主要特点是园林平面布局为规则式。园林的平面布局多严格规则的对称,有明显的中轴线,还有纵横相交的轴线或副轴线。中轴线与园中主要建筑的中轴线一致。其次是以建筑作为园林中的主体,园中平面布局都围绕建筑展开,园中的所有景物对建筑都是呼应和主从关系。如果地形有变化,建筑往往安置在最高处,以突出主景。再有,西方园林中树木都经人为的加工,修剪成方块形、圆锥形、球形等几何形状。有的被剪成动物形状,称为绿色雕塑,有的被剪成建筑形状,称为绿色建筑,有的被剪成高矮不一的墙状,称为绿篱或绿墙。特别是表现人体美的雕塑,被有意的安排在风景构图中心的路口、广场、喷泉、水池、草坪之中,成为园林中不可或缺的主要景观。

相反,我国园林的平面布局追求的不是规整性而是自由性,是根据园林的内容,进行自然、变化、曲折地去布局,达到自然形态如真、气韵生动如画的效果。园林中的建筑,除主要厅堂外,其形式和位置均按景观需要而定,只对景色起点缀和辅助作用,即起点景作用。其他在植物材料的运用、水景的安排上都追求自然天成,绝无雕饰。我国园林中的"雕塑"主要是单置的石峰,其各种形态的自然美,蕴含着无尽的意味。

西方园林的美学特征是自然的建筑化,即在园林中的一切景物都要像建筑一样,具有数、秩序、匀称、整齐、规则的特性,既合乎比例关系,又合乎科学规律性,从而把千变万化的大自然纳入中规中矩、刻板的建筑程式之中,使园林的整体结构,无论是微观上,还是中观、宏观上,都体现一种抽象的规整性,而这种规整性,在大自然中是根本找不到的。

西方国家尤其是欧洲地区,也创造了许多优秀的古典园林景。由于这些园林建立在对世俗之乐的回应中,也正是如此才体现出它的美学神韵——声色之美。与我国古典园林陶冶情操、为文人排解心中忧思的作用相比,西方古典园林的作用主要体现的是它的娱乐功能,且其所担负的这种对外的娱乐功能决定了它开放的性质。

我国园林虽从形式和风格上看属于自然山水园,但绝非简单地再现或模仿自然,而是在自然美的基础上进行抽象化、概念化以及经典化,并提取其中的精粹,这种设计更加符合自然的表现。

5) 我国古典园林美学与现代景观美学的比较

(1) 功能定位

我国古典园林的主流是私家园林,林宅园合一,供园主一家居住和观赏,具有一定的私密性。受到园主财力的限制,私园面积都比较小。而现代景观的主流是城市公共绿地、公共活动空间,服务于广大市民,具有一定的公共性,面积都比较大。同时,现代景观也担负着改善城市环境的生态功能,绿地所占比例较大,而古典园林中的植物具有一定的观赏价值和美好寓意,不具备一定的生态功能。

(2) 造园手法

我国古典园林的观赏对象主要是退隐的士大夫,侧重于写意,根据园景的不同对空间进行分隔,侧重于小景的经营和园景的因借,表达手法较为含蓄,往往繁复琐碎。受到现代城市快节奏的影响,为了直观地将景观美呈现给市民,现代景观侧重于写实,空间较为开放自由,侧重于对整体的把握,表达手法较为直白,也会进行适当的功能分区。

(3) 造园要素

古典园林中的水景侧重表现静态美,水体轮廓以圆润的曲线为主,水源则以外部活水或涌出的地下泉水为主,降水自然下渗。现代景观运用现代高科技营造水景,辅之以声光,侧重于表现动态美,水体轮廓以直线为主,以循环水泵来维持,有专门的排水系统。

古典园林中的植物以树木为主,罕有草花,以观形为主,三五栽植,较多地表现大乔木虬曲突兀、连理交柯的景观,小乔木和灌木为辅,注重季相变化。现代景观中树木草花兼有,乔木多呈现规则树阵,栽植疏朗节制,常绿乔木与秋色叶乔木相结合,辅以一些作为绿篱花篱的灌木,草花以花坛等形式栽植,侧重于体现整体的色彩美。

古典园林建筑承担了居住和观景的功用,造型较为固定,讲究框景、漏景入室,与周边园景融合。而现代景观建筑密度较小,建筑往往承担着控制人流和休闲娱乐的功用,造型较为多样,风格轻松活泼,大量运用新材料,色彩轻快明朗。

2.3.3.4 园林的建构

园林的审美主体是游人,由于知识水平、修养程度的差异,游人对园林美的理解水平也不相同。因此在创造园林美时要十分重视审美信息的可理解性,但同时园林又是游人认识世界、扩充知识、加深修养、陶冶情操的场所,必须具有一定的新颖度,因此园林设计者应该致力于寻求可理解性与新颖度之间的最佳点,才能充分体现园林的艺术功能。

按照格式塔的理论,在艺术和艺术品中,情感和形式在本质上是一种同构关系。审美活动中对象和主体之间如果"同构",就会产生"共鸣",人就会感到愉快,感到美。例如"仁者乐山,智者乐水"的关键就在于必须"同构",才具有说服力。山的沉稳、包容、厚重等这些特性与仁者的冷静、宽容、敦厚等品德是一种"同构"。

园林中的"诗情画意"——美,不是单纯靠视觉来体味的,还可借助于听觉、味觉等多种途径来影响感官。通过对整体环境的创造,综合运用一切可以影响人们感官的因素来创造园林的意境美。

南宋诗论家范希文说:"景无情不发,情无景不生。"情景交融、虚实相生、反映生命律动、韵味无穷的诗意境界可谓意境。我国古典园林之所以能称雄世界,一个关键因素就是和世界上其他园林形式相比,更加强调意境及文化品格的追求。意境的追求体现在园林中可细化为空间意境、水石意境、花木意境以及以人为主导的诗情画意、琴棋雅会等。传统园林善于寓意造景,对园林元素的运用讲究寓意。园林意境美的生成,还可以运用匾额、对联等文字,赋景物以一定的含义,形成意境或以景名代诗,以诗意造景。

我国古典园林建筑除了要体现建筑物自身的审美价值外,更重要的是运用"因地制宜""巧而得体""借景"等一系列造园手法,通过不同类型的园林建筑,将外界景观引入供人欣赏,使赏园者从人为的有限空间领略宇宙万千的气象,感受人生的深刻哲理。

一个民族的审美心理节奏直接影响园林艺术的审美评价。从总体上看,我国人民的审美节奏偏重于平缓、含蓄、深沉、流畅、连贯,很少大起大落,乐而不狂,哀而不怨。一个园林作品,犹如一曲音乐,节奏的格调变化通过树、石、水、筑的巧妙组织表现出来。

建造生态型的园林不仅要包含自然意识,还要将社会、经济、自然等因素结合起来构成生态平衡的园林,将科学性、艺术性、生态性这三种新概念融入古典园林的"意境"之中,使"意境"的含义更加广阔。在现代园林"意境"的追求中还要关注现代文化艺术的作用,现代文化艺术不仅能使现代园林的"意境"具有时代感和时尚性,还能和现代人的思想产生共鸣,让人们更容易接受现代园林"意境"的含义。造园活动还需具备一定经济基础及环境条件。

我国古典园林造园原则主要有"因地制宜、顺应自然;山水为主、双重构造;有法无式、重在对比;借景对景、引申空间",具体到造景手法有:抑景、借景、添景、夹景、框景、对景、漏景等。造园内容包括:筑山、理池、植物、建筑、书画等。

不同的环境、空间用不同的颜色点缀,给人们带来活泼、沉静、寒冷、温暖、冷漠、热烈、清爽、愉快、朴素等感觉。园林色彩的表现一般以对比色、协调色体现。

园林植物景观美分别概括为形式美、时空美、生态美和意境美4个层次,通过园林植物景观美的创造手段来表现和实现。传统的植物造景定义为"利用乔木、灌木、藤本、草本植物来创造景观,并发挥植物的形体、线条、色彩等自然美,配置成一幅幅美丽动人的画面,供人们观赏",主要是强调植物景观的视觉效果。植物因为有强烈的空间结构特征和建造功能,使之与其他建筑材料一样,成为景观空间中一个重要组成部分,也是园林空间表现的主要材料。随着时间季节的变化,园林植物空间也会有相应的改变,景观便具有了四维性。这主要体现在植物的季相演变方面,从幼苗成长为大树,从发芽展叶到花开花落,春华秋实、寒来暑往,不同的季相显示出一种动态的美。同时用植物构成的流动空间,使人们在行进过程中感受到不同的植物空间有大小、明暗、开合等变化。植物造景与植物配置的实质是植物空间的组织过程,从而营造四时演变的时序景观和步移景异的空间景观序列。生态性是园林植物景观的一个基础特性,也是植物景观之所以能形成的基本条件之一,园林植物景观最本质的功能是发挥绿色植物特有的生态效益,也是园林植物景观美的内涵中不可或缺的一个方面,园林植物景观的生态美要从健康与安全状况、吸引野生动物、植物物种多样性和群落结构多样性等方面来展现。园林植物景观创造的立意是根据植物空间的功能、性质、环境、观赏、生态等要求,经过综合考虑所产生出来的总的设计意图,园林植物因种类不同和品种差异呈现各自不同的观赏特性,设计师常用象征比喻、情景相融、文脉关联、内外借景、丰富体验、赋予历史涵义和场所精神的体现等手段,使园林植物景观的意境变得更为深远和宽广。

科学家经过仔细研究发现,声音影响着环境品质的优劣程度。即便把噪声降到"零",到了"万籁俱寂""鸦雀无声"的地步,人也会觉得不舒服。声音能带来听觉上的快感和美感,这是声景带给人最直接的感受。莺歌燕语悦耳动听,风过松林有如天籁之音,都能带来美的享受。

植物首先展示给人的,是它的色彩、造型和大小、粗细;景观构筑一般作为园林景观的主景,十分多样化,本身设计性较强,强调个性,有明显的风格特色,可以是鲜艳、浓烈,也可以清心、淡雅;铺装通常作为景观的背景,色彩选择方面应该以稳重、调和为主,易被大多数人所接受。

1)造园活动中植物应有的特性

(1)花木的树干姿态丰富多样,大多园林植物有它天然的独特形态美,有的苍劲雄奇、有的婀娜多姿、有的古雅奇特、有的提根露爪、有的俊秀飘逸、有的挺拔刚劲、有的树影婆娑,可谓千姿百态。各种花木各具风采,有的以花或叶的形态迷人,有的以枝干的姿态取胜,有的花、叶、茎相互衬托,呈现出整体的和谐,不同的形态表现出不同风格。如牡丹以其丰硕的花朵尽显华贵,被誉为"花中之王";文竹因其纤巧的枝叶,姿态飘逸,成为案头佳品;松柏则以苍劲、古拙的枝干而耐人寻味。

(2)植物的色彩变化在各个层面上都会给人以不同的感受,或灵动、或跳脱、或沉稳、或凝重。花木的叶子主要以绿色为主,绿色是自然界最普遍的色彩,是生命之色,象征着青春、和平、希望,给人以宁静、安详之感。花的色彩更是丰富,给人丰富多变的视觉冲击和心理体验。花木的色彩还会随着一年四季的变化而变化,给人们不同的季相之美。如枫叶初发之时为嫩绿,后为浓绿,进入秋天为黄红之色,带给人丰富多变之美。

(3)花木的质感景观能够引起丰富的心理感受。花木的质感也非单一不变,随着花木的生长发育和周围景观的变化,或者观赏者以及观赏心境的变化,花木的质感也随之改变。正是花木质感的这种不确定性,促使景观表现更加丰富、多样。

(4)园林花木能够发出阵阵清香,有着醉人之美。人们在观赏花木之时,可以嗅到清新的植物花香,通过神经而产生联想和愉快的心情。花木的香醇可浓可淡,清香可怡情,浓香则醉人。

(5)园林中的风声常见于"听竹""听松",雨声则多见于"竹露清滴响""疏雨滴梧桐""雨声滴碎荷""雨打芭蕉叶"等。瑟瑟松涛、山泉叮咚、幽林鸟语、古刹梵音等,正如我国的古典音乐,谱写出园林景观中悠扬协调的乐韵。

(6)花木在一年中的自然变化有:萌芽、展叶、孕蕾、开花、结果,这种有自然规律的生长变化造就了植物景观的时序变化,季相之美极大地丰富了大地景观。每一季节有着不同的美丽画面。园林花木的配置应抓住这一特有的美感,巧妙地与其他园林要素联系起来,通过四季的时令变化组成一幅幅美丽的画面。

(7)植物产生光影的途径有2种,一种借助日光、月光产生的不同光线,从而产生不同的光影效果。另一种是通过在水面形成的倒影产生的影像之美。花木在太阳和月亮的影响下,随着光线的落影斑驳,墙移花影,给人们视觉上的享受。平静的湖水也如一面银镜,与岸边多姿多彩的花木组成一幅幅优美的画面。

园林中的保健植物含有抗菌素,具有抗病毒效果,并能够散发出有益于人体健康的味道。这类植物具有保健、抑制或者是缓解疾病症状的特殊作用,并保持和促进人类身体健康。比如香樟树散发的芳香性挥发油,能够很好地帮助人们祛风湿、止疼痛,促使胃部舒适;松柏科植物的枝叶所散发出的气味,能够抑制或者杀死结核病等细菌;有些植物的枝叶还能直接吸附或者吸收空气中的有害气体,净化空气。除此之外,绿色植物本来就有利于恢复身心和视觉疲劳,园林保健植物(包括灌木、乔木、草本及藤本植物)作为绿色植物,其本身就具有较高的观赏价值,充分发挥植物本身的自然美供人们观赏。把这些有益于身心健康的园林保健植物,结合美学的基本理论,充分应用到园林的建设中,并进行科学的设计和合理的搭配,就能起到很好的强身健体、美化环境的双重效应。

2)常见的观赏型保健植物

(1)薰衣草,香气沁人心脾而有"芳香药草""香草之后"的美誉,薰衣草适合各种皮肤,能够很好地促进细胞的新生,加快伤口的愈合,改善粉刺、湿疹、脓肿,平衡皮下脂的分泌,尤其是对烧伤灼伤有着奇效,可很好的抑制细菌的滋生,减少疤痕,其叶和茎都可入药,有着健胃、止痛、发汗等功效,是治疗伤风感冒、疼痛湿疹的良药。

(2)薄荷,具有强烈的清凉香气,能够使人清醒、兴奋,杀菌止痒,特别在日常生活中,能够很好地化解空气中的尘埃废弃或者二手烟之类的污染,净化空气。深吸一口薄荷的清香,可以感受到那份沁人心脾的清凉,可净化呼吸系统,同时也释放出一种有益气体,激励免疫系统。

(3)柠檬,能够很好地维持人体各种组织和细胞的良好和正常运行,其中的维生素C可维护人体中的黏合和成胶质等。

(4)茉莉花,所含有的挥发油性物质,具有理气止痛、解忧的作用,可缓解腹胀、痢疾等症状,茉莉花对许多细菌都有抑制作用,内外服用,可以抗菌消炎、治疗目赤、皮肤溃烂等炎性症状。

(5)白兰花,可以净化空气,香化空间;从中提取的香精油和干燥香料物质,能够为美容、沐浴及食疗所用,整个花也可以直接入药,对虚劳久咳、慢性支气管炎等效果极佳。上海的万里城生态保健社区的景观优化设计、北京的长岛澜桥水岸花园别墅的园林设计项目就是观赏保健型园林的成功典范。

在进行园林设计时,要充分考虑到保护城市的自然资源,园林的设计尽量不要干扰当地的水文地貌,从整体上使园林与周围的环境融为一体,园林的设计应该从人的行为习惯、心里等多方面来考虑,当然也要考虑到传统文化,不能够照搬景观园林设计的案例,始终要以对环境最少的干扰为宗旨。

对于景观园林的植物设计要充分发挥每种植物的特点,在充分研究园林的土质、水文、当地的气候等因素的情况下,选择合理的植物来制造合理的群落结构。在现代园林设计中要利用园林里的自然资源,少一些人工因素,多点自然的味道,在园林设计中,水景是一项高耗能的项目,要采取技术手段对水资源合理利用,通过屋面收水、地表吸水等一系列的雨水收集系统达到耗能最低。

园林的设计要在保护历史和传统的基础上,通过对当地历史遗迹、文化名胜的研究,使得传统与现代更好地融合,设计出有传统内涵又富有当地特色的园林景观。

3)园林空间的营造应注意事项

(1)宏观的设计,整体的把握。

(2)营造手法多样。

(3)丰富的空间层次。

(4)园林空间中的"曲"与"直"。

4)造园的立意与规划设计一般原则

(1)相地合宜:相地是指对于园林基址的勘察和选择,是园林营建的重要一步,其内容包括对基地内部的地形、地势以及基地周边水系、林木植物、人文景观等方面的细致考察。

(2)意在笔先:作画必先立意,造园亦是如此。在园林建造之前,首先要对园林所需要表达的情感理想、美学风貌、心灵境界做预先设定。

(3)布局有方:园林的整体布局须结合园址内的地势变化、植被情况、水系情况以及园址周边环境的利弊来综合考虑,力求做到景物的"随势生机,随机应变"。整体的布局是对于园林景物空间的一个定调,同时不同的空间形态也会对人们的心理状态产生直接的影响。一般把景区整个园区划分为具有不同特色的景区,从而出现"园中园"的景致。在园林中也常常会用到"隔"的手法,即景物亏蔽,用墙垣、山石、屋宇、花木或者云雾等景物亏蔽,表现出一种幽静深远的环境氛围。我国古典园林中喜设曲径、曲廊,往往是为了让人们走出喧嚣嘈杂的环境,欣赏园林景物深邃幽静的意境之美。

(4)实体建构:①山水:山令人静、水令人清;②动植物:大自然之中的花木鱼虫常常被赋予特定的品格特征,人们往往能在它们身上所表现出来的某些属性中看到自己所向往的品格理想,一些植物和动物身上所散发出的雅、静、清、逸、净、虚等品格个性和人们对于"虚静"品质的追求是相契合的,如梅花有"标格清逸"的精神属性,菊花有"逸于山野"的品格,兰花有"遗世不争"的个性……莲令人洁、竹解虚心等;③园林构筑物:门、空窗、虚亭、敞榭……,这种空间和人们的审美心理也存在一定的异质同构关系。

(5)精神建构:园林中的精神性元素主要是指一些文字性的题构和人们所从事的文艺活动,如拂琴、下棋、书法、绘画等。文字性的题构具有明确的导向性,以文写心,以文字性的题构如匾题、楹联、刻石、砖额等加以表达。文艺活动则需要人们亲身的实践操作,从中感悟。

(6)园林造园技法。

①借空间:一是巧借邻近空间,淡化空间分界阻隔;二是巧借动态空间,满足小空间功能的多重性。

②借光源:漏窗除了借景取意之外,还可借阳光投射的光影关系营造出微妙的空间意境;在室内的光源设计上主要体现在借自然光和借人工光两方面。

③障景:"一览无遗"违背我国传统美学对深致曲折的婉约美追求。

2.3.3.5 现代园林美学的进展

园林作为一种融艺术、建筑于一体的人造物理环境,同时受其政治、经济、科技、文化等多种社会意识形态的制约与影响,它具有自身的多面性。现代园林涉及了文化遗存、环境维护、自然风景保护、公路、铁路、乡镇乃至城市景观设计等内容,涉及的领域包括了城市规划、环境保护、生态、水文、地质、可持续发展战略等。

古典园林中"天道与人性和谐"的一贯思想指引着现代园林的营造,如古典园林将自然山水比德、仁智、"道发自然"为探求规律,遵循"反璞归真""朴素自然"的审美标准,以自然而然的大自然才是真、善、美等观点,到现在仍然影响非常深远,和现在呼吁的"人和自然和谐相处""可持续发展"等原则保持一样。

我国传统园林艺术是我国传统艺术中的重要财富,在儒道禅哲学美学思想的影响下,传统自然山水园能够以写意的方式,模拟自然界山体、水体的各种形态,从而激发同代人的普遍联想,获得"心远地自偏"的共同审美认知。与艺术思想独立成体系的传统园林相比,现代园林除了学科范围有了很大的扩展以外,在开放的现代艺术冲击下,形式多样。现代哲学美学在时间历程下遵循一般事物发展规律:吸收、融合、沉淀,而园林项目实践也必然经历现代哲学美学的反复考验与洗礼,艺术思想的文脉延续与现代进步的逐渐磨合,从而生成新型的稳定状态。

园林设计的灵感产生与禅宗的顿悟心理感受是相近的,都保持着对个体生命及大自然的人文主义关怀,这也应是风景园林设计创作的基本出发点;而风景园林意境与禅境一样所追求的是人与自然高度和谐统一,现代园林设计要顺应自然和欣赏自然。

当代的风景园林不单单要以美学为设计前提,更应建立起自然环境理性的客观分析,从而指导与"限制"设计。设计中以环境的客观条件为依据,提出不同场地特征条件下的整治方案,最终以要素为依托,进行环境空间的生成与优化,从而使得设计更加符合科学的逻辑。

园林是文化的载体,承载着人类文明。在现代园林设计中,在追求视觉美感的同时还应体现尊重自然环境和人文精神,在不同文化、不同背景的项目前,还应注重立足于古典园林美学的基础上去创新,在尊重传统文化的基础上去改革。同时要立足于地域民族文化,注重文化上的继承和文脉上的延续,使现代园林美学体现出具有文化特色的现代园林。

园林景观的体验与审美活动是一个复杂的过程,要综合运用视觉、听觉、嗅觉、触觉、味觉等多种知觉才能获得全面的认知。

在现代园林设计中发扬古典园林美学:①生态性与师法自然相结合,尽管古典园林中"师法自然"的美学思想与现代园林生态理念内涵不尽相同,但是都有尊重自然和遵循自然规律的成分。在现代园林设计中,应当充分了解园址的基本状况,遵循自然规律,如注意水系分布,保护源头活水,硬质铺装留下雨水下渗空间,树木栽植时选用乡土树种,做到适地适树,对于园址内原有的大树应当保留,避免伤害大树根系。②经济性与相地合宜相结合,现代园林应讲究经济性,用尽量少的花费建造城市绿地以满足市民精神文化需要。而这和古典园林中"相地合宜"的理念相契合。这就要求因地制宜,根据项目的性质组织造景,进行适当的地形改造,植物栽植疏密有致,选择容易清洗维修的地面铺装。③延续地域文脉,每个地方都有其特色,而文脉就是当地历史记忆的延续。在现代园林中发扬古典园林美学,本身就是延续地域文脉。在现代园林设计中,要注意所在地区的地域文化特色,特别是园林建筑风格、园林小品样式和栽植植物种类,避免千篇一律。在现代园林中可以适当布置一些人物雕塑来表现与所在地相关的历史典故和城市精神。④运用现代技艺体现古典园林美学,在发扬古典园林美学的同时,不应当排斥现代技艺的运用。现代技艺的运用能够减少人力物力成本,同时更好地表现景致。比如运用现代声光技术表现水景,运用新技艺表现石景颜色取代太湖石等名贵石材,以及运用新材质达到原有古典园林铺装的观赏和透水效果。⑤现代园林在功能上承载了大众、市民强身健体的需求,为大众提供空气清新、环境优美、秩序井然、方便安全的,同时具有一定活动规模的锻炼场所,大众希望在强身健体的过程中感受到环境的优美和美感。而场所的需求存在年龄、性别、体能等差异,因此,现代城市园林布局需要简洁明了,欣赏美景路径连续、循环,适宜与强身健体的需求。

2.3.4 环境美学

2.3.4.1 环境美学概述

环境美学是研究环境的美学价值的学问,其理论基础是自然的人化与人的自然化,其基本原则是从生理、心理、文化、活动四个方面来说明"宜人性"。环境美学主要研究人类、生存、环境三者之间的审美活动,是美学基础理论与人类生态研究结合起来的学科,其研究原则是"人类生命活动原则",研究对象是"人与自然、社会以及自身的生态美学关系"。

环境美学首先是一种哲学,以有关环境的哲学思考与思辨为基础,思考人与自然、主体与客体、生态与文化的基本关系问题,并寻求这些对立因素的和谐并作为感性的体验。环境美学是按照自然本身的性质和特征来欣赏自然,同时构建自然的欣赏理论。

人类主体性的急剧发展给人自身带来严重的负面效应,致使人类面临着许多由人类自身所造成的危机,如全球变暖、臭氧层破坏等。为此,人们开始对现代文明进行质疑和批判,对整个人类文明的发展方向产生了困惑。人类开始自我反省,回归自然并与自然建立一种平等的对话关系,从而在更深的层次上认识自然,环境美学应运而生。

环境美学是20世纪60年代才兴起的一门美学学科,是伴随着20世纪以来人们对环境本身的关注以及环境问题的逐步凸显而产生的,与之相关的还有环境哲学、环境伦理学研究等。环境美学关注的对象不仅包括自然环境,也包括各种受人类影响或由人类所建构的环境。它所关注的主题是如何在美学层面上欣赏人们身边的大千世界。

在生态系统中,每一事物均与其他事物相互依赖和相互影响,任何物体均是生命支持体系的一环,它们在各自生态链条中发挥作用,作为地球生态环境组成部分——人类也是生态系统的一部分,同环境、动植物间有着不可分割的联系。

生态伦理观念要求运用系统观念,体现自然、社会和人类相互关联的审美法则,提倡人类与其他生态物种之间的生存共享精神,实现生态系统的可持续性。

生态适应是生物的"生存智慧"。适应是文化与环境的相互调节与制约,它包括适应和使之适应,强调生态系统的相互作用和协调发展,使文化成为和谐、协调发展以及不断循环再生的反馈系统。生态循环观念认为审美文化系统可以通过文化传播、文化交流、文化融合等实现文化的转化和再生,进而实现系统结构和功能的转化、再生和提升,达到创造永恒生命力的目的。

适宜技术观念是指适应当地经济与技术条件的一种技术策略,并不刻意追求大型化和复杂化的技术,它提倡人性化的技术路线,倾向使用生态友好型技术。通过精心设计,提高对能源和资源的利用效率,减少不可再生资源的耗费。

环境生态美学原则包括审美系统整体性原则、多样性与有序性原则、生态循环与持续最佳原则以及无废物与集约化原则。

(1)系统整体性原则。系统论中的整体协同思想认为,整体表现大于部分之和。它强调社会、经济和环境三者的整体效益,在环境、社会、文化、经济与技术等系统要素的关系中,自然环境的生态与可持续发展是基础,社会的生态与可持续发展是目的,文化的生态与可持续发展是灵魂,经济与技术的生态与可持续发展是动力。

(2)多样性原则强调多样统一,即形式构成、虚实对比、材料与色彩等方面的多样统一,包括审美系统的多层次性、审美功能的多元性、审美情趣的多元性、审美信息的丰富性、审美时空的复杂性以及审美理想的多维性。审美系统的有序性指的是建筑审美生态系统是一个有机系统结构,由环境系统、文化系统、经济系统以及技术支持系统等组成,形成相互关联、不同等级的审美子系统。

(3)生态循环原则是指人类、居住与环境作为一个生态系统,通过循环使环境资源转化和再生,进而使整个生态系统的结构和功能得以维持和发展。

生态建筑强调把自然、生态和社会作为一个完整的系统,追求各要素可持续的有机统一,不断提高环境质量和生活质量,推动社会发展和良性运行,实现持续最佳的发展目标。

自然或自然界,广义上指一切不依人的意识为转移的客观存在,即处在多种形式中,包括社会在内的整个世界。在这个意义上与物质、宇宙、世界是同一系列的概念;狭义上指社会之外非人工造成的整个无机界和有机界的一切事物,是各门自然科学以及一般自然观所研究、把握的客体。狭义上的"自然"有一个基本点,就是与社会相对,与人工相对。

景观美学与环境美学的差异主要在于,第一,两者源头有异,景观美学源于绘画、园林、城市规划等相关学科,环境美学源于环境哲学;第二,两者关注的问题有异,景观美学更多的面向设计实践,而环境美学更多的关注环境的美学哲思,但两者又是辩证统一的。

生态美并非自然美,自然美只是自然界自身具有的审美价值,而生态美却是人与自然生态关系和谐的产物,是以人的生态过程和生态系统作为审美观照的对象。生态既包括自然生态,也包括社会生态和精神生态。生态审美主体是一个多重复合构成整生的审美主体,是审美主体与多种类型的生态主体的重合与整生,是一个集美、真、善、益、宜多种生态活动于一体的主体,而不是像一般的审美主体那样,通过审美距离,将审美活动从其他生态活动中孤立出来,使自己与科学主体、文化主体、实践主体、日常生存主体相脱离,成为"孤生"的主体。

2.3.4.2 国外环境美学研究概况

大约在 20 世纪 60 年代前后,环境保护运动的兴起和美学理论自身的变革促成了西方当代传统自然美学向环境美学的蜕变。西方美学在发展过程中历来就把艺术作为主要的讨论对象,关于美学的各种定义和理论主张也都是从艺术的角度来阐述的,20 世纪之前的美学如果离开了艺术去探讨美学就如同"无米之炊",进入 20 世纪后,美学试图脱离对艺术依赖的愿望表现得越来越强烈,明确反对美学局限于艺术的范畴。环境美学谈论自然环境审美的首要出发点就是要突破美学对艺术的依赖,因为只有这样才能建立环境美学的独立性,才能排除艺术审美对自然环境审美的影响，强调自然环境本身独立的审美价值。

在1835年正式出版的《美学》中，黑格尔虽然从理念出发论述了自然美的问题，但并未提出生态美范畴。19世纪末，美国人缪尔认为整个自然界在美学意义上都是美的，只有当它受到人类破坏时才显得丑陋。这些美学思想与美学对当时西方的一些荒地保护运动产生了较大的影响。1962年美国海洋生物学家、著名的自然文学作家蕾切尔·卡逊写出震惊世界的《寂静的春天》，世界上出现了一个声势浩大的"绿色革命"运动。时代的呼唤，人民的期待，生态美应运而生，成为世界美学大家族中的一位受宠的新成员。

生态美进入美学研究对象的领域，不可避免的引起美学研究的方法论革命。在世界美学史上，苏格拉底标志着希腊美学思想的一个很大转变。此前毕达哥拉斯学派和赫拉克利特等人都主要从自然科学的观点去看美学问题，为美找自然科学的解释；到了苏格拉底才主要从社会科学的观点去看美学问题，为美找社会科学的解释。生态美的研究既与生态学有关，又与人文科学有关。因此，对于生态美的深入研究，如同马克思所说，"正像关于人的科学将包括自然科学一样，自然科学往后也将包括关于人的科学：这将是一门科学"。用自然科学与社会科学相统一的研究方法将成为美学研究的一个新趋向。

由于生存环境的极度恶化使得环境问题从来没有像今天这样被人们所关注。人类通过疯狂地掠夺大自然的资源导致人类文明非理性的发展模式，在创造财富的同时，也破坏了自然与环境，给人类带来了极大的灾难。1972年联合国的"联合国人类环境会议"通过了具有全球性影响的《斯德哥尔摩人类环境宣言》，标志着全世界开始有组织地保护环境。随着近些年的发展，人们对环境的认识从功利性发展到道德和审美，倡导人与自然的和谐。国外环境美学、生态美学的研究从20世纪60年代开始，产生了一些有影响的论述，如W·赫伯恩发表于《英国分析哲学》上的论文《当代美学及自然美的遗忘》（1966）和生态美学产生的标志性作品《寂静的春天》（卡逊1962）。1984年在加拿大蒙特利尔召开的世界美学大会把环境美学作为大会研讨的主题之一，环境美学将自然与景观作为研究对象，是对于主要或仅仅以艺术为研究对象的现代美学的一个反拨。此后，一些环境美学、生态美学专著不断问世，曼科夫斯卡娅（俄）1992年发表于俄罗斯《哲学科学》中的《国外生态美学》的论文，总结了生态美学的发展态势，指出"国外生态美学已取得一系列珍贵的科学成果。其地位、研究对象已经确立，概念体系已经形成，它在科学知识体系中的地位和作用已显示出来"。

西方环境美学半个世纪的学术历程可以划分为产生期（1966—1982年）、成型期（1983—2000年）与深化拓展期（2001—现在）三个阶段。它在新世纪的长足发展体现为六个方面：①自然美学进一步繁荣，使自然的审美欣赏引起了更广泛的重视，一些艺术哲学著作甚至开始讨论自然审美问题，西方美学的主导性范式艺术哲学开始主动接纳环境美学；②在自然美学进一步繁荣的同时，出现了以"自然环境美学"为题的著作，学术界更加清楚地认识到了"自然"与"自然环境"二者之间的联系与区别，更加突出了"环境美学"的关键词是"环境"而不是"自然"；③"环境"概念进一步从"自然环境"延伸到"人建环境"，出现了专门探讨人建环境（特别是城市环境）的环境美学论著；④环境美学与环境伦理学的联盟进一步加强，国际上一些著名的环境伦理学家如罗尔斯顿开始关注环境美学问题，而环境美学家们也开始探讨环境保护论问题，两个领域的交叉与合作，共同促使环境美学的生态意蕴日益加强、孕育在环境美学母体中的生态美学已经出现；⑤由于"环境"概念向日常生活环境（场所或场景)的延伸,促使"日常生活美学"日益壮大;⑥由于环境美学研究队伍的日益扩大,世界各民族的环境审美传统与环境文化受到了应有的重视,西方之外的其他文化传统如日本、我国的环境美学资源,开始进入到环境美学领域。

环境美学发展的两种最重要的途径:一种是以阿诺德·伯林特为代表的环境美学非认知派,把身心参与、感知想象和情感涉入等非认知因素作为环境欣赏的核心;第二种是以艾伦·卡尔松为代表的环境美学认知派,强调环境欣赏需要接受来自自然科学知识的引导。卡尔松的科学认知主义强调科学知识的重要性才是根本性的,在这方面他把能否视知识与审美相关作为科学认知主义和传统美学的区别。卡尔松首先强调了自然环境的两个特点:其一,自然环境是一种环境;其二,它是自然的。

2.3.4.3 中国环境美学研究概况

1) 中国古代环境美学思想的发源

《周易》中的天、地等概念近似于当今的自然环境概念。儒家学派的创始人孔子不仅提出了"仁者爱人"的人学观念,而且主张爱护野生动物;儒家的主要代表之一孟子从性善论出发,从社会与自然一体的角度,论证了从血亲之爱到民众之爱再到其他物种之爱的道德升华过程,主张人与环境的和谐。道家老子认为,自然规律是宇宙万物普遍存在的,主宰万物的运行,从道家观点出发,景观设计最大的道就是顺应自然,遵循自然规律行事。

以天命和天道为基础形成的《周易》虽然在古代主要用作占卜等迷信用途,却在一定程度上反映了自然界运动的动态平衡和社会事物的辩证转化。物质循环运动的自然生态环境系统有着无限发展的演化过程,循环是它的基本特征。建立在我国古代哲学的"气"的概念基础上的风水学说,是一种传统的文化思想,从客观角度看它在对环境的评价与选择的问题上反映了古代国人追求与自然环境协调统一的思想真谛,在美学上的体现是追求"天、地、人"合而为一的至善境界。老子"道法自然"的思想要求人类持"以天合天"的态度,强调人在改造自然中应该依乎天理,要求尊重宇宙万物的自然本性,切不可以人的功利价值随意地去衡量神秘而伟大的自然生成力,要求人应该真切地去体验自然生成力的妙合之功,让大自然在自然而然中呈现出其真正的价值。

2) 我国环境美学研究历程简叙

我国学者对于环境美学的接触始于20世纪90年代,着手译介该领域的重要著作,深化了我国学术界对于西方环境美学的了解。

国内20世纪八九十年代最先提出"环境美学"一词的,大多是环境保护、城市规划设计、环境设计方面的学者、从业人员,主要是从实践角度提出环境审美研究的必要性,同时总结环境审美经验,尽可能上升到有规律性的理论层面。

3) 中国的环境美学思想

我国古代环境美学以天人一体、天人合一、阴阳合一、道法自然等为学理依据,在审美诉求方面推崇"人"与"天"即人与环境的和谐。崇尚自然、敬畏"天命",体现为对宇宙、自然万物自其所自、然其所然的自然生化、悠然运行流程的遵循。天地自然间,如昼夜的交替、四季的代换、春播秋藏、日出日落、花开花谢、万物的生长是自然而然的,都呈现为一种是其所是的生成态势。因此,在处理人与自然环境的关系时,作为与天地万物一气相通的"人",只有顺应自然,适应自然,不违天时,才能确保自身,所以君子必然要敬畏"天命""乐山乐水",对自然万物充满仁爱之情,仁民爱物,与自然万物和谐相处。

在"天人合一"的传统生命意识与审美意识作用之下,我国美学家都将自己看成是自然万有的一部分,物与人、自然与人没有界限,都是有生命元气的,可以相亲相近、相交相游。我国古代环境美学历来强调在"和"之审美境域创构过程中,人应"拥抱""顾念"万有自然,以实现人与自然万有的亲和,从而在心物相应、情景一体中去感受美与创造美。

自由自在,即境缘发,以达成率真率性、自然本然的审美域,获得生命感悟。人与自然万物是一体相存的,其存在是天然、本然、纯粹的,审美活动中,审美者必须顺其自然,自其所自、然其所然,以进入所谓"以自然观自然"的自然审美境域,如其所如、自其所自、然其所然、是其所是,其审美活动的态势则生动地体现着我国古代美学"以天合天"的自由精神。

道家美学思想认为,审美活动中只有"以天合天"、是其所是、顺其自然、"无以人灭天",返归真性,保有天地万物的自然本性,才能获得大自在,任性逍遥,进而获得宇宙天地之大美。

要使万物"自然、自身、自在"之美呈现出来,必须还原其自身之本然,本其所本,自其所自,以成其所成。审美活动中就需要审美者直接面对自然,保持一种生命的态度,还原其原初生命的本然。万物自然的美在于其本性自然,这种自然使"人"从中感受到天趣,体会到自然所呈现于"人"的最为本真的生命内核。

我国古代环境美学认为,"人"与自然万物同质同类,是自然万物的一部分。就"人"与自然环境的关系而言,不管是"人"的自我意识还是身体,都处于自然环境之中并在其中从事种种活动;"人"与自然环境是相存相依、相亲相和的,"人"不是自然环境的主宰者,不能以"人"为中心;"人"在与自然环境的互动中感知环境、体验环境、建构"人"与自然环境新的构成态,并形成一个动态的、发展的、流动的连续体。自然环境是一个流动的、变易的、复杂的多元混合体,而不是由简单、单纯的原生自然物组成。"人"与自然环境之间是互动互助、互亲互近的,是互为中心、互为主体的关系。作为生活在自然环境之中的"人",必然并且应该对自然环境有所关照,有所作为,而自然环境也必然对此有所感应,有所回馈与回报。

我国美学主张尚生、尊生、乐生、大生、广生,礼赞生生,体征生生,注重在审美域缘在构成中铸就至真、至善、至美相统一的人格,实现光明的、自由任运的审美人生。要求以宇宙自然为可居可游的诗意化家园,以通达而无妨碍、互无阻滞、具足圆满、融洽和谐的心态去体悟万有大千的生命真谛。守朴含真、恢复自然本性,平淡简古;空诸所有、返归心源,空灵虚清,以"人性""人道"和"天性""天道"相合,致使"人"本身的生命节律与自然万物的韵律一体化。审美活动中所达成的"与道合一",就是人与自然万物的缘在构成、互为一体的生命域与审美域。

顺应自然、此在自得,以达成"与天同""与天地参""与天地并生""与万物为一"的和谐观念,要求艺术创作者和工程建设者敞开本心、澄明心境、贯融天地古今、群体自我,以达成情景一如、心物一体的美学创作和工程建设,强调顺应万物,以观天道、察天机、悟天理、深昧自然之乐趣,从而洞见道。

4)我国环境美学的成就

(1)环境美学体系的建构

西方环境美学无论是以柏林特为首的"人文主义"派系,还是以卡尔松为首的"科学主义"派系,都没有建构起完整的学科理论体系。环境美学的学科性质是交叉性、应用性并拓宽审美领域,是与艺术美学平起平坐的新兴学科;哲学基础由传统的人文主义与科学主义扩展到人文主义、科学主义和生态主义;结合实践论与存在主义阐释环境概念,人与环境同时存在,环境是人化的自然;环境美的性质是家园感,环境美的本体是景观,环境美的功能是乐居与乐游;环境审美的模式是参与和静观、认知型和非认知型的兼容并包;环境美学研究领域分为自然环境美、农业环境美、园林美、城市环境美等。

(2)实践理论的深入研究

我国环境美学的成果除了理论体系的建构,还有环境美学实践理论的研究。我国学者探讨环境美学在城市景观、农业景观、旅游景观上的实践应用,并吸引了不少建筑学、设计学、规划学的著名学者尝试运用环境美学理论到其研究中。环境美学最终的目标是建设"宜居"与"乐居"的环境。

2.3.4.4 现代环境美学的一些进展

1)审美的感知方式

传统美学将"静观"作为美学范式,推崇"视觉中心主义",贬低作为近感受器的触觉、嗅觉、味觉等,从而将作为整体的感官系统强行撕裂开来。环境美学要颠覆这种远距离静观方式,其结果必然是走向身体的在场和诸感知的联合。意味着不再像远距离的静观模式那样将身体的实质性接触排除在审美场之外,也意味着审美是多感知的体验。环境审美是人的全部经验能力参与其中的过程,不仅仅是眼睛和耳朵,"气味、触觉、味道、甚至温暖和寒冷、大气压力和湿度也可能有关"。

感觉不只是感受的,也不仅仅是生理的,它还融入了文化的影响,在人类的感觉经验中完成着自己的知识、信仰和态度的经验组织和建构。

欣赏自然也要具备相关的自然史等自然科学知识,例如地质学、生物学和生态学等,在"把自然当作自然本身"这个理念基础上进行审美欣赏,也就是把自然当成由自然科学所描绘特征的自然来欣赏。

不同文化、不同地域、不同群体以及不同生活状态下的人对自然、对环境的看法是不一样的。环境审美的过程是一个动态、复杂而多变的整体性过程,任何一个要素的变化都会导致整个审美情境及其生成模式的变化。

实际的自然环境审美体验和欣赏的过程中,既不存在固定的审美对象,也不存在特定的审美欣赏方式,大多数情况下,是多种欣赏方式的互相交织、不断更迭、并动态变化的。它们会随着体验者的主观兴趣、自然环境的自身变化以及其相关日常经验、历史文化、宗教信仰等审美语境的变化而不断地被变换视角。

审美欣赏的构成不仅需要一可欣赏之物,还需要有一个善于欣赏、敏于欣赏的主体。欣赏是一个不断构建的过程,是敏感之心与自然的互动,是生命与生命之间的相互激荡与启示。

美学要体验全部事实,而不能只是有限或局部事实,要发现个体和人类视野背后的真相,在生命进化和生态系统斗争过程中发现崇高之美。

从审美上说,它是一种无主客之分、无感官优先、无深浅之别的一体审美经验,具有一元论的特质。

2) 环境的内涵

环境世界有三种形态：一是人工环境，如城市；二是半自然环境，如农村；三是荒野环境，是本原状态的自然、纯粹的自然、未开发的自然，是远离人类文明、无人居住的地方。还可将环境进一步划分为自然环境、人类影响环境和人文环境。

环境美学不同于自然美学，"环境"是一个更具包容性的术语，它所包含的空间和对象并非仅仅是在所谓的"自然世界"内的事物，诸如设计、建筑和城市也包含在内。

环境美学若以生态学为基础，不仅其考察单元只能是群体、整体性的，而且其考察的关系也主要是积极、合作的。

3) 人与环境共生、共赢

共同生活在地球上的世间万物组成了一个有机的整体，不同生物与自然环境之间都存在着密不可分的联系，并处于一种平衡状态，人类对自然环境的破坏必将从根本上毁灭人类赖以生存的物质基础，人类在本质上仍然是地球生态系统中的一分子。既然自然界的事就是人类自己的事，在人类构建宜居环境的努力中，自然界中的一切都应当被置于与人平等的地位，人类活动应当有助于维持生态的和谐。如果想要实现人与自然的和谐相处，就不能只站在人类的角度思考问题，而是尊重自然规律，合理开发自然资源，保持自然的平衡、协调。要寻求与自然的和谐，绿色建筑，低能耗建筑，将建筑的美与能源以及自然结合起来。要求建筑与城市中的任何元素均必须发挥一定的作用，充分体现审美系统中无虚假和沉余信息的原则，在建筑创作中孕育"零废料"的设计观念。充分利用能源和资源，包括资源和能源利用的集约化，也包括土地利用的集约化以及在设计中应用"3R"原则，即"减少使用、重复使用、循环使用"。

4) "和谐"内涵的转变

古代社会，在人与自然关系上，人处于从属地位，个体必须依靠社会群体的力量在自然环境中生存，因而在人与社会的关系上，个体处于依附地位，自然、社会的整体存在状态、内在规律、变化发展趋势，对人起着支配作用。同时，由于人的理性认识尚未得到充分发展，人的思维处于直观的整体性思维状态，人便本能地将自身与天地万物看作内在相关的有机整体。因此，古代文化价值取向主要是一种整体性文化价值取向，强调自然、社会的整体性价值，重视维护人与自然的一体和谐状态，注重建立和维护社会整体秩序，人的个体价值没有得到充分的重视。道家对人的自然本性以及儒家对人的道德本性、道德人格的重视，实质上都是为维护自然、社会整体的稳定、和谐、秩序服务的。与此相关，在美学形态上，古代美学主要是一种素朴的和谐美，即以整体的和谐、秩序、平衡、稳定为美，以人与自然的协调为美，以人的中和德性、人的和谐天性等为美。

近现代社会，科学技术的飞速发展一方面改变了人的生存状态以及人与自然、人与社会的关系，另一方面发展了人的科技理性。在人与自然关系方面，科学技术增强了人们认识和改造自然的力量，在特定的层面上改变了人与自然关系的力量对比。科学技术在认识改造自然方面的成功，促进了人们对自身科技理性的自信乃至自负，人在从自然的束缚中独立出来的同时，也将自身与自然分离对立起来，将自身的意志凌驾于自然之上；在人与社会关系方面，近现代文化强调个体的价值，注重个体的自由、权利、物质欲求的满足及主观能动性、创造性的发挥。近现代文化价值取向主要是一种立足个体的主体性文化价值取向，重视人的理性、自由意志的价值。因此,近现代美学实质上是对人的主体性的重视,从根本上说是对人的理性能力的重视。近现代意义上的美学是建立在主客分离、对立的基础上,根源于主客体的分离对立。

从文化以及美学形态的逻辑、历史的发展来看,环境美学是古代美学和近现代美学的辩证发展;从认识思维视角和文化价值取向来看,生态文化以及生态美学融合了古代和近现代文化整体性和主体性双重领域,既肯定自然生态系统和社会生态系统的整体价值,又肯定人自身的主体性价值,人——社会——自然的协调发展是其文化价值追求的主要特性。

与美学由近现代美学向环境美学的转型相应,当代美学思潮实际上呈现出两种美学思潮交汇的趋势。一种是主体性美学趋向于与整体性的融合,具体表现为主体美学(实践性美学)到主体间性美学(后实践性美学)再到整体性美学的演化趋势;另一种是整体性美学(古代美学的当代形态)力图形成新的理论维度,容纳主体性美学(实践性美学)的内涵。两种思潮的交相融汇,体现出整体性美学、主体性美学双重领域融合的趋势。

5) 环境伦理学的产生

当代环境运动不应当只满足于从外在的技术层面而采取一系列环境保护措施,还应当从更高的精神观念层面,反思自己的行为,当代人类如果不从根本上改变自己对自然的态度,改变自己的行为方式,环境破坏的行为就不会停止,环境恶化的情况就不会根本扭转。

人类在与各类自然对象打交道时,应当充分尊重自然对象的生存和发展权,在根本原则上承认自然对象享受与人类同等的生存和发展权,若无必要,不损害各类自然对象。人类应当设身处地地感知、体验和理解自然对象生存、发展中所遇到的困境,有要万物一体、万物同命的意识,由自身命运之艰辛体察自然对象生存发展之不易,要自觉地建立起与自然对象的认同意识,而不是区别物我的尊卑观念。当各类自然对象处于困难情境时,人类应当积极主动地给予它们力所能及的帮助,改善它们的处境,减轻它们的损失,将人类社会中奉行的人道主义慈之于物。

大自然为人类提供了最重要的生存条件,人类不得不面对许多巨大、无序的自然力量,这些力量给人类带来严重挑战,天地自然之内在运行法则,人类也无法超越,只能严格遵循。在此情形下,人类感激自然、依恋自然和敬畏自然。大自然对人类有创化、养育、庇护之功,为人类提供了最重要的生存资源,对此,人类应当有感激之心,否则,人类便是地球上最不道德的生物。

一方面,总是先有尊重、关爱自然之德,才有保护、优化环境之行,继而可有环境之美和对环境美的欣赏。另一方面,对环境美的感知、体验和欣赏,又可诱发、强化珍惜和关爱环境之德。以德性养趣味,化趣味为德性,二者正可相互转化、相互促进。

善乃美之根,美乃善之华,当代人类唯有先具备善行美德,才能保护、创造和欣赏美好的自然与人文环境。环境美学强调塑造新德性,正从最内在的精神观念层面寻找美好环境创造的主观动因。当代环境美学需要自觉引入伦理学,以德性为环境审美之基,化伦理德性为审美态度、审美趣味和审美能力,以善求美,化善为美。美与善乃是自然相随、不可分割之物。当一物倾向于促进有机性、多样性与美时便为善,当它趋于相反方向时则为恶。

合理平衡人类需求与自然及人文保护,保护历史建筑、古老街区与对充足供应的住房的需求平衡;保护优美风景的同时,又要适应商业建设、强大交通和高速公路的需求。

6) 生态美学的产生

生态美是一种存在于人与自然、人与社会以及人的内心平衡和协调发展的一种动态关系美。生态美学涉及从自然、社会到精神各个领域,具有综合性和关系性特征。作为生态美之一的生态自然美,与自然美相比,它体现为自然生态平衡的协调美。环境美不是一种美的形态,它是一种综合的美。首先,从环境美的呈现样态上说,它具有综合性和整体性。其次,从环境美作为人与自然共同作用的产物上来讲,它具有生态性和文明性。最后环境美作为现实的客观存在,它和艺术美有着重要的区别,环境美具有真实性、生活性和宜人性。

自然美不是人按照自己的意志去裁度自然,而是自然自在呈现的"美者自美",它的美不仅在于其外在形式的独特性,更在于其内在生命力的自在呈现。

环境的整体和谐是评价环境是否美的尺度,环境的整体和谐主要体现在生态系统运行的秩序、生态系统的稳定性、食物链的完整程度、生态多样性、物种及其天敌的平衡等方面。一般来讲,生态多样性程度越高、食物链越是完整,物种之间相对平衡的生态系统的稳定性越高,越不容易出现物种灭绝,环境的整体和谐程度也就越高。

在对自然的审美中,人是不可或缺的力量,而在对自然的保护中,人同样是不可忽略的力量。如果硬性地把人从对自然的关系中去掉,人们不仅不能正确地审美,还会在人与自然的关系中走向反人文,最终的结果不仅有害于美学、有害于人类,更有害于自然。有必要借鉴我国美学中的"天人合一"观念,树立人与自然之间的审美关系,只有重情感、重审美的"天人合一"观念,才能弥合渐趋崩溃的人与自然的关系,把人与自然完美地联系起来。

生态美的第一特征是生命力,一个完备的生态平衡系统遵循着物质不灭定律和能量守恒定律,具备其生命延续所需的环境条件。生态美的第二特征是和谐,实现工程与自然的协调一致,才能使人工系统所需的功能与生存环境生态系统相互补充、各取所需,二者有机地融为一体,从而尽享和谐美景。生态美的第三特征是健康,工程须符合社会的认同性,也要遵循自然规律和生态法则,同时符合特定时期的审美要求,缺少其一,该设计就显得有欠缺和不足。

文化生态是用生态学的方法来审视文化而得出的概念,它认为各种文化因素的存在构成了一个文化系统,有着类似于生态系统的结构和功能。各种文化子系统或形式之间是相互影响、相互作用和相互制约的,彼此之间是共生、共存、共荣的关系,共同组成了一个文化生态整体。在一定历史时期,文化体系内部各个具体文化形式之间存在着相互影响、相互作用、相互制约的方式和状态,从而使得人类的文化历久不衰,导向平衡。

生态美学以符合生态规律的审美眼光来看待自然和人文,认为文化和自然一样,也是一种生态系统。

有不少研究者认为生态美学是当代生态危机的产物,是生态学和美学相结合的交叉学科,或者是美学的一个分支,主要研究人与自然之间的相互关系,这是一种狭义的生态美学观。而袁鼎生教授更为深刻地认识到"人的精神生态的危机""社会生态的危机"和"自然生态的危机"三大生态危机是当代生态美学形成和建构的历史和逻辑的必然性背景,从而将生态美学的研究拓展到自然生态和社会生态两个相互联系的领域。

7) 实践美学的转变

实践美学将美的本质看作人的本质的对象化,认为美是人类实践创造的,是人类征服自然的产物,体现人的本质力量。实践美学强调人的主体性,一方面,美本质上肯定的是人的本质、人的价值,另一方面,审美体现了人的超越性、自由性,因此,实践美学本质上是一种主体性美学。杨春时在揭示实践美学的局限后,将审美主体与审美对象的关系界定为主体间的关系,认为不仅审美主体具有主体性,而且审美对象也具有主体性,审美过程是审美主体与审美对象之间或者说是主体之间交互作用、交互融合形成的,人与自然在各自生命的自由展现过程中,伴随协调与斗争的自由交融、和谐共生。为此,他将"后实践美学"的主要特性归之为"主体间性"。

实践美学的自然美论坚持劳动创造了自然美,但是,进入20世纪中期以来,随着工业文明的不断膨胀,人与自然的关系失衡,人类开始了由工业文明向生态文明的过渡,"劳动产生美"的观点开始遭到质疑。就在这种条件下,生态哲学应运而生,它是对人类文明工业化进程中所出现的严重危机的反思与关注,是一种人与自然达到和谐的生态平衡状态的存在观。在生态哲学的基础上逐渐形成和发展起了一个新的美学流派——生态美学,它主张摒弃人类中心主义,坚持生态中心主义,认为自然美与人的劳动无关,而是自然物生命特质的自行呈现。强调人对自然的回归与亲近,从而形成人与自然的中和协调的审美状态。所以实践美学的自然美论要想摆脱自己在理论上的缺陷,就须从生态思想的角度不断发掘马克思唯物实践观中的积极思想,吸收生态哲学中的积极因素,形成自然美研究的哲学基础——生态实践论。

在自然界中万物皆平等,各有其主体性,人与自然在相互欣赏中达到"天人合一"的境界。同时,自然美的产生离不开人类的社会实践,人类通过社会实践把人与自然联系起来,并且改变两者之间的关系,由异己的、对立的状态转化为人的、亲近的状态,成为人的本质力量对象化的对象,人的意志和情感在对象中实现,给人以幸福感。自然是自然美产生的物质基础条件,也正是因为这样自然美才保持了它的多样性和易变性。实践美学的自然美论需要本着开放性、包容性以及合自身特点的原则,积极地吸取其他流派有关自然美论的合理因素,不断地突破自身的局限,才能使实践美学更科学、走得更远、更有效。

美学实践转向生态美学有着重要意义。因为生态美学本身就是一种实践性很强的美学。由于实践包括物质生产、精神生产和话语实践,而生态美学的产生使美学转向对自然生态美、社会生态美和精神生态美的实践性分析和研究。实践转向使美学由传统的形而上的非实践性美学转向形而下的具有很强的实践性的生态美学。生态美学是对实践美学的新发展,是具有现代性和开放性的实践美学的自我超越。

8) 环境美学内涵的扩展

当代环境美学不仅重申了自然作为审美对象的必要性,还把以环境为对象的环境艺术,以及由人类所设计、创造出来的一切环绕人类之物,是对仅仅专注于艺术审美问题研究的现代美学的极大拓展和扩充。环境美学将当代生态思想引入美学研究,认为人与自然环境处于同一个生命共同体之中,环境状态与人的生存息息相关,对环境的审美不可能与价值取向、利害关联毫无关系,从根本上颠覆了"审美无利害"这一支撑现代美学的主导审美观念,从而在人类与自然和谐共生的生态维度上达成了人类生存环境的审美价值与伦理价值以及美学与伦理学的内在沟通。环境美学对传统美学建立在心物二元、主客分离基础上的审美静观模式普遍持否定态度,其倡导人类与自然统一、主体与客体合一的审美介入模式,不仅强调人处于环境之中,对环境的审美需要人的多种感知能力的共同参与,还特别强调环境审美经验的社会性及其与日常经验的相通性,打破了传统美学对审美活动的超越性乃至超验性价值的迷恋,使审美活动重新回归其与人类日常生活的密切联系,重新恢复了审美活动的生活属性,并且强调审美的介入特性,这是环境美学对传统美学的超验性审美静观模式根本性的改造和超越。

环境美学将美学的疆域从艺术扩展到包括自然、乡村、城市在内的所有的人类生存环境。没有任何一种美学类似环境美学,将美学与人们的日常生活如此紧密地结合;也没有任何一种美学具有环境美学一般开阔的视野,打破了人与自然、艺术与环境、审美与生活之间的种种壁垒,将美学建立在崭新的世界观和价值观之上。

传统美学追求美学的自律,把"无功利性"作为美学的重要原则,在美学与生活、审美与功用之间设置其不可跨越的范例。环境美学将功能与审美统一起来,使美学融入而非远离人们的生活。

传统美学将美学研究局限在艺术的狭小圈子里,使其丧失了活力和发展前景。环境美学则广泛吸收哲学、生态学、伦理学、心理学、人类学等一切学科的理论资源,为美学的发展开辟了广阔的前景。环境美学的实践性品格也要求它从其他学科中汲取营养,从而更好地指导环境实践。沃尔夫冈·韦尔施主张围绕与"感知"相关的所有问题进行跨学科的综合,使美学从传统的艺术领域扩展到感知所涉的所有领域。

环境美学还应当以环境中的生态系统为原型,考察各种环境内部各要素积极的群体、整体性关系。"环境美学"应包括对自然环境、人类影响环境(人化自然环境)和人文环境中所存在的审美现象作专题性的分类考察。

生态美、景观美、环境美分别代表了人对自然进行审美判断的三个维度,即以真为美、以美为美和以善为美。

陈望衡认为环境美学关注的是人与环境的统一与和谐,并将之转化为精神享受,作为文化动物的人对环境进行感知、认知或体验时,会将环境的自然化转化为自然人化。人对自然的文化活动主要有四种方式:通过实践改造自然、通过科学实验活动使自然成为人的对象、通过艺术手段描述自然物、通过无功利的目的欣赏自然。

人与自然的关系由主客两分转变为人与环境的融合,审美目的性由静观形式美转变为改善现实,审美对象由艺术扩大到任何事物,艺术审美体验是多元知觉的立体化与深化。

9)环境美理论的构建

首先,要把可持续发展理念贯穿到经济社会生活的各个领域,倡导既满足消费者自身需要又不损害自然生态的生活,注重适度消费而不是任何需求的一味满足,反对过度消费、奢侈消费,使人们认识到人类个体生活既不能损害群体生存的自然环境,也不应损害其他物种的繁衍生存,在全社会弘扬生态文化,创立人人关爱环境的社会风尚和文化氛围。其次,在消费领域,大力倡导适度消费、公平消费和绿色消费,通过倡导公众进行环境友好的消费向生产领域发出价格和需求的激励信号,刺激生产领域清洁技术与工艺的研发和应用,带动环境友好产品的生产和服务。同时,大力提倡"创新中国",落实科教兴国战略,鼓励企业成为技术创新的主体,通过生产技术与工艺的改进,不断降低环境友好产品的成本,促进绿色消费,最终形成绿色消费与绿色生产之间的良性互动,为构建资源节约型、环境友好型社会打下坚实的基础。最后,重视公众在生态中国建设中的作用。不仅要将生态文明的宣传教育落实到位,还应推动信息公开、公正,完善多元化的环境监督体制。

2.4 公路美学原理

2.4.1 传统美学的理论观点

我国最为传统、流行的儒家美学思想以其"入世"哲学为指导,追求人与社会的和谐统一。在建筑美方面,具体表现为"致用、目观、比德、畅神",即坚持效用为美,讲求目观之美,看重社会伦理,追求精神愉悦。我国另一传统哲学门派道家则强调"出世",以人的自然本性和所处的自然环境为主,追求人与自然和谐统一的境界。英国的乔治·巴莱克(1684—1783年)认为:"不存在于人的知觉中的东西是根本没有的。没有主体,就没有客体。"这是美学的极端唯我论。休谟(1711—1776年)也认为美来自情感愉快:"美不是事物本身的属性,它只存在于观察者的心里。"巴莱克和休谟的认识都是把主观心理作为美的本源,是主观唯心主义的思想。与此相对应的是客观唯物主义的思想,亚里士多德(公元前1384年—公元前322年)认为"凡是不曾存在于感官的东西就不可能存于理念,美的本质不在所谓的理念之中,而在具有完整形式的对象中",并承认美的形式法则是"秩序、匀称与明确"。毕达哥拉斯(公元前580年—公元前500年)认为美来自事物的数量关系,美在于数的适当比例与和谐。法国唯物主义美学家狄德罗(1713—1784年)提出"美在关系",认为美是事物本身属性但依赖于人的判断并同事物所处情景相联系。对于美学理论,可谓仁者见仁智者见智。

美学可分为哲学美学、历史美学、科学美学三大类,其中科学美学包含的内容较多,包括文艺美学、建筑美学、社会美学及教育美学等。公路作为人工建筑物,公路美学理所当然属科学美学中的建筑美学类。

虽有很多研究风景感官的学派,但目前较公认的有四大学派:意识学派、心理学派、专家学派和经验学派。意识学派是把景观融入人的认知空间来理解,只是看到自己认为的世界,或者说他们眼里的世界是什么样子的,景观也就是什么样子的。心理学派则从人基本的情感需求出发,认为衡量风景质量的标准是群体的普遍审美趣味。专家学派主要从感官能感觉到的景观的主要因素:线条、色彩、质地等来判断景观的重要性,他们以"独特性""多彩性"等形式上的美作为风景质量好坏的依据。经验学派是用历史性的观点,把景观作为人类积累的丰富经验的一部分,对客观景观本身并不注重,而以人及活动为主体来看待景观的价值及其背景。

与公路美学较为接近的公路景观学,是根据公路使用者的视觉(主要是动视觉)特性、行为特性来研究公路交通系统的外在形象,并构筑公路景观艺术的一门综合性学科,用探索公路交通设施与公路使用者的视觉感受的一体化设计方法来创造赏心悦目的公路景观。公路景观应具备如下两种属性:①自然属性,即公路景观作为有形、色、体的可感受因素,具有一定的空间形态,较为独立,并且作为易于从区域形态背景中分离出来的客体;②社会属性,即公路景观必须有一定的社会文化内涵,有欣赏功能、改善环境及使用功能,可以通过其内涵引发人的情感、意趣、联想、移情等心理反应,即景观效应。公路景观不仅研究景观客体的自然属性,还研究景观主体(人)的内在特征。公路景观是研究实用性、功能性、观赏性、艺术性、人与自然和谐的综合景观体系。公路景观除了独有的美学特征外,也遵循基本的传统建筑美学原理。公路景观所表现出来的线条、形体、色彩、质地等,在时间空间上的排列组合,应该给人以美的感受;也应该像其他艺术品一样,遵循形式美的特点与规律,并在公路景观的建设当中加以应用,创造出功能、环境、美学上和谐统一的人文景观。公路景观学在某种程度上是美学中的形象美学在公路中的具体应用,因此,公路景观美学要求有统一性与多样性、对比与相似、连续性、均衡、比例与尺度、节奏与韵律等。

(1)统一性与多样性:任何设计的终极目标是在统一性和多样性之间取得平衡并尊重地方精神。统一多样是形式美的基本规律,是各种艺术门类共同遵循的形式法则。只有多样变化,没有整齐统一,就会显得纷繁散乱;如果只有整齐统一,没有多样变化,就会显得呆板单调。

(2)对比与相似:对比是强化视觉刺激的有效手段,其特征是使质、量差异很大的两个要素在一定的条件下共处于一个完整的统一体中,形成相辅相成的呼应关系。相似是由同质部分组合产生的,它的格调是温和的、统一的,但往往变化不足,显得单调。在自然界,要素倾向于相似,但不是完全一样。

(3)连续性:景观格局可以在空间、时间或同时在两者中显示连续性;景观格局也可显示范围、生长和发展的连续性;另外,格局的连续性还表现在有些格局是逐渐发展的,有些是迅速发展的。连续性代表着景观中耐久的长期结构,允许发生变化而不会引起混乱。

(4)均衡:在视觉艺术中,均衡中心两边的视觉能力相当,给人以美的感觉。最简单的一类均衡是对称,另一种是不对称均衡。

(5)比例与尺度:任何事物都是由多个要素或要素的一部分组成,比例就是要素与要素之间或要素的整体与局部之间的数量关系,不同比例的形体具有不同的形体情感和视觉美感。比较著名的比例有黄金分割比、整数比、平方根矩形等。作为尺寸单位的尺度应该易于辨认,因而人体本身就成为衡量其他物体比例的尺度。当建筑物与人在身体或内在感情上建立某种紧密或间接的关系时,在审美主体人的眼中,建筑就更加实用、协调、美观。当有参照物时,一件物体才有视觉比例。优美的风景,在观察者看来是个不可分割的整体,其部分的视觉比例是协调的。

(6)节奏与韵律:重复是获得节奏的重要手段,简单的重复单纯、平稳;复杂的、多层面的重复中各种节奏交织在一起,有起伏、动感,构图丰富,统一于一整体节奏中的多种节奏最具有美感。韵律是任何物体的诸元素构成系统重复的一种属性。按形式特点,韵律可分为连续韵律、渐变韵律、交错韵律。

公路景观是廊道形的动态环境,有明显的方向性和运动速度问题。公路具备优美、和谐、连续、圆滑、顺畅的空间线形,是公路美学的基础之一。行驶在公路上,应感到舒适、流畅、开阔、惬意,应将平纵线形组合成优美、和谐、连续、圆滑、顺畅的空间线形,既符合行车的动态要求,又满足人们的审美愿望。公路在空间的有机起伏和方向渐变,给人知觉上空间层次的丰富、变化;公路外应具有开阔的视界,展示面大,空间关系清晰,远近景观尽收眼底,给人明确公路场所感和大自然场所感。选线时应保证自然景观的连续性,线形的组合设计应提供公路动态的连续性,这不仅是满足交通运输汽车动力学的基本功能的要求,同时是公路美学设计的基础和宗旨。

公路的互通立交设计和绿化设计是公路美学的重要组成部分,一是注重立交形式及其线形的美学设计,以及线形围合的空间;二是实施景观绿化工程美化自然环境。景观绿化对美化公路、行车车辆诱导、净化空气、减少污染、降低噪声、减少尘土、提高使用者舒适感和安全感方面均有显著作用。

服务区和管理区的建设是高等级公路建设的组成部分,服务区和管理区的设计直接影响高等级公路的综合审美品质。

自然的景色总是美丽的,自然的线形、地形通常是连续、均顺、圆滑的,给人留下优美愉悦的感觉。为此,在公路景观学或公路美学中都强调公路适应地形地貌、植被、土壤、岩石环境,注重地形地势选线,或者应尽量保护自然景观和恢复被破坏影响的自然景观。

公路美学或公路景观学学者们提出的美学思想或观点大多是从视觉感官及其心理反应的角度去研究公路美学和公路美学设计,因此学者们研究公路美学,大多仅限于公路景观美学,甚至把公路美学认为是绿化美学,或者一些美学研究或设计重点放在桥梁(包括立交和跨线桥)设计和植物绿化方面,也有一些公路美学研究把路线或公路线型作为美学研究或美学设计的内容之一。也就是说,现在的公路美学注重形式美学(或视觉感知的美学),或者说是景观美学。虽然也有一些学者提出公路景观设计应满足功能、生态环境要求,公路与自然环境的协调,公路景观的安全作用等,但从"景观"的含义来看,也超出"景观"的内涵。从美的内涵看,美具有内在的美(包含有才德或品质、善事、善良等含义),也具有外在的美(包含有味、色、声、态的好,外表美等),还有得到人们的赞美之意。因此,公路美学不但应含有形式美学的内容,遵行形式美学的法则,外在美不仅考虑形态和色彩,也要考虑味美、声美、触觉美、运动美等;同时,公路美学必须包含内在美的内容,即应该包含功能、安全、经济等内容,且考虑公路与社会、公路与自然环境的和谐友好,不仅考虑当代人的需求和发展,还要考虑子孙后代的需求和发展。概而言之,公路的美应包括内在美和外在美,公路的内在美应包括功能美、安全美、经济美、技术美、和谐美(公路与生态环境及社会环境和谐)及持续美;外在美包括好看(视觉美)、好听(听觉美)、好味(味觉美)、好闻(嗅觉美)、好摸(肤觉美)、好动(动觉美)、舒适(机体觉美)、平衡、顺畅(平衡觉美)等。在公路美学建设时,首先应该追求公路的内在美,在满足内在美的同时,尽力满足更多、更好的外在美。

2.4.2 公路美学的特征及其影响

公路作为一种特殊的美学构造物,它的结构和功能决定了它独特的美学特征。对于公路使用的人来说,公路线形美学的观赏者多处于运动行驶状态,视觉关注快速游移,存在注视中心,并且与运动速度密切相关,速度的变化带来了人们对于公路美学要素感的变化,一般情况下人体感官会变得不敏感。在高速运动状态下,视野范围中尺寸较小的物体、较小的声响、较微的味道、较小的凸凹等在一闪即逝中被忽略掉,美学主体(人)对美学客体(公路及沿线美物)的认识只能是整体概貌与轮廓特征。因此,公路美学元素的空间尺度、味道浓度、声音的声量等要求较多,有自己独特的美学要求。

1)公路的美学的特征

(1)路线要有优美的三维空间外观,要求线形圆顺、流畅,并且具有视觉连续性和诱导性。

(2)美物的度量、体量(如声响、味道、尺度等)较大,轮廓简洁清晰。

(3)路线要与地形、地貌、地物、环境融为一体,依形就势、融合共生,图(构筑物)景(自然环境背景)相融。

(4)保护自然环境,减少工程建构对环境的破坏,注重公路沿线自然植被环境的恢复与提升。

(5)在使用公路过程中,公路应该提供安全、经济、快捷的服务。

(6)合理管理公路沿线的美学资源,并在公路美学的设计中加以充分利用,营造良好的运营环境。

2)周边居民对公路美学的要求

对于公路周边的居民群众来说,他们所观察到的公路是静止的,大都可以细细地欣赏公路及其周边环境的美物、美景,他们更多的感受是公路给他们的生产生活是否带来便利,是否带来危险。

(1)公路的建设和运行,应给他们的生产生活带来方便,方便其利用和使用公路;不应给他们的生产生活带来很大的阻碍和阻隔,应该对他们的生活状况和水平有所改善。

(2)他们能欣赏到或利用到的公路及其附属设施应该具有外在美。

(3)公路的修建不应对他们的资源、财产和环境造成大的破坏和影响,若无法避免他们的不利影响和破坏应得到补偿;不会造成更大的污染及较大、较频繁的交通安全事故。

3)公路投资和经营管理者的关心

(1)公路工程的投资、运行管理费用低,及产出比、社会效益和经济效益较好。

(2)公路的建设和经营管理方便,安全事故少,维护费用低。

4)受公路影响的其他行业的关心

(1)公路的建设和运行不应影响他们行业的设施及其正常建设和运行。

(2)公路的建设和运行不应影响他们行业的正常发展,甚至希望对他们行业的运行和发展有促进和帮助的作用。

对于公路沿线的城镇和村庄而言,不希望公路的建设限制城镇和村庄的正常运转和进一步的发展。

对于子孙后代来说,不能因为现在的公路建设,影响后代的资源、环境,影响他们的生存和发展,现在的公路建设要为他们留足生存和发展所需的资源、环境,公路本身能为他们的生存发展创造条件。

2.4.3 公路美学的功能

公路美学的功能包括运营使用功能、精神功能、美化功能、经济功能、安全功能以及综合功能。

(1)使用功能是公路美学功能构成的首要功能。使用功能是指公路是能够被人所感知的客观存在,给用路者提供一个经济、安全、快捷、舒适、美观、生态的交通设施,同时还可以起到改善公路固坡、防止水土流失、吸尘净化空气、降低路面温度、防眩光、诱导行车视线等作用。

(2)精神功能是指通过公路美学所展现出来的环境气氛,满足人们在全部感官、情感、自然、人文等方面的精神需求。公路美学精神功能的表现方式是多种多样的,需要设计者对自然、社会、经济、生态、艺术、历史等方面的独特理解以及个性化的设计表现方法,强调设计者对公路美学的内涵与本质的认识,使所有置身于公路美学环境之中的人们都能够充分得到多方面的精神满足。

(3)美化功能主要体现在视觉的形式美方面,但也要考虑其他感官的美感。公路美学主要通过其公路自身的设施和结构来表达意念、传达情感,例如强调和美化设施和结构的整体布局形式,或突出具有设施和结构审美价值的某些细节,以及利用运动规律创造的韵律感、节奏感等。

(4)经济功能主要体现在能为使用者提供费用低、旅途时间短、交通安全事故造成的损失小或没有损失的交通运输服务;能为投资者降低建设投资和维护成本,并有较好的社会效益和经济效益;对沿线群众而言,不要因为公路的建设和运行给他们带来附加的经济损失,或者他们的经济损失应得到足额的赔付和补助,甚至公路的建设和运行能为他们的经济发展带来有益的帮助。

(5)公路美学的安全功能主要体现在缓解驾驶员的驾驶疲劳和提高道路的安全性等方面,安全功能可从以下两个方面来进行认识和理解:一方面,美学设施和结构的建设在满足自身的功能安全的基础上,可以对其周围的生态环境进行有目的的保护;另一方面,通过美学环境设计避免在工程项目中给周边环境带来破坏和不利影响,或是能够防止周边环境给公路使用者和周边居民带来危险。安全保护功能采取的主要方式有阻拦、半阻拦、劝阻、警示等表现形式。其中,阻拦形式对人的行为和车辆的通行加以主动积极的控制,为保障人、畜或车辆的安全而设置阻拦设施,如设置绿化隔离带、护栏等。半阻拦设施是通过地面材质的变化或高低变化等来使其行动产生相对困难,从而起到对车辆的劝告作用,如彩色路面、振动警示带等。警示形式,是直接利用文字或标志的提示作用,来告诫行人或车辆的活动界线,以警示其危险性。

(6)综合功能是指公路美学设施和结构的多重性价值,除了具备明显的功能、经济、安全、生态和美学价值,还有促进公路可持续发展的作用。其中,公路美学的生态价值主要体现为生物多样性与环境的功能改善等方面,而环境美学价值则主要体现迎合人们审美观念的提升等方面,可持续发展的作用体现在使人意识到人与自然的共生是人类发展的必然要求,促进全社会加强对环境及其资源的保护、利用和开发。

2.4.4 公路美学理论的建构

2.4.4.1 公路美学内涵

"公路"的功能、服务对象和等级类别是多样的,不但可以作为人的转移通道,也是货物和信息的运输、交流的通道;是汽车、摩托车、单车、人力车、畜力车等众多交通工具及行人都可以使用的通道;不但是城市之间的通道,也是城市与乡村,乡村与乡村的通道;不但服务于自驾车、公务车,还服务于大众交通的公交车,即服务于不同阶层、不同需求、不同背景的人群;不但影响用路者(驾乘人员),还影响公路沿线的居民群众和投资人、建设者。

从"美"的内涵看,"美"的内容应该是"善"的,在工程美的追求上应该坚持效用为美,重社会伦理道德,追求精神满足。从儒家的美学思想看,公路与社会应该和谐统一,适应、协调和促进相互的发展;从道家的美学思想看,公路与自然也应该是和谐统一。

从"以人为本"的角度看,美国人本主义心理学家亚伯拉罕·马斯洛(A.H.Maslow)提出人的需求层次是不断从低级至高级提升的,即:生理需求(饥、渴、舒适)→安全需求(安全、保障、可靠)→社会需求(交际、友爱)→求知需求(了解、探索)→自我发展需求、尊重需求(赏识、地位)→美的需求(愉悦、舒畅、欢快)→自然实现需求。当然,在不同社会发展水平和不同经济条件下,人们的追求和需求层次也不一样;在社会经济发展到一定程度,并不是只要求满足最高形式的需求,在满足最高层次需求的同时,人们还是需要满足最低层次的需求,比如人们在得到"愉悦、舒畅、欢快"和自然环境和谐美好的情况下,还是需要温饱、舒适,同时也要得到安全保障,人类社会友好和谐。

从"社会可持续发展"的理论看,人类不但应追求当代人的美好生活,还应为子孙后代留下生存、发展的资源和环境条件。

我国地域辽阔,人口众多,多民族共存,文化及经济差异大,地域和人群之间的贫富差异会在较长的时期存在,公路美学建设应考虑不同地域、不同文化背景和不同财富背景人群的需求。为此,公路工程的建设应该首先是一条作为公共交通的通道,即社会公共交通基础设施,满足货物、信息和人员时空转移的持续完善的需求,同时也应是一条安全、可靠、经济的交通通道;其次,公路工程的建设应是环境友好(包括社会环境和自然环境的和谐友好);最后,公路工程的建设应尽量使绝大多数公路使用者和受影响者(包括沿线群众和投资人、建设者)的多感官有美好的享受,并尽力满足不同地域、不同人群的不同需求,使当代人及其子孙后代达到心情的"愉悦、舒畅、欢快"。为此,把公路的美分为:内在美和外在美,其中,内在美包括功能美、安全美、经济美、技术美、和谐美(公路与生态环境及社会环境和谐)及持续美;外在美包括好看(视觉美)、好听(听觉美)、好味(味觉美)、好闻(嗅觉美)、好摸(肤觉美)、好动(动觉美)、舒适(机体觉美)、平衡、顺畅(平衡觉美)等。概而论之,美的公路应是"功能、安全、经济、和谐、持续、美感",在建设美的公路时,首先应该是追求公路的内在美,在满足内在美的同时,满足更多更好的外在美,也即追求美的顺序应为:功能→经济→安全→和谐→持续→美感。或者把公路美分为广义美和狭义美,公路狭义美,即人们通过视觉、味觉、听觉、触觉、动觉、平衡觉等人体感官直接感觉到的美,如好看、好听、好闻、好味、舒适、顺畅、平衡等;公路广义的美除了人体感官直接感觉到的美以外,还包括公路的功能能满足沿线社会、经济发展和人们生活综合水平提高的需要,以及公路建设应保证当地环境、生态、文化的保护和社会和谐及可持续发展的人文资源、自然资源的保护,甚至是生态环境的改善和人文资源的传承与弘扬,即公路广义的美包括公路美学建设能给予公路使用者、受影响者和投资者美好的感觉享受和情感享受。公路美学的具体内容如下:

(1)功能美:公路首先是作为汽车、摩托车、自行车、人力车、畜力车等众多交通工具及行人按通行制规则使用的通道,作为大众使用的道路才能称之为公路。为此,公路的美首先应该满足其功能要求,这是主要的或者是根本的,是公路建设的核心和宗旨。美的感受在很大程度上来自于实用和使用,没有实用性和使用性,就很难说有什么美的感受,也就谈不上公路的美。公路的实用价值和使用价值可以产生舒适,可以产生愉悦,可以激发美感,让人感受美。在进行公路美学建设时,必须将公路的交通运输功能放在首位,提高公路通行能力和服务水平。

(2)经济美:应包括公路投资者、使用公路、受影响者(主要指土地、房屋、基础设施等被占用、庄稼、树林、牲畜、野生动植物被破坏的受影响者)的经济美好感受。任何工程投资无论是公共基础设施还是商业性投资,都希望以较低的投资获得较高的社会效益或(和)经济效益作为回报。公路建设长期的核心目的是社会公益性,也有短期的附属的商业性目的(如收费公路、PPP 项目)。有些公路虽然是为社会大众服务的(公益性公路),但同时也是为了提高运输的经济效益,降低运输成本,缩短人们的通达时间,获得更高的经济效益和降低公路使用者的时间成本;有些公路建设是通过提供安全、高效、快捷的交通运输通道,同时为缓解社会筹资压力收取服务费来获得经济效益,如收费的高速公路、一级公路。为了获得好的经济效益,总希望投资最小,收益最大。但是为了达到安全、社会和自然环境的和谐、人类的可持续发展、人们的美好享受,可能需要加大公路建设投资,如果为了美好享受而投资过大,就会影响投资者的经济效益和投资心情,情同"割肉",这也会影响投资者的美感。同时,不能为了降低公路总投资而影响周围居民的经济效益,如对于公路建设占用的房屋及其附属设施、基础设施,不论是永久占用还是临时占用,都应给予补偿或等质等量替换;对于损失或损坏的青苗、树木等都应足额或大于其经济损失进行补偿;对于占用的土地,应按照其占用期间产生的经济效益进行补偿。所以公路的经济美应在满足公路功能和使用安全要求的前提下,在满足公路使用者和相关受影响人群的美好享受与经济投资之间进行合理的平衡,即寿命周期的经济性。

(3)安全美:只有有安全感才能有美好的感受,行程才可能轻松愉快。不管公路的外在多么优美,如果没有安全感或者局部路段给驾驶员或旅客带来压力和恐惧感,驾驶的操作负荷超过一定的阈值,涉及功能性"缺陷",功能美缺失,自然从美学观点看也是不完美的,甚至是不美的。如果在行车过程中,时常看到失事车辆、交通伤亡,或交通事故频发而造成交通堵塞,或由于道路、隧道、桥梁自身结构或受到外界环境的影响而被破坏甚至断路,不能通行,公路使用者"路怒症"频发,还会去欣赏公路的美景吗?旅途还会愉快吗?周围的居民经常担心家人或牲畜会被附近公路上行驶的车辆所伤,或交通事故可能损坏他们的庄稼或财产,他们会认为公路是美的吗?一般来说,驾驶员会本能地害怕和避开表面不平的坑塘、突起物,或尽力避免靠近路面边缘的悬崖或固定物。因此,公路应是安全、可靠的,公路的外在美才会被驾乘人员欣赏,也才能被沿线群众接受。

(4)和谐美:包括公路与社会环境的和谐、公路与自然生态环境的和谐。首先,公路的美应该、也必须要满足社会与人的需求,人类社会当下的需要和发展的需要是公路美学建设的基本出发点,这也属于公路的功能要求。不能因为公路的建设和运行而严重影响沿线群众的生产生活,不能影响他们的健康和安全,不影响沿线城乡的发展和经济建设。如果公路的建设和运行对周围群众产生不利影响,沿线群众的不利影响也得不到应有的补偿,这样的公路建设定会受到沿线群众的反对,甚至堵塞公路和破坏公路设施,反过来也影响驾乘人员的心情,这样的公路也不可能是美的。公路与社会的和谐也符合我国儒家美学思想——追求人与社会的和谐统一。

其次,一条公路的修建和运行不应该对周边环境造成太大的污染,不应占用或影响太多的资源,以致影响沿线周边人群及其子孙后代的健康和生存。在道路周边污水横流,垃圾随处可见,臭气熏天,对用路者或周边群众而言,无论怎样的公路都不会是美的,这与我国道家美学思想追求的"人与自然的和谐统一"也是相违背的。公路的修建和运行既要尊重公路自身,又要尊重公路所经过地方的自然生态环境,保护生态环境和恢复因公路建设而造成的生态环境影响,实现公路自身与自然环境的和谐统一。

再次,公路是人类社会为不断完善和持续改进出行条件,而强行介入自然的新的存在物,那么,公路与自然环境耦合呈现积极性的一面,形成共生共融的关系,直接影响和决定其和谐的一面,因此,公路与自然生态环境的和谐还应包括公路结构和设施与周围环境的形象美的和谐统一,公路与所处的地理位置、地质条件等相适应,与沿线的自然美景、天然植被等自然环境相协调一致,与路域自然的理环境和经济社会环境的承载力相适宜,并将公路人工美物自然的融入周围自然环境之中。对于驾乘人员来说,周围所有的美景和设施构成公路环境,自然的美物总是动人的,自然美景一幅幅美丽的画面展现在驾乘人员的面前,总会让人心情愉快。

同时,也要考虑其他设施(如铁路、水运、管道、电力、通信等)和城乡建设对公路建设的限制和要求,公路建设也要为其他设施和城乡发展留下空间和余地,相互之间进行合理平衡。

最后,公路建设也要体现当地的人文特色,与当地的地域文化相结合,把公路建成具有沿线地域文化特色,并能展示当地文化,符合当地群众的审美观念,避免文化冲突的地域文化公路。

(5)技术美:公路建构是物质资源和技术等非物质资源的集成活动,科学技术是不断完善和提升工程建筑的建构工艺、工序、效率、效能和性能,不断提升工程建构质量的保障,是不断提升和创造构筑物造型形态美的支撑和支持。技术美表现出高度的综合性,不仅涉及哲学、社会学、心理学、艺术学问题,而且涉及文化、符号学以及各种技术科学知识。工程建造技术一是涉及并作用于劳动者,以提高劳动质量和效率,影响劳动者心境;二是涉及生产环境、生产条件等客观因素的改善,使劳动者产生愉快和美感,促成劳动热情和效率的提高;三是涉及满足劳动生产的经济、实用、美观和工艺需要,以及整个社会生活的美化;五是涉及促进产品的审美创造,提高建筑和环境设计的美学水准,有助于建筑主体的审美塑造。因此,技术美有助于精神文明和物质文明建设的发展,促进人的审美理想向"真善美"统一的境界不断升华。

(6)持续美:可持续发展是当今人类认同的一种价值观,也是对工程建设和社会发展的必然要求,已经成为一种全球性的文化。当代的社会发展和工程建设需要考虑子孙后代的需求、生存和发展。公路工程建设不可避免地会占用一些土地和空间资源,会破坏和影响一些生态植被,也可能占压一些矿产等资源,影响今后的利用。我国人均资源相对贫乏,国家对土地资源、水资源、矿产资源、森林资源等的保护提出了严格要求,制定了相应的法规,2010年底,国务院印发了《全国主体功能区规划》,是对国土空间开发战略性、基础性、约束性的规划,将国土功能分为优化开发区域、限制开发的农产品主产区、限制开发的重点生态功能区和禁止开发区域。在公路建设中要严格执行,认真遵守,尽可能不占或少占,在不可避免的情况下,占贫不占富(对矿产资源),占瘦不占肥(对土地资源);避免污染水资源,特别是饮用水源;尽可能不破坏或少破坏森林资源和植物资源,对于受到破坏和影响的森林资源和植物资源,及时恢复和补偿。遵循自然规律,尊重自然和提倡生态环境的可持续发展,尊重自然发展过程,倡导能源与物质的循环利用和沿线环境的自我维持。同时,考虑经济社会的发展和公路自身的发展对公路建设的限制和要求,为今后公路的改扩建和城乡发展提供便利条件。

(7)美感:公路使用者和受影响者的美好感受。美学涉及人类的全部感觉和感情,美的公路应尽力满足相关受影响者(用路者和沿线受影响人群)的多感官美的享受,并使他们产生良好的情感。具体体现为:

①好看(视觉美):据实验证实,"人从外界获得的信息中,有85%以上来自视觉",也有的学者认为人类获取信息的87%来自视觉,而视觉所获取的信息中,又以颜色、形状、形态等信息为主,服务于驾驶的路况信息的收集、判断和操作决策的主要信息来源于视觉。因此,从视觉美(好看)进行公路的美学建设具有重要意义,现有的美学研究和美学设计也基本上是从视觉感受出发,满足视觉感官对美学的追求,把美学设计视为景观的美学设计。因此提出了一些景观设计原理,即:a.各部分相互关系原理;b.空间或时间的长短、大小、强弱等数量关系原理;c.整体中的多种因素统一原理;或者形式美的法则:统一性与多样性、对比与相似、连续性、均衡、比例与尺度、节奏与韵律等。

②好听(听觉美):公路美学的感观体验的90%来自视觉和听觉所摄取的信息,人类从听觉感受到的信息量仅次于视觉,视觉具有方向性,听觉是上下左右全方位的。正是因为要创造"好听"的驾乘环境,所以很多车上都装有音响系统或收音机为驾乘人员播放音乐,其他娱乐节目,以调节和丰富驾乘环境,避免行程枯燥,消除人长时间在封闭空间内的情绪波动和乏味(旅游综合症);公路建设追求路面的平整度和舒适性,汽车制造不断改进车辆的密封性,在提高公路运输效率和安全性的同时,获得好的听觉感受;也有为了使驾驶员提高警觉,在一些路面上设置细小的凸起物,采用振动标线或者刻痕,在车辆经过时产生震动,触及听觉和触觉,从而起到警示的作用。甚至一些公路上还特意设计会"唱歌"的公路,当车辆或人经过时触发开关播放音乐,或设计特色路面由车辆轮胎与地面的摩擦产生有节奏的悦耳声音,追求"鸟语花香"的"鸟语"境界等。为此,建设一条(或一段)"好听"的公路对公路美学建设也是具有意义的。当然刻意为"好听"而过分的设置"鸟语花香"却远离公路交通的基本功能是不可取的,但设置具有警示作用的"安全音乐"是必须的,是"好听"的根本和听觉美的宗旨。

汽车发动机运转的声音、轮胎与路面的摩擦声和振动声,会使人的听觉灵敏降低,使驾乘人员容易发困。公路的施工与运行产生的噪声会影响周边居民、机关、学校的正常工作和生活,影响他们的健康和工作效率。所以公路路面要具有一定的平整度和噪声影响大的路段要设置隔音墙或隔音林,并减小施工噪声。

③好闻、好味(味觉美、嗅觉美):香妃的美是因为其身体散发的香味而美名天下。对于公路的味觉来说,是很难想象人们会亲口品尝公路设施或绿化植物的味道。但是,如果车辆行驶在一条(座)桂花飘香,时不时还会有槐花的香味、菜花的蜜香、稻草的芳香、植物的清香的道路(或服务站、立交桥)上,人们定会感到心情舒畅,这也是很多车上放置香水的原因。科学家已研制出多种依靠震动或香味提醒司机的警示装置,这类装置可将常见车祸的发生率减少15%。

当然,如果一条(段)道路穿越臭气熏天,或者是柳絮漫天飞舞,造成某些人的过敏反应,这样的道路肯定不会让人愉悦。

因此,在公路建设中,修建一条(或一段)具有"鸟语花香"的"花香"的道路或一座立交、一个服务站,让驾乘人员和周边居民感受香味比穿越一段臭味熏天的道路好。公路景观绿色选择植物叶片和花朵的艳丽和缤纷,不仅获得视觉美,同时获得味觉美。

④好摸(肤觉美):对于车辆运行中的驾乘人员来说,亲手触摸道路设施或结构的机会不多,但是在观景台、服务区等休息时他们会触碰到,周围的人们也可能触碰到公路设施或结构(如桥墩)或绿化植物,让这些可能被人们接触到的公路设施或结构或绿化植物有好的肤觉感受,会使人感觉美好,当前工程建构追求和要求构筑物的"镜面"工艺就是在视觉和肤觉上获得视觉美和肤觉美。

⑤舒畅(动觉美):动觉也叫运动感觉,是对身体各部位的位置和运动状况的感觉,动觉在人的认识和活动中具有重要的作用。如果一条公路平整、顺畅,就能使驾乘人员感受到舒适。相反,如果在车辆运行中,颠簸、振动或急速转弯过多,驾乘人员会感到恶心,甚至呕吐、晕车,这样的道路肯定不会让人舒畅。为此,公路建设中应该使公路线形连续、流畅圆滑,路面平整,速度平顺,才算是一条美的公路。

⑥舒适(机体觉美):机体内部器官受到刺激而产生的感觉,又称内脏感觉,属于第六感觉范畴。当各种内脏器官工作正常时,各种感觉融合为一种感觉称自我感觉。内感受器的神经末梢比较稀疏,一般强度的刺激信号,在从内感受器到达大脑时常被外感受器的信号所掩盖,因而引不起机体觉。只有在强烈的或经常不断的刺激作用下,机体觉才较鲜明。可单独划分出来的机体觉有饥、渴、气闷、恶心、窒息、牵拉、便意、胀和痛等。车辆在一条颠簸的公路上行驶,驾乘人员会很快感到饥饿;在一条(段)单调的公路上行驶人们会感到"困意""疲劳";在弯道众多的公路上或臭气熏天的路段人们会感到恶心;在一条空气清新的公路或水库或河边或林间道路上行驶的人们会感到凉爽等。在某种程度上,机体感觉是一种综合的感觉,要使人们的机体感觉舒适,需要把公路修建得尽量完美。比如在较长的隧道内设置视觉缓和带、轮廓环等就是让机体获得舒适感,消除压抑枯燥、气闷窒息、恐怖感。

⑦平衡、顺畅(平衡觉美):平衡觉是由于人体位置重力方向发生的变化刺激前庭感受器而产生的感觉,又称静觉。当前庭器官受到较强烈的刺激时,可能产生恶心、呕吐等现象,如晕车或晕船等。要使一条公路平衡、顺畅,必须保证公路线形连续、指标均衡,路面平整、平顺。公路平曲线设置合适的超高是根据汽车动力学克服离心力,设置缓和曲线要求超高过渡平顺、平稳,就是确保车辆转弯过程中驾乘人员获得较好的平衡觉,感到舒适愉快之美。

须要指出的是在公路的内在和外在美之间,以及内在美和外在美的各要素之间并不是相互独立的,是相互关联、相互联系、互为促进的。如公路功能是为了降低货物、人员时空转移运输的经济成本和时间成本,是创造良好的经济效益和社会效益。而公路的经济美也是为了降低公路的建设成本和运营成本,同时也要保障公路的交通功能和交通安全的功能美和安全美,但是如果投资过低,就会影响公路的品质,影响美学建设,降低公路交通的安全性和快捷性,又会影响运输效益;投资过高,又会使公路投资的效益下降,影响投资者的心情和投资积极性,反过来影响公路及其美感的建设;追求公路的安全,也是为了保障公路本身的安全和人员、货物、车辆的安全,降低货物、车辆的损失和人员伤亡,降低医疗费用,提高驾乘人员和沿线居民的安全感,降低恐惧感,提高人们对公路交通运输的信心,创造美好的社会环境;和谐美追求的是公路与沿线社会和自然的和谐,创造美好的社会环境、自然环境和美的公路、自然及其公路和自然组成整体的美好环境,这种和谐美好的社会和自然环境反过来赋予驾乘人员、沿线群众良好的心情,也会营造一个良好的公路交通环境,提高运输的安全和效益,为沿线社会创造一个良好的交通运输条件,促进当地经济和社会的发展,便利当地群众的生产和生活,提高他们的生活质量;美的公路及其环境,为驾乘人员和沿线居民带来美好的感觉和感情,同时也会提高公路交通的快捷、高效和安全,增加人们对公路的感情,从而提高人们对公路运输的积极性,促进当地经济、社会的发展,增加公路的经济和社会效益。公路与生态环境的和谐,需要人们保护环境和生态,一个良好的生态环境不仅为当代人提供美好的生产生活环境,同时也为子孙后代保留了一个良好的生产生活环境;社会和谐需要考虑尽量在公路建设中少占用资源,这些资源不仅可以为当代人提供生产生活要素,也能为后代提供生存保障。一条公路为当代社会发展和财富的积累、文化保护提供良好的条件,这些良好的社会和财富、文化资源也能为后代提供良好的社会资源、财富资源和文化资源。为此,进行公路美学的建设,各美学要素之间是相互联系,相互影响,互为促进的关系,在公路美学建设中,既要全面进行各美学要素的考量,也要综合平衡进行美学建设。

2.4.4.2 公路美学与时代

随着时代向前推进,科技在进步,经济在发展,人们生活水平提高的同时,对美的追求也在发生变化,人们出行的目的、人们的价值观、审美观也在发生变化。公路既是自然地理环境的标识,又是经济社会物质文明和精神文明的载体,公路反映一个时代、一个社会科技进步状况、创新能力,以及所处时代和所处社会形态下人们的审美情趣、审美价值取向和美学追求。公路使用者和周边群众的政治、文化、经济状况决定了公路美学的不同追求。如开始修建的公路,由于经济条件和科技状况,公路建设主要是为了满足运输功能的要求,以土石、沙石路面为主;随着社会经济的发展,人们对公路的要求不仅能运输,还要运输快捷,虽然道路沿山就势修建,弯道多,时常发生一些地质灾害,可靠度低,但公路路面采用了水泥混凝土路面和沥青混凝土路面;今天,人们的生活水平已经达到了相当的水平,对公路的要求不仅是满足运输功能,还要快速、高效、安全、可靠、美观,要与社会和自然环境和谐友好;将来的公路定将是运输快速、安全、高效、可靠,社会和自然环境和谐,并将在更多方位、多感官地满足用路者和沿线周边群众的美好享受。

2.4.4.3 公路美学与相关学科的关系

1)公路美学与美学理论

公路美学是一个门类美学,并直接与应用发生联系,是实践美学。公路美学虽然也像建筑艺术一样,要求形式的变化与统一、均衡与稳定、比例与尺度、节奏与韵律、层次与虚实等,但研究层次上要比建筑艺术更深,就如德国哲学家黑格尔说:"美学是艺术哲学。",同样可以说公路美学是公路艺术的哲学。当然在我国古代美学并不把美学与艺术分离,如我国古代美学讲究"致用""比得",讲究"美"与"善"的统一,表观的"美"是形式,"善"是内容,是才德或品质、善事、好事、善良等,讲究内在"美"的"善"。

公路美学设计是工程与艺术的结合。公路美学与纯粹的美学和其他艺术形式之间有着必然的联系,是在满足公路本身功能的前提下追求美的艺术。当今,纯粹的美学和艺术的概念已发生了相当大的变化,"美"不再是纯粹的美学和艺术的目的和评判艺术的标准。纯粹的美学和艺术形式层出不穷,纯粹的美学和纯艺术与其他艺术门类之间的界限日渐模糊,美学家们吸取了电影、电视、戏剧、音乐、建筑、景观等的创作手法,创造了如媒体艺术、行为艺术、光效应艺术、园林艺术等一系列新的艺术形式,而这些艺术形式反过来又给其他艺术行业的从业者很大的启发。以前的艺术美学讲究形、色及形、色的变化与组合,而公路美学研究在一定程度上受到电影艺术的影响和启发,除形色(即好看)之外,还要讲究"好听""好闻""好味""舒适""顺畅""平衡"等美感的美学要求。公路美学是一种门类美学,而门类美学种类很多,如建筑美学、景观美学、绘画美学、音乐美学、文学美学、舞蹈美学等,有一种艺术文化就有一种美学,还有非艺术文化的美学。公路美学与这些美学既有区别又有联系。

(1) 公路美学与景观美学的关系

景观含有"景"与"观"两个独立而统一的概念,"景"就是那些能唤起人们美感的自然景物和人工景物;"观"是指景观组成要素通过人的观感作用于人内心,使人感受到愉悦感、舒适感等内在体验的复杂心理过程。景观美学着重于研究景的形态给人的视觉产生的享受,而公路美学研究除了研究公路的功能、安全、经济、技术、公路与社会和与自然环境的和谐以及社会和自然的可持续发展外,还要考虑人类的全部感官的美感。感官的美感是从人的全部感官(视觉、听觉、味觉、嗅觉、肤觉、运动觉、机体觉、平衡觉等)去体验公路及其环境的美好享受,公路美学包含景观美学,但因为人的视觉感官系统获得的信息是人体感官获得信息的主要组成,公路景观美学是公路美学的重要组成部分。此外,公路美学除了形式美外,还包括功能和技术、文化、哲学等的美。

(2) 公路美学与建筑美学的关系

公路工程和建筑工程属于土木工程大类的两个分类,公路是建筑的一种特殊形式,与工程应用有直接联系。建筑美学是建立在建筑学和美学的基础上,研究建筑领域里的美和审美问题的一门新兴学科。建筑美学涉及审美对象、审美感受、审美趣味、审美评价、建筑艺术语言的特征、建筑美学的抽象与表达、建筑细部的意义等。对建筑美学工作者来说,不仅应从感性的角度来对待建筑,还应从理性的角度来审视美学的意义,使建筑创作能够得到美学趣味的升华。但公路与一般的建筑物在结构形式和使用形式方面有一定的区别,通常意义上说,建筑美学属于房屋建筑,属于人畜居住或工作的工程结构和设施,一般的建筑物是一种较为集中的,且基本处于静态观赏和使用状态。而公路工程是为满足人类交通需求而建设的工程结构和设施,是一种线状的线性工程,包含路、桥、隧等工程的线状结构,对使用者来说多处于高速运动状态下进行欣赏。公路美学在广义上说,是建筑美学的一个分支,但从狭义上说,公路美学与建筑美学属于不同的美学分支。对公路美学工作来说,可以从建筑美学中学习借鉴很多相关的知识、理论和技巧,当然也应根据公路美学的有关特点加以区别,并围绕着动视觉状态下,以公路为图、自然环境为底的特点和线性工程的特征,研究相应的美学理论、知识和技巧。

(3) 公路美学与绘画美学的关系

公路美学与绘画美学有3层关系:一是都有结构上的关系,如构图上有变化与统一、均衡、比例、节奏、层次与虚实等形式美学追求;二是装饰,在公路的边坡、桥梁、挡墙等结构上都会进行绘画、色彩等装饰;三是用绘画的形式来表现公路美学设计意图,如效果图。但在有些时候,公路美学思想没有绘画的具体、显露,有时候是隐含的,或是朦胧、象征的。

(4) 公路美学与雕塑美学的关系

公路美学与雕塑美学具有较为紧密的关系。一是公路与雕塑具有共同的造型语言,有共同的形式美法则,如变化与统一、均衡与稳定、比例与尺度、节奏与韵律、层次与虚实等;二是公路与雕塑具有兼容性,如桥梁、挡墙、边坡、服务区、收费站等地方有时会有雕塑;三是公路的整体实物效果可用雕塑的形式来表达,公路就是在自然地理环境物质体上"雕刻"和安置公路路基、桥梁、隧道等设施,美的公路就是将这些设施"镶嵌"在自然地理物质环境中。

(5)公路美学与音乐美学的关系

公路美学与音乐美学的关系最主要的是表现形式和播放音乐方面。在公路的形式美方面,音乐在旋律、节奏、强弱、装饰性等方面与公路美学有相似之处,沿路的地貌、景色就像一首乐曲,不同的地貌、景色就是这首音乐的音符,随着车辆的移动,有节奏的快慢、起伏、序曲、高潮和落幕等。在播放音乐方面,以前是采用在汽车内装磁带机播放音乐,现在是在汽车内安装影碟机播放音乐,但随着科技的进步,公路也会采用音乐来伴奏行车,如利用车辆轮胎与地面的摩擦和撞击产生"音乐",或利用轮胎触碰开关启动音乐播放。

(6)公路美学与文学美学的关系

公路美学和文学美学都能为人类提供精神食粮。公路为人类提供交通运输的同时,也需要满足人们的精神需求,给人美的享受。文学描述与公路美学表现是两种不同的方式,但都具有满足人类精神需求功能。公路靠文学来描述,文学依公路而生辉,有很多描述公路美的诗句,如"曲径通幽""道路如矢""远上寒山石径斜,白云生处有人家""山重水复疑无路,柳暗花明又一村"等,其他还有很多文学作品与公路有关。一条公路就像一篇文章,公路的各部件作为词汇和句子,由公路的每个句子(结构和环境)本着某种主题思想和结构系统组合成一篇完整的文章(一条公路)。

(7)公路美学与电影艺术的关系

电影是由活动照相术和幻灯放映术结合发展起来的一种连续的视频画面,是一门视觉和听觉的现代艺术,也是一门可以容纳文学戏剧、摄影、绘画、音乐、舞蹈、文字、雕塑、建筑等多种艺术的现代科技与艺术的综合体。电影的发展历程为幻灯片→平面(2D)无声电影→平面(2D)有声电影→立体(3D)电影→4D电影→5D电影。从电影艺术的发展历程和对人体感官的冲击感受,作者得到了很多启发,电影在幻灯片时代,观看者只是(视觉)感受到一幅幅画面;在无声的平面电影时代,观看者会(视觉)感受到连续的画面,增加了时间维度;在有声的平面电影时代,观看者不但有视觉感受,还有听觉感受,增加了听觉维度;观看3D电影时,观看者不但由视觉感受到三维(3D)连续的画面,当然还有听觉感受和时间维度的感受;进入4D电影院,利用座椅特效和环境特效,以超现实的视觉感受配以特殊的、刺激性的效果同步表现,以仿真的场景与特别的机关设置来模仿实际发生的事件,在产生呼之欲出、栩栩如生的立体画面的同时,随着剧情变化,模拟电闪雷鸣、风霜雨雪、爆炸冲击等多种特技效果,将视觉、听觉、嗅觉、触觉和动感完美地融为一体,再加入剧情式互动,充分利用互动道具,使观众参与其中并全身心地融入剧情之中,体验虚幻仿真、惊心动魄的冒险旅行;进入5D电影院,除了4D电影的感受外,5D电影最强的逼真感是能够放大周围环境的真实感:观众能置身"闪电、烟雾、雪花"中,在"火焰"前有灼热感,海浪扑身时会"湿"了衣裳。5D电影特制的座椅能产生下坠、振动、喷气、冒水、雪花飘舞、扫腿等真切感觉。不久的将来,人们还会在欣赏电影的同时,闻到花香、食物香,也会品尝到酸味、辣味⋯⋯公路美学的开始和起步就进入了5D电影时代,公路本身就是四维空间,是在真实、自然的四维空间中选择、建造一条让多器官感受美的运输路径,公路美学也可以随着经济的发展和科学技术的进步,从现在的视觉美感(景观设计)一步一步地发展到让人体多感觉器官和身心舒适的美感。

现代和将来的美学思想与表现形式对公路美学设计会有着重要的影响,会促进公路美学设计的思想和手段更加丰富。与纯美学和纯艺术不同的是,公路美学设计面临更为复杂的工程系统问题、技术问题、社会问题、生态环境问题、可持续发展问题和使用功能的问题等,公路美学设计应在满足社会和谐要求、生态环境要求、可持续发展和安全快速运输功能的前提下,尽力追求人体更多感官的舒适、愉悦。

2) 公路美学与工程技术

工程技术(特别是公路工程技术)是实现公路工程功能的基本保障,也是公路美学实现的工具。工程技术是人们将科学知识或技术发展的研究成果应用于工业生产和工程建设的过程,以达到改造自然的预定目的的手段和方法。工程技术遵循自然规律和社会规则,以科学原理作为支撑,不仅要运用基础科学、应用科学等知识,同时也要运用社会科学的理论成果。在公路工程的规划中,要根据地区经济社会的现实需要和发展需要,规划工程的线位、走向,确定工程的等级、运行速度、车道数等;然后确定采用的工程类型(如路基、桥梁或者是隧道)、结构形式、形状、尺寸、地基加固处理方式、边坡形状、大小、加固方式、隧道形态、围岩支护形式、防排水措施等,这些工程技术也需要用到公路工程、力学、交通规划、工程经济学、会计学、统计学、统筹学、管理学等学科的理论知识。因此,可以说公路美学的支撑学科是公路工程技术和相关学科,没有公路工程技术和相关学科的支撑,公路美学的内在美是不可能完全实现甚至不可能实现的。

3) 公路美学与经济学

对公路美学的追求不能跨域和超越经济的约束,就如美国人本主义心理学家亚伯拉罕·马斯洛(A.H.Maslow)的层次需求理论一样,对"舒适、愉悦"的追求是人们的最高追求,但不能跨越国家、社会和人们当时的经济条件,花大量的资金去追求公路的感官美学享受,这会影响投资机构或人员的心情,心情愉悦比感官的舒适、愉悦更重要。作为工程建设而言,工程建设是为社会经济服务的,是经济建设的一部分,是为了花尽量小的投资和维护成本获得尽量大的经济效益,"经济美"是公路美学的内在美要求。经济性是工程建设的属性和内涵之一,公路工程建设需要进行寿命周期经济效益和成本的分析论证,不同方案的投资经济比较和效益比较分析,进行经济优选,不但技术可行,还要经济合理,也要考虑工程的投资时机和机会等。因此,工程经济学也是公路美学的基础理论。

4) 公路美学与社会学

公路工程的建设和运行必然带动社会的发展和进步,社会各项事业的发展也反过来促进公路的建设和发展。公路工程会对社会造成一定的负面影响,如造成对土地、植被、森林、水源、矿产等资源的占用、分割、污染、破坏或影响人们利用,也会破坏或影响一些基础设施,如道路、房屋、院落、水井、围园等。如何把公路工程的有利影响发挥到最大,把不利影响降低最小,对受不利影响的人群进行合理的补偿、赔付、安抚,使公路工程与人类社会和谐友好,可持续发展是公路工程建设要考虑的。为此,社会科学对公路美学也具有理论支撑作用和实际应用价值。同时,公路是社会基础设施,涉及运营的效益、效率和使用者大众的公平性,具有非竞争的"排他性",大众要按通行制规则创造一个良好的次序,运营的良好秩序需

公路美学

要使用者发挥主观能动的自觉性,规则的遵守和自觉性的培养与社会行为学密切相关,比如地铁"先出后进"、公交车的先下后上的次序、车辆靠右行驶等。

5) 公路美学与安全工程

安全工程主要研究安全科学理论、安全技术及工程、安全监察与管理、安全健康环境检测与监测、安全设计与生产、安全教育与培训等。公路工程的建设和运行与安全密不可分。在公路工程的设计中,道路的线形及其组合形式、其指标的应用、地形、地貌与地物的利用、如何进行公路的展线、放线、结构设施的选型、材料选用、结构设计、结构的增强与加固、安全设施的布置、类型和结构形式等都需要进行安全评价、安全计算和安全设计;在施工中,如何保证施工人员和设备的安全,如何施工才能保证安全工程设计的质量和数量,如何进行监督管理才能保证施工质量和数量符合安全工程设计的要求;在公路运行中,如何保证公路交通的安全,交通事故的控制,实施适宜的安全维护、管理、监督以及相应的安全保障措施等。因此,安全工程是公路美学中安全美的支撑基础。

6) 公路美学与生理学、心理学

公路美学的作用是使公路使用者、欣赏者感觉舒适,心情愉悦,那么就要研究公路工程如何在功能、经济、安全、环保和可持续等方面满足使用者、受影响者、投资者和建设者等各方的心理需求,建设的目的是否与社会的需求相协调;公路工程在运行过程中会影响使用者、欣赏者哪些感官?影响程度和影响效果如何?人体感官受到公路工程运行影响后,心理如何反应等,都需要从生理学、心理学去研究,然后从使用者、受影响者、投资者和建设者的生理、心理感受中反过来研究什么样的公路才是最美的,才能让使用者、受影响者、投资者和建设者达到身心的舒适与愉悦。如道路车道划分形式、运营速度限制、禁止超车路段、出入形式等,首先要遵守通行制规则,其次要符合使用者的公共心理需求和本能。

7) 公路美学与环境科学技术

环境科学是一门研究人类社会发展活动与环境演化规律之间相互作用关系,寻求人类社会与环境协同演化、持续发展途径与方法的科学,是研究环境的地理、物理、化学、生物四个部分的学科。它提供了综合、定量和跨学科的方法来研究环境系统。由于公路工程问题涉及人类活动,因此经济、法律和社会科学知识往往也可用于环境科学研究。

公路工程的建设会对环境会造成一定的影响或者说破坏,如一定时期内的水土流失、植物入侵、惊扰动物、砍伐树木、分割植被、动物迁徙路径的改变、能量场的变化、土壤、空气和声环境的污染、水文状态的改变等,影响人类和动植物生存、繁衍生息环境。为了人类和动植物的生存和可持续发展,必须在公路工程的建设和运行中进行最大的环境保护和最快的环境恢复和修复,须应用环境科学及其技术来评价公路工程建设和运行对环境产生的影响和破坏,分析绿色植物入侵等,进行环境的保护和恢复,确保公路工程对环境的影响降低到最低程度,环境得到最大程度的恢复和保护,保证公路工程与自然环境和谐友好,达到公路和自然环境协调可持续发展的目的。

8) 公路美学与园林学

园林学是研究如何合理运用自然因素、社会因素来创建优美的、生态平衡的生活境域的学科。主要包括园林历史、园林艺术、园林植物、园林工程、园林建筑等分支学科。园林设计是根据园林的功能要求、景观要求和经济条件,运用上述分支学科的研究成果,来创造各种园林的艺术形象。在园林营建中,改造地形,筑山叠石,引泉挖湖,造亭垒台和莳花植树,除要运用地貌学、生态学、园林植物学、建筑学、土木工程等方面的知识,还要运用美学理论,尤其是绘画和文学创作理论。在规划各种类型的园林绿地时,需要考虑它们在地域中的地位和作用,这就涉及城市规划、社会学、心理学等方面的知识。由于文化传统的差异,东西方园林学发展的进程也不相同,到了近代,东西方文化交流增多,园林风格互相融合渗透。

园林学是公路美学发展的基础之一,特别是公路绿化和节点工程、观景台、服务区小品营造方面,在继承的同时又有自己的特点。在公路工程中,在立交区、中央分隔带、绿化带、匝道、观景平台、服务区、收费站等站点、位置,可以采用园林学的原理和工程技术,装饰美化公路工程,甚至可以应用到公路边坡、分离式路基、隧道进出口等位置。公路绿化美学在园林景观的基础上,公路美学应以路线线形、指标和线位选择、路基断面和结构形式为主线、龙头和重点,考虑公路为线状工程,具有线性特征、用路者为动态观赏以"路为图,自然环境为底"的特点,借鉴山水园林布景手段来研究公路绿化美学,并考虑生态学的限制,把公路美学的原则和要求融入公路设计、建设和运行过程中,使公路与自然环境的美相协调。因此,园林学在公路美学中占有重要的位置。

9) 公路美学与生态学

生态学是研究生物体与其周围环境(包括非生物环境和生物环境)相互关系的科学。目前已经发展为"研究生物与其环境之间的相互关系的科学"。生物的生存、活动、繁殖需要一定的空间、物质与能量。生物在长期进化过程中,逐渐形成对周围环境某些物理条件和化学成分(如空气、光照、水分、热量和无机盐类等)的特殊需要。各种生物所需要的物质、能量以及它们所适应的理化条件是不同的,这种特性称为物种的生态特性。

由于公路的建设和运行会对环境与资源造成一定的压力和影响,如破坏毁坏植被,隔离破坏和分割生物的生存和繁衍场地,破坏生存场地整体性,污染空气、水体、土壤,产生噪声,而任何生物的生存都不是孤立的,同种个体之间有互助有竞争;植物、动物、生物之间也存在复杂的相生相克关系。任何生物的消亡都会引发一连串的生物链的连锁反应,最后影响人类的生存环境和景观的美学环境。进行公路美学研究就必须考虑生态的稳定与平衡问题,考虑生态的可持续发展问题和公路建设、运行对生态环境的影响,并进行不利影响或破坏的恢复和改善。生态学是公路美学建设的重要基础和支撑学科。

10) 公路美学与地质学

地质学是研究地球及其演变的一门自然科学,是关于地球的物质组成、内部构造、外部特征、各层圈之间的相互作用和演变历史的知识体系,主要研究地球的组成、构造、发展历史和演化规律。如何合理有效地利用地球资源、维护人类生存的环境,已成为当今世界共同关注的问题。随着科学技术的迅速发展,卫星、航天、电子显微镜、计算机、遥感遥测、红外摄影、激光等新技术、新手段的不断应用,地质学的研究范围也不断扩大。

由于公路工程规模巨大,对地质环境的破坏较大,公路工程的建设会造成一些地质灾害,如山崩、滑坡、泥石流、塌陷、洞室垮塌、水库岸坡稳定、地震海浪冲蚀等可能造成公路工程的地质灾害,而且地质体结构复杂,且地质体是生态环境的载体,也是公路工程的载体,地质环境的破坏、改变都可能引发生态环境的变化和公路工程的破坏,会对车辆、人员和财产等造成损失和损坏。另外,由于地质作用也会形成很多地质景观,如石林、石芽、土林、峰林、岩溶丹、霞地貌等,这些景观是经过若干年缓慢的地质作用产生的,非常珍贵,需要保护;这些都是地质学应该研究解决的问题,必须运用地质学理论去认识和提出防治意见。同时,人们还须遵循地质学的科学指导,选择"地质安全带""地质安全岛",使公路构筑物与其积极耦合,避免因工程活动触发的灾害,导致地质环境的恶化。

11)公路美学与自然地理学

自然地理学是一门研究自然地理环境的组成、结构、空间分异特征、形成与发展变化规律,以及人与环境相互关系的学科。自然地理环境是指地球表面具有一定厚度的圈层,即岩石圈、水圈、大气圈、生物圈相互作用、相互渗透的区间内的一个特殊圈层,是在太阳辐射能、地球内能和生物能作用下形成的,各种固体、液体、气体状态的物质同时稳定地存在并且相互渗透,是生物产生和繁衍的环境,同时是人类生活和生产活动的环境。自然地理学的研究内容随着学科的发展越来越广泛,但主要还是研究各自然地理成分的特征、结构、成因、动态和发展规律以及之间的相互关系,彼此之间的物质和能量的循环与转化的动态过程等,并进行自然条件和自然资源的评价,为区域开发提供科学依据,研究受人类干扰、控制的人为环境的变化特点、发展趋势、存在的问题,寻求合理利用的途径和整治措施。自然地理学是公路美学的基础学科,公路建设是强行介入自然的活动,自然地理环境条件和经济社会环境条件是工程活动的"边界阻尼"条件,应用自然地理学的研究成果,遵循自然地理环境演变的规律,既是工程建构内在美的基础和支撑,又是创造公路环境外在美、与自然环境和谐持续发展的前提。

12)公路美学与植物学

绿化是栽种植物以改善环境的活动,在公路工程中种植的防护林、隔音林、路侧绿化带、边坡植物防护等各种植物。绿化可净化空气、改善环境卫生、美化环境,并在维持生态平衡方面起多种作用。但如果绿化考虑不周,会造成如植物入侵的生态灾害、阻挡行车视线和影响景观,以及绿化成本和维护费用过高等问题。因此,绿化设计必须考虑生态问题,仔细和科学合理地进行绿化植物选择、形态设计、栽种植施工和植物的养护、修剪。

总之,公路美学涉及很多学科的理论、知识、技术,除上述学科外,还有数学、力学、材料学等与公路美学存在间接关系的学科,公路美学及其相关学科、知识之间的关系还存在交叉、渗透、联系和综合。

2.4.4.4 公路美学理论的体系框架

公路美学理论体系的框架包含着两个层次的内容:第一层次是公路美学的理论基础,它是由许多已经成熟的学科相互渗透、相互交叉形成的新学科,这包括生态学、心理学、环境学、美学、公路工程学、园林学、建筑美学、地质学等。第二层次是公路美学理论的主体,主体部分又可分为两个层次:第一层是关于公路美学概念上的一系列理论,包括公路美学体系的构成、公路美学的特点、公路美学设计的含义、外延、公路美学设计的原则、公路美学设计手段;第二层是真正可以指导公路美学实践操作的一系列理论,包括公路基本设计(线形、结构等的设计,在满足交通、安全需要的基础上使公路和谐地融入自然)、公路美学构成设计(包括平面构成、立体构成、空间构成、色彩构成等)、主线美学设计(公路沿线线性美学的设计)、点式美学设计(立交、桥梁、隧道的美学设计)、道路沿线附属设施美学设计(服务区、沿线休息设施、交通标志牌、防护栏、广告牌等的美学设计)、公路美学设计评价体系。公路美学设计及理论框架见图 2.4.1。

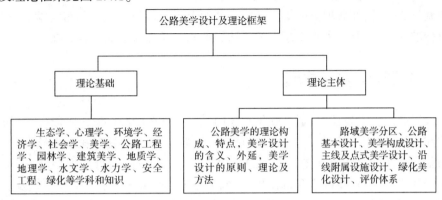

图 2.4.1 公路美学理论体系的基本框架

2.4.4.5 公路美学的实现

公路美学工作不仅应包括公路的规划、勘测、设计与施工的全过程,而且还包括公路的养护、管理与使用的全过程。具体地说,就是公路规划应满足社会、经济、军事和政治等各方面对公路线位、走向和公路标准、车速、交通运力运量的要求;公路的线形应美观,适于行车速度和行车安全,并与沿线美景、美物协调;公路结构(如隧道、桥梁、路基、地基等)和设施(交通安全设施、监控设施等)应满足稳定性、畅通性和相应的交通安全要求,并便于沿线社会使用,不给沿线居民带来危害和不便;公路的路面质量和路况应完好,并能提供安全的高速通行条件;公路的绿化、种植和装饰应与沿线的自然和社会环境相协调;沿线设施(即建筑物与标志、标线等)的形式、色彩、味道与位置要适当,并且公路的环境卫生与管理秩序应良好;公路投资合理,经济效益和社会效益好;与社会环境和生态环境和谐友好,符合可持续发展的要求;公路美学工程的维护管理方便,工作量小,费用低。为此,公路美学就是研究公路的线位、走向、线形、路容、路况、沿线设施和各种建(构)筑物本身的协调适度,与沿线的自然环境和社会环境协调配合,整体给人的生理和心理全方位美好感受的科学。它是一门以公路规划、勘察、设计为主,涉及安全工程学、经济学、社会学、环境学、生态学、城市规划学、建筑美学、园林学、桥梁美学、水文学、水力学、心理学、生理学以及传统文物的保护、开发与利用等多门学科的边缘学科。为了追求公路工程的良好美学效果,每条公路工程规划、勘察、设计、施工、运行和管理人员都应有一定的美学理念和美学知识,并在公路工程的每个建设和运行管理工序中贯彻美学理念和美学思想,保证每一个环节、每一张图纸、每个单元的施工质量和运行维护质量,并注意对周围自然环境和社会环境的影响与和谐,尽可能减少破坏和改变环境,并对产生不利影响破坏的环境和社会进行尽可能地恢复与改善,在养护和运营阶段不断地保持、改进和完善美学工程。

美的公路应该是使公路的使用者、投资者、建设维护者和受影响人群的全部感觉和感情具有良好的感觉和感受。对一条公路美学功能的评价,应根据建设过程中所处的阶段进行评价,主要评价包括规划论证阶段满足社会对公路运输功能的要求、与自然环境和谐;在勘察、设计过程中必须以满足功能为前提,满足经济、安全、可靠、快速的基本条件,在此基础上,评价人体感官的感受;在施工与运营过程中评价相关人体感官的感受和与环境、社会的和谐统一性等。对应每个阶段的评价方法和评价结论,都要采取相应的措施对公路美学进行必要的调整与改善,使各项公路美学功能不断的得到改善与提高。公路美学最主要、最基本的评价标准应该有两个:人类生理上的舒适标准和人类心理上的舒服标准。

2.5 公路美学的发展

回顾世界公路美学发展史,近100年来大约经历了三个阶段。第一阶段(发展初期),为了防止泥泞,保证车辆正常行驶,需要提供具有一定强度、平整度的晴雨通车路面,当时人们的注意力集中在车行道的路面铺装与改进提高上。第二阶段(通行能力提高、安全改进阶段),随着交通拥挤、交通事故现象的出现,人们又在平、纵、横线形的几何设计以及提高通行能力、改善交通组织和减少交通事故等方面进行改进提高。第三阶段(舒适、顺畅阶段),随着世界性的汽车猛增,给社会、环境带来灾难性的影响,在美学、社会、环境等方面尽力追求快捷、顺畅、舒适、安全、经济、环境友好和可持续的道路系统。公路发展不同阶段的功能需求为:初级阶段(货物、人员运输)→中级阶段(通行能力和安全度提高)→高级阶段(快捷、顺畅、舒适、安全、经济、环境友好和可持续)。

2.5.1 国外公路美学的发展

在国外,除了在通行能力、安全度方面不断提高的情况下,不断追求公路与环境的友好,在公路美学美感方面基本上仅限于公路的景观研究,即仅限于公路视觉美感研究。最早提出道路景观设计理念的是德国人。20世纪20~30年代,德国开始大量修建高速公路,在大量的公路工程实践中提出了道路景观设计的理念。早在1980年,联邦德国制订的道路设计规范就包含景观设计的内容(《道路景观设计规范》RAS—LG 1980)。在该规范指导下,联邦德国公路密切结合所穿过地区的地形,显示所通过区域的自然风貌和城镇的最佳景观,成为现代化公路设计的典范,取得了辉煌的成就。德国公路设计者认为:"道路设计中,景观是一大要素,景观设计应与公路的总体设计有机的协调,使其对周围原有环境的破坏降至最低程度"。自20世纪30年代开始修筑高速公路以来,德国十分注重研究道路与周围景观的协调问题,在公路工程的实践中逐渐形成了系统的公路线形理论,同时环保法规要求在设计阶段就要解决沿线的生态和环保问题,维护原有的地形地貌,保护植被和自然生态。德国的公路用地几乎全被草坪覆盖,与田野牧场连成一片或者与连绵不断的林带融为一体,景观自然而优美;有时在路边的草坡上,间断变化设置几何图案(圆形、三角形、正方形),并且在表面涂有反光漆,无形中起到诱导视线的作用,夜间能不断提醒驾驶人员安全行车;大多数防眩设施和隔音设施也都用绿化来代替。跨线桥常常为野生动物专门修筑通道,隔离栅也为防止小动物穿入高速公路发生不测所设置。行驶在欧洲的高速公路上,映入眼帘的都是大自然的景象,公路和自然和谐而统一。

美国在公路工程实践中提出了公路美学理念。1962年,美国在"Highway Research Board"上发表了"高速公路设计的美学标准"一文(以下简称"美学标准")。但美学真正体现于公路是20世纪80年代初期,它要求在保证公路安全畅通的行车功能的前提下,充分考虑其美学需求,尽可能做到功能与美学相结合。把公路看为立体三维空间,注重其几何构造，与周围景观、建筑、地区规划等融为一体、共同提高整体区域的美学质量。1965 年在林登·贝恩斯·约翰逊总统夫人的倡导下，美国国会通过了《道路美化条例》。该条例严格管制州际公路旁的路牌和广告牌，取消路旁废弃物堆置场，政府每年以 1.2 亿美元资助州际公路建设沿途风景，使公路两旁景色宜人，促进了公路设计的艺术化。美国 1977 年出版的《公路实用美学》一书中指出："支配公路外观的原则对乡村公路与城市道路均适用，乡村公路主要把路融入背景，不破坏自然；城市道路美学设计的重点是改善道路外观，并把它当作工艺品来看待，要采取措施来减少施工的痕迹，使之在结构感强烈的周围环境中显得恰如其分"。但这些论著或条例还是侧重于公路景观的研究或视觉美感的研究。《美国佛罗里达州公路景观设计指南》对公路美学综合规划、公路不同区域绿化种植标准、自然景观保护、景观美化与公路设施的协调以及植物种类的选择、配置、栽培和养护管理等方面都提出了详细要求。同时，在公路建设中十分重视人与自然和谐统一的美感，例如，碰到生态环境中的湿地问题时，占用多少面积的湿地，就在附近补偿相等或大于所占面积的湿地，以使湿地的生态功能少受或不受影响，保护原有自然景观。在公路绿化美化方面，除要求公路建设部门高度重视外，还鼓励全社会的参与，通过各方面的共同努力来实现高速公路生态环境的保护与建设，把对自然景观的破坏程度降至最低，以实现公路建设与自然的和谐统一和视觉美感。美国佛州的"公路景观设计指南"不但重视视觉景观的设计，而且也开始注意生态环境的保护，与自然环境的协调。在美国，修建高速公路一般不进行大填大挖，不破坏自然景色。

日本在吸收欧、美等国公路景观设计经验的基础上，于 1976 年制定了《公路绿化技术标准》，并制定了相应的经营方针。其基本内容是：建设与大自然协调的高速公路网，提供更优质的服务；针对人们出行不再满足于位置转移的心态，在高速公路建设中融入景观设计，使驾驶员和乘客受到美的熏陶。《日本道路景观设计指南》从构思规划期、设计施工期、营运管理期几个阶段提出了景观设计的任务、要求及措施办法等。在构思规划阶段，根据公路景观调查，列出应保留的景观资源及应回避的影响，并从路内景观和路外景观分析公路构筑物的景观效果，明确构思规划阶段的设计思路，通过研究制定公路景观方针，指导公路景观设计与建设。在设计与施工阶段，对土木工程、桥梁及高架桥、隧道及明洞、车道及中央分隔带、交叉路口、休息场所、环境设施带、公路附属物、植物种植、施工对策、原有公路景观保留和改善方面的景观设计均进行了深入论述，其具体的措施主要有：为融入自然景观，不破坏山体结构，减少填挖方工程，桥梁采用与周围环境相协调的桥型；挡土墙、隧道洞口采用特殊工艺；设置防止发生碰撞事故的"动物专用通道"，努力保护动物的栖息场所，设置"动物诱导栅栏"，设置小动物可以逃脱的边坡侧沟；采用了较低的道路照明设备；绿化区种植与周围环境相同的树种；为使人与大自然融合，设置散步的人行道、休息长凳等设施；设置接近于大自然形态的停车带等。近几十年内，在国土从荒废到绿化的历史过程中，日本绿化工程的理论和技术体系得到了不断的发展并日趋成熟，在实施工程的实践中，日本发明并使用了诸如客土喷播、三维网护坡、复合绿生袋、人造植物瓮、喷附绿化、袋筋绿化、岩盘绿化及防灾绿化等许多针对不同类型坡面的绿化工程技术。

国外公路景观设计的发展，大体上可以划分为三个阶段：

第一阶段是在 20 世纪 20~30 年代。20 世纪 20 年代初期，美国修建风景区公路（Parkway）时就开始进行专门的景观设计，这可以说是景观设计的雏形，其主要是在现场勘测中考虑公路线形与地形地物的协调和沿线风景的保护和利用。到20世纪30年代,德国开始修建高速公路,首先采用了线形模型来检查和修正空间线形,将平、纵面线形综合设计,使其达到舒顺的程度。此外,还采用手描透视图法来观察、衡量拟建公路与周围天然景物的配合协调,这就是公路景观设计的初期阶段,它的特点是仅能对局部地段的立体线形进行检验和修正。

第二阶段是在20世纪40~50年代。其特点是对公路景观设计手段进一步研究和改进,采用了钉制模型(即在反映路线高度的钉上放置橡皮带而成的路带)和泡沫塑料板制作的模型,此外,还利用光学投影原理,人工制作透视图。

第三阶段是从20世纪60年代至今。这一时期,公路景观研究在满足公路功能的前提下,开始着手解决诸如生态环境、视觉质量、精神审美等公路建设深层次问题,颁布了一系列公路建设的条例、法案和标准。如德国在1960年颁布了《道路栽植标准》,并在随后一段时间内逐步完善了景观环境政策和法律法规体系。美国在1961年编制了州际和国防公路的景观发展方针,1965年国会通过了《道路美化条例》,并在总结景观设计经验的基础上编制了公路景观设计指南,1970年综合并补充修正上述两个文件,编制了《公路景观和环境设计指南》,1969年通过了《国家环境政策法》。日本在1970年颁布了《高速公路造园设计要领》、1976年颁布了《道路绿化技术标准设定》、1985年制定了《高速公路绿化技术五年计划》等,其中包括《特殊空间绿化技术》《植被恢复技术》《公路边坡绿化技术》《景观仿真技术》;在群体绿化方面,制定了《园林式绿化技术开发计划》,包括《立体绿化技术》《生态环境空间形成技术》《林木疾病的科学诊断技术》《循环剪枝技术》等绿化新技术。现在许多研究成果已被推广应用之中。一些发达国家逐渐重视改善原有公路的景观,并在新路设计中考虑景观或者专门进行景观设计,并制定了相应的规范和有关的法规。与此同时,在其他工业发达国家,如德国、法国、英国、日本等国家的高速公路或干线公路以及旅游公路的建设中也都广泛采用了景观设计的基本原则,并在有关设计规范的条文中对景观设计加以规定。进入20世纪80年代、90年代,景观设计在公路设计中的地位日趋重要,各国也修改和颁布了有关规范和条例。

世界上许多国家,在公路工程技术标准、设计和施工规范中,都有关于公路景观设计、绿化和美化方面的技术规定。在欧美国家,已经形成了相对较为完整的公路景观理论体系,成为引领研究发展方向的风向标,典型代表即以美国为代表的系统性风格和以欧洲为代表的应用性风格。美国的公路景观规划设计体现了系统性,在分析和构建当代科学和系统生态学基础上,侧重于景观的多样性、异质性、稳定性的研究,形成了从景观空间格局分析、景观功能研究、景观动态预测到景观控制和管理的一系列方法,形成了以自然景观为主,侧重研究景观生态过程、功能及变化的研究特色,将系统生态学和景观综合整体思想作为公路景观规划的基础,致力于建立和完善公路景观生态学的基本理论和概念框架,从而奠定了公路景观生态系统学的基础,成为当今国际公路景观研究的重心和主流。由于文化和环境背景差异,欧洲的公路景观则是从地理学中发展而来的,主要是应用景观生态学的思想与方法,进行公路的土地评价、利用、规划、设计,发展了以人为中心的景观生态规划设计思想,并形成了一整套景观生态规划设计方法,强调人是景观的重要组分并在景观中起主导作用,注重宏观生态工程设计和多学科综合研究。随着电子计算机的发展与应用,设计手段也日趋电脑化,公路景观设计不仅要求内容规范化,并且在很多国家的公路设计中,三维立体模型得到应用,全景透视图、动态连续透视图被用来检验公路路线布设和几何设计是否适当。

2.5.2 我国公路美学的发展

我国道路美学思想的起源较早,但系统开展公路景观研究工作起步较晚,近些年来取得了很大成就。例如我国在周朝就有美化道路的思想,据《周制》记载,"列树以表道,立食以守路",说明当时已认识到如何结合自然条件和提出路旁种树美化道路的问题。桥梁建筑在我国的建筑史中有着悠久的历史,并以赵州桥闻名于世,代表着我国灿烂的文化。

过去道路景观设计一直未引起足够重视,开展道路景观设计的研究工作起步较晚,无论设计内容或设计手段都处于比较低的水平。随着人们对环境保护认识的不断提高和道路建设投入的不断加大,对道路景观的再造有了更高的要求和认识,力争使自然景观或人工景观与道路工程结构物达到完美和谐的统一,建立起新的、完整的道路景观系统,并从用路者的视觉、心理出发,研究公路的功能、美观及经济的一致性,使道路线形及沿线设施与沿途空间景观环境相协调。

我国的公路景观工程实践开始于 20 世纪 80 年代中期,1983 年交通部制定的公路标准化、美化标准,简称 GBM 工程,其实施标准是结合我国实际情况,为提高公路建设、养护、管理和服务水平,以及为社会提供良好的交通环境而采取的重大举措。GBM 工程实施标准包括总则(指导思想)、路基、路面、桥涵构造物、沿线设施、绿化、管理等内容。对于新建干线工程,标准化、美化应列入设计内容,设计文件也要有道路景观设计。对于改建或已建成的干线公路也应该按 GBM 工程实施标准来进行改造。当时实施的对公路环境改善仅仅体现在"路侧植树""平地种花"的一般的环境绿化与美化上,并没有在深层次解决公路景观问题。1993 年《环境影响评价技术导则》《天然保护区类型与级别划分原则》(GB/T 14529.93)、1996 年《公路建设项目环境影响评价规范》(JTJ 005.96)、1998 年《公路环境保护设计规范》(JTGB 006—98)、1998 年《中华人民共和国环境保护法》、2002 年的《中华人民共和国环境影响评价法》、2003 年《规划环境影响评价技术导则》(HJ/T 130.2003)等法规条例的相继出台,进一步明确了如何在公路建设中对生态环境的保护与利用。2003 年交通部、四川省联合组织实施的四川省川(主寺)九(寨沟)公路示范工程,为公路勘察设计借鉴国外先进经验,转变设计理念,实现公路建设与自然环境、人文环境的和谐统一,进行了积极探索和有益尝试,取得了明显成效,其以"安全、舒适、环保、示范"为指导思想所取得的美学效果在行业内掀起了国内公路美学的热潮。2005 年交通部公路司出版了《新理念——公路设计指南》一书,提出了公路设计新理念以及在新理念指导下的要素设计指南及其景观处理手法,为公路景观设计提供了直观的、操作性很强的设计指导。

随着高速公路建设的迅猛发展,公路景观日益引起人们的重视,高速公路景观建设开始向深处发展,例如云南思小高速公路、渝湛高速公路、广梧高速公路、宁杭高速公路等都是近些年来对景观公路的实践探索,在高速公路的设计中考虑了某些景观设计的原则,如注意立体线形的舒顺,避免大填大挖,保护周围环境、景观和生态平衡等,设计手段也已经进入电子计算机时代,为高速公路景观建设积累宝贵的经验,如《公路路线设计规范》路线设计中对公路的平、纵、横三个面应进行综合设计,做到平面顺适、纵坡均衡、横面合理。《公路路线设计规范》指出:高速公路、一级公路应特别注重线形设计,使之在视觉上能诱导视线,保持线形的连续性,在生理和心理上有安全感和舒适感。同时,还应同沿线环境相协调。高速公路、一级公路应借助公路透视图或三维模型检查线形设计同沿线景观的配合与协调;其他各级公路有条件时,亦可利用公路透视图检验线形设计;结合宁杭高速公路环境景观设计,钱国超编著了《高速公路环境景观设计》;根据广东渝湛高速公路"生态环保"建设理念,黄小军等编撰了《生态公路研究与实践》等。孙丙湘编著的《道路绿化和美化工程》介绍了道路环境美化工程类型的选择和布局设计。屈永建在《公路景观设计》中提出了公路景观设计原则,并对公路景观结构、道路空间和道路景观序列进行了探讨。张阳的《公路景观学》对公路景观相关理论、景观设计、公路协调性做了论述;《公路景观评价指标体系》对公路景观评价提出了相应的指标,包括敏感性指标、阈值指针、生态美学价值指针、资源价值指针、视觉价值指针等,具体包含视距、视角、特殊性价值、兼容性、地质地貌、景观生态和景观视觉等。许金良对公路景观视觉的三维动态仿真技术进行了探索性研究,从理论和实际操作上为高速公路景观的动态分析和评价提供了经验借鉴。林瑛等对高速公路景观的文化、生态等内容进行了初步探讨。陈红从环境的公路设计方案选择和对环境影响进行补偿设计两个方面对生态公路进行了探讨,构建了生态公路设计的基本框架,并提出基于环境的公路设计方案的优选指标和方法等,这些研究成果都推动了我国公路景观理论的发展。

近些年国内也出现不少景观设计成功的典范,景观与环境协调以川九路最为典型,生态保护以思小高速公路最为典型,自然景观保护以常张公路最为典型。现在,高速公路绿化和景观美化已经受到国内有关单位的普遍关注和重视。高速公路路体的植物景观部分也已从早期的单纯绿化发展到集绿化、彩化、香化、净化为一体的景观绿化阶段,并在高速公路的设计中与其他景观要素统筹布局。在公路建设中人们也开始注意到对当地人文景观的保护和协调。

2.5.3 公路美学研究现状

公路美学规划设计是包含多重因素,满足多元化需求,技术含量高、综合性强的一项系统工程。综观国内外研究,大都是从不同侧面研究公路建设的景观问题或者说视觉美感问题,主要体现在景观环境的保护、植物绿化等方面,但对于系统性指导高速公路美学规划设计的一系列流程方法,并没有清晰阐述。而公路美学建设已受到相当关注,但缺乏完整的系统性方法指导,使得我国公路美学一直存在着盲目性和盲从性,直接导致了工程实践中要么用简单的绿化代替景观设计,要么凭设计人员的经验和主观意识来设计,缺乏较为科学、客观、严谨的设计程序和定量标准,致使公路美学设计不全面,设计成果空洞、乏力、难尽人意。

1)我国公路美学建设中存在的问题

(1)对公路美学的内涵和外延认识不清

在公路建设初期,由于对公路这个现代文明产物的文化价值认识不足,加上经验欠缺、资金制约,早期公路勘察设计中未能认识公路美学设计的重要性,仅仅考虑路线方案和工程方案的技术性和经济性,很少考虑环境生态方面的负面影响,也没有考虑对社会环境的不利影响,导致工程建成后对自然和社会环境带来重大负面影响,美学(或者说景观)设计不得不成为一种补救措施和装饰手段。目前,国内的道路美学设计,还停留在单纯地做一些结构物

(桥梁、洞门、立交等)和绿化设计的层面上,要么不注重结构物的美学设计,要么只注重个体的外形美观设计;绿化工作还停留在"为绿化而绿化"的阶段,往往照搬园林绿化的模式,很多著作或论文资料中都把公路的景观设计等同于"绿化设计"或"美化设计"。许多设计人员一提到公路美学,认为就是单纯的绿化和装饰,更多的公路结构设施在设计初期并没有融入美学环保意识,不利于公路美学设计的长远发展。

(2)公路美学设计过分注重形式美

公路美学设计的问题是过分注重人造景观,设计中只注重形式美,对驾乘人员实际的美学体验重视不足。设计者常采取传统的园林景观设计手法来设计公路美学,许多公路被"装饰"成富丽堂皇的部分结构物或绿化带;缺乏全局意识,过分注重形式美,忽视了人们在车辆高速运动中的美学体验,使过往旅客和驾驶人员眼花缭乱,易产生视觉疲劳和不良情绪。

(3)漠视社会文化,忽视历史文化遗迹

我国幅员辽阔,地形地貌多样、自然人文美学资源丰富、风土人情各异。以往的公路美学(或者说景观)设计中,普遍存在对公路沿线特性缺乏研究,对沿线走廊带内的美学控制点、保护对象、风景名胜、文物古迹缺乏认识,忽视了所拟建公路作为社会精神文化系统的作用等问题。由于对社会文化的漠视,未考虑公路沿线的风土人情,故与整个路域沿线文化背景相脱节的生硬的景观作品比比皆是,严重破坏了原有的历史遗存和传统风貌。

(4)美学设计滞后

在很多公路建设中,公路景观设计滞后于路面、路基、桥梁及其他附属设施的设计,甚至到公路施工即将结束时,美学(或者说景观)设计才出炉,导致美学(或者说景观)设计与实际公路工程情况脱节。

(5)缺乏公路本身与环境的协调

尽管大跨桥梁和一些景观桥梁在美学上受到特别重视,然而多数仍局限于感性的层面,缺乏理性的思考,特别是刻意追求结构造型或豪华细部装饰,忽略甚至破坏环保设计,无法与周围环境相协调。相邻的多座桥梁和隧道在设计上缺乏统一的考虑和总体上的相互协调,路线(包括道路、桥梁及隧道)缺乏整体上的协调统一与美学思考。

(6)设计粗、施工质量差

在美学受到强调的公路结构和设施设计中,有时是主体结构标新立异而附属结构草草处理,各部分之间缺乏统一与协调;有些景观设计良好,但由于施工质量差降低了景观效果。

(7)缺乏美学设计标准和指南

国外虽然在世界范围内较早地开展了公路景观设计方面的研究和实践,但仍没有成熟的设计标准或指南,我国在这方面工作起步较晚,很多人甚至对公路美学设计内涵缺乏全面、准确的理解,我国的公路美学建设还没有完整的理论体系,公路绿化、美化效果也没有完善的评价方法。

2)公路美学建设的实践中易出现的问题

随着我国公路建设事业的蓬勃发展,人们对公路的行驶环境提出了更高的要求,由多年的实践经验来看,1983年交通部制定颁发的《公路标准化美化标准》已不能很好满足不同环境公路美学设计的需要。

(1)对公路美学建设的内涵认识不清,容易造成建设资金的浪费。

(2) 公路路际美学的科学性不足，忽略了公路美学建设应强调内在美和外在美的统一协调性。

(3) 公路美学技术水平低，美学效果难以长期保证。

3) 公路建设在美学方面的考虑

我国传统的公路建设只注重公路的技术指标，强调公路运输的服务能力、服务质量和对国民经济产生的效益。现在对公路线形与环境景观协调的一些具体规定和要求也出现在新的公路设计规范中，如保护周围环境、景观和生态平衡，注意立体线形的舒顺，避免大填大挖等，这些都表明我国的公路美学设计发展速度越来越快，已经开始考虑某些美学设计原则。在公路美学设计的内容和要求规范化的同时，随着电子计算机的发展，设计手段也日趋计算机化，动态连续透视图、全景透视图、三维模型得到了广泛应用。

"以人为本"的思想开始在公路建设者的行动中体现，"以人为本"是要满足人们深层次的最基本的情感需求，要和大自然保持和谐的关系，不但以用路者为本，公路建设还要考虑与周边社会和谐，不但满足当代人的需要，也要考虑后代人的生存与发展，即可持续发展。随着对环境保护认识的不断提高和道路建设投入的不断加大，美学设计就是力争使自然美物或人工美物与道路工程结构物达到完美和谐的统一，建立起新的、完整的公路美学系统，并从用路者、投资者、建设者和沿线受影响群众的生理、心理出发，研究公路的内在美与外在美的协调性，使公路线形及沿线设施与沿途空间美学环境相协调。根据每个工程项目的特点，进行具有针对性的美学设计。坚持以"满足内在美，尽力追求更多更好的外在美"为指导思想，通过对工程项目沿线的美学保护与美学建设，达到内在美与外在美的协调统一，带动公路沿线生态建设和社会各项事业的发展进步。美的公路不以牺牲生态资源为代价进行开发和建设，不仅应考虑到人的活动和公路之间的相互影响，而且应注重维护人类与生存的自然条件相互融洽和遵循其自然发展规律，形成行车安全舒适、运输高效便利、社会和自然环境和谐且可持续的公路发展模式。减少对环境和资源的不利影响，满足公路工程的高效、快捷、经济、安全、环保和可持续要求，最终将公路建设成内在美与外在美的协调统一。

现有公路美学研究大多认为公路景观美化，尽管公路美学研究已取得了一些成果，但也存在许多问题；有人认为公路美学就是桥梁、隧道等建筑物的美学，路线本身无美学，其实公路内在、外在美的核心就是公路路线本身的美，"随形就势"、连续顺畅圆滑的线形才是统筹和融合之纲；也有人认为公路美学就是绿化、园林设计，在公路两侧栽种各种名贵树木、花草，曲解了公路美学的含义，甚至造成了新的不和谐，其实公路绿色是公路与自然环境过渡的缓冲与修复，融入自然的弥补；有人认为公路景观在于如何改善公路外观，其实公路美景是"以路为图，视野范围的自然景观为底"；现有公路美学研究主要是从用路者的感受去研究公路的美，基本没有或很少考虑道路建设和运行对周边社会环境的影响；在美学研究中主要研究主体对客体的视觉感受，而没有从主体对美的感受是所有感官的感受，即没有或很少考虑视觉感官以外的听觉、味觉、嗅觉、肤觉、运动觉、机体觉、平衡觉等感官的感受；现有公路美学有时过分强调外形美的重要性，而作为公路美学，它是公路的美学，应该在满足公路功能、安全、经济、和谐和可持续的前提下，更多更好的满足人体所有感官的美好感受。

公路美学应该在满足功能、经济、安全、和谐及可持续的前提下，向舒适化、人性化、人文化、系统化和制度化的方向发展。现代社会的发展进步,越来越拓宽了人们的审美领域。公路美学已经成为人们创造现代生活的标准之一,逐步发展成为自然科学、工程技术与美学结合而成的一门新兴的边缘学科。公路美学作为一门新兴学科,其实际应用已经在高速公路和干线公路的建设和养护工作中逐步落实,但其理论的研究才刚刚起步,因此,还需要把实际应用过程中的一些问题和经验及时的总结与整理出来,探讨和深化其内在美与外在美的协调统一理论的研究,共同促进公路美学的发展。

2.6 公路美学的基本特点

2.6.1 公路美景的特点

公路美景不同于城市、乡村美景,也有别于自然山水、风景名胜。它具有自身的特点与性质,概括起来有以下几个方面:

(1) 组成要素的多元性

公路美景由自然的与人工的、自然的与技术的、有形的与无形的多种元素组成,并且沿线美景带也涵盖了多种多样的各种不同特性的美景内容。在诸多元素中,公路线形及公路构造物起决定性作用,它们可提升或削弱环境美景的品位,影响环境美景的质量。

(2) 时空存在的多维性

公路连绵起伏贯穿不同的区域,产生风格迥异的美景空间序列。公路美景空间上接蓝天、下连地表、呈现延绵起伏的连贯性带状空间。从时间上来说,公路美景既有前后相随的空间序列变化,又有季相(一年四季)、时相(一天中的早、中、晚)、位相(人与景的相对位移)和人的心理时空运动所形成的时间轴。所以,公路美景规划设计时应当把美景环境的时间性和时效性作为认知自然和感受自然的出发点,注重把握美景环境随着时间变化产生的运动效果,塑造一个随时间延续而不断得到更新的、但又相对稳定的美景动态效果。

(3) 美景环境的多重性

公路美景不同于单纯的造型艺术、观赏美景,为满足运输通行的功能,它有自身的技术要求、体态性能、组织结构;同时,它又包含一定的社会、文化、地域、民俗等含义。可以说它既具有自然属性又具有社会属性,既有功能性、实用性又具有欣赏性、艺术性。

(4) 连续线性带状美景空间

当汽车行驶于公路上时,欣赏到的是公路自身要素与周围环境的结合体,是在不断发生变化的。这种变化主要表现在时间空间上的公路周围动植物、地形地貌、天象、色彩等美景和不同类型美景之间的格局分布变化,沿线不同的美景资源因公路的修筑被连贯成为一个以公路为中心的整合的线性空间。

公路是带状的线性构造物,公路美景随着公路的走势而绵延万里,形成一个宽度连续变化的带状空间。乘客被局限在带状空间内运行,所以乘客能感受到一定的限制。但通过这种带状空间横向宽度和视野深度、角度的不断变化,或峰回路转,或豁然开朗,或盘山而上,或涉水而过,绵延几十甚至上百千米,跨越不同的气候带、地貌单元、地质单元、生态单元,使乘客在整个过程中始终保持线性运动状态,所感受到的是一个带状空间。

(5)动静美景随主体变化

汽车在公路上行进时具有一定的速度,展现在公路使用者视野中的不是静止的美景,而是随着行进过程产生快速、连续的变化。而对于周边居民和停车休息的驾乘人员来说,道路及其周边美景是静止的。因此,公路美景设计要针对不同的欣赏主体。在高速行驶状态下空间尺度相对静态下的尺度感发生了变化,产生了新的空间尺度上的比例关系,只有尺度较大、刺激性、冲击力强的美景才能适应驾车人员的视觉感受需要,符合动态中人的视觉特点和心理感知,用路者在大尺度、刺激性强的环境中,才能感觉融入自然环境而不被环境排斥。而静态状态下,人的感觉较为灵敏,可以欣赏品位精细的图案、形状和其他美景形状。车辆在公路上的行驶方向也使得公路美景具有单项序列的特点,即对同一条公路,由于来回方向不同而对美景有不一样的认知。在公路沿线布置服务区,将美景资源利用起来,设置观景台供驾乘人员欣赏到静态的美景,通过在服务区欣赏静态美景,既能缓解乘客长途跋涉快速浏览的单一美景产生的感觉疲劳,还能加深乘客的旅途体验。公路美学设计一方面要满足静态欣赏者的要求,另一方面要满足动态欣赏者的要求,为司机和乘客提供不断变化的审美效果。

依据视觉动态特征的理论,速度决定了美景的可辨识程度,可将美景分为快速的线性美景、慢速节点美景、静态节点美景,根据公路各路段车辆运行速度和人们欣赏美景的视觉状况,美景的分类如图2.6.1所示。

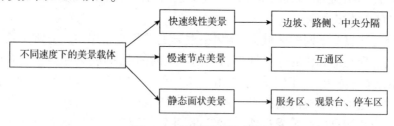

图 2.6.1 美景按速度的分类

(6)公路美景的非独立性

公路沿线的地理环境不仅要满足交通功能,而且还应该赋予人们优美、宜人的美学感受。在公路的美学设计中,需要与沿线的自然环境、道路设施协调统一,实现公路与周围美景的和谐。

(7)整体统一性

公路的基本功能是满足运输和交通,是运用一切可能的物质技术手段实现交通运输的功能。在公路美学设计中,除把中央分隔带、路堤路堑边坡、两侧绿化带、互通立交、服务区、收费站和桥梁等作为一个整体统一考虑,使公路美学具有统一功能和风格外,还要根据各自的功能和服务对象设计不同的美景,在统一中求变化、变化中达统一。

2.6.2 公路美学的特点

公路是一种具有运输和交通能力的实用结构物,明显受实用功能的制约;其次,公路的形式和风格的演变又受人们的精神生活,特别是社会审美意识的影响。因此,公路除了功能价值外还具有审美价值。

1) 公路的实用价值

自古以来,公路的实用价值表现得较为明显。从最初秦始皇统一车轨并大修车马大道到张骞开创举世闻名的"丝绸之路",公路的实用价值就显现了,为人类的生存与发展提供了许多便捷。现今,"要致富,先修路"的思想充分说明了公路在社会经济发展中的重要地位,公路是一个国家经济繁荣必不可少的基础性设施。

2) 公路的审美价值

公路虽然是实用的艺术,但其也深深地启示了精神的意义、生命的境界、心灵的幽韵。歌德曾称建筑是"冻结的音乐",还有人称建筑为"石头的书"等,这是赞美建筑的审美价值。对公路而言,我国古典诗歌有表现闲情逸致的,如"远上寒山石径斜,白云生处有人家""山重水复疑无路,柳暗花明又一村";或寄托情感的,如"莫愁前路无知己,天下谁人不识君""清明时节雨纷纷,路上行人欲断魂";或描述凄凉景象的,如"吴官花草埋幽径";或描述美景的,如"迥临村路傍溪桥";或描述壮志的,如"八千里路云和月",这些诗歌都充满对道路的审美情调。

3) 公路系统的美学特征

(1) 公路美学系统受公路系统功能的强烈约束

公路建设的目的是使公路交通在安全的前提下提高公路的交通运输效率;同时也使使用公路的人们感到舒适和愉悦,使对公路交通系统的使用变为人们一次难忘的精神旅途享受。因此,公路系统的快速、安全、经济和舒适均应是设计的重要目标,设计中的一切构思和手段,均应围绕这些功能目标进行,公路美学设计也不例外。

(2) 公路与经济和安全

公路的建设和运行是为了满足货物、人员和信息的交流和转移,而货物、人员和信息的交流和转移的主要目的是为了降低社会经济成本,提高社会经济效益,如果修建的公路在货物、人员和信息的转移和交流方面的成本还高于没有修建公路时的成本,那么修建公路的意义也就消失了。因此,公路建设应该考虑公路建设后的运输和交流成本的降低,社会经济效益的提高。人是无价之宝,保证在交通运输过程中人的安全是第一要务,必须认真对待。另外,在交通运输中,安全是交通运输功能的实现和运输成本降低的保证,如果因为采用公路运输或交流而导致的总损失大于总成本的降低,那么,公路建设的效益也就不能体现,修建公路的意义也就没有了。

(3) 公路与自然环境的协调性

公路是修建在一定的自然环境之中,自然地理环境条件是公路建构的布局"阻尼条件"之一,公路系统与周边自然环境的关系密不可分。公路系统在广袤的大地上延伸,其长度可达百千千米,但其路域的宽度却是十分有限的。人们驱车疾驰在公路系统上,感官所及远远超过了路域的范围,路域外的环境构成了人们感官感受中不可分割的重要部分。路域外自然环境对公路系统的总体美学品位具有重要的影响,路域环境会对周围的自然环境产生影响,会改变和破坏周边的生态环境,同时周边的自然环境也会对公路产生影响。因此,在公路美学设计中,自然环境因素必须加以考虑。

自然环境中的一切有形物体,以其形体、质感、色彩、光影、味道等的变化,加上各式各样的人工构造物,构成了千变万化的环境美。处于各类环境中的公路系统,远处可能是黛山烟树、云飘天际,两侧或是阡陌纵横、原野无垠,或是山峦逶迤、水面浩渺……,这些具有形体特征的地形、地貌、山林水石,甚至云影天光,或是百味千姿,或是鸟语花香,均是十分宝贵的美学资源,具有重要的美学价值,因而在公路设计中,应尽一切可能保留这些美学资源,并使之成为公路美学系统的一部分,即首要考虑公路美学设计中"美在自然""自然优先"的原则。为此,在确定公路系统的线形时,除了应满足公路交通功能的要求外,还应尽可能地保持环境的自然格局,并充分利用自然的恩惠。一些原来就具有较高美学价值的资源更应倍加珍惜,使公路系统不留痕迹的融入自然环境之中。此外,在系统的线形确定和路域内的美学设计时,应考虑其与环境要素在人体感官感受中的协调,使路域内外的美学资源浑然一体,共同构成符合美学的、均衡、完美而又变化多姿多彩的美学系统,使人们在使用公路系统的过程中获得舒适和愉悦。对于环境中美学效果差的区域,可在系统的线路选择时避让或远离来弱化其影响。当无法避让时,也可通过设置隔离屏障或密集的绿化将路域外的不良景观要素隔离。总之,对于公路美学系统,应充分考虑环境美的作用,应以环境中的自然美学资源为主、人工美学要素为辅、域内域外相互补充、相互融入,才能获得高品位的统一的美学效果。

(4) 公路美学应与社会环境和谐

公路的建设和运行是为人类服务的,更是为沿线人类社会服务的,公路建设就要体现对人的尊重、关怀。满足公路的基本功能是首要的,还要考虑减少公路建设和运行对沿线居民带来的不利影响,保护沿线的环境、资源和生命财产。提供人们使用公路的便利、减少对沿线社会带来的不利影响、减小噪声影响、进行绿化美化、设置必要的安全设施、减少对土地、资源、财产的占用和损害、减少矿产的占压、环境的污染等,还必须对沿线社会产生的损害和不利影响进行合理的补偿和必要的恢复。

(5) 公路应遵行可持续发展原则

公路是永久建筑,公路的建设和运行对自然环境和社会环境的一些影响是长久的,甚至是永远的,可能会造成对生态环境的影响和破坏,对矿产资源、土地资源的占用或影响其开采、开发和利用等,影响当代人的生存和发展,甚至影响子孙后代的生存和发展。另外,公路建设和运行在给一部分人带来益处的同时,也会给另一部分人带来损害或不利影响。公路的建设会影响或限制其他行业和沿线城乡的建设和发展。因此,对于公路的建设和运行应坚持可持续发展的原则。

(6) 公路美的整体统一性

公路建设不但要求本身各结构之间的协调,还要求公路与周边环境的协调。如果公路各结构之间不相互协调,就不能满足公路的功能要求,不可能美;公路如果不与环境协调,修建的道路不会经济,会影响周边的社会和自然环境,不可能满足人体各感官的美好感受。在公路系统的设计中,为了获得良好的美学效果,就要尽可能地利用环境中已经存在的美学资源,把这些美学资源按美学理论的原理纳入人类尽可能多的感官感受中,并尽可能少破坏原有的自然格局。而要做到这些,首先就要在选线时使线路和环境协调。但无论如何都应首先满足公路系统的交通功能,不能不顾公路系统的使用功能,片面地追求公路的美感效果。公路美学与交通功能的关系主要有:①公路设施和结构的布置不应影响系统的行车通视要求,线路上的各组成部分的空间要充裕,保证有足够的视野和视距,使人们始终感到线路流畅,视野开阔,美学设施及结构与环境协调,安全且舒适。②各种美学设计(包括公路设施和结构的布置所构成的感官感受系统)应能使驾驶人员在感觉上可以预知路线前方的路况和方向的变化,并且在空间上留有余地,使驾驶人员可以从容的采取有效的操纵措施,保证行车的安全,并使车辆的运动状态的改变不会太突然。

(7) 流畅的线形美

线形美是公路设计之魂,在设计中运用美学原理,可提高线形设计质量,改善公路及其周围环境,保障交通安全,为驾驶员、乘客提供舒适的动态美学环境,为沿线居民提供静态美学效果。通常"道路如矢"是直线美的象征,其带有明显的方向性,将延续的意向大大增强;而"曲径通幽"是曲线的美誉,具有柔美、流畅、活泼的特征,呈现出自然、抒情、奔放的豪情。设计时灵活运用技术指标,充分结合自然地形条件和生态条件、人工环境,考虑驾乘人员的感受,做到因地制宜,随弯就势,灵活处理。

(8) 公路美是整个美学感官系统的感受

公路美学是表示道路及其环境被人的全部感官所感知的美学特征,公路及其周边环境对公路使用的人以及周边居民来说,公路及其周边的一切环境不但会被看到,而且还可以被听到、闻到,也会为其他感官感受到。周边居民会看到运动中的车辆和人员,会被车辆运行产生的噪声所困扰;驾乘人员也会感受到道路运行的快慢、颠簸、左转右转、爬坡下坎,也会体味车辆运行的速度,所处的环境是否安全,甚至会想象到公路发生事故可能产生的后果,也会闻到周围环境的味道等。尽管人们从视觉感受到的信息占人们对外界感受的信息的大部分,但其他感官(如听觉、味觉、嗅觉、肤觉、运动觉、机体觉、平衡觉等)也会感觉到公路及其周边环境。

(9) 公路具有动静结合的景观美

车辆在公路上行进时具有一定的速度,对公路的使用者来说公路美景不是静止的,是随着行车速度变化的;对周边居民和停车休息的驾乘人员来说,公路及其周边美景是静止的。公路美学设计一方面要满足动态观赏者的要求,为司机和乘客提供不断变化的审美效果;另一方面要满足静态观赏者的要求,满足周边群众和停车驾乘人员驻足细细观赏的要求。

(10) 公路美学具有一定的时代性

经济社会的发展水平和交通运行需求决定着公路交通发展的进程,公路系统的建设是国家经济发展到一定程度时对公路交通的必然需求。公路美的塑造需要一定的经济物质基础,也受人们审美观念的约束。在经济不发达的年代,人们对公路的要求是通达,随着经济的发展,人们不仅要求公路能通、能运,还要求公路安全、平稳、舒适,经济发展到一定的高度以后,人们在要求满足安全运输功能要求的同时,还要求公路满足生态安全、环境友好、社会和谐等的要求,有时还要求满足当时政治、军事对公路交通的要求。公路美学除了受当时建筑材料和设计水平的影响外,其设计理念还可能受地域、民族、政治、经济及文化背景的影响。

(11) 公路美学具有地域性

不同区域的自然、人文环境均有其独特性,不同国家、不同民族、不同地域、不同文化的人们对美的品味也是不同的。美学是一种文化,世界各地不同地域的文化是不同的,一些人喜欢人工的美,另外一些人喜欢自然的美;一些喜欢黑色的,另一些喜欢浅色的;一些喜欢味重的、一些喜欢清淡的等。就因为具有不同的地域文化,世界才变得丰富多彩。公路的修建只有体现沿线的文化、风俗、建筑、植物、生态等特色,体现当地人的美学文化要求,才会具有一条公路的美学特点,才是真正的公路美学。

（12）公路是一线状美学廊道

公路系统在功能上是人员、物资和信息的输送和交流通道,对人体感觉所及的范围来说则是一条美学廊道。由于此廊道的长度较大,而人体感官又以一定的运行速度进行感知的特点,应重视美学要素的变化及美学原理中的序列、节奏、韵律等法则在公路美学设计中的应用,这是取得富于动感、变化而又统一的美学效果的重要手段。运动中的人们希望感受到的是舒适、顺畅、和谐、变化有序的美学效果。

（13）公路美学的多元性

公路及其周围的环境物质、结构等有人工的,也有天然的;有固态的、液态的和气态的;有味的、无味的;有各种原色、气味、形态;组成元素是多元的等。公路周边的自然环境包括地形、地貌、森林、湖泊,甚至云影天光,均是十分宝贵的美学资源,具有重要的美学欣赏价值,在公路美学设计中,应该尽一切可能保留天然的美学资源,创造更多的人工美物,使人类获得更多的美学享受。

（14）公路美学的多维性

公路穿越不同的地域,跨越不同动植物生存、生长区,具有不同的地质、地貌、形态、动植物、味道、温度等的空间序列,上接蓝天、下连地表、延绵起伏的连贯性带状空间。从时间上来说,公路既有前后相随的空间序列变化,又有季相(一年四季)、时相(一天中的早、中、晚)、位相(人与美学元素的相对位移)、温度、味道和人的心理、生理时空运动所形成的时间轴。公路美学不同于单纯的景观观赏、美食体验、体育运动,为满足运输通行的功能,它有自身的技术要求、体态性能、组织结构;同时,又受制于一定的社会环境、地域文化、民风民俗等环境。既具有自然属性又具有社会属性,既有功能性、实用性又具有欣赏性、艺术性。因此,公路美学感受应是多维的。

（15）美学评价的多主体性

任何一种美学环境,都无法取得同一的褒贬,公路美学也是如此。评价的主体不同,评价主体所处的位置、活动方式、立场不同,评价的原则和出发点定会存在差别。如欣赏者、旅行者多以个人的体验和情感出发,经营者、投资者多以维护管理、经济效益等方面甄别,沿线居住者多以出行是否便利、生活环境是否受到影响等方面考虑,公路设计者、建设者考虑更多的则是行车的技术要求及建设的可行性。

（16）公路美学的稳定性

公路工程是永久建筑,一旦建成会有较长的稳定性。公路美学元素和结构一样一旦形成则具有可感知性、不易改变性、对人的感官(特别是视觉感官)影响较大等特点。

（17）公路美学的设计性

公路美学设计具有以下特点:

①统一与变化

公路美学具有功能、经济、安全、和谐、可持续和美感等方面的要求,当然这些要求针对不同路段、不同的公路、不同地区和不同时代也会有不同的侧重,要求是有变化的,但是这些不同方面的要求、不同侧重点的要求应该是协调统一的,不能因为某一方面的要求或侧重而忽略或影响其他方面的要求。

公路美学设计强调统一,但不是千篇一律,而是在统一的主题下表现各自的特色和韵味,否则沿途美物可能会因单调而使司机注意力迟钝,适当的变化(如建筑物的风格、造型、色彩,以及线形的弯曲、起伏等)会使司机在行车途中感受到沿途美物富有节律感、多变性,产生愉悦的心理,达到消除疲劳、提高行车安全的目的。所以,公路美学设计一定要统一主题,在统一中变化,在变化中统一。

②舒适与交通功能、安全、经济

舒适是公路美学设计的主要目的。研究表明,司机在行车过程中的感受与公路美学之间存在密切的关系。公路应该为司机提供既有趣又舒适的行车环境,而要做到这一点,主要依靠设计。但是,通过美学设计提高舒适性的前提是保证交通功能、安全、经济。如果不能保证交通功能、安全、经济,不管公路本身多么有美感都是毫无意义的,所以保证交通功能、安全、经济是公路美学设计的基础和前提。

③融合与协调

公路是一个有机整体,在美学设计时既要注意内部组成部分之间的协调,使其有机的融合在一起,又要注意与地形、环境的外部相协调。在进行公路的线形、沿线构造的造型设计时,避免割断生态环境空间或美学空间的错误做法,沿途美物、附属设施以及绿化植物等要统一和连续,避免相互独立,缺乏整体协调性。同时,还要与当地社会、风土人情、历史文化相协调,展现当地的社会文化内涵与韵味。

④视觉与比例

在公路上行驶,由于速度快,驾乘人员的注视点远,视野狭小,对沿途美景的感知比较模糊,因此公路沿途的美化必须采用"大尺度",在满足司机和乘客在行驶中视觉需要的同时,还必须注意视觉比例的协调。公路本身的每个组成部分之间也应有恰当的内部比例,比如宽路面配上窄路肩,不仅存在安全隐患,而且视觉上也不舒服。同样,紧缩、狭窄的路旁地带、孤立的小型种植都是与公路不相称的。所以为了使公路的美学设计匀称、协调,其内部、外部都应保持适当的视觉比例。

⑤保护与发展

公路的美学设计必须考虑长期的自然效益和社会效益,尽量避免破坏自然环境和原有美物,保护各种动植物和名胜古迹,必要时可修改公路设计和施工方案。在保护原有美物的同时,要符合时代发展的需要,体现时代主旋律。公路沿途美化要具有时代感、速度感,使公路活跃起来、明亮起来、环保起来,成为现代化的时空走廊。

(18)公路美学设计的艺术特征

公路美学设计主要运用美学设计方法研究美学的创作与设计,将自然与人文作为路际美学设计研究的主要对象,形成了公路美学设计的五个艺术特征。

①公路美学是多学科集合的交叉、渗透和综合

公路美学将公路、社会、经济、安全、环境、现在与将来、植物、动物、建筑物、雕塑、壁画、广告、灯具、标志、小品、公共设施等看成是一个多层次、有机结合的整体。公路美学设计虽然面临的是具体的、相对单一的实际问题,但解决问题的着眼点应当在兼顾公路路际整体环

境,涉及多个门类学科。与公路美学相关的学科有美学、景观学、规划学、建筑学、园艺学、艺术学、文学、哲学、生态学、社会学、生理学、心理学、符号学、地质学、气象学、广告学、植物学、动物学、形态学等多个学科领域。在公路美学范畴内,这些学科不是简单的机械综合,而是构成相互融合、渗透、交叉和综合的关系。

②公路美学设计是多渠道传递信息感受的艺术

公路美学应充分应用各种艺术和技术的手段,通过多种渠道传递信息,形成多频道的"感官冲击波",营造一定的路际美学主题和气氛。综合利用路际环境要素的形、声、色、味等和各种要素间的构成关系,刺激人的各种感官,使各种感官共同参与审美活动。

③公路美学设计是功能性的实用艺术

公路美学强调最大限度地满足使用者多层次、多用途的需求。首先要满足交通功能要求,要求公路设施和结构安全、可靠;同时不影响周围的社会和自然环境,与周边社会和环境和谐;满足人们安全、经济、文化、心理、生理等方面的需要。

④公路美学设计是动态性的时空艺术

美学环境不是一朝一夕能形成的,公路美学也具备这个特点。公路美学的形成至少需要数年,甚至数十年的时间,需要设计者、建设者和运行维护管理者进行接力式、连续不断的创造活动,才能形成相对完整的公路美学。

2.7 公路美学的构成系统及分类

系统是指将零散的东西进行有序的整理、编排形成的具有整体性的组合体。环境是相对于某个主体而言,主体不同,环境的大小、内容等不同。环境既包括以大气、水、土壤、植物、动物、微生物等为内容的物质因素,也包括以观念、制度、行为准则等为内容的非物质因素;既包括自然因素,也包括社会因素;既包括非生命体形式,也包括生命体形式。

公路美学系统的环境有自然环境、工程技术环境、社会经济环境。自然环境包括地质、场地、地形、气候(温度与日照等)、季相、植物、动物等;工程技术环境包括建筑材料、材料性质、安装技术及机械化施工水平,还包括设计软环境等;社会经济环境包括国家政策、法令、法规、投资规模等,经济状况(投资)、环境保护法对污染控制的规定以及公路经过地区的民族风俗、习惯、历史、文化水平等都会影响公路美学系统的内容和形式,更大系统中的元素(或子系统)又往往是下一级系统的环境。系统与环境相互作用,一般表现为环境对系统的输入和系统对环境的输出。如在公路美学系统的规划设计阶段,输入的是上级下达的指令要求(投资、规模、工期、地点等)及有关数据,它们以信息流为主,通过人的思维活动输出方案、工艺、图纸等设备文件。公路美学系统的环境包括历史(时间边界)、地理位置(空间边界)、路际区域的状况(环境约束)、区域发展战略及国土规划影响等。公路美学系统一般由人文美学系统、自然美学系统构成,每一子系统又由若干元素构成。同时公路美学系统作为某地区、某区域的一个子系统,必然和其他子系统间存在复杂的相互联系和相互影响。

公路美学系统作为特定的范畴是由多个子系统形成的多维结构。大气、水体、生物、地形、植物、自然事物组成公路的自然美学系统;社会结构、意识形态、民俗风情、特定文化等组成公路的人文美学系统;路面、护栏、横跨天桥、建筑、收费站、园林、雕塑、壁画以及生产、生活设施、工具等人造物组成公路的人造美学系统。自然、人文、人造等子系统相互融合即构成公路美学系统。它一方面高度集中物质的、智能的、制度的、观念的、审美的文化,另一方面又表现了人们对公路美学系统的多种感觉、心理、生态及精神上、文化上的高度需求。同时,美学系统随着时间的延续会产生变化,且随着美学欣赏主体的改变,审美结果也在发生变化。这种公路美学系统的功能、形式、生态、文化的集合及其变化,即为公路美学设计者所面临的设计对象和环境,它规定了设计创造的本质,也决定了公路美学的系统性和变化性。

2.7.1 公路美学系统构成的划分原则

(1)整体性。整体性是系统所具有的最重要和最基本的特征。系统是由两个或两个以上的可以相互区别的要素构成的统一体,虽然各要素具有各自不同的性能,但它们结合后必须服从整体功能要求,相互协调和适应。一个系统整体功能的实现并不是也不可能是某个要素单独作用的结果,确定各要素的性能和它们之间的联系必须从整体出发、全局着眼,公路美学系统也是由若干美学要素构成的统一体,由于它们的有机结合、相互协调、相互适应、相互影响才实现了公路美学系统的整体功能。

(2)相关性。相关性是指系统各要素之间的特定关系,包括系统的输入和输出的关系,各要素间的层次关系,各要素的性能与系统整体之间的特定关系等。相关性是通过相互联系的方式来实现的,不同的联系方式对系统的相关性有不同的影响和作用。公路美学系统内部的若干美学要素之间是紧密联系的,它们之间的相互作用和影响形成了特定的关系。

(3)层次性。系统作为一个相互作用的诸要素的总体,可以分解为一系列的子系统,并存在一定的层次结构。在系统层次结构中不同层次子系统之间存在从属关系或相互作用关系。从公路美学系统的构成来看,基本要素到系统整体具有阶梯性和层次性。

(4)目的性。系统的价值体现在实现的功能上,完成特定的功能是系统存在的目的。系统的目的性是区别本系统和其他系统的标志。系统的目的一般用更具体的目标来体现,一般情况下,比较复杂的系统都具有不止一个目标,因此往往需要一个指标体系来描述系统的目标。公路美学系统的目的是满足安全、经济的交通功能、与社会和自然环境协调和谐以及社会、环境和公路本身可持续发展,并尽可能多的满足人体感官的美好享受。

(5)环境适应性。任何系统都存在于一定的物质和精神世界中,某一系统必然要与周围环境发生能量的、物质的和信息的交换。周围环境的变化会引起系统内各要素之间的输入输出变化,甚至产生干扰引起系统功能的变化。为了把握好系统,必须了解系统所处的环境,分析环境对系统的影响,使系统适应环境的影响。公路美学系统的外部环境总是不断变化的,要使公路美学要素发挥良好的功能,解决好公路美学系统的环境适应性问题,只有研究和分析好外部环境的特征和规律。

2.7.2 公路美学系统的构成

按照公路美学的内涵,公路美学包括内在美和外在美。内在美包括功能美、技术美、安全美、经济美、和谐美(公路与生态环境及社会环境和谐)及持续美;外在美包括好看(视觉美)、好听(听觉美)、好味(味觉美)、好闻(嗅觉美)、好摸(肤觉美)、好动(动觉美)、舒适(机体觉美)、平衡、顺畅(平衡觉美)等,如图2.7.1所示。

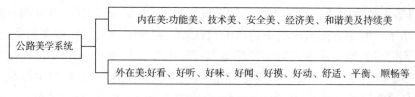

图 2.7.1 公路美学系统构成图

2.7.3 公路内在美系统的构成要素及分析

2.7.3.1 公路的功能美

公路美的第一要求是满足其交通功能的要求,即应满足公路的使用任务、功能和相应的交通量,具体应满足以下要求:

(1)应满足相应等级公路的远景设计年限交通量。
(2)应满足相应公路等级的行车速度。
(3)应满足区域经济建设的方针政策、国防建设的特殊要求。
(4)应满足各级公路等级的建筑界限,在公路建筑界限范围内不得有任何部件的侵入。
(5)路基、路面、隧道、桥涵等结构能满足相应的交通流量要求,并能抵御相应的自然灾害。

公路的等级应根据公路网的规划,从全局出发,按照公路的使用任务、功能、定位、路网结构和远景交通量综合确定。具体的设计规划方法和标准可参见相关的资料、规范和标准,在此不再多述。

2.7.3.2 公路的经济美

公路的经济美应在满足公路功能和使用安全要求的前提下,在满足公路使用者和相关受影响人群的美好享受与经济投资和收益之间进行合理的平衡。经济美应包括公路投资者、使用的公路驾乘人员、受影响者(主要指社会资源、自然资源受到影响和破坏的集体或个人)的经济美好感受。对于投资者而言,他们投资公路的经济目的是获得较高的投资收益和较低的建设及维护成本。任何工程投资无论是公共基础设施还是商业性投资,都希望以较低的投资获得较高的社会效益或(和)经济效益作为回报,但是为了达到安全、社会和自然环境的和谐、人类的可持续发展及美好享受,可能需要加大公路建设投资及较大的维护费用,如果为了美好享受而投资过大,就会影响投资者的经济效益和投资心情,情同"割肉",影响投资者的美感。对于公路使用者而言,采用公路交通是为了提高交通运输的经济效益,降低交通运输的成本,缩短交通的旅途时间,获得更高的经济效益和降低公路使用者的时间成本。对于受公路建设和运行影响的人们而言,他们的短期经济损失和长期经济损失都应该得到足额甚至更多的赔付,他们受到的经济影响应得到恢复甚至是改善。

1)受影响者的经济美

公路建设会永久占用或临时占用公路沿线周边的一些耕地、园地、林地、草地、商服用地、工矿仓储用地、住宅用地、公共管理及公共服务用地、特殊用地(军事设施、使领馆、监教场所、宗教、殡葬用地)、交通运输用地、水域及水利设施用地、其他土地(包括空闲地、设施农用地、田埂、盐碱地、沼泽地、裸地)、矿产、动植物等自然资源或房屋、道路、水利水电、电力、通信等基础设施,从而影响公路沿线的一些群众、组织或单位的正常生产和生活。公路建设和运营方应采取措施恢复和保证受影响人群、组织或单位的生产生活和其他工作,使他们的生活不低于甚至超过原有生活水平,生产能力或生产收入不低于原有的生产能力或生产收入,服务能力和水平不低于原有服务能力和水平,设施的功能不能低于原有功能。

公路建设影响区包括公路永久建筑物(如路基、桥梁、隧道、服务区、联络道、弃料场等)占地及其公路建设的临时占地(如料场、拌和场、临时堆料场、仓库、工棚、办公、临时道路等),以及由于公路建设而造成的滑坡、塌陷、地下水流失或改道、浸没、内涝等影响的土地、房屋、井眼、厂房及其地下和地面的自然资源、基础设施(如道路设施、水利水电设施、电力通信设施、管道设施、文物古迹等)。公路建设首先应该是减少或减轻公路建设造成自然资源的损失和对人工建(构)筑物产生的影响,避让价值高和贵重、稀缺的自然资源和人工建造物;其次,如果是临时占地,应赔付由于在破坏之后至恢复之前所造成的生产和生活损失;如果是永久占用,应采用等质等量替换,或按照国家有关政策法规进行赔付,赔付的标准是不能小于原有和将来将要产生的经济效益和服务水平。在设施搬迁或生产生活安置、恢复过程中,不应产生次生灾害和危害。在工业企业的处理过程中,应结合地区产业结构调整、技术改造和环境保护要求,在征求地方政府和主管部门意见的基础上进行统筹规划,确定保护、改建、迁建或关、停、并、转的处理方式。

对专业项目(包括交通工程设施、输变电工程设施、电信工程设施、广播电视工程设施、水利水电工程设施、管道工程设施、国有农场、文物古迹、风景名胜区、自然保护区、水文站、矿产资源等),处理办法包括复建、改建、迁建、防护、一次性补偿等。对复建、改建的项目,应按原规模、原标准和恢复原功能的原则进行规划设计。

对于与周围受影响群众或单位、团体生产生活密切相关的项目,如农田水利、道路、供水、供电、学校、医院等应优先安排恢复或重建。

补偿投资费用应由补偿补助费、工程建设费、其他费用以及预备费、有关税费组成。

被征收土地上的附着建筑物,应按照原标准、原规模或者恢复原功能的原则进行补偿。对补偿经费不足以修建基本用房的贫困户,可给予适当补助。

征收集体土地的土地补偿和安置费用单价应按有关省(自治区、直辖市)的规定确定。

农村部分补偿费包括土地补偿费和安置补偿费、房屋及附属建筑物补偿费、基础设施建设费、农副业设施补偿费、小型水利水电设施补偿费、农村工商企业补偿费、文化教育和医疗卫生等单位的迁建补偿费、搬迁补助费、其他补偿补助费、过渡期补助费等。

工业企业补偿包括企业用地补偿费、房屋及附属建筑物补偿费、场地平整费、基础设施和生产设施补偿费、设备补偿费、搬迁补助费、停产损失费、零星树木补偿费等。

专业项目补偿费包括交通工程、输变电工程、电信工程、广播电视工程、水利水电工程、管道工程、国有农场、文物古迹、风景名胜、自然保护、水文站、矿产资源等补偿费。

其他方面的要求,还有:①应满足区域社会经济发展规划、国土开发利用规划及其他有关行业发展规划;②应满足区域人口、资源开发、环境保护等方面的要求;③应少破坏或不破坏工业、农业、交通、水利水电、电力、通信、旅游、民房等基础设施和民用设施;④应少占用或不占用土地资源、矿产资源、水资源、生物资源、气候资源、电力资源、旅游资源等。

2）使用者的经济美

对于公路使用者而言，须要在使用公路中降低运行成本和节约在公路上行驶的时间，且不发生或很少发生公路交通事故，即使发生公路交通事故，事故产生的损失最小。

车辆在公路上行驶，必然发生油耗和车辆的磨损，一条公路的修建应该使车辆的油耗和车辆磨损较该公路未修建前的原有公路网或在原有公路条件下的油耗和车辆磨损降低，且越多越好，这就要求修建的道路平直、爬坡少、坡度小。其次，对于行驶时间的节约，要求公路线路短，交通通畅，即要求道路的通行能力和服务水平不能太低，应满足在公路服务期限内的交通量和车型通行的要求。再次，应使交通事故数量和严重程度降低，且越多越好，最好是不发生交通事故（包括由于车辆在公路上运行产生的事故或者由于道路设施不合理、不安全或不稳定而造成的对运行车辆或驾乘人员的伤害），这就要求公路结构安全稳定，线形合理，安全设施设计科学合理、齐全，外界对车辆运行干扰小，且有一个优美的交通环境，道路美观。

需要指出的是，对于公路使用者而言，他们的经济美也是公路投资者的目的之一，因为很多公路的建设具有社会公益性，社会公益性的目的之一是减少公路使用者的运行成本，增大公路使用者的经济效益，降低交通事故和交通事故造成的生命及经济财产损失。

3）投资者的经济美

从投资者的经济美的角度看，公路建设宏观上应满足：

（1）区域经济建设的方针政策。

（2）区域综合运输网规划。

（3）公路工程等级标准、规划、定额、指标及基本建设的政策法规等。

（4）建设投资和项目维护费用低，经济社会效益好。

公路项目投资的经济美应满足经济评价的要求。公路建设项目的经济评价分为国民经济评价和财务评价。国民经济评价是合理配置国家资源的前提下，从国家整体的角度研究项目对国民经济的净贡献，以判断项目的经济合理性。财务评价是在国家现行财税制度和价格体系条件下，从财务角度，分析和测算项目的财务盈利能力和清偿能力，对项目的财务可行性进行评价。国民经济评价和财务评价结论均可行的项目可谓"经济美"。对某些具有重大政治、经济、国防、交通意义的公路项目，若国民经济评价结论可行，也可以认为是美的。

公路建设项目的效益是指项目对国民经济所作的贡献，分为直接效益和间接效益，一般只计算直接效益，并通过"有、无比较法"来确定。直接效益是指公路使用者的费用节约，主要有拟建项目和原有相关公路的降低营运成本效益，旅客在途时间节约和拟建项目减少交通事故效益。

公路建设项目所支出的费用分为建设期经济费用和运营期经济费用（包括日常养护费用、管理费用、大修费用、国外贷款利息等）。

跨越江（河、海）、山体的独立项目（如大桥、隧道等）所产生的效益可分为两部分：一部分是"无项目情况"下，为满足日益增长的过江或穿山交通需求，须对现有过江或穿山设施进行改造和维护所需的投资和费用；而在"有项目情况"下，这些投资和费用则可以节约；另一部分是原来绕行的过江或穿山交通在"有项目情况"下，节约车辆营运成本和旅客在途时间所产生的效益。包括有：①轮渡或绕山和装卸作业区购置、建造费用的节约；②渡轮或绕山及装卸作业区营运、维护费用的节约,即作为拟建项目所产生的效益,具体包括渡轮或绕山和装卸作业区营运维护费用的节约以及养河(或养路)费的节约。

国民经济分析评价中,经济内部收益率等于或大于社会折现率时表明项目可以接受,或者经济净现值等于或大于零表明项目是可以接受的,即从公路项目对国民经济贡献率来说认为是美的。若第一年收益率大于社会折现率,表明项目投资时机成熟,在最佳投资时机进行公路投资建设时,从公路项目对国民经济贡献率出发认为是美的。

在财务评价分析中,财务评价计算期包括建设期和运营期。财务内部受益率(FIRR)必须与设定的财务基准折现率(回报率)I_c相比较,当 FIRR$\geq I_c$,认为项目在财务上可接受。对于国内合资或联营项目或利用外资项目,可根据计算投资各方的财务内部收益率,考虑投资各方的利益,并满足各方的最低要求后,表明项目在财务上是可以接受的。或者财务净现值等于或大于零时,项目在财务上可以考虑接受。或者当借款偿还期满足贷款机构的要求期限时,即可认为项目具有偿还能力,即从财务分析的角度出发认为是美的。只要在财务上是可以接受的,即可认为公路项目是美的。

对于不同方案的经济比选可按各个方案所含的全部因素(相同因素和不同因素)计算各方案的经济效益和费用,进行全面的对比,分别计算的各比较方案经济净现值后进行比较,以净现值较大的方案为优,即净现值较大的方案从经济分析的角度出发认为更美。或者用净现值率进行方案比较时,以净现值率较大的方案为优,即净现值率较大的方案从经济分析的角度出发认为更美。或者通过计算各比较方案的费用现值(PC)并进行对比,以费用现值较低的方案为优,即费用现值较低的方案从经济分析的角度出发认为更美。

2.7.3.3 公路的和谐美

和谐美包括公路与社会环境的和谐、公路与自然生态环境的和谐。

1)公路与社会的和谐

公路与社会的和谐包括三个大的层面:一是要方便沿线居民使用公路,减小对当地群众生产生活的影响;二是公路的建设应为沿线社会的发展提供正能量,至少不能为了公路的建设和运营给当地社会造成较大的负面影响;三是公路建设要与社会经济发展相适宜,适宜和促进社会经济发展的需求。

一条公路建成后,驾乘人员及远离沿线的居民和沿线附近居民的要求是不尽相同的。驾乘人员关心的是路面宽阔平,行车效果好,其次才是环境美观;而沿线居民关心的则往往与驾乘人员相反。公路设计者为了使车辆能高速行驶,必须采用半径大的平曲线和竖曲线,因此不仅要移去重要地段附近的障碍,还要铲(填)平某些地面的自然地貌,可能会破坏和影响某些自然环境。要减少这些破坏和影响,则要减小平曲线半径,避开风景名胜区,但这可能会降低行车速度。采用小半径的曲线越多,路上发生撞车的可能性越大,这是驾乘人员所不希望的。

(1)方便沿线居民

一条公路的建设,应该为沿线的货物、人员、信息流动提供便利。为此,公路美学建设应做到以下几点:

①为了给沿线社会提供便利的交通条件,公路建设应给当地留有足够数量和便利的交通进出口、交通联络道,便于当地的车辆、人员进出公路。即使是封闭的高速公路、一级公路

等高等级公路,也应留有一定的进出口或匝道、交通联络道,方便、满足沿线车辆、人员的进出。

②方便沿线社会利用过往车辆的乘运。一条公路修建以后,沿线社会不仅利用本地的车辆上路运行,也会利用过往的车辆进行货物、信函、邮件等的运输和乘坐过往的客运车辆。为此,需要设置能满足要求(从数量和容量方面)的客运站(台)、交通联络道和货物、信函、邮件等的装卸、储存、中转的设施和结构。类似国家近期出台的高铁站建设指导意见,不宜距离城市较远。

③为了便于沿线社会使用公路设置的进出口、交通联络道、客运站(台)、货物、信函、邮件等的装卸、储存、中转的设施和结构的设置应分布合理,数量和容量满足正常使用要求。

(2)为沿线社会发展提供正能量

公路的建设应该有利于沿线社会各项事业的发展,不能给沿线社会的发展带来阻碍,或给沿线社会的发展带来的限制和约束较小。因此,公路美学建设应做到以下几点:

①促进当地经济社会各项事业的发展。公路的修建应该促进当地资源(如矿产资源、水利水电资源、旅游资源、土地资源等)的开发和利用;促进商品的交流,方便当地产品外运出售,也方便外地商品的进入销售。如图 2.7.2 和图 2.7.3 所示,当地群众在公路边摆摊设点进行食品出售,既不安全、卫生,也不美观。因此,公路修建应设置当地农副产品的出售窗口、平台、场所,但不能影响正常行驶和安全停靠的设施。应促进当地人知识的增长和教育事业的进步;推动外地社会对公路沿线社会、经济、政治、文化、传统、习惯等的了解和认识,也促进沿线社会对外部世界的了解和认识。

图 2.7.2 路边摊贩之一

图 2.7.3 路边摊贩之二

②公路的修建不能影响和限制沿线城镇的发展,应满足当地城镇的发展规划,避免割裂当地城镇的地理联系,为当地城镇的发展留下发展的空间和余地。

③公路的建设不能影响沿线社会的联系,也不能严重影响沿线社会居民的生产生活和工作、学习的影响。不能轻易分隔村庄、城镇,不能轻易影响人们对土地的耕作和利用,避免把土地与村庄隔离,把厂房与居住地隔离。总之,土地资源不能碎片化,影响和降低开发、使用价值,不能在工作场所和居住地造成很大的噪声、空气污染和水污染,应尽量采取保护、避让等措施,如采取隔音防护、安全防护,减小施工噪声,除尘降噪等。避免在办公场所和学校附近的工作和学习期间进行施工,避免在休息时段在居民区进行施工。若公路运行会影响到人们的办公、学习和休息时,应采取隔音措施。尽量减少对周围房屋和基础设施的拆迁,如需要进行拆迁时应先把拆迁建构(筑)物修建好,才能进行拆迁,把拆迁对沿线群众的生产

生活、工作学习影响减小到最低程度。

封闭的高速公路、一级公路可能会阻断公路两侧群众的联系,也可能会阻断居住地与耕地(耕田)的联系,不便于放牧等生产生活活动。因此,需要建立封闭公路两侧的联系通道和道路,或者采用方便公路两侧的结构(如桥梁、涵洞、通道等)。如图 2.7.4 和图 2.7.5 所示,采用桥梁结构便利公路两侧的居民来往和减少耕地的占用;如图 2.7.6 和图 2.7.7 所示,在高速公路路基中设置地下通道,而且为了防止通道的建成后被水淹没不便行人,还在通道中建排水沟;图 2.7.8 是在倾斜上坡的涵洞设置人行踏步,方便当地群众通行和过水排洪;图 2.7.9 是在进行排水沟修建的同时,修建踏步,既可以排水也可以行人;图 2.7.10 是公路建设时破坏了地方道路而恢复建设的地方道路;图 2.7.11 是在高速公路建设时,为方便地方群众行车和行人而援建的地方道路;图 2.7.12 是在公路扩建过程中,顺接原有的通道道路,新建桥梁通道与既有桥梁通道顺接,方便当地居民的同时也利用了旧有通道。这些措施不但方便了沿线群众,且使得公路与社会更加和谐,也促进了沿线群众对公路建设的理解和支持。

图 2.7.4 用桥替代路基少占地设计之一

图 2.7.5 用桥替代路基少占地设计之二

图 2.7.6 建地下通道之一

图 2.7.7 建地下通道之二

图 2.7.8 在涵洞种建通行踏步

图 2.7.9 排水沟中建踏步

图 2.7.10　恢复的地方道路

图 2.7.11　援建的地方道路

图 2.7.12　顺接原有通道道路

但也有一些做得不好的工程,如图 2.7.13 所示的断头跨线桥,虽然高速公路建设修建了跨线桥,但两端不通,成了摆设的花架子,当地群众在高速公路通车后如何解决沿线的跨线的通行和交通问题呢? 再如图 2.7.14 所示,由于该地下通道位置过低,周围的排水没有做好,下雨时地下通道积水淤泥,造成虽然有地下通道,但当地群众无法通行的局面。

图 2.7.13　断头的跨线桥

图 2.7.14　泥泞的地下通道

公路建设会破坏或影响公路两侧的农田水利灌溉沟渠和设施,在公路建设中要给予恢复和提前建设,避免影响农业生产和居民生活。如图 2.7.15 和图 2.7.16 为云南西石高速公路恢复的水利设施。

④不占用或少占用当地的资源,当不可避免时,应占用贫瘠、价廉不稀缺的资源。公路建设不可避免会占用土地资源,在路线的规划和结构的设计时应少占用,即使占用也应占用土地贫瘠、产量不高的土地;避免占用矿产资源、旅游资源、水资源、动植物资源等,即使占用,应选择品位低、价值廉不稀缺的资源;不能占用或影响当地的生产生活用水,可能会产生

影响时应给予保护和恢复。

图 2.7.15　恢复的水利设施之一

图 2.7.16　恢复的水利设施之二

⑤应减少对当地社会的危害。公路建设应尽最大努力保证当地社会人民的生命和财产安全,保证人畜健康,使公路的建设和施工造成的安全伤害和健康影响尽量减少和减小。如图 2.7.17 所示,形象再美的公路,也难以被人欣赏其美。为保证公路建设不影响群众生命财产安全,对村庄下部边坡进行加固,并采取科学合理的施工法,确保在公路的施工期和运行期村庄和村民的安全不受影响(图 2.7.18)。

图 2.7.17　社会不和谐现象

图 2.7.18　保证公路建设不影响群众安全

⑥公路的修建应考虑为其他行业(如铁路、管道、电力、电信、水利、水电等行业)的结构、设施和装备的线路和场地留下空间和余地,并保证其他行业的结构、设施和设备的安全。公路应与其他行业和谐共处,协调发展。

⑦公路建设会永久占用或临时占用一些土地,会对基础设施(如道路、井眼、厂房等)和房屋产生破坏和影响,占用资源或影响破坏资源。资源被占用或受到影响的群众、组织、单位或个人等应得到合理的补偿补助,能恢复和保护的资源应该给予恢复和保护。补助补偿的价值应不低于原有价值和造成的经济损失,如采取保护或恢复措施,应恢复和保证原有结构、设施的功能及资源的数量和质量。

⑧在公路开始施工前、施工期间和公路运营期,都应对沿线群众、组织、单位和团体进行宣传、心理安抚和引导,让当地群众、居民对公路的建设和运行持支持的态度。

2)公路与自然生态环境的和谐

公路与自然生态环境的和谐包括公路与动物、植物的和谐,以及公路与自然美景的和谐。

(1) 公路与动物的和谐

公路的建设和运行会影响、破坏动物生存和繁衍的环境和条件,应减少或消除公路建设和运行对动物产生的影响,为了保证公路与动物的和谐,主要应开展以下工作:

①在公路的选线和布线时,应避开动物保护区,避免或减少对动物生存、繁衍场所和环境的破坏及影响。在无法避开动物保护区时,应尽量选择动物保护区的外围。

②对于切断动物繁衍、饮水和迁徙等通道的公路,应给迁徙途径留出通道,或采取必要的保护措施,如为了保证动物的迁徙,在动物迁徙通行时可以中断或暂时中断交通的措施,或采用隧道、桥梁等结构设施跨越或穿越动物通道。

③在公路施工期间,减小噪声、振动等的影响,如采取放小炮或不放炮,选用噪声小或不产生噪声的机械设备进行施工。避免施工人员和驾乘人员进行野生动物的捕猎、购买等行为的发生。

④在动物经常出没的路段,设置警示、警告牌,让车辆行驶时避免对野生动物的碾压、碰撞等造成的伤害,以及避免对野生动物的惊吓。

⑤如果公路建设和运行产生的噪声、空气和水体的污染会影响动物的生存、繁衍时,应采取保护措施,减小或消除噪声及对空气和水体的污染,如采用隔音墙、水体净化等措施。

(2) 公路与植物的和谐

公路的建设和运行会影响、破坏植物的生存和繁衍场所及条件,会对植物的环境产生碎片化,影响植物种子、能量的传播等,应减少或消除公路建设对植物产生的影响,为了保证公路与植物的和谐,主要应开展以下工作:

①在公路的选线和布线时,应避开植物保护区,避免或减少对植物生存和繁衍的场所的破坏和影响。在无法避开植物保护区时,应尽量选择植物保护区的外围,尽量保护当地珍贵、古老的植物。

②在公路绿化品种的选择时,应尽量采用当地的植物品种进行绿化,避免采用外来植物进行绿化造成的植物入侵灾害。

③在公路施工期间,避免施工人员进行野生植物的滥采滥伐、随便购买国家和当地保护的植物、药物、花卉资源。

④如果公路建设和运行产生的土壤、空气和水体污染会影响植物的生存、繁衍时,应采取保护和减缓措施,减小或消除对土壤、空气和雨水的污染,对污染的土壤采取清除或消除污染物的方法进行处理,对污染的空气和雨水进行净化后才能进行排放,避免驾乘人员进行野生珍贵植物的采伐和购买等。

(3) 公路与自然美景的和谐

由于公路沿线的地形地貌、植被、岩石、土壤、天相的颜色、形状、气味、声响等的不同,在公路设计时,为了使公路结构、设施等与环境美景协调和谐,使公路和环境美景形成新的美景或单独成景,不同美景之间应相互协调,且便于被驾乘人员所欣赏,应做到:

①在公路规划设计前,应进行公路沿线或可能途经的沿线进行美学资源调查,把可能途经的沿线天然美景和人文美景进行美学分级和美学分区,根据各美学分区的美学级别和美学特色,分别进行保护和规划设计。

②在公路设计和施工时,应注意保护天然美景和人工美景。对于自然风景区和人文风

景区应尽量绕避,路线尽量不选择自然风景区和人文风景区的核心区,对于独立的美景应尽力绕避;当不能绕避时,尽量选择美景简单、贫乏的美景区,保护稀缺、珍贵的自然美景和人文美景。

③在途经美学环境较好的路段,可以考虑设置观景台、休息区,让驾乘人员可以有较多的时间和机会欣赏美景。也可以在美景独致的位置通过设置弯道避让美景。

④对于沿线的美景,在道路结构、设施的设计和绿化设计时,可以采取"透景""诱景""框景"等方法把美景导入驾乘人员的视线或把驾乘人员的视线引导到美景上。

⑤在公路结构、设施的设计时,应根据环境美景的形态、色彩等构思设计公路的结构、设施,让公路结构、设施与环境美景构成更丰富、更美,造就锦上添花的新美景,公路结构设施不应成为破坏和影响原有美景的"肇事者"或"罪犯"。

⑥在沿线附近有自然美景区和人文美景区可以游览观光时,应设置匝道、出口、旅游道路,便于驾乘人员和游客前往游览观光。

⑦天然美景和人文美景的形式和内容是多样的,在公路规划和设计时应根据美景的美学特点分别进行构思和设计,对于自然美景,要尽量让视线可达;对于味道美的路段要让驾乘人员可嗅;对于声学美的路段要让驾乘人员可闻等。

⑧注意避免和减少公路施工和运行对美景的影响和破坏,并采取相应的保护措施,如产生破坏和影响应尽量进行修复。如对受污染水体进行净化,对污染土壤进行处理,对噪声超标的场所采取隔音措施等。

⑨公路建设要体现当地的人文特点,与当地的地域文化和民族文化相结合,把公路建成具有沿线地域文化特色,并能展示当地文化,符合当地群众的审美观念,避免文化冲突的地域文化公路。

2.7.3.4 公路的可持续美

可持续发展是当今人类认同的一种价值观,也是对工程建设和社会发展的必然要求。当代社会的发展和工程的建设需要考虑子孙后代的需求、发展和生存。可持续发展既要达到发展经济的目的,又要保护好人类赖以生存的大气、淡水、海洋、土地和森林等自然资源和环境,使子孙后代能够发展和安居乐业。可持续发展与环境保护既有联系,又不等同。可持续发展涉及自然、环境、社会、经济、科技、政治等诸多方面,研究者所站的角度不同,对可持续发展所下的定义也不同。"持续性"一词首先是由生态学家提出来的,即所谓"生态持续性",将可持续发展定义为"保护和加强环境系统的生产和更新能力",其含义为可持续发展是不能超越环境系统更新能力的发展。从社会方面来说,将可持续发展定义为"在生存于不超出维持生态系统涵容能力的情况下,改善人类的生活品质"。从经济方面来说,皮尔斯认为:"可持续发展是今天的使用不应减少未来的实际收入","当发展能够保持当代人的福利增加时,也不会使后代的福利减少"。从科技方面来说,斯帕思认为:"可持续发展就是转向更清洁、更有效的技术——尽可能接近'零排放'或'密封式',工艺方法——尽可能减少能源和其他自然资源的消耗"。为此,在公路的建设中应坚持可持续发展的原则和要求,即坚持社会可持续发展、生态可持续发展、经济可持续发展;遵守"公平性原则、可持续性原则、和谐性原则、需求性原则、高效性原则、阶跃性原则"。因此,公路美学建设应注意开展以下方面的工作:

(1)尽力保护自然资源。资源是人类可持续发展的基本保障。保护资源意味着应该不占用或少占用资源(如图 2.7.4 和图 2.7.5 所示,采用桥梁,避免了高路基多占地,同时便利公路两侧的居民来往和田地的耕种),在不可避免占用资源时,尽量占用价值不大、品位不高、不稀缺的资源,对影响破坏的资源应尽量予以恢复。所谓的资源包括土地、空间、植被、动物、水体、水能、矿产等资源。在公路建设中,应充分利用地形,就路随势,减少大填大挖和公路影响范围;对于临时占地,占用后要进行恢复,如进行复耕、复草、复林;尽量选择占用土地贫瘠、产量不高、不利于村寨、城镇发展利用的土地;充分保留和保护表土资源,尽量避免污染,并在工程建设中加以利用(如用作绿化土壤)和竣工后恢复使用(如用作弃土、弃渣场的覆盖、复耕、复草、复林等);采取必要措施进行水土保持,开展必要的工程防护(如挡土墙、拦沙坝、梯田、拦土埂等)和植物防护(如种草植树)进行水保工作。尽量考虑其他工程(如铁路、管道、电力、通信等)已经利用或可能会利用的空间,保护其他工程或为其他工程留有发展的空间。尽量不破坏或少破坏地表植被,特别保护珍贵、稀少的植物品种,不影响或少影响植物的生存、繁衍,对于受到影响和破坏的植被,应尽量予以恢复,从"尊重自然、保护自然、恢复自然"的角度,避免违背植物生理学、生态学的规律,进行强制性或单一的绿化。不破坏不影响动物的生存环境和繁衍场地,为动物迁徙保留通道。尽量不破坏、不污染水源,如果产生污染或破坏的水源,应给予恢复。保护天然美景,进行合理的避让和保护设计,并在施工和运行中采取必要措施进行保护,对不利影响进行必要的恢复。对于水能资源,特别是可以开发利用的水能资源,应考虑留有水能开发利用的空间和位置,不能因为公路的建设而影响水能资源的开发与利用。尽量不压矿,不可避免压矿时,尽量占压品位低、储量小的矿产,尽量考虑以后可以对所压矿产进行开采。

一些减少占用土地资源和减小破坏路面资源的做法如下:①采用路堤墙替代普通路基,减少占地,如图 2.7.19、图 2.7.20 所示;②在保证路堑边坡稳定安全的情况下,尽量放陡路堑边坡减少占地和破坏路面资源,如图 2.7.21~图 2.7.24 所示,放陡边坡少破坏资源,减小开挖面积保护天然景观(石林景观);③弃渣堆放场地采用挡墙结构减小土地占用,如图 2.7.25 所示;④以桥代替路基减少对土地的占用,如图 2.7.26 所示;⑤为了少占或不占农田,公路路线选择土地不是很肥沃或者是不便耕种的坡脚或山上通过,见图 2.7.26;⑥保护植物资源,如图 2.7.27 所示,以桥代路,减小对公路经过地区植被资源的破坏和影响;⑦保护沿线群众的财产,如图 2.7.27 所示,以桥代路,减小或消除对公路沿线村庄的影响。

图 2.7.19 用路堤墙代普通路基设计之一

图 2.7.20 用路堤墙代普通路基设计之二

图 2.7.21　放陡边坡减少占地

图 2.7.22　放陡坡少破坏资源设计之一

图 2.7.23　放陡坡少破坏资源设计之二

图 2.7.24　放陡坡少破坏资源设计之三

图 2.7.25　弃土场用挡墙堆土

图 2.7.26　以桥代路之一

图 2.7.27　以桥代路之二

（2）减少对环境的污染和破坏。土壤、水、空气是人类和自然可持续发展的根本要素，需要加以保护。在公路建设和运行中可能会对其产生污染和破坏，应采取措施消除、减轻和恢复到原有状态，减少施工和运行期间对土壤、水、空气的污染，对于受到污染的土壤、水体应进行处理后方能放回原处或流归天然水道。对于噪声超标的路段应采取必要的隔音防护措施。

（3）加强对人文资源的保护。中华文化源远流长，具有丰富的物质文化和非物质文化遗产，其中物质文化包括建筑物、碑刻和雕塑、书籍、书法与绘画，具有考古性质成分或结构、铭文、洞窟以及联合体。物质文化主要具有以下几类：①具有历史、艺术、科学价值的古文化遗址、古墓葬、古建筑、石窟寺和石刻、壁画；②与重大历史事件、革命运动或者著名人物有关的以及具有重要纪念意义、教育意义或者史料价值的近现代重要史迹、实物、代表性建筑；③历史上各时代珍贵的艺术品、工艺美术品；④历史上各时代重要的文献资料以及具有历史、艺术、科学价值的手稿和图书资料等；⑤反映历史上各时代、各民族社会制度、社会生产、社会生活的代表性实物。非物质文化是指被各群体、团体、有时为个人所视为其文化遗产的各种实践、表演、表现形式、知识体系和技能及其有关的工具、实物、工艺品和文化场所。非物质文化包括：①传统口头文学以及作为其载体的语言；②传统美术、书法、音乐、舞蹈、戏剧、曲艺和杂技；③传统技艺、医药和历法；④传统礼仪、节庆等民俗；⑤传统体育和游艺；⑥其他非物质文化遗产。公路建设主要会影响和破坏物质文化遗产，特别是固定的文化遗产，如古文化遗址、古墓葬、古建筑、石窟寺和石刻、壁画，具有重要纪念意义、教育意义或史料价值的代表性建筑，各时代、各民族社会制度、社会生产、社会生活的代表性实物（如牢房、集会及祭拜场所、丧葬场所、文化表演场所等）。按不同的重要性和珍贵程度，文化遗产可以分为世界级（如列入联合国教科文组织《世界遗产名录》）、国家级、省（市）级、县级保护级别。在公路规划设计时，应尽量避免对文化遗产的破坏和影响，尽量绕避，对绕避困难的应进行保护。对于沿线周边的一些非物质文化遗产和物质文化遗产可以抽象成一些公路建筑的文化元素，在公路结构设施中加以展现，以宣传弘扬沿线的地域和民族文化，增强当地群众和民族对自身民族和地域文化的自信心和自豪感，进一步使民族文化或地域文化得到保护和弘扬，避免造成文化冲突。

（4）节约资源和能源。要从节约资源和能源的角度进行公路工程的建设和运行，减少建筑原材料（如钢筋、水泥、石料、沥青、油料等）的消耗，在公路运行中要减少燃油的消耗、汽车的磨损。因此，在公路设计建设中，要尽量对公路规划、设计进行优化，减少工程量，但不能因为工程量的减少而导致工程的安全稳定性降低。选择油耗低的路线进行公路建设，保证工程质量，减少在公路运行中对车辆的磨损。避免"高投入、高消耗、高污染"公路工程的产生。

（5）公路路网分布合理，促进经济社会的全面均衡发展。一条美的公路应该使路网布局更加合理，能够沟通所连接地区和经过地区的经济、社会、文化、教育、政治、军事等各方面的均衡全面发展，能够促进落后地区社会尽快赶上甚至超过发达地区，能够促进落后地区的脱贫致富。加强公路之间的连通度，增强道路之间可连接性，形成地域、社会之间公路网络的平衡性和良好的联通状态，形成合理的路网结构和空间分布。

（6）保证工程质量。公路工程质量应贯穿公路建设的全过程，即从公路规划设计、施工建设到运行维护都应注重其相应的质量,在规划阶段要促进线路所经过地区和沿线地区的经济社会的全面发展,减少交通运输成本和节约客货运输的旅途时间。公路标准的确定要保证满足服务期限内对运力运量的要求,不能太过超越服务期限内的运力运量要求,造成浪费,也不能在服务期限内不满足运力运量的要求而造成短期内重建或改造升级,造成浪费,影响相应地区的经济社会发展。线形设计要满足相应的公路等级和运行速度要求,不能造成过大的工程量,也不能形成交通拥挤的瓶颈区,更不能形成事故多发区和事故重灾区。公路的结构设施设计不能过于保守,造成建设资金和资源的浪费,也不能不安全不稳定,造成工程的维护修理费用过高或工程的返工重建,甚至造成工程事故或交通事故,造成更大的损失。工程的施工质量可以保证工程和结构的功能,减小工程维护维修费用,减少交通事故和降低车辆运行成本。工程的运行维护质量可以保证车辆的正常通行,减少车辆的磨损和降低交通运输油耗。因此,工程规划设计和施工运行质量能减少资源、能源的浪费,降低运输成本,提高公路运输效益,保护车辆和人员、货物的安全,是对可持续发展的有力贡献。

(7)尽量利用公路和其他工程建设、工厂生产产生的废弃物,并进行回收再利用。旧路改造产生的路面材料可以进行再生,利用于路基路面,公路改造废弃的安全设施(如警示、警告、指示牌、立柱、框架等)进行修复可再利用;利用建筑物拆迁产生的废弃混凝土、砖石等进行路基填筑、地基处理;利用钢铁厂产生的废弃炉渣、选矿厂产生的煤矸石、尾矿渣、火电厂产生的粉煤灰等进行路基填筑、路面浇(填)筑、地基加固处等。

(8)为以后的工程建设和产能、运输能力等的提升留有发展余地。经济在发展,社会在进步,随着各方面事业的不断发展和进步,可能会需要提高运输能力和运输速度,公路本身以后可能需要进行改造提升。在公路建设设计时,应保证公路路线和结构设施的长久利用,需要为公路以后的改造升级留有空间和余地,如图 2.7.28 所示,在先期道路建设中考虑后续改扩建需要,预留后续工程改扩建的跨线桥下通道位置;随着社会的发展,可能城镇、村庄还会扩展,其他工程(如铁路、电力、电信、管道、航运等)需要扩建,一些资源(如水能资源、矿产资源、植物资源等)进一步开发利用,在公路规划、设计和建设施工时都应考虑由于社会进步和发展带来的公路本身的建设、其他工程的建设和资源开发等对公路建设的要求和限制,为以后的发展、改造留有余地和空间。

图 2.7.28 为后续改扩建留通道

(9)保证公正性。公正是指公平正义,可持续发展的公正性原则意含:一是代际间的公正性;二是指同代人之间的横向公正性;三是指人与自然、与其他生物之间的公正性。公路工程的公正性体现在代际之间,也体现在不同区域、不同群体之间。为此,为了保证代际间的公正性,在公路建设中要尽量保护资源和环境,为后代留下生存与发展的资源和环境的容量、空间及质量。为保证同代人之间的横向公正性,公路建设应平衡投资者、公路使用者、公路受影响者之间成本开支、损失和效益分配的公正性,既要保证投资者的投资有合理的利润回报,保证公路使用者的运输、旅行成本、开支与节约的资金、时间、获得的舒适性和效益之间达到合理的平衡,也要保证公路受不利影响的人群得到相应的补偿和赔付。公路建设占用和影响破坏的土地、资源、环境而受到不利影响的人群、组织和单位应该得到应有的补偿补助，或者应把他们受到的不利影响恢复到公路建设前的水平，他们的损失应该得到应有的赔付，尽可能避免"邻避行为"效应；在同代之间除考虑受影响群体之外，应统筹边远贫困地区的公正性，这些群体往往成为社会的弱势群体，很少有机会和能力争取社会公共基础设施的惠及，要应用工程伦理的"普惠原则"，考虑和关注其他发展的需求。同时也要保证公路行业与其他行业得到均衡和可持续的发展。为了保证人与自然、与其他生物之间的公正性，在公路建设中需要保护自然环境和动植物，不破坏和不影响自然环境及自然景观，或者应使受到影响的自然环境和自然景观得到修复，尽力不影响和破坏动植物生存的环境和条件，如若受到影响，应得到科学合理的恢复和补偿，从总体上不能影响动植物的生存和繁衍。

（10）宣传教育作用。教育是社会、国家可持续发展的重要保障，公路工程及其产生的一些工程设施、结构和相关现象等都可以作为工程教育（如道路、桥梁、隧道、照明、通风等工程以及环境工程、植物工程等）、社会教育、爱国教育（如贵州崇遵高速上的遵义会议宣传、云南保腾高路上建设的嵩山抗战图片和公路博物馆中的滇缅公路抗战图片及实物等）、文化教育（如公路建设中少数民族文化、地域文化等的宣传与弘扬图片、实物等）、科普教育（如图2.7.29和图2.7.30所示，美国科罗拉多州的某一路堑边坡被开挖揭露不同岩性、不同年代、不同构造和岩层，开发成了当地大学的实习基地和青少年的科普活动场所）。

图2.7.29　典型地质剖面　　　　　　　　图2.7.30　典型地质现象

2.7.3.5　公路的安全美

我国公路里程的不断增加，虽然满足了人们对于出行的需求和经济发展，但却带来日益严重的交通安全问题。交通安全事故每年给国家和人民生命财产造成了巨大的损失，且各项统计数据均为发达国家的数倍，公路交通安全状况不容乐观。公路美学系统建设的好与坏，一个重要方面为是否安全，"安全"是公路美学建设的主要目的之一。公路美学建设不仅可以使公路成为一道靓丽的风景，增加出行乐趣，而且可以提高驾驶员的驾驶乐趣，缓解行车压力，减少因驾驶疲劳引起的交通事故，提高公路行车的安全性。

1）公路本身安全对交通安全的影响

公路自身的安全主要指公路结构的安全，如滑坡、坍塌、滚石、沉陷、桥梁断裂、隧道塌方等。公路结构的破坏或变形不但会影响到公路结构功能的正常发挥，甚至影响到公路的正常运行以及车辆、行人、乘客、货物和周边居民的生命及财产安全，造成断路、塞车、交通安全事故、人员伤亡和经济损失。因此，保证公路结构的安全是保证公路交通安全的前提，也是公路美学的基本要求。

要保证公路结构的安全,需要进行科学合理的公路结构设计、高质量的工程施工和良好的运行管理、维护,需要按照相关规程规范进行工程结构的设计和施工及验收,坚持正常的日常维护管理,并进行必要的安全监测、质量监理和监督。

2)线形美对交通安全的影响

公路美学设计在线形设计方面应使驾驶员能正确预测、判断线形变化,保证良好的精神心理状态,同时带来舒畅愉悦的驾驶感受。为满足驾驶安全需要,驾驶员应根据远处的地面形态特征就能判断线形的变化趋势,进行合理刺激以保持良好的心理状态。线形设计受许多因素制约,长直线公路拘谨、呆板、枯燥、简单乏味,会降低行车环境对大脑兴奋性的刺激,导致驾驶员视敏度反应迟钝,动作缓慢,产生疲劳和厌倦,增加安全隐患。在弯曲的公路上行驶时,驾驶员必须经常移动注意点,同时车辆在弯道上行驶时,展现在驾乘人员面前的是经常变化的美物,弯曲的道路远比直线道路更引人注意。有目的地对隔离带与两侧绿化带的植物和设施进行设计,能与平纵线形配合,增加视觉诱导的效果,消除不合理线形和线形组合给驾驶员的误导。在线形变化的位置,美学设计应单纯以视觉诱导为目的,要适当单调,不宜添加其他吸引注意力的单体及序列。当路线的各组成部分合理时,驾驶员的神经心理紧张状态会大大减轻。优美公路的外观主要取决于路线与地形适应的程度,平、纵、横面立体线型的最佳结合,以及填挖边坡的形态及其与自然地形的完美结合。公路路线应融入自然,适应地形,避免单调和长直线,不利组合和线形、指标突变。

在公路线形设计时,应保证线形的协调性和顺畅性、均衡性和连续性,应对线形设计进行安全性评价,平纵线形组合设计评价标准有以下几点:

(1)公路平、纵线形的组合应综合考虑汽车行驶的安全、舒适、工程造价、营运费用,驾驶员的视觉、心理状态以及和公路周围的环境与沿线美景的协调。

(2)运行速度协调性可作为对平纵组合设计的定量评价。

运行速度协调性评价是检验线形一致性的主要指标之一。采用相邻路段单元之间运行速度的变化值进行评价,评价标准为:

① $|\Delta V_{85}| \leq 10 \text{km/h}$,运行速度协调性好;

② $10 \text{km/h} < |\Delta V_{85}| \leq 20 \text{km/h}$,运行速度协调性较好。条件允许时,宜适当调整相邻路段技术指标,使 $|\Delta V_{85}| \leq 10 \text{km/h}$,提高行驶的安全性;

③ $|\Delta V_{85}| > 20 \text{km/h}$,运行速度协调性不良。需要调整相邻路段的平纵面参数设计指标,使其达到运行速度协调性($|\Delta V_{85}| < 20 \text{km/h}$)的要求。

(3)设计速度与运行速度协调性评价

设计速度与运行速度协调性评价是对同一路段的设计速度与运行速度的差值($\Delta = |V_s - V_{85}|$)进行评价(V_s 为设计速度)。同一路段是指设计速度、平纵面技术指标及横断面相同的路段。评价标准与运行速度协调性评价标准相似,即:

① $|\Delta| \leq 10 \text{km/h}$,运行速度与设计速度协调性好;

② $10 \text{km/h} < |\Delta| \leq 20 \text{km/h}$,运行速度与设计速度协调性较好。

③ $|\Delta| > 20 \text{km/h}$,运行速度与设计速度协调性不良。此时需要按照《公路线形设计指南》的规定,对该路段的相关技术指标(最小平曲线半径、平曲线超高、停车视距)进行安全性验算,并调整相应的技术或工程措施,确保道路行车安全。

对平纵组合评价超标的路段(如危险的曲线半径、曲线线形衔接情况等),应对原公路设计的线形指标进行相应的调整。对于原公路设计的线形组合不良路段,应提出补救措施。

另外,当前还不被人们所关注的线形与安全的至关重要的问题有:一是我国"左舵右行制"通行规则与左转右转弯的车辆操作的便捷,以及行车视线的影响和关系;二是较大转角比小半径曲线影响更大的问题;三是76%的交通事故往往发生在道路交通条件相对较好地段;四是公路线形视觉产生的视错觉问题,比如美国魔鬼公路"隐藏的"曲线,陡缓组合坡路段,上下坡不同方向视觉上对缓坡段落的上下坡错觉问题未得到充分重视和关注,未从人机工效学的角度、心理学的角度,统筹谋划下坡方向,较大转角逆时针旋转更有利于安全,某高速公路下坡方向采用顺时针旋转布置螺旋线,较大转角曲线设计与常规曲线设计关注因素一样,未深入分析研究线形布局,线形诱导、引导等细节问题;未对公路线形几何条件相对较好路段的警示设施的配套进行系统研究,这些问题涉及规则与规律的把握与"执行"细节,值得重视和关注。

3)公路美感对安全的影响机理

在行车过程中,为保持驾驶员头脑和精神应有的积极水平,应有一定信息数量和品质的刺激,例如在广阔平原地区的长直线路段行驶,路旁的单调行道树缺乏视觉刺激,驾驶员的知觉敏锐性就会降低,思想松弛或者把注意力转移到与公路交通无关而对驾驶员有吸引力的事件上,容易引发交通事故。单调的、信息缺乏的路段,驾驶员容易感到过分疲劳,近乎昏昏欲睡的状态。汽车本身令人发昏的震动声、水泥混凝土路面聚集的光亮带、沥青混凝土路面上的白色标线及汽车机器盖上光亮的斑点都有助于加重这种单调疲惫感。这时,驾驶员需要的反应时间增长,工作可靠性降低。美国有研究资料表明,在交通事故中丧生的驾驶员中有3.8%是打盹所致,美国的一段19处道路弯道上的事故中有14.3%是由于驾驶员处于打盹或半睡眠状态所引起的。Bahar、G.B.等研究发现多伦多市的交通事故率大幅下降,这其中大部分归功于城市景观的改善。

如果行车过程中信息过量,吸引驾驶员注意力的事件密度过高,数量超过了人的分析器官的接受能力,将会导致特殊的故障,导致驾驶员对于复杂情况做出不正确的评价。如当汽车在饱和交通流中行驶或者在纵队中行驶时,会感到特别困难,此时所有的驾驶员都被迫以与车流相同的速度行驶,这往往不适应有些驾驶员的心理特点、技能和疲劳程度,当要采取措施时,时间十分有限,处于这种环境下的驾驶员会有紧张感,易犯错误。如果驾驶员是在自由交通下行驶,不受其他汽车的影响,过多的信息会导致本能的减速,直到行车速度与信息的最佳目标数相适应为止。

经常重复一种类型的路段,驾驶员就会形成一种独特的行驶节奏,逐渐习惯于这种节奏。在新的行驶环境中,打破和调整固有的心理节奏很困难。如果道路条件和路旁的美物是同一类型的,周围环境的单调性和熟悉性会使驾驶员的注意力单一化,降低注意力。

根据运动视觉原理,随车速的增加,驾驶员的空间辨别范围缩小,两眼凝视远方并集中于一点,视觉变成管状,形成"视觉隧道",这时外界的刺激减少,只注视单调的暗色路面,造成"道路催眠"。当周围环境变化不大(比如特大桥、长时间的无高大植株的平原),或遇到直线段过长等情况,单调的信息对大脑皮层某些点的重复刺激,会使神经细胞呈现抑制状态,也会形成"道路催眠"。

在公路上行驶时,驾驶员意识水平还与有节奏的重复刺激有关。例如,驾驶员把道路标线作为视线诱导体,虚线的黑白间距反复刺激眼睛,黑白间隔的出现几乎与人的心跳、眼球上下活动节奏相吻合,很容易使视觉的灵敏度降低。

同样以定速运转的发动机声、轮胎与路面的摩擦声都是有节奏的,能使人的听觉灵敏降低,行车时有节奏的震动就是一种催眠作用,这与长途旅行容易发困,小孩在摇篮中易睡是一个道理。

长时间驾车引起的精神疲劳会使人体生物钟松弛,意识水平降低。汽车刚驶入高速公路时,驾驶员的思想进入紧张的状态,以适应高速的车流;不久便恢复到平静的状态,慢慢地意识开始松弛;以后遇到紧急情况,一般都处于这种状态。当连续驾驶时间太长,思想逐渐疲劳,进入近乎打瞌睡的机械状态,此时,驾驶员的视界及意识模糊,只是机械地握着方向盘,跟着前面的目标跑,一遇到紧急情况,甚至驾驶员已意识到这种紧急状态,但正常的认识——判断——动作的反应过程却短时间内难以恢复,或者进展极为迟缓,判断终止,酿成事故。

公路条件、公路环境对驾驶员精神和情绪有很大影响,进而会影响他的工作状态和工作效果。当进入危险路段或交通情况复杂化时,道路条件和环境条件的变化会使驾驶员的神经紧张程度发生剧烈变化。当道路条件和道路环境突然变化时,汽车操作变得复杂化,驾驶员必须克服"心理惰性",应付预料不到的情况,比如其他车辆运行的影响、视距的缩小等。驾驶员变化自己的车速,以适合新路段交通条件的变化时,过渡时期是非常危险的。

在良好的行车环境条件下,驾驶员情绪不紧张,在注意力、思维的活跃性及反应持续时间方面均处于最佳状态,这时候行车是安全的,汽车驾驶员较少感到疲劳。当相邻路段的参数变化大、公路环境发生大变化时,对行驶条件也会产生影响。例如公路从广阔的草原地带进入狭窄的林区通道或进入居民区,从微坡起伏的山区进入受到约束的山岭河流盆地等。两条道路汇合后交通量的变化也会起到同样的作用,当汽车通过有一系列行车危险与困难地段的公路时,在安全系数小和车速急剧减低的地段上,驾驶员的紧张程度会明显提高。

据统计表明,我国每年由于道路方面的原因发生的交通事故有300多起,除极少数因非法占用、挖掘道路所致外,大多数均与公路设计因素有关。而在这些交通事故中,又有相当多的是发生在安全度高的路段上,究其原因,就是在公路设计中对美学问题重视不够。

在工程实际中,难免遇到各种情况,影响驾驶员的心理状态,这时就需要利用公路美学设计可控因素去调节、避免这些影响。对公路沿线中给驾驶员造成心理紧张(压抑、恐惧、威胁、不可预见感等)的元素,应根据具体情况进行处理。一个舒适、良好的公路美学设计可以给驾驶员创造愉悦的驾驶环境,有助于减轻疲劳,防止交通事故的发生。然而,如果流体刺激过分强烈也会造成视觉紊乱而引起车祸,所以应尽量减少强烈的视野干扰,公路美化应在色彩、形状、味道、声响等方面既要有一定的区分,也要避免紊乱。

车辆行驶在公路上能体现"人在车中坐,车在景中行"的意境,使人赏心悦目,安全舒适;美的公路给人以美的享受,消除人们的旅途疲劳,增强安全感。一条公路如果没有给人足够的安全感甚至给驾驶员、旅客带来恐惧感,那么这条路就不能认为是美的。要保证安全驾驶,除了提供准确的视觉诱导,还要让驾驶员在行车过程中保持良好的心理状态,即适当的警觉与兴奋(注意力集中)、安全感、和谐舒畅的审美感受。公路美学建设的一个任务就是给驾驶员提供适当的刺激,提高驾驶员的意识水平。

4)沿线环境美学状态对交通安全的影响

如果路旁自然美景过于单调或被人为地破坏,驾驶员打瞌睡或者过度紧张,都是危险的。人为美化的改善给周围环境带来美好的补充,可以减轻驾驶员的心理紧张,使其有安全感。

人为美化应充分结合地域特征和人文特点,公路构造物与周围建筑风格协调一致。尽量与当地自然环境协调一致,避免过分填挖破坏原有自然地貌美景,减少人工痕迹,尽量利用自然美学元素美化路域环境,如绿化应尽量选择当地树种草种,在设计过程中有计划地对原有树种进行利用。在进行公路美学设计时,要灵活应用开放与封闭、对比与统一、节奏与韵律、缓和与顺畅等美学规律和法则,同时整体效果一定要协调统一,否则会有支离破碎的感觉,分散驾驶员注意力,引发烦躁感。公路有时经过波光荡漾的河流或湖泊,有时从林木中穿越开阔的田野和草地,这种美学类型和美物的鲜明对比会使人心旷神怡,给驾驶员及乘客舒适的审美感受,这些自然美学要素需要定线者通过选线引导到驾乘人员的感觉系统中,包括孤山、树丛、土林、石林、庙宇、乡村等美物。

此外,设计者还可以通过公路和路旁的设施来消除单调感,可以通过改变路旁绿化的边缘线以减轻平行感,护栏与边沟的设置也不必总是与路面边缘平行;分离式路基的公路还可以改变分隔带的宽度等。为了克服单调感,通常最实用的方法是在公路用地范围内放置一些能够引起驾驶员兴趣和使之保持清醒的美物,最具代表性的就是美物和美景再造及合理布置。

凡是会吸引驾驶员注意力、给导向造成干扰的单体、序列、颜色、声响、臭味等都要避免,比如违规广告牌、广告塔,规格不一,大小高矮变化快,而且内容吸引人。公路用地范围内,除收费站、服务区外,一般不宜设置广告牌、宣传栏等设施。除标线、标志、护栏等按规定涂覆色彩外,一般不宜涂刷特别刺眼的色彩。在路堑路段,边坡一定要要有安全感,怪异岩石、可能会掉落或者是在视觉上有掉落倾向的岩块,长而深的沟壑等,需要缓冲其视觉冲击力,通过绿化、设置护坡构造物、防护网等手段以保证实际安全和心理安全。杂乱的工地、监狱、深谷、悬崖、坟墓等影响心理的元素,应根据其相对于公路的位置、高度、范围采用不同高度的绿化树木进行遮蔽。也可以利用废弃的土石方、公路施工开挖获得的具有艺术性的石块、移植的树木,形成景点、艺术小品等,创造人工的或半人工半自然的美景;或提高公路绿化水平,美化公路,创造优美舒适的行车环境也是增加公路安全行之有效的方式。

5)路基美对交通安全的影响

驾驶员多半在山岭地区、傍水临崖、半填半挖、回头曲线路段产生恐惧感,仰头悬崖峭壁,俯首深谷,驾驶员和旅客自然会产生惊骇心理,生成不安全感。像这样的路段,应建立适当的挡墙、护墙、护栏、缓坡等,增强安全防范,消除心理恐惧。

驾驶员在傍河、沿海、过水库、护坡等路段一样会产生恐惧感,如果在这样的路段修筑护坡、护栏、挡墙、路缘石、停车场、花坛等,可以消除不安全感。

高路堤或半填半挖的高边坡坡脚位置也是产生恐惧心理的触点,应尽量把坡脚尽力掩盖,不让视线触及,比如可运用植被进行覆盖,或采取加宽路肩或做护坡道或放缓边坡,有条件的地方可把边坡放到 1∶3~1∶4 更好。这样既能恢复驾驶员和乘客的安全感,而且在发生难以控制的交通事故时,可以减小事故的严重性,不致造成严重的事故后果,并且还能增

第2章 公路美学的基础理论

加道路的美感和工程的稳定性及安全性。

公路路基路容设计首先应倡导和遵循容错设计理念和无障碍设计思路，让驾驶员有修正和改正小错误的机会，尽可能增加或者创造路侧净区，比如浅边沟、平宽带、缓边坡等，其次在受自然地理环境条件限制，容易产生视觉恐惧的路段，设置适当的路侧安全防护设施、视觉遮挡设施等，最后，针对特殊局部路段应统筹考虑，设置避险、缓冲、消能设施，最大限度避免意外或降低损失。

6) 路面美对交通安全的影响

现代公路的灰色或黑色路面容易使驾驶员疲劳，事故发生率高；行驶在不平坦的路面和靠近路基边缘的固定物(如缘石、护栏、桥台和墙身)时，会增加驾驶员的紧张感；路肩不平整极容易导致驾驶员心理恐惧，本能的害怕而避让，致使行驶路线错乱。

为了给驾驶员必要的警示，在交叉路口或居民密集点涂以红色，可提醒驾驶员小心谨慎及注意转道；在陡坡、转弯处和限速区涂以黄色，可以引起驾驶员注意驾驶；在医院、学校处涂以蓝色，表示安静，提醒驾驶员减小行车噪声，降低音响音量且不宜鸣笛。

道路负荷处于高水平时，公路外观美状况对行车状态的影响降低，驾驶员较多专注周围行驶的汽车，而较少注意公路的外观环境。因此，对于速度高、流量大的公路，主要应强调道路线形的协调性和安全性；在速度低、交通流量小的路段，公路美学设计对驾驶员的心理状态影响更大。

从美学观点来看，驾驶员的刹车、换挡、松油门等驾驶动作决策的信息大都来自视觉，有时也来自听觉，驾驶员的注意力集中与心理紧张程度有密切关系。行车速度越快，注意力越集中，而注意力集中点是随车速的增加而向远处移动的，车速增加对前景细节逐渐模糊，对旁观视的周界感和视角的范围也逐渐减少、减小，注意力集中点固定会减少警觉性，增加麻痹性，可通过设立跨路的标牌或灯光牌进行改善，或路线设计经过环境美好的地物或地界（如经过名胜古迹、奇山异水、特殊建筑物等），或在桥梁的端柱或桥头建立特殊的艺术造型小品等，使驾驶员的注意力经常发生变化。也可提供一些形成刺激的美学元素，以单体或短序列的形式，每隔几百米适当点缀，或利用开放与封闭空间的变化，从两侧有绿化带到两侧无绿化带，规划好美物变化的节奏，以提高驾驶员的警惕性与兴奋感。车速高会导致物体停留在大脑里的时间变短，驾驶员无法分辨目标的细节甚至无法发现目标，所以设置的单体体量要大，内容抽象，可以是雕塑、树团；设置的序列要有韵律、有变化、鲜明，才能给驾驶员足够刺激。

总之，无论是经验丰富的驾驶员，还是初出茅庐的驾驶员，在驾驶过程中公路路面是注视最多的部分，特别是高速行驶状态下和初出茅庐的驾驶员，而从视觉和听觉方面看，其单调乏味，长期重复的信息容易引起驾驶疲劳，不利于安全和感官美的享受，因此，无论是为驾驶提供关键的路况信息，还是提升公路路面美感，可以适当增加路面信息标识，提供路况信息，利用视觉错觉和障碍，适当增加警示，丰富路面信息，避免单调乏味。

7) 公路美学安全设施需要养护

一条公路建成交付使用后，公路管理部门必须采取有效措施，强化公路管养，才能确保公路的长久安全和畅通。作为公路建设、养护管理单位和员工应不断增强公路美学观念，牢记公路服务的对象和宗旨，创新工作思路，增加科技含量，提高审美水平，强化管理和养护，

2.7.4 公路外在美系统的构成要素及分析

公路外在美学系统是由路际环境中各种相互作用的感觉事物和感觉事件所构成的,这些感觉事物和感觉事件构成了路际外在美学系统的基本要素。由于公路外在美学的系统中感觉事物和感觉事件的多样性特点,决定了公路外在美学的系统具有构成上的复杂性、内涵上的多义性、界域上的连续性、空间上的流动性和时间上的变化性等特点。从交通美学的角度看,公路交通美学包括公路断面、路面、线形美学、平交及立交美学、桥梁美学、隧道美学、公路与周围环境及建筑协调美学、交通安全设施美学、汽车美学、人行道系统美学、绿化美学、市政设施及沿线照明设施、服务设施、休闲设施、公路景观小品美学、交通运行组织美学等。这些基本的美学构成要素所构成的是一个有机的、统一的整体。公路外在美学系统是通过这些美学构成要素的组合表现出来的,并且综合了公路美学系统的人文美学系统、自然美学系统等要素形成的完整的公路外在美学系统,通过人们的感官系统可以感受,身心能够体验。

2.7.4.1 公路外在美系统的构成要素

公路美学系统设计的空间不是无限延伸的自然空间,它有一定的界限。公路外在美学系统设计是与公路界面、自然环境和社会环境联系最密切的设计。公路外在美学系统设计必须巧妙地结合与利用路际环境中的自然要素、社会要素与人工要素,应用园林学的"借景"手法,创造出融合自然和社会环境、源于自然和社会环境而又胜于自然和社会环境的符合公路特征的外在美学效果。公路外在美学系统的构成要素归纳起来有如下几个方面:自然美学要素、社会美学要素、人工美学要素、动态美学要素和静态美学要素。

1) 自然美学要素

气候、地形地貌、山岳、江河湖海、光照、植物、水体、土壤、岩石等自然美学要素构成公路外在美学系统的原生美学系统而赋予公路周围环境最基本的特色。

自然美学要素在公路美学系统中最普遍的存在形式就是植物、山体与水体。植物本身内涵丰富,既可以是陪衬,又可成为公路空间的主体,同时对维持生态平衡,调节局部空间温度、湿度、空气中含氧量等起重要作用。山体是公路外在美学系统所特有的美学要素,因其建设的特殊性(选线时须绕避村庄、农田和一定的高山峡谷)决定了大部分公路伴随着连绵起伏的丘陵山坡。水是公路外在美学系统构成的重要因素,自然界的水的风韵、气势、声音既能给人以美的享受,令人陶醉而引起无穷的幻想,是人们进行公路美学艺术创作的灵魂。水不仅具有生活所必需的物质功能,而且具有特殊的艺术功能,不同造型的水面姿态千变万化,晶莹剔透,其流水声音富有感染力,令人心旷神怡。其他(如土壤、岩石、沙漠等)也会影响和增加公路外在的美学效果,如当人们首次在沙漠中的公路旅行时,会感觉到沙漠的浩瀚和壮观的气势;在石林或土林地区的公路旅行,会感到自然的千姿百态、巧夺天工和自然的鬼斧神工;在红土地中的公路旅行时,红土地的美妙颜色,土地上不同种类的植物、庄稼以及云彩、山头的倒影等,会是一幅幅美丽的天然彩画;在黑土地的田间地头行驶,会感到上天的恩惠、人类的富足和食物的安全保障,会有一种丰收或丰收在望的美好感觉和食物保障的安全感。

2) 人工美学要素

公路人工美学要素分为以下三大系统:①公路主体工程美学系统,包括公路路基(路线、路面、中央分隔带、边坡、桥梁、隧道等）、交叉构筑物（跨线桥、立交、人行天桥、管渠等）、绿化植物等；②公路辅助设施美学系统：交通标志、方位导游图、路面标线、广告牌、急救电话亭、里程牌、收费站、防眩板、护栏、路灯等；③服务管理与美化设施美学系统：a.服务管理设施：收费亭、加油站、售货机、休息桌椅、休息廊、凉亭、广告伞、游乐器械、售货亭、公共厕所、管理所等；b.照明安全设施：中央隔离栅荧光灯、路面导向灯、护栏壁荧光、里程标示牌反光膜、信号灯、交通指示灯等；c.艺术美学：雕塑、花坛、喷泉、艺术小品、边坡壁画等；d.环境绿化设施：中央隔离绿化带、路堑绿化带、边坡绿化、防护绿化、立交桥绿化及服务站绿化等。人工美学要素构成公路外在美学系统的次生美学要素，但却是公路外在美学系统的主要构成元素。作为公路外在美学系统中的人工美学要素，在整个公路外在美学系统中起画龙点睛的作用，既具有实用价值，又具有审美价值。

3）动态美学要素

任何美学要素都不是孤立静止的，公路美学系统的构成也永远是处于动态之中的。公路外在美学系统中的动态要素包括各类声、光、电、热、气等构成要素以及人、车、生物（如路际上方飞行的鸟、水中的鱼等）。尤其是作为公路主体之一——公路使用者多种多样的感官要求，促使公路外在美学系统的发展必须是动态的。人类的美学要求作为最主要的动态要素源可以分为心理活动与感官需求两大类。心理需求随着时代不断变化，需要宏观美学系统的变化符合当时"人"的特性，微观的美学要素变化如路牌、花草、空气、阳光等生动的美学基调来满足心理稳定、平衡、舒畅的需要。感官需求体现了动态的时空性，路际上不停变换和生长的红花、绿树、青草和人文美学系统构成的特色公路美学系统来满足主体"人"动态浏览的感觉需求。所以公路美学系统设计不仅包含美物的内容，还在很大程度上包含人的动态对公路美学系统的组织、秩序和规划。人们都总是从不同角度去欣赏公路美学系统，不同的位置、不同的季节（植物的荣枯、景色、味道等的变化）、不同天象、不同时刻，各自从不同的侧面（社会、经济、人文、艺术等）来加以欣赏。可以说，公路美学系统中存在的是一种千变万化的、动态的美，作为最活跃的因素——人，其思想、情感、观念、意识等都是在不断变化的，即使环境依旧，但人总会赋予环境更新的内涵。

4）静态美学要素

对于公路使用者——驾乘人员来说，一些美学要素是静态的，如服务站、收费站、观景台；一些美学要素是相对静态的或者说是准静态的，如立交、匝道等。对于沿线的居民而言，他们感受到的整个公路美学系统是静态的。而且，就某一段时期而言，人们的审美标准和思想观念也是相对稳定的，在某一个相对较短的时段内，植物、土壤、岩石及地形地貌等的颜色、形状、味道声响也是相对稳定的，是准静态的。为此，静态美学系统要按照静态感觉和相对稳定的心理活动方式设计公路外在美学系统的静态要素。

5）人文美学要素

人文美学要素主要指在公路及其沿线周边活动着的人及其人类创造的物的美学要素，包括行人的活动、节庆活动的开展、车辆的流动及与之相关的人文活动。此外，还包括公路本身所包含或体现的历史文脉、民族文化等。人类在走向更高更文明的过程中，文物古迹、民风、民俗等文化资源的保存、保护和永续利用同物质资源和自然资源的保护同样重要，它是当代人类及其后代最为珍贵的遗产。公路本身是人类创造出的人文美学构造（筑）物，它同周围的自然和人文美物共同构成了一个四维的美学环境。它既有形、色、光、声、味等使用方面的物质环境,同时又有历史遗产、社会生活、感官感受、场所特征、形象符号等精神方面的文化环境。公路美学要研究如何保护和延续这种环境,并能很好的开发、利用和欣赏这种环境。人文美学要素是公路美学系统的构成要素,也是公路美学系统构成的限制,是公路外在美学系统设计智慧的来源。其中社会经济环境(包括国家政策、法令、法规、投资规模等)是公路美学系统的导向、限制和要求;工程技术环境(包括建筑材料、材料性质、施工技术及机械化施工水平、设计理论、方法和理念的软环境等)会对公路美学系统起到限制作用;公路沿线的民族风俗、习惯、历史、文化水平等会影响公路美学系统的内容和形式,也是公路美学系统创意设计的智慧来源。

以上公路美学系统要素之间的相互作用、组合、渗透交叉使公路美学系统呈现出不同的形式和内容,包括物理要素、生物要素、人工要素和人文要素、静态要素和动态要素。公路美学系统的物理要素由公路中无生命的美学要素或系统构成;公路美学系统的生物要素由有生命的有机体及其系统构成;公路美学系统的人文要素则由思想观念、历史传统、社会习俗、聚居方式、地方文化等构成;公路美学系统的人工要素则由公路及其周边的人工构造物、设施等构成。公路美学系统设计进化演变过程中,功能的、文化的、生物的、物理的、人工的要素在时间、空间中所呈现的诸多组合构成了公路美学系统设计的基本依据。公路美学系统设计的终极目的是要使功能的、人文的、人工的、生物的和物理的要素实现均衡与和谐。这需要对各感官事物和感官事件进行合理的选择和有机的组织,满足公路安全、经济的交通功能,并且与社会和自然环境协调、和谐,同时满足公路交通使用者和受影响人群感官的美学享受。

2.7.4.2 公路外在美系统的部分构成要素分析

1) 地形地貌

地形地貌是自然美学形态的基本骨架,是公路美学规划设计的基础,其他设计要素都在某种程度上依赖地形地貌并相互联系。地形地貌决定着公路的路线走向和特征个性,影响公路的美学特征、功能布局、空间构成和空间感受,丰富着公路美学的内容。具体说来,公路沿线地形地貌的作用有:

(1) 美学骨架作用,地形地貌是美学设计的要素和要素的载体。

(2) 构成空间作用,通过地形地貌控制视线形成不同空间类型和空间序列。

(3) 背景作用,地形地貌作为公路的背景,起到衬托公路主体的作用,同时能增加景深、丰富美学的层次。

(4) 造景作用,地形地貌具有独特的美学特征,可以利用地形地貌的形态实现造景的作用。

(5) 观赏作用,地形地貌可以创造良好的美学条件,强化美学的焦点作用。

(6) 工程作用,适当的地形地貌有利于线形几何设计、排水以及绿化。

2) 水体

水体是公路美学中富有生气和变化的元素,与地形地貌、生物、季节、气候和人文等美学交融,形成许多奇妙的美学效果。含有水体的公路美学会"因水而美",彰显生气,增添其独特的美学魅力。水体的功能作用有:

(1)统一作用,水面作为美学基底时,可以统一分散的美学要素,使美学结构更加紧凑。

(2)系带作用,水体可以连接不同的美学空间,形成优美的美学序列。

(3)环境作用,水体可以改善环境,如降噪、降温、吸收灰尘等。

(4)实用功能,水体可以养殖水生动物和种植水生植物,丰富公路美学内容。

水分不仅是自然界的动力,而且是生命过程的介质,地球上的生物都离不开水。美学绿化的主体——植物个体和植物群体都脱离不开这一因子。在一个大的地理范围内,植物的分布同水分的多少存在必然的关系。公路路际的绿化美化植物的设计必须首先了解当地的气候、水文才能因地绿化。而在公路建设过程中,保护水资源也是生态环境的需求。

对公路来说,因其线形、纵坡等有一定的限制,公路或多或少会影响到水资源,主要表现在:①公路建设直接破坏了很多水体,造成泉水干涸、河流改道、池塘消失等;②公路建设损坏了涵养水源的植被,影响了各种水体的水源;③植被的损失引发了水土流失,大量的山石土壤进入水体,致使河流淤塞、水质浑浊;④施工机械及公路建设人员排放出大量的废气废水及生活垃圾,对水体造成严重的污染。

3)土壤、地质

土壤是植物生长发育的基地。植物的生命过程所需要的水分和营养因素均须通过根系从土壤中吸起。土壤中应有适量的水分、养分、空气和湿度,同时满足植物对水、肥、气、热的要求,植物才能繁茂的生长。土壤地质影响植物生长的因素有:①土壤的构成、母岩的化学成分、土壤的 pH 值、土层厚度等因素将直接关系到植物的品种特性、生长势态和公路护林带的建设状况;土壤 pH 值的酸碱性决定植物的适应性,土层厚度直接影响土壤的水分和养分状况。②土壤的质地(如沙、粉沙、黏粒的相对含量和土壤的结构)是植物需要养分的关键因素,如沙土和黏土相结合的土壤,对吸收和保持水分和营养元素最为有利,树木生长最适合的是壤土和沙壤土的质地;土壤的结构是指土壤颗粒排列状况,是公路边坡能否经受雨水冲刷的关键,决定了边坡植物的选择,团粒结构是林木生长的最好土壤结构形态。

土地资源是自然生态环境资源的重要组成部分,同时也是生物包括人类在内的重要活动场所,人类的一切活动都离不开土地资源。在公路建设中,公路用地是必须的土地资源投入,由于地表植被的破坏,以及挖方和填方的影响,河流的改道,都将造成所影响地区土壤结构的破坏而使水土流失加剧使这部分土地的生产力基本丧失了。

土壤具有颜色和味道,具有大地的"芳香",红土地、黑土地、黄土地等具有不同的美学观感,同时附着着不同的文化和美学特质,黄土地上的窑洞、马铃薯、沟壑等,黑土地上的稻田、森林及"龙兴之所"等,红土地上的石屋、石林、峰林等。

地质岩性、构造等决定地形地貌、土壤类型,也决定地下水的流动方式和地面上的水体形式,甚至是人文美学要素。因为地质构造作用和岩性的不同,才会有不同的地形地貌、地物植被,地物植被决定了不同的动物以及人类的食物形式和生产生活方式,也就具有了不同味道和香味,不同的美学景观;同样也决定了地表或地下水体形式,如岩溶湖、地下溶洞或树枝状水系、扇形水系、羽状水系、平行状水系、格子状水系等,也会决定水流的走向。因为地形的隔绝,阻断文化的交流,才会形成不同的地域文化、民风习俗。土壤不同、水文不同就会有不同的植物、庄稼,导致不同的生产方式和生活方式。地质条件在很大程度上决定工程的形式,如过高山一般选择隧道或盘山公路,地质条件决定隧道是支护还是不支护、选用桥梁还是路基、什么桥梁结构或路基断面形式、是否进行地基处理等;在某种程度上说,地质决定了公路的自然和人文美学资源和美学条件。

4) 植物景观

植物具有生命力,是公路美学中最富于变化的要素,带给人们生机和对自然的意识。除具有传统功能外,还有以下美学功能:

(1) 构建空间功能,植物通过控制视线,可以缩小或扩大空间,形成不同的空间序列。同时,借助在空间的组合变化,形成不同的空间形式(如开敞空间、半开敞空间、覆盖空间、垂直空间以及封闭空间等),增强或削弱地形地貌影响。

(2) 欣赏功能,通过植物的大小、外形、色彩、质地等方面创造意境,强化公路美景的欣赏性。

(3) 听闻味功能,风吹树木会产生悦耳动听的声响,林中鸟兽也会唱响不同的乐曲,植物也会散发诱人的花香。

(4) 生态功能,维持生态平衡,保护环境以及美化路际环境。

5) 天象、气候

天象、气象所形成常见的自然现象有晨夕、暮晖、云霞、云雾、季相等,人们也会感受闷热、凉爽、冷暖,天象通过人体体验在所有美学要素中有着最高的美感度。公路美学设计可以根据不同季相时令,利用植物搭配创造四季宜人的公路美景。

地球上生物活动的能源来自太阳辐射,太阳光的强度、性质、日照长短都直接影响着植物的各种生理活动、生长发育和形态结构,同时也影响着植物物种的遗传性。由于不同植物对光的需要量不同,就有了阳性植物如樟树、白杨树等,阴性植物如冬青、杜鹃等,中性植物如桂花树、柏树等。

6) 大气

大气是一切有机体所必需的物质。但随着社会工业化的发展,大气污染问题日益严重,公路周围的大气污染问题已经为人们所注意。汽车尾气是主要的污染物排放,雾霾天气越来越多,排放的汽车尾气是雾霾的一个重要因素。由于公路建设的工程量比较大,在施工过程中不可避免使用施工机器,这部分机器大部分是重型机械,使用柴油发动机的占大多数,再加上施工时受天气的影响,施工机械的燃料可能燃烧不完全,造成大气污染。公路通车后,行驶车辆的尾气污染将是长期的、持续的。公路的绿化植物应具有对大气污染的抗性,大片的绿化树木对大气污染具有吸收二氧化碳和放出氧气、吸尘、吸收有毒气体、杀菌等净化作用。

7) 人文美学要素

人文是某一区域的人们在长期历史发展过程中,经过不断积淀、发展和升华而形成的结晶,体现在经济、风俗、宗教、艺术、历史、文化等社会生活的各个层面,具有明显的地域特色。各个不同区域的人类群体文化都具有各自不同的特点,地域人文通俗地讲就是一个地方所特有的文化、历史、脉络、典故、风土人情等抽象特征和地形地貌、风景、建筑、遗迹等具象特征的融合与传承。如谈到贵州就想到苗族、侗族文化、苗族服饰、吊脚楼、石砌建筑、屯堡文化、喀斯特地貌、瀑布等;谈到云南,就想到云南十八怪、各式民族服饰、大象、石林、丽江古城、傣家竹楼、大理三塔、洱海、滇池等;这些就是地域、人文的永恒魅力。人文美学要素尽管是公路的次生美学要素,但其延续和增添了区域的意境与特色,保存了其历史的记忆,体现了对历史的尊重,在整个公路美学要素体系中起到了画龙点睛的作用。公路美学建设中主要通过文化的符号化、物质化等方式,进行加强深化、渲染升华,表达某种人文含义,如历史文化感、开拓进取、民风民俗、民族建筑等。

我国拥有悠久的历史,有着丰富的地域特色和人文美学资源,公路的建设不可避免地会经过不同地域文化的地区,将公路美学与其协调建设、将地域文化发扬光大和宣扬是公路美学建设的重要任务。公路的建设和运行增加了交通便利性,提高了信息、物质和人员的流动,对城镇及乡村经济发展起到很大的促进作用,公路的建设有利于开发更多的风景旅游区,改善旅游环境,促进旅游业的发展。在公路走廊地带的某些区域就会有新的工业、商业、民用建筑大量出现,公路为出行提供了便利,公路刺激农村向城镇化的方向发展,导致公路沿线街道化或城镇化。但如果公路建设不当,会人为地加重对地域自然美景、人文美景的破坏,这不仅影响各地区自然美景的协调,而且会将地域文化损失殆尽。公路美学建设要合理运用地域特有的自然美物、弘扬地域文化,这也符合自然生态、环境保护的建设特点,又宣扬了当地的人文美景,传承了历史文明,也为地域的旅游环境创造了良好的文化条件。

8) 公路人工美学要素

(1) 公路线形美学要素

什么是路?路是延长的桥。

公路路线、走向的选择要符合公路两端和沿线社会、经济现状及其发展对公路运输的要求。在选线时,要避开植物、动物、水体和风景名胜等保护区,尽量少占矿、少占地,不占用丰产高产的耕地。考虑城乡的发展,减少对基础设施的破坏和影响,尽量减少拆迁或整体拆迁,减小公路建设对沿线城乡经济、社会的不利影响。

公路定线时,应使其形态柔和优美,并与附近的自然美物和建筑艺术相结合,路线应使沿线的自然美物和建筑艺术得以显露或强调,应按照美学设计的原则,要求路线采取柔和顺畅、连续的空间曲线插入自然地形地势之中,不须迁就地形地貌的微小起伏,总之,路线与地形地势随形就势。此外,公路的线形应能提供开阔的视野,尽量利用最佳的美学特征,应用"景观选线"将美物布设于最佳位置,引人入胜,避免使人感觉线形突变、单调,导致紧张和疲劳。公路线形还要在符合技术要求的条件下,尽量适应地形地貌及自然美物,避免有过大的挖填,力求与周围美物美景融为一体,不露出人工痕迹。破坏不可避免时,应迅速予以治理,恢复其自然美景美物。此外,线形美还应涵盖公路两侧坡面、路肩、分隔带与环境的协调与过渡,以及路线在自然美物美景中的宏观位置,如图 2.7.31 所示。

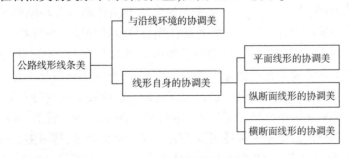

图 2.7.31 公路线形美的内容

(2) 构造物美学要素

公路沿线美学要素主要指一些构造物,即交通通行设施,包括桥梁、隧道、跨线桥、立交桥等人工构造物,是公路的一部分,也是公路美学系统的重要组成部分,其主要功能是帮助车辆跨越各种障碍(如河流、峡谷、山脉、交通线路等)。

①桥梁美

什么是桥?桥是抬高的路。

桥梁是公路通过江河湖泊、山谷深沟以及其他线路(如公路、铁路、管线)等障碍时,为了保证公路的连续性,充分发挥其正常的运输、通行能力而修建的人工构造物。桥梁是公路的重要组成部分,不仅是公路的枢纽,而且是公路的标志性建筑。公路桥梁应根据所在公路的使用任务、功能和未来发展的需要,按照安全、适用、经济、耐久和美观的原则进行设计。安全是设计每座桥梁所必须考虑的前提条件,没有安全则桥梁就不成为桥梁,而其他几个方面在设计中由于种种原因很难达到和谐统一。在设计中,使桥梁的功能与形式和周围的地物、地貌有机地结合,共同构成一个新的美景,不至于因为桥梁的修建破坏整个原有自然地理环境的和谐统一。对桥梁建筑的美学设计可从以下几方面进行:桥梁形式美、桥梁功能美、桥梁与道路协调美、桥梁与周围环境的协调美。

②立交美

什么是立交?立交是"十字路口"供选择的路。

立体交叉是公路内景范围内主要的构造物,立交桥处在道路相交点,用路者在此要做出方向的选择,同时立交也是用路者在行驶过程中看到的公路上主要的垂直美景。立交区追求视觉效果上的舒适性,是公路对外的窗口。作为美学设计,在立交的设计过程中占有非常重要的地位,它的设计成败直接影响到公路美学的总体,是公路美学设计中一个必不可少的部分。立交美景具有多方位、多层次观赏的特点,这是由于立交具有多条路相交的特点,既有直行车道,又有转弯匝道,是两者的集合体,同时层次较多,用路者可以从不同的层次、方位观赏立交,从总体上或从各个局部透视立交。用路者在欣赏立交时,往往呈现动态美景,无论下穿或上跨立交,人们总是由远及近,从远视观赏立交的整体形象,到中视观赏立交局部形象,并随着方向的转换,从近视观赏细部构造装饰的情况。因此,立交美学应满足多方位的特点,这一特点对立交总体造型、局部美化及细部装饰都提出了更高的要求。

③隧道美

什么是隧道?隧道是地下的路,是不占地面资源的路。

公路隧道是公路工程的一个重要组成部分,其主要功能是减少翻越高差,缩短行车里程和时间,提高行驶速度,改善行车环境,减少土地资源的消耗和地表环境的破坏。从美学设计的角度来看,隧道洞口设计中比较重要的是体现总体设计和层次设计相结合的思想;汽车从洞外路段驶入时存在"黑洞效应",人眼对黑暗适应时间大约需要七八秒,此时驾驶员的视力下降,为了把隧道内必要的视觉信息传递给驾驶员,防止因视觉信息不足而出现的交通事故,隧道需要逐步变暗的过渡照明设施;另一方面,为了确保隧道内的行车安全,在长期的运营中,公路隧道内必须采取措施使隧道墙面、路面亮度保持在必要的水平以上,墙面须用适当的材料加以内装处理,隧道较长时适当位置需要有视觉缓冲带,尽可能消除压抑感。隧道洞口(门)的开挖、洞门形式、边仰坡绿化美学设计非常重要,清晰简洁突显的隧道轮廓,适当的自然的绿化美化处理可以减少驾乘人员进入隧道的心理压抑感,在洞口种植高大乔木可起到明暗过渡的效果,有效防止进出洞口的光线强烈反差,提高司机的视觉适应性,有利于行车安全。洞口(门)的美学设计,包括洞门构筑物、边坡、仰坡、绿化、导引、隧道名、照明等内容,绝不可以把洞口构筑物本身独立出来设计。除了遵循构筑物的形式美的基本原则外,还必须考虑环境损伤和恢复,与周边环境的协调,甚至包含文化含义等内容。总之,隧道美学设计要素和内容虽然没有路线、路基、桥梁那么多变复杂,但车辆途经隧道呈减速进洞、加速通过(离开)、减速出洞的被动状态,使用者行驶过程中心理活动复杂、频繁和纠结,有"黑洞""白洞"效应的适应过程,有封闭、昏暗空间的紧张、压抑、惊慌、逃离等,其美学设计的宗旨是尽可能创造一个以保障安全为前提,获得适度愉快美感的舒适的场景。

④路基美

什么是路基？路基就是柔和平顺连续的路,路的轮廓,路的骨架。

路基是按照路线位置和一定技术要求修筑的作为路面基础的带状构造物,是立体的带,是公路的基础。其功能是能承受车辆和路面的重量,并能保证不产生过大的变形,保证路面的安全、稳定,没有大的变形和起伏,保证车辆的平稳安全运行。

路基在公路工程中所占的比例一般是最大的,因此路基美学设计也是最为重要的。将美学引入公路横断面设计,其目的是利用人的感官来指导设计人员对路基边坡坡率、坡面防护、纵向连接、与周边环境的过渡缓冲与衔接、边坡绿化等美学元素进行美学设计。特别是近年来世界公路建设的绿色革命,在公路横断面设计中采用以断面曲线为主消除棱角(弧化或者说倒角)的设计方法逐渐为公路美学观点所认同。不管是填方路基还是挖方路基,从视觉美感看,其边坡一般以曲线为美,坡面倾角以缓为美,较缓的边坡不但从心理上给人安全感,还可以保证边坡的稳定,保证公路结构及其交通的安全,但从减小对环境的破坏影响和土地的占用看,边坡应是越陡越好,所以说坡面坡率不能一概而论,陡缓是相对的,陡缓之美也是相对的,决定的关键要素是水文地质条件,陡缓适宜,各具其美。路基的纵向连接应圆滑过渡,不应存在突然的变化。路基坡面绿化不但可以减小水土流失,维护边坡的稳定,还可以净化空气,美化环境,是环境恢复的先锋群落,在采用绿化进行边坡美化时,应尽量采用本地植物进行,避免植物入侵造成环境灾难,还可以采用植物图案进行美化以及地域文化的宣传与弘扬。在保证路基稳定的前提下,还应注意路基的防排水,并与周围的地形地貌、植物、土壤、岩石等地物协调。

⑤路面美

什么是路面？路面就是路的颜面。

路面是指用筑路材料铺在路基顶面,供车辆直接在其表面行驶的一层或多层的道路结构层。具有承受车辆重量、抵抗车轮磨耗和保持道路表面平整的作用。为此,要求路面有足够的强度、较高的稳定性、一定的平整度、适当的抗滑能力、表面清洁,扬尘小,以减少路面和车辆机件的损坏,保持良好视距,减少环境污染。

公路路面美学构成要素除了以上分析的方面外,还包括了其他一些方面,如公路路面的铺装色彩,目前,公路路面大多数采用水泥混凝土或沥青混凝土铺筑,色彩呈灰白色和黑色,交通渠化的路面标线一般为白色,水泥混凝土路面灰白色底色影响标线的效果,不利于交通安全,这也是高等级公路一般不采用水泥混凝土路面的一个原因。从美学角度来讲,一方面这种变化不大的"平面"和单一的路面颜色显得呆板、乏味，使人容易疲倦。另一方面，功能上需要作为一个"平面"的路面，其美感主要来源于车辆行驶过程中，路面"平面"相对"后移"形成路面"天际线"前移，路面一条或者数条标线在这连续移动的"平面"上形如"蛟龙戏水"的动感和移动速度的变化美，从安全和美学的角度若适当增加路面标识，如行车方向、减速标线等，会创造出一道亮丽的风景线。

⑥交通工程设施美

什么是交通工程？交通工程就是路的安全卫士，路的使用说明书。

交通工程设施是根据交通工程学的原理和方法，使公路网通行能力最大、交通事故最少、排除故障、恢复交通运行最快、对生态环境影响最小、提供车辆安全、快速、高效、舒适、环保行驶，适应道路现代化管理而建设的具有社会、经济和环境效益的系统。交通工程设施主要由交通安全设施、道路照明设施及监控系统、通信系统、收费系统、供配电系统和服务设施等组成，其综合作用是向公路使用者提供有关路况的各种信息，传送交通管理者对驾乘人员提出的各种警告、指令、指导及采取的安全设施，诱导车辆安全、高效行驶。同时，通过监控、通信系统的设置，交通管理者能及时了解道路的使用状况，快速处理交通问题。

交通工程设施，特别是交通安全设施、服务设施以及机电设施的信息采集、信息提供和土建工程部分，是公路美学的说明书，是公路美学形象构成的重要因素。标志、标线、护栏、隔离栅、防眩设施、视线诱导设施、服务设施、信息采集及处理设施等的合理布设、信息提供的完整性、清晰性、诱导的有效性、各种设施的造型、色彩等对车辆安全行驶及人们的视觉影响非常大。交通工程设施设计、施工应从以上几方面多考虑人体感觉的美学效果，充分运用统一与变化、均衡与稳定、尺度与比例、节奏与韵律、新奇与变异等美学法则，考虑环境协调配合、人类感觉生理和心理的特点，对其进行美的塑造。对于公路而言，交通标志的审美主体为驾驶员和乘客，在高速行车条件下，驾驶员处于工作状态，交通标志对其意义主要在于提供实用的交通信息，以指导驾驶员的驾驶行为，所以对驾驶员而言，交通标志的实用意义大于外观审美意义，也可以说，交通标志能够完整地完成其自身功能，不使驾驶者感到迷惘困惑就是一种美感。公路交通工程设施的美学特征是其形状、材质和颜色在动态视觉下表现出来的形象，其美的关键是功能的完整性带给驾驶员的舒适性，以及自然和谐地融入周围环境，不产生视觉污染。

连续的公路标线，一般均和路中心线（路缘石）平行，是一种协调，使人产生对线形美的感受。间断的公路标线（虚实线），在动视野中形成规律的闪现，适宜的闪现率可以给审美者一种欢快的情绪，公路标线（虚实线）应根据公路不同的行车速度来确定虚线的长度和间隔。对交叉口处的标线的观察是在相对低速下进行的，司机、乘客和交叉口行人对其视觉印象各不相同，因此要在复杂中寻求简洁，给司机以明确的信息。

防护设施的美学特征主要表现在其布置序列在动视野中形成的韵律，可根据行车速度及道路尺寸来布置防护栏立柱这一空间垂直要素和连接结构这一水平要素。但是，防护栏由于其作用特殊，在材料、尺寸及布设方式上都有标准规范，须严格执行以确保交通安全。在考虑防护栏的外观美学设计时，除了色彩选择比较自由外，留给设计者选择的空间比较小，只能在经济、技术分析的基础上，结合周围环境，达到较好的外观美学效果。

防眩设施处在中央分隔带，是公路使用者视野中明显的垂直要素，是公路平、纵线形的拟合,具有很好的视线诱导效果。采用植树防眩时,通过对树木的修剪和树种的搭配形成不断变化的美景,对于缓解司机的视觉疲劳具有重要意义。采用百叶板式防眩时,百叶板形成优美的序列,在动视野中成为水平变化,纵向起伏的效果,在驾乘人员心理中产生内模仿,能缓解旅途枯燥。视线诱导设施的设置对诱导驾驶员视线及车辆行车的安全保障方面起着重要作用。因此,视线诱导设施美景应重在布设位置、间距上,既要满足有效诱导驾驶员视线要求,又要满足行车安全的要求。

⑦服务区与收费站美

什么是服务区？服务区就是公路的钟点工,美在功能与品质。

高速公路采用全立交、全封闭、严格控制出入,行车速度快、行车时间长,行车司机与乘客容易产生疲劳,易产生交通事故,高速公路沿主线须按一定的服务半径要求布置服务区,为司机和旅客提供休息、餐饮、汽车维修、住宿、加油等多种服务,解决长途运行车辆和旅客的途中需求,消除司机的疲劳,减少交通事故灾害发生的可能性。

服务区美学设计综合性较强,相对复杂,既要符合功能性要求,同时也要具有较强的美感与适宜的游憩环境、服务品质。高速公路服务区应位于主线沿线环境较美的地段,同时要求有较好的基础配套的设施和条件(如供水、配电、通信等),并与周围环境相协调,体现地域人文特征。服务区规划设计应追求旅客对休息所、卫生间、加油设施、休闲广场等中心设施的方便使用以及管理的高效性,创造气氛优雅的休息环境,平面设计应充分考虑高速公路的行车特征,停车场、休闲广场、综合服务楼、加油站等依次安排在与道路平行的轴线上,人、车流线清晰简便而不交叉。服务区由综合服务楼(内设饮食店、休息厅、小型超市、客房等)、公共厕所、加油站、维修用房、休闲广场、大型停车场及配套附属用房等功能区组成,服务区功能组织应充分考虑过旅客及司机的使用要求。服务区与收费站区的建筑物及构造物一般都应较新颖别致,外观美丽,设施先进,具有较强烈的现代感,美学感染力极强,通常应有较大的空间,用于美学设计的用地较充足,除周边的大块绿地需要与周围环境背景互相协调外,充分利用原有地形地貌设计,功能明确,使用方便,相对隔离,优雅舒适。结合服务区的特点,应适当植树,利用植物的形状、色彩、味道、质感和神韵创造各具特色的美学环境。服务区,作为公路的"钟点工",首先从在公路网中的总体布局、服务布局的合理性,到具体位置的预告,以及场区设施的导引(导游角色)的清晰明了,影响和制约服务的及时性和与需求的适应性;其次,服务区规模、功能、标准和设施的完善与配套,以及其人群的差异性等,直接影响和制约服务区的服务效率和水平;最后,服务区服务的品质与环境的清洁、优美,决定服务的质量与满意度。这些直接影响和决定其美感,因此,服务区的美是软件与硬件的综合,需要按星级休闲山庄的总体要求和美学法则设计、建构和管理。另外,服务区还应以省为单位,设计一个具有区域特色的徽标,方便大众识别和监督,并可成为一种文化。

收费站是高等级公路的重要设施,任何收费站的建筑形式首先应满足收费功能的需要,然后才能谈美感享受。收费站的美化主要通过建筑形式的特色来表现,体现地域特色。收费站的建筑形式在满足收费功能需要的同时还应考虑美学享受。良好的收费站设计应使驾乘人员在收费站短暂停留的过程中,能获得赏心悦目的感觉。

⑧景观绿化美化

什么是公路景观绿化？公路景观绿化就是公路与自然的纽带。

公路景观绿化美化是指在公路沿线合理、科学地种植植物,以改变和提高公路沿线环境质量。公路景观绿化美化在公路环境的改善及美学创造方面主要表现在创造安全运输环境及优美的公路环境、保护与协调公路沿线生态环境、恢复与改善修筑公路活动带给自然美景及生态环境的破坏。公路绿化美化具有安全运输、创造美景、保护环境三大功能。其中,中央分隔带防眩种植、转弯视线诱导种植、隧道洞口明暗适应种植、服务及休息区绿荫种植等具有保障交通安全功能。而遮蔽不雅景观的种植、路标种植、强调种植等则具有强调、创造美物的功能。防止边坡冲刷种植、自然环境及生活环境协调种植等具有环保功能,见表2.7.1。

公路美化绿化功能分析表　　　　　　　表2.7.1

公路美化绿化	安全运输功能	视线诱导功能	视线诱导种植
			视线预导种植
		防止事故功能	明暗适应种植
			遮光防眩种植
			生物封闭种植
			防撞缓冲种植
		绿荫休息功能	绿荫遮蔽种植
			服务休息种植
	创造美物功能	美学调整功能	遮蔽不雅景观种植
			美景协调种植
		美景再造功能	强调种植
			眺望种植
			路标种植
	环境保护功能	生物防护功能	边坡防冲刷种植
			防风止沙种植
			降噪除尘种植
			减灾防灾种植
		环境协调功能	自然环境协调种植
			生活环境协调种植

⑨其他方面

为创造一个良好的行车环境,公路选线应在满足沿线和两端社会经济对公路交通要求的情况下,尽量选择路线距离最短、运行时间最短、油耗和车辆磨损最小的路线。在此情况下,路线尽量走美学环境好,给驾乘人员良好的行车环境,但又不影响和保护珍稀的动植物、自然美景和人文美景的区域。对于美学环境良好的路段,要创造条件让驾乘人员欣赏沿线的美景。应尽可能遮挡或移除不雅景观,对不雅景观区及衰败景观区进行植被恢复,且应提前规划以便与公路用地范围的规划相适应。

为使行车尽可能安全,在危险路段设置必要的安全保护设施和安全预警设施,不但保证车辆和驾乘人员的安全,也要保证沿线群众的生命和财产安全。公路建设和运行对沿线群众的不利影响,应采取保护和恢复措施,对于受到的不利影响应予以恢复和补偿,采取一些有效措施消除其不利影响(如采取隔音墙、隔音林消除噪声对沿线社会的影响,采取净化措施净化受公路建设和运行污染的雨水、绕避重要的水源和水体,为动物的迁徙提供通道等)。

2.7.4.3 公路外在美构成要素协调性分析

1) 自然要素协调性分析

不同的自然要素会影响公路的布线形式和美学形式,给行车者带去完全不同的感官感受和心理效应。公路本身的外观美学系统应与自然环境要素相协调,并满足美学与生态的和谐要求。下面以公路外观美学系统中主要的自然要素为例,分析公路本身美学系统与自然要素的协调性。

(1) 山地丘陵

在山区及丘陵地区的公路,理想的美学形式应是公路顺着山形的变化,"围绕"山丘、山脊布置(内包外绕),这样沿公路行进时,山脊的轮廓线在路边尽情展示其起伏跌宕的变化(图2.7.32),形成富有变化和韵律感的视觉美学效果,同时预告、引导公路延展方向。在地势相对平缓的丘陵坡地,自然弯曲的路线形态与地形起伏呼应和谐,形成与环境统一的美学效果,如图2.7.33所示。在很多情况下,受地形环境的影响,合理的布线形式应是与等高线平行或与等高线小倾角相交的角度形成渐渐平缓的曲线,使路线趋于平缓。最鲁莽的布线方式是将路线与山脊垂直布置,路基"野蛮"的破山开石而出,不仅对原有的山体造成了破坏,而且在视觉上也造成不雅,和周围环境也毫无合理的形态上的协调。公路拥有很强的视觉感染力,它的存在应以不破坏大地景观为前提,当然也不应埋没隐藏于大地的景观之中,较好的处理方式是采用一种明确的、可感的美学形式,来突出其个性特征,提供良好的视野,展示自然美景。

图2.7.32 山区公路沿山岭平行布置

图2.7.33 丘陵公路沿地形弯曲

(2) 平原

平原地区,地势平坦、宽阔,视线不易受到限制,视野开阔,但这容易造成视觉上的单调、平淡,应当通过公路两侧的绿化、个性化的美化处理进行弥补。公路通过平原区时应合理确定路基高度,沿线村庄稀疏、横向干扰少时,宜采用低路基通过。目前,在平原地区的高速公路建设中,为了便于设置横向通道,将高速公路设计成高路堤,这会对道路两侧的景观造成一定程度的影响和破坏。

(3) 森林

由于森林区的原始植被与自然风光较好,在进行公路美学设计时,应做好原始植被的保护和恢复工作(图 2.7.34)。中央分隔带或两侧位置有古老、珍稀的林木等自然景观时,应尽可能保留(图 2.7.35),避免采用深挖路堑式断面形式。当道路两侧挖方深度大于 30m 时,应进行路堑与隧道方案的比选论证,当可能引起灾害时,应综合考虑填筑路堤对谷底通风、日照等原有生态环境的不利影响及美学绿化要求,必要时也须进行高路堤与高架桥方案的比选论证。当有大的挖方时,应考虑森林植被环境再造工程,保护和恢复所经区域的原始植被和生态环境。

图 2.7.34　穿越森林区的小磨高速公路

图 2.7.35　小磨高速公路保护的古树

(4)湖滨、河流

公路经常要跨越一些大小不同的河流,各种景观桥梁,成为公路上一道道靓丽的风景线。在经过湖滨、河流等区域时,公路应以一种与之平行的关系(总体)布线,采用亲水不近水的邻里关系,以强化和协调现有的环境状况(图 2.7.36)。如果是要越过一片河面或湖面,应该在水面最窄的两点间跨过,一般是比较经济的路线,即垂直正交。若以倾斜的角度或从相距宽阔的两点间横越水域,则显得武断。对于河流区域中道路主线两侧绿地的植物选择和种植,一般是首先考虑耐湿、形态优美的乔木、灌木,将它们成片、成组的安排在河流的两岸,或是在河流的分岔口上加以点缀,以此丰富公路上行车者的视域景观。

图 2.7.36　公路与河流或湖泊岸平行布线

2)人工要素协调性分析

(1)建筑

呈带状分布的建筑位于公路附近时,从视觉的角度出发,应与公路的方向平行展开。若建筑有规律的布置,配合直线型公路可形成雄伟、严谨的气氛,有助于形成道路美学的节奏与韵律感。在建筑不规则布置的平曲线路段,要注意曲线外侧建筑对线的封闭,充分利用道路曲线线型的特点,使公路线型与建筑平面和建筑空间变换相协调,形成优美的公路美学系统。当建筑物距公路较近时,建筑物的棱角不能太醒目,最好用植物进行遮掩。

(2)村镇

公路途经村镇时,应考虑村落的整体形象,如果村落较美、有特色,应突出村落的形象,如图 2.7.37 和图 2.7.38 所示;当村落比较破旧、张乱差时,村落与公路之间的视觉关系不要过于显露,须要进行适当的遮挡,甚至是尽可能地遮挡,以满足视觉景观的整体要求。展现或遮挡程度的不同主要取决于以下几个方面:①村落的整体形象;②村落的局部形象;③村落的布局形式;④景观距离。

图 2.7.37　现代农村景观(昭通)

图 2.7.38　传统农村美景(丽江)

(3) 人工设施

公路人工设施在实现公路交通功能的基础上分别为驾驶员提供信息提示、安全引导、窗口服务、场所休息、美景欣赏、视觉调节。这些人工设施的美学设计需要结合公路的布置,考虑当地气候条件、风土人情,满足行车和自然美景及人文美景的多重要求,运用多种形式和方法进行与周边环境的协调,给驾乘人员留下良好的视觉感受。同时还应结合公路带状美学特色,将沿线的各种人工设施作为统一的要素加以整体考虑,从美学的形式和风格着手,配以与当地环境相适应的植物、构筑物,通过色彩要素的统一和调节使这些人工设施与公路整体美学系统有机融合协调。总之,在进行公路美学设计时,公路自身美学系统与环境要素的协调应贯穿于公路美学建设的全过程,并进行有机和谐的调和。

另外,随着社会经济的发展,通道优质资源的紧缺,多种基础设施共一走廊建构的人工物,公路自身改扩建形成的分离式路基的人工构筑物近距离平行相伴的场景,不仅须要从工程自身安全的角度和运营相互影响的角度,确保各自的功能美和技术美,还须要从美学的角度,驾驶的视角分析场景的美感,这些区段人工构筑物成为视野的主角,占据主体,自然景观之底被挤压,美感设计的思路需要改变和调整,法则需要变通,处理好了,就像云南小磨高速公路通车后,老百姓说的"真漂亮,去时还能看到回来的路"。

2.7.4.4　路际美学的形态分析

视觉接收的信息在人类接收信息总量中占比超过了70%,在公路美学建设中,应特别重视视觉美感的美学建设。公路美学视觉形态的基本要素是形与色,这二者按一定规律可综合构成千变万化的公路美学形态,从理论上说这种由不同系列组合所产生的结果是无穷多的。但不可忽视的是公路美学形态要素不能像绘画那样任意组织,像音乐组织音符那样有较大的任意性,尽管音乐、绘画也在一定程度上受某种法则的限制,但公路美学形态有更多的限定因素,表现为以交通运输功能为中心,以满足人和车辆在公路行驶过程中的需要为功能目的,并以一定材料、结构、植物组合、技术和营造方式为基础,以自然环境和人文环境等限定条件来制约特定的公路路际空间。

任何美学要素都不是单独作用的,而是一种相互补充、渗透、交叉的复合作用。在公路路际美学形态中,形、色及其相互作用的效果基本囊括了所有的视觉现象,这也是公路美学的特殊性决定的。

1) 形

"形"通常指物体的形状或形体,任何一个物体,只要是可视的,都有其"形"。"形"是客观的,但对形的视觉感受以及"形"的表现等方面又常带有一些主观性的成分。有人认为它是一种"从感觉上描述物体而形成的观念"。因此,对于"形"的概念,有着不同的解释与看法。就景观的"形"而言,它的本质是客观的、物质的,它由"形"的要素有秩序的组合产生。同时,它又具有一定的表情与意义,能对人的心理产生影响和作用。某些"形"被称为"有意义的形",因为"形"的一些基本要素会与人的心理有某种程序的同构。所谓"同构"就是指内部构造相同,而构造又是事物内部要素之间的一种相互关系。在自然世界中,不仅生物体有"同构"现象,非生物体的物质,甚至人的心理结构、社会结构等精神范畴的事物也常会有"同构"现象存在,这也许是由于世界的统一性所造成的。例如人的神经血管系统同很多植物的根须、叶茎是同构的,从航空照片上也可看到由山脉、河流的走向所组成的网络与人的神经系统、植物的根茎形态也存在相似现象。对于"形"的表情联想也可说是由视觉形象与心理的某种同构。另外,有些"形"具有一些约定俗成的含义,是由于多次的交流增进了人类的心目中这一含义与"形"的表象之间关系的固定性,因而形成了在这些"形"与特定的情感或观念之间稳定的心理联系。美学环境给人的整体感受、气氛效果等来源于视觉形象的表情,而这些表情综合起来构成了整个形态的特定性格与含义。

美学中的"形"大体上可分为实体的"形"与空间的"形"两大类。在公路美化绿化的早期,人们更注重植物实体构图的美学原则,反复推敲植物造景的造型及其比例、尺度及立面构图等视觉效果的诸多问题,而随着时代和公路建设的发展,景观的主角偏向了空间,更多地从空间的各种造型法则及美学效果方面来探讨公路美景的"形",甚至有些偏激,只追求所谓"纯粹的路际空间表现"。事实上,实体与空间二者是相辅相成、互为条件、缺一不可的,正如中国古代"阴阳"学说包含的基本哲学思想阐述的辩证关系,老子曾说的"有无相生,难易相成,长短相形,高下相倾,声音相和,前后相随。"也是这个意思。实体与空间互为条件,空间的形状、表情、气氛等全靠实体来塑造、来实现。

公路美化绿化的"形"是以点、线、面、体等几种基本形式出现的,它们在公路的环境中有各自不同的表情及造型作用,其效果与植物的色彩、肌理和环境中的光等因素有关。这些实体的要素限定着空间,决定着空间的基本格式和性质,而不同形式的空间又有着不同的性格与情感表达,给路际环境中的人不同的视觉感受。

无论是实体的"形",还是空间的"形",它们是有个性、有性格的。

2) 色

色彩是视觉形态的要素之一。对于公路美景的"色"来说,它不能独立存在,往往依附于"形"而出现。与"形"相比,色彩在情感的表达方面更占有优势,往往给人非常鲜明而直观的视觉印象,因而具有很强的可识别性。同时,这种视觉印象的产生往往是瞬间完成的。注目性大的色彩往往更能引起人的视觉注意,即有"远看颜色近看花、先看颜色后看花、七分颜色三分花"之说。色彩有时会使很平常的形体变得美好,在一定程度上改变人对"形"的感觉,或加强"形"的表现力,起到"画龙点睛"的作用。但色彩又往往受到"形"的一些限制,只有与"形"的语言一致并和谐的配合,同时又与具体用途恰当的结合时,才能得到理想的表意效果。

关于"形"和"色",色彩学家阿恩海姆的理论解释"由于'形'和'色'可以彼此区别开来,它们也可以相互比较,二者都可以完成视觉的两个最独特的功能,它们传达表情,还使我们通过对其的辨认而获得信息。形状是一种比颜色更为有效的通信手段但是颜色也有相当大的作用,在许多方面,颜色也是被当作一种通信手段来使用的,而且用形状不能取得颜色的表情效果,色彩造成的是一种在本质上属于情感的经验。"公路美学的色彩问题是色彩学在环境设计中的应用分支,它含有物理、生理、心理三方面的具体内容。

(1)色彩的物理学属性

色彩的基本属性是色相、明度和纯度。色相是反映颜色的基本面貌,是分辨色彩的主要依据。明度也叫亮度,体现颜色的深浅,色彩的明度差别包括两个方面:一是指某一色相的深浅变化,二是指不同色相间存在的明度差别。纯度指颜色的纯洁程度,纯度取决于色的主波长,如黑白灰的纯度是0,纯度依次向色彩鲜艳的递增。描述色彩的三个基本术语是颜色、色值和饱和度。颜色即色彩在色盘上的位置,如红、黄、蓝等;色值描述色彩的深浅程度,色值相同的色彩在黑白照片上显示相同的灰色调;饱和度则是指色彩的浓烈程度。

色彩可以分为有彩色和无彩色两大类,其中黑、白、灰属于无彩色,无彩色不含有颜色,只存在明度的要素。除了无彩色以外,以红、绿、蓝(色光三原色)或红、黄、蓝(色料三原色)为基础,按照不同的比例混合的所有颜色都是有彩色。

(2)色彩与心理和情绪的关系

色彩会影响人的心理、情绪。有关的色彩心理感觉,如:"心情感觉"(暖色给人亢奋感,冷色给人沉静感)、"重量感觉"(明度低的色彩使人感到沉重,彩度低的冷色也有类似感觉,相反则有轻的感觉)、"距离感觉"(暖色调、亮度高的色彩显得近些)、"软硬感觉"(暖色、明度高的色彩显得软些,彩度高的显得硬些)、"时间感觉"(亮度大、彩度高的暖色易引起疲劳感,以致显得时间过得较慢)以及"前进后退感觉"还有"膨胀收缩感觉"等。日本心理学家"色彩联想"调查表明:高明度、高饱和度和波长较长的色相(如红、橙、黄色)可引起人的兴奋;低明度、低饱和度和波长较短的色相(如青、蓝、紫色)可引起人的冷静。生理实验也证明,肌肉的机能和血液循环在不同色光照射下发生变化,"蓝光最弱,随着色光变为绿、黄、橙和红而依次增强",这与心理学上对色彩的心理效果的观察相符。俄国学者康定斯基将色彩心理分为直接性心理效应和间接性心理效应,直接性心理效应是色彩的物理刺激对人体生理产生的直接影响,如色彩的冷暖感、重量感、尺度感、胀缩感。间接性心理效应是以色彩的联想为媒介传导给人的感受,是颜色对人情绪的影响,一旦视觉经验与外来色彩刺激发生一定的呼应时,会在人的心理上引出某种反应,间接性心理效应同个体的知觉经验、环境、情绪等多种因素有关,不同人心理效应也会不同,如表2.7.2～表2.7.4所示。以上色彩与心理和情绪的关系是指通常情况下的规律,但所有效果都是相对的,是受到许多条件制约的,色彩与心理和情绪的关系是相当复杂的;此外,还取决于它与环境中其他色彩的相互关系,通过比较来识别。

色彩的间接性心理感受　　　　　　　　　　　　　　　　　　表 2.7.2

色别	暖色	亲切、喜悦、活泼、热情
	中间色	平静、平凡、调和
	冷色	阴沉、悲哀、凄凉、深思、宁静
	单色	纯洁、严肃、衬托其他颜色而取得协调
明度	高明度	爽朗、轻快、明朗
	中等明度	稳重
	低明度	忧郁、笨重、深沉
彩度	高彩度	华丽、新鲜、进取
	中彩度	稳重、舒畅
	低彩度	朴素、典雅、保守
明度和彩度	高明度低饱和度	柔和
	低明度高饱和度	坚强

色彩联想的具体事物　　　　　　　　　　　　　　　　　　表 2.7.3

颜色	联想对象	颜色	联想对象
红	火、血、太阳等	棕	土地
橙	灯光、火焰、柑橘等	紫	紫丁花、葡萄等
黄	光、黄花、柠檬、银杏等	白	雪、白云、砂糖等
绿	草、叶、森林等	灰	阴天、灰、老鼠等
蓝	海、水、天空等	黑	黑夜、墨、碳等

色彩的抽象想象　　　　　　　　　　　　　　　　　　　　表 2.7.4

颜色	抽象想象	颜色	抽象想象
红	热情、活泼、强壮、积极、喜庆、自信、危险	紫	优雅、高贵、庄严、神秘、不安、呆滞
橙	温和、典雅、喜悦、舒畅、友情、疑惑、嫉妒	白	纯洁、明快、洁净、朴素、神圣、永恒、命运
黄	希望、愉快、明朗、幸福、自信、外向	灰	平凡、朴素、大方、失意、谦逊、不安
绿	和平、安全、新鲜、成长、理想、公平、宽容	黑	严肃、沉痛、悲哀、神秘、坚实、永恒、恐怖、不祥、憎恶
蓝	冷静、理智、悠久、清澈、深远、神秘、保守		

一般情况下,明度越高、纯度越高的色彩以及暖色会给人以膨胀感,相反则给人以收缩感。最明显的例子就是白与黑,处在明亮的白色空间里,让人感觉宽广轻盈、洁净;而处于黑色为主调的空间中,给人收缩沉重压抑的感觉。在公路美学设计中,也可以利用色彩的胀缩原理来改善局部的视觉效果。

在色调方面,波长较长的色彩,如红、橙、黄等具有伸张、向前的感觉,波长较短的色彩,如绿、蓝、紫等具有收缩、退后的感觉。在明度方面,明亮的色彩都具有伸张向前的感觉,反之亦然。在纯度上也是如此,越是饱和鲜艳的色彩越具有伸张感。

不同色彩间对比越强烈,人的视觉敏感度越高。就单一色彩来说,人眼对黄色的敏感度最高,黄色是人们最容易注意到的色彩,因此在公路中经常利用对比色以及黄色作为警示标识的底色。但是,越鲜艳、越明亮的颜色或者色调、亮度反差过大的色彩组合容易使人的视力产生疲劳。

不同的色彩搭配在一起时,会产生色相、纯度与明度之间的差异,这种差异越大,对比越明显。强烈的对比会给人强烈的视觉刺激,让人兴奋、激动、紧张,也会让人容易产生视觉疲劳。色彩对比的效果跟其面积大小也有关系,如果在配色中某种颜色的面积过小就容易被其他色彩同化而让人难以发现。

色彩的调和是建立在对比的基础上的,是指通过合理搭配来使色彩给人协调舒适的感觉。比如过分强烈的对比需要加强共性来柔化,而过分含混不明的色彩则需要加强对比来使其明朗。在色相、纯度、明度三要素中,凡是有两种要素相同或类似就可以得到调和的效果;如果只有一种要素相同或类似,另外两种要素具有不同程度的变化,则有可能产生一定变化的调和;如果三要素全部缺乏共性,那么配色是很难调和的。

综上所述,色彩有表情并能使人产生生理的和心理的反应,说明了色彩可以表达意义并对人产生影响。在公路美学设计时,可以应用色彩的这些特性来使美学建设更好地传达信息,为公路的使用者服务。在公路美学设计中,要合理运用各种色彩搭配,给驾车人员创造出安全、舒适的视觉环境。比如:当主线上的汽车在高速运行中,为使驾驶者能够将注意力集中到前方路面上,公路两旁的景观要素必须是静态的、相对灰暗的,其形象和色彩应该为驾驶者视觉轴线服务,才不会在一闪而过时导致驾驶者分心。在须要引导和警示的路段,就要通过强烈的色彩和鲜明的标识来充分引起驾驶者的注意。而在互通式立交这样的节点,由于匝道上车速相对较慢,因此可以使用更加丰富的色彩来进行创意,达到视觉美的效果。

对公路美学的色彩搭配来说,抽象的色彩关系美可以应用,但不能硬套心理、物理学实验结果,而要综合考虑。公路美学色彩设计相对比较单纯,自由度较小,首先要考虑它的具体用途、目的和服务对象的要求。不仅要遵循一般的色彩对比与协调的原则(协调又要对比,二者关系掌握适度),还要综合考虑具体的位置、面积、环境要求、功能目的、地方民族传统、服务对象的愿望等因素,尽可能利用小品和绿化植物本身的色彩、质感效果使其更好地为传达意义服务。在公路美化绿化的实践中,人们也积累了一些色彩在公路美化绿化设计中应用的原则和经验,既要学习这些经验又不要过分受制于这些常规,色彩的流行性非常强,人们的审美也在不断地变化。美学色彩的设计还应有创意,有时一些巧妙的,虽然并不常用的植物色彩搭配会产生意想不到的效果。国际上规定了一些通用的色彩象征意义用于交通、医学等领域,如红色表示高度危险、黄色表示注意、绿色表示安全、紫色表示放射等。在公路美学设计中,多了解色彩在不同地点、场合的象征意义,有助于更好的表达意义和传达信息。

总之,如果说,形是有个性的,有性格的,那么色是有情有义的,有情感的,形与色组合交融的场景就是有血有肉、缤纷万象的。但公路美学的设计与建造应该以构筑物功能需要和力学结构之形、植物生长自然之形,以及两者的自身色彩为本为基,充分利用形与光的光影效果,配置植物自身的色彩与季相,创造公路"形形色色"的美感效果。

2.7.5 公路美学系统构成的分类方法

公路美学系统分类按研究方法与研究角度的不同,有着不同的分类方法。

1)公路美学按系列的分类

公路美学要素随着公路的走向呈带状分布,形成了串珠状的美学要素序列。在公路美学序列构成要素(以高等级为例)中,包含线要素和点要素两个方面,在这两方面要素中,各还包含若干要素,如图 2.7.39 所示。

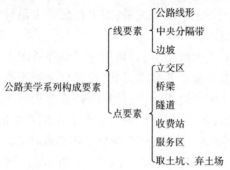

图 2.7.39　公路美学按系列的分类图

2)公路美学系统按客体的分类

按公路美学系统客体的组成要素分,公路美学系统包括自然美学系统、人文美学系统。具体要素如图 2.7.40 所示。

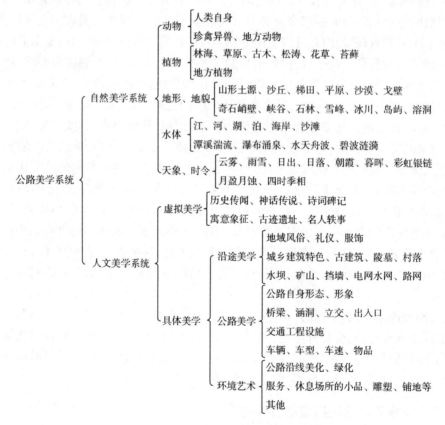

图 2.7.40　按公路美学系统客体的组成要素分类

3) 公路美学系统按主体活动方式的分类

对公路主体之一——行驶中的公路使用者来说,路际上的公路美学系统都是动态的;对在休息、进出公路收费站、立交区内的公路使用者来说,服务站、收费站、观赏台等美学要素或系统是静态的或者是准静态的(如立交);对于周边居民而言,他们感受到的整个公路美学系统是静态的,如图 2.7.41 所示。

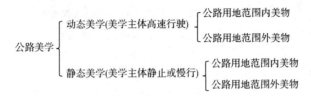

图 2.7.41 按公路美学主体的活动方式分类

4) 公路美学系统按建设模式的分类

在公路美学系统规划、设计、建造过程中,按结构形式(线性结构、点式结构)和公路用地范围的内外(或者说是否可在公路建设中进行建设、改造),以及哪些美学元素须在公路选线、规划、设计、建设和运行中予以保护、开发、利用与改造,哪些美学元素须在公路规划设计时进行设计与创造进行分类,见图 2.7.42。

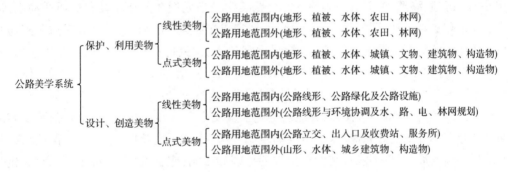

图 2.7.42 按公路美学的建设模式分类

5) 按公路美学系统的生态学分类

从生态美学的角度出发,公路经过的区域可以划分出五种公路美学系统类型:①自然公路美学系统,如湿地美学系统、滩涂美学系统等;②半自然公路美学系统,如林地美学系统、灌丛草坡地美学系统、河漫滩美学系统等;③农业美学系统,如水田美学系统、旱地美学系统、果园美学系统、盐田美学系统等;④郊区美学系统,如以工矿居民地为主的郊区美学系统、以菜地为主的郊区美学系统、以风景旅游地为主的郊区美学系统;⑤人工建筑美学系统,如城市美学系统、矿区美学系统等。

6) 公路美学系统按功能作用分类

公路美学系统按其特定的功能作用,公路美学系统是由公路主体、附属设施、沿线建筑物、周边自然环境、气象变化及人的活动等因素所构成的一个总的空间概念。它表示公路与其环境作为人的感觉所能感知的一种美学特征,按功能作用分类的公路美学系统如图 2.7.43 所示。

```
                    ┌ 主要构成要素 ┬ 公路主线(主要有线形、路基、路面)
                    │              ├ 公路构造物(桥梁、隧道、立交等)
                    │              └ 公路绿化(沿线线性及点式绿化)
                    │ 辅助性构成要素 — 道路附属设施(沿线服务、管理、休息站所、交通标志牌、广告牌)
 公路美学系统 ┤ 远景及背景要素 ┬ 自然要素：天空、山岳、河湖、森林、植被
                    │                └ 人为要素：农田、村庄、果园、建筑物等
                    │ 动态或变动要素 — 四季变化、一天内时间变化、晴、阴、
                    │                    雨、雪、风、雷、电、雾、霜等天气变化
                    └ 虚拟要素 ┬ 历史传闻、神话传说、诗词碑记
                                └ 古迹遗址、名人轶事、风俗礼仪
```

图 2.7.43　公路美学系统按功能作用分类

2.8　公路美学的思想和原则

所谓"美"是指人的各种感觉器官和人的行为接受审美客体的刺激时所产生的心理反应，即愉快、舒适、满意、令人喜爱等感受。公路美学是指人们在公路建设和交通活动中，运用美学理论和法则，在保证公路安全、经济、快捷完成交通运输的前提下，充分考虑公路与社会和自然环境的配合协调及可持续发展，尽力满足人类各种感官的舒适和心理的顺畅、愉快、满意，对公路交通审美客体进行美的塑造和研究的科学。简而言之，公路的"美"体现在"真""善""美"。"真"就是要具有能满足社会、经济、政治、军事等方面对公路交通运输的功能要求，且交通运输经济高效便捷，并能安全施工及安全运行和管理；"善"就是公路要与沿线的社会和自然环境友好和谐，保护沿线的生态环境、社会环境及地域文化，并保证社会和自然的可持续发展，至少不能对它们产生大的危害和影响，或者说，周边自然、社会、文化受到的影响应得到恢复；"美"就是在进行公路建设和公路交通运输过程中，能够为驾乘人员(公路使用者)和沿线居民的各种感官带来美好的享受，使他们舒心、愉快、满意。公路美学的这三个方面("真""善""美")即组成公路美学的三要素。

公路，适宜是最好的、优质是最省的、安全是最快的、自然是最美的。

2.8.1　公路美学的目的与作用

审美心理活动作为一种特殊的类型，不仅是获得愉悦和舒适的情感活动，也是发现美、创造美的认识活动，还是有着美丑的价值判断的意志活动。因此，审美心理的活动过程也是审美的认识过程、情感过程、意志过程的集合。在审美心理过程中，情感过程融入了认识过程和意志过程，即现代人们常说的理性沉淀于感性。因此，就公路美学建设心理而论，它以感性形式表现理性内容，追求以情达理；从其使用者和受影响者的鉴赏心理而论，通过感动后领悟，讲究"各以其情而遇"，通情然后悟理。

著名的心理学家马斯洛认为：从生物学意义上，人需要美正如人的饮食需要钙一样，美

有助于人变得更健康。他指出人类对于美的追求就是一种"实现人的全部潜力的欲望",是一种自我实现的需要。作为交通载体之一的公路工程,应将功能、经济、安全、和谐、可持续和美感融为一体。功能是目的,技术是条件,经济是约束,安全是保障,社会与自然和谐及可持续发展是人类的终结及整体目标,美感是人类追求的最高境界。公路美学的主要目的与作用在于:

(1)安全、经济、快捷地完成客货运输和信息交流的任务。

(2)保护和恢复生态环境,使公路能与周围自然环境有机地融和为一体。

(3)减少对自然资源和社会资源的占用和破坏影响,保证自然和社会的可持续发展。

(4)提供舒适、顺畅的道路条件和公路环境,使与公路相关的人感到愉悦、满意、舒适,提供良好的美学享受,受到美的熏陶。

(5)使公路的各种构造物同周围环境相协调并成为新的人文美景,构成城乡美的重要因素。

(6)播撒现代经济社会文明的种子,促进社会各项事业的全面发展,同时又向外界宣传沿线的地理、人文、社会和经济,促进经济、社会、信息的向外、向内开放。

(7)是物质文明建设的精神成果,是衡量整个公路系统文明水准的外在尺度。

(8)满足不断发展的交通科学的需要。

2.8.2 公路美学建设的基本思想

公路美学的基本美学思想概括起来主要有以下几个方面。

(1)公路美学系统建设要满足公路交通运输功能的要求。公路的建设要考虑政治、社会、经济、国防等现在和将来对公路交通的需求,考虑具体公路的服务对象,确定合理的公路网络布设、路线规划、建设等级、建设规模和标准,既要满足现实需求也要兼顾未来发展。

(2)公路美学系统建设要满足公路交通运输的安全要求。公路美学的一个重要内容是保证公路交通的安全,保证驾乘人员、车辆、货物以及周围人群的生命财产的安全,并保障受影响人群的生理和心理健康。处处从方便人的使用角度考虑,让使用者在使用时拥有最大的自由度。同时,要允许使用者犯错,最低保证使用者犯错后不能以失去生命或重大经济损失为代价,进行人性化的线形设计、宽容的路侧、边坡及排水设施设计。同时,也要不影响公路沿线人民群众的生命财产安全,不影响他们的身心健康。

(3)公路美学系统建设要与时代和经济成本协调。公路美学建设是在现有经济、社会、教育、美学思想和观念基础上的需求和环境条件约束下进行的,不可能超越现实对公路运输提出的要求,不可能超越现实的经济承受能力,追求"纯美""唯美"的思想,也不能超越现在的技术水平和美学观念,时代和经济是对公路美学建设的要求,是一种约束。除了节约美学投资外,还要方便进行公路美学系统的维护和管理。

(4)公路美学系统建设要"以人为本"。公路美学系统的建设是"为人",不但考虑公路使用者,还要考虑沿线受影响群众,要考虑坐在车上运行中的人、路上步行和骑车运动着的人、居住在道路两边静止着的人对公路美学系统的不同感受,保证现代的人和将来的人,为人类提供交通运输,促进经济、社会、政治、教育等各项事业的发展。不能因为满足公路交通运输而影响其他事业的发展,或影响其他事业发展所需要的资源、环境等。

(5)公路美学系统建设要自身和谐,但也要有变化。公路美学系统自身的和谐应包括前后不同路段以及不同结构之间的技术性能和指标、标准等的匹配、美学内容和形式的连续与统一、使用年限相互匹配等。自身和谐不是前后一致,而是变化中的统一,因为公路会穿越风格各异、特点鲜明的生态区域、地貌地形单元,连接若干具有不同人文背景的地域,在某些有欣赏价值的路段设计成具有当地特色的公路美学特色带。在美学设计时应确定美学节点和序列形式,根据节点划分出美学单元、次级美学单元、路标、美景点和美学分水岭等特征点;然后在美学设计中结合各个层级美学单元的特点,考虑相邻美学单元之间差异的大小,对其进行组合、归并,划分出风格各异、协调统一的美学特色带、美学特色点和美学过渡带,营造出形态、味道、色彩和质地不断变幻的公路美感行驶环境。

(6)公路美学系统建设要与社会环境和谐。公路美学系统与社会环境和谐应使公路的建设和运行满足沿线及两端社会对公路客货运输、信息传输的要求,减少公路建设和运行对沿线社会的影响,减小或不造成沿线的环境污染,减少或不占用和破坏沿线的人文资源和自然资源,不造成或很少造成交通安全事故,不影响或很小影响周边居民的生产生活和城乡建设发展,不能影响其他工程(如铁路、电信、管道等)的建设和发展等。

(7)公路美学系统建设要与自然环境和谐。公路美学系统与自然环境和谐包括不影响周边的生态环境或影响应得到恢复,使生态环境良性发展,水体、土壤、空气不会受到污染;减少或不占用和不破坏沿线的自然资源,如土地资源、植物资源、矿产资源、水资源;从视觉景观来说,公路美学系统的外形、色彩等方面与沿线的植被、土壤、地形地貌等和谐统一。

(8)公路美学系统建设要可持续发展。公路美学系统的可持续发展要求公路建设不仅满足现在的需要,也要满足将来公路交通的发展,不能影响城乡建设和工、农、商、学等行业和其他工程将来的发展,不能影响现代人及其后代对人文资源和自然资源的开发利用等。

(9)公路美学建设要考虑人们的全部感官和心理的美学享受。虽然视觉是人类获取信息的主要感官,但是除了视觉以外,人们还有听觉、味觉、触觉、运动觉、平衡觉、机能觉等感官系统。除了满足人们好看、美观的感受外,也应尽量不使人们因为乘车晕车、呕吐、昏头涨脑,也应尽量不存在灰尘漫天、臭味难闻的路段等。

(10)公路美学系统建设要以路线布设为龙头,贯穿公路规划、设计、施工和运行管理全过程。公路美学系统的建设与其他公路设施和结构不是分离或独立存在的,是结合成一体并共同承担公路整体结构的目的和任务,公路美学建设不是单独能设计和构建的,也不是一时之美,而是长久的美,长久的美需要维护和管理。因此,公路美学系统的建设要从公路的规划、勘测、设计、建设施工到运行、管理和维护的整个公路的生命过程和各个方面。

(11)公路美学系统建设应充分利用沿线已有的美学元素。公路存在于环境之中,环境与公路是一个系统。公路美学建设应利用沿线周边已有的自然和人文美学元素,不但应充分利用当地材料、人力和技术,减少公路美学系统的建设费用,还应具有地方特色。地域的也是世界的,宣传沿线地域的资源和文化,可加快地方的旅游事业发展,提高和加快地区资源的有效利用,加大沿线历史、社会、文化的知名度,促进地方各项事业的发展。在水边建设道路,利用水的洁净和灵秀构筑道路的主背景,常常可以起到画龙点睛、主体突出的美学效果;在靠山的地方建设道路,利用山的青翠苍穹和恢宏气势来构筑道路的主背景,可以突显道路的明快、开阔和大气。通过对公路沿线自然和文化资源的搜集和提炼,利用科学的手段、艺术的表现手法,适时适地的体现当地人文特色和自然特色。

(12)公路美学系统建设要坚持"传统与创新结合"。公路美学系统的建设不但应继承古今中外传统的美学理论和知识、技艺,促进其他行业和学科的美学理论及技术知识在公路系统中的应用,还要坚持创新,避免照搬照套,公路美学既要有"熟悉共鸣"的美感,也要有"新奇创新"的美感。充分发挥公路设计和美学工作者的想象力、独创性及灵活性,在运用技术标准和传统美学思想及技术的同时充分融入"创新"的理念。

(13)公路美学研究一定要抓住速度和条带状这两个关键因素。速度包括车行的速度、人行的速度、通行的速度、观赏的速度等。速度的不同导致尺度的变化,这就要求公路美学系统的平面布局、立面设计、沿线植被、小品、雕塑、绘画等的尺寸、色彩、间距、味道、声响等能够被感知。对应不同的速度,要有不同的尺度、不同的材料、色彩、味道以及不同的规划设计方法。公路是线状结构,而人的感知具有一定的范围,公路的受益者及受影响者也只在一定范围内,这就造就了公路美学可感知和可能的影响范围是一个条带状结构,公路美学建设主要集中在这个可感知和可能受影响的范围内。

2.8.3 公路美学建设的基本原则

公路是建设在一定环境条件下,为两端及沿线社会服务的结构和设施。公路美学应考虑交通、环保、周边社会发展、经济发展、土地开发建设、历史文脉、旅游资源、自然资源和环境等因素。公路美学建设原则可以总结为:顺应自然、尊重历史、着重特色、整体设计、经济实用、安全稳定、长期完善等,具体原则如下。

1) 功能性原则

公路首先是供客货运输和信息交流的,公路美学建设应始终把公路的功能性原则放在首位,充分考虑公路的特点,以满足公路的交通功能为首要宗旨。

2) 安全性原则

通过美学建设提高舒适性的前提是保证交通安全。如果不能保证交通安全,不管公路本身多么优美都是毫无意义的,保证安全是公路美学建设的基础和前提。因此,保证道路畅通、行驶安全,避免对驾乘人员造成心理上的压抑感、恐惧感、威胁感,以及保证行车的视觉和视野,避免视觉上的遮挡、线形的不可预见性和眩光的不利影响等是公路美学建设的基础与前提。

3) 以人为本

人是公路美学建设中的主体,各项建设都要从人的需要及舒适性出发,满足人的各种生理、心理和行为需求。公路美学建设时,不仅应能满足人们出行的需求,还能供人们欣赏,提

公路美学

高行车乐趣。考虑大众的审美习惯,思维模式,兼顾人类共有的行为习惯和心理需求,以人为本是公路美学建设的基本原则。对于公路交通来说,公路美学建设应满足公路使用者的便捷需要,要方便周边群众的生产生活,也要方便公路使用者和周边群众对公路美的欣赏,为使用者提供安全、舒适、快捷的服务;同时也要减小或消除对沿线居民的不利影响,并方便他们使用公路,这本身就是一种以人为本精神的体现。公路美学建设作为一种追求人与自然之间的变化与控制,应研究安排公路用地及用地上的物体和空间来为使用者创造安全、高效、健康和舒适的行车环境。公路美学建设应该体现出对人的理解和关怀,从宏观到微观充分满足使用者的需求,大到美学的总体规划,小到服务设施的配置、标志牌的设计等都要从人的角度出发,让以人为本的原则贯穿、渗透到美学建设的每一步,满足人的各种生理和心理需求。

4) 协调融合性原则

公路美学是一个系统性工程,须要系统内部以及系统之间的协调融合。系统间的协调融合是指公路美学构成要素——公路路体美、周围的自然美和人文美之间的协调和融合。

5) 美学分级分区与统一性原则

公路沿途区域环境差异巨大,须要进行美学环境评估和美学环境质量的分级,研究美学环境对公路建设的适宜程度,以便确立不同美学环境等级下公路美学建设的策略。同时,为了实现公路美学的整体性、秩序性和特色性,须要针对不同特点和风格的美学环境进行分区规划,进行公路美学环境的序列设计。按功能要求和美学原则组织各个美学要素,要求平面布局清晰,空间展开序列完整,造型、色彩、材质、味道、声响协调统一,人流、物流有序流动。考虑到公路美学的特性,设计时应通过点线结合的方式进行工程总体规划,平曲线要素、纵坡、沿途的地形地貌、自然生态环境等线形美学与互通式立交、服务区、收费站等点美学应该统一规划设计,以达到公路与环境的协调统一,使公路融入自然中,并在设计的变化中求统一,统一中有变化。连续性分别体现在感觉空间上的连续性和行动时间上的连续性,公路美学建设就是要将道路空间中各美学要素置于一个特定的时、空连续体中加以组合和表达。

6) 尊重自然、坚持可持续原则

大自然中的万物构成了地球上互相联系的生命之网,人类是世间万物生态链条中的一环,是生命之网中的一个节点,一旦生态链条断裂了,生命之网支离破碎了,人类将无法生存。公路美学建设时,应以不破坏自然环境为首要考虑,将公路融入周边环境中,不能以自然环境的牺牲来换取公路美学的建设。公路美学的作用之一就是使公路与自然环境相融合。公路美学建设应以生态学理论为依据,尊重自然、正视自然、保护自然、恢复自然,最大程度地模仿自然,减小人为的痕迹,减小对自然的干扰、破坏。公路美学的可持续发展可认为是人——美学关系的协调性在时间上的扩展,这种协调性应建立在满足人类的基本需要和维系美学生态整合性之上,从时间和空间上规划人类的生活和生存空间,使沿线美学资源的建设保持持续的、稳定的、前进的势态。可持续性原则表现在两个方面:一方面,公路美学营造必须注重对沿途区域生态资源、自然美学系统及人文美学系统的保护、利用和传承,从时空尺度上科学规划,使公路建设实现可持续发展、资源环境实现可持续利用;另一方面,自然存在着不断更新演替的过程,公路美学系统须要坚持长期完善的原则。

7) 经济性原则

公路美学建设应保证公路交通运输的经济性,降低运输成本,节约交通运输费。公路美学建设应将有限的资源放在对原有美学环境的保护、整治、利用和创造上,大可不必将精力放在那些耗费大量人力、物力、财力的美感美学塑造上,应倾心于对公路沿线原有美学资源的保护、利用与开发及路体本身和其沿线设施、构筑物等人工美学要素与原有地形、地貌、自然环境的相容性研究。在公路选线时应该利用所经过地区美感的多样性,把最佳的美学特征导入驾乘人员的感知范围以避免单调,既经济,又实用,既满足公路交通运输功能,又保护沿线环境,创造出生态效益好、环境优美的公路美学系统。

8) 符合沿线的发展规划原则

公路美学建设应遵循沿线城乡总体规划所制定的指导思想,应在地区性质、城市规模、城乡发展方向、地区经济能力等条件约束下考虑公路美学建设。

9) "势""形"并重原则

"势"表示宏观、总体、态势、趋势,"形"有细部、个体、形状、形象等意义。"百尺为形、千尺为势",在行驶状态下,美学主体对个体美学、整体美学系统大都是匆匆一瞥,关注的是整体轮廓和总体态势。对线形美学(如路侧绿化带、公路线形、中央分隔带等)要连续均衡、自然融合,对美学系统则应轮廓清晰、尺度均衡、色彩协调、风格突出。细部美学要素的设计要点应在对"形"的体现和刻画上,如构筑物的形态、公路线形质量、植物造型等。

10) 地域性原则

我国地大物博,不同地区有其独特的地理位置和地形地貌特征、气候气象特征、植被覆盖特征等,加之我国人民有着自己独特的审美观念,不同地区的人们具有不同的文化传统和风俗习惯,美学在不同地域呈现出不同的特征。公路美学建设要统筹规划、分段设计、因地制宜、美感协调、注重特色。在进行公路的线形、沿线构造的美学设计时,避免割断生态环境空间或感觉空间的错误做法,要与当地风土人情、历史文化相协调,展现出当地的文化内涵与韵味。必须考虑保持长期的自然经济效益,尽量避免破坏自然环境和原有风景,保护各种动植物和名胜古迹。必要时可修改公路设计和施工方案以保全原有美景美物。公路美学系统应与沿线城乡风格相符合,保持其特有的自然环境特征和人文环境特征,避免侵犯当地的忌讳,切忌盲目照搬照抄。

11) 时代性原则

公路美学设计要符合时代发展的需要,要体现时代主旋律。时代是发展的,人类是进步的,反映人类文明的公路美学也应是一个不断更新、演变的过程。这就要求在公路美学的塑造过程中,坚持动态性原则。在时代的不断发展进程中,赋予公路美学以新的内容、新的意义和新的形式。

12) 综合性原则

公路美学建设是一项综合性工作,其综合性包括两方面含义。其一,公路美学的分析不是某一学科所能解决的,也不是某一专业人员所能完全理解其内在的复杂关系并做出明确规划决策的,公路美学分析涉及美学设计、城乡规划、建筑及空间规划设计、美学、环境学、心理学、交通管理等多学科的综合性问题,需要多学科的专业队伍及人员协同合作并进行不懈的努力,这些人员包括道路工作者、美学规划者、美学建筑师、园艺师、地质工作者、生态学学者、环境学学者、心理学学者、生理学学者、美学学者等。其二,要兼顾生态效益、经济效益和社会效益的协调统一,要在分析自然条件的基础上,同时考虑社会经济条件,只有这样,才能客观地进行公路美学建设,增强其科学性和实用性。

2.9 公路审美感知

在审美心理学中,将审美感受与审美知觉统称为审美感知。审美感受是由审美对象的刺激所引起的一种心理感奋状态。审美知觉是当审美对象与审美主体通过感官直接遭遇时,审美主体对审美对象所进行的综合、整体的把握活动。审美感知是对事物形式特征的整体把握,是将杂乱无章的对象形式改造成一定的形式、一定的结构原形。这种感知与一般普通感知有明显区别,它对整个客观世界带一定审美心理。审美是一种主观的心理活动过程,是人们根据自身对某事物的要求所做出的一种对事物的看法。美作为一个展示的过程,只有接受者在具体的接受实践中才能体会出来。审美过程可分为3个阶段,即审美注意和审美期待阶段、审美感知和审美品位阶段、审美评价和审美升华阶段。

公路美学建设是要创造宜人的立体空间环境,是人为创造美的过程。自然物质的属性是构造表象美的基础,是引起人们审美注意的阶段,而隐藏在表象下的意蕴美则是通过在自然属性上附加的情感经验引起的共鸣;审美感知和品位的过程,伴随而来的是人们对公路美学系统注入自己思想情感的升华,唤起人们对其旅途中的留恋。

2.9.1 公路景观审美主体与客体

一般审美理论中,审美主体和审美客体是参与审美活动要素的两大类,审美主体根据自己的生活经验、文化素养和审美观点对审美客体所理解的基础上进行审美感知。公路美学系统审美的主体是公路的使用者,包括驾驶员、乘客和沿线及两端的居民,公路本身是由人创造出来的审美客体,所以公路的美学设计者和建设者也属于审美主体,因此公路美学系统的美需要多数人认同。

审美的客体即公路本身美学系统及环境,按审美客体构成要素划分为:自然美学系统和人文美学系统。自然美学系统是指自然形成的地形地貌,如:平原、丘陵、山地、森林、湖泊以及植物、动物、水体、土壤、岩石以及时令变化带来的不同景观。人文景观反映了人与自然环境间相互作用,在自然美学系统的基础上,叠加文化特质而构成的美学系统。公路人文美学系统包括公路沿线的居民为满足物质和精神生活的需要创造的各种具有地域和民族、宗教、文化特色的特殊工程美学系统,如城镇、村落、庙宇、建筑、农田、耕地、厂房、圈舍、墓穴、雕塑等,以及设计师通过特定美学设计表现出当地人文气韵的公路沿线的构造物和服务性设施等。

2.9.2 审美心理下的公路美学特质

审美心理的美学特质(即隐藏在特定事物中美的特质),与其他美学一样,作用于审美心理的公路美学特质也是人们从美学系统的表象到意蕴特质的展开,符合审美的一般过程。

1)公路美学系统的表象特质

凡是审美客体中能够引起人类美感享受的外在形式都可以称之为审美表象,公路美学系统表象特质具有线形美、空间关系的美和陌生与熟悉的美。

(1)线形美。线形美即公路本身的平、纵、横和线形组合与周边自然环境合成优美和谐的空间线形,这也是公路功能的基本体现和公路美学的基础,带给使用者是开阔的、惬意的、轻松愉悦的旅行体验,而优美宜人的公路线形美主要体现在它的连续动态性、韵律节奏感和安全感。

人们从汽车上看到的是连续动态的环境形象,可以从中寻找和谐的过渡和乐趣,同时还有多层面重复中各种节奏韵律交织在一起,有起伏、动感的画面,构成一幅起承转合的美学长卷。在美学系统中,能够充分展示韵律感、动态感和节奏感,更快地抓住人们的注意力。

(2)空间关系的美。美学家狄德罗说"美在关系",事物的美体现在事物内部的各种关系中,也体现在该事物与其他事物之间的关系中。美学系统的美也是如此,在公路美学系统环境中能清晰地感受到图与底、虚与实、对比与连接、尺度与比例的关系等设计手法的和谐营造,呈现出美学系统空间关系的美。

图与底是人凭直觉认识世界的最基本需要,如果感知对象图底不分或难分的话,容易产生厌烦,加重疲劳感,造成消极的感觉效果。公路美学中路是图,自然场景是底。空间组合之间的对比关系,会使人们产生一种新鲜、奇妙、振奋的感觉。在空间各种美学元素之间组合对比中,可分为空间元素的大小对比、比例间的对比、层次间的高低对比、空间疏密的对比、错落穿插对比以及不同形体之间的对比等,巧妙地利用这种差异性的对比关系,可以打破单调沉闷,求得变化,给审美主体带来美的享受。

(3)陌生与熟悉的美。美学源于自然,但又不是对自己的完全模仿,既有陌生的美,也有熟悉的美,从陌生美中找到熟悉的美,让人产生信任、亲切感。如果审美对象是陌生的、新颖的,新奇感和期待感便会增强主体的注意力,强化感知,产生强烈的第一印象;如果审美对象是熟悉的,共识感觉让审美主体产生信赖和共鸣。

公路美学系统的陌生美感来源于美学系统的独特性,因为它所穿越的地域的唯一性,同时以自身独特方式组合在一块。将公路美学系统赋予鲜明独特性展示其"个性"美,使人们在其中享受到生理和心理上美的双重体验。而公路美学系统呈现的地域性能更好地与旅行者产生共鸣,公路穿越过的地方富有浓郁地域特色的美学系统会让审美主体感受到亲切和熟悉,看到以地域民俗文化元素作为符号元素,附加到公路附属构筑物等设施上进行气氛渲染,来表达民俗文化或历史文化感等的精神含义,如行驶在西石高速公路上看到石林,人们就会想到这是在电影、电视或其他媒体上见到过的石林;看到"阿诗玛"的文字,也就想到看过的电影"阿诗玛"、想到穿着彝族服装的漂亮姑娘——阿诗玛等,给人一种亲切、熟悉感。

2) 公路美学系统的意蕴特质

意蕴特质是潜藏在公路美学系统中表达深层次内在品质的那部分,它让公路拥有无限延伸的审美思考空间。从审美主体对客体诉求的美感来分析,公路美学系统意蕴特质具有情感性和场所性。

(1) 情感性。美学创作是人们表达内心情感和趣味的方式,只有人们能在使用空间的同时还能进行情感交流,从而获得喜怒哀乐等不同的情感,这样的空间是有情的;相反,不能产生情感交流的空间是失落空间。公路世界并不是封闭的世界,不是与人情感不相关联的陌生世界,而是与人的感知体验密切相关的对象,所以情感性是潜藏在人们审美心理的美学空间的表达,在设计中能体现真正"以人为本"的思想。

情感来源于感觉,公路美学系统中的情感性体现在美景美物形体、色彩、声响、味道、肌理、尺度等要素的表达上,适当地选用好方式,可以使公路美学系统与人的互动性更强,比如在公路线形上宽阔平直的公路给人视野开阔,催人奋进之感;蜿蜒曲折的公路给人流动感;而窄小拥挤的公路给人疲倦之感。在边坡处理上,做成模拟自然地形的形式让边坡之间插入变坡曲线,使边坡看起来起伏有序;而选用不当的生硬土工构造物处理,容易引起审美主体的排斥情绪。

(2) 场所性。场所是具有清晰特性的空间,是生活发生的地方。设计应抛弃一味追求简单表面现代化的矫揉造作,回归脚下的土地,通过对场所精神的挖掘,让人与场所自身相互交流。场所精神体现在注重人对空间场所的内在感受,强调提升环境的可识别性与共识感,使人产生强烈的归属感和认同感。

如果在公路行驶中人们对感知的信息熟悉,符合自己的期待就会感到亲切,与环境有交流的默契,产生归属感,乐于停留其中,易建立对公路环境的认同。认同感是人们对体验到的实质环境,经过主观感受判断和评估后的感知。对于公路美学系统的认同感是驾乘人员对其所在行驶区域的感知,从感受到品味,最后升华情感对它的认可,形成对公路沿途的整体印象。

2.9.3 公路美学系统审美特质的感知

美学系统的美应该让审美主体在行车过程中容易对路外的自然美学系统和人文美学系统特质有所感知,而且对其结构物感到安全、美观,结构物对地形的破坏减至最低,使沿线居民对环境有所认同。

1) 公路美学的感知方式

公路的特殊性是指人们坐在车里用眼观、耳听、鼻闻、身动等感知公路美学系统,而在动态美学系统中,视觉是驾乘人员获取信息的主要方式,其他感官为辅。在公路沿线收费站、休息服务区和观景区等处于静止或慢速行驶状态中,这些美学系统常常会是感觉焦点,须要着重处理。

2) 人们感知美学的过程方式

人们感知的过程分为接受信息和转译信息两个部分,人们首先接受周边的美学信息,然后对所接受的美学信息进行选择性的感知,被接受信息在审美中介的作用下进行转译从而产生对公路系统美的判断,完成人们对于公路系统美的感知过程。审美中介是指审美标准,符合大多数人的认同。

感知不是消极地记录一些本身并无意义的美学信息,转译后的信息越符合审美感知美学特质的公路美学系统,更容易被感知接受,评价会更高,更容易得到认同。因而,在美学系统创造中,基于审美感知的美学系统更具生动和独特性,包含主体独特的情感体验和美的因素,更能创造一个富有魅力的独特的美学世界。

从认知客体角度来讲,影响认知的主要因素有感知距离、感知客体的结构形态、色彩、声响、味道、动感美学等。人体感官中视觉接受的信息量较多,所以美学研究中,形态、色彩是最容易引起人们的注意。感知主体的感知距离不同、感知角度不同,公路感知者对公路美学系统的认知程度就不同,因此公路美学要素的设计手法是不一致的。为了使驾驶员和乘客更好地感知公路系统的美,首先需要对公路美学系统范围进行界定,根据感知者的感觉敏感度的不同对美学系统进行分级和公路美学系统建设。

2.9.4 公路美学与人体感受

公路美学系统由公路结构设施、自然环境和人文环境构成,具有特定的结构功能和动、静态特征的宏观体系。人们通过感觉(知觉)获取相关信息,并在心理和生理上有所反映,其综合效应是"舒适性"。汽车行驶时驾驶员感觉的舒适性有三点:①视觉、听觉、嗅觉、触觉等静态感觉(主要为视觉)给予的;②运转感觉给予的;③时间变化给予的。视觉、听觉、嗅觉、触觉等静态感觉给予的主要是静态的感觉,而对于舒适性的第二、第三个因素主要是动态的感觉,通过运动感觉或平衡感觉来进行。人们能直接评价的舒适性,只能定性的"感觉"。舒适性的感觉和表现见图2.9.1。

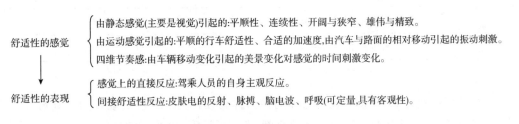

图 2.9.1 舒适性的感觉与表现

人和车辆的沟通受外界环境的影响。驾驶员在不断变化的公路运行环境中,受到各种外界因素的作用,其中能被肌体感受的外界变化称为刺激,每种感受器官都有其对刺激的最敏感的能量形式,这种刺激称为该感受器官的适宜刺激。若适宜刺激作用于该感受器官,只需很小的刺激能量就能引起感受器官兴奋。从交通安全和美学的角度来看,通过工程设计,使交通构筑物产生某种愉悦视觉、触感、味嗅觉或听觉感受,促使驾驶人员保持清醒状态,即为人性化的交通安全设计,如果公路美学系统具有审美意义、人文意义和精神价值意义,那么,这种交通工程就是在确保了交通安全基础上的具有交通美学、人文精神的交通基础工程,为最符合科学发展观的交通工程。

2.9.4.1 公路美学与人体视觉感受

人能够产生视觉是由三个要素决定的,即视觉对象、可见光和视觉器官。视觉形成的过程为:光线→角膜→瞳孔→晶状体(折射光线)→玻璃体(固定眼球)→视网膜(形成物像)→视神经(传导视觉信息)→大脑视觉中枢(形成视觉)。眼睛是人从外界获得信息的视觉器官,视觉的基本功能是辨别外界物体。根据视觉的工作特点,可以把视觉能力分为察觉和分辨。察觉是看出对象的存在,分辨是区分对象的细节,分辨能力也叫视敏度。景色是赏心悦目,还是单调枯燥,这些都与视觉因素紧密相关。据实验证实,信息87%来自视觉,驾驶员根据视觉内容(如道路及周围环境刺激),获得信息,通过大脑中枢神经,进行识别判断,抉择并作出反应,指导操作。

1)静视野

视线固定时,眼睛所看到的范围称为视野,驾驶人员的头部和眼球固定时的视野范围为静视野,人的静止视野范围是按周围环境的不同而有所不同的,具体见表2.9.1。视野范围内的视力称为周边视力。周边视力随距视轴的距离而变化,距视轴3°时降低80%,距视轴6°时降低90%,距视轴12°时降低95%,距视轴30°时降低99%。尽管周边视力降低很明显,但它可使人感知周围环境、物体方位以及外界物体运动及速度等。

视场的角度　　　　　　　　　　　　　　　　　表2.9.1

具体情况	对应视场角度(°)
以眼睛的视力最强部分看到对象物体详细情况	3
人眼完全处于舒适情况	18
观赏艺术品的情况	30
头部不动,眼球从左向右尽量活动的界限值	60
考虑了头部活动的实际视场	40~120

2)动视力

在车辆行驶状态下,驾驶员观察物体的视力称为动视力。驾驶员动视力与在静止状态下的静视力是完全不同的,动视力与运动速度、环境的照度,以及驾驶员的年龄等因素有关。车速越高,则物体的相对移动速度越高,眼睛的转动角速度相应加快。行驶速度增加(即眼睛转动的角速度相应增加),动视力降低;对于同一速度,照度增加,动视力提高;驾驶员的年龄越大,动视力越低。根据运动视觉心理学的分析,动视力比静视力低10%~20%,特殊情况下低30%~40%。究其下降原因,主要有:①行驶时,车辆有一定程度的颠簸,人眼受震,导致辨认距离下降;②快速行驶时,人眼的调节能力下降导致运动视力下降;③运动速度增加时,眼球从一个注视点移到另一个注视点,两个注视点的间距随速度的增加而增加,间距中的物体则处于周边视觉范围内,成像模糊,造成运动视力下降;④车速增加,人的生理、心理负荷增加,接受能力下降,导致运动视力下降。

车辆的运行速度与视力的辨认距离也有很大的关系。车速较低时辨认距离较远,车速增加时清晰辨认物体的距离缩短。同时,速度增大则车前距增大,也就是驾驶员对自己前面不容易注意到的范围越远,例如车速 64km/h 时,车前距为 24m 以外;90km/h 时车前距为 33m 以外,在上述车速情况下,相应的距离若小于上述数值的物体,不易看清,驾驶员前方视野中能够清晰辨认物体所需的距离与车速之间的关系见表 2.9.2。

驾驶员前方视野中能够清晰辨认物体所需的距离　　　　　　　表 2.9.2

设计车速(km/h)	60	80	100	120	140
驾驶员前方视野中能够清晰辨认物体所需的距离(m)	370	500	660	820	1000
驾驶员清晰辨认的物体尺寸(cm)	110	150	200	250	300

驾驶员只有在行车不紧张的情况下,才可能观察与道路交通无关的事物或注意两旁的景物。行车过程中两侧景物在中等车速情况下,驾驶员或乘客须有 1/16s 的时间,才能注视看清目标,视点从一点跳到另一点时中间过程是模糊的,如要看清则需相对固定,当两侧景物向后移动得很快时,一旦辨认不清,就失去了再次辨认的机会。同时外界景物在视网膜上移动过快时,视网膜分辨不清,景物模糊。相对于路侧景观,驾乘人员是以角速度运动的,对于距路侧越远的目标,车的角速度越小,才可能较长时间看到景物;反之,对于路侧近处的目标,由于角速度变大,驾乘人员对于路侧的景物没有停留时间。对道路空间的视觉特性的研究表明,步行、畜力车等低速交通工具时代,用路者视觉问题在一般情况下无十分显著的影响,而汽车成为道路上主要交通工具后,对用路者来讲,乘坐交通工具的连续活动具有与以前不同的体验。公路的景观空间构成要考虑汽车速度因素,意味着一切景观尺度须要扩大,建筑细部尺寸要扩大,绿化方式需要改变,而且速度越高,这种变化越大,驾乘人员在运动的车中看到的景物只具有轮廓性。汽车时代产生的新视觉问题,要求公路美学工作者用大尺度来考虑时间空间变化。

对于交通标志及公路附属设施而言,车速增加后,要在相同的距离处看清物体,必须加大交通标志的尺寸;对于交通环境而言,车速增大,美学元素的尺度也应相应增大。美景美物在运动着的观测者的眼里,成像最清晰的映象在中心很小的范围内,由于大脑的反映需要一定时间,许多美学要素一闪而过,故高速公路上的美景美物应该是人们熟悉的,能够借助以往的经验加以判断,或者是类似于抽象画派,形成一种只是基于某种调子的感觉,达到审美快感。

若仅将头部固定,眼球自由转动时能看到的范围称为动视野,在某一时刻,驾驶员注意力的集中点称为注视点,注视点距汽车当前位置称为注视距离。相比于静视觉来说,动视野比静视野左右方向约宽 15°,上方约宽 10°,下方宽度相同。静视野范围最大,随着车速增加,视野明显变窄,注视点随之远移,两侧景物变模糊,视野逐渐形成"隧道视",这种隧道视具有催眠的效果,引起驾驶员瞌睡一类的反应。实验表明当车速为 40km/h 时,注意力集中点约在 180m 左右,视角为 75°左右;当车速达到 95km/h 时,注意力集中点将达到 540m,此时,视角范围为 40°左右。如果驾驶员的双眼视野过小,不利于行车安全。同时,在运动过程中,路面在驾驶员的视野中的比例大小也随车速变化而变化,如在车速较低的公路上,路面在驾驶员的视野中所占比例是 8% 左右,以 40km/h 的速度行驶时,路面在视野中所占比例增到20%，以96km/h的速度行驶时，路面在视野中所占比例约为50%，而公路两侧景物所占的比例减少到20%以下。行车速度与视野、注视距离的关系见表2.9.3和图2.9.2。

行车速度与视野、注视距离的关系　表2.9.3

车速 (km/h)	视野 (°)	注视距离 (m)
60	85	335
80	60	377
100	40	564
120	22	710
140	16	963

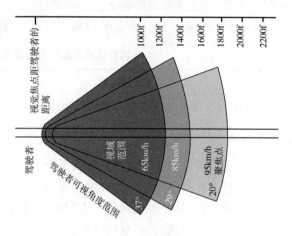

图2.9.2　行车速度与视野、注视距离的关系

实验证明：当车速为64km/h时，能看清车厢两侧24m之外的物体，而车速在90km/h时，则须在33m以外方能看清，当小于上述距离时肉眼就没法识别。研究表明：路边景物相对人眼的回转速度大于每秒72°时，景物在视网膜上不能清楚的成像，对景物辨认不清，见表2.9.4。

不同车速下辨清路边景物的最小距离　　　　　　表2.9.4

车速(km/h)	20	40	60	80	100
最小距离(m)	1.71	3.39	5.09	6.79	8.5

驾驶员行车时，其视觉的特点如下：

(1)驾驶员注意力集中和心理紧张的程度随着车速的增加而增加，车速越快，越有必要注意道路前方，且此时驾驶员不容易正确感觉车外景观的飞速变化。一般情况下，人需要约0.4s的时间把眼睛注视在能够看得见的目标上，而辨认目标则需1s，如果车速过快，则驾驶员来不及发现目标并清晰辨认。

(2)当车速增加时，驾驶员的注意力集中在较远的地方，即注意焦点引向远方。车速越快，眼前的景物飞逝越快，由于心理原因，驾驶员会将注意力集中在远方，以便清晰辨认景物。人的视觉反应时间一般为0.15~2s，而人眼能分析画面，并得出一个有意义知觉的时间一般为1.5~2s。因而车前可视距离可用下式计算：

$$D_v = 0.471V$$

式中：D_v——车前可视距离，m；

V——车速，km/h。

(3)密尔顿(Hamilton)和瑟斯顿(Thurstone)通过研究，得出车速与视觉焦点的关系，见表2.9.5。

运行车速与视觉焦点的关系 表 2.9.5

车　速	注意焦点(m)	车　速	注意焦点(m)
25mile/h(40km/h)	180	60mile/h(96km/h)	610
45mile/h(72km/h)	370		

当车速增加时,驾驶员的空间分辨能力会降低。车速较高时,驾驶员的视力会有下降趋势;车速越高,车外景物和汽车的相对速度越高,此时驾驶员看到某固定景物的持续时间越短,景物在人的视野内作用的时间也越短,而人的视觉反应须要一定的时间,若持续时间过短,驾驶员根本无法在极短的时间(一般低于0.15s)内发现和识别物体。J·R·汉密尔顿和L·L·瑟斯坦研究了高速行驶时人类所见的情况:当车速增加时,驾驶人员的注意力集中点开始前移,则前景细部开始模糊、前景中的物体向后飞逝得越快,这些物体变得越加模糊,而驾驶人员必须向更远处看,以便获得清晰的景象。在车速为每小时40英里(约64.4km/h)时,25米以内的景物不能看清;而每小时60英里(约96.6km/h)时,这一距离增至33米。超过大约430m以后,眼睛看不见细部。因此,在每小时60英里(约96.6km/h)时,只有在从车辆前方33～430m的这一段和视角为40°所决定的宽度以内,才是完全令人满意的视力范围。随着行驶速度的提高,该空间范围变小,使得驾驶员在高速行驶时,对近距离或远距离的观察更为困难,一旦在很近或很远的距离上出现异常情况,驾驶人员难以辨认,即环境或美景美物中的细部对于高速行驶的驾驶人员来说是毫无意义的,他们会留意到大尺寸的景物要素:地形、大片植被以及由道路自身所形成的景廊。

(4)当车速增加时驾驶员的视力范围缩小,视野所包围的角度随着车速的增加而相应的缩小。这一现象意味着对驾驶员来说,视力活动主要发生在道路的轴线上,行驶中对车速感觉迟钝。因此在进行美学设计中,长直线路段视野中的美景美物应多样化,避免单调感。

(5)当车速增加时,人的感觉变得比较迟钝,注意力和警惕性均有所削弱,驾驶员主要靠映入眼中物体的明显尺寸变化和这些物体的位置与驾驶员的相对关系来对车速进行判断,产生这种情况有两个原因,一是注意力集中在远离车辆的前方,感觉不到车在飞速前进;二是附近的车辆均以同样的速度行驶,驾驶员感觉不到车速的变化。在这种路段应设置完善的道路警示设施,并增设用于判断速度的参照物。

3)眩光

若视野内有亮度极高的物体或强烈的亮度对比,则可引起眩光现象。眩光分为连续性眩光和间断性眩光两种,汽车对向行驶车头灯引起的是间歇性眩光,道路照明引起的是连续性眩光。当夜间眼睛受到强光照射后会造成视力下降,要完全恢复到照射前的视力需2～3min。引起眩光的主要因素有光源的宽度、光源外观的大小、光源周围的亮度等。

4)色感

(1)色彩的心理效应和生理效应

各种颜色对人眼的刺激不同,调查显示:红色刺激性强、易见性高,黄色亮度高、反射光强度大,白色的视野最大,绿色比较柔和、视野最小。虽然由色彩引起的复杂情感因人而异,但是人类生理构造方面和生活环境方面存在共同性,对大多数人而言,在色彩的心理方面也存在共同的情感。色彩形成的心理效应主要有:

①色彩的冷暖

由于人们在自然现象中得到的印象而引起的联想作用,使人从色彩现象中产生了温度感觉。如果将温度计放到透过三棱镜所形成的七种色光下测量,在暖色中温度将上升,而在冷色中温度会下降。通常,以蓝绿色和红橙色作为冷暖色的两个极端,凡是带有红、橙、黄的色调都有暖感,凡是带有蓝、青色调的都有冷感。色彩的冷暖与色彩明度和纯度有关,高明度色彩具有冷感,低明度的色彩具有暖感;低纯度的色彩具有冷感,高纯度的色彩具有暖感;无彩色系的白色是冷色,黑色为暖色,而灰色为中性。

②色彩的轻重

一个物体由于表面颜色不同,看上去会使人感到轻重有别,色彩的轻重感主要取决于明度,明度高的色彩感觉轻,明度低的色彩感觉重。

③色彩的进退

色彩的进退是指色彩在对比过程中给人的视觉心理反应,某些颜色好像前进,而一些颜色好像后退,这是色彩对比过程中隐或显的反映,红色在视网膜上形成内侧映像,从而产生暖色好像是前进的,而冷色好像后退。

④色彩的胀缩

色彩的胀缩是指色彩在对比过程中给人的视觉心理反应,某些颜色的轮廓给人胀大或缩小的感觉。产生这种现象的主要原因是人在观察物体的色彩时,有一种生理上的光渗现象,浅色物体在人眼视网膜上所形成的物象扩大了,看起来物体色彩的面积有所增大。在色彩的对比关系中,暖色和亮点给人的感觉是胀大,而冷色和暗色给人的感觉是收缩。

⑤色彩的强弱

色彩的强弱是指色彩在人的知觉上引起的强弱程度感。色彩的强弱感与知觉度有关,一般说来,暖色和明度高的颜色知觉感强,容易引起兴奋;冷色与暗色的知觉感弱,具有沉静和忧虑的感觉。

色彩不仅使人产生各种感觉,而且还引起人的情感变化。有实验证实了人体对色彩的反应,在彩色灯光的照射下,肌肉的弹力增大,血液循环加快,其反应的程度以蓝色为最小,依次为绿色、黄色、橘黄色、红色。试验表明,悦目的色彩,对神经系统是个良好的刺激,对心血管系统、消化系统也有一定的作用,适当地运用色彩,可以减轻人的疲劳。鲜艳明亮的暖色使气氛变得活跃,混浊暗淡的冷色使气氛变得沉静忧郁,白色和其他纯色组合时让人感到活泼。色彩这种效应能够给人的情绪造成巨大的影响。人处于鲜艳明快的空间中时,心情变得明朗活跃,但是过多鲜艳的暖色,如大面积纯正的红,会让人焦躁不安甚至神经质。较低纯度和明度的暖色空间给人以亲切温暖的感觉,让人觉得易于接近;而绿色、深蓝、蓝紫等冷色为主调的空间会让人觉得忧郁,使人容易进入冥想状态,但同样过于大面积沉重的冷色会让人觉得冰冷、沉重、抑郁。色彩与人的情绪关系见表2.9.6。

色彩和情绪关系一览表　　　　　　表 2.9.6

色彩	正面情绪	负面情绪	附注	色彩	正面情绪	负面情绪	附注
红	激情	侵略	最具视觉冲击力	橙	鼓舞	喧闹	彩色房间能促使人进行谈话和思考 彩色能够强化视觉,增强食欲
红	能量	暴力	暗示速度与动态	橙	活力	浮躁	
红	热情	愤怒	使心跳、呼吸加速	橙	健康	粗鲁	
红	力量	危险	刺激食欲	橙	创造力	—	
红	奔放	革命	—	橙	积极	—	—
红	女性	—		橙	独特	—	
黄	阳光	寒冷	人眼最容易注意到的色彩,比纯白的亮度还要高 促进新陈代谢,明亮的黄色刺激人眼,使人产生疲劳感,暗淡的黄色可增强人的注意力	黑	温暖	—	黑色能让与之相搭配的颜色看上去更加明亮,具有强烈的收缩感
黄	耀眼	怯懦		黑	时尚	—	
黄	乐观	嫉妒		黑	愉快	—	
黄	聪明	刺激		黑	庄重	死亡	
黄	友好	—		黑	高雅	恐惧	
蓝	凉爽	寒冷	控制食欲	黑	深沉	消极	
蓝	静谧	忧郁	能够安定情绪	黑	威信	邪恶	
蓝	沉思	消沉	蓝色环境中的人工作效率最高	黑	严肃	压抑	
蓝	平和	冷漠	—	黑	纯粹	沮丧	
蓝	智慧	分裂	—	黑	权利	沉重	—
蓝	尖端科技	—	—	黑	安静	孤独	
蓝	理性	—	—	白	纯洁	虚弱	太明亮的白色会使人头痛,耀眼的白色会导致人失明
蓝	男性	—		白	干净	病态	
绿	自然	有毒	绿色是最能让眼睛放松的色彩,对人的精神有镇定和恢复的功效,绿色通道通常代表畅通,促进消化	白	简单	孤立	
绿	生命	侵蚀		白	完美	苛求	
绿	和谐	贪婪		白	广阔	—	
绿	青春	嫉妒		白	缥缈	—	
绿	轻松	幼稚		白	神圣	—	
绿	诚实	—		灰	平衡	厌倦	灰色通常不会引起人的强烈情绪变化
绿	希望	—		灰	安全	郁郁	
绿	秩序	—		灰	成熟	不确定	
紫	灵性	忧伤	紫色能激发人们的象形力,在很多国家紫色象征死亡与悼念	灰	谨慎	老去	—
紫	神秘	冷酷		灰	理智	古板	
紫	高贵	神经质		灰	可信	阴沉	
紫	奢侈	过分的	—	灰	公正	刚硬	
紫	智慧	哀悼		灰	中性	—	
紫	想象力	暧昧	—				
紫	性感	—					
紫	优雅	—					
紫	浪漫	—					
紫	娇柔	—					

(2) 色彩的应用原理

①单色系应用

单色系的材料颜色单纯、简洁,也容易产生单调感,这时可通过明度及纯度的微妙变化而形成较为丰富的视觉感受,如深绿、灰绿、浅绿、蓝绿材料的搭配,可取得和谐的装饰效果。

②色系的运用

选用两种、三种或四种的近似色(即在色轮上的邻近颜色)的材料搭配,一般主要用于花卉搭配,如分车带、小游园处。红橙相配、黄绿相配是较常用的手法,供选择的色彩范围比较广泛,可避免单调感,由于色彩的色相、明度、纯度较相近,具有柔和、高雅的气质,常适用于恬静的环境布置中,如小游园、花园林荫道等地的营建。在运用深色近色系材料时,可选用白色或具有银色叶子的材料来提高整体的亮度。

③对比色或补色的运用

互为补色(即在色轮上处于相对位置的色彩)的材料组合,由于色相、明度等方面的较大差异,对比强烈、鲜明,能形成欢快、热烈的气氛。适用于环境空间开阔、视觉较远的场合,能起到渲染气氛、引人注目的作用,但运用不当常会产生俗艳的感觉。

④冷色与暖色的运用

色彩的冷暖本身就是一种由比较而产生的感觉,冷色与暖色对比,会加强色彩自身的倾向,使冷色更冷、暖色更暖。所以冷色材料中搭配暖色花会十分醒目,暖色材料中的冷色材料亦然。但是运用不当会产生过于跳跃、唐突的效果。公路景观中色彩的运用需要不断的实践,不仅要了解色彩和视觉的特点,还要了解不同植物材料本身的生理特点和不同的季相特征以及道路环境的特点,这样才能在色彩的设计和应用上运用自如。

(3) 公路美学的色彩设计

①色彩的变化有助于公路美景区域个性的形成,要使色彩的设计符合美学区域的地理环境,并注意突出公路的主要色彩基调,如在较寒冷地区,色彩的设计应以冷色调为主,同时注意色彩配合和色彩协调,对公路本身要素、公路沿线美学构造物(如跨线桥、挡土墙、声屏障等)、公路附属要素及交通设施(如分隔带、隔离栅、交通标志等)进行精心的色彩设计。

②道路沿线美学构造物的色彩要与公路整体色彩构成相协调,形成具有特色的公路美学色彩设计。

③公路沿线绿化的色彩会随种植植物季相的不同具有不同的色彩变化,因此在绿化设计时,应辅以相应的色彩设计。

④公路交通标志属于视觉识别标志,它的色彩设计很重要。交通安全色(表达安全信息的颜色)应很好的利用。交通安全色由红、黄、蓝、绿等颜色组成,主要表达禁令、警告、指示等意义。红色在可见光谱色中波长最长,具有使人注目、兴奋、紧张等功能,由于其光波比较长,辐射直线距离较远,给人以强刺激,常被用作禁令标志色。但红色使用不当,会成为视觉污染,容易使人视觉疲劳,所以禁令标志中极少大面积使用,只用作标志牌的圆边和斜线。绿色是青蓝与黄色等量、全纯度的混合色,是眼睛适应和休息的颜色,使人联想到大自然,具有自然生命的意味,作为公路上的各种指路、提示牌可缓解驾乘人员因高速行驶导致的视觉张力感、单调感。另外,交通标志的色彩设计还要注意同周围环境的关系,要使其比周围环境突出。

5)亮度适应

当光的亮度不同时,视觉器官的适应性也不同,分为暗适应和明适应两种。当人从亮处进入暗处时,刚开始看不清物体,需要经过一段适应的时间后才能看清物体,这种适应过程称为暗适应,与暗适应情况相反的过程称为明适应。明适应时间较短,只需几秒到一分钟,而暗适应时间较长,一般须15min才能适应,甚至到半个小时后才能完全适应。人眼虽具有适应性的特点,但当视野内明暗急剧变化时,眼睛不能很好适应,会引起视力下降。另外如果眼睛需要频繁地适应各种不同亮度时,不但容易产生视觉疲劳,影响工作效率,而且也容易引起事故。因此,为了满足人眼适应性的特点,要求光亮度均匀而且不产生阴影,以避免眼睛频繁地适应亮度变化,引起视力下降和视觉过早疲劳。

6)视觉特性

研究表明,驾驶员对视野中目标的认识是从草草地浏览开始的。驾驶员对这些目标获取15%~20%的可能信息后,就开始比较详细的辨认目标,集中注意每个目标,一直到认清目标的70%~80%时为止。其他视觉特性如下:

(1)人眼一般按顺时针方向看物体,水平方向的物体最先被发现,后看到垂直方向的物体。眼睛沿水平方向运动比沿垂直方向运动快且不易疲劳,而且人眼对水平方向尺寸和比例的估计比对垂直方向尺寸和比例的估计要准确得多。

(2)当眼睛偏离视中心时,在偏离距离相等的情况下,人眼对左上限的观察最优,依次为右上限,左下限,右下限最差。

(3)两眼的运动总是协调的、同步的,因而通常都以双眼视野为设计依据。

(4)人对直线轮廓比对曲线轮廓更易于接受。

(5)颜色对比与人眼辨色能力有一定关系。当人从远处辨认前方的多种不同颜色时,容易辨认的顺序是红、绿、黄、白,即红色最先被看到。当两种颜色相配在一起时,则易辨认的顺序是:黄底黑字,黑底白字、蓝底白字、白底黑字等。

7)临界融合频率

临界融合频率为人眼恰好能开始感觉到闪光时光的闪熄频率。眼睛会感觉出在一定时间界限(0.1秒)以上的周期性变动,在1秒内闪熄60次以上的闪光,人是完全觉察不到的;在1秒内闪熄20次,就会感觉到闪光;在1秒内闪熄10次,人眼就会觉得很疲劳,心情也会变得烦躁。在公路美学建设中,要避免采用在一定时间内重复频繁出现的景观,不同景观之间要留一定的间距,以免出现此种现象。

8)行驶中的视错觉

高速行驶时,当用路者主观上的判断和所观察的实际物体之间不一致时,就是视错觉。出现视错觉的原因有:①高速行驶时,动视力下降,视野变窄导致获取公路周围环境的信息量减少产生错觉;②单位时间内接受的刺激信息量显著增多,引起错觉出现比例就增大,见表2.9.7。产生上述原因的根源在于以下三个方面:①公路线形质量;②路域环境;③公路与周围环境协调性。公路视错觉严重威胁行车安全,须要针对致因根源,采取以下措施减少行车视错觉的出现,首先要提高公路线形设计质量,其次须要提升公路景观质量,将公路融入周围环境之中,最后需要加强绿化的诱导性种植以及交通设施的设置。

刺激与错觉反应的比例　　　　　　　　　　　　　　　　表2.9.7

刺激出现次数（次·min^{-1}）	错觉反应比例（%）	刺激出现次数（次·min^{-1}）	错觉反应比例（%）
75	25	95	58
120	87		

9）动态下的景观敏感度

景观敏感度是指景观引起人们注意力难易程度的量度，相对于静态下，公路景观的动态敏感度会被显著弱化。引起动态中景观敏感度变化的因素很多，如景物的色彩、质感、明度、出现频率，人的视力、情绪以及天气的变化等。但从景观设计的角度，景观敏感度（S）主要受运行车速（V）、清晰视力的前方最大间距（D_{max}）、清晰辨认的最小高度（H_{min}）、路侧清晰辨认的最小间距（D_{min}）4个因素影响。为了达到最佳动态景观敏感度，不同车速（V）与D_{max}、H_{min}、D_{min}之间有一定的对应关系，见表2.9.8。当空间背景的景物超出这些阈值时，景观的视觉敏感度会很弱，也就意味着景观对用路者的视觉影响很微弱。以行驶速度100 km/h为例，司机前方的空间背景视觉的最远距离不应大于660m，前方景物最小高度尺度不应小于2m，驾乘人员对路侧景物辨识清楚最小距离为8.5m。

车速（V）与D_{max}、H_{min}、D_{min}的关系　　　　　　　　　　　　表2.9.8

运行速度 V（km·h^{-1}）	清晰视力的前方最大间距 D_{max}（m）	清晰辨认的最小高度 H_{min}（m）	路侧清晰辨认的最小间距 D_{min}（m）
20	150	0.35	1.71
60	370	1.10	5.09
80	540	1.50	6.80
100	660	2.00	8.50
120	760	5.60	10.20
140	840	3.00	11.90

10）夜间视力

人们夜间辨认物体的能力就是夜间视力，夜间视力与亮度、照度有关，夜间行车时，一般亮度大时可以增加辨认能力。夜间视力会随年龄增加、车速加大而降低。夜间视力要有保证，道路要有足够的照明，汽车头灯设置与亮度均要合理，交通标志自身与周围环境要有足够的对比，这样才能安全辨认，行车才安全。

11）视觉层次

在公路景观中，视觉层次可分为近景（0～400m）、中景（400～800m）和远景（800m～∞）。在高速行驶中，前方必须要有开阔的视距才能保证行车的安全，在《公路路线设计规范》中对安全视距做了明确的规定。而左右两侧的风景在中距离时给人的感觉最舒适，除此之外，一部分较近距离的景物也可以给观察者以清晰的影像。但是过于集中的近距离景物会对人产生压迫和威胁感，而过远的景物又无法给观察者传递完整的信息。

12）公路线形判断错觉

（1）弯道错觉

弯道的曲线半径越小，驾驶员越会低估其曲率，在实际中对于不超过半圆的圆曲线，驾驶员会觉得它的弯度要比实际的弯度小,而且对于同样曲率半径的弯道,前方容易看清楚时,会产生弯度小的错觉,这种错觉会使驾驶员盲目高速行驶。在S形曲线上,由于视线须要向相反方向改变,注视相反方向的弯道,驾驶员会产生弯道更为弯曲的错觉,这种错觉会使驾驶员过急地转向,对安全行车很不利,在视觉上的线形也是扭曲的、不美观的。

(2)坡道错觉

汽车在坡度发生变化的坡道上行驶时,驾驶员常会产生坡道错觉,如下坡行驶到坡度变缓的路段时,由于路边景物与路面倾斜度降低造成的影响,驾驶员可能会觉得下坡已结束,判断为开始上坡路段,从而进行加速动作。而在上坡时,也会因中途坡度变缓而误认为上坡结束,判断为开始下坡路段,放松警惕,盲目换挡,导致车辆后溜,造成事故。坡道错觉在陡缓坡差较大段落更加明显,因此,无论是从公路运营的安全角度,还是从公路的美学角度,须要尽可能避免"楼梯坡",即最大纵坡—小缓坡—最大纵坡—小缓坡……

13)速度判断错觉

汉密尔顿和瑟斯坦研究发现:当车速增加时,驾驶人员的感觉变得迟钝。在路面光洁的高速公路上驾驶高质量的车辆,当车速表转动时车子的震动不会太大;在大拐弯半径上,甚至在高速下,都可能感觉不到离心力。在这种情况下,直线路段上测定车速的主要办法是映入人们眼中的物体明显的尺寸变化和这些物体的位置与驾驶人员的相对关系的变化。在高速时由于注意力集中的范围在远离车辆的前方,难以察觉这些变化并以此估计速度。此外,当驾驶人员已经高速行驶相当长一段时间时,他附近的各种车辆也以相似的速度行驶,他就失去了高速的感觉,失去了他须要采取停车和规避动作的时间和距离意识。其他速度错觉如下:

(1)迎面来车的速度判断错觉

驾驶员对迎面来车的速度进行判断时,容易把高速估计过低、把低速估计过高。在一项抽样实验中,驾驶员均表现为对低速估计偏高,对高速估计偏低,年龄大的驾驶员对速度估计呈偏低趋势。

(2)自驾车的速度判断错觉

驾驶员对自己车速的掌握有两个途径:车速表和凭直觉判断,而在驾驶员集中注意力观察交通情况时,几乎不看车速表,主要靠主观感觉来控制车速。这时,由视觉观察到的周围景物的移动情况是速度估计的重要依据,当向很远的前方观察时,由于视野中观察对象变化很小,觉得自己的车速低;而观察近距离景物时,视野中观察对象变化很快,从而觉得自己车速快。实践证明,由于错觉的影响,驾驶员凭感觉控制车速往往是不准的,在一项实验中,要求驾驶员不看车速表而保持时速100km/h的速度行驶,实际上驾驶员在无阻碍的公路上行驶时保持的平均车速为95km/h,在有行道树的公路上行驶时,平均车速为90km/h。

(3)加减速对速度判断的影响

驾驶员减速后控制的车速比要求的车速高,也就是说,驾驶员在减速后对速度估计偏低。这会造成驾驶员在通过交叉口、弯道时,因减速不够而发生事故。同样,让驾驶员把车速提高一倍,其实验结果表明,驾驶员主观感觉已把车速提高一倍时,实际上车速并未达到规定要求,即驾驶员在加速后对速度估计偏高。

(4) 速度适应性造成的错觉

人的视觉对速度存在适应性,如驾驶员长时间在某一固定速度行驶之后,会觉得车速没有开始时快了。速度适应性会影响驾驶员正确地进行速度判断,一般驾驶员具有低估实际车速的倾向,且行驶距离或时间越长,低估倾向越严重。这样会使驾驶员不自觉地高速行驶,对行车安全十分不利。

14) 时间判断错觉

人的感觉器官获得情报,传入大脑,经大脑处理后发出命令,获得影像信息的时间为反应时间,它包括由神经对刺激的传递时间和大脑的处理过程时间。与公路景观直接相关的是视觉反应时间。视觉反应时间与年龄、疲劳、干扰等多种因素有关。对于不同颜色,反应时间也不相同,如两种颜色对比鲜明时反应时间短,而两种颜色色彩接近时反应时间长。在高速行驶时,如果不能在必要的时刻精确地掌握和及时发现交通情况,就不能迅速准确地采取应急措施,因此正确感知时间是保证行车安全的重要条件。而实际上人们对时间的估计也常常出现错觉,通常短于一秒的时间间隔被估计得偏长。而且人的情绪、兴趣、活动安排等都会对时间估计产生影响。

此外,恶劣天气也会造成速度、距离估计的错觉。下雨、雾或降雪时,由于能见度低,会把物体距离估计得比实际距离远,同时,由于看不清视野边缘景物变化的情况,对自己的车速估计有偏低趋势。

公路美学设计运动中的视觉准则是注意力随速度的提高而提高、视觉的集中点随速度的提高而退远、周围视野随速度的提高而减小、前景的细节随速度的提高而逐渐消失、空间的感知随速度提高而减弱等五条准则,对公路美学要素的设计有比较重要的参考价值。

15) 视觉原理对公路美学设计的要求

(1) 视觉原理对公路几何设计的要求

根据以上视觉原理,在形态美学设计中应该处理好以下几个关键问题:

① 几何线形一定要连续圆顺,在视力范围之内路线不应产生凹陷、中断、突变等。汽车行驶中,驾驶员的注意力高度集中,当车速较快时,驾驶员要从足够远的前方观察以便能在必要时做出规避动作。在人的视力范围内,几何线形应该保持连续,才能起到诱导视线的作用。为此,要求设计者在进行线形设计时,灵活地运用直线和曲线,宜曲则曲,宜直则直,指标过渡平缓匀顺,线形要素运用得当,使公路构造物尽量协调、舒顺,给驾乘人员流畅、自然的感觉。

② 长直线的设置宜慎重,应避免陡坡与长直线组合。驾驶员的视力活动来自公路轴线,且其心理紧张情绪与出行的长短和持续时间相关联或相协调,行驶条件应能使驾驶员从紧张中取得一定的自由度。在进行路线设计时,要求直线和曲线彼此协调,有比例地交替,过长的直线会使司机感到疲倦,造成交通事故,只有在道路所指方向明显无障碍,地形适宜而又符合经济原则时,才允许采用长直线段。不得已采用了长直线时,应考虑车在长直线上行驶时驾驶员对车速感觉比较迟钝。为防止发生事故,在长直线路段中应设置完善的道路警示设施,增设用于进行速度判断的参照物。在进行景观设置时,应力求多样,避免单调。例如可以将行道树修剪成高低不同或交替采用不同颜色的行道树。特别是东西向长直线应尽可能避免,东西向长直线除容易产生疲劳、车速感迟钝、景色单调外,在阳光低角度照射下易

产生眩光,影响交通安全。

③强调线形整体与周围环境的协调。公路几何线形设计必须重视视觉与线形的关系,重视与周围环境的配合协调。一个良好的设计应使驾驶员的注意力集中于安全临界部位或高度优先的信息来源。为此,应提供清晰的视线和良好的视觉性能。路线设计应尽量少破坏周围的地形,与周围地形和景观相适宜,形成行驶空间的视觉舒适性。高速公路、一级公路的几何线形设计还应把驾驶员在视觉上、心理上的反应作为重要因素来考虑,如在下坡右转弯公路的左侧路旁植树,可使正在高速行驶的驾驶员消除不安全感,并起到诱导视线的作用。

(2)视觉原理与沿线美景的布设

在视觉原理的指导下,公路美学设计中沿线景观布置的原则应该是强调以人为本,把驾驶员的需要放在首位,兼顾乘客的感受。具体做法有以下几点:

①所布置的美景应给驾驶员起到通视和导向的作用。因此,在进行美景布设时,应避免分散驾驶员注意力的细节,外部的美景要沿着道路的线形发展。在路线转弯处不宜设置过高的行道树,以免阻挡驾驶员视线;另外,在设置上应该采取措施,使驾驶员在其视力范围内能预见到公路方向和路况的变化,并能及时采取安全的行驶措施。例如,在直线路段或平曲线转折点附近有坡顶时,宜在中央分隔带或路旁植树,起诱导视线的作用。

②道路结构物的造型等与环境的配合协调。在设计立体交叉、挡土墙、桥梁、隧道等构造物时,可将其作为美景的对象来考虑,最大可能地减少它们对原有美景的冲击,合理选定它们的造型,并尽量使其结构、材料等与当地自然和人文美景条件相适应,使之成为视觉中与线形协调的美景,成为自然美景的一部分。如路线在林区经过时,将跨线桥漆成与周围树木颜色接近的绿色等。

③强调美景布置的多样性,力求给驾驶员在视觉上提供不同的变化和节奏,利于行车的安全和舒适。车辆高速运行时,驾驶员会产生错觉,认为运动的是周围的环境,而不是车在前进,尤其在弯道行驶时,相对的运动感非常显著。而车辆持续高速行驶时,如果视觉环境和运动感觉的动态无变化,驾驶员和乘客将会产生单调和厌倦的情绪;相反,如果美景时而缓慢出现,时而缓慢消失,则会给驾乘人员产生一种新鲜感,使之精神振奋,降低和消除疲劳感。因此,在进行美景布置时,应当重视美景安排、美景对比和美景要素的转换。将主要美景安排在驾驶员视野直接指向的路线方向,且不断变更对景;用对比的方法加强乘客和驾驶员的意识,如采取高低对比加强驾乘人员对高度的体验、采取明暗对比方法增加旅途的振奋情绪、采取宽窄对比的方法让乘客和驾驶员体验到开阔的景色;例如,从高地朝湖泊方向行驶,临近水面时,驾驶员对高度的变化体验加强;道路设计人员在路线设计时应有意识地安排高低错落、明暗互间、宽窄交替的景观,增加驾驶员的兴奋感,引发乘客的好奇心,提升旅途愉快感,减少交通事故。另外,还应考虑到沿途环境特征的统一感与连续性方面的问题,涉及从一个美景区域到另一个美景区域的转换方式。

④道路美景布设时应突出强调道路与沿线环境的整体感。在进行道路设计时,应该认识到道路作为构造物是一个完整的实体,各组成部分应有机融合和统一;同时道路作为环境中的部分,不应该支配环境,而应与环境融为一体,尽量尊重自然、恢复自然。借助美景布置等手段把修建道路时对环境带来的影响降低到最小。

2.9.4.2 公路美学与人体听觉感受

声波作用于听觉器官,使其感受细胞处于兴奋并引起听神经的冲动以至传入信息,经各级听觉中枢分析后引起震生感。听觉是仅次于视觉的重要感觉通道,在人的生活中起着重大的作用。人耳能感受的声波频率重点范围是 16~20000Hz,以 1000~3000Hz 最为敏感。听觉适应所需时间很短,恢复很快。听觉适应有选择性,即仅对作用于耳的那一频率的声音发生适应,对其他未作用的声音并不产生适应现象。如果声音较长时间(如数小时)连续作用,引起听觉感受性的显著降低,便称作听觉疲劳。听觉疲劳和听觉适应不同,它在声音停止作用后还须很长一段时间才能恢复。如果这一疲劳经常性地发生,会造成听力减退甚至耳聋。如果只是对小部分频率的声音丧失听觉,叫作音隙;若对较大一部分声音丧失听觉叫作音岛;再严重就会完全失聪。

不同的声响对人的生理和心理感受是不同的,当人们听觉感受到悦耳的音乐时,会感到舒适、宁静;感受到激烈的快节奏的声响或音乐时,人们会兴奋、激动;听到杂乱无章的声响时,人们会感到心烦意乱;听到震耳欲聋的尖叫声时,人们会有一种不安全感。为此,为了提供一个舒适的驾乘声响环境,有些汽车上安置了音乐播放器。

从交通生理理论上说,人的所有生理感觉都可以被运用来促进人的驾驶操作状态。充分利用听觉来促进驾驶员的心理警觉,增强驾驶意识,是公路美学设计应考虑的。如现在已经在一些公路的标线上人为地设置一些凸凹不平的标线,当车轮碾压这些标线时,产生人体不舒服的声响,引起驾驶人员的警惕;在云南的昭待高速公路上,为了防止冬天路面冰冻的影响和改扩建期间的交通状况,某些路段上采用扩音器提醒经过特殊路段的驾驶员注意路面状况、交通状况及施工车辆进出等情况。现已有在道路路面上设置一些规则的凸条或凹槽,车辆经过时车轮与路面的摩擦和撞击产生音乐声或提示音,降低驾驶员的驾驶疲劳或诱发人们的愉快感和情绪,或者引导驾驶员的驾驶操作;或拟通过路面的电路感应器将播放音乐的扬声器连接起来,当汽车轮碾过路面触动感应器时,自动将扬声器打开,扬声器将事先录制的音乐或语言提示播放出来。

2.9.4.3 公路美学与人体嗅觉(味觉)感受

嗅觉是一种感觉,由嗅神经系统和鼻三叉神经系统参与。嗅觉和味觉会整合和互相作用。嗅觉是外激素通讯实现的前提,是一种远感,通过长距离感受化学刺激。相比之下,味觉是一种近感,是由物体发散于空气中的物质微粒作用于鼻腔上的感受细胞引起的。当气体的分子微粒进入鼻腔黏膜时,激发嗅细胞的兴奋,产生神经冲动,经嗅神经传入颅底部的嗅球,再经嗅束(由嗅球发出的神经纤维束)到达大脑皮层的嗅区(外侧嗅回和内侧嗅回),产生嗅觉。嗅觉是唯一的其神经冲动不经丘脑而进入大脑皮层的一种感觉,也是一种比较原始的化学感觉。不仅具有辨别气味、增进食欲、识别环境、报警等作用,还可通过中枢神经系统影响人的情绪,调节生命周期。

对于同一种气味物质的嗅觉敏感度,不同人具有很大的区别,有的人甚至缺乏一般人所具有的嗅觉能力,称之为嗅盲。就是同一个人,嗅觉敏锐度在不同情况下也有很大的变化,如感冒、鼻炎等疾病可以降低嗅觉的敏感度。环境中的温度、湿度和气压等的明显变化,也都对嗅觉的敏感度有很大的影响。

在公路交通中,公路路面在车辆运行作用下扬起的灰尘,道路周围树木的一些花絮,周围的化工厂、火电厂、酒厂、屠宰场等散发的化学物质、二氧化碳、一氧化碳、酒糟味、腐肉味等都会导致驾乘人员感到不舒服,甚至恶心。当然也会嗅到花香、青草的芳香等,使人心情舒畅,或使人兴奋开朗。在道路设计中,首先应避免穿越一些空气污染严重的地区,并减少车辆运行产生的尾气对沿线居民的影响,当然也要加强管理,提高上路车辆的运行水平,减少废气的排放。应提高公路的品质,避免车辆运行产生灰尘,影响驾乘人员及周边居民;种植一些具有花香的植物或树种,给驾乘人员和周围居民营造一个舒心、愉快的公路环境。

2.9.4.4 公路美学与人体温度感受

温觉是因感受温度刺激而产生的感觉。温度感受虽然一般是作为一种皮肤感觉而存在,但在许多情况下对温度感受器是不清楚的。温度感受能力一般分布于人体的整个体表,但其密集程度因部位而异,人的口腔、鼻腔、咽喉、食道、胃、肛门等黏膜也具有温度感觉。一般的脊椎动物已经分化为接受温刺激的温觉和接受冷刺激的冷觉,感觉点即温度点可区分为温点和冷点,温点和冷点同触点一样,分布随身体部位疏密不均。冷点比温点多(每一平方厘米皮肤表面冷点为 6~23 个,温点为 0~3 个),而且冷感受器(克劳斯小体)比温感受器(卢芬尼小体)更位于浅层,人体对冷的感受性一般也要比温的感受性强。身体开孔部附近的皮肤和黏膜、乳头、眼等的温度感觉特别敏锐,而手指比较迟钝(与触觉相反)。结膜、角膜缘、阴茎龟头处几乎只具有冷感觉。一般皮肤温度的差为 $\pm(0.2\sim0.3)$℃,即可达到温度感觉的刺激阈(差值为正是温感觉阈,差值为负是冷感觉,但温度变化的速度需要超过一定程度)。人的温冷感觉有显著的适应现象,在 16~40℃ 范围内的刺激温度约持续 3 秒钟就没有感觉。但是对感觉神经(温纤维、冷纤维)的刺激并不完全消失,而稳定在与皮肤温度值相应的频率水平,这样可以经常保持体温调节反射。感觉的强弱还与刺激面的大小、身体的部位、接触物体的导热率有关。若反复地施以持续和间隔约 0.5s 的刺激时,温度感觉将发生融合。

人体的正常温度在 37℃ 左右,但是处于 37℃ 的环境中人们又感觉太热,这是因为人体新陈代谢所产生的热量,必须以一定的速度向外发散。若环境温度过高,这些热量聚积在体内不能发散,人会感觉非常难受。只有当气温较体温低的时候,人体的热量才能得以畅快地散发。然而,当气温过低时,热量发散太快,超过人体正常散热的速度,人体会感到寒冷。在夏季人们感到最舒适的气温是 23~28℃,冬季是 18~25℃。人体总要保持体温恒定,当环境温度超过舒适温度上限时,便感到热,相反,当环境温度低于舒适温度下限时,人就感到凉甚至冷。

舒适温度还与风速和湿度有关。所谓冷或热,是人们的一种感觉,与实际气温不完全等同。例如在夏季台风或暴雨到来前,由于气温高于体温,对人体起加热作用,人只能靠出汗耗热来维持体温平衡,如果这时空气湿度大,汗又不易挥发,人体就会感到闷热异常。如果这时清风徐来,加快了汗液蒸发,人体马上就感到凉快。

根据以上原理,为了保证在行车过程中驾乘人员的温度舒适性,在闷热的夏季人们总是喜欢开车窗,让车内空气流动,降低高温对人体的不良影响造成的不舒适;在冬季,人们总是喜欢关闭车窗,以保持较高的车内温度让驾乘人员感到舒适。现在,随着车辆制造技术的发展,很多汽车内安装了空调,当温度低时调高空调温度吹热气,当温度高时调低空调温度吹冷气,以便让驾乘人员感到舒适。当然采用车内空调是可以让人们感受到温度的舒适性,但空调对人体也会产生负面影响,如空调病,所以人们更喜欢自然清新的空气,即使在夏季热天,很多人还是喜欢打开车窗进行降温;另外,空调降温也会消耗更多的能量,更多的能量消耗意味着更多的能源开采以及造成更多的空气污染。当然温度也会间接对驾乘人员产生不良影响,如当冬天温度较低时,路面会产生冰冻,影响行车安全;在夏天高温时,沥青路面软化,造成刹车失灵或摩擦力降低,影响车辆效能的充分发挥,影响驾乘人员的安全以及他们的情绪。为此,建设一条空气清新、温度适宜的道路也是很多人的向往,如采用绿化、路面颜色的改变等措施,通过树木的遮阳、路面对阳光的吸收或辐射等来减少温度对人体的不舒适性影响,也可以通过路线与地形的组合避开阳光或地面温度过低冰冻等对驾乘人员温度舒适性的影响,或通过路线选择或结构(如隧道)位置的选择来避开风口或冰雪路段,避免路面结冰或积雪路滑影响行车安全及对驾驶员造成心理恐惧。

随着公路路面等级和公路标准的提高,车辆运行速度越来越快,为减少噪声和风速的影响,一般驾驶员皆关闭车窗,采用空调调节车内温度,山区公路局部季节性路面积雪冰冻和局部区域高温炎热、以及沟谷箐口较大横风对交通安全的影响较大,一路季相变化频繁的山区公路,无论是从交通运营安全角度,还是"一路四季"的变化的季相美的角度,以及为解决温感、肤感的感知信息的匮乏,都应在公路局部季节性路面积雪冰冻和局部区域高温炎热路段设置气温显示标志,在高海拔山区,以 $100m$ 高差连续设置海拔高程标志,在沟谷箐口、垭口等较大横风路段设置风筒或风轮或彩旗,通过视觉获取气温、海拔和风的季相的变化,让驾乘人员从陌生美中感受熟悉美,将积累的常识和经验成为安全的保障,成为赏美的延伸。

2.9.4.5 公路美学与人体深感觉感受

"深感觉"是指肌肉及关节位置觉、运动觉、震动觉。位置觉是不借助视觉和触觉等感受、判断身体在空间中的位置以及身体各部分的相对位置,或诱发姿势反射的本体感受性感觉。运动觉简称"动觉",是主体辨别身体的运动和位置变化的感觉,或辨别自身姿势和身体某一部位的运动状态的内部感觉,其感受器分布在肌肉、肌腱、韧带和关节中,动觉与其他感觉有密切联系,如动觉与肤觉结合产生触摸觉。平衡觉当然也和身体运动及其加速度的感受有关,但是一种独立的和明确的感觉。运动觉也包括视觉、触觉、流动觉等功能,但通常限指对自体各部分及全身的被动和主动运动的内感受性感觉(本体感觉乃至内感受性感觉)。有时把这种运动觉和位置觉一并称为广义的运动觉。

机动车发动时或行驶途中,有不同程度的震动,对人体有害无益。长期驾驶机动车的人由于震动的影响,神经系统功能下降,如条件反射受到抑制,神经末梢受损,震动觉、痛觉功能明显减退等;对环境温度变化的适应能力降低、手掌多汗、指甲松脆,震动过强时,驾驶员会感到手臂肌肉痉挛,萎缩,引起骨关节的改变,出现脱钙、局限性骨质增生或变形性关节炎;强烈的震动和噪声长期刺激人体,会使自主神经功能紊乱,出现恶心、失眠等症状;女性驾驶员还会出现月经失调、痛经、流产、子宫脱垂等病症,医学上通常将这类震动引起的疾病称之为震动病。

晕动病是汽车、轮船或飞机运动时产生的颠簸、摇摆或旋转等形式的加速运动,刺激人体的前庭神经发生的疾病。患者初时感觉上腹不适,继有恶心、面色苍白、出冷汗、眩晕、精神抑郁、唾液分泌增多和呕吐。由于运输工具不同,可分别称为晕车病、晕船病、晕机病(航空晕动病)以及宇宙晕动病。

内耳前庭器是人体平衡感受器官,包括三对半规管和前庭的椭圆囊和球囊,它们都是前庭末梢感受器,可感受各种特定运动状态的刺激。当汽车启动、加减速、刹车、船舶晃动、颠簸、电梯和飞机升降时,这些刺激使前庭椭圆囊和球囊的囊斑毛细胞产生形变、放电,向中枢传递并感知。前庭电信号的产生、传递在一定限度和时间内人们不会产生不良反应,但每个人对这些刺激的强度和时间的耐受性有一个限度,称为致晕阈值,如果刺激超过了阈值会出现运动病症状。每个人耐受性差别很大,除了与遗传因素有关外,还受视觉、个体体质、精神状态以及客观环境(如空气异味)等因素影响,所以在相同的客观条件下,只有部分人出现运动病症状。在曲线段行驶时感到的离心力,不同曲率的曲线段行驶时的离心加速度变化率,上、下坡或前进方向的加、减速度,绕车行道中心轴的转动速度及其变化等,这些情况主要是通过内耳三个半圆形管来感觉。

让驾乘人员有一个舒适良好的旅程,避免不必要的疾病产生,是公路美学应该考虑和认真对待的问题。如增加公路的平整度、减少频繁弯道和纵坡的短距离内重复变换等都可以增加驾乘人员的舒适性。对于枯燥、呆板的路段,驾驶员容易犯困、瞌睡,这时适当在路段中设立一段距离的减速震动带也可以将驾驶员从昏昏欲睡的状态中警醒,重新恢复到正常的驾驶状态。科学家已研制出多种依靠震动或香味提醒司机的警示装置,这类装置可将常见车祸的发生率减少15%。

2.9.4.6 公路美学与人体综合感受

驾驶员能够明辨外界影响因素的数量,取决于各个感观对外界刺激的感受程度。驾驶员能够感受到的外界刺激存在着临界值,此值因人而异,同时与人的精神紧张程度有关。视觉的平均临界值为1/16秒,听觉为1/20秒,机体对震动和颠簸的反应为1/5秒。人类的感观总是同时起作用,并且有相互强化的趋势。有时,在某一段时间内,驾驶员会把自己的注意力集中在某一具体的对象上,而对其余同时发生的现象只获得一般性的印象。在高速路上,由于道路线形平顺,路面平整,由汽车变速行驶或弯道超高所引起的驾驶员身体的不适感觉是很小的。在正常的行驶条件下,驾驶员主要是通过视觉获取道路状况信息的。

2.9.4.7 行使状态下驾驶员接受的信息量及心理惰性

不同的行驶状态,驾驶员摄取信息的种类和数量不同。美国的观测资料给出了车队行驶状态下和自由行驶状态下驾驶员获取信息的种类与数量对比,见表2.9.9。很明显,自由行车状态下驾驶员摄取的信息总量多,这是由于在这种情况下,驾驶员心态比较轻松,但车队中的驾驶员获取的同一车道上的信息要比自由状态下的多。

不同行驶条件下的驾驶员摄取的信息对比 表2.9.9

视线集中的对象	汽车行驶状态下,1分钟内驾驶员视线集中的目标数目(个)	
	自由行车	车队中的车
道路标志	10.8	7.4
同一行车道上的汽车	12	76.4
路面的右边缘	1.5	4.0

续上表

视线集中的对象	汽车行驶状态下,1分钟内驾驶员视线集中的目标数目(个)	
	自由行车	车队中的车
行车道中心线	2.2	2.4
路面中线	0.6	1.0
其他目标	193.9	104.5
总数	221	196

经常重复一种类型的路段,驾驶员就会形成独特的行驶节奏,并逐渐习惯于这种节奏,一旦道路条件出现变化,会给驾驶员在驾驶汽车中带来附加的困难。很明显,在新的行驶环境中,打破和调整固有的心理节奏很困难。如果道路条件和路旁的美学环境是同一类型的,周围环境的单调性和熟悉性会使驾驶员的注意力单一化。单一的行车节奏会引起驾驶汽车作业机械化,并降低注意力。当驾驶员依靠自己的经验和看法,采用高于设计速度的行驶状态,驶入不熟悉的路段时,很多驾驶员并不愿降低车速,以便不破坏他的行车节奏,这就是驾驶员的"心理惰性"。

根据法国的调查资料,在道路交通事故点处的速度与其前面500m内的行车速度在70%的情况下是一致的,也就是说驾驶员驶近危险地带时并不减速。道路条件变化没有引起驾驶员警觉,由于心理惰性,没有及时改变行驶状态,事故由此产生。因此,道路情况的可预知性和提示性对于不熟悉路况的驾驶员尤为重要。

2.9.4.8 意识水平与信息刺激

公路美学的一个任务就是给驾驶员提供适当的流体刺激,提高司机的意识水平。然而,如果流体刺激过分强烈,也会由视觉紊乱引起车祸,应尽量减少强烈的视野干扰,公路两旁应严格禁止树立色彩鲜艳的商业性广告牌。

在公路上,司机意识水平容易降低还与有节奏的重复刺激有关。例如,司机把道路标线作为视线诱导体,虚线的黑白间隔反复刺激眼睛,出现节奏几乎与人的心跳、眼球上下活动节奏相吻合,很容易使视力灵敏度降低。

同样,以一定速度运转的发动机声、轮胎与路面的摩擦声都是有节奏的,能使人的听觉灵敏性降低,行车的有节奏的震动会起催眠作用,这与长途乘车容易发困、小孩在摇篮中易入睡是一个道理。

从运动医学的研究可知,人的精神状态在生理功能上必有所反映。长时间驾车引起的精神疲劳将使人体生物韵律松弛,意识水平下降。如果把人的精神状态分为紧张、平静(正常)、松弛(自由)、模糊(打瞌睡)、睡眠5个阶段,通过脑电图、心电图、肌电图以及眼球运动的测定可以看出其不同的特征。

汽车刚驶入高速公路时,司机的思想进入紧张的状态,以适应高速的车流。不久便恢复到平静的状态,慢慢地意识开始松弛。以后,遇到紧急情况,一般都处于这种状态。当连续驾车时间太长,思想逐渐疲劳,进入近乎打瞌睡的"机械"状态。此时,司机的视界及意识模糊,只是机械地握着方向盘,跟着前面的目标跑。一旦遇到紧急情况,即便司机已经意识到这种紧急状态,但正常的认识——判断——动作的反应过程却难以恢复,或者进展极为迟缓,判断终止,"不知不觉"地酿成事故。

2.9.4.9 公路环境条件与驾驶员精神和情绪之间的关系

公路环境条件对驾驶员精神和情绪有很大影响,进而会影响他的工作状态和工作效果。当进入危险路段或交通情况复杂化时,公路环境条件的变化会使驾驶员的神经紧张程度发生剧烈变化,这个变化会在驾驶员的反应时间、理解和处理信息的能力以及判断交通条件的错误概率上反映出来。当公路条件、环境突然变化时,汽车操作变得复杂化,驾驶员必须克服"心理惰性",应付预料不到的情况,比如其他车辆动作的影响,视距的缩小等。驾驶员变化自己的车速,以适合新路段交通条件的变化时,过渡时期是非常危险的。

当汽车驶过复杂的路段时,驾驶员体内心理、神经的变化有它的外在表现——脉搏次数的变化、视线从一个目标到另一个目标转移次数的变化以及皮肤导电性的变化。为了确定路线各组成部分的标准要求,在公路条件对驾驶员心理影响的研究中,皮肤电流反应被作为指标,但此敏感指标的缺点在于它的变化可能与路线变化和环境变化没有关系,例如有时可能是驾驶员受惊而产生的某种思想,但总体来说大部分情况比较符合实际,表2.9.10是莫斯科公路学院给出的一系列关于平曲线上的行驶条件与驾驶员心理紧张的程度之间的关系。道路组成条件和行驶环境会影响驾驶员的神经心理紧张状态,而心理紧张程度与道路事故的危险性之间存在着无可辩驳的联系。

平曲线的行驶条件对驾驶员心理状态的影响　　　　表 2.9.10

横向力系数	曲线上的行驶条件	皮肤电流反应的相对变化
0.05	乘客不看路时,分辨不出是在曲线路段还是直线路段行驶,驾驶员没有感到任何紧张	1.00
0.10	乘客不看路时,分辨不出是在曲线路段还是直线路段行驶,驾驶员没有感到任何紧张	1.00
0.15	乘客轻微感到沿曲线行驶,但没有引起任何的不适,由于曲线行驶引起的驾驶员紧张程度不严重,紧张程度与横向力系数成正比例增加	1.05～1.10
0.20	明显感到沿曲线行驶,但没给乘客带来明显的不适,大多数驾驶员感到明显的紧张	1.10～1.25
0.25	有40%的乘客和驾驶员对这种曲线感到讨厌。皮肤电流反应证明驾驶员明显的神经心理紧张	1.20～1.40
0.30	无论是乘客还是驾驶员大多数都感到讨厌	1.50
0.35	驾驶员的紧张情绪剧烈增加,路面潮湿时行车具有侧滑的危险性。因此,驾驶员讨厌这种曲线	1.70

当相邻路段的参数变化大时,对行驶条件发生影响;当公路环境发生大变化时,对行驶条件也会产生影响。例如,公路从广阔的草原地带进入狭窄的林区通道,或进入居民区;从微坡起伏的山前区进入受到约束的山岭河流盆地等;两条公路汇合后交通量的变化也会起到同样的作用。当汽车通过有着一系列行车危险与困难地段的公路时,在安全系数小和车速急剧减低的地段上,驾驶员的紧张程度会相应地明显提高。

当公路路线的各组成部分合理时,驾驶员的神经心理紧张状态会大大减轻,而行车速度实际上保持不变。在良好的行车环境条件下,驾驶员情绪不紧张,在注意力、思维的活跃性及反应持续时间方面均处于最佳状态。这时候行车是安全的,汽车驾驶员较少感到疲劳。

公路几何条件对于行车状况的影响与交通量有关。当交通流总的状态开始对行车速度起决定性作用时,即公路负担处于高水平时,公路条件对行车状态的影响降低。在这种情况下,驾驶员比较多地注意其前面行驶的汽车,而较少注意公路的铺设和环境。自由状态下,驾驶员获得的信息比较杂。因此,对于高速度、交通流大的公路,应强调道路线形的协调性和安全性;在速度低、交通量小的路段,环境美学建设对驾驶员的心理状态影响更大些。

2.9.4.10 公路美学与人体心理感受

从审美心理上看,公路属性和公路美学系统相结合,决定驾乘人员的心理,因此不同的环境特征,公路使用者的感官体验不同。同时,环境特征的充分认知又与心理的多方面需求相呼应。面对相同的美学环境,人们往往会根据自身特征过滤一般信息,然后选择符合自身审美情趣的美物欣赏,并产生相应的行为心理反应。因此,由于选择方式的不同,公路使用者对周围环境的认知存在很大的差异。

公路使用者面对不同的美物会产生特定的心理环境,由景及物、由物及人、由人及情,产生不同的心理感受,如公路美学系统单调、枯燥会造成使用者的情绪低落;美学系统过于复杂、花哨会造成心理的烦躁,影响行车安全。公路美学系统应保持动态特征下的连续性和自然性,确保美学效果良好。柏莱恩认为:人的唤醒水平随着环境不定性的增加而提高,二者呈直线关系;而人在环境中体验的舒适性与环境的不定性却呈倒U形曲线关系。据此推论:完全确定性的环境较少引起和维持兴趣,完全无确定性的境地也不是人们愿意的,具有中等强度不定性的环境是维持兴趣、诱发探索动机的最佳环境。

环境的适应能力是人与环境相互协调的结果,环境刺激水平与个人适应水平相差越远,个人对环境的反应越明显,适应越困难。影响个体环境适应性因素有新旧环境差异、个人适应能力以及在新环境中体验的时间量。个体与环境的平衡可通过两种方式获取:一种是改变自身去适应环境,另一种是改变或选择环境顺应自己的感觉需要。

公路上信息的多少会给行驶人员带去各种不同的感受。公路美学系统不同,刺激信息的种类和数量也不同,对用路者产生信息饥渴或信息过量的心理影响,这种影响往往取决于个人所接受的感觉信息量的大小。在路侧地带单调并缺乏感觉刺激的情况下,驾驶员的知觉敏锐性会降低,思想松弛或者把注意力转移到与公路交通无关而对驾驶员有吸引力的事件上,容易引发交通事故。单调的、信息缺乏的路段,驾驶员容易感到过分疲乏,近乎昏昏欲睡的状态,处于较高的神经活动受阻的状态,在这种情况,驾驶员收到的信息少于为了保持头脑和精神应有的积极水平所必需的信息刺激数量。此外,汽车本身令人发昏的有节奏的震动声、水泥混凝土路面聚集的光亮带、沥青混凝土路面上的白色标线及汽车机器盖上光亮的斑点,都会加重这种信息饥渴。这时,驾驶员需要的反应时间增长,工作可靠性降低。信息饥渴,驾驶员易感到疲乏,反应时间增长,工作可靠性降低。信息过量,吸引驾驶员注意力的事物密度超过人的接受能力,导致事故,只有当道路两侧信息数量适当时,才能为驾驶员提供一种轻松、愉悦的行驶状态。在公路美学规划设计时,应控制道路周围的信息刺激数量。

在公路上,用路者的注意力一般比较分散,视觉是游移的,只有当符合审美意境和心态的客体出现时,主体的审美意识才会重点集中。此时,主客体之间不断地进行交流,形成对公路美学系统的认知和再认知,通过对公路美学系统的价值判断,产生不同的心理感受。一般来说,审美心理过程大致可分为三个阶段,即审美期待、审美展开和审美弥散。审美期待,是处于"临美心理"状态;审美展开是审美实现阶段,既是审美期待的实现,又决定着审美弥散的效果和质量;审美弥散是审美心理得到某种满足后而产生的对审美经验的积聚和沉淀、对审美情境的探索和玩味、对审美理想的充实和提升。审美期待、审美展开、审美弥散是审美过程中三个既相互联系又相对独立的心理阶段,其所包含的各种心理形式也只具有相对的意义,实际上是三者共同构成了审美心理的综合的、动态的、复杂的完整过程。

根据审美过程的特点,可以结合公路线性的特点,人为控制审美节奏,创造出扣人心弦的美物美景序列,例如,注重美物的起承转合,积极调动审美意识,创造审美条件与对象,安排"柳暗花明"的惊喜,设计意犹未尽的结束,营造感情氛围等,使公路美学有所突破,更加精彩,创造出亲切宜人的环境氛围,极大的为驾乘人员和管理者、服务者提供心理的愉悦。

所谓的"官能印象"被统一在一个对欲望的更深更广范围内的分析过程之中。体验官能印象的方式存在不同。某些观察者会注重事物的实用性,比如,对制造商和设备使用者来说,首要的是对功能的考虑。还有一些观察者首先会认真思考对象的基本属性,如科学家或哲学家。不存在一成不变的美学思考,即便如此,美学问题的基本范畴还是值得研究的。先于"善"的问题是生存,譬如,对现代人来说,原始自然美景是探险者的乐园或者逃避现代都市生活的圣地。对于偏远地区的农村人来说则要在其中为生存斗争,向往都市的繁荣和现代气息,向往城市人"车出车进、灯红酒绿"的生活及环境。人类对公路美物美景的美学态度牵涉到对不同环境因素的感受。为此,不同的人对美的原始动机可能为:①辨别特定场所属性的知识(求真);②获益的手段(求善);③表达喜爱之情的方式(求美);④或者其一、或者其二、或者兼而有之。不同的原始动机会引导出不同的审美行为。一个人对待公路美学的态度反映出他应付环境的能力和生活方式,这种态度不是静态的,会随着自然和人自身的发展发生变化。

一个公路美学作品是否能使人获得美感,也取决于其客观美学特征是否充分具备,这是先决条件,否则,在创作上很平庸甚至低劣的作品很难使人产生美感。但如果没有欣赏者的心理活动,再伟大的公路美学作品也不会使人产生美感效应。这二者缺一不可,互为条件。审美知觉又是产生感觉美感的最基本条件。美国学者巴特斯·劳瑞的研究证实:审美知觉不是一种与生俱来的"天赋",要经过反复的学习过程,它不同于一般的"看见""看到""听到""触到""闻到",而是要"经努力才发生的行为",否则就是"视而不见"。当然,客观美学特征的创造才是关键,客观美学特征和审美知觉是对美学设计师的基本要求。当一个美学设计师的感觉经验得以扩展,有了审美知觉时,他从环境中的感觉形式中所得到的也就越多,才能欣赏美学艺术创作(而这种设计正是以感觉形式表达出来并寄予人的美感经验),才有可能理解感觉语言的内涵和意义,才能传播美感。

2.10 公路对环境的影响与保护

2.10.1 公路对环境的影响

公路的兴建,促进了社会经济的发展。然而,修建公路将占用土地、破坏植被、影响自然地貌、天然美学环境、城乡空间格局、文化史脉以及区域内文物、遗迹、自然水系等,同时公路本身也分割所在地动植物世代生存的空间,影响种群繁衍及动、植物的多样性等。这一切将给公路所经区域的生态环境、美学资源、感觉环境等造成很大的影响。

1) 对地形地貌的影响

如果公路路线没有尽量考虑地势起伏,或者横向和对角穿过一群山谷,或者没有避开地势参差不齐的风景区,势必会造成大量的填挖,伴随出现的将是大量的充填沟壑、切割山坡、开挖丘岗、砍伐树木、侵占湿地、分割草原等,对自然地势起伏和地貌造成严重损害。

2) 对植物的影响

植物不仅对生态环境起着决定性的作用,而且也是自然界最美丽的皮肤。公路本身要占用自然空间,这就相当于撕掉自然界美丽的一块皮肤。当公路穿过一片森林时,除了要砍掉一部分树木外,还会将这片森林分割成两部分或更多的部分,被分割的森林的总价值将小于原先的整体森林的价值,其环境生态价值也将随之减少。公路如果不能绕开孤立的古树或切断某一流域或破坏其他环境中植物的连续性,会给自然美带来严重的损害。此外公路建设期间,取土场、弃土场、进出道路以及采石场地等,也会破坏自然植被。还有公路施工人员的进入和道路的修通为外来者提供了通道,外来的人员可能会采伐和购买植物、花卉等,造成对原生态植物的破坏。公路施工和运行会带来空气、水体、土壤的污染、温度的改变等,都会造成植物生长环境的改变,影响植物的生长和繁衍。

3) 对动物的影响

公路的修建可能会切断动物生存、繁衍的通道和场地,影响动物的生存和繁衍。施工的炮声、机械的轰鸣声、运行的噪声、鸣笛声等会恐吓动物,影响他们的正常进食和繁衍。公路施工人员的进入和道路的修通为外来者提供了通道,外来的人员可能会猎捕和购买动物活体及其产品,造成对原生动物的灾难性影响。

4) 空气与噪声污染

公路在施工及运营中会对周围环境产生污染。路际沿线的最大污染就是来自汽车尾气排放,其污染物主要有一氧化碳、氮氧化合物、碳氢化合物、醛及含铅颗粒物,在一定程度上对人及动植物产生不良影响;其次就是噪声污染,主要来自公路建设期大量工程机械及施工操作造成的噪声,以及运营期汽车发动机噪声、运转的轮胎与地面摩擦产生的噪声。再就是运营期的人为污染,人是公路的"主体",可是由于公路公共设施的不完善等因素,许多的驾乘人员在路边吃饭、休息,造成视觉污染和环境污染。

5) 影响水资源

通常情况下,道路建设不直接影响水资源情况,但是对于公路来说,因为对线形的要求,公路的修建有时须要对原有的水文流态进行修改,使多条水道汇集的地方产生很大的流量,会增加水的流速,改变区域的条件,出现洪水或者水土流失加剧,以及渠道的改变和下流泥沙含量的增加。同时,公路的排水和挖掘会使得周围区域的水位降低,相反填堆等会使得地下水位升高。地下水的改变会产生一系列的潜在影响,如植被恶化、侵蚀增加、供农业及饮用的水资源减少、鱼类和野生动物的生境改变。在公路建设过程中,由于施工管理等问题,将公路施工中的弃土、弃渣等固体废弃物直接丢至水中;桥梁施工过程中,施工材料落入水中,以及在运输施工材料的过程中,施工材料泄漏入水中;施工过程中,施工机械的油类进入水中,以及施工人员的生活废弃物也直接丢至水中,都会使地表水和地下水的质量下降。

6)对文化遗产的影响

文化遗产包括物质文化遗产和非物质文化遗产,公路的建设会对物质文化遗产造成的影响较大,也会对非物质文化遗产产生影响。公路的施工可能会破坏具有考古、历史、宗教、文化或美学价值的遗址、建筑物或具有文化意义的美景,改变原有的地形地貌,破坏一些文化遗址的"风水"。公路运行产生的振动或释放的受污染气体等也会破坏一些文物,对文化遗产的影响将可能是破坏性的。

7)对城乡地区的影响

如果公路项目没有考虑已成形的城市或乡村格局,可能改变某一城乡的发展甚至发展方式,给人文美学环境和物质美学环境带来负面影响。

道路建设应改变公路的霸道姿态,通过公路与其所穿越的沿线城乡人文环境和自然环境合理的协调配合,使公路成为所穿越之地的合法行进者、受欢迎者,而不是入侵者。

8)影响美景

公路建设会对美学格局产生重要影响。首先是公路建设对地表植被的大量破坏,产生环境碎片,使美学格局发生变化;其次是在美景中出现新的美学要素,出现新的美学斑块,与原有美景不协调;最后是公路本身的特点,在美学组分之间增加了一道屏障,给美景产生较强的分裂效果。此外,大型挖方、填方路段的边坡由于土地的硬化,会破坏山体的植被和自然曲线,也会对美景产生影响等。如果公路穿过一片农田或耕地,将产生无数块孤立的地块,除了失去原有的美学吸引力外,还难以耕作;如果横穿一片森林或一片草原或一片湿地,将破坏原有的生态环境,造成美学环境碎片化,就像在维纳斯的脸上产生一个"刀痕"。

2.10.2 公路环境保护的措施

1)污水处治

公路产生的污水主要指路面排水、服务区及停车场洗车废液、隧道冲洗排水、生活污水等,这些污水可根据不同情况采取不同的处治办法。一般设置沉淀池进行沉淀处理,防止直接排入水体中造成水质污染。在公路通过城镇用水路段,采取集中排水方式,以免污染水源;在地形平缓处采用蒸发池,使公路的废水流入池内自然蒸发,防止受污染的水危害自然;公路施工时,工地上修建化粪池,生活污水集中处理,定期清理,经净化自治后排走;为避免建筑材料污染水源,所使用的石灰、水泥、沥青等材料不露天堆放,并远离各种水体。

2)噪声隔治

公路噪声可分为交通噪声和施工噪声。防治噪声主要从两方面入手,一是从噪声的传播途径方面入手,即从外部环境入手,如采用隔音墙、隔音林、隔音土(石)堆、避让等;二要从噪声来源上入手,这才是治本的方法,减少噪声来源的最直接有效办法就是改善车辆本身的构造,改进发动机,安装消声器,使其行驶时产生的噪声降低,满足噪声的排放要求。

3)废气改治

公路对大气的污染,主要来自行驶汽车排出的污染物(废气与固体微粒),这些污染物排放到大气中,渗透到水、土壤里,会对沿线的人类和动植物产生不良影响,其污染程度随着营运时间增长及交通量的增加而加重,污染程度还取决于车辆车型种类及行驶状况。对废气的处治,一是改善车辆行驶路况及环境,二是从改善废气源着手。关于路况,纵坡大或急转弯处,耗油量大、排废气多,所以在收费站处、隧道内应安装排气通风设施;完善汽车自身结构,提高性能,减少废气排放,改变汽车燃料,发展新型环保汽车,在汽车车尾安装过滤器和废气减毒装置,加强废气监制,限制排气超标汽车上路等。

4) 尘埃除治

公路施工中和营运后的尘埃污染不能忽视,尘埃进入人体,危害健康,引起疾病;尘埃也直接影响动植物生长发育。在公路施工中,应注意防尘,散状易引起扬尘的建筑材料,如水泥、石灰等不在露天堆放;料场、料仓设置在干燥并远离村庄至少 500m 的下风处;在干燥、炎热气候条件下,施工便道和取土场坚持每天洒水,尤其离居民点较近路段施工时更应增加洒水次数;沥青混合料采用远离居民点不少于 1km 厂拌,且拌和机配置除尘装置;加强土石方和建筑材料的运输管理,使散落减至最低限度;施工期的临时堆、拌料场不能设在沿线的河边、湖畔,选址要隐蔽,尽量不占用自然环境好并难以恢复的地方;定期监测施工扬尘,以确保尘埃控制指标。营运期间,应定期冲洗路面和设施灰尘等。

5) 垃圾排治

公路上的垃圾除风吹漂浮物等自然形成外,就是货车的抛洒物和旅客的丢弃物以及建筑垃圾等,应及时清理较脏的路面(可采用清扫排出),并进行废物利用。对建筑垃圾,可采用废物利用办法,如将废渣、沙料及旧沥青路面材料就地破碎加工利用,既经济又减少对环境的污染,还可利用废塑料作为原料生产无铅汽油。施工人员的生活垃圾不能随意堆弃,每天要及时收集,集中、统一处理或填埋,不能给沿线景观环境带来污染。在公路沿线,应避免显眼的垃圾堆。

6) 振动减治

公路修筑时,修路用采石场远离居住区,爆破场周围留有足够的安全区,爆破物品的贮存和处理严格按规定进行。对于公路距居民点近的地段,严格保持路面平整,限制车速,以减少振动影响,还可在路上设立防振沟,沟越深减振效果越好。通车后靠近大桥的居民会受到影响,也可在桥梁等建筑上安装减振设施,消减振动的影响程度。

7) 地貌维护

在修建公路时应采取对原有地貌进行维护的措施。在公路规划设计时,要注意维护沿线地形地貌和自然美景,尽量不破坏。为了保护原有地形地貌,可设计成隧道,有时为了避免开挖破坏地表植被也可采取地下顶推掘进的施工方法。

8) 植被植护

公路施工时,植被破坏不可避免,但要尽量维护,尽可能不破坏或少破坏自然植被,还可采用绿色灌木作隔离栅,在不宜种树的边坡和路侧种植花草,在公路两侧营造出"绿色长廊"。施工完后要迅速将弃土区、开挖区、边坡等用草皮覆盖或种植树草、花卉,并尽量采用本地植物进行植被恢复,促进植被恢复。

9) 文物避护

公路建设中要尽量保护历史遗址、名胜古迹及保护区。必要时改变路线设计方案和施工方案。对文物一般采取避让措施,如设置高架桥、隧道等,尽量不破坏文物古迹。工程施工中,发现有化石、古币、有价值的文物、建筑物及具有地质或考古价值的其他遗址或物品时,应及时向文物部门汇报,防止移动或损坏此类物品。

10)避免人工及构造物的污染

在美学环境质量高的区域施工,施工时间最好安排在旅游淡季,施工车辆尽量在夜间运输,并且要保持车辆的外观整洁,运输时采用遮雨篷。

尽量使用已有道路作为施工便道,不得不修建新的施工便道时,要尽量减少对自然环境的破坏,选择隐蔽性好、易于恢复或便于将来留给当地村民作农耕通道的地方,减轻对自然美景的潜在影响。

公路沿线的一些广告会造成不雅或广告效果欠佳,如图 2.10.1 所示,广告繁杂,广告效果不好,同时会使驾乘人员产生心烦意乱的情感;图 2.10.2 所示的繁杂的广告,再加上行车拥堵,可能会产生路怒症,使人更烦;图 2.10.3 中,收费站基本被繁杂的广告淹没,这种形式的收费站,给人"金钱味"十足,使人产生可能会被"宰一刀"的感觉。

图 2.10.1 繁杂的广告之一

图 2.10.2 繁杂的广告之二

对于公路中央分隔带及两侧的广告牌、宣传栏等应尽量避免色彩的泛滥,应由相关部门统一色调,制定相关规定减小广告数量,规定广告制作方法,少用刺眼的颜色,以防对驾驶员行车造成视觉污染。路面的清洁程度也会对驾驶员心里造成影响,应及时清扫,对废弃物堆场等可利用景观隔离带对其进行遮蔽。

11)环境恢复的要求

图 2.10.3 收费站繁杂的广告

公路美化及环境恢复应做到:①维护路域自然植被的多样性,提高路域植被覆盖度,植被恢复时注重乔灌草花立体植被群落的构建;②保护路域自然美景的完整性;③保护路域水体质量的前提下,选线时考虑路线适当靠近水体;④路域内的人工建筑必须体现地方特色且不要位于近距离范围内,人工建筑的色彩不要过于突出,特别是不能与周围自然背景反差太大,要尽量弱化公路自身的人工痕迹;⑤保持路域美景视野的开阔度。

公路施工时,空气粉尘、噪声等级及当地水源质量等应由负责任的监理人员把关。被污染的土壤在工程施工完毕后应进行净化。一些用过的木材、钢材都应回收利用,废油、废液等收集在质量合格的循环容器里,乔木和灌木等的砍伐降低至最低限度。

2.11 公路美学与生态环境保护的关系

随着公路出行在人们出行中所占用的时间越来越多和人民生活水平的不断提高,人们将越来越关注公路沿线的生态环境建设及美学环境问题。而要解决这一系列问题的途径就是运用现代美学规划设计的理论与方法,结合公路特殊的环境并与美学生态学理论和方法综合,综合考虑自然生态、经济效益、美学效果、环境保护、土地利用等多目标为先导的复合目标规划,使公路的建设与运营在取得经济及社会效益的同时,对自然环境的破坏达到最小,并实现最大的生态和环境效益,这就是公路路域生态学的研究内容,如表2.11.1所示。

公路路域生态学主要研究内容 表2.11.1

研究类型	具体内容
公路对生态环境的影响	公路建设对生物的直接影响
	公路建设对生物栖息环境的影响
	公路建设对生态系统和美学格局的影响
生态环境对公路的影响	生态环境对公路设计的影响
	生态环境对公路建设的影响
	生态环境对公路运行的影响
路域生态系统的保护、修复、优化与提高	生物多样性影响
	水土流失控制
	环境污染防治
	生态美学修复和重建

2.11.1 公路建设对生态环境的影响分析

公路建设运营对生态环境的影响主要包括对自然环境(水系、土壤、大气、地质地貌等)、植物、动物三个大方面的影响。

1) 占用大量土地

公路作为城市间及区域间的交通系统,其建设必将占用大量的土地、农田及养殖水域。一条六车道的高速公路路面宽为50~60m,而一座完整的互通式立交桥占地15~150公顷,其所经地段的大量农副产品生产区被征用,影响沿线的农副业生产和居民生活。

2) 分割地块

一条公路一般长达数十至数百千米,穿越很多城市和乡村。公路在联系城市间交通的同时,对沿线地区现有的行政区、城市布局、农业用地及与之配套的排灌系统及流域系统会产生影响,影响公路两侧的人员来往、信息传递以及原料和产品的交流等社会经济活动。

3) 破坏地质土层结构

公路在建设过程中须要大量的土石方填挖。一方面会引起岩土体移动、变形、破坏,增加地质脆弱地带坡面的不稳定性,若处理不善,与之相伴的是坡面土质松散、土壤侵蚀、山体坍塌、滑坡,危害人民的生命财产安全。另外,地球表层能够适宜植物生长的土壤是紧缺的资源,公路建设保护其资源不仅是可持续发展的问题,同样是公路美学的问题。

4)公路对自然环境的影响

公路路域自然环境主要包括水系、土壤、大气、地质地貌等。公路建设运营会对自然环境产生一定影响,同时自然环境也对公路的设计、建设及运营产生影响。公路建设运营对环境的影响和破坏主要体现在:

(1)因路基、房屋、构造物、取土场、弃渣场等占地,使沿线土地等(耕地、良田、林地、草地及其相应的附着物、野生动物等)资源减少,植被覆盖率降低,导致对生态环境不同程度的影响和破坏。

(2)因填筑路堤取土和开挖路堑弃土导致植被覆盖率降低,原有表土与植被之间的平衡关系失调,表土层抗蚀能力减弱,在雨滴打击和水流冲刷以及风蚀作用下产生水土流失,破坏土壤结构和肥力,造成农业减产。

(3)公路工程在处理不良地质时导致地表植被和土壤结构遭到破坏,影响山体的稳定性,造成大量泥沙淹没、覆盖地表植被、耕地、堵塞河道、水利设施等严重破坏生态平衡;

(4)由于隧道内挖方量大,不得不进行弃渣处理,在施工过程中和完工以后,施工作业区附近土石渣料处理不好,对弃渣场等处理不当,都有可能产生新的水土流失现象,造成生态环境破坏。

(5)公路施工中的特殊工程改变地下水自然埋藏和运动的条件,破坏正常的渗流规律,引起地下水位下降;改变地面水流动规律和洪水排泄通道,影响部分植被的自然生长状态。

(6)由于施工和运行产生的油污、废渣和释放的废气等对周边的土壤、水体、植物等产生污染,影响植物和农作物的正常生长和繁育。

①公路施工对地表水环境的影响。施工中的生活垃圾和施工废料乱堆乱放,施工中的生活污水、施工污水和施工机械油料的跑、冒、滴、漏,不文明施工抛洒的混凝土拌和料,汽车的尾气等,都会造成公路沿线地表水环境的污染。公路建设会改变地表径流的自然状态,使地表径流发生改变,加快水流速度,导致土壤侵蚀加剧,以及下游河道淤塞,甚至会引发洪水。公路工程还会改变地表水体的水文条件,沿河而建的公路或跨越河流湖泊的公路桥梁都会影响河流的过水断面、流量和流速等,产生河岸侵蚀和引发洪水等。有些公路建设项目还可能使河流改道,池塘、湖泊、水库被毁,对地表水资源、水环境产生危害。在施工过程中,有害物质会进入土中,干扰地面水、地下水流向,改变地下水资源埋藏和运动条件,破坏正常的自然生态平衡。

②公路施工对地下水环境的影响。公路挖方路段如果位于地下水位线以下,则会导致路基边缘及开挖的山坡渗水,最终使地下水位下降,地表植被萎缩或枯死,土地可蚀性增强,水土流失,甚至产生滑坡现象,破坏生态平衡。在填方路段,路基会使地下水上游水位抬高,下游水位下降,最终导致类似后果。公路隧道的渗水有时也会产生类似的后果。

③公路对土壤的影响。公路建设和运营对土壤环境的影响主要有土壤环境的污染、退化和破坏。土壤的污染源主要是由于路基开挖时产生的弃土、弃渣,以及施工、运营过程中产生的废水、废气,主要污染为施工、运营过程中产生的废弃物所含的重金属元素以及有机毒物。土壤环境的退化是在公路施工、运营过程中,造成周围植被的破坏,使土壤出现石漠化。土壤环境的破坏是由于公路建设将会长期占用土地资源,造成土壤破坏,因为植被的破坏,不仅会造成水土流失,还会造成山顶部风化岩石裸露,雨水直接淋溶,使土壤有机质质量

降低,造成更加严重的土壤破坏。道路营运阶段产生的污染影响时间一般很长,如橡胶、油污、重金属、融雪剂等对路侧土壤产生污染。有研究者对地处岩溶地区国道的多个路段进行试验,在距离公路不同距离处采集土壤样品,测定土壤中 Cu、Pb、Cd 等重金属元素的含量。结果表明,岩溶地区公路两侧土壤中的 Cu、Pb、Cd 等重金属元素含量在公路运营之后显著增加,其中土壤受 Cd 元素的污染最严重,重金属污染影响范围一般距公路 80~100m。以氯化钠融冰剂为例,美国纽约州罗切斯特地区使用过除冰盐,致使安大略湖、伊朗德阔伊特湾的氯化物浓度50年间增加了10倍。

(7)由于施工和运行机械、车辆的噪声、施工炮声和振动对周边野生动物和人群造成惊吓和影响,影响他们的正常采食和生活,导致健康水平下降和正常的繁育;

(8)由于公路的建设,隔断了生物之间的连通性,如水系连通性主要包括如下四方面:a.上游与下游连通;b.河流与河岸连通;c.河流与地下水系连通;d.河流与植被群落连通。桥梁建设后会影响河流上下游连通性,阻碍水生生物洄游及物质流动;道路若沿河布线则可能破坏河边湿地或漫滩,影响其与河流之间的连通性,使蓄洪能力降低,水源交流受阻;道路若设置沿河路堤挡墙,则可能阻碍对地表水与地下水的连通性,造成河流与地下水连通受阻;道路建设往往会破坏河边植被,使植被与河流的相互调节作用降低或消失。

5)公路对植物影响

在公路建设前期对现场的清理过程中,以及在建设过程中公路两侧取、弃土场、施工便道处均会造成植被的破坏,公路建设的挖填还会对地形地貌产生一定的影响。公路的修建会破坏植被,改变原有的土壤结构,使表层土壤以及抵抗流失的表层土壤遭到破坏,影响地形和地貌,为水土流失的发生提供可能。

公路用地范围内的原有植被被砍伐破坏,大量的土石方工程填挖使得表土损失,植被难以短期自然恢复,即使在气候温和的亚热带地区,在公路路际的环境下,经自然恢复到草灌植物群落状态至少须 20 年。而取土坑、弃土场及裸露的土壤边坡是水土流失的主要发生源,据调查,长江中下游由于公路建设每年新增加水土流失 6500 万吨以上。

公路对路域植被的影响包括直接影响和间接影响。直接影响主要发生在道路建设时期,如路基开挖对植被的破坏。公路对路域内植被的间接影响有外来物种入侵、道路污染物、水土流失、景观破碎化、局部小气候变化等,具有持续时间长、涉及范围广等特点。

公路建设破坏原有自然植被,造成土壤裸露等问题,为外来物种入侵创造了机会。公路外来物种入侵主要通过以下两种途径:首先可通过人为道路绿化引入外来物种,其次可通过行人、车辆等无意识携带传播。外来物种一旦入侵,可沿公路纵向和横向两个方向传播,进一步破坏原有生态系统平衡。一项对新西兰某条道路两边外来物种的调查发现道路路肩、边沟及边沟缓坡处生长的外来物种的种数比本地物种多;边沟外侧外来物种与本地物种的种数基本相当;外来物种路侧分布较平均,本地物种多样性随着离路距离增加而提高,如图2.11.1所示。

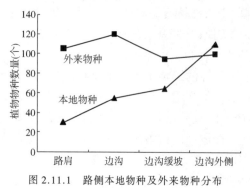

图 2.11.1　路侧本地物种及外来物种分布

外来物种侵入公路路侧区域,若环境适宜则其种群会迅速繁殖,并逐渐发展成为当地新的"优势种",占据大量空间、水分及阳光,加速本地物种灭绝,严重威胁生态安全。

6) 公路对动物影响

由于公路路线穿越动物栖息地,破坏野生动植物自然栖息和繁衍以及自然生态平衡。公路对野生动物的直接影响包括:道路致死、动物回避、干扰迁徙路线等。公路对野生动物的间接影响包括:动物栖息地丧失、分隔、破碎化及品质改变。交通致死一般发生在动物由于捕食、繁殖、迁徙等需要横穿或者沿道路运动过程中。

公路建设须要占用大量的土地资源,破坏原有的植被和环境,造成生物资源的减少。由于施工需要,这些区域内的植物资源会遭到破坏,生活在该区域内的生物死亡或者迁移,会影响该区域的动物资源平衡。河流的改道,一些植物被毁灭,会影响河流中的水生生物资源。当公路横跨原环境时,将原有的自然生态系统一分为二,会影响生态系统的稳定性和健康,对生物来说,封闭的公路不利于相邻组物种特别是动物的越过,起着一种屏障的作用,会妨碍物种和基因的交流。此时,公路将生态区域碎化为更弱的次级单位,进而会使整个生态区域易受侵蚀,同时容易退化。有些通道虽然没有与公路相交,但也会因为施工机械的运作和施工人员的活动,使得使用这些通道的动物暂时或者永久失去这个通道,会破坏该区域的动物生态资源,形成不和谐的路际空间。

公路建设使沿线地区的生态环境发生变化,公路的分隔,栖息地的破坏,动物活动与栖息地变小,使一些有特殊要求的动物向其他地区迁移,破坏当地生物链的平衡,造成动物种群变化、交流减少甚至灭绝。最直接的危害则是那些要越过公路的动物,飞速驰过的车辆无疑会成为它们最大、最危险的杀手,如美国国家公园野生生物学家娜塔莎·克兰(Natasha Kline)对高速公路对野生动物的危害做专门的调查研究,在其研究的国家公园一段约72.4km的公路上,每年有数千只动物死在车轮之下,这些动物又以两栖动物、鸟类、昆虫类居多,而且夜间行车致,车灯增多,使许多受光源吸引而汇聚公路两侧的昆虫种类与数量大增,影响了生态平衡。

7) 生态环境对公路运输及美学的影响

环境和生态的破坏反过来对公路交通运输也会产生不利影响,体现在:

(1) 由于道路施工的开挖和砌筑、浇筑、填筑等,破坏了自然的力学平衡状态,导致边坡失稳、坍滑,地表沉陷、隧道失稳等地质灾害,影响公路的建设和运行。

(2) 由于地下和地表水的流动、渗透、结冰等特性的改变,产生滑坡、路基沉降、冻胀翻浆等道路病害。

(3) 由于水土流失、地表和地下水流的改变、植被的破坏、动物的迁徙,破坏和影响了原有地表植物的美学效果。

(4) 由于耕地、林地的占用、建筑物的拆迁、文物古迹的影响和破坏等,破坏了原有的人文美学资源。

这些都会影响公路功能的正常发挥,以及道路的美学效果,必须对公路建设对环境的影响和破坏进行减缓、消除,开展必要的环境和生态保护。

公路项目的直接生态影响来自公路的施工、保养和运行管理,不仅与项目所在地的交通状况、公路状况、所建项目的运输量、被运输物品的特性有关,也与运输工具的性能、公路两侧的生态环境及有害物品运输的风险率有关。

2.11.2 公路美学生态学理论

公路美学生态学是研究公路、公路网络美学空间结构和功能时空动态变化及相互作用机理，进行公路美学评价及规划设计，合理利用和保护公路美学中集成生态、地理、经济和人文各要素，为人类社会经济发展提供理论依据和实践指导，具有生态、文化及美学价值的一门新兴交叉科学。

2.11.2.1 公路生态学的代表性理论

近几年公路生态学的代表性研究理论有以下几种：

1）斑块理论

如何将被公路分割的七零八落的生态环境重新联系起来，学者们做了大量研究，斑块理论便是其中的方法之一。斑块是指依赖于尺度的、与周围环境在性质上或外观上不同、表现出较明显边界，并具有一定内部均质性的空间实体。斑块是美学尺度上最小的均质单元，在外貌上是与周围本底不同的一块非线性地表区域。由于公路的分割作用会产生大量斑块，如植物美学斑块、地貌美学斑块、水体美学斑块、人文美学斑块等。

大型斑块与小型斑块相比，具有以下优势：①比小型的斑块承载更多的物种，并可为美学中其他组成部分提供种源。②大型斑块在涵养水源、联系河流水系等方面均优于小型斑块。③大型斑块能够允许自然干扰（如火灾等）的交替发生，可以缓冲物种灭绝的过程。小型斑块则可以作为美景建成区中的跳板和过渡，也可成为某些物种逃避天敌的避难所，增强美景之间的连接度。

保护某一物种所需的最低斑块数目为 2 个大型自然斑块；维护物种的长期健康与安全繁衍所需的理想斑块数目为 4~5 个同种类型斑块。

一个能满足多种生态功能需要的斑块的理想形状应该包含一个较大的核心区和一些有导流作用及能与外界发生相互作用的边缘触须和触角。圆整形的斑块可以最大限度地提高核心区的面积比，减少边缘圈的面积，使外界的干扰达到尽可能地小，有利于斑块内物种的生存。但圆整的斑块的缺点是不利于同外界的交流。

2）廊道的基本原理

人类的活动使得自然环境被分割得四分五裂，廊道是指不同于两侧基质的狭长地带。廊道不同，其功能和作用也不同。公路本身就是分割、连通美学斑块的带状廊道。其主要有通道作用、物质、能量、信息交换、源汇作用。用以维持生态物种延续的廊道，具有以下几个特性：

（1）廊道的连续性

斑块内的物种利用廊道进行空间运动，廊道有利于孤立斑块内物种的生存和延续，因此，廊道必须具有连续性。

（2）廊道的数目越多越好

如果廊道有益于物种的空间运动与延续，那么对物种来说廊道越多就越好。多一条廊道就减少一分被截流和孤立的危险。

（3）廊道须具有一定宽度

从物种延续的角度出发，廊道一定具有一定的宽度，甚至可以说越宽越好。因为过窄的廊道不但无法维护对象,还会反过来为外来物种的入侵创造条件。公路也是廊道的一种,但是其功能是为人类的生产生活提供运输通道,而对自然环境起到割裂干扰作用,也可以说对生态斑块而言,是一种屏障,因此在公路美学设计中应该尽量利用生态廊道的特性来减少公路对自然环境的分割和屏蔽,使公路两侧的物种尽可能地得以联系和维持。

3) 基质的基本原理

基质是美景的背景,在美学要素中面积最大、连接度最高,在美学动态功能中起优势作用。公路切割自然基质,可能使基质的异质性加强,异质种群数量增加,破碎化加剧,生境斑块的岛屿效应加强;也可能增强基质的亲和性,减轻环境对生境斑块的压力。

4) 美学结构和功能原理

在美学尺度上,每一独立的生态系统(或美学单元)可看作是一个宽广的斑块、狭窄的廊道或背景基质。美学单元在大小、形状、数目、类型和结构方面是反复变化的,决定这些空间分布的是美学结构。斑块、廊道和基质中的物质、能量和物种的分布具有异质性。生态对象在美学单元间连续运动或流动,决定这些流动或美学单元间相互作用的是美学功能。在美学结构单元中,物质流、能流和物种流方面表现出美学功能的不同。

公路是一条大尺度的线状美学廊道,运用廊道的思想可以分析其物质、能量、信息的流动。廊道是联系相对孤立的美学元素之间的线性结构,或指分割美景的狭长地带,如道路、河流、树篱等,这些结构可以看作一种线状或带状斑块,很大程度上影响着斑块间的连通性,影响着斑块间物种、营养物质和能量交流。公路是人类活动的产物和场所,作为廊道,具有双重效应:一方面,公路的路网将均质的美学单元分割成众多的岛状斑块,在一定程度上影响美景的连通性,阻碍生态系统间物质和能量交换,导致物质和能量的时空分离,增加美景的异质性,如封闭的高速公路不利于相邻美学单元间物种流动,特别是对动物迁移,起着一种屏障作用,妨碍了物种和基因的交流;另一方面,公路在增加美景破碎度的同时,也促进美景间的物质和能量交换以及斑块内物种的空间运动,生存延续,使系统更为开放,起着通道作用。

5) 生物多样性原理

生境异质性程度高,一方面引起大的斑块减少,因而大斑块内部环境的物种相对减少;另一方面,这样的生境带有边缘物种的边缘生境数目大,有利于那些需要在复杂生境中繁殖、觅食和栖息的动物的生存。由于许多生态系统类型各自都有自己的生物群或物种库,因而生境的总物种多样性就高。美学异质性减少了稀有的内部物种的丰度,增加了边缘种的丰度,提高了潜在的总物种的共存性。

公路美学设计要发挥最大的生态效益,就应该尽量增加生物多样性,如植物、动物种类的多样性,这样不仅能极大地丰富美学层次,增加审美愉悦,同时还能有效地改善美学质量,恢复生态功能。

6) 物种、养分、能量流动原理

美学结构和物种流是反馈链中的一环。在自然或人类干扰形成的美学单元中,当干扰区对另外物种传播有利时,会引起敏感种分布的减少。在相同的时间,物种的繁殖和传播可以消灭、改变和创造整个美学单元。不同生境之间的异质性,是引起物种移动和其他流动的基本原因。在美学单元中物种的扩张和收缩,既对美学异质性有重要影响,又受美学异质性的控制。

随着空间异质性增加,会有更多能量或者养分流过一个美域中各美学单元的边界。美域的大部分边界生境是很容易被风穿透,热能、水分、养分被风水平携带,使它容易从一个美学单元被带到另一个美学单元。同时,有许多小斑块就有较大的边界比例,促使能量、养分的流动。能量、养分越过生境的斑块、廊道和基质的边界之间的流动速率随美学异质性和干扰强度的增加而增加的。

公路沿线,特别是中央隔离带,受外界干扰较大,美学斑块较小,环境条件恶劣,养分、能量容易丧失。因此,须要人为投入,选取适于管理粗放的植物种类,使其在养分、能量流动较大的情况下还能较好地生长,发挥生态效益。

7) 美学历程与稳定性原理

生境的变化起因于干扰,而生境的稳定性起因于对干扰的抗性和干扰后复原的能力。在生境中,适度的干扰常常可建立更多的斑块或廊道。当无干扰时,美学水平结构趋向于均质性;适度干扰迅速增加美学异质性;强烈干扰可增加异质性,也可减少异质性。与此同时,当美学单元中没有生物量(如公路或裸露的沙丘)时,由于没有光合作用使其表面吸收有用的阳光,这样的系统可迅速改变温度、热辐射等物理特性,趋向于物理系统稳定性;当存在低生物量时,该系统对干扰有较小的抗性,但有对干扰迅速复原的能力;当存在高生物量时,对干扰有较高的抗性,但复原缓慢。

8) 美学安全格局原理

美学安全格局理论可以把博弈论的防御战略、城市科学中的门槛值、生态与环境科学中的承载力,生态经济学中的安全最低标准等数值概念用于生态安全格局的建立中,并与美学规划语言相统一,产生斑块——廊道——基质的构成模式。公路是一大尺度的线性美域,应尽量发挥廊道效应。多层次的美学安全格局,有助于更有效地协调不同性质的土地利用之间的关系。某些生态过程的美学安全格局也可作为控制突发性灾害的战略性空间格局。美学安全格局理论更有可能直接在生态环境的改善、受损生态系统的恢复和重建等问题上,建立具有综合生态效益的防护体系,保护系统,在公路美学格局等方面发挥作用。

9) 恢复生态学的基本原则

(1) 群落的演替规律。由于生态演替的作用,生态系统可以从退化或受害状态中得到恢复,使生态系统的结构和功能得以逐步协调。生态恢复并不意味着恢复原有的生态系统,而是恢复系统必要的结构和功能,并使系统能够自我维持。

(2) 生态恢复的目标系统。生态恢复不仅具有自然性,更具有经济性、人文性和选择性,生态恢复实质上是一种"天人互用"的生态自我设计与自我组织过程,也是其概念的基本内涵。

2.11.2.2 公路建设和运行的生态效应

1) 阻隔效应

就公路对生物而言,尤其是对地面的动物来说,是一道屏障,起着分离与阻隔的作用。公路的分割使得美景破碎,将自然生态环境切割成孤立的块状,即生态环境岛屿化,使长在其中的生物变得脆弱,不利于生物多样性保护。

2)接近效应

公路的开通使沿线地区的人流和物流强度增加,速度加快,同时也扩大了人类活动的范围,使许多人类原先难以进入的地区变得可到达和容易进入。接近效应是公路的一种间接影响,对自然保护和珍稀资源的保护构成巨大威胁。

3)城镇堆积效应

公路建成以后,在公路走廊地带的某些区域会有新的工业、商业及民用建筑的大量涌现,刺激城市区域的扩展以及农村向城镇的发展,导致公路沿线街道化和城镇化的扎堆效应。

4)小气候效应

裸露的沥青和水泥混凝土路面热容量小,反射率大,蒸发耗热几乎为零,下垫面温度高,升温快,灰尘和二氧化碳含量高,形成一条"热浪带",使局部地区小气候恶化。

5)公路交通环境污染效应

公路交通排放的汽车尾气、交通噪声、路面雨水径流以及危险品运输的交通事故会给公路两侧环境质量带来持久的影响。

2.11.2.3 公路美学的生态需求与生态设计

世界性的汽车猛增,已经给社会、环境带来重大影响,追求公路美学生态成为道路交通发展的必然要求。公路的建设对沿线区域美学生态环境具有一定的破坏和分割作用。工程施工后,现场为受到很大破坏的工程环境,这些被破坏的环境如得不到及时的整治和修复,不仅对公路本身的稳定性造成潜在威胁,而且会对周围生态环境产生不良影响,如水土流失、农田破坏、土地沙化、坑洼积水导致蚊虫滋生、环境污染、美景失调等。因此,生态恢复和生态整治的必要性在公路快速发展的今天显得尤为迫切。

1)公路美学生态设计指导思想

(1)保持公路环境美学的连续性和完整性

公路建设过程中,维护区域山水格局和大地机体的连续性、完整性,是维护公路生态美学的最大关键。公路的修建对沿线地区会造成一定程度的分割,破坏山水格局的连续性,同时由于公路的分隔,使公路两侧的物质能量交换受到限制,切断了自然做功的过程和环境条件,包括风向、风力、土质、水流、物种、营养等的流动,使人与自然环境不可持续发展。因此,必须将维护大地美学格局的连续性、完整性作为公路美学生态设计的首要任务之一。

(2)保护和建立多样化的乡土生境系统

大规模的公路修筑,会毁掉乡土植物生境和生物的栖息地,造成生境多样性和生物多样性锐减。现代公路美学生态建设应特别强调生态系统中生境和生物的多样性以及对乡土植物的保护,注意沿线荒地、荒滩、荒山、林地或低洼湿地的生态和休闲价值,保护这些自然美景中难得的异质斑块。

(3)保护沿线林带,建立公路沿线绿色网络系统

某些地区公路沿线带状的农田防护林网与公路美学相结合,具有很好的水土保持、防风固沙、调节农业气候等生态功能。在公路的修建过程中应注意保留或修复原有的防护林网,保护这些林带不受损坏。

(4)保护和恢复湿地系统

湿地是地球表层由水、土和水生或湿生植物相互作用构成的生态系统。它不仅是人类最重要的生存环境,也是众多野生动植物的重要生存环境,生物多样性极为丰富。公路的修建会一定程度地破坏沿线的湿地系统。在公路美学生态设计过程中要注意保护、恢复所破坏的湿地,避免因道路修建造成湿地系统生态功能退化而产生的环境污染。

2)公路美学设计与生态恢复理论

生态恢复是重建已损害或退化的生态系统,恢复生态系统良性循环和功能的过程,是帮助生态整合性的恢复和管理过程。人类活动对所有生态系统一定程度上产生影响,通过生态恢复能促进乡土种、群落、生态系统、可持续化的繁荣。退化的生态系统形成的直接原因是人类的活动,如公路的修建使沿线生态遭到破坏,同时,部分退化还来自自然灾害,或两者叠加,产生双重破坏。生态恢复工作主要包括:

(1)生态系统地表基地稳定性。

(2)恢复一定的植被覆盖率和土壤肥力。

(3)增加种类组成和生物多样性。

(4)实现生物群落的恢复,提高自我维持能力。

(5)减少或控制环境污染。

(6)增加美学感觉享受。

恢复生态学必须遵守一定的原则,如地理学原则、生态学原则、系统学原则、社会经济技术原则以及美学原则,通过确定恢复对象的时空范围,评价重点,并鉴定其退化的原因,找出控制和减缓退化的方法,根据社会、经济、文化等条件制定恢复目标与测量成功的标准,发展大尺度下有关技术的方法。生态恢复往往并不能恢复到完全理想的状态,恢复了生态系统的功能就是一个成功的恢复。在公路美学设计中,须要通过美学设计达到生态美学恢复的目的,即通过人为设计帮助自然的恢复,可以弥补基因的不足,也可大大缩短恢复的周期,实现可持续发展。

3)恢复生态学在公路美学中的应用

公路的生态恢复措施主要体现在以下几个方面:

(1)植被恢复技术。指与路域植被系统恢复有关的技术,如群落设计、物种选择、客土喷播技术以及各种人工、机械建植技术等。

(2)土地资源补偿技术。路界外取土场、弃土场的土地复垦,是对土地资源消耗的有效补偿方式,通常复垦形式有表土处理、地形改造和生态复垦等。

(3)水土保持技术。公路需要运用的水土保持措施主要有三方面:一是坡面防护,加强土体本身稳定性;二是冲刷防护,着眼于水土隔离;三是排水措施。

(4)野生资源保护技术。为克服公路的阻隔效应,恢复野生动物原有的生存环境,须要设置动物通道和动物安全保护设施,以便实现交通运输和动物保护的双重功能。

(5)声环境保护技术。设置声屏障降低交通噪声对公路两侧居民生产、生活的影响。

(6)水系保护技术。为保护水环境,避免公路对水系的污染,应采用水系保护技术。

(7)路域景观恢复工程技术。结合公路具体的立地条件,预测公路美学空间格局,设计恢复植被美景,改善公路沿线的生态环境,美化公路的美学环境。

4) 结合公路美学生态,植物恢复与再造的美学设计

植物再造是公路美学生态恢复中的重要环节,根据公路的自然条件和美学设计要求,绿化植物的设计要在充分利用现有乡土植物的基础上,努力增加有生态价值、环保价值的植物种类,丰富植物多样性,优化结构布局,在环境美化的同时恢复生态。

建设一条系统的"生态美学公路"不仅要体现人类活动与地域环境的不可分割性,而且要全面考虑区域内部与外部的各种关系,尽可能不破坏区域内的土地、环境和栖息者的自然属性。把工程与环境生态工程按系统最优化的原则结合起来,在完成公路工程新建或改造的同时,改良环境结构、减少污染、降低噪声、恢复生态等优化生态的工程建设,使公路交通设施作为一种人文美景与自然美景在更大范围内融为一体,形成美化土地、保护自然、改良环境和抵御灾害的带状公路生态系统或区域交通生态系统。

2.11.3 公路建设中的生态美学保护

公路自然美景的恢复过程是美学环境的退化受损或破坏过程的逆向演替。生物群落一般均具有较强的自我恢复能力,在自然条件下,若生物群落遭到破坏或人类干扰,起初被称为先锋植物的物种首先侵入到遭到破坏的地方定居并繁殖,这样就改善了被破坏地的生态环境,使得被破坏地更适宜其他物种的生存并被其取代,如此发展直到生物群落恢复到它原来的外貌和物种成分,这一系列变化就是演替。

1) 生态美学保护原则

公路的修建使得沿线生态环境遭到破坏,有必要对退化的生态系统采取有效措施使其快速恢复,在公路美学恢复与保护设计中应坚持以下生态性原则:

(1) 综合规划的整体性原则

作为一个综合的整体,美景美物是在一定的经济条件下实现的,它必须满足社会的功能,符合自然的规律,遵循生态原则,同时还属于艺术的范畴,缺少了其中任何一方,设计就存在缺陷。美学生态设计是对人类生态系统整体进行全面设计,而不是孤立地对某一美学元素进行设计,是一种多目标设计,为人的需要也为动植物的需要,也为审美的需要,设计的最终目标是整体优化。公路美学设计就是要解决人与环境、结构与功能、格局与过程之间的相互关系,使公路环境与周围环境充分结合。在公路规划设计中应就自然、地理、资源、环境、区域、人文、土地占用、安全等因素全面考虑,综合平衡,将不同的规划方案加以科学评估,进行系统规划、科学设计、选择最佳方案,同时规划设计要具有一定的前瞻性,避免规划的短期行为。

(2) 资源保护与节约的原则

要实现人类生存环境的可持续,必须对不可再生资源加以保护和节约使用。即使是可再生资源,其再生能力也是有限的,因此对它们的使用也需要采用保本取息的方式而不是杀鸡取卵的方式。设计中要尽可能使用再生原料制成的材料,尽可能将场地上的材料循环使用,最大限度地发挥材料的潜力,减少因生产、加工、运输材料消耗的能源,减少施工中的废弃物,并且保留当地的地域特点。

保护不可再生资源,作为自然遗产,不在万不得已,不予以使用。在大规模的公路建设过程中,特殊自然美学元素或生态系统的保护尤显重要,如湿地的保护,自然水系和山林的

保护;尽可能减少包括能源、土地、水、生物资源的使用,提高使用效率;设计中合理利用自然(如光、风、水等),也可以大大减少能源的使用;新技术的采用也可以大量的减少能源和资源的消耗。在公路美学建设中,即使是物种和植物配植方式的不同,如林地取代草坪、乡土树种取代外来园艺品种,也可大大节约能源和资源的耗费,包括减少灌溉用水、少用或不用化肥和除草剂,并能自身繁衍。不考虑自然环境的维护问题的美学,无论其有多么美丽动人,也是一项非生态的工程。利用废弃的工地和原有材料,包括植被、土壤、砖石等,服务于新的功能,可以大大提高资源的利用率。

(3) 尊重地形地貌原则

地形地貌是公路美学设计最基本的场地和基础。在公路美学设计时,要充分利用原有的地形地貌,考虑生态学的观点,营造符合当地生态环境的美景美物,减少土石方量的开挖,减少对环境的干扰和破坏,节约资源成本。充分考虑应用地形特点是安排布置好公路美学元素(路线、绿化带、设施等)的基础,美学建设应因地制宜。

(4) 以防为主、防治结合的原则

在公路美学设计阶段应贯彻以防为主、防治结合、综合治理的生态保护原则,结合工程设计开发利用环境,坚持走可持续发展道路。

(5) 尊重水系及自然排水系统

河流水系是大地生命的血脉,是大地美学生态的主要基础设施,绿色河流廊道是廊道中最自然的元素,对美学生态规划起重要作用。污染、干旱断流和洪水是目前中国河流水系面临的三大严重问题,生态环境的恢复须要投入大笔的资金,这不仅仅造成了环境的恶性循环,也造成了各种资源的一系列损失。在设计中应尊重河流的走向及其附属的自然生态,加以保护和利用。

(6) 自然优先的原则

自然有它的演变和更新的规律,同时具有很强的自我维持和自我恢复能力,生态设计要充分利用自然的能动性使其维持自我更新。公路美学建设是在一定的地域上进行,人类的活动对自然环境会产生一定的干扰,生态的美学建设应把干扰降到最低,并且努力通过设计的手段促进自然系统的物质利用和能量循环,维护场地的自然过程与原有生态格局,增强生物多样性,最小的干预就是最大的促进。如在美国查尔斯顿水滨公园高速公路设计中,设计保留而且扩大了公园沿河一侧的河漫滩具有生态意义的沼泽地;彼得·沃克事务所在IBM索拉纳高速公路规划和工程建设过程中力争使影响减到最小,保护了大片可贵的大草原与山坡地等自然景观;在中山岐江道路规划中,面对保护古树和防洪的挑战,设计中根据河流动力学原理开渠成岛,保护了地区原有的古椿树,同时也满足了过洪断面的要求。

(7) 显露自然的原则

自然环境是人类赖以生存和发展的基础,其地形地貌、河流湖泊、绿化植被等要素构成人类的宝贵美学资源,尊重并强化自然美学特征,使人工环境与自然环境和谐共处。现代城市居民离自然环境越来越远,自然元素和自然过程日趋隐形,远山的天际线、脚下的地平线和水平线,都快成为抽象的名词;忙碌的上班族不知何时月圆月缺,潮起潮落;在全空调的办公室中工作的人们,呼吸一下带有自然温度和湿度的空气已是一件难得的事,更不用说他对脚下土壤类型,植被类型和植物种类、动物种类有所了解。大自然的高山流水、飞禽猛兽、沼泽丛林不只是电视银屏上的画面和幻想中遥远的自然保护区景象。重新显露自然,让城市居民重新感到雨后溪流的暴涨、地表径流汇于池塘、形成江河、归于大海。通过枝叶的摇动,感到自然风的存在,从花开花落,看到四季的变化;从自然的叶枯叶荣,看到自然的腐烂和降解过程。显露自然应作为公路美学设计的一个重要原理和生态美学原理。

(8) 生态补偿与适应的原则

工业时代的生产、建设和生活消耗了大量的非可再生资源,面对日益减少的资源和伤痕累累的环境,公路美学设计应探索更适宜在公路美学建设中应用又可减少环境影响的设计手法和美学元素,以此来补偿人类对自然所犯的"错误"。如利用太阳能,风能等自然自身的力量来维持公路运行对能量的需求,坚持耕地补偿政策等,以适应现代生态环境的需要。

(9) 生态恢复与促进的原则

一般,生态系统具有很强的自我恢复能力和逆向演替机制,但是,今天的环境除了受到自然因素的干扰之外,还受到剧烈的人为因素的干扰,人类要面对越来越多的是毫无价值的废弃地,垃圾场或其他被人类生产破坏了的区域。所以用生态美学的方式进行生态的恢复、促进场地内生态系统的完善、促进场地各个系统的良性发展成了当代公路美学设计的一大责任。

2) 公路生态美学设计

公路美学是近几年兴起的一门学科,公路生态美学设计须要不断地探索总结和提升。公路生态美学设计可采取如下方法:

(1) 公路线形生态设计

在公路选线过程中,公路美学线形设计的关键是注重自然美景美物的保护和利用。根据生态斑块格局,利用"遗传学选线",尽量减少对地形、地貌的破坏,减少对森林植被的破坏,同时通过公路美学设计,构建公路更合理更优美的环境美学体系。在公路选线时,路线顺应地形地貌,不占用或少占用耕地,减少山地植被的破坏,保持原有的山地丘陵、田园风光的完整性。通过绿化恢复,基本保持原有植被分布。当线路穿越山地时,森林植被茂盛,古树名木较多,应调整路线线形,使路线恰好从树群中间的真空地带穿过,有效保护自然植被种类和分布,同时又能欣赏到浓郁的绿色美景;当线路与河流相伴时蜿蜒曲折,线路时而横跨俯视水流美景、时而远离遥遥远眺河畔树影、时而并驾齐驱可驻足饱览河流的秀丽风光,将迷人的水域风光展现得淋漓尽致。可以利用沿线流域石料垒砌成极具地方特色的观景平台、服务站;当线路经过高山地段时两岸山峰此起彼伏、高低错落,为保护特殊的地形地貌,线路可顺着峡谷和山地坡脚走线,同时调整线路标高,既保护自然美景,又能使驾乘人员在一定高度,从最佳的角度更好的观摩峡谷地貌形成的独特美景,并可在两侧山峰中选择视野开阔、施工难度小的山峰作为观景平台、服务站,采用当地石材修筑登山蹬道和木材修建富有地方特色的休息亭等。

(2) 公路绿化生态设计

绿化是公路建设的重要组成部分。它能改善公路环境、美化环境、调节气候、延长公路的使用寿命、净化空气、改善大气环境、降低交通噪声、稳固斜坡、防止水土流失、保持路基稳定、诱导视线、防眩遮光、确保行车安全。公路的绿化应围绕"回归自然、拥抱绿色"的主题和"安全、舒适、环保、和谐"的原则布置和规划公路绿化。同时应注意公路绿化设计重点应放在主线和路基边坡的绿化；图案主要采用线条流畅、简洁传统装饰图案为主；绿化工程要进行总体规划，体现经济与实用、绿化与美化、近期与远期相结合的原则。

在绿化植物品种的选择上要因地制宜，尽量采用适地适树品种，并根据当地的自然地理环境（地形、土质、气象等），结合设计要求及本地区草木的生长情况确定；采用"简单的、淳朴的、自然的"表现手法进行绿化植物的配置，使沿线绿化美化完全与大自然的美景融为一体；注意提高绿化植物的管理水平及绿化工程本身的社会效益。如沿线山区保护动物多，应考虑在野生动物出行频率高的地段，设立动物通行天桥、地下通道，既保护动物免受伤害，又为公路增添一道美景。

（3）互通立交美学设计

互通立交美学的设计，应结合地形的高差变化及立交桥附近预留的绿地进行美学设计，植物配置以草坪、灌木和花草为主，选择树形优美的乔木作为孤植树，其余树种作为点缀布置在互通区大环的中心地段，在不影响视距的范围内，设计稳定的树群，可常绿与落叶树相结合，乔木与灌木相搭配，既增加绿化面积，又形成良好的自然群落，自然而壮阔，同时可减少人工维护管理。

（4）隧道美学设计

注重洞口形式和进出口的绿化设计。洞顶和洞口侧面的植被应与山体植被一致，过渡自然，能很好地与周边环境相融合。

（5）公路房建服务设施美学设计

山区房建服务设施选址应协调公路建设于优美的自然美景之中，结合当地的地理条件、人文景观，将自然美景有机地融入其中。服务区内利用造园手法，将自然美景巧妙的"借入"服务区，同时利用植物群落和游路的规划，将服务区分成美学特质各异的绿化空间，使整个服务区山水交融，风景怡人。

（6）公路边坡的美化防护

①采用植物防护。利用植被对边坡的覆盖作用、植物根系对边坡的加固作用，保护路基边坡免受大气降水与地表径流的冲刷。植物覆盖对地表径流和水土冲刷有极大的减缓作用。枝叶繁茂的树冠能够截留一部分降水量，庞大的根系能直接吸收和储蓄一部分水分，还可稳定地表土层。

②框格防护。用混凝土、浆砌块（片）石等材料，在边坡上形成骨架，能有效地防止路基边坡在坡面水冲刷下形成冲沟，同时，提高边坡表面地表粗度系数，减缓水流速度。框格防护多用于路基下边坡，是一种辅助性的防护措施，除具有对路基边坡的一定防护作用外，还有对路容的美化效果。

③尽量采用生态美化的方法进行边坡防护。在能够利用当地材料的边坡防护时，一般不用外来材料和化工材料和工业材料防护，能够利用植物防护的不用工程防护，能够干砌不用浆砌，能够自然防护的不用人工防护。

3）生态与美学资源保护和建设的一些做法

（1）避让是生态与美学资源保护的一个最有效、最实用的方法，如在云南思小高速公路和小磨高速公路建设中，优先考虑原始森林的位置和分布，在选线时，尽量走非生态保护区，在无法避让时，路线选择在对生态保护区影响最小或者是占用面积最小的部位经过，最好不要破坏其连续性和完整性。图 2.11.2~图 2.11.9 分别为采用选线避让和弯道避让等方法保留的石林景观,不仅保护了石林资源,还让驾乘人员较好地观赏了石林美景。

图 2.11.2　避让的石林景观之一

图 2.11.3　避让的石林景观之二

图 2.11.4　避让的石林景观之三

图 2.11.5　避让的石林景观之四

图 2.11.6　避让的石林景观之五

图 2.11.7　避让的石林景观之六

图 2.11.8　避让的石林景观之七

图 2.11.9　避让的石林景观之八

(2)采用生态结构措施是生态与美学资源保护的一个较为有效、较为实用的办法,如图 2.11.10、图 2.11.11 分别为采用干砌石挡墙作为路堑和路堤边坡的护坡,干砌石为公路施工中产生的弃石,这种方法不但减少了弃石堆放的占地,而且干砌石挡墙透气还能生长植物,是一种生态支挡结构;图 2.11.12、图 2.11.13 为石笼挡墙,是利用公路施工弃料、当地石料作石笼材料,既可以废物利用,也可以支挡滑坡或崩塌,也是一种生态恢复措施——在公路建设破坏的当地植物可以生长恢复,当地材料不改变生态环境,且减少占地,透气、生态且减少占用弃料堆放场地;图 2.11.14~图 2.11.16 为采用桥梁结构跨越保护区,桥梁不但减小了对地面植物的破坏和影响,而且还可以作为动物和人行通道,公路桥梁在绿色树林中穿梭,不但保护了生态,还提供了驾乘人员观赏植物、树木的机会,环境美,公路也美。

图 2.11.10　干砌石挡墙作为路堑护坡

图 2.11.11　干砌石挡墙作为路堤边坡的护坡

图 2.11.12　石笼挡墙之一

图 2.11.13　石笼挡墙之二

图 2.11.14　桥梁结构之一

图 2.11.15　桥梁结构之二

(3)就地保护是对生态和美学资源的最好保护,避免了植物移植和美景移动的破坏及影响,是生态与美学资源保护的一个最为有效、实用的办法,能用时尽量采用。图 2.11.17 为尽量不破坏路外景观资源;图 2.11.18 为尽量保留揭露的美学资源,对重现的地下石林景观就地保护。

图 2.11.16　桥梁结构之三

图 2.11.17　不破坏路外美学资源

(4)生态措施保护生态环境。①采用环保节能措施,如图 2.11.19 所示,采用太阳能供电的办法进行节能环保;②利用空地填土植树种花,不但可以恢复和建设生态环境,还可以美化环境,降低安全事故损失,如图 2.11.20、图 2.11.21 所示;③汇集路面污染水,进行集中处理才能排放,如图 2.11.22 所示,为了防止公路路面污水直接污染沿线农田和水体,在路面边缘修建边沟汇集路面雨水进行集中处理和排放;④增加雨水下渗,减小路面水流冲刷和增加地下水储蓄,保护生态,如图 2.11.23 所示,采用挖坑填石,增加雨水向地下入渗;⑤减小水土流失,图 2.11.24 为采用降低径流速度,过滤径流中的泥沙含量的方法减小水土流失;⑥综合办法,图 2.11.25 为滞流阻沙的综合办法,是前两种方法的综合;⑦植毯护坡,如图 2.11.26 所示,采用草编制的草毯覆盖沟坡,减小水流对沟坡的冲刷,但又能透气长草,等植物生长能保护沟坡后,草毯就会腐败消失;⑧锚索护坡,在可能的情况下,采用锚索或锚杆固边不适用其他加固手段的边坡,如图 2.11.27 的采用锚索或锚杆固边坡,保留原来的地貌、地物,既环保生态也节省;⑨为了保护地面植被,采用桥梁替代路基以免地面森林、植被被破坏,如图 2.11.28 和图 2.11.29 所示;⑩采用隧道穿越森林或地面有需要保护的植被,特别是在有被保护的植被位于山坡上时,如图 2.11.30 采用隧道保护古树(右侧大树为当地的神树)和原始森林,既保护了生态环境,也保护了美丽的风景;⑪采用框格梁或可填土的方砖防护边坡,在框格梁和空心砖中填土植树种草,进行生态建设和生态恢复,如图 2.11.31 和图 2.11.32 所示,框格梁防护边坡,边坡下部的生态防护(框格梁植树植草)与上部的非生态工程防护(喷射混凝土)对比,上部几乎寸草不生,有些荒凉,下部生机盎然,还会有野果花卉;施工中注意对植被的保护,如图 2.11.33 和图 2.11.34 所示,既进行公路建设又不破坏生态,做到绿色施工。

图 2.11.18　尽量保留揭露的美学资源

图 2.11.19　太阳能设施

图 2.11.20　空地填土植树种花之一

图 2.11.21　空地填土植树种花之二

图 2.11.22　汇集路面雨水沟

图 2.11.23　增加雨水入渗　　　　　　　　　图 2.11.24　过滤径流泥沙

图 2.11.25　滞流阻沙

图 2.11.26　植毯护坡

图 2.11.27　锚固边坡

图 2.11.28　桥梁跨越设计之一

图 2.11.29　桥梁跨越设计之二

图 2.11.30　隧洞穿越

图 2.11.31　框格梁防护边坡之一

图 2.11.32　框格梁防护边坡之二

图 2.11.33　生态施工之一

图 2.11.34　生态施工之二

生态保护的结果是可观的,不但能够保护生态多样性和美丽的景观,同时也能保护青山绿水,如图 2.11.35、图 2.11.36,让人们呼吸新鲜空气,人与大自然和谐相处。否则,所见景观荒凉、贫瘠,如图 2.11.37 所示的喷射混凝土护坡,几乎没有一点植物生长。

图 2.11.35　人与自然共生之一

图 2.11.36　人与自然共生之二

图 2.11.37　喷射混凝土护坡

(5)色彩协调。如果在景区,为了不破坏原有景观,可采用与原有色彩相近的颜色进行建筑或涂刷,图 2.11.38 和图 2.11.39 为石林火车站利用混凝土的天然颜色与周边的石林景观色彩协调,没有破坏石林的天然景观,效果好。

图 2.11.38 建筑色彩与环境协调之一

图 2.11.39 建筑色彩与环境协调之二

(6)利用宗教信仰保护生态。文化习俗也是保护生态环境的有力武器,在西双版纳的很多民族都有保留坟山和神树(或称竜林、鬼树)的传说或神话,一般不能破坏和砍伐神树和坟山上、竜林中的植物,即使是埋坟的时候也不能动用刀子砍伐或破坏坟山和神树的草木,西双版纳的少数民族的坟山、竜林,没有汉族或基督教徒的土堆,但在任何情况下不能破坏和扰动坟地、竜林的土地和树木,这对保护生态是有益的,可以充分利用,同时是尊重民族习俗,在西双版纳当前聚集的傣族传承"有山才有林,有林才有水,有水才有田,有田才有粮,有粮才有人,有人才有家"的因果逻辑,几百年来烧水做饭的柴火皆是在村前屋后种植砍而易的黑心树,不取漫山遍野的原始雨林。如图 2.11.40 和图 2.11.41 是西双版纳地区某村基诺族的神树,图 2.11.42 为西双版纳某村傣族的神树,图 2.11.43 中后面小山林为某村傣族的竜林,图 2.11.44 中后面小山林为某村傣族的竜林,图 2.11.45 中右侧树林为某村傣族坟地,可以看到,这些神树、竜林和坟地都是树木葱郁、一年常青的,而且神树大多是古树,不但保护了生态,而且还保护了生物基因。在西双版纳地区很多少数民族,认为神树、竜林和坟地是不可破坏和侵犯的,神树或竜林、坟地中的树木、植物都是不能砍伐破坏的,否则会给破坏的本人及其相关族群、村寨带来灾难,如图 2.11.40 和图 2.11.41 所示,在小磨高速施工便道修筑时进行了绕道,不能对神树有一点侵犯和破坏;图 2.11.42 中在公路布线时对神树进行了绕道保护;图 2.11.43 和图 2.11.44 的竜林任何人都不能进入,否则会遭到竜林所在村子的处罚;图 2.11.45 的大树为神树,在布线时把其布置在中央分隔带中,不得破坏和影响,布线时对右边的坟地进行了绕道保护。少数民族的这些生态保护做法不一定科学,但对生态保护具有非常重要的作用,这样的文化习俗既保护了生态环境,也美化了环境,同时也维护了社会的和谐。如下是小磨公路建设中尊重少数民族宗教及社会风俗与相关,并保护生态的一些做法。

①绕道保护,为了保护少数民族的神树、竜林、坟山,在公路选线、布线时,采取绕道的方法避让神树、竜林、坟山,如图 2.11.40~图 2.11.42、图 2.11.45 和图 2.11.46、图 2.11.47 中,在高速公路布线设计时,采取了绕避的措施,避免了对神树、竜林、坟山的扰动和破坏,保护了森林树木、青山绿水。再如图 2.11.48 所示,道路右侧的坟山是阿克族的坟山,如果此坟山的树木、形态遭到破坏,不但坟山不能用,而且拥有此坟山的村子都要搬迁,这种习俗不但保护了青山绿树,也尊重和保护了少数民族的宗教信仰和民族习俗,也为公路增加了一道风景。

图 2.11.40　基诺族神树之一

图 2.11.41　基诺族神树之二

图 2.11.42　傣族神树

图 2.11.43　傣族竜林之一

图 2.11.44　傣族竜林之二

图 2.11.45　傣族坟地之一

图 2.11.46　傣族坟地之二

图 2.11.47　傣族坟地之三

②边坡加固保护。在公路边上有神树或竜林、坟地时，为了不影响或不破坏到神树或竜林、坟地，采用"逆向思维"放陡边坡或加固后放陡边坡，减小影响或避免破坏到神树或竜林、

— 210 —

坟地,如图2.11.49的小山上的大树为基诺族神树,当地人认为不可侵犯和破坏,为了保护此神树,利用锚索加固放陡了边坡,使神树得到了原位保留,也保护了生态。

图 2.11.48　阿克族坟地

图 2.11.49　基诺族神树

③隧道穿越保护。在公路边上有神树或竜林、坟地时,为了不影响或破坏到坟地,采用隧道穿越的方式,减小影响或避免破坏神树或竜林、坟地,如图2.11.50所示,为了保护洞口右侧的神树,利用隧道穿越的方式,将公路路线走向进行了适当的调整,隧道洞门也采用简单的削竹式,使其得到了原位保留,既保护了生态环境,也保护了美景。

④利用中央分隔带保护。神树一般是独树,在中央分隔带可以基本保障其位置,可以调整期位于中央分隔带中,如图2.11.45和图2.11.51~图2.11.53所示的傣族神树都设置在中央分隔带中,使其得到了原位保留,蓝天、白云与古树(神树)相映成辉。

图 2.11.50　傣族神树之一

图 2.11.51　傣族神树之二

图 2.11.52　傣族神树之三

图 2.11.53　傣族神树之四

⑤原位保留古树和珍稀植物。在道路修建中,先对古树、稀奇树种和植物进行调查,确定其位置,在设计中一般给予原位保留,在万不得已的情况下进行移植,在施工中加以保护,

如图 2.11.54 右侧的大树为小磨路上的一颗古树,既保护了生物资源,也给公路保留了美丽的景观。

(7)遵行动物习惯,保护动物。动物也须要家园,公路建设不为动植物考虑,公路也会遭到破坏,如图 2.11.55 和图 2.11.56 所示为公路建设把大象迁徙路线阻挡,大象破坏了防撞护栏、隔离网,检修维护也要花钱。动物都有一定的饮食、饮水、迁徙等习惯路线,在公路设计前调查或收集资料,给动物预留一定的生存空间和迁徙路线,可以保护生态环境。如图 2.11.57 为用隧洞或桥梁穿(跨)越大象迁徙路线的情况,调查此处为大象迁徙通道,采用桥梁接隧道的方式,大象可以从桥下穿过,也可以从隧道之上的山上跨过,在施工和运行期间可以从山上迁徙,此结构方式同时也保护了隧道之上和桥梁之下的植物、动物及相应的环境,是一种生态(动植物)保护的好方法。

图 2.11.54　古树

图 2.11.55　大象破坏的围栏

图 2.11.56　大象破坏的防护栏

图 2.11.57　桥梁和隧洞跨穿野象迁徙路

(8)利用本土植物进行绿化美化。采用当地本土植物进行绿化美化,既生态、美观也有地域性,且不会产生植物入侵。图 2.11.58 为云南德宏瑞丽,热带地区的棕榈树绿化街道的状况。

(9)尊重当地的社会文化。尊重当地的宗教、文化、习俗等社会文化也是一种生态措施,或者称为文化生态,如图 2.11.59 所示,虽然只是简单的寨门,但是一种不可侵犯的象征,公路建设时采取了避让措施,尊重民族的风俗和宗教信仰就是保护文化生态;图 2.11.60 为某少数民族的寨门门神,虽然只是一个简单的木塑,但可能具有宗教和忌讳,应保护且不污损,公路建设时采取了避让措施。

图 2.11.58 本土植物绿化

图 2.11.59 保护民族的寨门

图 2.11.60 某少数民族的寨门神

(10)拟生态措施。采用模拟植物、树木的形态,塑造植物树木的形象,营造一种人人爱树、喜欢的氛围和环境。如图 2.11.61 所示,隧道旁植树,把公路施工中开挖的古树重新植于隧道旁,保护古树,同时也是生态恢复和生态保护的一种形式,也美化了隧道洞门;图 2.11.62 中隧道旁置树,把公路施工开挖的古树根,置于隧道洞门旁边,装饰美化了隧道洞门;图 2.11.63 所示的在隧道进口画树,既装饰美化了洞门,也营造了一种生态氛围和环境。

图 2.11.61 隧道旁植树之一

图 2.11.62 隧道旁植树之二

图 2.11.63 隧道进口画树

公路美学

　　生态植物保护既保护了生物基因和物种,维护了生态环境,也是美化环境、净化空气的有效方法,同时也是一种美化公路环境的良好材料。如图 2.11.64 和图 2.11.65 为森林中的公路桥梁,在森林中修建公路,采用桥梁跨越的方式,桥梁掩映在绿林之中,既美又环保生态,公路、人与环境和谐共生;图 2.11.66 为森林中的公路隧道,掩映在树木之中的公路和隧道。图 2.11.67 森林中的公路桥梁,在蓝天白云之下森林之中的公路桥梁,美不胜收!图 2.11.68 公路旁的原始森林,既美又生态;图 2.11.69 绿林中的公路、图 2.11.70 绿林中的公路隧道、图 2.11.71 青山中的公路隧道,公路在绿树青山中穿行,美不胜收,环境良好中的道路给人安静、祥和、轻松、愉快;图 2.11.72 绿林中的公路隧道、图 2.11.73 和图 2.11.74 绿林中的公路,良好的生态环境保护,给公路一个美丽生态的环境,行走在公路上好似旅游,也似吸氧;图 2.11.75 青山下的公路隧道,良好生态环境中的公路,既生态又美丽。

图 2.11.64　森林中的公路桥梁之一

图 2.11.65　森林中的公路桥梁之二

图 2.11.66　森林中的公路隧道

图 2.11.67　森林中的公路与桥梁

图 2.11.68　公路旁的原始森林

图 2.11.69　绿林中的公路之一

图 2.11.70　绿林中的公路隧道之一

图 2.11.71　青山中的公路隧道

图 2.11.72　绿林中的公路隧道之二

图 2.11.73　绿林中的公路之一

图 2.11.74　绿林中的公路之二

图 2.11.75　青山下的公路隧道

2.11.4　监督与管理

公路建设过程中的生态环境保护应采取以下监督和管理措施：

(1)建立高效、务实的环境保护管理体系，并接受行政主管部门的监督与管理。

(2)建设单位与工程监理单位一起确保工程进程中环保工作的顺利进行，并及时沟通、相互协调。

(3)建设单位还要加强公路设计后续服务的管理工作，及时地消除因设计缺陷导致的环保问题。

(4)施工单位应合理进行施工布置，精心组织施工管理，合理安排施工季节和作业时间，优化施工方案，减少废弃土石方的临时堆放，并尽量避免在雨季进行大量动土和开挖工程，有效减少公路所在区域的水土流失,并教育施工人员爱护施工路段周围的一草一木,尽可能地减小对美学环境的破坏。

2.12 公路美学布局规划

2.12.1 公路美学维度

公路美学环境具有多重功能,在美学布局规划中应满足多方面的约束性条件,组织和创造出合理、有序的空间环境体系。公路美学布局规划中应满足的五个维度:生态维度、生理心理维度、美学维度、社会人文维度和工程经济性维度。

生态维度要求公路美学建设要以美学生态学和恢复生态学为指导,因地制宜、科学规划、保护生态、自然和谐。在公路美学建设中引入"最小程度损坏、最大限度恢复""资源节约、环境协调、生态恢复"等美学生态理念,将"以自然为本"的意识融入美学工程的各个环节,减少对生态环境系统的压力,创造良好的生态维。

生理心理维度是公路美学规划设计的根本性要求。生理心理维度要求在美学规划设计中应以人的生理和心理感受为出发点,研究动态条件下驾乘人员的生理特征和心理活动机制,以此作为美学规划设计的基准,合理进行公路线形组合设计、构筑物设计、植物种植以及空间环境设计,使沿途环境优美、特色鲜明,振奋驾乘人员精神,减少旅行疲劳,增加旅行乐趣。

美学维度是公路美学环境的内在要求,公路美学设计实质就是人创造美和利用美的过程,须要结合美学理论,将公路的功能、经济、安全、环保、生态与美感结合起来,通过美学要素的美学形式、空间环境的美学组合等方式创造出优美的美学感觉环境,增强公路美学的欣赏性和艺术性。通常情况下,公路美学特征主要是形式美和抽象美;形式美由两部分组成,一是审美对象自身的物质属性,另一种是审美对象的空间组合;抽象美则是源于生活的一种美学提炼,比形式美富有更深一层的审美内涵。

社会人文维度以社会人文系统为核心,考虑社会系统的需求和历史人文的表现传承。社会人文维度要求从社会生态平衡的角度出发,协调公路建设与社会、人文系统关系,实现对社会活动和生产的积极影响,同时注重对文化、历史、古迹等的保护和利用,赋予公路美学一定的历史文化内涵,并通过其内涵,引发人的情感反应。

工程经济性维度是指从"全寿命周期成本"的角度去考量和约束公路美学建设,科学合理地进行公路美学规划,使投入适合需求,效益符合支出。

2.12.2 公路美学规划与设计

公路美学规划与设计的工作领域应覆盖宏观的公路整体美学规划和微观的细部美学设计的全过程,分为美学整体布局规划和细部美学设计两个层次,见图2.12.1。其中整体美学布局规划主要解决美学系统的整体性、秩序性以及特色性问题,细部美学设计主要解决细部结构、美学性以及协调性问题。

1)公路美学整体布局规划

公路美学规划是针对全线的美学整体布局,主要内容有:公路线形规划、公路美学环境

第2章　公路美学的基础理论

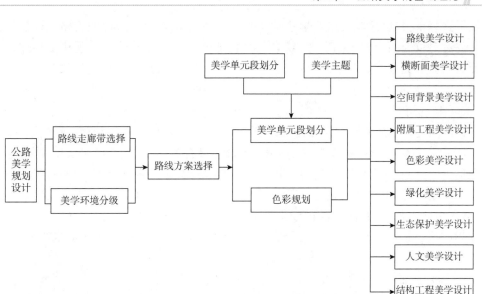

图 2.12.1　公路美学规划与设计的流程

分级、公路美学单元段划分、色彩规划等方面,其目标就是明确公路美学建设方针和目的,处理整体与局部关系,协调公路系统与空间其他系统的关系,确定公路美学的功能构成、规模和空间发展状态,统筹安排各类美学要素用地,指导公路美学建设的合理实施。

(1)公路线形规划

公路的线形走向受沿途土地形态、美学资源以及空间环境等方面的影响,公路的整体美学是从这一阶段开始大体被确定,美学的结构框架也是在这一阶段形成。公路线形规划需要解决以下四个问题:a.如何通过公路线形的合理安排使公路与地形地貌相适应,与自然美学环境相融合;b.如何在公路线形设计中体现用路者的舒适性、安全性;c.如何保护资源、保护环境;d.如何减少对周围社会的影响和方便沿线群众使用公路。对上述四个问题的解决,需要在公路线形设计中做好以下三个方面工作:路线走廊带选择、路线方案比选和公路线形要素设计。

(2)公路美学环境分级

公路的空间跨越大,沿途美学环境存在很大差异,特别是山区公路,美学建设须要按照不同方法实施。为了使公路美学建设与美学环境的内在潜力相适应,通过划定不同空间环境下美学质量等级,确立不同等级环境下公路建设和美学营造的指导方针和具体策略,为接下来的美学规划工作提供基础资料和指导依据。公路美学分级主要解决以下两个问题:一是公路沿线区域美学特征是什么;二是公路沿途美学环境评估指标的量化和美学级别具体划分。公路美学分级的操作要点就是首先进行美学环境评估,了解区域美学环境特征,并量化评估指标,为美学分级做好数据准备。

(3)公路美学单元段划分

公路美学单元段划分是指根据沿途美学环境的差异,将公路划分为若干个美学单元段,分别进行有针对性的美学规划,目的是为了合理有序地组织区域空间环境,突出地域特色,提升公路美感质量。公路美学单元段划分主要需要解决以下两个问题:一是怎样让地域美学特征得到尊重,并反映在公路美学的设计中;二是特定美学单元段内的公路应该是什么样子的。通过对以上两个问题的思考,获取公路美学单元段划分的设计主题和指导方针。美学单元段划分的关键点有两个内容:一个是美学单元段科学合理的划分;第二个是美学空间序列的组织布局。

(4)色彩规划

根据法国色彩学家朗科洛关于色彩地理学的分析,地域和色彩是具有一定的联系,不同的地理环境有着不同的色彩表现。色彩是路域环境最直观的印象,是最大众化的美感形式,是视觉审美的核心,深刻影响人的情绪状态。依据欧美国家公路色彩运用经验:统一和谐的公路色彩规划设计,不仅使公路融合美学区域的地理环境,而且有助于形成公路美学区域个性,路域环境会因色彩的有效运用给人以典雅、和谐、舒适,充满文化意蕴的感觉。公路美学色彩规划应从公路环境的整体出发,研究当地自然美学、地域文化、历史、民族的背景关系,寻求当地区域的代表色彩。

2)公路美学细部设计

公路美学细部设计是针对具体美学要素的设计。根据美学设计主题和环境条件,细化各美设计的方法和控制指标,包含了线形协调性设计、横断面设计、背景设计、色彩设计、绿化设计、结构工程美学设计、附属工程美学设计、生态保护规划设计以及历史人文美学设计等方面的内容。

(1)线形协调性美学设计

成功设计所创造出的路线视觉感受往往是某一地区最初的和最持久的印象。在线形协调性设计中,须要优化路线方案,协调公路与沿线环境,合理选取技术指标,提升公路线形质量,提高用路者的舒适性和安全感。在线形协调性设计中,须要解决以下几个方面问题:一是线形与地形的融合;二是二维线形设计时指标合理选定;三是三维线形设计时平纵要素组合;四是四维线形设计时的舒适性。

(2)横断面美学设计

横断面形式、边坡、挡土墙以及排水设施等横断面构成要素是构成公路美学的重要组成部分,对近景美学的视觉感受有着重要影响。在横断面美学设计中,须要解决以下几个问题:一是典型横断面形式的选取以及横断面美学的设计;二是边坡的美学设计,包括坡面美学、边坡高度、边坡坡率、边坡绿化等方面内容;三是路侧带美学设计,包括边沟、弃土堆、取土坑等;四是中央分隔带美学设计等方面的内容。

(3)背景空间美学设计

公路与其环境中的其他部分(山水、地形、植被、农田、建筑、天际等)共同作用,构成了一个感官系统上的空间背景。根据视觉原理可知,在运动状态下,视点远移,空间背景占据相当大比例的视野范围。因此,空间背景美学设计是公路美学设计中的一项重要内容。空间背景美学设计有心理和美学两个方面制约因素,即人的尺度和生理构造对于空间的需要,以及人对空间背景的比例、方向、尺度和形态等的美学感知。因此,空间背景美学设计须要从以下两个方面着手:一方面是高速状态下空间背景的感知特征;另一方面是空间背景美学设计手法。

(4)色彩美学设计

在细部美学设计阶段应结合美学色彩规划的主基调色彩,从色彩美学和心理效果出发对美学要素进行色彩美学设计,以丰富和调和不同美学单元内的色彩。在公路美学构成要素设计时,主要针对具体的美学要素(如桥梁、隧道、立交、植物、跨线桥、路面、挡墙、附属设施等)提出色彩运用建议。

(5)绿化美学规划设计

植物绿化是公路美学的重要美学要素,应围绕美学单元段的规划主题,采取多种种植手法,满足不同的功能需求,如美化交通环境,舒缓驾乘者心理压力,表现和丰富区域特色,提升公路的社会形象等。在植物种植中须要依据美学原理,注意与交通功能、自然环境、地区风格相协调,注意用路者心态变化和动视觉分析,做到科学绿化、美学绿化。通常情况下,植物绿化规划的重点是公路两侧、边坡、中央分隔带、互通立交等。

(6)附属工程美学设计

附属工程包括人工构筑物(桥梁、隧道、跨线桥、互通立交、挡土墙等)和附属设施(收费站、服务区、交通管理设施、标志标牌等)。人工构筑物及附属设施对公路整体美学印象有很重要的影响,往往在公路视觉环境中起到画龙点睛的作用。人工构筑物及附属设施的美学设计要点主要集中在三个方面:结构形式、表面铺装、色彩搭配。

(7)人文美学设计

公路是展示和宣扬地域人文的良好载体,也是地域人文延续和传承的重要工具。融合了地域文化的公路美学将使公路美学从物质美学上升为具有更深层次的文化美学,从而能得到更多的心理感受和精神享受。在具体进行公路人文美学设计时,须要考虑以下六个问题:①公路处在什么区域;②当地的文化以及文化结构具有什么特点;③哪些文化可以为美学设计所用;④用何种手法将当地文化资源融合到公路美学当中;⑤哪些文化会受到影响,如何进行保护;⑥设计结果是否满足预期的效果。通过对上述问题的考虑,得出人文美学的具体设计方针和策略,应用在以下几个美学载体中:一是路线设计,要不断优化线位,使公路能更多展示出沿线特色,并与周围环境融合;二是公路构造物(如立交、桥梁、隧道入口、边坡等),构造物设计在满足其功能的同时,应根据地域特点和实际情况,将地域文化元素渗透到设计中;三是植物绿化设计,能展示当地的地域特点和文化特色,提高公路美学的多样性和观赏性;四是立交、收费站、服务区美学设计,包括位置选择和建筑风格两个部分;五是美学小品,结合地域的社会经济和历史文化,通过雕塑、文化墙、广告牌等不同形式,体现特色。

立交是南来北往、东走西行的交通转换节点,车速和方向转换的位置,同时也是美学塑造的优良地段,可以在立交区的空地上进行美学作品的制作、立交的结构设计和色彩选择等方面进行地域文化的展示、宣传。

服务区内的休息区是个可以很好展示公路沿线城乡特点、人文风情、历史文化的主要场所。可以设置观景台、雕塑、喷泉、园艺等美学小品,缓解司机疲劳、增加乘客的趣味,给休息区赋予文化气息。

为了展示城市的地域个性、反映城市风貌和特征,可在城市入口设置人文美学雕塑或者美学小品,增强公路的趣味性,人文美学雕塑和小品的位置和大小都应与公路两侧的建筑界面、自然美学(如与周围的山体、水体、植被等)、农田以及车速等相协调。

(8)生态保护规划设计

公路对生态环境的影响主要表现在以下几个方面:一是对生态脆弱、敏感地区的影响;

二是对生物群落的影响;三是对土地资源的影响;四是对水体的影响。因此,公路生态保护设计应从以下四个方面着手:一是着手环境保护设计;二是着手动物保护设计;三是着手植被保护设计;四是着手水土保持设计。

2.12.3 公路美学规划程序

1)公路美学规划的工作步骤

公路美学规划的基本步骤如图 2.12.2,图中每个步骤之间的箭头代表反馈系统,上一步是下一步的基础,下一步是对上一步地深化和完善,不同步骤之间可以实现动态调整,形成公路美学规划设计的基本流程。

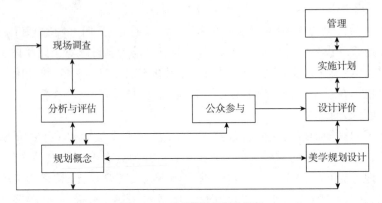

图 2.12.2 公路美学规划的流程

(1)现场调查

公路美学规划设计应遵循"注重场地"的设计理念,全面认知沿途区域环境,包括自然环境、社会经济与人文历史因素。从现场调查的角度来看,发现问题和认识环境的过程就是设计的过程,因此现场调查是美学规划的重要组成部分。

(2)分析评估

对调查结果和调查区域的分析评估是科学规划的重要前提,包括美学环境质量等级分析、功能分析、美学空间序列分析、行为和心理分析以及开发潜力与美学资源保护的分析等。通过系统的分析评估,全面认知公路建设环境和建设条件,同时将资料信息转化为引发设计构思的关键因素,为分析因子提供定量化分析,为规划方案提供符合环境内在发展特质的依据,为公路美学建设寻找最适宜的土地利用方式。

(3)规划概念

在经过对现状调查和资料的分析评估后,易对公路美学建设提出有针对性的方法,同时结合公路美学功能和目标体系,逐步建立设计目标和相应的设计理念,包括设计目标、设计构思、设计元素等规划概念。规划概念的确立,是整个公路美学规划过程中的一项重要环节,为后续阶段的深入设计,提供一个解决问题的核心脉络和最终的指导思想,使美学环境的整个设计过程都统一于这个具有战略意义的发展方向上。

(4)公众参与

公众参与项目规划、设计和建设是公路美学规划设计不可或缺的环节和机制,公众具体

第2章 公路美学的基础理论

参与方式有实地走访、问卷调查、咨询了解、网站互动等形式,让公众参与,是让公众了解、参与项目过程,以保护公众利益、完善项目方案。

(5)方案设计

公路美学规划设计的方案制定,是明确指导思路后进行的整体美学布局,包括建设目标、指导原则、设计构思、设计要求以及设计主题等内容,方案要涵盖两个层次,即美学单元段划分和细部美学要素设计。

(6)设计评价

设计评价是对设计方案的再次分析与论证,是充实和完善设计方案的必要手段,有助于设计方案的不断深化。公路美学设计评价的主要内容有:一是规划设计时所提出问题的出发点是否准确;二是规划的构想是否合理;三是各项控制指标是否符合相关要求;四是设计方案的实施计划是否可行。

(7)实施计划

公路美学具有较长的跨越性和多变性等特点,为保证全局发展战略的有效实施,在美学建设初期还须要制定出一个美学规划的长期实施计划,具体内容包括:一是从发展的角度制定出公路美学环境的长期发展规划;二是制定出长期发展的一系列设计条例;三是建立和逐步落实可持续发展的规划策略,随时以动态的形式对不同时期和地域的实施计划进行优化组合。

(8)管理

公路美学的管理与维护是整个实施成果在后续阶段的维护,是公路美学建设的一种基本保障措施,通过制定出一系列相关的维护和管理条例,塑造美学环境和保存规划设计成果,同时展示区域特色和提高美学质量。

2)公路美学规划的地理顺序

公路美学虽然是由公路特定的线条骨架构成,但与其他园林美学有大致相同的结构形式,主要表现在美学序列的节奏和韵律方面。公路美学序列:开始(立交或地理节点)→引导(公路标志)→延伸(节奏、韵律、隔透、连续)→结束→一个立交或地理节点预示着又一个新的开始。

3)公路美学规划的组织程序

公路美学规划不仅须要按照规划对象的客观规律,运用逻辑推理方法探索从现状到未来所应采取的发展方式,即进行一种求真的实证性规划,而且也须要认真吸取组织或群体参与公路美学建设的相关利益群体的不同意见,将其反映到规划中去,进行综合协调,达成共识,建立共同的行动准则,即进行一种实证的规范性规划。实证性规划与规范性规划是公路美学规划过程的一体两面,对公路美学规划的过程进行组织,一方面要对实证性规划过程进行优化,研究各种规划过程的特点和适用范围,另一方面要明确纳入规范性规划过程,考虑各种规划决定力量的作用途经。在规划过程中,兼顾实证性与规范性的公路美学规划应该采用双循环结构的规划过程,通过实证性循环过程,保障规划不会偏离科学事实的准绳,通过规范性循环过程,保障规划表达特定社会的价值观念。两个循环过程之间通过信息的交流和阶段性的决策,相互作用,构成完整的公路美学规划过程,任何环节出现问题,都会影响到规划过程的顺利推进。

4)公路美学规划的工作内涵

为了使驾驶员和乘客更好的感知公路美学的成果,首先须要对公路美学研究范围进行界定,根据感知者的生理敏感度的不同对美学进行分级,根据不同的生理敏感度进行公路美学设计。

(1)公路结构构造物等内部美学要素都位于一级美学感觉敏感区内,包括道路本身的平纵线形配合、线形连续性的美观,亦包括跨线桥、护栏、边坡、互通式立交、收费站、隧道等美学要素的美化,且美学要素具有工程可造性,最易引起驾乘人员的注意。可根据公路沿线的美学资源,运用美学手法美化一级美学感觉敏感区的公路美学。

当部分公路外部美学要素位于一级美学感觉敏感区内时,如果是"美景",可采用"借景"手法,美化感觉效果;如果是"陋景",可借助种植植物或构造建造等美学手法避景,净化感觉空间。

(2)二级美学感觉敏感区范围内分布着部分公路内部美学要素(边坡、服务区等),及外部美学要素(山水、田园、地物等)。公路内部美学要素具有工程可造性,可根据美学感觉敏感性及沿线美学资源设计美化公路。外部美学要素可采用"借景""避景"的美学手法美化公路。

(3)三级美学感觉敏感区范围内分布的是外部美学要素,不具有工程可造性。在水文地质、地理位置等条件允许的情况下,可根据道路沿线的美学环境,指导公路选线,在设计初期就将公路置身于优美的环境当中。

2.12.4 公路色彩规划

色彩是公路美学质量的重要组成部分,也是路域自然、人文的重要载体。好的色彩设计能使公路表现出典雅、和谐、舒适,充满文化意蕴的路域环境,差的色彩设计会使公路变成色彩的涂装带,失去鲜明的个性,切断历史文脉,更甚的可以严重影响驾乘人员心理及行车安全。因此,色彩的设计对公路美学整体效果有着重要的影响,须要科学、谨慎设计。

1)公路色彩的组成

依据色彩的属性,公路的色彩主要由自然色、半自然色和人工色三类组成。自然色是自然环境所具有的属性特征,在公路美学构成要素中表现为山川、水系、植物、土壤、天象的色彩。半自然色是指没有改变物质色彩属性的构筑物的色彩,在公路美学构成要素中表现为毛石挡墙、毛石隧道洞门的色彩。人工色在公路美学色彩设计中所占比重最大,是指在公路美学工程中人为构造的色彩,比如路面、桥梁、立交、建筑物、附属设施的色彩。相对于前两种色彩,人工色缺乏丰富的色相,但其用色自由度大,可以根据需要调配出不同色相、亮度和彩度的色彩,为公路美学的色彩搭配提供多种可能性。

2)公路色彩规划

公路色彩规划就是确定不同美学单元的标识色。标识色是美学单元的属性特征,是从单元内的自然、人文要素中提炼出来表现区域特征的标志。标识色是公路美学整体规划中一个重要的空间线索,也是一个美学单元内色彩设计的主基调。标识色作为一种视觉标识,具有很强的传播和感染力,易为公众所接受。因此,对公路的色彩规划利于明确公路的空间方位感,提升公路美学的层次感,营造出新奇、整体、特色的路域环境。

(1) 美学单元标识色的选择方法

公路的色彩是一种系统存在,因此,选择标识色应遵循以下步骤:

步骤一:从路域环境的整体出发,研究地域的环境、建筑色彩、民俗文化色彩、民族色彩的构成因素和色彩审美心理,确定地域代表色系;

步骤二:将初选出的色彩与公路周围环境进行比对,利用排除法,去除与周围自然环境不和谐或者与交通警示色相冲突的色彩。

步骤三:根据色彩的基本原理,运用色彩的对比和调和规律、视觉感知规律、尺度与色彩美学印象之间的关系,确定道路美学标识色。

为了不使色彩过于单调或是对比过强,选择标识色时可采用一个协调色系的方式,虽然只有一个色调系列但包含很多不同明度、不同灰度的色彩,这样就会使美学色彩趋向丰富、柔和。

(2) 公路色彩规划方法

公路色彩规划按照由总体到分段、由主要到次要、点线结合的方针,首先确定美学单元的标识色,然后依据标识色和具体地域进行美学要素的色彩设计。在色彩选择上,要遵循以下原则:

原则一:标识色的选定,应优先选择非彩色和低明度、低彩度的颜色;

原则二:构筑物和附属物的色彩,须要结合周围具体环境,尽可能应用素材本身的色彩,如非彩色、土色、传统建筑物的颜色。

3) 美学要素的色彩设计

(1) 隧道、挡墙色彩

挡墙的色彩属于半自然色,由较为丰富的色相组成。在挡墙的色彩设计上,应尽量选择接近标识色的材料,墙面用小面积的中灰度材料或植物过渡即可。隧道墙面的颜色最好是白色,并配以适当的标线,因为隧道光线暗,采用白色加适当的标线容易使驾驶员注意、辨认行车道,保证隧道内的行车安全。

(2) 桥梁色彩涂装

桥梁涂装色彩属于人工色,桥梁色彩设计的原则,应根据周围环境色彩和美学单位标识色,选择桥梁主体色相,应以简单、淡雅为宜,同时使用小面积明度较高的色调作对比突破总体的单调,起到补充、强化空间的作用。具体步骤为:在完成桥形的基础上,研究桥梁形态与色彩的协调关系→选定桥体的环境色→确定安全色→进行色彩调和。

(3) 其他附属设施色彩

其他附属设施(如护栏、隔离栅、隔音墙、防眩板、栏杆、观景台及美学小品等)的色彩设计统一为美学单元的标识色系。

(4) 彩色路面

为安全考虑,在隧道口、跨线桥下的主线前后、长下坡及大纵坡、立交、停车区及收费站等特殊路段常须要设置彩色路面,主要的作用是通过色彩刺激驾驶员提高注意力和警惕性,降低事故隐患,色彩的选择以醒目、刺激为主,如黄色、红色、绿色等色系;在陡坡、转弯和限速区附近涂以黄色,以提高驾驶员的警惕性;在交叉口、居民密集点和停车点附近涂以红色,提醒驾驶员小心谨慎;在学校、医院等处涂以蓝色,表示安静,提醒驾驶员不要鸣笛。

(5)植物种植色彩

植物美学色彩应注意植物色彩之间的协调、植物与公路要素之间的色彩协调、植物与标识色系之间的色彩协调。首先种植的色彩忌杂,避免不同色系过多、过碎地布置在一起;其次,种植分层配置中色彩应对比,发挥植物的色彩视觉效果;另外,种植物种的选择,应以当地野生物种为主,色彩更容易与周围环境和标识色系相协调。

2.13 公路美学设计

美的公路应保证公路的"功能、安全、经济、和谐、持续、美感",在公路美学建设中,首先应该追求公路的内在美,在满足内在美的同时,尽力满足更多、更好的外在美。公路美学设计是在进行公路设计时,应达到内在美(满足功能美、技术美、安全美、经济美、和谐美、持续美要求)和外在美(美感,即满足感官舒适、愉悦)的协调统一。以下分别从公路美学设计的要求、设计内容、设计流程、美学等级划分、自然和人文美景的保护与建设、设计注意事项等方面进行阐述。

根据公路所经区域美景美物的成因,可将其分为自然美景美物、半自然美景美物(半人工美景美物)、人工美景美物。自然美景美物如湿地、滩涂、丘陵、森林、山岳、沙漠;半自然美景美物(半人工美景美物)如人工次生林地、草场等;人工美景美物如人工构筑物、城市、村镇、工矿场地、农田等。在规划设计中,常常要重点关注人工美景美物与地域人文以及自然美景美物的融合。

公路美学中,自然美是基础,但只有绚丽的自然之美而无人文美相辉映,便会显得单调、平淡。在进行公路美学设计时,应该利用文化的引导,研究如何创造富含地域文化的公路美学,为驾乘人员提供了解历史和审美体验、具有导向意义的文化信息。

2.13.1 公路美学设计的考虑内容和要求

公路美学设计应与路域既有美学资源和公路工程结构做到最大程度的协调,应从驾乘人员和沿线居民的意识出发,有利于人体感官、心理的适应,使公路具有功能、安全、经济、和谐、持续和美感的一致性。

1)公路美学设计应考虑的方面

(1)应根据工程沿线及环境的特征,将道路分为若干个美学设计路段,在美学设计路段中再选择有标志性和特色的美景美物,作为美学设计点。这样以特点结构出发分段进行设计,达到动静合一的境界更容易和精密,分段设计也能顾点成面,使公路和已有美学资源协调一致,相辅相成。

(2)利用自然条件进行充分合理的美学设计。可以根据公路工程施工的特点,既注重保护环境,又重视公路美学作品的合理设置,把周围的花、草、树、木、水、石等移植到绿化美化带上,并且进行艺术的加工修剪、堆砌、摆放,既充分利用又保护了资源。

(3)创造条件。充分利用合理的人工构造以及创造绿化美化来改善和补偿道路沿线的美学环境,结合不同的地理位置、环境、人文特色进行精雕细琢,形成不同路段的特色美学,即避免行驶者的视觉疲劳,又给人以安全、舒畅的心情,达到公路的动静合一,功能、安全、经济、安全与美观融为一体。

(4) 合理设置路线。根据人的视觉、心理、状态来进行公路美学作品与资源的合理布局，精心推敲每一路段，做到百密无一疏，合理布局，使路线的平、纵、横面有效组合，使线形流畅，视野开阔，并与自然地形相适应、相统一，避免盲目大幅度、大范围的切割和开挖自然地形。

(5) 使公路美学设计适应驾驶人员和旅行者生理感官和心理等身体机能反应，利用各种公路设施结合人工构造物，以及绿化带、美学作品布局等诱导驾驶者的视线，预先警示告知前方各种路况的变化，以便驾驶员适时采取各种安全措施。

(6) 公路美学设计要充分考虑公路平面造型。公路平面要与环境相协调，避开自然保护区和名胜古迹等，公路的立面造型要符合要求，坡度和山谷以及垭口上的美学设计应须精密测量，调查分析讨论，然后综合考虑，公路横断面的造型更应与地形地貌相协调，重点是路基、边坡更须分别测量，合理设计，不但可以保护珍贵的植物，还可以减少工程量，节约费用，对美学造型和安全经济都能恰到好处。

(7) 合理设计好交叉口美学作品，不但能节约用地，还有利于提高交叉口的识别能力，各种形状的交叉口都有其特定的美学要求，进行美学设计的前提是不允许影响驾驶者的视野范围，不能影响交通安全，也不能影响交通导向和相关警示警告，并且根据交通习惯进行合理的美学设计，使驾驶员既能安全行驶，又能时刻注意调节车速和方向。

(8) 结构物及附属物的美学作品在设计时不仅要考虑有关工程技术上的要求和特点，也要兼顾经济和安全问题，并且要考虑其美学作品应与周围环境协调一致，美学作品的设计要与环境融为一体，既给人以美的享受，又使驾驶员感到舒适、畅快。

2) 公路美学设计应满足的要求

(1) 满足公路功能的要求

为满足公路功能的要求，应符合国家的社会、经济、军事、政治等对公路建设的要求，应符合全国和地方对拟建公路的要求，如果是国际连接线，还要考虑连接国家间对拟建公路运输的要求。具体应满足：

① 符合规划的公路等级；

② 满足远景设计年限交通量；

③ 满足通行能力及服务水平；

④ 满足拟建行车速度；

⑤ 满足设计年限；

⑥ 满足设计车辆和交通运输结构。

(2) 满足公路经济合理性的要求

经济合理性要求主要是国民经济评价和财务评价均可行。国民经济的具体要求如下：

① 经济内部收益率等于或大于社会折现率；

② 经济净现值等于或大于零；

③ 第一年收益率(FYRR)大于社会折现率时为最佳投资时机。

财务评价的具体要求：

① 财务内部收益率 FIRR 大于等于财务基准折现率 I_c；

②财务净现值大于或等于零；

③自有资金财务内部收益率和投资回收期优于投资方设定的目标值。

(3) 满足公路的路线要求

①路线方案符合路线总方向(路线起终点和中间主要控制点)和公路功能及其公路网的作用。不可过多偏离路线总方向,应尽量缩短运输里程,减少行程时间,降低行车费用和事故率。

②与沿线城镇应"近城而不扰城"。不宜离城太远,符合城镇发展规划。

③合理决定与其他道路的交叉类型和相交位置。

④合理布置高等级公路的集散道路,修建辅道。

⑤合理确定地形类别、设计车速;不同设计车速路段的过渡要均衡,不应出现突变;相邻设计路段的衔接点应选择能使驾驶员明显判断前方情况将发生显著变化而需要改变行车速度的地点,如村镇、车站、交叉口或地形变化显著处等;车道数变化时,选择好衔接地点,处理好衔接前后过渡段的线形设计。

⑥线形设计应符合:一是在视觉上能诱导驾驶员的视线,并保持视觉的连续性;二是平、纵面线形的技术指标应均衡,过渡平顺;三是在保证有足够视距的前提下,驾驶员看到前方的弯曲一般不宜超过两个,立面上起伏不宜超过三个;四是选择组合得当的合成坡度,以利路面排水和行车安全。

⑦路线平、纵、横各组成部分的空间充裕,具有必要的视距和视野。

⑧在视觉上能预知前方方向和路况的变化,并能有效地采取安全行驶措施,避免出现视错觉。

⑨同自然环境协调,尽可能减少和消除公路对自然环境的破坏。

(4) 满足安全要求

保证交通安全、减少交通事故是公路美学设计的重要内容,路线设计是公路设计的主线,交通安全设计宜由路线工程师负责,具体要求如下:

①满足公路路线要求的⑤、⑥、⑦、⑧项的要求,尽可能设置路侧净区。

②满足防撞护栏的设置要求:要求一,在高速公路、汽车专用一级公路和路侧特别危险需要加强保护的路段分级设置路侧防撞护栏;要求二,在高速公路、汽车专用一级公路和中间带内有重要构造物须要保护的路段设置中央分隔带护栏;要求三,在一般公路跨越高速公路、汽车专用一级公路,高速公路、汽车专用一级公路和桥外特别危险须要重点保护的特大桥的桥梁路侧、中央分隔带设置防撞护栏。防撞护栏的形式、构造、长度等符合相关要求;要求四,分流端、护栏端头应设置消能和过渡设施,不同构筑物之间护栏连接过渡。

③满足隔离设施的设置要求:要求一,高速公路、一级公路沿线两侧应设置隔离设施;要求二,隔离设施的形式、结构设计、材料等符合相关要求。

④满足防护设施(包括桥梁防护网、防落石网、防雪栅和防风网等)的设置要求:要求一,高速公路上跨桥和人行天桥的两侧应设置防护网;要求二,在山区公路的路侧山坡上可能出现落石的情况应设置防落石网;要求三,北方极易积雪的路堑、边坡上积雪会坍落到路上,危及高速公路的车辆安全的路侧、暴风雪会使驾驶员难以控制的风口等处应设置防雪栅;要求四,在风害严重的地区,风口的狂风对高速公路车辆有危害时应设置防风网;要求五,桥梁防

护网、防落石网、防雪栅和防风网等的结构设计应满足相应的要求。

⑤满足防眩设施的设置要求。应设置防眩设施的路段:一是高速公路除中央分隔带宽度大于 9m、上下行车道中心高差大于 2m 或者路段有连续照明设备外,应全线设置防眩设施;二是各级公路夜间交通量大,大型车辆混入率较高的路段;三是各级公路平曲线的曲度大于 1 弧度者(曲度=1746.4/曲线半径);四是各级公路竖曲线对驾驶员有严重眩目影响的路段;五是各级公路服务区、停车场和互通立交前后各 2km 左右的路段;六是各级公路驶入匝道处的主干线附近;七是各级公路无照明的大桥、高架桥;八是各级公路长直线段;九是各级公路地形起伏较大的路段;十是各级公路道路使用者认为需要设置的路段;十一是各级公路按计算行车速度、线形等考虑,认为有必要设置防眩设施的路段。防眩设计应满足相关要求。

⑥视线诱导设施的设置要求:一是高速公路和一级公路的主线上,以及互通立交、服务区、停车场等的进出匝道或连接道,应全线设置轮廓线;二是分、合流诱导标原则上应在互通立交的进出口匝道附近有交通分、合流的地方设置;三是指示性线形诱导标应设在一般最小半径或通视较差、对行车安全不利的曲线外侧;四是警告性线形诱导标应设置在局部施工或维修作业等需要改变行车方向的路段;五是视线诱导设施的类型、结构形式、材料等符合相关要求。

⑦交通标志设置的要求:一是标志尺寸按不同行驶速度的要求设置;二是交通标志的颜色、形状、图形符号按相关规定设置;三是标志的类型、设置位置、内容等都应符合相关要求;四是标志的结构应进行相应的类型、荷载、强度、变形进行验算;

⑧路面标线(警告标线、指示标线、禁止标线)的设置要求:路面标线的设置位置、线形、颜色、材料、可见性、耐久性、易施工性都要符合相关要求。

(5)满足社会的要求

公路建设与否,建设的公路功能、交通量、服务水平、技术标准和技术指标、路段长度、与前后路段的衔接和技术指标的协调情况等应符合国家或区域社会发展水平及相关的政策方针、资源环境的要求,具体要求如下:

①应符合区域经济建设的方针政策、国防建设的特殊要求,符合区域社会经济发展规划、国土开发利用规划、综合运输网规划和其他有关行业的发展规划,符合区域人口、资源开发、环境保护、交通运输等方面的政策;符合公路工程技术标准、规划、定额、指标及基本建设的政策法规,公路功能、交通量、服务水平、技术标准和技术指标、路段长度、与前后路段的衔接和技术指标的协调情况等应与当地的社会经济情况、居民生活水平和需要相适应;

②公路建设有利于沿线社会全面发展、经济增长、劳动就业、居民文化素质和生活水平、医疗水平的提高。

③公路建设对现有公路、铁路、航道、管道运输、航空及通信设施应有增强作用,或者其影响应该较小且不利影响应有相应的对策措施;对水利设施、电力设施的影响应该较小且不利影响应有相应的对策措施。

④尽量不影响、或少影响当地的矿产、旅游、文物古迹等资源,其不利影响应有相应的保护措施。

⑤少占用当地居民的房屋、财产、土地、森林、草山、矿产等资源,占用的资源和财产应得

到合理补偿。

⑥沿线各种交叉的设置数量、规模和密度与沿线的交通须要协调。

⑦交通工程及其沿线设施设置的原则、位置、规模与公路主体工程设计、服务水平和环境等相适应。

⑧沿线大型桥梁、隧道、立体交叉、大型服务区、汽车停靠站的位置和间距与公路总体设计协调。

⑨公路建设施工和运行不应给当地居民的生产生活带来不便,合理设置两侧交往通道,并方便当地群众使用公路。

(6)满足自然环境的要求

公路建设应分别从生态环境、空气污染、噪声污染等方面评价公路的施工和建设期间的影响,并提出相应的保护、减缓影响和恢复影响的措施,具体要求如下:

①高速公路、一级公路经过水源保护区、自然保护区、风景名胜区、文物古迹保护区、经济林区、大中城市的二级公路,以及有特殊意义的公路,应编制《公路建设项目环境影响评价大纲》和《公路建设项目环境影响报告书》。环境要素状况比较简单的二级公路及其他有特殊意义的公路,可只编制《公路建设项目环境影响报告书》。

②尽量小地破坏和影响原有的地貌、植被和水体,保护具有重要价值的地貌、植被和水体,其破坏和影响宜小于同类或类似工程。

③公路的造型、色调、格局应与周边的自然景观环境相协调。

④对周围环境及景观的影响和破坏,应从设计、施工、运行和管理各方面进行分析,并提出相应的保护和补偿措施。

⑤公路应不影响各级人民政府批准的自然保护区、受国家保护的野生动植物;应分析生存环境的变化对动物个体和群落的影响,并根据分析评价结果对公路项目的不利影响,进行恢复生态环境及减小不利影响的措施。

⑥分析评价路线在施工期和营运期对沿线水土流失的影响,并施行水土保持的措施。

⑦对公路沿线的土壤铅含量污染进行分析评价,评价公路中心线两侧200m范围内土壤铅含量变化情况,对公路中心线两侧200m范围内土地的合理种植提出建议。

⑧当路线经过当地政府部门确定的饮用水源地时,应对公路选线、桥址选择提出水环境保护要求;对不符合《污水综合排放标准》的污水施行治理措施;对可能的交通事故对水体造成污染的情况应有应急处理措施。

⑨应对公路中心线两侧200m范围内,如果评价区内或边界外附近含有城镇、风景旅游区、名胜古迹等法定保护对象时,评价范围可适当扩大到公路中心线两侧300m范围内,评价时段分为施工期和营运期,评价因子为一氧化碳(CO)、氮氧化物(NO_X)、总烃(THC)和总悬浮颗粒物(TSP);对空气环境不达标的路段采取相应的对策措施。

⑩在施工期,应对公路施工场和料场外缘100m范围内不同施工作业噪声衰减特性及影响范围进行分析,按昼、夜噪声限值确定对居民的影响;在运营期,对公路中心线两侧200m范围内,评价对象为对噪声敏感的建筑物,一般以200人以上的学校教室、50户以上的居民住宅、20张床位以上的医院病房、疗养院住房及特殊宾馆等作为评价对象,居民住宅的评价标准执行《城市区域环境噪声环境》中的4类标准,学校教室、医院病房、疗养院住房及特殊

宾馆评价标准执行《城市区域环境噪声》标准中的 2 类标准。对噪声超过相应标准的情况应采取相应的防噪声措施。

(7) 满足地域文化的要求

地域文化是一种资源,在公路建设中应对沿线地域文化进行保护、宣传与弘扬,具体要求如下：

①对公路沿线的人文资源进行调查,从沿线典型的人文资源中提取文化元素,在公路建设中进行艺术表现,以弘扬沿线地域文化。

②应评价公路建设的各种构造物对现有人文景观的影响,对可能产生不利影响的典型文化景观进行保护,避开文物古迹;并实施公路的建筑物造型、色调、格局与人文景观环境协调的措施。

(8) 满足人体感官的美感要求

公路美学设计的直接目的是为满足公路使用者和沿线周边群众各种感觉器官的美好感受,具体要求如下：

①好看。公路构造物、周边环境美观,公路构造物与周边景观要协调,为公路使用者和周边居民营造一个良好的美学景观环境。

②好听。公路的施工和运行不应对周边群众造成噪声污染,对噪声污染大的路段或影响周边群众工作生活的路段应该采取防治措施;公路不应经过噪声污染大的环境,最好营造一个鸟语、兽声不断或宁静如自然的环境。

③好闻。道路不宜经过刺鼻难闻的地区,最好是经过花香四溢或空气清新的环境;对交通事故可能产生的空气污染应有预防措施;公路运输可能产生的空气污染应采取相应的防治措施。

④好受。公路应平顺自然,公路运行速度和方向要连续平顺,公路及其周边环境要具有安全感。即公路路面平整,线形连续平顺与自然地形协调,运行速度平滑,周围环境及公路构造物安全。

(9) 公路美学设计对设计人员的要求

公路美学设计具有很重要的意义,须要公路设计人员具有较高的审美意识和情趣,还须要透彻掌握工程设计的基本要求及社会学、美学、生态学、生理学、心理学等有关知识,结合公路工程、美学、经济学、地质学、水文学、社会学、心理学、生理学、环保学、生态学等学科的知识或者由这些学科的人组成的设计团队,把工程、环境、社会、经济等统一考虑,并贯穿规划、勘测、设计、施工和运行维护全过程才能把一个公路美学工程建设好和管理维护好。

对现代公路路域的认识不应只停留在公路用地红线范围以内的空间,而应将这一概念扩展至在公路上驾乘人员的人体感官所能感觉的范围,甚至如果站在美学生态学的层面上来看,应将其扩展至公路作为美学生态中的廊道,它所穿越区域地与之有关系的其他美学生态组成部分的范围,而不再仅仅包括公路用地范围内的空间。

2.13.2　公路美学与人的生理、心理行为理论

公路美景美物与欣赏者之间是主体与客体的关系,在美学主体对客体(公路美物)的欣赏过程中,不同的公路美景美物会给欣赏主体产生不同的生理和心理影响。

1) 意境美的构成与静态滞留美物

意境的构成包含了"意"与"境",即"情"与"物"这样一对相辅相成的要素,意、情属于主观范畴,境、物属于客观范畴,因此意境是主观与客观相熔铸的产物。意境的表现即情景交融,是美学上讲求的能引起心灵共鸣的最高艺术境界。

设计者通过对美的要素的精心选择与提炼,注入自己的思想感情,使作品成为一种浓缩的符号,然后这种符号在通过欣赏者的解读得以释放。这种心与心的交流,融合了主观与客观因素,传递了情感,关注了美景美物的人性化特征,能使使用者得到深层次的感悟。

意境的把握往往体现于须要细细品味的空间里。公路美学设计中,对于沿线快速欣赏的美景美物而言,考虑的可能多为感觉冲击的瞬时美感,但是对于服务区、收费站、取弃土场地等部分须要停留的美学设计来说,意境的塑造与培植可以大大提高空间的美学质量,迎合欣赏者的审美情趣,增加旅途兴奋点。

2) 动态欣赏与动态变换美物

由于公路的特殊性,决定了动态欣赏在美学设计中的突出特征。动态欣赏时,作为欣赏的对象,美学构成应具有连续性,步移美易,由于每个美学点的欣赏时间很短,所以其设计不要过于复杂,而应着意于美学序列与整体的衔接,两侧美景美物应在流动中形成使人印象深刻的轮廓线和天际线,须要强调的是美学衔接中节奏与韵律的设计。

节奏与韵律是打破沉闷的有效手段。节奏是事物运动过程中有秩序、有规律地反复,由速度快慢、力度强弱、动静交替、疏密相间、虚实对比等因素组成。韵律实际上就是节奏的律动产生的一种情调或意味,韵律一般是相连的,但完全单一的节奏韵律感是不美的,节奏与韵律都应富于一定变化。研究表明,高速公路上每隔5~10千米,也就是车行约5分钟的距离,美景美物稍作变动,如树种的改变,种植形式和色彩的变化等,能极大地改善视觉疲劳。

在公路美学设计中,由于公路快速、便捷的特性决定了如何设计合理的美物比例是非常重要的。这是一种超乎于具体物外的比例关系,讲究的是速度与尺度的适配,使得美物能够更好地被驾乘人员欣赏品味。

在运动过程中,视错觉的运用往往可以达到出乎意料的美学效果。按照车行线路决定的视点移动轨迹,布置美物的重叠、交叉与错位,组合分散的美学元素或拆分合成的美学对象等手法,都应在公路美学设计中加以灵活运用。

3) 美景美物的动态序列布局

人们在公路上是处于运动状态的,由于速度的因素,公路上的美景美物供人们欣赏只是瞬间的,但却是连续的。所以,公路美景美物是连续感觉的有序展示,其布局是动态的美学序列布局。其间既要有变化,又要有统一、协调;既要有平缓,又要有波折起伏,直至高潮等特征。

公路从出发点到目的地,经过许多路段,从开始到结束,必然给人一种整体的印象。如果没有连贯性,相互之间没有联系的话,整个道路美学就无法成为一个统一体,也就无法构筑一个完美的美学布局。作为一个序列布局,必须有始有终,有开始、有高潮、有结束。一个连续布局,在整个过程中,不允许平铺直叙,从头到尾都没有变化,没有节奏的连续美物,是不可能达到多样统一的艺术效果。例如,同一条公路的绿化,应有一个统一的美学风格。道路全程绿化在整体上保持统一协调,以提高道路绿化的艺术水平。道路较长,分布有多个路段,各路段的绿地,在保持整体美学统一的前提下,可在形式上有所变化,使其能够更好地结合各路段的环境特点,丰富公路美学。沿线的互通立交绿化,可以作为整个美学序列的高潮节点进行布局。

在进行公路美学设计时,必须根据动态视觉特征进行相应的美学形式设计和布置,以便给驾乘人员创造一个良好的美感立体空间。为防止"公路催眠"现象的出现,公路应该提供多变的美景、参照点和环境,以保持驾驶员的兴趣与注意力。故需要在驾驶过程中,大约每5~10min提供给驾驶员新的美学吸引点,让驾驶员适当转移一下注意力,降低疲劳感。若超过10min的行程,路线的美景处于单调不变状态,此时,可强化美学设计,通过边坡或其他美学设计来增设美学吸引点,调节驾驶员的驾驶兴趣,降低驾驶疲劳,防止"公路催眠"现象的出现。

2.13.3 公路美学设计内容

1) 公路建设对公路美学的适度

公路美学要求工程与环境高度统一,这与纯艺术或纯园林美学是有区别的。公路建设中应充分运用美学的相关知识,努力将公路充分地融入大自然美物中,使其成为自然美学环境的一部分,同时创造富有人情味的交通环境。主要有如下方法:

① 通过合理选线和利用路线特点,使公路路线适应于美学环境;
② 通过公路的布局和设计来展示和加强公路美学;
③ 通过科学的绿化和美化来改善公路美学;
④ 对杂乱或丑的东西进行美化或掩饰;
⑤ 分析公路所在地区的风土人情、历史文化、色彩倾向等,充分挖掘当地的文化内涵,并引入到公路美学设计,创造符合地方风格特点的公路美学。

2) 公路美学设计的具体内容

公路美学设计是运用相关美学设计法则,全面、具体地考虑公路美学问题,使公路具有鲜明的印象,不容忽视的审美价值,以保护和反映地域美学元素、民族风情、时代风貌、地域文化等特征。一条公路的美学设计应包括以下内容:公路沿线的美学评价及美学分级、公路美学风格的确定、美学规划布局和美学分区(分段)、线形美学设计、构造物美学设计、各类设施美学设计。每项美学设计的具体内容如下:

(1) 公路沿线的美学调查与评价

在公路建设前,须要根据公路网规划、公路功能、交通量以及社会、经济等因素综合拟定路线走廊带方案,并进行如下美学调查:①熟悉自然条件:公路所跨区域的地形地貌、地质、植被、水体、土壤、岩石等情况,以及美学特点、走向、海拔高度、水文气象等;②了解该条公路所经地区的历史文脉:了解公路所跨区域的社会历史、建筑、风俗习惯等地域文化特点、文物古迹保护区情况;③了解沿线美景美物分布形式。

美学环境评估是认知不同路线走廊带内的美学环境状况,分析美学环境符合公路开发活动的适宜性等级,为路线走廊带方案的比选提供决策依据,同时,根据美学质量等级,确定与美学环境相适应的公路建设策略,合理保护、利用和开发各种美学资源,提高美学规划管理和决策的科学性。

(2)公路美学风格的确定

一条公路的美学风格确定应根据公路所处的地域范围、地形地貌、植被、水体、土壤、岩石条件等自然因素和地域特色、文物古迹、宗教、风俗习惯等人文因素进行综合考虑,确定相应的美学设计风格。公路美学风格的形成不能脱离社会审美观的要求独立存在,必须是满足公路交通功能的前提下,以美学理论为指导,进行相应的规划与设计,使公路成为美景美物,有供人们使用和欣赏的双重功能。

①风格鲜明为特点:公路的美学特点是连接城市或地区(包括旅游点)之间,跨地区、跨地域。所以要想创造出具有鲜明风格的公路美物,就必须充分结合当地的地域特征和人文特点,特别是公路经过少数民族地区或地域文化鲜明突出的地区、旅游点、动植物保护区等具有明显人文和自然美学特征的地段时,美学设计要体现出鲜明的风格、风貌。

②兼顾效益为目的:公路建设的目的是为了发展经济,提高社会生产力,具有明显的社会效益和经济效益。美学环境保护是贯穿工程项目,从可行性研究、报批立项、勘察设计、施工及后期养护管理等全过程的工作,所以公路美学设计要兼顾效益。

③明确公路的目的、性质:明确公路建设的目的,是城市或地区间的公路,还是连接旅游点的公路,或是连接机场等设施的公路,其美学方面的要求各不相同;应根据不同目的和性质的公路,制定相适应的公路美学的基本结构、要素构成、用地布局及规模、断面形式等。

(3)美学规划布局和分区(分段)

公路美学规划的内容是对公路用地界线内及公路用地范围外一定宽度的带状走廊里的自然美学与人文美学的保护、利用、开发、创造、设计与完善。因此,公路美学规划设计的内容可分为:

①公路美学的总体布局应有全局观念,综合考虑、预想到美学的效果,做出总体布局,使美学的结构功能、细部处理与公路工程等各个因素彼此协调,使之形成一个有机的整体。在美学总体布局设计构思中,既要考虑美学资源有效开发利用、空间层次结构、美感等因素,同时还要考虑当地历史、文化背景、周围生态环境条件等因素。在设计中通过美学空间的组合划分、美学空间序列的布局等使美学在人的生理和心理感受、空间尺度感、形体结构、色彩与周围关系上取得协调。

②公路全线美学应采用和谐统一的设计思想,在公路美学整体布局规划的基础上,根据公路沿途风格迥异的美学环境和条件将全线划分成几个独立的美学路段,每一美学路段被定为为该路域的一部分并具有自己的特色,而且都是人体能够感受到的。寻找和挖掘不同区段的特点,确立与之适应的美学规划目标和基本方针,将沿途不同区域客观存在的"境"与主观构思的"意"相结合,形成良好的空间美学序列。同时,美学单元段划分应明确美学设计的主题,为具体的细部美学设计提供指导方针。通常可采用以公路建筑风格、公路绿化风格和装饰风格形成各美学路段的特点。

(4)线形美学设计

公路线形的美学设计包括平面线形、纵面线形及其组合形式的选择。考虑各种线形的美学特征,并和两侧地形地貌、植被、水体、土壤、岩石、城镇、村庄以及其他自然和人文美学特点相结合,做到线形连贯、均匀、舒畅、协调,具有良好的视觉诱导性,并保护、展现和利用周围自然和人文美学元素。

(5)构造物美学设计

在美学风格和美学规划、分段的基础上,对公路沿线构造物进行美学设计可按以下内容进行设计:

①以建筑风格作为各美学段的特色:每个美学段中的建筑既要与公路整体建筑风格相互呼应,又各具明显的特色。

②以不同的绿化风格作为各美学段的特色:通过对沿线环境、地形、水体、岩石、土壤和自然植被的调查和分析,以不同的绿化形式、色彩、特征种植方法,绿化布置等将公路沿线分为几个不同的绿化美化区。各绿化美化区与公路整体美学风格统一协调并各具特色。

③以不同的装饰风格作为各美学段的特色:通过对沿线不同分段(分区)的自然美学和人文美学特色的调查,采用雕塑、雕刻、绘画、堆砌等手段来装饰美化道路。

④公路构造物美学应与公路两侧美学协调:公路构造物美学应与公路两侧美学协调,两侧建筑物的形式及人造美物要考虑行驶中的人的感觉需求,结合交通连续、快速通行的特点,使其外轮廓线具有易识别性,美学空间具有可欣赏性。

具体特定小尺度空间及设施的几何因素(点、线、面形式等)、物理因素(色彩、肌理、质感等)等方面进行深入的构思、分析,明确各个部分的形态和组合。细部美学设计应体现总体美学规划的理念和美学主题,对美学整体效果和美学主题影响较大。因此,在设计中应该尊重自然、顺应自然、尊重历史与文化、以人为本,精心营建适合区域的美学类型,细心琢磨细部设计。美学细部处理可分为:细部空间设计和物质细部设计。细部空间设计主要关注小尺度的空间营造以及空间与空间的关系,以便美学轮廓清晰、醒目、高低有致、色彩协调、风格统一;物质细部设计主要关注美学、色彩、构造方式(如绿化植物选择与造型,构造物的外形与色彩、味道、声响等)等。

内部美学是从驾驶员和乘客的感觉出发,研究公路美学对公路使用者的生理和心理影响,以改善行驶环境,提高公路行驶安全性。内部美学的主要设计内容有:①为克服驾驶员的视觉错觉线形和心理错觉线形而进行的线形组合设计,包括纵断面、平面线形的立体协调设计,以及线形在时间上和空间上的视觉连续性设计;②为克服行车单调性而进行的沿线的感觉兴趣点设计,即公路美学空间构成设计。公路的美学设计,始终贯穿于上述两部分设计之中,并由公路的美学设计等级决定着美学设计的深度。外部美学是从非公路使用者观点出发,研究公路作为一个人工美学系统,与周围自然美学环境和人文美学环境的协调,包括道路沿线生态环境、人文环境等的保护,宏观线形与地形地貌的协调,公路横断面形式(包括路肩、坡面、分隔带、绿化带等)和公路附属构造物(桥、隧、挡墙、服务区等)与公路沿线两侧美学环境的协调。

应该结合公路沿线原有美学景点的分布情况,作为设计题材加以处理。

公路建设必须建立在环境保护的基础上,美学再造建设时也应把握好这一条,依据国家在相关方面的法律、法规依法办事,时刻贯穿环保意识。

(6)各类设施美学设计

各类设施的美学设计,包括与公路配套的交通安全设施、照明设施、服务设施等既要满足其使用功能要求,又要满足沿线周边的自然美学与人文美学的要求,与公路整体美学协调,使其真正与环境美学融合,成为社会美学。

对于不同的公路,美学设计的侧重点和设计对象可能不同,但对于具体的设计对象,必须从内部美学协调和与外部美学协调两个方面来考虑。

(7) 公路美学的维护与管理

公路美学维护与管理的设计是在公路设计和施工建设阶段考虑公路美景美物在施工后期和运行阶段的维护与管理,要考虑公路美景美物的长期美(即耐久性)的问题,考虑公路美景美物要便于维护和管理,且维护和管理费用低廉,如绿化美化的植物选择耐旱、抗病虫害、抗逆性强的品种,建筑物涂料的颜色耐久,灯光照明抗风、抗雨,经久耐用,便于拆换等。

2.13.4 公路美学建设流程及相应工作

公路美学应与公路建设一起考虑(图2.13.1),将公路美学的规划设计融入工程规划设计的各个环节,贯穿全过程,实现人与自然的和谐发展。

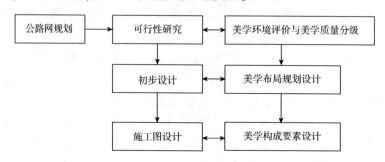

图 2.13.1　公路美学规划设计流程图

公路建设可分为规划、设计、施工、运营等过程。在不同的建设阶段,有不同的工作内容和重点,对美学设计内容的要求以及美学设计的方法也有所不同,公路美学设计工作应贯穿公路建设的全过程。在公路建设的整个生命周期,即从公路规划(在高速公路中包括规划、预可行性研究和可行性研究阶段)、初步设计、详细设计、施工及管理养护各个阶段,公路设计应该与美学设计结合,进行公路的美学设计。美学设计的主要工作流程见图2.13.2。

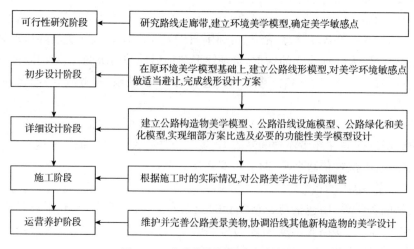

图 2.13.2　公路美学设计流程与内容图

1) 可行性研究阶段(在高速公路中包括规划、预可行性研究和可行性研究阶段)

在路线走廊地带,应进行全面详细的调查。

(1) 通过调查确定主要的地形地貌特征、交通服务的需要和沿线的美学资源。

(2) 把调查的各种美学资源进行分析和对比。

(3) 调查美学生态与美学造型的设计基础资料:

①自然条件:一般包括地形、岩石、水体、土壤、气候、植物、保护区域、建筑物、名胜古迹等;

②自然特征:包括山脊、河流、湖泊、草地、森林、房屋、铁路、公路、水坝等;

③美化措施:自然美学的保护措施、绿化美化、补充美化措施;

④在调查中,对公路与自然美物的协调、造型措施等的构思与有关单位协商。

该阶段应当从宏观的角度考虑路网规划效果,加强立项阶段的环境保护工作,对国家级自然保护区、环境敏感区可能产生的影响,提前开展相关调研分析,避免由于工作深度不足造成对环境的破坏,要深入研究生态环境问题。路线主要控制点和大走廊带选择,应综合考虑地形、地质、水文、生态等美学因素,处理好与自然保护区、风景名胜区、湿地、饮用水源保护地、地质公园等环境敏感地区的关系,选择好桥隧建设方案,避免产生对环境的负面影响。同时,要充分论证技术标准,合理确定不同路段的设计速度、路基宽度。

2) 初步设计阶段

初步设计的主要任务是选线定线。公路线形既要满足交通要求,又要结合公路穿过地区的地形,对于美学敏感点定线还应该体现合理利用的原则。应把保护沿线自然环境、维护生态平衡、防止水土流失等作为重要因素,在各专业设计中予以考虑和体现。在路线方案选择时,应对公路沿线周围环境敏感区域进行深入调查,进行多方案比选,充分研究不同路线方案给沿线环境带来的影响,认真落实环境影响评价报告和水土保持方案中提出的生态保护和水土保持的各项要求,合理确定路线方案。

本阶段应首先认识公路所处地区特性,重点研究路线走廊带,力求缓和工程本身对环境的影响,筛选出合适的重要美学控制点,回避保护对象,充分利用环境美学资源,合理布线,与沿线地形地物相适应,并在此基础上确立针对项目的美学设计思路及原则。

采用合理的路线方案应减少对沿线地形的改变,如上下行线的高低分修,充分利用沿线环境的美学资源;采用合理的工程方案减少对沿线地形的改变,如高架桥、挡土墙、隧道等结构,挖土边坡圆滑化,研究立交的选型等;应用信息技术检验沿线动态美学效果,确保公路的美学设计内容。

在选线中应考虑道路的空间美学造型及与沿线的美学协调,将公路沿线美学融入空间选线,公路美学选线的一般原则如下:

(1) 线形美是公路美学的核心。因曲线能使驾驶员的视觉经常变化,使美学多样化,防止驾驶疲劳,又能充分地适应各种地形的变化。因此,选线时应以曲线为主体,曲线长度一般应占路线总长的50%以上甚至更多。

(2) 避免单纯满足汽车运动学的要求,忽略与沿线美学环境的协调;避免平面与纵面线形分开考虑,应达到三维空间的最佳组合;避免孤立选线和定线,应从远近美学特征与整个线形及沿线美学统筹考虑。

(3)在选择美学造型时,应考虑对生态、工程和经济方面的影响,尽量使线形适应地形,减少公路对自然美学环境的破坏。

(4)应尽量做到美学动态的多样化,把奇特的自然美景美物巧妙地引入感受范围,使公路自然地融入沿线美学环境中。

(5)在选线时,平、纵线形的组合必须是在充分与路线所经地区的环境相配合的基础上进行。否则,即使线形组合符合有关规范要求,亦难达到良好的美学选线要求。

(6)尽可能地少破坏公路周围的地貌、地形、天然树木、建筑物等,避免大填大挖。

按照以上选线原则,首先应仔细研究地形,把勘察调查的资料,用不同的颜色标注在大比例地形图上,并确定哪些是目标控制点,哪些是需要回避的特征点,以此作为纸上选线的依据。纸上选线是一个反复认识深化的过程,试线越多,公路的美学质量就越高、越精准。如果当再增加试线时,也不能使工程量显著减少或者美学质量上的改进,这时即为符合公路美学要求的最佳路线。

3)详细设计阶段

本阶段应将初步设计确定的美学设计方案进行细化,确定详细的尺寸及工程数量。对路基工程设计,主要是边坡、中央分隔带、用地边界、植物防护方案进行细部设计;对桥梁工程设计,主要是梁部及墩部细节设计、附属设施设计、涂装色彩设计、上跨分离式立交设计、互通式立交设计等;对隧道工程设计主要是出入口设计、隧道内空间设计;交通安全及环保设施设计,主要是隔音墙、标志、护栏、服务区房建等设计;对绿化设计,主要是植树、建设代替自然的环境,有效利用表土及既有树木、地形景观、人文景观、水体等自然美学资源和人文美学资源。

此阶段的美学一般可分为:路线线形美学设计、构造物美学设计、人文美学设计与沿线的协调设计。

(1)路线线形美学设计

根据公路美学设计原则、设计规范和空间布局的目标进行设计,其平面线形、纵面线形以及空间线形,一般可根据《公路路线设计规范》的平、纵线形设计要求进行,在此不再赘述。

(2)构造物美学设计

构造物美学设计除应满足本身造型美的要求外,还要符合整体协调美的要求,构造物美学受各种因素的影响,其中最主要的是协调、形式、比例、色彩、感觉等。

(3)人文美学设计

公路人文美学设计必须掌握公路沿线设计的人文美学与公路本身及自然环境、人文环境相统一的原则。人文美学设计本身必须做到均衡、比例、尺度、韵律上的协调。由于公路人文美学为瞬时感受,故应简明,不可过于复杂。任何人文美学设计均不能破坏公路本身的结构功能及使用功能。

(4)协调美学设计

协调美学设计一般可分为:与周围美学环境协调、与构造物协调、与交叉口协调、与交通设施协调、与绿化协调、与施工养护协调等。

①与周围美学环境协调。要尽量减少对自然美学资源的破坏,并充分有效地利用自然美学环境和资源。如果自然美学环境不好时,可采取遮丑或者路线远离回避,这样动态美学

可以改观。路线通过森林、草原、沙漠地区时,不宜长直线穿越,应用大半径平曲线线形与周围美学环境协调。路线通过风景区、环境保护区时,要有保护风景与防止噪声等设计的协调。

②与构造物的协调。桥梁是公路的重要组成部分,桥、路线形应配合一致。对于具有独特优美造型的大桥,美学处理是向驾驶员和乘客展现全桥的面貌。要做到这一点,有效的方法是把桥头引道做成曲线形式,借弯道可通视全桥的面貌,给人以美的享受。对于跨线桥,尤其是互通式立交桥,应千姿百态,以协调美学环境和资源。中小桥是一条公路上出现最为频繁的构造物,虽然范围不大,却很显眼,因此桥面栏杆应做成简单、轻盈的形式,给人以美的感觉。

③与交叉口协调。交叉口一般应具有易识别性、明显性、明确性与可通行性等的基本要求,应注意与其空间连续性的协调配合。因交叉口属事故多发路段,因此,在司机视线范围内,除设置必需的警示和警告标志外,应尽可能少设置人文美景美物,以免分散司机注意力,影响行车安全。

④与交通设施的协调。沿线交通设施设置的位置与交通安全有直接的关系,设计时应根据线形、地形、地物、美物、安全需要等综合协调考虑。

⑤与绿化协调。绿化是补充美景的措施,应具有目的性、艺术性与统一性。绿化造型既不同于一般的造林绿化,又不同于园林建设,它是紧紧依附于公路交通安全建设,完全为公路交通服务的。它可以构成空间轮廓,减少司机疲劳,提高交通安全,起视觉诱导作用。可以采用常青树种与落叶树种结合,乔木与灌木结合,树木与花草结合,尽力达到四季常青、常年有花的立体绿化组合。

⑥与施工、养护工作协调。施工中不宜大量破坏自然美学环境,不能乱取土、乱堆积废方,应尽量减少施工痕迹,保持自然美学环境和资源。养护工作中,要不断提高原有公路美学质量,应进行公路美学的研究、开发、应用,通过养护工作,对现有公路进行外观改善、修饰及美化、装潢,为驾驶员、乘客提供有利于行车的良好视线诱导和舒适环境。

4)施工运营阶段

根据实际的情况,尤其是施工过程中出现的因先前的美学设计没有考虑到的情况,局部调整和完善美学设计,并协调周围新建构造物。公路美学是一个须要长期维护的工程,并不是设计施工完成就结束的工作,在施工完成以后,公路美学在长期的自然和人为作用下会逐渐遭到损坏和破坏,须要相关部门长期的维护管理,更需要全社会的共同关注和爱护。

2.13.5 公路美学环境等级的划分

公路美学建设等级协调工程建设和环境建设之间的矛盾,往往意味着巨大的经济投入,因此在确定过程中,应遵循一定的程序,全面考虑各种因素,权衡利弊,最终合理确定公路美学设计等级。

1)影响公路美学设计等级的因素

公路美学设计等级是指欲建公路作为一个建筑物本身应具备的美学等级。影响公路美学设计等级的因素主要有以下几个方面:

(1)公路沿线地区的美学环境等级,包括自然美学环境和人文美学环境。公路作为人类改造自然能力的证明,同时也是人类强加给自然的疤痕,人们总是在努力减小这种疤痕,使它与自然环境和人文环境协调,因此,公路沿线的美学资源对道路的美学等级起决定性作用。

(2)社会当前的经济发展水平。人类社会的经济发展水平制约着人类精神文明的发展速度。公路美学和环境建设是一个长期性的艰巨任务,设计等级越高,耗资越大,不同国家、不同地区对此具有不同的承受能力。因此,它制约着公路美学等级的评定。

(3)设计车速。决定公路技术等级的一个关键因素是设计车速。行驶视觉心理学研究表明,不同的车速下,驾驶员和乘客对行驶环境的要求不同。为了创造一个安全舒适的行驶环境,应该根据计算行驶车速确定公路美学建设的内容。

(4)其他因素。一个国家的政治制度、法律制度,某一地区的宗教、文化、民俗等因素都会对本地区的公路美学建设产生影响。

2)公路的技术等级和美学等级之间的关系

(1)公路技术等级的决定因素

公路技术等级的具体标准是由各项技术指标来体现的,它主要决定于下列因素:

①路线在公路网中的任务、性质;

②远景交通量及其交通组成;

③地形与其他自然条件;

④设计速度(或称计算行车速度)。

(2)公路的技术等级和美学等级之间的关系

理论上来说,公路的技术等级与美学等级是一对相对独立的概念,两者没有什么特定的制约关系。公路美景包含外部美景(沿线居民眼中的美景)和内部美景(公路使用者眼中的美景)两部分内容。一般来说,公路的技术等级实际上决定了公路的内部美景,即线形的美学设计及对行驶愉悦感的要求,而对公路的外部美景仅仅是制约作用,并且这种制约一般是来自经济上的。比如对高速公路来说,为确保高速行驶下的安全,线形的协调性是必需的,为克服行车单调性营造美感兴趣点也是必需的,但它的美学等级不一定高。因此,公路的美学等级应该取决于它的环境美学等级,受制于特定的社会经济条件。在公路美学等级确定的前提下,公路的技术等级越高,其美景建设造价越高。可见,在特定的社会经济条件下,一定的地形与其他自然条件下,公路美景的两部分内容本身是相互制约和削减的。为此,公路美学规划应遵循下列程序:首先根据公路的美学环境等级,综合考虑多种因素,大体确定公路美学设计等级(度的确定),然后根据不同的设计车速(技术等级)确定美学建设的具体内容(侧重点的确定)。

①车速对驾乘人员感受美景的影响

设计车速决定公路美学设计内容的主要依据是公路使用者的动态视觉心理特征。对于驾驶员和乘客来说,不同的车速下,其感官(主要为视觉)的功能特征不同,心理、生理反应状态也不同,这就决定了公路美学建设内容的侧重点不同。

a.车速越高,公路越宽,公路本身在动态视觉范围内占的百分比越大,驾驶员对环境美景的注意力相对减少,公路两旁近距离装饰反而会使他感到炫目和恐惧,以至于影响行驶安全性。美国 Pushkarev.Boris 对驾驶员视野中的路面与两侧环境的关系进行了研究,他认为:

在设计速度低的乡间公路,路面在驾驶员的视野中所占的比例是8%,根据地形和植被情况,公路两侧占80%以上;当驾驶员以40km/h的速度行驶在六车道的高速公路上时,路面在视野中的比例为20%;当车速为96km/h时,驾驶员的视野范围缩小,路面占的比例为30%,空间所占的比例为50%,公路两侧所占的比例减少到20%以下,特别是在地形平坦的情况下,更是减少到15%以下。也就是说,随着设计车速的提高,公路本身的线形协调性和视觉连续性越来越成为公路透视图描绘的公路美景的主要内容。

b.车速越高,乘客可辨清的美景距离越远。

②车速与公路美学的主要设计

a.车速大于60km/h的情况下,公路本身成为公路美学的主要内容,即应着重研究道路线形的内部协调性,使平、纵、横线形有良好的配合,强调公路线形的连续性和视觉的连续性。其目的是保证驾驶员安全、快速、舒适行驶;

b.车速小于40km/h的道路,则强调线形与地区特点的配合,也就是要求路线与地形、周围环境、地域性特点有机结合,强调公路美学与自然环境、人文环境的协调。旅游公路和公园路就属于这种情况;

c.车速为40~60km/h时;认为处于过渡段。

由此看来,道路的技术等级不影响公路的美学等级,只影响美学建设的具体内容。实际上,可以把设计速度作为次级公路美学规划的依据,以界定具体的公路美学建设内容和标准。在实践中,只有在车速较高的情况下,路线才考虑视觉线形问题,而不应盲目地在低等级公路或车速较低的情况下,过分强调视觉线形问题;或者是在高速公路旁,不考虑行驶视觉特点,进行毫无必要的美化装饰,这些只能是造成资金的滥用和浪费。就我国目前的公路工程征地范围来讲,公路内景的形成,更多的是通过巧妙借用沿线的美学资源,给驾乘人员创造愉悦的美感机会,或是通过处理美学污染点,提高沿线的美学感觉质量。因此,从驾乘人员的美感出发,公路的技术等级不影响公路的美学等级,只影响美学建设的具体内容和投资规模。

3)公路美学设计等级的划分

根据我国的实际情况,对于特定的道路,在综合分析各种影响因素后,通过具体调查公路沿线的环境情况和运营时期交通量的组成,一般可划分公路美学设计等级(公路美学等级不一定与公路技术等级或者行政等级一一对应)如下:

(1)一级公路美学设计

一级公路美学设计要求最高,除了满足基本的行驶安全性和舒适性要求外,更多的是设计创造优美的行车环境和美学效果,公路美学设计强调地方特色和人文风格,对公路本身的线形美学设计要求不高。一级公路美学的风景宜人、资源丰富、生态环境好、美学质量高,但环境敏感脆弱、对工程的适宜性及承载力最低。适宜穿过公园、自然生态保护区、野生动物保护区、娱乐中心、旅游胜地的公路,这种公路一般限制商业性客运或货运车辆入内。大部分情况下,具有一级公路美学的公路应有比较低的设计速度,以保证游客在行驶状态下尽情欣赏沿线风光。对于一般的等级在建设策略上应以"避让、保护"为基本指导原则,以生态效益为主、经济效益为辅。

(2)二级公路美学设计

二级公路美学环境一般位于美学资源丰富的山岭区、森林、草原、水体、岩石、土壤、湿地等区域。二级公路美学环境下,自然风景美观、美学吸引力强、敏感度高、完整性高、连续性好、行人对沿途美学敏感而兴奋,但环境承载力较弱。公路美学设计要求较高,除了满足基本的行驶安全性和舒适性之外,注重公路内部协调性研究(线形美),以适应快速舒适行驶;同时,强调宏观线形与地形、地势的协调,尊重完整的自然美;不提倡在道路沿线过多的人工美化。适用于主要作为旅游路线,但并不限制部分路段兼作为商业性货物运输主线的道路。属于这类道路的有:

①穿过或邻近公园、各种自然保护区、娱乐中心或野生动物保护区的公路;

②交通组成中客运车和旅游车所占比例很大的道路。

二级公路美学设计对生态环境要求较高,在建设策略上,应优化线形布局,最大限度地减少对生态环境的干扰,加大生态设计和环境补偿设计,应注重利用各类美学资源,强调公路与周围环境的融合,精心组织和设计公路的背景美,通过不同的背景处理手法(如借景、对景、框景等)将沿途优美景色纳入行车视野之中,展现自然生态美。

(3)三级公路美学设计

三级公路美学环境大都位于平原微丘区、植被稀少的山岭区域,也是公路建设环境中分布最广泛的区域。美学环境特点为:美学质量普通无新意,美学吸引力较弱,区域人文、建筑、风俗、土地利用差异较大,美学完整性较差,但环境承载力较高,生态环境结构和功能较稳定。在建设策略上,应注重提升公路美学质量,利用区域差异,精心创造,赋予公路特色和个性,强调地域历史人文,加强色彩的运用,充分挖掘植物美学作用,弱化不良环境路段的影响,保障驾乘人员良好的视觉空间和行车舒适性。适用于商业性货物运输路线,公路美学设计强调公路线形的动态视觉效果,以保证驾驶员安全、快速、舒适行驶;沿线只要求进行基本的绿化、美化设计,并且以恢复自然植被为主,尽量减小道路对沿线美学质量的负面影响。

(4)四级公路美学设计

四级公路美学环境常见于沙漠、高原、荒滩等区域。四级公路美学环境下,美学环境特点是:沿途生态环境稳定、环境承载力最高,适用于各类强度的人类开发活动,但沿途美学资源贫乏,环境差,美学吸引力低。在建设策略上,应重点强调对行车空间环境的辨识,并通过适当的绿化种植或美学小品,改善环境的单调性。

在空间环境与公路本身的协调性处理上,通常有三种手法:隐蔽、强调和融合。当美学环境等级较高,美学环境承载力较低,公路有可能破坏美学环境的完整性时,应采用隐蔽法,将公路隐蔽在环境之中,降低人体感觉的敏感性。当公路工程在区域环境中起到标志性作用时,应采用强调法,凸显工程实体的存在。当公路对周围美学环境影响中性,通过相关美学设计,对周围环境有增进作用时,应采用融合法。

4)公路美学等级的确定步骤

(1)在选线之前,进行公路沿线的自然美学资源和人文美学资源状况调查,确定路线廊道大体的美学资源特色和质量。在此阶段应该完成的具体工作有:调查公路沿线的自然美学资源、植被覆盖和工程地质状况;了解沿途人文美学资源数量、质量和美学资源保护等级;划分主要的自然美学资源区域并且评估其价值,为选线工作做好基础。

(2)根据历史资料和当地经济发展状况预估道路主要的交通组成,分析道路使用者的成分;确定是旅游道路,公园路还是运输道路。

(3)估计道路可能通达的沿线目的地的类型,是城市、郊区、农村还是旅游胜地,并加以记录和统计。

(4)确定具体路段的美学设计等级。

2.13.6 公路美学设计方法

公路美学要求工程与环境美学高度统一,这与纯艺术或纯园林美学是有区别的。公路美学建设中应充分运用美学的相关知识,努力将公路充分地融入大自然美学中,使其成为自然美学环境的一部分,同时创造富有人情味的交通环境。主要有如下的措施:

(1)通过合理选线和利用路线特点,使公路路线最佳地适应于美学环境。

(2)通过公路的布局和设计来展示和加强公路美学。

(3)通过科学的绿化美化来改善公路美学。

(4)对杂乱或丑的东西进行美化或掩饰。

(5)分析公路所在地区的风土人情、历史文化、色彩倾向等,充分挖掘当地的文化内涵,并引入公路美学设计中,创造符合地方风格特点的公路美学。

2.13.6.1 因地制宜、适地适宜

根据公路工程所处的自然情况,公路美学应结合沿线植物、动物、水体、岩石、土壤、地形地貌、地域文化等,在尽可能减少工程量的前提下,达到良好的工程美学效果和环境美学效果。公路的特点是连接城市或地区(包括旅游点)之间,跨地区、跨地域。所以要创造出具有鲜明风格的公路美学,必须充分结合当地的地域自然特征和人文特点,特别是公路经过少数民族地区、旅游点、动植物保护区、自然保护区等具有明显人文和自然特征的地段时,美学设计要因地制宜,体现出鲜明的风格、风貌。

2.13.6.2 充分利用背景美学资源

公路是建设在大地上的一条线性工程,占地面积有限,美学影响同样有限。充分利用公路周边背景的美学资源,在大地美学环境的基础上进行公路美学设计是公路美学设计的前提。为此,可以采用借景和对景的手法利用公路的环境美学资源。

公路的占地面积和空间是有限的,公路美学设计者意欲获得无限的意境,扩大空间美感,最好是巧妙的借取路域以外的景物或自然风光,既不费财力人力又永久的使用路者获得良好的美学效果。借景原本是东方园林艺术的一种手法,最早是巧借园外的远景,后来认为园内的美物相互之间也有借景的意味,所以《园冶》提出"因借无由、触情俱是"。公路美学的借景是借用路域之外的美学环境,可以是沿线的山、水、村落、建筑、庙宇、树林或土壤、岩石等。

公路环境借景是对已有美景或自然风光的利用,希望达到的目标有两个:一是沿线感觉到的是美景美物;二是地域特征和重点美景美物能被展现,最终通过感觉之景而使心感其"道"。美景美物或是溪流、江河,或是山岳、林、建筑、房屋,多种多样、不一而足,可以归纳为地形地貌、人工美景美物、自然美景美物等美学资源和生态要素。公路巧妙借用周围的地形地物所创造的路外美景美物,是提高公路文化氛围的捷径。

公路美学

对大面积原有林地、珍稀植物和古树,应尽量避让,或就地保护、利用,并作为主景,尽量保存占地内的其他林木。

为展现美景美物,有时不必追求林带似的"绿色走廊",甚至个别情况下可有意造成树林或空地,提供"美学视窗"。长度为通过的车辆车速几十秒即可,根据美景美物的规模、重要性和出现的频率等增减。例如苏杭地区的高速公路,应尽可能体现水网如织、池塘如星的美景,如果用林带全部遮掩,那便成为公路美学设计的败笔;因此采用局部的林带设计,形成环境中适当的异质美学,丰富美学构成。

在美学单调的长直线、弯道外侧、林边、路堑旁、隧道的进出口和交叉口附近,以及较陡的凸形竖曲线附近,应尽量保留原有的地貌及生态特征物,例如利用天然的高大古树或树群、或一组巨石,更能突出这些关键点的美学识别性。

2.13.6.3 公路美学的自然设计,生态自然

自然式的设计形式采用公路沿线的自然美学元素(如色彩、形状、味道、声响等)和美学资源(如石林、山峰、水体、树木、花草等),构造公路美学,通过美景美物再造,使人工构造物和自然美学融为一体。设计时首先要考虑交通功能的要求,不能因为美感设计的需要忽视公路功能的要求,本末倒置,其次考虑美学美感设计本身的特点。充分考虑公路沿线丰富的自然美学资源,把周边自然美学元素、美学资源运用到公路美学的设计中,而不失自然特色。自然美学设计应注意:①注意构图中美学元素的搭配组合;②主色调的选择;③美学背景的处理。

2.13.6.4 公路美学的混合设计

在一些特殊地区的公路美学设计时,有时采用规则与自然相结合的方式进行设计,这样的设计只要把握好主次关系,仍不失为一种优秀的美学设计。对于地处城乡接合部或市区内的立交,可以采用这种形式,只是运用时会有所不同。城乡结合立交以自然为主,市内立交以规则为主。设计时在分清道路主次的同时,也就确定了具体布局的形式。对于城乡结合立交来说,一般立交比较大,考虑在主干道的入口处的绿化空间中以规则式设计布局,而其他大部分绿地仍以自然为主;对于市内立交,例如在城市快速路上的立交,由于可能地处较繁华的位置,人流车流较大,采用低矮的规则式图案布局为宜,在不影响交通功能的前提下,局部形成自然设计的形式,更能体现回归自然的神韵。

2.13.6.5 公路美学空间构成的主要手法

1)公路美学空间构成的比例

空间构成有两种类型:封闭型空间和开放型空间(图2.13.3)。公路空间的开放程度在很大程度上是由视觉距离与建筑高度的比例关系决定的。视野距离 D 与沿线建筑物高度 H 之比(D/H)是决定公路空间开放或封闭的重要因素,D/H 很小形成封闭性很强的空间,随着 D/H 的增大,其公路空间的开放程度相应增大。

公路美学空间的转变条件见表2.13.1。一般认为 $D/H=1\sim3$ 时,存在封闭感;当 $D/H=3$ 时,开始成为开放空间。

图 2.13.3 公路的封闭型空间和开放型空间

公路美学空间的转化条件 表 2.13.1

$D/H<1$	公路与建筑之间产生接近之感,道路空间逐渐变得狭窄
$D/H=1.3$	开放空间和封闭空间两种空间在空间性质上的一个转折点
$D/H>3$	逐渐产生远离之感,并产生宽阔之感,形成开放空间
$D/H>6$	建筑物与周围空间融为一体,形成远景

2)公路美学空间的连续与均衡

公路空间在延长方向没有形态的限制,只是受视觉限制。视觉很长的道路会给人单调的感觉。因此,在公路上要设置终止视线的构筑物,在曲线路段或转弯处等将公路空间适当分段,这就涉及公路美学空间的延长比问题。公路美学空间的延长比就是公路空间视觉宽度 D 与长度 L 之比 D/L。在进行公路美学规划时,要考虑公路宽度与公路延长的比率,以及与公路空间的统一、均衡有关的指标。从公路空间的整体感和视觉均衡点出发,公路视觉延长建议控制在 2 千米左右,若按公路宽度与总长(延长)之比进行换算,则等于 1∶15~1∶40 的值;对于一些风景区或特殊地区的公路,建议将公路长度控制在 1 千米的范围内。对于不同美学等级和不同技术等级的公路,延长比代表着相应的公路美学风格。

3)公路美学空间尺度

公路美学空间尺度体现了公路线形空间与其他周围环境空间的比例问题,如果一条公路的尺度合适,即为该公路的大小与周围环境的关系融洽。空间体量大小、建筑小品造型和人体之间的关系是最重要的尺度,这种关系是决定公路空间特征,以及行驶于公路上的人产生何种体验的重要因素。公路美学是被感受的对象,立体空间的画面、对比的轮廓线,风景如画的全景及重点构图的穿插都会带给人们对公路空间的美好感受,构成人们对公路美学的完整形象。

公路空间是若干个空间相联系的一个比较大的空间。为了能营造一个连贯的公路美学空间,在设计时应有目的地展示出各个空间的联系,注意各个空间之间的比例和尺度问题,突出主要美学空间的特征,注意引导视线合理转换到下一个美学空间。公路美景美物视觉要素在公路美学中占主导地位,公路美景风貌是在观察者和周围空间环境的视觉联系中形成的,只有认真研究实际感觉特点,充分考虑缩影和透视变形的影响,才能很好地协调公路与周围美景,以便取得丰富多彩的公路美学艺术美。视觉是否清晰,与视野条件及转弯处、透视缩影的变化有关,公路尺度的设计应在考虑并符合视觉规律与特点的现实空间条件下,考虑公路美学空间布局意图是怎样被人们在实际中接受的,从而形成合适的尺度。

4)公路美学空间的构成手法

公路与其环境中的其他部分(建筑物、树木、地形、天际线)共同作用,构成一个空间。此空间不仅包括了单纯的公路路线线限空间(线限空间是指通过线体的排列所限定的空间,在公路美学中它只有立体的形态美感,它用于建筑造型时有轻盈、剔透的轻快感),比如路线弯道、升降等,还包括了其他多种不同形态的美学空间。公路美学空间实际是由各种不同的空间进行组合而得,具有不同的公路美学效果,并且常以路线的线形布局动态向前发展,形成独特的动态视觉效果。对于公路美学而言,从某种角度上来说,是将一幅幅静止的画面在距驾驶员的视点左右按一定的速度不停地播放,使公路使用者眼中的公路可以提供变化美景的流畅的画卷。因此,公路美学的构成应该运用动态视觉特性下的形式美学规律进行设计。公路美学的一般特征和构成手法如下所述。

(1)公路美学空间动态特点

公路美学同其他建筑美学最大的区别在于它可以为行人提供一个动态的空间。当以一定的速度在流线型线路上行驶时,人们很容易认为是周围的环境在动而不是车辆在动的错觉。而且,各种物体似乎在以不同的速度运动,一个物体离车子越近,其位置变化越快,那些非常接近车子的物体无暇看清,一闪而过;中等距离的物体可以在比较短的时间内看见;而那些远距离的物体则几乎是静止不动的。为形成公路美学空间的动态特性,设计中采用的手法有:

①合理设计美物尺寸,充分利用物体间的相对运动。依据与驾驶员的距离而定的物体之间的相对运动及尺度的变化,可以提供一种动态体验,行驶中,美物由接近到后退,其尺度由增大到缩小,彼此靠近了又分开,互换位置、消失、然后又以新的形式出现,整个过程,仿佛是在美景中表演精心排演的优雅美妙的舞蹈。当美物以这种方式移动到另一物体的后面时就可能导致戏剧性的变化。

②远景与近景的转换。如果美物在消失前在较远处曾看到过,然后以近景再现,以前曾经看到过的外貌将突然变得很明显,尤其是在公路路线发生一定角度的转弯时,其近景外貌可能与在远处所见的外貌产生变化,美物是以某点为轴向驾驶员靠近。

③当车辆沿着一条弯道行驶时,其相对运动感尤其强烈。当由于观察者运动而引起各个美物组成部分美妙的重新安排时,景象逐渐变化,带给人们一种振奋感。

④路线两侧的物体相隔越近,越能产生运动感。靠近路边种植的排树,树的间距越密,车中的人感到的行驶速度越快。

(2)公路美学空间的形成

①公路对景的形成

公路美学空间的对景是在一段公路的末端设置一个美物聚焦点,以增加道路使用者的兴趣,调节他们的情绪(图 2.13.4)。对景的存在,也可对公路美学的视觉空间起到分割作用,在某些情况下,甚至值得遮蔽侧景,以便把人的视线引向终端的重要美物上。终端对景可以是一个由外形引起人兴趣的建筑物,只有一部分可以从公路的远端看到,这样的景致使观者兴趣顿生,并吸引欣赏者进一步探测;终端对景也可以是一个大体量的宏伟建筑物,以其尺度和富于戏剧性的轮廓,使驾乘人员在整段路的任何位置看它都属于首位;终端景物也可以是一座很小的雕像和纪念碑,这时一般需要一些附加的因素来完成公路空间的封闭。

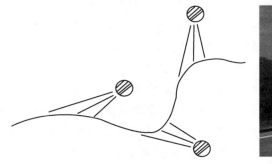

图 2.13.4　公路对景空间的形成

有些对景可以被驾驶员作为一连串的目标来经历,车辆前方和特殊美景美物将会吸引驾驶员的注意力,一个美物被驶近并闪过,然后另一个美物又会变成暂时的目标,选择一个接一个的美物有助于旅途充满变化并且传达一种向前运动以选终点的情绪。

②公路美学空间封景的运用

对景的位置一般在驾驶员眼睛能自然地在蜿蜒的公路上进行扫视的地方,目的是将驾驶员的视线直接引向公路路线的方向,这对于前排乘客也有同样的效果。而车中其他乘客会把兴趣保持在次要的和横向的美物上。因此,在处理了终端对景后,还要处理公路两侧的封景。

一个一眼望去可以通视的美景美物是不能引起人们的兴趣的,公路两侧立面对公路空间起包围作用,两侧美景美物的性质很大程度上影响甚至决定了公路美学空间的特性。两侧封景的运用,可以使同样的美景美物在视觉上有远景与近景之分(图 2.13.5),从而构造丰富多彩的公路视觉空间。

图 2.13.5　封景的运用

公路两侧的封景手法有:景观之间重叠设置,使先前景观还未消失之前,新的一个美景美物或目标又闯视线,形成公路两侧封景;美景美物可以是一系列的短程目标,同时又有一个更为主要的远程目标可以被连续不断地或间断地看见;也可以借助公路的曲线安排美景美物,使一系列的美景美物看起来是连续不断延伸的。

公路沿线绿化最容易产生一个屏蔽的空间。路旁美物组成空间的方式,关系到驾驶员的感知"速度"。公路两侧封景要配合和谐,以便使公路连绵的美景和可见目标沿公路纵向

——展现。

③公路美学空间的孤景

当公路经过一个显然孤立的建筑物、树木或美学小品时，会获得一种戏剧性的效果。通过这种方式来使封闭的道路空间与开阔、自然的美学空间进行对比，可以使驾乘人员充分感受到一种情感上的冲击。这种特殊的孤景通常位于显著的地方，作为视线的焦点，如图2.13.6所示。有时孤景就像一个支点，美学设计的总体构图会在这一点上取得平衡。独立的建筑物或植物，由于他们的形状或位置可以明确地表明一个空间的终点和另一个空间的开端，可以把一个线形空间区分成一系列连续的统一体，他们为美学小品时，被作为一种过渡空间的暗示。在淡淡的天空或天际线的背景下，空旷的原野上立着一棵充满生机的白杨，它所带给人们的感动和震撼远远超出了本身的含义，而在驾驶员眼中，仿佛是一幅活泼的风景画。如果孤景设置与路线线形设计统筹，孤景处于特殊的位置，还有风向标的标识作用，有利于方向等路况和位置的判断。

图2.13.6　小磨公路上的孤景

④公路美学空间的附景

公路的美景可以被沿线一些有意设计的"偶然附景"而变得生气勃勃。他们虽然在实质上不改变被围弊空间的形式，却可以明显形成一个视线聚焦点。

⑤公路美学空间的多重美景

如果使人同时看到两种美物，会产生一种视野辽阔的愉快感觉，见图2.13.7，也能把它对不同的空间形式和特征加以比较，这种比较并不是通常所说的串联，而是同时性的。路线的角度发生变化，就能形成多重美。

⑥公路美学空间的框景

一些把公路围弊起来的构筑物可以作为框架衬托远处的美景，见图2.13.8。公路两侧的绿化从某种意义上来说，可以起到框景的作用，车上的挡风玻璃也类似于一个取景框。

图2.13.7　多重美景

图2.13.8　框景的形成

⑦公路曲线布景

一个平曲线除了起封闭视线作用外，还吸引观者进入和绕行该曲线围成的空间。沿着曲线行驶会使人易于了解更多的周围环境,而一条笔直的路线则易使驾乘人员对准远处的一点,若空间立面强调垂直要素,则可以带给沿线建筑物强有力的节奏感;若立面上强调水平线,则可以吸引人们的视线绕平曲线进行扫描。当驾乘人员沿着曲线运动时,其前方的景象是不断变动着的(图2.13.9),各部分相互关联,形成整体,形成良好的美学空间。

图2.13.9　公路曲线的多重美景

（3）公路美学空间的转换

为了使美学空间连续,必须把一个接一个出现又逝去的不同美物连接成串,使车辆在运行时,美物能够逐渐地、持续地进行转换。要正确处理好公路空间与相关空间的关系,使已通过的空间区域能够在视觉上彼此发生关联。完成空间转换的手法有多种:

①预示,如图2.13.10所示。一个区域终止,而另一个区域开始,形成一种不会破坏公路美学整体和谐的空间对比,这种情况要求各个区域有自己的独特个性。

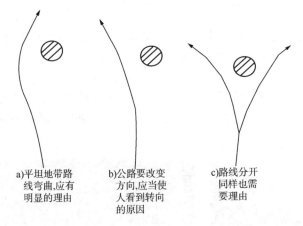

a) 平坦地带路线弯曲,应有明显的理由

b) 公路要改变方向,应当使人看到转向的原因

c) 路线分开同样也需要理由

图2.13.10　公路线形空间的转换

②美学空间的变化伴随着一个可以起统一作用的要素,该要素从前一个区域继续到下一个区域,如路旁树木的种类就是一种提示的要素,公路本身的路面也可以作为一种连续的因素。

③把后续空间的基本要素的美学特征在数量上、尺度上或比例上一点一点地增加引进到正在进入的空间领域。这种情况有时是很自然地发生,例如在到达一片森林之前,紧跟着开阔地带后面伴随着一片灌木地带,然后散种着一些打前站的分散的树木。

④两种具有不同美学特征的空间区域,被一个很短的不同特征因素分开,例如:两个美学空间被一个湖泊分开,湖泊渐渐地靠近,然后又渐渐地离开公路时,就创造了一个很有特色的空间区域。

⑤在两个具有不同美学特征空间进行转换时,要保证连续因素的存在,使美学空间的转换不会很突然。公路线形或空间的转换需要有某种理由,如图2.13.10所示。

(4)公路美学的对比安排

公路设计要了解路线经过的每一处的美学特点,并能帮助公路使用者体现这些美学特点。不同程度和不同类别的美学空间屏蔽方式,可以通过对比设计的方法进行强调。对比的手法如下:

①高低对比

高低之间的对比可以用来强调美物的特性。当从较高路段向下行驶时,会充分体验对高度的变化,可以欣赏公路的全景,对低处的美景一览无余;当沿着山脊行驶时,驾驶员将生动体验开阔的美景;当登上山坡时,视平线变低了,视野也被限制了;当下坡时则反之。在公路美学设计时,要考虑到视平线有很大的机会展示全景。

②阴暗对比

明暗对比可以为整条公路美学增加一些变化,从而增加公路的趣味性。要充分考虑利用四季变化带来的基于色彩的明暗变化,使公路美学内容丰富,具有一定的人情味。

③远近对比

公路作为一种带状构筑物,能够很突出地显示出远近美物对比的特色。同一美物,可以作为远景和近景带给人们不同的感受,使人们享受到同欣赏小空间、局部区域美学不同的美感。

④宽窄对比

宽窄对比也可以提供一种情绪上的变化,增强对公路动态变化的体验。在靠近路边的岩石挖方的陡壁和向两侧接近的林地能够强调这种宽窄的对比。

⑤内外空间对比

当公路遇到立交桥或跨线桥、隧道时,可产生明显的对比效果(图 2.13.11)。公路通过横穿桥墩或隧洞的空间时,是一种封闭空间,而当公路两侧开放的远景映入人眼帘时,会使人有一种放松的感觉。

图 2.13.11　公路美学空间对比示意图

(5)公路美学空间的屏蔽

当对空间起包含作用的要素把空间包围但又不失去沿路的前进感,而且空间的造型随着行进而演变时,就发生了屏蔽,这种现象一般发生在曲线路段内。

(6)公路美学空间的暗示

在设计一条公路时,十分重要的是不可使司机处于模棱两可的境地,对于流线型布线来说,路线必须明确,平曲线的连接必须设计成驾驶员在未到达前就能见到,甚至所设计的路线系列也应遵循逻辑上的必然性。在美学空间中,要给一个正在进入美学空间的人暗示怎样进入下一个美学空间。

由于公路是按线形展开的,沿线自然条件变化很大,公路的美学空间设计实质是对沿线美学资源的合理利用。因此,只有在公路沿线美学资源合理管理的基础上,进行仔细、灵活的设计,才能事半功倍的造就好的公路美学。

2.13.7　公路美学的形式美法则

从人们的信息获取量来看,视觉获得的信息占大部分,有的资料说70%以上信息(有的资料说85%以上)来自视觉。因此,满足视觉感受、提高形态美的质量对公路美学具有重要意义。美学本身具有抽象性和复杂性,但是美又有形式规律,虽然这种形式规律受地域环境、民族文化、社会环境等影响,但它具有普遍、必然、永恒的性质。形式美是抛开社会、地域、时间给人造成的审美上差异来讲的,具有普遍性和恒定性。通过掌握形式美的基本原则,合理安排设计公路美学要素,打造一个美丽而舒适的公路美学环境。以下论述形式美的基本内涵或准则,即统一性与多样性、对比与相似、连续性、均衡、比例与尺度、节奏与韵律等。

1)统一与变化

任何事物之间总是存在差异,如形式、色彩、部位、方向等,这些差异可称为变化;事物之间的共同性,如比例的一致、色相的和谐、形式的有序、方向的同一等称为统一。统一与变化是指整体的统一和细部的变化。有序而无变化是单调、令人厌倦的,有变化而无序则是杂乱无章的。统一是指组成图案的各个元素之间存在联系;变化是指图案的各个组成部分存在差异。任何物体形态总是由点、线、面、三维虚实空间、颜色和质感等元素有机的组合而成为一个整体。统一是探寻各个元素之间的相同点、内在联系,变化是探寻各个元素之间的不同点、差异性。如果没有变化,则会枯燥无味和没有生机;如果没有统一,则会混乱无序、不协调。

统一与变化是一种智慧、想象的表现,强调各种因素中的不同点,通常采用对比手段,达到视觉上的跳跃以及强调个性。统一是达成和谐的一种手段。保持美学构成要素少一些、组合形式丰富些,能使美学画面达到统一。均衡、调和、秩序等形式法则可以实现统一的手法。对立统一规律在构成上的一种应用表现形式是变化与统一,它是形式美的总法则。美景构成的基本要求就是两者完美有机结合,这也是艺术表现形式的要素之一。

一个景观的格局和结构是对无穷变化的基本要素进行组织的结果。统一性和多样性是对美学元素进行组织、管理、设计的基本原则。统一多样是形式美的基本规律,是各种艺术门类共同遵循的形式法则。多样统一包括两种基本类型,一种是各种对立因素之间的统一,另一种是各种非对立因素相互联系的统一。无论是对立还是调和,都要有变化,在变化中体现出统一的美。统一与多样体现出事物内在的和谐关系,使艺术形式既具有本质上的整体性,也表现出鲜明的独特性。美的艺术就在于把最复杂的多样性变为高度的统一,其中包括了形状的统一、色彩的统一,结构的统一等。如图2.13.12和图2.13.13所示。其他还有表情的协调,用表情的协调和结构来表达,路域景观应采用统一的结构系统让结构支配外观,即可以达到协调。另一种表情的协调是表现使用的目的,使特殊的功能需要与道路外观达到统一。

图 2.13.12　统一有变化的桥梁结构、绿化　　　图 2.13.13　统一的路肩线、中线与变化的路侧绿化及景物

对比与调和、变化与统一,是两对相互对立存在的统一体。要创造任何特征显著的景观,不可能不运用对比变化的手法,缺少对比变化的景观,会使人感到呆板僵硬、毫无生气、枯燥乏味;但也决不能忽视调和统一,互不调和、缺乏统一的景观会给人支离破碎的感觉,丧失美感。调和统一是要使美景各个组成部分的关系能够和谐一致,给人视觉美感。这种关系具体是比例、尺寸、色彩、形状等,要达到和谐一致的关系,首先是美景与美景之间、美景的各个组成部分之间,要有共同的形态要素存在。在公路美学设计时要处理好这种形态因素的统一,其次是色彩上的统一,对于具有方向性的公路景观,还要处理好方向的统一。

对自然界美予以分解,其中有两种典型美的特性:一种是有秩序的特性,在自然界景观中,这是大量和主要的呈现形式;另一种是超越常规的新奇特性,在自然界景观中,尽管其出现的并不普遍,但恰恰是这种特性为过于常规而缺乏特色的景观带来了新颖神奇的感受。在公路美学设计中,大量存在的通常是有秩序的美景形式,在保持这种特性的同时,须要超越秩序,创造新奇与变异。

要达到多样统一性,要求掌握好一个度的问题,例如在行进中的分带绿化时,若过分的要求统一,整条路段采用相同的植物、相同的高度、相同的配置方式等,不仅会使整个景观显得单调乏味,缺乏表情,长时间在这样的景观中行驶还会使驾驶人员产生视觉疲劳,甚至导致严重后果。相反,若过于追求变化,会显得杂乱无章,给驾驶人员带来不便,必须在这两者之间寻找到合适的分寸。

在高速公路中央分隔带上,若以固定的频率交替变化色彩,单一色彩的景观持续长度在 0.78km 以内,驾乘人员会感觉到景观的变化过于频繁,刺激过多;持续长度 0.78~3.1km,驾乘人员会感觉到变化稍频繁,刺激稍多;持续长度在 3.1~6.0km,驾乘人员会感觉到景观富于变化又刺激适当;超过 6.0km,则开始感到单调,但还不至于立即感受到视觉疲劳。

2)对比与相似

由同质部分组合产生的是相似,具有温和的、统一的格调,但是通常变化较少,单调乏味。由于视觉强弱使异质部分组合时产生了对比,具有强烈的、冲突的特点。

形体、色彩、质感等构成要素之间的差异是设计个性表达的基础,能产生强烈的形态感情,主要表现在量(多少、大小、长短、宽窄、厚薄)、方向(纵横、高低、左右)、形(曲直、钝锐、线面体)、材料(光滑与粗糙、软硬、轻重、疏密)、色彩(黑白、明暗、冷暖)等方面。同质部分成分多,相似关系占主导;异质成分多,对比关系占主导。

相似关系占主导时,形体、色彩、质感等方面产生的差异为微波差异,当这种微波差异在有限视觉空间内积累到一定程度后,相似关系就转化为对比关系。例如在公路美学走廊带中,通过相似的手法在同一美学段落中造景,通过对比的手法凸显不同美学段落之间的差异。

对比与相似总是共同存在于美的形式中,缺一不可。对比是要素间异质的部分进行组合时产生的结果,如色彩的对比、质感、体量的对比等。对比的视觉效果相对强烈的、活跃的。而相似是要素间同质部分进行组合产生的结果,比如相似的线条、相似的形状等,其格调是温和的、稳定的、统一的。当同质的部分占绝大多数时,相似关系占主导地位,在相似中又允许存在微差,当微差累积到一定程度,异质的部分就占了大部分,这时对比关系就变成了主导。在自然界,要素倾向于相似,但不是完全一样。相似的要素越多,就越能在视觉上把它们联系起来。形状、颜色、纹理要达到统一,须要某种程度的相似性,它们的适配性经常是在设计中建立统一以及在构造中求得平衡的关键方面。

重复就是相同或相近似的形象反复排列,它的特征就是形象的连续性。任何事物的发展,都具有一种秩序性。这种秩序性,在人们视觉中,便产生一种秩序美。人们把这种秩序美,加以集中和夸张,便更加突出美的效能。这一方式在日常美学中得以大量体现,表现出一种整齐的美,它们有一个共同点,就是两个以上的同一因素,连续配列成一个整体,在视觉经验里,给人以井然有序的感受。

对比是人们识别一切事物的主要方法。要显示特色美物的高大庄严,就会用周边相对低矮的景物来加以衬托对比,突出主体的高大。对比在美学中所产生的效果就是变化。如果一个特定的景观缺少变化,构成其形象的元素千篇一律,人们就会感到该景观枯燥乏味。然而变化过于强烈,便会使形象之间互相争夺,看上去杂乱无章,人们也会感到不舒服。因此,在美学设计中,对于美学组成元素、要素的选取、组合,要把握好对比和变化合适的度。

差异程度显著的表现称对比,能彼此对照,互相衬托,更加鲜明地突出各自的特点;差异较小的表现称为调和,使彼此和谐。互相联系,产生完整的效果。设计时要在对比中求调和,在调和中求对比,使景观既丰富多彩、生动活泼,又突出主题,风格协调。

对比与调和只存在于同一性质的差异之间,如体量的大小、线条的曲直、颜色的冷暖、明暗等,不同的性质之间不存在对比与调和,比如体量大小与颜色冷暖就不能比较。

对比的手法很多,结合公路的具体特性可用手法如下:

(1)色彩的对比调和

公路美学中色彩的对比与调和主要由色相和饱和度这两种属性决定。相对的两个补色(如红与绿、黄与紫)产生最强烈的对比效果,即色相的对比;相临近的色如红与橙、橙与黄等产生色彩的调和的效果,即色相的调和。一种色相中饱和度的适度变化产生色彩的调和效果。笼统地说,只要差异明显就可产生对比的效果;差异较小,不明显就产生调和效果。

(2)开闭的对比调和

空间是一个没有方向和尺度向量限定的概念,在空间的处理上,开敞的空间与闭锁空间可形成对比。在公路上开闭的对比首先由路侧的已有景观决定:当路侧有可以利用的优美的或独具地方特色的美景时,应该引导视线向外延伸,将已有美景纳入驾驶员和乘客的视野中,形成一个开敞的空间;而当路侧景观可能影响整体构图时,就要将其屏蔽起来,形成一个"闭锁空间",但此时也并不是真正的闭锁空间,只是在垂直路线方向上形成了一定程度的闭锁。因此,在公路美学构图上所谓的开闭的对比并不完全,只是垂直行车方向上的开与闭。

除以上情况外,当路侧的景观可露可遮时,可利用空间的收放开合,形成敞景与聚景的对比。它们相互对比,彼此烘托,增加了美学的层次感,使美景更有深度。

(3) 方向的对比

在对美学的空间和立面等的处理中,可以运用方向的对比来丰富美景形象,一般常用的是垂直与水平方向的对比。至于形象、体量、明暗、虚实、质感等的对比,在公路美学的动态构图中,由于其独特的动态视觉特性,这些对比基本不会引起视觉上明显的变化,再考虑到公路美学施工、养护等实际情况,这几种对比在线性景观上不推荐使用,而在加油站等可以考虑静态构图的点景观处可以采用。

3) 连续性

景观中格局连续性的存在有助于控制规模并吸收在整体内发生的微小变化。美学格局可以在空间、时间或同时在两者中显示连续性;美学格局也可显示范围、生长和发展的连续性;另外,格局的连续性还表现在有些格局是逐渐发展的,有些是迅速发展的。连续性代表着美景中耐久的长期结构,允许发生变化但不会引起混乱,如图 2.13.14 所示。

图 2.13.14　公路视觉的连续显示着功能的连续

4) 对称与平衡

均衡是布局上等量不等形的平衡,均衡分为两种形式,即对称平衡和不对称平衡。对称具有简单、静态的特点;而不对称由于构成因素的增多而具有复杂、富有动态感等特点。

对称可以引起均衡感,而均衡又包括着对称的因素在内。色、声、线的对称,均衡组合,是形式美中比较常见的现象。然而也有以打破均衡,对称布局而显示其形式美的,但较为少见。

对称平衡是最规整的构成形式,具有明显的秩序性,具有规整、庄严、宁静、单纯等特性。不对称平衡有着相对稳定的构图重心,而不具备明显的对称中心及对称轴,不对称平衡形式灵活多变、构图活泼、变化多样,富有动态感。对称平衡工整,不对称平衡自然。

均衡可以产生稳定性,稳定是驾乘人员在公路走廊带行车过程当中一个重要的因素。稳定感是人类在长期观察自然中形成的一种视觉习惯和审美观念,如果违背这个原则,看起来就会不舒服,若公路美学中有不稳定造景方式,则会危及驾驶安全。

自然界的物体,由于受到重力和动力的作用而产生一种通过支点或轴线的相对端与量相同或相等的形式,这种形式给人以稳定、平衡的感觉。遵循力学原理,任何静止或相对静止的物体都必须保持平衡,所谓平衡,就是两种力量处于相互平均的一种状态,决定平衡的因素是重量、体态、方向以及色彩等。

对称的基本形式有两种:两侧对称和辐射对称。两侧对称的形态,因为在对称轴线的两侧保持着平衡,不会左倾右倒,使人感到极为安全。这样的形态可作为平衡的形象来理解,也就是说对称是平衡的完美形式,两侧对称的形式在机能上可以取得力的平阶,在视觉上会使人感到完美无缺,在精神上,给人以稳定、安宁和满足。因此,对称给人的感觉是秩序、庄严、肃穆,呈现一种安静平和的美。

非对称的形式比较自由、活泼,具有视觉能动性和主动性,处于动态和变化中,充满生机和活力。比对称的形式更加灵活,能满足不同功能、空间的各种条件,因此,在局部采用非对称的形式可以使景观在均衡中更具有动感。

公路中使用的美学边坡采用弧曲线与弧曲线,或抛物线与弧曲线,或弧曲线、直坡、弧曲线等顺滑连接。这种边坡设计完美地将道路融入环境之中,采用弧形边坡形式更贴近自然。两侧对称地采用流线型的路堤或路堑边坡,是人与自然平衡的体现。

影响视觉均衡的因素有视觉能力、物体位置、运动方向、尺寸、密度、实体性和颜色等。在视觉艺术中,均衡中心两边的视觉能力相当,给人以美的感觉。最简单的一类均衡是对称,对称轴两旁是完全一样的,具有高度的稳定性(图 2.13.15);另一种是不对称均衡,不对称均衡实际上遵循的是杠杆原理,即一个远离平衡中心的小物体可以用靠近平衡中心的大物体加以平衡。

图 2.13.15　云南昭会高速公路上某隧道

5) 比例与尺度

比例是数量之间的对比关系,或指一种事物在整体中所占的分量。比例是指空间或几何结构物的整体与局部或局部与局部之间的数比关系。比例是物与物的相比,表明各种相对面间的相对度量关系。其特点是理性的、具体的。

尺度是对象与人的某种特定标准之间的大小关系,物与人(以及其他易识别的不变要素)之间相比,不须涉及具体尺寸,完全凭感觉上的印象来把握对象与人之间适应的程度,这是人类在长期的实践中经验积累的结果。有尺度感的事物的特点是使用合理,与人的生理心理感觉一致,与应用环境相协调。其特点是感性的、抽象的。

不同比例的形体具有不同的形态情感,事物的比例与功能有一定的关系,在自然界或人工环境中,不同比例的形体具有不同的视觉美感,和谐的比例能够使人产生赏心悦目的美感。在各领域应用最为广泛且最具美感的比例关系有黄金分割比、整数比、平方根矩形和勒·柯布西埃模数体系。

古希腊人坚信:某些数字关系表明了宇宙结构的和谐。著名的黄金分割便是自古以来广泛运用的数字关系之一,它以其严格的比例性、艺术性、和谐性,蕴藏着丰富的美学价值,是人类最早应用的美学规则之一。早在公元前五世纪,希腊建筑家就知道选用0.618比值的结构是协调、平衡的结构。黄金分割比无论是在建筑结构、造型艺术、绘画,还是在日用工艺品的设计上,都显示了种种神秘的色彩和美学的价值。除了人造物品,黄金分割还存在于自然界,例如人体的各种比、植物、动物及昆虫的各种成长方式。

线段之间的比例为2∶3、3∶4、5∶8等整数比例的比称为整数比。

平方根矩形是由包括无理数在内的平方根 $\sqrt{n}$（n为正整数）构成的比例为1∶$\sqrt{n}$的矩形,它具有与黄金分割矩形类似的性质,能被无限分割为更小的等比矩形。

勒·柯布西埃模数理论是法国建筑师勒·柯布西埃,根据黄金比例,以人体尺寸(身高1.829米)作为基准,形成的一套费搏西纳级数。利用这些模数作为造型设计的基本单元,不仅在形式上变化多样、和谐统一,还可做到整体和细部与人体尺度的比较,以最小的基本数值创造更多的组合。

将具有美感的比例关系应用在道路横断面设计中能为公路设计提供参考,不同比例关系给道路使用者带来的感觉也不同。较小的宽高比给人围合感,较大的宽高比给人开敞感。图2.13.16中的路旁植物高度与公路宽度的比例产生较强的围合感,图2.13.17中的公路与周围美景协调和谐。

图2.13.16 围合感、对称、平横

图2.13.17 公路与环境的协调谐美

尺度是物品整体或局部与人的生理或人所看见的某种标准之间的比例关系,即物品与人之间的比例关系尺度,使人们产生寓于物体尺寸中的美感,如图2.13.18所示。作为尺寸单位的尺度应该易于辨认,因而人体本身就成为衡量其他物体比例的尺度。在公路美学建设中人的活动与公路之间有着密切联系,公路与人之间应有恰当的尺寸关系,这样人就成为度量建筑的真正尺度。公路的存在应让人们去欣赏,当公路与人在身体与内在感情上建立某种紧密与间接的关系时,在审美主体的眼中,公路就会更加实用、协调、美观。

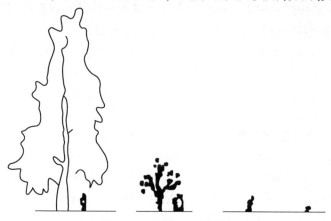
图2.13.18 尺度与比例效应

在公路上行驶,由于速度快,司机的注视点远,视野狭小,对沿途美景的感知比较模糊,因此公路的沿途美物美景必须采用"大尺度",在满足司机和乘客在行驶中视觉需要的同时,还必须要注意视觉比例的协调。公路本身的每个组成部分之间也应有恰当的内部比例。比如宽路面配上窄路肩,不仅存在安全隐患,而且视觉上也不舒服。同样,紧缩、狭窄的路旁地带、孤立的小型种植都是与公路不相称的。所以为了使公路美学设计匀称、协调,其内部、外部都应保持适当的视觉比例。

6)韵律与节奏

节奏是一种有规律的周期性变化的运动方式。重复是获得节奏的重要手段,简单的重复单纯、平稳;复杂的、多层面的重复中各种节奏交织在一起,有起伏、动感,构图丰富,统一于一整体节奏中的多种节奏最具有美感。

节奏和韵律表现的主要特征是把基本形有规则、反复地连续起来,并且渐次地进行发展变化,也有的是由于放射形象所产生的渐次变化而形成的。它按照一定的比例,有规则地递增或递减,并呈现一定阶段性的变化,造成富有动感的形象。这种由节奏与韵律构成的美景,一般表现为生气勃勃,有时还会呈现一种跃动的感觉,它能给人以活力或魅力。

构图中一些元素连续有规律地频繁出现产生的律动感即是韵律。比如路边等距种植的行道树、花纹隔音墙等都是富有韵律节奏感的实例。获得节奏感的一种重要手段是重复,单一的重复是单纯的、平稳的;各种节奏组合在一起的复杂的重复,具有起伏、律动,构图丰富多彩的特点,但各种节奏须统一于一个整体节奏中。

韵律是任何物体的诸元素成系统重复的一种属性。按形式特点,韵律可分为几种不同的类型:

(1)连续韵律:以一种或几种要素连续重复的排列形成,各要素之间保持恒定的距离和关系,如等高、等宽的爬山型声屏障,等距离种植的行道树等,使用过多会使整个气氛枯燥无味,因此可在简单重复的基础上增加一些变化。

(2)渐变韵律:连续的要素如果按一定的秩序变化,例如逐渐加长或缩短、变密或变稀等。这种韵律的构图特点是常将某些组成部分,如体量的高低、大小、色彩的冷暖、浓淡,质感的粗细、轻重等,做有规律的增减,以造成统一和谐的韵律感。渐变韵律如果按照一定规律时而增加,时而减小,犹如波浪起伏,具有不规则的节奏感,显得较为活泼。如连续布置的桥梁、边坡挡土墙、花坛、林带、建筑物等,为了防止呆板,宜遵循一定的节奏规律,体现起伏曲折的变化。渐变的方式是多方面的,包括大小的渐变、间隔的渐变、方向的渐变、位置的渐变和形象的渐变等。

大小的渐变是依据近大远小的透视原理,将基本形做大小序列的变化,形成空间感和运动感;间隔渐变是按一定比例渐次变化,产生不同的疏密关系,使画面呈现出明暗格调;方向渐变是将基本形做方向、角度的序列变化,使画面产生起伏变化,增强画面的立体感和空间感;位置渐变是将部分基本形在画面中的位置做有序的变化,增加画面中的动感,使画面产生起伏变化、波动的动态效果;节奏和颜色的渐变是指从一种色彩逐渐转换到另一种色彩的手法,增强画面的欣赏乐趣。

(3)交错韵律:交错的韵律是指在美学构图中,运用各种造型因素,如体型的大小,空间的虚实,细部的疏密等手法,作有规律的纵横交错、相互穿插的处理,形成一种丰富的韵律感。各组成部分按一定规律交织穿插,各要素互相制约,一隐一显,表现出一种有组织的变化,如公路选线时直路与弯道的交替布置,两种行道树的间种,两种不同的花坛交替布置和等距排列等。

7) 主从与重点

在一个有机统一的整体中,应当有主与从、重点与一般的差别,做到"主从分明、重点突出",达到整体统一。形状的统一是通过次要部位对主要部位的从属关系达到目的。在美学环境中,首先确定一个主体要素来支配和控制整个空间,这种起主导作用的要素,或通过造型的独特,或通过体量的庞大,或通过色彩的强烈等方式,获得视觉上的冲击力,而其他要素都处于从属的地位。在公路美学设计中,主要部分或主体与从属体应该由其功能及使用要求决定,主要部分(即整个道路部分)成为主要布局中心,中分带、边坡、路侧绿化带等处再确定出次要布局中心。次要布局中心既有相对独立性,又从属于主要布局中心,彼此相互联系,相互呼应。要达到色彩的统一须要正确选择主要色彩,正确应用色彩对比也能产生好的统一效果,成功的例子中总是一种色彩占主导地位,而对比的色彩或材料仅仅用来加重和点缀。

鉴于以往的公路美学设计实践,在处理公路与周围环境景观设计之间的关系时,整体上采用左右对称构图形式比较普遍。所谓的对称构图形式是指:采用一主两从或多从的结构,即主体部分(即公路)位于中央,其他部分作为陪衬。这样可以使公路成为整个环境中的视觉中心和趣味中心,产生强烈的视觉吸引作用。

8) 联系与分隔

分隔就是因功能或者艺术要求将整体划分若干局部,联系却是因功能或艺术要求把若干局部组成一个整体。联系与分隔是求得完美统一的布局整体的重要手段之一。

美景美物的体形和空间组合的联系与分隔,主要决定于功能使用或者遮挡、吸引视线的要求,以及在此基础上的布局要求。不论是联系还是分隔都是为了达到美学完整的目的。有时候路侧自然或人文美景在短时间内形成截然不同的风格,容易造成不完整的效果,若不考虑两者之间的联系或分隔,往往显得生硬。为了取得联系的效果,可以在美景美物与空间之间安排一定的轴线和对应关系,形成互为对景或呼应。

9) 配色和调和

调和的配色能引起人们审美心理共鸣,配色的调和与色相、明度、纯度和面积有关,符合人们审美习惯的配色,其色调要自然连续。因此,公路美学设计中色彩的调和应注意以下几个方面:

(1) 以一种色相(或明度,纯度)作为多色配置过程中的主导。

(2) 配色组中各色三要素中的某一要素作渐次变化,可产生自然转换的秩序感。

(3) 为协调不同色系,在基色之间加入分隔色,不但可使色系对比多变,同时色系联系有机调和。

(4) 色相对比强烈、色彩面积差距大时,应将大面积的色相居于主导性地位,小面积的色相居于附属性地位,起到渲染、烘托的效果。

10) 色彩形式美的表现手法

(1) 色彩平衡

色彩平衡的表现形式有三种：色彩对称、色彩均衡和色彩不均衡。色彩对称有左右对称、放射对称、回旋对称等不同形式，在表现效果上，色彩对称会产生严肃、庄重、平静的效果，如处理不好，会给人呆板、单调的感觉。色彩均衡的适应性最好，容易营造丰富多变、生动有趣的效果。色彩不均衡是指在对称轴左右或上下存在色彩的明显差异，因其富有奇特、运动感、趣味性，极易引起人们的关注。

(2) 色彩比例

色彩比例是指色彩组合设计中各要素的比例关系。比例对色彩的整体风格和美感起到决定性的作用，常用的比例形式有：黄金分割、费波那齐数列、柏拉图矩形比、等差数列、等比数列等。

(3) 色彩节奏

色彩节奏是指色彩在时空上有规律的变化，通过色彩的反复、重叠等组合变化，形成节奏、韵律的美感。常见的色彩节奏有：重复性节奏、渐变性节奏、多元性节奏。

(4) 色彩呼应

为避免色彩的突兀、孤立，在大平面或立体空间中的色彩的使用，采用相互照应、重复使用的手法，以便获取统一协调的融合美感。

(5) 色彩重点

为了避免色彩设计产生单调、乏味的状况，通常在画面中心或主要地位设置强调、突出的色彩，起到强调和画龙点睛的作用。

11) 公路美学的表现形式

(1) 公路设施及线形美

泽尔科发表的建筑功能主义理论中说，功能是美的基本条件，建筑的形态必须严格地适应其目的，并且还必须用功能性作为衡量建筑优秀和美的尺度。从这种观点看来，公路美学最首要的就是功能合理基础上的公路设施及线形美学设计。功能的合理性不仅有赖于单个构筑物的合理程度，而且还有赖于构筑物之间的组合。这就须要认真做好公路前期工作，交通量预测、地质情况调查及桥涵水文调查等，设计人员要充分考虑使用者的视觉、心理反应，使公路线形尽可能与地形、地貌相吻合，几何设计时，平、纵、横要很好配合，确保行车顺畅、舒适，视线良好，尽量为驾驶员消除单调、乏味感和不安全感，满足最基本的行车生理、心理需求。桥涵构造物在满足使用要求的情况下，比例和尺寸要与路线、周围环境相协调，形成统一的建筑风格。公路沿线的护墙、护栏、护柱也要合理配置，精心美化，给驾驶员、行人一种视觉美感。

(2) 绿化美

公路美学离不开公路绿化，它不仅对于改善道路环境、美化路容、净化空气、降低噪声、调节温度等十分重要，而且还可以起到组织交通、保证行车速度和交通安全的作用。同时绿化还可以恢复人眼疲劳，保护司机的视力，减少因此造成的交通事故。公路绿化美化效果是给行驶中的驾乘人员愉悦感，所以公路设计者们要突出公路绿化的特点，根据公路所在的环境、自然条件，做到灌、乔、花、草互相结合，全面布局，可以利用低品位的个体形成高品位的整体，达到公路绿化整体的宏观效果，而不是追求局部静止的微观效果，并且应遮蔽不良景物,突出原有的美景美物,体现自身独特的效果,营造美的行车环境。

(3)色彩美

色彩也是公路美学的重点之一,通过色彩的美学设计可以大大改善景观。钢筋混凝土淡灰色基调显示出朴素沉稳的格调,但大面积的单一色彩会因缺乏生气而令人感到单调,总体印象模糊。色彩美的形式法则所谈到的对比、呼应、节奏、渐变等,都是为了求得色彩的丰富变化,而调和、均衡、韵律等则是为了求得色彩的秩序感。它们是相互联系、相互影响而又同时进行的,当局部的色彩变化破坏了整体的和谐统一时,要加以调整或削弱;而当整体色彩过于单调缺乏变化时,要加强局部的对比变化。美学设计者们应该用心去感受它的丰富、细致,从中寻找规律性的思想,以便创造出适宜的、清新的建筑色彩方案,达到既有局部的多样性,又有整体的统一性。

(4)沿线建筑群落美

公路是地区间联系的纽带和通道,交通运输活动刺激商品流通。沿线地区成为车流、商品流、客流的集散地和经济、文化、信息融汇交流的驿站,沿途许多乡镇成为具有集市功能的"小城镇"。这种城镇化效应若处理不当会给公路美景造成诸多负面影响。在公路美学设计中若对沿线建筑群落加强管理,并结合当地的自然环境、风土人情、人文景观等,或设计成造型别致的田园风光小区,或具有现代都市风格,尽量突出它的地方文化载体的功能,就会提升沿线建筑群落美及公路美学的整体美。

形式美的原则是人们长期对美学研究的成就,但具体运用到公路美学设计与评价时,还应结合公路作为一种美景美物实体的特点进行。

2.13.8　公路美学设计应注意的问题

公路美学设计中应注意的问题:

1)既要强调统一,又要注意变化

公路美学设计强调统一,是在统一的主题(或称格调)下,表现出各部分的特色和韵味,即要有变化。适当的变化,如构造物形式的区别、色彩的明暗、空间的大小、地形的起伏等,都会使驾乘人员在行车中感到公路沿途富有节律感、多变性,调节情绪,减少交通事故。行驶速度越快,公路美学对比所造成的节律感越强,给驾驶员和乘客留下的印象越深。

2)既要内部协调,又要外部融合

公路美学设计必须既要注意内部各组成部分之间的协调,又要注意与地形、环境的外部融合。公路应尽量与周围美学环境融为一体,不露或少露人工痕迹,不可避免时应迅速予以恢复,或通过修整和适当的绿化来恢复其自然外观。在进行公路的线形设计、沿途构造物的造型设计时,要避免割断生态美学空间或视觉美学空间,沿途景点、附属设施以及绿化种植要有统一感和连续性,避免互相独立,缺乏整体协调。同时,还要与当地风土人情、历史文化相协调,展现出当地的文化内涵与韵味。

3)既要注重保护,又要创新发展

公路美学设计的主要任务之一就是保护自然环境,维护原有风貌。为此,公路美学设计必须要考虑保证长期的自然经济效益,尽量避免破坏自然环境和原有风貌,保护各种动、植物和名胜古迹。在进行公路美学设计时,必须要赋予其时代气息,要体现时代特色,使沿途美景具有时代感、解放感,使公路活跃起来,成为现代化的时空

第3章 公路路域美学资源的利用与保护

公路会穿越许多风格各异、特点鲜明的生态区域和地貌单元,连接着不同的人文背景和行政地域,特别在某些地段可能具有很高的欣赏价值,鲜明的路域美学特色地带更能给予驾乘人员美的享受。在公路美学建设时,先要充分利用和保护公路既有的美学资源。将公路按美学原理分段设计,可区分为美学特色点、美学特色带及美学过渡带。在公路美学设计时,首先须要确定公路美学设计的节点和序列形式,然后根据节点划分出美学点、美学单元等特征点,最后对美学特色带及美学过渡带进行协调统一,营造出形美、色美、味美、声美等不断变化的公路美学动感环境。

有些公路在规划、设计及施工中,对公路所在区域环境认知不足,公路建设破坏了原有土地格局和生态环境,或者简单依照观感印象,随意的"造景",改变了沿线环境的美学属性,大量具有良好美学价值的自然和人为环境资源被浪费,导致美学需求与美学投入不相称、美学投入和美学效果不相符的局面。

公路美学是为了满足人们物质层面和精神层面的需求,采用一定的形式和艺术手法,把能反映一个地区及其工程的文化体系特征和区域地理特征的元素叠加到公路沿线已经存在的美学资源中构成的公路美学。在公路建设之前的自然和人类活动就已经在公路走廊带内形成了一些美学景观、景物,这些美学资源可以在公路建设和运行期间加以利用,成为公路美学的基础,为公路增加美学效果。

在公路建设之前存在的自然和人类美学资源包括人文美学资源和自然美学资源。按美学资源类型划分为5种,即包括:①自然美学资源,如湿地、滩涂、沙丘、草地、植被、岩石、土壤等美学资源;②半自然美学资源,如林地、灌丛草坡地、河漫滩等美学资源;③农田美学资源,如水田、旱地、果园、盐田等美学资源;④郊区美学资源,如以工矿居民地为主的郊区、以菜地为主的郊区、以风景旅游地为主的郊区等美学资源;⑤人工建筑美学资源,如文物古迹、城市、村镇、矿区等美学资源。

公路人文美学是自然美学资源和文化美学资源的复合体。公路人文美学应具有以下特征或要求:①公路人文美学应具有吸引力;②公路人文美学应具有历史性和文化性。塑造人文美学需要提炼出具有历史性和文化性的区域文化特征,这是公路人文美学设计的关键;③公路人文美学的表达形式多样,并需要一定的艺术手法来展现。

地质环境是人类栖息之地,人类的生存和发展都寓于地质环境中。公路的建设会使地质环境遭到破坏,如山上植被减少,造成荒山秃岭,水土流失,崩塌、滑坡、岩溶塌陷、泥石流、地面沉降、地下水环境发生改变、冰川冻土融解等地质灾害发生,严重影响人类的生活质量,在一些地区则影响人类的生存,给后代留下巨大的后患和恶果。公路建设须要保护地质环境,保护大自然赐给人类的千姿百态的地质美学资源,地质美学资源是不可再生的,其经济价值不可估量,尤其是一些地质遗迹,一旦遭受到破坏,无法靠人类的聪明才智创造和挽回。

人类造不出如梦幻仙境的岩溶景观，造不出火山地貌，造不出三山五岳，造不出冰川冻土，当地质环境、地质遗迹一天天衰败的时候，地球会变得苍白荒凉，当山峰秀川消失的时候，人类也必将走向毁灭。

美学资源必须要考虑的是地域文化。地域文化是一个地区自然美学与人文美学的有机结合，体现的是民族文化精髓，是华夏之魂。地域文化包含三个层面上的内容，依托于自然环境、人文环境、社会环境三个不同的媒介，形成三种不同的地域文化层面。三者之间相互影响、相互关联，形成丰富的地域文化内涵。以自然环境为划分媒介的地域文化，更多的体现地域在地理环境、自然气候、植被土壤等方面的不同，表现出不同的自然美学面貌。人文环境层面的地域文化更多的渗透了历史传统、民俗风情、艺术风格、观念习性等因素。如我国北方庄严肃穆的皇家园林与江南精致灵巧的写意园林由于建筑风格和民俗风情的不同所形成的建筑形制的对比。社会环境层面的地域文化主要强调由于经济发展状况和社会组织结构等因素的不同所产生的地域文化差异性，更多的体现地域文化的社会价值。地域文化三个层面之间关系密切，互为补充。自然美学环境是人文美学环境和社会美学环境形成和存在的基础，人文美学环境和社会美学环境是地域文化差异性的本质体现。

公路美学设计的一个最主要的任务就是对各种美学设计要素的协调安排，而这种协调应该遵循一定的理论规则，使公路美学系统在功能、环境、美学上取得最大的综合效益。公路美学的合理规划可以有效地保护生态系统的美学多样性和生物多样性，为识别和开发重要美学资源提供了条件，是区域生态环境可持续发展和美学规划的重要途径。公路美学资源生态规划就是对公路自身和公路用地范围外一定宽度内和带状走廊的自然美学资源以及人文美学资源进行保护、利用、开发、创造、设计和完善。对公路自身规划的主要内容是公路构筑物（挡墙、护坡、排水、桥涵、声障等）及路线造型（曲率、坡度），道路绿化美化、道路辅助设施（通讯、照明、路缘、路牌）等。不同内容的规划不仅在自身形式、风格、质感、色彩、尺度、比例、协调等方面符合美学原则，而且还要与环境美学资源浑然一体、相互协调。公路美学规划不仅包括对原有美学资源的保护、利用、改造，而且还包括对新美学资源的开发、创造，更为重要的是，公路美还与民族文化、审美情趣和公民意识有关。

为了保护、利用公路建设之前存在的美学资源，首先应进行美学资源的调查、评价，分析已经存在的美学资源类型、美学价值、抗干扰能力；然后，在规划中确定保护原则和保护办法，如采取避让、利用、保护、恢复等措施；最后，在公路构造物和设施设计中，还要考虑如何使公路构造物和设施与周围环境美学资源协调和配合。

公路美学设计中考虑地域美学资源的意义体现在以下几个方面：

（1）融合自然美学，实现公路建设的持续发展

公路美学生态思想的最直接的目的是资源的永续利用和环境的可持续发展，最根本目的是人类不断的自我完善。通过公路美学设计不断使人类社会朝着以人为本的目标迈进。公路美学生态思想不仅仅是保护地域、利用可再生资源的简单叠加，而且通过这些手法为日益枯竭的资源和衰败的环境寻找新的发展平台，在公路美学生态设计中将设计放在整个地域生态系统中来考虑，以能促进地域生态系统的进一步完善。公路美学生态设计对自然美学环境的保护，运用美学生态学原理建立生态功能良好的美学格局，促进美学资源的高效利用与循环再生，增强美学的生态服务功能，使人居环境走生态化和可持续发展的道路。以自

然美学为背景进行人文美学的塑造,用自然烘托人文、将人文融入自然,加强沿线各类美学资源的永续维护、利用和开发。形成独具特色的公路美学带,将公路打造成集提供运输、弘扬文化、发展经济等众多功能为一体的载体。保持公路建设可以持续发展,有利于当代人,又造福于后代人,实现公路的可持续发展,实现人与自然的共生。

（2）延续历史文脉、弘扬地域文化

我国作为一个拥有众多民族的国家,同样也拥有着各个民族遗留下来的优秀地域文化。但其载体是脆弱的,同样须要精心呵护。通过公路美学设计传承这些文化,让更多人知道、了解这些文化,是公路美学设计者的重要任务。地域文化与美学设计的有机结合,主要通过合理地运用地域文脉、民风民俗和地方素材三方面的元素,体现"越是民族的、地域的,就越是世界的"的设计理念。

（3）与地域特征相融合,促进地域经济发展

随着公路的迅速发展,其沿线的城市也随之迅速发展。通过公路的修建可以促进沿线的经济发展,一方面主要是公路作为现代快速交通系统,体现了高速、大流量的特点,因此带来的大量人流、物流、信息流,快速地促进了沿线经济社会的发展;另一方面,可以在公路美学设计中融入地域品牌营销元素,利用沿线的宣传牌、广告牌、美学小品等将区域内的特有经济特点融入美学设计中,弘扬当地的经济,促进区域内的旅游业、服务业、农业和工业的发展。

（4）丰富乘客旅途生活,提高公路美学环境

随着社会的飞速发展,美学感觉信息在公路中的比重不断加大,公路的美学感觉环境质量对于人类也越来越重要。美学感觉可以直接影响驾驶员和乘客的心理,从公众美学感觉、心理方面考虑,公路美学塑造尤为重要。美学设计时如果环境单一,这些都容易使驾驶员产生感觉疲劳。对公路进行人文美学塑造,可增加色彩、形式丰富的美学小品、美学彩绘、美学雕塑等,从而缓解人们的感觉疲劳,提高情绪,满足不同人群的美学感觉。

3.1 公路美学资源利用与保护思想的发展

美国最早提出"风景道"(Parkway)的概念,并将其分为泛美风景道(All American Roads)、联邦风景道(Federal American Roads)和州级风景道(State American Roads)。概念为"路旁或视域之内拥有审美风景、自然、文化、历史、游憩价值、考古学上值得保存和修复的景观道路"。

德国自从20世纪30年代以来,就十分注重研究道路与周围景观的协调,并且在公路工程的实践中逐渐形成系统的道路线形理论,早在20世纪70年代,联邦德国的汉斯·洛伦茨就著有《公路线形与环境设计》,德国的环保法规要求在设计阶段就解决沿线的生态和环保问题,维护原有的地形地貌,保护植被和自然生态。德国的公路用地几乎全被草坪覆盖,与田野牧场连成一片或者是连绵不断的林带,景观自然而优美。

欧美等国家在道路规划设计当中,往往集中主要力量去研究开发和保护自然美学资源的审美主题,以期给公路使用者提供一个赏心悦目的经历。他们主要的做法是将道路融合到周围环境,充分利用自然美学环境,力求将公路建设的视觉冲击对周围环境的影响降到最低;加强对自然美学资源的保护,加强环境生态保护;利用周围美学资源为道路使用者提供有兴趣的视点。

日本十分注重研究开发道路高新绿化技术，国家专门成立了"全国 SF 绿化法协会"来研究和指导公路绿化。日本在 1976 年制定了《公路绿化技术规范》，并且随着种植技术的发展和先进设备的研制，在 1988 年又对该规范进行了修订；日本还制定了《公路绿化技术五年计划》，其中包括了《特殊空间绿化技术》《植被恢复技术》《公路边坡绿化技术》《景观仿真技术》；在群体绿化方面，制定了园林式绿化技术开发计划，包括了《立体绿化技术》《生态环境空间形成技术》《林木疾病的科学诊断技术》《循环剪枝技术》等绿化新技术。

1983 年，我国交通部颁发了《公路标准化美化标准》，即 GBM 工程，要求道路畅通、整洁、绿化、美化，道路景物交叉协调，构成流畅、安全、舒适、优美的道路环境。在最新的公路设计规范中，对公路线形与环境的协调等做了一些具体的规定和要求。在公路的设计中也考虑了某些美学设计的原则，如注意立体线形的舒顺，避免大填大挖，保护周围环境，景观和生态平衡等。

在公路美学设计中，首先应研究公路本身作为一个整体工程，对沿线的自然地理环境、生态环境、沿线居民的生活环境会造成怎样的影响，评估公路是否与沿线自然环境协调，公路的修建是增加了还是减损了沿线的美学资源的质量和数量。怎样保护沿线自然环境和美学资源，并进一步开发利用，以造福于沿线居民。另一方面，出于交通安全方面的目的，以驾驶员的体验为标准，充分营造可以作为行车时聚焦点和兴趣点的美物和标志物，调节驾驶员的工作状态，克服行车单调性，避免交通事故的发生。虽然视觉感知是美学感知的重要组成部分，但是也不能忽略听觉、触觉、嗅觉、运动觉等感觉美的享受，应在公路美学建设中尽力满足多感官的美学享受。

3.2 路域美学资源利用与保护的原则和方法

对于路域美学资源利用和保护，首先必须认识到美学环境资源是一种资源。正如其他的资源一样，它不是取之不绝，用之不尽的，同样需要被详细的识别、分类，加以很好地管理和分配应用。最重要的是在公路建设项目的不同建设时期，都应对路域美学资源做系统的评价，评价美学的敏感度、工程对路域美学资源的损害程度、美学单元的抗干扰能力和恢复能力。

1) 路域美学资源利用和保护应遵守的原则

（1）安全是前提。保证公路交通运输畅通与行驶安全，避免对驾乘人员造成心理上的压抑感、恐惧感、威胁感及视觉上的遮挡、不可预见、眩光等视觉障碍是路域美学资源利用和保护的基础与前提。

（2）保证道路畅通是根本。保护好公路结构及其设施是路域美学资源利用和保护的根本，否则再美丽的公路也必须拆除。

（3）公路美学生态规划是基础。公路的建设旨在推动经济的发展。但经济的发展不能以生态系统的破坏、环境质量的下降以及子孙后代的生存与发展受到威胁为代价。因此，在路域美学资源利用和保护规划、设计、建设中，应贯彻美学生态学的思想，合理优化利用公路沿线的土地资源、生态环境及美学环境，使公路美学建设走可持续发展之路。路域美学资源利用和保护应以公路与自然和谐为核心。公路建设与自然环境和谐的基本要求是最大限度保护、最小程度破坏和最大限度恢复。

①"最大限度地保护"是基础。应以人与自然和谐发展作为一个大前提考虑,把公路经过的沿线自然生态环境进行系统分析,从保护自然生态系统的完整性出发,来研究公路工程和当地自然生态系统之间的相互依存、和谐发展,并提出系统分析意见,使其所采取的工程措施确保路域生态系统新的动态平衡。

②"最小程度破坏"是整个实施过程中必须遵循的原则。在采取工程措施的时候,首先要考虑克服由于公路建设对自然生态系统产生的割裂破坏,应尽量提供可能的工程措施,建立公路工程和自然生态系统新的联系纽带。

③"最大限度恢复"是针对公路与自然生态环境和谐必须采取的最基本的技术和工程设施,以确保公路与自然生态环境之间的和谐,新的动态平衡系统的建立。

(4)公路与环境协调。公路与环境的协调性包括两个方面的内容:一是从宏观角度来看,公路线形与周围地形、植被之间是否协调;二是从微观角度来看,公路自身线形是否协调,这两个方面缺一不可,见图3.2.1。

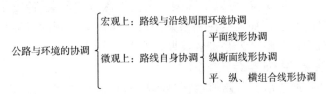

图3.2.1 公路与环境协调性内容

(5)线型美学设计重在"势"。早在汉晋时期,中国古代环境设计理论中就出现了"形势"说法,"千尺为势,百尺为形"可用于公路美学设计。形与势相比较,形具有个体、局部、细节、点的含义;势则具有群体、总体、宏观、远大的意义。线性美景的观赏者多处于高速行驶状态下,在这一状态下美学主体对美学客体的认识只能是整体轮廓。因此,线型美学的设计应力求做到形体连续、流畅、自然且通视效果好,与其他环境要素相互协调。在诸多线性美学要素中,设计的关键是公路自身的线形与体态。

(6)点式美景设计重在"形"。公路通过村镇、城乡段及高速公路立交、收费、加油、服务站所等的美景,其欣赏者除处于高速行驶状态外,还有部分处于静止、步行或慢速行驶状态。因此,这些部位的美学设计重点应放在"形"的刻画与处理上。如公路本身形体、形象设计、绿化植物选择搭配,公路建筑与地方建筑协调,场所的可识别性、可记忆性,公路美景与区域原有美景的协调及周围人文美学资源与自然美学资源的保护、利用、改造与完善时,须对公路边坡、线角及休息、服务场所铺地、台阶、植物等均应仔细推敲、精心设计。

2)路域美学资源利用和保护的方法

(1)公路与沿线美景的融合

公路美景与自然环境的和谐统一,只依靠公路美景自身建设是达不到预期效果的,还应注重路域外的美学环境。公路作为一个线性工程,所经过的环境通常是多种多样,无论是给人美感或是引起人厌烦的环境都对公路美学有影响。公路美学设计时,路边的美景可以采用"诱"或是"透"的手法将其展现出来,而不良景观则应采用必要的"封"或是"绕"的手法避免其影响整体美学效果。这样可以充分利用沿途的美学资源,优化驾乘人员的美学感觉环境,同时还能使公路美景与路域环境相结合,形成统一的系统。

公路作为线性工程，跨越区域广、沿途环境多样是其特点。路域美学资源利用与保护不仅要进行微观层次的设计，同时也应有宏观的考虑。首先应判断路段内的宏观美学格局，把握公路美学与周边宏观环境的关系，实现公路美学的整体性，做到公路与自然相协调。

(2) 公路与沿线文化融合

公路穿越某个地区时，路域美学资源利用与保护应结合当地的风土人情，设计出富有当地文化内涵的公路美景，同时能让驾乘人员更多地了解当地的人文历史，是地方文化宣传的一种手段，公路可以成为地方文化的传播媒介。公路是人类创造的一种人文美物，是人们对自然界的改造。公路不但能为人类出行带来方便，更能为历史文化的传播、地方特色的展示提供平台。公路自身的连通作用决定了其美学设计应结合区域的文化、时空的转换，可以运用公路美学来表达某种特定的文化含义。例如民俗文化表现、历史文化感等。因此公路美学应与当地的文化融合，赋予公路更多的人文色彩。

公路美学与地域文化相融合，在点状美景的设计上可以更好地体现。富于地方特色的服务区、收费站或是地标性美景，可以给驾乘人员留下深刻的印象，使整个公路美学得到改善。由于公路的线性特性，驾乘人员在一整条路段中印象最深刻的只能是一两个地标性美景，公路点状美景对于提升整个公路美学效果有着重要作用。

(3) 公路与沿线美学特征整合

公路美学设计时，通过研究公路所经区域具有的独特美学特征，运用合理的设计手法，来继承和发展这种美学特征，尽量做到公路美学与沿线自然美景的融合，避免由于公路工程的出现破坏原有美学体系。例如，在设计材料上应尽量就地取材，外形构造上应符合当地审美习惯，多运用地域特色的设计手法、施工手段等。

公路美学设计应满足合理布局，保护自然系统及自然美学资源，选择能够提供最佳美景的路线、充分利用当地植被、避免分割场地等方面要求，综合确定出适应地形的公路线形。

在保证公路建设顺利完成的同时，确保有价值的自然美景和人文历史遗迹的留存。在考虑公路交通系统的安全性与满足出行需要的同时，还要保护公路交通系统沿线的美景、历史遗迹、美学与其他文化价值。

公路美学设计中应时刻结合当地的地形以及环境布设路线。例如具有丰富自然美景的山区，一般地形、地质条件较为复杂，山高坡陡，沟深谷窄，公路美学设计重点是要满足线形的连续性和优美性，这些地区的公路设计不能像其他地区的公路那样追求线形的平、顺、直、长直线、大半径等而大填大挖。以交通部示范工程川九路为例，为了更好地保护环境以及利用周围优美的环境，整个设计多处体现灵活设计的理念。在一些局部困难路段，若按原设计车速设计将对环境造成巨大的破坏而且可能诱发新的地质病害，因此适当降低设计车速，但这样做的前提是进行安全性检验后，设置减速振荡线和限速标志等综合措施保证行车的安全性；注重曲线连续流畅，在平曲线布设中较多地采用不对称平曲线、S型、卵型、C型、凸型及复合型平曲线消除平曲线间的短直线，以提高线形的连续性；顺应山势布设路线，使两者自然结合。

3.3 公路美学规划要求

公路美学规划应结合已有的美学资源条件和环境，在充分利用和保护已有的美学资源条件和环境的情况下,考虑公路构造物的设计及其与美学环境的协调性。公路美学的协调性分为内部美学协调性和外部美学协调性。公路美学内部协调即为公路本身要素的协调,是对人类活动要素、感觉要素、美学要素进行综合设计,主要反映在公路基本设计(包括公路横断面设计,平、纵面线形配合设计,线形感觉连续性和平稳性设计)、公路美学空间组成设计;公路美学外部协调即为公路与外部美学要素之间的协调设计,是对环境生态要素、感觉要素、美学要素和其他要素进行综合设计的过程,主要反映在公路个性设计、公路与环境的配合设计、公路与地形的配合设计、绿化设计、公路人工构造物和附属设施的美学设计、色彩设计等。

在进行公路美学规划时,对具有特殊美学价值(如自然河流、原始地貌、地方文化特色)区域的保护和协调关系进行研究,研究适合公路沿线居民的审美观念的美学组成与特征属性,制定公众参与的机制。应注意地域文化价值的体现、历史文化遗产的保护、自然美学资源的欣赏和路域美学资源的娱乐休憩功能。在规划中充分考虑道路使用者、公路沿线居民感官的美感度,如植被设计、色彩搭配、群落组成、野生花卉的使用、道路构造物的美学处理等。在具体设计时建设主管方应邀请工程学者、植物学家、土壤学家、美学家、美学设计师等多学科专家,组成设计团队,并且定期召开有沿线居民参与的道路美学规划设计的讨论会,最大限度地体现效益优化与利益公平原则。在公路美学规划时应强调人文美学与自然美学并重;把绿道和连接度的概念应用到路网规划中,改善美学资源破碎的不良影响,把生态和文化资源连接到路网中;防止水土流失、促进土壤营养元素的再循环,调节微气候;提高美学资源连接度,还要建立新的美学斑块和廊道;把公路构造物(如公路路线、高架桥、涵洞、服务区、观景台、隔音墙)和生态保护相结合,使非生命设施融入自然美学资源,同时加入艺术家的灵感,如在涵洞内,用枯枝落叶和树干堆积成排,吸引水陆两栖动物、蜥蜴、昆虫、黄鼠狼等通过;混凝土隔音墙结合地形地貌用土堆代替等。

在进行公路美学规划时,须要考虑的环境美学要素:

(1)重视美学要求,除了满足技术、经济、安全要求外,还要考虑满足感官美的观点。

(2)尽量减少对已有自然和人文美学资源的破坏,路线应尽量接近原有地面,使总的土方调配数量最小。在不得已的情况下可采用种植树木的办法补救美学资源。

(3)在选线阶段,可利用卫星遥感影像进行大尺度的资源调查和土地利用状况分析,进行线路优选。

(4)横面造型设计要使边坡和绿化与现有美学资源相适应,借助栽树、种花、植草等使因挖方和填方对自然的破坏得到补充。根据用地经济和美学资源要求,探讨采用中央分隔带或分离式断面的可能性。

(5)把公路构造物用作平衡公路对自然美学资源的影响,根据技术和美学要求合理选型。桥梁、涵洞、排水沟、挡土墙、护栏、标志牌等,在道路画面中应尽量使其不引人注目,并在构造物的作用允许范围内做出满意的设计。

(6)为了克服单调感,可在路旁布置一些能引起驾乘人员兴趣和使之保持清醒的美学作品,或在路外设置些大且熟悉的美景美物,如在用地范围内的风车,或者特大的抽象派雕塑等,通过美学资源和作品组成的多样性,使驾乘人员感觉环境缓慢变化,提供一种节奏感。

（7）对路旁难看的废品堆积场、广告牌、弃土场、取土坑或采石场等应采取措施进行遮丑或美化。

（8）为了适应公路外观和结构整体性的需要，应进行绿化，但是公路两侧的绿化应避免形式和内容的单一化，应将绿化作为诱导视线、点缀美学资源作品及改造生态环境的一种措施进行专门设计。

3.4 公路沿线美学资源调查和分段

公路是线状工程，跨越不同的地貌、植被、水体、地域文化等环境美学单元，不同地域具有不同的美学资源。公路美学也随公路两侧自然环境的变化而变化，构成不同的公路美学序列，给驾驶员和乘客带来不同的感官体验。通过沿线实地调研，掌握和了解沿线的美学资源环境，分析评价沿线的有利和不利因素，确定哪些美学资源需要保留、哪些区域需要遮挡、欣赏美学资源的最佳设置位置、需要进行处理和维护的区域、公路以外的关键区域和需要进行环境保护的区域等。同时，为了加强驾驶员和乘客对公路美学感官体验的美学效果，须要根据不同的地形、地貌特征或者地域文化的特点，将沿线公路美学分段规划，赋予每个美学段落不同的美学主题，突出各个段落的美学特色，提高公路美学质量。美学段落划分的基本依据是所经区域的自然地理美学资源和人文美学资源的特征。

1）划分美学单元段的意义

（1）美学单元段划分是美学布局规划的基础

美学单元段划分是将不同的美学类型划分为在物理和感官特征方面更加紧凑一致的美学单元，以便确立相应路段内美学建设的基本方针、设计主题以及须要突出的美学特征，为局部美学要素的设计指明方向。同时，有助于组织沿线的空间美学序列，使公路美学具有整体性、统一性和秩序性。

（2）美学单元段的划分为美学构成要素提供了重要的设计依据

划分美学单元段的目的是明确美学营造的主题思想和指导方针，这些设计主题和指导原则是指导美学构成要素设计的具体依据，各美学构成要素应围绕这个主题去实施，不断丰富主题内容，以达到预期主题效果。

（3）美学单元段的划分有利于体现区域特色

地域性是公路美学单元段划分的重要基础和依据。美学单元段中的设计主题和指导方针大都来源于区域内的美学特征、人文、社会经济等内容。因此，划分美学单元段在某种意义上是区域特色的体现。

（4）美学单元段的划分有利于美学资源的有效管理

美学单元段划分的其中一个目的是找出区域环境内功能或结构上主导性因素，或者是各种要素相互作用、相互影响的主要矛盾及矛盾的主要方面，通过美学单元段的划分，有利于沿途路域环境内的美学资源有效管理，提升美学结构与功能的稳定性。

2）美学单元段划分的分析内容

将公路美学环境评估的资料归纳为五大内容，作为划分美学单元段的分析内容，见表3.4.1。

美学单元段的划分调查分析项目　　　　　　　　　表 3.4.1

特性	区域类型		
	直接区域	间接区域	相关区域
自然生态特性	地形、地貌 水体 植被、动物 ·陆生、水生、湿生	地形、地貌 植被、动物 水体 生态系统	地形、地貌 生态系统
空间美学特性	公路沿线土地利用形态 公路美学的构成要素 公路构造现状 ·公路平面、纵面、横断面（形态、尺寸）	土地利用现状 美学特性 主要美学现状 ·建筑物、村落、城镇、农田、民居	
心理行为特性	公路利用现状 ·相对坡度 ·相对视距 ·视野频度 ·美物感觉时间的长度 ·社会关注程度 ·公众关注特征		沿途居民意识 ·公路利用意向 ·对公路的美学印象
社会经济特性	公路利用现状 ·交通量 ·功能 ·公路对于社会、经济的效益		
历史、文化特性	遗址、古迹、文化遗产、历史建筑与结构、民俗活动		

（1）自然生态特性是有关自然和生态体系的特性。直接区域为对象公路区域和与其有直接相关的生态体系范围，间接区域为可感觉到的区域，相关区域为全路域。

（2）空间美学特性是公路、区域空间及其构成公路美学的形态和特性。因空间形态及时反映在公路美学上，所以空间和公路美学两者的特性密不可分，进入同一范畴。直接区域的范围根据公路特性和调查项目，必须把前后相邻路段添加到对象公路区域中。间接区域通常指可感受到的区域。

（3）心理行为特性是有关公路两旁居民和公路利用者的心理和行为特性，虽然也和公路美学特性重叠，但前者是从美物的角度开展研究的，而这里是从人的角度来把握美学特性的。相关区域是以公路为中心的生活圈、行为圈。

（4）社会经济特性是与社会生活和经济相关的特性。

（5）历史文化特性指与公路沿线相关的历史和文化或者是有形、无形的民俗特性。

公路美学段落划分须要考虑的因素一般包括自然因素和地域人文因素，由于地域人文因素主要是定性的，一般无法进行定量归类。

在进行公路美学段落划分过程中，考虑自然因素时，通过对地形地貌、植被类型、植被覆盖率、降雨量、土壤类型、岩石类型等影响因素进行综合归类，进行公路美学段落划分。

地域文化一般涉及自然风光、民族风情、文物古迹、宗教信仰、历史人物和民间工艺等，不同的地域有其区别于其他地域的特色文化，富有个性特征和可识别性。作为地域文化传播和展示的重要载体——公路，应具有鲜明的地域特色。利用地域人文历史差异进行公路美学段落划分，要抓住主要的美学区别，形成独特的美学段落文化标志。人文美学的体现主要是利用作为地形补充的人工构筑物，如特大桥、特长隧道、枢纽互通等，以环境的标志物、控制点、视觉焦点、构图的姿态出现，加强并突出环境段落的识别性和欣赏性。

美学资源调查分析应在选线之前，进行公路沿线的自然美学状况和人文美学状况调查，确定路线廊道大体的美学特色和质量，并划分公路美学设计等级可能不同的区域。在此阶段应该完成的具体工作有：

①划分并记录公路沿线地区的地形、地貌类型，以气候和地理特性为依据，划分地域性自然美学的类型，确定不同美学类型的地理分界线。

②确定并标明不同美学区域的类型。在地图上记录一种美学区域区别于其他美学区域的特点所在。

③确定并记录可能成为公路感觉标记和感觉兴趣点的美学位置，以便在设计时合理利用。

④记录并标明珍贵的自然美物和人文美物，评价它们的价值及公路建设可能造成的影响，创造最有利的开发条件，选定最佳的观赏点。

⑤美学单元感觉质量的评估。通过评估前面记录在案的各个美学单元的美学感觉质量，比较它们的感觉特点的相对价值，为路线的选择和细部调整提供依据。

3）美学单元段划分的分析方法

美学单元段的划分是一个多方位、多角度的研究过程，须要把握好各方面的关系。处理调查信息，合理进行美学单元段划分，须要确立适当的分析方法，依据美学单元段的划分的目的和调查内容，可采用以下两种方法：

（1）主导因素法：体现主导因素原则，即通过综合分析、比较各种影响因素，得出自然区形成、分异的主导性因素，并以此作为美学单元段划分的主要依据。须要注意的是，尽管在公路沿途的每一个区域都存在相应的主导因素，但该主导因素有时会包括几个标志或指标，因此，在利用主导因素法进行分区时，须要综合分析，参照不同的指标进行区界的订正。

（2）地图分析法：地图分析法分为两种方法，其一是调查分析区域的各种信息，标注或描绘在带有坐标网格的工作底图上，然后对这些信息进行综合分析，按其区域特征相似程度划分自然区段；其二是分别针对自然生态、空间美物、心理行为、社会经济以及历史人文等因素研究，将研究成果分别标注在地形图上，进行地图叠加，综合分析影响程度、美学效果，然后划分美学单元段。

4）美学单元段划分的划分方法

（1）美学单元序列

划分美学单元段的目的是对区域美学特征和公路功能间的关系调整，明确美学主题、规划风格，以创造符合地区环境等级和条件的美物。因此，首先分析美学环境的评估结果，掌握公路和周围区域的特性，然后，按照表3.4.1分析项目将对象区域中有共同特征和特性的区域进行分区。美学单元段的划分工作在地图上进行，划分结果也常用图来表达，把公路和沿线周围区域用"美学序列带"抽象表达，形成串珠状空间美学序列，见图3.4.1。"美学序列带"的长方向为路线中线方向，带宽为美学序列带的长度，宽度方向为公路横断面方向，带宽为用路者的感觉范围，不同美学序列带之间有过渡地带，美学单元段的主题要用简练的文字来描述，最好有名称。

$$\text{公路美学单元系列}\begin{cases}\text{美学单元段1}\\\text{美学单元段2}\\\cdots\cdots\\\text{美学单元段}n\end{cases}$$

图3.4.1 公路"串珠状"美学单元序列

(2) 美学单元划分

公路美学单元段基本上要满足两个条件：一是美学单元不能跨越两种或两种以上美学类型；二是同一美学类型内美学单元的划分必须满足其主导因素的原则，即地貌型、植物群落、动物群落、人文特性等差异显著的不划分为同一单元。具体来说，公路美学单元段划分的方法为：

①首先进行美学环境类型的分类，包括识别和分类相对比较明显的美学类型，通常情况下，在一种美学类型下，区域的美学和环境特征是一致和协调的。

②美学单元段应该有自己的个性，有一种主导美学元素，这种主导美学元素是乘客的感觉中心，也是感觉识别美学区域的标志。这种美学元素是构成公路空间背景的主要支配性元素，显露于区段沿途，成为区段美学要素协调配合的基质。

③美学单元的分界处一般在美学特征发生重大改变的位置，通常这些位置都会有明显的自然边界，例如集水区、突出的地貌(如山脊线)或者水域。

④美学单元段的节点一般选择纵断面上的明显变坡点处、不同美学风格的过渡区、公路路堑边坡的开合处、大桥、立交桥、隧道进出口以及与当地特殊美学元素相匹配的路线平面弯道处。

⑤美学单元段单元的长度要合适，长度过短，则不能形成连续的美学单元段特征，美学完整性欠缺，感觉上不能完全辨认，容易造成感觉上杂乱；长度过长，美学环境没有韵律、节奏感，容易产生单调感，而且不能准确反映美学特征的变化。

(3) 美学特色带

依据美学的自然程度，公路美学特色带可划分为不同类别，如美国农业部林业局以原始、半原始、自然、乡村、都市这一系列的类别作为环境自然度的分类标准；依据我国公路自身特点，从大的分区角度，可将我国公路美学的自然程度划分为原始美学、半原始美学、村寨美学、田野美学、城镇美学。美学设计特征有：变化性、独特性、自然性、整体性、娱乐性、历史文化性和生动性等。在美学特色带内，应该至少突出一种美学设计特征，或者同时具有多种美学特征。

(4) 美学过渡带

公路旅行通常是一个漫长的过程，游人不可能每时每刻处于兴奋状态，美学过渡带作为一种调剂，在整个公路美学中起到舒缓和松弛行人心情的作用。就行人的感觉感受而言，与美学特色带所带来的刺激和紧张感形成鲜明的对比，美学过渡带是个休息的过程。

(5) 美学特色点

主要指以点状分布的焦点美物美景。由于地形地物的差异，在某些位置形成一些独特的地形、地质、地物美物美景，如著名的建筑、山川、河流、湖泊，或由于存在别具民族特色的村寨、宗教建筑或其他醒目的人工结构物、美学小品等所构成的独特美物均可作为公路美学特色点，道路桥梁、隧道的入口以及休息服务区等也是设置公路美学特色点的极佳位置，公路美学特色点所起的作用类似地标,是整个公路美学的精华部分,是游人行程中的兴奋点。

美学特色带对公路使用者起到感觉兴奋或审美娱乐功能,而美学过渡带对道路使用者起到休息与放松作用。

一些美学资源环境条件下的路段情况见以下图片:图3.4.2为云雾路段农村景象,在良好的环境保护、宁静的村镇与公路建设的协调和谐,美丽、安宁且气象的万千变换;图3.4.3为迷雾缭绕的自然环境路段,在迷雾缭绕的山腰上修建的公路就像山神的一记白色腰带,既有天路与人道同一感,也有天人合一的和谐景象;图3.4.4为蓝天白云下的道路桥梁路段,在绿山、白云中穿行的道路桥梁,公路桥梁时隐时现给良好生态环境增加了一道亮丽的风景线;图3.4.5为高路堑路段,并伴有近处的绿山、远方的峻岭;图3.4.6为森林路段,此路段既养生又舒适;图3.4.7为平原郊区路段,既有广告又有路灯等,人气旺;图3.4.8为近郊路段,有现代的住房、电力高塔,路堑边坡和中央分隔带用不同花色的植物装饰,多彩、美观;图3.4.9为山地景观,公路穿行在山地之间,近处有烤烟烟叶的绿色、花的白色,远处各色荞子生长在红土山坡的梯地上,偶尔还能见到一两户人家,庄稼的总体绿色及不时出现的花色,既有宁静、丰收在望的期待,又有不同景色的浸染;图3.4.10~图3.4.13在大山之中行车,驾乘人员可欣赏到景观各异的美丽山川和村野,大山里的人们也见到了现代交通带来的希望,驾乘人员与沿线居民互为观赏对象,公路与沿线景色,相互之间互为美景;图3.4.10为荒山野岭路段,有纯自然的景象;图3.4.11为山村美景路段,虽然生存环境艰苦,但人类还是在与自然的斗争中繁衍生息,顽强地生活着;图3.4.12为绿林、山村与河谷水库路段,在绿林山坡上零星分布一两户人家,在山坡之下的河谷中还建有水库电站,现代工业与传统农业、人类与自然交相呼应;图3.4.13为峻岭、青山、绿林、村庄、河谷水库、电站路段,青山绿林之后有峻岭,绿树之中有人家,村庄之下建水库,公路与电站交叉互生,工业与农业,交通运输业与电力能源相互影响,互为景观;图3.4.14为多种工程竞争的河谷路段,在峡谷之中,一般公路、高速公路、铁路、电力线都在峡谷中与河流争夺有限的空间,繁忙且珍贵;图3.4.15为多种交通汇集路段,荒凉的山谷之中繁忙的多种交通方式汇集,宁静之中透着忙碌,荒凉之中呈现现代气息,对照中好似时光隧道;图3.4.16是荒山、经济林景观路段,在荒山之下,种植经济林木,苗岭之中建高速公路,给贫穷环境带来了致富的希望,偏远地区民族尽力跟进现代化的步伐;图3.4.17为盘山展线路段,在高山峡谷之中采用螺旋展线,避免了大挖大填和高大桥梁及长隧工程的施工,费用省、生态环境破坏小,既保护了环境也完成了公路爬坡降高的需要,盘山线也是一道亮丽的风景线;图3.4.18为舒缓的山腰桥梁路段,绿色环境中的曲线桥梁给人舒畅,刚中透柔之美;图3.4.19为陡崖之上的山腰桥梁景观,陡岩之上的公路桥梁就像绿色大山的腰带,公路之下是绿色的田野,上下都成景;图3.4.20为陡崖之下险沟之上的山腰桥梁景观,桥梁攀悬崖跨险沟,公路桥梁既惊险又壮观,蜿蜒上升或下降的公路体现了公路人的精神和智慧,难得的奇观;图3.4.21为白色峡谷路段,行进在白岩陡谷中的公路,可以欣赏到峡谷的陡峻,也能感受人间奇迹的人文精神;图3.4.22为峡谷与瀑布路段,在狭窄的河谷之中也能建设高速公路,即可见到峡谷,又能观到瀑布;图3.4.23为峡谷路段,好似"车到山前必有路,峡谷之中建高速";图3.4.24为蜿蜒、舒缓的升坡路段,公路蜿蜒、舒展地升坡,既流畅、又有一种似"进步、上升"的人生境界;图3.4.25为山顶路段,在山峰之顶尽观众山之巅,万峰呈现,绿色山坡映入眼底,似穿山越岭,似飞越天空云彩,人间与自然的奇迹尽在行车之中。

第3章 公路路域美学资源的利用与保护

图 3.4.2 公路与村庄、山脉、云彩

图 3.4.3 迷雾缭绕的自然环境

图 3.4.4 蓝天白云下的道路桥梁

图 3.4.5 高路堑路段域

图 3.4.6 森林景观

图 3.4.7 平原郊区景观

图 3.4.8 近郊景观

图 3.4.9 山地景观

图 3.4.10　荒山野岭景观

图 3.4.11　山村景观

图 3.4.12　山村绿林与水库景观

图 3.4.13　河谷水库、村庄与峻岭景观

图 3.4.14　多种工程竞争的河谷路段

图 3.4.15　多种交通汇集景观

图 3.4.16　荒山、经济林景观

图 3.4.17　螺旋展现景观

第3章 公路路域美学资源的利用与保护

图 3.4.18 舒缓的山腰桥梁景观

图 3.4.19 陡崖之上的山腰桥梁景观

图 3.4.20 陡崖之下险沟之上的山腰桥梁景观

图 3.4.21 白色峡谷景观

图 3.4.22 峡谷、瀑布与公路景观

图 3.4.23 峡谷与公路景观

图 3.4.24 蜿蜒、舒缓的升坡景观

图 3.4.25 万峰景观

3.5 公路沿线美学资源评估与环境分级

公路美学设计应该先对交通走廊带的已有美学资源进行评估,包括自然美学资源的评估以及人文美学资源的评估,通过自然生态美学资源背景的处理分析,创造和谐、自然的公路人文美学设计环境。同时,美学资源评估可以发现公路美学设计中的问题,避免美学设计影响到公路交通项目的人文风格或修建成本;明确建筑特征与细节问题,明确公路美学的背景,确定项目使用的材料、色彩与配色方案;确定合适的公路美学设计主题;同时,明确费用安排,收集设计过程中的信息,以便成本估算。

1)公路美学资源评估

美学资源评估包括:美学质量、美学阈值、美学敏感度、美学特殊价值、美学资源的有利性评价、美学资源空间格局与美学关系6个方面的评价。

(1)美学质量评价

美学质量评价主要包括3方面的工作:

①美学资源审美评判测量

公路两翼的美学类型丰富,可以将行车感觉范围内美学资源的顺序出现,理解为各种类型的美学资源依附在公路两侧,依段落性顺序排布。首先对这些美学资源给予分异性界定,标出段落性的美学资源类型,再逐一进行评价。由于公路的自身结构特性,界定后的单个美学资源段落范围将有较大的差别,有的美学资源可能只有1km,如河流美学资源、村镇美学资源,有的可能连续出现10km,甚至更长,如农田美学资源、苇塘美学资源、草原美学资源、森林美学资源。评价时根据美学资源段落长度的不同,采集样板的数量有所不同。评判与测量的方法可以采用平衡不完全区组比较评判法,通过不同类型群体对美学资源样板中各美学资源构成要素的分析判定得到美学度量结果。

②美学资源构成要素分析

由于四季、气候、昼夜等的更替,每种美学资源都会发生相应的改变,在评价某一段落地域类型的美学资源时,应该采集不同时期的样板作为评价对象。最后结合不同时期的评价结果做出综合判定结论。评价美学资源构成要素的选择是美学评判的关键,较多的是根据美学资源形式特征,包括色彩、形体、线条、味道、声响、质地等分析美学资源客观特质,目前只能用定性描述来分析。

③建立美学资源评价模型

美学资源的美度的总结计算须要建立一个评价的数量化模型,目前美学资源评价中多采用多元回归法建模,但无论采用什么方式建模,其难点都在于两个方面:a.如何选定具有效力的美学资源构成要素;b.如何将定性的美学资源构成要素评价转化为定量的评价。

美学资源的评估是试图确定某一美学单元的美感质量,美感质量就是当人们经过(驾车通过、步行穿过或飞机飞过)某一地区时,对它的整体感觉印象,是一种相对的美学感觉资源质量评价方式。因人感觉到的信息以美学感觉信息为主,一般按美学感觉印象可分为三级(也可以分为5级、7级等奇数级):即高级、中级和低级(表3.5.1)。有些美景区拥有相对高的美学感觉质量,有些相对较低。

影响美学质量的因素和美学感觉等级划分标准　　　　表 3.5.1

影响因素	高	分数	中	分数	低	分数
地形	山峰、悬崖峭壁、冰川、沙丘、岩石边坡,地形富有特点且具有吸引力;或地形细部特征变化多端,成为自然美景主要的构成部分	3~5	具有深谷、陡坡或风化腐蚀的岩石,地形有较多变化但是没有令人难忘的特征;或者比较普通的地形中有吸引人的细部特征(非主要的景色特征)	1~3	单调起伏的山地、丘陵,平原地带,平坦的谷地,很少给人留下深刻印象的细部特征	-2~1
植被	植物种类颇多且形状、质地、色泽很吸引人	3~5	植物种类繁多,但主要种类只有两三种	1~3	植物物种单一,植被美学感觉效果单调无聊	-2~1
水体	水质清澈,且动、静水体如湖泊、瀑布等为主要美景构成因素	3~5	同左,但非主要美景构成因素	1~3	没有或很少	-2~1
颜色	颜色种类繁多且鲜艳美观,与土壤、水、岩石形成协调的对比色	3~5	同左,但非主要美景构成因素	1~3	细微的颜色变化和对比,没有太多的美学感觉刺激,给人留下单调的感觉印象	-1~1
邻近景色的影响力	邻近地区的景色有助于极大提高美学感觉质量	3~5	中等程度的提高感觉质量	1~3	几乎对感觉质量没有影响	-2~1
罕见的美景	一个地区特有的,具有纪念意义的美景,比如可欣赏到罕见的野花或稀有动物	3~5	比较少见的美景,但在别的地方也有可能出现	1~3	平凡的景物由于位于特定地方而赋予了新的意义和乐趣	-2~1
公路对环境的影响	公路本身没有负面影响,反而为环境增添了一种特别的景致	3~5	有损环境美景的完整性和连续性,但不伤大雅	1~2	对环境美景影响很大,极大地降低了环境的美学感觉质量	-3~1

为了确定公路途经各个地区的美学质量,须要对欲建公路的美学环境影响进行评估,有一些美学质量评定体系都在应用和研究中,以下以视觉吸引能力评估法加以论述,以评价特定自然美学的质量及其抵抗破坏的能力。

美学单元的视觉吸引能力(Visual Absorption Capability)的评估应在选线过程中进行。视觉吸引力是衡量一个美学单元抵抗外界(主要指工程建设)干扰,保持自己固有的视觉风格和特征的能力。评价美学单元的视觉吸引力,目的在于研究一个特定的自然环境消化公路建设对它所造成创伤的能力,使公路对自然环境和生态分布的损害降低到最小。一般认为,一个地区的视觉吸引能力越高,公路对它的环境和视觉质量的影响越小。影响美景视觉吸引能力的因素如下:

a.边坡。边坡坡度越陡,视觉吸引能力越低。

b.岩石风化和水土流失的严重程度。岩石越易风化,水土流失越严重的地区,视觉吸引能力值越低。

c.植被再生能力。植被再生能力越低(比如边坡、沙化地带、盐碱地带),视觉吸引能力值越低。

d. 植被种类。植被种类越多,视觉吸引能力越高。

e. 岩石、土壤与植被颜色对比。颜色对比越明显,视觉吸引能力越高。

视觉吸引能力等级可划分为高、中、低三级(表3.5.2)。每一个美景单元和次级的美景单元都应在相应的地图上标明视觉吸引能力等级,以便作为公路环境美学建设的依据。

VAC 等级评估表　　　　　　　　　　　　　　表 3.5.2

影响因素	特 征	VAC 等级 定性评估	VAC 等级 定量评价
(S)边坡	陡:60%	低	1
	一般:30%	中等	2
	相对平缓:0~30%	高	3
(E)岩土稳定性	很不稳定,须特殊处理	低	1
	中等,须要一般性支护	中等	2
	稳定,一般不须要工程防护	高	3
(R)植被再生能力	低	低	1
	中等	中等	2
	高	高	3
(D)植被种类	无树林、草地、或灌木等植被	低	1
	针叶林、落叶林或其他农作物	中等	2
	植被种类繁多,分布变化多端	高	3
(C)岩石、土壤和植被之间颜色的对比	暴露的岩土与植被颜色对比强烈	低	1
	土壤、岩石与植被种之间或植被种类之间颜色对比不很强烈	中等	2
	颜色对比协调美观	高	3
高 VAC=29~36 分,中等 VAC=20~28 分,低 VAC=4~19 分			

注:VAC 等级计算公式:VAC=S×(E+R+D+C)

其中:S=边坡:边坡越陡,S 值越小。E=岩土稳定能力:岩石风化程度和水土流失程度,积极因素提高 VAC 值,消极因素降低 VAC 值。R=植被再生能力:植被再生能力越高,VAC 值越高。D=植被种类:植被的种类越多,VAC 值越高。C=岩土与植被颜色对比度:对比越明显,VAC 值越高。

(2)美学资源阈值评价

美学资源阈值是指美学资源作为一个生态系统,对人类干扰的抵御能力、吸收和同化能力及受干扰后自我平衡和自我恢复能力的量度。它取决于两类因素,一类是美学资源内部成分和结构因素,最直接的是植被、土壤和水热条件;另一类是美学资源外部环境因素,主要是气候因素。对一定区域来说,美学资源综合体的地形因素(海拔、坡度、坡向、水体等)基本上能综合反映上述影响美学资源阈值因素的分布规律。所以,在对公路两翼的美学资源阈值评价时,可以主要通过地形进行美学资源阈值评价。一般公路的建设选线都尽量定在低阈值区,以保证设计时速,因此公路两翼美学资源阈值一般比较低,容易受到来自人类的干扰和破坏,而且不易于恢复。

(3)美学资源敏感度评价

美学资源敏感度是指美学资源被人类注意程度的量度,它由以下几个分量决定,这几个分量的等级分布情况,是美学资源敏感度综合分级分布图的基础。

①相对坡度

美学资源表面相对于感受者视线的坡度越大,美学资源被看到的部位和被注意到的可能性就越大,美学资源可能受到的人为冲击也就越大。由相对坡度确定的敏感分量,一般在地形图上可以直接读出,依据相对坡度可以划分出所分析的美学资源的敏感等级区分布图。

②相对距离

美学资源相对于欣赏者的距离越近,美学资源敏感度就越高。可以设定一个标准距离,通过美学资源与欣赏者的距离和标准距离的比较来确定相对距离的等级,依据这一等级可以确定敏感度分量的分级分布图。

③出现的概率

美学资源在欣赏者感受内出现的概率越大、持续时间越长,美学资源敏感度越高。公路两侧美学资源出现概率评价美学资源敏感度分量,可以通过能够感受到美学资源的路段里程与这一美学资源类型路段的比值来进行计算分级和绘制相应的美学资源敏感度分布图。

④感受程度

某些独特的造型地貌,不同的美学资源元素边缘交错地带,都是较为醒目的区域,可根据具体情况在图上标出。

以上4个敏感度分量,经过叠加,通过"合取"和"析取"过程得到美学资源敏感度的综合分级分布图,从图中即可判定不同的美学资源敏感度分区。

(4)美学资源的特殊价值评价

公路两侧范围内,如果出现特殊价值的美学资源和通过上述美学资源评价尚不能完全反映其美学和生态学特性的美景,如历史文物、独特的生物资源等均须要由专家进行特殊的评价和分析。

通过美学资源的美学质量评价,美学资源阈值评价,美学资源敏感度评价和特殊美学价值评价,便可以绘制出一系列分级分布图,通过将这些分级分布图叠加,经"合取"和"析取"运算,便可得到公路两侧美学资源保护的分级分布图。从图中可以判定出不同的美学资源价值区,根据这一区域划分可以做出规划中的各段落美学资源定位。依据这种美学资源评价方法得到的结果对公路两侧的美学资源进行具体的规划和设计,可以减少人为对生态环境和优质美学资源的破坏,并且使美学资源组织趋于稳定,有利于形成良性发展的生态系统。

(5)美学资源的有利性评价

美学资源的有利特征是指对美学品质有正面影响的走廊特征;不利特征是指可能与周围的物体、社区或自然美学资源相冲突的特征。资源有利特征、不利特征的辨别应首先考虑以下方面的因素:

①生态多样性

生态多样性并不是多个物种的随意组合,它是由许多生态上协调的个体和群体组成的,生态多样性强调的是协调的组合。一般情况下,公路施工容易导致小范围内的气候、地貌、水文发生一定的变化,由于公路的阻隔很可能打破物种间的良性循环,生态多样性有利于尽快恢复食物链循环,保持群落的稳定性和路域植被的恢复。

另一方面从美学的角度出发,生态多样性丰富了驾乘人员的旅途生活,不同的生物具有不同的色彩、形状、味道、声响等特性,不仅从视觉上增加了色彩浓重感,也从听觉上和嗅觉上增加了行车的趣味性。

②环境可塑性

环境可塑性主要指环境可在人工作用的影响下,向有利方向发展的能力,包括自然环境可塑性和人文环境可塑性两方面。自然环境可塑性主要指的是施工阶段生态区域内生态的恢复能力以及目前已有不利自然环境的恢复能力。

人文环境可塑性主要通过调查沿线所经区域的自然美学资源、经济背景、人文历史等,进行分析挖掘,得出不同区域内人文美学元素的利用率,通过美学设计体现当地的自然经济特征和历史人文特色。

③背景复杂性

复杂性是基于感觉信息反馈产生的特殊反应的一种,主要指区域内的背景所包含的美学元素多少。美学元素过少,显得比较单调乏味;过多的、布置凌乱的美学元素会干扰驾驶员的视线,造成安全隐患,同时,也会形成一定的美学污染,影响乘车的舒适性。

正面影响与负面影响在进行分类时存在一定的主观性。从环境方面考虑,一般情况下,植被覆盖率高,生态破坏痕迹小的都为有利因素,但如果美学资源长时间单调没有变化,就会成为不利因素;相反,荒凉的沙漠地形,生态脆弱,美学资源单调,给人感觉比较沧桑,但短暂的沙漠之行,对于生活远离沙漠的旅客来说,就成为一种别类的美景,成为有利因素。

(6)美学资源空间格局与美学关系

①美学资源数量结构特征与美学质量。在空间格局上占主导的一种美学资源类型对区域资源美学质量起到决定性的作用。人们由于存在着强烈的自然主义理念,更倾向于自然美学资源类型,受人为干扰程度越小的美学资源的美学质量越高。

②美学资源形状结构特征与美学质量。美学资源系统形状结构复杂程度决定美学资源系统自然性的大小,进而决定美学质量高低。实践表明:适量有序化而不太规整的美学资源形状,不仅使美学资源自然生动,而且有利于提升美学资源整体的欣赏价值。

③美学资源破碎度与美学质量。美学资源破碎度指某种美景被其他类型美学元素切割分离的程度,高破碎度意味着人工痕迹过于浓厚,感觉凌乱且连续性差,美学价值低。

④美学资源分离度与美学质量。美学资源分离度表征某类美学资源所含斑块个体分布的离散程度,美学资源分离度较低,在区域空间上表现出连片分布的特点,美度就相对较高。

⑤美学资源多样性与美学质量。美学资源多样性高意味着美学资源系统结构的复杂程度高,美学资源系统的稳定性好,同时美学资源多样性能增强美景的对比度,容易创造较好的感觉效果。

2)公路美学环境分级的方法

由于公路沿途所处的空间位置、地域环境及所担负的功能不同,公路美学工程不可能按照同一种规格进行规划和建设,客观上须要将公路美学质量排序,分为不同的质量等级分别实施。通过对公路美学环境评价和分级,不仅利于明确公路建设的策略和方针,生态环境的保护、美学资源的利用以及美学规划,而且有助于使工程达到生态、环保、美观、舒适和经济目标。因此,公路美学环境分级是美学环境评价的具体应用,也是公路美学工程的关键性基础,公路美学分级的标准见表3.5.3。

第3章 公路路域美学资源的利用与保护

公路美学各等级标准 表 3.5.3

质量等级 评价内容	美学特征	美学质量	美学完整性	美学承载力
一级	地貌特征突出和地表覆盖多样丰富，美学特征具有很高的欣赏价值，空间环境独特优美，美景具有良好的属性特征，地域场所感明显	美学生态完整性高、美景吸引力高、美学敏感度高，具有很高的美学感觉，审美价值高，对周围环境重要	美学环境特征完整，且价值高，现存美学特征和场所感等级高	环境承载力弱、环境敏感度高，不适宜进行公路工程的大规模开发。应以"避让"为主，动植物资源丰富、生态环境脆弱，地方团体反对
二级	美学特征积极但相对普通常见，更多的是体现区域特色	美学生态完整性受到削弱，美学敏感度较高、美景吸引力较高，整体环境较为优美宜人	有价值的美学特征基本完整，部分存在人工开发，但人工开发模式基本对环境没有造成消极影响	环境承载力较弱、环境敏感度较高，公路工程应谨慎适度，须严格保护生态环境，环境承受干扰的能力一般，地方团体持谨慎态度
三级	美学特征较为普通，有欣赏价值的美景不多，区域地表覆盖类型不丰富	美学生态完整性较差、美景吸引力不足、美学敏感度不大、审美价值不高	有价值的美学属性特征已经改变，整体环境偏离了原有具有主导作用的美学特征，出现了大量人工开发，美学特征较为破碎、零乱	环境具备一定的承载力，对公路工程的干扰有一定的适应性，但部分美学敏感区域须要进行特殊处理。公路项目能促进经济发展，区域地方组织持积极支持态度
四级	美学特征明显，但负面因素起到支配性作用，生态环境差，地表覆盖单一，美学感觉质量差	美景吸引力弱、美景不具有敏感性	美学资源贫瘠、美景美学特征很少，有价值的美学特征严重改变，强烈偏离有主导价值的美学特征	环境敏感度很低，适宜各种类型工程项目，但区域人烟稀少，经济效益、社会效益均不显著

如果美学环境的美学感觉质量处于一级、美学承载力三级时，则在严格执行生态环境保护的情况下，可以在这些敏感区域的边缘穿行或邻近区域进行适度开发。当美学环境的美学感觉质量处于二级，美学承载力处于二级时，说明区域美学环境较好，生态环境较为稳定，能适应一定程度的工程开发，且需要的防护工程量较少，应积极利用沿途美景美物，融入周围环境。

3.6 公路美学段落分区和主题确定

公路美学段落分区和主题确定包括：美学分区、美学环境段落主题的确定、美学段落主题的构思，具体工作内容和要求如下。

3.6.1 公路美学分区

按照公路美学组成要素的视觉敏感性不同，进行相应美学分区，分区的标准见表3.6.1。

公路美学分区 表 3.6.1

分　区	分区标准	美学组成要素
一区	视觉敏感性≥4	服务区、收费站、跨线桥、互通立交、公路线形(山岭重丘区)
二区	视觉敏感性[3,4)	隧道、路堑边坡、公路线形(平原微丘区)、路侧绿化、中央分隔带(绿化)、标牌
三区	视觉敏感性[2,3)	声障墙、挡土墙、取弃土场、中央分隔带(防眩板)、桥梁、路面、标线、路堤边坡
四区	视觉敏感性<2	排水设施、涵洞

一区美学构成要素有服务区、跨线桥、互通立交等,该区域美学构成要素完全处于视线区域内、尺度大、醒目程度高、注视时间长、视野集中、视觉敏感性高、对公路美学效果影响大。

二区美学构成要素有隧道、路侧绿化、中央分隔带、路堑边坡等,该区域美学构成要素基本处在视线范围内、醒目程度较高、视觉敏感性较高、对公路美学效果影响较大,注视时间和视野集中相对一区弱。

三区美学构成要素有声障墙、挡土墙、桥梁、路面、标线、路堤边坡等,该区域美学构成要素有些处于路面高度以下、注视时间短,在行驶状态下视觉敏感性较低,对公路美学效果的影响较小。

四区美学构成要素如排水设施、涵洞等,该区域的视觉敏感性极低,基本不引起人们的关注,对公路美学效果影响微小。

3.6.2 公路美学环境段落主题的确定

美学段落主题主要由自然美学和社会人文美学构成,美学主题构成示意图如图 3.6.1 所示。其中,自然美学包括以地质地貌、水文、生物、气候气象四个方面为主题的美学;社会人文美学包括以古代、近代和现代人文文化三个方面为主题的美学。

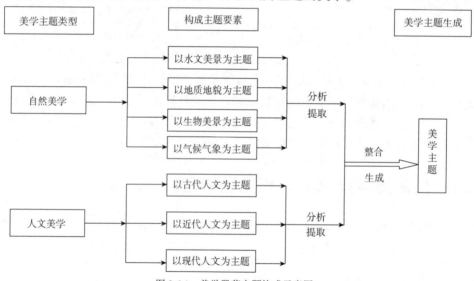

图 3.6.1 美学段落主题构成示意图

美学段落主题在公路美学规划中的设计流程,主要包括:研究分析、整合提升、主题界定、美学生成和采纳实施五个阶段,美学段落主题设计划分流程如图 3.6.2 所示。

1) 研究分析阶段

研究分析阶段是前提。该阶段主要是在对公路所处的一定区域进行现场勘查、资料收集、周边环境调查的基础上,对公路区域背景、区域环境、区域特征、资源现状、文化脉络等要素进行系统全面的分析研究,为美学段落主题的设计掌握第一手资料,并初步形成设计思路框架和构思理念。

2) 整合提升阶段

整合提升阶段是基础。该阶段是在研究分析阶段的基础上,通过对第一手资料的系统

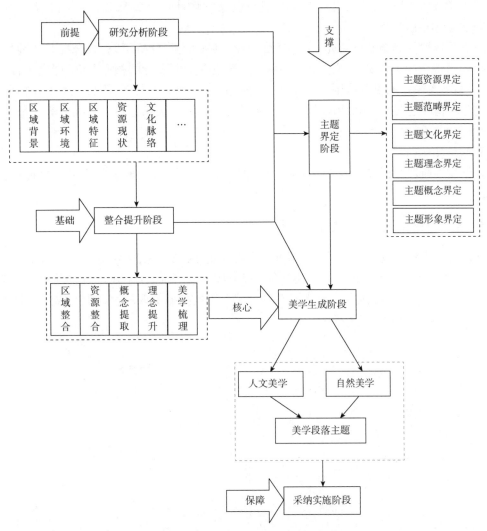

图 3.6.2 美学段落主题设计划分流程图

全面整合、研究、分析,对所处的区域情况、资源要素进行整合,对提出的公路区域内可能形成的美学要素进行针对性梳理,分析了解并掌握美学段落主题设计的主要美学元素。该阶段重在对区域内第一手资料的整合、提升,目的在于为美学段落主题设计的下一步工作打好基础。

3) 美学主题界定阶段

主题界定阶段是支撑。该阶段是在研究分析阶段和整合提升阶段的基础上,对公路所在区域内的主题资源、主题文化、主题范畴、主题概念、主题理念、主题形象等分别进行界定。主题资源界定是整合提升出公路所处区域的品牌美学资源、核心美学资源;主题文化界定是梳理出区域的特色文化内涵;主题范畴界定是确定出美学段落主题设计的总体范围,即主体美学要素;主题概念和理念的界定是在研究分析、整合提升的基础上,提炼出独具区域特色的、符合当地实际情况的主体设计概念或理念。总之,该阶段是公路美学规划的重要阶段,是解决美学段落主题"要设计什么""如何进行设计""设计到什么程度"等问题的支撑阶段。

4）美学生成阶段

美学生成阶段是核心。首先,在对公路所在区域的现状分析研究,整合提升的前提下,梳理出独具特色的美学要素、文化内涵,确定美学段落主题设计的核心范畴,即属于社会文化美学、自然美学中的哪个范围。其次,在所确定的主题思想引导下,附以地域文化内涵,确定出美学段落主题设计的独特风格、风貌、色调以及空间结构和分布等系列内容。最后,进行美学要素的设计。

5）采纳实施阶段

采纳实施阶段是保障。该阶段是在美学主题设计完成之时,经委托方采纳且最终实施的阶段。

3.6.3 公路路段美学主题的构思

路段美学主题的设计是在对区域环境、区域特征、区域文化、区域背景等多方面分析的基础上,在整合提炼出区域的独特主题、美学资源等概念的前提下,通过对主题和美学资源的系统的、全面的分析,在主题和美学资源融合并深层次挖掘提取的过程中形成的。图3.6.3为路段美学主题设计构思过程模型。

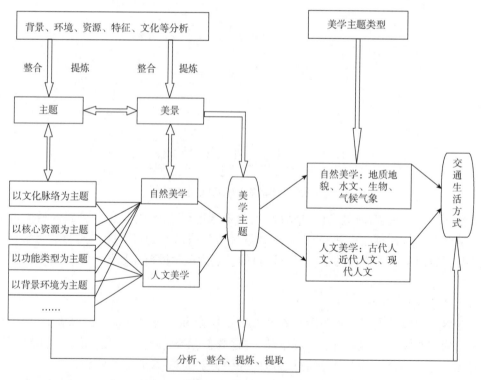

图 3.6.3 美学段落主题设计构思过程模型图

公路是属于线性工程,沿线路域背景景观丰富而存在差异,路是图,背景是底。各个路段的美学主题构思和排列涉及行程的节奏和韵律。

3.7 公路背景空间的美学设计方法

3.7.1 空间背景的内涵

空间背景是公路美学的重要组成部分,与公路自身美学相对应,在背后起到衬托、渲染和支撑的作用。从广义上讲,公路美学空间由两个层次组成:第一层次以公路自身要素构成的"前景"空间,其组成要素有公路平纵线形、横断面、路面、色彩、植物绿化、边坡、桥梁、隧道、附属设施和行驶的汽车等;第二层次为公路感觉域的"背景"空间美学,其组成要素有地形地貌、山体、植被、水系、农田村落、天象、城镇建筑等。"前景"空间包容在"背景"空间中,两者共同营造美学整体,构筑新的公路美学。

公路美学的整体效果取决于"背景"空间的感觉效果,同时,"背景"空间的美学设计可凸显公路"前景",美学的主体功能也起到了重要的基础性作用。"背景"空间的美学设计须要着力解决两个方面的问题:①"前景"空间如何协调地融入空间背景中,使整体空间产生良好的美学效果,构造优美的公路全景图;②整合路域的美学资源、空间环境,按照时间、空间以及意趣有序排列,使空间美景层层深入地展现在人们感觉范围内。

3.7.2 空间背景的感觉分析

1)运动状态下空间背景的感觉感知特点

运动状态下,空间背景的感觉感知是以公路的线形布局动态地向前延伸,以公路为中心视轴,连同轴线周围美学环境形成感知范围内的动态感觉效果。运动状态下空间背景的感觉感知具有如下特点:

(1)空间背景是流畅变化的风景画卷,按一定速度不停地在用路者视野中播放,在不同的方位、视角或时间上有不同的美学感受。

(2)公路空间背景随公路的延伸而连绵起伏,形成一个宽窄不断变化、张弛结合的带状感知空间。

(3)高速运动下,单个景点的观赏时间很短,美学单体的设计不要过于精细化,视域范围内空间背景要完整、协调。

(4)前景空间的细部美景随速度的提高而逐渐模糊,驾乘人员更多地将注视焦点引向远方,集中在空间背景的美学上,同时视觉变得迟钝,视野范围变窄,单个敏感视物能引起人们兴奋和较长时间的注视。

2)空间视觉距离尺度

(1)动态中人的美学尺度感

静态中人的美景尺度感包括人对周围环境形成的空间感、场所感,是在人的生活工作中形成的,一般是宜人的小尺度。在高速行驶情况下,人们对公路沿线美景的尺度感发生了变化,进而带来公路与周围环境新的比例关系,美景一闪而过,只有尺度较大的物体才能满足人们视觉的需要,符合动态下的心理感知和生理特点,高速穿行于大尺度的美学空间,才能产生融入自然的感觉而不是被排斥感。因此,选择公路美学尺度,应充分考虑动态中人的视觉、心理和生理的变化,根据路段的性质、车速等因素综合确定。

(2)视觉空间类型

按照空间形态围合及视线开阔程度将公路美学空间的类型划分为以下四类:开敞空间、半开敞空间、垂直空间和封闭空间。

①开敞空间环境。视线高度持平或高于周围环境,视野开阔,公路沿线周围是平坦的农田、水面、沙漠或其他低矮的空间。这种空间四周开敞、外向、无隐秘性,完全暴露于阳光与天空下,如平原微丘区公路美景。

②半开敞空间环境。它的空间一面或多面有林木、远山、公路附属设施或构造物等高于视线,制约了视线的穿透。

③直立空间环境。由高而细的植物或山体构成的一个方向直立、朝天开敞的空间。

④封闭空间环境。顶部和四周有植物、地形或构筑物封闭,具有极强的隔离感,如隧道。

公路视觉环境是由上述四种空间环境不断变化组合而成的。空间环境开与合的不断变化,形成了张弛有度的韵律和节奏,有利于改善人的视觉质量和心理情绪。因此,在公路美学空间背景设计中应该借用地形、植物、建筑等要素,营造变化丰富的空间。

3)空间背景的视觉划分

为了整合公路周围环境,须要根据不同环境特点,采用"露""透""封""造"的设计手法,营造良好的公路美学环境。

(1)美学环境的"显露",指美学环境等级高,为突出自然生态之美,在设计中应采用"显""露"的手法,如保证一定视线高度、视线不能被遮挡、美景要大尺度等。为避免遮挡,清除路侧零乱的灌木和巨石以及前方遮挡视线的广告牌等。

(2)美学环境的"通透",指路两侧有景可赏,应该在此路段设计透景线,采用透的手法,引入路外美景。对于连续的植物种植,留出适当的绿化间隙,让视线透过列绿化植物看到路外美景。当路线穿越林区、途经风景区、水库、名胜等地域时,应放缓边坡,采用低矮灌木和草本通透式种植,引导视线至远方自然风景带。

(3)美学环境的"屏封",指路两侧美学较差或者视觉上太生硬、呆板,该区域应该采用"藏"的手法,如采用乔灌密植的绿化模式,遮挡观赏视线。对于有碍观瞻的滑坡、不可绿化的裸岩或人工建筑物,应采取适当的路边设施或绿化将其遮挡、封闭。例如,对于路旁杂乱而丑陋的景物,脏乱的厂房、烟囱、垃圾堆等,可以密植乔灌木将其完全遮挡,使路上行人不可见。

(4)美学环境的"营造",指美学环境差又无法屏蔽的路段,宜采用"补"和"诱"的手法,对区域背景进行适当的美学再造,并加以视线诱导。如较长距离的公路边坡路段,应通过弧线坡面的美学设计,达到护坡美化和诱导视线的作用。对于较易忽视或远离公路的美景,采用特征植物、特征构筑物或观景台进行诱导。例如,在线形设计时充分考虑对驾乘人员视线的诱导作用,尤其在曲线路段,弯道两侧的美景应能很好地发挥这一作用,并且不应遮挡视线。

以下是一些公路观景手法的实例。图3.7.1为观赏沿线自然美景的观景台,在美景丰富、便于观赏之处建观景台,便于驾乘人员驻足欣赏自然美景;图3.7.2为观赏公路自身的观景台,为了观察公路自身及其周边的美景,可以在合适观察公路美景的上部位置设观景平台;图 3.7.3 为公路直视美景,在合适的路段,让公路直对美景(借景),在行车过程中欣赏美景;图 3.7.4 为路侧漏景观测美景,在便于观察美景的路段,采用漏景、框景等措施,在道路上就可欣赏雪山之美和雪山脚下的绿林美景。

图 3.7.1　观赏沿线自然美景的观景台

图 3.7.2　观赏公路自身的观景台

图 3.7.3　公路直视美景

图 3.7.4　路侧漏景观测美景

3.7.3　空间背景的美学组织布局方法

公路空间背景的美学设计可借鉴风景园林中相关的设计方法,综合运用借景、对景、透景、夹景、框景、节奏与韵律等手法进行组织布局。

1)对景设计

空间背景的对景设计是指在一段公路末端设置视线聚焦点,使用路者注意力集中于远端重要美景,减少公路两侧的单调感。对景是安排在游人正前方的,用于点缀、烘托或陪衬其他景物不可缺少的一些景物,借以免除视觉中的寂寞感,如图 3.7.3 所示。对景设计分为静观或动观对景,静观的对景是指建筑物附近的附属景物,在公路美学设计中,服务区和收费站员工休息区可适当做一些美学小品,使人们在停留休息、临窗近观也不感寂寞。动观的对景是在道路端头或转弯的地方安排有趣的景物,使人在路上移动时受到它的吸引,至少感到前方有景可看,心情上稍有慰安。显然,在立交区和收费站动观的对景表现明显。对景设计的要点:

(1)对景设计的前提条件为公路两侧美学质量不佳或者平淡普通,背景空间有大尺度、有特色的美景。

(2)终端对景的视线焦点可以是建筑物、自然风光、名胜古迹、远山丛林以及一些线形简单明了的大型纪念碑及广告等。

（3）为了衬托视线焦点，沿线植物种植须要进行过渡性排列，如由高到低的过渡、纹理由粗到细的变化等。

（4）在曲线路段，人们的视线更多关注弯道外的景点，注意力从公路一侧到另一侧不断地改变方向，对美学计要利用这一规律，利用连续对景设计，不仅引导行车方向，使方向感明确，而且空间充满连续性变化，不断引起人的感觉。把部分景观放在斜前方，以满足前排乘客的需要，见图 3.7.5 和图 3.7.6。

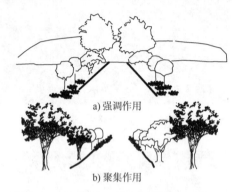

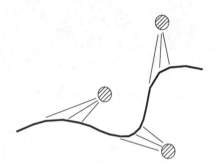

图 3.7.5　空间背景的对景设计，并通过植物栽植的过渡和变化来强调或聚焦

图 3.7.6　曲线段连续对景设计

2）封景设计

一些环境较差的路域，如公路边坡严重破坏的区域，砖厂的取土坑，高耸的烟囱破坏了天际的路段等，须要进行视线遮蔽，以营造一个良好的整体环境，具体方法如下：

图 3.7.7　利用植物种植遮蔽视线

（1）采用"封"的手法，采用乔灌草结合的立体绿化模式，形成对游人欣赏视线的遮挡，既遮挡了观感差的环境，又使游人有景可赏（图 3.7.7）。另外，公路靠近居民聚集区或动物活动频繁的区域，如学校、村庄、城镇、养殖场和动物保护区等，为了确保安全，须要对这些区域进行必要的遮挡。在学校、村庄附近，可直接修建隔离墙或安装挡板进行遮挡；在动物保护区附近，可栽培高大的植物隔离带等进行遮挡。

（2）采用"诱"的手法，景色不好又无法"封"则可以利用植物种植"诱"开视线。

3）借景设计

借景是园林艺术中常用的一种手法，可扩大园林空间，增加变幻，丰富园林美学效果。公路美学的借景是将好的美景组织到感觉范围中，借用路域以外的远景、远山、绿水来丰富道路的视觉内容，对用路者美感能起到良好效果的美学设计手法。根据距离和角度不同，借景可分为邻借、远借、仰借、俯借。公路美学借景是对已有美景或自然风光的利用，希望达到的目标有两个：一是沿线看到的是美景；二是地域特征和重点美景能被展现，最终通过目见之景而使心感其"道"。借景设计在很大程度上取决于可供借景的沿线景观资源以及线路布局，在视觉环境上，借景的路段应避免形成"直立的空间环境"和"封闭的空间环境"，应有意设计出视线空地,提供"风景视窗"。

为展现美景,有时不必追求林带似的"绿色走廊",甚至个别情况下可有意造成树林或空地,提供"风景视窗"。长度为通过车速几十秒即可,根据美景的规模、重要性和出现的频率等增减。例如苏杭地区的公路,应尽可能体现水网如织、池塘如星的美景,如果用林带全部遮掩,那便成为公路美学设计的败笔;当然局部的林带形成环境中适当的异质美学,丰富美景构成,也并无不可。

在景观单调的长直线上、弯道外侧、林边、路堑旁、隧道的进出口和交叉口附近,以及较陡的凸形竖曲线附近,应尽量保留原有的地貌及生态特征物,例如利用天然的高大古树或树群、或一组巨石,更能突出这些关键点美景的识别性。公路选线尤其是服务区选址,在可望及优美的风景之处等。

4) 框景设计

框景设计就是利用山体、植物排列、建(构)筑物闭合空间,形成一个视线框,有选择的框取沿线的远景产生内与外、暗与明、近与远、人工与自然景物对比的层次。框景容易使人产生错觉,利用视线框欣赏空间背景,好像一幅嵌于镜框中的图画。框景设计手法实际上就是起到强调的作用,将驾乘人员的视线通过景框集中到景物上,整体简洁统一,把自然美升华为艺术美,给人以强烈的艺术感染力。

公路美学借景常见的方式有以下几种:

(1) 对大面积原有林地、珍稀植物和古树,应尽量避让,或就地保护、利用,并作为主景,尽量保存占地内的其他林木。

(2) 为展现美景,有时不必追求林带式的"绿色走廊",甚至个别情况下可有意制造成疏林或空地,提供"风景视窗"。长度为通过车速 30s 左右,根据美学的规模、重要性和出现的频率等增减。

(3) 在美学单调的长线上、弯道外侧、林边、路堑旁、隧道进出口和交叉口附近,以及较陡的凸型竖曲线附近,应尽量保留原有的地貌及生态特征,例如利用天然的高大孤树或树群、或一组巨石,更能突出这些关键点的美景识别性。

(4) 公路选线尤其是服务区选址,在可望及优美的风景之处,借用优美的自然美学资源丰富道路美学。

(5) 公路在线形设计时不可避免地要穿过一些村镇,破坏原有的自然形态,给自然美学带来负面影响。但公路两侧的民居是展示当地自然经济状况、历史文化、精神风貌的窗口,代表一个地方的形象,在设计中应借用,或进行美化处理。

5) 夹景设计

夹景较多地运用于公路美学设计中。远景在水平方向视线很宽,而其中又并非全部景物都很动人,为了突出优美的景色,常将视线两侧的较贫乏的景物,利用树丛、树列、山石、建筑等加以隐蔽,形成较封闭的狭长空间,突出空间端部的景物。

6) 对比设计

空间背景通过对比设计的手法,往往能起到意想不到的效果,常用对比设计手法有:

(1) 高低对比,是指垂直方向天际线的高低起伏,在公路美学设计中,高低对比是常用的设计手法,如平纵线形的高低变化、绿化植物的高低搭配等。

(2)明暗对比,能引起色调的变化,增加美景的趣味性。在公路美学设计中,明暗对比的设计要点为:a.要充分考虑时差、季节、位置以及光线强弱的变化,而引起美学的明暗变化;b.公路美学空间的起伏开合,开敞空间与闭锁空间形成有韵律的变化,给公路驾乘人员的心理造成紧张与放松、明与暗的变化。

(3)宽窄对比,可以增强公路环境的动态变化。

(4)远近对比,公路美学设计中须要把远近空间划分成既相对独立、互有差别而又有机联系的多个层次,使之成为有机统一的整体特色,车行其间,在远、中、近的不同层次上,纷呈展现形与势的时空转换,更能给人一系列不同感受并引起情感变化,形成生动有致而又联系不断的审美体验。

(5)内外空间对比,当途经隧道口、跨线桥前后时,内外空间对比感强。

7)节奏、韵律

节奏是公路美学构成要素的有规律地、连续地重复。韵律是指公路美学构成要素在节奏基础上的有秩序的变化,高低起伏,婉转悠扬,富于变化美与动态美。节奏与韵律可以通过体量、空间虚实、构件排列等变化来实现。

8)空间的转换与延伸

正确处理好空间之间的关系,须要从整体的把握,在统一的基础上寻求变化,以便在感觉上彼此发生关联。常用的空间转换与延伸的手法有:

(1)每个区域空间要有自己的独特个性。

(2)两个具有不同特征空间进行转换时,中间要有过渡。

(3)空间转换的过渡段内有两个空间共有的美学要素,同时后续空间的特征属性在数量上、尺度上或比例上应逐步增加。

(4)不断变更美景,让驾驶员或乘客用眼睛自然而然地对蜿蜒的公路进行扫视,如图3.7.8所示;布线时最好将美景安排在弯道外侧,形成一连串的景点。

眼睛趋向于被弯道外的景物所吸引,如图3.7.9所示。这种做法有助于使旅途充满变化,并传送一种向前运动且达到终点的情绪;当一个暂时性目标被驾驶员作为注意的对象时,如果公路最终从这个目标旁通过时,驾驶员可能会有满足的情绪,否则就可能产生沮丧的情绪。

图3.7.8　驾驶员视野扫视示意图　　　　图3.7.9　弯道外侧景观安排示意图

(5)对于特殊的美景或目的物,应将其既作为远景又作为近景利用。很多美景由于欣赏者所处的位置不同,其美学效果也不同。如图3.7.10所示。

(6)由于弯道、速度的改变,固定美景的几何特性、外部美景对道路节奏和韵律的影响。曲率半径小的弯道,其景物频繁的变化而且有强烈的对比,将会加快节律;相反,较慢速度,大半径的弯道和宽广不变的远景则会降低节律。直坡段和竖曲线也能充分利用以展示美景,特别是远景。

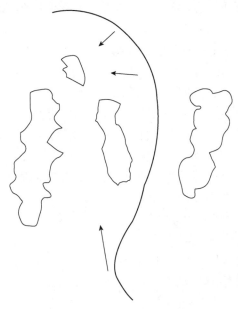

图 3.7.10　景点位置与美学形成示意图

3.8　自然美学资源的保护与利用

公路建设不可避免会对沿线自然美学资源产生一定的影响,尤其是设计阶段,若选线不合理,必将对沿线文化遗产及自然环境保护造成严重威胁,相反,好的设计能合理开发、利用、保护并提升沿线文化遗产及自然环境价值。进行自然和人文美学资源的保护就须要进行公路的背景设计,背景设计(Context Sensitive Design,简称CSD)的含义是将公路项目发展与线形几何设计结合考虑,满足公路项目建设对所在背景(环境、经济、历史场所、美学、美景等)影响最小、美学效益最大的要求。

3.8.1　公路沿线自然美学资源利用的程序和方法

公路沿线自然美学资源利用的范围和工作程序如下:

1)划分并记录公路沿线地区的地形地貌类型

公路所处区域现状调查内容包括自然条件、区域历史状况及沿线美景分布形式。根据上述调查掌握资料及各种比例尺的实测地形图、航测图和有关航摄像片进行方案室内研究,定出最有希望的路线带,并进行实地踏勘,最后定线组必须把路线范围缩小到600m左右宽度的地带,其中包括最有希望的具体路线在内的一条或几条路线。

2)确定并表明不同美学单元的类型

在确定大的地域性美学分界线之后,在地图上记录一种美学单元区别于其他美学单元的特点所在。美学单元的划分依据是:地形地貌特点、水体特点、植被覆盖特点等细节性的内容。美学单元一般以分水岭为分界线,当然,也有同一个分水岭区域中存在着几个不同类型美学单元。以地形地貌、水体、植被、耕地利用等自然美学特性为依据,划分地域性自然美学类型,确定地域性美学类型的分界线,标出不同美学类型中的地形地貌、植被、用地方式及农作物类型、水体分布等。

3) 确定并记录可能成为公路美学标记和兴趣点的美景位置

在特定道路上的行车速度,除了受驾驶技巧和熟练程度影响之外,还和驾驶员本人对道路的熟悉程度有关。在快速行驶的车辆中,驾驶员的工作操作实质上已形成一种心理上的条件反射,什么样的路况下应该采用多快的行车速度才能保证安全,是一种经验积累的结果。所以,公路的特殊路段沿线应有标记性质的美景或建筑物,以使道路使用者易于熟悉并牢记路况。由于标记引人注目,有较强的美学吸引力,它的先入为主的美学效果严重地影响驾驶员的情绪,也影响整条路的美学效果。应在外业测量时随着放线进行记录,将可以加以利用或造成影响的美物、地物等详细记入工作任务单。公路标记按其所产生的感官心理效果可分成两类:令人愉悦的和令人沮丧的。

(1) 令人愉悦的公路美学标记:

①山峰、山脊或其他轮廓明显易于辨认的;

②小岛、孤石或海岸线特征;

③瀑布及其水体特征;

④山谷、沟堑、冲沟;

⑤冰川、雪山;

⑥人工建筑物,如桥、通道、宗教建筑等具有历史意义和建筑意义的标志性建筑物、居民区、部分可见的工业区;

⑦娱乐休息场所,如公园、娱乐中心、景观眺望点及休息场所。

(2) 使人心情沮丧的道路标记:

①完全暴露的矿坑和采石场;

②林区伐空区;

③完全暴露的厂矿区;

④商业性停车场及其汽车检修中心;

⑤垃圾站。

4) 记录并标明珍贵的自然景观和人文景观

选线期间,在地图上标明道路沿线宏伟的自然美景和历史人文美景,评价他们的价值、等级及道路建设可能造成的影响,创造最有利的开发条件,选定最佳的观景点。

5) 美学单元美学质量评估

内业要根据地形图、航测照片、实地踏勘资料,利用 3DRoad 等软件,建立整体模型。实际模拟出路线与周围带状环境,美物的位置与体量,通过评估前面记录在案的各个美学单元的美学质量,比较他们感觉特点的相对价值,动态地完成美学整体布置规划及细节的保护、利用、改造、补充,并根据模拟效果不断调整优化。

6) 综合考虑,详细设计

在公路的整个建设过程之中,包括选线阶段、详细设计时期和公路的施工建设时期,把公路美学设计与结构、线形设计结合起来考虑,以取得最大的美学效益。

3.8.2 公路沿线自然美学资源利用的选线、定线方法

公路的线形设计主要包括两方面,一是平面线形设计,二是纵断面线形设计。因此,从宏观上讲,公路沿线自然美学资源的利用就是要求合理地进行公路的平纵线形设计。

1)路线选择

(1)线形规划布置阶段

首先要处理好线形与地形之间的关系。完全的沿溪线、山脊线或越岭线都不能达到良好的美学效果。如道路所经地区山水相隔,既有九曲回肠,又有流水潺潺,既有"山重水覆",又有"柳暗花明",给人的印象就会富有动感和强烈的变迁特征,可以增加司机和乘客的好奇心和兴奋感,使旅途愉快。

其次,要正确处理好公路与美物美景之间的关系,一般而言,根据道路选线"近而不进"的原则,路线"绕美物而过",使驾乘人员在路上既能欣赏到美物,又能避免美物遭到实体上或者感觉上的破坏,有利于美物美景功能的发挥和资源的开发与利用。

再次,在可能的情况下,避开敏感的自然美景美物是最好的选线。如中国的渝合高速公路,主要沿嘉陵江左岸走线,选线避开了路线最短、投资最少的缙云山自然保护区穿行方案,被称之为"环保选线"。内昆铁路在经过国家一级保护动物黑颈鹤的栖息地——国家自然保护区威宁草海时,为了保护黑颈鹤,专门修改了路线,并在施工中注意保护生态环境,有效地保护了威宁草海的自然景观,保护了黑颈鹤的栖息地。

衡量一条公路美学质量的好坏,不仅仅要关注其贯穿的美景点的个数以及美景点级别,还须要综合考虑整条道路周边的美学质量情况。如茂密的树林、清幽的峡谷、河滨沙滩等美景美物都是可以为提高公路综合美学质量的地方,而垃圾堆、取土坑、棚户区等景象反过来会影响公路的综合美学质量。

(2)线形设计阶段

线形设计首先要注意线形本身平、纵面的空间组合,构筑良好的立体线形,以满足视线诱导要求。其次,应尽量避免线形是孤立存在或生硬地割断自然美景和感觉空间。例如弯曲河道两侧的线形一定是以曲线为主体,否则会形成线路与环境之间的严重冲突。再次,设计中路线要尽可能接近原地面自然坡度,减少人工痕迹。避免过多地破坏环境和美景美物,不得已时应采取植树等措施进行弥补。例如在高填方弯道外侧植树不但能够增进行车安全感,而且能补偿高边坡的人工痕迹,改善美景美物。在深挖方段绿化不仅能保证视觉上色彩的连续性,同时能增进路容美观。

2)平面线形设计

(1)线形设计方法

地形、地物的形态常常是千变万化的,特别是在风景区,山岭连绵起伏,地形、地物的形态更是变化无常,采用常规的直线型设计方法(导线法)去拟和地形、地物是很困难的;而曲线型设计方法则不同,它采用不同半径的圆弧去拟和地形、地物,然后再用适当的缓和曲线加以连接。由于圆弧和地形、地物的形状是比较容易吻合的,因而设计出来的线形也就较容易与地形、地物融为一体,从而达到公路线形与环境的融合,同时以曲线为主要线形的道路

在视觉上也更优美。用桥、高架桥和隧道来跨越陡峭的地形,而不是用深开挖和高路基,也可以保护美景。

(2)上、下行(往返)车道线形独立设计

常规的道路线形设计,常常以路基中心线进行线形设计,在地形变化不大的平缓地区,这种道路线形设计方法是适用的,但是在地形起伏变化较大的山区,在路基宽度较大的情况下,采用这种设计方法则显得不灵活,不能很好地随形(地形)就势(地势),常常会导致路基土石方量的增加,且对环境的破坏也较大,这对公路与自然环境的融合是不利的。而上、下(往返)行车道线形独立设计则相对比较灵活,如山腰段路线,上下行路线可以在山腰两侧相分离,这样可以避免路线集中在山腰一侧产生路基土石方量增大的情况,从而减轻对自然生态环境的破坏,这对生态环境的保护是有利的。同时上下行车道线形独立设计可以产生形式、宽度变化多样的中央分隔带,如顺应地形的倾斜式分隔带,以天然地形地物作为美景的中央分隔带等,能在一定程度上避免单一形式的中分带给人的单调、枯燥感。又可以避免往返车辆的对向干扰和影响,同时可遵循上下坡车辆动力学原理。

3)纵断面线形设计

纵断面设计主要是控制路基的填挖高度,设计出满足汽车行驶力学和视觉要求的纵向线形。路基的填挖高度对于公路与自然环境的融合有着非常重要的作用。高填、深挖路基对环境的破坏是非常大的,高填、深挖路基由于对公路两侧生态环境的阻隔作用强烈,带来的环境破碎化和廊道效应也比较明显,同时高填、深挖路基也较容易诱发地质病害(如滑坡、坍滑、崩塌、泥石流等),并且对植被、水系也有很大的影响,因此纵断面设计时应注意控制路基的填挖高度。

路基的最佳填土高度是略大于最小填土高度,控制路基填土高度以满足这一要求不仅有利于保证路基的稳定,降低工程造价,而且较低的路基填土高度还可以设置顺应地形的变坡率的边坡,而不会像高路基那样地过缓边坡增加占地,过陡的边坡又有可能导致路基失稳。同时矮路基在路基边坡的防护处理上更易与环境相融合。低于最小填土高度的路基以及挖方路堑,须要花费大量的资金在路基处理上,如需要设置沙砾垫层、路基范围的原地面下挖掺灰或换土回填等措施来阻隔地下毛细水的渗透,增加路基的水稳定性和强度。同时这些措施对生态环境会产生一定的副作用,这对于自然生态环境的保护是不利的。此外,通过改变公路某一侧的坡度也可以适应天然地形。

3.8.3 公路美学的外部协调性设计

公路美学的外部协调性设计的具体设计内容包括:公路沿线的生态环境保护设计、公路与地形地貌的协调、公路绿化设计、公路人工构造物及附属设施的美学设计。

1)公路沿线的生态环境保护设计

公路对生态环境的影响可以分为两个阶段:一是施工期间对自然环境造成的非污染性破坏,因施工机械的使用及大量的开挖取土,破坏了土体原有的自然结构和水循环路径,相应地改变了生物的生存环境和生长、活动规律,阻碍生态系统的蔓延。二是公路运营后,路体分割了生物的生存空间,使公路附近的动物容易被汽车撞伤、轧死。而且由于汽车废气、噪声、有害物质的产生,使生物栖息地的生境(空气、水、土壤)逐渐恶化,引起生物发育不良,繁殖机能减退,疾病增多,抗病能力下降,造成种群数量减少(特别是珍特物种),有时可能会影响整个生物群落,进而改变公路区域生景。

如何与生态过程相协调,尽量使其对环境的破坏影响降至最小的设计形式称为生态设计,这种协调性意味着设计减少对资源的剥夺、尊重物种多样性、保持营养和水分的循环、维持植物生境和动物栖息地的质量,以改善人居环境及生态系统的健康。

可通过地理信息系统(如 ARC/INFO)可计算景观类型斑块的数目、面积、周长等,并在此基础上,计算各种美学指数,从而实现对区域生态美学格局动态特征的综合分析与评价,为公路沿线的生态环境保护设计提供依据。

公路的生态环境保护设计包括生态环境敏感地区(点),如自然保护区、森林、草原、天然湿地、野生保护植物生长地、野生保护动物及其栖息地、水土流失重点防护区、经政府部门批准的基本农田保护区等;水环境敏感点,如河流源头、集中式生活饮用水源地一级、二级保护区、珍贵鱼类保护区、鱼虾产卵场所等;生态环境敏感点,如居民集中居住点、学校教学区、医院病房、疗养院及环境上有特殊需求的区域或科研机构。在进行环境保护设计时,主要贯彻以预防为主,注重自然的原则。如果不能避让或避让措施不能满足环境保护的要求,即应针对该项目以及相应政府主管环保部门批复的环境影响报告书中所提出的环境保护措施与建议,拟定环境保护总体设计方案并进行论证,在初步设计或施工图设计阶段根据审定意见做出环境保护工程设计。具体设计方法参照交通部颁布的《公路环境保护设计规范》进行。环境保护设计体现在公路美学的设计范围时,应遵循以下一些基本原则。

(1)避让原则。公路美学的环境保护设计贯彻以防为主原则,主要体现在公路设计中对各类环境保护目标或环境敏感点的避让。

(2)自然优先的原则。在避让不及时,保护自然资源、维护自然过程是利用自然、改造自然的前提。

(3)适应性原则。自然环境及其美景有其自身和谐、稳定的结构和功能,人类的保护设计必须适应其原有的格局,使人为景观带来的负面影响最小,以保证整体的美学结构的功能完整性。

2)公路线形与沿线景物的协调

(1)公路与地貌美学协调设计的原理与要点

①地形对公路景观的影响

地形的构造、空间尺度的特点,决定了视觉空间的形式,并在一定程度上决定了公路美学的节奏和韵律。复杂的地形可以用高低参差来产生各种不同特征的视觉联系,形成广度、深度和层次各有不同的近景、远景及公路外观。

具有独特风貌的地形(如斜坡、悬崖、峭壁),以及与之相匹配的构造物,将大大丰富公路美学的内容。

②地形视觉空间的基本类型

一般可将具有共同美感环境条件的地区划分为独具特色的美学空间,这些不同美感空间按其形态(封闭程度)分为:全向型、多向型、双向型、单向型和内向型五大类。其中,以内向封闭型美学空间能赋各点以良好的视觉联系,见图3.8.1。

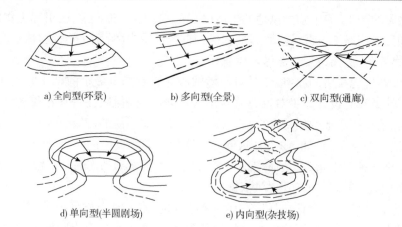

图 3.8.1 视觉空间的基本类型

公路美学空间的形状一般属于双向型美学空间,也即通廊空间;而具体地形情况不同的路线又具有不同的美学空间,如傍山、沿河路线则为多向型空间,也即全景空间;环山公路则有可能具有全景空间,即环景空间,或者是内向型空间。

在公路路线与地形的配合设计中,如果能够注意到地形与视觉空间的配合,则可以为公路美学空间的形成带来很大的意义。

③复杂地形下的视觉联系形式

在复杂的地形环境中,地形高度起伏,可见范围增大,与公路相匹配的各种美学构造物和形成物不再处处受到视野的限制。同平坦地形相比,复杂地形具有大量不同形式的视觉联系,各点之间的视觉联系分为制高的与延展的、联系的与间断的、深度无限的和受到地形等某些限制的。美学的基本要素是观察点与观察对象之间的视线,由单位视觉联系导出的复杂地形条件下的标准联系有四种形式:

a.视线由高处点到低处点(俯视型或鸟瞰型);
b.视线由低处点到高处点(仰视型);
c.视线从一些高处点到另一些低处点(混合型);
d.视线顺高原型地面平视(滑越型)。

(2)与地形配合的公路美学设计要点

在了解地形与视觉联系的关系后,可以按照地形理论的要求,结合公路布线本身合理性要求,充分考虑不同类型的视觉空间给公路美学造成的影响,设计出与地形配合良好并符合美学要求的公路,总结设计要点如下:

①路线要与地形密切配合,尽可能顺着等高线布设,容易与自然地形协调,避免垂直穿越等高线;与等高线成直角的路线,地形对公路美学的视觉影响很大,要特别注意挖、填方的坡面;横穿等高线的路线要特别注意选择角度。如图 3.8.2 所示,通过沿等高线展线的方式来穿越山丘,以减少工程对自然美景的视觉冲击和对植被生态群落的破坏。

②充分利用地形,在用路者沿路线前进的视觉方向,使各种美学元素整体上的布局能够有机地协调起来。针对不同的视觉联系,对美学元素进行设计。如图 3.8.3 所示,使路线逐渐过渡下降到山谷或溪谷中,使山谷、冲沟、洼地美景在平面上和纵面上都可预见。

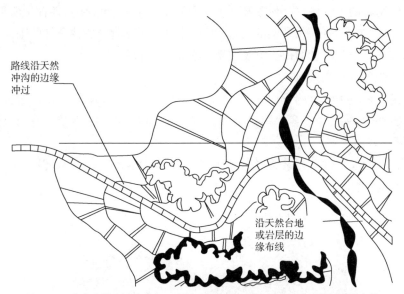

图 3.8.2　当公路横跨天然或人工沟渠、断裂面时,沿天然台地或岩层的边缘布线

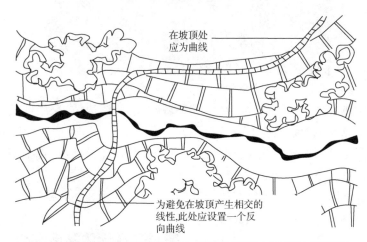

图 3.8.3　路线逐渐过渡下降到山谷中,使景观在平面上和纵面上都可预见

③尽可能地利用沿线有特点的地形,有利于公路美学个性的形成。

④形成的视觉空间以天空看起来太显眼,而以较高地貌为背景的填方看起来较好,见图 3.8.4。

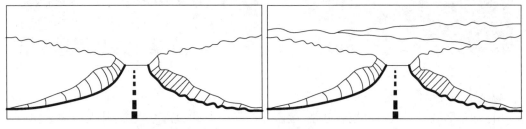

a)在天空衬托下看直线挖方形成的黑影轮廓　　b)在远方小山丘的衬托下看到的挖方黑影轮廓,视觉效果更好

图 3.8.4　背景设计

⑤道路使用者的视觉除去高位眺望外,主要是在公路上所具有的各种视觉联系。它们的视觉联系方式、观察的位置、观察的对象,无不受到公路环境中各种条件的限制。

⑥还应该从路外观察者的视点方位去考虑公路美学设计。

3)路外景观的利用与规避

根据公路与环境美学协调设计的原理与要点进行公路与环境美学设计时,应采取相应措施改善路线外的环境,为乘客保留优美的自然美景,遮挡丑陋的不雅景观,具体可以概括为"露、透、封、诱"四个字。

露:在风景优美的路段,为避免遮挡,清除路侧零乱的灌木和巨石,以及前方遮挡视线的广告牌等,为乘客露出远方美景(图3.8.5)。

图 3.8.5 近景好的要"露"

透:当路线穿越林区、途经风景区、水库等地域时,应放缓边坡,采用低矮灌木通透式种植,引导视线至远方自然美景处(图3.8.6)。

封:对于路旁杂乱而丑陋的景物,如脏乱的厂房、烟囱、垃圾堆等,要密植乔灌木将其完全遮挡,使路上的行人不可见(图3.8.7)。

诱:在线形设计时要充分考虑对司机视线的诱导作用,尤其在曲线路段,弯道两侧的美景应能很好地发挥这一作用,并且不会遮挡视线。

图 3.8.6 远景好的要"透"

图 3.8.7 景色不好的通过绿化"封"

4)选线中环境保护的一些具体方法

(1)通过名胜、风景、古迹地区道路,应该注意保护原有的自然状态,其人工构造物应与周围环境、景观相协调,处理好重要历史文物遗址。要注意汽车运营所产生的影响和污染以及路线对自然景观与资源可能产生的影响。

(2)选线时应对工程地质和水文地质进行深入勘测调查,弄清它们对公路工程的影响。对严重不良地质路段,如滑坡、崩塌、泥石流、泥沼等地段,以及多年冻土等特殊地区,应慎重对待,一般情况下应设法避绕。必须穿越时,应选择合适位置,缩小穿越范围,并采取必要的工程措施。

3.8.4 公路沿线自然美学资源利用的方法与补偿

在选线时,公路应接近风景区而不应该太靠近,否则会影响美景的完整性。在长直线或长曲线路段,避免使人沮丧的标志长时间的暴露于驾驶员的感觉范围,而应设法提供一个令人振奋或愉悦的感觉刺激。普通的、毫无特征的行车区域要采取人工造景提高美学质量。有必要时可通过细节性的种植、绿化、装饰作用弥补地形和沿线美学资源的自然缺陷。

在路线设计阶段,设计人员就应对可能的主要美景心中有数,必要时听取当地群众的意见。设计时,寻求一条损害性最小的路线,避免公路横穿一般景区或出露在美学感觉吸引能力很高的风景区。通过细节性的线形调整、植被种植、植物屏蔽、绿化造景和沿线建筑物的形态和色泽调配来减轻公路对周围自然美景的破坏。设计过程中,充分考虑沿线美学特点,扬长避短;调整路线,创造使驾驶员振奋和感兴趣的远方感觉兴趣点和行驶目的点;山坡路线和沿河谷边缘路线的位置选择,可以使驾驶员和乘客轻松欣赏山谷中的美景;沿线可设置突出平台、休息场地以作欣赏美景之用;公路与通向风景区的次级道路衔接通畅;选择感觉优美的河岸设置路线,避免横贯林区的路线,屏蔽视觉污染点。

1)根据划分好的美学单元,进行线形设计时的取舍

(1)避免路线通过具有较高美学价值和感觉敏感性的地区。如果一个美学单元里包含有陡峭的山峰、清澈的湖水和满山的植被,美景迷人,引人入胜,最理想的路线选择是靠近或俯视美景,而不是通过它,否则会存在"身在福中不知福"的感觉,也会出现破坏美景的现象。通过修筑连接线可以使旅客通达风景区的娱乐场所,而不伤及美学单元的完整性。

(2)尽量使路线廊道从美学单元的交界处通过,增加沿线美学资源类型和兴趣点的变化,有助于驾驶员调节情绪,保持头脑清醒。

(3)公路的线形和横断面形状设计应与美学单元的特点相协调。

(4)有选择地清除和预留原有地表植被,选择适当的边坡坡度和边坡防护形式,通过后期的绿化工作来弥补,以期减少公路工程对美学单元美学质量的损害。

(5)当道路通过一个规模比较大的美学单元,比如沙漠、沼泽地带,地形线条简单,景色单一,容易产生行驶单调感和疲劳感。这种情况下,须在沿线增加人工的美学吸引点和兴趣点。实际中可采用以下的处理方式达到目的:

①规划适当的休息场所,创造注视和亲近的机会;

②改变线形,如从直线线形变为曲线线形,形成景观墙,克服单调;

③中央分割带横断面形状的变化,增加变化,调节氛围;

④在感觉上突出强调特定位置的公路结构建筑物,如桥梁、通道等;

⑤通过植被方法,如通过公路旁边植被的预留和种植。

(6)保护原生植物,特别是古树名木、孤树。选线、定线时,尽量避让古树名木;若树木位于道路中央,则可在该处适当扩大路基,局部设置中央绿化带,扩大树木生存空间;若树木位于路基边缘,可适当减少该处路肩宽度,为提高道路安全性,建议设置护栏将树木与道路隔离;若条件限制

无法原地保护红线内古树名木,则可将其移植别处;公路建设过程中注意保护红线外一草一木。

(7)采用人工植被对自然环境的补偿。在公路路基范围内人工植被对自然环境的补偿是非常重要的,其表现为以下两点:

在感觉上,道路人工植被有助于公路融入自然环境中去。在微观上,在路基范围内栽种植被,特别是在路基边坡上栽种植被,可以更好地与周边自然环境相融合。

从生态上,公路人工植被可在一定程度上弥补道路对生态环境的破坏作用。公路在路基施工过程中,路基范围内的天然植被不可避免地将遭到破坏,在路基范围内栽种人工植被可在一定程度上弥补天然植被的破坏对自然生态环境的影响。如在路基范围内栽种植被可以起到防止水土流失、稳定路基的作用,特别是公路两侧的植被还可以作为廊道,起到连接大的自然板块的作用,这对维持当地的生态系统具有一定的作用。

①采用人工植被对自然环境补偿的植物选择时的注意事项:

a.在选择植被时一方面须要考虑它对路基的防护效应(主要是边坡),同时还要考虑如何同周边环境相协调的美学感觉效应。应尽量选用本土植被,本土植被是在本地气候与土壤环境中长期进化的结果,最适合当地环境,生存能力强,而且由于是本地土生土长的植物,可以很好地与周围植被相融合。

b.从植被抗逆性和美学感觉考虑,应采用多种植被混播。混播群体比单一群体具有更为广泛的遗传背景,因而具有更强的适应性。

c.应选择根系发达的植物,根系发达的植物对边坡的影响深度大,且可以更有效地加固边坡。

②采用人工植被对自然环境补偿时的注意事项

a.在原有美学资源丰富、美观的情况下,应尊重原有美景,不系统种植,只是填补空间。

b.在原有景物不理想的情况下,重新种植植物以适应或改善现有景物。

c.植物应选择适宜当地的植物(乔木、灌木、树篱等),包括当地有代表性的植物。

d.反映出公路的类别和功能。

e.构筑和突出各种交错的美学类型。

f.适应和突出各种工程建筑物。

g.利用原有美景美物作为路线发生变化的信号来确保使用者的安全。如在弯道处采用不对称的树木或在进入一弯道或村庄之前,减少林荫道树之间的距离。

h.通过选择适合当地的颜色和特性的材料来建构工程结构的美学,使结构形状简朴。

(8)对于杂乱景观和丑景的处理

①避免使用过多不同类别的噪声屏障。

②管理沿路的广告,特别是在进入城市或城镇的入口处,防止不雅观的画面激增,从而保护公路使用者的安全。

③公路沿线向驾驶员和乘客提供诸如停车场、休息处、景观俯瞰处等服务设施,有助于避免脏乱、车辆乱停。

2)美景美物利用实例

在公路施工过程中,应根据实际情况,进一步确认、协调、再造设计。施工结束后,应根据实际行驶感受再次补充设计,或根据实际调查,在养护阶段针对突出问题进行弥补。

自然美景是公路美学的一笔财富,充分利用已有的自然美景是公路美学建设的一个重要任务,在道路勘察、设计、施工阶段须要对可能路线的自然美景进行调查,在设计、施工中加以利用,在运行阶段给予完善,使自然美景能够做到"物尽其用",其手段是综合运用借景、对景、透景、夹景、框景、节奏与韵律等手法进行组织布局。一些美景美物的利用实例如下:

(1)云彩、气象美景。图3.8.8为行车前方见到的景观,在公路前进的方向观察到当地农村人生活的艰难,也见到了峡谷、云彩美景,同时也让当地的山区人民看到现代公路的科技发展,见到了未来的前景;图3.8.9、图3.8.10是云南丽江某公路侧面见到的场景,山峰、云彩美景。图3.8.11为贵州黄胜公路某场景,图3.8.12和图3.8.13为贵州崇遵公路某场景,在公路上行车见到云雾缭绕的山脉,给人气象万千的感觉;图3.8.14~图3.8.16为重庆地区公路见到的场景,图3.8.17~图3.8.19为三峡地区见到的场景,公路不同的天象以及天象与地貌的组合情况下给驾乘人员不同的感受;图3.8.20某沿湖公路晚景,在夕阳的映照下,青山、湖水、倒影相映生辉,美不胜收;图3.8.21某沿湖公路晨景,太阳东升产生的光环和在湖面上产生的倒影,与山脉的地貌天际线相映衬;图3.8.22为云南某山区公路午景,一边太阳一边雨,是晴天也是雨天又是阴天,云南的一时三相,美哉!

图 3.8.8 云南昭会路某场景

图 3.8.9 云南丽江某场景之一

图 3.8.10 云南丽江某场景之二

图 3.8.11 贵州黄胜公路某场景

图 3.8.12 贵州崇遵公路场景之一

图 3.8.13 贵州崇遵公路场景之二

图 3.8.14 重庆公路某场景之一

图 3.8.15 重庆公路某场景之二

图 3.8.16 重庆公路某场景之三

图 3.8.17 三峡地区某场景之一

图 3.8.18 三峡地区某场景之二

图 3.8.19 三峡地区某场景之三

图 3.8.20 某沿湖公路晚景

图 3.8.21 某沿湖公路晨景

（2）岩石、地貌美景。不同地区、不同路段、不同视向有不同的美景，这些美景对于驾乘人员来说都是难得的、免费的观赏景观，公路建设中应加以利用。图 3.8.23～图 3.8.33 为云南西石高速路旁的石林景观，道路两旁的天然石林、岩芽不胜其数，美不胜收，是可以展现的美景，在公路修建中纳入驾乘人员可观赏的对象，例如采用框景或漏景的方法来实现，也有采用安全护栏替代安

图 3.8.22　云南某山区公路午景

全墩或防撞墙；同时利用弯道展现路侧景观；图 3.8.34～图 3.8.38 为贵州贵黄高速公路上的喀斯特美景，近处有奇特各异的地貌、山峰，远处有数不清的山头美景，近看远观都是景，不同路段不同方向景观各异，为驾乘人员提供出行就是一种旅游，有赏不尽的美景；图 3.8.39、图 3.8.40 为云南锁龙高速公路上的景观，既有青山也有悬崖，是不错的风景线；图 3.8.41～图 3.8.43 为云南水麻高速公路景观，公路通过的峡谷陡坡上生长茂密的绿色灌丛，在贫瘠之中蕴藏生机，在惊险中透着柔情，具有别样的风景；图 3.8.44～图 3.8.48 为云南麻昭高速公路景观，崇山峻岭中透着绿色灌木的宁静，峻与秀互渗，有俊秀之美；图 3.8.49、图 3.8.50 为云南嵩会高速公路景观，水库、青山、小树林、潺潺流水，与青山、农舍、梯田和库水相继呈现，别样的风景给人风光无限之感；图 3.8.51、图 3.8.52 为云南高速公路景观，高山峡谷与坝子平地相继出现，有山的峻险，平地的秀美，远山、近村与公路，形成很美的画面；图 3.8.53、图 3.8.54 为云南小磨高速公路景观，蓝天、白云和青山、小花，给公路驾乘人员无限美的享受；图 3.8.55 为云南西石高速公路沿线的石林与湖泊互呈美景，既有湖泊的秀美，也有石林的奇异之美。

图 3.8.23　西石路的石林景观之一

图 3.8.24　西石路的石林景观之二

图 3.8.25　西石路的石林景观之三

图 3.8.26　西石路的石林景观之四

图 3.8.27　西石路的石林景观之五

图 3.8.28　西石路的石林景观之六

图 3.8.29　西石路的石林景观之七

图 3.8.30　西石路的石林景观之八

图 3.8.31　西石路的石林景观之九

图 3.8.32　西石路的石林景观之十

图 3.8.33　西石路的石林景观之十一

图 3.8.34　贵黄路上的喀斯特景观之一

第3章 公路路域美学资源的利用与保护

图 3.8.35　贵黄路上的喀斯特景观之二

图 3.8.36　贵黄路上的喀斯特景观之三

图 3.8.37　贵黄路上的喀斯特景观之四

图 3.8.38　贵黄路上的喀斯特景观之五

图 3.8.39　云南锁龙路景观之一

图 3.8.40　云南锁龙路景观之二

图 3.8.41　云南水麻路景观之一

图 3.8.42　云南水麻路景观之二

图 3.8.43　云南水麻路景观之三

图 3.8.44　云南麻昭路景观之一

图 3.8.45　云南麻昭路景观之二

图 3.8.46　云南麻昭路景观之三

图 3.8.47　云南麻昭路景观之四

图 3.8.48　云南麻昭路景观之五

图 3.8.49　云南嵩会路景观之一

图 3.8.50　云南嵩会路景观之二

图 3.8.51 云南路景观之一

图 3.8.52 云南路景观之二

图 3.8.53 云南小磨路景观之一

图 3.8.54 云南小磨路景观之二

(3) 树林美景。不同地区、不同路段、不同季节有不同的树林美景,这些美景对于驾乘人员来说一年四季都在发生变化,都是难得的、免费的观赏景观,公路建设中应加以利用。图 3.8.56 为云南西石高速路旁的树林景观,在一路深灰色的石山、石林景观中,出现一片绿林,既是调节也是变换与对比;图 3.8.57、图 3.8.58 是云南丽江某段公路下的树林美景,在气候多变的高寒地区有如此茂密的树林,是难得的美景。

图 3.8.55 西石路的石林和湖泊美景

图 3.8.56 西石路的树林美景

(4) 冰雪美景。我国大部分地区四季之中只有冬季偶有冰雪,是难得的、免费的观赏景观,公路美学建设中应加以利用。图 3.8.59 为云南丽江玉龙雪山美景,大丽高速公路进入丽江城的路段正对其全景,远处的玉龙雪山一览无余,不但给人到达云南丽江的标示,也是观察其真面目的景观路,当然在公路上行驶就是免费的;图 3.8.60~图 3.8.62 为云南昭会高速公路上的冰凌美景,在浓雾之中透着冰亮,对于很多南方人而言是难得的美景。

图 3.8.57　云南丽江的树林美景之一

图 3.8.58　云南丽江的树林美景之二

图 3.8.59　云南丽江玉龙雪山

图 3.8.60　昭会路冰凌美景之一

图 3.8.61　昭会路冰凌美景之二

图 3.8.62　昭会路冰凌美景之三

(5)瀑布美景。高山溪流或江河处才会有瀑布,是难得的美景,公路美学建设中应尽量加以利用。图3.8.63～图3.8.67为云南麻柳湾到昭通高速公路旁的瀑布美景,图3.8.68为云南高速公路上的瀑布美景,图3.8.69～图3.8.70为贵州崇遵高速公路上的瀑布美景,这些都是公路从旁边经过的瀑布,瀑布、悬崖、青山、云雾等犹如画境,风声、水声交相呼应,美不胜收,给人美如仙境的感受,增添了无限的旅途乐趣。

(6)悬崖美景。公路线路一般选择走地貌高差不是太大的部位,但有些山区路段不得不选在有悬崖峭壁的地方,这样悬崖景观也就难得了,在公路美学建设中应加以利用。图3.8.71为云南麻柳湾到昭通高速公路旁的悬崖美景,图3.8.72为美国某路段的科罗拉多峡谷,图3.8.73为丽江地区金沙江边上某段公路的峡谷,这些路段在最佳观景地设置观景台或休息站,让驾乘人员观赏和休息是不错的选择。

第3章 公路路域美学资源的利用与保护

图 3.8.63　麻昭路瀑布美景之一

图 3.8.64　麻昭路瀑布美景之二

图 3.8.65　麻昭路瀑布美景之三

图 3.8.66　麻昭路瀑布美景之四

图 3.8.67　麻昭路瀑布美景之五

图 3.8.68　云南高速公路瀑布美景

图 3.8.69　崇遵路瀑布美景之一

图 3.8.70　崇遵路瀑布美景之二

图 3.8.71　昭麻路峡谷

图 3.8.72　美国峡谷

图 3.8.73　丽江金沙江峡谷

（7）湖泊美景。沿河（湖、水库）线一般是风景最佳的路段，除了一般的旅游路外，也有一些非旅游路线的某些路段会经过江河或者是天然湖泊或人工湖（水库），这些路段可以在最佳观景地设置观景台或休息站，让驾乘人员观赏和休息。图 3.8.74～图 3.8.76 为云南丽江三段公路旁的天然湖泊，有蓝色的也有黑色的，周围的景观也各有不同，还有不同的故事和传说；图 3.8.77～图 3.8.80 为在贵黄高速公路上不同路段见到的红枫湖，山清水秀，微风细吹，凉爽宜人；图 3.8.81 为云南高速公路旁的人工湖，蓝天、白云、青山、绿水、树林、农田与公路，在远山背景下相映生辉，也是小憩的好位置；图 3.8.82 为美国的某段公路海岸，蔚蓝的海水与半岛上独特的草坡、树林及其村落景观，给人狂妄与宁静、异国情调的感受。

（8）田园美景。不同的地域有不同的种植习惯和传统，也有不同的种植品种，行车旅行中观察田园和农业生产也是了解民俗民生的机会，让异域的驾乘人员了解和观赏也是公路美学建设的内容，如图 3.8.83 为云南西石高速路旁的田间小麦，与北方的小麦种植有所不同。

图 3.8.74　丽江某公路旁湖泊之一

图 3.8.75　丽江某公路旁湖泊之二

图 3.8.76　丽江某公路旁湖泊之三

图 3.8.77　贵黄路旁的红枫湖之一

图 3.8.78　贵黄路旁的红枫湖之二

图 3.8.79　贵黄路旁的红枫湖之三

图 3.8.80　贵黄路旁的红枫湖之四

图 3.8.81　路旁的人工湖

图 3.8.82　公路旁的海岸(美国)

图 3.8.83　西石高速路旁的田园

(9) 植物美景。不同的地域地理有不同的植物景观,公路是线状工程,跨越的地域较广,再加上我国地域辽阔、地理、气候条件多样,能够生长的植物繁多,植物的叶、花、果等随着季节的变化而出现、或变大、或变色、或消失,具有一年四季行色不同的美学特点,植物是公路美学建设的一种资源,也是生态保护的需要,应加以保护和利用。图3.8.84为云南昭会高速路旁的火把果,在秋末冬季万木枯萎之时,火红的果实让人嘴馋,在后面落叶光枝的核桃树衬托下,满枝的果实显得分外妖娆;图3.8.85为云南西石高速路旁的无名果,果多叶少,红色鲜艳的果实在绿叶的陪衬下显得分外艳丽,是一种珍稀植物,较为罕见,难得观赏;图3.8.86为云南西石高速路旁的枫叶,在枫叶不成林的云南,见到如此鲜艳的枫叶,也算实现了想去到北京香山和加拿大看枫叶的心愿;图3.8.87为新疆某公路旁的仙人掌景观和图3.8.88为美国某公路旁的沙漠植物景观,对于很少见到沙漠的人来说,可谓增见识;图3.8.89为云南石锁高速路的植物景观,植物、树木长满整个小山包,显得清秀,富有灵气;图3.8.90为云南高速路的植物景观,山包虽小,但植物品种不少,清爽气新,宁静而富有生机;图3.8.91和图3.8.92为云南小磨高速路旁的植物景观,基本为原始的生态林,满山的原生态植物,乔、灌、藤各式植物数不胜数,天然林的保护不仅给驾乘人员带来美丽的风景,而且保护了公路和人类社会的生态系统。

(10) 综合美景。一般来说,公路美景不单有一种美学资源,大多是多种美物美景类型的综合,一个地区或一个路段可能欣赏到很多种美学元素,图3.8.93为云南丽江某县道公路景观,沿线的草地、坝区、山峰、河流和云彩美景基本上都可以一目观之;图3.8.94为云南丽江某县道景观,可以见到峡谷、湖泊(水库)和纳西族村寨;图3.8.95为云南昭会高速公路上某段路的景观,有悬崖、红石岩和高速公路桥梁景观,既可以欣赏悬崖峭壁、喀斯特地貌,也能感受到高速公路的壮观、顺直,给人以人工美和自然美的综合感受;图3.8.96为云南丽江某县道景观,玉龙雪山美景与近处的村庄相映成趣,美哉!图3.8.97和图3.8.98为云南大丽高速公路景观,苍山、洱海、白云、蓝天为大理高速某一段路的景色,路边的湖光、山色、蔚蓝的天空、朵朵白云,还有湿地上的芦苇(图3.8.99),给驾乘人员无限的享受;图3.8.100为云南小磨高速公路景观,橡胶林、菠萝树等农业植物是很多地区人们难得一见的农业景观,可以作为公路美景的一部分,纳入公路美学建设的内容;图3.8.101为云南高速公路景观,白云、青山和农地,既环保生态又见农业景象,既游青山也观农业!

图3.8.84 昭会路旁的火把果

图3.8.85 西石路旁的无名果

图 3.8.86　西石路旁的枫叶

图 3.8.87　某公路仙人掌景观

图 3.8.88　某公路沙漠植物景观

图 3.8.89　石锁路植物景观

图 3.8.90　路植物景观

图 3.8.91　小磨路植物景观之一

图 3.8.92　小磨路植物景观之二

图 3.8.93　云南丽江某县道景观之一

图 3.8.94　云南丽江某县道景观之二

图 3.8.95　云南昭会高速公路景观

图 3.8.96　丽江某县道景观

图 3.8.97　大丽高速公路景观之一

图 3.8.98　大丽高速公路景观之二

图 3.8.99　大丽高速公路景观之三

图 3.8.100　小磨高速公路景观

图 3.8.101　高速公路景观

第3章　公路路域美学资源的利用与保护

一些对环境及其美学资源不利影响和破坏的案例：图3.8.102～图3.8.106为公路修建时破坏的一些石林、石芽景观，是地质遗迹的损失也是对环境的破坏！也是对自然环境的一种破坏，应尽量予以保留、保护，在公路建设设计时应尽量绕行避让，实在不能避让的，如果分析不影响安全行车或滑（崩）落不影响安全，可以采用放陡边坡，尽量少破坏或者不破坏；图3.8.107、图3.8.108为公路修建时破坏了自然景观，公路建设会对生态、环境产生破坏和影响，如弃土的乱堆、乱放，弃土进入水库减少水库库容、污染水源，减少植被，造成滑坡等，应加强公路建设中的生态环境保护；图3.8.109、图3.8.110为公路修建或建材开采破坏的自然景观，破坏的环境给人一种不健康的感觉，图3.8.109和图3.8.110对比，被破坏的山坡与保留完整的山坡的比较，显然没有被破坏的山坡更美；青山绿水中不时出现的石料场就像是生疮一样，图3.8.111名称"母鸡山"已变成"肢解的鸡块"了；图3.8.112和图3.8.113为公路建设产生泥石流的场景，由于公路建设中乱弃土弃渣，废弃的土石料可能会造成泥石流，导致环境灾难。

图3.8.102　破坏的石林景观之一

图3.8.103　破坏的石林景观之二

图3.8.104　破坏的石林景观之三

图3.8.105　破坏的石林景观之四

图3.8.106　破坏的石林景观之五

图3.8.107　破坏的自然景观之一

图 3.8.108　破坏的自然景观之二

图 3.8.109　破坏的自然景观之三

图 3.8.110　破坏的自然景观之四

图 3.8.111　破坏的自然景观之五

图 3.8.112　建设产生的泥石流之一

图 3.8.113　建设产生的泥石流之二

3) 自然美景的恢复和美化

对公路工程或其他工程建设破坏或影响的自然美景进行恢复和美化是必要的,以下以石林景观的恢复与美化作为实例建议说明。

(1) 采用喷涂的方法对石林景观给予恢复,因开挖对石林、石芽资源进行破坏和影响,其创伤面难看而且不雅,采用相近颜色的彩色混凝土或砂浆进行喷涂处理,恢复其自然颜色的景观是一个可行的方法,图 3.8.114～图 3.8.129 分别为美化喷涂前后及其喷涂过程中的对比,美化效果十分明显。

(2) 对开挖揭露的石林、石芽保留,移位进行安置,按石林、石芽的自然状态进行排放,图 3.8.130～图 3.8.139 分别为正在进行和已经完成的重新移位保护的石林、石芽;石林景观恢复和美化效果十分明显。

第3章 公路路域美学资源的利用与保护

a) 美化前

b) 美化后

图 3.8.114 美化效果对比图之一

a) 美化前

b) 美化后

图 3.8.115 美化效果对比图之二

a) 美化前

b) 美化中

图 3.8.116 美化效果对比图之三

a) 美化前

b) 美化后

图 3.8.117 美化效果对比图之四

a) 美化前　　　　　　　　　　　　　　b) 美化后

图 3.8.118　美化效果对比图之五

图 3.8.119　美化前　　　　　　　　　　图 3.8.120　美化中

图 3.8.121　美化中　　　　　　　　　　图 3.8.122　美化中

图 3.8.123　美化后　　　　　　　　　　图 3.8.124　美化后

第3章 公路路域美学资源的利用与保护

图 3.8.125 美化后

图 3.8.126 美化后

图 3.8.127 美化后

图 3.8.128 美化后

图 3.8.129 美化后

图 3.8.130 石林、石芽的重置之一

图 3.8.131 石林、石芽的重置之二

图 3.8.132 石林、石芽的重置之三

图 3.8.133　石林、石芽的重置之四

图 3.8.134　石林石芽的重置之一

图 3.8.135　石林石芽的重置之二

图 3.8.136　石林石芽的重置之三

图 3.8.137　石林石芽的重置之四

图 3.8.138　石林石芽的重置之五

（3）在不影响交通和工程布置的情况下，对开挖揭露的石林、石芽可以原位保留，如图 3.8.140、图 3.8.141 所示，就地保护的石林、石芽，与开挖出来的效果一样，一旦经过风吹、雨淋，经过风化以后效果会与天然石林没有多大差别。

图 3.8.139　石林石芽的重置之六

路区域自然景观资源无处不在、各具特色、丰厚多彩，利用就是布设于适当的位置，与公路形成恰当的空间关系，驾乘人员具有最佳的观赏视角。补偿就是最小的破坏和扰动，对部分破坏和扰动进行自然而经济的修复（图 3.8.124）、美化与营造（图 3.8.133）。

图 3.8.140　就地保护的石林石芽之一　　　图 3.8.141　就地保护的石林石芽之二

3.9　沿线人文美学资源的利用与保护

文化,什么是文化?

文化就是大众(或者团体)认可,大家自觉自愿遵守的规则、习俗和习惯,文化须要学习和培养。

文化特指人们在社会历史实践过程中创造的精神财富的综合。从广义角度讲,文化是一个国家或一个民族在一定的历史时期,一定的社会经济背景条件下积累起来的优秀的艺术成果的总和。从狭义角度而言,文化是一种社会意识形态,以及与之相适应的社会制度和组织结构。地域文化包含三个层面上的内容,依托于自然环境、人文环境、社会环境三个不同的媒介,形成三种不同的地域文化层面。以自然环境为划分媒介的地域文化,更多的体现地域在地理环境、自然气候、植被土壤等方面的不同,表现出不同的自然美学面貌。人文环境层面的地域文化更多的渗透了历史传统、民俗风情、艺术风格、观念习性等因素。如我国北方庄严肃穆的皇家园林与江南精致灵巧的写意园林,由于建筑风格、民俗风情不同所形成的建筑形制的对比。社会环境层面的地域文化主要强调由于经济发展状况和社会组织结构等因素的不同所产生的地域文化差异性,更多的体现地域文化的社会价值。地域文化三个层面之间关系密切、互为补充、相互影响、相互关联,形成丰富的地域文化内涵,自然环境是人文环境和社会环境形成和存在的基础,人文环境和社会环境是地域文化差异性的本质体现。文化的发展与地域、历史密不可分,地域文化通俗地讲就是一个地方所特有的文化、历史、脉络、典故、风土人情等抽象特征和地形、美景美物、建筑、遗迹等具象特征的融合与传承。正如,谈到北京就想到元、明、清三代的首都、故宫、长城、香山红叶等风景区;谈到云南,人们会想到云南十八怪、傣族及其竹楼、葫芦丝、白族与三塔、苍山洱海、丽江纳西族及古城;谈到贵州就想到苗族风情以及黄果树瀑布、蜡染花布、苗族侗族村寨等,这就是文化赋予人们的巨大想象空间,也是地域、人文的永恒魅力所在。

美学有了文化的内涵,就如同人有了思想。美学是文化的一面镜子,是文化的载体。文化的挖掘可通过对美学的研究和认证来实现,文化又决定公路美学的地域性、历史性、民族性,并使公路美学更具生命力。首先,公路建设同其他建设一样,本身就是人类创造的一种人文美学。人们在改造自然的过程中,处处留下自己的足迹,公路建设既创造了物质环境,又体现历史遗产、社会生活、感觉享受、场所特征、形象符号等精神方面的文化环境，其公路及美学自身就是一种文化现象。其次，从空间上说，公路连接的是两个或数个地区，地区之间具有多种不同的文化属性，因而，公路构筑了多种文化融合交流的通道，成为多种不同文化的连接体。公路考虑其自身连通性作用的同时，其美学设计应体现保持、保护、弘扬民族精神，结合区域文化、时空差异，把积淀于人们心中有关公路和周边地区过去、现在、未来的记忆片段或憧憬，用设计的语言加以外化表达，创造出独具地区文化特色和魅力的公路美学，使公路沿线美景在富于个性特征的同时，更富于识别性、过渡性和连续性。

地域文化体现的是民族文化的精髓，是华夏之魂。如果说公路实体是公路设计的生命，文化内涵则是设计的灵魂。地域文化和公路美学设计的关系包含两个层面的内容：广义角度而言，文化是公路美学设计创新的源泉，而地域文化作为文化分割的视角为公路美学设计提供了更为具体的引导方向。地域文化和公路美学设计是抽象思维与具象表达、内容和形式的关系。从狭义角度而言，地域文化三个层面的内容直接或间接的影响公路美学设计的形成。自然环境层面的地域文化通过地理条件、植被、气候、水土等要素影响公路美学面貌的形成，"骏马秋风骥北，杏花春雨江南"是影响美学的写照。人文环境层面的地域文化通过民俗风情、历史传统、建筑风格等方面影响美学设计的发展，最直接的体现是北方以对称布局惯称的故宫与江南的吊脚楼由于建筑风格导致的建筑美学的迥异。社会环境层面的地域文化对美学设计主要通过经济政治等隐性的因素产生影响，如经济政治体系集中的北京与相对落后的偏远山区由于经济投入的比重不同而产生的美学差异。

公路存在于自然，生存于社会。

工程是有"生命"的，公路是有"性格"的。

3.9.1 公路美学中路域文化保护与利用的重要性

文化是民族的，也是世界的。地域文化是人类宝贵的精神财富和物质财富，在社会文化全球化的今天，地域文化不断消失和同化的大背景下，保护地域文化尤为重要。同时，公路美学中应用和借鉴地域文化的内容和形式，可以使公路美学具有更多的文化内涵和表现形式，使公路美学更具多样性和可识别性，也能让更多的人了解公路沿线的地域文化，分享沿线地域文化，也能宣传弘扬地域文化，拓展地域文化，达到保护文化的目的。因此，在公路美学设计中借鉴和利用地域文化可以达到公路美学和地域文化的双赢，当地社会和路人的多惠。地域文化在公路美学设计中应用具体的作用和意义分述如下。

1）地域文化在公路美学中的作用

（1）利用文化强调出差异性，避免信息全球化大背景下公路美学的趋同，能展现地方文化，体现独特的设计思路。

（2）公路跨越沿线不同的区域，其连续的线形空间，一方面是展示和宣传各种区域文化的良好载体；另一方面文化的渲染对丰富和提高公路美学的内涵，展现地区精神风貌，延续历史文脉，改善沿线美学效果也起到了积极的作用。

（3）公路沿线利用美学文化的引导，传递出具有导向意义的文化信息，创造出具有识别性的连续美景，为驾乘人员提供了解历史和传统文化的审美体验。

2)公路美学传承地域文化的意义

(1)生态性

不同地域的公路美学由于依托的地域文化内涵和表达方式的不同,在建筑风格、艺术形式、设计材料等方面体现出不同的特征,其本质都是在遵循设计生态性、时代性的背景下进行。同时,公路美学设计表现形式和地域文化内容的统一又是建立在尊重地域原生态的生态循环系统之上,以破坏原生态平衡和大量经济投入的"人造"美景,不管立意多新颖,形式多独特,也终将被淘汰。

(2)拓展性

根植于地域文化的公路美学,地域文化核心价值的艺术体现是其最终目的。从文化传承的内容看,运用新的设计理念打破传统的文化组织结构,并对其进行分析和重构,加入新的创新元素,形成地域文化新的艺术语言和表现方式,达到对地域文化内容的创新性传承。从传承的表现方式看,打破原有的地域文化艺术表现形式,融合新的艺术语言和设计符号,达到地域文化形式上的扩展。

3)地域文化对公路美学的作用

地域文化在公路美学中的重构、拓展及地域特色美学在公路及其环境中的重要意义在于:

(1)保护地域特色有利于公路的持续发展

公路沿线有着不同的自然风光,在公路沿线的地域文化的美学建设中能最大强度地保护和利用现有美学资源、最大可能地避免浪费资源、最大能力地挖掘开发新资源、最大限度地回收利用废弃资源。

地域文化在公路美学建设中应避免破坏自然环境和原有美景,充分保护地域文化、名胜古迹、各种动植物、河流水域。在特殊路段还应保全原有美景、甚至是一棵古树,在保护原有美景的同时,作为现代化的生态公路美学建设还须灵活运用多种元素,构筑公路的特色公路美学环境,使之成为生态环保的时空走廊。

(2)发掘地域特色有利于自然融合与环境协调

地域文化在公路美学建设中应考虑公路环境与沿线自然生态、环境的协调,减少人为雕琢和人造美景的痕迹。在考虑平、纵、横断面相结合、填挖土方平衡的同时,充分考虑与自然环境、人文美景相结合,努力做到不仅不破坏自然环境,还能通过对局部地形、地物的调整,改善沿线生态环境;不仅考虑公路线形美观,还须考虑驾乘人员良好的心理和视觉的感受,做到"显山露水",使公路真正做到源于环境、融入环境、高于环境。

(3)利用和营造地域特色为当地人的生活设计

地域文化在公路美学建设中应充分发掘沿线各地域的历史文化、人文美景和自然美景的特征并加以利用,由此表现出各自的特色和韵味,适当地进行艺术加工和变化,如构筑物的风格、造型、色彩以及线形的弯曲、起伏等,即使司机在行车途中感受到沿途美景在一片充满生机的美景中,随着公路的延伸富有节律感、多样性,使人心情愉悦达到消除疲劳、提高行车安全的目的;同样也为沿线成年累月生活在与自己有着密切关系的公路周边环境中的当地人提供一个相对熟悉、和谐的美景。

(4) 地域特色是现代公路美学设计创新的灵感源泉

地域乡土美景是当地人适应地域气候、土地的自然人文过程的物质形态的表露。利用和回避风的形式、利用和回避太阳光的形式、利用和回避水的形式、利用和回避动物及人流的形式以及多样化的乡土形式给人的独特体验都为设计具有地域特色的现代公路美学提供了不尽的源泉。

一种理想的美景美物，无论是有没有设计理论或基于经验的设计，或是基于科学理论和方法的现代设计，最终都将走向天、地、人、神的和谐。发掘和利用乡土美景美物如同掌握最现代的科学和技术一样，都有助于公路美学作品离理想美景美物更近些、与自然环境更贴近、更和谐。

3.9.2 公路路域文化保护与展现的方法

1）地域文化在公路美学设计中应用的实现

（1）复兴传统风格设计。这种方式也被称为"振兴民俗风格"，或者"振兴地方风格"手法。其特点是把传统、地方的基本构筑形式保持下来，加以强化处理，突出地域文化特色，删除琐碎的细节，加以简单化处理，突出形式特征。

（2）发展传统设计。这种方式具有比较明显的运用传统、地方设计的典型符号来强调民族传统、地方传统和民俗风格。与第一种类型相比较，这种手法更加讲究符号性和象征性，在结构上不一定遵循传统的方式。严格地讲，这两种类型之间其实没有明确的区分，都具有比较多的依靠传统文化、地方建筑的地方，而设计的对象也往往是园林、博物馆、度假旅馆这类比较容易发挥传统、地方特色的设施。

（3）扩展传统设计。使用传统形式，扩展成为现代的用途，扩展是指功能的扩展，而形式上是传统的。

（4）对传统建筑的重新诠释。这种方式较接近后现代主义的某些手法。这一类的设计仅仅是使用了部分地方主义特色，整个设计使用了现代结构形成具有地方主义、民族主义特色的后现代主义。

2）融合周边环境形成新的公路美学

为最大的保护和开发再利用地域文化，实现公路美学对过去历史表述的同时，融合周边环境以形成新的公路美学，须要遵循以下几个原则：

（1）尊重当地自然特征与历史的延续及客观性。即地域的文化和自然特征与其计划用途之间必须有兼容之处，以便地域文化的均衡保护与开发利益。

（2）明确时间环境。某些地域文化可能与时间的变化关系不大，但是另一些地域文化则与某一特定历史时代或历史事件相关联。因此，确定地域文化的时间环境是公路美学设计最为关键的步骤。如图3.9.1所示，位于公路旁的古驿道与现代公路放线基本一致，既验证了古人的智慧与艰辛，也表明了现代科技的

图 3.9.1　公路旁的古驿道

进步与幸福。

(3) 鉴定与评估。识别地域文化的独特元素以及这些元素是如何融合在时间和空间环境之中。

(4) 地域文化变迁历史的比较。明确地域文化随时间的推移所发生的变化以及地域文化现状同特定历史环境下的不同之处,慎重判断这些变化对地域文化变迁的影响力。

(5) 适度恢复。选择性的地域文化利用,以合理恢复替代简单替换,保留地区本身固有特征。

(6) 历史性地域文化的恢复与更新。历史性地域文化的恢复与更新不是历史性地域文化简单的罗列与再现,而是要通过对地域文化当前现状和时间环境的空间结构、社会人文结构的比较分析,结合公众参与,在追求历史性地域文化的原真性和延续性的同时,要保持历史人文风情与公路美学结构的整合,审视恢复与现代社会的关系,以实现公路美学与历史的共生。

(7) 文脉延续。地域性公路美学设计与地域文化保护是相互联系的,强调各个时代之间的连续性,注重地域或城市的文化历史延续性。文脉延续要求地方传统进行发展和变化,将过去转换为现在的一部分,而不是僵化的利用。凯文·林奇曾说"目的在于创造一种与历史长河越来越密不可分的环境,而不是一种永远不变的环境",而文脉延续的出发点也正在于此。对地域文化原有元素的保护、适应和对原有材料的再利用作为一种生态的公路美学设计手法,结合沿线居民生产生活特征,在公路设计中,应该秉承"历史传承,和谐创新"的原则,尊重当地地域特征和文脉。通过对公路的实质的、深刻的理解和对当地文化的深刻挖掘,设计出极富地方特色的美学作品。采用当地的建材和现有常规建材为构筑手段,巧妙地驾驭材料的质地、肌理,创造性地美化公路空间形态、空间序列,精心打造公路外环境,采用朴素、简约的美学风格。通过公路单体之间的灵活自由的组合,既达到不同功能公路结构设施和环境之间的融合,又通过组合变化产生强烈的空间感。

3) 地域文化在公路美学设计中应用的工作程序和内容

(1) 公路人文美学素材的选取

公路人文美学题材规划能够为公路桥梁、隧道、立交、服务区、休息区、出入口等处雕塑、装置、环境等艺术创作提供依据或灵感的相关素材。这些素材来源广泛,不仅仅限于沿线区域的历史事件、历史人物和民间传说,更重要地来源于民间真实的日常生活,比如代表农耕文明的劳动工具,代表区域建筑文化的特色民居、乐器等,如我国西南地区的吊脚楼、芦笙、葫芦丝、石砌建筑、土坯房、北方的蒙古包、陕北的窑洞等。只要是能够真实反映当地民族特色的物质文明和精神风貌的素材,皆可以成为公路人文美学题材规划的内容。

(2) 公路人文美学的题材规划方法

我国历史悠久、地域广阔,各地人文美学素材丰富,但并不是所有这些人文美学素材都可在公路美学的营造规划中随意使用,应根据实际需要和历史现实来选取,不可牵强附会,把人文美学改造为人造美学美物。经验教训表明,打着挖掘人文美学资源价值的旗号,大行人造美学之风,不仅起不到弘扬历史、宣传地域文化的作用,而且还可能对当地的人文美学造成歪曲和伤害。在进行公路美学规划,特别是人文美学的题材规划时,应使人文美学得到有效的利用和保护,从而创造出优美而富有吸引力的公路美学。

一个成功的人文美学规划离不开对区域历史文化底蕴的发掘,离不开对当地人文精神和自然美学价值的梳理。公路具有的线状、随里程延长的几何特征,决定了其人文美学具有跨区域和多样性的特点。为了充分挖掘当地历史文化造就的人文美学和潜在美学,正确地应用到公路的美学规划设计中,使其具有自己独到的地域风格和民族特色,需要采用点、线、面相结合的调查研究和归纳方法。首先是对公路沿线的重要节点城市进行人文资源调查,调查的内容除了节点城市的民族、地理气候、自然资源等基础信息外,还应包括水域美学资源、生物美学资源、历史古迹美学资源、建筑与设施美学资源、旅游商品及人文活动美学资源。其次,应对公路所经区域的文化题材资源进行梳理和分析,按照历史文化题材、山水文化题材、旅游文化题材等进行分类整理。最后,根据公路结构和设施规划、美学规划的要求,结合文化题材,提炼出公路的人文美学主题。如图 3.9.2 所示,利用了云南石林当地的彝族传说故事并结合石林背景制作的"赶石成林"雕塑;图 3.9.3 中西石高速的"阿诗玛"文字,是表现云南石林地区的彝族叙事长诗雕刻的文字。

图 3.9.2　西石高速的"赶石成林"雕塑

图 3.9.3　西石高速的"阿诗玛"文字

(3)人文美学题材的表现

提炼出人文美学主题,必须通过公路美学工作者的深度创作,采用美学小品的形式(如雕塑、装置艺术等),才能把抽象的人文题材展示给公众。运用公路沿线美景美物的造型、材料、色彩、结构形式、组合方式、图像和文字等,可进行地域文化的渲染,特定精神含义的表达,如历史文化感、积极向上的民俗精神的表现等。还可以通过在重要美景美物建立雕塑、壁画和标志性组合景观,以强化升华美景美物的文化主题。图 3.9.4 为重遵高速"遵义会议"具象,该高速经过贵州遵义地区,遵义是中国革命在此召开过决定其命运和前途会议的地方,用此图可以宣扬革命和进行革命教育。

图 3.9.4　重遵高速"遵义会议"具象

人们对人文美学的欣赏,须要细细品味,才能体会到其反映的意境,如果将人文美学小品设置在公路沿线,乘客无法也没有时间细细欣赏,只有将有民族特色的元素融入服务区、休息区、收费站、观景台,人文美学小品才可能起到传播地域文化,展示地域特色的作用。例如,在服务区既可以设置浮雕、壁画,又可以拓展到商品方面,在公路沿线的绿化方面可以融入地域特色的建筑造型,又可以在休息区或服务区动画展示特色宣传视频。其目的是展示当地风土人情,传播当地文化。

公路沿途美化绿化植物、美学节点、附属设施以及装饰的风格、造型、色彩、体味、声响等应在统一的前提下,展现当地风土人情、历史文化内涵,营造地方氛围和传递区域文化特征。可以通过大型壁画、浮雕、透雕、圆雕等不同手段展现其物质文化交流的功能(如图3.9.5所示,通过壁画展现重庆山水城市和吊脚楼的文化特征),其展现方式可分为写实与写意。写实是用具象的手法直接展现文化场景;写意是用抽象的手法,将原来的形象进行必要的整合,放弃一些不必要的表象化的东西,然后用理性的归纳法,以单纯的点、线、面、块等几何元素,按美的形式原则经过空间上的更替、平移、旋转、放射、扩大、混合、切割、错位、弯曲以及不同性质的物质重组,以达到有特别创意的装饰形态。

公路美学文化应注重美学的差异性,避免信息全球化大背景下的美学趋同。雕塑、小品乃至交通设施的造型设计可结合当地文化特色,如图3.9.6为洛阳高速入口的雕塑,因洛阳是重型施工机械制造的重要基地,看到此图就知道洛阳市的重要产品——推土机、压路机等重型施工机械,使人们感受到一股浓郁的文化氛围,较好的塑造了有地方特色的美学文化。

图3.9.5 重庆渝邻高速公路上的壁画

图3.9.6 洛阳高速入口的雕塑

在挖掘公路美学文化的同时,美学形式作为展现文化的手段,应给予足够的重视。由于公路美学是一线形结构,节奏与韵律感在美学形式中尤为重要,如色彩的强弱,造型的长短,林间的疏密,植株的高低,线条的刚与柔、曲与直,块面的方圆,尺度的大小,交接上的错落与否等都应重点考虑,并围绕展现道路的文化主题展开。节奏是一种节拍,是一种波浪式的律动,当各种元素整齐有条理的重复出现,或富有变化的排列组合时,就可以获得节奏感。由节奏的快慢、长短形成的韵律其实也是一种富于变化的和谐。另外,自古以来一些优秀的美学手法也应该加以灵活运用,如利用植被的疏与密、高与低打破空间界限,通过借景、透景、漏景、障景等手段使得公路美学范畴突破征地范围的局限,将远山、层林、沃野、村舍一一纳入,如图3.9.7所示,繁忙的道路与传统宁静的村落结合形成了传统与现代的融合,和谐有序。在考虑了美学组合形式与造景方式的基础上,对美学元素的色彩与形状也应该有所注意。研究表明,同等面积条件下,三角形的辨认效果最好,其次是菱形、正方形、六角形、八角形、圆形等,美学设计中,若须考虑醒目的图

图3.9.7 贵遵高速公路场景

案标志时,配上反差大的对比色可极大提高视觉冲击力。当然,形式美与内容是紧密结合的,任何富于美感的形式上的突破、创新都应该以满足功能需求和反映文化内涵为前提,否则便是形式主义。

在公路上增加一些行政区界、村庄、水系的地名标牌,是公路文化中平民文化的需要。

4) 公路美学中展现与保护地域文化应注意的问题

(1) 公路沿线文物的考古调查勘探应严格按照国家文物局《田野考古工作规程》,采用实地勘察的工作方法。沿线调查遗址、窑址、墓群及古建筑、沿线历史文化古镇及古树名木。

(2) 在进行地域文化的展现与保护之前须对沿线区域自然与人文景观环境进行调查分析,并分类。

(3) 不同的建筑物的布局和设计应有不同的美学追求,如收费站、停车场、休息处、美景美物俯瞰处等服务设施的布局和设计应体现当地的历史积淀和风土文化,而大桥、立交桥等更应强调时代气息和现代化品质。

(4) 对美景美物有较高美学要求的"敏感"地段,如那些直面城镇、旅游景点的显眼路段、隧道进出口、省市界标处以及弯道之后豁然开朗的地段,都应精心设计。

(5) 可通过以下措施来保护地域文化遗产:

①公路建设应避免穿过已知的文化遗址。

②如果公路工程建设期间发现重要遗址,应修改已定的公路线路。

③在特殊情况下,如果公路定线不可能回避有价值的文化遗址,则应进行抢救性发掘,或把遗址移位。

④在一些特殊情况中,让已知的地下的文化遗址仍埋在公路之下也不失为一种保护办法。

3.10 公路自然美学资源利用与路域文化展现的案例

在公路自然美学资源利用与路域文化宣传和利用中有很好的作品,也有不好的案例。很好的作品案例如下:

案例 1: 云南思茅到小勐养的高速公路途经西双版纳,沿线自然资源丰富,风光优美,人文历史积淀深厚。该条高速公路美学设计运用现代的美学语言,将抽象的文化历史通过特定的场所加以展现,形成一个个可以被触摸、感知的文化美学载体。通过独特的热带雨林植物和西双版纳民居中典型的建筑符号在服务区的运用,让驾乘人员品味沿线多彩绵长的热带雨林美景和西双版纳文化(图 3.10.1)。

案例 2: 崇遵高速公路是贵州崇溪河至遵义的高速公路,沿线重峦叠嶂、沟壑纵横,拥有多座桥梁、隧道,形成公路建设桥隧相连的独特美景,该路全段基本都是当年红军长征经过的路段,沿途有很多历史遗留的古迹。贵州省人民政府将这条路纳入文化公路建设的总体方案中,公路沿线的美学建设处处体现当地风土人情和历史文化内涵。红花岗隧道洞口的美学处理手法,将党旗和遵义会址作为设计元素反映出遵义是一座中国革命的历史名城,唤起人们对历史的追忆。又如,该道路上对匝道立面的美学处理,采用了以川西民居为题材的主题浮雕,较好地反映出当地的建筑风格和民俗风情。

第3章 公路路域美学资源的利用与保护

图 3.10.1　思小高速公路两侧独特的热带雨林植物美景

案例3：京珠高速公路把绚丽多彩的图案提炼成简洁的符号,应用到公路边坡的美化表现地域文化(图 3.10.2)。

图 3.10.2　京珠高速公路壁画

案例4：为了传承旧路文化,同时又有新的发展,在昌樟改扩建项目的声屏障设计上采用传统民居的方式作为声屏障,与周围环境融为一体,见图 3.10.3。

图 3.10.3　昌樟改扩建项目的声屏障

案例 5：在古代，徽州男子十二三岁便背井离乡踏上商路，马头墙是家人们望远盼归的物化象征，即使是现在看到这种错落有致、黑白辉映的马头墙，也同样会使人得到一种明朗素雅和层次分明的韵律美的享受。铜陵—汤口高速公路某服务区内跨主线部分拟建一座人行天桥，以方便主线两侧服务区人员的正常往来。4个桥墩均采用同一类型——马头墙式桥墩。桥栏杆用扁铁焊接成镂空的仿古木栏杆外形，并将其漆成仿古木栏杆的颜色。栏杆的轻盈剔透与钢箱梁的纤细轻巧相互辉映，使得全桥上部结构的设计风格和谐统一。采用地灯与射灯相结合的照明方式，采用柔和的地灯光作为泛光照明，并且以两三盏射灯突出强调马头墙式桥墩及栏杆等处。

案例 6：南岳高速公路上主要体现为寿岳文化(福、禄、寿)，宗教文化(佛道和谐共存)，建筑文化(南岳庙扬北方宫殿之雄伟，存南方园林之秀美)。提出明确的绿化主题：秀美、自然，"天下南岳秀，到此人增寿"。

南岳服务区：南岳服务区的人文设计以"南岳故事"为主题。在休息区域设壁画，以独具代表的"麻姑献寿"和"石台磨镜"故事情节为表现素材。导示牌两边的仿古木柱顶部印有南岳特有的山徽标志，体现南岳人文背景，展示出南岳的人文景观，宣扬南岳文化。在服务区，室外普通灯具可改用一些特色景观灯，如灯笼造型景观灯，配上红色仿木灯柱，接口处以窗格造型点缀，在满足照明的同时，又增强了人文气氛。

收费站：青瓦，是一种弧形瓦，用手工成型，在间歇窑中还原性气氛下烧成，呈青灰色，它凝结着历史与文化。依据南岳景点南台寺及南岳牌坊等建筑风格，南岳收费站、衡山收费站的外形设计均采用青瓦白墙的设计风格，融合南岳建筑文化，造型简洁大方，既古朴又庄重典雅，体现出南岳悠久的历史文化。

案例 7：首都机场高速公路的收费站(图3.10.4)，设计成为中国传统的宫廷建筑的门楼形式，对"国门第一路"的特点做了很好的阐述。再如山西的太旧高速公路畅行山间，路堑边坡护坡的下部采用拱形勾砖缝的窑洞外观砌筑形式，让人一下就想起"西北风"的建筑传统。

图 3.10.4　首都机场高速公路的收费站

案例 8：芬兰 Heinolan 公路桥的设计者利用桥头挖方路堑高地的自然条件，别具匠心的将横跨公路的上跨桥建成透明的长廊，驾乘人员可居中小坐，欣赏着蜿蜒的公路、忙碌的车流，以及斜拉桥跨过荡漾的湖光、茂密的丛林和绿色的小岛，欣赏着将人工的建筑艺术和自然美景有机地结合在一起的优美风光。这样原来仅是连接公路两侧的上跨桥，又成了休息廊、观景廊，本身也是一处明亮的公路美景，一举四得。

案例9：在英国巨石阵附近，政府放弃了一处离巨石阵已有2km之遥的旧公路而另建新路，只是要让欣赏世界文化遗产的游客看到根本没有现代文明痕迹的巨石阵。

在公路美学形式与文化主题的处理上，也有些做得不好的案例。图3.10.5是重庆外环高速公路上的一处壁画，主题为长江之歌，反映重庆这座山水城市的地域文化特色，但是图案形式粗陋，构图缺乏美感，元素关系混乱，单一的色彩和选用的材质与环境很难融合。再如，华东一段高速公路从李白墓与背靠的青山间通过，在空间上截断两者的联系，使人不易接近，曾引起过不小的社会反响。

图3.10.5 重庆外环高速公路上的壁画

从以上九个案例看，挖掘和提炼区域文化，在公路适当位置宣传、渲染，可以为公路美学技术增添光彩，营造美感氛围，但应以不影响行车安全为前提，文化元素的提取提炼应准确，具有正能量的象征意义，且不宜多，公路美学建设不是装饰，是地域文化的宣传、弘扬窗口。

第4章 公路选线及线形设计美学

根据国际统计,8%左右的交通事故与公路线形设计因素有关,而且交通事故多发生在安全度较高的路段上,即76%的发生在道路几何线形相对较好的路段,究其原因主要是过去在公路线形设计中对美学要求不够重视,在驾驶员对公路的安全感上出了问题。据西安公路研究所对陕西境内干线公路100个事故集中点的调查表明,事故与公路线形因素有关。因此,一条安全的公路,不仅要具有高标准的几何组成和完备的安全设施,而且要有优美的周边环境及良好的视觉连续性相配合,才能够保障行车的安全。

公路必须要保障交通安全,公路线形的设计首先必须考虑满足汽车行驶的运动学、动力学要求;而且要满足心理学、美学上的要求,为驾驶员提供良好的操作条件,给乘客以舒适、美好的享受;同时还要与地形相协调,与经济条件相适应等。

4.1 公路选线美学

公路美学的基本理论大体包括三个方面:一是动视觉特性的应用,二是公路线形自身的协调,三是公路线形与环境的协调。一条安全、舒适、优美的公路应是公路自身的内在和谐与公路和环境的外在协调的完美结合。这种内在和谐体现在线形良好的三维空间外观、线的顺畅连续性、可预知性以及线形没有扭曲;外在协调表现在公路布线时要提供经过地区环境优美性、感觉的多样性以及线形与地形的协调性。

1)公路选线中应遵守的宏观美学原则

在公路设计中,应结合原有的自然和社会环境对公路进行设计,使公路与周围环境相协调,使公路环境更加美观。在公路选线中,应坚持以下宏观原则:

(1)以人为本的原则。人是公路的主要服务对象。设计时要遵循通行制规则,要充分体现人性化的理念,应具有环境保护意识,加强对自然和人文美学资源的保护,保证行车安全、快速、便捷、舒适。

(2)整体性原则。设计应强调公路与沿线环境的整体感。公路是由多个部分组成的完整的实体构造物,公路这个实体又是公路美学构成的一部分,公路美学应是公路本身的美、公路环境的美及其公路与环境的协调美。同时,公路的设计要同沿线城镇的整体规划思路相协调。

(3)人文色彩原则。每个地区都有自己的历史渊源,经过时间的积淀渐渐形成了具有特色的人文背景,公路设计思路应符合沿线地区的人文风格。

(4)个性原则。结合项目的特点和难点,采取针对性措施,"张扬个性",体现与众不同的因地制宜的设计思路,以突出彰显每条公路的总体风格和特点。

2)公路选线应遵守的一般性原则

(1)公路选线应首先满足交通功能。公路建设的目的是安全、快捷、顺畅地满足指定路段的客货运输和信息输送。因此,公路美学选线应合理确定公路走向的控制点,尤其是对于重要的干线公路,以降低干线公路运输经济和时间成本。

(2)因地制宜选线。公路线形及其沿线的构造物应与当地自然环境协调。道路整体顺应地形地势,与地形地貌协调。充分考虑地形选线和地质选线,应随自然地形的变化而变化,避免大填大挖现象,减少或避免次生地质灾害,充分融入自然环境当中。尽量与地形地貌相吻合,顺应等高线连续顺畅均衡的路线才是最舒服最和谐的美学选线,自然是最美的。

(3)安全选线。公路线形应视觉连续、指标均衡、顺畅、可预知性、且与周围环境协调。

(4)环保选线。避免对生态环境的破坏,减少对重点水源保护区、生态保护区的影响,必要时进行绕避。

(5)节能选线。节能选线的主要有三项基本原则:一是营运里程最短原则;二是交通主流方向原则;三是减少中间控制点原则。从平面和纵断面组合设计中寻找到新的平衡点。纵向坡度对车辆油耗较大,坡度和油耗两者呈几何关系。因此,如果能降低纵坡也就能使车辆节约油耗,达到节能的目的。但是有时候纵坡的降低常常也有让平面线性增长,使油耗增加。所以从耗油量角度来说,耗油最低的角度才是选线的最佳视角。

(6)减少对沿线社会环境的影响。应与用地功能与布局相协调。路线布设时,尽可能远离学校、村镇,以避免噪声、尾气对附近人群的影响。同时,考虑水利设施、电力电讯的位置关系及其与大自然环境的协调。

(7)公路选线要求与经济、适用以及施工技术条件相统一。

(8)多因素综合考虑。公路选线应多种因素权衡取舍,包括经济的、政治和文化方面的因素,还应考虑林业、农业、渔业及环境保护、野生动植物保护和自然生态平衡的保护等许多问题。做到整体与局部、重点与非重点的统一。

(9)精心精细确定路线。路线一旦确定后,平面线形与纵断面往往不易改动,一条路的选线工作应尽可能集中力量一次改造完成,如限于资金或拆迁困难等原因,可一次设计分段实施,以利于形成完整、协调的公路美学系统。

3)公路选线原则的实施

(1)公路规划不仅要确保公路本身的流畅、自然及路面的质量,还要注意所经地区的美学感觉效果,使沿线美学特征能够沿途展现出来,让驾乘人员感受到流畅的线形美,流动的景物美。

(2)自然地形决定了公路规划的总体结构,公路的规划选址应与自然和社会美学特征相协调。公路路线的选择首先要充分利用公路所处的位置和自然地形坡度,使驾乘人员能从公路上欣赏到最吸引人的美景美物,让路人穿过茂密的树林,清幽的峡谷或河滨沙滩,在滨水地段使路人沿水边行进的同时,可形成开阔的视野,充分享受大自然的美学野趣。

(3)设法避开美学感觉质量高的美学单元或地区。一般使路线通过美学质量中等的地区,这样,既有比较丰富有趣的行使环境,对自然环境的伤害也可以让人接受。在布置路线时,尽量使公路流畅地穿越美学资源丰富的地区,而且要注意避免损害具有生态美学价值的美景美物,使公路与自然地形和沿途美物保持和谐关系,保存自然弯曲的河流、隆起的岩石、茂密的丛林和乡间植被群落,以及因地壳造山运动而形成的自然轮廓线。减小公路建设对高美学感觉质量区的环境影响。如万不得已,应设法通过细节性的线形设计、边坡的支护方式设计和公路的绿化管理,减轻对沿线自然环境的扰动,减小道路本身的感觉污染作用。

(4)当公路经过美学感觉质量低的地区时,为丰富驾驶员的感觉心理内容,应创造行驶感觉兴趣点,例如提供观景台、摄影场所、信息场所和娱乐的机会。精心设计的公路建筑物(如桥梁、通道等)均可作为最好的美学感觉和心理调节剂。

(5)避开或遮蔽让人心里不愉快的地点或场景。

(6)相对于直线而言,曲线线形圆滑、平顺、富于变化,具有良好的视线诱导作用,能够较好地利用地形,使线形变化自然、有节奏,与公路周围的美景美物容易配合协调,获得更好的侧向美感。当车辆沿着曲线前进时,驾乘人员人的视线沿着曲折起伏的公路不断改变,路线内侧的美景美物层层展开,而外侧的美景美物又重重消逝。驾乘人员看到的画面不是单调的,而是变化的,感觉的差异和转换更容易起到愉悦身心的作用。同时,要避免出现因平纵线形配合不当出现的视错觉问题。

4.2 选线过程中美学感觉质量因素的考虑

4.2.1 特定公路美学感觉质量评估方法的确定

评定美学质量的方法有多种,有定性的也有定量的,由于可靠度和实施方法的不同,成本费用相差很大。因此,对特定的公路来说,应该通过调查对比,首先确定整个道路沿线的美学基调,确定整条路线美学感觉质量的评估方法和过程:

(1)审查标有美学单元和次级美学单元的地图,应用合理可行的分级体系,评估不同美学单元的美学感觉质量等级,然后由环保人员和美学建筑师审查和修改,即征求相关学科领域中专家们的意见,做出一个合理的美学建设计划。

(2)在地图上标明经过协商后确定的各个美学单元的感觉等级,并记录划分每个美学点感觉等级的依据和过程,以作为后期公路修建时查证之用;确定环境美学工程的立足点,对美学设计进行整体规划,保证美学风格的统一性和协调性;在此基础上,分析各个美学单元的特点,进行特色设计。其中位于一个地区或分水岭带的多个美学单元的美学质量的对比最为重要。

4.2.2 感觉机会和感觉限制

为了能有效评价道路沿线的美学感觉资源,影响美学感觉质量的因素也应像其他的制约因素一样在路线图上详细标明,并注明特定设计阶段的几个最重要的问题。主要的美学感觉资源应被总结出来,做出感觉机会和感觉限制图(与路线设计图比例一致),强调突出感觉敏感区对公路美学设计的影响(以及公路上的最佳注视点或者路段、方向),这些因素一般包括:

(1)美学感觉质量高的地区和低的地区。

(2)大型自然美学单元的分界带。

(3)直线路段尽头的视觉聚焦点,并且从运营安全的角度和美学的角度,特别关注东西向直线路段,低照射角的影响。

(4)让人不愉快的场景及其美学感觉心理影响能力。

(5)现有的美学点和可能开发的美学点。

(6)植被种类有明显变化的地区或被破坏的地区。

一般来说,这些地方的感觉质量应该请环境专家、美学专家、公路专家一起评定。在环境特别复杂的情况下,美学感觉机会和感觉限制应该分别被详细绘制图样并附以文字说明。

4.2.3 美学资源的美学感觉阈值评价

美学环境的阈值是指美学环境遭受破坏后的自身恢复能力,也反映了美学环境抵抗公路建设和运行污染的能力。美学感觉环境阈值取决于地质地貌、生态、土地利用现状和美学感觉四类要素。

1) 地质、地貌及水文条件

自然美景是自然界的组成部分,美学环境受自然因素及人为因素的作用,具有其产生、发展和演变的规律。从自然因素来说,美景与地质、地貌、水文有着更为直接的关系,其中地质、水文是作用于美景的内因,地貌是作用于美景的外因。自然美景并非一成不变,具有时间维度,即一年内的季相和寿命周期内的图相,自然美景区域有青年、壮年和老年各个发展时期。一般讲,青年期景色变化丰富迷人;壮年期发育趋于平稳,景色优美;老年期景色趋于衰退,以水量减少和植被衰退为特征。因此,在开发美学资源时,必须遵循客观规律,研究美景的形成史、发展史,采取相应对策,保护好、利用好美学资源。

在地质地貌方面,阈值主要受地形、坡度和土壤稳定性,以及气候的影响。地形地貌越复杂,公路建设和运行破坏影响的美学范围通常越小,阈值也越高;坡度越陡,水土越易流失,被感知的面积也越大,对公路建设破坏的影响也就越大,故阈值就越低;土壤越稳定,水土流失越小,公路建设和运行破坏就越小,阈值也就越高。

2) 土地利用

作为人文的变更,土地利用是形成丰富的人文美景的根源。林区、牧区、田野、村落、乡镇、城市等,不同的人为利用形成了各具特色的美学环境。土地利用除受美学文化的影响外,更多的是受地理环境、人口因素和生产方式的制约,并与社会政治、经济、生产力发展有着紧密的联系。在各种土地利用中,美学感觉质量和美学生态环境质量是现代美学工程的两个基本内容。从土地利用方面来说,美学阈值主要受土地利用现状及其合理程度的影响。

3) 生态环境

生态环境是美学环境变化的控制因素。生态环境质量高的地域,形成的美学环境一般有较高的质量。美学环境随生态系统的变化而变化,生态系统体现了环境内部构成因素和作用的结果,美景美物则是这种因素关系和结果的外部表象。生态系统中潜在的秩序是研究美景美物动态的基本线索,正常的生态秩序使系统中各个群落之间有机地联系在一起,保持着一定的稳定性和多样性,形成明显的环境特征,如雨林、草原、沼泽、冰川、冻原等,只有在平衡有序的生态环境中,才有可能形成和谐宜人、具有特色的美学环境。

按生态学理论,影响美景美物的生态因素有气象、植被、土壤、水土流失、动物(包括人)及影响这些因素的地形因子,如范围(规模)、海拔高度、坡度、坡向、坡位等。从美学生态方面来说,美景美物的美学感觉阈值主要受物种、群落结构、地形地貌、土壤、水体、气候和动物

(包括人)等因素的影响。

4)美学感觉

美学感觉是研究感觉化的美景美物,是感觉主体(人)和感觉客体(美景美物)在一定条件下所构成的美学感觉关系,如果把美学感觉看作一个结构框架,那么构成这一框架的基本构件是美景美物、美学感觉界面、美学感觉空间和美学感觉空间序列、美学感觉分辨率、美学感觉距离、欣赏点及其位置、美学感觉范围、美学感觉频率以及作为环境条件的大气、光影等。这些都是美学工程在美学感觉层次上所要考虑的基本因素。

美学感觉是美学感觉阈值的直接感觉影响因素,主要受美学感觉范围、相对高度和色彩对比的影响;美学感觉范围越小、相对高度低、破坏的影响面小,因而阈值高;土壤或岩石的颜色较深,但由于人类活动所造成的土壤和岩石的裸露就不会很显眼,阈值也就较高。

按上述诸因素,给出美学感觉环境阈值的评价表4.2.1,根据表4.2.1中的内容和评价标准对美学区域进行评价划分等级,得到公路沿线美学感觉环境阈值的等级图。

美学感觉环境阈值评价表 表4.2.1

影响因素	状态	分级记分		影响因素	状态	分级记分	
		程度	分值			程度	分值
坡度	陡坡(>55%)	低	1	土壤稳定性	严重侵蚀极不稳定且复原力较差	低	1
	缓坡(25%~55%)	中	2		侵蚀、稳定性及复原力居中	中	2
	相对平缓地带(0~25%)	高	3		侵蚀较弱、相对稳定、复原力好	高	3
坡向	南向	低	1	植物丰富度	荒地、草地与灌木	低	1
	东、西向	中	2		针叶林、乔木、田野	中	2
	北向	高	3		多种植物	高	3
地形起伏度	小	低	1	植被再生能力	弱	低	1
	中	中	2		中	中	2
	大	高	3		强	高	3
视觉范围	大	低	1	土壤/植被色彩对比	裸土与相邻植被具有强烈视觉对比	低	1
	中	中	2		裸土与相邻植被中度对比	中	2
	小	高	3		裸土与相邻植被视觉对比弱	高	3
相对高度	高	低	1	土壤/岩石色彩对比	裸土与岩石强烈对比	低	1
	中	中	2		裸土与岩石中度对比中	中	2
	负值	高	3		裸土与岩石低度对比	高	3

4.3 走廊带的选择

1)路线走廊带规划

公路路线走廊带规划是指在常规公路走廊研究的基础上,叠加美学环境评估的因素,通过找出一系列控制点,确定路线起终点间的基本走向。路线走廊带研究内容包括路线走廊带的基本走向及控制点、走廊带的研究宽度、不同美学等级下走廊带选择。

(1)走廊带的走向及控制点

控制点选择是路线走廊带规划中的重要内容。根据在美学环境评估阶段收集到的相关地图叠加分析,结合公路网规划、交通功能、交通量、社会经济等内容,确定一系列的控制点,然后将路线起终点和经过控制点依次连接,形成路线走廊带方案,通过研究走廊带的美学环境等级状况,最终确定路线走廊带,详见图4.3.1。

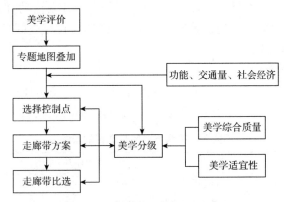

图 4.3.1 公路路线走廊带的选择步骤

(2)走廊带的研究宽度

公路走廊选择是由整体到局部、由轮廓到具体,逐步深入,分阶段分步骤进行。相应的,走廊带的研究宽度由宽变窄、粗到细,研究的条数由多到少。在设计的初期,研究思维主要集中在概念性设计,更多关注的是美学单元序列和一些重要的控制点,此时研究的宽度范围较大,一般在10km左右。随着对美学环境评估的深入,明确了不同走廊带方案对社会、经济、生态以及自然等方面产生的影响,研究的条数和宽度都会相应减少,直至将拟定的走廊带宽度控制在500m的范围内。

(3)不同美学等级下走廊带的选择

① 不同美学环境等级下,公路美学建设的基本策略

一级美学环境,一般位于各类自然生态保护区、野生动植物物保护区、湿地等区域。一级美学环境下,美景美物宜人、资源丰富、生态环境好、美感质量高,但环境敏感脆弱,对工程的适宜性及承载力最低。一级美学环境对生态要求最高,在建设策略上应以"避让、保护"为基本指导原则,以生态效益为主、经济效益为辅。

二级美学环境,一般位于美学资源丰富的山岭区、森林、草原、湿地等区域。二级美学环境下,自然风景美观、美景美物吸引力强、美感敏感度高、美景美物完整性高、连续性好,行人对沿途美景美物敏感而兴奋,但环境承载力较弱。二级美学环境对生态环境要求较高,在建设策略上,应优化线形布局,最大限度减少对生态环境的干扰,加大生态设计和环境补偿设计,应注重利用各类美学资源,强调公路与周围环境的融合,精心组织和设计公路的背景美学,通过不同的背景处理手法(如借景、对景、框景等)将沿途的美景美物纳入行车视野之中,展现自然生态美。

三级美学环境,大都位于平原微丘区、植被稀少的山岭区域,也是公路建设环境中分布最广泛的区域。美学环境特点为:美学质量普通无新意,美学吸引力较弱,区域人文、建筑、

风俗、土地利用差异较大,美学完整性较差,但环境承载力较高,生态环境结构和功能较稳定。在建设策略上,应注重提升公路美感质量,利用区域差异,精心创造,赋予公路的特色和个性,强调地域历史人文,加强色彩的运用,充分挖掘植物美景美物的作用,弱化不良环境路段的影响,保障驾乘人员良好的感觉空间和行车舒适性。

四级美学环境,常见于沙漠、高原、荒滩等区域。四级美学环境下,美学环境特点是:沿途生态环境稳定、环境承载力最高,适用于各类强度的人类开发活动,但沿途美学资源贫乏,美感环境差,景观吸引力低。在建设策略上,应重点强调对行车空间环境的辨识,通过适当的绿化美化或美学小品,改善环境的单调性。

②美学分级在路线布局中的作用

路线走廊带方案,决定了美学环境的研究位置和范围。美学环境等级影响着走廊带的选择(表4.3.1),不断调整、优化、细化,可确定下一阶段的路线带,具体步骤如图4.3.2所示。

不同美学等级下走廊带选择的策略　　　　表4.3.1

美学环境等级	美学环境承载力			
	4级	3级	2级	1级
1级	避让	边缘或趋近		
2级	避让	谨慎	保护	
3级	保护	适度	适宜	
4级			适宜性高	适宜,但社会、经济效益不明显

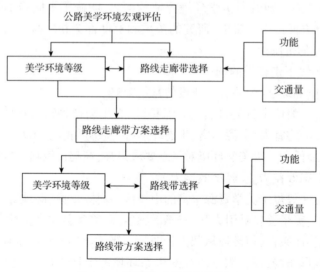

图4.3.2　美学等级在路线布设的作用

2)路线带选择

在走廊带基本走向的基础上,按照地形、地质、生态、美学环境等条件选定一些细部控制点,连接这些控制点,即形成了路线带。

路线带方案比选与走廊带方案比选存在一些差异,路线带方案的比选是从具体、微观、细部、技术的角度进行分析,常用的比选方法有地形、地质、线形质量、交通安全、美学环境质量、工程环境适宜性等方法。

4.4 公路美学选线与定线注意事项

在选线、定线时,在满足安全和经济的前提下,应尽量利用最佳的美学特征,引人入胜,避免单调。有些美景天然富于多样化和有趣性,应尽量利用。在经济和技术可行的前提下,要注意移动路线最直接的走向把公路引向能够突出美学自然特征的线位,以突出美景美物的特色。如果桥头引道设置能使驾乘人员看到公路桥梁的话,那么也能提供戏剧性和引人入胜的效果,再如云南昭会、小磨改扩建分离式高速公路,往返能够欣赏不同的公路及其路域景观。选择了能够突出美学自然特征的线位后,还应考虑所选的路线在公路建成以后是否对周围地貌、地形、天然树林、建筑物的破坏最少,即所选的公路线形是适应地形地物。随地形、地势而曲折的舒畅路线,比硬拉直线,大挖大填的路线要好得多。特别是在风景区和丘陵区布线更应注意,更易与地形吻合,使驾乘人员在不同的车道行驶时可远眺优美的自然美景美物。为了行车的安全,选线时还得考虑、安排好平纵线形的协调关系,能够满足在下一阶段进行线形设计时,易于进行适宜的平纵组合,使得平纵组合后的线形是连续的、纵坡是合适的。

公路选线、定线时,应注意路线及其结构物的所有设计要素,要尽可能与地形地貌相吻合,土石方的开采量要尽量做到最少,同时要尽可能减少对自然美学资源的破坏,避开受保护的美景美物空间,如风景旅游点、温泉疗养区、文物保护区等。对生态美学空间(河流、小溪、森林、沼泽地)和人文美学空间(村落、集镇等建筑群体),要避免割断它们之间的联系,如果无法避免,也应在设计时,提出相应的补救措施。

避开可能造成水源或其他污染会导致严重后果的地段,以免对驾乘人员健康和驾驶操作产生不利影响,如图 4.4.1 所示,道路两旁的工厂及其排放的污染空气难闻,对驾乘人员是一种伤害,也是不雅的视觉景观。

路线选择时,应避开坟地、坟山、火葬场等阴森恐怖的位置和设施,否则会给驾乘人员产生一些压抑和不安的情绪,如图 4.4.2 所示,道路从坟地旁穿过,给人造成不安的影响。

图 4.4.1 周边污染严重的公路

图 4.4.2 道路从坟地穿行给人以"阴森""恐怖"的感觉

如果公路里程较长,不可能作为一个美学单元设计时,应将它划分成几个独立的路段,即美学小区,使各小区既与公路整体美学风格互相呼应,又各自具有明显的美学特色。在进行勘测工作时,应明确每个美学小区和路线各美学要素的风格。每个美学小区内应有主导美学建设,美学小区的长度应根据设计车速和公路的等级选定,一般与正常车速在3~5分钟内所走的距离相一致。

在美学设计时对公路沿线的主体建筑风格、路线要素的尺寸、主要转弯点的位置应在测量工作之前拟定,并将其记入测量工作任务单上。同时,要根据地形图、航测照片、技术、经济评估资料及实地踏勘资料,定出美学小区的理想界限和所要设计的内容。

初步设计阶段应全面考虑路线经过地区的自然条件、占地面积(其中包括农业、林业和疗养区的使用面积)、路线线形和横断面造型;应考虑施工中侧向取土坑、垃圾和废料堆场以及水工结构物等景观造型结构的相互协调,并注意保护沿线的自然美学资源,花草树木种植,其他协调措施的创造也应符合通视、导向、协调和绿化四项美学设计基本要求。

线形与地形的配合首先取决于合适的技术标准。地形特征是影响选择设计速度的主要因素,在选择设计速度时,人们总是在工程定价和用路者的运营费用之间寻求平衡。只有在适宜的设计车速下,采用相宜的技术指标,才能更好地适应地形。

路线要与环境融为一体,要有合适的视觉比例。总的原则是公路的开挖尽可能少地影响原始地貌,减少它在自然美景中的视觉比例。应在选线过程中进行公路线形与环境的协调工作,关键是抓住地形特征,充分利用地形地势,避免对地形的任意切割,使路线与地形有机地结合起来;另外,研究中应关注公路运营速度与美景体量在动视觉方面的变化。

1)各种地形条件下的选线过程和应注意的要点

(1)加强选线前期的地质勘探工作,避免公路建设期间产生预料不到的大型地质病害。地质病害不仅导致了工程费用的剧增,而且破坏了大面积的原始地貌,造成恶劣的环境问题。

(2)加强道路沿线美学资源的管理。保护和充分利用自然美学资源,是公路环境美学建设的根本内涵。路线廊道的选择、植被的砍伐和留用,都应有理有据,为后期美学设计创造条件。

2)天然美景美物保留的基本原则如下:

(1)透视性原则。天然美景美物的保留不应影响公路的行车透视性要求,线路上的各组成部分的空间要充裕,保证有足够的视野和视距,使人们始终感到线路流畅,景观协调,安全而舒适。

(2)诱导性原则。天然美景美物的保留应能使司机在视觉上可以预知路线前方的路况和方向的变化,并且在空间上留有余地,使司机可以及时地采取有效的操纵措施,保证行车的安全,并使车辆的运动状态的改变不至于太突然而导致驾乘人员的不适。

(3)美学兼容性原则。人工美景美物的设计要以环境中的自然美景美物为主、人工美景美物为辅,并且二者应相互兼容。公路周边的自然美景美物包括地形、地貌、山林水石、甚至云影天光,均是十分宝贵的美学元素,具有重要的美学价值,在设计中应该尽一切可能保留,并使之成为公路美学建设的一部分。

3)公路选线、定线实施的要求

(1)避免公路穿过低一级美学等级的美学单元或地区。一条公路很容易对这些地方的自然环境产生明显的破坏,地貌上留下醒目的人工疤痕,严重影响沿线美学资源的质量。而公路穿过具有二级、三级美学等级地区,相对来说美学环境的影响小些。

(2)如果经过各方面因素的对比研究,公路不可避免要穿过高美学等级的地区,对当地的环境美学质量造成较大损害,在公路设计过程中可以采取如下措施进行弥补:

①通过修正局部线形和公路横断面的形状;
②减小边坡坡度;
③利用支挡结构物缩短边坡长度;
④路线廊道植被的清除边沿做成参差不齐的形状;
⑤处理后的土质边坡和岩石边坡色调应与周围环境相协调。

4.5 公路线形美学设计

4.5.1 公路线形美学设计概论

不同地区都有其独特的地理位置、地形地貌特征、气象气候条件及社会环境特点;生活在不同地区的人群也有不同的文化传统、风俗习惯及审美情趣,"独一无二"是公路美学的主要特征。要使一条公路真正融入沿线自然美学环境、满足沿线审美需求、做到功能与美感相结合,使其看起来顺畅、优美、柔和,以充分适应多种行驶条件。公路既是美学的重要组成部分,又是系列美景美物的重要链条,把零散的美景美物连接为连续的美学带,使一些被人为破坏的生存条件重新归还自然,公路便成为系列美景美物的感觉走廊。在不断变化的美景美物中行进,驾乘人员不断获得新鲜感、美感。雅致亲切,感到心旷神怡,清爽舒适,穿越时空,缓和了紧张情绪,避免单调,不易疲劳厌倦。一条公路不仅要能安全、快速地运送旅客和货物,而且要有悦目的外观和优美的环境,使人们在交通过程中感到舒服、惬意。

公路必须保证交通安全。为此,公路线形的设计必须考虑汽车行驶的运动学、动力学要求之外,公路线形的美学要求也是要考虑的重要因素。如果在公路线形设计中没有充分考虑美学要求,过于单调而使驾驶员打瞌睡,或者使驾驶员心理上感到危险、恐惧、害怕而紧张,那么,不管公路本身多么好,都是危险的,都无法保障交通安全。因此,一条真正安全的公路,不仅要有适宜的几何组成和完备的安全设施,而且要有优美的美景美物和良好的视觉连续性,使驾驶员有良好的安全感。

日本自从设计名神高速公路以来,开始把公路线形作为美学对象加以考虑,提出了控制公路线形的两个方面:一个是公路线形在满足汽车运动学或力学要求的情况下,是否可以保证公路机能上的安全性;另一个是驾驶员对公路线形是否在生理心理方面感觉良好和舒适,公路线形是否与环境和美景美物相协调。美国 Pushkarev Boris 对驾驶员视野中的路面与两侧环境的关系进行研究,也证明上述两条控制措施的重要性。

1)公路线形和周围环境

公路除本身线形应美观外,道路线形与周围环境还须具有协调性。公路线形与周围环境的协调一般应从宏观和微观两个方面进行考虑:

(1)宏观上公路与自然环境的融合

公路的宏观就是公路的总体平纵线形,自然环境的宏观就是公路所经过的宏观性地物、地形,如山脉、河流、森林、草原等。在宏观上,地形、地物是变化的,连绵起伏的山脉,蜿蜒的河流都是宏观上地形变化的表现,公路与自然环境的融合就是公路的线形与宏观地形地物的融合。公路的线形设计主要包括两方面,一是平面线形设计,二是纵断面线形设计。因此,从宏观上讲,公路与自然环境的融合就是要求合理地进行公路的平纵线形设计。如可以多采用平曲线、纵曲线来协调曲折起伏的地形,减少对环境的破坏和填挖数量;可以根据地形条件采用上下行车道分离的形式设线等手段。

(2)微观上公路与自然环境的融合

相对于宏观道路平纵线形与地形、地物的融合,在微观上,公路与自然环境的融合指的是公路路基断面形式(如公路边坡、中央分隔带、排水沟等)、构造物、公路人工植被与局部地物(包括局部的地表形状和天然植被)的融合。公路沿线不同路段所处的地形也有着不同的形态,如有的地段依托山脉,有的地段紧邻悬崖,有的地段横贯丛林或草原。地表形态及天然植被覆盖情况的变化,相应的就要求公路的局部形态也随之变化,这样才能达到公路与自然环境在美学上及生态上的融合。

2)公路本身线形设计

(1)一段路的线形指标要符合规范,如不能纵坡过大,直线过长或过短,转角不应太大或太小,转弯半径也要与转角联系配合。

(2)平、纵、横之间的组合要科学、合理、美观。

(3)前后线形要协调,包括形态、指标之间的平顺、均衡。

4.5.2 各种公路线形的美学特性

公路线形一般由直线、曲线、缓和曲线组成,从空间来看,分为平面和纵面,不同线形具有不同的美学特性。

1)直线的美学特性

直线在公路线形设计中是使用较多的线形,最易实施,而且又是两点间距离最短的路线。从美学上讲,直线线形方向明确,视野宽阔,能以最短的距离连接两地,有时还能提供一个有力的视轴,把视线引向一定距离的引人入胜的美景美物,增强公路画面的美感。

但是,直线线形在美学上的缺点是它的单调感,不易与复杂地形、周围美景美物融合,容易使驾驶员产生单调、乏味、急躁的心理,感到厌烦,甚至打瞌睡,带来灾难性的后果。

使人感到单调而厌烦的直线,不仅取决于直线的长度,还取决于驾驶员的注意力。如果驾驶员目不斜视的在长直线上超车,把注意力完全集中到超车动作上,此时即使直线很长,驾驶员也不会产生单调感。而在不须超车的情况下,在直线上就容易疲劳。直线段的单调会由于公路的平行性而加重,如行车道与路面的平行边缘、平行的栅栏和护栏等。如果公路两侧的景观也是单调的,那么可能会使驾驶员感到厌烦和瞌睡等。

2)平曲线的美学特性

平曲线也是常用的线形,与直线不同,它在美学上有很多优点,如富于变化、具有较好的视线诱导作用等。在平曲线上行驶时,驾驶员须不断地调整行驶方向,能很好地集中驾驶员的注意力,不易发生松懈疲劳,而且平曲线能较好地利用地形,使线形变化自然、有节奏,减少工程量,与道路两侧的自然美景美物也能协调配合,欣赏到美好的侧向美景美物。但是,平曲线若处理不当,不仅会使线形显得零乱、有不舒适感,而且对行车安全有潜在的威胁。调查发现,平曲线转角与事故有相关性,转角越大,事故率越高。但转角太小,又会把曲线长度看得比实际要小,使驾驶员产生急转弯的错觉,造成操作失误。

汽车行驶在圆曲线上时,道路沿线就是一幅连续变化的风景线。在圆弧上行驶,便于驾驶员欣赏公路两侧的美景美物,比直线更容易适应地形且可获得匀顺圆滑柔和的线形,易与公路两侧的自然美景美物协调配合,获取优美的侧向美学环境,但由于存在离心力、视距等问题,会对舒适性、交通安全带来不利影响。此外,采用平缓而圆滑的圆曲线可以唤起驾驶员的操作意识,使他们自然握紧方向盘;由于驾驶员是从正面看到了路侧的美景美物,这些美景对他们起到了诱导视线的作用。但是,具有大曲率的路段能看得较远,越远越能逐渐看到侧面,此时曲率大小已辨别不出来,见图4.5.1。

图 4.5.1　圆曲线的分辨

在曲线路段上时,驾驶人员根据路面在视野中的长度来判断曲线的弧度。如果道路陡然转向,透视中的曲线不仅难看,而且会使驾驶员对弧度的判断受到影响。逐渐变化的弧度可以增加驾驶员视觉上的连贯性和驾驶操作上的一致性,如图4.5.2所示,路线线形较流畅连续性,但图4.5.3中线形连续性就要差一些;并能充分利用环境美学资源,使公路在所处环境中不醒目、不支配环境,与周围环境融为一体。

图 4.5.2　公路与周围环境的良好融合

图 4.5.3　公路与周围环境的较好融合

3) 缓和曲线的美学特性

缓和曲线是指在两个不同曲率的线形之间设置的曲率逐渐变化的过渡曲线。缓和曲线的美学特征是曲率变化柔和、线形美观、顺滑、连续,其作用是保证路线曲率变化柔和、连续,离心力变化平稳,既减小驾驶员和乘客因离心力变化而产生的不适感,又使驾驶员能从容地操纵方向。同时,缓和曲线可消除平面线形的视线扭曲,提高视觉上的平顺度,增进线形的连续感和美感,而且为平曲线超高和加宽提供了易于布置的过渡段。缓和曲线通常有螺旋线、双纽线、回旋线等形式;从美学效果上看,各种形式差别不大,决定其外观的主要因素是缓和曲线的长度。

一条公路若从头到尾由连续、均衡、过渡适宜、圆顺的曲线组成,那它是最安全、最自然的、最美的公路。

4) 纵坡与竖曲线的美学特性

纵坡与竖曲线构成纵面线形,是公路线形的重要组成部分。纵坡与竖曲线的设置除要考虑汽车的动力性能外,更重要的是要考虑如何适应地形,既满足汽车行驶力学和安全的需要,又满足感觉上的舒适性和美感。在纵坡与竖曲线的设计中,美学问题尤为重要。从美学上讲,纵坡过大、过长或在一段路内反复出现变坡都是有问题的,要么破坏线形的连续性,造成"碎坡",要么形成视线盲区,影响视距等。特别是纵坡与平曲线结合在一起时,纵坡的大小对公路线形外观的影响是至关重要的。所以,陡而短或反复的纵坡是不可取的。

应设法避免出现断背曲线,并要避免在凸型曲线顶点或陡坡底部或长直线终点出现急弯。其次,要避免出现小偏角,如果难以避免,则将其设在坡顶,这样在视觉上就不会显得扭曲。而且在深路堑、高填方段应避免出现急弯。

汽车在坡道上行驶,尤其是坡度发生变化的坡道,驾驶员常常产生坡道错觉。比如下坡行驶到坡度变缓的路段时,由于路边景物与路面倾斜度降低所造成的影响,驾驶员会觉得下坡已完,开始上坡。如果在坡道两旁设有交通标志,驾驶员可根据交通标志来克服这种错觉。但在没有交通标志的坡道上就会有危险,驾驶员容易采取提速冲坡。同样,在上坡时,也会因中途坡度变缓而误认为上坡结束,开始下坡,从而盲目换挡。

修建山区公路隧道时,由于工程技术上的原因,在隧道中常常是有坡度的,进入洞内的是上坡,到洞中部又转为下坡。驾驶员在封闭的隧道内行驶时,由于找不到适当的参照物,无法判断路面坡度的变化,在到达最高点以前,车速会逐渐下降,驾驶员凭感觉会加速,越过最高点后,汽车已经下坡了,但驾驶员没有意识到,容易造成超速行驶。

5) 利用线形美学特性的一些原则性方法

在公路线形设计中利用线形美学特性的一些原则性方法:

(1) 化直为曲,避免景观单调、呆板的长直线

从美学的角度考虑,长直线道路的拘谨、呆板、枯燥、简单乏味、前景过于一目了然,不与地形融合,失去了美的魅力。且长直线对沿线自然景观有人为分割之"嫌疑"。在平原区又难以避免长直线的采用,如果刻意地制造出曲线也是不可取。还应结合常年风向、天际线等,平面尽可能采用小转角大半径长曲线长缓和,纵面充分考虑交叉工程,实现纵面微微起伏,如同长蛇在水中游的身体形态线形。

(2) 合理选择线形参数,保证线形的连续、均衡与顺畅

公路线形、平整度与周围环境一起构成公路美学的重要内容,是驾驶员产生安全感的重要因素;同时,驾驶员的舒适度多半是视觉给予的。视觉内容的好坏与公路美学质量的好坏关系密切。现行规范在路线平面各线形单元的取值都有明确的规定,从单一的平面单元去参照规范取值不是件难事。如何把各单元有机结合,保证整条线形的连续、均衡,与周边环境协调是一个重要的问题。

(3) 按公路的性质、目的作用进行线形美学设计

在线形设计时,对拟建公路在路网中应该具有的性质、目的作用应具有清楚的认识。根据公路的设计速度、性质、使用状况,确定应该注重什么样的线形设计,一般可按表4.5.1的分类原则进行设计。

第4章 公路选线及线形设计美学

公路线形设计分类原则 表 4.5.1

设计速度	公路等级	公路性质	线形美学设计的内容
60km/h 以上	城市之间高速路 城市内高速路 主要国道	主要处理远距离交通 根据需要控制出入 持续高速运行	注意高速、安全、舒适性 考虑和地形、地区相适应 研究视觉、心理线形
40~60km/h	一般国道 主要的地方道路	处理中等距离交通平面交叉, 也包含断续的运行	安全性 与地形地区相适应,以直接工程费用 的低廉性为条件,在其范围内线形尽可 能平顺
40km/h 以下	局部的地方道路	局部交通的处理、平面交叉, 慢速行驶	安全性 与地区生活环境有机结合,注意线形 顺应地形、地势,注意环境保护

4.5.3 公路线形美学设计的原则及要求

公路线形的组合及各单元的取值在现行规范已有明确的规定,及各类书刊均有大幅的探讨和研究,线形作为公路美学的研究对象,是在假定设计人员认为符合汽车运动学的线形基础上,研究它的静态、动态美学效果及其对驾驶员所产生的视觉心理作用,即归结为对行驶安全性和舒适性的研究。在公路的线形设计中不但应按照规范的规定,满足通行功能的要求,还应与美学设计有机地结合起来。在公路线形设计时,尽量使线形与地形吻合是一条重要原则。应尽量避免多余的人工构造及繁杂的结构设施;同时还应尽量使一些代表性的地形地物,如湖泊、森林、田野等出现在视野范围内。

1)线形设计的一般性原则

(1)公路的平、纵、横指标运用灵活,能顺应地形、地貌变化,避免大填大挖现象。

(2)平面以曲线为主,曲线、直线衔接过渡自然,不片面追求高指标。

(3)纵断面设计因地制宜,多采用低填、浅挖路基,纵坡均匀,坡长、坡度运用充分考虑地形、地貌条件。

(4)公路的线形强调通视性、导向性,线形要均匀、连续,不能骤变,达到行驶的连续、通畅、安全、舒适。公路线形几何组成部分的尺寸改变越大,驾驶员的不舒适程度和发生事故的危险性越严重。在受地形或其他条件限制,公路线形的几何标准或形状必须要改变时,应采取渐变的方式,让驾驶员有充分的时间能自然地接受变化,不至于使驾驶员操作紧张或来不及反应而发生安全事故;避免驾驶员因缺乏变化引起疲劳。在通视性和导向性方面,通过线形有序的变化,使驾驶员能预见到路线方向和路况的变化,以保持行驶的安全。

(5)技术标准采用应灵活,例如在同一条公路上,其设计车速可在 80km/h、60km/h、40km/h、30km/h 之间变化,车速变化分段长度视地形、地貌情况而定,有长有短,并应设有醒目的限速标志。

2)公路线形连续、流畅的原则要求

(1)应在视觉上能自然地引导驾驶员的视线,并保持视觉的连续性。

(2)注意保持平、纵线形的技术指标大小应均衡。

(3)平曲线与竖曲线应相互重合,且平曲线应稍长于竖曲线。

3)线形与环境协调设计的一般性原则

线形与环境协调设计的原则如下:

(1)线形设计中应考虑沿线的自然美景美物,采用优美的曲线组合和线形变化,避免通过路域内的自然景观雷同,单调枯燥。单调感是目前公路线形中存在的主要问题之一,不仅直线有这个问题,长而缓的曲线同样存在单调感。在公路线形设计中,必须追求多样化和有趣,合理运用各种线形要素和天然美景美物,使整个线形活泼、富于变化,以吸引驾驶员的注意,使其不断改变注视点。

(2)要适应地形和环境、与周围的美学环境相协调。公路路线尽可能与山川、河流走向相吻合,不应强拉直线,硬切山梁。应在保证线形指标均衡的前提下,因势利导、顾坡就势。由于道路施工,不可避免地对周边原有的生态环境产生破坏,尤其是挖方路段会使原有的植被被破坏,若不做处理,公路挖方边坡景观就较差,应注意对挖方路段边坡进行绿化美化处理,必要时可作美学设计,使路容、路貌与周边的建筑、自然美景美物相协调。如在地形平坦地区,周围的公路、构造物多构成的直线环境,就应采用直线线形,但应采取避免单调的绿化美化措施。而在山区、丘陵地带,则应以适合地形需要的各种曲线为宜,这样既可避免大填大挖,破坏自然植被和线形的连续性,又可降低工程土石方数量;也保证了行车安全、舒适,又具有良好的经济性。

(3)在施工建设中,对沿线取土区做出规划设计,尽量做到取土区的复耕与周围环境协调一致,经过复耕和绿化不留人为破坏的痕迹,以不破坏周围的生态环境为目的。

4)平面线形设计的原则

平面线形设计一般应遵循以下原则:

(1)平面线形应直接、连续、均衡,并与地形、地物相适应,与周围环境相协调。

(2)两同向曲线间应设有足够长(不小于6倍设计速度的长度)的直线,不得以短直线相连,否则应调整线形使之成为一个单曲线或复曲线,或运用回旋线组合成卵形、凸形、复合形等曲线。

(3)两反向曲线间夹有直线段时,以设置不小于2倍设计速度的直线段为宜,否则应调整线形或运用回旋线组合成S形曲线。

(4)对于小偏角的平曲线,曲线长度通常在驾驶者看来比实际的短些,以致驾驶者对公路产生急转弯的错觉,因此对小偏角的弯道设计时应注意设置长一些的平曲线,使之形成公路是在顺适转弯的感觉。

(5)在适应地形的情况下,平曲线应选用较大的半径;一般情况下宜采用极限最小半径的4倍或超高为2%~4%的圆曲线半径;当受地形条件限制时,应采用大于或接近一般最小半径的圆曲线半径;不得已时,方可采用极限最小半径。

(6)应同前后线形要素相协调。使之构成连续、均衡的曲线线形。还应与纵面线形相配合,必须避免小半径曲线与陡坡相重合。

(7)为在视觉上获得圆滑的线形,直线与圆曲线间插入回旋线时,回旋线参数应有如下的关系:$R/3 \leqslant A \leqslant R$,式中 A 为回旋线参数,R 为与回旋线相连接的圆曲率半径。

5) 纵断面线形设计的原则

纵面线形要素由直坡线和二次抛物线组成,设计时必须注意这些要素及其组合,并要求与平曲线紧密配合。纵面线形设计一般应遵循如下原则:

(1) 纵面线形应与地形相适应,设计成视觉连续、平顺而圆滑的线形,避免在短距离内出现频繁起伏。

(2) 应选用大半径的竖曲线,以有利于视觉和路容美观。

(3) 只要路线有起伏,就不要采用长直线,最好使平面线形随纵坡的变化略加转折,并把平、竖曲线合理地结合起来。

(4) 避免在两同向竖曲线设置短的直线坡段,特别是在凹形竖曲线路段。这样的线形在视觉上很不顺适、影响行车的安全与顺畅。改善的办法是把两个竖曲线设计成一个大的竖曲线。

(5) 在连续较长的升坡路段中,接近坡顶的纵坡采用比较缓和的曲线。纵坡变化时,最好采用大半径的竖曲线。

(6) 长的纵坡线端部不要设计急剧的竖曲线或平曲线,以保证行车的安全。

6) 平纵线形组合设计的原则

平纵线形的组合设计应遵从下述原则:

(1) 应保持线形在视觉上的连续性。这样就能自然地引导驾驶员的视线,使驾驶员获得舒顺的驾驶节奏。

(2) 注意保持平纵线形几何指标大小均衡,因为它关系到线形的顺适和工程运营的经济。

(3) 应根据路面排水和汽车行驶力学安全的要求,选择组合得当的合成纵坡。竖曲线与平曲线的配合,最好是令两者重合,或使竖曲线包括在平曲线内且两者长度大致相等。

7) 平、纵线形设计中应避免以下不安全的组合

(1) 凸形竖曲线的顶部或凹形竖曲线的底部,应避免插入小半径平曲线。因为在凸形竖曲线的顶部如果有小半径的平曲线,不仅不能引导视线而且要急转方向盘;凹形竖曲线的底部如果有小半径的平曲线会引起汽车在加速时转弯,行车非常危险。

(2) 凸形竖曲线的顶部或凹形竖曲线的底部,不得与反向平曲线的拐点重合。前者,线形不能引导视线,而且在达到顶点时才发现要向相反的方向转弯,驾驶员在操作上是危险的;后者主要对排水不利。

(3) 直线上的纵面线形应避免出现驼峰、暗凹、跳跃等使驾驶者视觉中断的线形。

(4) 直线段内不能插入短的竖曲线。

(5) 小半径竖曲线不宜与缓和曲线相互重叠。

(6) 避免在长直线上设置陡坡及曲线长度短、半径小的凹形竖曲线。

4.5.4 公路线形美学设计

4.5.4.1 直线的设计

在公路线形设计上尽量减少对直线特别是长直线的采用,如果受条件限制,也应在纵面上或沿线设施上给予美感上的弥补。直线的长度是直线美学设计的关键。如果不须要超

车,试验表明4.8km(即在时速97km下行驶3min的行程)的直线就会使驾驶员感到单调。从国内外的研究情况来看,直线长度限制在3km以下是比较合理的,这样就不至于单纯因直线的关系给驾驶员造成厌烦的感觉或瞌睡。一般推荐直线长度为20V(注:V为设计车速),建议最长直线长度为30V,限制最长直线长度应为50V。曲线之间直线的最小长度,应根据《规范》规定,当V≥60km/h时,同向曲线间的直线最小长度以不小于6V为宜;反向曲线的最小直线长度不小于2V为宜。

《公路路线设计规范》(JTJ 011—94)(以下简称《路线规范》(94))第7.2.3款规定:直线线形不宜过短,其最小长度为:当计算行车速度≥60km/h时,同向曲线间最小直线长度(以m计)以不小于行车速度(以km/h计)的6倍为宜;反向曲线间的最小直线长度(以m计)以不小于设计速度(以km/h计)的2倍为宜。当计算行车速度≤40km/h时,可参照上述规定执行。2003年《公路路线设计规范》关于最小直线长度的规定,基本沿袭了《路线规范》(94)的规定,但已有所放宽。当设计速度≤40km/h时,增加了一点"同向曲线间当地形条件及其他特殊情况限制时,最小直线长度(以m计)可适当减短,但不得小于设计速度(以km/h计)的3倍"。

根据我国大部分山区测设高速公路的经验表明,同向曲线间直线长度保持6V是难以做到的。如果硬性追求6V,势必增大工程量,还有可能切割地形,深挖高填,破坏自然美景和生态植被,造成更为严重的水土流失和不舒服的视觉效果。

一般来说,直线长度应根据地形、地物、自然美景美物等因素确定,灵活运用技术指标,多方论证,得出合理可行的线长。

4.5.4.2 平曲线的设计

对于圆曲线半径大小很难能给一个明确的数据,其取值应该综合考虑前后线形指标、周边环境变化特点及不同的纵面要素组合,不应孤立地对一个单元曲线进行取值。特别在山岭区,纵面起伏变化大,如果平面指标过高,尤其是偏角较大时,曲线较长,很难与地形协调,也不利于平纵组合设计,反而不如有意识地采用小一些的平面指标,视觉效果依旧良好。

但应控制平曲线的转角角度,转角太大,事故发生的概率就高,转角太小,又会使驾驶员产生错觉,把曲线长看得比实际小,造成判断失误,同时还应控制平曲线半径的大小,在转角较小时应尽可能采用较大的平曲线半径。

1)圆曲线的设计要求

(1)选用圆曲线半径时,必须研究前后线形要素之间的相互关系,考虑线形指标的均衡、协调,一般情况下宜采用极限最小半径的4~8倍,在山岭重丘区,圆曲线半径尽可能采用规范所规定的极限半径的3~5倍,最低以不小于2倍为宜。

(2)当曲线转角值在15°~25°时,平曲线能较好地满足驾驶员的视觉特性和行车视野的要求,小偏角曲线容易导致驾驶员产生急弯错觉,转角大于30°可能会导致交通安全问题。

(3)相邻圆曲线半径值差异不能过大,当相邻平曲线半径比例小于0.15时,交通事故概率出现跳跃性的增长。

平面线形要素之间的比例关系能使平面线形产生美感和协调性,取得较好的视觉效果。黄金分割比例是在视觉上和谐、应用最广泛的数字关系,其特点是突破了对称性,而看起来却是很优美、匀称。

2）平面线形设计中应用要点

（1）在丘陵、山岭区，为顺应自然地形，强调以曲线为主的公路，平面线形曲线段与直线段的长度比例为0.618左右。

（2）在平原、微丘区，地形比较平坦，地势起伏不大，公路应以直线为主，直线路段的长度与曲线路段的长度之比应等于0.618左右。

（3）平面基本组合类型——回旋线—圆曲线—回旋线的视觉上适宜的比例为1∶1.6∶1。

（4）相邻圆曲线半径比率不宜过大，《规范》规定以 $R_1/R_2 = 1 \sim 1/3$ 为宜，但从交通安全和视觉质量角度考虑，建议 $R_1/R_2 = 1 \sim 0.618$ 为宜。

同向曲线之间插入短直线，称为"断背曲线"。"断背曲线"不仅会破坏线形的连续性，甚至会使驾驶员产生错觉，把线形看成两端同向弯曲的连续曲线中间插入一个反向弯曲曲线，在行车过程中，驾驶员未能注意到曲线半径的变化，不能及时调整方向，而发生事故。而且"断背曲线"由于两端弯道超高、加宽，在平面上内侧形成尖拱，非常难看，行车也不顺畅。

4.5.4.3 平面直线与曲线的组合设计

直线和圆弧各自本身并不产生什么不连续的问题，但是如果二者连接起来，就会产生连续性问题。因为从曲率半径为无限大的一点，突然变化为有限的曲率半径，其曲率之差如果超过某一值时，会在行使力学上产生离心加速度的骤变，而且在视觉上缺乏平顺性，线形明显折。把直线段全部或部分设置为缓和曲线，就可避免这种现象（图4.5.4）。缓和曲线是作为直线段和圆弧的连接部分出现的。缓和曲线的特性是缓和人体感到的离心加速度的急剧变化，容易使人做到匀顺地操纵方向盘，同时提高视觉的平顺度（线形的连续性）。

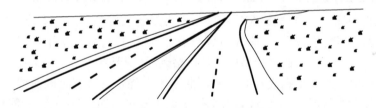

图4.5.4 用缓和曲线连接直线和圆弧

自从缓和曲线应用于公路以后，特别是现代公路普遍采用符合汽车转向行驶轨迹的回旋线型的缓和曲线，并合理的布设超高、加宽，使汽车由直线段进入圆曲线，又从圆曲线进入直线段，或者从前一圆曲线进入后一圆曲线之间的动态过渡要求得到了充分的满足，从根本上改善了汽车的行驶条件。

对于两端圆曲线上设有超高的情况，为了行车的舒适、路容的美观以及排水的顺畅，中间必须设置一定的超高过渡段，如果过渡段过短，会因路面急剧地由双坡变为单坡而形成一种扭曲，对行车不利，路容不美。在超高过渡段上，路面外侧逐渐抬高，从而形成一个"附加坡度"。当圆曲线上的超高值一定时，这个附加坡度取决于过渡段长度。附加坡度（超高渐变率）太大和太小都不好，太大会使行车左右剧烈摇摆影响行车安全，太小对排水不利。

4.5.4.4 缓和曲线的设计

缓和曲线通常有回旋曲线、三次抛物线、双纽线、多心复曲线等形式，从美学效果上看，各种形式差别不大，决定其外观的主要因素是缓和曲线的长度。缓和曲线的长度如果单独

从超高缓和段的行驶距离来计算,其长度从美学的重要性来看,仍然是不够的。美国各州公路与运输工作者协会(AASHTO)建议,当设计车速为97km/h时,最小缓和曲线长度为53~67m。设计车速更高时,缓和曲线的长度也要更长一些,这样才能改善缓和曲线的线形。在美国康涅狄格州高速公路上系统观测的结果表明,小于305m的缓和曲线,被认为是太短了,会使道路路形出现很不自然地扭曲。德国规范规定,高速公路缓和曲线的绝对最小长度为300m。很多设计从标准、安全方面考虑,线形各单元完全满足要求,线形也比较顺畅,但如果稍一修改或变动,也许能有"锦上添花"的效果。在公路改建中采用大半径弯道代替直线段,使线形更均衡连续。

确定缓和曲线长度的基本原则:首先应考虑离心加速度的变化率以及使驾驶者感觉舒适、线形视觉良好所需的长度;其次应满足超高缓和渐变率所需的长度。根据德国、日本的经验,高等级公路回旋线参数 A 的建议计算公式为:

$$A=3.46R^{0.72}(R\leqslant 1000\text{m}) \text{ 或 } A=6.1R^{0.637}(R>1000\text{m})$$

依据上式可求得平曲线半径 R 与缓和曲线 L_s 的关系,见表4.5.2。须注意的是,由于采用较长的缓和曲线,路面横坡由2%(或1.5%)过渡到0%路段的超高渐变率不得小于1/330,当超高渐变率过小时,为保证路面排水,超高的过渡可设在缓和曲线的某一区段范围之内。

平曲线半径与缓和曲线长参考表　　表4.5.2

平曲线半径 R/m	650~750	750~850	850~950	950~1100	1100~1300	1300~1500	1500~1900	1900~4000	4000~5000
缓和曲线 L_s/m	180	200	220	240	260	280	300	320	340

在美国现行的标准之中,螺旋线的长度与圆弧线的长度与直线三者之间的比例关系是1∶2∶1。在道路曲线的设计上,若曲线前后的美学风格一致,尽量采用大半径的曲线,以保持沿线景观的连续、顺适;若曲线前后的美学风格迥异,则要考虑采用小半径的曲线。

缓和曲线的设置长度根据设计时速和圆曲线半径确定。特别是圆曲线半径较小时,设置足够长度的缓和曲线后,会大大改善公路线形但不至于增加造价,而且能同较短的缓和曲线一样符合动态过渡的要求。当圆曲线半径较大时,缓和曲线就无须满足动力过渡的要求,而且在线形外观上也无关紧要。

平面线型美学设计要点:
(1)在驾驶员视觉前导上应避免横向的路线位移,即使很小的改变方向,也会呈现出视觉错乱的景象。
(2)为改善两条直线被连接时使用水平方向和短的曲线而造成的曲折状态,使用较大转弯半径的弧线相连。
(3)多用扇形路段做缓和连接,在直线路段的同一方向上可减少短距离直线路段穿插两个弯道情况的强硬感。

4.5.4.5　竖曲线的设计

竖曲线是为保证汽车能平顺通过上坡或下坡而设置的,因而竖曲线的长度和半径是决定线形美观和行驶舒适的重要因素。研究发现,人眼对坡度并不很敏感,但对坡度差却十分敏感。因而短小的竖曲线就会使人产生视觉曲折现象,形成线形不连贯顺畅的感觉。

从公路美学角度来讲,纵坡过大、过长或在一段路内反复出现纵坡都是存在问题的,不是破坏线形的连续性,就是形成视线盲区、影响视距,这样的线形会降低乘客的舒适程度,对公路美学的整体效果产生影响。纵断面设计中路线尽可能接近原地面自然坡度,减少人工痕迹,避免过多地破坏环境和美景,不得已时应采取植树等措施进行弥补。例如在高填方弯道外侧植树不但能够增加行车安全感,还能补偿高陡边坡的人工痕迹、改善景观;在高挖方段绿化不仅能保证视觉上色彩的连续性,还能增进路容美观,见图 4.5.5。

图 4.5.5 良好的美学补偿设计

关于竖曲线的一些设计参数规定如下:

1)坡度与坡长

纵坡应具有一定的平顺性,起伏不宜过大和过于频繁。发达国家在纵断面设计时对大纵坡的运用是很谨慎的,凡纵坡大于 3% ,须进行环保论证。因此应结合实际情况,审慎地进行纵坡设计。高速公路坡度坡长(m)技术指标见表 4.5.3。

高速公路坡度坡长(m)技术指标 表 4.5.3

设计速度(km/h)		120	100	80	备 注
最大纵坡坡度(%)	3	900	1000	1100	必要时,各个设计速度下的最大纵坡值可增加 1%
	4		800	900	
	5			700	
最小纵坡长度(m)	最小值	300	250	200	
	一般值	100	350	250	

2)竖曲线半径和长度

坡差小时应尽量选用半径大的竖曲线。竖曲线的最小半径在《公路工程技术标准》中有明确规定,但凸形竖曲线必须满足视距的要求,凹形竖曲线则必须满足缓冲冲击,因此实际采用的半径应为规定的最小值的 2~4 倍。

凸曲线,若半径太小,而坡度差又较大时,视距较小,通过坡顶时就容易造成两车迎面相撞的惨剧和"失重"的不舒服感。而通过凹曲线坡底时,又会使人造成像山车般很不舒适的感觉,因此,竖曲线的半径和长度应超过行车安全最小值的 10 倍以上为佳。

竖曲线的长度和半径应大大超过行车安全所规定的最小值,一般竖曲线的长度应为驾驶员开始觉察到竖曲线时的视距或至少为这一视距的 0.6 倍。

3)相邻竖曲线的衔接

相邻两同向凹形或凸形竖曲线,特别是同向凹形竖曲线之间,宜合并成一个单竖曲或复竖曲线,见图 4.5.6a)。相邻两个反向竖曲线之间,以插入一段直坡为好,特别是半径比较小时,更应这样处理,以便增重与减重间和缓过渡,一般直坡段不应小于 3s 行程,见图 4.5.6b)。

在同向竖曲线中间插入短直线也会形成纵断面上的"断背曲线",两竖曲线中间的短直线像是浮起来一样(图4.5.7)。然而何谓"断背",多长以上的直线不能称为"断背",没有一个定量的指标。如果考虑从线形结构上进一步给驾驶员提供视觉连贯性良好的条件,最好是不让驾驶员能够一眼看到两个同向曲线。德国的"6V"规定源自J.R.汉密尔顿等人提出的注意力集中点和视野距离、车速的关系中,得出视野距离约等于21.5s(约6V)的行程。在实际设计中,尽量采用长直线或者改变两端曲线半径等手段来满足规范。在困难地段势必会给环境以及工程造价造成困难。

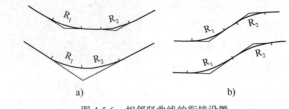

图4.5.6 相邻竖曲线的衔接设置

图4.5.7 "断背曲线"的错觉

4)平面上为直线的纵坡坡差

当位于平面线形是直线段的竖曲线的前后切线坡度差$i_2-i_1 \geqslant 8\%$(i_2或i_1的绝对值不应小于4%)时,宜在公路两侧路肩边缘处设置高度逐渐变化的立柱,立柱的颜色可采用比较醒目的红白相间的色彩,以增强人眼的识别与敏感度。

5)纵剖面线形美学设计要点

(1)当一条峰谷弯道用来连接两段斜坡或者一段斜坡和一段水平路段时,其曲率半径应当足够大,以避免出现扭曲的情况。

(2)位于两条峰谷弯道之间的切线,特别是短切线,可能成为一条看起来很扭曲的路段,应给予改善。

图4.5.8 峰谷弯道

(3)一段水平路段或坡道若包括一条短而低的峰顶曲线弯道,会导致视线的不连贯。此时,若加长峰谷弯道并缩短峰顶弯道,路线线形在视觉上的不舒适感会得到改善。

(4)当一连串峰顶弯道和峰谷弯道形成一条阶梯时,不论在弯道间有无直线路段,如果同时可看到两个坡顶,将在视觉上形成不舒适的感觉,见图4.5.8。

4.5.4.6 平纵线组合设计

公路线形是由它的平纵所组成的立体线形,是一个不可分割的整体。只注重平、纵线形的设计,而不注意两者的结合,最终不一定是优良的设计,必须把它们进行恰当的组合设计,才能形成最优的立体线形,整体大于部分之和。线形组合设计一方面是行驶力学上的要求,反映在行车安全和舒适条件上；另一方面是感觉和心理上的要求，反映在司机的舒适和愉快感上，两者不可分割，互有影响。公路的线形组合设计应保持线形在视觉上的连续性，使平纵线形几何指标的大小保持均衡，根据路面排水和汽车行驶力学的要求，选择组合得当的合适坡度，并注意与周围景观的协调配合。

1) 平面线形和纵面线形组合的基本原则：

(1) 视觉上能自然地诱导驾驶员的视线。

(2) 在不妨碍路面排水的同时，选择不会形成过大组合坡度的组合。

(3) 考虑平纵面两种线形大小的均衡。

(4) 避免在凸形竖曲线顶部或凹形竖曲线底部插入急转弯的平曲线。

(5) 在一个平曲线内，避免纵断面线形反复凹凸。

2) 平、纵面线形的三维空间配合的处理方法：

(1) 平面的曲线与纵面的曲线应当相互配合，对长而缓的平面曲线应当与纵坡线平顺而流畅的连接，不能夹有短的凹凸纵曲线，应避免从低角度看时出现别扭的线形。最理想的组合是平、纵面曲线的曲中与坡点（顶点）重合在一起。在平纵面曲线重叠时，平面曲线应当比纵面曲线长些；而在平、纵面曲线顶点略错开的地方，平面曲线应当将纵面曲线完全包住，即"平包竖"。

(2) 在保证足够视距的同时，对于驾驶员一次能看见的公路长度应当加以限制。驾驶者在任何一点看到的平面线形上方向的变化不应超过两个，纵坡线上则不应超过 3 个。特别是应避免不连贯的外观。

(3) 平、纵面曲线的长度应当大大超过根据安全和行车舒适所需要的最小设计标准值。如果平面上的小角度不可避免，转点应尽可能设在坡顶，并应采用大于 300m 的转弯曲线长度。

(4) 避免直线与曲线配合得不好的平、纵面线形。两曲线之间的直线长度不能太短。

(5) 公路各部分尺寸的改变应当采取圆滑渐变的形式，并尽可能地采取使驾驶员难以觉察的方式。

3) 平、纵线形组合的基本规则

(1) 平曲线和竖曲线要重合。所谓平曲线和竖曲线重合就是把平曲线的中点与竖曲线的变坡点一一对应，且把竖曲线包含在平曲线内。平曲线和竖曲线重合的公路线形，具有良好的视线诱导性，看起来平顺优美。否则，平曲线和竖曲线的相位错开，不仅驾驶员的视线得不到诱导，而且会出现线形扭曲和排水困难的缺点。平曲线应稍长于竖曲线，竖曲线的起终点最好分别放在平曲线的两个缓和曲线内，其中任一点都不要放在缓和曲线以外的直线上，也不要放在圆弧段之内，如图 4.5.9~图 4.5.11 所示。

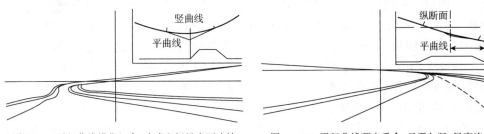

图 4.5.9　平竖曲线错位组合，造成空间尺度不连续　　图 4.5.10　平竖曲线顶点重合，且平包竖，尺度连续

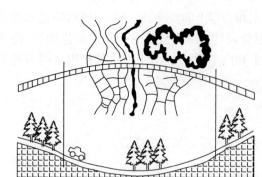 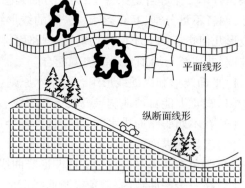

a) 用重合段的中点调整竖曲线和平曲线　　　　b) 保持竖曲线和平曲线大致相等的长度

图 4.5.11　线形的组合设计

纵断面上的转折点应与平面上交点相对应,避免出现纵断面的顶、底部与反向平曲线的拐点重合,一些好的和差的平纵组合分别如图 4.5.12～图 4.5.14 所示。

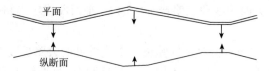

图 4.5.12　平曲线中的拐点与纵断面中波峰、波谷点相对应,定位协调连续

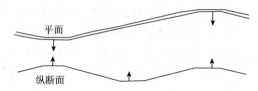

图 4.5.13　合理的平竖曲线协调,平面中的长直线在竖向起伏中得以弱化,定位协调连续

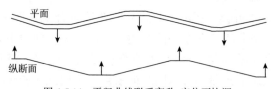

图 4.5.14　平竖曲线联系紊乱,定位不协调

(2)平曲线和竖曲线大小要均衡。平曲线和竖曲线一方大而缓,另一方就不能小而急,必须要保持均衡。平曲线和竖曲线其中一个"大而平缓",那么另一方就不要形成"多而小",见图 4.5.15;一个长的平曲线内有两个以上竖曲线,或一个大的竖曲线含有两个以上平曲线,看上去非常别扭,见图 4.5.16、图 4.5.17。如果平曲线和竖曲线之间不均衡,不仅会造成工程上的浪费,而且会使一个竖曲线中包含两个以上平曲线,或一个平曲线中包含两个以上竖曲线,使线形失去了视觉平衡。根据经验,平曲线半径小于 1000m 时,竖曲线的曲率半径为平曲线半径的 10～20 倍即可达到均衡。

(3)避免在凸形竖曲线的顶部或凹形竖曲线的底部插入小的平曲线。因为前种情况没有视线诱导,特别是在高填方路段,驾驶员好像在空中行车,会有不安全感。而且接近顶点才知道有变曲点,方向操纵易发生失误。对于后种情况,在凹形竖曲线的底部有变曲点,会造成排水不畅,而且在变曲点前后,线形是扭曲的,会使驾驶员产生坡度错觉,盲目加速,导致事故。

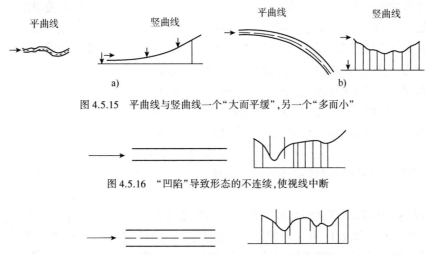

图4.5.15 平曲线与竖曲线一个"大而平缓",另一个"多而小"

图4.5.16 "凹陷"导致形态的不连续,使视线中断

图4.5.17 短距离内二次以上变坡,出现"驼峰"导致形态的不连续

(4)避免在驾驶员的视域内出现反复变向产生紧张感,影响行车舒适和安全。为此,美国有关专家建议,驾驶员在任何点看到的平面线形上的方向变化不应超过2个,纵坡线上则不应超过3个。

公路的三维曲线应对驾驶员的视觉起引导作用,三维曲线段要保证一定的视距,注重空间线形上的视线连续,使线形在视觉上、心理上保持连续协调,见图4.5.18。

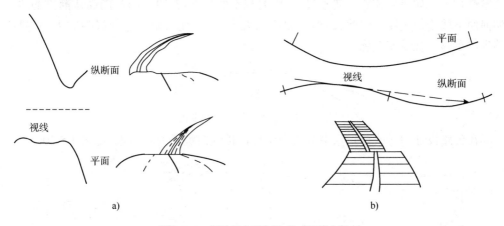

图4.5.18 平纵组合不合理,造成视线中断

(5)避免出现断背曲线。两个同向曲线之间插入短的直线即形成断背曲线。这种线形不仅使驾驶员操纵方向困难,而且容易把路线看成反向曲线,操作错误,发生事故。

(6)道路纵坡与横坡构成的合成坡度应当适宜。较大的坡度利于路面排水,但在积雪覆冰地区,行车有危险,对北方的山区高等级公路,这种情况可能比较严重。如果坡度过小,不利于排水,汽车溅水,阻碍车辆的高速运行。在陡坡路段设以小半径平曲线,易构成较大合

成坡度。为行车安全起见,应选择不大的合成坡度。

(7)公路线形的舒适性设计是公路线形设计的最高层次。线形的舒适性设计须要综合视觉环境、线形质量、动态下的生理心理反应、时间顺序等因素。在舒适性线形中,如果视觉环境和运动感受的动态反应没有起伏,则会感到厌倦,反之,如果视觉环境变化过于频繁,就会眼花缭乱,产生不良心理反应。同样,在车辆运行中,也不要过于左右摇摆或上抛下坠,否则会产生晕车等不良效果。良好的舒适性线形设计应注重与周围环境的融合,使视觉环境缓慢变化,产生一种节奏感,驾驶员行驶中就会感到愉快和舒适。

4)平面线形与纵断面线形相结合并与地形相协调时,应注意的问题:
(1)以高差为100米的弯曲方向一致的平面曲线为主。
(2)设计时使公路线形图与大比例尺等高线图的形状相似,或选择较大的平曲线半径。
(3)纵断面线形要注意高程控制点,并在设计上缩小地基高度与设计高度之间的差。
(4)平曲线的数量必要时随着地形陡峻而增加,以避免出现一个平曲线中包含多个竖曲线的情况。
(5)如果采用线形的平面线形和纵断面线形的变曲点重合,可以减小不安全感。
(6)根据平面线形设计、纵断面设计、横断面设计的结果,进行平面线形的反复修正。

平纵线形组合不当会严重影响内部美学,在司机的心理上产生不安全的感觉,影响行车的安全与舒适,因此应该尽量避免以下线形组合:
①在短距离内出现反复的凹凸起伏。
②看得见近前和远方,却看不见中间,公路好像是两截的。
③平纵面线形不对应,上坡时看不到前面线形,产生危险心理状态。
④直线路段凸形竖曲线容易造成视错觉。这种线形与判断线形好坏的标准之一的通视问题紧密相关。如果立体线形要素过小,则通视不好(图4.5.19),因不能确认前方的线形究竟如何而不敢增加速度。因此,凸形竖曲线的大小,不单纯限制于保证视距的大小,要必须能够提供足够的视觉安全感。

图4.5.19 直线路段的凸形竖曲线

⑤在公路设计中应改变长水平弯道中出现连接纵向坡道的短弯道,见图4.5.20。

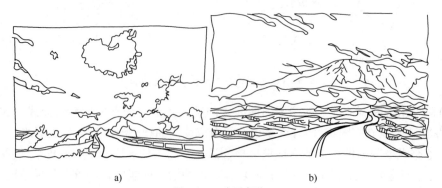

a)   b)

图4.5.20 水平弯道

⑥如果一条直线路段后的水平弯道再接上一条纵向斜坡的峰谷弯道,会呈现出急转弯的情况,见图4.5.21。

⑦如因公路扭曲而产生的不平整感,应避免用切线连接一条水平弯道和两条纵向直坡峰谷弯道的组合。

⑧如容易在视觉上产生扭曲感,应避免两条水平直线路段中的短水平曲线和一条长的纵向峰谷弯道的组合。

图4.5.21　峰谷弯道

(7)可以提倡的一些平纵曲线组合设计方法如下:

①直线路段的凹形竖曲线,弥补了直线路段具有的单调性和生硬性,给驾驶员以动态的印象(图4.5.22),可以增加驾驶员的舒适性。对于山地夹着盆地的地区,这种线形实用性很高。但是相反,因有了动态的愉悦感,容易出现过高的速度,造成事故频发。因此两端的坡度段不应太陡。

②对于纵断面线形凹形竖曲线底部本身的大小也有限制。日本的统计结果表明,虽然在运动力学上给出了最小值,但为了保证视野的平顺性,实际已用到表4.5.4中数值的3~4倍。如果在这种线形的中间插入直线路段,就会妨碍视觉的平顺性(图4.5.23)。为防止这种情况,针对两端的曲线半径,中间的曲线半径为其大小的3~5倍,整个曲线为复合曲线,可以保证线形的平稳性。

最小竖曲线的视觉标准　　　　　　　　　　　　　　　表4.5.4

设计车速 (km/h)	竖曲线最小半径(m)		从视觉上考虑的最小竖曲线(m)	
	凹形	凸形	凹形	凸形
120	11000	4000	20000	12000
100	6500	3000	16000	10000
80	300	2000	12000	8000
60	1400	1000	9000	6000
50	800	700	4500	3000
40	450	450	3000	2000

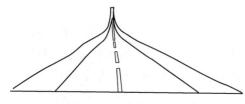

图4.5.22　凹形曲线具有动态感

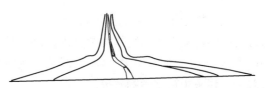

图4.5.23　断背曲线的透视效果

③位于竖曲线底部的驾驶员看来,远方的路线收集于一点。由远及近,左侧边线向左翘起,右侧的向右翘曲,即右侧边线看起来像平面图上的右转弯曲线,左侧边线看起来像左转弯曲线。单纯的平面右转弯曲线从路中看起来都是向右转弯的。但是,当这两种线

形结合起来,平面图中道路应向右弯,实际在竖曲线底部看起来路线左侧边线有时向左转弯(图4.5.24)。这是一种视觉错觉,它的出现取决于竖曲线半径 R_V 和平曲线半径 R_H 之间的大小对比。竖曲线底部较缓和,即 R_V 大,会相应减少平曲线的扭曲现象。

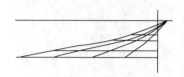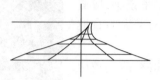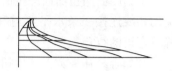

图 4.5.24　竖曲线底部的道路视觉印象(视点变化)

对一般的公路宽度来说:

当 $R_V \geq 6R_H$ 时,就不会因在竖曲线的底部,而把平曲线的转弯看成是相反的方向。

$R_V < 5R_H \sim 6R_H$ 时,视点前方的道路近景会因为竖曲线的影响导致平曲线的扭曲,即把右转弯的左侧边线看成是左转弯的。

当然,在中景或远景中不会出现这种问题。同样,位于路弯外侧观看也不会有上述错觉。正所谓"不识庐山真面目,只缘身在此山中"。

4.5.4.7　公路线形与地形的关系

完全适应地形只有在地形绝对平坦时才有可能,可是很多公路地形是在丘陵与山岭之间,地表经过长期的冲刷剥蚀形成的洼地和河谷地带,这种地形极不规则,只有经过挖高填低的方法才可能使公路适应地形,因此适应地形是相对的。采用的设计时速对公路与地形的适应有着重要的影响,也会影响着作为美景的一部分环境景观,同一等级的公路,由于选用的平纵标准不同,所需的填挖量会有很大的区别,对环境的损害程度也不同。因此,正确选用设计时速和平纵面指标是非常重要的。

公路要适应地形的一些处理方法如下:

(1)根据地形确定公路尺寸,选择设计速度,最后确定公路的线形。较平坦的地形适应设计速度较高的高等级公路,可以选择长直线线形(但尽可能少用);在丘陵区和山岭区,选择低设计速度等级公路和弯曲的线形能使公路更好地适应不规则的地形,这不但在美学上有利,而且也比较节省。

(2)选择线形时,要注意不能因为线形的需要造成大量的填方、挖方,因为这会对周围的美景和当地生态造成极大的损害。可以采用诸如隧道、挡土墙、高架桥等构造物来代替填挖方。

(3)公路及构筑物要与周围环境有适当的视觉比例相互配合,不能支配环境。在设计中通常要做的是减少大型物体的视觉规模,有效的办法是隐去一部分,如弯曲的公路视觉规模要比直路小一些,加宽中央分隔带,减少路侧构筑物如栅栏、线杆或侧道,使公路周界不太显眼都可达到减小视觉影响效果的目的。

公路的线形要有很好连续性的处理方法。驾驶者总是把注意力集中在他前面的一段道路,在这一段距离之内,公路应当是顺畅的、连续的和可以预知的。这可保证驾驶者不至于面临突然的急弯或意外的倾斜。对于行驶在公路的车辆来说,顺应等高线的路线才是最舒服最和谐的美学选线,见图4.5.25。在公路横穿等高线时,应尽量避免公路垂直穿越等高线,所以选择一个合适的坡度及角度才是正确的方式,见图 4.5.26。

图 4.5.25 沿着等高线的路线

图 4.5.26 穿越等高线的路线

应尽量避免在公路两侧留下不合时宜的地物地貌,所以须选择挖填土方量最少的方式和细致的边坡处理才是应有的选择,见图 4.5.27。

盘山公路美景给人一种人间奇迹之感。为了升坡,采用盘山升坡方式,形成壮观的"多道拐",盘山路减小了对环境的破坏,既是一道美丽的景观,也能满足升坡的功能要求,见图 4.5.28~4.5.30;蜿蜒的山区公路、陡峭的山脉、路旁的山菊花是驾乘人员在疲劳驾驶时的生态兴奋剂,既可以欣赏盘山公路和公路旁的美景,也可以体验山区公路修建的不易。

图 4.5.27 边坡处理

图 4.5.28 盘山公路美景之一

图 4.5.29 盘山公路美景之二

图 4.5.30 盘山公路与路旁美景

4.5.5 公路横断面设计

横断面设计中应综合研究降低地形的改变对公路美学的影响,以下分别就横断面设计的美学原理、设计原则、横断面要素设计及高边坡存在的问题和改进措施等进行综合陈述。

1)公路横断面设计的美学原理

公路横断面设计不仅要给使用者安全感,而且要给使用者一种美的感受。美学中的对称与平衡的公路横断面形式能给用路者安全与美的感受。在横断面设计中,两侧对称的布置及绿化会给人安全稳定的感觉。公路的对称与平衡方式有图4.5.31的几种形式。天平的支点相当于路中线(或中央分隔带),以路中线(或中央分隔带)为支点对称或者不对称地布置公路结构或绿化物,总是使它保持平衡的状态,是横断面设计中追求的平衡美感。

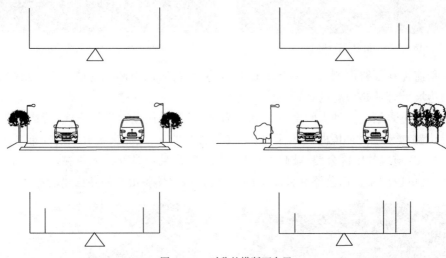

图 4.5.31　对称的横断面布置

除对称与平衡的横断面设计外,还应寻求与地区形象的统一,定位好公路自身的个性,与自然地形过渡顺适、自然。如可在路旁种植有特色的种植,通过美景美物或者地形开阔或者狭窄地段时采取不同的横断面布置方式,变换的中央分隔带和边坡植物也能丰富公路的美学效果,在中央分隔带、路侧种植不同形态、颜色、香味的花草树木,在有步行空间的道路中央或一旁开辟水路或河溪,都能给道路空间带来舒适和开放的美感。

2)公路横断面美学设计的一些通用方法

(1)选择适当的标准横断面,特别是横断面各部分的尺寸比例应该协调。如路面较宽时,可选择路肩相对宽些的横断面,因为宽路面上的窄路肩不仅看起来是不安全的,而且显得比例失调。

(2)应确定合适的路基边坡值、边坡形态和边坡处治方式。高填方路段边坡值应适当放缓些,使驾驶者能通视整个填方边坡,而不需要依靠护栏来消除心理上的危险,而且在发生难以控制的事故时,可以大大增加幸免的机会,不致造成严重的伤害(图 4.5.32)。

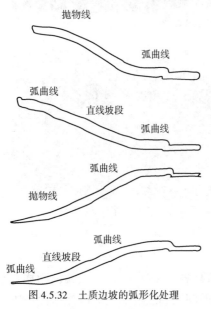

图 4.5.32　土质边坡的弧形化处理

关于边坡坡率,有人认为高宽比为 1∶2~1∶3 时可以完整的观赏边坡的全貌,这种比例比较理想;另一种观点认为高宽比在 1∶1 与 1∶2 之间的街道看上去比较匀称;而黄金分割比例为 1∶1.618,恰巧也在 1∶1 和 1∶2 之间。公路两侧建筑物或几何结构物(如绿化等)的高度与道路宽度之比在 0.618 左右应更为合理。

设置流线型边坡,以便整体自然流畅,与周围环境相协调。一般来说,土质挖、填方边坡应通过弧形化处理,与周围环境协调,便于植被恢复生长(图 4.5.32);石质边坡则可以采用陡峭的侧坡、方正的肩部及底部以给人挺拔稳重、有力之感。

对边坡的处治应力图使边坡造型和现有景观相适应,借助于边坡的形态、植树和种草种花,使由于挖方和填方对自然环境的破坏得到补偿和改善。对边坡进行适当的处理和修饰,以恢复其自然外观,如图 4.5.33 未经绿化美化的边坡生硬、沉闷,图 4.5.34 绿化美化后的边坡色彩明快,风格统一,生机盎然,令人心情愉悦,给人以美的视觉享受。同时,对边坡的处治和绿化美化应与地形相协调,要正确评价包括边坡的道路横断面设计、周边的植被、高压线的铁塔等周围建筑物和道路的关系。

图 4.5.33 未进行绿化美化的边坡

图 4.5.34 进行绿化美化后的边坡

(3)为了使公路与与周围美学背景和谐一致,路基边坡可以模仿天然地形,做成翘曲圆滑的形状,特别是将边坡的变坡点修整圆滑,这样边坡更接近于自然地面的形式,路容更加美观。选择和是的路基形式,如图 4.5.35 所示。

(4)地形平坦,自然横坡较缓的路段,一般应为整体式路基断面;但有时用平面分离路基可以保护诸如碑刻、雕塑等历史遗迹资源和地域象征的树木等。

(5)地形复杂、以挖方为主,尤其自然横坡较陡的路段,采用分离式断面有利于顺应地形,最小程度地改变地形,与地形相协调,让驾驶员感到公路的安全与稳定,减轻压迫感。分离式路基可以水平布置或上下错开,或设计为半桥半路、半隧半路或半隧半桥,以减少土石开挖量,总之,路基断面形式多样化,以保护生态环境,提高公路和周边景观的关联性,增强用路者的行车舒适性。

(6)路基横断面能充分利用不同地形条件,可压缩下坡向断面部分宽度,上坡增设爬坡车道,达到节省工程量、提高通行能力的目的。

图 4.5.35 适应地形的公路横断面形式

(7)当路线途径湿地、野生动植物栖息地、自然保护区时,应采用桥梁、隧道等影响最小的断面形式,设置必要的迁徙通道满足动物穿行需求,同时,适当增加一些防护工程如挡土墙、隔离栅等,避免扰动生物生境,保护动植物的栖息地。

(8)当公路通过视觉敏感区域如居民区、历史遗址区时,可以降低线位高度,形成路堑。降低公路线位高度能够避免社区居民的视线阻隔、减少噪声污染,同时还可以允许周围的社区道路从上面交叉通过,路线降低部分的形式多种多样,包括用挡墙替代边坡以及特殊情况下采用隧道形式。

(9)宽容和人性化的路侧设计:
①在条件允许的路段,设置路侧安全净区。
②设置盖板型边沟、浅碟式草皮排水沟,或采用其他形式的暗沟,增加路基有效宽度和视觉宽度,提高行车安全性。
③设置路侧净区或暗沟的路段,可以考虑不设护栏;有护栏的路段,尽量不设路缘石,路侧护栏端部平面和立面应进行弧化处理,平面呈喇叭型、立面逐步抬高。
④将填方路段的涵洞洞口进行遮盖,提高行车安全性。

(10)合理设置挡墙,变化挡墙高度,并对挡墙进行适当的美化处理。

3)公路高边坡存在的问题及改进措施

我国早期修建的公路,特别是山区高速公路,由于受路线平面和纵面技术标准的限制,挖方高边坡较多,一般情况下,路堑边坡高度为30~80m,部分地区路堑边坡高度达100~200m。由于山区公路沿线地质条件较为复杂,高边坡稳定性常常成为工程成败的关键,边坡的加固与支挡工程的长期性能直接影响公路营运安全,由此引发的美学环境问题屡见不鲜,并产生巨大的浪费。高边坡存在的主要问题有:

(1)高边坡的自稳性不足,路堑加固与支挡工程的长期性能影响公路营运安全

为解决高边坡稳定性,在挖方高边坡防护支挡中大量采用了预应力锚索(杆)、抗滑桩或抗滑挡墙等,高路堤的地基采用水泥加固土桩、刚性桩等地基加固措施,工程造价昂贵,还经常延误工期。同时,通车运营期间,有的路段因预应力锚索(杆)的防腐措施或承压结构选型不当等,产生了预应力锚索(杆)失效问题;有的路段为追求工程进度采用了剂量较大的爆破开挖,对边坡岩体造成一定程度的破坏,降低了边坡岩体的强度,在降雨、地震等地质或其他外力的作用下,造成边坡滑坡、崩塌等破坏;有的高路堤加固桩复合地基长期处于高应力状态,使得路基失稳。通车后的路基破坏直接威胁到公路营运的安全,产生不良的社会影响。

(2)公路横断面形式的环境、美学效果差

路基的大填大挖,破坏山坡或地基的自然平衡,对周围环境产生不良影响,甚至将会影响到小区域的生态平衡,影响其环境生态美学。

由于高边坡存在的问题,《公路路基设计规范》(JTG D30—2004)对路基填挖高度进行了限制,第1.0.7条规定:"路基设计宜避免高路堤与深路堑。当路基中心填挖高度超过20m、中心挖方深度超过30m时,宜结合路线方案与桥梁、隧道等构造物或分离式路基作方案比选。"按照"不破坏是最大的保护"的设计理念,针对高边坡问题可采取如下对策措施:

①路基中心填方高度不应大于20m。若填方高度大于20m时,尽可能调整线位,原则上

采用桥梁。在地形复杂的狭窄沟谷地带,当路基弃方数量大、且难以选择较为合适的堆放场地时,采取切实可行的工程措施,在保证路基稳定,消除路基不均匀沉降变形并对周围环境景观不产生影响的前提下,可选用高路堤方案。

②路基中心挖方深度不应超过 30m。若挖方深度超过 30m 时,须要结合优化路线方案,可采用桥梁或隧道或半桥半路、半隧半路、纵向分离式路基等形式。

4)平原地区公路断面的选择

为保持路容与平原的美景美物相协调一致,路线平面可采用宽中分带或者分离式路基,净距尽可能大于等于 12m。路基采用低路堤和浅路堑,平均填土高度为 2m,最大挖深控制在 4m。尽可能采用较缓的填、挖坡坡率,并利用废方形成车辆冲出路外的缓冲区。尽可能采用盖板边沟和较宽的碎落台,并不设钢波形梁护栏。在满足排水要求、利于养护的情况下,排水工程应尽量做到"宽、浅、隐、绿"。尽可能避免作用不大的、与周边环境不协调、刺眼的浆砌片石截水沟。

4.5.6 公路与周围环境协调统一的处理方法

1)公路与周围美景协调统一处理的方法

(1)处理好填挖边坡的坡度,弧形坡顶或坡脚与自然地形的结合,保证公路路基的稳定及行车的一般安全。从美学的观点着手,公路边坡是天然地面的各种形状同公路的规则形状之间的过渡带,依据环境不同可以设计成模仿天然地形的翘曲圆滑的边坡坡面。把公路边坡同自然地面形成的角用弧形来代替。

(2)对修成的弯曲的坡脚和带弧形坡顶的坡面,在覆盖了面层土之后要尽快播种草籽并加以保护。

(3)公路路基应置于远离河流至少 30m 的未扰动的地面上,这样可以避免公路对河流生态的破坏。当公路必须跨越天然河道时,必要的构造物和边沟应当尽可能不引人注目,最好的美化处理是将它们完全隐蔽起来,使用路者几乎觉察不出它们的存在。

相对于不同的公路周边环境,道路的用地宽度是不一样的,而公路与周围环境的融合,在很大程度上取决于路边带的宽度及其处理。公路绿化最基本的两个方面是边坡绿化和美化造林。边坡绿化可以种草及一些低矮植物,既可保护路肩又可协调周围环境;路旁造林可以遮蔽一些难看的废品堆场、填方、取弃土坑等,绿化视野。

2)公路构造物及道路设施与公路线形协调一致的处理方法

(1)对一般的桥最好的美学处理是使其不显眼,对于有纪念意义的桥要向驾驶者展现这些桥。

(2)桥梁的造型要做到功能突出、造型简洁、秩序均衡、尺度比例合适。

(3)从美学上讲,护栏、栅栏、标志牌等设施要尽量少设,必须设置时要尽量处理的美观一些。

(4)重视路线空间造型设计,包括路线线形(平面、纵面、平纵组合)和其他景观因素(边坡、挡墙、中央分隔带、护栏、路面标线、标志牌、广告牌、收费站及服务区建筑等)的造型设计。

(5)连续陡坡路段,为防止车辆失控造成安全事故,在行车道一侧设置减速防撞车道,其措施是从粗糙路面→砂石路面→松散砂石→防撞沙桶、沙袋,以确保驾乘人员安全。

(6)对纵坡较大的段落,上、下行路基设于不同高度,按照上行减小坡度、下行增大坡度的原则布设,以节省工程量、提高行车速度。

(7)农业及农村是一道亮丽的风景,是了解社会文化的窗口。公路所经地区大多为农村,不同地区农村有不同的住房形式和生产生活方式,是驾乘人员了解我国社会和农村一个较好的窗口,也是一次旅游,农村美景可以纳入公路美学观赏和应用的范畴。如图4.5.36为现代农村的景观,现在农村的住房也在现代化;图4.5.37为云南丽江纳西族的传统农村美景,村落井然有序;图4.5.38为传统农舍,温馨、整洁,让城里人向往;图4.5.39为公路旁的回族村庄,整齐排列的农舍和清真寺,体现了村庄的朴实和所住居民的宗教信仰——伊斯兰教;图4.5.40的村庄,一部分房屋还是传统的瓦房,一部分农舍已经采用钢筋混凝土建筑,为半传统半现代的村庄;图4.5.41为青山脚下有一宁静的村落,给人以安静祥和之美,令人向往;图4.5.42的村庄位于云雾缭绕的半山上,宁静、悠闲、美丽,给驾乘人员一种舒适、祥和之感;图4.5.43是山窝之中的村子,行车中在绿色的山坳中又见村庄,似有"山重水复疑无路,柳暗花明又一村"之感;图4.5.44为崇山峻岭、高山峡谷之中的村子,不同高程的村庄也有一些"繁华"的景象;图4.5.45悬崖高处有人家,对平原(坝子)地方来的驾乘人员,拓宽了眼界,有"惊奇"之感;图4.5.46和图4.5.47为崇山峻岭中有人家,行进中体验到山区村庄之美色,在山寨中见到现代化的交通,贫瘠中见到致富的希望,现代繁忙中欣赏到宁静、祥和,互为体验,美不胜收;图4.5.48和图4.5.49中在山区也有房屋拥挤的村庄,公路旁的村庄给驾乘人员一种当地的建筑形式、生活状态的印象,不但是旅程的一个内容,也是了解当地生活方式和状态的一种方式;图4.5.50为诗情画意的村庄,村庄被石山、灌木与荷花、农田环绕,诗情画意的家园给人美丽、宁静的向往;图4.5.51中的橡胶林、芭蕉林是很多内陆地区难得一见的风景;图4.5.52和图4.5.53为密林中的傣寨,良好生态环境中的傣族村寨,被绿树森林环抱,还采用太阳能照明,既生态环保又可持续发展,别有一番风味;图4.5.54中独具一格的基诺族村寨及其周围的树木,给人耳目一新的感觉;图4.5.55为高山上看到的坝子与村庄,在山顶行车,看到丰产的坝子和热闹的村庄,还有远方的高山和天上的白云,也有近处的桥梁,此画面给人现代与传统、人类与自然、安静与繁杂的不同组合感受;图4.5.56为在山顶行车看到的山区牧场,沿线的农场、云雾、山峰美景,难得一见;图4.5.57~图4.5.59为美国农村景观,不同国度、不同地域的村庄具有不一样的风景,行车经过广大农村地区是了解民风民情、观赏风景的一个重要途径。

图4.5.36　现代农村景观

图4.5.37　传统农村美景(丽江)

图 4.5.38　传统农舍

图 4.5.39　回族村庄

图 4.5.40　半传统半现代村庄

图 4.5.41　青山与宁静的村落

图 4.5.42　云雾中的村庄

图 4.5.43　在山窝中的村子

图 4.5.44　崇山峻岭中的村子

图 4.5.45　悬崖高处有人家

图 4.5.46 崇山峻岭中的人家之一

图 4.5.47 崇山峻岭中的人家之二

图 4.5.48 拥挤的村庄之一

图 4.5.49 拥挤的村庄之二

图 4.5.50 诗情画意的村庄

图 4.5.51 橡胶林、芭蕉林

图 4.5.52 密林中的傣寨之一

图 4.5.53 密林中的傣寨之二

第4章 公路选线及线形设计美学

图 4.5.54　独具一格的基诺族村寨

图 4.5.55　坝子与村庄

图 4.5.56　山区牧场

图 4.5.57　美国农村之一

图 4.5.58　美国农村之二

图 4.5.59　美国农村之三

3）公路沿线美景

公路沿线的很多工程、工厂、道路、桥梁、水库、电站也是一道美景，在行车过程中所见之物是一种见识、一种学习和参观，也是驾乘人员了解我国社会的一个窗口、一次旅游，可以把一些有意义、美丽、壮观的建筑或设施等纳入公路美学观赏和应用的范畴。

（1）电站与水库美景。图 4.5.60 为金沙江上的电站及其建筑物，壮观、现代、难得一见；图 4.5.61 为引水式水电站，很多水电设施一目了然，长见识；图 4.5.62 为在建时的亚洲第一高土石坝，在行车途中，能看到世界级的水库工程建筑物，定能给驾乘人员一种惊喜、冲击的兴奋感；图 4.5.63 为公路旁的闸坝式电站，驾乘人员见到水电站大坝和厂房，可以拓宽知识、增长眼界；图 4.5.64 和图 4.5.65 的峡谷之中、水库之上的桥梁和道路，是一道亮丽的风景，水库、电站是驾乘人员的观景对象；公路桥梁是电站工作人员的观景对象，既"惊奇"又"宁静",现代与宁静交融。

图 4.5.60　电站建筑

图 4.5.61　引水式水电站

图 4.5.62　土石坝

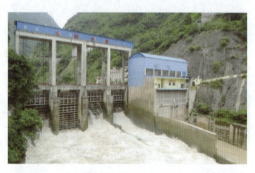

图 4.5.63　闸坝式电站

图 4.5.64　水库中的桥梁之一

图 4.5.65　水库中的桥梁之二

（2）道路、桥梁美景。如图 4.5.66 为山区道路美景，行车中观察到的公路、农村、云雾、山峰美景，相互交融；图 4.5.67 为峡谷中的道路美景，延伸的公路，给人渐入天景之感；图 4.5.68 中山腰上的高桥，在山区行进的公路桥梁给人一种"天堑变通途"的人工奇迹之感；图 4.5.69 中山峰顶的桥梁和图 4.5.70 中山脊上的桥梁，彰显公路科技的进步使人们有"天堑变通途"和"人定胜天"的感觉。

（3）庙宇、佛塔美景。如图 4.5.71 为密林中的缅寺，路边密林之中的缅寺既庄严又生态；图 4.5.72 为佛塔与经幡，是藏族地区的宗教建筑和形式，其他地区的人很难见到；图 4.5.73 中山顶的佛塔、寺庙、经幡、牦牛、围栏美景，给其他地区的驾乘人员一番体验藏族地区宗教、建筑和生产状况的旅程。

第4章 公路选线及线形设计美学

图 4.5.66　山区道路美景

图 4.5.67　峡谷道路美景

图 4.5.68　山腰上的高桥

图 4.5.69　山峰顶的桥梁

图 4.5.70　山脊上的桥梁

图 4.5.71　密林中的缅寺

图 4.5.72　佛塔与经幡

图 4.5.73　山顶的佛塔、寺庙、经幡

(4)工厂美景。图4.5.74为公路沿线的工厂,给人以繁荣和现代的气息,也是驾乘人员学习、了解的机会,不同的工程具有不同的建筑和设施。

(5)房屋美景。图4.5.75中奇特建筑与良好的环境,绿林环保建筑,还能登高远望,令人向往!能够引起驾乘人员的兴奋,并能留下美好的记忆;图4.5.76为青山脚下的建筑,有山可依,有地可种,交通方便,风水好,是宜居之地;图4.5.77的市景良好,在重庆环城某段公路上行车,能够俯视或环视城市,沿线建筑及其动静物体画境是一种美的享受,也是对沿途的一种认知;图4.5.78在过江桥梁上行车,江面船只穿梭,两岸现代高层建筑密布,江景繁忙,有欣欣向荣之像;图4.5.79为现代基诺族民居,既保持了原有的建筑式样,同时在建筑材料上又与时俱进,采用了现代耐腐蚀抗风化的建筑材料建筑,是传统与创新的融合;图4.5.80是景洪城的部分建筑景象,现代建筑采用传统的建筑形式和色调,虽然不是传统的民居,但有一种继承和创新的结合,耐久性好、容量大,采用了缅寺塔的形式和色调,就连路灯(孔雀)、绿化树(椰子树)等都有明显的地方特色;图4.5.81是雪山衬托下的红色房屋,别样的情调;图4.5.82~图4.5.87为美国别墅场景,具有异国情调,也是一种见识;图4.5.88为美国的一座校园,红墙黑瓦,公交车在校园中穿行,也是美国的一种校园模式;图4.5.89~图4.5.91为美国的城市建筑,地域不同、文化不同,城市建筑也不同,也是行车的一种乐趣。

(6)综合美景。图4.5.92为村庄、青山、小河、鱼塘和公路的综合美景,既有人气,也有宁静,既有雄伟,也有平凡,美不胜收。

图4.5.74　公路沿线的工厂

图4.5.75　奇特建筑与环境

图4.5.76　青山脚下的建筑

图4.5.77　市景良好

图 4.5.78　江景繁忙

图 4.5.79　民居美景

图 4.5.80　现代建筑传统风格

图 4.5.81　雪山与房屋

图 4.5.82　别墅(美国)之一

图 4.5.83　别墅(美国)之二

图 4.5.84　别墅(美国)之三

图 4.5.85　别墅(美国)之四

图 4.5.86　别墅(美国)之五

图 4.5.87　别墅(美国)之六

图 4.5.88　校园(美国)

图 4.5.89　城市建筑(美国)之一

图 4.5.90　城市建筑(美国)之二

图 4.5.91　城市建筑(美国)之三

图 4.5.92　综合美景

第 5 章 公路构造物及设施美学

公路人工构造物是指路基、路面、桥梁、立交桥、跨线桥、隧道、涵洞、声屏障、隔离栅口及挡土墙等。公路附属设施指的是停车场、加油站、服务区及沿线服务设施。它们是公路美景美物的组成,对公路美学有很重大的影响。因此,公路美学建设必须充分考虑用路者和沿线居民在各种不同交通条件下的感觉特性,并根据公路美学的一般法则来进行构造物的美学设计。

5.1 构造物及设施美学建设的基本原则

构造物及设施美学建设的基本原则包括:公路构造物及设施自身美的原则、构造物及设施与路线协调的原则、构造物及设施与周围环境协调的原则。

1)公路构造物及设施自身美原则

(1)构造物及设施的建筑形式与目的和功能的一致性

①建筑美的重要基础之一是表现建筑功能或使用目的。公路沿线构造物及设施的存在都有一定的目的和功能,功能上的要求不一定是唯一的,但却是目的中最重要的因素。功能之一是在满足交通功能,考虑不同公路等级下对构造物及设施的要求,在结构上满足设计荷载以及抗御自然影响、抗震、抗变形等方面的能力。而构造物及设施在建成后要成为公路环境中的重要美景美物,这也是功能的另一目的。构造物及设施的质量和美的统一首先表现在美感与功能的一致性。

②增加安定和稳定感。公路沿线的构造物及设施有其本身的功能,构造物及设施除有优美的造型、力的表达外,还必须有安定感,有些构造物从受力上虽然是稳定的,但从形式与外形上看不稳定,同样会使用路者和周围居民对构造物的宏观印象缺乏安定感。安定感的形成要注意构造物的上下配合,使之配合协调。例如,在跨线桥中,主梁与下部立柱配合,两立柱之间又有横系梁联系,才会给人以安定和稳定感。

③缓和压抑感。某些构造物及设施由于其体积、造型等方面的影响,容易给人造成压抑感。如跨线桥下的空间因光线较暗,容易使人感到压抑;隧道入口处由于混凝土的使用,造型处理不合理,也会使人产生压抑感。对于桥梁而言,箱梁的梁高比较低,会使人感到比较轻松,也就能减少地面观赏者的压迫感,也可以用两侧边缘构造的阴影来改善主梁造成的压迫感。

(2)精练的构造物及设施结构形式

①构造物及设施造型简洁明了可以在车辆快速驶过时使用路者对之产生一定的印象。简洁表明结构合理有力,使构造物各部分之间的关系清楚,才能适应现代交通条件下的美学特性要求。简洁并具有独特的设计特色,才能满足现代化及公路美学设计的要求。对于某

些公路附属设施及交通标志而言,杂乱的标志和设施只会造成视觉污染。构造物及设施本身除了应有优美的结构造型以外,自身还要有明白的力线表达,使构造物及设施内部力量的传递方向表达清楚,具有明确的力的表现结构才是美的。

②构造物及设施的统一性与均衡性。一个复杂的构造物要有高度的统一使其成为一个和谐的整体,统一指的是构造物局部与整体的关系,要避免各局部自成体系,使整体造型孤立分散,造成结构上的不协调。统一首先要注意不同的结构体系不要混杂使用,其次可以通过次要部位对主要部位的从属关系来表达。尤其是对跨线桥和其他桥梁而言,如果主从关系不清,结构形象就感到平淡,不能强调视线中心以引起人们的注意,从而使欣赏者视线涣散,难以给人留下深刻的印象。其他方面的统一,还表现在色彩的协调一致上。均衡要求构造物中心的两边视觉分量是相等的,即左右两半吸引的分量是一样的,从而使欣赏者产生一种均衡感,均衡可以体现构造物的基本功能,表现出构造物的稳定。

③构造物及设施的节奏和韵律。序列的重要规律之一是利用结构物的线和边的作用来形成,利用相同构件的重复使用,从而产生韵律与节奏感;而比较复杂的则是不同的形式或不同的结构尺寸组成的系列,即以不同的重复而产生的韵律往往更具有魅力。也要避免使构件有过多的结构形式和尺寸,使欣赏者感觉混乱,从而产生不安定的感觉。

2)构造物及设施与路线协调的原则

(1)保证连续性。连续性主要指的是沿线桥梁所应具有的形体上的协调性,桥梁的连续性首先表现在桥梁线形与公路线形的一致,即平面、纵断面线形与公路线形的连续性,这种连续性是公路线形美学的重要标准,是与公路配合良好的保证。

(2)构造物及设施个性与色彩上与公路美学个性与色彩设计保持一致。构造物及设施的视觉印象除构造以外,色彩是很重要的,要使构造物本身的色彩与公路的色彩基调协调。

3)构造物与沿线环境协调的原则

公路具有很大的断面宽度,在公路上行驶的车辆也具有较高的行驶速度。因此,公路的尺度加大,构造物及设施的美学设计就须要用大尺度考虑时间和空间,在体量上应随之加大,使驾乘人员在行驶过程中对美景美物有较强的印象。从路外的宏观印象看,公路周围的建筑尺度与体量的增加能获得公路与环境协调的美好印象。

为了使构造物及设施与周围环境有良好的协调配合,构造物及设施应具有优美的比例与恰当的尺度,比例反映了构造物及设施整体与局部、局部与局部之间的大小关系,尺度则反映了构造物及设施与周围环境的大小关系。三维空间和谐的比例是达到公路建筑美的重要特性。合适的尺度会使构造物呈现预期恰当的尺寸和色彩,使之与环境配合美好。

5.2 路面美学

公路路面大多数是用水泥混凝土或沥青混凝土铺装。从美学角度来讲,这种路面的颜色显得呆板、乏味,灰色和黑色虽然对人的神经系统有镇定作用,但长时间注视单调的灰色和黑色路面会使驾驶员注意力变得迟钝,再加之行车速度较快及空间景观的局限性,容易使驾乘人员在生理和心理上感到疲劳,使交通事故发生的概率增大。如果用一些色彩来装饰路面,即在混凝土中掺一些颜色剂,使行车道、超车道及停车带、路肩配以适当的色彩加以区分,这样的路面肯定要比混凝土的本色漂亮得多,会是一道亮丽的风景线,并可缓解驾驶员驾驶时的视觉疲劳,有效解决路面吸热、晃眼等问题,并且驾驶员在不同色彩及其组合的公路上开车,不容易走错车道和疲劳,能够给驾乘人员舒适感。

在陡坡、转弯和限速区涂以黄色或红色,如图 5.2.1 所示,会提高驾驶员的警惕性;在交叉口、居民密集点和停车点附近涂以红色让驾驶员小心谨慎驾驶;在学校、医院等处涂以蓝色以表示安静,驾驶员就会不鸣笛;为了降低因车速过快而造成的事故,在长距离的路段上涂上几十条相间的白色线条,看起来犹如水中的波纹一般,使驾驶员感觉速度过快,自觉地降低车速。一些实践证明,着色公路的确具有纯黑色沥青或者白色水泥公路所没有的优点,其较为突出的方面是丰富色彩能刺激驾驶员大脑,缓解驾车疲劳程度、保持良好情绪、降低事故隐患。

图 5.2.1 用彩色加振动路面提醒驾驶员弯道、陡坡

在整个很长的路段,连续采用一个横断面式样,就会产生单调的感觉,应充分利用公路所穿越的各种美学因素和条件,选择适合地形的横断面形式,灵活充分地发挥各个美学条件和因素,产生各种变化的美感。如不同形式的地形地貌、岩层产状和用色彩设计各种各样的横断面形状、不同宽度的分隔带,或是采用分离路基以适应地形的高度差等,都会形成各具特色的公路横断面,创造美学形式的变化,避免路面的单调感。当然,在较短的路段,横断面的形状和形式不宜变化太频繁,变化太大会造成驾驶员心情的不平静、心烦。

在道路上行驶由于道路不平整,甚至导致车辆底盘被擦碰,谁也不会感到舒服;在行驶中如果由于道路太粗糙产生较大的噪音,也不会舒服。因此,路面要有一定的平整度和粗糙度,既满足车辆的平稳运行又不会导致路滑产生交通事故,这样的道路才是美的道路。

5.3 桥梁美学

桥梁是公路跨越江河湖泊、山谷深沟以及其他线路(如公路、铁路、管线)等障碍时,为了保证公路的连续性,充分发挥其正常的运输、通行能力而修建的人工构造物。桥梁是公路的重要组成部分,它不仅是公路的枢纽,同时也是公路的标志性建筑。桥梁美景会因其巨大的体量及独特的造型成为当地居民的骄傲,在蕴涵社会进步与发展的同时还表达出一种对社会制度、人类力量的讴歌;还有一种作为地理沟通"纽带"的战略意义,这使桥梁美景往往成为城市和地区文化的聚焦及形象的窗口,不少城市、乡镇因桥出名。桥梁美学设计与建造已成为公路设计中必须考虑的重要因素。

桥梁的设计,首先应根据其使用功能要求,按照客观的技术条件和合理正确的结构计算,并从美学的角度来考虑选择用什么形式的桥型结构才能与周围的自然景观相结合,使桥梁的功能与形式与周围的地物、地貌有机地结合,共同构成一个新的美景,不至于因为修建桥梁而破坏了整个原有自然地理环境的和谐统一,从而达到公路与环境的协调,为行人、通车提供安全、舒适、优美的交通环境,得到美的享受。

桥梁美学的发展经历了如下几个阶段:

第一阶段:18世纪初,无节制地追求桥梁形式上的艺术设计,很多的仿古结构应用于桥梁设计。

第二阶段:18世纪60年代,很多的桥梁建设过分强调功能性,对桥梁美学的忽视日益严重;金属桥梁开始取代石桥和木桥,外部装饰逐渐减少。

第三阶段:19世纪初至20世纪初,基本取消桥梁装饰,基于结构艺术思想的桥梁美学体系开始逐步建立。

第四阶段:20世纪中叶,为桥梁建筑的反思阶段,"形式服从功能"的思想发生颠覆,更加追求桥梁的观赏功能与文化功能。

第五阶段:20世纪后期,引入建筑美学设计理念,桥型趋于多样化,桥梁环境美学、生态桥梁等概念产生。

5.3.1 桥梁的美学特性

桥梁的美学构成与其他建筑物、道路等相比,既具有共性,也具有个性。它与桥梁建造技术的发展紧密结合,二者有机结合以求工程结构和精神审美的和谐统一。在充分满足结构功能要求的同时,优化结构的外观形貌,使其尽量完美并与周围环境相协调。正如德国铁道工程师鲁克维德所说:"要设计美的桥梁,就必须使科学与艺术密切结合。"桥梁美学设计属于现代美学中的技术美学的范畴,是技术与美的和谐统一,于桥梁设计过程中产生,设计与建设的紧密结合是创造奇迹的根本。

1)桥梁美学的一般属性

桥梁的美学属性包括客观性、主观性、相对性和社会性:

(1)桥梁美的客观性

桥梁的美是客观存在的,其客观基础具体是指其形态、色彩、材料、实用功能及与环境的搭配等。

(2)桥梁美的主观性

审美主体的主观意识是人们在欣赏桥梁美的时候,在人们大脑中产生的意识,与桥梁美丑的判断紧密相连。

(3)桥梁美的相对性

桥梁美是主客观的统一,审美观念会因主观、客观因素的变化而变化。也正是因为美的这个性质,才使得桥梁造型千姿百态,才能有丰富的美学感受。

(4)桥梁美的社会性

桥梁美具有相对性,并非没有一定标准,仁者见仁,智者见智。但不能否认其社会性,即一定时期内和一定社会中有较统一的能被社会公众普遍接受的审美标准。如有一段时间,大家普遍倾向于简洁明快、纤细流畅;而在文艺复兴时期,西方桥梁多加上了烦琐的装饰;有些时候人们又只注重其功能,减少装饰。但无论如何,一些基本原则,如多样统一、比例和谐、韵律优美等仍会在各时期的优秀桥梁建筑中得以体现。

2) 桥梁美学的特有属性

桥梁美学作为建筑美学的一个分支，具有独特的艺术特性。首先它是工程技术与艺术结合的产物，另外桥梁建筑是结构外露的空间实体。为此，公路桥梁美学具有其自身的属性及其辩证关系。

(1) 功能价值和审美价值相统一

桥梁结构的出现，是人们为了满足工作生活需要而产生的，它和某些纪念性、观赏性建筑不同，它首先是一种具有跨越障碍、提供便利运输通道能力的实用结构物，所以它的实际功能价值是第一位的。一座桥梁要想达到美，首要条件是其能够稳健地跨越障碍，安全可靠、交通顺畅、满足交通功能要求。其次，桥梁建筑也是一经建成就长期固定在环境中，它以巨大的体量、固定不变的位置、相对的永久性和无法忽视的瞩目形象给环境景观和人民生活带来深刻的影响。因此，桥梁建筑不仅应该表现出结构上的稳定连续和强劲力感与跨越能力，而且要有美的形态和内涵，只有内容与形式的高度统一、功能价值与美学价值的完美体现，桥梁建筑才能显示出不朽的生命力。

(2) 桥梁建筑美学与技术紧密相关

桥梁建筑与其他建筑一样是工程技术与美学结合的产物，它作为物化了的人工环境必然依赖于相应的技术，并耗费大量的材料，因而技术对美学的制约表现在经济、安全、材料、设计理论、施工技术等方面。建筑技术是表现建筑美学的物质手段，技术本身也是美的因素之一。

技术与美学紧密相关，但不能互相代替、等同。如材料新不等于桥梁美，技术新也不等于艺术美。只有立足于现实条件、经济能力，最大限度地发挥技术、材料的作用以及人的聪明才智，才能创造出体现技术与美学结合的桥梁建筑。

(3) 桥梁建筑是结构外露的空间实体

桥梁建筑虽属建筑范畴，但桥梁与房屋建筑毕竟有许多不同，房屋建筑是空间的分隔组合，桥梁是空间的延续与扩展，前者是人们生活、工作的空间，后者是沟通东西、连接南北及人行车驶的通道，房屋建筑常是封闭的，从外观很难看出内部复杂多变的结构，而桥梁结构是开放的、外露的，组成部分一目了然，功能关系明确，如桥梁的塔、梁、墩、索等构件直接映入眼帘。从美学观点出发，这些外露构件既成为桥梁美景的重点，也是美学处理上的难点，如何将这些构件组合成令人满意的整体和流芳百世的艺术品，与其他门类艺术相比较更为困难。

(4) 桥梁是单维突出的空间结构物

由于桥梁功能的需要决定了其基本形态是水平方向单维延伸的结构物，即桥梁沿路线方向长度与桥的宽度、高度相比差距较大，这种形态在视觉平衡上、比例和谐上很不利。协调这种比例、改善视觉印象，是桥梁美学设计中必须重视的问题。

(5) 桥梁建筑美学表现的局限性

桥梁建筑首先是一个工程结构，在美学表现上受到诸多条件的限制，表达自由度远不及其他艺术。桥梁基本上是由几何形态的线、面构成的空间形体，靠它的视觉形象，给人以庄严、雄伟、稳定挺拔或轻巧明快、柔美秀丽等感受，但很难以自身的形式表现更具体的内容，此时常借助雕塑、绘画、匾额、书法、诗词等其他艺术形式去构成浑厚的艺术意境，使人产生联想、激发情感、抒发情怀。有时还要借助音乐、声音、光影、照明等来渲染气氛。

3) 桥梁美学的要素

桥梁建筑和其他建筑的基本功用不同,桥梁建筑最基本的功用是通过和跨越功能。所以桥梁建筑的美感主要应该源自桥梁结构的合理、技术的先进、与环境的协调,更重要的是不应该使人产生迷惘感,结构需要清晰明快,传力途径明确,让人能够很明晰的理解,另外应该使人产生稳定安全的心理感觉、优美和谐的视觉效果。

公路桥梁是为了满足跨越江河、沟壑、峡谷的交通运输要求而建构的,为此,桥梁应该在满足其交通运输功能的前提下来谈美观和尽量与环境协调。为此,公路桥梁的美学属性要素应包括"功能美""形式美"以及"与环境协调美"3个要素。

(1) 功能美

桥梁最基本的使用功能是通车、行人、通航、行洪。在进行桥梁美学设计时首先注意的是不能影响结构的承载能力和使用功能。公路桥梁的"功能美"是在遵循力学理论的前提下,满足结构功能的要求,并使结构的功能性突出,同时在平衡并有紧张感的结构中求得内在美,于外观上体现力量美和动感。桥梁的力流应明确,即遵循力学理论,在取得平衡并有紧张感的结构中求得内在美,表现出结构上的稳定连续、强劲稳定的力感与跨越能力,在外观上体现出一种力动感。如拱桥的动势表现在拱圈的优美弧线上,清新悦目并气质典雅。如重庆万县长江大桥贯通长江两岸的交通,同时以其优美的拱弧线在江面上空形成气势如虹的风景。另外还有河北赵县的赵州桥、湖南的乌巢河桥等都是展现桥梁功能美的典范。悬索桥和斜拉桥通常跨度较大,其力动美通常主要由加劲梁、主塔和主索来体现。用主塔和主索的磅礴大气来协调桥型水平方向过长所带来的比例失调,使之遵守美学法则,保持纵向和横向、竖向尺寸的和谐,如美国的金门大桥、香港的青马大桥等。

桥梁主要用于交通负荷、跨越障碍,这是它的基本功能,如单纯地把装饰当作美的法宝而不注重其实用价值,算不上真正的美。正确的桥梁审美观点是形式服从功能,功能、技术、经济与美观融合一体,共同作用,美寓其中。

(2) 形式美

由于桥梁是在水平方向上很长的立体建筑物,纵横方向尺度显著不平衡,并且作为通透建筑物其观察视角是多方向的,因而公路桥梁的"形式美"一般主要借助于比例、对称、韵律、节奏、交替、层次等手法来完成。

比例一般包括两个方面:①桥梁建筑整体或局部本身的长、宽、高之间的大小关系;②梁建筑整体与局部或局部与局部相互之间的大小关系。另外,实体与透空之间、封闭面与敞开面之间、光线与阴影之间等也存在比例关系。比例和谐给人以简洁、明快、新颖的感觉。

对称即相似性在分割线或分割面两边的对应性,是一种行之有效的获得美的手法。作为桥梁造型中常用的结构方式,其实现手法有很多种,如镜面对称、平移对称、旋转对称、结晶对称、体量对称、完全对称、不完全对称或其中几种的组合等,我国古代就开始修建的石拱桥多采用奇数跨就是对称的运用。

韵律指桥梁结构中体型、线条的有组织的变化和有规律的重复,变化与重复形成有节奏的韵律感,使桥梁整体形象功能突出而不失俊俏活泼,简练而鲜明、生动而富有活力。常用的手法有连续韵律和渐变韵律。连续韵律指一种或几种组成部分的连续使用和重复出现,有组织的排列所产生的韵律感;渐变韵律指某些组成部分(如体积大小、高矮宽窄等)作有规律的增减,以造成统一和谐的韵律感。另外,还有起伏韵律和交错韵律。

对于层次感则常通过色彩渲染、照明光影、布局交替等营造出来,使得桥梁形象在空间、时间和不同的视觉角度都为立体生动、层次鲜明,从而使桥梁的形式美得以定格。

(3)与环境协调美

任何桥梁都不能脱离环境而孤立的存在,它是环境的一员,因此,必须考虑与环境的协调。对于整个环境景观,桥梁如何发挥它作为结构的作用,是与环境融合,还是突出桥梁本身,抑或完全隐于环境之中,这就是桥梁美学设计要解决的问题。同时桥梁还要与当地的文化氛围、地域特性相融合,实现自然美和人文美的完美结合。桥梁建筑和桥位及附近的空间环境,包括自然地理环境、社会人文环境、历史文化环境、技术经济环境和规划建设环境等,一起处在人们的生活空间之中,构成整体美景。它既受环境的影响制约,同时也影响着环境,给人们的生活带来变化。现代桥梁的作用不只是"行车走马过行人",它还须要"点缀河山、美化环境、承传文化、弘扬精神"。桥梁建筑已不单纯作为交通线上重要的工程实体,而常作为一种空间美学结构物存在于社会之中。

公路桥梁应根据所在公路的使用任务、功能和未来发展的需要,按照安全、适用、经济和美观的原则进行设计。桥梁结构是公路系统的一部分,从功能上讲,桥梁与公路协调也应表现桥梁结构和公路功能的一致。从公路内部景观来看,桥梁首先会影响线形的美观。在路线勘测设计中,桥梁位置与道路路线的关系是大、中桥决定道路路线,小桥服从道路路线。

在桥梁美学中,协调有 2 类:a.桥梁本身的协调,即"个体协调",如各部尺寸的协调,构件模式的协调等;b.桥梁与周围环境的协调,即"公共协调",包括物理协调、社会协调和生态协调 3 个方面的内容。

在物理协调方面,根据环境条件和桥梁规模的不同,一般有 3 种处理方法,即消去法、融合法和强调法。如特大桥梁常采用强调法,因为它本身规模宏大,气势磅礴,自然而然地就成为独立的美景,从而成为环境的主要美景。对于规模不大的桥梁常采用消去法,因为周围环境美景已经形成,不宜再突出桥梁,以免影响环境协调,只能使桥梁从属于美景,并相互适应。较为普通的情况是采用融合法,使桥梁与环境融为一体,自然和谐。

桥梁设计不仅要"关心自己"同时还要"关心别人",如关心桥梁对社会环境的影响。桥梁的建设不应给周围社会的生产生活带来很大的不便,而是能为周围居民带来更大更好的便利,良好的社会反响,方便服务当地百姓,减少对社会区域的分割;不能对其周围的自然资源和社会资源产生破坏和影响;应关心桥梁作为一个地区或城市的标志性建筑的意义,是否带来旅游价值,关心桥梁美与周围社会环境的和谐等。将桥梁美学上升到既解决过往客货运输的要求,也给当地社会提供更好的社会服务而且产生的社会负面影响没有或者很小。伊藤学先生在其《桥梁造型》一书中提道:"桥梁能满足人们到达彼岸的心理希望,同时也是印象深刻的标志性建筑,并且常常成为审美的对象和文化遗产。"

在生态协调方面,则强调因地制宜,尽量减少对生态环境的干扰,注重生态自然平衡。如充分利用自然山体作为桥梁引线可减少人工干扰,增加桥梁跨度、减小桥墩截面积或减少桥墩数量等措施均可减少对水体生态和水流形态的干扰,使它们的演化朝着有利于新的生态平衡方向发展。

为使在公路上行驶的车辆有舒适连续的感觉,应尽量使桥梁不为行车驾驶员所识别,让驾驶员在不知不觉中过桥,心理上没有任何变化。但是,另一方面,经过了名山大川却不知道,又会使乘客感到遗憾。所以应该根据具体情况确定在通过有名的河流山川时,是否设置桥梁标志,必要时可设置代表性美景标志。

一座桥梁的设计,首先应根据其使用要求,按照客观的技术条件和合理正确的结构计算,并从美学的角度来考虑选择用什么形式的桥型结构才能与周围的自然美景相结合,善于利用地形、地貌,效法自然,使桥与景融为一体,互相烘托,相得益彰。桥梁的选址、结构形式应结合周边环境中的美学特征去进行构思,只有结合地形、地物,因地制宜的桥梁,才能协调与周围环境的关系,使人们认可、乐于接受。

桥梁结构的美学特征也可陈述为:通达之美、凌空之美、流畅之美及刚柔之美等。桥梁由此岸到达彼岸,使道路通达,因而有其功能美——通达之美。桥梁为跨越结构,其腾空飞架的梁索让人感受到了凌空之美,因此较路基有通透感。桥梁为一带状结构,长大桥中的竖曲线设置使桥面看上去连续流畅,纤细轻快。桥梁结构兼顾了刚柔之美,梁、拱之纤细、亲切、委婉,墩塔之雄壮、庄严、高昂,斜索之力感、动感、方向感,大缆之起伏、飘动、流畅、张力感等。

合理正确的桥梁美学观点是功能、技术、经济与美观融合一体,共同作用。一位世界著名的桥梁专家说过:好看的桥梁并不需要付出更多的造价,美丽的桥梁多半是经济的。这是因为只要采用合理的规划、设计方法,使之与环境相协调,使技术和艺术相互补充而不是相互矛盾,就能同时达到经济与美学完美结合的效果。

我国著名桥梁美学专家唐寰澄先生多次提到3个统一性是桥梁美的最重要属性,即:①感性和理性的统一或感觉和意识的统一;②客观和主观的统一或人和自然的协调统一,即"天人合一"的思想;③形式和内容的统一,即造型和功能的一致。国外工程师在桥梁设计中所依据的美学理论也不尽相同,日本竹内博士在《塔与桥》一书中指出桥梁美应理解为技术美,即:①形式美;②功能美;③与环境的协调。西方国家也有强调"3E"理论的,即"功效(Efficiency)、经济(Economy)和优美(Elegance)",这与我国"实用、经济、美观"的原则显然是一致的。

5.3.2 桥梁美学原则与法则

1)桥梁美学的原则

在进行桥梁设计与美学构想时,通常都应综合考虑权衡以下几项美学原则:

(1)功能与形式美的协调

桥梁美学与语言艺术、表演艺术及造型艺术不尽相同,它是一种实用艺术。一座优秀的桥梁,应该实现实用与美观的统一。只有技术和艺术结合在一起,才能产生真正美的桥梁。在处理桥梁建筑功能与形式美的协调时,通常会出现以下两种错误倾向:一种是过分强调实用功能而把桥梁建筑美置之不理;另一种是只注重桥梁建筑的美观而忽视其实用性。要避免这两种倾向,桥梁建筑美学的协调原则就显得十分重要。功能和形式,偏颇任何一方都不会产生好的作品;只有功能和形式做到完美统一,桥梁艺术才会有长久的生命力。

(2) 满足民众审美情趣

桥梁建筑来源于人类的社会实践，体现了人的本质力量的丰富性，是为民众服务的。民众对桥梁建筑所倾注的热情和精神，其首要原因是桥梁所提供的便捷的交通服务功能，桥梁首先要满足人的工作生活需要。大众有自己的审美观，该审美观与社会功利、国计民生相结合。美国著名心理学家马斯洛认为，只要人们还在为衣食温饱居住而奔波时，不会对建筑的美与丑感兴趣，也不会去讨论桥梁是否具有什么美感，只有在物质生活较为丰富时，人们才会考虑精神上的愉悦和满足。随着我国社会经济的发展，桥梁美已经从实用性中分化出来，但仍表现了它的社会功利性。

(3) 体现桥梁建筑艺术的时代精神

与其他艺术一样，桥梁建筑美学也并非一成不变。古代桥梁多以装饰华丽为美，而现代桥梁则以简洁大方为美。桥梁建筑能够以其巨大的空间形象来显示生活的某些本质方面，体现一定的时代精神。在不同历史时期，桥梁建筑的美学风格、理论和技术具有较大区别。在中外桥梁建筑史上，几乎每个时代都会形成其独特的桥梁建筑美学风格，成为这个时代的标志性特色。各个时代的桥梁美学设计，不可避免地受时代精神的影响。如威尼斯水上世界的桥梁，桥面上集市密布，融休闲、购物、观光、交通于一体，是当地的一大特色；另如我国古代和一些落后地区的索桥，只是简单的满足通行要求，甚至还存在一些危险性，如云南怒江的溜索；但一些地方的廊桥，不但具有通行的功能，还具有休闲、聚会的功能，甚至还进行梁柱"雕龙画凤"的美饰；现代的一些大桥除了交通功能外，还成为一个地区或城市的地标，甚至成为旅游景点。

(4) 展现桥梁建筑美学鲜明的民族特色

世界上还没有对建筑规定其审美标准，但特定的民族，必然有特定的建筑美学特色，当然，民族的也是世界的。反映在桥梁上，中国的桥梁多具有地方特色，如江南小桥优美多姿，西南部的桥梁则具有浓郁的少数民族风格。不同民族在习俗、文化传统、思维方式等方面存在许多差异。基于此，不同民族对桥梁建筑美学会有一定的审美标准和理念。

(5) 创新美

美来源于不断地有意义的创新。随着科技的进步，新材料、新技术的不断涌现，对桥梁艺术的表现有如虎添翼的效用，可以更好地展现技术美和艺术美的完美结合。作为结构艺术，桥梁美的创造是可以通过技术手段来得到的，而不是简单的注重装饰。只有把握住桥梁美学的方向，才可以有正确的桥梁审美，从而对桥梁美学设计起到指导作用。

2) 桥梁美学设计的要求

(1) 以安全、适用、经济为前提

桥梁设计首先要满足使用功能的要求。桥梁最基本的使用功能是通车、行人、通航、行洪，在进行桥梁美学设计时首先保证的是不能影响结构的承载能力和使用功能，形式服从功能。功能与形式要和谐统一，桥梁形式美学价值的体现不能脱离桥梁的结构形式而盲目地、刻意地追求，否则只能是"画蛇添足"。

桥梁要考虑不同道路等级下的车速要求，不同交通量下的宽度要求，从结构上看桥梁应具有设计荷载以及抗御自然影响、抗震、抗弯、抗振动等方面的能力。桥梁结构造型美学设计不能降低结构承载力、结构刚度、结构稳定性和结构使用寿命。

(2) 以和谐统一为本

①需要与地理环境及人文环境相互协调

桥梁结构不是单一存在的,它与桥位处的自然美景及附近的人工建筑一起处在人们的生活空间里,构成整体美景。桥梁美学设计应考虑与环境的协调一致、互相配合、融为一体。桥梁的设计风格要与当地的人文环境和谐统一。

②桥梁结构各部分之间和谐统一

桥梁由若干要素组成,每一要素都占有一定比重和地位,桥梁建筑要有"主"和"从",主桥与引桥、主跨与边跨、主体与附属均存在主从差异,正是这种差异的对立,使桥梁形成完整统一的有机整体。

(3) 分清主次,抓住重点

桥梁建筑重点应放在总体布置和主体结构上,以期塑造桥梁这一跨越性工程构筑物的美,创造清晰、明朗的建筑形式。建筑的形式美要忠于合理的受力结构,不在结构之外过多增加美饰,过多的美饰会喧宾夺主,忽视甚至剥夺了桥梁主体特有的跨越、挺拔和灵动的美学特征。从工程力学的角度看,结构的应力应均匀流畅,才能较好的发挥材料的强度,取得良好的经济效益;从美观的角度出发,构件体形应变化平顺、结点处或边界处过渡平滑、结构整体性强。可以看出,满足结构应力要求与实现桥梁美观要求是可以有机结合起来的,即实现桥梁美观的同时也是实现应力均匀流畅的必要条件,同时提高结构的承载能力和刚度。力学上的合理性、功能上的优越性是美的最低的必要条件,同时实现结构稳定即动、静力平衡是桥梁结构安全和美观的前提条件。

3) 桥梁美学形式美的法则

桥梁的造型设计应该是在桥梁结构满足功能、安全、经济的前提下,通过形体的美学优化,对桥梁组成的各个元素及整体进行外形塑造。为此,在满足功能、安全、经济的情况下,桥梁也与其他建筑一样,须要满足形式美的法则,即统一、均衡、连续、比例、尺度、简洁、稳定、和谐、多样或变化、韵律等法则。

(1) 统一

统一是指桥梁整体与局部之间的关系要协调。统一性主要包括以下几方面:①结构体系的统一,上下部结构之间、前后结构之间、主体与附属设施之间等要协调配套,一个美的桥梁要有精炼的结构形式,特别是现代大型桥梁建筑结构多样性以及跨径、墩台形式等都复杂多变,要想获得精炼的结构形式,就要求在桥梁结构上做到引人入胜的统一;②桥梁整体几何上的统一,避免出现不和谐的跳跃,见图 5.3.1、图 5.3.2,相近平行的桥梁也采用相同结构,见图 5.3.3、图 5.3.4,给人清爽、通畅的观感;③色彩的统一,色彩应和谐,明度、彩度、冷暖感、轻重感要搭配得当,正确选择主要色彩并正确运用色彩对比。使其体现出独特的风格,色彩、光线的变化应柔和,过渡应自然。

同一座桥或相近的桥梁,如果结构不同、色彩不同都会带来混乱,如图 5.3.5~图 5.3.9,结构形式复杂,桥墩、传力结构、受力方式复杂,缺乏统一性和协调性,有些杂乱,不清爽,有一种不连续、杂乱的感觉。

图 5.3.1　同一座桥采用相同结构

图 5.3.2　相近平行的桥采用相同结构

图 5.3.3　同一座桥采用同结构

图 5.3.4　平行桥采用相同结构

图 5.3.5　同一座桥采用不同结构之一

图 5.3.6　同一座桥采用结构不同之二

图 5.3.7　同一座桥采用结构不同之一

图 5.3.8　同一座桥采用结构不同之二

(2) 均衡

桥孔布置与上下结构的均衡,同时桥梁线条要有力、简洁且具有连续性。如一简单的梁式桥其上部结构构造简单明了,有大量水平方向线条,那么墩台造型也要简洁与上部构造相协调。

桥梁结构造型的均衡要求桥梁中心的两边视觉分量是相等的,即左右两半吸引的分量是一样。以奇数来布置桥孔,两侧对称,就是最简单的均衡。而比较复杂的均衡则是不对称的或者不规则的均衡,如河滩不对称,主槽偏向一边,主孔不在对称轴上,此时均衡中心的两边结构中心可能不同,但在美学意义上两边能等同时,也可以产生平衡的感觉,见图5.3.10(但桥墩不是很对称)。稳定与均衡的关系是密切的,均衡可以体现构造物的基本功能,表现出构造物的稳定感。

图 5.3.9　同一座桥采用结构不同之三　　　　图 5.3.10　基本均衡桥梁

(3) 连续

连续性是指线形的连续、流畅,主要包括公路平、纵、横各方面的连续性以及各元素之间的协调统一。平、纵线形和横断面要与路线一致,防止突然变化产生的中断,使线形顺适、自然,从而保证视觉的连续性和流动感,给人们一种流畅的美感。首先表现在桥梁线型与道路线型的一致,即在平面上,纵断面线型与道路线型的连续性,这种连续性原则是公路线型美学的重要标准,特别一般桥梁要求平、纵线型和路线一致,这样公路视觉的连续性不至在桥位处因为平面、纵断面线型的突然变化而使得连续性中断,见图5.3.11~图5.3.14,这些桥梁结构简单,前进方向明确,有简单、节约之感,也带来一种流畅,不失其交通功能的直观感,这样桥梁自身的连续性也得到加强。特别是曲线桥往往因有好的连续性产生很强的流动感,如图5.3.15~图5.3.17所示,图5.3.15、图5.3.16中随坡就势,随自然山坡的优美曲线而变动,相互交融,远视就像玉带缠腰;图5.3.17的大桥就像山中游龙,似灰龙游动穿梭于村野和山谷之间,是一种人工力量的震撼,是流畅之美。

(4) 简洁

简洁性指桥梁线条的简洁及结构的精练。随着建筑材料的数次革命,现代桥梁的设计理念也发生了新的变化,要求桥梁结构合理、精练、轻盈,各个部分关系清晰、明确。桥梁线条简洁、明快、有力,相互协调,合理配合。适应现代交通条件下的视觉特性要求,寻求一种简洁、自然、和谐的美。桥梁各部构造间作用力的关系由它的外形显示出来,使人得到一种稳定、明快和有力量的美感。其表现手法是尽量使结构简单、力线明确并精简到最小限度,见图5.3.11~图5.3.13及图5.3.18、图5.3.19,给人清爽、通畅、节约的感觉。

第5章 公路构造物及设施美学

图 5.3.11 顺畅、简洁、指向明确之一

图 5.3.12 顺畅、简洁、指向明确之二

图 5.3.13 顺畅、简洁、指向明确之三

图 5.3.14 顺畅、简洁、指向明确之四

图 5.3.15 优美曲线的桥之一

图 5.3.16 优美曲线的桥之二

图 5.3.17 优美曲线的桥之三

图 5.3.18　简洁的桥梁之一

图 5.3.19　简洁的桥梁之二

出现多余结构,如图 5.3.20 转弯桥多余的桥面如果闲置,不但不美观,还浪费。如果利用其作为花台,不但美化公路结构,也是一种生态建设与恢复。

多座桥梁位于一处时,应处理好个体与群体的关系,图 5.3.21 中多座桥相继出现,看上去较混乱;图 5.3.22、图 5.3.23 中多座桥叠加在一起,看上去非常混乱。为此,多座桥建在一起时,应相互照应,避免叠加、重叠在一起,显得杂乱无章、错综复杂。

图 5.3.20　多余结构的桥梁

图 5.3.21　多座桥叠加的混乱之一

图 5.3.22　多座桥叠加的混乱之二

图 5.3.23　多座桥叠加的混乱之三

(5) 稳定

桥梁主要用于交通负荷、跨越河流、山谷等障碍,这是它的基本功能。安全稳定是对桥梁建筑最基本的使用要求。同时桥梁建筑必须给人以稳定可靠的感觉,即使在力学上是充分安全合理,但感官上给使用者以不安全的感觉,就不可能让人感受到其造型的美,只有使人在直观上能感受到桥梁的强度和稳定时,形式美和功能美才能在人的心理上产生统一。桥梁结构的造型应表现出有力、稳定、连续和有跨越能力等,以显示功能的保证。

(6) 和谐

美学要求把众多的"异(多样)"的部分协调起来,使之达到"和"。桥梁美学的协调处理分为本身的协调即个体协调和桥梁与环境的协调,本身协调是最重要的协调。主体美不须要不必要的装饰,而是靠主体形成自然的美。本身协调要求整齐有秩序,在这一基础上再使之表现出参差错落、富有韵律的变化。环境协调是指桥梁与周围的自然环境、城镇环境、邻近建筑物及附近其他桥梁的相互协调关系。如著名的澳大利亚悉尼歌剧院与在其之前建成的悉尼港钢拱桥就是建筑物与已建桥梁相互协调成功的一个例子。

桥梁结构不是单一存在的,是自然景观中的一种人工景观,要与环境有机地融为一体,构成整体景观。桥梁也是公路的重要组成部分,它不仅是公路的枢纽,而且也是公路的标志性建筑。在桥梁设计中,应使桥梁的功能与形式和周围的地物、地貌有机地结合,同时与其他公路结构和设施,共同组成一个新的景观,不至于因为修建了桥梁而破坏了整个原有自然地理环境和人文环境的和谐统一。桥梁与道路、桥梁与周围环境应相互协调的,就如同亭台楼阁对周围环境有一种点缀、补充、增色的作用一样。桥梁作为一个单体建筑,要考虑桥梁自身的协调,比如桥型、重量、比例等。对于整个环境景观,桥梁如何发挥它作为结构的作用,是与环境融合、还是突出桥梁本身,或是完全隐于环境之中,这就是桥梁美学设计。同时,桥梁还要与当地的文化氛围、地域特性相融合,实现自然美景和人文美景的完美结合。

环境因素不仅包括地理环境、地质环境、气候环境、水文环境等自然环境,而且包括政治、经济、文化等人文环境,必须进行综合考虑。在不同时代、不同国家、不同地区、不同环境下,应该有不同的建筑形式、结构、材料、风格、色彩与之相适应。才能吸引人们的目光,造就真正美丽的桥梁。

美学设计应在城市规划和环境保护规则允许的前提下,全方位、多角度地展示桥梁美景的美学效应,开发美学资源;桥梁美学设计应维护生态平衡,保护珍稀动、植物及特有的地质风貌,杜绝声、光、电对环境的"污染";桥梁涂装色彩选择时不但要考虑与周边环境色调、桥梁造型相协调,而且要考虑桥梁所在地区的民风和民俗。

桥梁与环境是否和谐的两个基本因素:①空间因素。a.自然风光及地形的规模和特点;b.人工环境的规模和特点。②时间因素。a.当地桥梁建设的历史和传统;b.技术和文化水平。

桥梁生态设计应做到:①桥梁总体规划要考虑生态系统的健康发展,注重生态环境的保护与可持续性,兼顾经济、生态环境和社会综合效益的同步发展。②桥位选择要考虑地形地貌、工程地质、水文及航运等传统因素外,还要避开具有大面积浅滩及洪泛区的河段及生态敏感区,特别是珍稀动植物保护区。③桥梁结构体系设计应以简洁为主。减少运营维护阶段对生态系统的影响;在能满足工程安全的前提下,增加单跨长度,减少墩台对河流的影响,保持河流生态系统连续性。

桥梁自身比例大小调配基本构成如下3种关系:①蕴含关系。桥梁被环境所蕴含,并隐蔽其存在感,桥梁连接周边建筑,风格统一,成为建筑体的一部分。如图 5.3.24 所示,桥梁与周围桥梁或建筑配合形成不同的美景,与当地的环境、气象条件融合,气象万千是桥梁美景的组成,图中高桥恰是"天桥",穿梭于云雾之中。②相容关系。桥梁和环境按基本格调融合、搭配,交相辉映。图 5.3.25 中不同高程的桥梁和周边建筑,似乎"天景"很繁忙,也是现实中的"海市蜃楼",云雾之中跨越的桥梁,既让人感受"人定胜天"的气概,也有人间仙境的感觉;图 5.3.26 中的桥梁,与桥头的青山等高,在远处的天际线之下,此桥对称,像似刚起飞的几只大雁,桥墩与梁尺寸比例协调;图 5.3.27 中的桥梁好似背景中山体的一部分,但也有不同,山坡为其背景,桥梁为山体的点缀;③强调关系。在环境中突出桥梁,形成突出的美景,见图 5.3.28~图 5.3.31 所示,由于大小、形态、颜色等与周围环境差异大,大桥就显得突出,图 5.3.28 中的桥梁,因其索塔的高度高于周围的山体天际线,并且为拉索桥,形态与周围山体地貌差异大,突出于环境,所以用红色和白色的桥塔、红色的拉索和桥梁护栏装饰,与高耸的索塔一起凸显于环境之中;图 5.3.29 中的大桥虽然桥塔没有周围的山高,但是相对于较宽的河面和不高的人工建筑物而言,还是较高的,而且周围的小山为青山,不高不大,此桥就较为突出,而且用白色的桥塔和红色的拉索显得更为突出;图 5.3.30 的桥梁高于周围山体的天际线,周围的建筑物相对矮小,白色高耸的桥塔把桥梁凸显出来;图 5.3.31 的桥梁虽然相对两岸的山体较小,但是对于较宽的江面而言,此桥宽度大,在两岸高山之间、江面之上,拱桥的拱做成红色,桥面板清晰可见,恰是一轮彩虹飞渡长江,为人间搭就了通途,既壮观美丽,且跨度大,恰似"一桥跨南北,天堑变通途";图 5.3.32~图 5.3.35 中的三座大桥是因其独特的造型,而应突出,图 5.3.32 的大桥在相对宽阔的江面上,较高的桥梁因其独特的桥拱(非对称拱)显得奇特,因此采用红色的拱和白色的拱座凸显桥梁;图 5.3.33 中是因其桥头采用近似圆形的引桥,造型奇特,且规模相对较大,采用白色的桥身突出于周围的小青山;图 5.3.34~图 5.3.35 是从不同视角观看到的同一座引桥,因采用垂直螺旋式的引桥,造型奇特,此桥螺旋式的上升和分道、汇集车辆,从不同角度、不同方向观看有不同的美景,桥梁结构本身就是一大特点,再加上结构用白色涂装凸显了结构本身的存在感和独特性,规模相对周围较平的江岸较大较高,采用白色的桥身突出周围较平的江岸。

  桥梁建筑的造型要达到与环境协调,首先要考虑处理环境空间与桥梁实体之间的关系。在一定的环境空间中建立桥梁实体并使两者相互协调,所选用的桥梁体系就是桥梁的实体(梁桥、拱桥、刚构桥、悬索桥、斜拉桥等)。一般在较深的槽形河谷条件下,宜选用一跨而过的桥型,如拱桥或斜腿刚构桥等;在 V 形河谷,山坡平缓时,宜选用多跨连续梁与纤细的高墩相配合。

图 5.3.24　桥梁蕴含于环境

图 5.3.25　桥梁与环境融合

第5章 公路构造物及设施美学

图 5.3.26 融于环境的大桥之一

图 5.3.27 融于环境的大桥之二

图 5.3.28 突出于环境的大桥之一

图 5.3.29 突出于环境的大桥之二

图 5.3.30 突出于环境的大桥之三

图 5.3.31 突出于环境的大桥之四

图 5.3.32 突出于环境的大桥之五

图 5.3.33 突出于环境的大桥之六

图 5.3.34　突出于环境的大桥之七

图 5.3.35　突出于环境的大桥之八

（7）变化多样与统一协调

多样性就是不同的特性、丰富的变化给人多方位、多角度的美感。多样性包括当多种不同的构件、属性相结合时，结构体系呈现多样性；当各种各样的线条、图形相组合时，设计图案呈现多样性；当从不同角度观赏桥梁时，视觉感受呈现多样性——丰富多彩，就此造就美的桥梁，造就桥梁的美。

美学要求在多样性中求统一，也就是"异中有同"。一座桥梁由各部分组成，美学要求使之成为有机联系的统一体。一座桥中的各部分或一组桥梁中的各座桥，宜是多样的才更加美，但不应使各组成部分呈现离散、混乱、毫无秩序、没有互相呼应的状态，或呈现多中心的局面。美学中还要求统一中求多样，使"同中有异"。譬如说，桥梁中的桥墩、栏杆、灯柱是最要求有统一的构造部分。但如果在适当的部位予以变化，往往可以取得更好的美学效果。

（8）比例

在桥梁美学中的比例是指以一定的比率在建筑中富有韵律的重复出现。桥梁建筑的比例一般包括三个方面的内容：①桥梁结构整体或局部本身的三维尺寸的关系；②桥梁结构整体与局部或局部与局部之间的三维尺寸关系；③广义上的比例，包括桥梁结构实体部分与空间部分、凸出与凹进部分、高起与低落部分等的比例关系。桥梁在三维空间中具有的和谐比例关系是桥梁美必不可少的重要特性。现代桥梁建筑如此多姿多彩，很大程度上取决于设计者选择的良好比例。

桥梁的比例关系首先是根据地形、建筑材料、施工技术等按自然规律确定的，一旦这些规律所蕴含的美学价值被认可，这些优美的尺寸比例便被概括为典范或法则。桥梁上的和谐的比例主要有几何分析法和数学分析法两大类：

①几何分析法。所谓几何分析法是以具有确定比率的简单几何形（如圆形、矩形、三角形等）作为基准——"规矩"，用来控制建筑整体，特别是外形轮廓及各局部控制点的设计构图，使其形成一定的由几何形状制约的关系，从而获得和谐美。

西班牙于罗马时代修建的德古斯河桥（图 5.3.36），桥孔的尺寸是（13.8+22.6+27.9+28.2+22.5+13.8）m。苏联学者古拉耶娃在分析这座桥时，认为是以正方形为基础，并以桥长为直径的半圆 8 等分角点的投影线段为跨径构图的，使桥梁整体比例和谐优美。

②数学分析法。数学分析法中最著名的是古希腊毕达哥拉斯学派首创的黄金分割比例以及 20 世纪 20 年代初的马哈姆别奇提出的动态匀称比例。

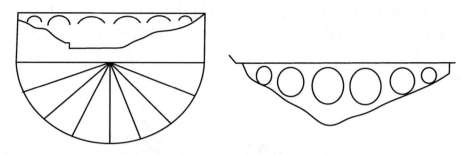

图 5.3.36　西班牙德古斯河桥的比例分析

黄金分割比用数学公式表达:$a:b=b:(a+b)$(此处 $a<b$),若设 $a+b=1$,则 $b=0.618$,0.618即为黄金分割比。它不仅在西方文化中使用,在东方文化中同样也使用较多,我国古代桥梁中三孔桥、五孔桥,其跨径布置所采用的比例关系也多与黄金分割比吻合。图 5.3.37 为泰国曼谷 Chao Phraya 河上的 Rama Ⅶ,260m 的主跨与采用 160m 边跨相平衡,边跨上所有的斜拉索锚固在 60m 长的锚碇上。主跨的双面索在倒 Y 字形的索塔上汇合成一个平面,使整个结构更具美感,设计时充分采用了黄金分割比。

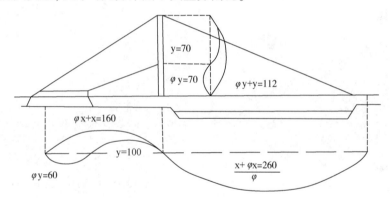

图 5.3.37　泰国曼谷 Rama Ⅶ桥的黄金比例(尺寸单位:m)

动态匀称比例是由整数的平方根所形成的级数 $\sqrt{2},\sqrt{3},\sqrt{4},\sqrt{5},\sqrt{6},\sqrt{7},\cdots$ 如果正方形的一边为 1,则其对角线长度为 $\sqrt{2}$;以短边为 1,长边为 $\sqrt{2}$ 的矩形对角线为 $\sqrt{3}$,依此类推可得到长边为 $\sqrt{5},\sqrt{6},\sqrt{7},\cdots$ 的矩形,马哈姆别奇认为凡是采用该比例数的图形是美的。

在研究桥梁总体或局部的规模、尺寸的相对关系时,可以将上述比例关系做参考。同时还须要注意的是:①桥梁的比例主要由结构刚度、变形以及经济等因素为艺术构思前提的,必须在不违背结构关系与力学原理的基础上去寻求桥梁比例的匀称。②比例原则上是让人们从视觉上获得协调均匀及满意的感受,这些比例数值不是一成不变的,对于桥梁来说比例的概念和一定的历史时期的技术条件、功能要求以及一定的思想内容分不开的,它是随时代与科学技术的发展而变化。比如古代石梁、石拱相对厚重粗壮,而预应力混凝土技术的应用,就使桥梁和旧的结构相比显得十分纤细,比例关系也随之发生了变化。

一些在人们视觉感知情况下桥身结构比例较为合适的桥见以下实例,图 5.3.38、图 5.3.39 的两座桥,绿林环抱,梁、墩、拱之间相互比例协调,前桥还与房屋相映生辉,平淡中生美——和谐美;图 5.3.40、图 5.3.41 的两座桥不但比例和谐且流畅,同一座桥梁采用同一结构尺寸和形式,给人简洁、清爽、流畅的感受;图 5.3.42 的桥拱与梁比例协调,拱与周边地形的天际线形似,拱形桥比简直的简支平桥造型美些,在平淡之中增添了一些美的元素;图 5.3.43 的桥,指向明确,结构纤细、简洁,给人节约、清爽、流畅、受力简明的感觉,在生硬秃鹫的环境中用生硬的桥梁结构,有负负得正的效果。

图 5.3.38　比例和谐的桥之一

图 5.3.39　比例和谐的桥之二

图 5.3.40　比例和谐且流畅的桥之一

图 5.3.41　比例和谐且流畅的桥之二

图 5.3.42　比例和谐的桥

图 5.3.43　方向明确、尺寸精干的桥

一些在人们视觉感知情况下桥身结构比例较为不合适的桥见以下实例,图 5.3.44 的桥梁粗、墩细,比例不是太合适,如果能够把梁用纹理化的方法处置,可以更美一些;图 5.3.45 的桥拱给人"单细"之感,好像经不起风吹、车压的荷载作用;如果采用实体的桥拱和柱(如钢筋混凝土)可能会给人以稳定感。

图 5.3.44　结构比例不是太合适的桥之一　　　　图 5.3.45　结构比例不是太合适的桥之二

（9）尺度

良好的建筑尺度能使建筑呈现出恰当的或预期的某种尺寸感觉。当然，这种尺寸不能单从字面上理解为建筑形式与尺度标志的绝对大小的对比，而应当从建筑物及其局部的大小同它本身用途相适应的程度，及其大小与周围环境相适应的程度来理解，从这种综合的判断获得的尺度感或尺度印象可分为三类：①自然尺度，即一般情况下人们视觉印象尺寸与其真实尺寸是一致的。桥梁建筑的自然尺度要求桥梁的整体与局部和人体等尺度标志之间形成合乎功能要求、合乎常情的空间外观，给人以真实、自然、亲切的感觉。②雄伟尺度，为了满足精神上磅礴的气势。③亲切尺度，使建筑空间比实际尺寸看上去小一些，产生一种自由的非正规的亲切感，例如园林中的桥梁，处于繁花覆地、山清水秀的环境之中，往往采用曲廊、低栏、小跨，使人感到曲径通幽、错落有致、融于自然、亲切、和谐的美感。

（10）对称

对称为使比例在桥梁中有秩序和富于韵律地出现，对称是所采用的一类具体方法。对称可以是完整的或不完整的，在用对称的手法时不须要做到绝对的精确，不完整性是允许的，有时还是显示其变化、活泼所必需的，只需要在视觉上给人以均衡稳定之感即可。图 5.3.46 的桥虽然左右孔数相差一孔，但从形态上看是基本对称的，且主跨孔拱上孔的形态基本相同，只是尺寸有所差异，也是一种重复中的变化。

图 5.3.46　对称且有韵律的桥梁

（11）韵律

"音乐是流动的建筑，建筑是凝固的音乐"，建筑同样运用节奏与韵律的协调配合，形成一种鲜明、生动、富有活力的美感。桥梁的韵律常指建筑体型中有组织的变化和有规律的重复,变化与重复形成有节奏的韵律感。桥梁构筑的节奏与韵律是通过体量大小的收放,空间虚实的交替,细部构件排列的疏密、长短、宽窄、连续的变化,曲柔刚直的穿插等有规则的重复与有秩序的变化来实现的。韵律美在桥梁上的表现可分为四种类型:①连续韵律,指一种或几种组成部分的连续使用和重复出现的有规律的排列所产生的韵律感。②渐变韵律,是某些组成部分如体量大小、高矮宽窄等有规律的增减,以造成统一和谐的韵律感。如图5.3.46的小孔高度由高变低,又由低变高。③起伏韵律,与渐变韵律同样也是将某些组成部分有规律的增减变化,而与渐变韵律不同处是在体型处理中更加突出某一因素的变化,使体型组合或细部处理起伏生动。图5.3.46的小孔高度由高→低→高,整座桥梁显得生动、富有活力,让人赏心悦目。④交错韵律,是运用各种造型因素有规律的纵横交错,相互穿插等手法,形成丰富的韵律感。

(12)色彩多姿耐久

色彩是审美对象的视觉属性之一,是桥梁建筑的一种表现手段,色彩问题不容忽视。新型色彩材料和涂料的发展、色彩的耐久性的提高,都丰富了可供设计选择的内容,运用色彩艺术表现手段可使桥梁更加瑰丽多姿。

(13)风格

风格是设计构思所表现的具有特色或表明特征的建筑形态,它是一座桥梁建筑的各种因素的有机总和,也是它的整体特点。这一整体特点表现出时代的、民族的、社会的文化思想,是欣赏者审美的主要方面。

4)在桥梁美学设计中,不同形式美要素之间的辩证关系

(1)统一与变化。世界是多样的,同时又是统一的。多样性使万物充满生机和色彩,统一性则使世界有序。桥梁的各部分之间或相邻桥梁之间应该呈现多样才能不显得单调;同时不应使各部分毫无秩序,呈现无中心的局面。应从复杂多变的结构中提取共同的元素,使结构表现出浑然一体的形象。

多样中求统一,既包括差异的统一和对立的统一。差异统一属于各种不同量的元素之间的统一,桥梁结构的组成既有支承传力结构(如墩、台基础),又有承载跨越的主体结构(上部结构),同时还有一些附属结构(栏杆、灯柱、上下步梯等)。它们各自的功能和形式都不同,组合到一起,必须协调各方面关系服务于总体,寓杂多于一体,使其巧妙结合、协调统一。对立统一是指各种不同元素之间的对立统一,如悬索桥的刚性塔与柔性索的对比,大面积的低彩度与小面积高彩度的对比,材质粗与细、软与硬的对比等之间的刚柔、明暗、冷暖、浓淡等有规律的组合,这种形态往往造成强烈的观感效果,在对比中见统一。在桥梁建筑设计中应该注意在变化中呈对比,于对比求和谐。这里的协调统一不是等同一致,而是一种相融,是杂多的统一,是不协调因素的协调。

桥梁建筑中的统一,一般来说首先要尽量避免不同结构体系的混杂使用,引桥与主桥应采用一致或相近的体系,其次下部桥墩造型力求简单划一,避免采用过多的结构形式,显得杂乱无章,这一点在立交桥中更要注意。

就拱式体系而言,大跨径拱桥往往要注意主孔和两端桥的协调;就梁式桥而论,着眼点在于使墩台造型简洁并使之与上部构造相协调;就悬索体系桥梁而论,重点在于引桥部分宜尽量采用轻型结构。

统一中求多样。构件的多样而统一是统一中较简单的形式,如果过多的雷同则不可避免会产生单调、呆板。所以同中求异、统一中求多样,才能营造情趣与韵味。如卢沟桥柱头上的狮子,虽然它们的部位、轮廓、尺度都是统一的,但细看这485个石狮却是千姿百态,变化无穷。

统一还指处理局部与整体的关系,应使各个局部和谐一致地结合成整体,表现出浑然一体的形象。从复杂的结构中提出各种可以互相统一的因素,起到衔接、联系和协调的作用,一般采用整齐划一、相同形态、相同间距或是有规律的变化,达到整体统一协调、简洁明快的效果;同时又要在统一中求多样,因为过多的"同"不可避免会产生单调、呆板。在桥梁造型中,各个局部的独立性和它的作用,要准确地表现出来,做到功能统一,同时各局部的设计要体现整体观念,避免局部孤立、整体统一来处理局部与整体的关系,应使各个局部和谐一致地结合成整体,表现出浑然一体的形象。

桥梁建筑要做到统一和谐,有两个主要手法:①恰当处理次要部位对主要部位的从属关系,对于主要部分产生个性突出和鲜明形象的情况,尤其要注意如何与整体统一,否则只突出主要部分,而其余从属部位混乱破碎,必将丧失整体的协调美。②使构成一座建筑物所有部位中的细部形状都相互协调。对于桥梁建筑造型的统一,首先要注意结构体系的统一。一般而言,要避免不同结构体系混杂使用。

桥梁自身建筑与周边环境要成为有机的整体,需要采用多样统一性手法:①桥墩、栏杆、路灯等是桥梁结构体系的统一性因素,应整齐划一,在整体结构中起到衔接、联系和协调的作用。②结构体系要强调整体性,避免出现孤立、自成体系的现象。③在结构形态上,要处理好各部分的主从关系,主体形态统领全局,细部形态丰富主体形态,相似形态部分要协调。④要防止过多的"同"产生单调,应在统一中求多样,营造出韵律和动感。⑤体量上要协调,处理好正桥、引桥之间,上部、下部之间在体量上的协调关系。

许多大跨径拱桥往往容易发生主孔与两端引桥不协调的现象。如主孔为轻型结构时,若忽视了统一,桥台、引桥采用大体量的圬工实体,则主孔、桥台、引桥将形成无关系的各自独立的部分。从美学观点设计考虑时,应当运用拱上构造造型作为节奏韵律来统一桥梁的整体。如卢沟桥柱头上的狮子,其间距、大小、轮廓都是统一的,内容上也以表现狮子的情态为主旨而统一;但485个狮子却千姿百态,趣味无穷。在统一中求变化,在变化中求统一,这是桥梁美的必要条件。

要使梁桥的上部梁式体系与下部墩台之间和谐统一、浑然一体,着眼点在于使墩台造型简洁并使之与上部构造相协调,避免视觉上产生上、下部之间的分离感。

(2)均衡与对称。在传统美学中认为对称就是美,对称的造型统一感好,规律性强,容易使人产生庄严、整齐的美感,同时也能照顾到简化施工、降低造价的作用。均衡则是在非对称的构图中,以不等的距离形成力量(体量)的平衡感。均衡具有变化的美,其结构特点是生动活泼,有动感。作为一种空间实体结构的桥梁建筑,它的外在形象所展示的体量就有一种均衡稳定感。左右的对比存在着是否均衡的问题,上下的对比产生了是否稳定的问题,二者相互关联,缺一不可。一般来说,均衡的造型外观常常能满足稳定的要求。均衡有对称和非对称两种,对称有稳重、肃穆、庄严的美,而非对称结构有自由灵活、生动活泼的美,因此设计时要与地理环境、使用功能、技术材料、经济适用等要求相结合,创造出独具特色的、审美价值高的桥梁造型。

我国古代桥梁一般都具有良好的对称均衡性,多孔桥大多为三、五、七等奇数跨。一般中孔大边孔渐小,这不仅可以在水深急流的河中心不设桥墩,利于通航,而且在主从关系分明、均衡稳定上也是得当的。

有些桥梁受地形、河流主航道、主河槽的影响无法采用对称布置,布孔不对称或结构形式不对称。对于布孔的不对称情况,为了达到造型上的均衡性,可采用斜塔、疏密与长度不等的拉索和大小相差悬殊的跨径来调整布孔上的不对称进而达到均衡的目的,从而使桥梁从构造、功能和景观上得到协调一致的处理。结构的非对称造型处理得当,也会产生令人难以预想的效果。

对称处理得当,具有对称美。但它只是多元美中的一元,若不分场合、不分功能一味追求对称,则会流于平庸呆板。况且桥梁由于水文、地质等诸多因素的影响,常常采用非对称形式。这种非对称的形式一般以不等的距离形成体量的平衡感,称之为均衡。均衡具有变化的美,其结构特点是生动活泼,有动感。图 5.3.32 的大桥,虽然是非对称桥拱,但此非对称给人印象深刻,且与两岸综合考虑,带来一种震撼感。图 5.3.33 的引桥是对称结构,而此对称带来一种稳定感和美感。

对称与均衡给人的感受就如天平称重(图 5.3.47),非对称结构尽管外形多变,但在力学和视觉上仍须保持均衡,因而在构图上比对称结构更须明确均衡中心,体现出杠杆原理的应用,力感明确而稳定,否则会引起混乱和不安定感。

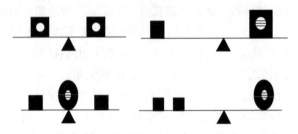

图 5.3.47　对称与均衡示意图

(3)比例与尺度。和谐的比例与尺度是建筑形态美的必要条件,合乎比例或优美的比例是建筑美的根本法则。所谓比例一方面指桥梁建筑整体或局部本身的长、宽、高之间的大小关系;另一方面指桥梁建筑整体与局部相互之间的大小关系。此外,在实体与透空之间、封闭面与开敞面之间、阳光与阴影所造成的明暗之间也存在比例关系。在处理比例尺度时,应把握两个方面问题:①桥梁的比例尺度应与桥梁的体量和规模相适应。②桥梁的比例、尺度应与桥头建筑、周围环境相适应,做到布局合理、空间平衡。

结构各部分之间应该有良好的比例,主要包括以下几个方面:①结构高度、宽度和厚度之间。②实体部分与空间之间。③封闭面与开敞面之间。④光影面积之间等。尺度是指桥梁建筑整体或局部给人感觉上的印象与其真实大小之间的关系。比例强调各相对面之间的相对度量关系,尺度强调给人感觉上的印象。

桥梁美学设计要使各部体型匀称、比例协调,赋予桥梁协调一致性和艺术完整性。桥梁各个局部及整体的比例是以其固有的功能关系和结构关系为艺术构思前提的,必须在深刻了解桥梁结构内在规律的基础上去寻找桥梁体态匀称和比例和谐,决不能异想天开,违背结构关系与力学原理。

和谐的比例与尺度是桥梁构筑形态美的必要条件,适当的尺度或优美的比例是构筑美的根本法则,对桥梁构筑这种单体突出的结构,尺度适宜和比例协调尤为重要。小桥上的"肥梁胖墩"及大桥上"柔塔粗墩"都是不可取的结构。当建筑物和人体以及内在感情之间建立起紧密而简洁的关系时,建筑物的实用、美观、舒适等更为明显。

(4)连续与韵律。在桥梁美学设计过程中要特别注意结构的连续感,保持其在视觉上连续流畅。当然,节奏、韵律等手法对表现结构连续也有重要意义。节奏是最简单的韵律,富有理性成分;韵律是节奏的重复与变化,富有感性成分。节奏和韵律可以引起人们生理和心理上的共鸣,从而产生美感。建筑中的韵律是指建筑体型中有组织的变化和有规律的重复,变化与重复形成有节奏的韵律感。桥梁栏杆的主要功能除了保证安全之外,它对驾驶人员来说,还应当有连续感,如国外跨线桥栏杆一般是由钢质细杆和扶手构成,构造简单,不遮挡视线,扶手直达两端有连续感。桥梁栏杆、扶手、灯柱的配置一般为等间距而贯通全桥,其连续韵律对表现整体的连续流畅有重要作用。

桥梁之间的协调在于形态的节奏和韵律,基本原则为:①同一条河流上或跨越同一条道路上的多座桥梁,如相隔一定距离时,可在总体风格和体量上大致统一的基础上,追求桥形的多样性。②相邻很近、并列的桥梁或老桥拓宽,为避免产生视觉紊乱,宜保持桥形完全一致。

(5)明与暗。明暗搭配是当桥梁在光照之下,使桥梁的线条、阴影和色调等协调连续。当阴影线条与桥面线条平行连续时,对桥梁的连续感将起到增强与渲染作用。由于檐梁的外侧面在桥梁的上檐,位置显眼,如果檐梁侧面及其上下边缘线条贯穿全桥,衬托以阴影,便十分突出地表现出优美的桥面竖曲线,使桥梁显现出一种流畅生动感,所以檐梁对表现连续美及明暗搭配至关重要。

(6)主从与对称。从结构受力体系来说,有主要受力构件和次要受力构件之分。主桥与引桥、主孔与边孔、主体与附属存在主从差异,这种差异与对立,使桥梁建筑形成一个完整协调的有机整体。在桥梁体型的安排过程中,突出中心部位并以其为主,两侧部位起衬托作用,以其为从,以中轴线对称布置,从而使整个桥梁体型关系主次分明,对称形象,匀称悦目,引起人们一种庄重、均衡和稳定的美感。

桥梁的主从首先从布孔上考虑。如果一座桥梁有主孔与边孔之分,则主孔不仅跨径大,标高要高,而且有时为了适应大跨采用不同的结构形式,突出了主孔位置和造型,使其视觉重点突出引人注意,获得主从分明的效果。

斜拉桥、悬索桥的结构图形简洁,主塔将竖向及斜向心理引诱线引向塔顶,形成人们瞩目的重要部位,突出了高耸挺拔气势。夺人的塔作为主体的主导地位,配以轻柔的拉索、无限延伸的水平加筋梁,视觉上主从分明,构成了索结构桥型独有的形态和美感。

往往在对称中心处作适当处理,以示强调,如拱桥拱冠石大多加大体积或突出墙面,或是题写桥名,或加以雕饰,以加深人们的印象,如著名的赵州桥、卢沟桥等将拱冠石雕琢成巨大兽头,虽然在某种程度上寄托人们"镇邪压怪"的良好心愿,但也不失为强调均衡中心的一种巧妙手法。

近年来,为了节约用地,桥梁主体造型以正桥主跨为中轴,以引桥或引道采用螺旋线式的旋转对称方式布置日趋增多,造型优美流畅。城市立交的平面及立面布置常采用各种对称形式,一方面便于各分支功能上的一致性、构造上的同一性,另一方面获得易为大众接受和喜爱的优美造型。

当然,现代桥梁建筑并不一定采用对称形式,如斜拉桥通过倾斜角度很大的拉索来平衡后倾式斜塔,桥梁形态充满了动感和力的紧张感。须根据具体情况选择合适的桥梁体型。

(7) 色彩与风格

色彩是审美对象的视觉属性之一,是建筑的一种表现手段。随着建筑涂料工业和工艺的发展,色彩不断应用于公路桥梁。对使用油漆色彩的钢桥、木桥等桥梁来说,色彩选择不容忽视。例如,英国伦敦泰晤士河上布莱克菲赖尔桥,起初曾漆为黑色,桥上自杀事件发生率高于其他桥梁,后改漆为蓝色,事故发生率减少一半。一般而言,极其阴暗昏沉的颜色和刺眼的光怪陆离的颜色,都会引起视觉上的不愉快,应减少使用。桥梁常用的颜色是绿色、灰色、灰绿色,尤其是灰色,素有"万全的灰色"之称,都是调和的颜色。

风格是设计构思所表现的具有特色或表明特征的建筑形态,它是一座桥梁建筑的各种因素的有机总和,也是它的整体特点。这一整体特点表现出时代的、民族的、社会的、阶级的文化思想,它往往成为欣赏者审美的主要方面。桥梁建筑与人类生活休戚相关,因而必然带有一定的民族色彩与地方色彩,构成了桥梁的民族风格,如我国石桥上的雕饰给桥梁建筑艺术添姿增色。不同的地域在桥梁建筑方面也多有反映,如西双版纳一些桥栏板上常刻有象征傣族的孔雀图案,新疆地区的桥栏杆造型又极具伊斯兰风格。除此之外,在桥头建筑、栏杆、灯柱、雕饰等方面都反映了不同的桥梁建筑风格。

(8) 稳定与动势

桥梁是一个承重结构,人们首要的心理活动是通过视觉看出它是如何承受荷载的,荷载是如何传递的,简洁的承载和传力结构,会形成一个紧凑严密、蕴藏着巨大力量的结构物,任何一座设计合理、造型优美的桥梁都会显示出安静、自信、坚固的形象,给人一种坚定、不可动摇的稳定感。

人们观赏桥梁结构物是多视角的。在桥上高速行驶的车或移动的人,由于视点的变化,使看到的实际桥梁建筑形象有规律地变化,仿佛是桥梁在运动,给人一种动感;当人们在桥外沿着桥梁水平方向目视多跨桥梁,因为其跨越方向的延伸长度要比宽度和高度大得多,自然会感到桥梁结构上的强烈运动延伸的动势。此外,拱桥外形在纵向与竖向的起伏变化,以及弯桥在水平面的蜿蜒变化,均会给人深刻的感受。

图 5.3.48 和图 5.3.49 是同一座桥的侧视和正视图,从斜侧面观察,虽然梁板、承载拱单薄、顺适、精干,但拱之上的墩过于繁碎、杂乱;但从正侧面观察,由于看不到承载拱之上的多根墩(只看到最外面的一根,里面的墩全被挡住),此桥就又显得精干、美观。为此,在设计桥梁时,应注意过往行人更多的是从哪一个角度观察,或者是哪一个角度观察的人数较多,照顾大多数,兼顾少数。

(9) 均衡与稳定

安全稳定是桥梁建筑最基本的使用要求,这种稳定不但包括结构上的稳定,同时也包括视觉上的稳定,让人看上去不稳定、有倾倒感的桥不会给人们以美感。

图 5.3.48　桥梁的侧视　　　　　　　　图 5.3.49　桥梁的正视

随着新技术、新结构、新工艺的不断发展,人们对于稳定的概念也潜移默化地有所发展。比如:过去对建筑物的体型,上部小下部大,搭配得当,被认为视觉稳定。而今下部稍小于上部,只要运用得当,不仅被认为视觉稳定,而且还有轻巧感和力量感。过去的桥墩体型多采用以直立或底部大于顶部的锥形体,现在的桥墩有的采用倒锥形、X 形、Y 形、V 形等,这些支承结构既能增强结构的刚度和稳定性,又能体现出动态感和力量感。

5)桥梁美学要素间的关系

由于桥梁的美具有不同的形式和内容,因此桥梁的美学要素之间存在不同的层次。

(1)结构功能美与形式美

作为一种实际的工程结构,其实际功能性是首要的,所以桥梁结构首先必须满足实际功能性,不能满足人们使用需求的桥梁,即使结构很精巧,也不是一座真正的桥。然而,满足基本的使用功能仅仅是桥梁结构最基本的要求,要想达到美,还须要桥梁自身结构的合理,各组成部分及构件之间达到统一和谐、均衡稳定、比例协调、节奏韵律优美等。如果一座桥梁仅满足通过能力,而自身没有体现出时代的技术能力,造型平庸呆板,甚至令人不快,只能有实际的跨越功能,它是不能作为一件美学作品供人们欣赏的。

桥梁不是仅以其空间构成的形式美和令人满意就达到要求的,桥梁结构的功能美其实是基于桥梁结构能够充分体现其功能"善"的一面。要达到功能的"善",不是单单满足跨越通过的需求,还必须满足人们心理的需求。在达到跨越障碍功能的同时,还必须达到快捷、舒适等更高的要求,以及安全、稳妥等心理要求,这样的桥梁才称得上"善"。古代或近代山区的藤索桥,虽然能够满足简易的交通需求,但人行其上,桥梁晃动厉害,下面是湍急的流水或是深邃的峡谷,过桥的人充满了恐慌的心理,根本无暇顾及桥梁结构是美还是丑,这样的桥梁作为以交通为主的桥梁结构来说,是不能算作"功能美"的。

如果桥梁梁体的流线型外形和弯矩图相似,给人以力度感,这样的桥梁线型流畅,传力明确,拱脚也许很薄,但感觉很有力,符合人们心理安全、稳定的需求。另外桥梁造型简洁,桥下空间明朗通透,不会阻碍下面道路过往交通的视线,同时又提供了一幅优美的画面给过往人群,这样的桥无疑也是美的。

另外,桥梁也须要考虑不同人群的审美需求,如驾车通过的人、步行的人、骑自行车的人,还有老人、孩子及残疾人等弱势人群,须要考虑到各种不同人群的不同特点并给以充分的满足,满足各类人群需要,才是真正达到"善"的桥梁,美的桥梁。

构件在发挥力学作用的同时,又以直线、曲线、平面组装成整座桥梁,各构件既要发挥自身的传力作用,又要有良好的外形,组装成整体以后还要很好地使各个部分取得协调,组合成获得平衡的、令人满意的桥型。桥梁的构件和造型要有自身的美学规则,每一个规则中又有不同的处理手法,这使桥梁结构出现各种不同的外形,用不同的形式服务人类的同时美化环境。

(2) 与物质环境的协调美

桥梁是构成环境的一个要素,但它是后生的,是在桥梁竣工以后被人类新添加在原先的环境之中的。因此,在进行桥梁的规划及设计时,必须在与原有环境美景美物的基础上,按建桥后出现的地理、物理环境进行研究,并构思出能满足人类生理和心理需求的桥梁造型。既然要谋求桥梁与环境相协调和谐,就需要掌握架桥前桥梁所在地的美学条件,按照所处的美学环境条件的不同可以分为山区桥梁、跨江桥梁、海峡桥梁,另外还有城市桥梁、历史名胜或风景名胜区的桥梁等。针对各种不同功用的桥梁,掌握其建桥所在地的美学环境条件、美景美物及其特性,是规划和设计出与周围美学环境条件取得协调的桥梁的第一步。如图 5.3.50 所示的桥梁与周围的高楼大厦的红、白颜色相近,且都有较强的现代感,都具有当代人文气息,但桥的拉索和桥墩的造型较为奇特,虽是斜拉索桥,但桥塔的形态与其他斜拉索桥有所不同,有"一箭穿心"之美感,新奇、美观,与周围环境既融合也存在差异。

图 5.3.50 与环境既融合又有差异的桥梁

由于材料具有各自的特性,因而建成的桥梁,其形式或形态就出现各不相同的形态。而不同的材料给人不同的心理感受,不同的桥型也给人或壮观或秀美等不同感觉。材料限制了外形,外形又规定了材料,而在它们的背后都受到环境的制约。因此,采用与周围环境相同或相近的材料,是达到与周围环境协调的有效方法之一。

不同的气候条件,也对桥梁结构的造型、材质及用色等方面产生不同的要求。例如,在多雾的地区,桥梁的主要构件如果采用鲜艳的色彩,比采用浅色更适宜,因为鲜艳的色彩在雾天更醒目,更加易于辨别,对交通安全更加有利。

(3) 与人文环境的和谐美

对于桥梁的使用者而言,桥梁是构成社会环境和地理环境的一种客观存在,它与自然环境或其他社会环境、地理环境一起被映入使用者的眼帘,在人们的心目中起到象征作用或信号作用,也就会转化为心理上的存在。使用者的心理对桥梁具有某种意义的或在限制行动方面的作用。桥梁要满足物质环境的协调,相对来说是比较容易做到的。但是桥梁如何体现桥梁所在处的人文环境,进而为使用这座桥的使用者所接受,成为使用者心理中认为理所应当的结构物,却是一件很困难的事情。桥梁结构的主要目的明确,使得它不可能像绘画、雕塑等艺术那样有丰富多彩的造型,桥梁要想单纯依靠结构自身的造型达到表现一定的人文精神的目的,是不容易实现的。这就要依靠桥头雕塑或小品,桥面上的护栏,桥梁的夜景灯光照明,或者是桥头的小广场等附属结构或构件来表达当地的人文内涵,如美国的金门大桥和云南腾冲的龙江大桥采用主拉索的索样来讲解、演示桥梁建筑的材料,传达一种现代桥梁的文化气息和科学信息;再如云南麻昭高速横跨乌蒙山区,也是南丝绸之路的一段,修建高速公路非常困难,桥、隧多,好似是天路,桥头用塑石书写桥名,表达了云南公路人的大志和胸怀,见图 5.3.51。

图 5.3.51　云南麻昭高速公路上的桥头艺术作品

桥梁美学属于技术美学的范畴。形、色、质是体现桥梁美景的三大要素,其中以形最为重要。桥梁形体的研究可分为本体美学和环境美学。本体美学包括形式美的法则及功能美的内容,环境美学是指与周围自然环境、社会环境、人文环境等协调融合的设计。

除了以上所述的桥梁美学的法则、辩证关系及不同层次关系外,另外还有 8 纲,即"刚柔、动静、阴阳、虚实"这 8 个纲领性的相对面应在矛盾中求得统一。

现代桥梁美学设计,是一门集建筑美学、色彩美学、环境美学、灯光美学于一体的跨学科的综合艺术,要将桥梁的交通功能、环保功能、旅游观赏功能综合考虑、统一规划、统一设计、统一实施,营造和谐的桥梁人文美景,达到最佳的整体桥梁美学效果。

5.3.3　桥梁美学设计过程及要点

在桥梁的设计过程中,艺术与技术是不可分割的,就如德国铁道工程师鲁克维德认为"要设计美的桥梁,就必须使科学与艺术密切结合"。桥梁设计不仅须要对结构受力进行分析研究,还应对力学与美学的关系、桥梁方案设计构思及比选的理论等内容进行研究。桥梁美学设计工作包括:桥梁设计前的调查、桥位选择、桥梁线形设计、桥型选择、桥梁造型(主体)设计、桥梁附属设施美学设计、桥梁涂装色彩美学设计、桥梁灯饰布景美学设计、桥梁进出口标志工程美学设计、桥位周边美学设计及美学资源开发利用等内容。

1)桥梁设计前的调查

在进行公路桥梁设计之前,须要对所跨江河的水文、地质资料、通航和通行要求、桥位及其周边的地形地貌、植被、社会环境等资料和情况进行调查和分析,对这些资料和情况的掌握和了解有助于桥梁功能、美学设计及进行桥梁与周围社会和自然环境的协调。

2) 桥位选择

一般特大、大、中型桥位原则上应服从路线走向,在已定线大方向的前提下,根据河流形态特征、水文、工程地质、通行要求和施工条件以及地方工农业发展规划等,在较大范围内做全面的技术、经济比较。在山区桥位选择中除考虑以上事项外,应考虑沟谷风场问题,特别是特大飘浮式桥梁。

根据水文方面的要求,桥位选择应满足:①选在河道顺直、稳定、滩地较高、较窄,且河槽能通过大部分计算流量的河段上;不宜选在不稳定的河汊、河床冲淤严重、水流汇合口、急弯、卡口、古河道以及易形成流冰、流木阻塞的河段上。②应考虑河道的演变。③桥梁轴线宜与中、高洪水时的流向正交。

根据地形、地貌、地物等方面的要求,桥位选择应满足:①应尽量选在有山咀或高地等河岸稳固的河段,平原河流的节点河段,两岸便于接线的较宽阔的河段。②应避免在桥位上下游有山咀、石梁、沙洲等干扰水流畅通的地段。③应尽量避免地面、地下既有重要设施的搬迁。

根据工程地质方面的要求,桥位选择应满足:①应选在基岩和坚硬土层外露或埋藏较浅、地质条件简单、地基稳定处。②不应选在活动性断层、滑坡、泥石流、强岩溶以及其他不良地质的地段。

根据通航方面的要求,桥位选择应满足:①一般应选在航道比较稳定、顺直且具有足够通航水深的河段上,如河道不稳定应考虑河道变迁的影响。②应避开险滩、浅滩、急弯、卡口、汇流口和水工设施、港口作业区和船舶锚地。③在通航期内,桥轴线应与主流正交,如斜交时桥轴线的法线与主流交角不宜大于5°,否则应增大通航孔的跨径。④应选在码头、锚泊区和排筏集散场的上游一定距离处。

其他各类河段上,桥位选择应满足:①在水深流急的山区河段,桥位宜选在可以一孔跨越处,否则,宜选在水流较浅、流速较缓的山区开阔河段上;②在平原顺直微弯河段上,桥位宜选在河槽与河谷方向一致、槽流量较大处,桥轴线宜与河岸线正交;③在平原弯曲河段上,桥位一般选在主槽流向和河流的总趋势一致的、比较长的河段上;如河湾发展已逼近河谷的基本岸边时,宜选在河湾顶部中间部位;如弯顶正在向一侧发展且难以固定时,宜在两弯之间较稳定的直线段上设桥;④在平原分汊河段上,一般桥位选在分汊点以上;在江心洲稳定的分汊河段上,桥位亦可在江心洲或洲尾两汊深泓线汇合处以下;⑤在平原宽滩河岸段上,桥位宜选在河滩地势较高、河槽居中、稳定、顺直和滩槽流量比较小的河段上;当滩、槽流量比较大且滩内岔流距主槽较远时,宜选在河滩地势有利于分流的河段上,采用一河多桥方案;如桥位附近有村镇,宜选在村镇上游;⑥在平原游荡河段上,桥位宜选在两岸有固定依托的较长束窄河段上;如岸壁是崖坎、人工建筑物或具有抗冲能力的土质等地段,桥轴线宜与河岸正交;⑦在山前变迁河段上,桥位宜选在两岸与河槽相对比较稳定的束窄河段上,桥轴线宜与洪水总趋势正交;⑧在山前冲积漫流河段上,桥位宜选在上游狭窄段或下游收缩段上,不宜选在中游扩散段;如必须通过中游扩散段时,宜采用一河多桥方案,且使桥位大致在同一等高线上。

城镇附近的桥位选择应满足:①既要考虑城镇规划的要求,又要尽量遵循近城而不进城的原则;②宜与治河、防洪、环保相配合。有防洪要求的城镇,桥位宜选在城镇上游;③桥头接线应尽量避免拆迁有价值的建筑物。

此外,还要考虑既有桥梁、管线的保护与协调。

3)桥梁线型设计

桥梁作为空间构造物、线形构造物——公路的一部分,不能因为它的修建而影响公路线形的整体协调美和顺适性,相反它应成为公路的延续,与公路组成一个有机的整体。虽然桥梁应沿着公路路线的走向而设计,但路线设计也应考虑桥梁的存在,这样,才能使桥梁与公路达到协调统一。

随着桥梁设计理论和施工技术的发展,使弯、坡、斜等各种形式的桥梁成为可能。现在的很多桥梁为曲线桥,虽然给增加了设计难度,但却与整个路线布设相适应,增加了路线的顺适性。

桥梁上的竖曲线一般都设计成凸曲线和平缓的纵坡,不宜设置两个以上的变坡点。这样一方面满足桥面排水,另一方面使桥梁顶部呈现曲线美、连续美。近年来,在大桥顶部轮廓面一般都设计成凸形竖曲线或有平缓纵坡,这样既有利于桥面排水,避免了纵断面线形不顺畅,也缓解了驾驶员的紧张情绪,还能提高桥下净空高度,使桥梁顶部呈现曲线美和连续美。如果再采取主梁底面线与桥面轮廓线相平行的设计和边孔跨径逐渐减小的韵律,就更能增加桥梁顺畅的视觉效果。

4)桥型选择

桥梁固定于一个地点,它和桥位处的自然景物及附近人工建筑物一起构成整体美景。桥梁既影响着环境,环境也影响桥梁的美学感觉。所以,桥梁美学设计首先要考虑桥梁与环境两者的协调,互相配合、融为一体。

具有特色或表明特征的桥梁形态和整体特点称为风格,是一座桥梁结构中各种元素的有机总和。桥梁风格应表现出时代的、民族的、社会的、阶级的文化思想,揭示出某些新的方面及其内在意义,具有丰富多彩的内容。对桥梁风格的考虑主要有三个方面,即历史性、个性和内在一致性。历史性即带有传统建筑的风格;个性则反映出设计者主观方面所特有的种种条件,如经验、审美理想、精神面貌、创造精神等,也表现出与众不同的美学素养;内在一致性是由于前述个性作品不得不被创作者所生活的时代、民族、社会的审美需要所制约。为此,桥梁选型应具有一定的风格,并体现其建设的时代和自然及人文美学、历史文化美学的内涵。对于一条道路来讲,全线桥型宜具有一定程度的统一,使其总体风格一致,这样不至于产生杂乱无章的感觉,也为施工和维护提供了方便。当然,在一些特殊的地方由于自然美景美物和地理环境的影响,要求采用不同的结构形式与之相适应,既保证突出了桥梁美又能增加环境美。深谷之上的拱桥,外观简洁,轻盈美观,宛如彩虹。沿山坡河谷修建的曲线高架桥,宛如蟒龙盘旋,玉带缠腰,体现了人类对自然美景的"锦上添花"。

桥梁与周围环境的协调是指桥梁与其周围自然环境、社会环境、邻近建筑物及附近其他桥梁的相互协调关系。在桥梁美学选型方面应注意以下几个方面:

①在工商重镇、对外港口,宜选择简洁纤细、力线明快、体量俊伟的现代化桥型,强烈体现科技进步、社会繁荣腾飞的时代风貌。

②城市繁华区越江桥梁以上承式为佳,因其桥体美感重心位于桥面以下,易于与两岸原有地物配合成景,避免交织混乱,无桥构阻碍的开畅桥面便于车辆往来与行人观览。

③简洁纤细、流畅明快应当作为现代桥梁美学设计的一项原则,既适用于主体造型,也适用于细部构造和各种设施(如栏杆等)。人们驾车行驶在公路上,对桥梁的构造形象仅是瞬间而过,只有那简洁、纤细、流畅、明快的线形才能给人们在行车状态下留下深刻的印象。繁杂的构造形式只能给人一种模糊杂乱的感觉,这一点对于跨线桥十分重要。

桥梁造型要达到与环境美景协调,首先应考虑如何处理环境美景与桥梁实体的关系,即在一定的环境美景中建立桥梁实体并使两者相互协调。考虑地形时,一般在较深的槽形河谷条件下,宜选用一跨而过的桥形,如拱式或斜腿刚构等。而在 V 形河谷、山坡平缓时,宜选用多跨连续梁与纤细的高墩相配合。多孔连续梁桥考虑结构内力和适应 V 形河谷地形,采用中孔大跨径和向两边逐孔缩减跨径的型式配置桥孔,不但经济合理,而且还具有主从关系鲜明、桥型匀称的美观效果。当桥墩墩高较高(如 70m 以上),考虑到桥梁下部工程量巨大,为适应地形、地物并充分兼顾施工的可行性,推荐上部采用大跨径变截面刚构梁,下部采用薄壁空心墩,以降低桥梁下部工程量,并充分利用墩高的柔度,适应上部由预加力、混凝土收缩徐变和温度变化所引起的纵向位移,提高桥梁自身高跨比的合理性和行车舒适性,同时也显得轻巧美观与周围美景协调。在槽形河谷条件下的桥,例如我国古式的泸定桥为铁索桥,跨径达 100m,与大渡河的湍急水流、陡峻岸壁相配合,表现出一桥飞架的美景,生动感人。又如法国克尔努桥,跨径达 147m,跨越波诺河,该桥采用斜腿刚构型式,很适合槽形河谷地形,谷地的岩石地基也适于承受水平推力。对于不适宜于建造中墩的水道,如跨越博斯普鲁斯海峡的贯通欧亚两大陆的博斯普鲁斯桥,主跨跨径 1074m,桥位于具有悠久历史的欧亚通商线路上的伊斯坦布尔城,背景有绚丽多彩的教堂、古塔等建筑,为使海峡航道顺畅,索塔建在岸上,桥型与环境协调,异常壮观。

图 5.3.52　朴实的桥梁

桥梁选型也应因地制宜地选择材料和充分利用当地条件,使设计经济合理,易于施工建造和节省人力、物力。如在具有丰富石料的山区,结合生产条件就地取材,只要用料得当,也会表现出石砌圬工的优美质感。突出人们建造桥梁的活动符合经济原则,朴实的内容能引起人们的美感,图 5.3.52 的桥简单、实用、节约。

在同一条公路上,当两座桥距离很近时,应尽量采用相似式的造型,使桥型风格一致,不产生繁杂紊乱感;在长距离公路上,宜于多样化,甚至地域化、风格化、个性化等,但也要注意全线总体风格,要有一定程度的统一。

5)桥梁造型设计

桥梁造型应满足力学受力及承载的要求,上部结构和下部结构要匀称,不能给人头重脚轻的不稳定感,结构尺寸应与大自然协调,并体现出桥梁材料的魅力。桥梁造型美学设计应从以下几方面着手:

(1)桥梁各部构造形象。桥梁本身各部构造的形象宜简洁纤细、流畅明快,以使驾乘人员在瞬间的一瞥中得"传力明确"的印象。

(2) 主从与对称。桥梁体型的安排上应突出中心部位,并以其为"主",两侧部位起衬托作用以其为"从",并以中轴线对称布置,使整个桥梁体型关系主次分明,对称形象,匀称悦目,引起人们一种庄重、均衡和稳定的美感。一般河道中部为主流,水深流急,安排一主孔,两边滩流平缓,作为边孔。以中轴线相对称,形成了我国古式桥梁布设桥孔常采用奇数的传统做法,即桥孔数=1+2n。多孔桥常用的三、五、七、九孔。现代桥梁在跨河道主流处或者跨 V 形河谷的最深处,选用大跨径桥孔,在河道边滩处或者 V 形河谷的坡地处,为适应桥墩高度宜选用中小跨径桥孔。

(3) 均衡与稳定。桥梁造型不仅在体量上要求均衡与稳定,而且还必须注意视觉上的均衡与稳定。例如日本名古屋大桥,为单跨悬臂梁桥,建在海峡的最狭窄处,粗看起来,一桥飞架,异常壮观,似属美桥。但由于地形影响,桥的两个边跨悬臂部分被突出的山咀全部遮挡住了,因此细看起来,产生一种不均衡、不稳定之感。

新技术、新结构、新工艺的不断发展,使人们对于稳定的概念也潜移默化地有所发展。过去对建筑物的体型,上部小下部大,搭配得当,被认为视感稳定;而今已不拘一格,下部稍小于上部,只要运用得当,不仅被认为视觉稳定,而且还有轻巧感和力量感。过去对桥墩的体形,以直立的或者底部大于顶部的锥形体被认为视觉稳定,但现在也有使用新颖的倒锥形桥墩的。

在现代建筑艺术中,动态的平衡不仅形式新颖和符合材料、结构技术的发展逻辑,而且又表现出稳定感和动态感的高度统一。

(4) 统一。在桥梁造型中,各个局部的独立性和它的作用,要准确的表现出来,这叫做功能表现方面的统一。同时,各局部的设计要体现有整体的观念,以避免产生各个局部孤立、离散、各成体系的不协调现象。桥梁建筑要做到统一,有两个主要手法:①恰当处理次要部位对主要部位的从属关系。②使构成一座建筑物所有部位中的细部形状相互协调。主从关系求得统一时,局部应从属于总体的几何形状,而尺寸较小。形状和尺寸的协调,可以贯穿于建筑物每个细部中,这是使建筑物构成完整整体最可靠的方法之一。

(5) 比例和尺度。桥梁美学设计使各部体型匀称、比例和谐,赋予桥梁协调一致性和艺术完整性。比例和尺度概念的产生是和一定历史时期的技术条件、功能要求以及一定的思想内容分不开的。新的比例与尺度概念,必然会随着时代与科学技术的发展而变化。比如新的预应力混凝土技术的应用,使桥梁的跨越能力大大提高,随之形成一个新的系统,和旧的结构相比,显得十分纤细。现代桥梁的比例、尺度处理,不但应使之匀称、协调,而且还要给人们简洁、明快、新颖的美感。一般来说结构轮廓尺寸的比例满足下列要求时,结构物本身是协调美观的:

①梁桥或拱桥相邻跨度的比值(小跨比大跨)宜在[0.4,1]内,接近 0.618 时,桥跨变化会显得平顺、流畅、有韵律感和节奏感;带单悬臂的简支梁,悬臂长与简支跨长之比宜取 0.41 左右;带双悬臂的简支梁,悬臂长与简支跨长之比宜取 0.35 左右;带双悬臂的两等跨连续梁,当施工过程中未发生体系转换时,其悬臂长与跨度之比宜取 1/3 左右;三跨连续梁,当施工过程中未发生体系转换时,其边跨长与中跨之比宜取 0.8 左右;中间跨为等跨的多跨连续梁,其边跨与中跨之比宜在[0.25,0.85]内,接近 0.618 时,桥高与跨度的比例最和谐。

②拱桥之矢跨比宜在[1/8,1/4]内。

③斜拉桥索塔高度(自桥面算起)与中跨之比宜在[1/7,1/4]内,边跨与中跨之比宜在[1/3,1/2]内。悬索桥大缆矢跨比宜在[1/11,1/7]内,边跨与中跨之比宜在[1/4,1/2]内。

④桥梁采用奇数桥孔既对称又美观。我国古代桥梁中的三孔和五孔桥的跨径布置所采用的比例关系多为"黄金比割"(0.618:1),这也和我们今天所采用的0.6:1~0.7:1相接近。通过设计发现,这样布置的内力、布索是合理经济的,桥型是美观的。

⑤桥面标高是根据路线线形的需要和河流水文以及通航要求等条件选定的,方案的优选是寻求桥孔的净高和跨径二者能够具有相互适应的比例关系。例如当桥跨越开阔的谷地时,布置桥孔可按照跨径 L 与桥下净空 H 之比大约为 1.5:1 的原则布置。从技术经济上分析,由于边孔的墩高逐渐减低,相应地缩减跨径是合理的。同时,由于各孔跨径与墩高之比不变,即桥下空间的形状都是"黄金长方形",桥型自然和谐悦目。

⑥主梁的长细比(即高跨比)对桥梁的结构和形象是影响较大的因素。梁桥随着主梁长细比的不同选择,可能得到沉重、压抑或轻巧、灵活、匀称的不同美学效果。工程结构中,高跨比一般选择为:1/15~1/30 的范围,常用 1/18~1/20。

(6)连续与明暗搭配。连续主要指桥梁侧视时其水平线条呈直线或平滑的曲线,并由一端连续地达到彼端,使人们得到一种连续流畅的美感,这是桥梁建筑所特有的美的法则。结构的连续性往往可以造成或加强结构体形中的曲线美,这是现代建筑获得流动感、轻巧感的一个重要的形式美因素。明暗搭配是当桥梁在光照之下,使桥梁的线条、阴影和色调等协调连续。当阴影线条与桥面线条平行连续时,对桥梁的连续感将起到增强与渲染作用。

(7)力线明快。桥梁各部构造间作用力的关系由它的外形显示出来,使人们得到一种稳定、明快和有力量的美感,其表现手法使结构简单、力线明确并精简到最小限度。在力线明快问题上,技术与美观自然而然地融合为一体。悬索、斜腿刚构和空腹拱等体系的桥梁,具有明显的拉力、撑力或推力形象。悬索桥、斜拉桥的主索是受拉的力线,拱桥的拱轴线接近实际的压力线,从设计上要求两者相吻合。以上这些桥型的力线比较明显,当与地形条件配合得当时,力线明快感尤为鲜明,所以它们都是优美的桥型。

(8)韵律。当桥孔径高、桥跨等按渐变韵律设计时,桥梁将给人以统一和谐的"微差美"。

6)桥梁附属设施美学设计

(1)桥头建筑一向为观赏者关注。我国古今所建桥头建筑的形式有七种类型:即功能型、艺术型、牌楼建筑型、城堡式演变型、"借景"型、纪念型、建筑小品型等。中国古式桥梁还常以碑记、楹联等对桥梁的造型和环境加以勾画、渲染,增强艺术感染力。这种艺术手法酷似中国画中的题款(或称落款),它们一脉相承中国古代美学传统,颇具特色。

早期桥梁建筑中就有碑、亭、堡等小品建筑,利用小品建筑增添桥梁美学效应。桥梁小品建筑多在桥之外,不受模式的制约,给予构思广阔境界,图 5.3.53 的作品有一种公路人

图 5.3.53　桥头小品

"冲天"之感,敢做前人未做的事业,也是我国现代公路建设"飞天"的气象。

(2)桥头引道与其他交通路线的平面交叉位置如何安排亦应重视。特别是城市或近郊桥梁,由于交通量大,平面交叉处车流停滞时车辆排队往往延伸到桥面上,对桥梁的使用十分不利。所以,从原则上讲,布设平面交叉应离开桥头,并与桥头保持足够的距离。

(3)公路桥梁绿化包括自然和人工培育两个部分。在设计和施工一座桥梁时,都要尽可能少破坏桥梁两头的自然美景美物,适当加以改造会收到事倍功半的效果。人工培育部分主要是桥头空地的利用,特别是桥头预制场和料场的绿化,将这些地方人为有规则的植树造林,栽花种草,与公路美物美景协调配合,将桥置于园林之中,车行其间,给乘客顺心舒适感。树木规则成行,可起诱导视线和遮光作用,有利行车安全。桥梁绿化在桥位选择时就应有所考虑,绿化工作宜纳入桥梁美学计中,成为桥梁工程的组成部分。

对桥梁交通环境进行绿化,其功能主要有三个方面:①美学功能。如美化桥头环境,使沿路景观更加和谐,车行其间,给乘客以顺畅、赏心悦目的感觉。②有利于交通安全。绿树成行可起到诱导视线的作用,如立交桥匝道的外侧成行植树,对行车是良好的诱导标志。③环境保护功能。保护原有的植被,加强绿化,有利于增加坡面稳定、水土保持、水土涵养、调节气温和为鸟兽提供巢穴;绿化与隔音板等相互协调配合,有利于减轻或缓和噪声的影响,有利于净化环境,吸附空气中灰尘,吸收二氧化碳和其他有害气体,有利于空气净化,为人类提供清洁、新鲜的空气。两岸护坡用草皮植被,在分级台阶上种植各类树木,形成错落有致的自然美景,与线形流畅的大桥形成和谐匹配,既可达到水土保持的目的,也起到了环境保护与美化的双重效果。总之,无论是人工绿化环境,还是保护、利用天然植物,设计和施工人员都应认识到这是建设现代化优美环境的一部分,应在桥梁美学设计中付诸实施。

(4)合理布置桥头公园和两岸美景。将休闲广场、观景平台、植物绿化巧妙融为一体,可以为广大市民创造一个闲暇和假期休闲娱乐的好去处。桥头公园是对桥位周边环境按照美学设计的要求进行的美景塑造和环境资源的开发利用。桥头公园的一个重要作用是最大限度的展示桥梁主体结构艺术造型的美观效应和艺术魅力,在公园内必须充分利用地形地物,设计若干个可以从多角度、全方位摄取桥梁艺术魅力的视场。

7)桥梁涂装色彩美学设计

(1)着色

色彩既可使桥梁增添姿色,也可使其形象受到损坏,桥梁色彩的搭配谋求架桥地点的天然色彩或其他建筑物的色彩与桥梁本身的颜色取得协调。另外,涂料色彩对桥侧面形象的点缀和装饰作用是非常显著的。桥梁表面着色处理不仅是对环境、景观的解读,也体现桥梁的地域性、文化性及其本身的功能和风格,甚至成为一种精神象征。引人注目的色彩,具有较高的识别性,令人难忘。如为使桥梁给人以美的印象,在预制栏杆构件时,掺入色素和黑白两色的小石子,经打磨后呈现出色彩;又如,在中承式拱桥的拱肋上,涂红、黄、蓝三种色彩,就如彩虹卧江等。

桥梁色彩的搭配应与周围的天然色彩或其他建筑物的色彩与桥梁本身的颜色取得协调。配色时首先根据环境及桥梁本身的形象确定基准色即主色调,然后搭配其他色彩。既要考虑与周围环境相协调,又要注意协调与桥梁本身的规模、形态,保证自身构件配色的统一和谐,配色时同时注意安全色的应用。不要做得眼花缭乱,色彩繁杂。要注意整体上的统一,同时突出重点。协调相同色、相似色及补色的平衡,舍去无用的色。另外,须考虑架桥地域的风土人情及气候等对色彩的影响。如寒冷地方宜用暖色、炎热的南方宜用冷色等。

合理的肌理形式体现为木色、或水泥本色、或金属光亮色,采用防水调和外墙漆,或金属漆等。桥体表面有时须要加上雕刻或铸件等饰物,栏杆、桥墩、桥台也一并进行装饰。当然,已具备完美形式的桥梁,不必再进行装饰,以免弄巧成拙,适得其反。如金门大桥桥身的颜色为国际橘,建筑师艾尔文·莫罗认为此色既和周边环境相协调,又可使大桥在金门海峡常见的大雾中显得更醒目。

桥梁色彩选择的方法大致有以下几种:a.环境调和型色彩。选定具有环境调和关系的色彩,设计出和周围环境调和的桥梁景观。通过使用环境色中的色彩(中和的调和色)作为桥梁的色彩,以作为使调和关系成立的手法,成立和周围环境相调和的关系。b.象征明示型色彩。通过使用和环境色相对立的色彩,明确相对于环境的桥梁的存在感,设计出以桥为主的新美景,把具有特别象征性的色彩和人民的嗜好色作为提高桥梁象征的有效手法。

对使用油漆色彩的钢桥、木桥等桥梁来说,极其阴沉昏暗的颜色和刺眼的光怪陆离的颜色,都会引起视觉上的不愉快,应少使用。桥梁常用的色彩是绿色、灰色、灰绿色,都是调和的色彩,尤其是灰色,素有"万全的灰色"之称。

对于钢筋混凝土桥梁,国外公路桥梁为了配合环境、衬托景观的需要,将桥涂以色彩是不乏其例的。如甘特桥是一座斜拉桥,它的拉索全部包裹在混凝土的薄墙之中,公路跨越山谷的平面线型为"S"曲线,主跨174m,位于直线部分,边跨127m均处于弯道上,曲线半径200m,墩高出地面150m。设计者考虑到桥在阳光下,127m边跨弯曲部分的混凝土薄墙将形成与直线段大不相同的反光角度,以及在暗灰色山谷背景中突然展现庞大混凝土桥的颜色不悦目,因此将混凝土薄墙和桥墩均涂以与山谷颜色将近的深暗灰色。

(2)表面修饰

我国在桥体装饰方面历史悠久,技艺独特,在国际上享有盛誉。装饰位置选择可在桥体表面加上雕刻或铸件等饰物,栏杆、桥墩、桥台也一并进行装饰。国外流行的做法是将装饰件设计成具有深刻内涵的结构。在桥梁的装饰艺术方面,如桥面两侧的栏杆和望柱上,分别刻有龙兽状的浮雕和竹节蟠龙、宝竹等造型,一些桥梁的附属设施(如厦门大桥巨大的金字塔型收费站)和其各具特色的雕刻非常壮观,特别是桥头的自然地貌和原有的建筑物融为一体,厦门海沧大桥东锚锭旁边的游乐园,使得桥梁不仅具有通行的功能,而且具有休闲娱乐等综合功能。在四川泸县九曲河上有一座龙脑桥,桥墩上分别雕刻有四条龙,雕刻工艺雄浑有力,形神兼备,远远望去,恰似群龙出水,踏波戏浪,势不可挡。当然,已具备完美形式的桥梁,不必再进行装饰,以免弄巧成拙,适得其反。如图5.3.54中没有装饰的桥梁显得生硬、呆板;图5.3.55中简单装饰后的桥梁柔和、美观,并且有行车范围限定的作用,起安全作用,避免产生交通事故。

对美学铺装材料的基本技术要求如下:既要满足车辆通行和行人步行的功能性要求,又要满足色彩、图案、表面质感等装饰特性的要求,同时还必须考虑造价及施工与维护的难易程度。在使用这些材料时,除了须要根据美学铺装设计原则选择材料、搭配色彩、构筑图案外,必须注意砌块尺寸、砌缝宽度和铺装总体尺度的搭配关系,才能更加有效地使用这些材料。桥梁表面处理时应从结构和材料本身去寻找建筑美观的因素,运用材料的质感与色泽,

处理好材料大小、虚实、光影、肌理、纹样等对比关系,以便创造好的美学效果。总结起来,桥梁表面修饰的方法有:

①喷涂:在混凝土表面用水泥砂浆或色彩树脂涂料等进行喷涂处理,前者使表面形成有细小凸凹不平的表面,富有立体感;后者使桥梁面目一新,提高观赏效果。

②錾凿:表面进行錾凿、切削加工,形成规则的凹凸,不仅改变表面平板印象,也可改善光影的效果,获得比喷涂程度更大的质感变化。

③水刷:在还未凝固的混凝土表面用水刷洗,露出混凝土中的细骨料,获得凹凸不平、富有立体感的质感效果。

④打磨:用打磨机打磨彩色水泥骨料,不仅出现各种图案,而且表面光滑锃亮,整洁美观。

⑤模板处理:通过模板构造形成有规则的纹理,似浮雕一般,或者通过特殊材料的模板(如合成橡胶)直接形成需要的切削面和各种条纹图案组合。

⑥装饰:在一些部位如墩台、柱面适当进行装饰处理,贴附面材,利用这些面材的色彩、质感控制美学效果,获得美感。

综合世界各国的桥梁色彩与配合,主要有灰色为主调的可选用灰绿、灰蓝、灰白、灰青、深灰等;以浅色为主调的可选用诸如彩虹配色,鲜艳夺目,炫彩宜人;中间调合色则用银灰色、茶褐色、灰色。因黑色可产生悲观、厌世情绪,应慎用。

图 5.3.54　没有装饰的桥

图 5.3.55　简单装饰后的桥

8)桥位周边美学设计及美学资源开发利用

桥梁作为环境的一部分。除了自身的形式美外,与周围环境的协调是桥梁美因素中很重要的问题。通过美学设计,对桥梁周围美景进行保护、利用或改善。对于现代城市桥梁或城市附近的桥梁,采用人工植物绿化措施是可行的。

我国庭园艺术所强调的"借景",就是在观赏的视野中,使占地有限的庭园蕴含着本来并不从属于这一个体中的美景。桥梁也是如此。如图 5.3.56 所示,由于桥梁栏杆的遮挡,不能观看到桥下的美景,如果能换成透明的安全护栏或设置观景的平台,可观看桥下蜿蜒的河流、起伏的山川美景;图 5.3.57、图 5.3.58 的大桥和周围的山峰很美,如果在桥头或其他合适的部位设置观景台或者是休息站,并在能够观察公路桥梁美景及其周围景观的位置采用"透景"或"框景"等手法,便于驾乘人员观赏桥梁及其周边美景,不也是很好的吗?桥梁的构思设计应与环境相协调。事实上,所有新颖的桥梁杰作,无一不是根据客观条件和要求,通过构思巧妙安排的。

图 5.3.56 不能看到桥下的美景

图 5.3.57 大桥及山川美景之一

图 5.3.58 大桥及山川美景之二

9) 桥梁综合美学设计

桥梁美学设计要对桥梁、调治构造物、引道路堤、引道线型进行综合研究使之成为有机整体,还应对桥位方案从政治、经济、技术、环保上进行多方面比较,从美学高度提出桥型设想,或对桥型方案进行美学论证,以便作为决策或方案深化的依据。

桥梁美学生态和美学协调设计是随人们对生态环境日益关注而新出现的内容,如桥梁及引道的软、硬质美学设计、桥梁整体色彩设计、桥梁选址与环境美学尺度的和谐与调整、护坡工程的美学与环保、桥梁建设与水体环境美景的复原、桥梁景观设计等。

桥梁美学系统又可分成观桥美学系统与桥面观景美学系统,其内容根据桥梁的重要性进行取舍。如观桥美学系统的布点及视线分析、人桥亲和的观赏处及流线设计、桥面观景的流线及视线分析等。

在生态保护和观桥美学结合较好的思小公路处于热带雨林保护区内,采用以桥梁为主的方案,避免因大填大挖对植被产生破坏,使保护区内的热带雨林和林地得到有效保护。桥梁自身造型采取顺应山势、融于自然的形态,并在美学效果极佳的地段设置观景平台。在选择桥梁方案的基础上,对桥墩进行有效的绿化伪装,对桥梁下的树木采取修枝的做法,尽量予以保留,桥下留有为亚洲野象的迁徙的通道,使亚洲野象不因公路的阻隔而减少活动范围。

在桥梁美学设计的最后阶段,还须要对桥梁美学效果进行预测。设计者要对桥梁设计构图的效果有充分的预见,力求像看到建成后的形象那样,做出美学效果的辩证评价,以利后期的修改和进一步的优化设计。桥梁三维仿真模型是一种预期评价方法和手段之一,包括建模、材质仿真、灯光及夜景灯饰效果仿真。模型渲染后期处理,已经成为当今桥梁设计中的一个重要环节。

10)桥梁扩建工程的美学

桥梁扩建工程较为复杂,一般会受到现有桥梁的制约,增加了桥梁美学设计的难度。新桥须要完美融合到既有桥梁的环境中,与既有桥梁相协调。

在桥梁扩建中,如果新旧桥距离较近,若采用不同的形式,必然会引起视觉混乱,采用相同的形式,则能以复调的韵律引起人们的注意。考虑到施工、拆迁及新旧桥的美学效果等因素,合理拉开新旧桥之间的距离。新桥桥面约高于旧桥,从上游往下游看或下游往上游看,突出新桥、遮掩旧桥,新桥与旧桥跨径相对应,和谐统一。

5.3.4 桥梁的人性化考量

桥梁结构首要的功能是满足交通,然而并不是所有能满足交通需要的桥梁结构都能达到人性化设计的要求。人性化设计是一种注重人性需求的设计,所有设计都是针对人类的各种需要展开的,离开了关爱人、尊重人的目标,设计便会偏离正确的方向。人性化原则主要包括四个层面:功能人性化、心理层次的关怀、弱势群体的关怀、社会层次的关怀。

1)功能人性化

功能人性化设计是指桥梁设计要考虑人们的习惯行为方式,如何分离不同的交通流,如何对各种速度不同、功能不同的车流进行分离,在各种交通复杂的情况下如何保护步行人群的安全等问题;功能的人性化还体现在桥梁结构的附属构件及附属设施的人性化。如桥梁的排水设施应该足够满足设计预计的最大降水量排水需求,不应出现桥下形成"小湖"或是桥上雨水排水不畅四处漫流的情况。对阳光强烈或者是雨雪天气较多的地方,可以在人行桥上设置遮阳或避雨的顶棚,给行人提供避暑或躲雨的地方。对有美景及观景作用的桥梁,应该考虑到桥上是否设置观景台以及座椅等。

2)心理层次的关怀

心理层次的关怀是指满足交通需求之外,还须满足人们的心理需求,让人产生心理安全、稳定、舒适感。要达到人性化设计的桥梁,结构要受力明确可靠。桥梁结构设计时对于弱势群体的关怀,体现在为各类弱势群体提供他们依靠自身的能力就能方便使用桥梁及各种附属设施。如对于人车共用的桥梁结构,相对坡度不应很陡,也不存在台阶等障碍,腿脚不便利的行人可以自己过桥,对于盲人来说,在人车混流的情况下如何保障他们的安全应在考虑的问题之内,桥梁设计中要遵循"尊重、独立、参与、平等"原则,最大限度地消除由于身体不便带来的障碍。

桥梁设计要达到心理安全、稳定、舒适感,须注意两个方面:

(1)结构设计的合理性。桥梁结构首先要受力明确且合理,不至于让人们产生迷茫感,其次构件应该有让人心里觉得安全、稳定的体量。即使从理论计算上不须要那么大的构件尺寸,然而还是须要考虑到人们心里的感觉,适当的将构件尺寸加大到人们心理能接受的程度。虽然在美学中,有时候采用不对称的结构,易产生一种不稳定的感觉,达到吸引人的目的。然而这样的结构只是形式上的不稳定,在人们心理上还是存在一种不对称的平衡感,还是稳定的。

(2)桥梁结构色彩使用时要注意人们心理对色彩的感觉。好的色彩设计,对桥梁结构会产生锦上添花的作用,甚至是对于一座结构设计一般的桥梁,也会产生好的视觉效果。不同的色彩,在人们心中会产生不同的感受及联想,不同地域的人们对色彩的喜好不同,应根据桥梁所处地域人们的喜好以及各种色彩给人的不同感受进行色彩设计。例如,我国人民喜欢红色,因红色象征着喜庆、吉祥,所以在我国的很多广场中的雕塑都采用了大红色。在桥梁结构中,也有很多的桥梁,主体结构采用了醒目耀眼的红色,这些都符合我国传统的审美观。我国人民的传统观念中,不喜欢黑色,所以在桥梁中不适宜采用黑色。而在开阔的海滨地带的桥梁,则经常使用白色或浅蓝色等浅色调,色彩纯净,容易与蓝天白云以及周围的山水等环境相协调。

3)社会层次的关怀

桥梁结构不仅具有实际的物质功能属性,还有各类不同的精神属性。桥梁结构人性化设计对社会层次的关怀,体现在桥梁结构的各种精神属性中,还体现在对人们的生存环境的关怀中。对人们生存环境的关怀分为两个方面:物质方面和精神方面。在桥梁空间中,存在各种不同的行为,有通过行为,有休息行为,有交流行为,有些桥梁上有商业行为,有时候还有表演行为和观赏行为。应该对桥梁周围环境进行仔细的分析,确定什么样的行为应在桥梁设计中予以满足,而什么样的行为应该尽量避免。对于快速干道上的桥梁来说,各种商业行为或游戏欣赏行为应尽量避免,以保证快速干道的快速交通能力。然而对于休闲娱乐地区的桥梁或是临近休闲地区的桥梁,可以适当设置各类商业设施或是停留观景设施,满足各种文化活动的需要,使桥梁空间成为一处富有活力的空间。对物质方面生存环境的关怀体现在:①桥梁结构不应该对物理环境造成破坏,或者即使有破坏,也应该保证在一段时间之后能够恢复。②桥梁结构的所用材料应该对人体无害。

4)桥梁的情感设计

桥梁(特别是大型桥梁)常常是某一地区的标志性建筑,成为人们津津乐道的对象。桥梁的情感设计不完全是桥梁设计师自我情感的表达和宣泄,还应考虑大众的情感需求,使桥梁的情感设计处于一种体验的中间状态,通过大众的体验来激起其内心的感觉。情感设计是通过各种形状、色彩、机理等造型要素,将情感融入设计作品中,使观赏者在欣赏、使用桥梁的过程中激发联想,产生共鸣,获得精神上的愉悦和情感上的满足。在桥梁设计中就是使桥梁向人们传达能够激发某种情感的信息,并让人们在欣赏、使用桥梁的过程中获得难忘的体验。情感从某种程度上来说是对自我存在的一种评价,因此桥梁的情感设计承载了为桥梁使用者和所在地区群众提供信心、改善评价的功能。桥梁的情感一般通过自身特性和某一局部的细节来表达,如桥头堡、栏杆、索塔、观景台等的造型设计。

(1)利用桥梁自身特性来传达

利用桥梁自身特性来传达情感是桥梁情感传达最基本也最直接的方式。桥梁是沟通两个原本隔绝空间的建筑物,代表着力量、跨越与征服。正因为这种自身特性,自古以来人们对桥梁寄托了其他建筑不可比拟的情感,桥梁所承载的情感内涵更加凸出。古代诗词歌赋和民间传说许多都与桥梁有关,其中的人定胜天、悲欢离合的场景(如鹊桥相会)恰好映合桥梁连接原本隔绝空间的自身特性。

我国历代流传下来许多有关桥梁的民间故事和桥梁诗词就反映出历代社会各层人物对桥梁的关系与情感寄托,也反映出桥在人们生活中的功用和成就。最突出的就是位于河北赵县的赵州桥(图5.3.59)。赵州桥采用极其平缓的圆弧形式,使之具有良好的运输能力,宋代诗人杜德源曾有诗曰:"坦平简直千人过,驿使驰驱万国通。"而赵州桥平缓的弧线和其独创的敞肩拱形式,外形比例协调、力线明快俊美,轻盈稳健与周围环境融为一体,在美学角度上尤其出彩。民间传说中,认为此桥是鲁班所建,而"八仙"之一张果老和柴王爷载着五岳日月一同来试桥,鲁班施法支撑,最终赵州桥安然无恙。这些人文传说都寄托着人们美好的情感,也使赵州桥广为人知。

(2)利用桥梁结构造型景观来传达

桥梁通过结构造型景观来传达情感,主要是借助某一局部的细节来表达,如桥头堡、栏杆、索塔、观景台等的造型和颜色等,并通过灯光设计来呼应。

20世纪50~60年代,中国的桥梁习惯于建桥头堡,在此期间建成的武汉长江大桥和南京长江大桥都建有不同形式的桥头堡(图5.3.60)。作为万里长江第一桥,除了"一桥飞架南北,天堑变通途"的自豪,武汉长江大桥的建筑设计,极富中国民族建筑的特征,取材于我国民间传说的栏杆花板与雄伟的桥头堡相映成趣,其桥头堡的三面红旗图案,仿佛把人们带进了那个激情燃烧的岁月,有着克服一切困难,勇攀高峰的豪情壮志。

图 5.3.59　河北赵州桥

图 5.3.60　南京长江大桥桥头堡

由于斜拉桥和悬索桥的规模巨大且桥型优美,往往成为令当地自豪的标志性建筑,在人们心中产生的精神作用不可低估。主塔是斜拉桥和悬索桥的主要受力构件,同时高大的塔身直插云霄引人注意,是主要的美学造型要素,因此对于斜拉桥和悬索桥的情感内涵通常从桥塔的造型设计来传达。例如,湘西矮寨特大桥位于湘西土家族苗族自治州,跨越风景秀丽的德夯大峡谷和中国著名的公路奇观——矮寨盘山公路(旧川湘公路)。桥位紧邻德夯苗族文化风景区,自然环境优美,吊脚楼和牛头符号构成了韵味十足的湘西民俗风情。牛头图案是当地民族的崇拜物和吉祥物,象征着人民的谦和与善良、坚强与上进。而且由于牛头符号更便于表达和传情,因此桥塔引入牛头造型来激发人们内心的情感体验。由于桥位处地形条件复杂,故该桥方案设计采用独特的主体结构艺术造型;两侧山头依势而建的牛头造型索塔、加劲钢桁梁直接与悬崖上的隧道相连,依地质地形条件巧妙设计的隧道锚及重力锚均与周边秀丽的自然景观非常协调。两山对峙的牛角状桥塔与张拉的弧形悬索浑然一体,具有浓郁的湘西少数民族风情(图5.3.61、图5.3.62)。

图 5.3.61　湘西矮寨特大桥之一

图 5.3.62　湘西矮寨特大桥之二

（3）桥梁情感设计应注意的问题

桥梁的情感设计应以人为本，关注桥梁——人——环境之间的情感反应，在进行桥梁的情感设计时应注意以下几点：

①使用的安全感。桥梁是为了满足交通功能而修建的建筑物，因此它必须要有足够的承载力，保证交通的畅通、舒适和安全。在桥梁设计中，特别要注意桥梁的裂缝、刚度和稳定性在人们心中产生的微妙感觉。在心理学上，裂缝、颠簸和晃动均会给人此桥不安全的心理暗示和恐惧。一旦出现这种心理暗示将严重影响桥梁的使用功能。故安全感是桥梁情感体验中最为重要的情感要素。

②视觉的愉悦感。一座大型桥梁，从满足功能要求而言，是工程结构物；从观赏要求而言，是一件建筑艺术品。因此在满足功能要求的前提下，要选用最佳的结构形式和造型设计。桥梁结构应该造型和谐、比例恰当，具有秩序感和韵律感，与环境相协调。并且通过材料、色彩和灯光的运用突出桥梁的力线之美，营造出视觉的美感。同时桥梁的视觉美感主要是通过整体效果来体现的，过多的细部装饰并不恰当。在进行桥梁造型和景观设计时，必须以结构功能为主，不能一味追求视觉的新奇忽略桥梁结构的本质功能。

③熟悉的归属感。每个地区都有其独特的历史文化和传统，这些文化积淀深深地烙刻在人们的心中，形成地区的精神共识和灵魂。通过挖掘和整理当地的历史文化、民俗风情和城市理念，分析和提炼出具有代表性且便于表达的部分（历史符号、图腾象征等）在桥梁设计中加以表达。如湘西矮寨大桥充分引用了湘西苗寨牛头图腾的民俗象征，通过恰当的造型表达，演绎出亲切和谐的共鸣之声。人文要素的地域性和情感审美价值将使桥梁在人们心中产生强烈的共鸣和归属认同感。

④建设的成就感。桥梁建筑的真正魅力不在于其表面的炫耀，而在于其让人细细品味的内在神情。桥梁被赋予鲜活的生命力后不再仅仅是交通设施，而成为所在地区和城市的象征和骄傲，如金门大桥之于旧金山，南京长江大桥之于南京。这些地标性桥梁不仅提高了当地的形象和知名度，展现了当地文化和群众精神，而且还具有凝聚人心、催人奋进的精神价值。

5）超长桥梁的防疲劳设计

对超长公路桥梁的防视觉疲劳的人性化、美化设计，在遵从力学结构原理的同时，应注重上部构建的变异——通过栏杆造型、承重塔、桥梁附属设施（观景塔之类）的变异和优化来实现。在特定的条件下,还以改变笔直的线型、设计有一定弯曲度的新型桥梁来实现。如世界第一长桥美国的庞恰特雷恩湖桥(长达38.422km)通过每隔5km左右建构一个桥面构筑物来改善美学上的单调,帮助驾驶员克服视觉疲劳。世界第一跨海大桥——杭州湾跨海大桥通过符合杭州湾海潮水推力作用和适宜人的视觉特点进行桥梁非主跨的部分弯曲线型设计,与此同时在桥梁的中间段设置了造型独特优美的观景台,从另一角度实现了美学的非单调性,将超长跨海桥一分为二,弱化了导致视觉疲劳的超长因素。

从优化超长公路桥梁及附属设施的色彩、造型方面,可采取以下方法:

(1)通过色彩变化来降低视觉疲劳。世界各国在超长公路桥梁的设计与建设中,为降低视觉疲劳,常在桥梁的上部构造中进行色彩优化处置,使桥梁不仅更加绚丽多彩,而且增强了交通安全。如闻名世界的跨海大桥杭州湾大桥,在人行道、栏杆上做了赤橙黄绿青蓝紫的七彩处置(图5.3.63),开车过桥,宛若彩虹飞舞视线两侧,美学效果和交通安全效果都十分显著,有助于降低视觉疲劳、美化桥梁。

(2)通过创新桥梁造型来降低视觉疲劳。人的生理和心理特点决定了新奇的景观、造型会对人的视觉产生某种刺激,从而不易产生视觉疲劳,如果这种构筑物的造型、曲线具有美感,那么,视觉不仅不会疲劳,相反还会产生从视觉生理进入人文心理的一种愉悦。桥梁设计师们进行了大量的理论研究和创新设计,使世界的桥梁造型日益丰富多彩。如鹿特丹的天鹅桥(图5.3.64)、法国米洛高架桥(图5.3.65)、中国的东海大桥(图5.3.66)、巴西圣保罗的跨河悬索大桥等。这些桥都在设计上有所突破,在造型上十分独特,不仅成为当地优美的美景,而且给南来北往的驾乘人员视觉美感,带来心情的愉悦,强化了交通安全。

图5.3.63 杭州湾跨海大桥的彩色人行道与栏杆

图5.3.64 鹿特丹的天鹅桥

图5.3.65 法国米洛高架桥

图5.3.66 东海大桥

5.3.5 桥梁选型与造型

合理的桥型会使得结构本身不仅能够满足使用功能,还能在不做或少做装饰的情况下呈现出力感和美感,给人精神上的享受;反之,一旦桥梁选型不合理或不当,桥梁建成后虽然能够满足使用功能要求,但或因投资过大而造成浪费,或因其杂乱无章、呆板单调、与环境格格不入的外在形象而遭诟病。

桥梁选型与造型要求在综合考虑桥址处的客观条件(包括地形、地物、地质、水文、通航等)、结构体系的受力特性和桥梁美学的基础之上因地制宜地选出不仅造型美观、安全耐久,而且经济合理、施工方便、技术先进的桥梁结构形式。影响桥梁结构选型与造型的主要因素可归纳为功能要求和约束条件两个方面。功能要求主要体现在安全适用、经济美观和养护维修方便的要求上。桥梁选型与造型的约束条件主要有自然条件、经济条件、时间条件和技术条件四个方面。

在桥梁选型中,可借助"穷举法"的思路,先确定影响桥梁选型的体系因素和材料因素等,然后把各因素进行组合,再加以甄别,从中选择出符合约束条件的若干合理桥型。

5.3.5.1 桥梁造型

1) 考虑规模的桥梁选型

在桥梁选型与造型过程中,设计者须要把握如下三个准则:

(1) 大桥凭规模。对大型桥梁,庞大的结构体量和尺度足以创造出宏伟壮观的美感,无须再在结构造型上别出心裁。

(2) 中桥可造型。中型桥梁的结构体量和尺度适中,须通过与周边环境(尤其是建筑物)的对比,才能表现出其独特性。因此在条件许可时,可适当考虑结构造型。

(3) 小桥在细节。对小型桥梁,因容易就近观看,故桥梁的构造细节及工艺往往更容易引人关注和欣赏。

山区常规中小桥梁上部结构可采用技术成熟、标准化程度高、造价经济的结构及跨径。中小跨径公路桥梁宜采用先简支后连续结构,跨径 20m 以下的优先采用空心板,跨径 20~40m 优先采用小箱梁,跨径 30~50m 采用 T 梁。

在跨越距离较宽的沟谷时,优先考虑采用 200m 以内的连续梁、连续刚构。单跨 200m 以上的桥梁必须在充分论证地形、地质及全寿命造价水平的基础上合理选用相应的桥型结构。山区特殊大跨桥梁可采用连续梁(刚构)、拱桥、斜拉桥、悬索桥或其他组合体系桥型。

2) 考虑桥梁规模及与周围环境协调的选型

根据环境条件和桥梁规模的不同可进行相应的美学处理,主要有以下三种情况:

(1) 特大桥梁,由于它本身规模宏大,气势磅礴,自然而然地成为独立的景观,成为环境的主要景观。这时,桥梁美学设计可以对桥梁本身美进行处理,使桥梁成为环境美的主体,也就是采用强调法。

要突出桥梁,桥梁结构也须要涂成鲜艳的颜色,图 5.3.67 和图 5.3.68 为美国洛杉矶的金门大桥,在宽阔的江面上大跨度的桥梁及其高耸的桥塔,规模大而且桥塔高出两岸的小山及其天际线很多,采用红色的桥塔、拉索、梁以突出桥梁及其结构;图 5.3.69 为重庆的彭渡河大桥,其桥塔和斜拉索高出周围小山、地面和河面很多,突出桥梁的存在;图 5.3.70 为贵州贵黄高速跨红枫湖水库的大桥,高耸奇特的桥塔和斜拉索与周围美丽的青山天际线相映生辉,周围山体、电力铁塔相对矮小,水库水面宽,桥梁高、跨度大、规模大,为了凸显桥梁的存在感,不失桥梁与环境的和谐,在美丽景色的基础上增加了桥梁景观,为红枫湖风景区增加了一大美景,采用白色的桥塔、红色的斜拉索以与周围绿色的小山和蓝色的库面产生较大的色差,凸显桥梁的存在;图5.3.71为云南红河某高速路大桥,高耸的桥墩、直冲天空的桥塔、红色的拉索,在较平缓的丘陵区桥本身就是一道风景线,在陡峭的峡谷上建设一座大桥,一桥飞架天堑,峡谷变通途,壮观而美观;图5.3.72为云南保腾高速路上的龙江大桥,曾经是亚洲第一大桥,采用银白色桥身与周围的较小绿色山丘对比,突出了桥梁的存在与宏伟。图5.3.73为三峡大坝下游的大桥,清新、飘逸,方向感强,就像漂浮在山中长江江面上的丝带,红白两色凸显了桥的存在感,在远处山景的映衬下,为宽阔的江面增添了一道靓丽的风景线;图5.3.74为长江重庆段的某大桥,是在较平地貌条件下具有高耸桥塔的桥梁,跨度大、规模大,用高大的桥塔和红色的桥索凸显了桥梁的存在,突显桥梁的宏大。

图5.3.67 金门大桥之一

图5.3.68 金门大桥之二

图5.3.69 彭渡河大桥

图5.3.70 贵州贵黄高速跨红枫湖大桥

图5.3.71 云南红河某高速路大桥

图5.3.72 龙江大桥

图 5.3.73　三峡大桥

图 5.3.74　长江重庆段的某大桥

（2）桥梁规模不大，当地环境美景又已经形成，宜不再突出桥梁，以免影响环境协调，只能使桥从属于已有景观，并互相呼应，即采用消去法。

此规模的桥梁设计应统筹周边环境和结构，使得桥与周边环境和结构相互增辉，如图 5.3.75 为重庆长江某支流上的桥梁，桥梁轻盈、简洁，塔顶端与附近山脉的天际线相当，桥梁直顺，传力清楚，给人节约、稳定、美观的感觉，与周围的建筑和山体相容；图 5.3.76 为重庆某地的桥梁，桥塔就像利剑在青山环抱中直冲云霄，但规模与周围山体相差不大，周围建筑一般为白色，所以桥塔也采用白色，桥梁与周围美景互存；图 5.3.77、图 5.3.78 的两座斜拉索桥，虽然颜色与周边山体的绿色不是太协调，但与周围建筑物的白色较为和谐，桥梁规模与周围山体相差不大，桥景与环境相似，可以视为桥的存在与周边景观平行存在，桥梁结构对称，有别样的风景，在原有景观的基础上增加了一道亮景；图 5.3.79 为重庆某地的桥梁，此桥附近虽然有烟冲存在，某种程度上增加了桥梁的附加景观，桥梁与烟冲形态、颜色相互呼应，相互陪衬，降低了烟冲给桥梁添丑的影响；图 5.3.80 为重庆长江某支流上的桥梁，桥梁规模相对背景山体较小，但作为人造建筑来说，跨度较大，此拱桥的梁板颜色与后面山坡的颜色有相似之处，有和谐之美；再远处的地形给人一种新奇之感，桥梁的简洁、清爽在后面背景的衬托之下有跨越障碍、克服深崖的精神感，但红色的拱与周围颜色相差较大，某种程度上显示了桥梁的存在感。

（3）较为普遍的情况是须要做到桥梁与环境融为一体，自然和谐，即采用融合法。有效地利用自然和社会环境条件，使桥梁成为构成新环境的一个要素，组合于周围总体美景和环境的画面中。例如，城市道路与高等级公路上的中、小桥梁应尽量使其与线路格调一致，使道路和桥梁自然融为一体。

图 5.3.75　重庆长江某支流上的桥梁

图 5.3.76　重庆某地的桥梁

第5章 公路构造物及设施美学

图 5.3.77　重庆长江某支流上的桥梁之一

图 5.3.78　重庆长江某支流上的桥梁之二

图 5.3.79　重庆某地的桥梁

图 5.3.80　重庆长江某支流上的桥梁

　　图 5.3.81 和图 5.3.82 为云南景洪的澜沧江大桥附近的江景，桥下的船舶、上下游的桥梁和两岸的建筑物及灯光等也是大桥美景的重要组成，此桥为城市江河上的桥梁，周围繁华，霓虹灯、照明灯与城市、船舶、桥梁相互成辉，美不胜收。图 5.3.83 为云南昭会高速上的牛栏江大桥，道路桥梁的混凝土颜色与山坡上的岩石颜色接近，大桥从绿树丛中伸展出来，崇山峻岭之中延伸了公路，与环境基本协调，顺畅的道路、简洁实用又不乏宏伟的桥梁在绿色山坡背景的映衬之下，既给人宁静之中透射着大气，悠闲之中存在着繁忙与进步，自然之中有现代，交相呼应，在现代运输和旅程之中感受到了自然之美；图 5.3.84~图 5.3.86 为重庆嘉陵江上的大桥，这三座桥背景是城市建筑、桥下是过往的船只，大桥建设在山城之中的江面上，与周围的建筑、船只融合，成为附近居民和工作人员、过往轮船乘员的一道观景。

图 5.3.81　云南景洪澜沧江大桥之一

图 5.3.82　云南景洪澜沧江大桥之二

图 5.3.83　云南昭会高速的牛栏江大桥

图 5.3.84　重庆嘉陵江上的大桥之一

图 5.3.85　重庆嘉陵江上的大桥之二

图 5.3.86　重庆嘉陵江上的大桥之三

3）考虑地形的桥梁选型

（1）平坦地形下，桥梁结构形式选择的要点为：①平坦地形上宜选用梁式桥，梁体平直刚劲、简洁有力，具有沿水平方向力动感与穿越感，使横跨河流或障碍不断伸展的桥梁动势与水平舒展的景观相协调，增强了平稳的安全感。②梁体结构应纤细、轻巧、连续流畅，栏杆造型宜简洁，尽可能以横线条为主，桥面采用低灯照明，桥墩造型不宜烦琐，应尽量减少桥墩的数量，对于通视性好的地区，桥形的连续感要强。

（2）山区地形下，群山环抱、地形起伏变化，空间尺度相对较大，山体天际轮廓线向上形成了各种不规则形态，与桥梁构筑物相比，向上的视觉诱导力及动态感很强，此时，应结合周围环境选择桥形（图 5.3.87），具体要点如下：

①桥梁的视觉诱导力不能与山体天际线同属一个方向，这样的桥梁在与周围环境对比中，削弱了桥梁应有的宏伟气势，体现不出特点。

②桥形采用和地形线诱导力及动态感相反的形式，容易取得空间视觉上的均衡，如中、上承式拱桥，其力线沿拱轴线向两侧下方传递，加上曲线轮廓，容易与地理环境达到自然和谐。

③当山谷地形较为平缓时，应采用跨径较大、梁体较低的梁式桥，较容易与周围环境协调。当采用过高位置的桥形，如高柱桥墩或下承式拱桥，看上去有不稳定感。

④在跨度不大的 V 形山谷，可采用斜腿钢构桥、上承式拱桥，其桥形的视觉诱导力线与山体诱导力线方向相反，容易取得视觉空间的均衡。

⑤大跨度桥梁首选是连续梁(刚构),对于较窄的 V 形沟谷优先考虑拱桥,在特殊地形条件下可选择斜拉桥和悬索桥。

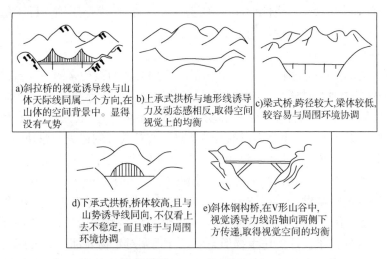

图 5.3.87　山区环境中的桥型选择

(3)港湾地区,视野开阔,背景轮廓线低矮,视觉诱导力较弱,宜选择大尺度的索式桥形,容易与周围环境协调。

(4)城镇附近区域,因其背景轮廓疏密不一、形状各异,一般应以中小桥为主。桥形应根据附近建筑物来考虑在风格、尺度及细节上的协调。尤其是历史文化名城或者民族风格完整地区,桥形的风格、尺度应与城镇建筑的整体布置相协调。

5.3.5.2　桥梁造型

1)影响桥梁造型的基本因素

优秀的桥梁设计应具有以下特点:①在应用上,要充分满足功能的需求。②在安全上,要符合承载和耐久的需要。③在技术上,要体现科技和工程的新发展。④在造型上,要与建筑艺术融为一体。⑤在建造上,要合理用材并与施工实际相结合。桥梁设计者应在保证结构合理的基本前提下,考虑当地的社会、历史、自然环境,充分运用建筑美学法则。

2)桥梁美学及造型设计

(1)桥梁造型设计的内容

力学性能和形式构成是桥梁造型设计的两大基本出发点。从整体布置到细部构造,桥梁造型设计力求在不同层次上达到形式与功能的融合、表现力与美的统一。桥梁造型应该与桥位的地理特征、美学特性及区域风俗文化相适应,并在结构形式上符合比例均衡、韵律、节奏等技术美学的基本原理要求。造型设计的内容包括造型概念设计、整体造型设计、构件造型设计、色彩设计、灯光设计、绿化与装饰等。造型设计的内容和深度应根据桥梁建设的规模、桥梁所在区域特点、桥梁建设目的等有所区别。

(2)桥梁造型设计的基本方法

设计概念的建立和丰富必须是在对环境情况和结构性能的准确把握的基础之上,同时融入设计师创造性的劳动。在桥梁造型的设计过程中,应根据设计概念和环境的特点、桥梁设计条件确定主要构型,其他构型以之为基调进行配合,做到重点突出。通过必要的整合形成造型单元后,可进一步在全桥范围内结合结构性能进行变化扩展。基本的造型设计方法包括单元造型法、整体造型法、线性设计法、比例设计法、拓扑优化法等。桥梁仿生造型设计是实现桥梁建筑造型创新的一种常用手段。

(3)桥梁仿生造型设计

当人类创造力的发展受到限制时,不要忘了回归到灵感的最初来源——自然。经过数十亿年的残酷淘汰,只有那些能适应恶劣外部环境的物种才得以保存和进化。不难发现,大自然中生物不仅种类繁多,许多物种在其结构和功能上都具备精炼、高效的特点,自然界的生物为人类的创新提供了天然宝库。多姿多彩的自然美景一直是人类创造美的原动力。设计是向自然学习并获得灵感的过程。虽然仿生设计的研究领域非常广泛,但可应用于桥梁仿生设计中的主要有仿自然现象的设计、仿生物形态的设计和仿生物结构的设计三方面内容。

①仿自然现象的桥梁设计。如波浪、彩虹等呈现出曲线的自然现象对每个人来说都不陌生,这些自然状态不仅造型美观,结构受力也相当合理,是桥梁造型设计的灵感来源。

②仿生物形态的桥梁设计。仿生物形态的设计强调对生物外部形态美感的感受和灵活运用。桥梁设计中恰当地模仿生物外部形态可以使造型更加新颖活泼,也可增加桥梁功能(如观光、休闲等)。

③仿生物结构的桥梁设计。人类社会一切结构的存在都是直接或间接地来源于自然,只有对生物结构进行理性的认识才能将其合理地运用到桥梁造型设计中来。生物想生存,就必须有一定强度、刚度和稳定性的结构来支撑。一株草、一个蜂窝、一面蜘蛛网、一只贝壳看上去显得非常弱小,却能够抵御强大的外力,这就是一个科学合理的结构在生物体身上发挥的作用。现有的结构仿生设计中,主要仿照植物结构和动物结构进行设计。

3)桥梁造型设计的基本要求

现代桥梁结构造型设计的着眼点是简洁明快、轻巧纤细、连续流畅。

(1)简洁明快。桥梁造型及各部分关系应简洁流畅、线条明快,以使快速运动着的人们在瞬间一瞥中得到明确深刻的印象。当桥梁的形象清晰、功能结构为人们所领悟并与心理感受相一致时,才会产生充实的、信赖的美感,因而简洁明快是现代桥梁美学特征之一。简洁明快应从造型避繁就简入手,以最少的材料、构件组成最有效的传力结构,反之,如果结构组合复杂,感觉不到力的传递或力传递不合理,桥梁形态就变得生硬而难于理解,如果再加上不必要的饰物,就会招致视觉混乱,削弱桥梁结构内在的动力感,产生心理上的迷惑和厌恶。力线明快是技术与美观的自然结合,在方案设计中,不能违背力学关系原则,如图 5.3.88a)所示。

(2)轻巧纤细。结构的轻巧纤细是技术与艺术完美的结合,是现代桥梁设计的发展趋势,也是现代桥梁美学设计的着眼点。结构的纤细轻巧主要在于桥梁主梁断面形状、梁高的视觉印象以及桥墩的体量等方面的处理上,如图 5.3.88b)所示。

(3)连续流畅。桥梁建筑自身的功能是路的延伸、空间的延续,因此桥梁造型应通过连续流畅获得跨越感,从而体现其功能价值并富有生机、充满活力的美感。连续流畅主要是对桥梁俯视时,水平方向呈直线或曲线延伸,从桥的此端连续流畅地达到彼端,如图 5.3.88c)所示。

a)简洁明快　　　　　　　　b)轻巧纤细　　　　　　　　c)连续流畅

图 5.3.88　桥梁造型设计

获得连续流畅美感的主要办法应该考虑以下两点。

①注意结构在视觉上的连续性。如主梁高度尽可能保持一致,即使梁高变化时,也应自然和缓而不易察觉。

②尽可能利用檐梁来表现连续流畅。檐梁的外侧面在桥梁的美观上占据非常明显的地位,如果檐梁侧面及上下边缘线条贯通全桥,并利用色彩涂装形成"金边""饰带",再衬托以光影,便十分突出地表现出平坦笔直或优美的桥面竖曲线,使桥梁显现出一种流畅生动感。并且尽可能使它顺畅地达到桥梁最外端,避免庞大体量的桥台和长的冀墙将檐梁的线条从中截断,充分增强连续美的感染力。

5.3.5.3　桥梁的几何线形设计

桥梁的几何线形包括平曲线、竖曲线、桥下净空以及与结构相关的过渡线形。通常,桥梁的走向必须服从于路线的走向。在充分保证结构的安全耐用性、造价经济性等指标的基础上,桥梁设计人员应该注意使桥梁结构具备美观的几何线形。

通常情况下,采用直线或长且连续的光滑曲线作为桥梁的平曲线和竖曲线,图 5.3.89 为我国的东海大桥,它优美的几何线形好似游龙过海,极富吸引力。当桥长小于 760m,且平曲线或竖曲线仅存在一条时,曲线段的长度须大于桥长的一半,其半径也应足够大,同时应避免留给驾乘人员停车视距不够的问题。若存在反向曲线,则应注意切线长度不能过短,否则超高过渡太快,在反向曲线之间通常采用螺旋线或接近螺旋线的复合线进行连接。对大跨径桥梁,其竖曲线不宜采用水平直线,因这样会给人以下垂的感觉,此时,可将其竖曲线略微上拱,达到消除错觉和便于排水的双重效果。

图 5.3.89　东海大桥

若两座桥梁距离较小,或在原有桥梁旁边建桥时,须使两桥的平、竖曲线相互平行,可避免给人以它们相互竞争的感觉,图 5.3.90 和图 5.3.91 分别为云南水麻高速和昭会高速上的两座桥,它们相互平行、简洁明朗、互为补充,与周围环境完美融合。

图 5.3.90　云南水麻高速的某大桥　　　　图 5.3.91　云南昭会高速上的某大桥

对拱桥而言,为使构造合理,设计、施工方便,其拱肋和拱圈务必保持在同竖直面,采用直线作为其平曲线。当然也存在特殊情况,如由于桥梁跨径较小,而混凝土又具有较好的可塑性,此时可采用曲线作为其平曲线。

悬索桥和斜拉桥与拱桥类似,极少采用曲线为其平曲线。因为采用曲线后,须大幅提高加劲梁的抗扭刚度和高度,易造成浪费和不易施工。但也存在例外,如美国的约克桥,其平曲线与公路保持一致,十分美观。通常,悬索桥和斜拉桥都具备很大的跨径,为避免大跨度使人产生视觉上下垂的错觉,往往将凸曲线作为它们的竖曲线。

5.3.5.4　大跨度桥梁主梁造型

桥梁是水平方向与其他两个方向尺寸差异很大的空间结构,大跨度桥梁的这种差异更为突出。主梁的造型主要表现在水平方向上,但主梁竖向的变化减少了大跨度桥梁水平方向与竖直方向的比例失调感,可使主梁的表现形式更加丰富。主梁造型的主要影响因素是纵断面线形、横断面形式及其附属设施形式等。

1) 主梁造型设计

(1) 主梁的连续性

主梁应该尽量保持视觉上的连续流畅。可以通过对主梁的材料、色彩、梁高、断面形式、墩台与主梁的连接以及平曲线、纵曲线等方面进行设计,对其不连续的部分进行修饰和处理,使桥梁各部分达到浑然一体、和谐悦目的效果。

(2) 增强主梁长细比的表现

莱昂哈特先生说过:"纤细的桥梁看上去比笨重的桥梁更悦目,长细比最能体现桥梁的外表……"。增强主梁长细比有以下方法:桥面板向外边梁外侧悬伸、适当选择饰带高度、外侧的腹板做成倾斜的形式和横断面用持续的曲线改变梁的高度等。

2) 斜拉桥的主梁形式

(1) 箱梁

箱梁按材料不同分为钢箱梁和混凝土箱梁。钢箱梁自重轻,在斜拉桥中可减少斜拉索的断面以及索塔和基础的材料用量,使整个结构更加轻巧美观。所以,大跨径斜拉桥常选用钢箱梁;混凝土箱梁的抗扭刚度较高,常用于单索面斜拉桥。由于混凝土箱梁结构的截面尺寸比较大,可改进主梁形式使其轻型化。顶板轻型化的一种方法是将横隔板简化为两根预制的预应力斜撑杆,在相交的顶部锚固,给顶板提供了一个中间支点,降低顶板厚度,又可使拉索索力通过斜撑杆传到全桥桥面;另一种方法是将上述单根的斜撑杆改成纵向通长的斜腹板,虽然增加了主梁自重,但增大了主梁整体刚度,消除了斜撑与顶底板相交节点的应力集中可能引起的裂缝;整个箱梁截面如同桁架,在斜拉索索力作用下内腹板受拉,外腹板受压,腹板横向弯矩小。

1972 年,莱昂哈特提出了分离式双箱主梁,两边各为一个带风嘴的三角箱,不仅具有较好的抗风性能,而且省去了底板,是一种良好的主梁造型。采用三角形箱梁,将箱梁底板几乎压缩到零。它有很高的扭弯频率比、对数衰减率和较高的颤振临界风速,且具有优美的流线型轮廓,造型十分美观。

(2)梁板式梁

由莱昂哈特设计的混凝土梁板式截面已成为大部分双索面大跨径斜拉桥的首选截面形式。"草帽形"主梁截面是梁板式截面的进一步改进,几乎使主梁轻型到极致。近流线型外观使颤振临界风速大大提高,涡激共振振幅可满足要求,并易于布置横隔梁和锚固拉索。不足之处是须在行车道两侧设置重型的防撞墙,增加了主梁荷载和阻风高度(图 5.3.92)。

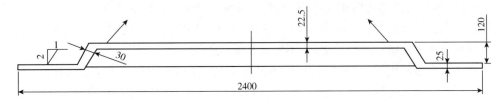

图 5.3.92 美国 Columbus 市的 East Fork White River 桥的草帽形截面(尺寸单位:cm)

斜拉桥钢筋混凝土主梁进一步轻型化是薄板式主梁。瑞士阿·华尔塞教授验证了薄板在高的纵向轴压力作用下的压屈稳定性是满足要求的。莱昂哈特认为斜拉桥跨径在 200m 左右薄板截面应是最佳选择。有的现代桥梁把主梁和大部分桥面系构造组合在一起共同受力,形成槽形截面,降低了路线高度,从而降低桥上活载的重心位置,有利于减少横向力;并省去了防撞墙等重型设备,减少了主梁承受的荷载,进而降低主梁的梁高。

(3)桁架式梁

法国巴黎的 J.muller International 公司构思了若干钢桁架和 PC 桥面相组合的桥梁。如空间三角形组合桁架的下弦为一根钢管,必要时可填充混凝土,下弦用横梁和斜腹板和 PC 桥面板相连,解决了下弦杆容易在负弯矩作用下压屈失稳的问题。

3)悬索桥主梁形式

(1)钢桁加劲梁

桁架加劲梁的透风性能好,竖向刚度大,特别适宜于多车道公路悬索桥和公路、铁路两用悬索桥。另外也有钢加劲桁架与钢箱相结合的断面形式。在两片主桁架外面,沿桥纵向每隔 4.5m 加设一道包括上下桥面系横梁、两侧尖端形风嘴与中间两根立柱等构件组成的六边形横向主框架,在风嘴部分用 1.5mm 厚的不锈钢板围封,上下横梁上面为正交异性钢桥面板,组成了类似于钢箱梁的封闭形横截面。为了有利于抗风稳定,在整个桥横截面的中央

3.5m宽部分均以交叉的斜杆代替正交异性板,形成一条纵向的上下透风道。

(2) 钢箱加劲梁

第二次世界大战后,英国工程师发现气流通过两边带尖棱的扁平箱梁断面时被分成上下两部分,各自顺着光滑的顶板和底板流过,很少产生涡流,抗风稳定性能良好,而且其经济技术指标也大为优越。

(3) 混凝土加劲梁

采用混凝土加劲梁的悬索桥重力刚度大、抗风性能好、节约钢材、工程费用低,且混凝土加劲梁截面可塑性强,给设计者充分发挥创意的空间。

5.3.6 护栏之美

桥梁栏杆是用来保障行人或车辆行驶安全、防止坠落或冲撞的一种必要的安全设施,也是行人最接近的部分。栏杆(或护栏)是桥梁美学重要的组成部分,是桥梁整体不可分割的一部分,从属于桥型,但又有其独特的特点。栏杆(或护栏)是桥梁的点睛之笔,美观效果对一座桥梁至关重要,是一座现代桥梁美学及实用功能上必不可少的补充和完善。在满足功能要求的前提下,一幅喜闻乐见、富有生活气息的栏杆(或护栏)作品,既能起到美化桥梁空间和周围环境的作用,又能丰富人们的生活陶冶人的情操,给人以美的享受。好的栏杆(或护栏)设计应与桥梁总体造型相互呼应,起到烘托和渲染作用,增添桥梁的艺术效果。对于现代桥梁来说,栏杆(或护栏)设计应以简洁写意为主,从组合中找到韵律节奏,在韵律节奏中表现空间层次和主题。视线要通透,不宜做得繁杂细琐。

在美学上成功的栏杆(或护栏)设计,不仅应考虑桥梁所在地区的人文自然环境、传统习俗、文化背景等因素,还应考虑人们的美学意识与审美标准。栏杆(或护栏)设计应考虑的基本因素如均衡、统一、比例和尺度、连续等,在如何灵活运用和恰如其分的问题上,须要多方斟酌。

1) 桥梁护栏设计原则

(1) 满足交通功能为基础的原则

作为保障行车安全最主要的交通安全防护设施,护栏首先应满足其防撞性能的要求,在此基础上结合美学理念进行美学设计,这样才是一个实在、完善的设计。

(2) 与周围环境相协调的原则

护栏的美学设计理念应与公路本身的美学设计理念相统一、协调;另外,在公路上行驶速度快、时间长,驾乘人员容易产生视觉疲劳。因此,进行美学设计时,在协调统一的前提下,形式应具有一定的变化或者本身具有一种视觉的动感,缓解驾乘人员的疲劳感。栏杆造型应与桥梁主体协调,做到和谐统一。通过栏杆格式、雕花和造型,可反映当地民族特色,给人乡土风味的享受;反映时代风貌,给人创新立意的鼓舞效果。山区公路桥梁栏杆色彩,应避免反差大的颜色,宜与天空、森林和水流色彩融合,以获得自然美的效果。

(3) 美学理论和交通心理学理论相结合的原则

作为公路桥梁美景的一部分,护栏的美学设计不能脱离社会审美观而独立存在,必须结合交通心理学,以公路使用者心理活动为指导原则。在满足其交通功能的前提下,以美学理论为指导,以大比例、大尺度的动态化设计为原则,赋予护栏景观更赏心悦目的形式和内在含义。

(4)安全、舒适原则

栏杆造型首先要结合桥位处的地形,给人以安全和舒适感,如桥下净空高,水流急,选用纤细构件,稀疏布置,会使人不敢靠近;桥不高,桥下水流平缓或无水,布置成墙式栏杆,给人受困之感。栏杆造型要有一定的透空度,注意其连续性,给人稳定感。

(5)深化文化内涵的原则

公路途经地域人文特色十分鲜明,在护栏设计的过程中,可充分考虑到各地地域特色、风情民俗等因素,进行多层次设计,使得整个公路桥梁美景有如艺术长廊一般,使驾乘人员充分体会到与众不同的行车感受。

2)桥梁栏杆的造型

栏杆扶手,柱(或柱头)及栏杆板的造型构成了一个完整的栏杆本体,栏杆形式变化多样,但主要分为四大类:栅栏式、栏板式、棂格式和混合式。

(1)栅栏式,栏杆与立柱按等间距或规则排列,用一根通栏扶手(或断开)链接。这种栏杆一般不加雕饰,只求规格严整、简洁明快、连续流畅、施工简便,适应各种桥型。

(2)栏板式,可分为实体栏板、镂空栏板。

实体栏板式在两个立柱之间置以预制栏板,上面常常有各种雕饰体现民俗风情,增加情趣感,适应于中小型石桥、混凝土桥及园林桥。对于长大桥也采用实体护栏,则主要突出其安全防护作用,可兼作"饰带"。

镂空栏板式是将栏板按设计的图案和纹样以不同的方式镂空,留出几何形状的孔洞。这不仅可以通过镂空的轮廓和形状形成刚柔、虚实、静动、疏密的美感,同时通过空虚,风景若隐若现,引起人们的遐想,增加情趣,达到无中求有的美学效果。

(3)棂格式,是以结构组成(或砌成)多变的棂格图案,活泼生动,形成韵律很强的一种风格。

(4)混合式,是前几种形式的结合,即在栅栏式的基础上,有规则的布置图案,可避免立柱式栏杆的单调感,还可以赋予栏杆一定的内涵。

护栏造型还可细分为如下几种:

①横条式栏杆,即仅由上下扶手和柱构成。这种栏杆造型极为简单,建筑装配价格低廉,一般多用于汽车专用线或公路上小跨度的桥梁和涵洞构造物上。但这种过于简单的栏杆在实际使用过程中表明很容易损坏,起不到多大作用,也谈不上有何美学价值。

②竖条式栏杆,即在上下扶手中间以混凝土或钢件竖条,不加或间以少量横联构成栏杆板的形式。这种形式较前一种在构造形式上稍有复杂,但由于多为预制与现场装配构件,在施工问题上也不会有多大难度,建筑造价也相对较为便宜。

③竖条式混凝土栏杆,这种形式造型均称协调,适应面较广泛。但一些栏杆由于施工质量原因,栏杆栅过早破坏,栏杆扶手的洗米大量剥落,使栏杆过早老化,给桥梁的美观造成影响。对于同样形式的栏杆,如果稍微考虑栏杆的装饰和颜色,建成的栏杆将会收到意想不到的效果。

④钢件竖条式栏杆,由于其简洁轻巧,图形和色彩处理的方便,逐渐被大量应用于靠近城镇的地方。它具有不容易损坏和维修养护方便等优点。钢件竖条式栏杆一般都做成混凝

土扶手和钢件竖条栏杆栅。如果钢件竖条做得过长,会存在着纤细的钢件竖条和粗大的混凝土扶手比例不协调的问题,给人一种不稳定的感觉,所以在美学处理上宜尽可能缩短钢竖条长度,或者在钢条上进行一些艺术加工才能给人一种持重成熟之感。

⑤作为另一种格栅图形变化,可将两个相邻的竖条间入一定几何形状的横连。这种横连对于结构和工程的意义在于增加刚度和减少装配时的构件数量,同时保存了将整个栏杆板基本竖条作为母体来重复的造型。如果欲使这种被重复的母体在空间上有较大的跨度,可将节间内的栏杆栅以一种非对称性图案相串联,即以2~3个栏杆节间作为母体来重复。

⑥把混凝土扶手改成钢管扶手,也是一种可行的办法。它消除了纤细钢条和粗大的扶手不协调的问题,同时在色彩处理上能统一。

⑦防撞栏式栏杆,其实用性和安全性是明显的。但是防撞栏对行人并没有什么安全感,因此防撞栏适应于高架桥等汽车专用公路或人烟稀少的地方。

⑧以整片石料和金属铸件做成的整片栏杆节间板,通常都是有较复杂且有一定寓意的花纹板,以手工雕刻或翻砂成型,多用于城市园林景点或有特殊要求的场合,这种结构造价昂贵,一般不为公路部门所采用。

⑨对于跨越主干道的人行天桥,栏杆宜做成实板体,以利安全。但对于不是很宽阔的人行天桥实板体栏杆也将使行人有一种被困于沟内的压抑感。为消除上述之虑,将实板体栏杆分出缺口再配上钢管扶手,使行人的视野更为开阔,见图5.3.93。同时考虑城市的美化,设计出凸出的半圆形花盆,让其栽种的花木与周围环境相协调,具有美学上的意义。

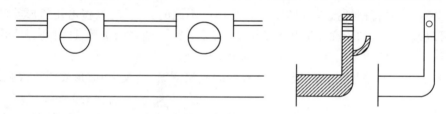

图 5.3.93　配上钢管扶手的实板体护栏

望柱位于栏杆的端头,是体现风格、创意及铭刻桥名等标志的重要部分,古今中外对望柱造型很重视,如我国古代桥梁望柱及柱头上的狮兽雕饰及西方望柱上的神话人物雕饰等。

3)桥梁栏杆设计应注意的事项

栏杆设计时应注意以下几点:

(1)结构安全可靠。应使人有实际安全感和心理安全感,栏杆扶手和柱头的高度,分别不应高于人体心脏线和视线高度,从人安全心理上的要求看,栏杆的建筑高度最好在人的上胯骨与肋骨剑突之间。

(2)经济适用。经久耐用、互换方便、施工工序简单、施工方便,有良好适用性。

(3)与桥梁主体协调,达到和谐统一。栏杆形式应从属于整个桥型,从属于桥梁主体,要注意运用多样与统一原则。现代桥梁的栏杆,要做到造型简洁、明快、连续和流畅,并从属于桥梁的主体形象。

(4)利用栏杆的垂直线条与桥身的水平线条来营造视觉上的跳跃或闪烁,间隔或连续,可以加强虚实对比,并营造出桥体本身明暗虚实变换,赋予桥梁本身优美、立体、雅致和呈现出流连的光影美。

(5)设计要点:a)要适应环境。b)要适应桥面净空的条件。c)要适应桥型,如桥量主体结构为拱形,栏杆形式应尽量采用直线杆件组装的形式,少用或不用弧线型构件。因为,当桥主体为拱式,主拱上往往又有许多腹拱,再用弧线型栏杆就与桥主体雷同。d)栏杆造型要保持连续,避免零乱、琐碎和扭曲。e)栏杆的色彩,如是混凝土宜用自然色彩,其他材料要注意色彩的协调。

(6)通常道路栏杆采用的材料主要为天然石料、钢筋混凝土和钢铁,钢铁栏杆又主要采用不锈钢、型钢和铸铁。从美学角度讲,天然石料栏杆浑厚凝重,外形古朴,适用于仿古桥梁;钢筋混凝土栏杆形式简单,造价较低,但容易出现表面裂纹,适用于美观要求不是很高的地区;钢铁栏杆形式多样,外观亮丽,适用于现代桥梁。

(7)当桥面高于地面或水面3m以上时,栏杆扶手顶面应高于人体重心。建议根据桥梁所在不同地区和桥梁的建筑高度的不同,栏杆高度取值范围在1.05~1.15m之间,不宜低于1.0m。此外栏杆还应有足够的强度和刚度,能经得起人群挤靠甚至车辆碰撞。

栏杆板的长度(即栏杆的节间)划分,除应与桥梁上部结构相匹配外,以黄金分割法对其进行分割是一种简便易行且行之有效的方式。建议在桥梁上部结构的单元之间(如二段相邻的简支梁间)首先确定栏杆的高度,继而以黄金分割法确定基本结构单元的节间数。将最后留下的尾数部分一并放在另一单元衔接处处理。

栏杆柱的断面尺寸如过于粗壮除给安装上带来不便外,也使人在视觉上有笨拙感,对于混凝土栏杆建议断面宜在10~20cm内取值,柱体表面可根据设计人员对栏杆造型的考虑布置一些易于成型、简单的浅浮雕或图案。

扶手的断面尺寸也应考虑人体工程学的要求,宽度在16~18cm范围内取值为宜,且其上平面与侧面的过渡最好以圆角形式或斜倒角过渡,避免生硬的直角。柱头与栏杆板间的衔接除个别的情况外,均宜以榫接为主,这样可增加各构件的可连接性,也可满足结构主体对挠曲、伸缩功能的要求。

(8)栏杆造型要适应桥型的格调,应相对简洁明快,并能增加连续流畅的韵律感,避免杂乱、怪异或扭曲而分散高速行驶中驾驶员的注意力,造成不安全因素。相反,城市人行桥或游览区的桥梁是人们经常驻足观赏的地方,应精心设计增加情趣感。

(9)在栏杆造型构图时,不仅考虑各构件本身几何形状尺寸,还要注意它们组合之后是否美,如立柱间隙大小及组成的图案空间是否美,虚实、凹凸、明暗、曲直搭配是否协调恰当。

(10)栏杆设计中的多样与统一,在造型变化中还应避免琐碎和零乱。现代风格的栏杆设计采取简单明快的格调,但是在构成栏杆的各个构件及图案造型可以灵活多变,统一与变化是相得益彰的,既要避免单调乏味,又要和谐统一,不可顾此失彼而伤害桥梁主体的大局。

(11)栏杆造型与周围环境协调,栏杆要与周围的一切自然景色和人工构筑物相协调。并与当地生活的人以及他们的风俗习惯、爱好、劳动性质等相和谐。根据公路等级和服务对象来决定桥梁形式和标准,根据桥梁形式和标准选定栏杆形式。

4)桥梁栏杆的发展与制作

近年来,为防止噪音,在公路桥上设置防音壁是一种环保措施,为了避免高壁式防音壁狭窄通道的单调、枯燥,可以在防音壁上设置一些图案或标示;也可采用阶梯式或绿化结合,使枯燥的结构物显示出勃勃生机；为了能使同行者眺望外面的景色，可采用开缝式，有条件时采用透明的钢化玻璃材料。

护栏的挖空主要是通过模板来实现，可采用现浇或预制的施工方法；浮雕的制作可采用 2 种方法：①直接利用模板制作；②通过浮雕形状的预制块预先埋入，脱模时嵌在混凝土护栏里。在混凝土着色方面，可采用混凝土着色剂进行，具有不破坏混凝土性能还具有保护膜功能，不掉色的特性，与传统的油漆上色相比大大减少了后期养护的工作量和成本。

5.3.7 照明设计

美的照明设计将使大桥隽秀多姿、富丽堂皇，使其成为所在地区一道亮丽的风景线。桥梁的夜景照明是在基本道路交通照明的基础上，根据桥梁结构，通过布置不同位置，不同角度、不同照度和不同的光色彩的组合变化，产生具有强烈层次感和立体感的夜景效果；展现桥梁构筑物的夜色风貌，体现多姿多彩的特色。根据季节、节假日、星期及一天内时间的变化，设置不同回路的照明器组，以营造出富于光线、色彩变化的夜景效果，刻画不同的空间，在夜景中展示大桥的形态美，使它成为夜景中的标志物和美景重心。桥梁美景中的照明设计包括普通照明和装饰照明，见图 5.3.94。

图 5.3.94　厦门海沧大桥照明设计

1）普通照明

为满足夜间行车需要，设置的普通照明设施一般多采用灯柱式构造，光源位置稍高以满足照明范围，其式样造型及配置位置可多种多样，但在美学方面应满足：

（1）必须保证桥梁与前后道路在视觉上的连续性。桥两端与道路照明相衔接要自然顺适，充分强调连续流畅感。一般应造型一致，等距布置，根据不同情况，间距 5~10 m，在桥梁左右两侧交叉配置。如是曲线梁桥，加密布置于曲线外侧，视线诱导效果好。

（2）照明柱造型与桥梁形态、规模及桥位环境等相协调，特别是当桥梁规模大、地域风格特征性强时应精心设计，以提高桥梁的整体美学效果。一般对现代桥梁采用与之相适应的简洁轻型的造型，充分体现时代感。对于有历史文化背景及古典式的桥梁应采用仿古式的、古朴凝重、具有民族风格的造型灯柱，营造一种文化氛围。

2）装饰照明

（1）用光强调结构特征，表达桥梁建筑的风格。如悬索桥主缆、拱桥的主拱圈上安置彩灯串，在夜空中能充分展现悬索桥主缆或主拱圈的优美曲线，而在大梁的梁缘或盖梁端头设置灯串，不仅可勾画梁的竖曲线形或平直延伸的形态，还可诱导桥的跨越功能及路的连续流畅感，对长大悬索桥、斜拉桥的主塔、索面、锚锭等一般通过反射光的投射，能使主塔更挺拔壮观，而索面在夜空中如梦幻般轻薄透明，使锚锭轻浮水面，如果加上对大梁底面的投射及水面中形成的倒影，使桥梁整体形态在夜空中鲜明、生动，与背景中的城市灯光或其他夜间照明相映生辉、构成如诗如画的夜间美景。

(2) 利用光效果改善桥梁建筑外观，扬长避短。例如锚锭体量大且笨重，可利用投射光强弱的变化及明暗分布来得到改善。

(3) 装饰照明中的光照度与光色彩要有助于表达主题，光面色彩变化要柔和协调，给人以舒适感。同时还要注意季节和时间上的需要，如冬季多采用暖色光，而夏季应采用冷色光；黄昏至夜晚，照明对象全面，照光度大，而到深夜车辆及行人不多则减少照明要素及照光度以节约能源。

一些桥梁照明效果见图 5.3.95 和图 5.3.96，图 5.3.95 为重庆嘉陵江上某大桥的照明，在夜幕、灯光和江面来往船只及两岸建筑的映衬下，梁就像一支利剑穿过桥墩的"心"，桥面上的路灯及梁板上的形状灯与江岸上的路灯遥相呼应，勾勒出江面的形态，照明及装饰灯在江水中倒映，繁荣无比；图 5.3.96 为云南景洪澜沧江上的跨江大桥照明，桥上的照明和装饰照明与两岸建筑照明、路灯照明、旅游船上的照明相互呼应，装点出一派繁荣、美丽的城市景观。

图 5.3.95　重庆嘉陵江上的跨江大桥照明

图 5.3.96　云南景洪澜沧江上的跨江大桥照明

5.3.8　梁桥的美学设计

梁桥是古老而又常用的桥型，实用、经济、简洁、朴素。具备受力明确、构造简单、施工方便等特点，在中小跨度桥梁中应用十分广泛。梁桥形态特征是水平方向单维突出，具有很强的沿水平方向伸展的力动感与穿越感，水平方向单维突出，坦平箭直，充分显示了刚性。但随着跨度的不断增加，梁体各个部分体量增大，因此比例选择、构件配置以及与周围环境的协调等在梁桥美学表现方面都极为重要，也是梁桥设计美学处理上的难点。梁桥使用广，建造风格简洁质朴，除了河面桥梁外，跨线桥、立交桥等也多使用梁桥的形式。

梁桥美学设计可从上部结构、下部墩台以及上下部之间的比例搭配等几方面进行。

5.3.8.1　梁的美学设计

梁桥以梁作为桥跨结构的主要承重构件，常用 T 形梁、箱形梁、板梁、桁架等，在竖向荷载作用下其支座处只产生竖向反力而无水平推力。梁桥美学设计的重点是主梁形态的纤细、轻巧、连续流畅。对于等高度梁，纵向控制因素是跨高比，对于变高度梁，桥面竖曲线、梁底曲线、跨中与支座位置、梁高比等因素影响桥梁立面效果，这些均是改变主梁的长细比来体现梁桥的形态。但实际长细比常常由于技术上或经济上的原因受到限制，此时可设法改进主梁断面造型，以达到使桥梁形态看上去比实际更纤细轻巧的目的。箱形梁的建筑高度比较小，整体受力性能佳，是梁桥广泛采用的结构形式之一，可以将箱梁外腹板做成倾斜，形成倒梯形断面，这样使得梁高对视觉的冲击最小；也可以将翼板悬臂部分通过悬挑使整个梁体处于阴影之中，梁体远远向后退缩，以此达到更纤细的效果；也可将梁的侧面改变为曲面的流线型式，避免梁底出现棱边，也意味着将梁高渐渐隐去，不仅视觉柔和优美，增加了纤细轻巧感，而且可增强抗风性能。

若线路为曲线，则采用弯斜桥；而在一些城镇地区的桥梁，特别是市政桥梁，对于下部结构要求比较美观时（如桥墩做成花瓶墩），多采用箱梁或后张预应力混凝土空心板梁桥。箱梁正逐步成为现代桥梁中最受欢迎的桥型，这是因为它具备诸多优点，首先其悬臂较长，会造成梁下阴影，使得其看起来比本身薄一些。其次，箱梁下表面平整简洁，可使桥墩灵活布置，如图 5.3.97 所示。

图 5.3.97　重庆某跨线桥

梁体本身应该细薄，强调向水平方向延伸，其上、下缘线间尽量连续，不产生突变。等厚梁与加腋梁就是不错的选择，主要通过控制长细比（跨度与高度的比值）来体现其细长，一般情况下，长细比控制在 5~30 之间，而对连续梁则可达到 45。后者在桥墩处梁高大于跨中和两端，在加腋点处梁高增至最大，可充分突出桥梁中力的传递。在等跨时，后者较前者更加美观，梁更加纤细，同时也更富动力感和流畅感。

从形式上，加腋梁可分为直线加腋和曲线加腋，后者适用于桥面有竖曲线时。其中多采用抛物线，而鱼腹式加腋梁则因笨重、不经济很少采用。加腋曲线的曲率从桥墩处向两边逐渐变小，梁腋应有一定长度，否则察觉不出。加腋高度与跨中高度之比在 1.3~2 之间最适宜，太大则使跨中看起来太脆弱，而腋又显得太笨重，太小则不易察觉出加腋的存在。加腋点处角度应该在 135°~160°之间，当角度太小时加腋点处看起来太脆弱，角度太大则显得太笨重。梁底曲线应该与梁缘相平行的线相切，尤其在边跨末端更应该如此。

当桥面水平或布置为倾斜的直线时，往往用直线加腋的形式，且直线加腋段长度不宜超过梁长的 1/5，斜度（加腋高度与长度之比）不宜超过 1∶8，梁腋越陡越长则越容易影响梁整体的力度及纤细感，而太短在力学上容易产生应力集中现象，并且过渡突然，不美观，如图 5.3.98 所示。

有一种常见的做法就是将加腋梁桥布置成奇数跨，三跨和五跨尤为常见。对奇数跨加腋梁桥而言，须注意保持其主孔与边孔的比例，通常边孔长与主孔长之比为 0.7~0.8，这样做既符合视觉上的要求，给人以美观稳定之感，另外从受力方面而言，边孔的正弯矩小于主孔的正弯矩，十分合理，如图 5.3.99 所示。

图 5.3.98　太短的梁腋图　　　　　　　图 5.3.99　奇数跨加腋梁

对大跨连续梁桥,设计时往往设置预拱度,这是因为较大的跨度易使人产生梁中部垂的错觉,其大小取为恒载与一半活载产生的挠度。跨度越大则预拱度越不明显。

不同截面形式的梁有着不同的长细比,因此当设计时发现梁因长细比太小而显得笨重时,可以改换不同的主梁截面形状。如图 5.3.100 的做法,将桥面板向梁的外侧悬伸。通常的做法是使悬臂长度大于梁高以及底板宽度的一半,同时保证悬臂板底板不过多上翘,减少桥面板与阳光的接触,此时桥面显得更轻盈(图 5.3.101a))。另外,将箱梁外侧的腹板做成倾斜的倒梯形断面(见图 5.3.101b),c)),使到达梁底的光线减少,可以使梁高对视觉的冲击最小。也可以将梁截面做成曲面的流线型(见图 5.3.101d)),避免梁底出现棱角,光线更难到达,这不仅视觉形象优美,增加梁的纤细感,同时可大幅提高其抗风能力。

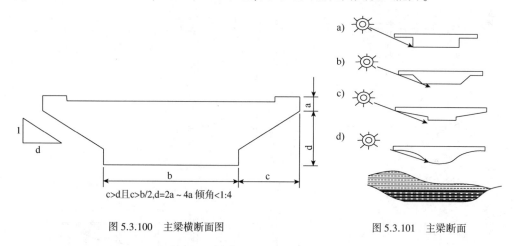

图 5.3.100　主梁横断面图　　　　　　　图 5.3.101　主梁断面

另外,饰带也是在设计中经常利用的。其高度 p 一般取为梁高(p+d)的 1/3~1/5,不宜小于主跨跨度 L 的 1/80(图 5.3.102)。饰带可以向外倾斜,辅以明亮的色彩,这可增强亮度,减弱对处于较暗面梁高的视觉印象。一般应将饰带延伸,到达桥台后的路基[图 5.3.103b)],较之图 5.3.103a)看起来梁显得更连续。

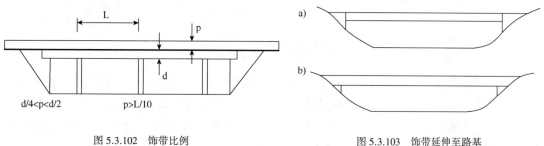

图 5.3.102　饰带比例　　　　　　　图 5.3.103　饰带延伸至路基

5.3.8.2 桥墩的美学设计

桥墩支撑着上部结构,并将上部结构的荷载传递给地基基础,是桥梁的重要结构单元。对于上部结构比较单调的梁桥而言,桥墩是重要的视觉元素,其造型是否符合桥梁风格、是否优美直接决定着桥在人们心目中的整体形象。桥墩的布置由桥下净空要求、地质水文要求、通航情况、美学标准等共同决定。其形式一方面要保持与结构和周围地形的协调,另一方面要提供足够的桥下视野空间。桥墩可以通过多种处理手法,来达到不同的梁桥造型风格。

桥墩布置包括桥墩数量和位置。一般情况下,应减少桥墩数量以保证桥下空间开阔,采光充分,并且桥跨数较少时,多采用奇数跨,若所跨地形本身比较对称则仍采用偶数跨。但对多跨桥,特别是超过 7~8 跨的长桥而言,奇数跨和偶数跨的视觉差别并不大。而对桥墩的布置位置则须与地形条件相搭配,例如对跨越峡谷的桥,桥墩不宜设于山谷的最深处,而对跨河或跨海桥,最好将桥墩设在靠近海岸线附近的陆地上或悬崖突出部位。

一般而言,桥梁的跨度应大于其墩高,且水平方向尺寸比垂直方向尺寸越大越好,这样才会产生良好的美学效果,如图 5.3.104 所示。

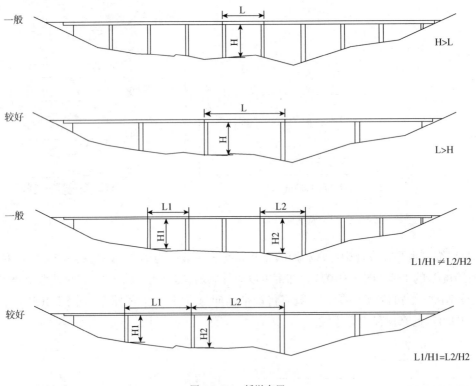

图 5.3.104 桥墩布置

但在过高或过低的桥梁中,则须充分考虑经济因素。一般跨度大、下部结构造价低,桥下视野更开阔,但同时会增加梁高和造价,得不偿失。故应选择最佳的跨度,使桥梁总体造价最低。对于独柱墩,桥墩横向宽度不宜超过跨度的 1/8;对于多柱墩,桥墩横向最外侧距离 W 最好不超过跨度 L 的 1/2,如图 5.3.105 所示。

梁桥的上部结构通常不能给人留下深刻印象,此时可以利用桥墩造型使桥梁独具特色。桥墩造型应与桥梁整体造型一致,特别是要与主梁造型一致。首先表现在尺度方面,薄墩厚梁给人以头重脚轻、不稳定的感觉,而厚墩薄梁让人产生笨重的感觉;其次表现在二者形状的一致,如对于预制混凝土 I 型梁或由直线边构成的箱梁,应该用由平面与直线边构成的桥墩,而对于由曲面构成的箱梁则应用由曲面构成的桥墩。

桥墩造型是否美观,也是桥梁美学的一个重要方面。一般桥墩均对称布置,从英文字母 A～Z 中凡对称的字母或其变体大都可以作为桥墩形态。以混凝土为主要材料的桥墩最富可塑性,X 形、V 形、四叉形和薄壳式以及近似 H 型桥墩都获得了成功,并为它们所属的桥梁增色不少。

对于体量较大的梁桥,并且桥下景观和交通要求比较高的时候,桥墩可以通过如下处理手法创造轻巧的形象:①缩小桥墩底面面积,减轻桥的重量感,可以对桥墩做内收、挖空等处理手法,在使桥墩外形产生丰富变化的同时,也能减轻桥梁的重量感,现代桥墩的趋势则趋向由上向下逐步收缩变细,并辅以纵向线条或凹槽,见图 5.3.106。②采用 X、Y、V、A、H 等形式桥墩,均可做成空透式,不仅体态轻盈,视野开放,而且整体韵律感很强,空透的形体能产生轻盈质感。V 型刚构与同等跨度的连续梁和连续刚构相比,V 型墩连续刚构缩短了计算跨径,大大削减了跨中和支点部位的弯矩峰值,梁高可以设计得较低,不仅可以节省上部结构工程量,降低工程造价,而且由于上部重量的减轻,可以使下部结构做得轻型化。加上 V 型结构本身固有的除水平线条外还存在倾斜线条的特点,使得桥梁望去非常轻盈美观,简洁流畅。③通过给桥墩表面设置纵向线条或凹槽(道理如同西方古典柱式),强调竖直方向感的同时也虚化了桥墩,凹入部分可减轻桥墩笨重的体积感,产生挺拔直立的纤细感,如图 5.3.106 所示。④下部结构的设计根据实际情况可以通过减少横向墩柱的数量,来增强桥下的通透度。

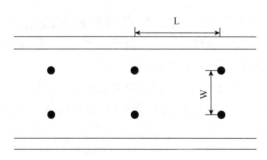

图 5.3.105　桥墩布置

图 5.3.106　厦门海沧大桥引桥

5.3.8.3　桥墩与梁的结合方式设计

桥墩与梁的结合方式也是一个重要的问题,总的原则是考虑视觉上的自然、连续及解决繁杂感问题。设计要点主要有以下几个方面:

(1)二者结合处应尽可能自然、顺畅、简洁、无横梁,以减少视觉障碍。采用隐式帽梁就

是一种方法,另外,Y形、V形墩以及其他上大下小的桥墩与倒梯形断面箱梁的结合看去都容易达到自然顺畅。

(2)如果墩柱通过盖梁与上部连接,沿桥轴方向看去,这种结合的桥下面连续性被横隔梁阻断,墩成为视觉重点,要特别注意墩的造型与表面处理,改善视觉美感,除此之外,盖梁端头或耳梁尽量不要外露,否则会对桥梁整体连续性有所削弱。

(3)对于须要通过桥墩表现力量感与浑厚感的梁桥,处理手法则与上面恰好反过来。在桥墩的形式上应避免挖空、内收等形体处理手法,增强桥墩的浑厚感,将表面粗糙、无光泽、具有较大体量的材料作为贴面材料,如砌石、毛石等。

(4)色彩的不同处理手法也可使桥墩产生或轻巧或稳定等的不同感觉。例如将明度高的色彩(轻感色)设置于结构上部,明度高的色彩可以使上部结构在视觉上取得较好的轻巧感;反之,将深色置于桥墩下部,增加下部的重量感,加强稳定感。另外,桥墩若采用光滑反光的表面可以使桥墩更为轻巧灵动,而粗糙质朴的表面则使桥墩更有雄浑厚重。

5.3.8.4 栏杆的美学设计

栏杆作为桥面系的重要组成部分,置于桥面边缘,属于桥梁的附属设施,是一种安全保护装置和措施,且给人带来视觉上的安全感。栏杆作为梁桥桥面造型的组成构件,影响着桥梁整体形象。在美学上,梁桥因为形势水平、坦直,以水平线条为主,在桥面上没有任何其他造型构件,尤其须要栏杆造型的适当多样化,以改变桥面上原本单调的景观。栏杆的线条可以为垂直的,也可以穿插弧线、曲线,以减弱梁桥桥面强烈的水平线条感,丰富梁桥线条类型。

栏杆在设计上主要考虑尺度、材料、比例、造型以及背景。

栏杆的尺度对桥梁整体会产生很大的影响,如果栏杆造型纤细,通过对比可以衬托出桥梁整体的高大、雄伟。反之,如果栏杆宽厚、粗壮,则会使桥梁整体显得矮小。尺度对比可以给人完全不同的心理感觉,可以根据实际情况,选择不同尺度效果(自然尺度、夸张尺度、亲切尺度)达到预期目的。

栏杆材料的选择会影响桥梁的风格。金属栏杆表现出较强的现代感和城市气息,风格简洁明了,一般没有过多的装饰细节,表达理性、锐利的情感;混凝土制作的栏杆,给人亲切、质朴、厚重的感觉,可以营造一种自然情趣或是沉稳厚重的桥梁风格。

栏杆的高度与桥面宽度、人行道高度存在一定的美学比例关系,应根据实际需要建立适宜的高、宽比例,以获取理想的视觉效果。如当桥面和人行道较为狭窄时,可采用往外凸出的曲面通透栏杆,使空间和视觉都可以向外延伸,营造人行道的开敞感觉。

5.3.8.5 其他构件的美学设计

安全带或人行道可以尽量将箱型梁的翼板外挑,减轻梁体自重,使下部墩数减少,既具有力学和经济上的意义,也具有美学上的意义。

现代桥梁因为多数采用混凝土,其灰暗的色彩往往给人沉闷的心理感受,甚至不进行装修导致桥身灰蒙,且容易布满污迹,十分影响桥梁形象。梁桥的装饰多以水刷石、贴面、喷涂、普通室外涂料为主。在条件符合的情况下,最好采用天然石材饰面,显示出自然表现质地的同时也提高了质感档次。对于桥墩和桥台,可以采用粗糙面,而装饰面板、梁、栏等最好可以用平整无光泽的表面保持其材料的色泽,若要使用混凝土,则以采用浅色硅酸盐水泥为佳。

梁桥的风格质朴,不太适合过于奇巧的色彩,并且色彩不宜过杂,注意在比例和色调上的搭配。桥跨结构和桥墩可涂成同一种颜色,强调结构的一致性;亦可根据实际需要用对比的色彩把桥跨结构和桥墩区别开来,通常深色的桥墩配以浅色的桥跨结构可以强调出桥墩的轻巧和纤细。

5.3.8.6 桁架梁桥的设计

桁架梁在设计时最为注重的就是次序问题,这是因为组成桥梁的桁架往往尺寸不一、方向不一,极易使人产生视觉上的混乱。桁架梁的设计原则为尽量减少折杆的倾斜方向,使之平行。同时,桁杆的尺寸须保持协调,节点板越少、越小越好,且尽量焊接以避免铆钉和螺栓给人的繁乱和沉重感。若桥全长较长则应避免过多的同向斜杆带束的重复感,这时可适当调整腹杆的排列顺序。图 5.3.107 为德国 Werra 峡谷桥,此桥为多跨简支桁架桥,为避免因上弦杆不连续产生杂乱,故将所有上弦杆连成整体,向两个方向倾斜,使得上部结构更显轻盈。

图 5.3.107　德国 Werra 峡谷桥

桁架桥设计时须注意的另外个问题就是其透视效果,图 5.3.108 为南昌赣江南桥,尽管在立面视觉十分简洁,但若从斜向束看比较混乱。

对于大跨桁架桥,常采用曲弦桁架桥,这在受力上更为合理,同时更体现出桥梁的柔美和跨越动感,如图 5.3.109 所示。

图 5.3.108　南昌赣江南桥

图 5.3.109　Ikitsuki-ohashi 大桥

5.3.8.7 桥台的设计

桥台是支撑上部结构并将其传来的恒载和车辆等活载传至基础的构造物,它设置在桥的两端,并与路堤相衔接,抵御路堤土压力,防止道路堤土的坍落。为了确保桥梁顺畅连续,桥台的形态与地基的良好结合是构成桥梁美景的重要因素。

对于跨数较少(一般少于四跨)的桥而言,桥台美观与否和整座桥梁的美观程度联系密切,并且对周围环境也有重大影响,单跨桥尤为明显。桥台的形式及位置是决定桥梁整体比例的关键因素。桥台设计应注意:①充分发挥自身作用和存在感。②与上部结构互相搭配、均衡。③与地基周围环境较好融合,创造出优美的环境和梁下空间。

各种条件(如桥梁结构、水文地质条件等因素)决定和制约着桥台的布置位置和形状。以下几个方面是做到桥台美观的关键:

(1)尽量减轻桥台的体量。桥台形态发展的一个趋势便是轻小型化、隐蔽化。具体的办法有桥台退后、变更桥台形状以及在桥台四周种植树木或将桥台隐蔽于树丛中。

(2)注重桥台与两端的结合方式。梁、桥台、地基三者顺畅连接对桥梁造型的美学效果具有重要影响。

(3)做好桥台与四周环境的融合。首先,做好桥台表面处理,这主要是针对大型桥台,在其表面或衬砌石料、瓷砖,或喷涂有色图案等。其次,须注重桥台前面,桥台前面作为与地面或河道结合的斜坡,可采用植物绿化、铺砌或二者结合的方法。最后就是要事先考虑好防范措施以防止因伸缩缝、排水设施等附属结构的不完善,导致污水流落桥台表面,或钢桥、栏杆、防护栅的锈蚀污染台面。

5.3.8.8 环境与形体设计

梁桥跨越的可能是河流,也可能是其他的行车道,因此其下部形体必须要考虑到与下部的行车道及植物绿化的关系,是与环境融合、尽量隐于环境之中,还是突出桥梁本身、吸引人的注意力,须要结合实际来协调桥梁与环境的关系。梁桥作为一个单体建筑,还要考虑自身的协调,比如桥型、重量、比例等。对于预制混凝土Ⅰ型梁或由直线边构成的箱梁,用由平面与直线边构成的桥墩比较适宜,而对于由曲面构成的箱梁最好用由曲面构成的桥墩。同时梁桥的风格还应考虑所在地区的人文特点。设置适当的桥梁栏杆及其他的细部风格,以符合当地的文化氛围或地域特性。

5.3.9 缆索桥的美学设计

悬索桥是最古老的桥型之一,中国是悬索桥的故乡,迄今至少有3000年历史,远在公元前250年蜀太守李冰在四川都江堰上建成的竹索桥跨越河流宽度达320m。悬索桥起源于中国,发展于美国,变革于英国,而现代建造最活跃的是欧洲和日本,同时我国从20世纪90年至今修建了多座长大悬索桥。

斜拉桥与悬索桥同属缆索承重桥,在美学特征上有共同之处。与梁桥相比,结构上增加了塔和索的构造,在空间构图上对单维突出的水平大梁起到了协调比例的作用,主梁、桥塔、拉索等构件的形式和组合可有多种形态选择,设计自由度大大增加,有利于大胆构思与创新。大跨度斜拉桥从整体感觉上和悬索桥一样,由于其巨大的规模与高耸的串塔起到了象征性标志作用,产生着震撼人心的魅力,具有强大的生命力。尽管如此,斜拉桥与悬索桥在视觉印象和美学感受上还有很大不同,悬索桥是以柔美的主缆曲线为基调的,而斜拉桥是以直线的刚性为基调的,它由直线塔、索、梁构成更为简洁、稳定的三角形几何形态,充分体现了高速度、高节奏的时代感,因此成为现代最为流行的桥型之一。中小跨度的斜拉桥更是造型独特,充满艺术魅力。

5.3.9.1 悬索桥的美学设计

悬索桥的美学设计主要从桥塔、主缆及吊索、加劲梁等结构进行美学设计。

1）桥塔

悬索桥的桥塔自身蕴藏着力的紧张感的同时，又孕育着向高空伸展、直向青天的动势，其高耸挺拔的风姿引人注目，桥塔在悬索桥美学设计中至关重要。

对桥塔结构影响较大的因素是塔柱的断面。一般来说，随着塔柱的上升将塔柱断面尺寸递减是合理经济的，且更利于体现向上的动势。当塔柱较细时，往往采用矩形、圆形断面，若断面较大，则可选用凹、凸、十字等形式。

塔柱沿桥轴向的正面形象即桥塔形式也是非常重要的。虽然门形为塔柱的基本形式，但仍可见单柱式、A 形桥塔（图 5.3.110）的存在，塔柱倾斜方向各不同，可从门形变化到 A 形桥塔。目前常用的为门形的三种桥塔形式：桁架式、刚架式和混合式。桁架式桥塔一般用 1~3 对斜撑将两侧塔柱联结起来，如图 5.3.111 所示。刚架式桥塔（图 5.3.112）由垂直的塔柱与水平构件刚结组成，形态简洁、稳重，孕育着紧张感。桥面以上为刚构式，桥面以下为桁架式的桥台为混合式桥台（图 5.3.113），这种形式的桥塔上部简洁轻快，下部显得复杂，容易失去视觉平衡，应注意相互对应。

图 5.3.110　A 形桥塔

图 5.3.111　福斯海峡公路桥

图 5.3.112　丹麦大带海桥

图 5.3.113　金门大桥

最后须注意的就是桥塔的侧面形态。大部分桥塔在侧面为一根直立柱，形态稍显简单，因此可采用纵向线条、宽度递减的手法强调桥塔向上伸展的动势，或采用其他形态例如侧面为 A 形的桥塔。

2）主缆与吊索

悬索桥通过吊索将桥面结构悬吊于主缆，因此，在自重力作用下主缆线形基本上为抛物

图 5.3.114 单根主缆的悬索桥

线,主缆的垂跨比由经济性和确保悬索桥的刚度而定,不论跨度大小,均在 1/10 左右,从外观形态上是相似的。

悬索桥多用两根主缆,但 50 年代莱昂哈特就曾提出单根主缆的设计方案以避免缆、索交错的繁杂感。在实践上,单根主缆的悬索桥也已经问世,吊索锚固在一根主缆上,桥塔呈 A 形,刚度大,整体性好,造型简洁,突出向上的动势,如图 5.3.114 所示。

吊索悬挂于凭空飞度、高低起伏、动向分明的主缆上,它们呈规则排列和有规律的长短变化,刚柔并济,是悬索桥形态美的重要因素。对大跨度悬索桥,其吊索布置有两种,即竖直吊索和斜吊索。后者能有效减小加劲梁的变形并提高悬索桥的整体刚度,但视觉上显得杂乱,易产生疲劳损伤。

3) 加劲梁

目前,桁架式和扁平钢箱梁是悬索桥加劲梁的主要形式,但无论采用哪种形式都应尽可能达到轻巧纤细、简洁明了、连续流畅的视觉效果。加劲梁受力一般较小,它与吊索间距有很大关系。其梁高通常为跨径的 1/40~1/80。

桁架式加劲梁在已建成的许多大跨径悬索桥中得到了广泛应用,尤其是双层桥面的桥。在美学设计上桁架式加劲梁与梁桥中的桁架一样,仍要特别注意梁缘的处理及杆件纤细度上的选择,精心安排弦杆、腹杆顺序,减少斜杆方向,避免给人以错乱感。

扁平箱梁则是悬索桥单层桥面的发展趋势,其形状两侧均有尖嘴状的风嘴,不仅有利于抗风稳定,而且使加劲梁视觉形象更为纤细轻巧。其梁高较小,仅为跨径的 1/300~1/400,在光影效果下显得梁看起来更纤细轻盈,而且从真正意义上改善了悬索桥的抗风性能。

4) 锚碇

悬索桥的锚碇分为两种形式:重力式和隧道式。但自锚式悬索桥没有锚碇,它将缆索直接锚固在加劲梁上,此时缆索水平分力由加劲梁承受,竖向分力由梁端配重相平衡。

隧道式锚碇依靠天然完整的岩体来承受水平拉力,将主缆锚固在地下岩层中,对结构外观影响很小。重力式锚碇须将锚碇结构做得很大,给人以笨重感,如图 5.3.115 所示。减小锚碇的体量是重力式锚碇美学设计的关键,但其体积过小会给人不稳定的感觉,故应使锚碇体积与全桥整体尺寸协调。

图 5.3.115 日本南备赞大桥

锚碇内部有很大空间可以利用,并在受力允许的条件下可将其做成空实结合的方式,这样除可显著降低造价之外,还可使整座桥取得更完美的和谐与协调。

5)一些悬索桥工程的美学设计

金门大桥索塔由两根中心距为 27.43m 的竖向柱组成,与两主缆的中心距一致。塔柱由角钢和钢板组合成多室箱形截面。受浪漫主义建筑的影响,塔柱截面的宽度是随其升高而减小,创造一个鲜明的视觉效果。金门大桥造型优美,与周围美景配合非常和谐,深红色的外表与蔚蓝色海洋形成强烈反差,更显巍峨壮观,其雄伟的塔姿,强劲的主缆和柔韧有力的吊索蕴含着强大的张力,巨大的跨度使水平桥面系显得轻盈舒展,给世人留下不可磨灭的印象,见图 5.3.116。

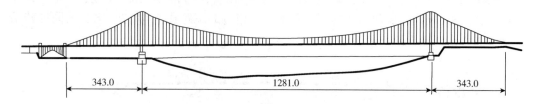

图 5.3.116　金门大桥(1937 年)(尺寸单位:m)

旧金山—奥克兰海湾大桥的美体现在纵向造型方面,这是世界上第一座由 2 座首尾相接的悬索桥连接在一起并共用中心锚碇,形成一道连续的抛物线缆悬挂在 4 座索塔上,成为一种韵律,仿佛像倒挂的悬虹升腾在宽阔的海湾上。开车从桥上通过时,从视觉美感能观察到主缆的起伏,吊杆由短变长,又由长变短,产生动感美。

麦金纳克桥其跨径布置为 144m+548m+1158m+548m+144m=2542m,虽然主跨径稍逊金门大桥,门式的钢索塔。该桥完全对称式的布置,显得雄伟壮观,在浩渺湖面上宛如横卧长虹,见图 5.3.117。

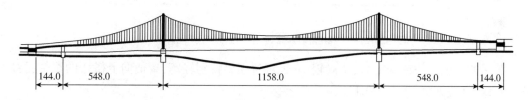

图 5.3.117　麦金纳克桥(1957 年)(尺寸单位:m)

维列扎诺海峡大桥气势雄伟,造型优美。从肯尼迪机场起飞后,从天空俯瞰,宛若卧于纽约港口的长虹,见图 5.3.118。

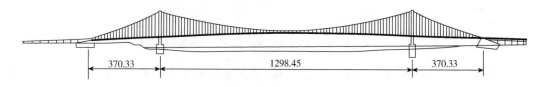

图 5.3.118　维列扎诺海峡大桥(1964 年)(尺寸单位:m)

法国的坦卡维尔桥因具有欧洲独特创新风格,有别于美国式的悬索桥,美在于其独特,见图 5.3.119。

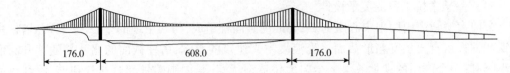

图 5.3.119 法国坦卡威尔桥(1959 年)(尺寸单位:m)

英国的福斯湾公路桥在设计风格上与美国式悬索桥十分相似,桥塔类似旧金山海湾桥,加劲梁采用钢桁架。但在桥梁的细节设计上有许多创新,如利用桥位的有利地形条件采用隧道锚节省投资,设计的加劲桁架的高度仅 8.4m,相应的高跨比为 1/120,比美国同期建造的悬索桥加劲桁架更加细长单薄,见图 5.3.120。

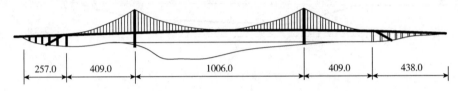

图 5.3.120 英国福斯湾公路桥(1964 年)(尺寸单位:m)

土耳其博斯普鲁斯一、二桥两座桥梁造型优美,从空中俯瞰犹如两条横卧于博斯普鲁斯海峡上的卧龙,一桥纵向布置见图 5.3.121。

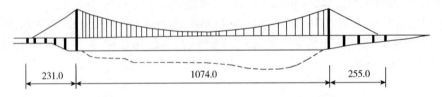

图 5.3.121 土耳其博斯普鲁斯一桥(1973 年)(尺寸单位:m)

英国的亨伯尔桥跨径很大,梁高较小,远观桥面梁特别轻薄,疑似向上微弯的飘带,桥塔高耸入云,气势如虹,见图 5.3.122。

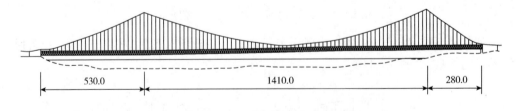

图 5.3.122 英国亨伯尔桥(1981 年)(尺寸单位:m)

丹麦的大带东桥主塔采用钢筋混凝土结构,从海平面以上主塔高 254m,比金门大桥的索塔还高 26m,创塔高的世界纪录,塔的外形经过精心的美学设计。塔柱呈锥形和缓和曲线变化,受力合理,稳重挺拔,落落大方,造型特别优美;采用开敞式稳定三角楔形锚碇,并建立在楔形基础上,以承受巨大的水平力,这是世界上独一无二的锚碇结构,形成一座简洁,力线清晰,浮现在大带海峡上的一座人工雕塑,如图 5.3.123 所示。

第5章 公路构造物及设施美学

图 5.3.123　丹麦的大带东桥

大鸣门桥位于日本国立公园的特别地域,大鸣门桥与当地环境配合十分和谐。由于大鸣门桥的加劲桁架受制于通行火车,所以加劲梁较高,桥梁显得有些敦实,见图 5.3.124。

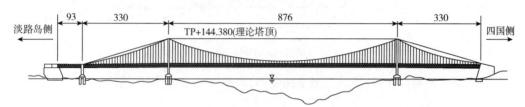

图 5.3.124　大鸣门桥(1985 年)(尺寸单位:m)

备赞濑户大桥总长度大大超过旧金山海湾大桥,桥梁刚度较大,因为两座桥梁首尾相接的两边跨位于中央锚碇的两翼。虽然两座备赞濑户大桥在尺度并不一致,但由于透视失真,从总体上观察,难于发现其间有所差别,见图 5.3.125。两桥建设地点属于国立公园,也是渔船航行必经之地,所以对环境保护和保证航行安全都给予了足够重视。

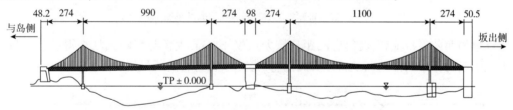

图 5.3.125　北南备赞濑户大桥(1988 年)(尺寸单位:m)

下津井濑户大桥的索塔采用框架式门形塔。在塔柱的横向,从桥面梁以上,柱的宽度从 6m 逐渐扩展到 9.8m,取得较好的视觉效果,见图 5.3.126。南锚采用重力式锚,北锚则根据地形采用隧道式锚,大大减少了开挖土方量,使鹫羽山的自然美景得以保留。

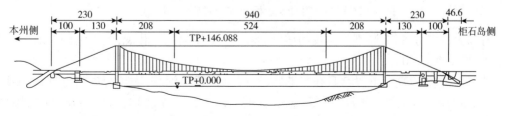

图 5.3.126　下津井濑户大桥(1988 年)(尺寸单位:m)

从鹫羽山上远望濑户大桥一览无余,下津井濑户大桥、柜石岛桥、岩黑岛桥和北、南备赞濑户大桥尽收眼底,气势宏伟,濑户内海中的诸岛礁像用濑户大桥串起来的项链。

来岛大桥是世界上第一次将三座悬索桥中间共用两个锚碇串联起来形成一串悬索桥桥梁链。充分利用来岛海峡特有的地形条件,因地制宜地采用了不完全对称布置,但从外观上却很难观察出这些桥梁的细微的变化。根据美学和造价多方案比较后,选用门形钢框架结构。6座索塔采用同一形式,框架的横梁在与塔柱交接处有向下弯曲的趋势,横梁给人以向上翱翔的印象,具有现代悬索桥的气息,见图5.3.127。

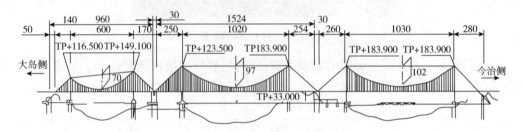

图 5.3.127　来岛第一、第二、第三大桥(1999 年)(尺寸单位:m)

汕头海湾大桥对称布置,虽属混凝土加劲梁,但梁体扁平,造型优美,见图 5.3.128。

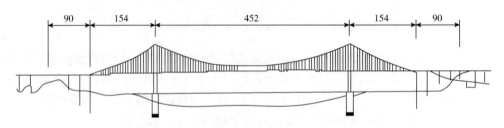

图 5.3.128　汕头海湾大桥(1984 年)(尺寸单位:m)

红色的西陵大桥横跨长江两岸,距三峡大坝仅 4.5km,大桥与三峡大坝相得益彰。从三峡大坝下泄的江水浩浩荡荡从桥下奔腾而下,形成三峡特有的风景线,见图 5.3.129。

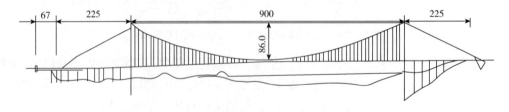

图 5.3.129　西陵长江大桥(1996 年)(尺寸单位:m)

青马大桥气势雄伟,特别是其夜间照明,将桥梁烘托地更加壮观,是香港的著名旅游景点之一,见图 5.3.130。

虎门大桥于 1997 年 6 月 9 日在香港回归前建成,意味深长,大桥与虎门古炮台相互辉映,其雄伟的形象向世人宣告:中华民族已巍然屹立于世界之林,百年雪耻,弘扬国威,见图 5.3.131。

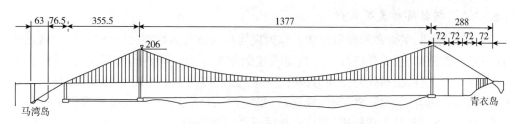

图 5.3.130　青马大桥(1997 年)(尺寸单位:m)

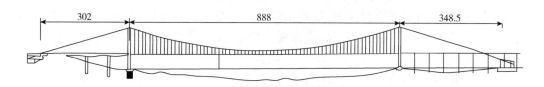

图 5.3.131　虎门大桥(1997 年)(尺寸单位:m)

江阴大桥的布置充分利用西山突出江中的有利条件,在南岸临水边修建南塔,在西山脊梁东侧修建南锚,长江流水垂直方向作为桥轴线,在距大堤 83m 的浅滩上筑岛修建北塔塔基,在距北岸江堤约 240m 处修建北锚。江阴大桥是世界上具有最小高跨比的悬索桥,也是具有最小宽跨比的桥梁之一。大桥造型优美,刚劲流畅,展现出一跨过江,飞架大江南北,天堑变通途的宏伟景观。夜幕降临,桥上千百盏华灯齐放,如彩练横跨,晶莹剔透,塔顶射灯直播云层,雪光斑斓,如星月共辉。从江面仰望大桥如铁索行空,飞架天际,桥塔昂首云天,横空出世,见图 5.3.132。

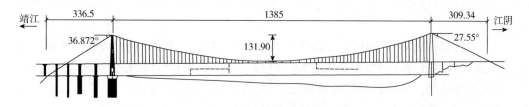

图 5.3.132　江阴长江大桥(1999 年)(尺寸单位:m)

厦门海沧大桥的锚碇采用空腹三角形框架结构,突破了传统的重力式实体锚碇外观笨重的结构形式,实现了大型结构力线与美学的和谐统一,并为锚碇内部建筑物提供了所需空间。厦门海沧大桥已成为厦门市标志性建筑之一,也是厦门旅游胜地之一,见图 5.3.133。

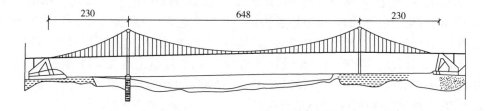

图 5.3.133　厦门海沧大桥(1999 年)(尺寸单位:m)

5.3.9.2 斜拉桥的美学设计

斜拉桥由塔柱、主梁和斜拉索组成。作为现代最为流行的桥型之一,斜拉桥与悬索桥一样,同属悬吊式结构,在美学特征上也具备一定的相似之处。从整体而言,斜拉桥由于规模庞大、主塔高大,显示出很强的生命力,使人产生震撼的感觉。区别于悬索桥,斜拉桥以直线的刚性为基调,由直线的塔、索、梁构成简洁、稳定的三角形几何形态,而悬索桥则以柔美的主缆曲线为基调。与悬索桥相比,斜拉桥受桥下净空和桥面高程的限制更少,同时还免去体积庞大的锚碇,使斜拉桥外形美观,造型丰富。索塔向上伸展的动势、斜拉索的力动感以及对水平延伸的主梁动势在视觉上起着平衡的作用。同时,桥面有极其纤柔的斜拉索,加上主梁的纵向线条简洁、舒展和连续流畅,展示出极强的跨越感。斜拉桥以其优秀的跨越能力、简洁有力的结构形式得到人们的青睐,成为现代桥梁,尤其是大桥、标志性桥梁选用最多的一种结构形式。

1)斜拉桥选型

斜拉桥的形式,按索塔的布置分为:独柱式、倒V形、倒Y形、人字形、钻石形等。按拉索的布置组成的平面分为:单索面、双索面、三索面、四索面;按索面内的布置形状分为:辐射形、扇形、平行形,空间索面、组合索面。按孔跨布置形式分为:双塔三跨式,独塔双跨式,独塔单跨式,多塔多跨式。

部分斜拉桥是介于连续梁桥和斜拉桥之间的一种半柔半刚性桥梁,兼有连续梁桥和斜拉桥的优点,与连续梁桥相比具有结构新颖、梁薄桥低、跨越能力强等优点。相对于普通的斜拉桥则有塔矮、梁刚、索集中布置、施工方便等优点,同时可以人为地调整索与梁所承受的荷载比例,设计比较灵活。

部分斜拉桥同预应力连续梁桥、连续刚构桥相比,其造价偏高,且后期的养护费用也比较大;之所以依然选择这种斜拉桥,主要是考虑其有很高的美学价值,能与周围环境和谐统一。

除个别特殊的地理环境外,部分斜拉桥一般不太可能主导环境,设计时就要考虑这一特点,因地制宜地选择合适的桥梁型式,主动将桥梁结构与周围的环境融为一体,从而达到和谐美观的美学效果。部分斜拉桥的塔柱较矮,跨径较小,不能以高耸挺拔、雄伟壮观为主要美学价值。但与连续梁桥相比,部分斜拉桥跨大梁薄、梁低墩细,同时多了塔柱与斜拉索,结构表现内容丰富得多,表现能力也大很多。部分斜拉桥若采用塔墩一体,可以使桥墩的体量变小,使整个桥梁结构变得轻巧,不至于改变桥位的美学构图中各元素的体量比重。同时两塔柱分离,可使视野开阔,行车时不会产生压迫感。应尽量采用双索面形式,增加桥梁结构的线条,丰富其表现力。由此可见,对于部分斜拉桥而言,索、塔形状对其美学效果仍起着至关重要的作用。除此之外,还应考虑一些其他因素,比如可以按照桥梁与环境协调的三种方式选择不同的桥梁主色调,如小田原港桥选择银灰色主色调,与湛蓝的大海作比照,整个结构显得强大而稳健,而日见桥白色的桥体与翠绿的山谷相辉映,则给人以轻盈而和谐的感受。当然也可以充分利用部分斜拉桥设计灵活的特性,比较自由地选择塔高、梁厚、索距等设计参数,以做到结构体系各部分间的充分协调与均衡,更好地与周围环境相协调。

部分斜拉桥桥型新颖独特,地域适应性强,结构性能优越,经济指标良好,在设计过程中应在注重安全性和舒适性、便利性、耐久性的同时,引入包括环保、美化、人文等方面的美学概念。

2) 桥塔设计

桥塔在力学上起着重要作用,是斜拉桥的主构要素,与悬索桥桥塔以门形为基本形态相比,斜拉桥的主塔形状却可以多变而不会对构造整体产生大的影响。桥塔是斜拉桥的主要传力构件,桥梁结构所受活载及结构全部自重都由其传至地基,对地基的要求很高。桥塔的位置常由地形、地质、航运条件等决定,同时,经济方面的要求及施工是否便利也是重要的影响因素。塔柱可以做多种造型变化,如单塔柱、多塔柱、直塔柱、曲塔柱、斜塔柱等。

桥塔的正立面造型是桥塔美学设计的要点。其造型方式多样,而独柱式斜拉桥(图5.3.134)是最多见的形式,形态十分简练。一般情况下为提高视觉上的均匀感,常常超过最上端拉索的锚固点而向上延伸一段,以凸显高耸挺拔。此外,可将塔的上部挖空,让风穿过,可有效减小风振。独柱式塔与主梁钢结构需支承在体量大的混凝土桥墩上,再加上要考虑与引桥桥墩的协调,这种制约又加大了美学设计的难度,但由于塔柱通常处于路面中间,可使驾驶员和行人视野开阔。

双柱式主塔桥面空间通畅,无压抑感,外观单纯简洁,视野良好。但对大跨桥梁,为增强稳定常将两根塔柱用横梁联系成门形、H形塔,另外将塔柱适当倾斜变形,可做成A形、倒Y形、花瓶形等多种形态,经变换后的形式形态更为活泼。梁下塔柱部分对于门形、H形、A形、倒Y形塔常见的有两种处理手法:①将塔柱按照原来的方向延伸,给人以坚拔的力感与雄踞屹立的形象;②不让基础尺寸变大而将塔柱内收成钻石形,不仅增加梁下空间,看上去也优雅美观,如图5.3.135所示。

图 5.3.134　独柱式斜拉桥

图 5.3.135　钻石型桥塔

除了上述形式的主塔外,近年来出现不少造型独特、构思巧妙的主塔,比如西班牙的阿拉米罗桥的L形,妙似竖琴;又如日本静冈的一座斜拉桥,主塔似弓,力感强烈,均衡稳定。

另外,塔柱断面的形状不仅影响到主塔的美学效果,对结构的抗风性能影响也甚大。当塔柱断面不大时,圆形、椭圆形、矩形是常用的形式;而当断面较大时,应进行"切角"或"凹槽"处理以获得更好的"视觉宽度"。多角断面与凹槽用处很多,例如凹槽利于锚具的安置,减少外露繁杂感,其产生的纵向线条也可增强纤细感,使塔柱更具耸立向上的动势。

3) 拉索设计

拉索的斜向直线配置与主塔、梁一起形成简洁、稳定的几何构图,蕴藏着明确、强劲的力感。作为斜拉桥的主要构造要素,拉索会影响桥梁美学效果。索距的布置,可以分为"稀索"

和"密索"两种。相较于最初的稀索体系(图5.3.136),目前建造的斜拉桥多采用密索配置,形成强烈的韵律感;从远处看索面似薄纱,虚实相间,近看则纤细而有力。索面形状主要有三种基本类型,即辐射形、竖琴形和扇形。

辐射式斜拉桥(图5.3.137)布置的斜拉索沿主梁均匀分布,在索塔上则集中于塔顶一点。由于其斜拉索与水平面的平均交角较大,故斜拉索的垂直分力对主梁的支承效果也大,可节省钢材,但塔顶上的锚固点构造较为复杂。

图5.3.136 稀索桥

图5.3.137 辐射式斜拉桥

竖琴式布置中的斜拉索成平行排列,在索数少时显得比较简洁,并可简化斜拉索与索塔的连接构造,塔上锚固点分散,对索塔受力有利,缺点是拉索倾角较小,索的总拉力大,钢索用量较多。

扇形(图5.3.138)布置的斜拉索是不相互平行的,它兼有上面两种布置方式优点,故在设计中得到了广泛的应用。

另外,索面位置一般有单索面、竖向双索面和斜向双索面三种类型。就力学角度而言,采用单索面时,拉索不起抗扭作用,主梁应采用抗扭刚度较大的截面。单索面具有桥面视野开阔的优点。采用双索面时,作用于桥梁上的扭矩可由拉索的轴力来抵抗,主梁可采用较小的抗扭截面。对于斜向双索面,它对桥面梁体抵抗风力扭振特别有效。

如图5.3.139所示马来西亚seri wawasan桥,它采用的是区别于上述三种索面位置的空间索布置方式,当下仍较为新型和流行,这种空间索布置方式既可以提高桥的刚度和抗风性能,还更加美观。

图5.3.138 浦西大桥

图5.3.139 马来西亚seri wawasan桥

4) 主梁设计

钢箱梁是当前最常见的主梁断面形式。它具备梁高较低(仅为跨径 1/300～1/400),可充分利用箱体空间隐藏线路系统等优点。对于双层桥面,则可利用钢桁架梁作为加劲梁。

由于密索体系的发展,斜拉桥主梁可以做得更加轻薄、纤细,断面形式目前以抗扭刚度较大且便于与拉索连接的箱梁为主,其形态断面多为倒梯形,这不仅可满足抗风稳定要求,在光影效果下也更显轻盈美观。

另外,主梁纵断线形通常为水平直线,坦直似箭、简明舒展,并具有速度感和连接顺畅感。对三跨斜拉桥,当桥跨较大或因桥下净空需要时,可采用纵向竖曲线,这不仅可避免大跨径梁容易给人以垂感的缺点,同时也使桥梁侧面美学形态优美,极富跨越感。

5) 照明

斜拉桥的照明分为三大部分:主塔的照明、斜拉索的照明和桥面系的照明。对桥塔和斜拉索统一投射白色光的泛光照明,使整个桥体晶莹透亮、浩气冲天,宛如天际中的璀璨银河。对钢箱梁侧面和主塔顶部进行点光源装饰照明,梁侧面的点光源装饰照明突出桥的跨越曲线,配以路面照明和江水中的倒影,交相辉映,如若蛟龙戏水。塔顶的点光源照明,好似一项皇冠,在大范围的泛光照明中体现着大桥的浩荡、豪华气派。

6) 一些斜拉桥的美学设计

(1) 瑞士 Sunniberg 桥

该桥为四塔双索面部分斜拉桥,以其优美的线形、轻盈的塔柱和颇有田园风味的地域融为一体,于引人注目的高度上穿越峡谷,在绿水青山中显得十分鲜明而柔美,与峡谷环境完美融合,见图 5.3.140。

图 5.3.140　瑞士 Sunniberg 桥

梁体采用弯曲的平面线形,与塔柱渐变的曲线轮廓协调一致。柔和流畅的线形给整个桥梁结构带来了轻快的感觉,而选择高耸的桥墩和较矮的桥塔搭配则显得非常得当,尤其是桥塔塔柱独特的造型、适度张扬的个性,远看犹如张开的双臂,表现出一种蓬勃舒展的形象,功能上则可以避免行车时视线受到阻碍。整个结构墩高梁薄、塔矮索虚,在平面、纵断面和横断面形成了充裕的空间,具有充足的视野和视睇;依山俯水,蜿蜒连续,掩映于阿尔卑斯山郁郁葱葱的植被中,为风景秀美的阿尔卑斯山平添了浓墨重彩的一笔。

(2) 保龙高速公路怒江大桥

保龙高速公路的怒江大桥是怒江大峡谷中一处壮丽的人工造物(图 5.3.141)。桥下观景:在坝区中能远眺透迤延伸的桥体,与当地美丽的自然风景相互融合,形成良好的景致。

桥上观景:在桥的两端分别设立观景平台,供行车者驻足,可欣赏美丽的坝区及周围峻峭的山岭和湍急的河流美景。涂装色彩美学设计:混凝土桥梁采用灰色和白色作为基调,与简洁纤细的桥型相适应,增加了清新感,同时,栏杆以蓝色调充分展现桥面优美的竖曲线,增加连续流畅的美感。无论是在白天的阳光下,还是在夜间荧光的照射下,整座桥都熠熠生辉,充满活力。

图 5.3.141　保龙高速公路的怒江大桥

5.3.10　拱桥的美学设计

拱桥造型美观,为我国传统代表桥型之首。拱桥主拱的平、立面均可做较多变化,构思出独特的艺术造型。拱桥天生最富魅力,它不仅跨越能力大,而且外形酷似彩虹卧波,美观异常。优美的拱曲线孕育着强大的力量,产生一跃而过的力动感和跨越感;加上柔美拱曲线与直线形的梁、柱结合,呈现出刚柔并济、韵律优美的绰约风姿。

1) 拱桥选型

影响拱桥选型的体系因素主要包括:

(1) 结构体系。包括有推力拱,无推力拱,组合拱。

(2) 桥面位置。包括上承式,中承式,下承式。

(3) 拱轴线形式。包括圆弧拱桥,抛物线拱桥,悬链线拱桥等。

(4) 拱肋数量。包括单肋、双肋、三肋。

(5) 形态。包括实腹拱、空腹拱、桁架拱、刚架拱及组合体系拱等。

主拱形态是拱桥美的最重要因素,矢跨比与拱轴线方程决定了主拱形态。圆弧拱主要适用于小跨径;形态简洁柔美,宁静稳定。抛物线拱与悬链线拱是大中跨拱桥普遍采用的拱轴线形,力动感强。悬链线拱则更趋向自然和谐。实腹拱常用于小跨径拱桥,当跨径大于 40m,而矢跨比大于 1/7 时,就可以考虑用实腹拱。空腹拱不仅可以减轻自重,节省材料,而且可以更好地利用拱上构造以增加虚实、空透的变化,并形成节奏韵律来统一整体,美学视域障碍小,特别适合自然风光十分优美的环境。采用等间距立柱布置的拱上建筑形式是古典而又常用的,上部梁底可做成弧形以增加立面曲线美,但由于各地建造太多而没有特色。若改变传统模式,让主拱与腹拱穿插交替,则桥型简洁明快、质朴清新、现代感强,力的传递也一目了然,而且没有多余的装饰,不会造成视觉混乱,可达技术与美观的自然结合。此外,桥下空间开阔,通透性好,易于与周围环境协调,人工美景与自然美景浑然一体。

在均布径向荷载的作用下，拱的合理拱轴线为圆弧线。但一般情况下，圆弧形拱轴线与结构自重压力线偏离较大，使拱圈各截面受力不均匀。因此，圆弧线常用于20m以下的小跨径拱桥。

悬链线主要用于实腹式拱桥，因为实腹式拱桥的恒载从拱顶向拱脚是均匀增加的（均变荷载），拱圈压力线是一条悬链线。

抛物线作为一种拱圈线形，可以是二次抛物线也可以是高次抛物线。在竖向均布荷载作用下，二次抛物线是最合理的拱轴线；而在某些大跨径拱桥中，由于拱上建筑布置比较特殊，为使拱轴线尽量与结构自重压力线相吻合，则往往采用高次抛物线作为拱轴线。

拱桥的矢跨比是拱桥设计的主要参数之一，它直接影响着主拱圈的形态外观。一般而言，矢跨比为 1/5~1/10，也有采用 1/2.5~1/17 的，钢拱、刚架拱的矢跨比小于圬工拱桥。从美学的观点出发，矢跨比小更优美；但就受力方面而言，矢跨比过小会使得推力过大，从而对墩台和基础不利，也不经济。

另外，沿着拱轴线的截面可以是等截面或变截面。前者构造简单，形态自然和谐，应用普遍；而后者从力学上更加合理，可根据内力的大小调整断面大小，不过，在节省材料的同时也增加了施工难度。

系杆拱桥具有拱桥固有的曲线美，古朴大方，具有华夏民族拱式建筑的艺术特征，它的外部形态和韵律变化更符合人们的美感要求。但在环境协调方面，系杆拱桥下承式的桥面视野不够开阔，不利于车辆往来和行人观览，而且与两岸密集的建筑物、上下游的桥梁容易形成交织混乱。

拱与桥面的相对位置，上承式应用最为广泛，且更显自然；但过桥者不能欣赏拱桥的美，是一个很大的缺点。下承式拱桥其稳定感较上承式差一些，但天际轮廓线非常醒目，加上连拱产生了美的韵律，如图 5.3.142 所示。中承式拱桥稳定感介于上述两种之间，由于中承式拱桥起伏明显、刚柔相间、空间形态既稳健又柔美，更受青睐。设计时应处理好拱肋与桥面交会点处的连接，不能太突兀，应该自然、连续，见图 5.3.143。

图 5.3.142 慈溪下承式拱桥

图 5.3.143 云南小湾电站大桥

实腹式拱桥常用于小跨径桥，由于拱圈与侧墙连成一体，面积较大，在美学上需注意尽量采用天然石材的贴面材料如花岗岩等以体现其坚实、古朴、厚重的特点，如图 5.3.144 所示。同时拱顶不宜太薄，以保证桥梁整体的均衡感。当连拱等跨时，为避免单调，应按照地形特点及通航要求，采用从中孔向边孔矢高与跨径递减的方案。空腹式拱桥与实腹式拱桥相比,具有自重更轻并且可以更好利用拱上构造以增加虚实、空透变化的优点,多用于跨度大于 40m、高跨比小于 1/7 的拱桥。

图 5.3.144 实腹式拱桥

自从人类进入钢铁时代,桁架拱桥就得到了迅猛的发展,如美国的纽约越门桥、澳大利亚悉尼港桥等。需注意的是桁架拱桥与桁架梁桥一样,在美学上最为重要的问题就是保证桁杆的纤细及规则排列,尽量避免繁杂感,见图 5.3.145。

刚架拱是在桁架拱、斜腿刚架等基础上发展起来的另一种新桥型,由于构件比桁架桥少、自重轻、刚度大等优点而得到广泛应用,如图 5.3.146 所示。刚架拱的设计要点为保持实腹段和弦杆的上缘线与桥面线平行,实腹段下缘多采用抛物线、圆弧线或悬链线。

图 5.3.145 美国新河谷桥

图 5.3.146 江苏金匮桥

组合体系拱是将行车系结构与主拱按不同构造方式构成一个共同受力的整体,多用于中、下承式拱桥中。在进行美学设计时,需注意:①拱与梁的厚度应有较大差距。②一般系杆是钢索制作的,很纤细,在桥梁空间中的视觉感受较弱,为避免这种现象,需采用一些措施,如进行色彩处理——施加与背景有鲜明对比的色彩。③精心设计横向风撑,避免梁上空的繁杂与压抑。

2)中承式系杆拱桥设计

中承式系杆拱桥本身能给人一种强劲的力度感,加之拱结构优美的曲线造型,多跨拱桥的动感变化很明显。中承式系杆拱的另一大特点是结构建筑高度低,适合对桥下净空高度的严格要求,并可以减少桥长,降低工程费用。另外,中承式系杆拱桥各构件外形符合人们对轻巧、纤细的追求。中承式系杆拱桥以其新颖多变的造型产生了独特的美学效果,有其较为适宜的最佳效果范围。

（1）中承式系杆拱桥的形式美

中承式系杆拱桥各构件配合协调，有起伏，成为外形平衡、和谐的整体。拱肋的内倾与外倾，形成了不同的桥上空间；拱肋截面的不同形状，能造成凹凸、阴阳的视觉；拱肋材料的质地，表达了刚柔、细腻的肌理；吊杆的平行、斜置与网状，均能产生韵律感；色彩的不同搭配，可以达到冷暖、胀缩和轻重的感觉；风撑的不同组合，展示出传统或时尚的风格。另外中承式系杆拱桥的拱肋被桥面一分为二，这种比例的分配也产生了独特的动感效果，桥面以上部分可以展示各种造型，桥面以下部分也可以根据地形、水域、城市环境展示变化，如设计成V形、半波曲梁等。桥上桥下的构造均能吸引人们的视线。中承式系杆拱桥在其各构件的组合与搭配方面也提供了更大的选择余地，各构件相互之间的尺寸和比例宜于取得平衡与协调，加上优美的曲线和刚劲的直杆，可以保持对称、重复、韵律，也可以简洁、高大、变异。

（2）中承式系杆拱桥的功能美

中承式系杆拱桥的结构是合理的。它保持了一般拱桥的基本力学特性，构件组合简洁明快，使人一目了然感受到力的传递路线。荷载由桥面系传递给吊杆，由吊杆传递给拱肋，拱肋受压后将产生的水平推力传给系梁承担，然后整个上部结构的荷载最终由墩台传给基础。中承式系杆拱桥的拱脚一般采用固结形式，拱轴线为荷载的压力线，可以充分发挥拱圈材料的抗压特性，受拉的吊杆和系杆可采用高强钢筋，因而使得其结构既经济又合理。一跃而过的拱肋，承担了全部荷载，蕴藏着力度，使系杆拱桥具有强烈的功能美。

（3）中承式系杆拱桥与环境的协调

中承式系杆拱桥以其独特、优美的造型很容易成为周围环境的主景，而且容易与环境取得视觉上的平衡。还可以因环境不同而选择拱桥的涂装，不论是融入环境还是突出环境，都可以恰如其分地表达出地方的环境特色。

（4）中承式提篮拱

中承式提篮拱桥的空间结构效应比较明显，拱肋对称向桥梁中心倾斜，拱轴线为空间曲线，两片拱肋在拱顶间距小，在拱脚间距大，外形类似中国传统的竹篮手柄，因而得名"提篮拱"。提篮拱虽然拱肋内倾，却给人平稳、和谐、舒适的感觉，这主要是拱肋内倾形成"人"字结构，似乎可以相互支撑，并不会造成将要倒塌的感觉。

提篮拱桥具有空间曲线的优美，一般为三跨。从纵桥向看，主拱及两个半拱（曲梁）三跨拱桥一字排开，就像一只展翅的"飞燕"，造型极佳，见图5.3.147、图5.3.148。

图5.3.147　下摄司大桥

图5.3.148　上海卢浦大桥

从功能上看,提篮拱在承载能力方面与常规的垂直拱是有区别的。在恒载和活载作用下,对于同样的结构,由于拱肋的倾斜,它的面内弯矩比垂直拱要大,而面外弯矩就大得更多,拱内压力、吊杆拉力均比垂直拱大一些,但吊杆拉力的水平分力对横梁有预压力的作用,而且提篮拱的系杆拉力比垂直拱要小。提篮拱的非线性稳定逊色于垂直拱,即提篮拱的极限承载力比垂直拱要小一些。提篮拱的内倾角度越大极限承载力越小,但内倾角度并不是越大越好,无论是从功能考虑还是从美观考虑,拱肋的内倾角度的适用范围,一般为 $10°\sim15°$。

(5)中承式平行(垂直)拱

垂直拱受力合理,经济性突出,结构尺寸相对较小,节省材料、造价低廉。与倾斜拱相比,不论在恒载还是活载作用下,垂直拱的拱肋弯矩、轴力均较小,吊杆拉力也较小,但系杆拉力却比倾斜拱略大。垂直拱在一阶失稳模态下的弹性稳定系数比提篮拱小,比外倾拱大。但对于大跨径的垂直拱来说,在考虑材料非线性和几何非线性等多种因素情况下,它的非线性稳定却比倾斜拱要高,极限承载力也比倾斜拱大。即从结构受力来看,中承式垂直拱桥的功能性较强,传力直接,造型也美观,所以得到了广泛、长久的应用,见图 5.3.149 和图 5.3.150。

图 5.3.149　巫山长江大桥

图 5.3.150　官塘大桥

(6)中承式外倾拱

外倾拱桥以其新、奇、特的感官刺激满足了人们的求变心态。外倾拱桥典型的结构形式为中承式,拱脚固结,在拱肋与桥面相交处设置强劲的横撑(横梁),桥面以上一般不设风撑,好似敞开了宽阔的胸怀,显得生动而大气。

外倾拱桥的外倾拱肋与吊杆,好似振翅欲飞的蝴蝶,又似高山流水的竖琴,对称、张扬、动感,是古典与现代的有机结合,视觉效果时尚、明快、活泼、赏心悦目。而且这种半起半卧的姿态,很能令人怦然心动。目前我国建成使用的外倾拱桥实例屈指可数,天津大沽日月桥是非对称的外倾拱桥(图 5.3.151),两片拱肋矢高不同,分别为 39m 和 19m,外倾角度不等,斜率分别为 3:1 和 2:1。广西南宁大桥是一座大跨径、曲线梁、非对称外倾拱桥(图 5.3.152)。

但是外倾拱桥在力学合理性方面存在的某些欠缺以及施工难度的增加,影响了它在实际中的广泛应用。一方面,外倾拱的拱肋弯矩、轴力均比垂直拱和提篮拱大,特别是拱的面外弯矩要大很多,拱内压力、吊杆拉力均比垂直拱大一些,仅系杆拉力比垂直拱稍小。另一方面外倾拱的稳定性较差,在一阶失稳模态下的弹性稳定系数比垂直拱、提篮拱都低,结构的极限承载力也比垂直拱、提篮拱都小。外倾拱一般适合于人行桥、自行车桥、公园湿地景观桥或小跨径小规模的车行桥。由于规模小、总造价低,因此结构异化所引起的构造复杂、施工困难和费用上升都是有限的。国外就出现了一些小规模的外倾拱桥,成为点缀环境的景致,例如英国伦敦的千禧桥及贝德福德的蝴蝶大桥。

图 5.3.151　天津大沽日月桥

图 5.3.152　广西南宁大桥

3)石拱桥

石拱桥桥洞成弧形,就像虹。古人神话说,雨后彩虹是"人间天上的桥",通过彩虹就能上天。我国的诗人爱把拱桥比作虹,说拱桥是"卧虹""飞虹"等。跨水架桥,意境之美,雕琢装饰,千姿百态,是体现我国审美观的一种民族传统。石拱桥不论大小,工艺必须精益求精,如同一幅画图,一般采用当地石材建筑,容易与周边环境协调,见图 5.3.153~图 5.3.156。赵州桥的栏板,卢沟桥的石狮,都以艺术珍品而闻名于世,这也是中国石拱桥在艺术方面一个可贵的传统,对于现代石拱桥装饰也还具有深刻的影响。

图 5.3.153　重庆某石拱桥之一

图 5.3.154　重庆某石拱桥之二

图 5.3.155　重庆某石拱桥之三

图 5.3.156　重庆某石拱桥之四

4)刚构桥设计

刚构桥主要由直线形构件构成,力线明确,富于动感与轻快感,美学设计要点在于比例尺度,构件断面的变化及构件搭配的协调得当。

斜腿钢构桥结构受力合理、使用材料经济、大中小跨径均可采用,可以设计成单孔或多孔。造型美观,线条简洁,给人以工艺考究及新颖的感觉。图5.3.157所示的斜腿刚构跨线桥,隶属于无桥台斜腿刚构桥。斜腿钢构的斜腿从底脚到梁,断面由小到大,与梁衔接处应柔顺,梁底缘线可采用微弯曲线增加柔顺感。其他形态有门式刚构、T形刚构和连续刚构等,应注意比例恰当、墩形新颖,避免过分简洁造成呆板单调。

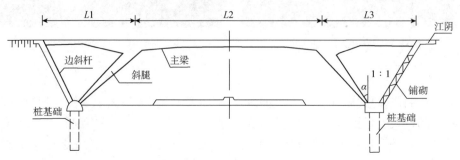

图5.3.157 吴桥台斜腿钢构体系

5)桥道系相对位置的环境考量

大跨中承式混凝土拱桥在立面上为曲线和直线的组合。曲线的拱肋具有优雅、柔软的感觉;曲度变化,产生运动的视觉冲击;直线的桥道系具有明显的方向性,水平的直线保持重力的平衡,具有安定感,两者的完美搭配形成一个刚柔相济的和谐整体。中承式拱桥桥道系的相对位置对拱肋曲线的分割,不仅要满足功能和构造上的要求,还要特别注重形式美,以达到与自然和社会的和谐统一。

桥梁和桥位处的自然景物及附近人工建筑物一起处在人们生活空间之中,构成整体美景。它既影响着环境,又对人们生活带来变化。因此,桥梁设计首先要考虑的是两者协调一致、互相配合、融为一体。大跨中承式钢管混凝土拱桥以其优美的造型而被广泛采用,其桥道系的相对位置对整体造型以及与环境的协调亦起着重要作用。不同的桥道系相对位置会产生差异较大的美学效果。如图5.3.158a)所示,桥道系距拱顶太近,对行车产生较强压抑感,从立面上看也有一种不稳定的感觉,同时亦会增加两岸引道工程,而提高造价;图5.3.158c)虽对桥上行车空间有所扩张,其整体美学效果比图5.3.158a)要好,使用在V型山谷上效果会更佳,但对桥下通航必将产生压抑感,并且两岸接线会大面积开挖,势必会破坏自然景观;图5.3.158b)给人感觉最佳,桥道系对拱肋的分割比较匀称,桥上、桥下的视野都比较开阔,与自然环境也比较协调。

6)桥道系相对位置的自身比例协调

桥梁美学设计应使各部体形匀称、比例和谐,赋予桥梁以协调一致性和艺术完整性。现代桥梁建筑的设计比例至关重要,正如意大利著名艺术家达·芬奇所说:"美感完全建立在各部分的神圣的比例关系上"。对于美的比例协调法则,主要有黄金分割(Golden Section)、斐波纳契级数(the Fibonacci Series)和动态匀称级数等3种学说。凡采用了以上比率的图形被公认为是美的,目前被广泛采用的是黄金分割比例,桥道系对拱肋的分割比例(即桥道系距拱顶的高度与主拱矢高之比)可选用0.6左右,会得到较好的美学效果。

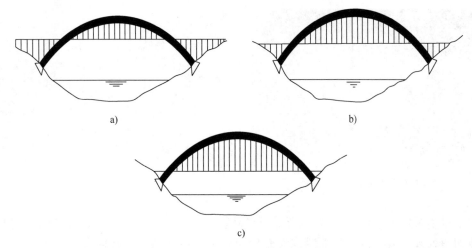

图 5.3.158　不同桥道系位置的美学效果

7) 桥墩设计

拱桥桥墩是桥跨结构的支撑点,由于拱桥有水平与垂直推力,因此桥墩应设在视觉上能提供水平与垂直支撑反力的地形处。多跨连拱的桥墩造型相对比梁桥桥墩变化小,常见的断面为长圆形或带分水尖的长方形,如图5.3.159和图5.3.160所示,一般为圬工实体墩,上小下大,厚实而稳定。对于坦拱,相对其拱跨与拱矢应采用较低矮而宽厚的桥墩。

图 5.3.159　安徽池州桥

图 5.3.160　卢沟桥

当桥墩的位置确定后,桥墩的高度受上部结构形式、桥面高度和地形影响。对于多跨高架拱桥,相对而言墩也较高,此时注意墩、拱结合要流畅简洁,浑然一体,如图5.3.161所示。在墩拱结合上不宜使坦拱建在高墩上,这会使结合处生硬,同时应保持起拱点高度相同,以取得力学上的平衡,也可达到视觉上的平衡。

8) 桥台设计

对拱桥桥台而言,由于其承受推力较大,体量一般较大,给人以视觉上的笨重感,因此避免这种情况是桥台美学设计的要点。常用的方法是采取使其隐蔽的方式，特别是跨越山谷的拱桥，往往利用其四周山体做埋置式桥台，山上的树木又对桥台加以遮掩，笨重之感顿然消失，如图 5.3.162 所示。

图 5.3.161　圣地亚哥 Cabrillo 桥

图 5.3.162　重庆某拱桥

当不得不采用大体量桥台时，也要尽可能减轻其体量感。例如可以在桥台面上刻凹槽、雕刻或切角处理。减轻桥台笨重感或大面积混凝土的单调感。系杆拱属于静定结构，由于水平推力小，因此其轿台处理方式与梁桥桥台较为接近。

5.3.11　桥梁美学设计实例

新中国成立之初，由于经济原因，桥梁建设主要以发挥其交通运输功能为主，美学设计较少系统考虑。但 20 世纪五六十年代的桥梁建设也留下了桥梁美学建设的精品工程，例如武汉长江大桥(图 5.3.163 ~图 5.3.165)、南京长江大桥(图 5.3.166、图 5.3.167)，以及随后建设的重庆长江大桥(图 5.3.168、图 5.3.169)等。其中武汉长江大桥无论与环境的协调、桥跨布置、桥头堡及引桥设计，以及栏杆雕花等堪称桥梁美学的典范。武汉长江大桥利用桥位处长江两岸的龟山、蛇山作为桥头引桥位置，不但节约了引桥建设费和基础处理费，而且还可把龟山和蛇山从宏观上视为大桥的桥头堡，桥头上的电梯房外观与其龟山上的黄鹤楼形态上相似，恰是一个微观的黄鹤楼，桥与周围文物景观协调。南京长江大桥的桥头堡具有鲜明的时代烙印，桥头上的三面红旗具有很强的时代感。重庆长江大桥春夏秋冬雕塑具有很高的艺术水平，起到对大桥美化和烘托效果，是桥梁美学设计的成功实例。

图 5.3.163　武汉长江大桥(一)

图 5.3.164　武汉长江大桥(二)

图 5.3.165　武汉长江大桥(三)

图 5.3.166　南京长江大桥

图 5.3.167　长江大桥雕塑

图 5.3.168　重庆长江大桥(一)

图 5.3.169　重庆长江大桥(二)

21世纪80年代起,我国在一些大型城市交通桥梁建设中,也开始重视桥梁建筑艺术造型和灯饰夜景工程建设,加强了美学设计,在桥梁美学建设方面进行了有益的探索。厦门海沧大桥进行了桥梁美学设计,随后建设的润扬长江大桥、苏通长江大桥、杭州跨海湾大桥等

— 457 —

长大桥,以及大批规模较小的城市桥梁都把桥梁美学纳入了建设规划。

1) 苏通长江公路大桥美学设计

苏通长江公路大桥(图 5.3.170)位于江苏省东南部,连接南通和苏州两市。工程起于通启高速公路的小海互通立交,终于苏嘉杭高速公路董滨互通立交。路线全长 32.4km,主要由北岸接线工程、跨江大桥工程和南岸接线工程三部分组成。主桥为双塔双索面钢箱梁斜拉桥,主孔跨度 1088m。

图 5.3.170 苏通长江公路大桥

苏通长江公路大桥是国内外有影响的一项重要工程,由于特殊的地理位置,建成后成为长江口标志性的人文景观,因此其美学设计价值和意义不容忽视,与大桥初步设计工作相结合,本着美观、经济、实用的设计原则,结合当地的环境特点及自然条件,从工程美学的角度对大桥展开美学设计的论证工作,以更具预见性、形象化的方式对苏通大桥的整体美学进行了分析设计,其美学设计效果如图 5.3.170 所示。

大桥的美学设计理念为"双雄擎天",由人字形双塔构成的斜拉桥,突出地表现了江苏"人杰地灵""江东子弟多才俊"的风貌,寓意江苏自古人才辈出。同时人字形塔给人一种气势和向上的感觉,表达了一种"人定胜天,天人合一"的境界。这座世界级的斜拉桥表现了桥梁文化这一重要的内涵,创造出具有当地文化特色的大桥景观。"双雄擎天"也寓意着长江两岸人民携手托起彩虹,构筑通途,共同营造美好的明天。采用了符合大桥特色的色彩涂装和夜景照明方案,勾画出跨江大桥灯海银河的壮观景色,展示了大桥的夜间形象美、结构美,体现了我国目前的建桥水平和经济实力,更彰显了我国桥梁的美学和文化。这条"巨龙"的建成为该地区的标志性建筑物,同时为我国建桥史书写了新的篇章。

2) 杭州跨海湾大桥美学设计

杭州湾大桥位于长江三角洲末端,北起嘉兴海盐,南止宁波慈溪,全长 36km。大桥设计首次引入了美学设计的概念,将工程设计与美学设计相结合,以"长龙卧波"为设计理念,大桥似巨龙卧波,平纵线形总计有四个平面弯曲和七个纵向的起伏,极富变化和韵律。其中南、北通航孔桥是杭州湾大桥的两个设计重点。北通航孔桥采用钻石型双塔的组合方式,南通航孔桥采用 A 形单塔的组合方式,理想地结合了"金三角"的文化含义,体现出浓厚的人文气息。

杭州湾跨海大桥这道杭州湾上一道令人叹为观止的亮丽风景线,因其特有的形态和寓意形成了独特气质和神韵,将桥文化提升至一个新的高度,堪称国内桥梁史上的里程碑,也是国际桥梁界的奇迹。其美学设计效果如图 5.3.171 所示。

3) 杭州湾跨海大桥海中平台美学设计

海中平台是杭州湾大桥的一个特殊部分,是大桥的建设、管理和观光区域,美学形象十分突出。从视觉效果来看,海中平台整体造型如"大鹏展翅",呈现出统一和谐的对称美;从功能性角度将其分为两部分:观光塔和平台建筑,以满足实用性、观赏性、艺术性、知识性的不同需求,同时对建筑物、广场、道路及美学小品进行绿化、色彩及夜景的全方位美学设计,使之成为杭州湾上一道新的亮点和标志性建筑,给在茫茫海上的行车者一个视觉上的惊喜。其美学设计效果如图 5.3.172 所示。

图 5.3.171　杭州湾跨海大桥

图 5.3.172　杭州湾跨海大桥海中平台美学设计图

4) 夜景装饰照明实例

夜景装饰照明是用光强调结构特征,表达桥梁建筑的风格。如悬索桥主缆、拱桥的主拱圈上安置彩灯串,在夜空中能充分展现悬索桥主缆或主拱圈的优美曲线;而在大梁的梁缘或盖梁端头设置灯串,不仅勾画了梁的竖曲线形或平直延伸的形态,还体现了桥的跨越感及连续流畅感;对长大悬索桥、斜拉桥的主塔、索面、锚碇等通过反射光的投射,使主塔更挺拔、壮观;而索面在夜空中如梦幻般轻薄透明如纱,使锚碇轻浮水面;如果加上对大梁底面的投射和水面中形成的倒影,可以使桥梁整体形态在夜空中鲜明、生动地显现,与背景中的城市灯光或其他夜间照明相映生辉,构成如诗如画的夜间美景,如图 5.3.173~图 5.3.176 所示。

图 5.3.173　日本明石海峡大桥

图 5.3.174　宜昌夷陵长江公路大桥

图 5.3.175　广州猎德大桥

图 5.3.176　跨珠江解放大桥

利用光效果还能改善桥梁建筑外观,扬长避短。例如锚碇体量大较笨重,可利用投射光强弱的变化及明暗分布来得到改善。如图5.3.174所示的宜昌长江公路大桥夜景照明,突出了塔、梁、缆的轮廓,同时也利于导航。日本东京湾彩虹桥的夜间照明设计中对锚碇采用照明亮度下边亮上边暗的方式,有效地减轻了锚台的体量感。同样,对大梁底面投光,可强调大梁的存在感,也增加梁的轻盈跨越感。香港汀九大桥,因其双面索形象有繁杂感,故其照明重点为主梁与主塔,使黑色隐于夜空之中。日本的明石海峡大桥不仅四季照明色彩不同、节假日不同,而且还利用色彩照明进行夜间报时等,充分展现了装饰照明的魅力。

5)一些有特点的桥梁工程实例

江界河大桥(图5.3.177)位于贵州省瓮安县江界河,"一桥飞架南北,天堑变通途",表现出在社会飞速发展的今天,穿梭于沟谷和山体的桥梁有无所不能的交通力量。图5.3.178为重庆长江边上的某桥,陡崖脚下的桥梁、支挡的颜色与其所处的山体颜色相近,使公路、桥梁在山中若隐若现,与环境十分协调,保护了原有景观。

图5.3.177 贵州省瓮安县江界河大桥

图5.3.178 重庆长江边上的某桥

6)平行桥梁的工程实例

平行相近的两座桥,桥型、结构应尽量相同(图5.3.179~图5.3.183);如果相近平行的桥梁类型、结构相差大,则相互不协调,显得杂乱(图5.3.184、图5.3.185)。

图5.3.179 重庆某跨江大桥之一

图5.3.180 重庆某高速公路桥梁

第5章 公路构造物及设施美学

图 5.3.181 重庆某跨江大桥之二

图 5.3.182 重庆某跨江大桥之三

图 5.3.183 重庆某跨江大桥之四

图 5.3.184 云南某高速公路桥梁

7) 桥梁的其他用途实例

桥梁除了交通用途外,也还有其他用途,如图 5.3.185 所示的跨江大桥,在两端的廊桥使得该桥梁既可以跨江实现交通功能,同时廊桥还可以遮风避雨,周边居民也可以在廊桥上摆摊设点进行商业活动,还可以纳凉聊天进行社会交往。

图 5.3.185 重庆某带有廊桥的桥梁

8) 桥梁不雅的实例

有些桥梁在设计和施工过程中,由于不注意美学设计和施工,造成一些不雅的现象,如图 5.3.186~图 5.3.191 所示,同一座桥梁结构形式不统一,平行的桥梁结构也不一致,给人以"杂乱"、拼凑、繁复的感觉。应以同结构形式不同尺寸加以变化为好,平行的桥梁应采用相同结构,其跨度、墩位也应对应为好。图 5.3.187 的结构有"新奇"的一面,但结构不对称、不周正,给人以不稳定、不安全之感。

图 5.3.186 结构杂乱的桥之一

图 5.3.187 结构杂乱的桥之二

图 5.3.188 结构杂乱的桥之三

图 5.3.189 结构杂乱的桥之四

图 5.3.190 结构杂乱的桥之五

图 5.3.191 结构不周正的桥

5.4 互通立交美学

公路立体交叉(简称立交)是利用跨线构造物使公路与公路或公路与铁路在不同高程相互交叉的连接方式。立交美学设计除考虑使立交具备固有的交通功能外,还需考虑使立交与周围环境相协调,以减少建设对环境美景的破坏,提高其美学价值和文化价值。即在考虑立交建设与养护经济性的同时,还需考虑立交给驾乘人员以及沿线居民在心理上带来的舒适感和安全感,营造出新的优美环境。立交是公路使用者在行驶过程中看到的主要垂直景观,因此优美的互通式立交应是所在城市或地区的形象或标志性建筑。

5.4.1 立交的特点、类型及组成

公路互通立交的美学建设具有多重功能,主要表现在:

(1) 分流转向功能

公路互通的主要功能是作为公路与其他道路相连的交通枢纽,满足各个方向的交通量需求,提高运输效率,并且要保证公路使用者的安全性和舒适性。互通立交的所有相关设计都围绕这些功能来进行,其美学建设也不例外。是否以功能性为前提,也可说是立交设计与纯艺术之间的区别,优秀的美学设计是功能性与艺术性的完美结合。

(2) 安全驾驶功能

公路互通立交的美学建设能够对驾乘人员的视觉起到诱导作用,使得驾驶员从视觉上预知路线走向和路况变化。合理的立交美学建设在需要注意的地方应提前对驾驶员做出警告,并尽可能地消除驾驶员的视错觉及视觉疲劳,同时缓冲驾乘人员在高坡弯道上的心理紧张感和危险感,最大限度地保障行车的安全性和舒适性。

(3) 视觉美化功能

公路互通立交美学建设的一个重要目的就是为互通立交使用者及附近居民创造美的享受,并且尽量缓冲公路对以上人群造成的不良视觉冲击。互通立交本身就是公路上的节点,而互通立交的美学建设为的就是使这些"珍珠"熠熠生辉,从而提高整条"珠链"的美学质量与水平。

(4) 生态功能

无论处在自然环境中还是城市环境中的公路互通立交,绿地都具有一定的生态功能。首先,它在吸收汽车排放的废气、吸收粉尘、降低噪声方面发挥着重要的生态防护作用。其次,由于公路互通立交绿地占地面积大,在很多情况下起着生态跳板的作用,在降低公路造成的生态板块破碎化、缓解公路造成的环境破坏方面起着重要的作用。

(5) 视觉缓冲功能

公路互通立交以其突显的形体、夸张的尺度,对传统美景形成了较大的冲击。为了避免公路互通立交对传统美景的冲击,有必要对互通立交区进行绿化设计,使互通立交绿化与互通立交周边原有地区、城市绿地良好结合,从而成为所在地区、城市中的绿色通道。使所在地区、城市生态系统与周围的自然生态系统融为一体,将混凝土的长龙变成一条贯穿所在地区的绿色风景线。

(6) 区域性标志功能

一些地区或城市的大型重要交通枢纽中心及重要的出入口处设置的大型互通立交会成为该地区或城市的美景中心,并汇集各种环境物象,构成新的环境和新的美景。

公路互通通常都处在交通发达、经济繁荣的地区,其占地面积可以算是整条公路上最大的,立地条件相对来讲也是最好的;美学元素种类繁多,是驾乘人员的视觉敏感区域。这些有利的美学因素使得互通区的景观比公路其他部位更具可塑性,其美学设计也具有更大的发挥空间。

5.4.1.1 立交的美学特点

互通立交的位置通常都处在交通发达、经济繁荣的地区,它的建设对于发展地区经济,

促进周围土地的开发和利用、绿化美化环境起着举足轻重的作用。立交美学涉及建筑美学、道路美学、桥梁美学和环境美学的有关内容,具有一些自身独特的美学特征。

1) 观赏的多方位性

在平面上,立交为多条道路相交的节点,既有直行车道,又有转弯匝道,是直行车道和转弯车道的集合体。立交使用者可从不同的方向和角度来欣赏立交;在立面上,由于立交的多层次性,立交使用者可从下向上仰视,也可以从上向立交两侧的下方俯视,因而在空间欣赏立交的视角也很多。另外,立交使用者在观赏立交时,眼前往往呈现的是动态美景,无论下穿或上跨,人们总是由远及近进行观察,远可欣赏立交的整体造型,近可欣赏立交的细部构造等。

2) 整体造型的重要性

公路互通立交往往由多条匝道和多座桥梁组成,一座完整的互通式立体交叉占地约 15~150hm^2 不等;占地面积极大,在空间上具有大尺度性。立交桥采用的结构构件由于本身不仅要满足多条车道的宽度要求还要承受巨大的动荷载,所以,不论采用钢筋混凝土结构还是钢结构,高架桥的结构支撑部分都较粗大,绵延连续的支撑柱子和桥面板、护栏板结合在一起形成了更大尺度的形体。高架式立交桥的体量托举在常人观察的视平线之上,摆脱了多数低矮景观的视线阻挡,因它的这种巨大的体量与尺度特征使其整体造型显得格外重要。由于公路立交设置的位置多处于干道或快速路的交叉点,路幅组成复杂,路基宽,且不少立交处于城市环线与放射线相交的城市进、出口处,是城市的门户,这就要求立交全景的宏观印象要好;整座互通美学元素的构成复杂,尺度大小不一,主要美学要素尺度必须与互通的整体尺度相协调,要求在总体轮廓的构思、类型选择、环境协调等多方面进行全面仔细的研究。

3) 构成要素的多样性

相交道路等级不同、类型不同,立交功能要求各异;地形、地物约束条件变化,桥跨及匝道的灵活多变,再加上附属设施形式及布置的多样性,导致立交类型和式样千变万化,立交结构组成复杂。立交造型要素主要包括点、线、面、空间等多个方面,给立交的造型要素带来了多样性的特征。这就要求立交在线形设计、线形组合、平面轮廓、空间形态以及细部装饰和美景美物的布置等方面都要周密研究、认真设计,以获得立交整体造型的完美效果,在比例、尺度、韵律、风格、色彩等方面取得协调统一。

4) 环境协调的复杂性和立体性

互通立交作为交通枢纽,交通组织情况非常复杂,通常会拥有两个以上的层次,由多条立交匝道交错环绕而成。互通立交区内的空间被这些匝道分割成数个体量不等、形状各异的单元。互通的美学建设不应局限于一个平面内,而应从多角度多层次加以考虑。在统筹规划的基础上合理利用每一个空间,让处于不同位置和视角上的使用者获得良好的视觉和心理感受。立交可能位于交通繁忙的枢纽地带或城市中心区,在复杂的环境条件下,立交作为大型构造物,要与周边自然环境和人工环境融合,并在此基础上构思可行的立交方案,其难度很大。

5) 立交美学内容丰富,交叉性强

立交集建筑、公路、桥梁、交通工程、环境于一体。立交美学的内容主要包括立交造型美学、立交线形美学、立交桥跨美学、立交环境美学等。此外,从视觉角度分析,反映立交美学的景观具有动态和静态两类,驾驶员、乘客在行车过程中会获得的流动美感和附近居民静观立交所获得的静态美感。动态美景强调线形流畅,要求立交具有良好的视线诱导功能;静态美景则强调立交及其附属设施与周边环境的协调。

6) 具有明确的边界

公路互通是由多条匝道立体围合而成的,边界明确。互通的内部空间与外部环境之间既有联系又具有相对的独立性。互通的美学建设要与大环境相协调,还要在此基础上营造内部独具特色的小环境,成为大地美景中别具一格的亮点。

7) 具有较强的观赏性

立交尤其是城市立交,位置特殊,往往位于人流集散量大、交通繁忙的重要地带,是一个地区或城市的重要窗口和标志。富有节律动感的立交造型,辅以川流不息的车流人海,配以红花绿草的静态空间,动静结合的氛围足以反映一个地区或城市的外在与内在美的和谐统一,呈现出勃勃生机,给人以朝气和力量,"建设一座立交,创造一处美景"已经成为人们的共识。

8) 视线的开放性

公路互通立交美景具有开放性特点。这主要表现在两个方面:一是用地面积大,公路互通立交用地面积多达几十到几百 hm^2,中间留有很大的绿化用地,使得公路互通立交空间非常宽阔,两侧树木或建筑物与高大的立交相比显得十分低矮、微小,因此视线十分开阔;二是公路互通立交景观呈现出较强的开放性,这是由于高架路和立交桥的路面高于地面高程,人们在高架路和立交桥上视点较高,能够充分体会更为广阔的景观空间。

9) 造型的有机整体性

立交造型的整体特点主要有:①造型组合的综合性。由立交各组成部分构成一个立交的整体造型,但这种组合绝不是简单的叠加,而是各组成要素的有机结合。要使立交的整体造型良好,要求立交各组成部分符合美学规律。从这一观点出发,整体造型应符合"整体—局部—整体"的方法。②整体造型的简洁性与完整性。立交组成复杂,涵盖内容较多,其基本功能仍是供交通运行和转换使用,因此要求立交整体造型简洁明了。完整性是要求立交轮廓线在视觉反映上自动补足缺口或凹陷、自动构筑连续完整的形体。如环形立交视为椭圆或圆形等,以完整的几何形态反映在视觉上,满足人们视觉审美的要求。

10) 景观的流动特性

与其他形式的美景相比,公路互通立交美景具有流动性。这主要表现在两个方面:物质的流动性和视觉的流动性。

物质的流动性是指公路上快速流动的交通流所带来的流动性。机动车在公路立交桥上的穿梭运动及在匝道上的盘旋运动是公路互通立交上的主要活动美景,高速运动的车流毫无滞涩地行驶,赋予公路互通立交美景以实体活动的流动特性。

视觉的流动性是指人在快速运动中观察公路互通立交景观时,立交及相关的美景随着时间的推移而逐渐、连续地展现在人们面前,形成连续的"美景流"。这说明公路互通立交美景同电影一样,是与时间有密切联系的四维视觉艺术。因此,在进行公路互通立交美学规划设计时,应注意立交桥两侧美景的连续性和匝道空间序列的韵律感。

11) 立交建设的和谐性

根据美学思想规划立交,不仅要避免对生态环境的破坏,而且应力求美化环境,使立交与自然美景有机联系,浑然一体,最大限度地与地形吻合,避开重要建筑设施等。但是立交的主要功能是为了保证进出立交车辆的交通转换和交通安全,过分迁就地形,也将引起设计标准的降低,从而降低在立交上行驶的车辆的快捷、舒适与安全,违背了设计立交的原则。立交美学设计就是为了解决这些矛盾,既要保证路用者的安全与舒适,也要保护有价值的美景。

5.4.1.2 立交的类型

1) 互通式立体交叉的分类

互通式立体交叉的各种形式如图 5.4.1 所示。

图 5.4.1 互通式立体交叉的形式

(1) 按跨越方式分类

按跨越方式的不同,可以划分为主线上跨式和主线下穿式。

① 主线上跨式互通式立体交叉,适用于被交叉公路地形低凹,主线无须上抬过高就能跨越的立体交叉形式。

② 主线下穿式互通式立体交叉,适用于被交叉公路具有一定高度的路堤,主线无须下挖或适量下挖即可穿过的立体交叉形式。它的最大优点是能够保持既有被交叉公路的正常交通运行,且一般情况下,造价较低。

(2) 按转向功能分类

按转向功能齐全与否,可以划分为完全互通式和部分互通式。

① 完全互通式立体交叉,主线及被交叉公路各方向车流经匝道完全沟通,无平面交叉,是互通式立体交叉中功能最为齐全、安全度最高的交叉形式。

② 当交叉口的车流不需要各方向交通转换,或者受地形地物限制,某些方向不能设置匝道时,采用部分互通式立体交叉。

(3) 按交叉冲突点情况分类

按交叉冲突点是否全部消除,可以划分为完全立交型、部分平交型和交织型。

①完全立交型互通式立体交叉内,所有车流及其行驶轨迹分布在不同空间进行立体交叉。该立体交叉系统内,转向车流数与匝道数相同,各匝道相互独立,主线上既无冲突点也无交织段。

②当被交叉公路的等级较低、交通量不大、允许部分平交时,部分平交型互通式立体交叉形式常常被采用。虽然它在被交叉公路上存在冲突点,但其功能仍然齐全,且工程规模较小,投资较省。

③两条匝道共用一个路段,车辆在此路段上交织行驶,组成交织型互通式立体交叉。

(4) 按交叉点相交道路数目分类

按汇入到交叉点的道路数目划分,可分为两肢立交、三肢立交、四肢立交和多肢立交。

①两肢立交是指供车辆掉头的 U 形转弯设施。

②三肢立交多出现于主线的起终点处或主线与支线公路相交叉处。按相交线形可划分为 T 形交叉和 Y 形交叉。

③四肢立交为两条道路相交,一般为十字形交叉,是互通式立体交叉中最常见的交叉形式之一。

④多肢立交多出现于城市道路交叉中,一般情况下采用环形立交形式。

(5) 按立交层数分类

按互通立交的层数划分,可分为两层式、三层式和四层式。

①高速公路间的立体交叉,或者高速公路与非机动车、行人很少的一般公路或道路交叉,多采用两层式立体交叉。

②三层式立体交叉多为高等级公路与城市快速路、主干路交叉的备选立交形式。

③四层式立体交叉多用于高等级公路间相互交叉,且由于占地等原因限制,需要交叉点集中在一处的情况。

(6) 按连接道路等级分类

按互通式立体交叉所连接道路的等级,可分为枢纽型互通式立体交叉和普通型互通式立体交叉。

①枢纽型互通式立体交叉,是指径相连接高等级公路,具有实现高等级公路间交通流网上快速转换性质的立体交叉。

②普通型互通式立体交叉,是指实现高等级公路与一般公路及道路连接的立体交叉。

此外,按是否收费,可分为收费互通立交和不收费互通立交。

2) 互通式立体交叉的常用形式与特点

公路互通式立体交叉的常用形式分为:三肢 T 形交叉、Y 形交叉和四肢十字形交叉。

(1) 三肢 T 形交叉

①喇叭形(A 型和 B 型)

喇叭形互通式立体交叉是国内外高等级公路广泛采用的互通形式之一,它用旋转约 270°的内环匝道作为左转弯匝道,用三个外环匝道作为右转弯匝道,延长交叉线经匝道接入主线,组成三肢 T 形交叉的完全互通式立体交叉,如图 5.4.2 所示。

喇叭形互通式立体交叉分为两种形式,当被交叉公路进入主线的左转匝道为内环匝道时,称之为 A 型,如图 5.4.2a)、c)所示。A 型适用于被交叉公路进入主线的左转交通量较小,而主线进入被交叉公路的左转交通量较大时采用。反之,当主线进入被交叉公路的左转匝道为内环匝道时,称之为 B 型,如图 5.4.2b)、d)所示。与 A 型相反,B 型适用于被交叉公路进入主线的左转交通量较大,而主线进入被交叉公路的左转交通量较小的情况。

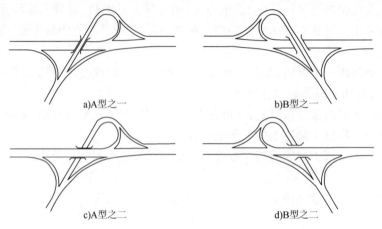

图 5.4.2　喇叭形互通式立体交叉

喇叭形互通式立体交叉的特点:各转弯方向有独立匝道,完全互通,无冲突点和交织段,行车干扰小,线形简单而造型优美。转向车流一律从主线右侧出入,方向明确。立交内仅有一座跨线桥,工程规模较小,占地较少,一般投资较省。其不足之处:内环半径较小,左转弯交通绕行里程较长。

喇叭形互通式立体交叉内布线方式,一般认为主线上跨被交叉公路为好。如图 5.4.2c)、d)所示。主线在上、行车视野开阔,司机很容易看到各出入口情况,有利于安全行驶。

当被交叉公路上跨主线时,应尽量避免采用 B 型喇叭,如图 5.4.2b)所示。B 型喇叭出口在跨线桥后不远,当主线行驶车辆从桥下驶过时,出口及内环匝道立即呈现在驾驶员眼前,容易引起驾驶员心理紧张,促使其突然减速,加之桥下光线阴暗,视线易被桥梁墩台遮挡,与行驶安全不利。

②定向形

定向形互通立交是高速公路中常被采用的另一种较好形式,如图 5.4.3 所示。它用两条旋转约 90°的直接或半直接定向匝道连通左转弯车流,用两条外环匝道连通右转弯车流,从而组成完全互通式立体交叉。

直接定向形互通立交的特点:如图 5.4.3a)所示,左转弯车辆从左侧出入,右转弯车辆从右侧出入。左、右转弯匝道的转向角度均在 90°左右,路线短捷,曲线半径较大,匝道的允许车速较其他形式立交匝道高,容量大。其不足之处:桥梁结构物多,高程相差较大,引桥较长,路线纵坡较陡,造价较高。

布线时应注意三处交叉点的高程关系。由于立交净高要求,立交范围内主线车道需适当分离,路基可按需要设计成不等高。

当主线上方用地许可时,亦可布置为半直接定向形式,如图 5.4.3b)、c)、d)所示。该形式的不同之处为,左转弯车辆符合通常从右侧出入主线的习惯,主线对向车道不需分离。图 5.4.3b)所示为三座双层桥,图 5.4.3c)所示为两座双层桥,图 5.4.3d)所示为三层桥。

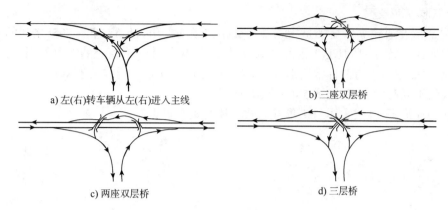

图 5.4.3　定向形互通式立体交叉

③环形

环形互通式立体交叉也是高速公路上常用的实现 T 形交叉完全互通式立交的一种。它用一个公共内环连通左转弯车流,两个外环连通右转弯车流,如图 5.4.4 所示。

环形互通式立体交叉的特点:线形简单,结构紧凑,造型优美,出入口位置好,内环半径较大,匝道车速较高,行驶方向明确,占地较少,但随内环半径增大而增加。其不足之处:左转弯匝道存在交织路段,对左转匝道的车速及通行能力起控制作用,交织路段越长,通行能力越大,但随之工程规模加大,需要设置两座跨线桥,工程造价偏高。

该型立交另外一个特点是适量增加工程量,修通图中所示虚线部分,即可增加主线车辆掉头功能。

④子叶形

子叶形互通立交使用两个内环匝道连通左转弯车流,两个外环匝道连通右转弯车流,构成 T 形完全互通式立体交叉,如图 5.4.5 所示。

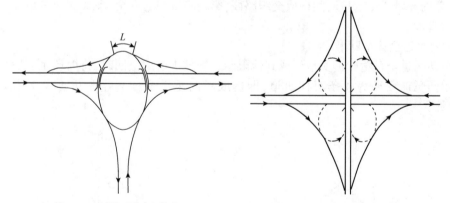

图 5.4.4　环形互通式立体交叉　　图 5.4.5　子叶形互通式立体交叉

子叶形互通立交的特点:匝道对称布置,形成子叶状,造型优美,仅一座跨线桥,工程规模较小。其不足之处:存在两个内环匝道,半径较小,左转弯车辆需旋转 270°,绕行较长,主线上内环匝道间存在交织段,于行车安全不利,占地较多。

该型立交若用于预留四肢立交,则优势明显,只需补建图中虚线所示部分。

(2)三肢 Y 形交叉

三肢 Y 形互通式立体交叉是指三条相交路构成的夹角大体在 75°～105°之间的互通立交。它的形式与特点，类似于 T 形互通式立体交叉，仅因其三路相交的夹角不同，线形随之有些变化。如：喇叭形有两种常用形式，如图 5.4.6a)、b)所示。定向式有双层三桥式以及三层一桥式的不同布设方案，如图 5.4.6c)、d)所示。

其他如环形、子叶式大体与 T 形互通式立体交叉布置类似。

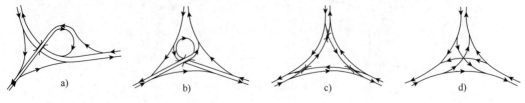

图 5.4.6　三肢 Y 形互通式立体交叉

(3)四肢十字形交叉

①全苜蓿叶形

全苜蓿叶形互通式立体交叉可分为单向匝道全苜蓿叶形、对向匝道全苜蓿叶形、设集散路的全苜蓿叶形和扁苜蓿叶形四种形式。

a.单向匝道全苜蓿叶形

单向匝道全苜蓿叶形互通式立体交叉用四个内环匝道连通所有左转弯车流，四个外环匝道连通所有右转弯车流，各匝道相互独立，主线交叉处设置一座跨线桥，构成完全互通式立体交叉，如图 5.4.7 所示。

单向匝道全苜蓿叶形互通式立体交叉的特点：各方向均能互通，车辆均从右侧出入主线及被交叉道路，方向明确，无冲突点，安全度大，线形布设对称，造型优美，仅一座跨线桥，构造物少，桥梁方面造价较省。其不足之处：左转匝道车辆均需旋转 270°，车速较低，绕行距离较长，相邻内环匝道出入口之间构成交织路段，影响主线交通安全，互通立交占地面积大，不利于收费管理。

b.对向匝道全苜蓿叶形

当单向匝道全苜蓿叶形受地形或其他限制必须缩小占地范围时，将内环匝道适量压扁，由 8 条单向匝道变换为 4 条对向匝道，即构成对向匝道全苜蓿叶形互通式立体交叉，如图 5.4.8 所示。

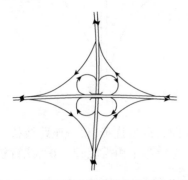 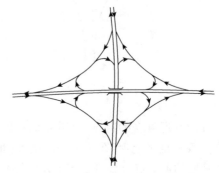

图 5.4.7　单向匝道全苜蓿叶形互通式立体交叉　　图 5.4.8　对向匝道全苜蓿叶形互通式立体交叉

对向匝道全苜蓿叶形互通式立体交叉的特点:内环匝道半径更小,内外环匝道不能相互独立,纵坡更陡。

c.设集散车道的全苜蓿叶形

为避免全苜蓿叶形互通式立体交叉相邻内环匝道的交织对主线直行交通的干扰,保证交通安全,当内环交通量较大时,在主线一侧设置集散道,使匝道出入口及其车流的交织在集散道上完成,即形成设集散路的全苜蓿叶形互通式立体交叉,如图 5.4.9 所示。

设集散路的全首信叶形互通式立体交叉的特点:车辆的流入流出对主线直行交通影响较小,保证了主线行车安全,但互通立交规模大,造价高。

d.扁苜蓿叶形

当由于地物限制或出于减少占地的需要,将全苜蓿叶形整体变成扁细长条状时,即构成扁苜蓿叶形互通式立体交叉,如图 5.4.10 所示。

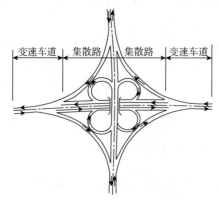

图 5.4.9 设集散路的全苜蓿叶形互通式立体交叉

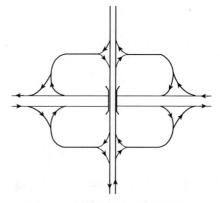

图 5.4.10 扁苜蓿叶形互通式立体交叉

扁苜蓿叶形互通式立体交叉的特点:是为适应地形地物的需要而对对向匝道全苜蓿叶形互通式立体交叉的改型,其内环匝道为克服上下线的高程差而适当拉长,因此两端平曲线半径更小,通行能力更低。

②部分苜蓿叶形

部分苜蓿叶形互通式立体交叉为部分互通式立体交叉,其形式可分为 A 型、A1 型,B 型、B1 型和 C 型五种形式,分别适用于不同的地形和交通条件。

a.A 型

A 型部分苜蓿叶互通立交匝道布置在Ⅰ、Ⅲ象限,被交叉公路左转弯和右转弯车辆均需经内环匝道进入主线,主线车辆经外环流出,被交叉公路上有平面交叉,如图 5.4.11 所示。

其主要特点:由于流出点位于构造物之前,对主线上高速行驶的车辆有利;消除了交织;易于扩建。其不足之处:被交叉公路上自然的右转弯被左转弯所替代;被交叉公路上的冲突点限制了通行能力。

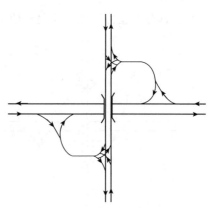

图 5.4.11 部分苜蓿叶形(A 型)互通式立体交叉

b. A1 型

A1 型部分苜蓿叶互通立交是为增加交通容量,在 A 型的基础上,在Ⅱ、Ⅳ象限增加两条右转弯直接连接匝道,被交叉公路上的右转交通可以直接右转进入主线而无需绕行环形匝道,如图 5.4.12 所示。

其主要特点:与 A 型对比而言,该形式所有右转交通运行自然。其不足之处:规模较大,用地较多。

c. B 型

B 型部分苜蓿叶互通立交类似 A 型,但是匝道布置在Ⅱ、Ⅳ象限,主线转向交通均经内环匝道驶离主线,如图 5.4.13 所示。

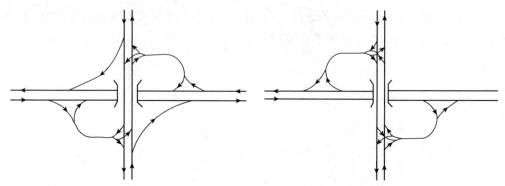

图 5.4.12　部分苜蓿叶形(A1 型)互通式立体交叉　　图 5.4.13　部分苜蓿叶形(B 型)互通式立体交叉

其主要特点:消除了交织;被交叉公路上车辆运行自然;易于扩建。其不足之处:被交叉公路上的冲突点限制了通行能力;主线流出车辆需经内环匝道。

d. B1 型

B1 型部分苜蓿互通立交是为增加交通容量,在 B 型的基础上,在Ⅰ、Ⅲ象限增加两条右转弯直接连接匝道,如图 5.4.14 所示。

其主要特点:与 B 型对比而言,该形式所有右转交通运行自然。其不足之处:规模较大,用地较多。

e. C 型

C 型部分苜蓿叶互通立交是将匝道布置在被交叉公路的一侧,如图 5.4.15 所示。

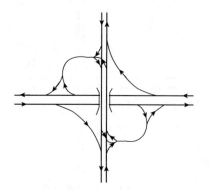 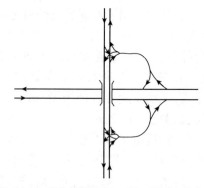

图 5.4.14　部分苜蓿叶形(B1 型)互通式立体交叉　　图 5.4.15　部分苜蓿叶形(C 型)互通式立体交叉

其主要特点:适用于被交叉公路紧密平行于铁路或河流的情况。其不足之处:被交叉公路上的冲突点限制了通行能力;存在交织;主线以及被交叉公路的转向方式均不同,较容易引起车辆错路运行。该型互通式立体交叉的另一种适应情况为将服务区、停车区改建为互通式立体交叉。

③菱形

菱形互通式立体交叉是有四条直线匝道实现所有各方向车流互通的一种常用形式,如图 5.4.16 所示。

菱形互通式立体交叉的特点:结构简单,只有一座跨线桥,占地较少,工程费用省,左转匝道直接,车辆绕行距离短。其不足之处:由于匝道数量不足,四条直线匝道与被交叉公路均为平交,存在 6 处冲突点,左右转向匝道平交处曲线半径均较小,因此被交叉公路上限速较低。

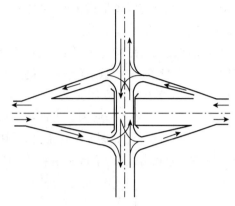

图 5.4.16　菱形互通式立体交叉

④环形

为确保主线直行车辆快速行驶,将主线上跨或下穿环道而构成的立体交叉形式为环形互通式立体交叉。环形互通式立体交叉中的各向转弯车道,一律通过环道按逆时针方向绕环道中心单向行驶。车辆在环道内相互交织,选择所去方向的出口驶出。

环形互通式立体交叉的特点:在车速要求不高的条件下,占地少,在多路交叉中,更具有不可替代的优越性。其总的工程规模大小随交通要求、立交层数而定。其不足之处:环道内车速较低,通行能力较小,当被交叉公路交通量较大时,需采用三层式,工程规模显著增大。

环形互通式立体交叉的形式较多,其环道有圆形、长圆形或椭圆形等;有双层式、三层式之分,如图 5.4.17 所示。

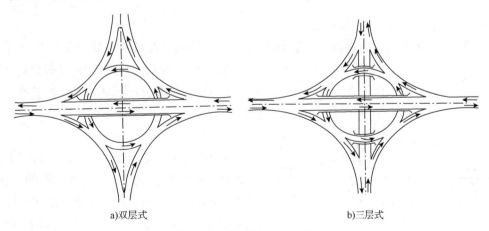

a)双层式　　　　　　　　　　　　b)三层式

图 5.4.17　环形互通式立体交叉

⑤定向形

定向形互通式立体交叉由主线、被交叉公路和直接定向匝道组成。

定向形互通式立体交叉的特点:左转匝道直接从主线及被交叉公路左侧出入;左转匝道转向角一般小于90°,平曲线曲线较大,容许车速高,车辆行驶顺捷,各向匝道相互独立,无冲突点,无交织段;线形紧凑,造型优美,可以向空间竖向发展,占地、拆迁较少。其不足之处:左转匝道从左侧出入,不符合驾驶员右侧出入习惯;桥梁工程量较大,引道较长,造价较高。

定向形互通立交匝道形式多变,公路设计中常用的有以下几种形式:

a.双层定向形互通式立体交叉

主线及被交叉公路均为S形曲线,各交叉处均为双层跨线桥,如图5.4.18所示。其特点为:各交叉点较分散,桥梁数量较多,但高度较低。

b.三层定向形互通式立体交叉

主线为直线,被交叉公路为S形曲线,两路相交处设双层跨线桥;四条左转匝道与主线相交于一处,设三层桥,如图5.4.19所示。其特点为:跨线桥较集中,桥梁较高而数量较少,被交叉公路多为双出入口,于行车不利。

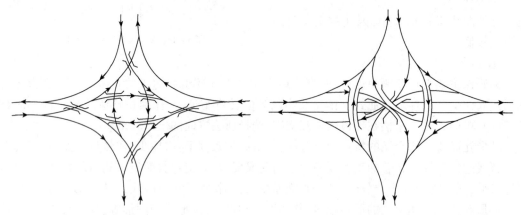

图5.4.18 定向形互通式立体交叉(双层式)　　图5.4.19 定向形互通式立体交叉(三层式)

c.四层定向形互通式立体交叉

主线、被交叉公路均为直线,主线、被交叉公路以及四条左转匝道相交于一处,设四层桥,如图5.4.20所示。其特点为:线形紧凑,桥梁数量少但层数较多,桥梁结构复杂,施工难度大,投资高。

⑥组合形

组合形互通式立体交叉是根据交通要求,结合交叉口场地条件,选用以上各种不同的立交形式进行组合而成。组合形互通立交形式多样,在公路测设中常常出现的形式主要有:双喇叭形组合、喇叭形与Y形组合、喇叭形与环形组合、喇叭形与平面交叉组合以及Y形与平面交叉组合等。

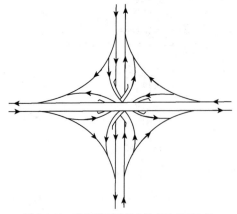

图5.4.20 定向形互通式立体交叉(四层式)

a.双喇叭形组合

该型立交由两处喇叭形互通式立体交叉中间插入收费站组合而成,如图 5.4.21 所示。

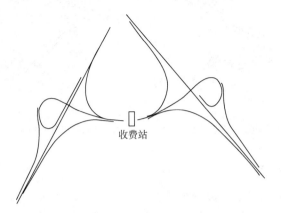

图 5.4.21　组合形互通式立体交叉(双喇叭形组合)

b.喇叭形与 Y 形组合

该型立交由喇叭形互通立交和 Y 形互通立交中间插入收费站组合而成,如图 5.4.22 所示。

c.喇叭形与环形组合

该型立交由喇叭形互通立交和环形互通立交中间插入收费站组合而成,如图 5.4.23 所示。

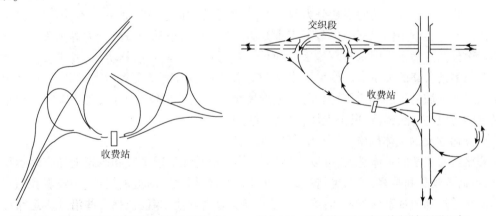

图 5.4.22　组合形互通立交(喇叭形与 Y 形组合)　　图 5.4.23　组合形互通立交(喇叭形与环形组合)

d.喇叭形与平面交叉组合

该型立交由设置在主线侧的喇叭形互通立交和设置在被交叉公路侧的平交间插入收费站组合而成,如图 5.4.24 所示。

e.Y 形与平面交叉组合

该型立交由设置在主线侧的 Y 形互通立交和设置在被交叉公路侧的平交间插入收费站组合而成,如图 5.4.25 所示。

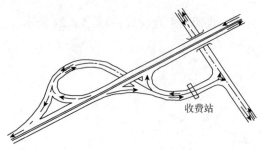

图 5.4.24 组合形互通立交(喇叭形与平面交叉组合)

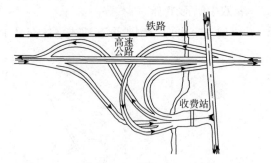

图 5.4.25 组合形互通立交(Y形与平面交叉组合)

5.4.1.3 立交的组成

公路互通立交一般由以下几部分组成:

(1)主线:又叫正线,是指相交公路的直行车道,相交公路在空间分离时根据位置不同可有上线和下线之分。

(2)匝道:专供相交公路转弯车辆转向使用的连接公路。

(3)跨越构造物:相交公路相互跨越实现交通流线分离的构造物:可采用桥梁、地道、隧道等构造物。

(4)附属部分:除主线、匝道及跨越构造物以外,立交的其他组成部分主要包括出口、入口、三角地带,收费口等。

5.4.1.4 立交美学设计应考虑的因素

与公路互通美学相关的因素分为两大类,一类是美学的主体因素——人;第二类是美学的客体因素。美学主体因素中包含了互通美学相关人群的视觉、心理、行为等因素。美学客体因素中包括互通自身因素与环境因素两种。互通自身因素包括其功能、形式、结构、空间特点及与整条公路的关系等。环境因素又分为自然环境因素和人文环境因素:自然环境因素包括互通区域的生态环境、自然风光、地形地貌、地质、地理位置等;人文环境因素包括互通区域的历史、文化、经济、风土人情、建筑、古迹等。

1)互通立交的主体因素

公路互通美学的主体是人,可以分为三类:第一类是在互通主线和匝道上随车辆运行的人群,包括驾驶员和乘客;第二类是互通以外的人群,包括互通附近的居民、工业者和商户以及其他互通外部的观察欣赏者等;第三类是互通穿越者和使用者,包括一些沿地方道路穿越互通的人和互通美景中休憩娱乐的人群。

在主线和匝道上驾驶车辆的驾驶员需要不断选择行进方向,将大部分注意力集中在前方道路上,其视觉焦点随车辆前行而向前推进,视域较窄,但是在行进过程中他们也会不时向其他方向张望。由于车速较快,过多的细节对于驾驶员而言没有太多意义,而安全性和引导性对于他们来说是最重要的。

乘客在公路上行进时同样是一个动态的过程,其观察点也随着车辆的前行而移动,但乘客的注意力大多分散在道路两侧,视域更加开阔。沿线景观每一个画面对于他们来说只能是瞬间且连续,乘客更需要一个变化的公路美景。当车辆进入互通匝道后速度变缓,乘客有更多的时间去欣赏窗外的美景,此时他们希望能够看到赏心悦目的风光,从而给疲乏的旅途增添乐趣。相对于驾驶员来说,乘客对美景的美观性和舒适性的要求更高。

互通范围以外的欣赏者视觉几乎不受限制,可能从外部各种角度观察互通区域,并且视点相对来说处于静止状态,对美景的细节有较高的要求,特别对于附近生活的居民来说,互通美学设计的成败直接影响到他们的生活质量。

对于在互通绿地中游憩的人群来说,视域主要集中在互通内部的区域,并且视点处于缓慢运动状态,对互通内部景色景物的美观性、趣味性以及细节的要求最高。

在公路互通立交美景的设计时其布局形式,树种选择应与公路主线美景取得一定的协调,整条公路上的互通立交美景应统一考虑,避免形式的雷同。

2) 互通立交的客体因素

(1) 造型因素

造型属于美学范畴,它反映人的视觉对形体的感受。立交整体造型是指立交线形设计、线形组合、平面轮廓、空间形态以及细部装饰和景观布置的组合,主要包括立交整体轮廓的构思、立交类型的选择等。

(2) 线形因素

立交线形是构成立交的骨架,线形的连续、顺适、协调、流畅直接影响立交的功能、安全和美学效果。事实上,立交的动态美很大程度上是由动态的线形组合来体现的。立交一般由两条相交主线加若干条匝道形成,这些空间曲线在立交区形成复杂的空间线形群体。结合立交线形特点研究这个群体的视觉诱导、视线连续、线形要素的协调等问题,是立交线形美学设计的主要内容。

① 立交线形不是单条线形的延伸,而是在一个有限范围内若干条空间线形的有机组合。各线形之间互相关联、互相影响,任何一条线形都不是孤立存在的,平面线形布置及纵面层次安排都要考虑与相关线形的关系,立交线形设计实际上是一组空间线形的设计。

② 匝道是供车辆转向行驶并连接上下主线的车道,立交区平面线形以曲线为主。立交区纵面线形互相跨越,又互相连接,构成立交的层次性。互通式立交平、纵面线形设计的关键是匝道与主线、匝道与匝道的线形组合设计。

③ 立交的平面线形和纵面线形都是以曲线为主的,因此立交线形设计方法应在传统的直线形设计方法上进行较大改进,应采用曲线形设计方法处理以曲线为主体的立交线形。

(3) 桥跨因素

桥跨结构是立交的主要组成部分,是立交工程的主体,线路之间的互相跨越往往因服从线形纵面坡度要求而跨越较多障碍物,致使桥跨结构形式多样。同时,立交主线和匝道平面、纵面线形组合复杂,桥跨结构弯、坡、斜、竖曲线桥以及异形桥极为常见,设计难度较大。立交桥跨的重要地位及其构造上的特点,表明桥跨在立交美学中的重要作用及其与一般桥梁美学的区别。立交桥跨除具有一般桥梁的美学特征外,还有其自身的特点,主要有:

① 特点一,立交桥跨一般不是独立的桥梁,而是在有限的空间内若干桥梁与线路构成的一个集合体。因此,每条线路桥跨之间相互关系包括形状、位置、层次安排、桥型布置等都是相互影响的。立交桥跨的美学效果除与单座线路桥跨相关外,还与立交范围内所有桥跨的协调统一相关。

②特点二,立交桥跨空间造型的美学要求较高。一般桥梁多为其两岸的正视或侧视以及路外的远视,强调的是桥梁整体结构、造型给人的美学印象;而立交桥跨是线路间的相互跨越,人们要从各个视角对桥跨做全方位的动态观察,这就对桥跨的空间造型提出了更高的美学要求。

③特点三,立交桥跨美学制约因素较多。桥跨高度、墩台布置除受下线宽度和构造的制约外,还受立交所处地形及周围环境的制约。例如,桥下净高既不能小于下线行车净高,也不能过高而增加匝道(或主线)长度,凹形地带桥跨布置宜集中多层,使立交结构紧凑,节约用地;平坦开阔地带桥跨布置宜相对分散,使立交显得气势宏伟。

(4)环境因素

立交与周边环境的协调是立交美学研究的又一个重要内容。立交与环境的融合不能脱离立交本身应具备的交通功能。研究和分析立交环境美学是在立交满足交通功能的前提下对立交及其所处环境做充分细致的调查,设计各种可行的方案,并进行环境影响评价,从而确定最优方案。实现立交与环境之间的协调统一,需满足以下要求:

①以立交总体构思为主线,注重立交与环境的相容性,使立交与环境的性质协调一致;以环境美景构成要素为辅,弥补因立交的存在而给环境造成的冲击。认真考虑立交的色彩、材质、风格、体量、尺度等因素,尽量使立交与环境在这几方面具有一致性、对比性和衬托性,减少立交对环境景观产生不良的影响,以达到两者之间的融合。

②立交应与其所处的地形相适应。地形是构成环境和确定立交造型的一个重要因素。地形对立交美学的影响主要体现在3个方面:第一,地形决定了美学空间的形式,同时也决定了立交的节奏、韵律和比例关系;第二,高低参差的地表,形成不同的空间视点位置,产生不同的美学效果,从而形成尺度、深度和层次不同的近景、远景;第三,具有独特风格的地形及其与之相配合的构造物,形成了每座立交自身独有的特征。

③强调立交与环境的协调,不能淡化每座立交自身造型的艺术个性。立交是重要的美学资源之一,是地区或城市的重要建筑物,代表各个地区或城市独特的风格和气质。尽管造型设计在立交功能上应强调一致性,但形式上仍要坚持多样而又统一的原则。结合地区或城市具体人文、地理环境布置一些造型独特的立交,使立交形式千姿百态,成为地区或城市特有的人文美景。

立交美学的影响因素众多,除以上介绍的造型、线形、桥跨和环境外,还包括照明、绿化、雕塑、小品、护栏等。在立交美学建设中,应综合考虑多方面因素对立交美学的影响,创作出具有独特美学气质的立交设计。

5.4.2 公路立交美学设计原则

互通式立体交叉的美学构成与其他建筑物、道路、桥梁等相比,既具有共性,也具有个性。一般来说,立交美学的基本原则主要有以下几方面:

1)整体性原则

公路沿线不同的美学资源因公路的修筑被串连成一个以公路为中心的整合的线性空间。随着汽车的行进,展现在公路使用者视野中的不是静止的美景,而是随着车辆行进而产生的快速而连续的动态美景。因此,公路的美学设计应该具有整体性和连续性。这个"整体性"不仅是指公路内部各组成部分之间的协调与统一,也是指公路与外部环境共同构成一个有机的整体。这就要求组成立交的各部分如主线、匝道等布局紧凑而不分散,主线进出匝道的方向明确显眼易判,线形流畅连续,保证主线与匝道间的连贯性和桥型的简洁明快;立交总是置身于一定的公路及其环境之中,强调立交整体性,其中突出的应是强调立交与环境和连接道路的适应性,通过立交与环境和连接道路的材质、色彩、风格、体量、尺度等方面的对比和衬托,形成立交与环境的整体感。

2) 安全性原则

安全性是公路互通立交美学设计所要遵循的首要前提,是美的基础,立交的一切美学设计都必须以确保安全驾驶为前提。在立交线形布置、造型设计、结构设计中,要为驾驶员和乘客提供良好的心理条件。

在互通立交美学设计中,要充分考虑视觉空间的尺度、道路的线形变化、色彩以及视觉连续性等交通视觉与心理因素,通过视线诱导、色彩设计、开放与遮挡等手段来消除驾驶员在行车时所产生的心理压抑感、威胁感及视觉上的障碍,调节和改善驾驶员的视觉疲劳,达到安全驾驶的目的。良好的线形质量及足够的视距,清晰可辨的诱导系统,足够的路面宽度和桥下净空,稳定高强的栏杆等都对行车安全产生积极的影响。结构造型上的稳定、对称法则,非对称形体的均衡等都是安全感的内容。

3) 美观性原则

符合大众审美心理的美学设计会给使用者带来各种感官上的舒适、情绪上的愉悦而留下深刻美好的印象。要做到符合大众的审美心理,其互通立交美学设计必须符合使用者的感官特点并遵循美学法则。

4) 生态性原则

建造互通立交对于当地的自然环境有着很大和不可逆的不良影响。公路互通立交占地面积巨大,其所在地区大地肌理被割裂,地形地貌被改变,土壤被侵蚀,植被被砍伐,表土受损失,水土流失严重,水资源造成污染,原有水系的排灌、泄洪功能受到削弱,如此等等。因此,在互通立交的美学设计中,应尽量利用自然地形、地貌及当地植被,尽可能多地为动植物繁衍提供与外界环境相连通的廊道,甚至可以通过生态补偿来替代因建设受损的生态功能和价值,从而减少对生态环境的冲击。

5) 地域性原则

我国幅员辽阔,各区域的自然条件、历史文化、经济发展差异极大,都有着自身的独特性。公路绵延几十至上千公里,途经不同区域,公路上的每一座互通立交也都处于特定的自然与人文环境中,其美学设计不能完全脱离其地域条件而孤立存在。在与当地自然环境相协调的同时赋予互通美学设计地域文化的内涵,不但使其更加具有个性和生命力,也更容易从精神上引起人们的共鸣,使其成为人们感受地方文化特点的载体。具有地域文化特征的立交美学设计体现在对场所精神的理解和传承上,也体现在对场所的自然过程的尊重和当地材料的使用上。互通立交桥美学设计应遵循师法自然的原则,要有"势"和"动"的理念。

例如,将地域文化、云南民族风情和园林艺术融入公路美学建设的昆石高速公路美学工程将云南少数民族丰富的歌舞、服饰、绘画、雕刻工艺和昆明石林地区特有的彝族火把、阿诗玛、大三弦等文化,通过现代设计手法展现出来,使公路美景既体现民族特色又富有现代气息。如阳宗立交区的设计采用了少数民族服饰中常见的盘花形式;王家营立交图案则成一圆形,中间配以红色花纹,表现了彝族传统火把节的盛况;昆明石虎关立交区出口的文化墙上则采用青铜网纹、太阳纹饰,反映了云南少数民族的服饰文化和彝族对太阳的崇拜。

5.4.3 立交美学设计内容

立交美学设计包含多方面的内容,主要有:立交的规划布局与总体造型、立交线形设计、构造物美学设计、立交美学修饰等。

5.4.3.1 立交线形组合美学设计

公路立交是由匝道和立交桥组成的主要为行车服务的建筑物。公路立交(互通立交)形式问题就是各种左、右转弯匝道的选择和组合问题;由于右转弯匝道的经济合理形式只有直接式一种,因此立交形式设计的实质就是结合具体条件,选择最优左转弯匝道进行组合。立交美学主要有以下内容。

1) 每条匝道线形

尽管互通立交有三肢、四肢、多肢之分,且通过匝道组合,可以使立交形式千变万化。然而右转弯匝道只需向右转 90°,只有一种基本形式;而左转弯匝道须转 270°,共有 10 种可能的基本形式。无论哪种形式的线形都要与汽车行驶轨迹相吻合,汽车行驶轨迹就是曲折有致的优美线形,匝道线形大多为回旋线和圆曲线(不同半径同向或反向圆曲线)组合的曲线。其中环圈式匝道若采用水滴形或卵形曲线,既符合车辆行驶方式所要求的匝道曲线半径"大—小—大"的布置原则,又具有优美的线形,颇具特色。

有时立交受条件限制,将苜蓿叶式立交压扁或做成方形,匝道线形由回旋线、圆曲线和直线组成,别具一格,但有车速缓慢的缺点。

2) 匝道线形组合

通过左转弯匝道组合,三肢立交有 9 种基本形式,而四肢立交具有很强的实用价值,其对称的基本形式就有 172 种,对于各基本形式还可以有各种不同的变化,所以说立交形式非常之多,为选择道路立交提供了基础。

3) 立交线形美设计原则

(1) 匝道线形布局保持视觉平衡

视觉平衡要求匝道线形布局均衡,让人感到心情安宁,有稳定感。等形等量平衡形式——对称是均衡的完美形态,在立交匝道线形布局设计中较常见。异形异量平衡则要求改变匝道半径或长度,调整其所包围的面积和形态,以求布局均衡,同样也可获得视觉平衡的美学效果。

(2) 匝道线形布局简洁、明确

匝道线形布局简洁、明确,不仅有利于行车,而且使人觉得心中有数,产生一种信任、安全、舒适感,这是一种不可或缺的美感。

(3) 左、右转弯匝道线形类型相同

左、右转弯匝道线形类型相同就是曲线与曲线相配合,直线与直线相配合,给人以协调和谐感。

(4)匝道线形布局有壮观气势

在条件许可的情况下,匝道线形布局要舒展、到位、不拘谨。在满足基本的技术要求的前提下,匝道该长则长,半径该大则大,优美曲线定会构成壮观气势。

(5)匝道线形布局含有美好地域文化寓意

匝道线形布局不仅是技术的产物,也是文化的产物,优美线形可以组合成含有美好地域文化传统寓意的图案,把技术美与文化美结合起来,设计出具有特色、令人难忘的立交造型。如某立交的匝道布局好似一只象征幸福的蝙蝠图案,造型与立交名称及附近居民区名称——祈福新村相吻合,寓意福到新村。

5.4.3.2 互通立交的桥梁美学设计

由于公路上行车者的视点在快速变化,因此互通立交桥梁的美学设计原则应是明快简洁,既要有艺术性,又要有通俗性。不但要与互通立交美学设计主题基调相符,又要与周围环境相协调。

立交形式与位置条件密切相关,不同区域的地形地貌及环境条件,适宜的立交形式也不同。靠近城镇的立交周围有建筑物作为背景,选择的立交形式要与周围建筑群的体量、尺度风格相协调。其他区域立交选形的约束性条件相对较少,选型的自由度较大,一般以地形地貌、自然环境、空间背景为选型的依据。

立交桥包括跨线桥和高架桥。跨线桥是立交实现交叉车流分隔的主体结构,高架桥则跨越其他障碍物或代替高填土做成高架匝道,是立交的关键组成部分。当桥梁上跨互通匝道时,为了减轻其对行驶者心理上造成的压迫感,在满足安全可靠要求的前提下,桥梁下部构造应尽量选用简洁轻便的结构。

1)上部结构

立交桥不仅要具备跨越和负载的基本功能,还必须服从匝道平纵线形的要求和多层布局,这就决定了立交桥美学设计的特定原则:

(1)平面上,立交桥宽度和线形要与相接的公路一致;纵面上,坡度及竖曲线要符合路线的要求。即桥路融为一体,保持路线流畅的连续性,呈现给人们以动态的美感。为此,立交桥大量采用弯、坡、斜、变宽桥。

(2)车、人从立交桥下通过,特别是汽车速度快,希望前方视域充分,无阻挡感;上方敞亮,无压抑感。因而立交桥上部结构线条应简洁、明快;体量显纤细、轻巧;外形要协调、柔和,不宜采用小跨度。

斜腿刚架桥跨中建筑高度小,外形简洁、有力,视线通透性好。连续宽翼空心板及连续箱梁桥容易适应弯、坡、斜桥的需要;较小的翼缘板厚度及落在梁身上的阴影使梁体显得轻、薄。无梁板桥形状和尺寸可塑性强,桥型轻盈挺拔、美观大方。这些桥型能较好地适应立交桥的美学要求,所以在跨线桥梁中较为广泛应用。

(3)匝道高架桥往往比较长,应避免桥型和跨度的突然变化,防止结构高度与形态的突然变化使饰带(侧带)"折断",破坏梁体的视觉连续性。若打破曲梁与拱桥波形起伏的韵律,会产生犹如正倾听的美妙音乐戛然而止的失望感。

(4)上、下部结构(特别是梁高与跨径、梁高与墩宽)的尺度和比例要协调,要将力学分析所确定的比例与优美的视觉比例协调一致。不同的尺度与比例会形成桥梁的不同风格,不适当的尺度和比例会造成过分笨重或纤弱的不美形象。

(5)上部结构底部宜平整或呈曲线状,柔和的线形、光洁的平面让人产生愉悦的感觉。

(6)立交桥栏杆不要增加上部结构的厚重感。设检修人行道的栏杆宜采用通透性好的、以竖向线条为主的结构。防撞墙作为栏杆时,应在墙、梁之间设一条纵向凹槽,或在墙外侧设间隔和宽度适当的竖向凹槽,让阴影把梁、墙从视觉上分开。

(7)应用一些新技术以丰富立交美学设计内容。如:纳米涂料的使用会使立交桥更加多姿多彩。

2)下部结构

立交桥与人的活动最接近的部分是下部结构(主要是桥墩),无论远眺还是近观,都在人们的审视之中,因此,下部结构的美学设计更应引起重视。

(1)要考虑到负重是下部结构的主要功能,力量和稳定是其美感的基础,所以无论是单柱、双柱、密排多柱墩;无论是矩形、梯形、倒T形、V形、Y形、H形、倒Y形墩,都应是对称的均衡形态(这是墩身的主要形态)。T、V、Y、H造型好像一个巨人张开双臂托起千钧;倒Y形则像两腿分开的挺立巨人。在特殊情况下,也可能用倒T形不对称墩身(其造型像巨人单臂高举托物),但墩顶不对称部分不能太长。

(2)下部结构不仅要与上部结构尺度和比例相协调,而且造型也应密切配合,同时要统筹考虑墩柱林立的影响,最佳的配合也就是最美的造型。

作为立交桥的桥墩应配合上部结构造型,应简洁、纤细、柔和,避免大体积、笨重感,并给桥下留更多的空间。桥墩横截面常用圆形、长矩形及其变形、鼓形、倒角及变形等,方形因透视关系加大体量,不宜采用。

有一些具体方法如:墩梁相连,可形成浑然一体;盖梁嵌入梁身,可保持梁体的连续感;墩身竖向槽的阴影可打破宽大平面的单调感和笨重感等。

(3)匝道高架桥的桥墩形状和尺寸也不应突变,以免破坏下部结构顺桥向形成的韵律。

(4)桥台与桥梁上部结构的连接形态和尺寸要协调,使得立交桥的连续性得以完美结束。

(5)中央隔离带太窄(2~3m)时,不宜设桥墩,否则驾车人会有压迫感、紧张感。

5.4.3.3 互通立交与环境协调美学设计

立交与环境协调的美学设计有以下3个层次:

(1)与环境的协调。立交设计中要充分利用自然景观的形和势,因势利导,桥、路巧妙组合,甚至采用浅埋隧道的形式,尽量减少对周围的影响,追求与自然景观的融合,避免人工主观行为留下大量刀削斧劈的破坏印记。

(2)与环境的匹配。立交设计应综合考虑周围建筑物的方位、高度、体量和功能,作为确定立交平面布置或立面层数的安排以及是否需要布置地下结构的重要因素。立交布局力求与原建筑物布局均衡、和谐,或依势造美、突出重点,避免突兀怪异。

(3)美的再创造。立交美学设计不仅要与自然环境和原有建筑物协调,还应补残填缺、有所突破、锦上添花。

5.4.3.4 互通立交的细节设计

桥和人共处于同一活动空间,优美的细部艺术装饰,虽可观赏,然而立交桥所提供的功能美更令人关注。若忽视了"以人为本"的设计思想和全面考虑,立交桥的美就会遭到破坏。下述几个方面对立交桥的美感有较大影响,也应作为美学设计问题引起重视。

(1)跳车与噪声。特别是桥头跳车的震动和刺耳的噪声,不仅让人不舒服,也破坏了立交桥的连续、顺畅、柔和等美好感受。桥面连续措施、先进的伸缩装置及台背填土的处理应成为立交美学设计需要考虑的内容。

(2)漏水与斑痕。水迹、斑痕会大大影响立交桥的美观,严重的还会令人对其耐久性产生疑虑。

(3)积水与污垢。立交桥下若长年积水,必有污垢,行车、行人会产生厌恶感。如果不是下挖的道路,略为提高桥下路面高程,问题就会迎刃而解。

(4)桥下空间"五不"情况的改善。

①不美。立交桥下建起一些很不雅观的临时建筑,布满灰尘污垢,大煞风景。

②不准。立交桥下建起一片尖锐的混凝土块状物,不让行人靠近,给人留下不愉快的印象。

③不顾。立交桥不顾行人需要,不留行人通道,主观进行绿化,行人只好从绿化区通过,既破坏了绿化美,又脏了行人的鞋。

④不管。不考虑立交桥下空间的设计,任其垃圾成堆,行人避而远之,影响观赏立交桥的心情。

⑤不安全。立交桥堵塞了原来行人很多的交叉路口,未建行人通道(桥),也无明确人行路线指示标志,人和车同行在行车道上,险象环生,造成使用者心情紧张。

5.4.4 公路立交美学设计步骤

公路互通作为公路的一个组成部分,在可行性研究阶段应初步确定其设置的大概位置,并对所处区域的自然、社会、经济、交通、文化、历史等条件进行初步的了解与分析。

1)总体设计

通过查阅可行性研究阶段的设计资料,或以调查、记录、拍摄、走访等方式,了解项目、项目沿线以及互通相关的基本情况:

(1)工程项目总体情况:包括项目概况、项目建设条件、路域美学特征分析与美学设计单元的划分、项目美学设计的总体思路等;

(2)互通自身的设置情况:包括互通所处的地理位置、与整条公路之间的关系、互通所选用的形式、互通内各种构造物的布设等;

(3)互通所在区域的自然、社会环境:包括区域气候特征、地形地貌、光照条件、土壤环境、动植物类型、人文建筑、当地独特的文化与生活习俗、是否需重点保护的自然资源与历史文化古迹以及地方特色产业与主导产业等。

2)确定互通景观设计的主题与基调

通过资料的整理分析,以整个公路项目的美学设计原则和总体思路为指导,根据互通区域的自然与人文环境特点,选定互通美学设计的主题、奠定总体设计基调、确定该互通美学的整体设计风格。

3）总体布局

总体布局分为两个部分，一是平面布置，二是立体布局。平面布置是指结合互通美学设计的主题，对互通美学进行平面构图，用平面布置图的形式表示出互通形式、水体、绿化等美学要素的位置。立体布局是指明确互通区域各个匝道之间以及与地形之间的空间关系，根据空间关系对美学要素进行布置，必要时需对地形进行处理。平面布置和立体布局并不是相互独立的，在进行美学方案设计时需要同时进行考虑。

4）细化设计

在方案设计的基础上结合工程设计进一步对美学要素进行细化设计，比如中央分隔带的绿化、植物的选择与群落的配置、边坡的美化、构造物的美化等。

5.4.5 公路立交美学设计主题与基调的确定

立交美学的主题是整个立交美学设计的核心与灵魂。公路互通美学设计的主题确定，首先要明确整条公路或本段公路美学单元美学设计的总体思路与指导原则。在此基础上，根据互通所处的地理位置、自然条件和社会环境等因素来发掘该互通的独特性，并以此确立该立交美学设计的主题。

1）互通美学主题设计相关因素分析

（1）整条公路项目美学设计的总体思路与指导原则

互通立交只是一条公路的组成部分之一，与整个项目是局部与整体的关系，因此必须遵循整体性原则，如果脱离这个前提，那整条公路的美学设计就失去其连贯性。

（2）公路互通立交所处的地理位置

公路互通一般会选建在经济繁荣、交通发达的地区，离城镇等重要政治经济文化中心不会太远，其美学设计到底是应该以展现自然风貌为主题还是以展现人文特色为主题，抑或是两者兼而有之，这是由互通区域所处的地理位置决定的。

当互通立交位于城市远郊时，互通立交美学设计宜以展现当地自然风貌、融入当地自然环境为主题；当互通位于城镇的重要门户区时，其美学主题应结合本城镇的特色，起到对外宣传的窗口作用。

（3）互通立交所在区域的自然条件

互通立交所在区域自然条件如何，是田园美景、湿地美景、林地美景、山地美景还是沙漠美景，互通立交区域附近旅游资源如何，该互通立交设置的目的是否是为了连接通往旅游区的道路等，以上这些因素都影响着互通立交美学设计主题的确定。

（4）互通立交所在区域的人文环境

互通立交区域的历史文化、风土人情、特色产业、附近有无文物古迹等，都是值得研究和参考的因素。

2）确定公路互通美学设计的基调

基调也可说是对设计风格的基本定位，在确定互通立交设计主题之后，可以从以下三个方面来着手：

（1）色彩

色彩，尤其大面积的色彩是最能抓住欣赏者注意力的视觉要素之一，并对欣赏者的心理活动和精神状态有着很大影响。互通立交美景中所选用的主色调不但与互通的主题有关，更与欣赏者的视觉特点和心理需求密切相关。

对在公路上的驾驶者来说,安全性是排在第一位的。公路上驾驶者的视觉特点决定了道路两旁的美景应该是静止、柔和的,这样才不会过多地分散驾驶者的注意力,只有在特别需要预告或警示的地方才会使用鲜明的对比色以提前告诉驾驶者做好准备。而乘客及其他欣赏者作为旁观者,美观、舒适和趣味性才是最重要的。因此,公路互通的色彩设计应以驾驶安全性为前提,以柔和为主,不宜采用大面积的反差过大的色彩;同时结合互通美学设计的主题思想,兼顾美观、舒适与趣味性。

(2)纹理

在互通立交区域的原生环境中本身就存在着各种各样的质感与肌理,比如天空、田野、森林、岩石、砂砾、水体、房屋等,在进行立交美学设计之前,首先要对这些原生纹理进行分析和归纳。然后结合立交美学设计的主题,通过对区域原有纹理进行提炼和艺术化加工,来选定立交美学设计的基本纹理。整个立交的美学设计均以这些基本纹理为基础,再适当加以点缀或变形,以达到统一中求变的效果。

(3)线条

线条是平面构成最基本的要素,线条不应是杂乱无章的,而应该遵循着某种特定的内部规律,应使整个立交美景和谐统一。确定立交美学设计中线条的基本形式,可以从以下几个方面来考虑:

①公路美学总体设计思路;
②立交美学设计的主题;
③立交本身选取的结构形式;
④立交区域自然环境中的线条;
⑤立交区域有代表性的文化符号等。

如在康瑟尔布拉夫斯州际高速公路美学设计的总体规划中,选用了当地自然风光中具有代表性的连绵翻滚的山峦曲线作为整个项目的基本线条。在互通的三角区,各种高低错落的植物组成灵动交织的岛形,暗喻着连绵起伏的山丘与交错流动的密苏里河水。

5.4.6 立交的美学设计

5.4.6.1 互通立交的规划布局与总体造型

公路互通立交的总体布局包括两个方面的内容:一是平面布置、二是空间布局。但这两个方面都有一个共同的前提,就是确保驾驶者的安全行驶。

1)立交规划布局与总体造型应考虑的因素

立交的规划布局是立交设计的前期工作,也是基础性和前提性工作。立交的规划布局应初步确定立交设置的位置、间距、规模、类型等,这些工作都会直接影响立交建成后的整体景观。一般来说,立交的设置应根据相交公路的等级、性质、任务、交通状况,考虑到公路网或城市整体规划、立交建成后经济、社会和环境效益等条件,综合分析研究确定。

立交的造型是立交设计过程中最关键的环节。立交形式选择是否恰当,不仅直接关系到公路交叉本身的功能和经济价值,如通行能力、行车安全、运营经济等,而且对地区经济的发展以及区域美学的形成都会产生重大影响。

规划立交的结构形式,确定道路主线应当在上面跨越还是在下面穿过,要考虑地形条件和主线线形两项主要因素。除此之外,相交公路的等级和周围的美景也是要考虑的因素。作为一般的规律,最好、最美观的设计是把施工、养护和经济因素融合于地形的设计之中。

立交选型应与周围的环境结合,郊外公路立交因人口密度较小,建筑物稀少,一般主要从功能上考虑;城市立交,尤其是城市中心地带的立交,除了满足功能上的要求外,还应侧重与周围的建筑、地形地物与人文环境相协调,既要保持立交自身的建筑艺术完美,又要注意与区域建筑及自然环境协调一致,达到立交造型上的内在美和外界自然美结合的总体美。

2) 立交美景与环境的协调

如何做到立交与原有环境之间的有机结合,使两者能协调统一,是立交美学设计的一个重要内容。通常把立交的总体造型和环境协调,作为立交美学设计的两大关键问题。

(1) 立交与环境协调的基本手法

① 消去法

当立交结构物的存在有可能损害其所处的环境或环境美景的完整性时,立交造型、装饰或绿化应尽量使立交构造物不引人注目,使其隐蔽于环境之中,以实现立交与环境之间的有机整合。一般在田园密布的农业区、传统的风景旅游区多用此法。

② 强调法

图 5.4.26　美国洛杉矶一立交

与消去法相反,当要求强调或突出立交存在而使其引人注目,并使立交具有支配环境和成为美景的主要组成因素时,宜采用强调法,如图 5.4.26 复杂的交通枢纽的立交结构给人以繁忙、现代之感。运用强调的手法,目的是使立交成为区域美景的中心,并汇集各种环境物象,构成新的环境和新的美景。强调法的核心是突出立交在环境中的主导作用,对于一些大型城市的中心或重要的出入口处的大型立交,多采用此法。

③ 融合法

这是一种折中相容的造型方法。为了增强美景的美,在现有环境或美景中增添立交美景,实现立交与环境的融合协调。运用这种方法,对立交的存在既不消去(否定),也不突出(强调),使立交与环境处于等同或互补的地位。因此,通常运用在中等规模立交与中等性质环境中的立交设计。

(2) 立交与环境协调的实现

① 以立交总体构思为主线,注重立交与环境的相容性,使立交与环境协调一致。进行立交规划设计时,针对立交类型、规模、层次等的不同,充分调查和掌握立交所在地的环境、美景特征,使立交的布设符合环境的要求。

② 以环境美景构成因素(如色彩、材质等)为辅线,弥补立交构造物的存在给环境造成的冲击。建成的立交是庞大的构造物,其存在多少会冲击原有美景的完整性,这就要求认真考虑周围环境和色彩、材质、风格、体量、尺度等因素,尽量做到立交与环境在这几方面的一致

性或对比性或衬托性,尽量减少立交的建设对区域的自然和人工美景的削弱和破坏作用,以达到两者之间的相容和协调。

③立交与其所处的地形相适应。立交美景的设计是以土地的功能和形态为基础的,地形也是构成环境和立交造型考虑的一个重要因素。地形对立交造型和立交美学的影响主要体现在三个方面:第一,地形的构造及空间尺度特点,决定了视觉空间的形式和环境,同时也决定了立交的节奏、韵律和比例关系。第二,高低参差的地表,形成不同的空间视点位置,产生不同的视觉效果,从而形成尺度、深度和层次不同的近景、远景与外观。第三,具有独特风格的地形及与之相配合的构造物,形成了每座立交自身独有的个性特征,并使立交千姿百态形式多样。平坦地区,视点位置起伏不大,视野较宽,立交视觉较单调;山区地形,视点位置起伏错落,形成俯视、仰视、鸟瞰等不同的视觉空间,使得立交与地形之间的协调更加生动、活泼。

④应注重立交规模与其所处地区或城市性质的适应性。立交与环境的协调不仅体现局部布置与环境相统一,更应体现立交规模与其所处地区或城市性质地位的相适应。一般而言,特大城市的重要交叉口和出入口,气势宏伟、规模庞大的立交能突显城市的风格和气派,表现城市的现代气息和生机勃勃的景象。相反,在中小规模城镇,如果立交规模过大,不仅功能得不到充分发挥,而且会由于两者对比的反差使城镇本身显得无足轻重。繁华的商业中心有时会由于立交的过分庞大和过分集中的车流冲淡其商业氛围。立交隔离社区的负面效应也会影响人们的互相交流。风景区立交应侧重绿化和建筑小品的布置,同时立交的存在不宜冲击风景区的观赏性,否则会喧宾夺主。乡村公路立交则侧重于以地形条件布置立交形式,并以功能要求为主进行造型设计。

⑤强调立交与环境的协调,不应淡化每座立交造型和布置自身建筑艺术的完美性。建成后的立交是构成该地区或城市的人工景观之一,是城镇的重要建筑物,代表其特征和风格。尽管造型设计时功能上应强调一致性,但形式上应注重多样统一的原则,结合城镇美学设计布置一些有特色的立交,使立交形式千姿百态,构成城市的新美景。

(3)立交与环境协调的注意事项

从美学的观点出发,为使立交整体与周边环境相协调,应注意以下几个问题:

①应尽可能少破坏立交周围的地形、地貌、天然树木、建筑物等,布局应尽量避开大型建筑物、现有民居、地形起伏较大处等,避免大填大挖,设计出与地形和环境相适应的、顺适地面的优美线形。

目前我国有些已建或在建的立交由于诸如匝道太多等种种原因,纵坡始终降不下来,较多的采用高填土方案,致使平原微丘区的立交主线就宛如一条土堆"长龙",在自然地形中显著突出,阻隔人们的视线,破坏地形地物,严重影响了自然景观。

②应充分利用自然风景(如孤山、石芽石笋、湖泊、大树)或人工建筑物(如水坝、桥梁、农舍,或路旁设置一些设施等),以消除立交美学设计的单调感,使立交与大自然融为一体。

③靠近水域的立交,应注意保留沿岸的植物,并使其与水域有适当的空间,在立交上能眺望一定的水域美景。路线设计时可借助于适当的曲线来适应自然美景,同时应注意保持既有植物的生长情况。

④应处理好与其他建筑的协调关系。如以平房为主的交叉口地区不应修建过高的立

交,以免对居民造成压抑感;有标志性建筑或重要景观处不宜修建上跨式立交,以免对重要景观造成视觉削弱甚至遮挡;高层建筑群处不宜修建下穿式立交;周围有停车场、公共汽车站等公共设施的交叉口,不能因修建立交后给乘车、停车带来不便等。

⑤应处理好交叉路口与其他出入口的衔接问题,在立体交叉的引道上,应尽可能避免设置平面交叉路口,如不可避免,则设法接至引道的平坡段。在平面交叉路口范围内的纵坡不宜过大,以保证行车转弯安全,为达到这一要求,同引道交叉的道路应适当把高程降低或升高。

若引道两侧的建筑出入路口因高程悬殊不能直接与引道衔接,应考虑在引道之外修筑支路,把它引至高程相近处接入主线,此支路也可以与施工便道结合,在施工期间作为便道使用,但应注意不要给居民造成过多不便。

除此之外,由于城市立交与高速公路立交各自所处的环境及交通服务的特点不同,在立交选型时应当区别考虑。

3) 互通立交的平面布置

在确保驾驶员安全驾驶的基础上,可以利用植物、水体、小品等美学元素,结合互通本身的结构造型对互通立交美学进行平面上的布设。互通立交平面美学布置需要考虑以下因素:

(1) 围绕着互通立交美学设计的主题;

(2) 结合互通区域的地形处理与立体布局;

(3) 在颜色搭配、质感肌理及平面构成上以互通立交美学设计的基调为基础,并加以局部的点缀与变化,使之显得更加丰富;

(4) 遵循形式美的法则,力图给互通区域的欣赏者以美的享受;

(5) 与互通周围的环境相协调;

(6) 如果互通附近有居民区,则应考虑利用种植、墙体或结合立体布局来消除或缓和互通立交对附近居民造成的各种污染与视觉冲击;也可适当穿插具有当地特色的图案、符号等,使其融入当地文化中,更易被附近居民所接受,使之产生认同感和亲切感。

4) 公路互通立交美学的立体布局

公路互通立交美学的立体布局应该与其平面布局相结合,创造一种空间的视觉秩序。立体布局首先需要弄清楚互通自身结构以及各条匝道间的空间关系,通过处理地形、种植植物等手段来实现。

(1) 公路立交区地形的处理

立交区域所处的自然地形主要分为平原微丘和山岭重丘两种。互通区的地形处理原则上以顺应自然地形、尽量与自然环境相融合为好;在某些情况下可以结合取弃土场的设置对地形进行人工整治,使互通区域在空间形式上更加富于层次和变化。

(2) 平原微丘区互通的地形处理

位于平原微丘区的互通地形起伏不大,从经济与美观角度出发,在地形处理上应尽量与周围环境相协调。尤其是平原区的互通,在美学设计上容易给人造成单调感,这时可与取弃土场相结合,或使用挖坑、堆丘等手段人工塑造地形。还可以利用互通填土形成的挖方坑作为池塘,使互通区域既有水面也有坡地,给驾乘人员带来空间美感上的变化,再采用图案式或自然式两种方式种植,整个互通美学设计与周围风光既相协调又有所不同。

(3)山岭重丘区互通的地形处理

山岭重丘区的特点是地形条件复杂,山高谷深,相对平原微丘区,互通区域受地形条件制约更大。其地形处理的关键是充分利用原有地形条件,与周围的地形、地貌紧密结合,尽量避免大填大挖,减小对原始地形地貌及植被的破坏,防止水土流失。互通区域的土石方应与整条公路统筹规划,在经济允许的前提下,可适当增加桥梁设置的比例,这比高填深挖更有利于环境保护,也减少了占地与后期养护的费用,并且也更加安全。

5.4.6.2 互通立交的视线诱导

互通中的视觉诱导设计包括目标方向的识别、速度参照物、相关车流状况三个方面。目标方向的识别是指车辆由主线进入互通匝道时驾驶者首先需要提前对前进方向做出确认和判断。这可以通过对匝道入口处植物群落的处理来实现。在匝道入口两侧种植植物,形成"门"的感觉,提醒驾驶者前方即将进入匝道。车辆进入匝道后,整个匝道的两侧可以进行围合式种植,形成"廊道"的感觉,给驾驶者提供方向引导和减速参照。当匝道位置较高时,可以加大群落高度,以降低竖向心理高度,给驾驶者以安全感。车辆即将驶出匝道或有车辆汇流时,驾驶者需要观察相关匝道上的车流情况,这时"廊道"必须要在适当的地方留出视线通路,以形成"窗"的效果。需要指出的是,在设置这些"门""廊""窗"时一定要满足规范上的通视规定,以确保行车的安全。

5.4.6.3 公路互通区植物立体种植设计

如何通过植物的立体种植营造出错落有致的空间效果,给欣赏者以视觉与心理上的满足,可以采用以下方法:

(1)在满足行车安全的前提下,可以根据互通区所处环境并结合美学设计主题来确定是否需要进行植物的立体种植设计。

(2)利用植物进行立体构图通常可以选择树冠紧凑、树形优美的高大树种来构成构图的骨架——即主景植物,并通过乔、灌、草的合理搭配,形成错落有致的高差。其种植位置由主线和匝道间的空间关系所决定。还应注意前景与背景植物的构图关系,通常作为前景的植物较为低矮,而背景植物要高大一些。

(3)当匝道位置较高时,可以加大群落高度,降低竖向心理高度,给驾乘人员以安全感。

5.4.6.4 公路互通美学设计的常用手法

1)借景

借景是指将互通区域以外的美景引入到互通驾乘人员的视线中,作为互通美景的一部分,互通区域的美景要与远处的风景相协调。借景可以通过以下方法来实现:

(1)灵活运用种植带、墙体、边坡等美学要素空间的开合,来提供"美景视窗",将远处的美景收入驾乘人员的视线中,通常留出的最小长度为以设计速度行驶30s所通过的距离,或者把种植间距拉大从而使路侧美景不受干扰;

(2)在美学单调的弯道外侧、路堑旁、道路平交口以及较陡的凸形竖曲线附近,应尽量保留原有的地貌及生态特征物,例如利用天然的高大孤树或树群、或一组巨石,突出这些关键点的美景识别性；

(3) 对大面积原有林地、珍稀植物、古树或文物古迹等，应尽量避让，并可用作借景。

2) 遮挡

遮挡是将好的风景美物收入到美景中，将乱差的地方用树木、墙体、山丘等遮挡起来。遮挡不但可以将互通区域外的不美观的地方挡在驾乘人员视线范围以外，也可将互通区域遮挡起来以减轻对附近居民的视觉冲击。

3) 引导

引导即视觉诱导，其引导方式包括明示与暗示。明示指采用标志、标牌等文字说明形式直接指明前方情况。暗示可以通过利用标线、种植、墙体、边坡、护栏等一系列美学要素将驾乘人员的视线引向美景美物和正确的方向。

4) 渗透和延伸

在公路美学中，随着汽车的行进，驾乘人员观察到的美景是连续渐变的。因此在互通美学设计中常利用种植、墙体、地形、边坡等要素的延伸与渗透，起到连接空间的作用，使人在不知不觉中体验到美景的变化；在心理感受上不会"戛然而止"，给人良好的空间体验。

5) 造景

在互通的美学设计中可以通过人工造景来赋予美景更多的内涵。所造之景既可以是雕塑小品，也可以是人工地形，或者是植物群落等。当互通区域周围景观单调，缺乏借景对象时，可以利用人工造景的方式调节驾乘人员的视觉与心理，为疲乏的旅途带来新鲜感；也可以利用人工造景与周围环境产生呼应的效果；当互通位于城市门户区时，可以利用人工造景达到标志性的目的。

5.4.6.5 基于驾驶员安全的公路互通立交美学布局

1) 确保良好的通视

因为公路上的车速很快，在互通匝道的入口处，驾驶员必须提前看到匝道入口以及其曲率趋势，才能有足够的反应时间来判断行车方向。通常匝道的半径较小，车辆在匝道转弯过程中也必须保证驾驶员能够看见前方足够远的路面状况。当车辆由匝道驶入主线时，驾驶员更加需要提前看见主线上的车流情况，以确保车辆安全顺利地汇入主线。因此，公路互通式立体交叉区域应该具有良好的通视条件。

汽车在同一车道遇到障碍(如路面破坏或其他障碍物在地面以上0.10m)必须及时停车时，驾驶员(驾驶员视线高度：小车眼高1.20m，货车眼高2.00m)可能看到的距离，即为"停车视距"。

《公路路线设计规范》JTG D20—2017 对"视距"作了如下规定：主线上分流鼻之前应保证判断出口所需的识别视距，识别视距应大于表5.4.1 的规定；条件限制时，识别视距应大于1.25 倍的主线停车视距，匝道全长范围内应具有不小于表5.4.2 规定的停车视距。

识 别 视 距 表5.4.1

设计速度(km/h)	120	100	80	60
识别视距(m)	350(460)	290(380)	230(300)	170(240)

注：括号中数值用于行车环境复杂，路侧出口提示信息较多时。

第5章 公路构造物及设施美学

匝道停车视距　　　　　　　　　　　　　　　　表 5.4.2

设计速度(km/h)	80	70	60	50	40	35	30
识别视距(m)	110 (135)	95 (120)	75 (100)	65 (70)	40 (45)	35 (35)	30 (30)

注：积雪冰冻地区，应不小于括号内的数值

在汇流鼻前，匝道与主线间应具有如图 5.4.27 所示的通视三角区。

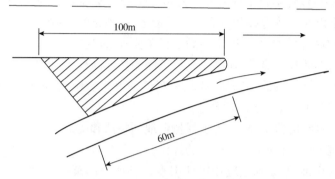

图 5.4.27　汇流鼻前的通视三角区

互通的匝道、边坡以及种植设计都必须满足视距要求，不得遮挡驾驶者视线。

2) 视觉诱导设计

由于公路互通(尤其是大型枢纽互通)的交通流向较为复杂，车速又很快，即便拥有良好的通视以及有交通标识的指示，但如果匝道的外围空间不够清晰仍会使驾驶员产生疑惑和犹豫，无法快速准确地对前进方向做出判断，进而形成交通隐患。这就需要在互通美学设计中考虑视觉诱导设计。视觉诱导设计可以通过设置植物、边坡、墙体等元素以及对地形的处理来实现空间的开合控制。

3) 场地美学设计

立交形式与场地有着密切的联系，立交的空间造型美既不能脱离周边环境，又要因地制宜，要与环境、桥梁造型、匝道线形融为一体，以反映立交自身的特色，在空间形式与布局上采用自然式为好。

(1) 手法一，场地设计与立交形式的结合。立交形式决定了场地的空间形态，如苜蓿叶型立交的场地有圆形、三角形等，定向式、菱形立交的场地多为三角形、长条形等，环形立交的场地多为扇形、三角形等，正因为这些不同的空间几何体才使得立交造型富于变化，生动活泼。场地美学设计要从远观和近观两方面来具体研究分析，从远观方面来说，汽车离立交桥较远时所看到的景观是立交桥的整体轮廓和场地组群，所以在设计上要多分析场地各地块组合的和谐统一与视觉平衡。一般立交桥具有较好的对称性，很容易达到视觉平衡，故在美学设计上力求统一中有所变化；美学风格应简洁明快，场地边界清晰明确，以符合诱导视线的要求，增强驾驶员对方向的判断。从近观方面来说，又可从动态、静态两方面去进行分析。动态方面指的是随着行车视点的连续移动，场地也在不断变换角度，展现出动态的韵律美和生动有趣的美景；静态方面指的是从行人的角度去观察场地美景，设计者要本着以人为本、生态健全、可持续发展的观点去研究设计，比如所设计的人行道随地形曲折变化，场地里随意摆放几块天然的大石头,种植些本地植物等这些手法均能增加人情味和生态性。

(2)手法二,场地坡面的美学设计。首先,场地应避免折线坡,折线坡生硬、呆板,而用圆弧对场地坡顶和坡脚进行修饰,使之符合天然坡地的形状,能产生自然、宁静、柔和的视觉效果,同时有于利排水。第三,在狭长的场地中,往往由于周边高差较大需设置挡墙,此时,要尽量避免严重破坏立交整体美的高挡墙,解决办法是做退台台阶处理,每级台阶高度不超过1.5m,然后用绿化遮掩起来。

(3)手法三,场地设计结合工程需要。公路立交是为交通服务的,场地设计必须考虑行车的各项技术标准以及市政管线和地下结构的覆土、场地排水、场地绿化维护等要求。

行车要求:场地高程与坡度的确定要满足行车要求,首先在立交的平交路口处的场地高程需满足视距三角形的技术要求,在曲线车行道侧的场地高程需考虑侧向视距,其次有条件时在高路堤的场地设计较宽的土路肩,让驶离车道的汽车能顺利返回车行道。场地坡比宜小于1:4,这样能减少事故车辆的危险性。

地下构筑物和管线的覆土要求:为了保持场地的整洁和美观,不应在场地内有突出的其他管线设施和建筑,这也有利于绿化机械的操作。

场地排水和绿化维护:原则上应让场地雨水在场地内部解决,避免雨水冲入车行道,影响道路行车。在场地的低点设置雨水口,场地竖向设计应考虑雨水能迅速汇集到雨水口,并排到市政雨水系统中去。如果场地坡度比较大,应在场地的低边留出足够的宽度,减缓顺坡而下的流水直接冲入车行道。在平原微丘陵区,则地形应设计成较平缓的有一定坡度的缓坡以利排水;如周围地形起伏较大,则不要做大规模的平整地形改造,但应注意排水和不影响交通安全。公路互通立交的建设过程中的挖填方往往会对公路互通立交绿地及周边范围内的原有地形造成一定的破坏,而且抬高的匝道也会破坏美学效果。如果挖方较大,可以设计成自然式的水池,形成湿地美景,如果周边又有水系使其内外贯通则效果更佳。

对于互通区的排水沟渠,可以采用弧线形设计,使之看起来过渡更为自然,并且可以根据当地暴雨流量来决定是否需要在沟底种植草本植物以减缓地表径流的流速,起到净化地表水的作用(图5.4.28)。公路的路面水会受到一定程度的污染,不宜直接排放到农田或河流中,应该先利用人工湿地或沉降池等进行集中净化处理。

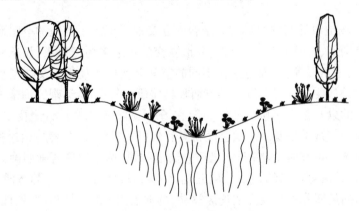

图5.4.28 利用在人工洼地中植草对地表径流过滤净化
(来源:CBIS Aesthetic master plan)

水景设计:可以结合互通区域所处的气候条件、自然风光、美学主题以及互通所选用的结构形式、地形处理等因素来决定是否需要在互通区域内设置大面积的水域或湿地。

5.4.7 立交线形美学

立交线形是构成立交的骨架和灵魂,线形的连续性、顺适性、协调性、流畅性、层次性以及线形要素的合理选择和组合,直接影响立交的总体美感、行车舒适性和诱导性以及立交与地形环境之间的协调。立交的动态美很大程度上是由动态的线形组合来体现的,立交一般由两条相交主线加若干条匝道形成,这些空间曲线在立交区形成复杂的空间线形群体。结合立交线形特点研究这些群体的视觉诱导、视线连续、线形元素的协调、平纵线形组合等问题,是立交线形美学的主要内容,其目的是通过线形美学的分析设计,形成圆滑、舒顺、平纵协调、视觉连续、诱导良好和整体构造协调的线形个体和线形群体,确保行车的快速、安全和舒适。

1)立交线形的特点

互通式立交是由主线和匝道构成的集合体,而立交形体的骨架靠线形支撑。与一般单条公路线形相比较,立交线形具有以下特点:

(1)立交线形不是单条线形的延伸,而是在一个有限的范围内若干条空间线形的有机组合。一般单条公路的线形设计,仅仅是线形要素的组合延伸,除与地形、地物及周边环境协调外,不涉及其他道路线形,而立交是由若干条线路组成的,各线路之间互相关联、互相影响,任何一条线形都不是孤立存在的。立交区纵面线形互相跨越,又互相连接,构成立交的层次性。进行互通式立交的平、纵面线形设计关键是做好匝道与主线、匝道与匝道线形组合设计。

(2)立交尤其城市立交,是构成所在地区风格及风景重要的人文美景。构筑立交线形时除满足本身的美学要求外,重要的是处理线形与周边环境的整体一致性,使得流动的线形、运动的车辆及立交周边高低错落的建筑及自然环境融为一体,构成一幅动态的风景画,以凸显立交的整体美。

(3)立交线形无论是平面还是纵面都是以曲线为主,因此,应采用曲线形设计方法处理组合复杂以曲线为主体的立交线形。

2)立交线形美学内容及其要求

(1)立交线形美学内容主要有:平面线形美学、纵面线形美学、空间线形美学。

(2)平面线形美学要求。匝道平面线形体现在技术要求、适应性及匝道群体整体组合等几方面,具体要求如下:

①匝道平面线形首先根据设计交通量的大小、设计车速的高低确定适当的技术指标。"实用的才是美的",过分追求标准高而交通量又小,会使得整个立交显得松散、无序,而且造成资金浪费。

②匝道平面线形要求流畅、顺适。匝道由驶出道口、行驶路段、驶入道口三部分组成,因而,除行驶路段部分要求线形元素平滑连续外,更要求出入道口线形与主线平面线形具有较好的协调性,以保证整条匝道线形流畅。

③匝道平面线形要求具有良好的视线诱导性。线形的诱导是保证行车安全最重要的因素，"安全的才是美的"，驾驶员依据线形本身的预先提示操作，胸有成竹，消除安全隐患，这就要求匝道以及匝道与其他路线之间，尤其是匝道的出口处，设计时应注意保证视距，创造良好的视线诱导条件。

④匝道平面线形要求有良好的适应性。匝道平面线形的布置一定要结合地形地物条件，该直则直，宜曲则曲，避免大填大挖，破坏原有自然景观。

(3) 纵面线形美学要求。由于互通式立交具有相互跨越的特点，匝道纵面线形往往受到上、下线高程的限制，纵面线形美学要求也较高，主要体现在：

①匝道纵面线形除必须满足互相跨越的高程控制外，还应尽可能连续、顺适、均衡、避免生硬而急剧的变化。

②匝道与主线、匝道与匝道相互跨越时应有足够的净空高度，以满足行车需要，同时增加整个立交的透空度，使得立交总体轻巧、美观。

③立交纵面线形的上跨与下穿，应视具体的环境及交通条件的变化而定。一般而言，对于用地受限、拆迁较大的城市立交，纵面线形一般以下穿为好，以维持原有环境美景；对于用地较大、开阔平坦的公路立交，纵面线形视立交区地形情况，采取上跨（凹形地带）或下穿（凸形地带），以平衡自然地形环境条件的不足。

④纵面线形是否美观的关键点之一是立交的进出口或岔道口处。立交进出口或岔口处两条线路的纵面线形一定要平顺连接，避免急陡汇合或分离，以改善出入口或岔道口的视距条件，保证交通安全。

(4) 空间线形美学要求。立交的线形美归根到底体现在空间形象上，空间线形直观地表现了立交匝道群体的整体美感。在构筑互通式空间线形时应注意如下几点：

①合理运用线形要素创造良好诱导条件。

②注意空间线形的有机组合，从而构成流畅、完整、动态的立交整体。设计时应充分关注空间线形的连续性、方向性和桥上、桥下快速行驶的视觉特性和路线的韵律感、节奏感，线形设计力求圆滑、舒顺，避免突变，以形成良好的视觉效果，两种不同的线形组合形成强烈对比的视觉效果。

③平、纵面线形组合协调、要素均衡。平竖组合原则上遵循"平包竖，一一对应"原则。同时平、纵线形元素间的数值不宜相差过大而失去视觉平衡，造成线形扭曲。

④既要强调立交"线形群体"的空间有机组合，又要突出主要流线匝道的个性特征。立交线形与一般公路线形的最大差别体现在空间是由若干条线组合而成的集合体。因此，立交空间线形布设时，应根据交通量分布和地形条件统筹规划，全面安排，但更要突出主要流线的一条或两条匝道。

5.4.8 匝道美学设计

从建筑形式美的角度分析，互通立交桥很大程度上正是由于玉带般飘动的匝道的弧形交叉、错迭，多股匝道走势的流动，给人一种翩翩起舞、栩栩如生的飞动美感，如图 5.4.29、图 5.4.30 所示。

图 5.4.29　成都南站立交　　　　　　图 5.4.30　燕山立交

1) 匝道分类

匝道是连接主干道路和相交道路左、右转线车流行驶的联络线,要克服主干道路和相交道路的高差,通常在匝道上既有弯道又有较大纵坡,因此行车条件较差。匝道通常按车流转线方向分为右转弯和左转弯匝道两大类(图 5.4.31)。右转弯匝道通常直接从主干道路或相交道路右转驶出(图 5.4.31a));左转弯匝道一般有三种形式:环形匝道(图 5.4.31b))、定向式匝道(图 5.4.31c))、迂回式匝道(图 5.4.31d))。

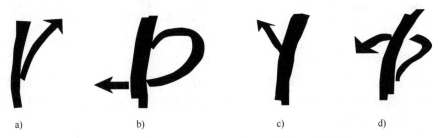

a)　　　　　　b)　　　　　　c)　　　　　　d)

图 5.4.31　按车流转线方向的右转弯和左转弯匝道的类型

(1) 环形匝道

车辆由公路的右侧出口,向右转弯、绕圆完成左转弯行驶。由于这种匝道通常平曲线小,纵坡大,因此适用于转线流量较小的情况。为了行车的安全和舒适,设计行车速度不能定得过高。

(2) 定向式匝道

通常连接两条高等级或高速公路,由公路左转出口,以较好的线形和较短的路线直接驶入连接的公路完成左转运行。

(3) 迂回式匝道

这种匝道通常由于立交形式和地形限制。为了既克服主干公路和相交道路间的高差又要满足匝道纵坡设计要求,用迂回方式由公路右侧出口,暂时偏离所要去的方向,完成左转运行。

2) 匝道美学设计

从建筑形式美和行车安全的角度分析,缓和优美曲线匝道应作为主要的线形要素。进行匝道线形美学设计的一般程序为:首先决定匝道的走向(即平面线形),然后根据地形和纵坡设计要求绘制匝道的纵断面图,确定合理的分流或合流位置、形式,最后可由专业技术人员采用透视图检验平纵线形的立体效果。

(1)匝道的平面线形

匝道由直线、圆曲线和缓和曲线组成,在匝道的平面线形设计中应将缓和曲线作为主要的线形要素而加以灵活利用,为保证车速和安全,要求匝道的曲线半径尽可能取得大些,但考虑节约用地,减少拆迁,曲线半径又应该尽量小些。匝道的设计速度一般为30~60km/h。匝道可能的最小半径,可参考表5.4.3的规定确定。

匝道最大平曲线半径、缓和曲线与最大纵坡及视距　　　　表5.4.3

立交匝道分类	设计行车速度(km/h)	最小平曲线半径(m)		回旋形曲线参数	不设缓和曲线的最小平曲线半径(m)	最大纵坡(%)		视距(m)	
		推荐值	特别值			推荐值	最小长度	单车道停车视距	双向二车道会车视距
1类	60	150	125	70	370	5	120	75	150
	50	100	80	50	240	5.5	110	60	120
2类	50	100	80	50	240	5.5	110	60	120
	40	60	50	35	150	6	100	50	100
3类	40	60	50	35	150	6	100	50	100
	30	30	25	20	80	7	80	30	60

(2)设计纵断面的一般原则

线形必须平顺,不要插入过多的竖曲线而使短距离内路线过多起伏不平;在平面线形较直的情况下,必须避免只看见脚下和远方而中间看不见的凹形线形的情况;与平面线形相适应,尽量形成优美的立体线形。

3)匝道的桥墩

桥墩是匝道的重要结构构件,而且在形式美上也扮演举足轻重的角色。桥墩是互通立交桥唯一的垂直部分,从形式美学上又成为有规律的线性排布,并可以形成视觉上的虚面,因而成为特殊的塑形手段。在没有地形可供匝道找坡时,匝道必须借助桥墩形成坡度,匝道的桥墩数量多,桥墩之间距离一般为15~40m,由于匝道连接两个不同的高程,故匝道的桥墩从低到高有"韵律"地排列,似乎与弧形流动的匝道平面共同演奏互通立交桥交响曲(图5.4.32)。

图5.4.32　重庆某互通立交桥

4)匝道的防护栏杆

由于不设置人行道,故栏杆选型力求线条清晰,装饰应简洁明快,使桥梁整体效果更加完美。防护栏杆上一般不允许设置广告,以防分散驾驶员的注意。

5)立交匝道美学设计方法

(1)匝道应与周围的美景相协调,不应破坏自然环境和美景,这是匝道设计必须遵循的重要原则。立交匝道的规划、设计不仅要满足车辆行驶动力学、交通工程与运输经济的要求。同时,还应满足建筑造型的美学要求,立交匝道空间造型,会从心理和生理方面对驾驶员的运行状态产生影响。立交匝道的选型还应最大可能地保护植物与各种自然特性、名胜古迹和美景美物,不应分隔原有的社区,不应破坏生态平衡,保证自然资源的利用能力。

(2)互通立交桥区匝道的走向应起到完善美学设计的作用。

(3)匝道美学设计具体步骤及内容如下:

①初步调查安排在立交设计开始阶段,它是立交选型的重要依据之一。通常绘制重要美景美物的草图,然后将已规划的立交方案描绘在草图上,进行环境协调的检验,推荐出能较好地与周围环境协调的立交匝道方案。

②立交方案确定以后,就要进行初步设计和施工图设计,在设计时应说明立交方案与自然美景美物的协调措施,制订适合的美景美物保护设计作为技术设计的一部分。通常维护美景美物的匝道设计是与立交的初步设计文件一起提交,一般采用1∶5000的比例制订。匝道伴同设计通常需处理以下几个问题:自然条件(包括地形、岩石、土壤、水、气候、植物、动物、保护区、保护物、生态保护等)、使用面积(包括工业使用面积,农业、林业以及疗养区使用面积)、立交结构物的美学造型以及车辆转线运行的实现。主干公路与相交道路分布于不同高程,车辆的转线运行通过连接匝道来实现。当主干公路与相交道路高程控制点确定后,匝道纵坡的设计应与地面坡度接近,但要满足这个条件非常困难。在小范围内克服6m甚至更大的高差,如果是填方路基,根据视距和生态的要求,应着重考察是否用桥梁结构物来代替高路堤。

(4)种植树木是补充和完善景观较好的措施。由于匝道的平曲线半径一般较小,在曲线外侧,树木会使曲线变化非常明显;而内侧在满足视距条件上,从路堤到结构物的过渡段,通过植树,既可增加识别特征,又能使美景与造型恰当地配合。但应注意,在立交内应种植小丛林,以利于整个立交的通视,保证来往车辆的安全。

需要指出的是作为美学设计不要仅仅局限于立交匝道范围内,美学设计必须涉及与相邻地带的利用关系,必须能充分把握和评价美学造型与生态环境和美景美物保护及利用的关系。

5.4.9 照明设计

互通立交桥照明分为功能性照明和美学照明两项内容。功能性照明主要解决夜间行车问题;美学照明则要表现立交建筑的立体感和建筑形式美,表现立交桥的夜间色彩和神韵,使蜿蜒柔曲的桥身与川流不息的车流灯光交相辉映,构成一幅动静结合的有机整体。如果说互通立交桥白天表现的是粗犷和力度美,那么晚上则表现出神秘与辉煌。

灯光可以反映建筑的固有风格,烘托气氛,美化环境。一方面对互通立交桥有全面的照明;另一方面又要突出表现重点部位,比如匝道出入口、跨线桥、桥面栏杆轮廓等。

互通立交桥有高架匝道和地面匝道,其功能性照明由高杆灯解决。地面匝道的照明只是作为高杆灯对桥下照明不足的补充,采用普通灯杆照明,灯杆高度10m。

护栏照明的亮度、色彩、图案形状对互通立交桥的夜景至关重要。护栏照明设施都在驾驶员的视野范围内,故护栏照明的第一要求是防止眩光,同时构成美景。可间隔地设置点光源,既可满足护栏照明的诱导性,又无眩光刺激驾驶员,间隔点光源可虚虚实实地勾画出桥面栏杆轮廓。

对于桥区全境和中心区域的照明，如果在桥面上布置灯杆，则立柱林立，使人眼花缭乱，且上下桥面灯光互相干扰，容易产生眩光。因此，桥区全境和中心区域的照明，一般采用高杆灯。

互通立交桥的夜景照明设计应根据互通立交桥不同的结构，通过布置不同位置、不同角度、不同照度和不同颜色的照明器，产生具有强烈层次感和立体感的夜景效果；根据季节、节假日、星期及一天内时间的变化，设置不同回路的照明器组，以营造出富于光线、色彩变化的夜景效果，营造不同氛围的夜景，刻画不同的空间，在夜景中展示互通立交桥的形态美，使它成为夜景中的标志物和美景重心。

5.4.10　边坡美学设计

互通区的边坡美学设计比公路沿线的边坡更加灵活多变，但总体说来，离不开三个方面：一是整个互通美学设计的主题与基调；二是周边环境与边坡的自身条件的结合；三是在条件允许的基础上放缓边坡，能为驾乘人员带来的舒适感。

1）紧扣主题的边坡美学设计

边坡是构成互通美学要素的重要组成部分，在保证边坡稳定的前提下，边坡的美化需要与互通美学的主题与基调相吻合。

2）融入周边环境的边坡美景

互通的美景不能完全脱离当地环境而孤立存在，否则会从视觉上割裂大地美景，使整个互通显得突兀而生硬。互通边坡，尤其是匝道外侧的边坡作为互通的边界，对互通区域与外界环境的融合起着至关重要的作用。

对于切方地段的土质边坡，可以将坡顶修整成接近自然的弧度，并在边界处种植本土植物，以模糊互通的边界，从视觉上形成自然过渡的感觉。对于硬质岩石的切方边坡，在边坡稳定的前提下可以不用刻意进行绿化与防护，可利用爆破或挖掘后自然形成的岩石肌理来构成独具特色的边坡美景，还可喷涂适当的颜色或采用雕塑，治愈施工造成的创伤，在边坡以上依然保持原始的地形风貌。对于高大且稳定性较差的切方边坡，不得不进行防护以确保边坡的稳定安全，可在选用防护形式时结合当地的自然景观，尽量采用与环境协调的防护类型。

填方地段的边坡也可以根据周围环境进行灵活的设计。

3）适当放缓边坡

在地形条件允许、不增加过多用地和费用的前提下，放缓边坡可以使驾乘人员的视野更加开阔，并且使人感觉更加舒适与安全。

目前比较常用的做法是尽量放缓互通区域内侧边坡的坡度，并将边坡修整为柔和的弧线形，修饰成规则、圆滑和接近于自然地形的形状，尽量不采用圬工防护。对于互通匝道外侧的边坡，如果高度较矮（比如不超过 4m）可以进行放缓，同时对坡顶、坡脚与平台做圆弧处理，使其自然过渡。

4）保证视距

互通立交处于挖方地段时，应保证视距的要求，必要时应后退挖方坡脚，设视距台，挖除匝道所围区域内的小山、清除匝道曲线内侧阻挡视线的障碍物等。如图 5.4.33 所示，在合流端应保证正线 100m 和匝道 60m(或匝道与匝道各 60m)所围区域内通视无阻,环圈式匝道所围区域内的小山或其他障碍物应予以清除,以保证驾驶员能看清交汇道路(正线或匝道)上的车辆运行情况,实现安全合流。分流部位的端部应沿脊线使挖方边坡向两侧倾斜,并修整脊线成圆滑状,以起到诱导交通的作用。匝道所围区域内挖方边坡的坡顶和坡脚,一般宜用圆弧形状,以开阔视野,减少压迫感。

5)互通立交边坡的美化手法

(1)互通立交桥边坡美学设计应结合山体地貌,做到自然、因地制宜,尽量少采用单一坡度。在地质地形条件许可并确保边坡稳定的前提下,采用植物防护为主的边坡防护形式。公路互通立交桥挖方边坡的坡脚、坡顶宜取消折角,采用贴切自然的弧形过渡;低填方路段宜将边坡坡度适当放缓,与原地貌融为一体,提高行车安全性;为了减少土方量,对路基(习惯叫下边坡),有时可以"以桥代堤"美化环境(图 5.4.34)。

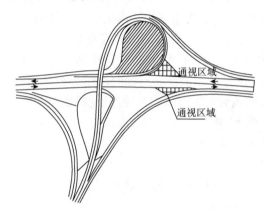
图 5.4.33 互通立交挖方地段边坡设计示意图

图 5.4.34 以桥代堤

(2)边坡特殊处理。对于自然裸露的稳定岩体,只要对行车没有影响,可不做任何处理,其本身可构成美景。对于地表土体裸露、无法绿化,但地质结构基本稳定,对路基及行车安全不构成威胁的边坡,可以采用"封"的办法进行遮挡,栽种乔木和灌木遮挡视线。

5.4.11 互通中其他景观要素的美学设计

1)构造物的美化与互通美学设计的主题与基调相结合

结合互通主题进行美化设计的构造物将会与互通其他美学要素的设计相得益彰,给行驶中的观察者留下深刻美好的印象。如以本土特色的农作物被作为互通桥梁美学设计的元素,象征当地人从古至今的耕作方式与对土地的热爱。并且这些图案的线条被设计成与互通围合区内地面图案相呼应的折线形,共同隐喻着曲折的历史进程和未来。

2)对桥梁墩台处可以进行适当的遮挡处理

桥头两侧边坡种植乔木或灌木丛,并用密植乔木或灌木来遮挡桥台和锥坡,可以柔化桥梁的边界,让桥梁不露痕迹地融入环境中,减轻对驾乘人员的视觉冲击,提高行车的舒适度与安全感。

3)互通中挡土墙的美学设计

挡土墙在互通中是很常见的构造物,根据设置的位置不同,挡土墙基本可分为两大类:

一类是设置在填方地段的路肩或路堤挡土墙,另一类是设置在切方地段的路堑挡土墙。由于互通在空间上的特殊性,有可能同一座挡土墙既是位置较高匝道的路肩墙同时又是相邻位置较低匝道的路堑墙。因此对挡土墙的美化设计必不可少。挡土墙的美化一般采用较大的色块和柔和的色调。

对挡土墙的美化处理一般分为几种方式:第一种方法是墙面的图案或纹理化处理;第二种方法是墙体的绿化处理,即利用攀岩植物、垂挂植物或乔、灌木对圬工墙体进行遮挡柔化处理,使墙体显得更加自然而富有生气,消除圬工挡土墙的生硬感以及给驾乘人员带来的压迫与紧张感;第三种是通过选用合理美观的挡土墙形式,利用挡土墙自身独特质感与美感来营造富有特色的美景。如湖北大广北高速兰溪互通A匝道的加筋土格宾路堤挡土墙,建成初期,石笼形成的墙面有着独特的质感,随着时间的推移,野生植物逐渐从挡墙石笼的缝隙中生长出来,以自然的方式覆盖墙体,使整个互通匝道与周围环境完全融为一体;另如图5.4.35所示的混凝土预制块生态绿化墙,墙面的预制块内可以填充种植土,根据需要种植小灌木、藤本植物、花卉、草种等,灵活多变,绿化美化效果极佳。

图 5.4.35 混凝土预制块生态绿化墙

4)互通中的美学小品设计

互通中的美学小品可以是一组山石,也可以是一座纪念碑或是一尊雕塑等,通常根据互通的美学主题和互通所处的地理位置而灵活设置,为的是增强立交美景的观赏性和艺术性。纪念碑、雕塑、壁画以及大型的宣传牌一般设置在城市或旅游区入口处的互通中,起到地标或宣传的作用,其表现内容一般为彰显当地的自然历史文化特色,造型可以是具象的也可以是抽象的。互通中的美学小品尺度应与互通的整体尺度相适应,线条以简洁大气为主。要求具有广泛的可读性和鲜明个性,既有超凡脱俗的艺术价值,又有喜闻乐见的艺术形式,同时还可增强行车的兴奋感和道路立交区域的观赏性,使其成为公路美学设计中的亮点。在设计形式上注重整体的美学效果、尺度适宜的体态特征、材质和色彩的合理搭配。如图5.4.36、图5.4.37所示。

图 5.4.36 新余劳动立交雕塑

图 5.4.37 双牌立交雕塑

5）互通中的标志牌设计

互通中的标志标牌一般应与主线其他部分的标志牌形式风格统一。由于互通匝道较多,因此互通中的标志牌布设应更清晰明了,图案的可识别性高,便于行驶中的驾驶员快速辨识,对前进方向提前做出判断。

另外,标志牌上图案的设计,要考虑到地域性,反映地方特色,提供给驾乘人员以简单明了的信息,比如靠近风景区互通处标志牌的图案设计,可根据风景区的特点来布置适当的图案。

5.5 跨线桥美学

跨线桥是高速公路上连接主线两侧道路的桥梁,对全封闭全立交的高等级公路而言,跨线桥作为分离式立交桥的组成部分,其应用较为广泛。它解决了路线在低路堤和路堑等位置处的两侧通道连接问题,起到沟通沿线两侧横向交通的作用。跨线桥对当地社区具有很大的便利和美化作用,甚至可能成为当地的标志性建筑。另外,跨线桥处于高速行驶车辆的正前方,扑面而来的动势对驾驶员产生不可忽视的美学感受。

公路跨线桥是一类分布广、数量多、影响大的永久性、功能性设施,在高等级公路沿线按社区跨线交通的需要布置和设计跨线桥时,除了应满足跨线桥本身的交通功能外,还应该充分考虑跨线桥与环境的协调统一、对当地社区的美学作用、在线段上的节奏感以及对驾驶员的美学感觉影响等因素,并贯穿线路规划设计全过程。

5.5.1 跨线桥的美学特点

跨线桥是审美客体,它的美学设计只能通过人这个审美主体来实现,所以跨线桥设计要以人为本,即从人的美学生理和心理出发来设计跨线桥。因此,跨线桥美学设计是时代、文化、人的认知度这三者的集合产物,并且还有其自身的特点。

1）跨线桥美学的空间性

跨线桥美学的空间性包括两个方面:①地域性,由于不同的地域具有不同的美学特征,因此对于跨线桥的美学设计,地域性起到很大的制约作用,跨线桥美学设计必须能和当地的景观很好地融合,跨线桥与特定地点的地形、地貌相互配合是跨线桥美学设计需要重点考虑的方面;②空间层次感,空间层次感就是指跨线桥美学设计要与现代社会生产力以及社会思想意识相适应,要贴近时代、简捷、现代感强。

2）跨线桥的多目标性

跨线桥的首要目的是满足通行要求,因此,跨线桥的设计必须满足桥梁的功能、技术、经济等要求,在满足这些要求以后再对它进行艺术加工,使其具有感官美学的表征。在功能满足的情况下,可以对跨线桥的结构进行宏观上的控制,使得它与当地的环境、色调保持一致;在细部可以考虑材料的使用以及跨线桥各部分的宽度、高度的协调性,使跨线桥保持良好的美学特性。

3）跨线桥的多样性

跨线桥组成及环境的复杂性,给跨线桥的美学造型带来了多样性的特点。多样性主要反映在造型要素的多样,跨线桥造型主要包括空间、面、线、点等各方面要素的造型,对于跨线桥在空间形态、平面轮廓、线形组合、线条设计以及细部装饰和景点布置等方面都要周密研究和考虑,才能达到跨线桥造型的完美。综合性反映在跨线桥各组成部分的造型、美化等方面,即在各部分造型的基础上,综合构成跨线桥的总体造型,在比例、尺度、韵律、风格、色彩等方面取得协调统一,达到美的效果。

4) 跨线桥的动态性

在车辆运行过程中,驾乘人员由远及近,由上至下,或由不同方向对跨线桥进行动态观察,欣赏跨线桥造型的动态美。

5) 跨线桥美学的整体性

美学环境中的跨线桥,除了融合环境外,还要根据美的法则,从艺术角度塑造跨线桥主体形象的美,使跨线桥与桥周围的自然美景、人文美景一起构成跨线桥的整体美景。跨线桥不仅要具备实际的交通功能,而且还应是既有美感又具情趣的建筑艺术作品。

5.5.2 跨线桥的美学设计原则

根据跨线桥的作用及美学特点,跨线桥的美学设计应遵守以下原则:

1) 安全、适用、美观、经济的原则

安全、适用、美观、经济是所有桥梁设计总的原则,跨线桥也不例外。跨线桥的适用性和安全性是最基本的要求,利用现代化的设计手段完全可以实现;经济性和美观性在本质上并不矛盾,在多数情况下只要合理地规划和设计,就能同时满足经济和美观的要求。但是,跨线桥荷载等级较低,投资比例小,对美感的贡献大,要求高,当经济与美观出现矛盾时,可以以美观为主;在跨线桥设计中重视美学设计,使跨线桥成为美学和技术的统一体。

2) 跨线桥线形连续性原则

连续性是指线形的连续、流畅,这是跨线桥线形美学的重要标准,主要包括平、纵、横各方面的连续性以及各元素之间的协调统一。跨线桥的平、纵线形和横断面要与路线一致,防止突然变化产生中断,尤其是立体交叉的跨主线桥梁,多为曲线桥,更应注意使线形顺适、自然,从而保证视觉的连续性和流动感,给人们一种流畅的美感。跨线桥与道路、跨线桥与周围环境应该是相互协调的,跨线桥是自然美景中的一种人工景观,要和周围环境浑然一体。

3) 跨线桥观赏的视觉多样性原则

多样性就是以不同的特性、丰富的变化给人以多方位、多角度的美感,在跨线桥设计中,当各种不同的构件、属性相结合时,结构系呈现多样性;当各种各样的线条、图形相组合时,设计图案呈多样性;当以不同角度观赏跨线桥时,视觉感受呈现多样性,而丰富多彩的多样性,造就了跨线桥的美。

4) 跨线桥美学设计的统一性原则

统一性是指跨线桥整体与局部之间的关系要协调,避免孤立分散。统一性主要包括以下几方面:①结构体系的统一,上、下部结构、附属设施等形成协调配合。②跨线桥整体几何上的统一,避免出现不和谐的跳跃。③跨线桥主体与附属设施的统一。附属结构能直接影响跨线桥的美感,如跨线桥的夜景很大一部分取决于跨线桥的照明系统;又如护栏,它除了安全防护的功能以外还具备良好的美学效果。④色彩的统一,色彩应和谐,明度、色泽、冷暖感、轻重感要搭配得当,要正确选择主要色彩并正确运用色彩对比,使之体现出独特的风格。

5)环境协调性原则

跨线桥和桥位处的自然美景及附近的人工建筑一起处在人们的生活和工作空间里,构成整体美景。因此,跨线桥美学设计首先要考虑跨线桥与周围环境的协调一致。

在自然界中,众多生命与其生存环境的协同关系与和谐形式就是一种自然的生态美。桥梁建筑是一种人工创造的环境,在进行跨线桥美学设计时,应在遵循生态规律和美的创造法则的前提下,借助于生态观念、科学技术和结构手段,进行加工和改造,创造出具有生态美学标准的桥梁环境。如果从生态美的角度去研究桥梁建筑的审美标准,那么生态美的三个特征应是其评判的尺度。

生态美的第一特征是生命力。生态美是以生命过程的持续流动来维持的,良好的生态系统遵循物质循环和能量守恒定律,具有生命持续存在的条件。如果这一生命持续存在的条件不具备或是被破坏,诸如因公路或跨线桥的营造造成了景观的破坏、环境的污染、能源的巨大耗费等,那么这一建筑显然是没有生命力甚至是具有破坏力的,也就根本谈不上美。

生态美的第二特征是和谐。人工与自然的互惠共生,使人工系统的功能需要与生态系统特性各有所得,相得益彰,浑然一体,这就造就了人工和生态景观的和谐美。对跨线桥而言,和谐不仅指的是视觉上的融洽,而更应包括物尽其用、地尽其力、持续发展。

生态美的第三特征是健康。建筑最终是服务于人类的,在自然与和谐的前提下,创造出使人生理、心理、现实、未来的需求得以满足且具有健康特质的桥梁应是当代桥梁建筑设计的一个原则。

6)可持续原则

跨线桥美学设计的可持续性可以认为是自然与美学关系的协调性在时间上的拓展,这种协调性不仅应建立在满足人的基本欣赏需要和维持自然美学生态整合之上。而且跨线桥美学设计应与本区域的自然特征和经济发展相适应,谋求生态、社会、区域、经济的协调与同步发展。

7)美学原则

跨线桥在满足功能要求的前提下,应满足的美学特性:

(1)美的质量性,跨线桥要选用最合适的结构形式——纯正、清爽、稳定、安全,质量统一于美,美从属于质量。

(2)美的整体性,主要体现在结构造型和谐与各部分良好的比例,整体结构具有韵律感,全线桥型过多的重复将会导致单调,桥型应丰富并使其错落有致。

(3)美的自然性,跨线桥作为一种人文美景,在桥型选择上应在与地形紧密结合的同时,注重与周围环境协调。由于跨线桥一般采用混凝土结构,故其表面的色彩运用将在与周围景观协调中起到重要作用。

(4)美的愉悦性,跨线桥应以其个性对人的生理感觉和心理情感产生积极的影响,使驾乘人员和生活在周围环境的居民在动静之中,引发出生理和心理上的愉悦感,即美感。

8)设计与施工相统一的原则

跨线桥的设计除了考虑适用、安全、经济与美观外,还应考虑方便施工的原则。公路路面施工多采用大型摊铺机,而路面施工一般后于天桥施工。以往为减小跨径、降低截面高度采用加中墩的桥梁，使摊铺机的通行受阻，直接影响路面施工进度，也给通车运营阶段的行车安全留下隐患。故在桥型选取时，应尽量少用中墩桥梁，即便设置中墩，其尺寸在满足结构受力的前提下宜取用较小值。

公路跨线桥美学效应应以美的质量性、整体性、自然性和愉悦性作为基点；跨线桥的合理桥型选择应以"造型优美、形式多样、桥地结合、环境协调、造价合理、施工可行、养护方便、安全可靠"为原则；色彩的设计宜采用柔和色并注重与周围环境相协调。

5.5.3 跨线桥的美学设计

1) 跨线桥的视觉美学分析

(1) 动态视觉分析

桥梁的视觉美感有动静之分，一般是站在静态的角度讨论桥梁美学，而现代桥梁的审美主体——人，往往是在运动的过程中感受桥梁，或经桥上疾驶而过，或从桥下穿行，这在跨线桥的视觉美学分析中尤为明显。

当驾驶员在高速行驶的车辆中看到直面而来的跨线桥时，其视觉效果直接影响到驾驶员的心理感受。有关研究表明，当汽车行驶速度为120km/h时，驾乘人员视野要求为166m，此时驾乘人员对周围美景的欣赏只能具体到大的线和面，不能像在园林中那样具体到点，所以要求桥型直接明了，不宜有过多的装饰，但也应感觉跨线桥的存在；因大多数跨线桥是混凝土制作的，色彩不易引起人们的注意。即桥梁本身各部构造的形象宜简洁纤细、流畅明快，使在运行车辆中的人们在瞬间的最初一瞥中得到明确的印象。如果构造形式过于复杂烦琐，在快速运动的人们视觉感受上将是一团模糊、纷杂缭乱。因此，在生硬或不是太突出的混凝土跨线桥上用简单的彩色花纹标识桥墩、桥梁跨高，以柔和桥梁结构并体现桥墩位置及桥梁高度(限高)，可以保证安全行车，如图5.5.1所示。

图5.5.1 在跨线桥上凸显桥梁的位置范围

桥之间的距离对视觉也有明显的影响。按110km/h时速行驶的车辆，每1s的移动距离大概是30m，通常视觉的最佳赏景距离为景高的2.5~3倍，加上视觉停留和恢复所需要的时间，计算得出要对在运行车辆中的人们产生良好的视觉效果，跨线桥的间距应该在350m以上；3座以上连设跨线桥的间距差小于100m能够产生比较好的节奏感；相邻的跨线桥在色彩和桥型上宜统一或类似，可以采用同型渐变的形式(如通过改变跨度或拱的形式等)，以形成3~5座为一组的韵律感觉。

(2) 视觉心理分析

一座跨线桥无论其桥型多么优美，如果运行车辆中的人们没有安全感、稳定感和舒适感，那么不能说是一座美的桥梁。所谓安全感是指驾驶员在行驶中发现前方的跨线桥，不因从桥下穿过而在视觉上有道路突然束窄的心理反应。所谓舒适感是指乘客对展现在眼前的跨线桥视为悦目的美景，而不是有别扭和不快的感觉。因此在布设桥位时，应特别注意为公路留有足够的自然空间。如在主跨两侧增设两个小的边跨,采用拱式结构单孔跨越,都是解决安全感和舒适感的很好方法。

跨线桥要达到安全感和舒适感的美学效果,使其比例协调,虚实相宜,线条简洁流畅,重点在于如何尽可能地采取减薄措施:一是增加翼板悬臂部分的长度和采用倒梯形横截面箱梁,空心板宜增加悬臂翼板;二是安全带或人行道尽量外挑;三是栏杆要避免采用实体式拦板,栏杆柱和纵向构件要布置得稀疏些。通过以上措施使桥下运行车辆中的人们从心理上消除那种由于桥身厚实而引起的沉重负荷的压抑感。

跨线桥不应使行车产生心理障碍,要保持连续性,尽量将跨线桥与周围景物融为一体。例如,桥墩位置要考虑路堑边坡的连续性,桥梁结构应力求简单精巧,在一个区段内的跨线桥最好采用相同形式,以显得整齐美观。跨线桥最好与公路垂直相交,左右对称,在一个水平面内,给人以稳定感。有坡度时,也不应超过2%~3%,这种带坡度的跨线桥如果是连续的几座,互不相同的坡度会严重影响美学效果,使人产生危险感。

从线段整体来看,短间距跨线桥段上的跨线桥布设密度较大,在美学上相互联系、相互影响,有较强的组合性,这时,既要考虑桥型与环境的协调统一,还要考虑桥与桥之间的韵律关系以及桥与桥之间的距离对视觉的影响。长间距跨线桥段上的跨线桥其特点是有较强的独立性,可以因地形、地势和交通需求而设。设计中主要考虑桥型与环境的协调统一、桥梁对当地的美学作用和经济性。

2)跨线桥美学设计的步骤及内容

跨线桥美学设计的步骤:首先,慎重处理桥梁形象的定位;第二,依据形象定位及分析得出的概念进行图式化处理;第三,对桥梁标志性组件的美学设计;第四,确定桥梁美学的标志色;第五,桥梁其他构件的美学和结构设计。

形象定位:包括城市或地区精神、居民行为准则、城市或地区发展战略目标等,从中形成桥梁美学理念。

标志物与标志图案:包括标志物与标志图案的多样化比较设计;根据桥梁尺度确定的标志物及图案的尺寸要求;标志物与标志图案的适合纹样设计等(可考虑方形适合、圆形适合甚至椭圆形适合等不同的类型)。桥梁标志物可以是桥塔、桥台、桥头堡或其他对桥梁有美学作用的构件。

标志色:可沿用城市或地区标志色,也可根据城市或地区的环境、文化确定标志色;选用的色彩应有一个量化标准,并要与标志物与图案纹样的色彩设计配合,同时还应与桥梁防腐涂装结合。

桥梁其他构件的美学和结构设计:包括桥梁附属的花坛、座椅、栏杆、广告牌、电话亭、公交车站、人行天桥、垃圾桶、指示标牌及灯具等元素,也包含地面铺装、窨井盖板、建筑小品等。其设计要以标志色为统一,以标志图案为特征,桥梁美学元素可采用举证式的设计方法。

3)跨线桥的布置和定位

选择经济、合理的跨线桥桥位是设计人员在外作业勘测中应特别值得重视的问题,有必要进行多方案的比较和优化。跨线桥桥址的选择以满足沿线两侧横向交通的需要为前提。

在布设跨线桥位时,首先,应当详细调查被交叉道路的交通量,并考虑其远景发展规划。在路线勘测时,对路线所在区域、地段进行详细调查,与当地路网现状及路网远景规划相结合。收集的野外勘测资料包括:沿线被交叉路与主线的交叉桩号、交角、平面线位、被交叉路上的原有构造物、被交叉路的技术标准和桥位附近的地形、地物、地质等资料。其次,应使拟定的桥位保证主线的净空和行车视距要求,满足被交叉道路通行的净高。再次,应适当兼顾地方和群众的利益,尽可能做到便民而不扰民,为当地群众的出入交通创造良好的环境。

跨线桥应满足被交叉道路的交通量要求,这个问题与跨线桥的建设规模、投资大小以及繁荣沿线经济和为当地群众提供生产、生活的交通方便有着密切的关系。由于被交叉道路种类繁多,有乡村大车道、机耕路、行人专用路及县、乡道路、等级公路等。因此,必须详细地进行调查了解,根据交通量的大小、主线两侧农田灌溉沟渠及管线设施的布设情况,并适当考虑远景规划,尽可能地使被交叉道路合并,一桥多用,多功能化,减少跨越公路的次数,避免在短距离内频繁跨越主线而造成自然美景的零乱。对于村道和农业作业道等标准较低的道路,在不影响正常通行使用的情况下,可考虑改线、合并,通过在主线单侧或双侧增设便道便桥的方法予以调整,与主线交叉角度也以正交为宜,这样可以减少跨线桥的数量和长度,降低工程造价,正交的跨线桥也较美观;乡道以上的等级公路以维持原来的交叉角度为宜。在布设跨线桥桥位时,适应主线的行车需要也是一个值得重视的问题。它要求所选择的桥位不仅应满足《桥涵设计规范》中的净空要求,而且还应注意满足驾驶员对行车视距的要求。桥位尽可能选择在视线开阔的直线段或通视条件良好的大半径曲线上。选择主线两侧高程没有较大突变的地形条件布设桥位,避免设置坡桥,以减少对自然美景的影响,跨线桥设计同时应与路线的整体布局协调一致,在遵循安全、实用、经济和美观的前提下综合考虑。

对一些地形、地貌及地质等情况较复杂地段上的分离式立交桥,应综合比较上跨主线好还是下穿主线好。跨线桥的设置同时应与主线纵断设计相协调,原则上应服从主线设计。跨线桥数量较多,密度过大不仅会增加工程造价,对主线行车及公路美观也会产生一定的不利影响,尤其在填方路段该现象反映较为明显。但也不提倡为避免上跨而人为将主线大幅度抬高,这样做虽然下穿主线的通道桥长度较短,本身造价低,但主线路基抬高后,增加了主线的土石方数量和构造物的高度,相应的综合工程造价并不一定比修建跨线桥经济。

高速公路的修建如同一道人工屏障,把主线两侧隔为两个空间,使当地群众的生活环境发生了巨大的变化,造成了生产、生活中的诸多不便。这就需要设计人员在选择跨线桥位时,多花一点精力,尽可能地创造条件顾及地方和群众利益。切不能只考虑高速公路的建设需要,扰乱了当地群众正常的生活环境。解决这一问题应做好以下几方面的工作:①主动征求当地群众的意见,听取他们对跨线桥位布设的想法。②请当地政府重新划分高速公路两侧土地的归属,减少两侧居民的往来交通。③结合当地的道路及农田水利规划,选择适合当地路网、渠网规划的位置布设桥位。④对立交两侧的接线工程进行合理设计。

跨线桥因其与主线、被交叉路的性质和使用任务及桥位附近的地形、地物、地质等因素密切相关,因此跨线桥设计是否合理,将直接影响到主线和被交叉路的安全性、实用性、经济性和美观性。一般应选择主线两侧高程没有较大突变的地形条件布设桥位以避免设置坡桥。跨线桥的设置应与下穿主线的通道桥一并考虑。在人口较稠密地区,通道数量以每公里2道左右为宜。在一些不适于设置通道桥的低路堤和路堑处,一些农业作业道往往容易被忽视,给当地居民的耕作造成不便。跨线桥两侧引线应满足一定的技术标准,以免给通行造成不便。

跨线桥还应与周边的地形地貌、地表植被、颜色等项协调,如图5.5.2所示的跨线桥似乎是美的,但是红色的桥拱与绿色的青山和白色的桥头色彩不协调,再加一个宽大的空白广告牌,还不如简单的简支梁桥美观;图5.5.3在陡峭的边坡上,一桥飞渡两侧,既是一道风景,也似乎是一道撑起两侧边坡的结构,使边坡不那么陡峭,威胁感也有所降低;图5.5.4的跨线桥结构形式美观,与周围结构(路堑和护坡结构)协调,但桥上防护结构有些不齐全、杂乱,似乎不安全。

图5.5.2 与周边色彩不协调的跨线桥

图5.5.3 陡峭边坡上的跨线桥

图5.5.4 路堑路段的跨线桥

4)桥孔的合理布置

跨线桥孔径的大小和孔数布置多少,一般应结合地形和高等级公路横断面的形式确定。比较合理的桥孔布置:当有中央分隔带时,宜布置为4孔,中间2孔跨越高等级公路的上、下行线,两边孔供农民耕作之用;无中央分隔带时,宜布置为3孔,中间大孔跨越高等级公路的上、下行线,两边孔同样可供农耕之用。由于加了两边孔,使桥下两侧视野比较通透、开阔,使通行者轻松自然地通过,总之,跨线桥桥孔布置、交叉角,以及桥面纵坡应注重对称与平衡产生的稳定感。

5)跨线桥常用桥型

跨线桥的桥型选择应结合当地地形、地物、周围环境等进行,同时还要与主线的纵断设计和被交叉路的技术标准等因素相协调,每种跨线桥的结构形式都有各自的优缺点,应因地制宜,灵活掌握。跨线桥的结构形式多种多样,应采用造价合理、施工和养护方便、安全可靠的成熟桥型。当然,如果需要利用上跨天桥作为一条高速公路的标志性建筑,可以选择少数的复杂桥型。

在目前的跨线桥建设中,其材质一般采用混凝土结构(包括钢筋混凝土和预应力混凝土),其基本结构体系分为梁桥、拱桥和刚架桥、吊桥等4种,其他还有包括T型刚构、连续刚构、系杆拱、多跨拱梁结构、斜拉桥等结构形式在内的组合体系结构。由于上跨天桥的跨径限制,吊桥和斜拉桥等显然属于不经济的桥型。但结合特殊地形,如兼有跨河功能且总跨径较大,在考虑建设标志性建筑的基础上,可采用独塔斜拉桥。

(1)梁桥

梁桥是最古老的也是最常建造的实用、经济、简洁、朴素的桥梁类型。其形态特征是水平方向单维突出(图 5.5.5),往往是等跨、等高、平坦、笔直的,充分体现了刚性,具有很强的沿水平方向左右伸展的力动感与穿越感。但随着跨度的不断增加,梁桥各部分体量增大。

梁桥适宜用作任何地形的上跨桥型,按跨径(一般为两跨或三跨)、截面(箱梁、T 梁、空心板、等截面、变截面等)、墩台形式(薄壁墩台、圆形墩、倒 Y 形墩、U 形台、组合式台等)的不同组合可形成不同型式。为满足视觉和心理上的美感,消除桥身对驾乘人员的压抑感,可通过如下途径予以优化:①桥孔布置应考虑视觉受阻及心理压抑因素以及中央分隔带预埋管道的方便,在确保结构受力良好的前提下宜取消中墩;②为减低梁桥上部结构的高度,在截面的选择上首推箱梁截面,箱梁设计中宜采用倒箱梁的形式,并尽量增加翼板部分的宽度。另外,人行道设计宜尽量外挑,栏杆柱设计间距宜稀疏;③桥墩造型宜简洁,并与上部构造协调,保证良好的通视条件,在非正交的情况下,应加强对桥墩的通视设计审查。

图 5.5.5 梁式跨线桥

主梁是梁桥的主构要素,其形态的纤细、轻巧、连续流畅是梁桥美学的重点。首先要注意等高度梁的长细比应该在 5~30 之间。为了抵抗支撑处的强大负弯矩,连续梁桥主梁高度向桥墩处逐渐增加形成梁腋,此时梁下侧边缘形成了弧线或斜线,这种形态与等高等跨梁桥的单调相比,增加了美观和情趣感。莱昂哈特指出:如果桥面是水平或倾斜的直线时,采用直线加腋较协调,刚劲大方,加腋长度不要大于 0.2,而斜度宜不大于 1:8,因为比较陡长的梁腋会影响梁的力度与纤细感。加腋梁桥的边孔跨径一般都应该小于主孔跨径,为主孔的 0.7~0.8,这样使得边孔正弯矩不至于大于主孔弯矩。另外曲线梁桥中梁和桥面板都设计成曲线形,能产生优美的动势。

简支板在跨线桥中应用最广,为静定结构,相邻各孔单独受力。其主要特点是建筑高度较小、构造简单、受力明确、施工方便。为减轻自重,一般用空心板,既可以是整体式结构,也可以是装配式结构。无论是整体式板或装配式板,宜做成带翼缘且桥面连续。板厚与跨径之比一般为 1/15~1/25。

无梁板结构是近几年来在桥梁建设中出现的一种异型结构,这种结构原在房屋建筑中有应用,现在应用于桥梁结构。它的优点是整体受力好,而且视支承情况可以任意方向共同受力,从而减小上部建筑高度,增加桥下净空,使通行在高速公路上的视野开阔且施工便利。无梁板桥的外形线条简洁、轻盈多变、干净利落、美观大方。

连续板(梁)桥不但具有良好的行车条件,同时利用支座上的卸载弯矩来减少跨中弯矩,使桥跨内力分配更趋合理,板(梁)的高度更低;连续板(梁)桥既可采用钢筋混凝土,也可采用预应力混凝土。连续梁桥一般适用于低路堤和中低路堑处。连续梁桥不但具有良好的行车条件,而且还具有内力分布较同跨度的简支梁合理、伸缩缝少、整体性好、刚度大、建筑高度较低等特点。另外,结构简单,外观简洁;施工容易,成本较低;同时比较容易获得桥底有效净空,故在跨线桥中有一定应用的前景,也是一种较理想的桥型,见图5.5.6。

跨线桥主要采用三跨连续梁的结构形式(图5.5.6),即在主线中央分隔带上不设中墩,主孔一孔跨越主线;上部结构采用双箱双室钢筋混凝土变截面箱形梁,梁底为二次抛物线线形;下部结构桥墩采用钢筋混凝土薄壁墩。在被交叉路与主线交叉角度较大的地段,跨线桥可以采用四跨连续梁结构。上部结构采用单箱双室钢筋混凝土等截面箱形梁;下部结构桥墩采用钢筋混凝土圆形独柱墩。以上连续梁结构在墩台支撑点处均设置隐藏式的刚性横隔梁,桥墩顶部不设置盖梁,建成通车后使用效果会较好,远近景观也会较好。该结构主要缺点是桥长较长,造价相对较高。

图 5.5.6　连续梁桥

整体式连续板可作成变截面,其支点截面厚度约为跨中截面厚度的 1.2~1.5 倍,跨中截面高度可达到距径的 1/20~1/35。装配式板的构造与整体式板相似,只是根据起吊能力在横向将板划分为板条,在纵向也分成若干段,预制时预留接头钢筋,安装就位后连接接头钢筋。连续梁横截面形式可做成矮 T 形截面、矮工字形组合截面和箱形截面。等截面连续梁的梁高约为跨径的 1/16~1/26。变截面连续梁的边中孔之比可为(0.3~0.8)∶1.0,跨中梁高与跨径之比约为 1/25~1/35,梁底一般采用曲线。

(2)拱桥

拱桥的类型很多,从形态上可以分为实腹拱、空腹拱、桁架拱、刚架拱以及组合体系拱等。许多公路跨线桥建成拱桥形式比较清新悦目,其朴实无华的景观容易与原野风光取得平衡统一的效果。拱桥受力好,造型优美、轻盈,其上部建筑高度较高,可大大降低墩台高度,一般来说凡适合修建拱桥的地方,拱式桥梁的造价一般都低于其他形式的桥梁。根据桥面与拱肋的相对位置,又可分为上承式拱桥、中承式拱桥和下承式拱桥。下承式拱桥由于拱肋较高,重心上移,给人不太稳定的感觉,但是比较容易获得桥底有效净空,故在互通立交桥区有一定应用前景,上承式拱桥见图5.5.7,中承式拱桥见图5.5.8,下承式拱桥见图5.5.9。

图 5.5.7　上承式拱桥

图 5.5.8　中承式拱桥

图 5.5.9　下承式拱桥

拱桥一般适用于路堑深度较深和路线跨越山谷地段。常见的单孔上承式空腹肋拱桥属钢筋混凝土无铰拱（图 5.5.10）。拱轴线形为等截面悬链线，拱轴系数 $m=3.5$，采用单肋 T 形立柱或双肋双 Y 形立柱支撑桥面，桥面系为连续结构。另外，单孔中承式双肋拱桥（图 5.5.11），也为钢筋混凝土无铰拱，拱轴线形为等截面悬链线，拱轴系数 $m=1.988$，双肋经吊杆悬挂桥面，桥面系为连续板。中承式双肋拱桥与周围景观协调较好，很优美；上承式空腹肋拱桥也较美观，但斜交角度较大时，其美观性较差，其主要优点是跨径较大，较经济美观；缺点是主拱圈需现场制作，不宜运输，对地形、地质等条件要求较高，施工工序较繁杂。在具体的设计中，采用何种形式，可根据实际情况选用。拱桥在跨径方面，一跨过路已经足够。桥台宜埋置在路堑边坡内，其外侧与边坡浑然一体。拱肋一般采用等截面悬链线无铰拱肋，拱轴系数、矢跨比可根据常规确定。

图 5.5.10　单孔上承式空腹肋拱桥

图 5.5.11　单孔中承式双肋拱桥

(3) 刚架桥

刚架桥是指将梁和桥墩刚结为整体而构成的桥型。刚架桥构架的形状对其功能美有主要影响，减小其断面，用少量构件形成简练的形态，有助于产生力的紧张感、轻快感，造价经济。桥下净空大，视野开阔，很适宜于跨线桥。此外，桥墩与梁的格调应当协调、统一，桥墩的形态与具有动势的不断延伸而又轻快的梁的协调十分完美，可更好地实现桥梁的功能美。

跨线桥的墩、台位置和形状要尽量多透空，保证行车有较好的通视条件，并与上部构造相配套。桥墩多用柱式墩、Y 形墩、刚架墩和无盖梁的梯形墩等。桥台多用无台前溜坡的 U 形台、组合式桥台、墙式台、锚杆式桥台等。

由于桥跨结构和墩台刚性连接，会在主梁端部产生负弯矩，并传给墩台，因而跨中截面高度比简支板（梁）、连续梁更小，因此外形尺寸小、纤细、桥下净空大，视野开阔，很适合于跨线桥。适合于跨线桥的刚架体系有带悬臂的门式直腿刚架（多用于开阔地区的人行桥）、斜腿刚架（多用于挖方路段），连续钢架等。斜腿钢架桥与拱桥相似，适用于路堑深度较深和路线跨越山谷地段。主梁截面可做成板、矮 T 梁、矮组合梁、箱梁等。主梁在纵向可做成等截面、等高变宽和变高度 3 种。变高度主梁的底缘形状可以是曲线形、折线形、曲线加直线等，带悬臂的门式刚架桥,跨中厚度与跨径之比一般可取 1/20~1/35,支点厚度为跨中的 1~2 倍,悬臂长为中孔跨径的 0.2~0.5 倍;斜腿刚架桥的边跨通常为中跨的 0.5 倍左右。三跨或多跨连续刚架桥,边孔一般为中孔的 0.5~0.7 倍左右,跨中梁高为跨径的 1/30~1/40;采用变截面时,支点梁高为跨中的 1.2~2.5 倍。

斜腿刚构桥:结构简单,外观简洁;但是斜腿导致结构本身占用较大高度,桥下净空相同时,桥面上抬较多(图 5.5.12)。

T 形刚构桥:此桥型外观轻盈,桥型布置合理,总体美观协调。同时比较容易获得桥底有效净空,故在互通立交桥区有一定应用前景,是一种较理想的桥型(图 5.5.13)。

图 5.5.12　斜腿刚构桥

图 5.5.13　T 形刚桥

(4)斜拉跨线桥

斜拉桥的力度美主要由加劲梁、主塔和主索来体现。这种桥型水平方向特别长,而主塔和主索起了协调作用,使之不会违背美的比例法则,取得纵向和横向的和谐。

高耸入云,气势非凡的主塔动势产生向上高扬的功能美感,向上伸展的主塔动势和水平延伸的加劲梁动势取得视觉上的平衡,构成整体上的动力美(图 5.5.14)。主塔的造型对桥梁的功能美会带来巨大影响。过去多用 H 形的斜拉索塔,近来常用钻石型,使斜拉索汇集于塔顶,增强了力动感。

高速公路跨线桥的跨度一般不大,所以一般为单柱斜拉桥。使用斜拉桥型主要考虑视线通透时候的造景效果,以形成地域的标志性桥梁建筑。

6)跨线桥桥型选择

跨线桥作为高速公路的重要组成部分,其美学设计不但要考虑桥梁本身的造型,而且要重视桥型与桥位地形的协调,并兼顾与周围环境的配合,使之既能满足交通动态功能的要求,又可以取得与周围环境静态景观的和谐,从而达到与地形现状完美结合的艺术效果。跨线桥的造型要满足工程条件,选择桥型之前应对架桥地区的环境和景观进行勘查,建桥材料、桥梁的规模与桥型要选配恰当,才能与环

图 5.5.14　门式斜拉跨线桥

境取得协调,获得巧夺天工的美感。

应该根据自然地形条件的需要选择不同的桥型,以体现多样性和多变性。大多数跨线桥选址的地形可分为狭谷型、丘岗型和平原型3种。

(1)狭谷型指线路两侧为高地,多见于人口密度较低的山区,跨线桥布设间距长。道路与较远处的视线隔绝,主要对线路同方向造景。此类地形截面曲线多成倒抛物线形,而主干线将谷底切断。在这类地形上的跨线桥视狭谷的开合度选择下承式拱桥或悬索桥见图5.5.15,人工架起的曲线将被切断的地形弦律线接续起来,达到人与自然和谐共处。

(2)丘岗型是线路通过丘陵地区常见的类型,跨线桥常依托开挖的山丘边坡架设。地形截面曲线相对平缓,适应的桥型较多。选型原则应该是顺应地形曲线的变化,使桥与地形相互呼应、相得益彰。如桥面高出丘面,可选用刚架拱、中承拱或板肋拱,见图5.5.16。如果视线较通透,对外围景观产生影响,则要综合考虑远景效果,向上伸展桥塔的悬索桥、斜拉桥等桥型可创造出较大范围的美学效果。

图5.5.15　丘岗型跨线桥示例

图5.5.16　狭谷型跨线桥示例

(3)平原型指线路通过地势平坦开阔的地带。跨线桥完全突出地面,视野广阔,常成为当地美景焦点。跨线桥的接线多用填方筑堤,人工痕迹明显,线条刚直。可以选用连续箱梁(图5.5.17)、斜腿刚构等线条简洁的桥型。为了寻求变化,用较大纵坡的板拱或中承拱,更能突出桥的效果。若要建成标志性建筑,则可以考虑设斜拉桥型或墩、肋一体的系杆拱,或是结合当地民族建筑风格,在桥头附设桥头堡。

(4)连续3座及以上短间距跨线桥型的选择,在与环境协调统一的前提下,要注意通行的韵律节奏感,可以采用同型渐变的形式,如上承拱—中承拱—下承拱、四跨梁桥—三跨梁桥—二跨梁桥;也可简单地选用同一桥型。禁忌相邻桥型变化太大,否则,不仅破坏了线路的韵律感,对驾乘人员也会产生较强烈的视觉冲击。图5.5.18~图5.5.28为一条路上的跨线桥,不是结构形式变化就是颜色变化,使得隔一段距离跨线桥就有变化,而变化连续进行。虽然相邻的几座桥梁都是拱桥,但此拱桥非彼拱桥,结构和颜色都是连续中有变化。相邻的

图5.5.17　平原型跨线桥示例

几座跨线桥采用相同结构但不同形式,避免了重复和单调,却很好地完成了顺接过渡,不再呆板、枯燥,且同一桥梁的拱、墩、梁比例都较为协调、美观。

图 5.5.18　跨线桥之一

图 5.5.19　跨线桥之二

图 5.5.20　跨线桥之三

图 5.5.21　跨线桥之四

图 5.5.22　跨线桥之五

图 5.5.23　跨线桥之六

图 5.5.24　跨线桥之七

图 5.5.25　跨线桥之八

图 5.5.26　跨线桥之九

图 5.5.27　跨线桥之十

图 5.5.28　跨线桥之十一

跨线桥宜选用轻巧、简洁、通透、美观、富于时代气息的结构,如四跨一联的不等跨连续板桥,轻巧、大方的刚架桥,使得桥下净空开阔。单柱式桥墩、Y字形中墩,保持了地面交通的畅通,使交通动态与环境静态和谐匹配,给人以完美的艺术享受。

跨线桥的桥形应该追求多样化,避免笨重压抑感,可作适当的装饰。跨线桥下要有足够净空,中央分隔带上最好不设桥墩(图 5.5.18~图 5.5.28),如必须设置桥墩时,应用轻型结构,防止撞车事故发生。

跨线桥跨径必须满足所跨越的道路或铁路净空要求,一般以选择中等跨径为宜,要求造型美观并力求结构简单,经济适用。一般情况下跨径种类变化不宜太多,结构尽量实现标准化或模数化,保持每条曲线匀称和连续。为求得跨线桥结构外形美观,使桥梁结构各部尺寸的比例(即桥梁的跨径与桥下净高的比例、跨径与梁的高度的比例等)适度,通常认为跨径与净高之比为 5∶1,梁高与跨径之比为 1/20 上下,梁高与桥下净高之比为 1.4~1.6 较为合适。

桥面应合理设置竖曲线并适当考虑装修。跨线桥的竖曲线线形是顶部轮廓线,开阔地区跨线桥配合桥头引道纵坡设计成凸形竖曲线,除有利于行车外,又使桥梁顶部呈现曲线美、连续美,且有利于桥面排水,因此应充分重视和优化竖曲线的设计。

一些跨线桥桥型选择的美学分析如下:

图 5.5.29 的跨线桥为凸形且安全防护为栏杆(而不是栏板)不但能避免积水,而且看起来轻盈,还给下穿道路留出了更高的空间;图 5.5.30 的变异拱形跨线桥,虽然是吊桥,但是具有新奇的特点,把拱变成了变异的直肋,没有增加费用或增加的费用较小,甚至是降低费用,而且便于施工(直线形混凝土结构便于制模、立模和浇筑);图 5.5.31 的变异拱形跨线桥,虽然也是拱式吊桥或者说是变异斜拉桥,但把拱变成不完全拱或者说是把竖直塔变成了曲线斜塔,起到了拱式吊桥(或斜拉桥)的作用,但产生了变异、新奇的效果;图 5.5.32 的对称拱形跨线桥,虽然也是拱式吊桥,但通过变异,表达了双向车道的分行,也降低了单拱的平淡;图 5.5.33的斜吊索拱形跨线桥,虽然为下承拱吊桥,但吊索从垂直改为斜拉,也有新奇感;图 5.5.34的板拱连体式拱形跨线桥,桥面板与承载拱从下部的分离式变为上部一体,结构设

计新颖。图 5.5.35 的传统拱桥式跨线桥,具有古朴、经典的感觉,永不过时的记忆;图 5.5.36 提篮式跨线桥,蓝灰色的吊篮式跨线桥给人一种清新、安静的感觉,并在背景(青山)的映衬下,有查缺补漏的感觉;图 5.5.37 板拱一体式跨线桥,有飞翔、流畅的感觉,没有多余结构的累赘。

图 5.5.29　上凸形跨线桥

图 5.5.30　变异拱形跨线桥

图 5.5.31　不完全拱形跨线桥

图 5.5.32　对称拱形跨线桥

图 5.5.33　斜吊索拱形跨线桥

图 5.5.34　板拱连体式拱形跨线桥

图 5.5.35　传统形桥式跨线桥

图 5.5.36　提篮式跨线桥

图 5.5.37　板拱一体式跨线桥

7）结构的美学设计

在桥梁中，力是由直接承受荷载的构件逐渐传递到其他构件的。因此，配置构件的原则是"以最少的材料，构成最有效的传力结构。"这就要求构件组成以简单为宜，一座完美的桥梁往往没有任何多余的构件。线条简洁的构件所组成的桥梁，在力学上合理，外观漂亮、潇洒。

传递力的桥梁构件具有一定的断面，确定断面的最佳尺寸和形状，是设计工作中的重要内容。断面的大小可根据应力和挠度的容许值来确定。断面过小，当然会造成危险；过大，虽然安全，却造成不必要的浪费，既不经济又有碍美观。

断面的形状以能保持整体的统一、协调为佳。一般说来，一座桥梁的不同构件采用相同或相似的断面形状，或者整体上具有统一的空间图案，将更显美观。例如，主桥墩和引桥墩断面形状相似；沿着桥梁的长度方向上部结构采用形状相同的横截面或外部线条相似的图形；依照上部结构的线条来设计下部结构等，都将有利于产生平滑、统一的整体线条。如图 5.5.38 所示，绿色生态背景之中，潺潺流水之上的"立交"，桥墩疏密、高低渐次展开，具有一定的韵律感，烦琐之中延伸"直率"，宁静之中透着"繁忙"。恰到好处的构件组合和断面形状往往会产生简朴美观的外形，避免美学设计上的失误。

a)

b)

图 5.5.38　水麻高速公路上的跨线桥

桥梁组成构件（包括附属设施）的造型、尺寸、细部处理等，应与环境、桥型相适应，以简洁明快为原则。如在地形平缓处的中承拱，墩台、拱做成一体，使线条更流畅，桥体更轻巧。有塔的桥型由于跨度小而在主塔的造型方面有更好的灵活性，如曲线形、弓形、倾斜形等，塔柱间的连接件可结合地域风情进行图案设计，即使增加一些造价也是值得的。

构件的几何形状：柱、板、杆形态要分明、轻巧，工艺要精细。直线为主的刚构、梁桥等可对直角边作圆弧过渡处理。

栏杆、防护栅栏、照明、桥头建筑等附属设施在保证安全的前提下，应该从整体效果出发，结合地域文化来造型。以简洁写意为主，从组合中找到韵律节奏，在韵律节奏中表现空间层次和主题。视线要通透，不宜做得繁杂细琐。

桥梁各构件相互之间取得充分协调，创造出桥梁的形式美。这种协调主要借助于比例、韵律、重复、交替、层次等手法来完成。

栏杆应该结合桥型独立设计。一般栏杆造型首先要注意远视效果与桥梁结构总体造型协调。栏杆要有通透的空间，将主梁与栏杆分隔开，以显示出主梁结构的轻盈；其次，栏杆的线条要简洁并适当变化；栏杆应该有适当的细部线条，并有扶手、立柱、花饰；所用材料质感色彩等都要和谐统一，给人愉快明朗的感受。最后栏杆要因地制宜具有特色，可以采用形式简洁的花台以起到美化环境的作用，也可以使用施工方便的钢制栏杆。

桥梁因其水平方向的尺度显著伸长，因而有比例失调的可能，采用垂直线和倾斜线可以缓和纵横方向上的不平衡，有效地防止这种失调的出现。例如，拱桥的吊杆，吊桥的竖琴式拉索显得格外美观。通常在进行美观设计时，既要考虑从桥外横桥轴方向的造型，也不可忽视沿桥轴方向的形态。有的桥梁引桥方向能够从最佳视角将整座桥梁的全景一览无余。

跨线桥梁高的变化要连续，不应有折线和突变点。上部构造的底面线尽可能做到线条圆顺优美，不宜形成折点或突变。一般应使上部构造底面有良好的整体性、简洁明快的线条和优美圆滑的曲线过渡面，不宜分散、凌乱，或产生突变的折面。跨线桥上部结构的造型，应有良好的心理引诱力和美学法则的应用。

跨线桥的下部结构主要包括桥墩和桥台，下部结构要注意结构受力的表现和安全感，消除压迫感和威胁感，并使桥下空间有较好的开放感。此外，桥的下部构造连续造型形式应一致，避免产生杂乱感。

为了使跨线桥的上部结构与下部墩台之间能和谐统一，除了在上部结构设计上应降低主梁的高度、采用构件高度较小的板式或箱式桥跨结构之外，还要注意墩台选型的简洁，并与上部构造相协调。桥墩应尽可能做得轻巧，尽量多透空，保证行车有较好的通视条件。例如单柱式桥墩、Y字形中墩，保持了地面交通的畅通，并使交通动态与环境静态和谐匹配，给人以完美的艺术享受。也可选用视觉轻巧、大方的桁架拱桥，使得桥下净空更加开阔。

一些实际桥梁结构美学设计的实例分析如下：

图5.5.39的跨线桥虽然简单，但是比例协调、通透，梁板与防撞护栏加设了一个梁缘，就显得结构较为协调美观。图5.5.40的跨线桥结构统一、尺寸和谐，显得简洁、空旷、流畅、方向感强。图5.5.41的跨线桥，结构轻盈，给主道行进的人以道路宽阔、通畅的感觉。图5.5.42的跨线桥，采用简洁的结构，尺寸比例协调，安全护栏采用栏杆显得通透；拱形+瘦墩承载显得传力结构明确；采用白色粉刷显得干净。图5.5.43天空映照下的高墩跨线桥，似天桥，也似人间奇迹，通透且美丽、壮观。图5.5.44的跨线桥，采用箱型结构传力，再加上浅蓝色色调，显得清爽、简洁、流畅，给人顺畅、安全、利索的感觉。图5.5.45的跨线桥，采用绿色的"隔音墙"，有亲和感且给人以"轻盈"感。图5.5.46和图5.5.47为流线型的跨线桥，看起来轻盈、顺畅。

图 5.5.39　简单、比例协调的跨线桥

图 5.5.40　结构统一简洁的跨线桥

图 5.5.41　结构轻盈的跨线桥

图 5.5.42　结构简洁比例协调的跨线桥

图 5.5.43　天空映照的跨线桥

图 5.5.44　简洁流畅的跨线桥

图 5.5.45　带隔音墙的跨线桥

图 5.5.46　流线型的跨线桥之一

因为跨线桥基本上是迎驾乘人员正对面而来,视觉较为全面、清晰,如果不注意宏观和细节设计,视觉效果会很差。图 5.5.48 的跨线桥,墩、梁、柱的尺寸较大,显得"笨重",如果跨线桥上部防护栏板用防撞墩或防撞护栏替代,或者采用其他与梁不同的颜色涂装,就会纤细流畅一些。图 5.5.49 的跨线桥虽然与图 5.5.48 相似,但采用阴线处理跨线桥的防护栏板和主梁,并用护网替代部分防护栏板,进行了浅蓝色调的涂装并添加宣传、祝福之词,就显得纤细,且有亲和力。图 5.5.50 的跨线桥,传力隔板不对应,不但不美观,显得杂乱,而且也起不到传力的作用,使梁的受力不均,容易产生破坏。图 5.5.51 的跨线桥,宽厚的梁体和肥大的墩柱,让人有"浪费""肥胖"的感觉,如果能够用阴线相间的方式加以"细化美化"处理,可能就会让人感觉到有"节约""苗条"之美。图 5.5.52 的跨线桥高大、雄伟,但桥墩和横梁结构不统一,有点乱。图 5.5.53 的桥梁,粗大的桥墩与细长的主梁不成比例,看梁有不安全感,看墩有浪费的感觉。图 5.5.54 和图 5.5.55 的跨线桥,梁过厚而墩和拱过于纤细,尺寸不协调,如果把梁细化或者用阴实线淡化其厚度,可以更美观一些。图 5.5.56 的门跨式跨线桥高大、雄伟,但门跨结构与其他桥墩结构差异大,不协调。图 5.5.57 的跨线桥,墩高与厚比例合适,给人以"苗条、匀称"、精干和节约之美,但梁结构不统一,令人遗憾。图 5.5.58 的跨线桥,结构琐碎,给人杂乱、烦复的感觉。图 5.5.59 和图 5.5.60 为色彩单一的跨线桥,同一种颜色的桥梁防护板、梁,把桥变成"矮胖",如果能变换一下颜色,或者把防护板变成护栏,或者再加一些横向的阴实线,可能会"苗条"些。图 5.5.61 和图 5.5.62 的跨线桥,桥墩较为肥大,虽给人一种安全稳定、坚实之感,但显得"胖"了些,也给人以"杀鸡用牛刀"之感。

图 5.5.47 流线型的跨线桥之二

图 5.5.48 "笨重"的跨线桥

图 5.5.49 阴线处理的跨线桥

图 5.5.50 隔板不齐跨线桥

图 5.5.51　粗墩跨线桥

图 5.5.52　结构不统一跨线桥

图 5.5.53　粗墩桥之一

图 5.5.54　粗梁桥之二

图 5.5.55　粗梁桥之三

图 5.5.56　门跨式跨线桥

图 5.5.57　结构不统一跨线桥

图 5.5.58　结构琐碎的跨线桥

图 5.5.59 色彩单一的跨线桥之一

图 5.5.60 色彩单一的跨线桥之二

图 5.5.61 墩"肥"跨线桥之一

图 5.5.62 墩"肥"跨线桥之二

8）桥台的美学设计

桥台是跨线桥与路的衔接结构，对公路跨线桥桥台的美学处理主要是用台身空腹部分来增加其桥下通行功能，增大体量，突出桥台存在感。主梁与台帽的连接过渡要协调、统一，桥台工程量要小。

跨线桥锥坡需要进行美化处理，在设计时应重点处理好以下两个部位：锥坡区域、桥下区域。

（1）锥坡区域，基于边坡稳定性和美学效果，把锥坡按照高度分为低矮锥坡（小于 8m）和高大锥坡（大于 8m）两类进行分别设计。对于低矮锥坡，可采用三维网+客土植被防护形式，削弱圬工的美学污染，美化环境；对于高大锥坡，应在满足护坡功能的基础上，注重美学效果，可采用工程防护+植被防护的形式。

（2）桥下区域，由于光线的影响，跨线桥的桥下区域有明显的明暗对比，使桥下区域与前后环境不协调，在汽车疾驰而过时，会造成驾驶员视觉上的不适，影响行车的安全性，因此，桥下区域应注重色彩的前后、上下呼应，减少明暗反差。

9）色彩和装饰

桥梁装饰和色彩一样，是通过人为修饰装潢，改善原结构的形象表现，以迎合人们视觉美学的要求，达到对某些外观造型原本不足或欠缺部分的补充和改善，所以桥梁装饰实际上是一种有限度的美学修补。常用的手法有：外表饰面、立面造型、线形变化和艺术装饰。跨线桥的装饰多用涂料饰面或广告板装饰，但是目前过分注重经济效益的广告板装饰效果不佳，甚至破坏了原有的桥梁美。如图 5.5.63 所示，虽然此桥结构简单，但颜色深，有一种压抑感;图 5.5.64 的跨线桥,虽然广告牌面积大了一些,但用黑色字体、绿灰色底面,与周围植物颜色协调,公路就像在绿道之中运行;这样的广告,但也不太降低美观。

图 5.5.63　色彩压抑的跨线桥

图 5.5.64　广告过大的跨线桥

对跨线桥桥身和构件添加适当装饰和色彩也是必不可少的。栏杆、照明和桥头附属建筑的造型除满足功能需要外,主要考虑地域文化特色要求。表面装饰处理是工程与美学的结合,目前多用浮雕、阴线图案、贴面、水刷和打磨的表面,或利用模板使混凝土形成有规则的纹理,以产生丰富的立体质感。跨线桥美学以远视距为主,所以图案要简捷明了且不能太小。协调的色彩不仅可加强高速公路的美学效果,还能减轻驾驶员的疲劳,愉悦乘客的身心。表面着色处理同样要与周围环境协调,体现桥梁的地域文化特征。为突出桥梁的美学效果,可用较明快的色调涂饰出跨线桥轮廓线。

由于跨线桥所应用的材质以混凝土为主,其外观颜色即为混凝土本身的浅灰色,若不对跨线桥外观进行色彩装饰,单调的浅灰色将给人以压抑的感受,降低桥梁本身结构造型美。在跨线桥外观色彩的设计中,全部跨线桥宜在结构完成之后进行统一的规划与设计。其外观色彩的设计应遵循以下要点:

(1)外观色彩宜采用柔和色,而非刺眼的俗艳色。除中承式拱桥吊杆部分使用不锈钢套管为银白色外,其他任何部分不宜用刺眼的白色,宜采用微泛青色的珍珠白等其他白色彩种。涂色之前应先刮除疏松的水泥表面,以防色彩剥落。

(2)在配合周围环境进行色彩设计时,一般暗色调比混凝土固有的浅灰色好,因此基色应采用近自然色,比如植被丰富处采用浅灰绿色、黄土裸露处采用赭色、红棕色等,使用矿物颜料可获得天然暖色调,与周围环境相结合,相得益彰。

进行跨线桥的色彩设计需要进行色彩选择和对比,针对不同的环境采用不同的色调,平静幽雅的板肋拱桥宜采用浅蓝色和浅绿色调;活泼优美的中承式悬链线无铰拱可以用浅黄色和浅红色来装饰;简洁轻快的斜腿刚架桥涂上湖蓝色和橘红色更显结构的轻巧和明快。

在山区莽莽林海的绿色背景中,用赭红色喷涂,使桥梁突出、鲜明、强劲;而在丘岗、视野开阔区域,要突出桥梁的标志性,则可使用较高彩色度的蓝、黄、白、红等色;应用与环境主色调相近的素雅柔和的中间色,可起到融和消失的作用,减少桥梁对环境的压抑感。

(3)彩色涂层必须是吸湿的,以不阻碍混凝土中湿度的变化。

(4)桥跨结构和桥墩可涂成同一种颜色,以强调结构一致性;亦可用对比的色彩把桥跨结构和桥墩区别开来,通常深色的桥墩配以浅色的桥跨结构可以强调出桥墩的轻巧和纤细。跨线桥边梁渐变段的色彩宜比周围略暗,以呈现自然光给人的视觉感。

10) 桥梁的夜景设计

公路上夜间行车较多,和白天比,夜间行车更容易产生疲劳。跨线桥夜景设计能缓解因单调的公路夜间景观造成的驾驶员的视觉疲劳,并且有交通提示作用。其次,夜晚的公路除了基本的照明外到处漆黑一片,没有其他的美景可言,夜景设计的跨线桥是整个区域唯一的视觉亮点,其对整个区域的造景作用比白天更为明显和重要。但是因为跨线桥具有规模小、交通流量小等特点,其夜景也应该在突出自身特色的基础上以简洁为宜。一般供人行的小型跨线桥夜景设计主要突出其结构造型,通车的较大型的跨线桥夜景设计可深入美化其结构元素,并能反映文化特色和地域个性。

11) 跨线桥周边公路美学设计

(1) 植物绿化

绿化是公路美学设计的主要内容之一。实施绿化,首先应具备"功能作用、美化作用和生态环境保护作用";采用的绿化材料要"好栽、好活、好管"。在设计中突出以"青、绿"为主的大板块、大色调、流线型"瞬间效果";在立交区绿化景点的美学再造还应反映当地的人文美学和自然风貌,给社会提供一个功能齐备、环境优美、造型新颖的公路"绿色工程系统"。

以下是一些采用植物进行生态美化的实例:

图 5.5.65 和图 5.5.66 都采用植物绿化跨线桥。图 5.5.65 的跨线桥结构过于空旷、单薄,用垂吊的植物绿化淡化了其"高""悬"。图 5.5.66 的垂钓植物绿化,使跨线桥显得更生态、更美观,但有些障眼。图 5.5.67 的跨线桥采用古典的拱桥形式,并掩映在绿树草丛之中,既生态环保,也美观、古朴,但不够通透。图 5.5.68 植物绿化的跨线桥,掩映在道路两侧的树荫之中,既美观生态,也柔化了桥梁的秃兀,好似风景如画的"天生桥",但不够通透。图 5.5.69 和图 5.5.70 的跨线桥的桥墩采用攀藤植物进行绿化,植物具有绿叶及(或)红花,消除了高墩的"威胁感",同时美化了桥墩,使跨线桥不是"威胁"而是美景。

图 5.5.65　植物绿化的跨线桥之一

图 5.5.66　植物绿化的跨线桥之二

图 5.5.67　植物绿化的跨线桥之三

图 5.5.68　植物绿化的跨线桥之四

图 5.5.69　桥墩绿化的跨线桥之一

图 5.5.70　桥墩绿化的跨线桥之二

(2)跨线桥桥位边坡美化

对处于挖方路段的跨线桥,应对桥位附近主线两侧的路堑边坡人为地制造自然美景。如修筑拱形护坡,在上面植草皮绿化,维持自然生态平衡,垂直绿化部位有浆砌片石路堑、挡墙和跨线桥等,通过沿桥墩、桥头锥坡、挡墙下种植攀缘植物,如大、小叶爬山虎、凌霄等;在挡墙上部、路堑顶部种植垂枝型藤本地被植物等。这样形成多层次空间立体绿化,快速遮蔽构造物,减少构造物的压迫感和粗糙感,给人以生机勃勃之感,增强桥梁的艺术美和路堑防护工程的美学效果。

12)跨线桥利用

公路跨线桥除具有过往行人和车辆外,也还有其他用途,如图 5.5.71 和图 5.5.72 所示的风雨式跨线桥,过往行人可以通过上面的风雨桥看到下穿的公路场景,也能避雨,还可以行商,创造经济效益;图 5.5.73 所示的风雨式民族型跨线桥,为云南大丽高速公路上的一座跨线桥,采用纳西族风格的建筑物形式并配有窗台,体现民族性、地域性,且便于欣赏下穿高速公路的场景,还可以行商,创造经济效益。

图 5.5.71　风雨式跨线桥之一

图 5.5.72　风雨式跨线桥之二

13)跨线桥的维护

跨线桥因其被驾乘人员正面观察,应该是整洁干净的。在设计时,首先应该避免污水污物从桥面蔓延乱流,在使用过程中要进行一定的维护和粉刷,保持其干净整洁。

图 5.5.73　风雨式民族型跨线桥

5.6　公路边坡美学

公路边坡主要指在路堑、路堤段填挖方的倾斜部分。公路建设过程中经常要大量挖方、填方，从而形成了大量的裸露边坡，这不仅会带来诸如滑坡、泥石流等自然灾害，还会带来很多环境破坏和污染问题；进行边坡工程防护并对处治后的边坡进行工程美化、绿化，是减少生态灾害、保护环境、便于驾乘人员消除疲劳、提高欣赏度的必然要求。公路边坡美学处理有着重要意义，它的功能一方面主要体现在防滑(防塌)护坡，提高边坡的稳定性，防止落石、滑坡，保障行车安全，减少水土流失；另一方面是美化公路环境，恢复植被，改善沿线美学环境和保护自然生态环境。

5.6.1　公路边坡美学理论及设计原则

1) 公路边坡美学建设的一般原则

"安全、和谐、因地制宜、可持续、经济、可行、体现时代和地方特色、环保、符合美学原理"是公路边坡美学建设的基本原则。

公路边坡工程设计，首要应考虑其稳定性和安全性；其次要考虑生态环保、美化、降低驾乘人员的疲劳、提升整体公路沿线美学环境等。而随着国家经济和综合实力的腾飞，公路沿线的美感问题也摆在公路建设者的面前，其中路堑和路堤边坡美学设计和建设又占有很大比例。故在满足工程功能、安全和经济的前提下，设计和建造出与周围环境协调、环保、具有美感效果的边坡，营造与自然环境融为一体而又不失其独特区域风格的美学工程，是公路美学设计的重点之一。公路边坡美学设计的重点和原则具体如下。

(1) 安全和稳定原则

公路边坡在长期的使用过程中经受雨水、岩土体自重、温度、地质等自然因素的作用，会严重影响其稳定性和安全性。应在采取有效的防护和处治措施的情况下，再进行相关的美学设计，实施绿化及美化工程。安全和稳定是边坡美学工程的基础，美学工程是安全和保持稳定边坡的升华，努力达到"安全第一，重点美化，突出个性，服务交通"的要求。

(2)和谐一致,减少扰动和破坏原则

公路边坡美学设计与建设必须与周围环境协调一致。尽可能地减少对自然环境的扰动和破坏,最大限度地保留生长在边坡上的植被和边坡周围的已有植被,通过种植原有植被品种,尽可能使边坡的景观与周围环境统一。如果人造边坡结构与环境不协调,应设法采用天然美学材料,如土、石、植物等进行防护和美化,尽量避免使用人造材料和仿制材料,或者重修边坡工程结构,以减少边坡工程防护和美化与环境美景不一致的状态。

(3)因地制宜,体现地域风格原则

边坡防护治理和美学设计,应注重边坡区域环境和社会文化,进行全局规划和设计。可结合当地地形地貌,利用当地特有建筑材料、植被品种和防护方法,进行边坡防护和美学设计。尽可能减少工程量,顺地形就地势进行边坡防护和美化。搞好水土保持,选择适应性强、生长强健、管理粗放的植物。根据不同的地域环境和气候,选择多种植物营造不同氛围,体现植物多样性、层次性与季相性,最大限度地提高美学效果。

(4)永久性和可持续发展原则

公路设计使用年限一般为15年到30年不等,对边坡工程的美学设计与建设也应该遵循"一劳永逸"的原则,减少竣工投入运行后的维护和管理工作。比如采用植物防护和绿化工程,可挑选本地耐旱、耐热、耐寒、耐瘠瘠、抗污染、涵水能力强、适于粗放管理的植物。即使采用工程美化,也应体现历史性、时代性、时效性的特点,以延长公路边坡美化工程的服务期。

(5)经济、美感、社会效益兼顾原则

公路边坡美学工程,不能一味追求美化和绿化而不顾及造价,须考虑合适的美学方法和方案,做到经济上合理,与社会发展水平相适应;兼顾经济、社会和美学效益的边坡美学设计和建设,才是可行和值得提倡的。在公路边坡治理和美学设计中,要做到既有利于安全保护又能降低工程造价,且能产生生态美、人文美和自然美等方面的综合效益,最终体现其社会效益。

(6)环境保护原则

"回归自然、恢复生态环境"也是公路边坡美学设计的原则。公路建设过程中经常要进行大量的土石方挖填工作,从而形成路堑和路堤,会产生大量裸露边坡。裸露边坡若不经过处理,会产生很多环境问题甚至交通安全问题。雨水直接泄流对坡面形成过度冲刷带来的水土流失、边坡失稳滑坡、泥石流问题等,都会给自然环境和生态环境造成破坏。公路沿线裸露的边坡靠自然的力量恢复其生态平衡往往需要很长时间,甚至无法恢复。通常可采用植物绿化方法进行防护和生态恢复,这不仅有利于边坡防护,而且能产生较好的美学效果。通过对绿化树种的科学搭配和植物材料的选择,充分发挥花草树木的特有功能,减少声污染,降低噪声,达到吸尘、吸附有害气体和减轻空气污染的目的,进而形成良好的交通生态环境和绿色环保屏障,有利于沿线居民、驾乘人员的身心健康和环境保护。

(7)体现生态、文化和人文的美学原则

因地制宜、因形构建,尽量以自然式构图为主。充分做好树种的合理配置,使美景丰富多样,达到"不见黄土、固土护坡""虽为人作、宛自天开"的目的。以地域文化特色为主题进行美学设计,结合地形地貌和植被情况,设计和建设表现地域文化特色的图案、浮雕等美学小品,使驾乘人员有机会欣赏、了解和学习沿线地域文化及知识,宣传沿线地区的社会和文化,增强沿线群众对自身社会文化的自信和自豪感。

(8)边坡绿化美化的基本原则

原则一,美学营建与工程建设同步进行。根据国发[2000]31号文件《国务院关于进一步推进绿色通道建设的通知》,绿色通道建设要和公路、铁路、水利设施建设统筹规划,并与工程建设同步设计、同步施工、同步验收。

原则二,统筹规划、分段设计、突出重点、注重特色。在美学营建中,要遵守交通部颁发的公路绿化美化"GBM"工程标准,做到统筹规划、分段设计、突出重点、注重特色。首先,要确定绿化、美化路容,进行总体统筹规划设计。设计中,要突出主体工程,注重工程特色。其次,根据总体规划要求,分段分步设计,注重各段间的有机联系,使其浑然一体。再次,结合地理特点、因地制宜,合理制定施工方案,按绿化施工方案进行沿线植物配置,并和主体工程一起同步达标,形成鲜花盛开、青草碧绿、树木成行的良好美学效果。

原则三,护坡植物选择,以灌木为主,乔、灌、草、花合理配置。以灌木为主,灌木树种根系发达,绿期长,适应性强。灌木植物的采用,将更好地起到护坡的作用;以草本为辅,草本植物生长迅速,能够较快地起到绿化和防护的作用,但是,草本植物根系浅,容易退化,因此主要作为先锋植物应用;适当添加花草,丰富美景。

原则四,因地制宜,因树制宜,协调美景。尽量选用本地的植物,突出地域特色。本地植物生命力强,适应性好,种植后养护管理要求低,而且种植后能与周围环境融为一体。

原则五,根据边坡类型的不同采用不同的绿化方案。土质边坡应以多年生耐旱、耐瘠薄的草本植物与当地适应性强的低矮灌木结合种植,达到固坡效果。石质边坡可用垂直绿化树种覆盖,增加美观;也可选用阳性、抗性强的攀缘植物,如爬山虎等。坡道绿化应以防护、固坡、美化环境为目的,种植适应性强的低矮灌木,如沙枣、夹竹桃等。外侧绿地应以绿化生态保护为目的,兼顾美化环境,可种植深根性的灌木或乔木,株距适当增大。隔离栅绿化以保护隔离、丰富路域美景为目的,选择适应性强的藤本进行垂直绿化。

2)公路边坡美学设计基本理论

(1)边坡美学设计内容

公路边坡美学设计内容包括:路堑边坡坡面设计、路堤边坡坡面设计、边坡绿化美化、边坡人文设计四个方面。

(2)边坡美学设计要求

考虑到公路行车的特点,在美学设计时应考虑的设计要素有:流线性、连续性以及简洁性,要求既有统一的主体美学特征,又有变化的个体美学差异,如图5.6.1、图5.6.2所示。具体要求如下:①主题鲜明。突出设计美学的符号所蕴含的人文精神、地方特色等;②选取基调色彩,以优美的图案造型与协调的色彩,突出美学主题;③设计的图案以简洁的大色块表现为主,以免过多吸引驾驶员的注意力而引发交通事故。

(3)分离式路基美学设计

分离式路基一般是为克服桥梁或隧道等的进出口之间的高程差而设计的,也在一些原地形较陡的路段采用,如图5.6.3所示。其分离路基中间带附近应种植乔、灌、草、花等绿色植物,达到错落有致的美学效果,或进行综合美学设计。

图 5.6.1 简洁、流畅的边坡之一

图 5.6.2 简洁、流畅的边坡之二

图 5.6.3 分离式路基

5.6.2 公路边坡形态美学设计

1) 边坡形态的美学效应

公路中使用的弧曲线—弧曲线，或抛物线—弧曲线，或弧曲线—直坡—弧曲线等顺滑连接，这种边坡设计能完美地将公路融入环境之中。边坡在造型上所采用的方与圆的变化以及曲与直的对比，正是美学规则中多样统一的重要体现。土质边坡流畅的线条，曲面的韵律带来良好的美学效果；石质边坡采用直线能给人以刚毅挺拔、稳重有力之感。结合路两侧的绿化，即用形式的美来表现内容，达到美的形与美的内容高度统一，使公路两侧富于变化。

2) 边坡形态的安全性分析

不管边坡形式多么优美，如果没有安全感，就不能认为是美的。从边坡安全方面看，边坡顶(转折点)、坡面、坡脚这三个地带是很重要的。从路侧的安全角度看，在净区范围内应该至少设置 1∶4 的或更缓的路基边坡。目前，《公路路基设计规范》中所规定的路基边坡值是以路基稳定为基础经计算和经验确定的，其边坡值比较陡，不能满足路侧安全的要求。基于我国节约土地的政策、工程造价等因素，达不到这种条件，但在公路的占地范围内，应尽量将边坡放缓，一般可以缓到 1∶2~1∶3。在有条件的地区，如果采用 1∶4 以及更缓的边坡，这不仅能恢复驾驶员的自信心，而且在发生难以控制的交通事故时，可以增加幸免的机会，而不致造成严重的伤害。

3) 边坡形态的美化法则

边坡形态美化是通过对路肩、坡面、坡脚的处理,营造与自然地形相近似的圆滑的坡面造型,尽可能地效仿自然,保障车辆安全,设计要点如下:

(1)设计路堤边坡坡率时,需要根据填料的物理力学性质、边坡高度、工程地质条件等因素,首先选择满足路堤边坡稳定性要求的坡率,然后再结合土地类别、边坡高度,因地制宜地放缓边坡坡率。

(2)不论处于挖方区、填方区还是坡地上的公路边坡均加以修饰,使修缓、修顺后的边坡尽可能与原地形浑然一体,并与周围环境相协调,尽量为失控车辆提供适当的救险机会。

(3)对于低路堤边坡一般形式应为流线型,即从土路肩到坡脚的边坡表面线形组成为:弧曲线—直线—弧曲线或抛物线。

(4)路堑边坡形式应灵活自然,结合边坡岩土的自然属性来选择边坡形状。土质路基宜采用流线型边坡;岩石边坡宜采用直线型边坡。

4) 挖方边坡的曲线

挖方段边坡的弧化处理时,占用的是碎落台的宽度,曲线设置在碎落台与边坡之间。碎落台宽度宜作为曲线切线长的上限,这样根据填方边坡的曲化方法即可求出边坡修饰的范围与曲线半径。挖方段坡顶的整饰需要先确定曲线范围,例如坡顶位置不变,坡顶至挖方坡脚的宽度采用2m,进行弧化处理;若采用的曲线范围较大,边坡坡率可以渐变。针对高路基分级边坡,不建议边坡平台处进行修饰,原因为:①高路基分级边坡主要是通过防护与绿化来减轻对驾驶员的视觉冲击,通过平台处的修饰起不到提高美化效果的目的;②在平台处进行的圆弧化处理有可能对坡体的稳定性造成冲击,施工也不方便。

边坡形态美学设计要结合国情特点与用地条件,灵活选取技术标准,应从功能性、安全性及美学效果等方面综合分析与设计。

5) 曲面边坡美学设计

(1)把公路建设区域的地形地貌勘察清楚,记录拟建路段邻近的地形,采用仿生学原理,仿造公路边坡周围的地形地貌形态进行公路边坡的形态设计,然后作出相应的土方工程设计,以使道路尽最大可能地融入自然环境。

(2)根据路基的高度范围,确定路基边坡所采用的形式。

一般情况下,土质填方边坡设计如图5.6.4a)所示,挖方边坡设计如图5.6.4b)所示。考虑到我国走资源节约型交通工程建设之路,规范中没有建议坡度缓于1∶4的边坡整饰曲线模式。将路基高度分为3种情况进行边坡形态美化:

①路基高度≤3m,边坡坡率可以采用1∶1.5~1∶3,有条件的可以放缓至1∶4以下,一般取一种或两种坡率,确定坡顶与坡脚修饰的范围后进行弧化处理;②3m<路基高度≤4.5m,由上往下,填方边坡宜取两种以上坡率,可依次取1∶1.5、1∶2、1∶3,挖方边坡可考虑只取1∶1.5,然后定出坡顶与坡脚的修饰宽度即可;③4.5m≤路基高度≤6m,边坡整饰应分段进行,填方边坡可划分为3个坡段,坡率灵活变化。

(3)对于挖方路段,可将边沟做成宽浅的碟形或暗埋式边沟,与边坡的形态统一起来,边坡坡率不需要变化。对于分级边坡不考虑进行修饰,主要靠工程防护与绿化提高其美化效应。

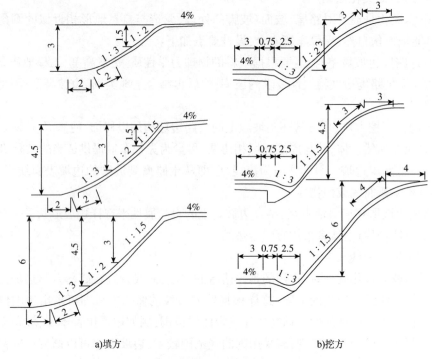

a)填方　　　　　　　　　　　　　　b)挖方

图 5.6.4　边坡整饰曲线示意图(尺寸单位:m)

（4）一条与等高线平行的公路在挖方过程中，有时挖去必要数量的土石方后仍留下一小块突出部位（挖方坡面与自然坡面交界处），这时需要进行弧化处理（见图 5.6.5），即在整饰过程中把它除去，以免在地形中出现不雅的外观。同样，在设计一个位于坡地上的路堤时，也应使公路与上边坡一侧的连接圆顺、平坦，而不要留下路堤凹坑。

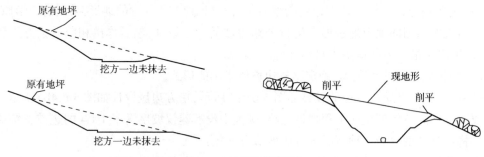

图 5.6.5　坡面修饰示意图

6）坡脚纵向衔接的处理

由于地形起伏和路线纵坡的变化，一段路若采用一成不变的边坡，沿路线方向的边坡坡脚之间会成折线变化，使路容显得不自然。如果分路段进行设计，放缓填方高度或挖方高度较小的路段边坡，然后逐渐过渡到该路段最大填方高度或最大挖方高度的边坡，把过渡区的转折点做成宽展的弧形，就可以形成纵向的连续弧形坡面。

7) 岩石边坡的美化

对于力学性质较差的岩石,可利用植被以增进边坡稳定性和改善路容。在部分地区的风化岩石或泥页岩可设置锯齿形的边坡,这有助于植被的生长。若岩石边坡稳定,则不必苛求平齐的坡面,维持自然原始的"不整齐"反倒使形态协调美观。但力学性质较好且稳定的岩石边坡,开挖面的颜色和纹理与天然岩石的颜色和纹理会有很大变化,存在一个创伤面,可以采用彩色砂浆或混凝土进行颜色恢复和纹理恢复,使开挖的岩石坡面看上去与自然岩石坡面相差无几,显得更自然。

8) 路堑边坡的形态选择

选择路堑边坡形式时,在保证边坡长期稳定性的同时,应考虑边坡形状对周围环境美景的影响,边坡形状应与边坡岩土的自然属性相一致,以使公路尽可能地融入自然环境。考虑美学生态影响的路堑边坡形式设计原则如下:

(1)边坡形式应灵活自然,结合边坡岩土的自然属性来选择边坡形状。土质挖方路基采用流线型边坡,取消挖方边坡的坡脚和坡顶的折角,采用贴切自然的抛物线或圆弧线过渡;岩石边坡宜采用直线形边坡,坡脚、坡顶用折角(图5.6.6)。

图5.6.6 直线形岩石挖方边坡

(2)对自然开挖的边坡,可保留稳定的孤石,起到点缀环境和张扬个性的效果,如图5.6.7、图5.6.8所示。

图5.6.7 保留原生孤石之一

图5.6.8 保留原生孤石之二

(3)挖方路段的边坡形式尽量不用单坡,先放缓挖方边坡高度较小的路段边坡,然后逐渐过渡到该路段最大挖方边坡高度的边坡坡率,形成纵向的连续弧形坡面,使挖方边坡与周围山坡自然衔接,减少人工痕迹。

(4)对于高度大于二级的边坡,要使边坡达到曲面效果,一般应采用变坡率(即不采用单一坡率)、变平台宽、碎落台宽,或变平台高度的方法。

由于山体风化深度一般是有规律的,采用变平台高度的方法可以实现路基挖方断面横、纵两个方向的曲线成型。考虑边坡形状与其所处的地形、地质条件,各类挖方边坡形式的适用范围见表5.6.1。

挖方路基边坡形状选择表　　　　　　　　表5.6.1

边坡形状	岩　层　条　件
流线型	土质边坡
直线型	块状结构、层状结构和镶嵌结构的岩石边坡
折线型	①边坡较高，由多层不同强度和抗冲刷能力岩土组成，或者上部为覆盖层，下部为岩石的边坡；②边坡较高的破碎结构、散体结构的岩石边坡
台阶型	①边坡较高的土质边坡；②边坡较高的破碎结构、散体结构的岩石边坡

9) 路堑边坡坡面美学设计

路堑边坡景观的视觉敏感性高，设计方法有：坡面削平、坡谷创造和坡面分级。

(1) 坡面削平

坡面削平的目的是为了弥补边坡和地形间产生的不连续感，在现有岩土条件下处理出流畅的坡面，使之有圆润感、自然感。挖方削平包括上下坡面的端部在原地形上的纵断面(等高线)削平和对应的横断面削平两部分内容。但对于有特色且稳定的孤石应给予保留，如西石高速公路上的石林、石芽、石笋等。

坡面削平不是对很多挖方边坡都有效，连续性较好且稳定的边坡就不必进行削平，不连续的边坡削平，其效果往往不佳。因此，坡面削平应满足以下条件：

①坡面尾线和等高线的交角在45°～90°的挖方边坡的纵断面削平；

②坡面和地形的交角在20°～60°的挖方边坡的横断面削平；

③当坡面分级多时，不管地形规模大小，使用削平坡面，都可以得到很好的效果。

(2) 坡谷创造

为了减少坡面与自然地形的不和谐感，改变平直斜面的单调感，提高视觉的美感，需要进行坡谷创造，即通过分割来改善不自然的边坡形态(图5.6.9)。创造坡谷能够缓和地形谷线挖方边坡的坡度，通过仿效自然地形、改变边坡坡度的削平方法，使坡面形成一种自然地形，消除人工边坡带来的美学问题，同时有利于恢复谷地地形，保护原有的地形地貌，使坡面与周围地形相协调。另外在谷线处解决了排水设施的美学问题，既防止雨水侵蚀坡面，又提高边坡稳定性。

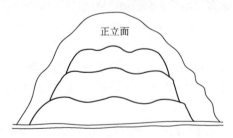 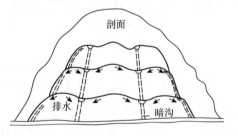

图5.6.9　边坡坡面的坡谷

(3) 坡面分级

坡面分级主要针对高陡边坡，分级目的是使边坡接近自然地形，和周围环境协调。坡面分级提高了边坡的稳定性，使得坡面变得平缓(图5.6.10)，下边坡放缓进行弱化处理；坡面种植一些花草,不仅能获得良好的美学效果,而且有利于生物种群的稳定和延续,提高生态环境的异质性。

坡面的各级高度可以不同,其高度与长度之比应与原地面坡度相适应。一般而言,垂直高度小于10~15m时,可采用单级式;超过此高度时,宜采用双级或多级式,每级最大高度为10~12m,各级之间设宽度不小于1.0m的平台。

图5.6.10 坡面分级

10)路堤边坡美学设计

(1)填方路基边坡的形式选择

路堤边坡的形式选择,应从边坡稳定性、安全性以及环境保护三个方面进行综合考虑。路堤边坡形式有三种常用形式:流线型、倒角折线型、台阶型。

流线型路基,即弧线缓边坡的路基,它取消了路肩、坡脚的折角,弧线贴近自然,最大限度地减少了路基工程对自然环境的影响,养护工作量小、行车安全。同时边坡放缓利于边坡稳定和植物生长,增加美观等优点。流线型路基是低矮路基边坡常采用的一种形式。

当边坡填土高度大于8m时,根据基础的地质条件、边坡坡高、路基填料以及植被可能的生长情况等因素,合理选择倒角折线型、台阶型等边坡形式,见表5.6.2。

路堤边坡形式的类型选择　　　　　　　　　表5.6.2

填料类别	路堤边坡形式
细粒土	①当地基地质条件良好,边坡高度不超过20m,采用倒角折线型边坡 ②地基地质条件欠佳,采用台阶型边坡,在边坡的坡点设置平台,宽度1~2m
粗粒土、填石料	采用台阶型,土路肩表面、坡脚采用弧形曲线,坡脚的回填料采用渗水性好的材料,在边坡的坡点设置平台,宽度1~2m

(2)填方路基边坡的坡率设计

路堤边坡坡率过小,不能给失控车辆提供避险机会;坡率过大,将会占用大量土地,与我国情不符。表5.6.3列出的边坡值,可作为土质边坡的设计依据。对于互通立交的环形匝道内及三角地带区,应做成流线型横断面,边坡坡率根据高度呈缓慢变化,越低越缓。

边坡坡率参考值　　　　　　　　　表5.6.3

考虑环境协调的土质边坡坡率参考值			环形匝道及三角区边坡坡率参考值		
边坡高度(m)	不同地带类型的土质边坡		坡高(m)	一般值	最大值
	地形平缓	地形较陡			
0~3	1:4~1:6	1:2~1:4	0~1	1:4	1:4
3~6	1:1.5~1:4	1:1.5~1:1.75	1~3	1:4	1:2
>6	1:1.5~1:2	1:1.5~1:1.75	3~4.5	1:3	1:2
			>4.5	1:2	1:1.5

11) 立交坡面的美化方法

立交坡面的美化对提高立交整体美学效果有着重要的作用,其基本原则就是使坡面自然化,同时尽量开阔驾驶员的视野,具体方法如下:

(1) 营造自然的填方坡面

填方边坡坡率按照高度逐渐变化,越接近地面,坡率越缓,在 3~4m 的宽度范围内将路肩修饰成圆弧形,以此营造接近自然的坡面。

(2) 充分利用土方资源

对填方坡面修饰时,会用到大量的土方,为有效节约用土,填方的形成可以分为两步:先用土方填筑路基,再用废弃的土方进行坡面的修饰。

(3) 对挖方边坡进行自然化的修饰

挖方坡面,首先要注意保证视距,尽可能挖出合流三角地带和挖去弯道内侧有碍视线的障碍物。然后,结合挖方情况和地形、地质情况对坡面进行自然化的修整,尽可能消除坡面折角。

(4) 尽可能避免高大的人工防护

通过边坡修饰,使立交内部的挖方坡面形成自然圆滑的状态,避免圬工防护。

(5) 采用等高线的坡面修饰手法

采用等高线的坡面修饰手法,即利用主线与匝道之间所围成的形状、地形变化以及路基边坡的控制坡率,根据等高线设计出圆滑变化的新坡面。

12) 路肩护栏采用放生态或仿古手法装饰

公路路肩栏杆做成仿木形式(图 5.6.11),会显得亲切、柔和还具有围挡、防护作用;公路路肩栏杆做成仿古形式,以体现其地域文化,如图 5.6.12 所示的护栏为重庆鬼城(丰都)的公路路肩护栏,雕塑具有鬼神的象征,很有地域性特点。

图 5.6.11　公路栏杆做成仿木形式

图 5.6.12　公路栏杆做成仿古形式

5.6.3　公路土质边坡防护美学建设

边坡的破坏按滑动体的厚度可分为深层滑动和浅层滑动,由于边坡的破坏机理和破坏方式不同,所以深层破坏和浅层破坏的防护措施也应有所差异。对于深层不稳定的边坡,常见的防护措施有挡土墙、抗滑桩、长锚杆、锚索、锚索桩等;对于浅层不稳定坡面,常用的土木工程措施有浆砌片石、干砌片石、喷射混凝土、灰浆抹面、锚喷护面等。

传统的边坡工程措施防护,对减轻坡面修建初期不稳定性和侵蚀坡面效果显著。然而过分追求强度和稳定性功效,却破坏了边坡自然和生态多样性,使工程所在位置的绿色清溪一去不返。且随着时间的推移,岩石的风化、混凝土的老化、钢筋的腐蚀,护坡效果也会越来越差。

植被护坡与传统的工程措施护坡相比,虽然在初期,护坡效果较差,但随着植物的生长、繁殖,增加的根系对减轻坡面不稳定性和抵抗雨水侵蚀的效能相应增强。植被护坡在公路两侧形成草、灌结合的主体植物群落,不仅可以有效保持边坡稳定性、绿化、美化路容和路域环境,还能净化大气,稀释分解汽车尾气,吸收灰尘,减少噪声,减缓太阳辐射,保护驾驶员视力。当然,植被护坡也有其局限性,对于高陡、土质条件差的边坡,若不采用工程措施而靠单一的植物护坡,植物生长基质也难以附于坡面,植物无法生长。因此,公路边坡防护应遵循"工程措施与植物措施防护相结合"的原则。

随着人们环保意识的提高,目前以植物防护为特色的绿色防护逐渐在边坡浅层不稳定防护方面得到推广应用。

1)植物护坡的优缺点

植物护坡的原理是利用植被涵水固土的功能收到稳定岩土边坡的效果。

(1)植物防护的优点:①美学效果好,与周围环境较协调。②造价低廉,采用植物进行边坡防护,一般造价均低于同样防护效果的工程防护措施的成本。③养护费用,边坡植被建植成功后,经过一定时间的养护,植物群落一般会进入相对稳定的平衡状态,不需要特殊的养护,且随着时间的推移,稳定程度会越来越高。④生态效益好,良好的边坡植被系统,不仅营造出优美的路域环境,而且还可以涵养水源,减少水土流失。

(2)植物防护的缺点:①植被根系的延伸使土体产生裂隙,增加了土体的渗透率,一定程度上增加了边坡病害的发生概率。②植物根系的锚固无法控制边坡更深层的滑动。③有一定的局限性,对于高陡边坡、土质条件差的边坡,如不采取工程措施,植物生长基质很难附着于坡面上,植物当然也就无法生长。

2)边坡防护的设计方案

针对不同形式的边坡,按照工程结构稳定、美观的原则,在满足边坡稳定的前提下,可以选择不同的边坡防护优化设计方案。

(1)路堤拱形骨架边坡。在回填土上栽种植被,增强边坡的美学效果。

(2)预应力锚索框架结构防护边坡。如果框架内岩石质地较硬,可选用种子附着袋垒砌。

(3)路堑拱形骨架边坡。当边坡坡率小于等于1:1.5时,取消拱形骨架,使用稻草植生袋;当边坡坡率大于1:1.5时,在拱形骨架基础上进行普通喷播植草及灌木种植。

(4)路堑护面墙边坡。一、二级平台在基坑内种植攀爬植物,坡率小于1:1的边坡二级平台以上取消护面墙后采用客土喷播方式建植植被。

(5)路堑三维网边坡。边坡坡率小于等于1:1.5时,在三维网上回填土后直接进行普通喷播方式建植植被;当边坡坡率大于1:1.5时,取消三维网,直接覆盖稻草种子袋。

(6)在保证工程防护稳定的基础上加大植物防护的力度,视具体情况研究取消部分骨架及三维土工网的可行性,尽可能降低工程造价。选用的种子附着袋、稻草种子袋是可降解的经济环保型产品,达到生态护坡的目的。

(7)在征地边界设绿篱一行。

(8)沿线村镇处多植乔木,可以防噪声、粉尘污染。

3)边坡防护的植物配置

边坡绿化指导思想:在注重防护作用的基础上,兼顾美学效果,以科学性、艺术性、可行性为目标,强调"因地制宜""以人为本"的设计理念,将公路边坡建成特色鲜明,与周围的自然景观、人文景观融为一体,富有时代感的美学单元。土质边坡的植物防护形式分为灌木护坡、草坪及地被植物防护、草灌混栽护坡、乔灌结合护坡四种类型。

(1)填方段生态护坡的绿化美化

由于不同位置的边坡在气候条件、土壤条件和水土流失状况等方面的不同,植物配置模式也具有很大差异。

①草种混播式:选用2~3个草种(冷季型与暖季型兼有)按一定比例混合后播种,还可加入适当的地被植物及一二年生草花种子,形成富有自然田野风味的缀花草坪。

②草块铺植式:草块铺植采用满铺的方式。铲取25cm×25cm大小、厚3~3.5cm的草皮,在坡面平整后进行草皮铺植,铺完压紧后喷水,在以后的半个月内每天喷水1~2次,以使草皮根系与坡面土壤紧密结合。

③灌草混栽式:采用灌木与草本植物或地被植物混合种植,利用两类植物的优势可达到拦蓄地表径流、减轻侵蚀、持久护坡的目的。在种植初期,草坪可迅速覆盖坡面,起到防止水土流失的作用;在后期主要依靠灌木来达到稳定边坡的目的。

④藤草混栽式:藤草结合的种植方式能迅速成坪,达到绿化与防护的目的。边坡顶部种植垂枝型藤本,如迎春、扶芳藤、连翘等,边坡底部种植攀缘型藤本,如爬山虎、美国凌霄、络石等,而在两类藤本中间种植草皮或地被。此种绿化方式对于工程防护与生态防护相结合的边坡也是非常适用的,可减少构造物的压迫感和粗糙感,将边坡与自然美景有机结合起来。

(2)挖方段边坡生态防护的绿化美化

考虑到公路上视野开阔,欣赏主体运动的高速性,美学单元的尺度选择要大,以满足远距离和高速运动中欣赏的需要;同时考虑与周围环境的结合与协调,利用借景、障景等构景手法,佳则收之,俗则屏之,把护坡、绿地与远山、近水皆纳入公路的美学视域中。挖方路段若是土质边坡,其植物配置模式同填方路段边坡。

图5.6.13和图5.6.14的路基边坡虽然规整,给人以安全、宏伟之感,但缺乏绿化,显得生硬,生态性欠佳。图5.6.15和图5.6.16的边坡规整并进行了单一的种草绿化,给人以安全、清爽、美观、雄伟的感觉,比没有植物覆盖的边坡美且更生态,但单一性质的绿化、美化,生态恢复和建设的效果不是很好,美感层次欠佳。图5.6.17、图5.6.18的边坡采用多种植物绿化,生态美观,生物多样性效果好,更能保证多季节的绿色和花期,更生态、更美观。图5.6.18和图5.6.19不但是多种植物绿化,还尽量采用当地植物绿化进行绿化和美化,刚性的边坡框格梁防护变得更柔性,秋天有红色的火把果、春天有白花装点,边坡有地域性和季节性的特点,最为生态、美观。

图 5.6.13　规整但生硬的边坡之一

图 5.6.14　规整但生硬的边坡之二

图 5.6.15　规整绿化的边坡之一

图 5.6.16　规整绿化的边坡之二

图 5.6.17　多植物绿化之一

图 5.6.18　多植物绿化之二

图 5.6.19　当地植物绿化

(3)尽量保护路基边坡的原生态

在公路设计施工过程中,尽量保护原生的植物和地貌,使其生态、环保,并能避免生物入侵。如图 5.6.20 和图 5.6.21,高速公路也能变成原生态的林荫道路,既有安全、舒适感,还能呼吸植物释放的新鲜空气;图 5.6.22 保持了原有的青山树木,生态、环保、美观,也能带来安全(防汽车冲出道路造成更大的伤害)。图 5.6.23~图 5.6.25 的原生态公路保持了原来地貌和原生的植被,不但生态、环保,还保留了生原有的物基因。

图 5.6.20　原生态公路之一

图 5.6.21　原生态公路之二

图 5.6.22　原生态公路之三

图 5.6.23　原生态公路之四

图 5.6.24　原生态公路之五

图 5.6.25　原生态公路之六

(4)生态绿化中尽量增加色彩

在公路设计施工过程中,如果在采用当地植物进行绿化美化的同时,考虑色彩多样、花色多彩并不断变化,则能为公路增色不少。如图 5.6.26~图 5.6.34 所示为云南高速公路不同段落的绿化美化边坡。道路两旁种植各种颜色的花、叶、果,且各路段植被花色都有所变化,尽力做到了"一年有花,四季常绿",给公路增色不少,也是生态建设与恢复的一个重要内容;

不一样的树形花卉给人以不一样的感觉,消除了驾乘人员的枯燥感,增加了其兴奋感,使驾乘人员始终保持清醒状态。

图 5.6.26　云南高速公路美化绿化之一

图 5.6.27　云南高速公路美化绿化之二

图 5.6.28　云南高速公路美化绿化之三

图 5.6.29　云南高速公路美化绿化之四

图 5.6.30　云南高速公路美化绿化之五

图 5.6.31　云南高速公路美化绿化之六

图 5.6.32　云南高速公路美化绿化之七

图 5.6.33　云南高速公路美化绿化之八

公路绿化美化中要特别注意保护珍贵、稀奇的树形和花卉,如图 5.6.35 所示。

图 5.6.34　云南高速公路美化绿化之九　　　　图 5.6.35　云南高速公路美化绿化之十

(5)路基开挖揭露出较为美观、稀奇的美景应给予保留

路基开挖揭露出较为美观或是稀奇的美景(如化石、石芽等)应给予保留,如图 5.6.36 和图 5.6.37 的石芽景观,在路基开挖后就地进行了保护、保留。

图 5.6.36　开挖揭露后保留的石芽景观之一　　　图 5.6.37　开挖揭露后保留的石芽景观之二

公路边坡不进行绿化,会给人造成公路建设"破坏生态,破坏景观,不健康、不美观"的印象。图 5.6.38 和图 5.6.39 的框格梁内光秃、无植物,可以进行填土种植绿化,不但可以美化路域,还可恢复因公路建设产生的生态破坏。

图 5.6.38　应绿化的边坡之一　　　　　　图 5.6.39　应绿化的边坡之二

5.6.4 公路岩石边坡护坡美学建设

石质边坡一般比土质边坡稳定,从而可以形成更陡的边坡。边坡坡度如果能取大一些,则开挖工程量少,造价也会降低。对于软弱和易于风化的岩石,边坡坡度不能太陡,这种情况可利用护坡道种植树木来稳固。对于较坚硬的岩石与软弱岩层交互出现的情况,采用的边坡坡度应该较缓。如果将硬岩石层,留在较缓和平坦的软土坡面中,在美学应用中会非常有益。为了保证曲线路段的视距,有时使岩石边坡后退,使路旁有足够侧距。如果岩石路段开挖得太窄,会给驾驶人员不安全感,造成恐惧心理,害怕岩石墙壁刮碰汽车,也害怕出现落石。

无论采用何种方法开挖岩石边坡,应该保证其稳固性。采用爆破手段时,应合理安排爆破方案和参数,严格控制每段爆破的炸药用量,防止松动围岩而留下安全隐患。利用光面爆破、预裂爆破方法试图开挖出比较整齐美观的石质边坡在国内已应用很广。

1)岩性边坡的美景再造的方法

(1)岩性好、岩体稳定的边坡,一般采用直线型边坡,坡脚、坡顶用折角,展现边坡岩体的结构、纹理、质感,彰显岩体刚健有力的自然美。

(2)路堑边坡的坡底部为微弱风化岩层时,应对破碎坡面采用石块铺砌防护,采取挂网客土喷播或袋装包裹草种或花池种植等绿化方案,其中对于顶部覆盖土层增设方格网骨架固土;对于不稳定块体增设随机锚杆进行加固。

(3)对于地质构造、岩性、化石等有特色的岩石边坡,可以做成地质观赏和地质教学的基地;如美国科罗拉多的一段路堑边坡,有较为典型的不同年代不同性质的岩性以及不同构造的典型剖面,就一个景点和地质教学场所而言,具有较好的美学价值和教学价值,如图5.6.40所示。

 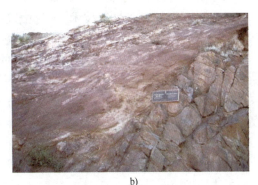

a) b)

图 5.6.40 美国科罗拉多路堑边坡

(4)采用锚固加固边坡可以不破坏原生植被

如果岩石边坡完整,但有滑动倾向,可以只进行锚索或锚杆加固,坡面上的植被和土壤可以保留原态,如图 5.6.41 所示,既安全、生态,也美观。

2)石质边坡防护绿化美化技术

(1)砌石骨架结合植草方式。公路建设中对不稳定的岩石边坡通常采用砌石骨架先对边坡进行加固处理,然后骨架框内回填种植土后植草坪或种植小灌木来达到绿化防护目的。

该方式的特点是针对性强,巧妙地将工程防护与生物防护融合在一起。但是圬工量大,施工周期长。

图 5.6.41　保留原态的锚固边坡(黄胜高速公路)

(2)客土喷播绿化防护技术。该技术是针对一般岩石边坡常用的方式,先用锚杆结合镀锌铁丝网(或钢丝网)对边坡浅层进行加固处理;然后将配制好的营养土干喷在坡面上,提供植物生长的基础层;最后喷播绿化材料,达到绿化美化防护的目的。该技术美化效果显著,植被易成活。但是营养土要求品质高,圬工量大,后期养护成本高,工程造价高,不宜大面积采用。

(3)绿色罩面网结合攀缘植物的绿化技术。它既具有工程防护的功能、又有绿化美化效果。采用高强度的绿色罩面网结合锚杆先对坡面进行加固处理,防止岩块的滑(滚)落,并取得前期绿化美化效果,然后在边坡上部和下部种植各种攀缘植物达到长久绿化的目的。罩面网的多孔性为攀缘植物的快速攀缘提供了附着条件,促进其生长,最终形成一道绿色防护墙,其绿化美化效果随时间延续而逐渐变强。

(4)"高次团粒"植被恢复技术。该技术适合植物在自然条件下生长困难的地方,比如岩质和土质边坡、瘠薄地、酸碱性土壤、干旱地带、海岸堤坝等。采用经特殊生产工艺制成的客土材料,加入植物的种子,并添加许多必要的其他材料,通过专业设备制成最适于植物生长的生育基盘。该种"人工土壤"具有农业、绿化领域所需最理想的团粒结构,既有保水性,又有透水、透气性,适合植物生长,而且喷射的"人工土壤"风吹不走,雨冲不掉,能有效地防止水土流失。

(5)轮胎固土。把废旧轮胎固定在坡面上,用客土覆盖轮胎,然后再种植植物。

(6)干根网状护坡法。利用植物枝条的再生能力,把植物枝条埋入土中,令其发芽、生长,从而达到护坡的目的。

(7)根据边坡实际情况合理布设花坛、花台、花镜、花丛的位置。边坡上的花坛一般设置于道路上或边坡护面墙上。花坛要保持鲜艳的色彩和整齐的轮廓,应选用植株低矮、生长整齐而花色艳丽的花卉。在缓边坡上设置花镜可以草坪为背景,使花卉的装饰背景呈带状自然形式,体现边坡中花卉自然散布生长的规律。花镜的边缘可是自然曲线或直线。各种花卉的配植可自然斑状混合,注意同一季节中彼此的色彩、姿态以及数量的调和对比。应根据各地的生态环境条件选用适合于本地生长的花卉,同时尽量减少维护工作量。

在岩石边坡开挖和加固中,应把边坡表面修整规整,否则会杂乱无章,看上去感觉不安全,似乎会有掉块、滑动和破坏的可能,如图 5.6.42、图 5.6.43 所示。

图 5.6.42　不齐整的边坡之一

图 5.6.43　不齐整的边坡之二

岩石边坡开挖和加固后会有很多人工痕迹,如岩石的开挖面、挡墙、抗滑桩、横隔梁等,可采用彩色混凝土加以弱化,把开挖断面的岩石和人工支挡变成天然的岩石表面形态和颜色,既美观又"生态",如图 5.6.44 和图 5.6.45 所示。

图 5.6.44　弱化了的锚索格梁加固的边坡

图 5.6.45　弱化了的抗滑桩加固的边坡

对于开挖的岩石破碎的边坡,若采用锚喷加固会限制岩石边坡上的植物生长,则不够生态美观。采用锚固+主动防护网的形式较为生态,也能达到安全防护的目的,如图 5.6.46、图 5.6.47 所示。

图 5.6.46　锚固+主动防护网加固边坡之一

图 5.6.47　锚固+主动防护网加固边坡之二

框格梁防护边坡,其框格梁形式可以进行变化,使驾乘人员不致感到千篇一律,生厌枯燥;图 5.6.48~图 5.6.53 为贵州省黄胜高速公路上变化的框格梁形式。

图 5.6.48　黄胜高速公路上传统的框格梁

图 5.6.49　黄胜高速公路上变化的框格梁之一

图 5.6.50　黄胜高速公路上变化的框格梁之二

图 5.6.51　黄胜高速公路上变化的框格梁之三

图 5.6.52　黄胜高速公路上变化的框格梁之四

图 5.6.53　黄胜高速公路上变化的框格梁之五

错台路基挡土墙，也可以用岩石状颜色加以涂装，使得看上去天然而且稳固，如图 5.6.54 所示。如果岩石边坡上存在凹陷部位，为了边坡稳定，可以采用填石混凝土进行填充保证边坡安全，并在填充混凝土表面做艺术化处理，图 5.6.55 采用书法"福"字进行处理的混凝土填充部位，有文化艺术性，也有似天然合成的感觉。

5.6.5　公路边坡美学建造

针对公路现状及硬质护坡造成的景观污染问题，在美学营建时应尽量柔化和美化坡面，汲取中外文化营养，突出本地文化的特色，展示不同的美学设计构思。另外，选择具有形态美、色彩美、季相美、香味美和风韵美等特点的树种，通过这些树种的品种、香味、色彩、高矮、自然形与整形的搭配以及连续与间断的变化效果来构图,创造出自然的美景,表现运动中平面和立体的美感,给驾乘人员以新鲜感受和高雅情趣,有效地调节与缓解精神疲劳,保证行车安全。

图 5.6.54 岩石状颜色加以涂装的挡墙

图 5.6.55 书法"福"字处理的填充部位

1) 设计构思和主题表现

设计构思和主题表现可分为两大类:

(1) 以植物自然生态美为表现主题的艺术模式。因地制宜、因形构建,少做图案式种植,尽量以自然式构图为主。充分发挥植物的防护功能,达到不见黄土,固土护坡,减少水土流失等目的;同时做好树种的合理配置,使美感多样丰富,使驾乘人员感受自然生态之美。

(2) 以地域文化为表现主题的艺术模式。在表现植物自然生态美的基础上,大胆地表现地域文化特色的图案、浮雕等,使人耳目一新。

2) 设计风格和植物配置

(1) 以藤本植物为主,搭配乔、灌植物的种植模式。选用如爬山虎或凌霄、常青藤、金银花等攀缘藤本植物作为下层种植材料,同时也点缀球类植物,如大叶黄杨球等。中层与上层种植乔木或藤本植物,如乌桕以及藤本蔷薇等。这不仅能达到近期绿化效果,还可达到远期较好的绿化和美化效果。

(2) 以悬垂枝为主,搭配乔、灌、草的复合式种植模式。这种模式主要运用在高层护坡上,下层种植池采用高大乔木的模式,以取得天际线的韵律变化效果,同时用来遮挡下层护坡;中层主要选用迎春悬垂植物或花灌木,种植在坡面平台花槽内,使其枝头飘曳下垂,迎风舞动,给坡面带来一种动态飘逸美,又与下层乔灌木一起加快坡面覆盖速度;最上层种植池内种植小乔灌木,与周边的环境达到协调统一。

(3) 以色块花草为主,搭配乔、灌植物的种植模式。在坡面间植如野牛花、结缕草,形成红绿相间的图案布局,在下层种植池种植大乔木臭椿。这样不仅可缓解斜坡的坡度,减少在视觉上的紧张感,同时也起到美化的作用。

(4) 以藤本植物与悬垂植物为主的种植模式。这种模式主要运用在坡度较陡的斜面,通过坡顶、坡脚藤本植物同时向下、向上生长,可快速覆盖坡面,达到较好的绿化效果。低层可种植藤本植物如凌霄、常春藤以及悬垂植物(连翘、金缨子等),同时在种植池内也可选栽些灌木来丰富美景层次。

(5) 以高大乔木为主的种植模式。底层种植高大乔木形成一条天然的风景线,减少坡面给人造成的压迫感和紧张感。这种模式尤其适合坡度比较大和较高的坡面。

（6）以反映特殊地域环境特色的乡土树种或市树、市花为主的种植模式。例如在竹类资源丰富的地区种植以竹和市花为主的植物来营造独特的地域景观。

（7）以山石造景为主的艺术模式。在护坡建造过程中，利用环境中原有观赏石与植物的巧妙搭配来掩饰护坡边界，使护坡的形状看上去不那么生硬，仿佛自然地镶嵌于山体之中，取得妙趣天成之效；或在护坡地段对原有山石加以利用，种植藤本植物装饰，效果亦犹如自然天成。

（8）以枯树桩造景为主的艺术模式。通过美学的节奏和韵律变化，以及美学元素的尺度、间隙、造型等，根据动态视觉特征进行设计和布置，为驾乘人员创造好的美感空间。

3）边坡工程防护与美化工程

公路工程施工所造成的裸露边坡的处治和防护工程，一般包括植物防护和工程防护两类，同时其景观美化工程也有植物美化、工程美化以及综合美化工程等，见表5.6.4。

公路边坡防护与美化工程　　　　　　　　　　　表5.6.4

植物防护与美化工程	防护方式	①种草；②铺草皮；③种植乔、灌、藤、花
	播种方法	①撒播法；②喷播法；③行播法
	防护和美化类型	①土工网垫铺装；②土工格室铺装；③液压喷播；④框格植被；⑤穴播或沟播；⑥植生带；⑦绿化网；⑧喷混凝土植生材料
工程防护		①抹面；②捶面；③喷浆及喷射混凝土；④勾缝、灌封；⑤石砌护坡；⑥护面挡墙类；⑦加筋边坡
美化与综合美化工程		①坡面绘画、修饰；②坡面雕塑、浮雕；③坡面修饰、镶嵌；④修筑各型浆砌片石骨架+种草木；⑤混凝土预制构件+种草木；⑥护面墙

对于喷射混凝土及浆砌块石边坡，要设法通过自然化的坡面修饰来降低人工痕迹，利用攀爬植物等来提高植被覆盖度；对于拱形骨架护坡，要避免单纯采用植草，做到草灌结合；对于菱形骨架防护，也需要通过草灌结合、植被遮蔽等，达到减少人工痕迹、丰富植被类型的目的，改进措施见表5.6.5。

边坡美学提升对策　　　　　　　　　　表5.6.5

防护类型	主要问题	改进措施
骨架植草	覆盖度小，植被单一，工程痕迹明显，美学效果差	骨架颜色与背景协调，草灌结合绿化，提高覆盖度
喷射混凝土	坡面生硬，色差大，无植被	尽量避免采用。对现有坡面采用攀爬植物遮挡
浆砌块石	坡面生硬呆板，无植被	尽量避免采用。对现有坡面采用简明图案装饰，采用攀爬植物遮挡
岩石裸露不防护	坡面平直，植被自然恢复缓慢	坡面自然凸凹，利用乡土植物，人工辅助植被恢复
植物防护	外来草种，植被单一	乡土草种，草灌结合，根据周边环境变化植被组合方案

4）边坡的人文美学设计

边坡的人文美化是公路展示、宣传与弘扬地域、民族人文的重要途径。边坡美学如果只有自然生态美而无人文美学相辉映,会显得单调、没有灵气。注入历史、文化信息的边坡美景,是公路美学重要的感觉兴奋点,给用路者提供了解地域人文的美学向导,对丰富和提升公路美学的文化内涵起到积极的作用。

边坡的人文美学设计主要集中在边坡的坡面,即通过浮雕、壁画、雕塑等形式,形成标志性美学组合图,以加强、深化、升华美学区段的文化主题,如历史文化、积极向上的精神、民俗文化的表现等。

在一些上边坡与车辆行驶方向相对的部位,可以用低矮草被作底色,用色彩鲜艳的低矮灌木配植成优美、流畅、向上的图案或祝福语。在一些重要地段砌体边坡上可做一些粗犷的壁画,改善行车的单调感。

5.6.6 边坡支挡结构美学

挡土墙是承受侧向压力防止边坡坍塌的构筑物。在公路的挖方边坡,特别是公路横向地势向上倾斜的情况下,为了抑制环境发生大的变化,采用挡土墙的形式尽量压缩边坡开挖面、保护地形及其上生长的植物,是极为有效的方法。而且对土地及地域景观的保护很有效,可避免大规模的破坏。

在公路工程中,挡土墙多见于路堑、路堤、桥梁台座处,并常用砖石、混凝土、钢筋混凝土等材料构筑而成。挡土墙是道路上的垂直要素,对环境美学和人们的感觉心理影响要比其他工程强烈,因此,在运用力学原理和经济评价选择其结构形式、构筑材料的同时,也要注意其外部形态的美观性和与环境的协调性。使挡土墙这一工程结构物既满足结构功能要求,经济可行,又不显得生硬、呆板,并与周围环境协调统一。

1)挡土墙美学设计的原则

(1)应在满足功能(支挡作用)的前提下,进行美化处理。

(2)应考虑尺度、比例、材质、色彩等因素对美景的影响,自然地融于周围环境中,尽量做到质朴而不突兀。

(3)应通过结构的尺度、形状、材质、色彩等体现美学效果,不宜在墙面上进行小尺度的绘画或浮雕装饰。

2)挡土墙美学设计的手法

(1)化高为低

把高边坡挡土墙变为多级的低矮边坡挡土墙。

(2)化整为零

高度较大的边坡,挡土墙不宜一次砌成,以免造成过于庞大的整体圬工,而宜化整为零,分成多级的挡土墙,中间错台处设置绿化带。

(3)化大为小

尽可能减小挡土墙的视觉尺寸。对地质较好,高差不大的台地,可以采取绿化作为过渡,尽可能放缓,以斜坡台地处理。对于高差较大的台地,应设计为多阶挡土墙,或采取坡地上加以做石砌连拱式拱圈,中间跌落处设绿化平台,可种植蔓生植物遮挡部分墙体,这不仅能够减小挡墙的断面尺寸,又可通过绿化改善墙面的材质效果,避免出现大型挡土墙本身的庞大笨重、生硬呆板的美学印象。对于美学等级要求较高的路段,高大的挡墙断面可一分为二,如图 5.6.56 所示,下部宽大,挡墙更稳固,两者之间的联系部分作为挡墙的种植槽或种植穴。也可以把下部建成挡墙,上部土坡放缓作为种树种草美化之用,如图 5.6.57 所示。

图 5.6.56 高挡墙一分为二

图 5.6.57 高挡墙分为下部挡墙上部土坡

一些边坡支挡结构美化的实际工程如下:

①尽量保留天然岩石或者是开挖揭露岩石的景观,图 5.6.58 保留了开挖揭露的石芽景观。

②利用当地的古迹或历史事件作为挡墙的装饰图案或雕塑题材,如图 5.6.59 是贵州晴隆著名公路景观——抗战公路"滇缅公路 24 道拐",用壁画形式宣扬历史和抗战事迹。

图 5.6.58 在挡墙上尽量保留自然石芽景观

图 5.6.59 贵州抗战公路"滇缅公路 24 道拐"壁画

降低挡土墙高度,可减少对环境的影响;挡土墙形式丰富,易于与周围环境协调,如图 5.6.60 和图 5.6.57 所示。一般情况下,挡土墙、护面墙在路面以上的高度控制在 2m 以下时,视觉效果较好。

(4)化陡为缓

公路人工构造物(隔音壁、挡土墙)对道路使用者产生的压抑感与观察视角有关系。观察角越小,表明物体在观测者视野中所占的比例越小,则压抑感越小。如图 5.6.61 所示,观察角的大小由观察点到物体的水平距离 AM 和物体的高度决定。化陡为缓相当于把挡墙往后移,增加了水平间距。

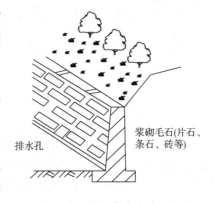

图 5.6.60 化高为低

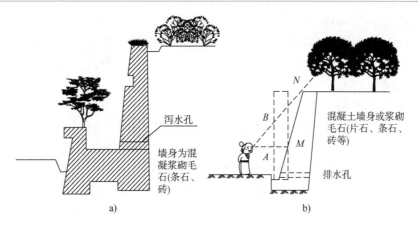

图 5.6.61　挡土墙美景

（5）化直为曲

曲线比直线更具有美感,在公路工程中的一些特殊场合,如服务区、停车场、立交、桥台等处,为解决地坪高差,可结合所需功能,将挡土墙设计为曲线,以增加动感,创造美景。

（6）化硬为软

砖、石、混凝土等砌块或饰面挡墙,在视觉及心理上给人呆板、生硬、沉闷、压抑之感,在其立面上进行绿化处理,通过生物工程学方式,便可以使人的视觉心理感受到剔除掉沉重、刻板、压抑、生硬之感。挡土墙材料一般应尽量采用自然山石,不修凿,不贴面,以粗狂、野趣为特色,呈现自然的美感。根据周围环境,采用大块的自然石材或大块的假山石作挡土墙,"化实为虚",形成自然错落、聚散得体的效果,既满足功能要求,又与周围的绿色植被产生自然的密切联系和呼应,形成和谐的统一体。例如利用毛石砌面来当作稳定山坡的材料,自然的材质不仅容易取得,也能提供生物栖息的空间,让人工景观更自然、美观,如图5.6.62所示。

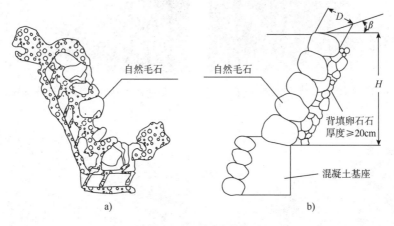

图 5.6.62　材质自然化

对于重力式挡土墙,可在墙面上进行美学设计,例如进行具有城市特色的雕刻、绘画等。对于锚固式及加筋土等挡墙,应对锚杆头进行美化设计,保证与环境的充分融合。具有新颖大方的外形,朴素的线条,稳固的路用性能。

根据视错觉原理,墙面采用水平线条纹理,可以矮化挡墙。墙顶轮廓线可以是阶梯式、弧线形、直线形。当然直线形的墙顶轮廓线与起伏的背景将形成更大的对比。

采用绿化方法对挡土墙进行有效的遮蔽,挡土墙能够取得忽隐忽现的绿化效果,并可以"软化"硬质的墙面。

3)支挡结构的艺术化

支挡结构合理的装饰、美化,能增加公路的文化性、地域性、知识性,使驾乘人员行车时就能欣赏一幅幅美术作品、一座座雕塑,使旅行成为艺术之旅、文化之旅、知识之旅。可根据公路结构的形式、地理位置和当地的文化、历史、传说、故事、习俗等,把挡土墙、路堑边坡做成雕塑、绘画或用雕塑、绘画装饰,展现当地文化。特别是上挡墙或滑坡加固体用雕塑、绘画装饰,让被破坏、不雅、不安全的环境得到美化,弱化"可怕"的创伤面,使得驾乘人员感到安全、舒适和美。

在支护结构的外露形状上进行异化处理,可设计成六边形、六角星形、梅花形、扇形、莲花形、牡丹形等格构形状,设计弧形、Z 字形、波浪形、开放型自嵌式植生等异型挡土墙。

如果边坡处理不当或是不进行处理,近距离看,可能会造成不安全或是不美观的感觉。如图 5.6.63 的挡墙高大的结构单一,色彩单调,给人一种"威胁"感,道路也显得狭窄。图 5.6.64 的隧道出口路堑抗滑桩参差不齐、杂乱,处理粗糙,看似"断桩",给人以要"倒"的不安全感。图 5.6.65 高大的平行路堤或挡墙,好似要"倒",给人一种有"威胁"的不安全感。图 5.6.66 远离公路的高大抗滑挡墙,显得宏伟、规整,因为远离道路,看起来就没有"威胁"感,渐变的加固工程(抗滑桩+锚索)显现工程的宏伟。

图 5.6.63 高大直立边坡有"威胁"感

图 5.6.64 隧道出口参差不齐、杂乱的路堑抗滑桩

图 5.6.65 高大平行路堤和挡墙

图 5.6.66 远离道路的高大抗滑挡墙

如果路基边坡进行锚杆(锚索)或挡土墙支护,其支挡结构是可以进行美化的,图5.6.67光面的路基挡墙上进行雕塑、壁画等处理后,挡墙的文化气息很浓。图5.6.68上挡墙的抗滑桩、挡土板等采用简单的装饰化处理,并用当地的垂吊植物作为美化和生态恢复措施,柔化了支挡结构的呆板和生硬,显得柔和、温馨、生态,而且有地域性。图5.6.69的抗滑+挡墙在抗滑桩和挡墙之前和之后填土,种植不同花(叶)色的植物,植物组合产生了不一样的美,再加上有一定结构美的抗滑结构,有繁花似锦的效果。图5.6.70把抗滑桩顶部加一个简单的盖帽,并把抗滑桩表面进行光滑整洁处理,费用增加不大,但美观。图5.6.71抗滑桩做成"景观柱",用建筑美学的处理方法把抗滑桩做成建筑结构式的柱体,既能稳定边坡又能美化公路。图5.6.72把挡土墙结构建筑化,挡墙形式为一大理白族的山墙并有绘画装饰,使挡土结构成为一座民间建筑的展示平台。图5.6.73、图5.6.74把抗滑桩用建筑美学的方法进行美化,抗滑桩表面用砖结构形式进行表面化处理,桩之间用美化的装饰板处理,使挡土墙像一座具有美学特色的房屋建筑物。图5.6.75把挡土墙做成各种图案形式的结构,好似一座雕塑墙,具有浓郁的文化艺术特色。图5.6.76在开挖的岩石坡面上,用雕塑作品进行遮挡、美化,使岩石创伤面变成了文化墙、艺术壁。图5.6.77为崇遵高速上的长征纪念壁画,述说了中国革命的一段重要历程,是一种美学建设和革命纪念。图5.6.78重庆某高速上的古驿道雕塑,用雕塑讲述了公路所在路线的古驿道场景。图5.6.79~图5.6.84是重庆地域内一高速公路上的雕塑作品,高陡的挡墙用所在地的地理特色(如波涛、水鸟、传说、船、山城、建筑等)雕塑进行美化,不但美化了挡墙,而且告知驾乘人员相关的地理知识和历史知识。图5.6.85为云南思小高速公路上的雕塑,路堑边坡挡墙采用浮雕的形式美化了公路,淡化了挡墙的"威胁",具有安全感和美感,浮雕还讲述了当地的民间故事和传说,还展现了西双版纳地区的建筑形态和植物(芭蕉树),让驾乘人员了解西双版纳的建筑、物产和相关历史传说、生活习俗。图5.6.86为云南会待高速公路上的彩绘,抗滑桩分别用七彩颜色进行美化,并配以"七彩云南"的文字,这表示已经从云南的北大门进入美丽的"彩云之南"——云南。图5.6.87、图5.6.88为云南武攀高速上某边坡挡墙上的彩绘,该边坡位于云南省楚雄州境内,是多民族聚集区,其彩绘把挡土墙做成体现当地民族或居民生活场景和植物花卉的壁画,是一种民族文化的宣扬,公路的美化。图5.6.89为云南会待高速公路上的彩绘,挡墙上用音符和文字做成的装饰,既显现顺畅,又隐喻公路人的快乐与艰辛。图5.6.90为云南大丽高速公路上的某锚固边坡,抗滑锚索背板做成"十字架"形式,既能起到抗滑背板的承载作用,也让人产生一些联想。

图5.6.67　路基挡墙上进行雕塑、壁画美化

图5.6.68　抗滑挡墙简单的文化处理

图 5.6.69　抗滑结构前后种植不同色的植物

图 5.6.70　美化的抗滑桩

图 5.6.71　抗滑结构艺术化

图 5.6.72　挡土墙结构建筑化

图 5.6.73　抗滑桩建筑美化之一

图 5.6.74　抗滑桩建筑美化之二

图 5.6.75　美化的挡土墙

图 5.6.76　美化的岩石边坡

图 5.6.77　崇遵高速公路上的长征纪念壁画

图 5.6.78　重庆某高速公路上的古驿道雕塑

图 5.6.79　重庆某高速公路上的雕塑之一

图 5.6.80　重庆某高速公路上的雕塑之二

图 5.6.81　重庆某高速公路上的雕塑之三

图 5.6.82　重庆某高速公路上的雕塑之四

图 5.6.83　重庆某高速公路上的雕塑之五

图 5.6.84　重庆某高速公路上的雕塑之六

图 5.6.85　云南思小高速公路上的雕塑

图 5.6.86　云南武攀高速公路上的彩绘之一

图 5.6.87　云南武攀高速公路上的彩绘之二

图 5.6.88　云南会待高速公路上的彩绘之一

a)

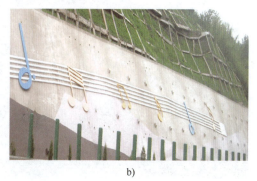
b)

图 5.6.89　云南会待高速公路上的彩绘之二

图 5.9.90　云南大丽高速公路上的锚固边坡

4) 支挡结构的生态化处理

一般来说,公路工程中使用的钢筋混凝土支挡结构时,显得生硬,不太符合生态要求;如果采用植物给予装饰,不但可以柔化美化环境,而且可使生态环境得以持续发展。图 5.6.91 贵州贵遵高速公路上的某边坡,没有进行绿化,就显得较生硬。图 5.6.92 为相同形式的边坡采用攀爬植物装饰美化抗滑桩或挡土墙,就使抗滑结构更美观。图 5.6.93 为相同形式的边坡用灌木遮挡、柔化和生态化处理,就比较柔和、亲切。图 5.6.94 的边坡上种植植物不但恢复了公路建设破坏的生态环境,而且培育生长的野花、野草美化了公路。图 5.6.95~图 5.6.98 重庆高速公路上的边坡,挡墙直立、高大,如果不进行柔化处理,在公路上行车有一种"威胁"感,会有要"倒"的感觉,道路也显得较窄;采用垂吊、攀爬植物绿化后,就显得挡墙矮了一些,较为生态。图 5.6.99 的抗滑桩+挡墙,通过形式的变化,既能抗滑挡土也能在挡土板上种植植物,美化环境,新奇美观。图 5.6.100 云南小磨高速公路上的挡墙用石笼作为挡土结构,能在石笼中生长出植物来,使挡土、透水、生态三位一体。图 5.6.101 和图 5.6.102 为云南高速公路的挡墙,在挡墙顶上制作花池,填土后种花种草。图 5.6.103 和图 5.6.104 为云南高速公路的抗滑挡墙,在抗滑桩顶上做成花台,填土种花、种草、种树,给公路增加了不少色彩,既美化也恢复生态。

图 5.6.91　贵州贵遵高速公路上的某边坡之一

图 5.6.92　贵州贵遵高速公路上的某边坡之二

图 5.6.93 贵州贵遵高速公路上的某边坡之三

图 5.6.94 贵州贵遵高速公路上的某边坡之四

图 5.6.95 重庆某高速公路上的边坡之一

图 5.6.96 重庆某高速公路上的边坡之二

图 5.6.97 重庆某高速公路上的边坡之三

图 5.6.98 重庆某高速公路上的边坡之四

图 5.6.99 云南某高速公路上的挡墙之一

图 5.6.100 云南小磨高速公路的挡墙

图 5.6.101　云南高速公路上的挡墙之二

图 5.6.102　云南某高速公路上的挡墙之三

图 5.6.103　云南某高速公路上的挡墙之四

图 5.6.104　云南某高速公路上的挡墙之五

公路边坡不但要确保坚固，而且也要看起来稳定、安全，否则给驾乘人员不安全感，影响驾驶操作和旅行心情。如图 5.6.105～图 5.6.110，有些边坡虽然实际是安全的，但看起来好像正在破坏或已经破坏，有些边坡也确实正在发生滑动变形，如图 5.6.108。

图 5.6.105　实质不安全边坡之一

图 5.6.106　实质不安全边坡之二

图 5.6.107　看似不安全边坡之一

图 5.6.108　看似不安全的边坡之二

图5.6.109 看似不安全边坡之三

图5.6.110 看似不安全边坡之四

公路边坡护坡也需要规整、不杂乱、美观,否则会给驾乘人员带来不安全感,也会影响到驾驶操作和旅行心情。如图5.6.111的抗滑桩如果装饰一下,效果可能会好些,否则就显得有些"浪费"且与环境不协调。图5.6.112的抗滑挡墙看起来破败,破旧的加固工程给人残缺、腐朽、不稳定、欠安全的感觉。图5.6.113和图5.6.114的防护网设在框格梁上,在框格梁护坡上再设置被动拦石网,显得多余和浪费,且杂乱不堪;如果把被动拦石网变成上一层的帖坡式主动防护网,会更加美观并且实用。图5.6.114的拦石网更是多余和浪费,多层的拦石网杂乱且不太必要。图5.6.115千疮百孔的公路边坡,不美,还给人不安全之感。图5.6.116破坏的边坡,明显看到框格梁破坏的痕迹,实质上不安全,行人会感到恐惧。

图5.6.111 抗滑桩可以装饰

图5.6.112 破败的抗滑挡墙

图5.6.113 多余的防护网之一

图5.6.114 多余的防护网之二

图 5.6.115　千疮百孔的边坡　　　　图 5.6.116　破坏的边坡

5.7　公路交叉口美学

公路交叉口美学工程水平布局应根据公路本身的形状特征,采用点(交叉口)线(公路线路)相结合的形式。交叉口美学工程可采用艺术造型或园林方式绿化各个交叉口,与公路主干道多功能美化绿化相结合,使整条公路形成"串珠"式的美学布局形式,并围绕凸显公路的美学主题开展。交叉口的绿化设计往往在整条道路的绿化设计中起到画龙点睛的作用。但交叉口的美化、绿化不应影响正常的行车和行车视线。

在转盘交叉点上植树,能给前面驶来的车辆驾乘人员提供可见的阻挡物,引起注意;在道路的两侧种树形成封闭感,也会促使车辆减速,便于车辆选择转向和交叉口的交通安全,如图 5.7.1 所示。

公路交叉口的美化绿化设计应与道路沿线的人文环境相适应,如把道路交叉口的环岛设计成一些图案、雕塑,如图 5.7.2 所示,或采用植物绿化的方法进行美化(但绿化植物在达到成熟龄后不应影响交通视线)。绿化带造景以草坪为底色,以植物造景为主,树种配置以针叶树和灌木为主,再配以花卉,构成层次分明的绿化空间。

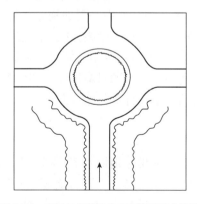 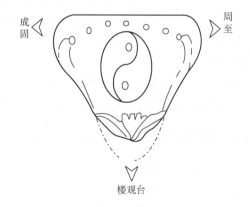

图 5.7.1　交叉口的转向指向和降速安全作用　　　图 5.7.2　某平交绿化美化设计模式

环形交叉口绿化需注重树种的搭配,以化草坪为基调,适当搭配常绿树、乔木和灌木以组成树丛,构成多层次绿化空间,形成立体美景。如图 5.7.3 所示的绿化岛圆形中心栽种 5

棵常绿油松,使其成环形,中间种植黄芦木;外圈种植丁香花丛,且稀疏一些;单行的迎春被种植成花边形;迎春在早春开花,夏秋两季比较单调,可用几丛月季花来调色。

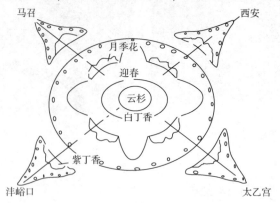

图 5.7.3　某平交绿化美化设计模式

很多环岛的外缘经常可以看到车撞的痕迹,可以把这些设施的外缘涂以橙色或者黄色;因这两种颜色具有膨胀性,并且这两种颜色在晚上和雾天的视认性也比较好,可以提醒驾驶员注意。

5.8　公路隧道美学

公路隧道是公路工程的一个重要组成部分,其主要功能是使车辆在通过山区时,缩短行驶里程,减少环境破坏,提高行驶速度,改善行驶环境。隧道属于隐蔽工程,其洞口外露,可作为隧道的标志。因此,隧道洞口的材质、形式及环境等将直接影响人们对整个隧道工程的美感,也影响公路美学的总体效果。

隧道洞口美化应综合考虑洞口附近的自然环境、人文历史及其构造物的因素,对洞门前广场、中央分隔带、洞门形式及整个隧道开挖扰动范围的边坡等都应进行整体美学规划。由于在汽车进入隧道时,驾驶员会出现特殊的视觉问题,为了把隧道内必要的视觉信息传递给驾驶员,防止因视觉信息不足而出现交通事故,因此隧道需要照明设施,这也是隧道美学一个重要的方面。另一方面,为了确保隧道内的行车安全,在公路隧道中必须采取措施使隧道墙面亮度在长期的运营中保持在必要的水平以上,墙面须用适当的材料加以内装处理。

以下分别按照隧道洞口、隧道洞口附近和隧道内的美学设计进行论述。

5.8.1　隧道洞口的美学设计

洞门的作用是保持洞口仰坡和路堑边坡的稳定,汇集和排除地面水流,保护洞门附近岩(土)体的稳定和运行车辆不受崩塌、落石等的威胁,确保行车安全。洞门是隧道的咽喉,也是隧道外露部分,在保障安全的同时,还应根据实际情况,选择合适的洞门形式,并应当进行洞门美化和环境美化。

1)隧道洞口美学设计的特点

公路隧道洞口美学设计有三个特点:

(1)连续性,即具有动态性的序列。每个隧道洞口美景都是序列中的一个单体要素,每个要素可以各不相同并充满变化,但是整体应协调统一,这是审美的需求和公路美学整体性的体现。因此,公路隧道洞口美学设计的表现直接关系公路美学的整体效果。

(2)地域性,地域表示人们生产、生活的特定空间,不同的历史时期和不同的地域所形成的地域性都是不同的,地域性具有标识性和形象性。

(3)归属性,这是公路隧道洞口美学设计的要求。公路隧道洞口美学设计首先要符合功能性,实现具有安全通行的功能,然后再追求在形式上的美感,这也是环境整体协调性的要求。

2)隧道洞口美学设计的原则及要求

公路隧道洞口美学设计的目标是有机组合和合理配置自然美学与人文美学的构成要素,结合功能与视觉美学效果、心理感受从而形成的美学环境。公路隧道洞口美学设计应在满足基本功能的同时兼顾审美需求,创造适用、经济、美观、与环境协调而又意境深邃的美景。为此,公路隧道洞口美学设计应满足以下原则:

(1)安全性原则

首先,安全性是公路正常运行的基本要求。从自然环境构成要素影响的角度来说,地形和地貌给隧道洞口美景带来的影响是洞口结构的选择和边坡与仰坡的维护。这直接关系到隧道内部和外部行驶环境的安全,是设计中首要考虑的问题。边坡与仰坡的维护可以从它的造型和植被来解决,通过阶梯式、网格式和图案式、自然式等构成结合植物绿化,可以有效防止山坡土壤和石块的坍塌崩裂。

其次,公路隧道洞口的安全性还体现在人的视觉和心理上,因为视觉上的刺激会直接导致驾乘人员心理的不舒服。由于车辆行驶到洞口的距离和时间有限,洞口景观造型不宜过于复杂、烦琐,而应简单、明快、大气;颜色不应对比过于强烈,而选取减少洞口明度的灰色系;表面肌理不要过于光滑而最好有些纹理,避免反射光线射入人眼而分散行驶者的注意力;由于要快速进入明暗大不相同的空间,眼睛会出现眩光的症状,因此在洞口景观上最好采用柔软的植物过渡带或者延长洞口的长度以达到由亮到暗的光线平缓过渡。

(2)生态性原则

首先,公路隧道洞口美学设计的生态性体现在对生态环境的恢复方面。由于隧道洞口对山体的破坏,因而导致了山体与周边自然环境的破坏,形成建设开挖后的大面积创伤,所以要最大限度地降低山体土石方量,为后期的植被恢复提供条件。

其次,生态性还体现在洞口及其他构筑物与自然环境的融合上。通过利用当地植物、材质、群山、水体、森林等现有的自然元素进行美学造景,体现当地的地方特色,营造自然、绿色、朴素的意境。

(3)艺术性原则

公路隧道洞口美景不仅仅要满足功能要求,而且还要满足人们的审美需求,只有功能而没有美感的设计只会让人疲倦。

3)隧道洞门美学设计理念

公路隧道洞门美学设计理念是:安全第一、经济实用、地域鲜明、环境优美、设计择优。

(1)安全第一:充分考虑公路沿线的地形地貌,在调研洞口结构工程地质条件和岩石力学性质的基础上兼顾美学实用性原则展开洞口形式及周边环境的地域性设计。

(2)经济实用：就地取材，减少运输费用和材料费用，同时又能很好地展现当地的地域性。

(3)地域鲜明：公路隧道具有鲜明的地域性，通过对隧道所在地的自然美学及人文美学的调研，运用艺术手段设计出地域性的隧道洞口美学类型。

(4)环境优美：结合当地植被，利用植物种类和特性研究与洞口的结合方式，来满足驾驶者心理及视觉上的要求。主要利用植物创造生态美景，实现生态、功能、美学的三位一体。

(5)设计择优：认真研究洞口的结构，选择适合设计的隧道洞口，结合地域文化在美学原则的指导下运用艺术手法最后得出有实用价值的隧道洞口美景。

4) 隧道洞门美学设计的要求

隧道洞门美学设计尽可能做到：

(1)能体现当地的地域和历史文化、著名旅游景点、标志性古建筑的建筑学和建筑结构特征，使隧道洞门具有历史、文化、旅游的气息。

(2)与自然环境结合，因地制宜地进行规划布局，充分使隧道洞口附近的自然美学资源为隧道洞门美学设计所用。

(3)除充分利用自然环境外，还可适当进行人工造景，做到自然美和人工美、粗糙美和精致美的和谐统一。

(4)以隧道洞门整体设计为主，周围美学设计为辅。

(5)适应驾乘人员瞬间观景的视觉要求，注意整体效果的鲜明、开阔、简洁，衬托出隧道洞门的景观特征。

(6)在满足以上要求的同时，还要尽量遵循工程简单、经济实用的原则。

(7)从外部景观来看，隧道出入口不应过分显眼，应与周围的地形地貌、地物、植被等融合、协调，与进出口路基连接过渡自然，避免突变。隧道洞口美学设计在保证洞门基本功能的前提下，主要强调洞口景观与周围自然环境相协调，让公路更加巧妙地融入自然生态中，减少工程对周围环境的负面影响；同时力求有一定特色，通过自身的结构形势来传达出一定美感或者人文信息，为公路整体美学设计增添亮点。从内部景观来看，驾驶员希望在远处就能识别到隧道的存在，应将隧道口制作成有深刻印象的形式。

(8)隧道洞口美学设计的心理要素。隧道服务主要面向的对象是驾乘人员，隧道洞口美学设计要提供足够的、高质量的视觉信息，在心理上缓和驾乘人员进入隧道时产生的压抑感和紧张感，给人一种舒适和谐的行车环境，保证安全驾驶。

(9)洞门对隧道起到象征标志作用。由于各个隧道所处的自然、人文环境各有不同，所以通过设计出的结构方式传递出特有的信息，让其更有人文气息和文化内涵，对隧道起到象征、标志作用。在洞门设计时充分吸收当地的风土人情，特有的房屋形式、民族服饰、民族乐器等，通过艺术手法将其展现给过往车辆的驾乘人员，起到一定的宣传作用。

(10)在洞口设置通风塔时，应避免竖立在隧道的正上方，而尽量往山体中靠，以减轻它的突兀感；另外，洞口往往需要设置较多的标志牌、电气设施、挡墙、护坡等构造物，要有主有次，并保持均衡。

5) 隧道洞口美学设计的要点

公路隧道洞口美学设计指的是洞口及周边环境的美学协调性设计，包括洞门结构与形态、边坡和仰坡形态与绿化、引导系统、灯光照明等内容,涉及生态学、心理学、工程学、美学、人文、自然、地理等多种学科。在对公路隧道洞门形式、洞门前广场、洞名选取以及洞门前广场和整个隧道周围的边坡、仰坡等进行整体规划与设计时,应将洞口周边的人文历史、自然环境以及其他构筑物综合纳入隧道洞口的美学设计因素,其美学设计要点如下:

(1)隧道洞口位置应根据地形、地质条件,并结合美学环境、洞外有关工程、施工条件、营运要求等因素,通过经济、技术比较确定。为了维护隧道洞门的稳定,隧道洞口位置要避免选择在以下位置:

①岩层松散、风化较为严重、滑坡、堆积体等位置;
②岩层破碎、容易产生坍塌、落石的位置;
③受洪水、泥石流威胁的位置;
④等高线与隧道轴线斜交偏压的位置。

(2)历史文化气息、乡土人情以及地域特色都应在隧道洞口的造型和美学设计上呈现出来,避免人们的美学感官产生生硬感,注入生命力。

(3)为了减少人们在隧道入口的压迫感,不仅可以选择无洞口(轻盈朴素之感)或者有洞口(厚重端庄之感)的形式设计,同时也可以将洞门造型做递退处理。

(4)公路隧道的建设,应延续沿线植被绿化美化,选用当地物种,减少对洞门周边范围内边坡、仰坡的干涉,使洞门和整个周边环境和谐大方、自然美观。

(5)隧道洞口名称的位置,应让驾驶者一目了然,一般雕刻在洞门正上方,或者再用标识牌提前给予预示。洞名的选择也应该首先考虑地域民情和历史典故,或者参考当地周边环境、地标、名胜、有历史纪念意义的名称。

(6)一般来说,有洞门挡墙的隧道洞口给人稳重、端庄之感,而无洞门挡墙的隧道洞口给人轻巧朴素之感。有时为了减轻有洞门挡墙隧道入口的压抑感,可将洞门造型做递退处理。

6)隧道洞口的形式选择

隧道洞门设计典型的形式主要有端墙式洞门、削竹式洞门等,洞门结构形式应实用、经济、美观、醒目,其美学设计也是基于洞门工程设计形式开展的,在满足支护功能的情况下,综合考虑沿线地形地貌、自然生态、文化习俗、全线景观协调性等因素,进而对隧道洞口中央分隔带、明洞顶景观、洞门修饰等整体规划。由于每个隧道洞门所采取的结构形式不一样,且所处的地理环境、人文环境也不一样,所以没有统一的标准,也没有可以复制的模式。

(1)隧道洞口美学设计的因素
①洞门的设计,采用浮雕、料石镶嵌、塑石、特定形式的人工构造物等;
②明洞顶部和仰坡的美学设计,包括植物的选择和搭配等;
③洞前人工构造物和自然美景的设计,包括洞前中央分隔带的美学设计。

(2)洞门的形式

洞门的形式主要受洞口的地形、地质及衬砌类型等制约,通常情况下可以分为端墙式与突出式两种类型。

①端墙式主要用于仰坡开挖高度较大的洞口,主要作用是维护仰坡的稳定性。端墙式洞口形式主要是通过改变端墙形状的变化而确定适合特色景观型的洞口美学设计。一般来说,端墙形状的变化主要是根据环境背景条件而定的,形式上一般左右对称(根据现场情况

而定)。端墙式洞口形式多样,包括5种类型,分别是直线端墙式(图5.8.1)、拱形端墙式(图5.8.2)、翼墙式(图5.8.3)、立柱式(图5.8.4)和台阶式(图5.8.5)。

图5.8.1　直线端墙式

图5.8.2　拱形端墙式

图5.8.3　翼墙式

图5.8.4　立柱式

图5.8.5　台阶式

端墙式洞门适用于仰坡陡峻、山凹地形、斜交地形的狭窄地带。洞门端墙和翼墙具有抵抗来自边坡、仰坡土压力的支挡结构,对地基承载力要求较高,须按承受主动土压力的挡土墙进行设计。端墙式洞口结构美学设计的要点:

a.端墙的形式处理。翼墙式、端墙式以及台阶式美学敏感性不高,应注意体形尺度的变化;拱翼式端墙的处理重点在于拱圈曲线的变化;立柱洞门的立柱是视觉的焦点。端墙应注意与背景环境吻合,体形上尽量对称或与地形结合。

b.端墙的修饰。端墙表面积大,亮度高,与周围环境对比强烈。因此,端墙表面需进行纹饰、色彩的处理,降低端墙的亮度,缓解端墙的单调感。

②突出式洞门是隧道主体连接的洞口段的衬砌突出于山体坡面的结构,突出式对山体破坏较小,结构简单,有利于植物的恢复。突出式洞门适用于地形开阔、边仰坡不高且较平缓、隧道轴线与地形等高线正交或接近正交的地带,见图5.8.6和图5.8.7。

图5.8.6 隧道洞门附近的绿化之一

图5.8.7 隧道洞门附近的绿化之二

突出式洞门美学设计要点:

a.空间尺度和线形变化。正立面的洞口应尽量做到口部宽大、明亮,与周围环境融合,同时亮度比较平衡,对驾驶员的心理压迫感较小,目前,直削或斜削的洞口形式,占主流地位。

b.强调突出部的曲线美。应用新材料强调洞口的造型美,同时应扩大洞口部的宽敞感,使洞口部保持一种轻盈感和时代感。

7)洞门前边坡、上仰坡美学处理

隧道洞口段的前边坡、上仰坡占据较大的视域面积,对洞口整体环境和视觉心理影响很大,需要进行相关的美学处理,常用的方法有:

(1)弧形化处理:将土质稳定性较好,高差较小的台地进行弧形化处理,以绿化过渡。

(2)坡面分级:边坡较高时,划分成多个级面,中间平台绿化,级面墙进行生物防护+工程防护。

(3)绿化种植:立面进行绿化种植,通过植物种植恢复原有生态环境、遮蔽圬工结构,减少工程对环境的破坏,同时通过植物种群、色彩搭配形成的质感对比、浮雕图案,提高环境质量。

(4)人文渲染:在洞口附近、边坡上采用明喻和暗喻的手法,通过篆刻、雕塑、造型等形式,展现地域人文特色。

8)洞门的协调性处理

隧道洞门设计不应强调人工化,应与周围景物协调。隧道洞门形式不提倡宏大、雄伟,应简洁、自然。采用端墙式洞门时,应注意洞门端墙对驾驶人视线的影响,端墙的色调应采用冷色调;不宜采用暖色调;墙面装饰不应采用光面;应采用压光或反光弱的装饰面;端墙面不宜设置细腻的图案,应采用粗犷、简洁的造型,以免过多吸引驾驶人的视线,分散其注意力。采用明洞式洞门时,仰坡坡率应平缓,洞门结构宜简单,同时仰坡、边坡要有利于植被的恢复,并与周围环境协调。

9)隧道洞门地域美学元素的提炼

公路隧道洞口美学设计过程分为洞口选址→地域文化挖掘→传统文化美学表现三个步骤。地域文化包括自然因素和人文因素。

(1)自然因素及表现

公路隧道洞口的自然要素主要就是植物、天空、湖泊、山体等自然美景。自然要素更多是应用于生态环境的保护与恢复,辅助人文美学,是配景的角色。

(2)人文要素及表现

人文要素通过提炼更多表现在建筑及手工艺品上,主要体现在他们的结构、造型、形象、图案、色彩、肌理设计及材质运用。历史文化是这些元素的"本",而这些元素则是具体表现的"源",这些源的差异性和独特性正是不同地域文化的体现。地域文化影射到公路隧道洞口美学设计上就是对文化"本"地再体现,只是构筑物变成了洞口及其景物。公路隧道洞口美学设计的表现方法有:

①加减法:行车速度一般较快,驾乘人员的感受也是快速的、走马观花式的,因此洞口及周边形象不能过于复杂,否则会分散驾驶员的注意力,引发安全事故。可采用加减法进行洞口的美学设计。

通过研究古代建筑的形制,将复杂的梁和柱结构简化,提炼独特的结构,形成现代感的造型,这就是减法;在现代墙的构造上加上传统的窗和装饰物,营造古典的感受,这就是加法。

②意境法:公路应成为地域性的文化感受载体,因此洞口美景要突出地域文化的意境美。意境美可以用周边的自然环境来衬托,当然也可以用洞口美景来营造地域氛围。

意境法主要用于传统文化的折射,配合周边植物绿化而产生的历史环境感受。可以借助传统古典元素的形象和色彩或者是它们的组合来实现,给人以独特的地域感受。

10)隧道洞门美学建设的实例

(1)隧道洞门与环境协调

①用图形表达周围地貌环境:图5.8.8~图5.8.10的三个隧道位于乌蒙山区(滇东北的大山)的崇山峻岭之中,隧道洞门虽然只是简单地进行涂装,但看起来还是很美观的,三个隧道的洞门图案显示、表达了周围地貌环境。不足之处就是涂装过于淡化了洞门轮廓结构力线。

图5.8.8 隧道洞门图案之一

图5.8.9 隧道洞门图案之二

②颜色与周围岩土颜色相近:协调的方式之一是颜色协调,尽量使隧道洞门的颜色与周边岩石或土的颜色相近并柔和些。图 5.8.11 的隧道洞门,为了使隧道洞门与周围岩石或土的颜色相近,采用彩色砂浆或把灰白色的混凝土挡墙变成黑灰色;也可以采用与周围岩石或土颜色相近的瓷砖进行装饰,如图 5.8.12 和图 5.8.13 所示;或者采用洞门附近的当地建材(如石料、植物树木)进行装饰和美化,不但生态,而且具有地标作用,色彩也与周围环境协调,如图 5.8.14 所示;图 5.8.15 也是用当地建材装饰的隧道洞门,图中的灰砖是当地黏土砖,不但充分利用了当地的建筑材料,节省成本,也是一种地域性文化和建筑风格的宣扬;图 5.8.16 和图 5.8.17 的洞门用塑石仿造周围地貌环境,按当地地貌及颜色塑形,看上去很美观。强化洞门修饰的同时应加强和突出桥隧、路隧的过渡与衔接,确保运营安全,如图 5.8.15、图 5.8.16 所示。

图 5.8.10　隧道洞门图案之三

图 5.8.11　隧道洞门喷涂颜色

图 5.8.12　隧道洞门贴近色瓷砖之一

图 5.8.13　隧道洞门贴近色瓷砖之二

图 5.8.14　用当地建材装饰之一

图 5.8.15　用当地建材装饰之二

图 5.8.16　用塑石仿造周围地貌环境之一

图 5.8.17　用塑石仿造周围地貌环境之二

（2）用书法形式书写隧道洞门

图 5.8.18 所示的隧道洞门是用书法撰写洞门或表达周围地貌的例子，大山深处的隧道洞门用不同书写方式的"山"字表达，具有文化意义和教育意义，同时也表达周围地貌以山为主；也可以用不同的书法形式撰写隧道名称，如图 5.8.19 和图 5.8.20，但字体书写至少应让众人读懂。

图 5.8.18　周围地貌"山"字的表达

图 5.8.19　书法表达隧道名称之一

图 5.8.20　书法表达隧道名称之二

（3）地域的表达方式

①用图形或雕塑表示隧道的地域：图 5.8.21～图 5.8.24 为云南北大门昭通到昆明高速公路的隧道图案。在隧道光面、单一的洞门上添加不同色彩和形状的"云"图案，柔化了单调的

洞门,而且有进入"彩云之南"——云南的标识作用并且不同的隧道洞门有不同的云彩图案,在相同"云"的图案中有色彩和图形的变化,无单调感,在统一中有变化,富有韵味。

图 5.8.21　云南北大门的隧道图案之一

图 5.8.22　云南北大门的隧道图案之二

图 5.8.23　云南北大门的隧道图案之三

图 5.8.24　云南北大门的隧道图案之四

②用植物图案表示隧道的地域:图 5.8.25 为昭会高速公路的一个地名叫"杜鹃谷"附近的隧道洞门,用简单的"杜鹃花"图案装饰,是一种地理标识:杜鹃谷到了。

图 5.8.25　用植物图案装饰洞门表达地域

③用雕塑表示隧道的地域:图 5.8.26 为进入石林地区的一隧道洞门,利用"石林"景观雕塑表示进入石林景区,既简单形象,也美观。图 5.8.27 和图 5.8.28 为遵义到重庆高速公路接近重庆的隧道洞门雕塑,图 5.8.27 雕塑图案表达了鱼在水中游动,此隧道附近就是长江,标示了长江很快就要到达,洞门的鱼图案既表示了地域,也美化了隧道洞门,而且洞门上用攀爬植物装饰既生态又美观;图 5.8.28 的色彩凸显了隧道的存在和江水的颜色,文字标识了位

置和界限,植物使隧道生态化,倾斜的黄、黑相间线段标示了道路附近有江河,洞门图画或雕塑(鱼和蓝色的波涛)既是"江城"重庆的象征,也显示了隧道所在位置——长江。

图 5.8.26　用雕塑表示地域之一

图 5.8.27　用雕塑表示地域之二

图 5.8.28　用雕塑表示地域之三

④用建筑形式表达隧道的地域:用当地著名或典型的建筑物的形式美化、装饰洞门,给当地人一种回家的感觉,给外地人了解当地建筑文化、建筑风格的机会,宣传了沿线地域文化。图 5.8.29、图 5.8.30 的隧道进出口洞门用当地(遵义地区和西双版纳州)房屋建筑美学元素"屋顶"形式装饰,隧道洞门采用房屋屋顶+门洞结构形式,既展现了当地建筑文化风采也能起到稳定洞门及其边坡的作用。图 5.8.31 为云南大丽高速公路某隧道的洞门,采用大理白族民居的山墙形式,既有地域标志性,看起来又美观、柔和。图 5.8.32 为云南大理州某隧道用当地白族的房屋结构美学元素装饰隧道洞门,既是当地民居的宣传,也是地域标志。

图 5.8.29　用建筑形式表示地域(崇遵高速公路)

图 5.8.30　用建筑形式表示地域(思小高速公路)

第5章　公路构造物及设施美学

图 5.8.31　建筑山墙做洞门(大理高速公路)

图 5.8.32　当地建筑形式做洞门(大理高速公路)

⑤用本地特有动物或乐器表达隧道的地域：用当地特有的动物和乐器等作为洞门装饰和标识，既有地方特色，也有标识作用，还可以宣传当地文化及地理知识。图 5.8.33 为西双版纳小磨公路的曼戈龙隧道的洞门，用大象、象脚鼓雕塑装饰，提示隧道所在地是西双版纳（因西双版纳具有独特的象脚鼓和亚洲象）。

图 5.8.33　用当地特有动物和乐器表示地域(小磨高速公路)

⑥用本地特有的植物表达隧道地域：用当地特有的植物图画装饰洞门，既是地标，也是一种与环境协调的方式。图 5.8.34 用本地特有的几根青竹画装点柔化了生硬的隧道洞门，也表现了当地(西双版纳)的特色植物——竹子。图 5.8.35 中的隧道所在地为云南德宏，盛产竹子，当地傣族的一种娱乐方式是吹奏葫芦丝，隧道洞门画面描述了当地盛产的竹子和着装傣族服饰的男子吹奏葫芦丝的场景。

图 5.8.34　用本地特有植物装饰(小磨高速公路)

图 5.8.35　用本地特有植物装饰(保瑞高速公路)

⑦用本地生活场景和生活用具等表达隧道地域:用当地人物形象、生活习俗、生活器皿、特有植物作为洞门装饰,是地标,又是文化习俗的宣传与弘扬。图5.8.36为云南小磨高速巴洒老寨隧道洞门,图中挑水及收获的傣族小铺少(少女)、油伞和热带植物——椰子树,是西双版纳特有的人文、植物和生活场景。

图5.8.36　用当地人物形象、生活习俗、生活器皿、特有植物图案作为洞门装饰

⑧用本地风景、着装等表达隧道地域:用本地风景、着装等表达隧道所在地域。图5.8.37为云南大丽高速公路的双廊隧道洞门,作品既有大理的风景——风花雪月,也有身着大理白族服装的妇女,一看就知道是大理的地域标志。图5.8.38为云南丽江的一隧道洞门,用纳西族服饰的美学元素——北斗七星的"披星戴月"来装饰,具有民族性。

图5.8.37　用本地风景、着装等表达隧道所在地域(双廊隧道)

图5.8.38　用本地着装等表达隧道地域(丽江)

⑨用本地古建筑等表达隧道地域：隧道洞门做成古城的城墙或城门洞形，有中国古典城市风格。图5.8.39~图5.8.42中的隧道洞门为古代城墙或古城门，驾车进入隧道就像进入古代城堡，有点进入时光隧道的感觉。图5.8.41的雕塑述说城市的故事。图5.8.42的隧道洞门用雕塑述说一座城市或地区的作用(如通商、驿道)和地理环境(如长江)。

图5.8.39　古城墙表达隧道地域之一

图5.8.40　古城门表达隧道地域之二

图5.8.41　古城门表达隧道地域之三

图5.8.42　古城墙及其城市作用雕塑表达隧道地域

总而言之，从以上九个方面提取元素可以充分表达地区域性、民族性等特点，但不宜过多过泛过繁，要充分考虑对隧道进出口运营安全的影响和标志性、代表性，总体上应该注重隧道洞门的生态绿化与美化。

(4)隧道洞门的生态绿化与美化

在隧道洞口稳定的前提下，简单的洞门(如削竹式)，如图5.8.43~图5.8.54所示，既美观、生态也节约，并且隧道洞门掩饰在绿荫之中，对环境的破坏很小或者说可以更多地对破坏的生态环境进行恢复。洞门前的生态植物遮光，还可减少驾驶员进入隧道时的视觉不适而导致的"黑洞效应"造成短暂"失明"，使行车更安全。图5.8.53~图5.8.55隧道洞门的绿化弱化了洞门的生硬，使隧道或洞门更柔和，层层叠叠的绿色植物瀑布式的洞门给人一种美景扑面而来的感觉。植物绿化美化的色彩与周围环境协调，具生态美、协调美、地域文化的表现美。公路隧道建设过程中，保护环境和生态，可以少开挖、不破坏或少破坏植被，多种一些美化绿化植物。

图 5.8.43 隧道洞门附近的绿化之一

图 5.8.44 隧道洞门附近的绿化之二

图 5.8.45 隧道洞门附近的绿化之三

图 5.8.46 隧道洞门附近的绿化之四

图 5.8.47 隧道洞门附近的绿化之五

图 5.8.48 隧道洞门附近的绿化之六

图 5.8.49 隧道洞门附近的绿化之七

图 5.8.50 隧道洞门附近的绿化之八

第5章 公路构造物及设施美学

图 5.8.51　隧道洞门附近的绿化之九

图 5.8.52　隧道洞门附近的绿化之十

图 5.8.53　隧道洞门的绿化之十一

图 5.8.54　隧道洞门的绿化之十二

图 5.8.55　隧道洞门的绿化之十三

(5)隧道洞门采用当地的建筑物形式

隧道的洞门可以采用当地的典型建筑或者是著名建筑形式,如图 5.8.56 娄山关地段的隧道洞门提取了当地廊桥建筑的美学元素,既宣传了当地景点——廊桥,也美化了隧道洞门,还能稳定隧道进出口;洞门的雕塑表现了黔北的地理风貌和著名景点;洞门的对联"播地佳酿蕴真情,黔山飞瀑迎远客"导引出了贵州的地理风貌和特产,表达了贵州人民的热情好客之心。其他采用当地民居或著名建筑装饰的案例见图 5.8.29～图 5.8.32,采用当地古建筑建筑装饰的案例见图 5.8.39～图 5.8.42,这种装饰手法还有地域标志作用。一条道路上的隧道洞门,虽然可能都是城门洞型或古城墙型,但式样有所变化,显得高潮不断,兴奋点频出,如 5.8.57～图 5.8.60 所示。

图 5.8.56 用当地建筑形式装饰的隧道洞门

图 5.8.57 古城墙形洞门之一

图 5.8.58 古城墙形洞门之二

图 5.8.59 古城墙形洞门之三

图 5.8.60 古城墙形洞门之四

(6) 隧道洞门的塑石化装饰

隧道洞门的装饰采用仿原生岩石的塑石,显得坚固稳定和安全。也可以模仿当地的岩石纹理、颜色等进行装饰,与环境协调、美观且养眼,如图 5.8.61~图 5.8.64 所示。

图 5.8.61 塑石装饰的隧道洞门之一

图 5.8.62 塑石装饰的隧道洞门之二

第5章　公路构造物及设施美学

图 5.8.63　塑石装饰的隧道洞门之三

图 5.8.64　塑石装饰的隧道洞门之四

在进行塑石化装饰时,应看上去安全稳定。相反的例子是,如图 5.8.65、图 5.8.66 所示的隧道洞门虽然也采用塑石进行洞门美化,但塑石做成似乎要掉落的形态,给人一种不安全感。

图 5.8.65　塑石装饰的隧道洞门之五(有不安全感)

图 5.8.66　塑石装饰的隧道洞门之六(有不安全感)

(7)隧道的凸显方式

在青山绿树中,用有别于周围地貌、地物的洞门形态和颜色,凸显隧道的存在,能起到提醒驾乘人员就要进入隧道,很自然进行开灯、降速等进入隧道的驾驶操作,如图 5.8.67 所示。

图 5.8.67　隧道的凸显方式

(8)洞门雕塑绘画述说当地的传说与故事

隧道洞门用壁画、雕塑等装饰,体现当地现代和古代的生活场景、生产方式、娱乐方式、文物古迹等,让驾乘人员了解沿线的历史、现状和文化古迹,既宣传了当地文化,也美化了公路。图 5.8.68 隧道洞门的壁画"和谐苗岭"体现了贵州千鸟飞腾(生态美)、苗族乐器(铜鼓等)和苗族服饰等美学元素。图 5.8.69 隧道洞门的壁画体现了当地古代生活、生产场景。图 5.8.70 和图 5.8.71 隧道洞门的仿古岩画,宣传了当地的古迹——古岩画。图 5.8.72 和图 5.8.73 隧道洞门的壁画可以让人回味,也是一种美化洞门的方法。

图 5.8.68　隧道洞门的壁画之一(黄胜高速公路)

图 5.8.69　隧道洞门的壁画之二(黄胜高速公路)

图 5.8.70　隧道洞门的仿古岩画之一(黄胜高速公路)

图 5.8.71　隧道洞门的仿古岩画之二(黄胜高速公路)

图 5.8.72　隧道洞门的壁画之三(黄胜高速公路)

图 5.8.73　隧道洞门的壁画之四(黄胜高速公路)

(9)隧道洞门的原生态

在隧道建设中,隧道洞门尽量采用隧道所在地和所在位置的岩石材料进行支护和稳定,尽量保持隧道施工前的岩土性状和现状,既生态又节约。图 5.8.74~图 5.8.76 所示的隧道洞门基本没有其他支护,完全是原生态的,体现了自然美,同时也隐喻公路人遇山开洞、逢沟架桥,具有"人定胜天"的精神和气势。图 5.8.77 仿木纹的隧道洞门,给人一种古朴、自然、安全的感觉。

图 5.8.74 隧道洞门的原生态之一(水麻高速公路)

图 5.8.75 隧道洞门的原生态之二(黄胜高速公路)

图 5.8.76 隧道洞门的原生态之三(黄胜高速公路)

图 5.8.77 隧道洞门仿原生态(小磨高速公路)

(10)隧道洞门形式的取材

隧道洞门的美学题材最好是从当地的历史、遗迹、传说、文化、建筑、生活、生产、娱乐、服饰、革命故事中提取。

图 5.8.78 傣族王冠形式的隧道洞门,让人了解了傣族的文化,也是地域标识——傣族地区;图 5.8.79 是德宏州的一隧道洞门,用孔雀尾翼和傣族童帽装饰形式制作,看到此图就知道要进入孔雀和傣族的故乡——德宏了;图 5.8.80 隧道的公路路线为当年的南丝绸之路的通道,表现当年以马驮的方式进行物质运输;图 5.8.81 的隧道洞门绘画讲述了隧道所在地的马帮文化,马帮行走在弯曲的山道上,在停息的时候用柴火、罗锅煮饭,用水烟筒抽烟,画面栩栩如生;图 5.8.82 的隧道位于德宏地界,德宏有瑞丽江可以通航,生长热带水果——椰子,人们的衣着打扮是头戴大围巾,颈戴项圈,吹奏葫芦丝,生动描述了德宏地区的生产生活场景;图 5.8.83 隧道所在地为著名的抗日战场——嵩山战役所在地区,洞门图案起到了爱国教育的目的,提醒人们珍惜今天的幸福平安生活。

图 5.8.78 傣族的王冠形式

图 5.8.79 傣族的童帽形式

图 5.8.80　南丝绸之路

图 5.8.81　南丝绸之路——马帮

图 5.8.82　生产生活场景

图 5.8.83　嵩山抗日场景

隧道洞门应注意系统安排和细节设计,否则会出现不雅的情况。如图 5.8.84 和图 5.8.85 的洞门呆板,与周围环境不协调,隧道进出口端墙一面光,显得单调、生硬,且端墙与周围色差、结构差异大,更是不协调;图 5.8.86 和图 5.8.87 的隧道洞门,与周围环境色差较大,洞门结构虽然凸显了隧道的存在,连续的两个隧道具有相同的结构形式就显得呆板,且隧道洞门的巨大广告牌使得隧道洞门显得有些不雅。

5.8.2　隧道洞口附近美学设计

隧道洞口的附近美景丰富且较美时,一般不进行美化处理。如需进行美化绿化通常采用种植高大乔木、灌木拼花、人文景观组合展示等手法进行美学设计,这既可以减少驾乘人员进入隧道的心理压抑感,又可以在洞口起到明暗过渡的作用,提高驾驶员和乘客的视觉适应性。在洞口出入口两侧可密植乔灌木,以起到防眩遮光作用,能有效防止进出洞门时光线的强烈反差,有利于行车安全;以常绿植物为首选,同时考虑选择对相关废气有吸收作用的植物来净化空气,见图 5.8.88 和图 5.8.89。洞门上部土质护坡通过绿化种植达到固土护坡,防止水土流失的目的。在植物选择上以根系发达的地被植物为主。洞门出入口处若有广场,应结合环境美景设计对广场进行绿化种植规划与设计,并进行一些人文美学设计,见图 5.8.90 和图 5.8.91。

第5章 公路构造物及设施美学

图 5.8.84　呆板不协调的洞门之一

图 5.8.85　呆板不协调的洞门隧道之二

图 5.8.86　呆板不协调的洞门之三

图 5.8.87　呆板不协调的洞门之四

图 5.8.88　隧道进出口前的绿化之一

图 5.8.89　隧道进出口前的绿化之二

图 5.8.90　隧道前的人文美学设计之一

图 5.8.91　隧道前的人文美学设计之二

5.8.3 隧道内部美学设计

隧道内的岩石和支护结构一般都为暗色调,路面如果为沥青混凝土路面,洞内照明不良时,很难判断行车路线和方向,容易造成交通事故。为此,洞内美学设计一般要求具有良好的照明条件,墙面与路面应该有明显的色彩差异,行车道界限应清晰可见。良好的照明条件主要靠洞内齐全的照明设施,亮度足够,并可进行经常性维护。行车道要有明显的行车道界线,一般都是采用白色或黄色线作为行车道界线,并要进行经常性的清洁和维护修复。墙面与路面有明显的色彩差异,一般是采用隧洞的墙面装饰来实现,隧洞的墙面装饰一般用浅色(如白色)调。此外,墙面装饰还可以起到防火、防尘、反光、消音的作用,墙面修饰的方法有:

(1)瓷砖涂装。瓷砖涂装可提高隧道交通的引导性和视觉的舒适性,还兼有防火防尘的特点。瓷砖,应为一级或优级标准,性能符合国家标准,且表面反射率大于50%。瓷砖贴面时,在隧道所有变形缝应断开,面砖贴面采用无缝式,所有面砖交接处用水泥填缝。

(2)涂料修饰。涂料应以有效寿命不低于10年为前提,涂料用量不低于$0.5kg/m^2$。同时,涂料的选定要考虑其经济性、持久性、环保性、耐污染性及施工操作性,常用的涂料有:有机硅抗碱底漆和硅树脂乳胶面漆。

(3)消音材料铺装。隧道洞内采用高效消音材料,材料要经久耐用、可塑性高,可调配成不同容重、形状、颜色、外观以适应不同的安装及设计条件。

隧道内涂装得干净整洁、行车道清晰可使驾乘人员心清气爽,有利于行车安全,如图5.8.92~图5.8.94所示。

图5.8.92 光亮整洁清晰的隧道之一

图5.8.93 光亮整洁清晰的隧道之二

图5.8.94 行车界限明显的隧道

随着公路往山区延伸,隧道越来越长,隧道内部美学设计应根据驾驶员长时间在封闭空间高速移动的心理和生理变化,以运营安全为前提,运用现代光影技术,设置视觉缓冲带等设施,在缓解压抑感的同时,提升美感并保证安全。

5.9 辅助设施美学

这里所说的辅助设施包括边沟、截水沟、涵洞、通道、取(弃)土、隔离栅、隔音墙以及艺术小品、废弃构造物等,其美学设计分述如下。

5.9.1 边沟美学设计

边沟不仅要满足排水功能,更要注重美学效果。根据区域的地理条件、土质类型、沟底纵坡、降水量、边坡形式等因素,排水设施要隐蔽,或设于地下,或隐匿于草木之中,尽量不要显露可视,最好与自然环境浑然融于一体。在满足排水功能的前提下,尽量不用人工混凝土边沟,可以用呈缓坡状的植被碟形沟,在一定长度处以窨井方式横向或纵向排水。公路边沟的一些美学处理方法如下:

(1)尽可能降低边沟的沟深。

(2)灵活选择截面形式,与周围环境相称,如浅挖方路段宜选用流线型的碟形边沟或三角形边坡,并尽可能减小横向坡度。

(3)合理确定边沟断面形式和几何尺寸,流量大的路段,宜选用矩形边沟,并加盖泄水孔盖板。也可将路堑边沟做成暗沟或暗管式(图5.9.1),顶部进行覆土绿化处理,既安全又美观。

图 5.9.1 利用地下暗管替代明边沟

(4)在流量大、流速高的路段,需选用预制混凝土边沟。

(5)现场条件许可时,"明"边沟不必与路边缘平行,边沟与路边缘的间距可以变化。

5.9.2 截水沟美学设计

截水沟的美学设计应遵循隐蔽的原则,结合地形和地质条件尽量沿等高线布置,一般采用梯形或矩形断面。为了保障截排水效果和解决美观问题,可采取以下3种具体措施:

(1)进行动态设计

动态设计的目的是补充现场勘测,解决设计人员在室内设计时难以确定的细节问题:一是确定哪些截水沟处于刺目的位置;二是何处是截水沟适宜遮蔽的位置,现场的实际地势如何利用;三是实际的汇水边界及自然排水系统;四是植被覆盖的实际状况。

在路堑开挖结束后,可以组织由设计人员、公路专家、美学专家等组成的动态设计小组,会同业主、监理和施工单位,通过调查,对沿线的所有的路堑截水沟和隧道口截水沟进行优化调整,及时进行设计变更。

(2)取消不需要的截水沟

对汇水面积较小或土质防冲刷能力较强的山坡,若植被覆盖较好,或者坡口外为下坡或有其他排水条件时,原则上一律取消截水沟的设置。

(3)减轻截水沟对视觉的影响

①调整截水沟位置,利用地势进行遮挡。

②通过绿化手段对截水沟进行遮挡。

③截水沟沟壁顶面尽量不做抹光处理,如果需要进行冲刷处理,应尽量降低建筑材料与背景的反差。对已经进行抹光处理的沟壁顶面,则通过对浆砌侧壁的顶端进行削角处理,用土覆盖,并进行绿化遮挡来降低视觉反差。

④对汇水量小,冲刷不严重的地段,取消截水沟浆砌,既节省工程造价,又降低视觉反差。

⑤对于垂直向下的截水沟,由于没有汇水面积,只起到排水的作用,但对视觉的冲击影响较大,应进行暗埋式处理:一是加盖板或绿化的处理办法;二是盲沟式处理;三是截水沟做成暗管式。

5.9.3 涵洞(通道)美学设计

涵洞(通道)分为过水、通车、过人涵洞和动物通过涵洞(通道)。如果是通车涵洞,由于汽车尾气及灯光原因,传统上一直未种植绿色植物,其实这是一个认识误区。涵洞内空气流动不畅、污染严重,不管从健康角度还是从美学角度看,涵洞景观亦应受到重视。耐高温、耐污染、耐阴的植物并不缺乏,也不存在技术上的问题,比如剑兰、吉祥草等。绿色植物在涵洞内的突破性种植也会带来人们观念上的变化,会为涵洞绿化增添新的美感,另外,合理的涵洞美学设计也为驾驶员带来新的美学感受。

动物涵洞(通道)是生态化设计的重要环节,也是人们与动物共存的重要标志。公路的建设,将沿线区域原有生态环境,特别是动物链和动物的食物链分割开来,阻碍了动物的迁徙。没有动物涵洞(通道),它们不得不穿越公路,这不可避免地会造成有的饿死,有的在穿越公路时被行驶的汽车压死、撞死,甚至造成珍稀动物的灭迹等;在公路上可以经常见到被压死的野兔、蛇、刺猬等小动物,长此以往,就会引起公路沿线局部的生态失调。设置涵洞(通道)不但为动物穿越公路提供了安全通道,且涵洞(通道)的绿化为动物提供栖息的环境,符合动物的习性,如图5.9.2、图5.9.3所示。

图 5.9.2　动物涵洞之一

图 5.9.3　动物涵洞之二

在公路建设前,应对沿线的动物分布及其生存和繁衍习性进行调查,当公路可能会截断动物的采食、迁徙和繁衍场地时,应设置必要的动物迁徙通道。并根据动物类型、尺寸和迁徙习惯设置尺寸、环境和方向合适的动物通道。

同时,在公路建设前,应对沿线群众的生产、生活、社会交往等进行调查,不要因公路的修建,隔断公路两侧社区的正常联系,阻断社区生产生活必需的通道,在需要的地方设置人行通道或天桥,并根据现在的通行方式和将来可能的通行方式,设置合适的人行(车行)通道或人行(车行)天桥(跨线桥),方便沿线群众的生产、生活和社会交往。

也要考虑公路两侧农田的水利灌溉及生活生产供水联系,切勿因公路的修建影响道路两侧水利设施及供水设施的正常运行和联系,避免因公路的建设而造成淹没或无水可供、无水可灌的状况。

涵洞作为过水结构,可连通公路两侧的水流。为了在合适的地方修建合适的涵洞(沟渠或管道),在公路设计阶段应进行天然水流、传统排水路线及可能最大流量的调查,并设置必要的和合适(尺寸和方向)的涵洞(排水管或桥梁),避免因公路的建设而造成排水等水路的截断。

在公路运行过程中,也要进行必要的维护,保证其正常的运行,保证公路运行过程中不产生淤积堵塞(图 5.9.4)。横向排水涵洞淤积堵塞会造成排水功能丧失,景观也不雅。

图 5.9.4　堵塞的涵洞

5.9.4　取、弃土场美学设计

公路路基的构筑填方用土用石一般就近取材,由于土石方工程量巨大,所以在填筑段的公路两侧取土坑是经常可见的。在取土坑地段,不仅原有的植被被破坏,表土被侵蚀,而且暴露的取土痕迹在美学上也是一种严重的视觉污染。在不同地区对不同情况的取土坑应采取如植被恢复或重建等措施加以整治,也可以考虑改建成鱼塘。

在一些路段,由于道路施工的挖方多于填方,就会造成弃土。弃土需要场地进行堆置,弃土场可能会造成水土流失、土地占用,也会造成视觉不雅的景观。需要进行美景的恢复、水土保持和土地的再利用。

根据取、弃土场距离公路的远近、坡面情况、美学敏感程度等条件,把取、弃土场分为两类:一类取、弃土场距离公路较远或美学敏感性较低,对公路美学影响较小,主要措施是恢复植被、保持水土;另一类取、弃土场则距离公路较近、美学敏感性高,不仅要恢复植被、保持水土,还要采取美学遮挡或视觉诱导等措施,具体方法如下:

(1)植被恢复。根据取、弃土场实际情况,能复耕的尽量复耕,没有复耕条件的,营造林带,并撒播草种进行地表绿化美化。复耕前,在取、弃土场和公路施工前,先把表层土壤推到一旁保留,等取、弃土场不用后或公路施工竣工前,把推到一旁的表层土壤覆盖到取、弃土场的表面,作为耕植土进行复耕或造林或植草之用。

(2)障景。采用树丛或林带式种植,形成障景,既能遮挡取、弃土时给自然环境留下的创伤,又能恢复自然植被。

(3)诱导视线。在取、弃土场靠近公路的一侧种植视线诱导植物,把公路行车视线从取、弃土场位置引开。

(4)设在视线以外。取土坑尽量设置于公路视野之外,弃土堆通常设在就近低地或路堑的下坡一侧,并尽量设计在路线视野以外。

(5)在降雨量充沛的地区,由于积水和地下水反渗,取土坑往往会形成一个个的水塘,对其进行合理的改造利用,就可形成新的美景或开辟为新的活动场所,如利用水塘营造湿地美景以增加公路沿线的异质景观;被丛林环绕的取土坑池塘可形成供水禽栖息、产卵、育雏的自然保护地,增加适当的设施并进行适当的改造可将其开辟成为具有天然野趣的浴场,也可结合以上几种情况改造成鱼塘等。

5.9.5 隔离栅及绿化带美学设计

隔离栅位于高速公路边沟的外侧,其作用是将高速公路与农田、村庄、城镇等隔离开来,并阻止人畜、非机动车辆和其他机动车辆进入高速公路界内。隔离栅绿化带指从边沟外缘至隔离栅附近的狭窄地带。国内外的高速公路隔离栅多是用水泥柱加铁丝网或钢结构网构成(图 5.9.5),这种措施具有较好的防护效果,但使驾乘人员感到枯燥、呆板,而且工程投资较大,使用期限短(一般不超过 5~8 年即严重诱蚀),易遭人为破坏。

用绿色植物逐渐代替金属隔离,不但具有隔离效果,还能美化公路环境,增加植物覆盖度,改善小气候,见图 5.9.6。据测定:高 2m 宽 1.5m 的树篱在近地面范围内夏季可降温 2~3℃,在绿篱高 20 倍范围内空气绝对湿度增加 10%,又可降低噪音,吸收粉尘及尾气。而且投资少,一次性投入是人工隔离栅投资的 20% 左右。施工更新容易、防护时间长,一般能防护 20~30 年或更长时间。植物防护篱需根据当地的自然条件、土壤状况、地形地貌和道路防护的要求进行设计;对隔离植物的选择,除了具备耐瘠薄、干旱、根系发达、成活率高、抗逆性强等特点外,以多刺、枝叶丰满的灌木为主;此外应确定合理的种植方式。

绿色植物隔离带的形式可以在某路段内确定一种主格调,种植 2~5km,然后镶嵌一段自然式或规则式的变化段,再以三种自然式变化段相组合的立面图与断面图,形成多边的植物隔离美景。绿色植物隔离带结合地方林地形成密实的植物防护隔离。

图 5.9.5　枯燥、呆板的铁丝网隔离栅　　　　图 5.9.6　绿色植物隔离栅

一些有地上或地下通道的路段往往以防护美景墙来隔离,这种隔离墙又是一大美景。对于隔离墙的美学处理,有的是用涂料画上简单的花、鸟、山、水等图案,也可将这些隔离墙下种植一排攀缘植物。

5.9.6　声屏障的美学设计

随着公路的不断延伸,不可避免地要穿越乡村、城镇等居民居住区、学校、医院和工作区,由此带来的噪声也成了严重的社会问题。机动车辆在道路上行驶产生的噪声在传播途中遇到声障,会被反射、吸收和衍射而产生附加衰减。声屏障已经成为防止公路交通噪音对沿线居民造成不良影响的主要防护措施。

声屏障一般用在公路与居民区或其他公共场所比较接近的地区,以减小公路上车辆的噪声对于居民生活和工作的影响。在路堤和桥梁地段,高高的近距离的声屏障容易给在公路上行驶的驾乘人员造成压抑感。因此,声屏障的美学设计一般以尽量消除视觉压抑感,并与周围环境协调为原则,从色彩、造型与选材上入手。降低噪声的方法主要有以下几种:①利用山丘、山冈降低噪声;②利用路堑边坡降低噪声;③利用构筑物或建筑物降低噪声;④利用绿化林带降低噪声。在上述方法中,最被普遍使用、最经济、最环保的方法是利用绿化植物来进行生态降噪,如图 5.9.7 所示。

图 5.9.7　绿化植物隔音墙

1)植物降噪

根据近年调查,40m 宽结构良好的林带可减低噪声 10~15dB,植物降噪从理论上讲,应该是越宽越好,但受用地的限制和从减少建设费用的角度来看,合理地规划林带宽度和高度(尤其是宽度),是影响该带状美学的主要因素。在公路防护种植的草花、宿根花卉、灌木、乔木,应由低到高,既起到防护作用,又不影响行车视线。

植物降噪具有美学观赏功能与防护、降噪、防污功能结合的多重性,在设计时其结构应参照一定的技术参数。根据对有关部门和国外资料的查阅,总结如下:①林带宽度:15~30m,在美国为 45~100m;②林带高度:10m 以上;③林带与声源的距离:应尽量靠近声源而不是受声区;④林带结构:以乔、灌、草结合的紧密林带为好,阔叶树比针叶树有更好的减噪效果,特别是高绿篱防噪声效果最好。

绿化带的种植形式:按从远到近、从高到低的原则进行布设,远处以反应季相变化的高大阔叶苗木为背景,最好选择常绿树木,由远及近依次为:起遮挡作用的次一级高度的灌木、低矮花灌木点缀、绿色背景的地被草坪,构成一幅层次丰富、优美的路际美景。设计过程中也要根据季冻区道路所跨区域的土壤、水文、气象、地形等特征,考虑到耐寒和季相的显著变化,乔灌结合,落叶与常绿树种结合。背景树种可选用樟树、杨树、柳树、梧桐、栾树、女贞、水杉、松树等相对廉价树种,配合丁香、常春藤、法国冬青等矮灌木,做到高低层次有致、四季色相分明。

2)一些防噪措施的美学设计

图5.9.8 提供了一些防噪的有效方法,其中筑堤与种树以代替防音壁将可以节省造价,且对美学效果有利。为此,在公路设计时,最好在两侧留出 10~30m 的土地范围,作为环境保护设施带。

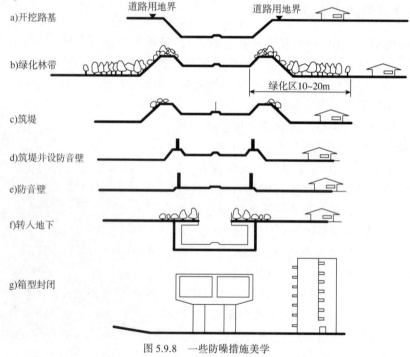

图 5.9.8　一些防噪措施美学

图 5.9.9　石笼声屏障

3)石笼声屏障美学设计

石笼式声屏障是利用构筑物弃渣构建而成,可减少弃方,节约工程建设成本,见图 5.9.9。

4)立交隔音

互通立交桥区周围可能有人居住,防音壁的作用是减轻噪声对人的干扰,往往会给人以一种不得已而为之的感觉。特别是当防音壁高度超过 5m 时,会对行车产生压迫感。在城郊,防音壁往往连续设置很长距离,车辆好像在封闭的长廊里通过,看不见互通立交桥以外的美景,防音壁成了桥区美学的很大障碍。可采用以下方法来改善防音壁美学设计:

(1)用植被绿化进行改善

解决防音壁美学设计用植被绿化进行改善为最好。既可给人以亲切和舒适,又改善了桥区的美学效果和物理环境。

当使用硬质形式的防音壁时,间隔设置,高度也不完全一样。最好用攀悬植物将防音壁覆盖成一堵绿墙。在无法用植物修饰之处,防音壁顶部宜设计成顺应明亮的天际线,在防音壁起点设置一些景物,无绿墙的防音壁表面要搞成有皱褶的贴面,防止出现大面积反光。

(2)硬质材料防音壁

防音壁的壁面设计成台阶并呈圆弧状,可乘用钢筋混凝土建造;台阶中有种植土,可以栽种植物。从建筑声学分析,这种台阶呈圆弧状的表面有利于发散声波,消除一定的噪音,加上栽种植物,将有一定的防噪效果。用钢筋混凝土做成的防音壁表面还可用水刷白石子饰面,并用涂料画图案,对声波发散反射;防音壁顶板还可高低错落,以获得较好的美学效果。

(3)绿色、透明隔音墙

当路侧有美景时,可以采用透明的隔音墙,起到隔音的同时,驾乘人员还可以透过透明的墙体欣赏到路侧的美景美物;把隔音墙涂刷成绿色或银灰色等人们感觉舒适的颜色,也是很美的。如图 5.9.10 和图 5.9.11 的绿色隔音墙,不但防止噪声对周边居民生产、生活的影响,而且给人一种安静、祥和的感受;图 5.9.12 的绿色隔音墙,有亲和感和轻盈感,降低了同一种色彩桥梁的笨重感;图 5.9.13 透明的窗式隔音墙,不但起到隔音作用,还能让驾乘人员观察到隔音墙外的村庄、山色等景观。

图 5.9.10　绿色的隔音墙之一

图 5.9.11　绿色的隔音墙之二

图 5.9.12　绿色的隔音墙之三

图 5.9.13 透明的窗式隔音墙

5.9.7 艺术小品

人们对公路美学环境质量的要求越来越高,雕塑、浮雕、绘画等美学作品也越来越多地出现在公路的出入口、隧道进出口、路侧、立交区、桥头、公路挡土墙、噪声墙、服务区庭院等处。这些雕塑、浮雕、绘画作品有些只具纯艺术性、仅仅作为美学观赏对象,而有些同时又具有功能性,例如与路侧噪声测试器、指示标志、公路挡土墙、噪声墙等相结合而发挥相应功能。

1)公路艺术小品的美学设计的涉及面

(1)选题方面

公路艺术小品的选题主要从有主题与无主题两方面考虑,其中有主题方面主要表现有历史的、现代的、未来的素材内容;而无主题方面主要有与环境和空间无内在联系的纯装饰性和趣味性的雕塑及多义、多元等不确定主题,凭据人们的联想。

(2)造型方面

公路艺术小品在造型方面主要有具象的、抽象的、半具象半抽象的等几种类型。其中具象的有:记号性表达(内容与形式的完全一致),符号性表达(用象征手法,寄物咏志,以物托情)。抽象的有:模拟某一种对象,进行变形、提炼、升华;模拟某几种对象,进行变形、提炼、升华;无固定对象,进行夸张、变形。半具象半抽象的有:从无到有,从隐到显。从抽象到具象的有:层次变化,混杂交错,时有时无,似与不似,像与不像。

(3)选材方面

公路艺术小品在材料使用上,主要有石材、混凝土材料、金属材料及其他特殊材料。其中石材包括天然石材(花岗岩、汉白玉、青石、大理石等)和人造石材(混凝土、铸石、陶瓷等);金属材料包括铝、钢、铜及合金材料等;其他特殊材料有玻璃、玻璃钢、冰、雪等。

(4)选地方面

公路艺术小品在地点选择上一般有点、线、面的选择。其中点的选择主要集中在公路出入口处、桥梁、隧道、立交区、文物遗迹与风景名胜处、公路房建设施广场上的主题艺术小品;公路艺术小品线的表现主要存在于公路护坡、隧道进出口、挡墙及声障墙等部位的连续性主题艺术小品以及与灯柱、护栏等功能构件结合的连续性艺术小品群;面的艺术小品目前在公路美学环境中所见较少,如果公路美学环境设计需要可选择停车区、服务区广场、立交区或路侧广场设置序列性题材的艺术小品、休息空间以面的艺术小品形式丰富公路美学环境。

2)公路艺术小品制作题材和做法

(1)当地的事迹、故事或传说

在公路旁把公路所在地域的民间故事或传说的文字或民族图腾用雕塑或图画表达,以宣扬民族文化,也是一种地域标识;把民间故事用塑石的形式展现,把自然与人文、自然与工程联系起来,既传播知识,也宣传民族文化。如利用沿线景观建景、命名,或利用当地的故事、传说命名,或利用一情节或一景点命名,或利用文字、雕塑、图画等与当地的著名传说、故事等联系。如图5.9.14为云南西石高速上的雕塑,不但提醒驾乘人员"石林地区到了",还讲述了石林彝族的阿诗玛叙事长诗——阿诗玛;图5.9.15为丽江石鼓镇附近公路边上的红军长征纪念雕塑,描述了红军长征渡船的情景;图5.9.16云南宁蒗城入口雕塑,述说了彝族的一个民间传说;图5.9.17云南西石高速上的雕刻文字——赶石成林,讲述"赶石成林",堵水灌良田的彝族民间传说。图5.9.18贵州重遵高速上的文字"长征之路",宣传了中国共产党的伟大,也体现了革命的艰辛,具有教育意义;图5.9.19巴东纤夫,在长江沿途巴东县的公路旁制作的一壁画,描述了长江船夫的劳作场景,具有历史价值和地域意义;图5.9.20~图5.9.25的巫山县公路旁的系列雕塑作品,作品讲述的是关于沟通神人的圣者、治病救人的神医的巫山传说。有时,艺术作品只是表达一种气氛或一种心情,如图5.9.26云南大丽高速公路上的雕塑、图5.9.27云南大保高速公路上的雕塑,是表达一种喜悦的气氛——"龙腾"、欢快和喜悦;图5.9.28为丽江城入口的雕塑,是城市的标志。

图 5.9.14　云南西石高速公路上的雕塑之一

图 5.9.15　云南西石高速公路上的雕塑之二

图 5.9.16　红军长征渡江纪念　　图 5.9.17　云南宁蒗城入口雕塑

图 5.9.18　重遵高速公路上的文字"长征之路"

图 5.9.19　巴东纤夫

图 5.9.20　巫山雕塑之一

图 5.9.21　巫山雕塑之二　　图 5.9.22　巫山雕塑之三　　图 5.9.23　巫山雕塑之四　　图 5.9.24　巫山雕塑之五

图 5.9.25　巫山雕塑之六　　图 5.9.26　云南大丽高速公路上的雕塑　　图 5.9.27　云南大保高速公路上的雕塑　　图 5.9.28　丽江城入口雕塑

(2) 城市标志的路灯化

路灯塔架可以是一个地区的标识,如图 5.9.29 为楚雄高速上的路灯塔架。楚雄为彝族地区,红色是彝族地区的代表性颜色,路灯采用红色和彝族衣袖绣花图案,表示所在地区为彝族地区——云南楚雄的地界,具有民族(彝族)色彩——红色(彝族火图腾)、民族(彝族)服饰——衣袖;图 5.9.30、图 5.9.31 为德宏高速上的路灯塔架,德宏是孔雀之乡,采用孔雀形态的路灯作为城市的一种标识,也是一种美学装饰;图 5.9.32 景洪公路上的路灯塔架,表达了孔雀之乡——西双版纳,具有地域美的特点。

图 5.9.29　楚雄高速公路上的路灯　　　　图 5.9.30　德宏高速公路上的路灯之一

图 5.9.31　德宏公路上的路灯之二　　　　图 5.9.32　景洪公路上的路灯

（3）不同国家、不同民族具有不同的美学作品

因美学观念随地域、民族、国家的不同而不同，不同国家、不同民族、不同地域具有不同的美学思想和艺术特点，如图5.9.33~图5.9.39为美国街头的雕塑，与我国的雕塑作品有很大的区别。即使在美国也有地域性，因不同的民族移民到美国后也会有不同的聚居区，其雕塑也有不同的文化，有不同的装饰，也有不同的景观小品；同时，不同的地域有不同的动物，也会有不同动物雕塑，如图5.9.39为美国科罗拉多州的野牛。

图 5.9.33　美国街头的雕塑之一　　　　图 5.9.34　美国街头的雕塑之二

图 5.9.35　美国公路旁的雕塑之一　　　　图 5.9.36　美国公路旁的雕塑之二

第5章 公路构造物及设施美学

图 5.9.37 美国公路旁的雕塑之三

图 5.9.38 美国公路旁的艺术作品

图 5.9.39 美国公路旁的雕塑之四

(4)地域性民族性的宗教图腾也是公路美学作品的取材渠道

地域性民族性的宗教图腾也是公路美学作品的取材渠道,在公路旁把公路所在地域的民族图腾、民族宗教的神庙、寺庙、佛塔等用雕塑或图画表达,既宣扬了民族文化,也是一种地域标识。如图5.9.40为云南西石高速的彝族图腾,既是地标(彝族地区)也是文化(彝族图腾文化)的展现;图5.9.41为云南昆楚高速的雕塑,"火"是彝族的图腾,柱子用彝族衣袖绣花图案装饰,代表了彝族地区——云南楚雄的地界;图5.9.42为云南小磨高速的佛塔,图5.9.43为云南勐腊公路旁的佛塔,图5.9.44为云南德宏公路旁的佛塔,见到这些佛塔就知道这是傣族地区,且知道傣族信仰佛教,既体现了地域性、民族性,也美化了公路。

(5)公路美学作品也可以是公路建设成就的展示

公路美学作品也可以是公路建设成就的展示,图5.9.45为贵州地界高速路旁的雕塑,图中的红色网状雕塑,展现了贵州在发展交通事业中的巨大成就——2015年县县通高速,也是我国建设成果的展示;图5.9.46云南西石高速路旁的文字"石门大开",为西石高速公路建设经过石林、石芽丛生的地段,经过公路建设者的辛勤劳动、智慧创作,石山也为公路让路"石门大开"。

图 5.9.40　云南西石高速公路上的图腾　　图 5.9.41　云南昆楚高速公路上的雕塑

图 5.9.42　云南小磨高速公路上的佛塔　　图 5.9.43　云南勐腊公路旁的佛塔

图 5.9.44　云南德宏公路旁的佛塔

图 5.9.45　贵州高速公路成就的展示　　图 5.9.46　云南西石高速公路旁的文字

(6)公路美学作品也可以是公路美景自身的展示

公路美学作品也可以是公路美景自身的展示,图5.9.47、图5.9.48分别为云南丽宁公路"十八弯"介绍和"十八弯"的美景,必要的文字介绍和场景结合,能让人们增加文化知识和地理知识。

图5.9.47　云南丽宁公路"十八弯"介绍　　　　图5.9.48　云南丽宁公路"十八弯"景观

(7)公路美学作品也可以是植物、动物、生活娱乐器具等

公路美学作品也可以是公路沿线地区的植物、动物、生活娱乐器具等。图5.9.49为西双版纳的"大象"雕塑作品,此作品一看就知道是中国有大象的地方——西双版纳。图5.9.50、图5.9.51为云南小磨路的"象脚鼓"雕塑("象脚鼓"是西双版纳当地傣族和其他一些少数民族独特的音乐器具),具有地域性和民族性,也是一种民族文化的宣传与弘扬,又是地标的一种表达方式。图5.9.52、图5.9.53为昆楚高速的楚雄地标牌,用彝族图腾"火"、太阳(彝族信仰太阳神)、人物服饰"披毡"作为装饰,既是地标,也是传达民族文化的宣传窗口;图5.9.54为昆楚高速楚雄地界内的某广告牌,用彝族的音乐器具——三弦琴结构作为支架,表达了彝族地区——云南楚雄彝族自治州的地界,具有很浓的民族气息;图5.9.55为云南大丽高速的美学作品,隧道名写在古铜镜(古代云南白族的一种妇女化妆镜)上,也不失为为一种民族性、古文化和地域性的展现。

图5.9.49　西双版纳的"象"雕塑

公路美学

图 5.9.50　云南小磨高速公路的"象脚鼓"雕塑之一

图 5.9.51　云南小磨高速公路的"象脚鼓"雕塑之二

图 5.9.52　昆楚高速公路的楚雄地标之一

图 5.9.53　昆楚高速公路的楚雄地标之二

图 5.9.54　昆楚高速公路的广告牌

图 5.9.55　云南大丽高速公路的美学作品

(8) 公路美学作品也可以用建筑材料、当地产品作为题材

公路美学作品也可以用建筑材料、当地产品作为题材。图 5.9.56 和图 5.9.57 为云南保腾公路龙江大桥上的美学作品,在龙江大桥桥头位置展现桥梁结构的材料,介绍桥梁的结构、作用和设计理论、建设过程等,也是一种艺术——科学艺术;图 5.9.58 为楚大公路的一则广告,是云南大丽当地一著名产品雕塑,也起到地标作用。

图 5.9.56 云南保腾公路龙江大桥美学作品之一

图 5.9.57 云南保腾公路龙江大桥美学作品之二

(9) 公路美学作品也可以是科普、安全教育

公路美学作品也可以起到科普、安全教育的作用,图 5.9.59 为云南麻昭高速上的数字游戏,图中"两桥的长度+三座隧道的长度=一万米",很有想象力;图 5.9.60、图 5.9.61 分别为云南昭会高速公路、红河公路上的事故车辆,分别用一个展示台展示,警示驾驶人安全行车的重要性,比语言口号效果更好。

图 5.9.58 楚大公路一广告

图 5.9.59 云南麻昭高速公路上的数字游戏

图 5.9.60 云南昭会高速公路上事故车

图 5.9.61 云南红河公路上的事故车

（10）公路美学作品也可以用公路博物馆展示

公路美学作品也可以用公路博物馆的形式展示，公路博物馆不但可以展示公路的作用、地位和施工机械、施工技术以及发展历程和先进事迹等，还是用路者参观、休息的场所。图 5.9.62~图 5.9.67 为云南公路博物馆的展品、图片，讲述了公路建设历程、成就、云南公路发展的经历以及滇缅公路在抗日战争中的地位和作用，也展示了公路建设的机械和云南公路建设的成就。

图 5.9.62　云南公路博物馆

图 5.9.63　云南公路博物馆展品之一

图 5.9.64　云南公路博物馆展品之二

图 5.9.65　云南公路博物馆展品之三

图 5.9.66　云南公路博物馆展品之四

图 5.9.67　云南公路博物馆展品之五

（11）废旧公路结构也可以改装制作成美学作品

在道路改造和公路空间中，可利用工程废弃老旧桥梁等，原地保留，用美学手法构建具有改扩建特色的美景，还可减少工程拆除量，见图 5.9.68。

(12) 景观恢复也是一种美学作品的制作

公路建设不免会对自然景观造成一定的损害,对自然美景进行恢复或者再制作也是一种美学作品的制作和再造。如图 5.9.69、图 5.9.70 示出在公路建设过程中,对石林、石芽产生破坏后,用彩色混凝土恢复(石林)景观,弥补受伤的创口的效果。图 5.9.71 是在公路建设过程中,对岩石的表层颜色产生破坏,之后采用彩色砂浆喷涂开挖的岩石创伤表面的效果,这样处理后使加固工程与环境协调,浑然一体,有"虽为人作,宛自天开"的效果。

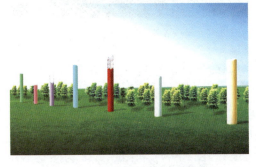

图 5.9.68　废旧桥墩的美学应用构思图

图 5.9.69　喷涂恢复的石林景观之一

图 5.9.70　喷涂恢复的石林景观之二

图 5.9.71　喷涂恢复的岩坡

(13) 美学作品的制作应保证质量和品质

美学作品的制作应保证质量和品质,图 5.9.72 和图 5.9.73 的美学作品,制作质量欠佳,本来进行革命教育宣传是一种神圣、美好的创作思想,但由于制作质量差,导致作品出现残缺、破损,大大降低了其价值,甚至贬损了作品的意义。图 5.9.74 的作品思想不突出,观者难解其意。图 5.9.75 的作品形象不佳,这条龙没有龙的形态和气势。

图 5.9.72　制作质量欠佳的美学作品之一

图 5.9.73　制作质量欠佳的美学作品之二

图 5.9.74　思想不突出的作品　　　　　图 5.9.75　形象不佳的作品

5.9.8　安全设施

交通事故虽然是交通的伴生物,世界上没有绝对安全的道路,但公路必须安全,同时也要给人以安全感;即实质上必须安全,也要给人以感官上的安全感,如图 5.9.76,其滑动或者崩塌的边坡给人一种不安全感(实质上也可能滑坡)。图 5.9.77 和图 5.9.78 为感觉不稳的边坡;实质上这两个边坡是稳定的,虽然用锚索框格梁加固了边坡的,但框格的歪歪扭扭还是给人一种不安全感。

图 5.9.76　滑动或者崩塌的边坡　　　　图 5.9.77　感觉不稳的边坡之一

图 5.9.78　感觉不稳的边坡之二

进行安全加固后的边坡也需要进行美化,如图 5.9.79 用锚索+抗滑桩+挡板加固的边坡,表面光滑、整洁,看上去很美。而图 5.9.80 虽然也是用锚索+抗滑桩+挡板加固边坡,但表面色泽暗淡、不平整,有点像贫民窟。

第5章 公路构造物及设施美学

图 5.9.79 感觉美的边坡

图 5.9.80 感觉难看的边坡

在公路安全性较差的路段,需要采用各种设施或标志进行提醒,必要时,还要提前多次、多重手段提醒。图 5.9.81 为一般路段的转向标志。图 5.9.82 为弯大坡陡处的转向标志,采用红色、两道甚至三道转向箭头、路面为红色振动路面;图 5.9.83 的突出转向标志,采用红色、两道转向箭头、路面为红色振动路面,之前还有转向图示。

还可以采用文字或"喊话"措施提醒驾驶员注意路况和安全操作,如图 5.9.84 路况提示文字,提示路面可能结冰,注意安全操作;图 5.9.85 在道路旁设置"喊话"喇叭,提醒道路路况和交通状况,确保安全。

图 5.9.81 一般转向标志

图 5.9.82 突出的转向标志之一

图 5.9.83 突出的转向标志之二

图 5.9.84 路况提示文字

图 5.9.85 路况提醒喇叭

在施工期间,为防止施工产生的坠落物、滚石的危害,或施工产生的岩土体变形以及对建筑物破坏,需要采取一定的安全防护措施。图 5.9.86 和图 5.9.87,为防止上部坠落物危害的顶棚,给人以实际安全和心里安全之感;图5.9.88为被动安全防护网,主要用于防止在上面新建公路施工时滚石对下面公路通行车辆和人员的危害。图5.9.89为锚索+框格梁施工的科学化施工方法,保证了上部村民生命及财产的安全和正常的生产生活,也避免了公路建设与沿线社会产生矛盾。

图5.9.86　防止上部坠落物危害的顶棚之一

图5.9.87　防止上部坠落物危害的顶棚之二

在公路运营时也需要采取一些安全措施,图5.9.90为主动安全防护网,其作用是防止上部边坡崩塌、滚石和滑坡等产生的落石对下面公路通行车辆和人员的危害。图5.9.91所示的隧道进口之前的树木绿化,使驾乘人员进入隧道过程中,亮度逐渐降低,避免产生眼睛不适应造成"黑洞效应"而导致安全事故,同时也美化了环境。

图5.9.88　被动安全防护网

图5.9.89　科学化施工保安全

图5.9.90　主动安全防护网

图5.9.91　防止进入隧洞产生"黑洞效应"的绿化

救助匝道是一种防止车辆刹车失灵以后的救助设施,除了给人以安全感,也能挽救人的生命和财产的安全,如图5.9.92所示。边沟是用来汇集路面雨水并进行排放的设施,但如果车辆驶离路面进入边沟,可能会对车辆产生损坏,驾驶员看到边沟沟槽也会有一种不安全感,采用一般盖板不能汇集雨水,采用图5.9.93的带孔和沟槽的边沟盖板,既安全(防止车轮陷入边沟),又能起到汇集雨水并进行排放的作用,还甚为美观。

图5.9.92 救助匝道　　　　　　　　　图5.9.93 带孔的盖板沟

有些安全防护设施虽然起到安全防护作用,还可以进行美化使其更漂亮一些。图5.9.94和图5.9.95的锚栓+安全防护网,锚索盖板为十字架形,不但提供了安全加固作用,而且可能会给人不一样的想象,如基督的十字架、满天之星等。图5.9.96和图5.9.97的箱式防护,看上去安全,再加上一定的结构美化设计,不但能起到防滚石、滑坡的作用,也是一种美学建筑结构。

图5.9.94 十字架的锚索+安全防护网之一　　　图5.9.95 十字架的锚索+安全防护网之二

图5.9.96 箱式防护之一　　　　　　　　图5.9.97 箱式防护之二

在起到安全防护的同时,最好能有利于生态环保。图5.9.98和图5.9.99的生态主动防护网,不但安全而且生态,同时也美观。

图 5.9.98 生态的主动防护网之一

图 5.9.99 生态的主动防护网之二

5.10 中央分隔带美学

高速公路中央分隔带位于高速公路路面中央,是高速公路路体的主要组成部分,具有隔离防眩、引导视线、美化环境、改善驾驶员疲劳、保障行车安全、提高行车舒适性等重要作用。各功能分析如下:

隔离防眩:夜间眼睛受到强光照射而造成视力下降称为眩光。隔离防眩是中央分隔带的最主要功能。中央分隔带隔离了相对方向行驶的车流,减小了相互之间的影响,大大提高了行车的安全性。驾驶员驾车在高速公路上行驶,夜间行经一些没有设置中央分隔带防眩或绿化防眩效果不好的路段时,由于对向行驶车辆的前照灯相互对射的影响,使能见力明显下降,甚至产生瞬间盲视,容易引发事故。据查,高速公路重大交通事故多发生在没有设置中央分隔带防眩设施的路段。因此,中央分隔带对防止眩光干扰,提高夜间行车安全有着重要作用。

引导视线:中央分隔带常绿植物规则的排列方式本身具有一定的视线诱导功能,再结合视觉原理,对中央分隔带植物景观进行合理搭配,以便使其充分发挥视线诱导作用。

美化绿化:中央分隔带绿化后通过植物缓解驾驶人员视觉疲劳,利于行车安全,带给驾乘人员舒适感和美感。

5.10.1 中央分隔带的宽度

中央分隔带的宽度和形式决定了它的功能。中央分隔带的宽度根据行车道外侧向余宽、护栏、防眩网(板)、桥墩等所需设施的宽度确定。此外,还需根据各国土地资源具体情况而定,土地资源紧张的国家,中央分隔带宽度就相对窄些。我国规定中央分隔带的宽度:平原和微丘区为 2.0(3.0)m,重丘区及山岭区分别为 2.0(1.5)m 和 1.5m。表 5.10.1 列出了一些国家的中央分隔带的标准宽度。

各国中央分隔带标准宽度   表 5.10.1

国家名称	中央分隔带标准宽度(m)	国家名称	中央分隔带标准宽度(m)
英国	4(城市 3)	比利时	14
德国	4	法国	5(巴黎 3、10)

续上表

国家名称	中央分隔带标准宽度(m)	国家名称	中央分隔带标准宽度(m)
瑞士	4	日本	1.25、2、3、(城市 1.75、2.25)
丹麦	4、6	美国	14.63(一般大于 12)
荷兰	6	意大利	3、1.1
瑞典	9	加拿大	18

中央分隔带的宽度对公路的环境保护功能影响很大。宽度不到 4m 的中央分隔带只能用草本植物绿化,对于 4m 的中央分隔带,用乔木或树木绿化,可以起到一定的防眩功能和吸收噪声的功能,但还是有点窄。在 4m 的中央分隔带内,如果设置护栏、灯杆、双向防撞护栏,中央分隔带地基就必须很结实,就会影响绿化带中植物的生长,增加养护费用,而且景观也不会很好。因此,对于较窄的中央分隔带,倾向于不进行绿化,而是连续设置护栏、遮光板。

在美国,认为中央带宽度只有大于 12m 时,才能真正将两个方向的车流分隔,既减轻交通气流和噪声,又加强防尘的效果;换言之,如果要利用绿化作为中央分隔带防眩设施和隔音设施,真正将两个方向的车流分隔开,既能减轻交通气浪,又能增加防眩效果,中分带宽度必须大于 12m。德国的汉斯.洛伦次博士认为如果综合考虑护栏遮光板的造价、国土资源、环境、视觉影响和绿化的难易程度,6m 的中央分隔带宽度较合适。

如果中央分隔带较宽,内侧防护栏可以不再设置。有些地方的预留车道也可以作为中央分隔带的一部分进行绿化,形成优美的公路美景。

在我国,由于受用地限制,中央分隔带都较窄。中央分隔带的宽度由设置带宽度和侧向安全宽度之和决定。设施带宽度考虑植物与设施防撞栏的需要,一般为 0.8m,侧向安全宽度值考虑变道视距,养护人员安全操作,埋设地下管线等因素,一般为 1m 左右。因此,中央分隔带宽度一般为 3m 左右,当条件受限制时,其宽度不得小于 2m。中央分隔带还应在一定距离设开口,解决高速公路维修时的交通,一般情况下以每 2km 设一处开口。

5.10.2 中央分隔带设计

5.10.2.1 中央分隔带的布设形式及选择

中央分隔带按材料形式可分为绿化(客土栽植、盆钵栽植)和防眩板两类。

根据中央分隔带的功能要求,进行美学设计时,一般首选植树、植草绿化,创造一种接近自然的美景。当条件困难时,可采用客土、花钵(盆)和防眩板等方式。

绿化:中央分隔带宽度在受占地条件制约不大时,一般设为 3~5m,高度控制在 1.3~1.5m。根据中央分隔带的宽窄不同,树的种植方式也不尽相同。推荐的种植方式:客土、盆栽法。位于中央分隔带的土壤一般均较贫瘠,且混杂路面结构料,特别是在东北寒冷地区,气候条件比较恶劣,直接种植花木很难成活,而且养护困难。采用盆栽、客土的方法,可以减少后期的养护工作,而且又能达到绿化、美化的作用。

防眩板:在征地困难地段、地形受限路段和桥梁、加筋土挡墙等无法进行植物绿化的地段,中央分隔带可采用防眩板的形式,达到防眩的目的。

中央分隔带按形状分类，大致可分为齐平式、浅碟式、凸起式三种基本形式，每一种形式又可分为封闭型、半封闭型、开放型三种。考虑到绿化，又可以对中央分隔带做进一步细的分类。表 5.10.2 对这些常见形式逐一进行了归类说明。

中央分隔带分类特点、优缺点对比　　　　　　表 5.10.2

外形	封闭	绿化	各类特点	优　点	缺　点
齐平式	封闭型	不绿化	顶部用水泥混凝土预制块封砌，缘石采用齐平式；水泥混凝土预制块下的结构可采用与行车道结构相同	①不用设内部排水沟、管；②可防止雨水进入中央分隔带和路基、路面结构	①将来不能再改为开放的形式；②中央分隔带的雨水流经路面，影响行车；③须单独设置防眩设施
齐平式	半封闭型	半绿化	除结构形式与不绿化型相同外，再在水泥混凝土预制块铺砌上放置花盆	①不用设内部排水沟、管；②可防止雨水进入中央分隔带；③具有绿化防眩效果	①将来不能再改为开放的形式；②中央分隔带的雨水流经路面，影响行车；③花树易死，养护麻烦
齐平式	开放型	全绿化	水泥混凝土预制块铺砌后，表面预留孔植树，内部设排水沟、管	①进入中央分隔带的雨水通过内部排水沟、管排出；②具有绿化防眩效果	①造价高；②填土较薄，植树不易成活
齐平式	开放型	全绿化	内填耕植土，表面植草和种花、种树，设内部排水沟、管	绿化、美化、防眩。齐平的缘石使线条顺适，又防车辆冲撞引起的弹跳	①填土较薄，植树不易成活；②有少许的水污染路面的现象
浅碟式	封闭型	不绿化	表面用水泥混凝土预制块封砌，缘石采用齐平式，设置表面排水槽和内部集水井及排水管	中央分隔带的雨水在中央分隔带内排除，避免了影响行车和污染路面	①因填土较薄，不宜植树，须单独考虑防眩；②施工工艺复杂，增设了一套中央分隔带表面排水系统
浅碟式	开放型	全绿化	表面植草，缘石采用齐平式，设置表面排水槽和内部集水井及排水管	①中央分隔带的雨水在中央分隔带内排除，避免了影响行车和污染路面；②植草防护，有一定绿化效果；③路面内纵向沟管避免了雨水对路面结构的影响	①因填土较薄，不宜植树，须单独考虑防眩；②施工工艺复杂，须表面和内部两套排水系统
凸起式	封闭型	不绿化	预制块铺砌，不设内部排水沟、管。预制块可用带草绿色的水泥混凝土	①工程量小，造价低，施工简单，养护简单；②雨水不污染路面；③避免了雨水下渗对路面的不利影响	①降落到中央分隔带的雨水通过路面来排走，影响行车；②不利于绿化和美化；③须另设防眩设施

续上表

外形	封闭	绿化	各类特点	优　点	缺　点
凸起式	半封闭型	半绿化	水泥混凝土预制块铺砌后,上放置花盆,不设内部排水沟、管	①工程量小,造价低,施工简单,养护简单; ②雨水不污染路面; ③避免了雨水下渗对路面的不利影响; ④具有绿化防眩效果	①降落到中央分隔带的雨水通过路面来排走,影响行车; ②花树易死,养护麻烦
			水泥混凝土预制块铺砌后,表面预留孔植树,设内部排水沟、管	①具有绿化防眩效果; ②纵向盲沟和横向管避免了水对路面结构的侵蚀	①降落到中央分隔带的雨水通过路面来排走,影响行车; ②造价较高

5.10.2.2　中央分隔带设计

防眩是中央分隔带的主要功能,其次是诱导、美化等作用。防眩设计既要有效地遮挡对向车辆前照灯的眩光,也应满足横向通视好、能看到斜前方,并对驾驶员心理影响小的要求。如采用完全遮光,反而缩小了驾驶员的视野,影响车辆对对向车道的通视,且对驾驶行车有压迫感。同时,无论白天或黑夜,对向车道的交通情况是行车的重要参照系,其中很重要的一点是驾驶员在夜间能通过对向车前照灯的光线判断两车的纵向距离,使其注意调整行驶状态。从国外实验结果可知相会两车非常接近(小于50m)时,光线不会影响视距,但当达到某一距离时,眩光会对视距产生较大的影响。防眩设计不需要很大的遮光角也可获得良好的遮光效果。所以,防眩设计不一定要把对向车灯的光线全部遮挡,而采用部分遮光的原理,允许部分车灯光穿过防眩设施,当然透光量不应使驾驶员感到不舒适。

1)防眩形式及选择

中央分隔带采用防眩板(图5.10.1)或以植树的形式进行防眩,其中植树防眩又分为密集型(图5.10.2)和分间距型(图5.10.3),这主要是通过防眩设施或树木的横向宽度部分遮挡对向车前照灯的大部分光束来达到防眩目的。

图5.10.1　防眩板

图5.10.2　密集式植树

图 5.10.3　间距式植树

经过调查分析并参照已有性能比对,总结出目前不同防眩设施综合性能比较,如表 5.10.3 所示。

不同防眩设施综合性能比较　　　　表 5.10.3

性　　能	植　　树		防　眩　板
	密集方式	间距方式	
防眩效果	好	较好	好
对驾驶员心理影响	大	小	小
美观效果	较好	好	一般
横向通视	差	较好	好
环境保护效果	好	好	差
阻风力	大	大	小
经济性	好	好	差
施工难度	较难	较难	易
阻止行人穿越	较好	较差	较好
积雪	严重	较严重	不严重

通过上表的比较可知,防眩板在防眩效果、对驾驶员心理影响、横向通视感等方面都具有很大的优势,而植物防眩形式后期养护管理如浇水、施肥、整形修剪、防治病虫害等工作量较大,但植树防眩在美观、经济和环保方面比防眩板要好得多,防眩效果也不错。总体比较来说,植物防眩形式更为适用,但在征地困难地段和桥梁、加筋土挡墙等无法进行植物绿化的地段,可采用防眩板的形式,达到防眩效果。如今,植物防眩被国内外高速公路广泛采用,正是因为它给无机的公路增添了有机的自然色彩,为驾乘人员提供了一个舒适的环境美。尤其是间距型的种植方式,在防眩效果相差不大的前提下,对驾驶员心理影响、横向通视等安全行车方面,效果还是较好的。

2)防眩光设计

(1)从防眩遮光角的遮光原理对间距型植树防眩设计的分析

由于我国高速公路中央分隔带过窄,树木种植形式一般为单排或双排。随着社会需求的高速增长,交通部对宽分隔带的提倡,较宽的分隔带已经被越来越多的在高速公路建设中采用,但我国现行的分隔带宽度还是远达不到国外提倡的最适合宽度。

按国标设计要求,防眩设施的遮光角不得小于8°,根据国内外高速公路的使用经验,防眩设施遮光角一般采用8°~10°,由于考虑到绿化植物的枝叶稀疏等因素,建议采用上限值10°较好。在弯道路段,车辆前照灯的光线沿切线方向射出,弯道内侧车辆的前照灯射向外侧车道,外侧车道上车辆驾驶员的眼睛则暴露在眩光区内,弯道上驾驶员的眼睛受到瞬间眩光的照射,需经过一段暗适应的过程,心理感觉不舒适,严重的会导致短期失能,看不清路况,致使车辆越出路外,造成交通事故。一般来说,照射到外侧车道上驾驶员眼睛的光量与平曲线的曲度成正比。为了在弯道上获得和直线路段一样的遮光效果,防止出现一道道光栅,应增大弯道上防眩设施的遮光角。

(2)从临界融合频率对间距型植树防眩设计的分析

临界融合频率为人眼恰好能开始感觉到闪光时光的闪熄频率。眼睛会感觉出在一定时间界限(0.1s)以上的周期性变动,在1s内闪熄60次以上的闪光,人是完全觉察不到的;在1s内闪熄20次,就会感觉到闪光;在1s内闪熄10次,人眼就会觉得很疲劳,心情也会变得不耐烦。由此,以遮光防眩板为例,由于遮光板的厚度相对于植物很小,可以假设为零,那么:

闪熄一次的时间=防眩板间的间距/行车速度。

闪熄一次的时间根据具体情况确定为1/20~1/60s,以此来确定防眩板间的距离。以时速100km/h来计,其间距可以根据上式得出,但实际上遮光板是有一定厚度和宽度的,而植物的冠幅相对于遮光板的厚度和宽度很大,尤其是宽型隔离带间距型多棵树的设计会使横向宽度更大化。

除了防眩遮光原理还应综合临界融合频率和汽车扩散角角度及实地路况考虑研究中央分隔带景观防眩遮光的设计,使在实际建设中既能充分发挥其经济效益又能满足防眩遮光的需要。

(3)防眩绿化植株的高度设计

考虑高速公路的行车安全,既要防眩又要开阔视野,中央分隔带树高应有一定的限制。再加之由于行车速度快,路面出现斑驳树影会影响驾驶员的视力,造成眩目和视力疲倦。因此,树高以不造成在路面上投影为宜。中央分隔带若种植高大乔木,会隔断公路景观的连续性,给驾乘人员带来阴沉感,一旦被强风刮倒,还会影响行车安全。

①防眩绿化植株的高度与车辆前照灯高度、驾驶员视线高度、道路状况和车型组合等不确定因素有关,应综合相关因素合理设计。经广泛调查和研究,植株在直线或半径较大的曲线段不宜过高,如果太高易产生压迫感,对司乘人员的心理造成不利影响;太低,则达不到防眩效果。参照汽车驾驶员眼睛高度与前照灯高度,防眩植株高度应比驾驶员眼睛与车灯高度的平均值高,一般应控制在1.5~2.0m,而且树冠下净空高度不宜高于小轿车的车灯高度,取40cm,同时可种植一些低矮灌木弥补。中央分隔带宽度在1.5~3.0m时,灌木高度不超过0.9m,中央分隔带宽度在3m以上时,灌木高度不超过1.5m,在高速公路的纵向起伏路段有所增加。

②平曲线路段防眩设施高度应与直线路段设施高度相一致。

③凸形竖曲线段防眩设施高度以最小防眩设置高度为准;凹形竖线路段应高于最低防眩高度10~20cm。

④种植的间距(L)与植物的冠径(D)和汽车灯光的投射角(α)有关,要满足以下不等式 $L \leq D/\sin(\alpha/2)$,并且在转弯半径较小处还应适当增加种植的密度。

3)防眩设施的美学设计

防眩设施处在中央分隔带,成为公路使用者视野中明显的垂直要素,是公路平、纵线形的拟合,具有很好的视线诱导效果。采用植树防眩时,通过对树木的修剪和树种的搭配形成不断变化的美景,对缓解驾驶员的视觉疲劳具有重要作用。采用百叶板式防眩时,百叶板形成优美的序列,在动视野中会阴影连续后退、车辆不断前行的运动感,能缓解旅途枯燥。

防眩板是高速公路防眩设施的一种,其综合效益要低于植物防眩。在夜间交通量大或大型车比例较高的直线较长路段,或中间带宽度小于2m的路段可设置防眩板,其设置参数见表5.10.4。

防眩板设计参数　　　　　　　　　　　　　　　　表5.10.4

设计要素	直线路段	平、纵线形组合路段
遮光角(°)	8	8~15
防眩高度(cm)	160~170	120~180
板宽(cm)	8~25	
间距(cm)	50~100	

防眩板设计应具有地方区域特色,和周围环境相融合,色彩参照美学区段的控制色。如成都至双流机场的高速公路吸收竹子元素来设计防眩板,颜色翠绿,形状挺拔,现出勃勃生机;西安三环路的古钱币防眩板,以秦时铲形币形状,衬托出古城西安深厚的历史人文气息(图5.10.4);其他一些类型的防眩板如图5.10.5所示。

图5.10.4　古币防眩板

图5.10.5　一些类型的防眩板

4)视线诱导设计

插花式的配置模式能更好地发挥其诱导视线的作用。以蜀桧、龙柏等常绿植物为基调树种,每隔一定距离种植樱花等花灌木,达到渲染和调节枯燥乏味的行车环境的目的。

在曲线路段上,将防眩板或紫薇、樱花等枝叶稀疏有一定视觉通透性的植物设在曲线段的中分带,使驾驶员对对向公路路况有所掌握,且开花时明度较高,会改善驾驶员视觉注意力,以此变化作为一种信号,提示驾驶员注意。如甘肃省高速公路布置上一般以花灌木作为百米桩示树,起到引导视线、丰富路域环境的效果。

5)美化功能设计

因中央分隔带绿化为高速、动态的景观,考虑车速快的特点,一般以汽车行驶 3~6min 可以设计一个简单变化,6~9min 交换一个类型为宜,按沿线两旁不同风光设计出若干个标准段,交替使用,并在排列上考虑其渐变和韵律感。

中央分隔带植物设计上强调整体感和连续性,突出绿色基调,单一式的树种种植方式有多种形式:单排单株、双排单株、单排三株四株组合、双排三株四株组合、单排篱形、双排篱形种植等,一般修剪成柱形、篱形或球形等比较规则的形状。插花式的设计更是多种多样,例如观花型可以海桐或大叶黄杨为基调树种,间植紫薇、碧桃、花石榴或栀子花等,或美人蕉、月季、金丝桃等,裸露地面以马蹄金、葱兰等地被植物覆盖;观叶型可以光叶石楠或小叶黄杨为基调树种,间植女贞、红花檵木或红瑞木等;观果型可以龙柏或蜀桧为基调树种,间植火棘、南天竹等。对于宽的中央分隔带,可在其中种植低密灌木丛如绿篱、七里香、万年青、米兰、大红花,将它们密集种植,修剪得体,显得整齐美观,使人感到生机盎然。有的还可种植美人蕉、一串红,它们花期较长,显得鲜艳夺目;或种植松柏、丝兰,株株亭亭玉立,显得挺拔美丽;抑或因地制宜种植月季、玉兰、棕榈、茉莉等花木,显得香郁扑鼻,驾乘人员会感到心旷神怡。若分隔带够宽可采用反"S"形式种植基调树种,其间适当穿插樱花、紫薇等乔灌木。并通过不同标准段的变换,消除驾驶员的视觉疲劳和乘客的心理单调感。宽的中央分隔带更能提供愉悦舒适的条件,使驾乘人员在行驶过程中保持良好的精神状态。

同时,也可将上述不同类型有机融合在一起,增强美景特色。只要不妨碍交通安全,各种适合种植于中分带的植物都可以园林化的手段进行自由的、科学的组合,满足功能和美学的双面需求。

5.10.3 中央分隔带绿化设计

5.10.3.1 中央分隔带植被种植分析

1)立地条件分析

高速公路中央分隔带宽度一般为 1~3m,土壤厚度为 50~60cm,全为客土,土壤水分、肥力条件较差,质地及透气性不良,需要通过人为措施来改善土壤条件。高速公路中央分隔带位于高速公路路体中央,大部分路段土质坚硬,有石灰土层,种植土壤多是路基上的回填土,土质很差,有机质含量低,加之混凝土、沥青等封闭土壤,透气、透水性能差。由于位于路面中央,土壤温度较一般地区高,在每年的高温季节高达 40℃,局部温度可以达到 50℃以上,加之路面热辐射作用及汽车尾气释放出的热量,更加剧了夏季中央分隔带植物的干旱及灼伤。而冬春季节,由于高速行车和局部地形条件所形成的风力,导致中央隔离带的温度比路边低,易形成冻害。另外,高速公路较快的车速使得空气流动加剧,车辆的流量大所造成的空气污染等,都给植物生长带来了极大的负面影响。

2)树种选择要求

根据不同的立地条件,科学合理地选择树种品种,保证其正常生长发育,有较高的欣赏价值,便于管理,符合高速公路的各种安全性要求。大力挖掘利用野生花卉资源,树种可采用桧柏、大叶黄杨、龙柏、洒金柏、紫薇、木槿等,花卉可采用月季、地被菊、万寿菊等,草皮可用黑麦草、结缕草或野生杂草等。对树木花卉的种类有如下要求：

(1) 适应性强，管理简便

由于高速公路中央分隔带特殊的环境条件，要求所选植物能适应其光照强、干旱、盐碱、风大、寒冷、土壤瘠薄等条件，不同的地段要考虑最大的限制因素。而且由于高速公路的绿化养护操作难度大，因此适应性强、管理简便成为首选。

(2) 植株低矮，耐修剪

根据高速公路的特殊要求，一般不宜种植高大的乔灌木，特别是中央分隔带中的花灌木不应超过2m，选用耐修剪、易造型、花期较长的树种，如黄刺玫、紫丁香等，并且要求根系浅、须根长、生长缓慢，能按人们的意愿控制其高度，更新复壮能力强。不设防护栏的宽中央分隔带，绿化时植物选择以灌木和花草为主，尽量不栽种乔木，以防车辆不小心驶入中央分隔带时造成人身伤害。

(3) 具有防眩功能

骨干树种的树冠，可以形成有效的绿色屏障，在夜间行车时，阻挡对面车灯的反光，起到防眩遮光作用。

(4) 具备较高的欣赏价值

在满足上述条件的基础上，尽量强调其观赏性，如四季常绿，花期早晚搭配，花色艳丽芳香，造型优美，有特殊的枝、叶、果，体现绿化、美化、香化、功能化的和谐统一。

在绿化植物的选择上，应首先根据立地条件、植物生物学特性以及景观中的装饰作用，选择植物材料，优化植物的配置，遮光防眩；通过艺术的设计，进行高速公路的整体环境美化，诱导视线，保证行车安全。所选择的树种要有比较高的抗逆性、耐寒、抗旱、抗污染，且管理可以比较粗放。由于我国面积广大，各地自然条件差异较大，不同地区的植物选择是有较大区别的。

3) 地表绿化

中央分隔带的美化作用强调的是"瞬间效果"，因此必须从经济实效的角度出发，进行绿化美化。地面可以种草，以增加路域内的绿化面积，且可防止雨水冲刷地面泥土，以保持路面洁净。以种草或栽草为主的地表绿化方式，美化效果明显，但投资大，难修剪，人和机械均无法整平，草坪病虫害较多，而高速公路绿化养护管理属粗放管理，要求在养护管理与园林有所不同和突破。

5.10.3.2 中央分隔带绿化设计要点

中央分隔带绿化设计的要点如下：

(1) 植物应选择适应性强、管理方便、植株低矮、耐修剪、耐尾气污染、具有防眩功能和较高观赏价值的常绿灌木为主，以规则形式布置，其间配以花灌木，下部则种植地被类。为了能种植绿化灌木，土壤厚度要求达到60cm以上。应注意植物枝条不应超过中央分隔带的防护栏，以免阻碍驾驶员视线，植物色彩不宜过分缤纷，植物配置也应以简单明了为主，确保驾驶员视线开阔，以免干扰驾驶员安全行车。

(2) 灌木进行丛植时，种植点连线与公路成45°角，单株灌木或一组灌木之间标准株距 $D=2r/\sin\theta=9.66r$（其中：D——株距，$2r$——冠幅，θ——车灯照射角，为12°）。

(3) 绿化带高度以高出路面1.6～1.8m为佳，在半径较小的凹形曲线部分为了防止眩

光,引导视线,应种植1.8m以上的中型灌木。

(4)绿化带上一种种植方式的持续距离以车辆行驶5min的距离为宜,若车速100km/h~120km/h,5min行程为6~10km,因此种植方式可每6~10km作1次变化,这样可不断给驾驶员和乘客以新鲜感,避免驾驶员和乘客感到疲劳和单调。

(5)中央分隔带是高速公路的绿化重点,设计时要以确保驾驶员视线开阔为原则,防止种植花卉过于鲜艳的植物分散驾驶员的注意力,并要求植物能起到夜间防眩光的作用。

(6)高速公路的绿化设计不应该过于复杂,但也应尽力挖掘内涵、赋予更加深远的寓意。例如京珠高速公路广珠段的中央分隔带设计,以金黄色的黄金蓉球为主,意喻广珠段为"黄金之路",给过往旅客留下深刻印象。

5.10.3.3 中央分隔带的绿化种植形式

中央分隔带绿化景观一般以防眩光的常绿灌木规则种植,配以底层地被为主。根据分隔带的特点,有几种基本形式。

1)单一式种植(或称绿篱式、整形式)

单一式是指中分带在某一路段内只单独种植一种常绿植物,按照相同的株距排列,下层根据美观需要配以不同的灌木及地被,这是一种常见的方式。有的地区为了更好地防眩光,并改善视觉效果,经常在整形树木之间间植花灌木或异色叶植物。这种形式的缺点是:单一形式的树木在太长的路段上容易给人一种单调乏味的感觉,从而不利于缓解驾驶疲劳。为此,每5~8km更换一次植物品种,而植物在种植方式、株型、高度、树种、株距等选择上可以多种多样,即在统一中求变化,使其简洁明快、整齐统一,这样既可增加植物的多样性,防止病虫害,又可对视觉产生适度的刺激,避免视觉疲劳。例如龙柏可呈直线式以一定株间距分开种植,也可呈品字形种植,也叫绿篱种植法,蜀桧可修剪成塔形,也可修剪成柱形,法国冬青绿篱可呈平头形,也可呈波浪形等,单一品种形式多样的种植设计。或为了突破列植时所带来的沉郁色彩和单一形式,在分隔带中间种植花卉来打破单调的感觉;进入城市的高速公路中央分隔带采用绿树、花灌木与草坪相结合的方式,以丰富空间的景观效果。该种植方式对防眩植物的选择要求是常绿、树形整齐、生长缓慢、不需经常修剪,如松柏类植物。单一式一般用于较窄的中央分隔带,以生长缓慢、耐修剪的常绿乔木为主,直线式以一定株距间分开种植,也可呈品字形种植,也叫绿篱种植法。

2)插花式(又称间隔式种植、图案式)

将由两种或两种以上的植物按一定的构图方式进行的植物配置,或通过彩叶种类的搭配,在平面和立面上适当变化,可形成优美的绿化美学效果,统称为插花式。插花式仍以常绿树种为基调,间植观赏性灌木及草花等。由于植物种类的增加,植物配置方式也随之丰富多彩,大大提高了美学效果。可以充分运用变化与统一、韵律与节奏、对比与调和等美学原理进行植物搭配,在排列上体现出节奏感、简单韵律和交错韵律的结合。选用的植被富于变化,且点缀花草灌木,使景观的季相变化明显,同时又使道路在色彩、线形等的变化上也更丰富,可使驾乘人员感到赏心悦目,缓解疲劳,有利于行车安全。插花式种植的基调树种类似于绿篱式,而间植的观赏性灌木主要为观花灌木。另外,植物的造型也可千变万化,极富观赏性。如采用在点式的树篱防眩植物间,间植组合成百叶窗式的图案;再如在中央分隔带以花坛与绿篱造型进行重复搭配,形成有节奏而又整齐的公路美景;或中央分隔带上草花群植,形成色彩绚丽的地被美景。同时,也可将上述不同类型有机融合在一起,增强美学特色。该种植方式对防眩植物的选择要求是常绿、枝叶细密、生长缓慢,这样才能保证在高速公路粗放管理的情况下,保持图案样式的不变。这种方式的缺点是管理难度较大,遮光效果不佳,若处理不当,多变的形式会过于吸引驾驶员的注意力。

3) 跳跃式

跳跃式种植与插花式种植较相似,确定的基调色彩与所选的植物类型和品种都大致相同,唯一不同之处是跳跃式种植非单株交替,而是两株或两株以上的交替种植,形成极强的节奏感与韵律感。

4) 导向式

在路口处,隔离带的绿化最好能有所变化,以起到提示导向作用。

5) 花钵种植

采用花钵种植是经常用到的方式。

在中央分隔带的土中设置封闭结构(砖砌槽子),满足树木最小根冠直径及最小土层厚度的要求,然后装填入适宜植物生长的土壤,再种植花木。

5.10.4 小磨高速公路中央分隔带美化绿化分析

小磨高速穿过我国著名的西双版纳热带雨林自然保护区,森林资源非常丰富,自然树种多,森林覆盖率高。路域植被系统主要由季节雨林、山地雨林、季雨林和热带山地常绿阔叶林组成的原生植被和次生落叶季雨林、稀树、灌木丛和牡竹林组成的次生植被以及农作物、经济林木(如橡胶林、芭蕉林等)组成的人工植被所构成。

高速公路的中央分隔带绿化对于整个路域美景构成的影响至关重要。该路沿线美学绿化四季常绿,冠形整齐,形成明显的节奏感和韵律感,渲染和调节了单调的行车环境。绿化植物色彩搭配合理,局部加以点缀和跳跃性色彩设计,在避免分散驾驶员注意力和保证行车安全的同时,调节了驾驶员的视线,发挥出色彩要素在保障行车安全和美化道路环境方面的独特优势。图5.10.6和图5.10.7,中央分隔带绿化植物用当地植物,具有地域表达性和生态性。图5.10.8和图5.10.9,中央分隔带用多种植物(三种或以上),以保证一年常绿、四季有花,并起到净化空气、美化环境、遮挡对向车灯光(防眩光)的作用。由于天气热且雨量充沛,适应多种花卉生长,可以采用不同的花色搭配,并在不同路段采用不同的花卉装饰美化(图5.10.9~图5.10.17),形成花海绿浪。

图 5.10.6　分隔带用当地植物之一

图 5.10.7　分隔带用当地植物之二

第5章 公路构造物及设施美学

图 5.10.8　分隔带用多种植物

图 5.10.9　分隔带用花卉植物之一

图 5.10.10　分隔带用花卉植物之二

图 5.10.11　分隔带用花卉植物之三

图 5.10.12　分隔带用花卉植物之四

图 5.10.13　分隔带用花卉植物之五

图 5.10.14　分隔带用花卉植物之六

图 5.10.15　分隔带用花卉植物之七

图 5.10.16 分隔带用花卉植物之八

图 5.10.17 分隔带用花卉植物之九

5.11 交通工程设施美学

交通工程设施是根据交通工程学的原理和方法,为使公路网通行能力最大、交通事故最少、排除故障和恢复交通最快、对生态环境影响最小,提供车辆安全、快速、高效、舒适、环保行驶,适应公路现代化管理而建设的具有社会、经济和环境效益的系统。交通工程设施主要由交通安全设施、公路照明设施及监控系统、通信系统、收费系统、供配电系统和服务设施等组成,其综合作用是向公路使用者提供有关路况的各种信息,传送交通管理者对驾乘人员提出的各种警告、指令、指导及采取的安全措施,引导车辆安全、高效行驶。同时,通过监控、通信系统的设置,交通管理者能及时了解公路的使用状况,快速处理交通问题。

交通工程设施是公路美学形象组成的重要部分。标志、标线、护栏、隔离栅、防眩设施、视线诱导设施、服务设施、采集及提供设施等的合理布设,信息提供的完整性、清晰性,诱导的有效性,以及各种设施的造型、色彩等对车辆安全行驶和人们的视觉影响是非常大的。因此交通工程设施设计、施工应从以上几方面多考虑视觉的美学效果,充分运用统一与变化、均衡与稳定、尺度与比例、节奏与韵律、新奇与变异等美学形式法则,充分考虑环境配合、人类视觉的特点,对其进行美的塑造。

对于公路而言,交通标志的审美主体为驾驶员和乘客,驾驶员处于工作状态,在高速行车条件下,交通标志对于驾驶员来说,其意义主要在于提供实用的交通信息,以指导他们的驾驶行为。所以针对驾驶员而言,交通标志的使用意义大于审美意义,也可以说,在此情况下,交通标志能够完整地完成其自身功能,不使驾驶者迷惘困惑就是一种美感。对乘客而言,在公路两侧大的自然环境下,单个交通标志要引起乘客的审美兴趣是比较困难的。

1) 标线的美学设计

公路标线的审美特征在于其在审美主体动视觉中表现出的韵律。连续的公路标线,一般均和路中心线、路缘石平行,对路线线形是一种协调,并使人产生对线形美的感受。间断的公路标线(虚实线),在动视野中形成规律的闪现,适宜的闪现率可以给审美者一种欢快的情绪,故标线的美学设计应根据不同的行车速度来确定虚线的长度和间隔。人对交叉口处标线的观察是在相对低速下进行的,驾驶员、乘客和交叉口行人对其视觉印象各不相同,因此要在复杂中寻求简洁,给驾驶员以明确的信息。

2) 防护设施的美学设计

防护设施的美学特征主要表现在其布置序列在动视野中形成的韵律,可根据行车速度及公路尺寸来布置防护栏立柱这一空间垂直要素和连接立柱的结构这一水平要素。但是,防护栏由于其作用特殊,在材料、尺寸及布设方式上都有标准规范,需严格执行以确保交通安全。在考虑防护栏的美学设计时,除了色彩选择比较自由外,留给设计者选择的空间比较小,只能在经济技术分析的基础上,结合周围环境,尽量达到良好的美学效果。设置护栏在满足护栏基本功能的同时,对其外观的设计应尽可能满足下列要求:

(1) 力求简洁、减少装饰;
(2) 充分考虑通透性,注意和周围环境融合;
(3) 采用与人亲和的设计和材料,避免对人和车的伤害;
(4) 色彩应采用美学区段的控制色彩;
(5) 保证统一、规整,形式不宜过多。

可以通过对道路护栏与两边景物的色彩搭配的设计来实现视觉对比效果,如乌鲁木齐的高速公路上采用天蓝色的波形护栏,与公路两侧的黄色戈壁滩形成鲜明的反差,使驾驶员不断地受到外界的刺激,从而保持清醒的驾驶状态。但是在所经之处是青山绿水或者周围的绿化条件比较好的公路上,应避免把道路护栏涂成蓝色或者绿色,因为如果护栏的颜色和背景反差很小,一则护栏不能起到视觉引导作用,再则在高速行驶下尤其是光线暗淡的情况下,驾驶员很可能看不清护栏或者不能正确判断护栏的位置而导致交通事故的发生。

此外,专门为抵抗外力作用保护路面和行车安全的公路防护设施,应该合理设计使其发挥最大的功能,如在边坡上设置的防止岩石掉(滚)落的防护网,应尽量做成与边坡背景近似或一致的颜色,避免在行车过程中看到的边坡杂乱无章、破旧不堪的映像。还可以采取其他措施,如京福高速漳州段在山体易滑坡处设计的隧道,顶部用轮胎制成,轮胎本身的性能给滑落的山石、土体等一个回弹力,不但有效地避免了行车危险,保护了路面,也使隧道的内部结构毫发无损,且形成了很好的视觉美学效果。

3) 视线诱导设施的美学设计

视线诱导设施的设置对诱导驾驶员视线及行车的安全保障方面起着重要作用。因此,视线诱导设施美学应着重在布设位置、间距上加以考虑,既要满足有效诱导驾驶员视线的作用,还应尽量采用植物种植,以起到行车的安全作用。

4) 交通标志的美学设计

公路标识牌、指示牌是公路上用于传达信息、指引方向、提醒、提示驾驶员、旅行者而设置的交通设施。常设置于车辆行驶前上方、路侧等处,见图 5.11.1。

公路标识牌、指示牌按功能可分为方向指示、预警指示、服务指示等。

公路标识牌、指示牌按固定方式可分为:独立式、悬挂式、悬臂式和墙嵌式;按照明方式可分为:直接照明、自身照明和反光显示三种。

公路的交通标志对行车安全和心理影响比较大,除应符合基本法规外,还要整齐醒目、视觉观感舒适。标志、标牌表述的内容以图示为宜,但图示应一目了然,含义明确不模糊,不足之处再利用文字补充,应注意文字要简洁、字体大小要适宜。

道路交通标志一般以圆形、三角形和方形(包括正方形和长方形)等几何图形表现。禁令和指令等标志常用圆形来表示,这是由于在光照不足的情况下,圆形的物体比同等面积的三角形和方形物体看上去要大 1/2,同时,圆形与道路上杂乱的直边物体差别相差较大,因此常被用来设计约束性最高的禁令标志,而用三角形表示警告,用方形表示提示和辅助两类表示信息的标志。倒置的正三角形(三角形的顶点朝下)的视觉辨认效果好于所有现有的标志形状;最醒目和最容易辨认的是那些有锐角的形状。

图 5.11.1　公路标识牌、指示牌设置

标志版面与车速间的对比关系见表 5.11.1,可参照设置。

标志版面与设计速度关系　　　　表 5.11.1

设计速度(km/h)		120	100	80
警告标志	三角形边长(cm)	130	130	110
禁令标志	圆形标志外径(cm)	120	120	100
指示标志	圆形标志外径(cm)	120	120	100
	正方形边长(cm)	120	120	100
	长方形边长(cm)	190~140	190~140	160×120
指路标志	汉字高度 H(cm)	60~70	60~70	50~60
	拼音字、拉丁字、少数民族文字高(cm)	大写 $H/2$;小写 $H/3$		
	阿拉伯数字高(cm)	字高 H;字宽 $0.6H$		

颜色对提高道路交通标志的可读性,提醒人们注意,提高辨别力有很大影响,道路交通标志的图案色彩一般采用红、黄、蓝、绿等四种颜色。这些颜色不是任意选用,而是各赋有其特定的含义和美学因素。例如,无论在白天或者黑夜,由于红色光波在七色光谱中光波最长,传播的距离最远,对人的视觉和心理刺激较其他各色光都要强烈,所以在交通标志中将红色作为禁止和停止信号。黄色有明亮和警戒的感觉,所以交通标志中黄色作为警告信号。黑色和白色作为彩色的对比色,是最有对比效果的颜色,所以交通标志中黑色和白色作为各类标志的边衬。蓝色能使人产生沉静、安宁的感觉,所以交通标志中蓝色作为指示的信号。绿色对人的视觉刺激最小,给人以舒适的柔和感,具有和平、安全的意义,所以交通标志中绿色作为安全和进行的信号,公路上的各种路牌通常选用绿色,人们在高速公路上行驶时便有

一种回归自然的感觉。标牌图案色彩的应用具有不同的意义,标牌色彩设计时应根据不同路段的环境特征和交通特征,选择不同的颜色,从而最大限度发挥标志标牌的功能,见表5.11.2。

标牌图案色彩 表5.11.2

颜 色	含 义	适 用 范 围
绿色	允许行使、方向指导	指路标志
黄色	警告	警告标志
红色	停止或禁止	禁令标志
蓝色	引导服务	指示标志
棕色	旅游区引导	旅游区标志
白色	交通控制	禁令标志、指示标志、指路标志、旅游区标志、施工标志、辅助标志
黑色	交通控制	警告标志、禁令标志、辅助标志

标识牌、指示牌的美学设计要点:
(1)色彩方面
①满足交通功能;②明视度要高,明视度是指可让人看清楚的程度,明视度愈高,可见度愈清楚;③色彩与环境协调,如让标示牌、指示牌上的背景颜色与环境相同,而文字颜色则选择色彩明显突出的;④注意色彩带给人的感觉要与使用目的相配合。
(2)信息表达方式
公路标识牌、指示牌在信息表达上可用文字,也可用图表,或者两者一起使用。在使用上应注意下述问题:a.尽量采用图示,图示往往可使人一目了然,且印象深刻,故可利用图示时应尽量采用,不足之处再利用文字补充,但必须注意图示必须使用大家已认定共知的符号,不要使用令人不解其意的图示;b.公路标识牌、指示牌在文字使用上应注意内容正确、简明、清楚,字体统一,容易阅读;c.内容易理解,标识牌、指示牌的内容一定要从外地来客的角度来考虑。
(3)材质选择方面
多采用当地质地的材料,因地制宜,并符合相应法规,与环境协调,视觉观感舒适。
(4)字符数量的限制
在规定的时间内,人的记忆力是有限的,因此一块标志上的信息量或同一支撑上的总信息量不能超过大多数人的瞬时记忆能力。
(5)字符的大小、行间距等的限制
只有汉字所形成的视角为17.2′,宽高比为1∶1、1∶1.36的汉字辨认率达到75%以上。正确辨认汉字的反应时间不受呈现时间的影响,也就是说,认读汉字所需的呈现时间0.2s已足够。判断距离随字高的增加而加大,如果驾驶员的视力为1.0时,则汉字高度在60cm以上均能满足对汉字感知、阅读、理解的运行时间要求;如果驾驶员视力为0.7时,汉字高度应为80cm以上才能满足2.6s运行时间(速度120km/h)的要求;只有字高在60cm以上的标志,能满足判断距离大于消失距离的要求。随着行驶速度的增加,判断距离的差异显著,这是因为随着速度的增加,驾驶员的心理负荷增大,使其视敏度下降所造成的。

(6) 整体性、连贯性、一致性

交通标志的设置应从整个系统的角度考虑,整体布局。标志布设应做到连贯性、一致性,给道路使用者提供全面的资讯,满足各种道路交通信息的需要,应以完全不熟悉本公路及其周围路网的驾驶者为设计对象。

(7) 交叉立交布设

交叉路口和立交区是标志布设的重点部位,需合理布设,既不能信息过载,又不能遗漏信息。同一地点的指路标志数量不超过 3 块,指路和禁令标志不能同时出现。

(8) 长直线段适当警示

在公路上长直线段行车,驾驶者常因视野单调枯燥引起一些如困倦之类的不良生理反应,影响安全行车。所以进行长直线段的标志布设时,可适当增加一些警告、公益或旅游标志,以刺激驾驶者,避免发生上述现象。

(9) 标志数量限制和顺序

同一地点需要设置两种以上标志时,可以安装在一根标志杆上,但最多不应超过四种。布设时,应按警告、禁令、指示的顺序、先上后下,先左后右的排列。

(10) 炫光和方向限制

路侧标志应尽量减少标志面板的眩光。在装设时,应与道路中线垂直或成一度角度:指路和警告标志为 0~10°;禁令和指示标志为 0~45°。

5) 交通工程设施的设计及施工要求

交通工程设施一般以规范要求进行设计,在施工过程中一定要达到最基本的要求。里程碑、百米桩应埋设牢固齐全,无损害、不倾斜,位置标准,白底红(黑)字,弯道处设示警桩,涂红白相间的颜色;指路牌采用各式标准,应字迹工整,指示准确;标线应清晰鲜明,尽量采用耐磨或反光涂料喷刷,突出路中线、行车道线、路沿线、边沟外沿线等特征,保证连续、顺适、流畅,充分体现线形美感。对于美学等级要求较高的旅游道路或公园路,考虑具体情况进行特别设计。

5.12 收费站美学

一般在一级公路或高速公路的进出口都要建收费站,收费站是一个地区或一个城市的窗户,对当地人有一种熟悉感和自豪感,给外地人一种了解所在地的机会。收费站美学主要通过建筑形式的特色来表现,并体现出地域特色,以下论述收费站美学建设的一些形式和方法。

1) 以当地建筑风格建收费站

如图 5.12.1 为贵州省安顺南收费站采用当地建筑结构的形式,不但有一种回家的感觉,也让外地人了解了安顺的建筑文化,且知晓了安顺是中国的"瀑布之乡、西部之秀"。图 5.12.2 为云南景洪收费站,采用西双版纳傣家竹楼的建筑屋顶式样。图 5.12.3、图 5.12.4、图 5.12.5 分别为云南石林收费站、贵州崇溪河收费站、云南腾冲收费站,都是采用当地传统民居结构形式设计的收费站,既有当地建筑特色,给当地人有到站(家)的感觉,也凸显了当地的建筑风格,且具有较强的地域性特征。

第5章　公路构造物及设施美学

图 5.12.1　贵州安顺南收费站

图 5.12.2　云南景洪收费站

图 5.12.3　云南石林收费站

图 5.12.4　贵州崇溪河收费站

2）现代形式的收费站

用现代特色的结构、色彩和材料建收费站，如图 5.12.6 为现代金属结构的收费站，在大山深处有现代气息，虽然缺乏与当地环境协调、与地域文化结合，但对当地人来说是了解现代文化的窗口。

图 5.12.5　云南腾冲收费站

图 5.12.6　现代形式的收费站

3）用当地著名建筑形式建收费站

收费站是一个地区的门户，利用当地著名建筑形式设计收费站，也是一个地区的象征，如图 5.12.7 为贵州北大门遵义的高速公路入口收费站，展现了中国革命圣地——遵义会议会址建筑的风貌，既宣传了中国革命，也是宣示公路所到的站点、地区。借鉴当地著名建筑的式样设计建造收费站，如图 5.12.8 的云南胜境关收费站，是原胜境关建筑的放大形式。

图5.12.7　贵州松坎收费站

图5.12.8　云南胜境关收费站

4）当地文化元素形式的收费站

采用当地的文化元素,如生活器具、文化娱乐器具等,如图5.12.9云南丽江收费站,用纳西族的服饰"披星戴月"图案以及牌坊来标示地域和展现民族建筑、民族服饰文化。

5）当地特产形式的收费站

采用当地特产形式的收费站,如图5.12.10为云南大保高速的漾濞收费站,采用核桃模型作为装饰,美观还有地标作用——漾濞核桃是有名的漾濞县地方特产,也是对地方产品的宣传。

图5.12.9　云南丽江收费站

图5.12.10　云南大保高速公路的漾濞收费站

6）当地教堂或佛塔建筑形式的收费站

采用当地的佛塔、寺庙、教堂等宗教建筑物作为收费站建筑的形式,如图5.12.11为云南德宏瑞丽收费站,有傣族佛塔及其傣族装饰的颜色、图案,见到该收费站,就知道这是傣族地区且信仰佛教。图5.12.12为云南姐告收费站,有佛塔、孔雀及傣族建筑风格的图案和特点,具有浓厚的民族性、地域性和文化气息。

图5.12.11　云南瑞丽收费站

图5.12.12　云南姐告收费站

5.13 门牌、地标、指示牌美学

在公路经过不同地域时,都要设地界标或门牌,因此,进入一个地区的门牌或地界标是了解一个地区的窗口,也是地理标志,可以采用以下方式或方法设计或修建地标或门牌。

1) 用当地著名事件做地标

用当地著名事件做地标,如图5.13.1、图5.13.2的遵义地标,在贵遵高速的遵义地界用红色的"欢迎您进入红色圣地""欢迎您再来红色圣地"匾牌和遵义会议会址楼的建筑形式就表示进出遵义地界了。

图5.13.1 贵遵高速公路的遵义地标之一

图5.13.2 贵遵高速公路的遵义地标之二

2) 当地文化或地物元素做地标

地标或门牌是一个单位、城市的门面,要具有一个单位或城市的文化。可以用单位名、当地的动物、建筑物或其他文化元素雕塑、图画或文字等进行单独或组合表达,如图5.13.3为云南勐腊县的一城门,采用当地特有的建筑元素佛塔、地域动物元素亚洲象和其他民族元素(孔雀、莲花等),具有明显的地域性和民族性。图5.13.4为德宏景颇族的一寨门,有景颇族图腾、景颇族服饰花纹、景颇刀和猎枪,以及当地大嘴鸟图案,民族性强,文化浓厚。图5.13.5为云南宁蒗的城市门牌,具有彝族的图腾、色彩(火)、动物(牦牛)角的民族图案,彝族气息浓厚;图5.13.6为美国NBA掘金队的门牌,具有其现代特色的标志。

图5.13.3 云南勐腊县的城门

图5.13.4 德宏景颇族一寨门

图 5.13.5 云南宁蒗县城门牌

图 5.13.6 美国 NBA 掘金队的门牌

3) 当地动植物做地标

当地特有的动物及其驯养是一个地区的文化,可以作为一个地区的美学元素。用当地特有的动物雕塑、图案做地标,既新奇又有一种地标作用,如图 5.13.7~图 5.13.9 的大象雕塑,为云南西双版纳景洪市和勐腊县城入口处的一些艺术作品。图 5.13.10 为云南德宏的门牌,雕塑了金孔雀图案,表示孔雀的故乡——德宏欢迎您,也表示孔雀的故乡到了。图 5.13.11 为云南接近中老边疆的磨憨公路上的孔雀型门牌,此图采用西双版纳的孔雀、佛塔和金黄色作为门牌的装饰和建筑,有地方文化特色,也表示孔雀的故乡——西双版纳到了。

图 5.13.7 大象雕塑之一

图 5.13.8 大象雕塑之二

图 5.13.9 大象雕塑之三

图 5.13.10 孔雀型地标之一

图 5.13.11　孔雀型地标之二

4) 当地教堂或佛塔建筑形式做地标

可以用宗教建筑风格建门牌或地标。图 5.13.12 为一傣族寨门,此村牌门有佛塔、孔雀和金黄色装饰,表示傣族村子(德宏州),具有明显的傣族建筑特色。图 5.13.13 一街道门牌,此门牌具有云南德宏畹町傣族特色:佛塔、傣式建筑。

图 5.13.12　一傣族寨门

图 5.13.13　一街道门牌

5) 生态地标

利用当地材料和植物等作为地标,既生态环保,也有其地域性。图 5.13.14 为云南西石高速一地名,用当地建材(石块)作为标识牌,环保且有地域文化(石林)特色。图 5.13.15 虽然没有注明,但种植植物也是一种地标方法,道路旁用当地的植物进行绿化、美化,如景洪街道旁用椰子树进行绿化,是很有地方特色的地标。

图 5.13.14　云南西石高速公路一地名

图 5.13.15　植物地标

6）指示牌应明确清爽

指示牌应该让驾乘人员在行车过程中能一目了然地识读和判断目的地、道口或距离等。如图 5.13.16 和图 5.13.17 的指示牌，繁杂而让人心乱，使驾乘人员也很难判别走向，影响行车；而图 5.13.18 的指示牌，清爽、明确，使道路通畅、安全。

图 5.13.16　杂乱的指示牌之一　　　　　　　　图 5.13.17　杂乱的指示牌之二

图 5.13.18　清爽明确的指示牌

5.14　服务区美学

高速公路采用全立交、全封闭、严格控制出入，行车速度快、行车时间长，驾驶员容易产生疲劳而发生交通事故。公路沿线需按一定的距离布置服务区，为驾驶员和旅客提供休息、餐饮、汽车维修、住宿、加油等多种服务，解决长途运行车辆和驾乘人员的途中需求。服务区由综合服务楼（内设饮食店、休息厅、小型超市、客房等）、公共厕所、加油站、维修用房、休闲广场、大型停车场及配套附属用房等功能区组成，服务区功能应充分考虑过境旅客及驾驶员的使用要求。

服务区是高速公路上唯一的休息场所，因此其环境美化应侧重于营造宁静、温馨的氛围，体现对驾乘人员的关怀。服务区设计应做到服务功能、道路功能、环境艺术与建筑艺术的融合，且形体与色彩要丰富并应具有标志性，以营造高速公路快捷、舒适、现代的氛围。由于服务区所处位置重要，对美学要求就比较高，所选植物要具有较好的美学欣赏性，将季相变化明显的乔、灌、花、草集合在一起，利用植物枝条花叶颜色进行搭配，构成丰富多彩的四季美景。需要强调的是服务区绿化美学设计必须满足静态欣赏的要求,这是与高速公路其他部位美学设计的不同之处。

1)服务区的特性

(1)技术美学特性

服务区美学设计应通过组成的美学元素来调整服务区的功能,以便提供给驾乘人员各项需求;在此条件下可以使服务区在技术可能的情况下达到经济优化。服务区不是为了狭义的美而存在。

(2)多元性

服务区美学的多元性表现在它不仅要达到一些饮食、停车等基本功能,还要将民俗文化、社会经济等与之结合。将服务区美学的自然的和人文的、有形的和无形的各种元素和谐统一,以视觉感受为主体,并满足各种感官感受需求。比如,带有淡淡青草味的新鲜空气、潺潺的流水声、清脆的鸟鸣定能让驾驶员和旅客感到轻松愉悦。

(3)地域性

服务区应与周围的人文、自然环境相结合。不同地区的自然美景和人文美景都有其独特性,构成了当地独一无二的景观环境。高速公路服务区所处位置的气候条件、地形地貌或城市空间环境都会独具特色,来自四面八方的人群也有不同的风俗习惯、文化传统及审美观。服务区美学设计时需要重点考虑如何将服务区和特定地点的地形地貌融合到一起,让游客和驾驶者在感受到地域风格同时,精神也得到满足。如图 5.14.1 为崇遵高速的一服务区,用遵义会议会址楼的建筑形式,充分表明服务区所在位置,而且还宣传了中国革命史。

图 5.14.1　为崇遵高速公路的一服务区

(4)时代性

"新"是时代性的重要元素之一,如新文化、新事物、新现象、新发展、新科技、新知识、新景观等均能折射出当代"新"的寓意。高速公路产业经济对于服务区也是至关重要的,更重要是因为公路在城市中的战略地位,使服务区景观成为城市的一个重要标志。欲使服务区美景具有更为明显的时代烙印,则应当重视设计理论和施工技术这两个服务区建设中的重要因素。服务区建设在设计理论和施工技术这两个方面的不断更新是服务区美景建设中需要重视的问题,如何把握好服务区美景的时代性,并准确无误地在建设中体现出来显得非常重要。

2)服务区的美学设计理念

(1)尊重场所

高速公路服务区的设计除了实现功能性之外,也希望带给人以美的享受。服务区的外部环境蕴含着生态环境的各种平衡,至关重要的是自然平衡,所以人类的活动应该最大限度地保持自然界的平衡。大自然是所有生物的家,自然界的价值体现在多方面,有其经济效益及人类美的享受。人类想要保护自己就得维持人类赖以生存的生态系统、保护大自然。晴朗的天空、巍峨的高山及涓涓的小溪等组成了大自然美丽的美景,带给人类精神上的享受。

生机勃勃、多样统一的自然美景使人类的审美价值得到大大提高,所以,尊重自然是人类生存和发展的前提,是工程建设的基本要求。

选址时要充分考虑尊重场所。设计中尽量降低对环境的破坏,与场所相协调即为尊重场所的设计。尊重场所的设计包括在运用原有场所的同时可以在设计中有所保留或者进行加减。了解、掌握、权衡场地原有的各种元素,保留一些自然元素和人工构筑物等对场所设计有辅助提升的作用;添加一些新元素,或者是对原有各种美景重新修葺,将与场所不相称的东西删掉("减")都是为了尊重场所。图5.14.2所示,为云南石林站,站场建筑物色彩与周围环境颜色匹配,与石林美景协调融合。

图5.14.2　云南石林火车站

(2)关怀人性

人有多层次的需求,如心理需求、生理需求和社交需求等,服务区的设计应尽可能去满足使用者多层次的需求设计。第一,设计应与人们的生理需求相呼应,即表现出人性化。比如,有舒适的座椅供休息,有可口的食物供用餐,有干净的水源供饮用,这些就是服务区必须提供给使用者的生理环境。第二,安全的使用空间是人性化的设计要点,无论是人身安全还是心理安全感。设置座椅就应让人坐得舒服,靠得安全,人行道的设置应该远离机动车和非机动车道,还应设置一些安静的区域提供给需要避开噪声处理私密事情的使用者。第三,人类的社交需求还应在设计中有所体现,例如特别的空间场所能提供给陌生人随意地交流。不同的群众有不同的目的,进出车方便,指引明确是驾驶员的需求。如某些高速公路服务区在乘客停留密集的地方就设置了一些健身器械,以便乘客休息、活动疲劳的筋骨使用。

(3)人文美学与自然美学的协调性

自然孕育着人类的生长,融入大自然是人类一直追求的一种生活状态。游人和旅客寻求的是服务区美景的自然性和原始性的魅力。拥有分布广阔的自然美学空间和随季节变化、个性明显的特点就是服务区美学的主要基调,而其他的非原生景观的出现会轻而易举地破坏掉这种对自然主题的设计。

服务区和服务区周边的美景彼此关联,相辅相成,构建出二者之间的协调性,从而使驾乘人员有良好总体美学体验,这是服务区美学设计需要重点考量的。其中,驾乘人员的总体美学体验并不是对每个部分美学意象的简单累加,而是在于对服务区自身美景和其周边人文、自然美景之间的关系产生的联想、融入的情感,并对各个部分意象中共性认知后的升华。如果服务区自身美景和其周边美景不能很好地汇合交融的话,服务区自身美学意象也对总体美学体验产生不出人们希望中的整体意象。因此必须强调服务区自身美景与其周边人文美景和自然美景相互协调、彼此依存、融为一体。

高速公路服务区美学设计既要考虑与服务区的周边环境和谐,又要考虑服务区的功能性,要减少"建设性美学破坏"。无论文化价值还是美学价值都要顾及美学设计过渡的自然流畅,弱化人工留下的痕迹,同时带给长时间在车上的驾乘人员心理上的美好享受。局部设计既要有特色又要与主体设计相呼应,与整体美学相融合,提升环境质量。

(4)美学的多样性

建筑风格和绿化配置设计等是主要体现高速公路服务区美学多样性的几方面。人们都喜欢猎奇,都会着迷于不断变化的美景。民众一般通过感官来感知美学环境,所以相对得到的感官感受也随之加强。沿线休息服务设施的美学效果首先体现其自身的建筑造型及色彩设计,造型独特、个性鲜明的休息服务设施能带给长途旅行中的人们一阵惊喜和好奇;其次是强调休息设施的选址,一般认为长时间的休息场所宜分布在林区边缘或风景名胜、历史古迹、建筑艺术遗址附近,这样不仅能将建设独特的候车亭通过小道与凉亭等连成一体,而且可根据地势高低修建一些上下坡道、阶梯,形成山地休闲型场地,供疲劳的乘客赏林观花,闲庭信步。

服务区建筑设计应充分体现高速公路"安全、高速"的特点,注意展现高速公路运动感和速度感,并与周围环境相协调,体现地方文脉特征。注重体现服务区的丰富性与多功能性,充分利用自然美景,结合现有地形,为旅客创造良好的休息空间。服务区规划设计应力求旅客对加油、休息等中心设施的方便使用以及管理的效率性,创造气氛优雅、舒适的环境。平面设计应充分考虑公路的线性特征,停车场、休闲广场、综合服务楼、加油站等依次安排在与公路平行的轴线上,人、车流线清晰简便而不交叉。

道路沿线服务也属于公路绿化带中的强调点,其观赏者除一部分处于高速行驶状态以外,还有一部分处于静止、步行、或慢行状态。因此,服务区美学设计的重点应放在形态的刻画与处理上,如道路指示牌的造型设计;绿化植物的选择与造型设计;公共构筑物的形态与色彩设计;交通建筑与地方建筑风格的协调;场所的可识别性、可记忆性;铺地、台阶、路缘石等均应仔细推敲,精心规划与设计。道路服务设施的设计应有象征性和欣赏价值,并与周围环境相协调。

高速公路服务区采用单向服务,即服务区沿主线两侧对称布置。

服务区的美学规划设计包括保护美景、美化环境、防止侵蚀等,使其充分发挥休息设施的效用。园林中起作用的原有树木、树林和岩石等要尽量保存,并以这些保存物为主体,确定建筑物、车道和停车场等位置。为了美化周围环境,应考虑不使建筑设施和构造物在自然美景中产生不协调感。园林的种植规划应与路基规划相互协调,考虑气象、土壤、计划规模、周围地形、自然树木和其他植被等因素,做到规划全面、布局合理。

3)服务区美学设计要点

(1)服务区总体布局中,首先要考虑服务区在路网中的布局及服务半径、类别,其次结合车辆进出、停车、人员活动等筹划区内功能布局。用树木花草做到美化、净化景观,与不良环境隔离,为驾驶员、乘客以及工作人员创造消除疲劳、心情舒畅、安静优美的休息环境。

(2)要注意硬质景观与绿化的协调,不能过分强调硬质美景而忽略绿化。在硬质美景中,除了加油站因安全要求需要独立出来外,其他的(如商店、餐厅等)都应归到主体建筑里,避免过于零散而极大地分散美景。

(3)在硬质美景中,建筑占主导地位,其风格的确定直接影响到整个美学的风格,在现代风格中加入地方和历史符号为首选。

(4)服务区内绿化要高档精细,做到三季有花,四季常绿。绿化应结合周围环境条件和服务区总体布局一并考虑;周边环境过于凌乱并无较大美学利用价值时,宜种植高大常绿乔木作为隔离带；服务区本身所处风景区或周边可以借景时，则外围不宜种植太多乔木。选择不影响驾乘人员视线的树木，需要有一定通透性，留出足够的安全视距。用植物来加强防护和遮蔽效果。如加油站种植常绿，不易着火的防火树种，种植坡地草、灌木防止水土流失。

（5）服务区内应考虑供驾乘人员在室外休息的凉亭、花廊，在植物配置上，有色植物、开花植物宜多用。

（6）服务区是当地对外非常好的展示平台和宣传平台，在设计中，可对建筑、广场、花坛、绿地等美景进行人文升华，使旅客在服务区内浏览到当地经济特色、人文资源，加深对当地的认知，并能购买到当地特产。

（7）以"因地制宜、因路制宜、经济适用、景观协调、易于管护"的基本方针确定标准，指导具体美学设计。运用生态美学原理，将人造美景与地形、地貌、地物等自然要素和满足人类精神需要的人文美景进行优化组合，创造融科学、艺术、园林、生态、环保、美学等功能于一体的生态美学工程。充分利用自然地形和现存植物，设计最优方案。特别注意节约造价、节水及管理费用。

（8）整体规划、功能协调。依据总体布局统一格调，绿化应取得美感和功能的协调，根据地形地貌的水平、垂直、深度来注意植物的季节变化和空间的层次性，形成立体美景，同时应与周围外侧毗邻区相结合，做到防护、绿化、美化和谐统一。

（9）考虑到对驾驶员心理的调节，路面应尽量使用沥青路面以外的彩色平板、硬质砖铺装。

（10）乡土植物为主的植物造景、兼顾建筑小品的美学艺术。以乡土树种为主，同时引种适宜本土环境生长，具有美化、经济、高效、适用等多用途、多目标、多功能的树种，丰富地方植物资源，增加生态的稳定性和可持续性。利用植物的形状、色彩、质感、神韵，创造各具特色的环境美学。服务区还应结合当地的人文景观和历史典故，在宽阔的空地上设置具有一定意义的雕塑（群）、壁画，增加服务区文化氛围；增加具有观赏品位的艺术小品，如亭、石、路等。

实例：思小高速公路在野象谷服务区设计了若干个主题空间，向人们讲述西双版纳的事物特征；运用现代的美学语言加以诠释，充分把材料、色彩、植物结合在一起，将抽象的文化历史通过特定的场所加以展现，形成一个个可以被触摸、感知的文化美学载体。以序列性的空间、轻快的节奏将游人引入场地深处，把地区的文化印记和区域独特的植物种类向人们展示出来，让游人在绿荫深处品味多彩绵长的版纳文化。同时将湿地美景导入场地内，活跃了空间中的趣味性。充分利用场地周围现有的环境特点，将停车、休息与植物欣赏、湿地美景享受联系起来，将人与自然相融合，借自然之景展空间之美，达到设计中人文美景与自然美景的和谐。场地中建筑美学的构思来源于西双版纳民居中典型的建筑形式——傣家村寨，将这些傣寨的建筑构成符号加以提取，应用于场地售卖厅及公厕等建筑小品设施中，同时运用当地特有的材料、色彩，使场地的文化特性得到展现和提升。

第6章 公路植物绿化美学

公路植物绿化是指在公路沿线合理、科学地种植植物,以改变和提高公路沿线环境质量。公路美化绿化在公路环境的改善及美学创造方面主要表现在创造安全运输环境及优美的公路美景;保护与协调公路沿线生态环境;尽力弥补人类修筑公路活动带给自然美景及生态环境的破坏。

公路的植物绿化不仅可以美化环境、净化空气、降低噪声、改善环境条件,改善交通条件,融入绿化美学理念的绿化种植还可以诱导视线,提示高速公路系统线形的变化,指示驾驶员道路前进的方向。白天可以减少阳光对驾驶员产生的眩光,夜晚可以防止对向来车产生的眩光。隧道两侧可以通过绿化的合理搭配来调节光线的明暗变化,更好地适应隧道内外的光暗变化。行道树可以为驾乘人员诱导视线、减轻眼睛疲劳,从而减少交通事故的发生,可以避免、减少和缓冲行车事故的发生。通过绿化还可以养护公路,稳固路基,保护路面,延长公路寿命;应用植物绿化技术恢复和重建植被已成为公路生物环境工程的重要环节。公路植物绿化的特点和风格应该是:交融自然、简洁明快、气势壮观、舒适优美、方便交通。

公路植物绿化美化设计是一项综合性的自然科学,它与生态学、环境学、生物学、美学、自然地理学和路桥工程及历史、文学、艺术等都有密切的关系。公路生态植物绿化是将公路及其沿线所有设施纳入植物绿化范围,以改善行车舒适度,美化路容,展现地区美景,消除公路对生态环境的破坏。公路植物绿化美化是在耕地和不生长植物的土地上,栽(种)植草坪、灌木以及乔木。

公路绿化不同于园林绿化,其原因是:①公路是线性环境,公路使用者以一定车速在公路上进行有方向性的运动,车速成了影响视觉的主要因素,因此要考虑动视觉特性;②公路绿化的植物生长环境更为恶劣,绿化范围又大,绿化效果难以保证。表6.0.1列出了公路植物绿化的特点。

公路绿化和园林绿化的区别　　　　表6.0.1

园林绿化	公路绿化
注重视觉和感观美化	恢复自然,保证交通安全,改善公路环境
草、树、花的形态优美且具有观赏价值	防护功能强,改善生态环境,动态观赏
养护管理精细;平整土地、施肥、灌溉、刈割	立地条件差;边坡陡、多岩石组成、坡面密实、肥力低、保水保肥能力差;管养粗放;不灌溉和刈割;少量施肥
快速人工绿化;以草坪、观赏植物品种为主	快速强制生态绿化,以耐性强的野生植物为主
施工难度小、成本高	施工难度大、建植成本低

公路植物绿地的组成主要包括:中央分车带、路肩、边坡、隔离栏、林带以及其附属设施,

如管理站、互通立交和服务区等。

6.1 公路植物绿化的作用

对公路系统进行植物绿化的作用和意义是多方面的,主要作用体现在:生态环境保护、美化公路、交通安全功能的实现、经济、社会等 5 个方面。公路植物绿化功能分析见图 6.1.1 所示。

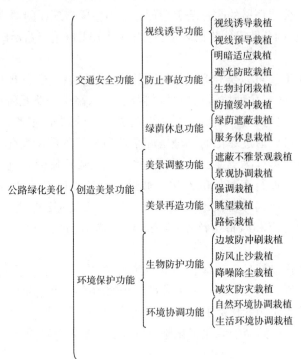

图 6.1.1　公路植物绿化功能分析图

6.1.1　植物绿化的生态环境作用

一般而言,公路工程竣工后原来的地形地貌和植被会被局部破坏或完全破坏,使附近的生活环境和自然生态无法继续协调,应采取妥善的补救措施,以恢复以前的生态环境。从环境保护的角度看,植物的树冠及草皮可以防止雨水的冲蚀,浓密的枝叶可以遮阳,叶面绒毛或毛孔可以帮助净化空气;植物的各部分更可将声音吸收、折射,可用植物绿化的方法恢复和改善公路建设对环境质量的影响;采用植物绿化方法还能增进环境协调,恢复自然生态,而且这种方法有时比工程方法更为持久,其环境和生态保护作用体现在:

1)保持水土,涵养水源

植物的茎叶通过截留作用降低了到达地面的有效雨量,减少了雨滴的动能和侵蚀能力,抑制和削弱坡面径流及其冲刷作用,从而减弱雨水对地面的侵蚀;植被能够拦截高速落下的雨滴,通过地上茎叶的缓冲作用,消耗掉雨滴大量的动能,并且能使大雨滴分散为小雨滴,从

第6章 公路植物绿化美学

而把雨滴的动能大大降低,当植被相当旺盛时,可以明显削弱甚至消除溅蚀;植被的根须可提高土壤的抗剪切能力,加强土壤稳定性,使得植被覆盖坡地的抗侵蚀性得到强化,使坡面生态趋向稳定和良性循环。

2)净化空气,防止环境污染

植物可以净化大气,可以吸收二氧化碳(CO_2)放出氧气(O_2);可以分泌杀菌素,将空气和水中的杆菌、球菌、茅生菌等杀死,减少空气中的含菌量;可以通过叶片吸收大气中的毒物,减少大气中毒物含量。同时,植物还能使某些毒物在体内分解,转化为无毒物质,自行解毒。植物也可通过吸附粉尘净化大气,尤其是某些植物叶面粗糙不平或具绒毛,能分泌黏液和油脂,吸附大量飘尘。而吸尘后的植物经雨冲洗后,又能迅速恢复吸附尘埃的能力。表 6.1.1 为对有害物质具有抗性的树种,表 6.1.2 为对有害物质具有吸收能力的树种;表 6.1.3 为树木叶片滞尘量比较。对公路周边的居民而言,绿化植物可以阻隔和降低车辆排放的尾气、粉尘对他们的影响。

对有害物质具有抗性的树种　　　　　　　　　　　　　　　　　表 6.1.1

有害物质	树　种
二氧化硫	罗汉松、龙柏、桧柏、侧柏、日本柳杉、白皮松、华山松、杜松、夹竹桃、大叶黄杨、棕榈、女贞、樟树、栀子、山茶花、丝烂、石楠、柑橘、海桐、苏铁、八角金盘、广玉兰、杨梅、黄杨、珊瑚树、沙枣、怪柳、旱柳、乌桕、槐树、黄金树、丝棉木、香椿、板栗、山楂、桃树、白蜡、花石榴、丁香、腊梅
氯	龙柏、桧柏、侧柏、杜松、云杉、夹竹桃、大叶黄杨、棕榈、女贞、樟树、栀子、海桐、柿树、合欢、白蜡、怪柳、白榆、枣树、紫薇、紫藤、刺槐、鹅掌楸、青桐
氯化氢	龙柏、黑松、夹竹桃、大叶黄杨、栀子、茶花、小叶女贞、罗汉松、丝兰、黄杨、臭椿、枫杨、丝棉木、加杨、朴树、白榆、枣树、无花果、合欢、沙枣、怪柳、槐树、加杨、锦带、丁香、木芙蓉、地绵
氟化氢	罗汉松、龙柏、桧柏、云杉、侧柏、杜松、棕榈、夹竹桃、大叶黄杨、海桐、黄杨、小叶女贞、柏树、槐树、怪柳、丝棉木、白蜡、沙枣、月季、丁香、樱花、柿树

对有害物质具有吸收能力的树种　　　　　　　　　　　　　　　表 6.1.2

有害物质	树　种
二氧化硫	樟树、广玉兰、女贞、桂花、棕榈、侧柏、桧柏、龙柏、夹竹桃、珊瑚树、垂柳、加杨、臭椿、榆树、刺槐、栀子、罗汉松、悬铃木、梧桐、合欢、泡桐、桃树、槐树、苹果、玉兰、桑树、板栗、柿树、无花果、紫薇
氯	棕榈、女贞、山茶、夹竹桃、梧桐、刺槐、悬铃木、桃树、水杉、桑树、黄菠萝
二氧化氮	铁树、爱尔兰、大松、美洲槭
臭氧	柳树、樟树、冬青、日本扁柏、日本女贞、夹竹桃、海桐、刺槐、悬铃木、连翘、银杏
汞蒸气	广玉兰、桂花、珊瑚树、夹竹桃、棕榈、桧柏、大叶黄杨、樱花、桑树、紫荆、腊梅
铅蒸气	女贞、大叶黄杨、悬铃木、榆树、石榴、刺槐、桑树

树木叶片滞尘量比较　　　　　　　　　　　　　　　　　　　　　表 6.1.3

树　种	滞尘量/(g·m²)	树　种	滞尘量/(g·m²)
大叶黄杨	6.63	夹竹桃	5.28
刺槐	6.37	丝棉木	4.77
枣树	5.89	紫薇	4.42

续上表

树　种	滞尘量/(g·m²)	树　种	滞尘量/(g·m²)
臭椿	5.88	悬铃木	3.73
构树	5.87	泡桐	3.53
三角枫	5.52	五角枫	3.45
桑树	5.39	乌桕	3.39

3)降低噪声干扰

植物是天然的消声器,它能将投射到树叶上的噪声反射到各个方向上;树叶表面的气孔和粗糙的毛,就像多孔纤维吸声板,能吸收噪声;同时,树叶的轻微震动也能使噪声能量消耗而衰减。植物降噪方式主要有三种途径:

(1)当声波入射到树叶和树干表面时,一部分声能在低频范围内消耗为树叶和树枝的固有频率振动,另一部分声能被树叶和树皮吸收;

(2)由于地面或草皮的反射引起的声衰减;

(3)由于树林形成的垂直温度梯度引起的声衰减。因此,植物具有隔声、消声的作用。据测定,40m 宽的林带可降低噪声 10~15dB;30m 宽的林带可降低噪声 6~8dB;20m 宽的多层行道树可降低噪声 8~10dB;12m 宽的悬铃木树冠可降低噪声 3~5dB。对公路周边的居民来说,绿化植物可以阻隔产生的噪声对他们的影响。各种乔、灌木的减噪功效如表 6.1.4。

植物减噪功效　　　　　　　　　　　　　　　　　表 6.1.4

降噪指数	4~6dB	6~8dB	8~10dB	10~12dB
植物	红端木、鹿角桧、金银木、忍冬、白桦	毛叶山梅花、枸骨叶冬青、叉分茶子、洋丁香、加拿大杨	中东杨、山枇杷、欧洲荚莲、大叶椴、西洋接骨木	假铜槭、心叶椴、高加索枫杨、金钟连翘、杜鹃花

4)防风固沙

地表植被,特别是林木,可通过高低不平的树干和枝叶使风力削减。在风沙地区,庞大的林木根系又能紧固沙土,能大大削弱风的挟沙能力。另外,地表植被可阻挡流沙的移动,是风沙区防风固沙的有效手段之一。

5)调节区域小气候

植物可以吸收热量,创造与高温炎热相隔离的区域,缩小昼夜温差;植物可以吸收太阳辐射;植物叶面的蒸腾作用,能调节湿度。一般来讲在炎热的夏季,公路的表面温度可能高达 40℃以上,而草地以及树荫处的地面温度相比之下要略低 2~10℃左右,而植物绿化打造的绿地温度要比一般的非绿地温度略低 3~5℃左右。表 6.1.5 为常用树木遮阴降温效果比较。

常用树木降温效果比较　　　　　　　　　　　　　　表 6.1.5

树　种	阳光下温度(℃)	树荫下温度(℃)	温差(℃)
银杏	40.2	35.3	4.9
刺槐	40.0	35.5	4.5

续上表

树　种	阳光下温度(℃)	树荫下温度(℃)	温差(℃)
枫杨	40.4	36.0	4.4
二铃悬铃木	40.0	35.7	4.3
白榆	41.3	37.2	4.1
合欢	40.5	36.6	3.9
加杨	39.4	35.8	3.6
椿树	40.3	36.8	3.5

6)减少或消除光污染

由于植物具有遮挡太阳光和车灯灯光的作用,避免了太阳光和车灯光对驾乘人员的照射及其产生的眩光;也可以避免车灯对公路沿线居民的照射而影响他们的生产生活。

7)恢复生态环境和使公路融入环境

利用植物绿化覆盖裸露的地面,可补偿工程活动造成的绿化损失(如果地面本来就是裸露的地区,还可以增加绿化面积),减少工程活动对生态环境带来的负面影响,使公路系统自然地融入环境。

8)散发清香的味道

有些植物(如桂花、槐花)会一直或在某些季节散发出一些花香,给驾乘人员和公路周边的居民一个花香四溢的环境,美化人们的旅行和生活。

9)隔离保护功能

公路用地边缘的隔离栅内侧,种植一些常绿灌木及攀缘植物,防止人或动物进入,达到保护路域生态环境的目的。

6.1.2　植物绿化的美化作用

从美学的角度看,公路的建设给沿线的地貌及植被带来了很大的破坏,利用乡土植物在公路两侧的绿地中进行合理科学的规划,重新建植,可以恢复路域范围内原有的植被群落和美景。植物可以在公路空间内将公路与其周围环境有机地联系在一起,并为公路带来一定的特征,在不同的季节,其色彩、质地、叶丛疏密都不断地改变。落叶植物,一年有四种截然不同的欣赏特征;常绿植物虽不如落叶植物那样变化明显,也会随季节变更发生花开花落和枝叶更替的变化;即使是沙漠植物也会在春秋季节呈现外表的变化。良好的植物绿化将会为公路带来景观的时空变化,为公路赋予"生命"的含义。

植物绿化不但可以覆盖那些令人生厌的裸露地面,按美学法则进行的植物绿化可使原来单调枯燥的景观在空间、形态、质感及色彩方面均大大丰富,造成优美宜人的行车环境。植物绿化还可以遮蔽不雅景观,作为路标种植、强调等创造美学的功能。具体的美化功能如下:

1)美化环境

众多的土石方和混凝土人工构造物往往使公路景观单调枯燥,而绿化在视觉上能给人以柔和而安静的感觉,把自然界的生机带进公路系统空间;不同的绿化布置还能增加公路特征,从而使不同公路由于植物绿化不同而区分开来。

2)协调环境

在自然景观杂乱的地方建立起风格统一的背景,装饰不雅的景观,突出美的景观;绿化还可以分割区域,以减轻由于公路构造物的体重而造成的强烈印象,并与当地美景融为一体。

3)完善美景,规避不雅景观

植物绿化可以补充公路美景,调整工程中难以避免的不雅景观影响,可以美化取土坑、废料堆和贮水池,使其成为公路环境中的美景。

4)舒适人类

一方面,植物绿化能够使原来的公路不再显得形态生硬、颜色单调;使原先公路两旁突出的、裸露的岩石边坡变换新的面貌;有些植物还会散发出香味,使嗅闻到的人们感到身心愉悦;能够充分降低公路的表面温度,增加湿度;在休息区、服务区、收费站和互通式立交等沿线设施范围内,适度营造观赏性草坪、园林小品,等等,可显著提升公路的美学价值,营造美学氛围,从而舒适驾乘人员和周围居民的感官感觉。

5)遮蔽不雅

用于遮蔽影响视觉环境或给驾驶员带来不愉快、不协调的构造物等。遮蔽的对象包括公路外侧刺眼的建筑物、边坡、边沟、护栏、声屏障、桥墩、垃圾场及施工过程中的人工痕迹等;种植的位置可根据遮蔽对象和行驶速度而定;种植方式可利用乔灌木直接遮挡或采用攀缘植物进行遮蔽,遮蔽种植可通过平面绿化与垂直绿化相结合的方式,形成所谓的障景。

6)修饰美景

利用植物的分景、框景、借景等功能,组织公路沿线的自然美景,用树木给美丽的美景镶边,达到愉悦行人的目的。

6.1.3 植物绿化的交通功能作用

植物绿化可以诱导视线,提示公路系统线形的变化,并可防止对向车灯的眩光,有利交通的行车安全;植物绿化还可以改善小气候,降低地温和气温,不但使驾驶员和旅客在旅行中赏心悦目,这能给人们带来舒适,从而减轻疲劳,减少事故;还可减轻路面的老化过程,延长道路的使用年限。植物绿化的交通功能体现在以下几个方面:

1)防眩

防眩功能指的是遮挡来自对向车和辅道来车等的眩光。夜间在公路上行驶的车辆会车时,对向车辆前照灯的强光会引起驾驶员眩目,眩光会引起视觉不舒服和视觉功能下降。在中央分隔带上配置适当的植物或路侧栽种树木可以一定程度上消除对向车或辅导车的眩光影响,保护驾驶员的视觉健康,减小由于眩光的产生而导致的驾驶员视觉功能降低和心理上的不舒适。

2)视线诱导

视线引导功能是一种用于汽车行驶过程中,预告道路线形变化,引导驾驶员视线的植物种植。植物在立面上所形成的竖线条可以很好地突出路线形象,特别是对于在曲线上行驶的车辆,有了沿道路合适的植物绿化,行驶时更加安全,驾驶人员对公路的线形,公路的延伸方向有了更明确的预判,可以避免驾驶人员由于反应不及引起的事故。通过采用沿公路曲线外侧行植的形式,指出行进方向的变化,预示公路的轮廓及弯道的弯曲程度,使前方视野范围内的线形清晰明了,起到视线诱导作用。在公路的不同路段和特定区域,如爬坡车道、变速车道、集散车道、辅助车道、进出口岔道以及接近服务区路段,可以利用植物不同的美学效果,辅助各种提示牌,诱导交通。沿线的植物绿化还可以作为驾驶人员判断行驶距离和速度的指标,同时可以作为行驶过程中里程上与时间上阶段化的标示。

3) 消除紧张

从色彩心理学考虑,绿色是大自然植物的色彩。人们把绿色作为和平的象征,生命的象征。而公路的植物绿化以绿色为基本色调,可以给驾驶人员安全感。有些植物散发的香味可以提振驾驶员的精神,消除疲劳。某些路段路侧有会引起驾驶人员紧张或恐惧的不良心理反应的构造物或景观时,适当的植物绿化遮蔽就可以减轻甚至消除驾驶人员的这些不良心理感受,从而保障交通安全。

4) 消除疲劳

公路沿线四季常青的树木和点缀的花草树木,可形成与自然交融、气势壮观的感觉,给人们以优美、舒适的享受。通过遮蔽种植,可以避免驾乘人员观察到令人不快的物体,如垃圾场等;服务区、管理区等种植的树木和草坪,可以为人们提供舒适的休息环境;绿化可以使公路和周围环境更加协调;通过植物在种类、色彩、质感、形式等方面的合理变化配置,可以减轻驾驶员高速行驶的压力,使驾驶员和旅客在旅行中赏心悦目,缓解长途旅行的疲劳,减少事故。

5) 明暗过渡

对于进出隧道时的明暗急剧变化,眼睛瞬间不能适应,看不清前方,即所谓的"黑洞"效应,容易造成事故。明暗过渡的这一安全功能主要用于隧道出入口,在隧道出入口合理设置植物绿化的高度、间距等,使亮度逐渐变化,由此增加明暗的过渡,保证行车安全。

6) 缓冲防护

缓冲功能是减缓驶离车道汽车受到的冲击,起到挡护作用,将事故限制在较小程度和较小规模。在公路路侧靠近路肩的范围内,植物绿化枝条密集、柔韧性强、耐冲撞的低矮灌木或绿篱,能吸收车辆的运动能量,使车体及驾乘人员在发生车祸时免予遭到巨大冲击,有助于减轻事故的损伤和伤亡程度。国外曾做过试验表明,时速高达100km的汽车冲向路边8m宽的蔷薇组成的灌木丛,可以减轻70%以上的冲击力。而种植两排间隔为1.2m的野蔷薇,高度为1.5m,当汽车时速为60多km/h,以5°角度冲入灌木丛时,时速可减少为8km/h,驾驶员和车体均无损伤。种植方式可以采用高度适中的乔灌木,且树枝应有稳定的弹性,种植密度要大。缓冲种植一般设置在低填方或平地等没有护栏的路段及互通立交出口端部。缓冲种植体现了公路设计"容错"的新理念。

7) 隔离

封闭功能是采用封闭种植不仅具有良好的阻隔能力,而且对保护道路生态环境有较大的作用。防止由公路辅路或外围进入主线的种植,通过种植防治行人穿行,起到拦护的作用。由于高速公路封闭行车的管理要求,需要沿全线设置防护的金属网,不但费用昂贵,而且若干年后,还要对锈蚀的护网进行更换。以枝叶密实、有钩刺的植物隔离代替金属隔离,可有效防止人畜和野生动物进入公路引发交通事故或对野生动物造成伤害。绿化材料应选择分枝密、易整形、耐修剪、枝上刺密度大、坚硬锐利、根系发达、耐贫瘠的种类。常与围栏篱笆等组合使用,即采取物理措施与生物措施相结合的方式,既安全又美观。

8) 防护边坡、路基

在边坡的植物绿化,能够防止边坡水土流失,一些深根系的地被及爬藤植物可以固土护坡,减少边坡冲沟、滑坡、坍塌等水害的发生,提高路基稳定性。

9) 延长路面使用年限

公路植物绿化可以降低周围大气的温度、增加湿度,使得路面的温度和湿度得以调节,避免高温干燥及温度、湿度的急剧变化对路面造成的不利影响,以及温度过高而造成的老化现象以延长公路的使用寿命。

10) 防风、防沙、防雪

长势好的路侧林带有一定的防风功能,可降低侧向风对高速行驶车辆的安全威胁。在沙漠地区,可显著减少公路沙害;在冬季多雪地区,可有效阻隔积雪,降低雪害。

6.1.4 植物绿化的经济作用

公路植物绿化会蕴含和蓄积一定数量的木材和林副产品,具有直接经济价值;一些绿化植物可以加工成药品、食品、饲料或编织材料等。此外,与一般的硬质美化相比,植物绿化的费用相对较低。

为了实现公路植物绿化美化工程,提高美学价值、文化品位和经济效益的"多赢"效应,应从以下几个方面着手:

(1) 把发展公路植物绿化美化经济与构建和谐社会紧密结合起来。《国务院关于进一步推进绿色通道建设的通知》中,关于绿色通道建设的基本思想和目标中指出:"绿色通道建设是一项社会性公益事业,应动员全社会和全民参与这项工作,鼓动国家、部门、集体、个人一起上,实行谁绿化谁所有,谁投资谁受益,谁经营谁得利,充分调动各方面建设绿色通道的积极性。要坚持遵循客观规律,科学规划、合理布局,宜林则林,宜草则草,适地适树(草)。"全国绿化委员会、林业部、交通部、铁道部《关于在全国范围内大力开展绿色通道工程建设的通知》中提出:"从实际出发进行绿色通道工程建设,要求乔、灌、花、草结合,绿化美化、香化结合,生态、社会、经济效益结合。努力实现通道沿线林木连线(岭)成网(片),花果飘香,空气清新,环境优美,力争每一条绿色通道都坚持绿化线、风景线、致富线。建立一批各具特色、规模不等的果园、茶园、桑园、竹园、药园。"这些政策的制定为公路绿化美化提供了保证措施。

(2) 多品种、多形式建设公路植物绿化美化生态经济通道。要破除植树种花没有经济效益的传统,大力发展公路植物绿化美化生态经济,充分发挥公路植物绿化美化地的经济作用,树立新的公路植物绿化美化生态文化经济产业的创业致富理念。

(3) 创建公路植物绿化美化生态文化经济。要使养路群众安心工作,就要为他们提供增加经济收入的条件,为群众谋福利。要帮助养路工致富,要让养路工在公路植物绿化美化生态经济建设中,积极探索,自我完善发展,引导他们自觉学习植物绿化美化养护技术和植物绿化美化知识,既能养好公路,又会绿化美化公路,把公路建成致富交通线。

(4) 正确处理好公路植物绿化美化生态经济通道建设的关系。公路植物绿化美化生态经济道路建设要增强创新意识。在思想观念上要把公路文化品位与发展公路植物绿化美化生态经济通道工程建设有机结合起来,把传统的公路绿化付出型模式,变为公路为载体的发展公路绿色生态经济的经济型模式。调动养路工热爱公路的自觉性、积极性和创造性,在公路的发展中创新前进。在发展公路植物绿化美化生态经济通道建设中,正确处理好种植的经济作物与社会美学效应的关系,正确处理好公路植物绿化美化生态经济和环境保护的关系,不可因为追求经济效益而破坏自然植被和地被。

(5) 促进公路植物绿化美化生态经济通道建设发展。在进行公路植物绿化美化生态经济通道建设的过程中,谁种植谁管护,谁投资谁受益。可以采取以家庭承包路段,让逐年因修建公路而减少的耕地,在变成公路用地的同时,尽最大限度的利用其发挥最大的经济效益。

6.1.5 植物绿化的社会文化意义

社会的不断发展与进步使得我国在经济、人口、资源以及环境方面产生的矛盾也随之加重,只有人类与环境和谐相处、协调发展才能够顺应社会的进步。公路植物绿化由于环境、生态、交通安全以及美化环境的功能和作用,推动了公路建设的可持续发展。

植物绿化受区域自然条件制约,只有适合地方自然条件的植物或者本土植物才能满足公路植物绿化的要求,这也体现了区域风土性。另外,在植物绿化和美化作品中,其思想、形式、内容和方法等均可以来源于沿线的地域文化和生活,公路植物绿化在某种程度上宣扬和传承了沿线地域的历史和民族文化。

6.2 公路植物绿化的基本原则

6.2.1 公路植物绿化的基本原则

公路植物绿化应考虑公路本身和周围生态环境、地理环境、土壤环境和社会环境等条件和约束,满足公路的功能要求,凸显公路个性、地方特色,满足生态环境保护,考虑工程建设各阶段特点进行植物绿化。

1) 功能第一的原则

公路首先是供车辆行驶的,进行公路植物绿化,始终要把公路的功能性原则放在首位,始终要把公路的安全性原则放在首位。要充分考虑公路的特点,以满足公路的交通功能为首要宗旨。分析公路修建对周围区域乃至整个地域的人流、物流、信息流所达到的改善幅度,使人流、物流、信息流的快速、方便、经济、安全、舒适性得到相当程度的改善。除普遍适用的基本功能要求外,不同地区、不同路域环境、不同路段对绿化功能的要求存在差异。

(1) 基本功能要求。稳定路基边坡、美化路容、视线引导、中央分隔带防眩光、路侧绿篱的安全隔离等功能是公路植物绿化的基本功能要求,具有普遍适用性。

(2) 在满足基本功能要求的基础上,公路植物绿化还应满足不同地区、不同路域环境、不同路段的特殊功能要求。如:多风地区的防风林带;沙漠地区的固沙林带;沿江沿海路段防波浪冲蚀的防护林带;公路经过城市周边、学校、医院、人口聚居区、文物及风景名胜区附近时,根据需要营造具有降噪声、防尘、净化空气、防眩光等综合功能的防护林带;经过文物保护区和风景名胜区附近的公路的植物绿化,还应考虑其与环境美景的过渡和协调作用;凡此种种,都为了减少公路对周边环境的影响和不同环境对公路的不利影响。

2)因地制宜、地域风格鲜明

我国幅员辽阔,地形复杂,气候多样,历史文化、民族文化丰富,在进行公路植物绿化时,公路途经地区的这些具体特点都应该具体考虑。应该根据公路所处地区的地理位置、气候特点、资源情况,尽可能结合当地人文环境,有景借景,无景造景,创造内涵丰富的自然美景。适当、灵活地选择绿化植物,设计绿化方案。将感性与理性、形式与内容相结合,规律性与目的性相统一,尽量做到与自然环境相适应,并尽量利用最佳的自然美景,使公路顺畅地延展于优美的自然环境之中。不同性质的公路,应根据用路者的观赏特点,采用不同的绿化方式,绿化的功能、作用必须和公路美学有机的配合起来。公路植物绿化应当根据不同路段所在地的气候、地理和土壤条件,即所谓立地条件,宜林则林,宜草则草,适地适树,这也符合中国园林"虽为人作,宛自天开"的这一基本设计思想。在植物绿化时,要统一设计整体风格,突出道路的绿化特点,并与周围自然环境相协调。应优先选择适用于公路特殊环境,具有一定美学价值,以当地乡土树(草)种为主体的绿化植物,以提高种植成活率,降低建养成本,保证绿化美化效果。

3)整体最优原则

要做到生态效益、经济效益和社会效益的协调统一。最大限度地发挥其各种有益的功能,创造最佳的社会、经济和生态环境效果。对路域生态系统的建设实现最优规划、最优设计、最优控制、最优管理,其中包括目标优化、方案优化、决策优化等。植物绿化面对一系列错综复杂、相互联系、相互影响的与路域生态系统的建设有关的自然、社会、经济因素,目标的优化只能从整体性原则出发,使系统的社会、经济、环境目标从整体上达到最优化,避免顾此失彼,更应该避免得不偿失。

4)兼顾效益

公路建设的目的就是为了发展经济,提高社会生产力,建成后能最大限度地发挥经济、环境效益。除经过城市周边的公路,尤其是立交区,沿线服务设施和公路管理机构外,公路线路绿化采用的绿化植物应当选择抗逆性强的植物品种,应当具有耐旱、耐瘠薄、易成活、生长快、易(耐)剪、病虫害少、适应粗放管理的特点,以提高绿化美化效果,降低养护成本。

5)可持续发展原则

由于公路建设的目的主要是满足社会、经济、环境等各个方面对公路交通运输的需求,基于可持续发展原则的公路建设活动,就是要在充分认识土地资源、环境容量的基础上,通过不同类型和规模的保护措施,从时间和空间对资源进行合理调控与保护。

6)环境和生态保护原则

保护生态环境是公路植物绿化的主要目的之一。生态环境是关系到人类生存的基本,经济的发展不能以环境的破坏,生态环境质量的下降以及子孙后代的生存与发展受到威胁为代价。路域生态系统的演化在整体与部分、部分与部分、整体与环境、部分与环境之间的物质、能量、信息交换中,保持着特有的联系,维持着系统的整体性。公路工程施工建设活动,必然会打破生态系统原有的整体特征,使系统中原有的部分对整体的决定作用和整体对部分的支配作用发生改变,从而使生态系统在新的条件下产生新的功能、新的特征、新的规律,使一些新的系统要素在重新构成路域生态系统整体时产生质的飞跃。需要在一切建设和运营活动中,从问题涉及的路域生态系统整体出发,制定出合理的植物绿化方案,贯穿于公路建设活动的始终,并建立在大系统观、大自然观、大生态观、大社会经济观基础上。在公路植物绿化中,保持物种多样性的前提下,充分考虑植物的生态特征,从空间、时间和季节生长的差异来合理选配植物种类,既不重叠,也尽量不空白,以避免物种间的直接竞争。

(1)修建公路不可避免地会破坏沿线地形地貌和自然美景,采取工程防护在一定程度上能对遭受破坏的地形地貌起到保护作用。但对于高路堤、深路堑等自然地貌受到较大破坏的地段,工程防护设施的作用往往有一定的局限性,这时,植物绿化就显得非常重要。

对高路堤而言,在护坡道和边坡下部营造固坡防护林带不仅具有稳定边坡,减少冲刷的作用,结构合理的林带还会显著减轻或消除高路堤对公路周边居民视觉上的压抑感,变枯燥、僵硬的视觉障碍为绿色风景线。高路堑边坡视土质差异,采用不同技术和植物品种种植进行植物绿化。

(2)平原区、农业区公路,不应建植过宽的行道树林带。我国人多地少的基本国情决定了公路建设需要尽量少占地,公路通过平原和农业区应当避免过多地占用耕地。

(3)林区、草原公路植物绿化。应以突出展现自然植被及自然风光为目的,穿越林区的公路,宜在路界范围内营造草地或低矮灌木带以恢复植被;草原公路绿化,应主要建植以小乔木和灌木为主体的绿化带,为了防止感觉的单调,可每隔一定间距营造有不同美感效果的乔灌木结合的林带;在多风的草原地带,条件许可时可设计较宽厚的防风林带,以充分发挥植物绿化的环保功能。

(4)荒山、荒坡和戈壁荒漠地区公路植物绿化,应当充分利用当地适生植物资源,设计较宽较厚、乔灌木结合的防护林带,既保护公路,又可改造当地自然环境。

(5)条件许可,都应把路界边缘建植密闭的绿篱逐步取代由刺铁丝网等材料构建的隔离栅。

(6)在不同路域环境和不同路段,应采用不同树种营造多样性的绿化美景。绿化植物的多样化可以丰富道路景观,减轻视觉疲劳,减少交通事故;可以防止病虫害在同一树种群落之间的滋生和蔓延。

(7)对公路周边有价值的自然美景和人文美景资源应当充分利用和保护,但也不能让乔木林带影响公路视距。

7)合理引进外来优良物种的原则

公路绿化设计还应当合理、稳妥、积极地采用经驯化、表现好的外来优良绿化植物品种,以不断改良绿化用材,丰富和改善公路绿化美景。如:北方地区近年引进和推广的国外冷季型草坪草种,用于立交区、沿线管理和服务机构区域绿化等,取得了很好的效果。

8)美学原则

绿化美化是公路美学的重要组成部分,植物绿化是营造公路美学氛围的重要手段。公路美学是由多种美学元素所组成,各种美学元素的作用、地位都应当恰如其分,绿化应与公路环境中的其他美学诸元素协调,公路植物绿化应注重域外美景的感觉享受的协调性,使路域内外的美景浑然一体,共同构成符合美学要求、均衡完美而又变化多姿的系统美景,使人们在使用公路的过程中得到愉悦的享受。

(1)公路绿化应采用乔、灌、花、草结合,营造丰富的绿化美景。

(2)应尽可能多地采用常绿树种和落叶树种进行合理搭配,以延长冬季绿期,改善公路美景。

(3)有条件的地方,植物绿化应当采用不同花期的花木和无花树种进行间植和组合,以期在一年中的较长时间里保持绿化植物的欣赏性。可以利用不同色彩的观叶树木绿化,在不同季节有不同色彩的林带,以提高行道树林带的欣赏价值。

(4)互通式立交区、服务区、休息区、收费站特别是城市周边的互通式立交区,应利用当地植物资源,营造观赏性强的花坛、模纹造型、草坪、林地,丰富人们的美感。

(5)公路绿化设计,还应充分考虑与所在路段公路结构物的美学协调。

9)积极、稳妥采用新技术、新工艺原则

公路植物绿化,应当积极、稳妥地采用和推广新技术、新工艺,提高植物绿化施工机械化程度,缩短施工周期,提高成活率,提高绿地覆盖率。

6.2.2 公路绿化植物选择的基本原则

公路的生态环境非常脆弱,植被自然恢复进程比较慢,再加上表层土壤受到严重干扰,缺乏植物正常生长必需的条件。因此,需要及时采取水土保持和植物绿化措施;而要完成路域范围内的植物绿化首先要研究植物本身特性,发挥植物本身的适应性,筛选出适宜的植物或植物组合。选择适宜的植物物种需要从两个方面着手:种植条件和植物自身特性。

1)种植条件

种植条件也可以说是外部条件,它可以从地域条件、立地条件、环境条件、效果条件、制约条件、管理条件、更新条件等七个方面来考虑。

(1)地域条件:绿化植物必须在气候等地域环境因素的支持下生长,根据公路所经地域的不同,所选择的绿化植物也应该相应的变化,既体现出公路美景的地域性,也有利于绿化植物的生长,利于保持其美学效果和生态效果。

(2)立地条件:植物不可能独立地创造出自身存在发展的条件,因此需要考虑其立地条件。公路每个部位的立地条件都比较严苛,同时又各不相同,各有特点,选择植物时需要根据其不同的立地条件分别考虑。

(3)环境条件:对任何植物来说,公路的环境都不是一个可以称得上理想的环境,高温、汽车尾气等不利于植物生长的因素使得在选择公路物种时需要严格筛选。

(4)效果条件:对于绿化植物功能的期待,根据其所处的位置不同而有所差异,例如种植于中央分隔带上的和在边坡上的或隔离栅周围的植物,希望其所能达到的效果都不大相同。为了发挥更好的功能效果,应充分考虑其希望达到的效果。

(5)制约条件:绿化植物不可侵犯到行车的视距空间。这涉及植物的配置和植物的选择。

(6)管理条件:由于客观条件限制,希望公路上的植物管理越简单越好,为此,应选择管理较粗放的植物和病虫害少或抗病虫害的物种。

(7)更新条件:在植物生长良好的情况下,随着时间的推移,绿化的效果会更好。因此,应选择更新周期长一些,寿命长一些,多年生的植物。但考虑到尽快发挥绿化效果,还应适当搭配速生植物。

2)植物自身特性

植物自身特性是植物绿化的内在条件,需要对植物的性状特征及其路用特性有充分的把握。

(1)性状特征:把握株高的区别、冠形(球形、卵形、倒卵形、圆锥形、覆地形、枝垂性、蔓性、草状等)的区别、根系(深根性、浅根性、根系伸展情况等)的区别,植物的干、枝、叶、花等的特征。

(2)路用特性:把握植物对阳光的需求(喜阳、耐阴等)、对温度的适应能力、对水分的适应能力(抗旱、耐湿)、适宜的土壤类型(黏土、砂土等)、对盐碱的适应性、生长力、萌蘖力如何,以及耐瘠薄、抗风、固沙、耐烟尘及有害气体等方面的特性。

3)公路绿化植物的选择原则

只有从内外两方面条件着手,才能筛选出适宜的公路植物绿化物种。由此,公路绿化植物选择的原则:

(1)与设计目的相适应,与沿线的植被和美景等诸条件相适应。

(2)容易获得,成活率高,发育良好,抗逆性强,抗公路公害,病虫害少,便于管护,种植后能很快实现旺长。

(3)绿化植物种类和生活习性多样化。

(4)能降低或消除环境敏感区的环境污染。

(5)应兼顾近期和远期的恢复规划,速生和慢生种类结合。

(6)根据种植目的和要求,适当结合普通公路绿化植物、乡土植物和园林植物进行选择。

(7)引入客种时,应考虑植物与动物的生态系统共生性,客种应与当地生物群落相容,与环境相适应。

6.3 绿化美化的设计理论

公路绿化美化设计的范围包括公路征地范围之内的所有可植物绿化场地,而可植物绿化场地根据其特点可以划分成不同的部分,比如:公路沿线的服务区、停车场、收费站等附属设施、公路边坡、土路肩、护坡道以及道路两旁的隔离栅以内的区域,防噪降噪林带,污染气体超标防护林带等特殊路段的绿化防护带等部分。

公路植物绿化不仅应给人类带来物质文明还能够带来精神文明,能够充分展示出当地的民族文化特色、经济特色以及精神面貌。公路植物绿化设计必须与原有的自然美景相结合,以营造良好的美感效果,使驾驶员和乘客能够产生美中行的良好感觉,为公路上行驶的人们带来一种审美愉悦。

6.3.1 公路绿化美化设计流程

公路绿化美化的设计内容和设计流程为:前期调查→总体规划→初步设计→施工图设计,见图6.3.1。

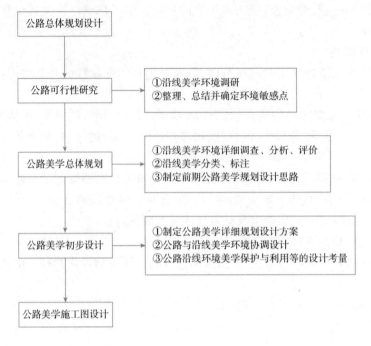

图 6.3.1　公路绿化美化规划设计流程图

(1)前期调查分析:调查分析地域文化环境氛围、历史沿革、核实资料、拍摄现场照片;收集原始资料包括气候条件、土壤性质、植物配置、灌溉方式、苗木供应、相应的造价等。

(2)总体规划:根据调查收集的人文和自然美学资料,确定植物绿化总体风格,分段美学形式及分段位置、植物绿化过渡方式。

(3)初步设计:提出设计方案、选定植物品种、种植形式、说明设计意图并提出概算书。设计图纸内容:①绿化种植总平面图(可绘制黑白或彩色图);②设计说明书;③工程数量表;④绿化设计概算书;⑤视其情况辅以透视图。

(4)施工图设计:①绿化种植总平面图;②绿化种植分区平面图(可采用网格法或截距法绘制)。

6.3.2　公路沿线美学环境的前期调查分析

公路是线形构筑物,跨越的地域较多,自然和人文环境美学也相应较多且有很大差异。要做出合理、科学、优秀的绿化美化设计,必须深入线路经过区域,进行广泛、深入的调查。调查内容和对象应包括沿线地理环境、气候条件(气温、降雨量等)、地形及土壤、水源、水质及灌溉条件,沿途植被状况、分布及适用树种,沿线受影响区域内城镇、村落、民居、工厂、学校、医院分布状况,沿线自然和人文美景、名胜古迹分布状况,沿线苗圃及绿化苗木种源状况等,这些都是进行公路绿化美化设计时所必须了解和掌握的。也必须对公路设计文件进行了解和熟悉。公路绿化美化设计需要在公路开工以后,特别是在路基和公路结构物基本完成后,还应进行现场调查和绿化美化设计的修改,这样才能最终成为符合立地条件、满足功能要求和社会需求的绿化美化设计。

6.3.3 公路绿化美化设计理论

6.3.3.1 植物美化设计

公路植物美化应考虑公路美学原理和与公路线形、结构、功能的系统性,并尊重原有美景。

1)植物绿化设计的美学原理

(1)充分利用自然环境,展现和保护自然美景

公路植被绿化是在公路修建过程中对原有植被的一种补充,通过公路植被绿化可以形成新的公路行驶环境。公路植物美化应以自然环境为基调,充分利用自然美学资源。即使是朴素的山乡水色、田原风光也是美好的,公路路线本身应充分利用地形与地区特点,防止大挖大填,任意取直,生硬切割地形而破坏原有美景。植物美化要注意将沿线的风景点、文化古迹、古树古庙、古塔、古碑等尽可能地保护利用,并组织到公路美景中,通过前方"对景",两侧"借景",加上因地制宜、适地种树绿化,使路线环山傍水,绿树成荫,与周围自然美景融成一体,构成如画的公路美景。

(2)满足交通功能

树木是公路上的主要垂直要素,对视觉有明显的影响,因而公路两侧的绿化种植,首先要与路线的平纵线形、横断面状况保持一致,诱导视线,充分展现公路线形或坦直或弯曲或起伏的动态特征,增强公路连续流畅的美感。另外绿化种植方式,树种选择、生长时效等均要考虑与公路的性质、交通功能相协调,有助于提高或改善交通功能。例如高等级公路的几何线形设计要求较高,立交桥较多,它的绿化应以首先满足交通性能为前提,公路的景观空间则主要以汽车行驶速度为标准。由于车中人的动视点、动视野随车速而变化,车速增高、动视力降低,视距变大而视野变窄,清晰辨认物体的能力降低,因而车中人不可能看清沿线的一草一木,对周围景观只是瞬间的感受,且随着车行景移而获得的是一种连续审美的体验。所以在绿化种植上一是要用大尺度来考虑时间、空间变化,气魄要大,要简洁明快,避免繁杂零乱。二是应注意路面出现的斑驳树影会影响驾驶员视力,造成眩目及视觉疲劳,因此中央分隔带与路面两侧树木高度应以不造成路面上投影为度,即适宜种植低矮型常绿树、绿篱、灌木及草坪花卉等。三是注意树种应按封闭要求及管理方便,考虑选用寿命长、生长期慢、耐修剪的常绿树或多年生宿根花卉。另外,在立交区域由于多层道路穿插,要考虑对行车的诱导绿化及保持良好的通视空间,突出匝道的动态曲线美及建筑艺术形象。环岛的空间较大,是绿化种植的重点,宜种植图案式嵌花草坪,并适当点缀花坛、喷泉或雕塑小品,营造高雅的氛围,提高欣赏价值,构成美景的重点。

一般公路两侧的行道树则应高大、整齐、排列有序,不仅充分诱导视线,也应体现公路的延伸与空间的延续,增加路线流畅的美感。

(3)充分展现地区特征与风格

公路处于地区公共空间内,公路的植物美化也应力求反映地区特征与风格,以便使沿线群众感到亲切和喜爱,使观光者领略到地区独特的风格乐趣,吸引游客。一般应根据当地自然环境、地理位置与气候条件,因地制宜,适地适树、适草、适花。无论是水乡垂柳、山域油松还是南国椰树、北国松柏都会增加其地方特色与个性。

(4) 公路植物绿化中的韵律美

在公路绿化中,最为普遍的行道树在树种选择、树冠大小、树木高低、树木间距及修剪形态上一般都采取统一而有规律的布置,无论是柏杨的挺拔、垂柳的婀娜、槐树的古朴、梧桐的壮阔,一排排,一行行,都使人感受到连续韵律的优美与壮观。

当然,在相当长的公路上过分统一,会产生单调感,会使驾驶员反应迟钝,削弱注意力,这也是美学与安全行驶之所忌。因此公路行道树的种植应在不同区段,不同环境有所变化,每种绿化结构不长于5km。另外,各段界、桥头、环岛、弯道、交叉口等处布置可多样化。如在植栽上可采用并列、错列、孤植、对植、丛植相结合,对称与自由相结合,乔木与灌木搭配、草坪中点缀花卉等。通过精心构思设计使植栽总体有规则、变化有秩序、有虚有实、有高有低、有疏有密、有进有退、有浓有淡、有树有花、有草有木、有曲有直,体现出优美的节奏与韵律感,不仅可协调动态交通景观,而且可丰富空间变化,增添美的感染力。

(5) 公路植物绿化的色彩美

植物绿化自然以象征生命和青春的绿色为主调,同时绿色也带来和平、新鲜、健康与希望的生理与心理效果。为了保证公路植物绿化中常年的绿色,要考虑落叶树与常青乔木、灌木的搭配组合,使在落叶季节仍能保持一定数量的绿色。同时注意高低层次、绿色浓淡的配合以及生长季节与叶色变化的配合,增加空间视觉效果。为使公路更具美感与特色,公路两侧或隔离带内种植花卉更为有效,或点缀、或丛植、或片植、或带状。多植波斯菊、一串红、月季等花期长、易生长、易管理的品种,并注意季节及色彩的搭配,避免单调、雷同,要有对比、衬托。同时注意季节与色彩对人们感觉的反应差异,如夏季应多开白色、蓝色、湖色等冷色花卉,而春天多开黄色、粉色花卉,深秋则希望多开红色、紫色花卉等。

2) 植物绿化的一些注意事项

充分考虑公路植物绿化管理以及沿线的气候特点,以耐高温、耐寒、耐旱、耐瘠薄、生长速度适宜的植物为首选。以乡土植物为主,常绿和落叶植物搭配。花灌木及草花的选择以适合管理粗放的品种为主,其中草花选择多年生品种,并具有固氮特性。草坪品种的选择不追求四季常绿,但注重覆盖快、耐旱、耐瘠薄、侵占性强,并采用混合品种延长常绿期。

两侧绿化带和中间带都要保证通视。一旦遇到不合理,如扭曲、暗凹、跳跃的路段容易使人错误判断线形,不通视的情况往往是致命的。两侧绿化带的株距控制可以实现通视,株距根据树冠大小确定,一般不小于树冠直径的2倍,并等距设置。同时,要选择下部树干不长枝叶的树种(不选松树),也要避免选择树冠过大的树种,避免枝叶挡住视线。中央分隔带应种植灌木,经计算,高度宜控制在1.5~2.0m的范围内,株距可在4.0~6.0m之间,既可单株种植也可多株组合,避免种植乔木。

交通绿岛、中分带及两侧绿地的乔木和灌木与草坪的比例,应符合公路绿地设计规范。设计手法上,注重高低错落、疏密有致,以形成内高外低、加大绿量的绿化效果,严格遵守公路设计规范,在视距要求范围内,以草坪种植为主。

公路绿化树种选择应区别于城市绿地,应扩大植物选择的范围,尽可能考虑其适应性和美学效果以及抗污染能力。草坪品种的选择应考虑管理粗放、适应性强又具有一定美学效果的品种。

管护水源应因地制宜,必要时可考虑滴灌。

3) 公路植物绿化的协同性

在公路植物绿化中应注意与公路线形、结构、功能和沿线环境的协同性,具体如下:

(1) 植被绿化与线形的协同性

公路植物绿化应与路线的平、纵线形严格保持一致,这有助于显示公路线形特征。平曲线、竖曲线部分的绿化应能诱导视线,两侧不宜种植高大乔木,防止影响视距及树影的斑驳在行驶时耀眼;应充分利用公路用地范围内的原有树木,除非因树木影响视线、妨碍交通而移植或砍伐后,有利于获得感觉美景外,应从公路设计开始充分考虑保留原有树木,与路线线形保持协调。

对于直线路线过长的公路,单调重复的树种容易使驾驶员疲劳,导致反应迟钝,发生行车事故,应使绿化带树种有所变化。在单调景观区域内的长直线路段上,最好不要种植行道树和行列式的树木,而代之以树群和灌木群。在开阔地带,行道树不应突然出现,在它的起点和终点应特意种植多品种的树群。为了避免"斑马纹效应",种植行道树的直线路段只能是南北走向的或偏离子午线不能超过30°,如果直线路段在纬度方向上(偏离子午线超过30°)穿过稀疏树林,应当在路的南面,在大树之间沿路种植密一些的灌木。

公路下坡与转弯处应在安全视距范围内安排一定的植物绿化,可使驾驶员视点随之变化。在平曲线上,应在曲线外侧种植乔木,并形成连续序列,这样起到标识线形,引导转弯的作用。弯道内侧种低矮灌木,增加驾驶安全性,也能透过低矮灌木观察来车。当坡度较大时草地容易被冲刷,可用乔、灌木给予保护;在低处种植高大植物,高处种植低矮植物,在视觉上降低了坡度。公路空间内可设视觉屏障,产生一定的空间变化。在竖曲线上,也应设计连续序列的乔木,公路两侧绿化带都要设置,这样驾驶员从视觉上根据树的错落差,能预知线形,感受到公路高度变化的趋势。种植手法同样要等距、通视、树种与规格统一。设计良好的竖向起伏树木序列,使竖曲线驾驶有平稳、流畅,连续和较小的高低凸凹中断之感。

(2) 植被绿化与道路结构和环境的协同性

公路布局时尽量不要破坏周围的天然林木,尽量与农田防护林、生态防护林相结合,做到一林多用,协调并存。在竖曲线变坡点、平竖曲线与匝道起终点等线形变化的端部,两侧绿化带种植手法应明显和一般段落不同,起到提示作用。植物绿化的排列,不应简单重复,应存在韵律和节奏的变化。通过运用植物绿化林带、花径等起伏曲折的变化产生韵律。静态空间植物绿化构图中的主景、配景、背景反复向前演进,形成动态连续植物绿化的主调、基调和配调。通过配调的改变,形成一个富有韵律的多样统一整体。如思茅至小勐养高速公路途经西双版纳国家级自然保护区边缘。在建设过程中,尽量做到不碰或少碰山体,尽量保留珍稀植物。如路线经过曼井缅傣族村寨,初设路线正好经过10多棵被当地群众称为"神树"的大榕树。建设者对路线进行了局部调整,保护了神树。普文立交桥区有一棵200多年树龄的野生芒果树,为了保护这棵芒果树,调整了匝道位置。又如在北京颐和园和苏州河道两边的风景林带,油松、平基槭、山楂、丁香等树种组成基本单元,进行拟态反复,即树种基本相同,数量、距离组合位置发生变化,春天以海棠为主调树种,丁香、平基槭、山楂为配调树种,油松为基调树种;秋天以平基槭为主调树种,油松为基调树种,其他为配调树种;冬天以油松为主调树种,其他植物为配调树种,形成拟态韵律。

在较长的空间序列,主调不能一直不变,通过急转或缓转方式进行转调,形成另一个不同的空间序列。同一序列内宜种植同一树种,不同序列间树种变化不可过于频繁,以避免不同树种、不同高度、不同冠形与色彩频繁替换而产生视觉景观的混乱。

公路穿越森林时,应进行生态学和经济学的检验,使之符合森林保护、养护及有关法规要求。避免直穿森林,如必须穿越,则优选以曲线为主的线形。

乔灌草复合的模式不仅容易达到较好的安全和生态效益,而且绿化层次结构与原始的植被结构相似,能够与周围的环境融合,较短时间内完成路域生态的恢复,见图6.3.2。

图 6.3.2 乔灌草结合绿化

植物绿化应考虑对周边地区进行产业引导,引导沿线农民进行绿化,形成较强的生态效果。如果原路段本身具有优美的自然美景,应以突出沿线自然美景为主;可利用树木给美丽的景观镶边,组成框架以加深印象,增加风景的进深。这种种植应保证在正常的行驶状态下,至少有5s的观赏时间。

保护公路占地内和相邻地带原来的植被,如公路沿线有水田和旱田,通常在四周种植篱笆,即所谓的"篱笆围墙式种植",与农作物形成协调的田园风景。

遮蔽种植可用于遮蔽不利于行车及会给驾驶员带来不快的不协调构造物。遮蔽的对象有墓地、垃圾场、公路旁刺眼的建筑物、广告牌、混凝土墙、边坡、边沟、取弃土场、围栏、桥台和桥。

互通式立交桥的不同匝道在空间组合后留下不规则的空地,空间被分割而产生破碎感,应该用植物绿化把分离的空间连接成协调的整体,使之具有顺畅的美感。立交植物绿化因地形不同,空间分割不同,方案也不同。立交区域内由于多层道路穿插,要考虑对行车的诱导绿化及保持良好的通视空间,突出匝道的动态曲线美及建筑艺术形象;环岛的空间较大,是绿化种植的重点,宜种植图案式嵌花草坪,并适当点缀花坛、喷泉或雕塑小品,营造高雅的氛围,构成美景重点,提高欣赏价值,增加行车的舒适性和安全感。

(3)公路植物绿化与水体环境的协同性

靠近水域的公路,应注意保留沿岸的绿化,使其有适当的视点,在公路上能眺望水域美景。公路旁有弯曲溪流时,应注意景观图像效果,保持自然流水状态,借助曲线适应景观,并保持现有水生及沟岸植物的生长状态。

(4)公路植物绿化与防护功能的协同性

为了防止边坡侵蚀、崩塌,通常种植树木、植被类或种草,通过绿化坡面起到美化、保护环境、加快恢复自然美的效果。可分为一般性护坡种植和圬工框架护坡种植。

在低填方路段和平地等行人易进入的路段,用树篱做成栅栏。可以选用灌木和分枝多的亚乔木,或密植乔木。

在坡脚和平地等没有设护栏的地方设置缓冲种植,使用中、低树种,种植密度要大。设计时需要注意该种植方式不但应具有物理效果,也应具有心理效应。此外,该种植方式还应起到视线诱导的作用。

(5)公路植物绿化中的美学协调性

①色泽相配:紫红的槭树、金黄的银杏、娇黄的迎春花、鲜红的山茶花、雪白的李花、粉红的桃花,丰富的颜色搭配能美化路容,提示交通段落,如能考虑植物四季枯荣交替中颜色的变化,将长青植物和季节性植物良好配置,则能取得最佳绿化效果。在夜晚,不同色调的植物对夜光的反光不同,可通过各异的色彩指引路线,减弱驾驶员行车过程中的冗长感。在色泽搭配上,还应考虑沥青、水泥混凝土、砂石等不同种类路面形式各自颜色特点,联系光照、投影,使植物色彩能与路面相适应,不刺眼,达到有机融合。

②乔灌搭配:乔木和灌木的穿插搭配能充分发挥各植物的优势。密灌区常位于湿地,积聚大量养分,起到保水滞尘的作用。

③高低错落:利用多种植物的高低差异,构成高低错落的立体效果,见图6.3.3。

④疏密穿插:疏密合理布局具有几方面的作用:

a.有计划地配置绿化墙能偏转风向,减弱风势,提高行车安全度。

b.在美学上,行车运动中的疏密变化可以产生一种节奏感,并能提示沿途地物、路口。

c.能发挥较好的经济效果,保证各不同种属植物的采光、给水、蒸腾作用,减少维护成本。

d.在路陡弯多的山区公路上,为保证视距及行车中视线通透,绿化带应有疏密变化。

⑤图案编织:在一些特别需要强调美学因素的场合(如隧道出入口、互通区、养护区内),常需要构思设计出完美的美景,见图6.3.4。在某些特别需要强调美学因素的小段落支路路段上,可用密叶植物搭成绿色连荫长廊,构成仿隧道的效果;在路侧小建筑侧墙上装点布置绿色爬蔓植物,增添沿途风光。

图6.3.3 高低错落

图6.3.4 图案编织

⑥植物美化的表现形式:植物美化的表现形式有美景创造、美景组织、美景强调、美景协调、遮蔽等方面。美景创造是指把植物绿化作为美景营造的主角被赋予象征性的地位从而创造合适的美景。美景组织是指通过植物绿化有效组织美景要素,给人以深刻印象,如以借景的手法为代表的前景植物绿化。美景强调是指将植物绿化与其他要素组合成整体,以强调美学质量。美景协调是指消除不太和谐的构造物之间产生的间隙。遮蔽是指将不雅景观对象遮掩住,如用乔木列植隐蔽,用地被植物覆盖。

4)公路植物绿化设计的原则

公路植物绿化设计一般应遵循下列原则:

(1)道路植物绿化不能形成遮蔽浓厚的树林暗洞,以避免日照条件下驶出暗洞时驾驶员眩目。

(2)应该满足眺望的条件,以便得到公路周围一定范围内的线形变化信息,或是得到壮观的眺望目标。

(3)保证路线前进方向开阔的视野,使驾驶员感到心情舒畅,特别是在弯道路段。

(4)路线通过公园和风景区时,无须种植树木;如果想通过植物绿化指示行驶空间,可在公路两旁布置成小空间的视线诱导。

(5)公路通过荒芜的地带,在交叉道路或水沟旁进行种植时,应考虑扩大种植规模,形成新的公路美景。

总之,公路植被绿化试图通过保护、补栽、新栽手段来构成符合高速行驶机能的公路美景区域。

6.3.3.2 种植方式选择

1)植物绿化手法

公路植物绿化应采用尊重自然、效仿自然的方法,实现公路与自然和谐的理念。为达到该目的,公路植物绿化采取的手法大致归纳为:自然式手法、乡土化手法、保护性手法和恢复性手法。

(1)自然式手法

运用生态的原理和技术,借鉴地域植物群落的种类组成、结构特征和演替规律,以植物群落为绿化基本单位,科学而艺术地再现地带性群落特征。该种方法能顺应自然规律,利用修复技术,构建层次多、结构复杂和功能多样的植物群落,提高自我维持、更新和发展能力,增强系统的稳定性和抗逆性,实现人工的低度管理。

(2)乡土化手法

根据当地的植被状况,使植物防护和绿化符合当地的自然条件,反映当地的自然特色,使公路融于自然,在植物选择上,遵循"乡土物种为主""适地适树"的原则。

(3)保护性手法

对公路路域内的生态因子和生态关系,进行科学的研究分析,通过合理布局,减少公路建设对自然的破坏,以保护生态系统,比如公路通过植被良好的林区,应当采用"不破坏就是最大的保护"的方法进行建设,任何后天人为的绿化方式都无法与自然植被美景相媲美;对于有历史和美学价值的区域应采取恢复技术的做法,即先集中假植,然后回栽到与其原生境条件相似的地方;对名树木、文物古迹等应妥善保护、合理利用。

(4)规则式手法

规则式手法强调形式的整体性、规则性和几何性,平面布置、立体造型以及植物种植都要严整对称,以突出视觉冲击感。在造型上结合当地地域和风土人情,通过不同表现手法和种植形式,营造出优美的人工环境。

2)植物绿化层次的组成

植物绿化层次的组成包括高大乔木的单层植物绿化,中等乔木的单层植物绿化,灌木的单层植物绿化,高大乔木和灌木的双层植物绿化以及由乔木、灌木、地被花卉组成的多层植物绿化等;前三种是规则式植物绿化,后两种是自然式植物绿化。不管采用哪种植物绿化形式,保持朴素和简练是很重要的。特别要注意遮挡视野的中等乔木的植物绿化,如果公路要求视野良好,则一般不采用这种植物绿化形式。

定形植物绿化的参数确定如下:

(1)行道树的侧向净空

定形植物绿化时,无论是路旁的行道树还是灌木,具有统一的宽度、形状,并且一般都与行车道平行。如果考虑安全行驶和道路美学要求,绿化带与行车道的距离,应该根据动视觉特性要求制定。

汽车高速运动时,路旁树木一晃而过,形象有时连续不清,注视快速掠过的树木有头晕目眩之感。研究表明,当眼睛注视一景物时,如果物体向后移动的回转角大于72°/s,则物体在视网膜上模糊不清,为了清楚辨认景物,则被注视的景物向后运动的回转角必须小于72°/s,以此推算路旁绿化带距外侧路面车道边缘的最小距离(横距)D_1,如表6.3.1所示。

满足回转角72°/s的横距　　　　表6.3.1

车速(km/h)	20	40	60	80	100	120
横距D_1(m)	1.30	3.11	4.92	6.72	8.03	10.33

从D_1距离来看,各级公路不宜在路肩上绿化。以平原、微丘标准为例,高速公路绿化距路肩边缘约为7m;一级、二级公路约5m;三级公路约4m,大致都在边坡外。如果考虑树木高度及树影的光斑对行车的影响,则要考虑最不利季节的树影长度。

如果同时考虑景物运动回转角度不大于72°/s和清晰辨认时间为5s,推算所需的路旁绿化带距外侧路面车道边缘的距离(横距)D_2,如表6.3.2所示。

满足运动转角不大于72°/s和清晰辨认时间5s的横距　　　　表6.3.2

车速(km/h)	20	40	60	80	100	120
横距D_2(m)	9.03	18.05	27.08	30.10	45.0	54.15

国外的一些试验也表明,车速为64km/h时,可以看清楚车两侧24m外的物体;车速90km/h时,能看清楚两侧33m外的物体。考虑到用地困难,此距离作为道路绿化位置显然是难以接受的。从公路美学考虑,绿化点和建筑物外推到此位置时,其细部可被清晰辨认。上述数据是对道路两侧绿化带横向距离从动态特性进行定量研究,结果表明对高速公路两侧近距离范围内的绿化美化,对用路者来说是毫无意义的,但是却改善了沿线居民的生存环境。

(2)纵向绿化间距的确定

①乔木纵向绿化间距的确定

行道树没有明显的植物绿化宽度,不会带来特别的美学效果。相反,随着车速的提高,由此引发的撞车事故时有发生。可以说,过去种植行道树时,没有什么设计意图,只觉得它是一种经济的公路植物绿化美化方式。现在,行道树的种植依然是我国公路植物绿化的基本方式,为了行车安全和公路美观的需要,在满足表6.3.1所要求的外侧横距条件下,有关公路专家推荐乔木的株距如表 6.3.3 所示。

推荐的乔木种植间距(横距为 D_1 时)　　　　　　表 6.3.3

车速(km/h)	20	40	60	80	100	120
极限最小间距(m)	1.5	2.50	4.00	5.00	6.50	7.50
推荐株距(m)	>5.00	10.00	15.00	20.00	25.00	30.00

从表 6.3.3 中数据可知,当行车速度大于 80km/h 时,科学种植行道树已经很稀疏,起不到美学效果,高速路上还会存在斑驳树影而影响行车安全。

②灌木纵向绿化间距的确定

现代高速公路更趋向于采用灌木、草皮、花卉进行绿化,特别是密植灌木,可以同时起到防撞和遮蔽作用,但是两段灌木间应有足够的间距,提供观看路旁美景的机会。基于表 6.3.2 的数据,得出满足观赏要求的间距(表 6.3.4)。

满足观赏要求的连片丛林(灌木)间距(横距为 D_2 时)　　　　　表 6.3.4

车速(km/h)	20	40	60	80	100	120
观赏间距(m)	30	55	80	110	140	160

6.3.3.3　植物选择

1)不同植物的作用和优缺点

不同植物在公路绿化美化中具有不同的作用和优缺点,对其分述如下:

(1)草本植物的作用和优缺点

草本植物的优点:①草本植物种植不仅方法简便,而且费用低廉;早期生长快,对防止初期的土壤侵蚀效果较好。②作为生态系统恢复的起点,有利于初期表土层的形成。

草本植物与灌木相比具有以下缺点:①草本植物根系较浅,抗拉强度较小,固土护坡效果较差。在持续的雨季里,高陡边坡有的会出现草皮层和基层剥落现象。②群落易发生衰退,且衰退后二次植被困难。③开发利用的痕迹长期难于改变,与自然美景不协调,改善周围环境的功能差等。④坡地生态系统恢复的进程难以持续,易成为藤本植物滋生的温床。⑤需要采取持续性的管理措施等,维护和管理作业量大。因此,单纯的草本植物用于公路的植物绿化并不理想。

目前使用的草本植物大部分属于禾本科和豆科。禾本科植物一般生长较快,根须大,护坡效果好,但需肥较多。而豆科植物苗期虽生长较慢,但由于可以固氮,故较耐瘠薄,耐粗放管理。其花色较鲜艳,开花期美学效果较好。根据各草种对季节性温度变化的适应性,可分为暖季型与冷季型两类。冷季型草比较耐寒,但耐热性和耐旱性较差。而暖季型草较耐热、耐旱,但不耐寒,以地下茎或匍匐茎过冬,故冬季美学效果较差,但其管理较冷季型草粗放。草本植物的繁殖可采用营养繁殖,也可采用种子繁殖。

(2)灌木植物的作用和优缺点

灌木的种植可以采用扦插的方式,也可采用播种的方式。灌木宜和草本植物混合种植,以充分发挥两者的优势,又可避免两者的弊端,达到快速持久护坡的效果,同时具有良好的美学效果。

灌木作为绿化植物主要的缺点是成本较高；早期生长慢，植被覆盖度低，对早期的土壤侵蚀防止效果不佳。但是可以通过与草本植物混播，草本植物早期迅速覆盖地面防止土壤侵蚀，后期由灌木发挥作用的方式解决。

(3) 藤本植物的作用和优缺点

藤本植物主要应用于坚硬岩石边坡或土石混合边坡的垂直绿化，垂直绿化是公路边坡生态防护的特殊形式。藤本植物宜种植在靠山一侧裸露岩石下，一般不易坍方或滑坡的地段，或者坡度较缓的土石边坡。可用于公路边坡垂直绿化的藤本植物主要包括爬山虎、五叶地锦、蛇葡萄、三裂叶蛇葡萄、藤叶蛇葡萄、东北蛇葡萄、地锦、葛藤、扶芳藤、常春藤和中华常春藤等。藤本植物主要采用扦插的方式进行繁殖。

用藤本植物进行垂直绿化的好处是投资少，用地少，美化效果好。缺点是由于边坡一般较长，藤本植物完全覆盖坡面需要的时间长。

(4) 乔本植物的作用和优缺点

乔木是公路绿化美化中除了草本植物之外最常用的植物。乔木主要用于路际两边的行道树、防护网周围的防护带、靠近村庄和城镇的隔音林带、服务区、立交区植物组景等。乔木的特点是树型高大、叶片丰富、肥大，具备遮阴、吸尘、降噪、防风防沙、固土护坡、改善局部小气候等功能。而在植物组景的表现上是所有植物种类中最能出效果的一种植物。

2) 温度对植物选择的影响

最高气温和最低气温决定着植物能否正常生长发育，能否顺利越夏、越冬等；降雨(雪)的时期及雨量也是决定采用植物种类的重要依据。由于我国国土面积较大，高速公路建设跨越的纬度也较宽，温差变化也较大，在植物种类的选择上也很多，掌握公路路际的气候条件对路际植物绿化设计的植物配置具有重要的现实意义。

3) 植物选择的影响因素

公路植物绿化需要根据其目的，选择适宜的植物种类。野生种类和深根种类，一般对气候和区域等自然条件有很好的适应性，在以大自然作为背景的情况下，原则上采取野生种类和深根种是比较有效的。在选定物种的时候，也不能无条件使用地方野生种，要把握树种的特性以及公路的具体区域，选定能发挥种植效果，最适合对应区间的种类，具体要参考以下方面的因素：

(1) 植物绿化的分布；
(2) 树高、冠幅、落叶常绿、树形、根系等性状；
(3) 树形、叶的季节变化，茎、花和果实、绿度等特征；
(4) 生长的速度、变迁的特征、发芽的难易、抗病害能力等属性；
(5) 抗旱性、抗寒性、抗风性、耐阴性、耐移植性、耐修剪性等；
(6) 市场供应状况等。

4) 绿化植物的合理组合

公路植物绿化设计除选择合适的绿化植物外，其组合方式的选择也很重要。根据生态学的基本原理，群落组成成分越多越复杂其多样性指数越高，抗干扰能力越强。因此，植物的组成不能太单一。由于不同植物种群之间存在竞争，组合时要充分考虑不同植物生物学特性，否则适得其反。在考虑植物组合时，首先根据所在地区和地形的不同，建立合理的群落水平结构。其次,要考虑群落的垂直结构。不同的物种由于它的遗传特性,对光、温度、养分和水分等的要求不同,在组合时地上部分要根据不同植物茎、叶、枝的形态和生理特点,使之互补互利。

在坡面绿化的植物组合中,采取地被植物和乔灌木相结合,使须根系和直根系植物互相配合,分布更加有层次,防护效果更佳。由于不同植物种群之间存在着竞争,组合时应充分考虑不同植物的生物学特性。如同是根茎型的鹅股颖和狗牙根混播,因其根系和地上部分的分布基本相同,因而它们之间在养分、阳光、空气、水分等方面的竞争很强烈,竞争的最终结果是其中一种被淘汰;野牛草与紫穗槐搭配,由于紫穗槐生长旺盛而野牛草不耐阴,野牛草很快就消失了。

植物组合,既要考虑公路的水土保持和护坡的需要,同时也不能违背生态学的规律。首先根据所在的地区和地形的不同,建立合理的植物群落结构,如公路边坡的保水困难,特别是坡顶附近更难保水,在种植时,坡顶宜选用植株比较矮、抗旱性强的禾本科地被植物,坡脚可以混播一些比较高大的豆科和禾本科牧草及小型灌木。因为环境水平分布不均匀,所以在植物群落的品种搭配中首先要考虑应因地制宜,减少彼此之间的竞争;其次要考虑群落的垂直结构。不同植物对光照、温度、水分等的要求不同,在组合时地上部分要根据不同植物形态和生理特点,使之互补互利。如直立与匍匐搭配,喜阳与耐阴搭配,高与矮搭配等。地下部分根据根系的分布特点合理配置,如深根与浅根,直根系与须根系,需氮多与能固氮的植物相互搭配等。

5) 植物选择应满足的条件

选择的植物应满足以下条件:①适应当地气候及立地条件;②具有较强的抗逆性;③与设计目的相适应;④具有可持续性;⑤工程可实施性强;⑥管理工作量小等。

6.3.3.4 遮挡设计

植物绿化在公路绿化美化建设中的一个重要应用就是遮蔽公路沿线容易使人不愉快的视点。视线遮蔽的一般条件如图 6.3.5 所示,遮蔽的范围与树木及视线的高度有关。

因为:
$$\tan\beta = \frac{e}{D}; \tan\alpha = \frac{H-e}{D}$$

则:
$$h = d \times \tan\alpha + D \times \tan\beta = \frac{d}{D}(H-e) + e$$

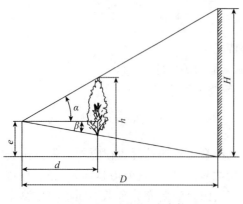

图 6.3.5 遮挡的一般条件

式中:h——遮蔽树木的高度(m);

d——视点与遮蔽树木之间水平距离(m);

D——视点与被遮蔽物体之间的水平距离(实测,m);

H——被遮挡物的高度(m);

e——视点高度(人站立 1.50~1.60m,小车 1.1~1.2m,大客车 2.2m);

α——水平视线与被遮挡物上部连接的仰角(可实测,°);

β——水平线下部与被遮挡物下部连接所成的俯角(°)。

从遮蔽的一般条件可计算树木遮断的范围,以及需要遮蔽时树木的高度。

(1) 汽车行驶条下的侧向遮蔽与防眩

从人的视觉特性可知,正常人的视觉清晰区是偏离视线中心 1.5°左右范围内。虽然人的视野范围左右水平张角可达 160°,但只有在 60°角的范围内物体才是清楚可辨的,超过此范围,物体清晰度会迅速下降。

假如在快速行驶条件下,驾驶员或乘客只注视前方,此时能否从树木间隙看到路旁的景物不仅与树形、树冠大小有关,更取决于树木的间距 S(图 6.3.6)。

当树冠直径为 d,树木遮断视线的间距为 S,则有如下关系:

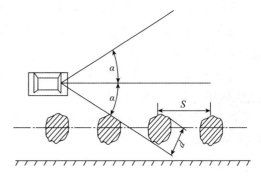

图 6.3.6 侧向遮挡

$$S = \frac{d}{\sin\alpha}$$

式中:d——树冠直径(m);

α——汽车行驶方向的平面角(°)。

当平面偏角为 60°时,即 $\alpha=30°$,$\sin\alpha=0.5$,$S=2d$。故可认为当 $S \leq 2d$ 时,在驾驶员只注视前方的条件下,侧方视线可以被遮断,此时路侧景物可被认为看不清楚或看不到。

在高速行驶下,驾驶员注意力集中,其视野有缩小的趋势,因此只要灌木超过视线高(小车 1.50m 以上,大车 2.0m 以上),并且植株间距满足上述要求时,即开始具有一定的防眩效果(防眩要求高时,则需专门设计)。如果考虑汽车前大灯的照射角度时,一般在株距为树冠直径的 5 倍时即具有防眩效果。

防眩问题在有分隔带的汽车专用公路上很突出,如果要彻底解决防眩问题,只依靠种植手段很不合算,只有在地形富有变化,中央分隔带较宽的情况下,高速公路可采用密植树木作为防眩设施。一般情况下,最好是防眩板和植物配合使用。

(2) 行驶条件下视觉的完全遮断

上述考虑的只是一种假设情况,即驾驶员只注意前方(视轴方向为行车方向),这种情况只有在高速行驶时才会发生。通常在行驶速度不高或行驶条件较好的情况下,驾驶员会左顾右盼,乘客更是如此,为的是摆脱旅途寂寞单调感。此时观察视轴不再平行于行道树,用路者可以透过树木间隙看清楚路旁景物。因此在公路植物绿化设计中,要完全遮挡让旅客不愉快的视觉区域,上述的种植密度是不够的。

在高速行驶中,如果速度足够快,行道树靠近行车道,由于视觉暂留的缘故,行道树会连成一片并与后面的景观相重叠。这种景象在极短的出露时间内不断重复而被看作连成一体,并融合于背景中;它的发生有一个临界条件即临界融合频度(CFF),一般为 50~60Hz。在中心视觉条件下,树木的重复出露速度是否能达到融合频度,与三个因素有关:车速、行车道与行道树的距离、株距。如果行车条件和环境接近临界条件,则无道路景观可言,近景模糊不清,远景被行道树完全遮挡,满足不了旅客观光的要求。

为了避免以上两种不利的极端,应进行有目的屏蔽和展示视觉资源,为产生良好视觉遮断效果,应同时具备下述条件:

①树木的重复出露频率应在 CFF 值以下,当中心视觉为 $1.5°$ 时,$F=V/S$ 值在 18Hz 以下;

②单株树的露出时间,应大于人们能够意识到树木整体出露形状的感观反应时间,即时间 $t=d/v$ 为 0.03s 以上;

③如相邻树不重叠,则树木间休止时间也应保留在一定值以上,即 $T=W/V$ 为 0.25s 以上,大体相当于视觉辨析反应时间。

以上关系如图 6.3.6 所示:d、S 意义同前;W 为一列树的间隙宽度;F 为行道树的重复频度;T 为树木间隙的休止时间;t 为树的露出时间;V 为行道树的相对速度。

6.3.3.5 眺望设计

为了克服汽车旅行的单调性,改善行驶环境,应该给驾驶员和乘客创造视觉乐趣,提供欣赏美景的机会。特别是在旅游道路上,新行道树木的规划,或者是公路沿线树木的砍伐清理,都应考虑动视觉特性,使乘客可以在运动的车中清楚地眺望美景。

如果想从树丛的空隙间欣赏美景,必须有充分的视觉辨认时间。视觉辨认时间包括景物出露时间和大脑对视觉信息的反应时间。从以上遮断条件讨论中可知,美景的露出时间必须大于 0.03s,而反应时间一般需要 0.2s,因此,辨认美景最少需要 0.23s 的时间。如果树木之间没有足够的间隙就不能保证此时间,则从间隙中看美景是不可能的。但最少的辨认时间是不可能清楚欣赏美景的,有关研究表明辨认清楚美景应有 4s 的时间。汉斯·洛伦茨所著"公路线形与环境设计"中,推荐值为 5s,以满足乘客眺望要求,而电影或电视始像时间也为 5s。

眺望美景时所需的树木间隙距离 W:

$$W = V \times t$$

式中:V——树木的相对速度(m/s);

t——辨认美景的时间(s)。

根据 $t=0.23$s 或 $t=5$s,可以得到表 6.3.5 的结果。

满足眺望要求的障碍物间隙   表 6.3.5

车速	km/h	20	40	60	80	100	120
	m/s	5.56	11.11	16.67	22.22	27.78	33.33
$W_1(t=0.23\text{s})$		1.23	2.56	3.83	5.11	6.39	7.67
$W_2(t=5\text{s})$		27.80	55.55	83.35	111.10	138.9	166.65

6.3.3.6 声屏设计

采用植物绿化的方法形成声屏障大体有两种方法:一是采用全部的植物形成声屏障,一般采用多列具有一定高度的密植乔本植物形成声屏障;二是采用粗糙或凹凸不平的石(砖)砌或混凝土墙或土堆,用攀藤植物覆盖的方法形成绿化声屏障。

植物衰减噪声,特别是林带对防治噪声有一定的作用。据测定数据,40m 宽的林带可以减低噪声 10~15dB,30m 宽的林带可以减低噪声 6~8dB,4.4m 宽的绿篱可减低噪声 6dB。树木能减低噪声,是因为声能投射到枝叶上被反射到各个方向,造成树叶微振而使声能消耗而减弱。

在张石高速高家庄段 k48+390 处设置植物降噪处理。常绿灌木如虎榛子、华北珍珠梅、三裂绣线菊等 1 行,高 1.5m 以上,密植;常绿乔木圆柏、华山松、白皮松等 5 行以上成小区间间隔种植,高度>5m。紫荆关长城遗址 k81+615 处设置水泥混凝土声屏障,两侧种植攀缘植物南蛇藤或地锦,墙前分别种植灌木绿篱、桧柏单列(高 2m 以上);声屏障后防声林带种植高度 3~5m,从内至外依次为:常绿乔本科植物 1 列,落叶乔本植物 3 列,灌木 1 列。这种情况下的栽种只需满足各种苗木的生物学成长需求和种植的经济性要求,在成熟龄期内形成茂密的植物墙体即可。

某公路的一段声屏障采用粗糙的表面,用有花的凌霄为攀缘植物,以常绿的迎春装饰下部基础,过往的驾驶员远远就可以望见,成为一个引导和调节驾驶心理的视觉关注点。

在大多数的行车速度情况下,公路沿线的防噪植物绿化对用路者来说已经不是清晰的景观了,在这种情况下,按照动视觉特性的要求,可清晰辨认的公路美景横距应为30.1m,在我国土地资源很紧张的情况下是很难达到的。因此,防噪种植所形成的近距离景观对用路者来说只能是一种感觉和印象,它的重要意义在于改善沿线居民的生产生活环境。

6.3.3.7 指示、标志设计

乔木或者灌木属于公路沿线的垂直要素,垂直要素可以突出表现公路的线形,对驾驶员起到一个视线诱导的作用。主要为诱导驾驶员视线而进行的植物绿化就成为指示植物绿化。

弯道外侧的指示性植物绿化尤为重要。这种垂直要素可以给驾驶员以强烈的弯道驾驶安全意识,明确显示弯道的方向和曲率。用于指示性植物绿化的行道树在满足明确指示方向要求的同时,株距应尽可能大,不应遮蔽瞭望前方的视野。

在凸型竖曲线顶部的指示植物绿化,对看不清的公路线形要在空间描绘出来。垂直要素如果就在凸型竖曲线顶部近端开始的话,通过竖曲线就比较缓和,驾驶员会感觉到前方公路界限好像比较熟悉的样子。

单调或者完全不长草木的景观中,沿线的植物绿化也可成为行驶距离和速度的指示,同时也可给行驶过程增添些变化。可以通过一些措施做到,例如栽种一片树木,或者保留一颗独立的大树,当汽车驶近时可以加强视觉印象。如果在大森林中,作为沿线垂直要素的林区边缘部分树木若疏若密,可起到缓解长途开车单调性的作用。

临近匝道两端,可在外侧适当种植一些低矮的树丛、树球及小乔木以诱导行车方向,见图 6.3.7,给驾驶员心理预知的安全感。

进出城市、地区等重点路段,宜配置标志性的绿化植物以起到地域的标志作用,便于驾乘人员确定所在位置。

6.3.3.8 园林设计

一般适用于宽阔的分隔带或大型立交地段,根据地形特征采取一种自然式的植物绿化美化风格。除了考虑交通功能的要求以外,也很讲究环境美化功能。具体设计从以下几个方面着手:

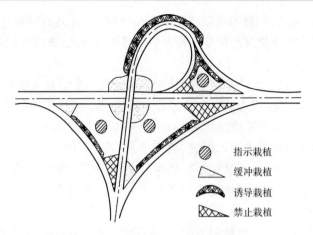

图 6.3.7 植物绿化在公路中的应用

1)构图骨架的形成

公路植物绿化和纯粹的园林植物绿化在功能上虽然要求不同,但对于很宽阔的道路植物绿化地带,也讲究美化构图骨架的形成,通过植物绿化形成高低错落的林冠线及林沿线布局。因此,树种的选择和数量的确定要适应这一特点,形成高度之间的不同搭配。一般常选用绿乔木如雪松、白皮松等树冠紧凑、树形优美的树种来完成这一目的,位置选择一定要注意主干道路的走向以及与次干道的关系。

2)搭配物种的应用

搭配树种可选用一些季相丰富的叶树,并考虑与骨干树种所形成的前景与背景的构图关系,视觉比例尺度,自然植物绿化方式等内容。

3)色调的选择

花冠木的色彩配置构成了美景的基调。首先要了解植物绿化地点的地理位置和环境,如果是与城区相连的立交,色调可以布置得五彩缤纷一些,远离城区的可以设计得淡雅一些。其次,花灌木的配置,根据植物绿化空间的分布情况,遇面则面,遇角则角,自由布置,不拘一格。

4)平面背景的处理

地被草坪的植物绿化,关系到美学整体效果平面背景的形成,宜选用耐寒、耐旱、耐粗放的品种进行设计;护坡植物绿化利用固土性能强的植物如小冠花、狗牙根、迎春等,有利于对路基的保护,同时也有利于建成以后的养护管理。

6.3.3.9 明暗过渡设计

在隧道两端洞口外光线明暗急剧变化地段应种植高大乔木(10m 以上),以缓和进出隧洞前后的明暗变化。

6.4 中央分隔带的植物绿化

1)中央分隔带植物绿化的作用

公路的中央分隔带宽一般为 2~3m,分车带还可更宽些。在夜间,中央分隔带植物绿化的主要目的之一是遮挡迎面来车的大灯眩光。在白天，在高速公路上行车的驾驶员由于精力集中而容易产生视觉疲劳，因此改善和解决视觉和精神疲劳问题是中央分隔带植物绿化的另一个主要目的。总之，绿化需要在满足公路建设基本布局要求的前提下，通过详细分析环境以及进行植物的选择和配置来改善公路的交通环境。

公路建设是地区经济发展腾飞的前提，其绿化美化体现了地区的经济、文化发展状况。中央分隔带美景给人以第一印象，因此在公路整体绿化中其美学地位尤为突出。高速公路建设在平面和立面上都会对自然环境产生较大破坏，为了使人在视觉上减少硬质景观和公路建设破坏的感觉，通过中央分隔带的植物绿化在视觉上进行调节，缓解硬质景观的视觉冲击，除此之外，中央分隔带主要还有以下的作用：

(1) 分隔车流、减少眩光、保证行车安全。双向车道通过视觉上的隔断或掩蔽来弱化对向行车间的干扰，减少心理负担和压力。通过植物种植，繁密枝丛对灯光产生遮挡、吸收或反射，从而大大减少对驾驶员视觉的干扰。

(2) 缓冲作用。植物密实的枝丛可以有效缓和汽车的冲撞力。

(3) 美化作用。连续而富有变化的中央分隔带植物种植形式可构成美丽的流动风景线，同时打破高速公路单调的景观，增加视觉兴奋点，减少驾驶疲劳。

(4) 生态作用。植被可以补偿人类活动对环境的破坏尤其是人类活动带来的空气污染，对污染物进行一定的吸附、吸收，同时植物绿化分隔带可降低车道行车噪声 25~35dB，达到改善环境的作用。

综上所述，中央分隔带的植物绿化无论是在实用上还是在美学效果上都具有重要作用。

2) 中央分隔带植物绿化的美化设计

在中央分隔带中，往往采用一定的植物绿化模式，每一种模式在一定距离内变化。

中央分隔带绿化用于防眩的植物最好为常绿并生长缓慢的植物，即使在冬季也具有良好的遮光挡光效果，其高度应足以胜任其功能。弯道、竖曲线，及其组合段落的中央分隔带应是考虑的重点，在植物种植密度、高度及高度变化位置等方面均应仔细推敲，达到尽量减弱夜间行车大灯眩光的影响。高速公路中央分隔带的植物绿化主要以绿篱及列植常绿灌木为主，部分地段配有花灌木及草坪。

中央分隔带处于汽车尾气污染严重、气温高的恶劣环境中。由于路面吸收太阳辐射的能量，路面气温较高。同时行车速度快，导致中央分隔带空气流动性大，水分蒸发加速，对植物生长极为不利。基于行车安全的考虑，需防止车灯产生眩光并诱导视线。总体布局以低矮的人工造型树为主，同时种植抗逆性强、美学效果好的植物。因此，植物绿化树种首先应选用常绿树种、乡土树种，容易生长的、生命力强的、可修剪的植物树种。在植物配置设计方面，多结合乔灌木的搭配和大面积的绿地，以展现空间层次上的感觉；选择耐高温、抗旱、耐贫瘠、枝繁叶茂的常绿树木；平面布置上，孤植、间植、列植、排植，相互变换，营造出疏密相间的围合空间。

3) 中央分隔带的植物防眩设计

防眩是夜间安全行车的重要保障，对中央分隔带除采用防眩的设施外，当分隔带较宽时，防眩可以采取植物绿化措施，简便易行，造价低廉。防眩植物绿化设施的设计主要考虑四个方面的要素：遮光角、防眩高度、防眩宽度和间距，见表 6.4.1。

汽车驾驶员的眼睛高度、汽车前照灯高度及照射角　　　　表 6.4.1

车 类 别	眼睛的高度(cm)	前照灯的高度(cm)	照射角(°)
轿车	120	80	12~14
卡车	200	120	12~14

遮光角:根据国内外高速公路的使用经验,防眩设施一般应保证 8~10°的遮光角,由于考虑绿化植物的枝叶稀疏等因索,建议采用上限10°。

植物高度:防眩绿化植株的高度与车辆前照灯高度、驾驶员的视线高度、道路状况和车型组合等不确定因素有关。一般认为平直路段适宜的防眩高度为 1.6~1.8m。如果太高,容易产生压迫感,对驾乘人员的心理有不利影响;太低则达不到防眩的目的。平曲线路段防眩设施高度应与直线段设施高度一致。凸型竖曲线防眩设施以最小防眩设施为准;凹型竖曲线路段应高于最低防眩高度 10~20cm。

防眩宽度和间距:只有分隔带的宽度大于1.5m 时,才考虑用植物防眩。如果小于1.5m,一般采用防眩隔栅(防眩板)。

(1)直线段防眩植物绿化间距

对于植物种植间距和树冠的关系,如果照射角为 12°,则根据图 6.3.6 所示原理计算,得到表 6.4.2 的数值。

防眩种植间距和树冠直径　　　　表 6.4.2

植株间距(cm)	树冠直径(cm)	植株间距(cm)	树冠直径(cm)
200	40	700	140
300	60	800	160
400	80	900	180
500	100	1000	200
600	120		

从表 6.4.2 中可知,株距基本上是树冠直径的 5 倍。但是在实际情况中,由于车流量大,车型组合不同,线形组合不同,5m 以上的植株间距不能有效地控制眩光。

当树冠直径大于 100cm 时,可依据下式求出直线段高速公路中央分隔带植株间距的最大值。

$$L = 2b \frac{[(B_1+B_2)^2+L_1^2]^{\frac{1}{2}}}{B_1+B_2} (适用于树冠直径大于100cm)$$

式中:L——植株间距;

B_1、B_2——相向车辆纵向中线分别至中央分隔带纵向中线的距离;

L_1——两辆车纵向距离;

b——植株的树冠半径。

(2)曲线路段种植间距

在平曲线路段,防眩种植的间距应以车辆在曲线内侧的影响结果作为确定弯道处植株间距的依据。当车辆位于曲线内侧时,植株间距为:

$$L' = \frac{d}{\sin(\alpha+\theta)}$$

式中：$d=2b$——植株的树冠直径；

α——照射角；

θ——主光轴与防眩植株中心线方向之间的夹角。

直线处植株间距与曲线处的关系为：

$$K = \frac{L}{L'} = \frac{\sin(\alpha+\theta)}{\sin\alpha} = \sqrt{\frac{\left[1-\left(1-\frac{\Delta R}{R}\right)^2 \cos^2\alpha\right]}{\sin^2\alpha}}$$

由上式可知，曲线段上的防眩植株种植间距应适当地缩短。依据标准中所规定的平曲线半径值，在车辆前照灯照射角为 12°的条件下计算出的相应 K 值，见表 6.4.3。

直线处植株间距与曲线处的关系系数 K 表 6.4.3

车速(km/h)	车 道 数	$\Delta R/R$	K
120	8	0.0237	1.427
120	6	0.0179	1.336
120	4	0.0121	1.238
100	4	0.0185	1.346
80	4	0.0175	1.483

4）考虑行车安全和美化要求的中央分隔带植物绿化方法

根据安全行驶和美观的要求，中央分隔带植物绿化应采取以下手法：

（1）中央分隔带植物绿化应强调统一中求变化，突出绿色基调，以整形灌木为主，树种种植方式可采用多种形式，如单排单株、双排单株、不同种类的植物间隔种植等，变化间距一般在 6~10m 为宜。

（2）为避免树种配置及色彩单调，每隔一定距离应配置适当长度的观赏花灌木绿化带，通过花灌木的不同花期、花色以及叶色变化，减少单调感。

（3）从环境保护和视觉方面考虑，中央分隔带的植物绿化应选择对沿线环境适应能力强、生长迅速、常青的优良树种、草种。另外，植物色彩应合理搭配，地表以铺草坪和植被为主，选择不同叶色、花期的地被植物分段设置，使中央分隔带的色彩有所变化，增强美化效果。

5）中央分隔带植物绿化的形式

中央分隔带植物绿化形式，根据位置不同可分为普通段植物绿化、美化段植物绿化及岛头植物绿化：

（1）普通段植物绿化，普通段占中央分隔带的长度比例较大，设计目标是防眩，在此基础上稍做美化设计，这种种植方式通常比较简洁、朴素、大方。常见的种植形式有：树篱式、整形式、平植式等。

（2）美化段植物绿化，主要是指在靠近服务区、收费站、房建区、隧道、桥梁和城镇等地段来加强美学效果，增加路段的亮点，活跃美学气氛。美化段是通过调整防眩树种的植物绿化形式，应用较多的色叶灌木以及宿根花卉，大尺度、明快流畅色块和造型设计来实现。常见的植物绿化形式有:树篱式、整形式和图案式等。

(3)岛头植物绿化:岛头位于分隔带的开口处,植物绿化应从低到高,循序渐进到普通段防眩树种的高度。岛头内防眩主树应密植,苗木间距应小,并修建成坡面。岛头植物绿化应成片布置成图案或色块造型。

6)桥梁中央分隔带植物绿化

桥梁上的中央分隔带采用植物绿化分隔时应做特殊处理,设计成种植池或花钵种植的形式,这种形式比硬质防眩板具有更好的美学效果,保持了公路美景的连续性。植物选择应以常绿灌木为主,并注意与相邻中央分隔带相协调。

7)小磨高速中央分隔带植物绿化

小磨高速气候终年温暖,年平均气温15℃~20℃,夏季气候较炎热、雨量充沛、蒸发量大的特点。设计上植物选择以耐旱、耐贫瘠、耐修剪、耐热、四季常绿等特性的植物为主,可采用绿篱式及间植式相结合的种植方式。

由于该项目桥隧比较高,根据本项目路线中分带绿化带分布特点及气候炎热、雨量充沛的特点,沿线中分带共划分为3个大段落:

(1)起点 K0+000~K36+000 段

沿中央分隔带列植一排绿叶垂叶榕,种植间距1.5m,每两株垂叶榕中间间植1株黄金榕球,中央分隔带中间种植0.8m宽大叶红草,种植密度每平方16株;路沿两侧各种植一排美人蕉,种植间距20cm,如图6.4.1所示。

(2)K36+000~止点段

沿中央分隔带列植一排绿叶垂叶榕,种植间距1.2m,每两株垂叶榕中间间植1株叶子花;每隔200m绿叶垂叶榕处种植5株红绒球,红绒球种植间距1m;地被金花生满植,如图6.4.2所示。

图6.4.1 小磨公路中央分隔带绿化之一　　图6.4.2 小磨公路中央分隔带绿化之二

(3)重点立交区段

主要包含了勐宽立交段、勐仑立交及联络线段、龙林立交段的中央分隔带绿化,绿化形式采用绿篱加球型灌木球种植,球型灌木选择七彩大红花,种植间距1m;种植七彩大红花每200m处种植50m长红叶石楠色带,修剪成绿篱;地被植物选用草花植物金花生,如图6.4.3所示。

第6章 公路植物绿化美学

图6.4.3 小磨公路中央分隔带绿化之三

6.5 边坡植物绿化设计

1）边坡植物绿化的作用和意义

边坡植物防护是基于植物学、工程力学、水力学等学科的基本原理,利用活性植被材料,结合其他工程材料在边坡上构建的护坡系统。通过植物自支撑、自组织与自我修复等功能来实现边坡的抗冲蚀、抗滑动和生态恢复,以达到减少水土流失、维持生态多样性和生态平衡及美化环境等目的。植物的垂直根系穿过坡体浅表的松散风化层,锚固到稳定层内,起到锚杆作用,在土壤表层及下伏风化残积层中盘根错节的根系,能视为三维加筋材料,可增加土体的凝聚力。另外,植被的蒸腾作用对地下水系的影响以及微生物对土体的自我调节功能也可对边坡防护起着不可忽视的作用。

植物根系对其存在的土体的力学加固效应是显著的,但这种效应仅存在于地表以下较浅的深度范围内;尽管某些深根性植物的根系可以到达地下5m,甚至5m以下的深度,但在这一深度范围,无论单根的直径,还是根系的总密度都已大幅度衰减,其加固效应已十分微弱。从根系的力学加固效应来看,植被对于遏制表层水土流失及部分浅层滑坡是有效的,但对更为普遍、危害性也更大的边坡的深部滑动,其功效较为有限。坡面生态防护是边坡加固与绿化美化的有机结合。公路边坡绿化美化,设计是关键,不仅要确保边坡的稳定性,而且要为植物的生长创造条件。

公路边坡植物防护应满足安全行车、防护诱导、保护环境和绿化创面等功能,实现与周边环境相协调,突出"生态、环保、绿色"三个目标的实现,做到回归自然。同时,运用植物的姿、色、味各要素,营造优美的多维美学环境,使路容路貌高于自然。对于各类采石场,开山取石往往占用或破坏耕地与环境,留下的是残缺不全的光秃秃的山坡缺口,造成地表裸露,尘土飞扬,对环境生态与美景的影响极大。开山采石首先要砍掉树和草,去土层而取石,从而把一座座秀丽的青山变成乱石堆。弃土弃石堆弃于坡面,压死压坏植被,并形成一个个土石堆,造成水土流失,甚至产生堆土(堆石)的滑动(如深圳光明新区一工业园区附近发生的渣土滑坡灾害)。有的坡面稳定性差,岩体崩塌现象时有发生,造成水土流失、泥石流和滑坡等现象。绿化自然坡面、开挖施工产生的坡面或堆弃土场的目的是恢复其自然生态环境并起到一定的稳定作用。

边坡是公路的重要组成部分,一般从土方工程方面可把边坡分为挖方边坡和填方边坡,从组成材料方面可把边坡分为土质边坡和石质边坡,从边坡防护方式方面可把边坡分为植物防护边坡和工程防护边坡。采用植物防护可以保护路基和坡面的稳定性、防止落石影响行车安全、减小水土流失、改善人们的美感等方面有着重要的意义。

(1)固土护坡,提高边坡的稳定性

植物对坡面的保护主要表现在拦截雨水、减缓径流和固结土壤等几个方面。植物的茎叶及枯枝落叶层能拦截雨水,降低雨水对坡面的冲刷,增加土壤透水能力,减少地表径流。植物根系在土壤表层形成网状结构,可将其周围的土粒缚紧,使土壤成为一个加筋的整体,从而起到稳固边坡结构的作用。

(2)恢复植被,保护并改善沿线环境

通过边坡植物绿化,可以在较短的时间内恢复公路因大量土石方工程而对自然植被造成的破坏,改善公路的生态环境,缓解环境压力,同时在吸收汽车尾气浮尘、减少污染、净化空气等方面起到一定的作用。

(3)美化环境,改善公路美景

通过对坡面的绿化,可以避免边坡裸露,遮挡不雅的人工混凝土坡面或山石裸岩,改变单调、灰暗的公路景观,美化沿线环境,使道路的人工痕迹与自然美景尽可能地取得和谐统一,从而大大改善公路的美学质量。

公路边坡植物美化应尽量与沿线的农田防护林、护渠护堤林、风景林地相结合,充分利用当地植物资源。在护坡形式上,草灌结合的方式护坡更为有效。以地被植物配合灌木为主;地被植物根系较浅,固定土壤的能力稍差,但能迅速满坡覆盖;灌木根系分布深,固土能力强,但难以快速解决边坡地表裸露问题。二者结合,取长补短,构成良好的护坡植物组合。

对于公路边坡,一般主要采用植物防护,对于少数边坡应采用工程和植物防护方式。对于废弃采石场,主要采用植物生态防护。

2)边坡绿化的类型及特点

(1)铺草皮。铺草皮是将培育好的生长优良健壮的草坪,用平板铲或起草皮机铲起,运至需植物防护的坡面,按照一定的大小规格重新铺植,使坡面迅速形成草坪的护坡绿化技术。

(2)湿法喷。液压喷播植草是将草种、木纤维、保水剂、黏合剂、肥料、染色剂等与水的混合物通过专用喷播机喷射到预定区域建植草坪的一种植物绿化技术。由于喷出的含有草种的黏性悬浊液具有很强的附着力和一定的颜色,可以均匀地将草种喷播到目的位置。在良好的保温条件下,草种能迅速萌芽,快速发育成为新的草坪,如图6.5.1所示。

(3)客土喷播。客土喷播是在边坡坡面上挂网,机械喷填(或人工铺设)一定厚度适宜植物生长的土壤或基质(客土)和种子的边坡植物防护措施。其特点是可根据地质和气候条件进行基质和种子配方,从而具有广泛的适应性,适用于普通条件下无法植物绿化或植物绿化效果差的边坡,如图6.5.2所示。

图 6.5.1　边坡绿化之一　　　　　　　图 6.5.2　边坡绿化之二

(4) 三维植被网护坡。三维植被网护坡是利用活性植物并结合土工合成材料等,在坡面构建一个具有自身生长能力的防护系统。根据边坡地形地貌、土质和区域气候的特点,在边坡表面覆盖一层土工合成材料,并按一定的组合与间距种植多种植物,通过植物的生长活动达到根系加筋、茎叶防冲蚀的目的,经过生态护坡技术处理,可在坡面形成茂密的植被覆盖,在表土层形成盘根错节的根系,有效抑制雨水径流对边坡的侵蚀,增加土体的抗剪切强度,减小孔隙水压力和土体自重力,从而提高边坡的稳定性和抗冲刷能力。

(5) 植被混凝土喷混植生植物护坡,是在稳定岩质边坡上施工短锚杆、铺挂镀锌铁丝网后,采用专用喷射机,将拌和均匀的种植基材喷射到坡面上,形成10cm以上厚度的具有连续空隙的硬化体,种子可以在空隙中生根、发芽、生长。植物依靠"基材"生长发育,形成一植物护坡的技术。

(6) 砌石骨架植草护坡,是指采用砌石在坡面形成框架,结合铺草皮、三维植被网、土工格室、喷播植草、种植苗木等方法形成的一种护坡技术。砌石骨架根据形状的不同,可分为方格形、拱形、人字形等,为减轻坡面冲刷,常采用截水型浆砌片(块)石骨架。从与环境的协调性来看,人工痕迹十分明显,不宜大量使用。

(7) 土工格室植草。土工格室植草护坡是在坡面上固定展开的土工格室内填充改良客土,然后在格室内植草的方法。利用土工格室可为护坡植物提供较好的生长环境并防止雨水对坡面的冲蚀,对坡体还有一定的加固作用。

(8) 植生带。植生带是采用专用机械设备,依据特定的生产工艺,把草种、肥料、保水剂等按一定的密度定植在可自然降解的无纺布或其他材料上,并经过机器的滚压和针刺的复合定位工序,在防护坡面上形成植物护坡结构。

(9) 布鲁特(bluet)岩石边坡垂直绿化技术。布鲁特岩石边坡垂直绿化技术是采用绿色罩面网对岩石边坡进行加固处理,防止表层岩石坠落危及行车安全的一种绿化技术,绿色罩面网自身亦具备美学效果。为达到长期绿化效果,需在边坡底部或马道上修建花池,在花池内栽种攀缘植物进行绿化。绿色罩面网的多孔性结构也为攀缘植物提供了支架,有利于植物的快速攀延,促进植物生长。

3) 防护植物的选择

视线之外的,路堤边坡绿化主要为保持水土、美化路域环境,为降低造价,可采取一般绿化处理。而路堑边坡处于驾乘人员较敏感的视觉感受范围内,边坡绿化除满足水土保持功能外,还需加强美学效果,因而在设计上应注重草、乔、灌搭配。在路堑边坡,栽种植适宜公路所在地区生长的宿根花卉种子,可使生态系统的网状食物链结构更加复杂,生态系统更趋向稳定。乡土植物和外来植物合理搭配,既能迅速覆盖坡面,又能达到相对长期、美观的绿化防护效果。

边坡绿化植物的选择应遵循以下原则:a.以本地乡土植物材料为主,适当引进外来优良材料为辅。b.以草本植物为主,藤本、灌木为辅,树种原材料丰富多样,因地制宜,适地适树,利用草本植物的生长优势,在较短的时期内形成良好的护坡及美学效果,并逐步自然演变到稳定的灌草结合群落类型。c.以适应性强、耐旱、耐贫瘠、耐粗放管理、根系发达、覆盖度好、易于成活为主要指标。d.以播种繁育为主,无性繁育为辅。

图6.5.3 碎落台花台

沿桥墩、桥头锥坡、挡墙等种植攀缘植物,可选地锦(爬山虎)、迎春、紫藤、凌霄和金丝桃等。在挡墙上部、路堑顶部,种植垂枝型藤本地被植物,可形成多层次空间立体绿化,以快速遮蔽构造物,减少构造物的压迫感和粗糙感,给人以生机勃勃的感觉。

沿碎落台砌花槽,内植常绿树及花灌木,形成多层次空间立体绿化,以减少路堑构造物的压迫感和粗糙感,形成美景效果,如图6.5.3所示。路堑顶部种植根系发达的植物材料,以减少水土流失,并与原有山体环境达成一致。

边坡绿化植物可选冰草、狗牙根、结缕草、地毯草、百喜草、野牛草、白三叶、紫花苜蓿、诸葛菜、玉蝉花、马尼拉草、平枝枸子、沙棘、紫穗槐、火棘、铺地柏、酸枣和枸杞等。公路挖方路堑路段的石质边坡要尽量采用阳性的、有较强抵抗能力的攀缘植物来加以覆盖,使其从外观更加美观;公路护坡道要尽量种植适应性较强、管理粗放的低矮灌木来达到保护美景、美化环境的目的。

边坡防护还应坚持生物多样性,多科属性结合。为减少人工草被退化,边坡人工植草绿化,可考虑禾本科、豆科相结合,以暖季为主,冷暖季型草种相结合,并适当配以灌木的原则;从而使其能够自生自养,达到边坡四季常绿,三季有花的效果。尽量做到乔、灌、花、草合理搭配,形成不同景致的植物群落。

4)边坡坡面的绿化种植

边坡绿化常见的种植方法有:

(1)草地及地被植物的绿化种植法

该类型是边坡景观的主要形式之一,由单一或复合草种及地被植物形成。草地及地被植物护坡景观多与工程防护措施相结合,要点如下:

①高度小于3.5m的填土边坡,在坡度放缓后,在坡面直接植草或其他地被植物;当坡度较陡时,在边坡上铺砌混凝土预制块,并在预制块内植草或其他地被植物。

②高度3.5~7m、坡面较陡的地段,采用阶梯式护坡墙的形式,通过预制块件,现场拼装成护面墙;预制块可以根据现场情况,预制成各种形状,构造需要的边坡美学效果,预制块件可以盛土壤,供绿化种植。

③对于高度在7m以上，坡面较陡的地段，先分级修筑挡土墙，在坡面上铺砌混凝土预制块，并在台阶上设置排水沟；在预制块内植草，或利用爬藤植物上爬下挂，能使整个坡面形成较好的美景。

(2) 灌木植物的绿化种植法

在坡度小于1∶1，填土高度大于5m的较陡边坡，可采用工程防护与生物防护相结合的方式进行护坡。先在坡面上设置单层或双层的衬砌拱，后在拱圈布置一种或多种灌木混合种植，发育后的灌木群落，其发达的根系固土保水能力强，能有效防止水土流失，而且自然、美观。

(3) 草灌混栽的绿化种植法

草灌混栽是植物护坡比较好的一种形式，避免了纯灌木护坡种植初期因覆盖不够，而不能完全防止水分流失的缺陷，又给纯草地增加了层次，强化了美学效果。种植方法为：在边坡植草或地被植物的基础上，布置一定数量的灌木，形成草灌混合。

(4) 乔灌结合的绿化种植法

乔灌结合的绿化种植法，可以获得较好的生态和美学效果，但遮蔽了视线，因此这种种植方法在使用上应慎重，下列环境条件较为适宜：

①两侧视觉环境恶劣，"俗则摒之"，用乔灌植物进行遮蔽不雅景观；

②边坡长且陡，易发生滑坡、塌方，水土流失严重，乔灌结合不仅能固土稳坡、美化坡面，而且能在视觉上弱化高路基的填土高度，种植的植物高度高出路面高度1~2m即可；

③公路跨线桥两侧陡坡，跨线桥两侧边坡种植高大乔木，遮挡跨线桥，可改善锥坡的美学效果；

④缓坡，坡度1∶5或更缓的路侧使用稀疏的乔灌种植形式也能获得很好的美学效果。

5) 挖方边坡的绿化美化

(1) 挖方边坡植物防护的原则

①确保植物生长发育基础的稳定性

通常情况下，边坡坡度除了直接影响坡面自身的稳定外，还会影响植物的生长和群落演替。按照目标群落的确定原则，边坡坡度应尽量放缓，如在1∶1以上时，就能保证植物生长发育良好，有望形成乔木、灌木占优势，草本植物覆盖地面的植物群落。对于急陡坡面，客土层或长期形成的表土层极有可能发生崩塌，必须通过铺设金属网或设置坡面框架等措施确保植物生长发育基础的稳定性，形成"植物绿化基础工程+植被工程"的综合设计。为了达到植被坡面的持续稳定，从一开始就应采用植物绿化基础工程和植被工程相结合的配套设计。

②改善植物生长发育基础的环境条件

在硬质地、软岩、硬岩、强酸性或强碱性等原状生长发育基础上引种植物，必然导致植物生长发育不良而不能维持生存，因此必须改造为适宜植物生长发育的基础。例如，用山中式土壤硬度计测定，土壤硬度在25mm以上的硬质地，植物根系难以延伸到土层中，必须采取开沟或挖穴等处理措施。另外，对于硬岩坡面，必须建造具有一定土层厚度的生长发育基础。对强酸性或强碱性土，通常的方法是在设置排水工程之后，通过客土等措施形成具有一定土层厚度的生长发育基础。植物生长所必需的最小土壤厚度值参见表6.5.1。

植物生长所必需的最小土壤厚度　　　　　　　　　　　　　　　表 6.5.1

植物种类	生存所需最小土壤厚度(cm)	生长发育所需最小土壤厚度(cm)
草本植物	15	30
低灌木	30	45
高灌木	45	60
浅根性树种	60	90
深根性树种	90	150

③合理运用植被恢复的手段

植被恢复的手段很多。一类为植被诱导工程,包括自然恢复和半自然式恢复。自然恢复,即公路建成后,凭其自然,人为不加以干扰的一种植被恢复方式。半自然式,即公路建成后,对原有的土壤进行改良,创造一个植物可以定居的环境,风雨携带的种子进入土壤后生长发育的植被恢复方式。另一类通过人工方式进行植被恢复(播种工程、种植工程),在实践中此种方法采用最多,见效最快,但费用较高。

④弱化"突变",实现路堑与环境的自然过渡

在视觉上,路堑边坡植被与环境植被常常缺乏过渡,形成突变。造成这种现象的原因较多,除了建立的边坡植物群落结构与周围环境植物群落不相似外,立地条件的突变和截水沟的阻隔是重要原因之一。所以,欲实现视觉上的协调,要以生态协调作为保障。在有条件的路堑段,一是适当通过工程措施改变立地条件,使土壤厚度从坡顶向周边渐变——由薄到厚,并且使客土的成分与地带性的土壤成分差异最小化。二是提高截水沟的生态合理性;截水沟是边坡防护的重要措施,但以往的截水沟的设置,人为阻碍了绿化边缘地带的生态过渡,要设置生态的边坡排水系统,以达到生态的和谐过渡。

(2)不同类型挖方边坡的绿化

挖方边坡按土层性质可分为岩石型边坡、砂石型边坡和沙土型边坡等几种类型,其中各类边坡绿化美学设计各有差别:

①岩石型边坡。挖方边坡第一级可采用垂直绿化形式,即通过种植爬墙虎、辟荔等藤类植物,使之爬满边坡,达到在视觉上软化边坡的目的;植物长茂盛后,沿坡向上爬,绿化整个坡面并起固土护坡作用。第二级以上的岩石边坡,可采用生物防护新技术(如喷混植生、三维网植草或用安装刚性骨架回填土植草等方法)来达到美化处理的目的。

②砂石型边坡。这种情况是砂、石、土混杂构成,可用拱形、矩形、菱形网格形或"人"字形等浆砌片石骨架,并在骨架内植草或加三维网植草。

③沙土型边坡。主要采用固土护坡、防止泥石流。在边坡稳定的前提下可用机械喷草防护,在一些特殊美学用途的边坡可以草坪为底色,用花灌木或硬质材料造景。

④多级碎落台边坡。一些较高大、陡峭的坡面,往往将坡面分成2级或多级,在级与级之间以平台分割。平台上一般设有排水沟及绿化带。这有利于缓和坡面上的雨水流速,减轻水土流失,防止石块滑(滚)落到公路路面上,也方便施工和检修坡面。对于坡面平台的绿化美化,主要以垂枝型、拱技型或攀缘型的花灌木植物为佳。

6) 填方边坡的绿化美化

填方边坡按工程做法分为高填方边坡与低填方边坡两种类型，各自绿化美学设计要点如下：

(1) 高填方边坡可采用浆砌片石骨架并在骨架内喷播小灌木种子或草籽。

(2) 低填方边坡可植草或采用三维网植草的防护方式。

(3) 在填方边坡碎落台可种植一些抗逆性好的乡土树种，形成一个个生态小环境，以提高边坡的防护效果，保护路基、路面。

路堤边坡绿化美化可概括为三种类型：A型，少量阔叶乔木+花灌木+草地；B型，针叶乔木+花灌木+草地；C型，自然乔灌木+自然草地。可根据具体情况三种绿化类型循环交替使用。

7) 半填半挖边坡的绿化美化

路基边坡绿化美化设计中的半堑半坡地形也是设计的重点，处理得当可成为公路美学的亮点。半边是平地美景，比较宽敞；半边是坡体，会有相对的封闭感。进行美学设计时，可根据地形特点，采用多种组合美景的方法，形成视野开阔，视线良好的美景。

8) 小磨高速公路生态边坡绿化美化设计

(1) 景观绿化设计原则

① 功能性原则

功能性原则指的是充分考虑公路的特点，以满足公路交通安全和交通功能为宗旨。公路首要功能是运营，绿化设计不应使工程技术标准有所降低，必须服从公路的总体规划和要求，满足公路的"功能性"要求。

② 保护性设计原则

"以不破坏就是最大的保护"的意识，重点体现自然资源的保护、利用和开发，将公路主体作为一种配置资源融入自然及民族环境，营造一种"车在路上走，人在景中游"的优美的公路交通环境。

③ 景观长久性原则

公路绿化景观是一种随时间推移的动态景观，所以道路环境景观设计既要保证近远期的景观效果，又要注重设计的超前性和易于后期的管理养护，使景观具有长久的生命力。

④ 自然选择原则

比照本地原生植物群落合理筛选植物品种及植物配置方案，尽可能构建层次较丰富的次生植物群落，自然选择，顺向演替过渡到远后期本地原生植物群落形态。

⑤ 突出地域特色的原则

道路景观设计要融入地方区域文化特色，突出本土的风貌特征，展现区域的独特风采，体现沿线人文历史的底蕴。根据现状条件，适时运用当地特色植物、民族符号、文化图案等手法，使道路景观具有独特性、识别性和趣味性，促进企业对外形象和道路品质的提升。

(2) 景观绿化主题设计思想

本项目设计理念突出"保护沿线植被，人与自然和谐共生"，在原有半幅走廊带及其原有绿化基础上,结合热带雨林自然保护区的特点,在最大限度保存原有走廊带美景生态完整性的同时,对新建的全幅或扩建的半幅走廊带进行绿化生态的恢复及美景的打造,同时对原有半幅的走廊带进行景观绿化的提升,使新扩建半幅走廊带与原有走廊带协调、统一。

在沿线自然美景构筑上,重点对边坡进行生态恢复,同时对立交区、中分带、路基两侧、大型隧道洞口等美景节点进行重点打造。选择当地本土热带植物品种,合理确定配比方案,尽可能构建层次丰富的复合型植物群落,使之达到四季常绿、乔灌花草相结合的自然和谐的景观效果。同时提取沿线人文历史文化元素,通过人文美学雕塑小品、隧道洞门人文美景构筑等手法,层层推进,突出沿线丰富的历史人文美学资源,将沿线优美的热带雨林自然美景、独特的民族风情、悠久绵长的历史文化与现代化水乳交融的美好图画展现在世人面前,体现"树青花香傣乡情,水秀山绿小磨美"的美学设计主题。

(3)边坡生态恢复

①首先调查项目所在地的气候情况,并收集边坡原表土的营养成分、有机质含量和边坡表层土的物理结构等资料,对不同边坡的类型进行归类总结,探索边坡表土固定及边坡生态防护新技术试验方法。

②调查沿线原生态植物的分布情况,通过调查来筛选最适合的本地原生植物品种,然后确定原生态植物并进行试验研究。

③引种驯化研究。很多原生植物都存在难以培育的问题,其种子大部分是较小的颗粒,在风等外力作用下很容易被吹落,难以采集。需要对其进行驯化等方面的研究,从其生物习性等特点来寻找最佳培育方式,为后期建立原生植物培育基地做好科技支撑。

④在大量调查公路沿线边坡原生态植物分布及生长比例的基础上,分析研究边坡草种混播的配置及比例,确定灌木品种及乔木品种的配置和比例,列出主要草种及灌木、藤本、乔木的混种比例进行试验边坡研究,根据不同边坡试验观测结果分析、确定最优良的组合,为边坡生态恢复提供技术支持。

⑤确认不同类型的试验边坡,对植物混种配置及比例进行试验,通过观察植物生长情况确认最终植物配置,并进行全线推广应用。

根据路线所处的不同气候特点、植被状况、土壤条件及相关规范要求,边坡生态恢复应体现"生态路、环保路"的理念,在边坡稳定的基础上,以植被生态保护及恢复为主,工程防护为辅,根据边坡不同的坡比、岩性及工程防护类型采用不同的绿化恢复措施。对于坡比1∶0.5~1∶1的风化泥岩、页岩边坡,结合工程防护,采用点播、喷播有机材、植生袋移植等绿化方式,对于坡比1∶1~1∶1.5的土质边坡,尽量放缓边坡,减少工程防护,采用点播、喷播等绿化方式。

边坡生态恢复选择的工艺主要有:挖穴点播喷播绿化、植生袋绿化、挂网喷射厚层有机基材绿化以及液压喷播绿化。

由于沿线边坡开挖数量较大,所处区域情况复杂,标准化设计模式不一定能够全部适合,在边坡绿化工程实施前,根据开挖边坡所处地的地貌,植物种群的变化情况,采取一坡一图,逐片、逐点、逐段进行补充设计。

6.6 立交植物绿化设计

互通立交桥的不同匝道空间组合后留下不规则的空地,空间分割后有破碎感,可以用绿化把分离的空间连接成协调的整体,使之有开阔的美感(图 6.6.1)。立交桥绿化因地形不同,空间分割不同,方案也不同。立交桥区域内由于道路多重穿插,要考虑行车的诱导绿化及保持良好的通视条件,突出匝道的动态曲线美及建筑艺术形象。环岛空间较大,是绿化种植的重点,宜种植图案式草坪,并将适当部位做成花坛、喷泉、雕塑小品,营造高雅的氛围,提高欣赏价值,构成美学重点,增加行车的舒适性和安全感。

图 6.6.1 某立交绿化总体

1) 互通区绿化的原则

(1) 生态原则

公路作为庞大的人工构筑物系统对生态环境的破坏是很大的,目前我国公路绿地中相对面积最大的互通立交绿地应该发挥修复已破坏的生态环境,弥补破碎的生态斑块的作用。绿化美学设计应该运用以往人类建设所忽略的自然生态特点和规律,贯彻生态优先的原则,使公路互通立交绿地形成一个人工环境与自然环境和谐共存的美景。

(2) 整体性原则

公路互通立交绿地美学规划设计要从公路绿地、周边环境、城市绿地系统的整体出发,其规划设计要体现公路整体的形象和个性,要在总体规划中确定每个互通立交绿地的定位,明确其性质与功能。此外,每一条公路互通立交绿地美景在规划设计时应将其作为一个整体来考虑,统一考虑周边环境、基地状况、植物、地形、色彩、建(构)筑物以及历史文化等。

(3) 美学个性原则

我国是个幅员辽阔的多民族国家,不同地域的美学有着自身的鲜明特色。大部分公路路线长,常常穿越许多地理位置不同的区域,其气候、海拔等自然条件亦不同,其植被类型有差异,以植被为主要存在形式的公路互通立交绿地必然有着不同的植物美景。另外,地域性不同,其风土人情、建筑风貌、文化特征也会造就不同的美景和风格。每个立交美景都应具有其个性特征,即不同的美景具有不同的结构与功能,这是地域差异客观规律的要求,地域性的不同可形成不同的立交绿地美景。

公路互通立交绿地规划设计中要充分把握不同的美学个性,创造出具有地方特色、乡土风味的绿地美景。盲目地对古典的和西方的构图、手法、风格加以抄袭或克隆是不可取的。绿地美学设计要有个性,而新意的产生往往来自当地独一无二的地域特点。

2)互通绿化的功能

公路互通立交绿地由于设置位置的不同而呈现出不同的功能特点。

(1)生态功能

无论处在自然环境还是城市环境中的公路互通立交绿地都具有一定的生态功能。首先,它在吸收汽车排放的废气、吸收粉尘、降低噪声方面发挥着重要的生态防护作用。其次,由于公路互通立交绿地占地面积大,在很多情况下起着生态跳板的作用,在降低公路造成的生态斑块破碎化、缓解公路造成的环境破坏等方面起着重要作用。

(2)视觉缓冲功能

公路互通立交以其突显的形体、夸张的尺度,对传统城镇景观形成了较大的冲击。对立交绿地进行绿化,可以减缓巨大的混凝土结构、土石填方等对人们视觉上的冲击。

(3)城镇公共绿地功能

处于城镇中的公路互通立交绿地应该成为城镇绿地系统的一部分,应该成为被公路切断的街道空间的连接点,成为"缝合"公路造成的城镇伤痕的结构,并且成为居民步行活动的场所,成为有积极意义的城镇公共绿地美景。

(4)区域性标志功能

一些大型城镇的重要交通枢纽中心及重要的出入口处设置的大型互通立交绿地美景成为区域美学的中心,并汇集各种环境物象,构成新的环境和新的美景。

(5)交通功能

立交植物绿化美化设计要符合行车视线要求和行车净空要求,起到预告道路线形变化,诱导行车视线的作用。

3)互通绿化美学设计

互通式立交的绿化是立交美学的重要组成部分,具有提高交通安全、防护坡面和改善生态环境等重要功能。互通立交绿化应以功能为主,兼顾美学效果。

(1)考虑安全因素的互通绿化

立交区的绿化美化要具有主线明确的方向性以及匝道交通流的转向、交叉简捷便利。在公路互通立交上人们应很清楚自己在什么位置,目的地在什么方向,以及应当如何到达目的地。通过两侧植物绿化的美学特征在某一方向上有规律的渐变来使互通立交具有明确的方向感以此形成匝道引导的方向性。具体方法包括:地形的逐渐变化、合理种植诱导树种、避免遮挡视线、清晰明确的互通立交标识系统以及良好的互通立交照明等。

按照视线诱导、通视要求和美学需要等,可将植树按诱导树、矮树和主树三种类型来进行合理的布置。弯道外侧的植树要起到视线诱导的作用,分流端部的矮树应以不影响行车视线为原则,立交内部的空地可适当种植乔木,在合流通视区应严禁植树(图6.6.2)。

用于视觉诱导的种植种类一般分为指示种植、缓冲种植、诱导种植、通视区种植四种:

①诱导种植:多数情况下设置在匝道平曲线的外侧,采用常绿小乔木或灌木,用以诱导驾驶员的视线并围合空间,为驾驶员提供前方匝道线形变化的预告。种植间距一般为2.5m,

可按弯道的缓急进行调整。

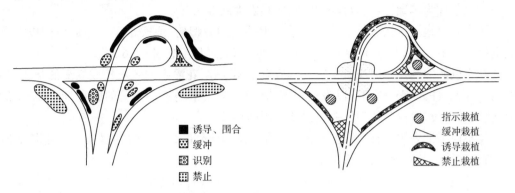

图 6.6.2　考虑视觉安全的互通立交绿化

匝道平曲线的内侧一般来说不宜种植太高的乔木或灌木,以防阻碍驾驶员的视线。在保证视距要求的前提下,可以种植矮灌木或花丛等,高度最好不宜超过 1.2m。

②指示种植:互通立交绿地美学环境应具有可感知的、有特色的、易于记忆并且容易与其他互通立交环境相区别的特点。良好的可识别性是公路互通立交绿地美学设计的重要目标。在立交内种植单棵或数棵乔木有特色的树木,可采用高大乔木,一般用于在匝道围合而成的三角区内,用来为驾驶员从远处提供位置参照。

③缓冲种植:设置在互通桥台以及匝道分流处,多采用灌木,用来缩小视野,间接引导驾驶员降低车速并弱化构造物及角部生硬的线条。当车辆因分流不及时而失控时,还可以起到缓和冲击的作用。

④通视区种植:在《公路路线设计规范》JTGD20-2006 所规定的通视三角区内,在互通式立体交叉的合流处,为了保证驾驶员的视线通畅,保证合流运行,不能种植树林,但可以种植高度在 0.8m 以下的草丛或花丛。

另外,在目标视线的终点还可以通过设置色彩和形态鲜明的植物群落等来吸引驾驶者的视线,增加景深和视觉的空间感。

不同的互通由于形式不同、地理位置不同、所处地形不同、外围美景不同等多种因素造成其视觉诱导问题不尽相同。在设计中应该充分分析互通的交通流向及每个匝道的转弯方向、高程变化和匝道间的相互关系,找到视觉诱导组织的合理方案。

(2) 连续性绿化

公路互通立交绿地应具有良好的连续性,这包括互通立交线形的连续、互通立交绿化的连续、互通立交设施的整体感、互通立交两侧建筑风格的和谐统一以及互通立交色彩和材料的连续等。良好的景观连续性有益于形成完整的互通立交绿地美学印象。

(3) 与周围环境融合

当立交靠近城区时,可通过植物绿化图案、雕塑等形式展现城市的特色。当立交位于郊外时,应追求与周围环境相融合的自然美景。公路互通立交作为地区重要的交通走廊,不仅具有交通的意义而且具有生态作用。在进行互通立交绿地美学设计时应使互通立交绿化与互通立交周边原有城镇绿地良好结合,从而成为城镇中的绿色通道。使城镇生态系统与周围的自然生态系统融为一体。

(4)互通立交景观(绿化)设计的要点

①以草坪为基础,给人以视线开敞、气魄宏大的效果。

②中心绿地注重构图的整体性。采用大手笔的剪型树、低矮花灌木和地被构成寓意深远的绿化图案,美观大方,简洁明快,使人印象深刻、过目不忘(图6.6.3)。

③主色调的选择。应注意植物本身应有季相变化,花灌木的色彩构成立交的基色情调。在与城区连接的立交,色调可以设计得五彩缤纷,为城市增添一份美的感觉,远离城市的立交,色调可以设计得稍微淡雅一些,以适应周围环境。

④小块绿地采用疏林、草地共融的布置形式,尽量采用乡土树种以及一些生长适应性强、有地方特色的乔灌木,给人以地域提示。

⑤地被平面背景的处理,应选用耐寒、耐旱、耐粗放管理的草种种植。

⑥在立交弯道外侧,可适当种植一些低矮的树丛、树球及三五株小乔木以诱导出入口行车方向,并使驾乘人员有一种心理安全感,弯道内侧绿化应保证视线通畅,不宜种遮挡视线的乔灌木,弯道内侧需留有足够安全视距(图6.6.4)。

图6.6.3　某立交绿化

图6.6.4　济南某立交植物绿化

⑦互通立交的绿化美化中应充分考虑以后的养护管理,如布设浇灌管线、渠道等设施。

⑧立交区的花灌木配置,可根据绿化空间的分布情况,自由布置,不拘一格。

总体要求:立交区的植物绿化美学设计应以满足交通功能为前提,突出诱导种植、标志性种植和明暗过渡种植等,同时兼顾绿化、美化和环境保护的功能。

4)植物绿化方法的选择

首先,尽可能保留所有现存自然植被,以形成最好的植物种植。播草和植树主要用来护坡和控制侵蚀。在开旷的乡野地区,在受干扰的路边带全部播种耐性强的野草是一个非常有效的方法。起伏的路沿野草需要修剪,而以外的自然区域则无须剪裁,任其接受邻近草地和林地的风媒种子,渐渐形成由树木、灌丛、藤本、野草及野花混生的、无须维护的、具有高度乡土之美的自然美景,充分发挥其自然美学价值。在任何情况下,一个精心设计的公路互通立交绿地美学设计应采取这种方式,即在便捷适用的同时应能保护和展现最好的特征和美景,给驾乘人员和附近居民带来舒适、乐趣和愉快,好的公路也是好的邻居。

其次,在场地植被条件差或根本没有良好植被的情况下,需采取种植植被达到良好的生态效果和美学效果。

植物群的样式又分为自然式、规则式和混合式。

(1)规则式设计:运用规则的布局形式如对称式、均衡式进行设计,主要以图案设计为主,利用不同的植物进行不同的色彩搭配,组成具有一定意义的设计图案(图6.6.4)。这种布局所表现的意义比较明确,且具有一定外形美感,一般是选用较低矮的植物,但这种形式的植物在立面和季相上缺乏丰富的变化,具有一定的局限性。

(2)自然式设计:自然式的设计形式一般适应于大型立交地段。在大型立交区应用乔木、灌木以及地被植物的巧妙搭配,应用植物构成高低错落、点线面交互穿插、不同色彩和季节变化特点的设计,再遵循自然式的构图法则,通过美学再造,使自然美景和人工构造物融为一体,见图6.6.5。

图6.6.5　自然式设计

(3)混合式设计:在一些特殊地区的立交区植物绿化美学设计时,有时要用规则、自然相结合的方式进行设计,只要掌握好主次关系,仍可达到良好的美学效果。

5)植物配置设计

(1)植物的基本要素

从视觉角度出发,植物具有以下三个基本要素:

①形态

种植的形态包括植物的线条、形状以及植物群的样式与密度等。线条是指植物的枝干的生长方式,是下垂、扩展还是上升或不规则等。形状是指植物或植物群的外形和结构,通常乔木的形状有瓶装、帚状、柱状、扇状、锥状、球状以及垂枝状等;灌木有直立状、弧状、不规则状、瀑布状、球状、钉状、金字塔状以及伸展状等;草本及地被植物有叶席状、开展状、地毯状、丛状和钉状等。大量线条的集合创造了形体,多组形体构成了群体。一个植物群如果想取得形态上的和谐,在植株形状上需要有一定的重复,将相似的形状与线条按一定的规律组合起来,既有变化又有重复,可创造出一种韵律感。植物群的尺度应该与整个互通的尺度相协调,并且种植的高度不应对行车安全造成不利影响。

②质感

质感是指植物的表面质地,粗糙和细腻、毛糙和光滑、厚和薄、重和轻等,质感随着季节而变化。在互通植物绿化美学设计中,由于空间尺度较大,因此更倾向于利用植物群的整体质感来进行表现。植物群的整体质感可以通过植物本身的质感与种植的疏密来体现。在种植设计中经常利用质感的变化进行连贯有序的搭配。

③色彩

在植物绿化美学设计中,通常用到两种植物色彩类型:一种是基本色,起到柔化调和的作用;另一种是重点色,起到突出作用。基本色在整个植物色彩配置中应该是均匀一致而令人感到舒适的。色彩与质感是密切相关的,刺目或明亮的色彩可以表现出粗糙的质感,而柔和的色彩则表现出细腻的质感。不同的季节植物具有不同的色彩,可以利用不同季相植物的合理搭配来丰富互通植物绿化美学的色彩。如在我国南方可以利用植物搭配做到花常开、叶常绿;而北方有条件地区也可以做到三季有花、四季常绿。

(2)基于美学的植物配置原则

从美学角度出发,互通中的植物配置通常需要遵循以下原则:

①原则一,植物及植物群的形态、质感与色彩必须与整个互通美学设计的主题及基调相吻合并与周围的环境相协调;

②原则二,植物配置应该遵循形式美的原则,在统一中富有变化;

③原则三,为适应互通美景的较大尺度,可以利用形态、质感、色彩相近的植物构成植物群,以获得更好的视觉效果;

④原则四,在同一个互通植物配置设计中不宜出现过多形态、质感、色彩不同的植物或设置过多的主景植物,以免造成视觉上的混乱;

⑤原则五,可以利用形态、质感、色彩的对比或通过植间距的变化等手段来突出主景植物;

⑥原则六,植物与植物群在形态、质感、色彩的变化上应该具有视觉连续性,而不能显得过于突兀与生硬。

(3)基于生态的植物配置设计

互通立交内恰当的植物配置对于整个互通区附近生态环境的良性发展起到至关重要的作用。

①植物配置的外在依据

植物类型的选取应充分考虑当地的气候特征、地形地貌,选取原则是尽量以本土植物为主,便于提高存活率,绿化效果明显,同时减少后期维护费用,比如在气候恶劣干旱少水的地区不应为了追求四季常绿的效果而选取在南方雨水充沛区生长的植物。立交绿化植物应优先考虑本地植物物种,但也可以根据当地气候条件、土壤条件和种植目的,适当选择适应性好的外来物种。

②所配置植物间的关系

植物的配置在保证其功能的前提下,应充分考虑植物种类间的关系,避免种间竞争,以有利于形成较为稳定的群落体系。应使其尽可能符合当地生物群落的比例,将对斑块内植物密度、配比、种类变化影响降到最低,这就要求植物配置不但满足美学欣赏而且得满足生物群落的要求。

(4)植物群落的稳定性判断

群落体系稳定的判断指标主要为以下几个方面:

①植物种类组成

公路互通区绿地系统中的物种组成对于其生态功能有着决定性的作用。植物种类的选取遵循如下原则：

以本地植物为主。本地物种适应于本地区特有生境（包括气候、土壤等），个体易于存活和繁殖，对整个系统的健康和生态效益有利；其二，本地物种和外来物种相比，可减少生物入侵的风险。

以叶面积较大、生产力水平较高，并对污染物吸收能力强的阔叶树种为主。应选取碳同化能力较强的物种，就碳同化能力而言，阔叶树种优于针叶树种，叶面积大的物种优于叶面积小的物种。

以可自我维持的植物为主。植物抗逆性越高，绿化带抗干扰能力就越强。由于公路周围的生物环境较为恶劣，对大多数植物的生长不利，因此选择抗逆性高的植物不但能够提高绿地系统的稳定性，而且能够大幅度降低维护成本。

②合理搭配植物群落的结构

群落的水平结构和垂直结构以及季相对于植物系统功能同样有着重要的影响。对植物的配置状况进行合理规划有利于消减污染物和噪声，比如在车流量大的地区重点进行高度配置、增加植物群落郁闭度。在植物群落的处置结构方面可运用乔、灌、草的合理搭配，常绿和落叶树的搭配；与单一植物类型相比，不但能够提高植被的生产量，提高系统的抗逆性和稳定性，而且在景观美学上具有一定的意义。

减少物种间生态位的重叠，每一个相对稳定的生物群落，原则上各个生物的生态位不重合，若有重合，必然会通过物种间的竞争来削减生态位的重叠，直到平衡为止。进行植物绿化设计，应以粗放为主，在群落物种的搭配上，既要保证群落空间层次丰富，生物富于多样性，提高生态系统自身的抗干扰能力，同时应尽量减少物种间生态位的重叠，以免发生不良的种间竞争。

③保证植物种类多样性

只有一个或很少几个物种组成的生态系统抗干扰、抗病虫能力较差，在生态系统方面也有所欠缺。对于某一地区的植被来说，其群落组成结构和物种多样性都相对稳定，因此植物多样性并不是越高越好，过高的植物多样性可能降低系统的稳定性。一般来说，在互通区进行人工恢复生态系统时，应参照当地已有的生态系统模式进行。

(5) 适地适树的植物配置

适地适树是指绿地树种的生物学特性、生态学特性和绿地的立地条件相适应，以充分发挥其生长潜力，达到特定立地条件生长的最佳状态。就公路互通立交绿地而言，一种情况是要根据场地自然条件去选择树种；另外一种情况是清除场地内的建筑垃圾和被污染的土壤换上好土壤以便于植物生长。

为了使地和树基本相适，可以通过 3 条基本途径。一是选择，既包括选树适地，也包括选地适树。二是改树适地，即在地和树之间某些方面不太相适的情况下，通过选种、引种驯化、育种等方法来改变树种的某些特性使它们能够相适；如通过育种工作，增强树种的耐寒性、耐旱性和抗盐性，以适应地寒冷、干旱或盐渍化的绿地上生长。三是改地适树，即通过整地、施肥、灌溉、混交、土壤管理措施来改变绿地的生长环境，使其适合于原来不适应树种的生长。如通过排灌洗盐，能使一些不太抗盐的速生树种在盐碱地上顺利生长。如果能够通过选择途径达到适地适树的要求，则首先必须了解"地"和"树"的特性。分析绿化地的立地条件,掌握绿化地的本质。了解绿化树种的特性,要依靠树木学的基本知识,但还必须通过一系列调查研究工作,如树种分布的调查,天然林的调查,特别是人工林(包括各种生产林及人工林)的调查来进一步掌握树种的特性。调查研究不同立地条件下的树木生长情况,是探索适地适树规律的主要方法。

(6)树种择优选择

在最后确定树木品种时,需要把造林目的与适地适树的要求结合起来统筹考虑。同一种立地条件可能有几个适用的树种,同一树种又可能适用于几种立地条件,要经过比较,将其中最适应(适用面最广)、最符合要求的树种列为立交植物绿化的主要树种,其他的树种则为次要树种。根据林种比例及立地条件特点,选定为主要树种的只有少数几个最适合的树种,用它们来营造绿地。另外,在适合发展的树种中,有乡土树种与外来树种之分,乡土树种的使用地区又有中心产区和边缘产区之分。一般来说,乡土树种的中心产区大面积造林是最有把握的,因为它最适应当地条件。一个树种在其边缘产区造林,就要注意分析它与边缘产区立地条件之间的主要矛盾。了解这些矛盾,就可以通过选择适宜的地形部位,采取一定造林措施予以适当调节。

根据树种选择原则可以采用以下几种选择树种的方法:一种是在公路穿越的路段区域范围内进行调查,在已经种植树木的路段上或与本地区自然条件相似的地域中,选择生长发育良好,符合栽种目的的树木品种。另一种是根据植被分区来考核该植被分区内的典型植被类型。由于每一个生物种群总是和一定的自然地理条件相适应的,所以按照植物群落学原理去选择与组合植物,生物种群就会繁荣昌盛。

(7)植物种类选择

立交区的树种选择的常用乔木,有樟树、桂花、黑松、樟子松、丹东桧柏和垂柳等树形优美的树种,也可选用果树,如苹果、柑橘、梨、柿树,这样既起到了美化的作用,又能体现当地地方特色。花灌木可采用金叶女贞、红积木、杜鹃、十大功劳、火棘、龙柏、丁香、黑心菊、刺玫和万寿菊等。

6)自然地段互通立交绿地美学设计

公路立交设计要考虑对自然美景的影响,在设计中要尽量做到不破坏或少破坏自然美景,并通过一定的辅助措施和方法,对自然美景的破坏给予一定的补偿。除了能够满足其互通立交工程技术标准要求外,还能为自然美景增色。

互通立交美包括:内部(互通立交用地范围内)美和外部(互通立交用地范围外)美。内部美:互通立交本身可以说是巨大的人造线形工程艺术品,为了摒弃互通立交自身不和谐因素,形成完美和谐的整体,就必须统筹考虑互通立交各部分的形态特征,以便达到最佳的美学效果。外部美:公路通过区域的自然美学类型可以分为林地、果园、旱田、水田、草地、沼泽地、河流和村落等几种,公路互通立交周边环境依照美学构成要素的差异与不同也可以分成以下的典型的美学类型:

林地:在互通立交两侧的林地类型主要包括自然林和人工林两类。通常它们是以片状、块状、带状和簇状的形式进行分布的,并且林木具有种类单一,植株体量较为一致的特点。特别是人工林,这方面的特点表现得就更为突出。由于互通立交分隔了原有林地,为了改善互通立交两侧林木不自然的过渡状态,可以采用相同品种、相同体量的林木以便修饰完善破坏后的美景,使得原有林地美景的整体得到恢复和统一。

果园:果园通常在互通立交修建之前就已经形成。由于是果园的缘故,其果树常常是以均匀整齐的方式排列着。在考虑互通立交两侧美景的形式时,植物选择、布置形式以及植株体量等方面都应根据现有果园的实际情况而定。

旱田:旱田通常具有地表光滑,地形起伏变化均匀的特点。同时,也常常看到在旱田上面伴随着一些块状、大小不等、自然分布的林地。除此之外,在旱田中也能看到一种带状的防护林,它的出现使原有旱田美景独具特色。在考虑互通立交两侧绿地植物选择及布置形式时,一定要参照互通立交周边的美学特征,目的是确保立交绿地美景同周围原有美景的协调。有时互通立交绿地美景的营造可以通过效仿旱田地域范围内林地的美学特征来完成。但在塑造互通立交两侧绿地美景时一定要注重强调空间层次的划分。

水田:水田常常是由若干大小不等、形状自然的地块组成,而且各个地块之间还出现不同的高差。整个水田无论是从局部上看,还是从整体上看,都近似于水平。有时在水田中,还能见到孤植或三五成群的乔木,形成了较为独特的美景。立交绿地尽可能地选择一些观赏性强,并和周围原有乔木同类的植物品种。立交绿地美景塑造的重点应放在模仿水田中乔木的美学形态上,并注意强调空间层次的划分。

荒地:在公路所经过的个别区域里,有时会看见一些规模并不很大,表面粗糙,呈片状的荒地。在考虑互通立交绿地美学塑造时,应尽可能地通过绿地来遮挡荒地景观。

沼泽地:沼泽地是公路路经区域中较为特殊的地段,这些路段可以看到极为特殊的地域景观,为了保护和突出这样独具特色的美景,公路互通立交绿地美学建设的重点应放在着重突出湿地美景的特色上。

池塘:有时互通立交内或周边能见到一片片由若干个大小不等、近似圆形或方形、排列不均、连续或不连续的池塘。仅就美学而言,它们构成了公路两侧特有的美景。在考虑立交绿地美景时,应该以突出水塘美景为主,但是要注意丰富水塘的景观。

河流:在公路路经的区域,经常要跨越一些大小不同、形状不同的河流。对于在这些区域中主线两侧绿地的植物选择和种植形式,一般应首选考虑那些耐湿、形态优美的乔灌木,并且经常把它们成片、成组地安排在河流的两岸,或是在河流的岔口上加以点缀,以此丰富公路沿线美景。

村落:公路路经许多村落,考虑这些村落的整体形象,普遍认为有些村落应进行凸显,有些村落需要进行适当的遮挡,而有些村落则必须尽可能地遮挡,以满足美学的整体要求。遮挡或显现程度的不同主要取决于村落的整体形象、村落的局部形象、村落的布局形式和视距距离。

水体:自然的水体是自然美景中的奇丽景观,水对所有人都有不可抗拒的吸引力。在设计水体时应保持自然植被不受干扰。自然水流系统是最经济有效的水文系统。来自施过肥的田地与草地的径流应就近导入汇水池或池塘,这样在水重新进入源地或渗进土壤前能被净化和过滤。湖岸、河流边界和湿地一起形成了鸟类和动物的自然食物资源和栖息地。在保护动植物时,原生植被应尽可能连续地保存下来,使野生生物不被干扰地从一地迁移至另一地。

位于自然地段的公路互通立交绿地中水体的形式应是自然式,不宜采用规则式。水体的设计也要因地制宜。

在缺水地区设计水体时一定要注意:公路互通立交范围内有无水塘、鱼池和挖方的水坑;公路互通立交周边是否有水源,如河流、湖泊等。在设计时要综合考虑,不可盲目设计水体,造成水体经常枯竭,影响其美学效果。

7)城市内兼有城市公共绿地功能的公路互通立交绿地美学设计

(1)设计目标

①公路互通立交绿地美景应与城市绿地系统统一

处于城市内部或郊区的公路互通立交绿地都应成为城市绿地系统的一部分。系统论认为:系统大于系统各部分之和;同时,处于城市中的公路互通立交绿地是城市绿地系统的一部分。公路互通立交绿地美学设计应成为城市生态系统完整生态循环的重要环节,成为城市开放绿地的重要组成部分。

②公路互通立交绿地美景应具有良好的美学结构

公路互通立交绿地美景应具有良好的美学结构,通过对现有美学价值(好的对景、优美的天际线、视线通廊等)的保护和强调,并且创造有价值的美景,使整个互通立交绿地形成由互通立交绿地串联的周边环境的美学结构,将周围有特色的城市美景(如城市地标、重要建筑、城市绿地、自然环境)有序地组织到互通立交美学结构中,从而丰富人们乘车时对互通立交绿地美景的感受,使人们更充分地感受城市美景。

③公路互通立交绿地美景应具有良好的可达性

公路互通立交绿地的公共开放空间指那些可供市民开展公共活动的空间,包括高架桥的下部空间、互通立交绿地两侧绿化带及人行步道、互通立交绿地上的人行天桥或地下通道以及立交桥周围的大片被交通流围合的空间。所有这些地方构成公路互通立交绿地的公共开放空间系统,它的可达性指该空间系统中的各部分联系程度以及市民与这些空间的联系程度。公路互通立交绿地周边公共空间良好的可达性是保证公路互通立交绿地与周围城市空间相融合的重要条件。

④公路互通立交绿地美景应具有良好的内部空间序列

公路互通立交绿地美景应具有良好的空间序列。通过合理组织互通立交绿地沿线的空间形态,利用空间的封闭与开放、空间的大小对比,形成沿着运动路线的空间序列,能满足互通立交绿地上运动的人的心理需求,产生节奏感、变化感和秩序感等美妙的空间体验。

(2)公路互通立交绿地美学的设计方法

城市或郊区的互通立交绿地的空间形式和布局可结合城市文脉设计,自然式、规则式均可。但无论何种空间和布局形式都要注意出入互通立交绿地的安全性与方便性,注意利用涵洞、辅道等联系绿地与城市道路。

①地形:在地形设计时,一方面要考虑基地地形的现状,另一方面更要创造地形来形成丰富多变的开放空间。在设计时注意各种不同地形与视觉特点:

a.凸地形和凹地形

凸地形比周围环境的地形高,视线开阔,具有延伸性,空间呈发散状态。它一方面可组织成为美景之地,另一方面因地形高处的美景往往突出、明显,又可组织成为造景之地。

凹地形比周围环境地形低,则视线通常比较封闭,且封闭程度决定于凹地形的绝对高程、脊线范围、坡面角、树木和建构筑物的高度等,空间呈积聚性。

b.地形的挡与引

地形可用来阻挡视线、人的行为、冬季寒风和噪声等,但必须达到一定的体量。地形的挡与引应尽量利用现状地形,若现状地形不具备这种条件则需要权衡经济和造景的重要性后采取措施。

c.地形的高差与视线

若地形具有一定的高差则能起到阻挡视线和分隔空间的作用;在设计中如能使被分隔的空间产生对比,或通过视线的屏蔽安排令人意想不到的美景,就能够达到一定的艺术效果。对于过渡段的地形高差,若能合理地安排视线的挡引和景物的藏与露,也能创造出有意义的过渡地形空间。

d.利用地形分割空间

可以利用地形有效地、自然地划分空间,使之形成不同功能或景色特点的区域。在此基础上,若再借助于植物则更能增加划分的效果和气势。利用地形划分空间应从功能、现状地形条件和造景等几方面综合考虑,以获得空间大小对比的艺术效果。

e.地形的背景作用

凸凹地形均可作美景美物的背景,但应处理好地形与美景美物和视距之间的关系,尽量通过视距控制,保证美景美物和作为背景的地形之间有较好的构图关系。

②植物:位于城市内的公路互通立交绿地的功能不同于处于自然地段的公路互通立交绿地,它除了要具备一定的生态功能外,更倾向于为人们提供适宜的绿色活动空间,因此在植物配置上更注意适合人近赏,而不仅仅是让立交桥上和匝道上的驾驶员欣赏,它比处于自然地的公路互通立交绿地的植物配置更注重美感。总之,位于城市内的公路互通立交绿地中的植物配置既要注重大效果又要注重适合人的尺度。

③建(构)筑物铺装:建(构)筑物的铺装设计需从色彩、线条、纹理等几个方面考虑。是材料本色直接反映铺装色彩的效果,在设计时要与周围色彩环境统一考虑,而且要注意与当地的审美文化相一致。铺装设计时要注意运用线条使路面与周围环境结合为整体,运用线条来强调道路的走向,运用线条来调节路面尺度感,区分不同的色块以形成悦目的图案。另外,铺装的纹理可以控制人的行为,如表面细腻的纹理会令人感到愉快和易于接受,而表面粗糙的纹理则令人望而生畏,产生疏远感。不同纹理的材料共同使用时,要注意它们的搭配方式。

8)城市门户或重要交通枢纽的公路互通立交绿地美学设计

(1)相关设计标准

①公路互通立交绿地美学应具有良好的可识别性

凯文·林奇在其《城市意象》中对可意象性进行定义,即:有形物体中蕴含的对于任何观察者都很有可能唤起强烈意象的特性称为可意象性。形状、颜色或是布局都有助于创造个性生动、结构鲜明、高度实用的环境意象,这也可以称作"可读性",或是更高意义上的"可见性";物体不只是被看见,而且是清晰、强烈地被感知。在要求强调或突出立交存在而使其引人注目,并使立交具有支配环境和成为美学的主要组成因素时,宜采用强调法。运用强调的手法,目的是突出立交的存在和地位,使立交成为区域美学的中心,并汇集各种环境物象,构成新的环境和新的美景。强调法的核心是突出立交在环境中的主导作用,因而对于一些大型城市的重要交通枢纽中心及重要的出入口处设置的大型立交,多采用此法,如图6.6.6所示。

图 6.6.6　北京四元桥

四元立交桥位于北京东北部,是首都机场高速公路、京顺公路和四环路三路交汇的重要交通枢纽。是一座特大的苜蓿叶形加定向型的复合式立交桥,四层结构。总占地面积 $40hm^2$,绿化面积 $24hm^2$,相当于一个中山公园的面积。

四元桥绿化的主体设计最终选择了四龙四凤的图案。是将国门第一路的首都机场高速路比作一条象征着中华民族腾飞的巨龙,四元桥为龙首。四龙四凤的图案又是中华民俗中吉祥如意的象征。另外四元桥周围做了整体性的处理,围绕着龙的外围是油松的纯林,桥外围迎道外是30m厚的毛白杨林带。

②公路互通立交绿地美学应成为城市或地域文化的象征

一座有历史文化的城市能从潜在的历史事件、事迹、城市形象标志中得到显现。城市是有风格和个性的,作为重要城市门户或重要交通枢纽的公路互通立交绿地美学,应或多或少地反映该地域特点和城市内涵。

(2)设计方法

在空间形式和空间布局上应采用规则对称式。自然的形式不利于形成整体鲜明的形象,不利于产生强烈的标志性。

①地形:这种类型的公路互通立交绿地的地形处理应平整或呈微坡,有利于将视觉的焦点集中到主要的标志物上。

②水体:这种类型的高速公路互通立交绿地一般占地面积非常大,在缺水地区不要设计水体;在丰水地区设计水体时,最好依据互通立交的线性设计成规则式。

③植物:这种类型的公路互通立交绿地的植物种植形式为了突出标志性,一般设计成植物模纹,可以是用小灌木修剪成模纹,也可用大灌木、小乔木甚至大乔木种植成模纹形式。标志性模纹的管理较为麻烦,但模纹整齐;大灌木、小乔木甚至大乔木种植成模纹形式易于管理但模纹较为粗放。无论采取何种方式,植物的色彩不宜过多,一般应少于6种,模纹形式不宜太复杂,以免失之于琐碎,模纹形式要能体现地方文化。

9)小磨高速立交绿化实例

小磨高速立交绿化本着"安全至上、地域特色、提升景观"的原则,既要保证交通安全,又要打造地方地域美学特色,还要注重立交所处的地理位置,要求植物配置多样化、合理化及特色化。

在立交的整体美景中尽量避免对生态环境的破坏,力求美化自然,使立交与自然景观有机地结合在一起。从美学角度看,它是公路美学设计中场地最大、立地条件最好、美景设置可塑性最强的部位,是道路的标志性美景。结合各个立交的不同特点,应进行合理的地形改造及布局,就低挖塘、居高堆山或适当平整场地,使立交区空间富于变化,形成一个自然、丰富、优美的空间景域,对于山区高架区域,高架区域尽量保持原有景观形态,突出地域特色。

植物的选择根据当地气候条件、地方特色、绿化美景要求进行,对于城郊景观型立交区植物的配置与周边城镇绿化风格相衔接,对于山区风光型立交区的植物强调与自然风光融合。植物品种经济适用、品种多样、层次结构分明、色彩丰富,同时兼顾近远期美学效果。结合公路运营过程中绿化苗木养护用地的需要,部分立交区也可考虑与苗圃建设相结合。

沿线立交所处区域气候较炎热,雨量充沛,可供选择的植物品种众多。设计充分利用立交原有地形,对绿化场地进行人工按等高线分台清理坡面,保留立交内原有山体和植被。绿化种植采用乡土树种进行组团式栽植,选择绿色的棕榈科植物大王棕、假槟榔、软叶针葵,红色的粉红山扁豆、红花羊蹄甲,黄色的黄花槐、鸡蛋花,青色的高山榕、印度紫檀、菩提树,同时依据互通的形状及行车的方向,搭配成团状或条状种植的低矮开花或色叶灌木,如变叶木、大红花、夹竹桃、金叶假连翘、五色梅、金花生等,形成丰富的高中低的植物美学层次。

6.7　隧道进出口植物绿化设计

隧道洞进出口路段的植物绿化包括边、仰坡的植物防护和洞前中央绿化带的植物种植。隧道进出洞口路段植物种植应更多地从使用功能考虑,保证洞口与自然环境协调,减少驾乘人员进洞的心理压抑感,提高视觉舒适感。边、仰坡的植物防护种植在靠近隧道口 15~100m 处,采取从疏到密的渐变方式,配置常绿深色乔木,起到由明到暗的逐渐过渡作用,降低驾驶员受光照变化引起的刺激。中央分隔带在距离洞口 1~2m 处,采用美化设计(图 6.7.1),以活跃美学氛围,提高驾驶员注意力。隧道口植物绿化设计方案要依山就势,突出表现区域特色,突出不同角度的美学效果,达到神与形的统一。

图 6.7.1　隧道进出口绿化

1)强调明暗过渡绿化

隧道出口处的光线会发生较为强烈的变化,明暗过渡绿化可以缓解光线明暗变化给驾驶员带来的不适。靠近入口处应减少树木的绿化种植间距,出口处则逐渐向外扩大间距,直至与接线路段正常株距相同。植物配置模仿自然群落,与洞口建筑、灯光照明、边坡绿化、山石融为一体,体现出清新的自然美。

2)绿化应与隧道洞门及其他构造物与环境协调

不同的隧道处于不同的区域,周围的环境和环境特点也不同。隧道口的植物绿化设计要与周围的环境相协调,同时要能标识环境特点。

3)隧道进出口的美学设计

隧道进出口的美学设计主要包括植物种类的选择、主景和副景的选择、环境和意境的协调以及人文美学的设计等4个方面:

(1)在选择植物种类时,要考虑隧道边坡、仰坡所在地的植被类型及植被环境,让人为种植的植被小环境与当地的植被大环境协调一致,在总体上产生一种融合的植物绿化效果。同时,采用当地的植被,力求形成整体的植物群落。

(2)合理选择主景。应根据隧道边坡、仰坡所在地的环境条件(包括生态环境、人文环境、洞口的形式等)来确定。如选择草本植物作为绿化护坡的目标,则应以草坪为主景,将乔灌花按一定比例合理地配置在草坪的不同位置,用来加深和衬托草坪主景的气氛。

(3)尽量隐蔽工程防护措施,突出植被的美景。对于深层不稳定的边坡、仰坡,需采取必要的工程措施来达到稳定,如土工格栅、锚杆、锚索混凝土框架梁、浆砌片石拱架等。这些工程防护措施如果过多地暴露于坡面,则对于要形成的美景不利。

(4)环境和意境的协调以及人为美景的设计。在进行隧道进出口植物绿化设计时,应该将这两个问题协调考虑。除在结构上突出意境设计外,还要在进行植物绿化设计的同时与意境协调。这就需要在植物种类的选择、绿化效果的主景确定等方面加以考虑。另外结合隧道当地的人文美景进行隧道口的植物绿化设计,也是非常重要的环节。

4)隧洞口植物绿化的设计要点

(1)选择常绿的植物,在隧道出入口两侧种植茂密的乔灌木,这样不但遮光防眩,还可缓解进出洞口时强烈的光线带来的不适感,对行车安全非常有利。

(2)高密度的种植乔灌木在上下行两洞口之间,能有效隔离汽车尾气等浑浊气体在两洞口之间回流。如果能选择具有净化空气、吸收尾气的植物最好。

(3)洞门上部土质护坡通过植物绿化可固土护坡,防止水土流失。在植物选择上以根系发达的地被植物为主。

(4)公路隧道口的广场绿化设计,应疏密相间、层次丰富,满足功能性和视觉引导性。

(5)公路隧道的洞门前往往是进行绿化小品设计的集中地点,如充分利用植物四季的色彩特点,在洞门上方山体形成五色斑斓的织锦效果,可具有美化和提示隧道入口的作用。

5)小磨公路隧道进出口绿化实例

小磨公路隧道进出口绿化本着"明暗交接、防尘降噪、丰富景观"的原则,将隧道口人工痕迹减弱并增加驾乘人员光反应的适应时间,使光线明暗过渡自然;结合洞门设计点缀美学小品并在三角区域种植高大树木引导视线、吸附灰尘、降低噪声,实现植物功能化、景观协调化,如图6.7.2和图6.7.3所示。

削竹式及无洞门式隧道洞门尽量保持原有的洞门形式自然进洞,在三角区域满足视线通透的情况下,采取乔灌草三层次的绿化结构,营造较好的绿化美化效果,针对具体的自然环境,在不同区位适当点缀景石,同时在拱圈位置彩绘具有当地民族特色的绘画,丰富美学层次。

图 6.7.2　小磨公路隧道进出口绿化设计效果图之一　　图 6.7.3　小磨公路隧道进出口绿化设计效果图之二

端墙式隧道洞门采用人工造景的手段,通过人文浮雕、山石等园林小品,增加隧道口美学元素,反映当地乡土人情,突出地域特征,使隧道口美景更富有人文气息。沿线隧道洞口人文景观结合沿线热带雨林风光及傣族独特风情。

6.8　公路路侧的植物绿化设计

1) 路侧绿化的功能

路侧绿化带的绿化是公路路体美学效果表现的重点之一,合理的树种配置和种植方式,可以降低噪声、防风沙、引导视线、美化环境、隔离等,各功能分析如下:

(1) 视线诱导功能:良好的植物布局可以在视觉上引导驾驶员对前方及周围路况有所掌握和预判,避免交通事故。视线诱导的重点设计在于曲线路段两侧绿化带植物的布置。

(2) 防风、减噪、降尘功能:两侧绿化可以发挥防风和减噪的作用。汽车高速行驶时,风速和惯性都很大,在公路行车遇有强风时,因风速和方向的变化并非连续,驾驶员常常会有方向盘突然失去控制的感觉,容易造成交通事故。尤其是汽车通过隧道、山口、桥梁等路段时,往往会突然遭到风力的袭击,风力较大的路段应加强防风设计。防风设计应利用防风植物特性进行配置,植物防风均是依靠其叶、枝、干以及群体结构的作用。树木因有茂密的枝叶和高度空间,故有防风滞尘的作用,而草坪草类几乎无枝干,防风滞尘力弱。噪声的干扰也会给安全行车带来隐患,可利用植物的减噪功能来进行设计。植物在公路绿化中可降噪的作用已成为共识。经测定,植物最大的减噪量约为 10dB,特别是频率范围在 1000～8000Hz 时,利用隔声绿化带进行绿化降噪是最环保的噪声防护方法,植物的减噪能力既决定于应用的树种,还取决于合理的设计。

(3) 美化功能:主要是运用美学和色彩学相关理论进行植物的布置设计,带给驾乘人员视觉上的审美感受,以保持良好的精神状态。同时绿化美化手法也应追求自然、因地制宜、因形构建,使美景多样丰富,从而淡化公路与两侧的界线,将公路与周围环境融为一体。

(4) 隔离功能:公路隔离栅植物绿化就是利用植物制作公路两侧避免人畜进入的隔离。

2) 一般路段主线两侧带状植物绿化

主线两侧带状植物绿化应丰富美学区段的设计主题,并与周围环境有机结合,形成和谐统一的美景。

（1）对于沿线较好的自然美景，应使其充分显露出来；对于有碍观瞻的不雅物，应通过适当的植物绿化将其封挡、遮蔽；对于较易忽视或远离公路的美景应采用特征植物种植进行诱导。

（2）主线两侧植物绿化应注重节奏与韵律，要充分考虑通视性，保证安全视距的同时考虑诱导性，预示线形变化。

（3）依据美学区段的设计主题，采用不同的种植方式与周边环境融合，不断丰富和表现美学主题。

（4）结合公路空间背景进行植物绿化设计，空间上要有收有放，开合自如，不能单纯将公路变成"绿色通道"；设计手法上要配合空间背景，巧用借景、框景、对比等手法，在美学上考虑季相变化，色彩变化，人工美与自然美相结合。在沿线美学等级较高的路段，采用"透、露"的手段以便于驾乘人员欣赏，其植物绿化按运行车速与株间距、树冠直径、高度等尺度的关系确定；在沿线美学等级较低的路段，为遮蔽路侧不雅物，采用"遮、蔽"的手段以免影响驾乘人员的美感和心情，其植物绿化按运行车速与株间距、树冠直径、高度等尺度的关系确定。

（5）沿道路主线两侧的绿化设计，是公路连续美景"线"的主要表现形式，由于这一部分具有跨地区、地形地貌起伏变化大的特点，设计时应从以下方面进行考虑：

①根据道路所跨区域的土壤、水文、气象、地形、护坡结构、涵洞、桥梁等条件，划分典型设计断面，并标出起讫点的位置。

②确定道路全线植物品种的基调树种、搭配树种以及功能性隔离品种。

③处理好重点与一般的关系。如收费站等道路两侧 500~1000m 的范围属于重点处理部位。

④边沟两侧栽种乔木不仅能稳定坡脚、美化路容，而且可作为视线诱导，指示驾驶员道路前进方向，尤其是在竖曲线顶部等路线走向不明了的地段，可以使路线走向变得明显，有利于驾驶员安全行车；同时，种植乔木还可以对线形做局部优化。

⑤公路改线或截弯取直后余留下的废弃道路或空地，路边的弃土堆、土坑等，可妥善利用，可规划为绿化、美化的景点，为驾驶员及乘客提供休息场所。

3）行道树美学设计

公路的美学行道树是绿化的重要项目，它在整个公路绿化美化中占的比重较大，对整条路际的绿化美化风格也起到关键性作用。

行道树的绿化各地地域差别甚大，如首都机场高速公路的两边各种植了 50m 宽的毛白杨林带，形成了一道雄伟壮观的绿色通道，但由于树种单一，在管理上存在着诸多的难度。在高速公路两边以垂柳为主间栽黄刺玫效果很好，以落叶和常绿树种间隔（5~10m）单行种植效果最佳，这样既不形成封闭又不影响观光，又可四季见绿不失高速公路的雄姿，而且在管理（包括防止病虫害）和节省开支等方面均有利。形式中可采用线、点、面相结合的方式，线形种植是应用的最多的一种，高速公路两旁连绵不断的单一的行道树，便是现实的绿化中常见的美景。合理的点、面结合，对打破这种单调沉闷的形式能起到较好的效果。另外色彩变化也是美学的重要表现手段，应用植物的季相和植物本身叶片色彩的不同，对路际美化绿化也能起到立竿见影的效果。

(1) 直线带美景

长距离直线路段美化绿化设计给人一种僵直、呆板和单调的感觉,很容易使驾驶员及乘客感到乏味、厌倦。为提醒及警示驾驶员,一是每隔几百米可适当点缀几株大乔木,以树形突兀高低来变化景观;二是使用片植林带和线形种植交叉,达到线形对比变化;三是运用色彩变化,即间隔种植不同种类、不同色相的树木;四是混合种植,即混合运用上述方法,以获得较好的直线美学效果和提示功效。

(2) 曲线带美景

长而缓的曲线美化绿化线形能自然地诱导视线,帮助驾驶员改变行车方向,给人以舒适的感觉,并辅助驾驶员即时随路变向,增强行车安全性。所以,应有目的地在弯道外侧种植较为高大的行道树,以树木为诱导体,使前方路段给人以曲径通幽之感;弯道内侧绿化应以低矮花灌木为主,以保证驾驶员视线通畅。设计良好的竖向起伏转弯路段的美化绿化线形,能使人从心理上和视觉上平稳、流畅,也能起到预示作用。两侧绿化最好是同一树种、同一间距以保证美化绿化平缓连续性,同时也有助于减少驾驶员的注意力。

(3) 路侧绿化设计手法

路侧绿化有很多设计手法,如可以采用整齐的行道树、林边或林间道路与开阔草地之间交替布置,可以种植装饰性树木和绿化群体,可以利用一些比较特殊的种植手法。在重要的技术、文化和生活设施内建立美学标识,如根据路外美景适当采取景观通透和遮挡等设计手法,在搞好生态、功能绿化的同时,突出美学效果。采用不同的绿化美化方式将有助于加强公路特征,使公路生态具有一定的韵律和节奏,从而使不同的公路区域分开,增强公路的连续性和方向性。在设计上要突出简洁、大方,避免繁杂。一般来说,路侧绿化带的设计形式主要分为观赏式、防护林式、遮蔽式、借景式、特色植物种植式 5 种形式。

①观赏式

观赏式的配置形式多为:大乔木结合观花或观叶小乔木、花灌木或彩叶灌木、宿根花卉、常绿草、本地植物及草花等。两侧绿化体现园林化特点,乔灌草立体布局,常绿与落叶有机搭配,充分展示错落的层次与季相的变化,但不可杂乱无章,也不可频繁变化,以免使欣赏者眼花缭乱。适合在公路途经地形平坦开阔区域路段采用。

②防护林式

防护林式的配置形式多为:群植常绿或落叶的大乔木,或有层次的混植形成树形与质感或色感的对比。适用于以农业为主的区域、需要隔离保护的区域或远处大面积景色萧条的区域。

③遮蔽式

遮蔽式的配置形式多为:乔灌密集混植,绿色量大,空间围合较好。适用于途经公路景物令驾乘人员感到不舒服的路段,应通过植物合理配置进行遮蔽。

④借景式

借景式的配置形式多为:利用环境的美景,在周边合理配置能很好体现秀丽美景的植物。适用于风景优美的区域,如公路穿越或途经河、湖、池塘等景色较好的地段。微波荡漾的水面本身就是一道亮丽的自然美景,应留出足够的观赏空间。

⑤特色植物种植式

不同的地区有着不同的特色植物,公路绿化美化应充分利用这些植物资源,营造出反映当地一定历史文化内涵或风情的独特美景。

4) 防护功能设计

(1) 防风设计

防风带的植物自绿化带内侧到外侧,按照"近路基密、远路基疏、近路基矮、远路基高"的原则,采用乔、灌结合阻风。对于风力较大地段除加强绿化密度和高度外,还要利用防风能力强的树种进行配置,如金银花等根系异常发达的树种。

(2) 减噪设计

绿化带的降噪原理是当声波通过高度1m以上的密集植物丛时,植物的吸收屏障效应,即会因植物阻挡而产生声衰减。所以,绿化带的降噪效果因声波频率、树林密度和深度而异。由于树叶的吸收作用是在树叶的周长接近或大于声波波长时,才有较好的效果,所以要得到绿化降噪的良好效果,树要种得密,林带要相当宽,而且要种植阔叶林。

隔声林带适用于满足下列条件的环境敏感点:

条件一,公路营运中远期噪声超标。

条件二,受保护的敏感点超标量较小。

条件三,公路与受保护对象之间有足够的空间。

小花木+高灌木+高桩乔木型(高灌木内侧种植小花木,外侧种植高桩乔木,与灌木形成高中低结构的复合形态绿篱)减噪效果优于围栏+攀缘植物型、矮灌木+高桩乔木型、自然生长的常绿灌木+高桩乔木型。绿篱宽度仅2m,减噪达4.6dB。不同结构类型的绿篱,其减噪降噪效果不同。绿篱的宽度越宽,高度越高,通视率越小(即密集度越大)和绿篱的层次越多,则绿篱的减噪效果越好。因此,对于有降噪要求的路段应设计由花木、灌木、乔木形成密集的绿色屏障,尽量做到乔、灌、花、草合理搭配,形成不同美学特点的植物群落。绿化带减噪的设计要点:

要点一,选用树冠矮、分支低、枝叶茂密的灌木与乔木上下搭配,构成隔声林带;

要点二,林带位置应尽量靠近公路,其间净距离宜为6~15m;林带宽度最好不小于15m,一般为20~30m;

要点三,林带高度宜在10m之上;

要点四,林带宽度:市内以6~15m,市区以15~30m为宜;

要点五,林带与声源的距离:应尽量靠近声源而不是受声区;

要点六,林带可以分层,在车道近旁可栽种灌木绿篱带,稍远处可种植草地,再远处可种植乔木林带。

(3) 视线诱导设计

当公路通过山区时,弯曲的山路和傍山转弯处,因地形的障碍形成视线盲区,其大小与弯道半径,地形情况有关。在傍山转弯处弯曲的山路转弯半径越小,形成的视线盲区越大。而在平坦路面的弯道行车,弯路外侧的树木、建筑等也会形成视线盲区。对路侧绿化应进行合理的视线诱导设计,避免对驾驶员的误导,并尽量起到良好的诱导作用。

① 相比于直线路段,曲线路段需要更好的诱导性,可以有效减少由于植物布局方面的误导而造成的事故。当汽车由直线路段驶入到相连的曲线路段上时,如果将外侧曲线路段上的植物布置在直线路段植物的延长线上,尤其是使用同一种植物时,会对驾驶员产生误导,

使其认为直线路段仍在继续延伸,如图 6.8.1a) 中曲线路段外侧植物布置在中央分隔带直线段的延长线上,会误导驾驶员对路线的判断,可能引发交通事故,对于路侧绿化一定要避免这种误导设计;图 6.8.1b) 图的设计是合理的,曲线段外侧植物避开了中央分隔带植物延长线。

②在曲线路段上,应尽量采取单侧植物的布置设计,并且设在道路的外侧,以免造成视线障碍,有效保证诱导性要求。并且种植在弧线外侧的植物会强调出弧线,这类种植对于黄昏或晚间行车特别有利,见图 6.8.2。

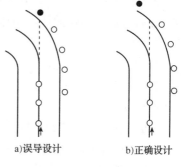

a)误导设计　　b)正确设计

图 6.8.1　弯道绿化设计

③如果竖向凸形曲线两侧有树,可以预先知道弯道一端的延续线。当峰顶弯道前并无水平方向变化时,路两侧的树可以使驾驶者预先明了,见图 6.8.3。更重要的是,当前方有方向变化时,也可以预先能判断,见图 6.8.4。

图 6.8.2　弯道外侧植树

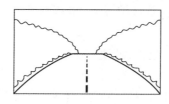

图 6.8.3　竖向凸形曲线两侧植树

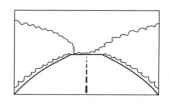

图 6.8.4　竖向凸形曲线前方转弯两侧植树

④两侧绿化带美景若安排得高低错落、明暗相间、宽窄交替,则能大大地增加驾驶员的兴奋感,引发乘客的好奇心,增加旅途愉悦感,改善沿线美景。从一种色彩或空间到另一种色彩或空间的转换,必须有一定的过渡路段,实现从一个美景区域到另一个美景区域的过渡,以保证一系列美景的连续性。

⑤阳光从路侧高低的树后照耀会使驾驶员的视觉感到忽明忽暗。路段较短,车速低的情况下并不重要,但对长距离,尤其是在高速公路上时,可能严重干扰驾驶员,必须避免。

⑥在公路展宽开始处、或车辆分流开始处、或公路展宽结束处、或分流匝道开始处、或合流匝道结束处都应特别注意植物的设置。

(4)隔离栅的植物绿化

隔离栅位于公路边沟外侧,作用是将高速公路与农田、村庄、城镇等隔离分开,并阻止人畜、非机动车辆或其他机动车辆进入路界内,保障行车安全。在公路运营早期,国内外的高速公路隔离栅多是用水泥柱加铁丝网或钢结构网构成。这种措施虽然达到了防护的效果,但是成本高,投资大,而且钢铁丝易生锈,防护期短,一般 5~8 年就会严重锈蚀,3~4 年需更换一次,且铁丝网或钢结构网隔离栅还与道路的景观不协调,使驾乘人员感到枯燥呆板。

用绿色植物代替金属隔离,不但具有隔离效果,还能美化公路景观,增加植物覆盖度,改善小气候。据测定:高 2m、宽 1.5m 的树篱在近地面范围内夏季可降温 2.3℃,降低噪声,吸收粉尘及尾气。而且投资少,每米一次性投入是人工隔离栅 20% 左右,更新容易,防护时间长,一般能防护 20~30 年或更长时间。同时通过植物配置和形态的设计形成美景、标志、抗污染等效果的植物墙。

隔离栅植物绿化主要的方法有两种，一种是用绿化植物本身形成隔离，另一种是将隔离栅覆盖起来，防止生锈的铁丝网影响公路景观，同时起到阻挡、隔离作用，防止行人和动物穿行公路而引发交通事故。因此，隔离的绿化植物主要以带刺、封闭性强的花灌木及攀缘植物为主，如火棘、玫瑰、多花蔷薇、木香、枸杞、爬山虎、山荞麦、枸橘、凤尾兰、牵牛花、刺玫、刺梨等。对隔离植物的要求，除了具备耐瘠薄、干旱、根系发达、成活率高等特点外，还要具有带刺、枝叶密实等特点。

在边沟外缘至隔离栅附近的狭窄地带的隔离栅绿地也需要进行植物绿化，在可能的情况下还可以设计成图案，增加美学效果。

隔离栅植物绿化的设计要点：

①公路路侧的植物绿化一般于道路地界内 0.5~1m 的范围内种植。

②对于公路外侧自然美景较好的地段，植物密度不宜过小，留出观赏空间；对于公路外侧的不雅景物，可密植绿化植物，予以遮挡。

③作为美学绿化的路侧种植，既可植乔木，也可乔灌混植；既可单一品种，也可多品种组合。

④在布置形式上，可根据公路里程，设计一种或多种种植形式，交替变换，改善单一行车环境。

⑤以密植灌木为主，树种选择上以枝条坚硬、有刺、常绿等为首选。

5）美化功能设计

公路两侧的绿化美化设计，应结合车速与视点不断移动的特点，考虑视觉与心理效果，做到尽量与周围美景、自然环境相协调。由于公路上的行车速度快，使用者无暇细细观赏，决定了公路的绿化美化风格应力求明快，而不求精雕细琢，以免使用者注意力难以集中，引发事故，但又要在整体统一的美学风格下适当变化，以免使用者产生枯燥困倦之感。再者，如果两侧千篇一律地进行绿化，会使驾乘人员感到单调压抑，也遮挡了沿路的自然风光。因此应根据公路沿线的环境条件具体设计，以提高行车安全性和舒适性。

公路绿化美化设计一般考虑两点：一是与区域美景和环境相协调，二是利用花卉和植被特点创造宜人的环境。

(1) 与区域美景相协调的设计

公路两侧绿化带应根据沿线的环境条件具体设计，注意与周围的自然美景相协调，其协调方法有：

①经过田园地带时，以自然美景为主，人工造景为辅，借用观赏式或借景式配置形式，由低到高种植形成既有层次感，又不遮挡视线的单面观赏方式，增加前后绿化带美景的异质性，且每隔一定的距离更换植物种类及配置模式。

②途经水域及风景优美地段时，运用借景式的配置形式，留出足够的观赏空间，或以灌木取代乔木，以开阔视野展现两侧风光，切勿遮挡视线。这也可调整驾车人的心理，使之精力集中，并丰富乘车人的视野，以变化的警觉性克服呆板的麻木性。

③路过村庄或学校时，设置防护林带隔离保护。

④公路两旁有令人不愉快的物体（如墓地、垃圾场）时，利用遮蔽式或防护林式或将不同的模式有机结合，通过种植不同的植物，形成垂直方向上葱郁的植物美景，改善美学环境，形

成一道绿色屏障,改善公路两侧美景。

⑤在多样的生态区域内(大森林、山区),则采用连接绿化法,即重复邻近生态区域内容易记忆的形态(绿化的型式、规模和树种等),强化路线识别特征。

(2)利用花卉和植被特点的美学设计

根据公路绿化美化的要求及视点不断移动变化的特点,采用不同的路侧绿化类型,或将几种类型有机地结合在一起来进行绿化美化设计。有条件的地区行道树可以设计成以3~5km为基本单元,每一单元以一树种为主要美景树种,连续的树种考虑树冠、色泽、质地、季相变化的不同,以1~5个树种为一美学系列变化,每隔5~6个树种来一次重复性的变化。选择具有形态美、色彩美、季相美和风韵美等特点的树种,通过这些树种的品种、色彩、高矮、自然形与整形的搭配,以连续与间断的变化效果来构图,创造出美丽的自然美景,表现运动中平面和立体的美感,给驾乘人员以新鲜感受和高雅情趣,有效调节与缓解精神疲劳,保证行车安全。其次,常绿树种作为主要背景树种,按设计目的调整乔、灌、藤、草比重,选用开花和彩叶植被(最好性状一致)来丰富公路两侧美景,调节驾乘心理。并注重绿化层次、季相变化和动态效果,讲究"节奏"与"韵律",构建丰富多彩的绿化美化效果。

在公路美化植物的选用上,除重视植物的工程性质外,对植物的颜色也应根据公路所处的区域或环境有针对性地选择。植被按其花叶观赏特性可以分为观叶和观花两种类型,观花类型又可分为:①春花植物,开花时间主要集中在春天开花,如梅花、垂丝海棠、迎春、樱花、连翘、丁香类等;②夏秋花植物,开花时间主要集中在夏季,部分品种的花期可延续到初秋,如石榴、紫薇、木槿等;③冬花植物,开花时间主要集中在冬季,如腊梅,并需种植在背风向阳处,以保护它越冬。

在炎热地区应多用冷色花卉,能使人感觉清爽。蓝色、青色与青紫色冷感最强,在夏季青色花卉不足的条件下,应减少暖色系花卉,可以混植大量的白色花卉,以不失冷感。但各色冷色花卉要间隔种植,因为色调变化很少的组合易使人感到疲劳;在温带的春秋两季宜用冷暖色系混植;在冬天青色花卉应与其补色,如橙色系花卉混合种植,可以降低冷感,变为温暖的色调。寒冷地带采用暖色花卉,可打破寒冷的萧条,使人感觉温暖、热烈。红色与橙色暖感最强,但暖色系色调高,过强的暖色或观看暖色时间过长都会感到疲劳、烦躁和不舒服,所以要每隔一定距离变换一下颜色种类,并要间隔种植绿叶植物,这样即可利用鲜艳花卉的高色调来烘托出温暖感,并刺激驾驶员的神经系统,使驾驶员保持清醒的驾驶状态,又可以避免鲜艳色调过强给驾驶员造成疲劳。这样,随着视点的不断移动,植被的种类、形态、色泽和季相也在不断地变化更替之中,形成一个绿色的美学生态长廊。

6)路侧绿化带树种选择要求

(1)原则上以绿化为主,绿化与防护并重,选用乡土树种,同时引进部分观赏性强、品位较高、生长表现好、有经济效益的适生树种和品种,丰富植物物种的多样性。

(2)着重采用抗风、降噪、抗病虫、抗污染、耐瘠薄的优良品种。

(3)选择易成活,正常年份不需要特殊养护的树种。

(4)坡脚用地可选择高大乔木。

(5)为防止林带树种单一而降低美学效果及诱发病虫害,按与公路的距离由低到高,选用不同高度、不同种类的乔灌木混种。

(6)防护栏起到阻挡人畜进入高速公路的作用,因此要求密闭性好,选择藤本攀缘植物进行绿化,分树种交替种植,如藤本月季、野蔷薇等,达到三季有花、四季常青的良好效果;也可用带刺植物(如构骨)完全取代防护栏,但在种植初期要特别注意加强养护,及时更换死亡苗木。

6.9 收费站、管理所植物绿化设计

造型优美的收费站是公路美学序列的点缀,是重要的点要素。收费站重在结构物的设计,绿化较少,而在收费站旁边,常有管理所、住宿区,这是工作人员休息的地方。植物绿化目的主要是满足人们休息、游玩的需要,美化、防噪和防尘是收费站进行绿化设计时的重点。清新舒适的办公环境是管理楼内庭院的主要设计目的,可以通过庭院的设计手法对其进行规划。

管理所一般面积较大,功能性要求较多,管理所植物绿化主要满足工作人员工作、住宿、娱乐的要求。总体布局应从整体构图角度出发考虑各单位位置、体量与周边用地的关系及沿公路景观视线效果,并与自然山水环境有机结合。充分利用自然人文美景,创造具有时代气息的公路管理空间环境。

收费站、管理所的植物绿化以衬托建筑、美化环境为目的,其绿化树种宜选择观赏性强的乔、灌木,形成花园式的庭院布局。适合当地城市园林绿化的树种均可用于站所绿地绿化,但也要与周围美景协调。

6.10 服务区植物绿化设计

高速公路在 100km 以上时需设服务区,一般 50km 左右设一服务区,服务区提供给驾乘人员缓解久坐的疲劳、供给、休息、加油。服务区包括减速车道、加速车道、停车场、加油站、汽车修理、食堂、厕所、小卖部等服务设施。服务区的植物绿化应以庭院式绿化为主,形成开敞、以现代化结合局部自然式的种植方式。采用线条流畅、舒缓的剪裁绿篱,显示出现代气息,局部的自然式植物配置便于在服务区人们的近距离品味。服务区绿化应考虑各个部分的功能要求,如在停车场可适当种植高大乔木,形成一定的绿荫,使车辆免受暴晒;服务区建筑群和广场,可以修筑花坛,加强美化效果,营造活泼舒适的休闲环境。乔、灌、草、花布局要合理,力争创造出终年常绿、四季有花、错落有致的环境,还应多选鲜花、香花及时令花卉。

1)服务区的植物绿化生态设计

服务区的植物绿化生态设计,可概括为美学生态、技术生态、文化特色生态三个方面。

(1)美学生态

现代都市人对自然的渴望体现了人类饱经远离自然的沉寂、压抑和疲惫后返璞归真的一种心态。美学生态设计指在建筑生态设计中注重美学感觉上的生态美学,它体现建筑与自然环境的共生关系,达到建筑的环境美及环境的建筑美的境界。环境的约束一方面限制着建筑设计,但另一方面却为建筑师提供素材,让他们从这些限制中获得创作灵感,以这些

材料来加工,并最终以巧妙地利用自然而塑造有个性的生态建筑。具体的设计手法有:

①在总平规划设计中,尽量将植物绿化融入建筑内,让人们生活在植物绿色的生态环境中。植物绿化在生态平衡、旅游欣赏、文化艺术等方面有重要意义,是现代人依赖、依存的对象。它不仅是环境污染的溶剂而且也是人与自然的"纽带"。在总平面规划设计中,应将植物绿化与单体建筑有机地结合起来,通过内庭、落地大玻璃窗等形式,最大限度地将绿色引入建筑。例如广汕高速公路上的一个服务区,服务区综合楼面向停车场,后面是一片面积很大的绿地及湖面,在综合休息厅设计了大面积落地玻璃,将外面大自然的湖光山色尽收眼底,令人心旷神怡。同时在建筑单体设计中还利用阳台绿化、垂直绿化、屋顶花园、平台花园等手法,将花木绿化引入室内中厅和房间,给人们提高接近大自然的感觉。

②在单体建筑设计中充分利用地形地貌,让一个山丘、一丛树林、一洼池水组成精致的立体画面。正如建筑大师莱特在有机建筑中所说:"建筑就像在它的基地上自然生长出来那样与周围环境相协调。"生态设计是一个创作过程,不能将一个"豫园"四处照搬照套,而应通过观察、思索,再进行创造性的设计。取其自然,改造自然,因地制宜,精巧构思,用简练、纯洁、朴素和雅致的格调来显示建筑物与环境协调、美观的主体画面。在设计中还应运用材料、体形、线条、尺度的统一,以取得整体效果。即服务区内的所有建筑都应格调统一,和谐有序。在设计的手法上运用光照方向、地势走向,为人们创造情感、趣味,增加层次意识。同时运用主题与意境,使个体与群体景观在建筑物内外延续,协调契合,使自然景观与建筑物显现园林组景的整体气氛。

(2)技术生态

技术生态指根据自然生态最优化原理,通过工程手段来设计和改造建筑系统的结构,提高能量、物质利用效率,挖掘建筑系统的生态潜力,以提高系统的经济生态效益。

服务区内目前可实施的生态技术设计手法有:①利用建筑体形的变化,充分利用自然的阳光及新鲜空气,少用室内照明及空调;②采用先进的技术方法处理废水、废气、垃圾及其再利用;③太阳能技术的应用,尽可能利用无污染的太阳能;④选用不破坏或少破坏自然环境的建筑材料进行建设等。随着科学技术的不断发展,将来还可应用高新材料技术、智能控制技术、太阳能发电技术等高科技手段进行设计,最大限度地保护生态环境,造福人类。

(3)文化特色生态

广义的生态概念不仅包括自然环境,也包括人工环境和人类的历史文化环境。建筑与当地自然特色及当地的人文特色和谐统一,即文化生态。对于服务区的设计,每一个点都应有其特色,而不能千篇一律。每一个服务区应根据其各自的特点去进行设计。有山就以山为特色,有水就以水为特色,少数民族地区就以少数民族为特色,等等。

当地固有的一些特色自然美景和人文美景是服务区选择位置时应充分考虑的因素,服务区应充分结合这些特色进行布置,使其能更好地融入地方特色,并且具有亲切感。此外,庭院绿化应该是绿化的主要形式,这种方式开敞并且简洁,对于局部,则应该考虑一些自然式的种植,使整体植物绿化更加的和谐统一。总之,服务区的绿化要根据各个功能点的不同来进行设计,使其既能具有自己的特色,又能很好地融合于当地。

2)服务区绿化的功能要求

服务区绿化的功能要求具体如下:

(1)遮阴休息

遮阴和休息是停车场在进行植物绿化设计时主要考虑的功能。在进行植物绿化设计时,需要考虑防止车辆的曝晒,这就需要有一定的绿荫来遮挡太阳,可以选择种植一些高大的乔木来实现。此外,在加油站等一些特殊场所,则需要因地制宜地考虑选种一些防火树种,保证加油站的安全。

(2)舒适宜人

服务区内侧庭院的设计,可以根据服务区的设计风格来进行,使服务区整体更加自然和谐。在植物的选择上,应以丛植植物为主,再选择一些花香和观赏性树木进行种植,使服务区的环境更加的舒适,给欣赏者以赏心悦目、心情愉悦的美感。

(3)防噪防尘

由于靠近公路的地带需要考虑防尘、防噪的需求,在服务区可相应的种植一些吸尘、防噪植物。为了让服务区较容易实现更好的服务,可以采取植物颜色渐变的种植方法或者一些特殊的图案方式来对车辆给予提醒。

3)服务区植物绿化美化的设计法则

(1)服务区大型广场区美学绿化设计。大型广场区由于美学感觉的需要,美化绿化以开敞草坪为主,适当点缀灌木花草(如宿根花卉)及地被植物(如铺地柏)等,也可适当孤植一两株有型的如刺冬青、对节白蜡、木瓜等大树组景。对于特大型的空旷地段,也可在地形上预处理,如人工造坡、置假山石小品等,以丰富美景。

(2)宾馆、旅店区周围美化绿化设计。适当点缀针、阔叶树,如雪松、香樟、桂花、玉兰等及一些珍贵花灌木,并种植若干花卉带,如一串红、矮牵牛等;以供遮阴、休闲、观赏等,满足旅客的视觉、味觉和参与的心理感受。

(3)餐馆区美化绿化设计。主要种植乔木类树木,营造室外良好的自然环境氛围,在餐馆后面设栅栏及铁丝网上可种植攀缘植物(如山葡萄、地锦等)进行垂直绿化,辅以雕塑、景石、小桥流水美景等以增加审美情趣。

(4)加油站、管理站、游泳馆区植物绿化美化设计。周围以草坪为主,适当种植若干常绿树(如法国冬青、景烈白兰)及一些花灌木(如杜鹃、红木)组景,衬托建筑体,以简练、流畅、轻松的手法获得美学效果。

(5)防护绿地及预留地区植物绿化美化设计。在最边缘区,种植一排香樟或雪松,以界定服务区范围,并起防护作用,在预留地区种植龙爪槐、棕榈、苏铁、七里香等树种,以廉价的本地特色树种片植成林,形成富有地方特色的绿化区域,也可增加周围绿化率。

4)服务区植物美化的一些设计手法

(1)在占地边界、小路和排水沟附近要进行遮蔽种植、区别标志种植、防止进入的隔离种植或设树篱。尤其是对于占地边界的栅栏,应通过植树与外部美景保持一致。服务区与外界的隔离应采用自然的"软性隔离",即用矮墙和栅栏,内侧种植乔木、灌木,可选用刺槐等带刺植物,一般不采用生硬的高墙。

(2)停车区一般占地面积小,种植草皮往往易被人踩踏,应尽量铺草坪砖。为改善美景和诱导行车,在路面中设置槽形花池或种植绿茵树。

(3)植物的种植设计应充分考虑地形、土壤、气候、自然植被以及将来的利用规划和发展规划、将来的维修管理等各种因素。所设计的植物个体的长宽和方向应以不妨碍视距、辨认标志、照明区域等为原则。从规划设计的初期就应将植物的位置及生长后的间隔尺寸考虑到美学规划图内,兼顾近期与远期,采用速生树种与慢生树种相结合,既在建设的初期有较好的绿化效果,同时保证最后设计目标的实现。在立体空间中,划定各功能区的合理位置和方向,并协调好硬质美景与软质美景的设计。做到"先绿化后美化""香化、彩化""三季有花""四季常青"。

(4)种植率以7%~15%为标准,植树以外的部分用草皮或地被覆盖。

(5)树种选择与规划应注重常绿与落叶、一般型与观赏型、速生与慢生的合理搭配,创造季相分明、层次丰富的植物生态群落。

(6)植物配置比例:

①乔木、灌木数量比值为1:3;

②常绿树种与落叶树种比值为2:3;

③常绿树种中阔叶树占60%~70%,针叶树占30%~40%;

④草坪与地被植物数量比为1:1。

总之,服务区的美学设计相对其他地段要求更高,选择植物时优先考虑当地乡土特色植物,较好地体现地方特色。也可以选择果树,以达春华秋实、季相变化明显。但一般偏重常绿阔叶树和花卉种类,将乔、灌、花、草有机地结合在一起,并利用植物枝条颜色和花色进行搭配,加之季节变化,构成丰富多彩的四季美景。

6.11 公路植物绿化的存在问题和发展趋势

经过多年的工程实践,我国各地公路植物绿化设计均有成功的范例,不少公路的植物绿化工程在公路防护、美化和环保方面发挥了显著作用。但目前在公路植物绿化设计中尚存在一些问题和倾向。

1)公路植物绿化的存在问题

(1)缺少专业设计队伍

目前,不少公路设计部门缺少专业植物绿化设计队伍,设计人员专业素质不高,经验不足,或者不了解公路绿化的意义和功能,因袭传统的设计思想和方法,把公路植物绿化设计简单化、概念化。设计千篇一律,一条线路自始至终一个设计模式,在中央分隔带以较大间隔布置一些花木、在路侧布置一两行行道树,再在边坡上种草或植草皮了事。有的设计为片面追求绿化效果(主要是初期效果),把行道树种植在路基边坡上,甚至种植在距防撞护栏仅一、两米的范围内,这种设计在树木稍稍长大后就会遮挡交通标志,妨碍养护作业(如机械修剪边坡草坪),破坏路基边坡稳定(种植时破坏边坡,养护灌水使局部路基土松软,死树根腐朽使路基失稳)。

(2)不合理地采用大中乔木

有的设计在距路肩较近范围内大量采用大、中型乔木,甚至高大乔木。该种设计的缺点如下:

①树冠遮挡标志,间接诱发交通事故。伸入路面空间的树枝甚至会直接妨碍交通安全,

并且会压缩公路空间,使驾驶员和乘客感到压抑和视线障碍。

②树冠伸进路面空间,秋季落叶会大大增加路面清扫工作量,增加养护成本。

③雨季时落叶会降低轮胎与路面的摩擦力,导致交通事故。

④高大树木挤压路面空间,所形成的巷道效应不利于汽车尾气和扬尘的扩散,使公路空间空气污染加剧。

⑤高大稠密的行道树,遮蔽了路外自然美景,使驾驶员和旅客无法领略沿线的风光,使旅行单调,易产生困倦和疲劳。

(3) 盲目采用名贵树种

有的植物绿化设计盲目采用名贵树木品种(如银杏、玉兰等)和未经驯化的外来树种,增加建设成本。名贵树木苗木价格高,未经驯化的苗木成活率相对较低,且会使工程造价增加,种植后管护工作量大,又容易丢失,使养护费用增大。

(4) 刻意追求观赏效果

有些植物绿化设计刻意追求观赏效果,在公路两侧用地内甚至更大范围内设计低矮花卉、灌木为主体的花坛、模纹造型以及大面积的观赏性草坪,其缺点主要有:

①削弱或丧失绿化设施的主要功能;

②显著增加工程成本;

③增加养护工作量,提高养护成本;

④更新改造费用高。

(5) 盲目采用不良绿化树种

有些地方在公路植物绿化设计中采用乡土树种或速生树种,如在平原地区采用刺槐、泡桐等作为公路行道树。不仅难以达到预期的绿化效果,还会带来负面效应。刺槐易栽种、成活率高、生长快、易管护,作为北方干旱半干旱地区荒山荒坡植物绿化树种非常适宜。但刺槐根系发达,萌蘖力极强,用作行道树会在路基边坡、护坡道甚至路肩等部位到处萌生,形成杂乱无章的树丛。在经过农田的路段,其根系会伸入农田内萌蘖疯长,造成无法根除的危害。泡桐也存在根系萌蘖难以控制的缺点,但更重要的是泡桐极易发生丛生病等病害,从而严重损害绿化景观。

2) 公路植物绿化的发展趋势

植物绿化的发展趋势大致如下:

(1) 环保植树带

以前的公路植物绿化,只是把行道树作为附属设施来考虑,在横断面设计时留一段空地作为绿化带。1982年,日本首次规定了"植树带"为植树、种草等设置的道路部分,其作用是专门为整顿公路交通环境及确保沿线良好的生活环境。在环保和美化方面特别重要,能改善道路沿线居住环境,创造更舒适的环境。其所具备的功能可分为物理性效果及心理感觉效果。物理性效果主要包括降低噪声、净化大气、调节气温、调节日照、防火、保护行人等效果。心理感觉效果包括降低噪声、提高道路美景、增强季节感、凉爽感等效果。

环保植树带方面的研究以日本较为先进,已制订了《环境绿化带的设计标准》,将公路用地范围内的植物绿化作为环境绿化带一体化来设计,使公路绿化从传统的公路附属设施的地位上升到了公路主要设施的地位,从而使公路植物绿化真正发挥出应有的机能。环保植物绿化带可按不同的道路结构,分成平地、高架路、填方路段、挖方路段、渠化等 5 个类型。植树带应保持其连续性,至少应保证有 500 米的连续长度。

(2)种植管理多样化

公路边坡的植被管理原则上是一项植被工程,从环保和防火的角度出发,每年要对边坡上的植被进行修整,一般采用高效率的机械进行。但日本东北道鹿沼事务管理所采用放牧山羊的办法整理和美化边坡,牧羊修整草坪既经济又有加固边坡地基的作用,这种方式受到当地群众的欢迎,增强当地居民对公路的亲近感。

中央分隔带的植物种植一般是指植树和种草,其作用是防止眩光与诱导视线。为了提高美学效果,对这些树木与草坪要进行经常性的维护管理,这样的维护作业往往对交通量大的路段带来交通阻塞。因此,一种新颖的在中央分隔带种植常青藤的方法已经提出,这种方法是在中央分隔带横向设置高 160cm、宽 65cm 的铁丝网,让常青藤攀缘生长。常青藤不仅可在铁丝网上延伸,而且能覆盖地面,代替草坪;种植常青藤不用剪枝,长满常青藤的地面,杂草不再生长,所以不用除草;有些地方还套种牵牛花等爬藤类花草,美化环境,这种种植方法既经济又省力,而且防护和美化效果都非常好。

(3)生态植物绿化

公路通常较长,沿线所种植的乔、灌木数量相当庞大,如果沿线的土质差、风速大、废气排放、污染影响、树种供应困难等,维持沿线的美景、养护负担将是非常繁重的,应进行生态植物绿化。生态植物绿化就是根据所需绿化地区的潜在植被,以人工的方式诱导加速其生长、演替,使生态绿化后的植物及其群落与周边环境相吻合,并溶入地域性生态体系中。生态植物绿化是重建特定地段符合其生态背景的天然林,恢复天然林的系统组成,防止单一树种的大面积枯死。生态植物绿化着重于考虑现况植被及其潜在植被的演替关系,并依循其演替途径,以人为方式加速潜在植被的发育。生态绿化的植物苗木种类以潜在植被演替过程中优势物种为主要培育对象,可在遭人为开发破坏后的地域以较快的速度与自然状况吻合,起水土保育的功能,并可减少后期昂贵的养护费用。

公路植物绿化的思想和技术方法在不断发展,将来肯定会有很多新技术、新方法应用到公路植物绿化中,促进公路植物绿化思想和技术的发展。

第 7 章 公路美学评价

公路美学评价就是对公路美学系统的分析过程和建设成果的鉴定,其主要的目的是判别公路美学建设是否达到了预定的各项技术、经济、环境、美景等指标。公路美学评价是对评价元素的分析、评价指标的确定和评价方法的选择的过程,它的目的是确定公路美学建设是否达到了各项美学指标的要求,各项美学评价对象满足对应的评价指标程度如何。

公路的兴建促进了社会经济的发展。然而,修建道路将占用土地,影响城乡自然地貌、原有美景、城乡空间格局、文化史脉以及区域内文物遗迹、自然水系等。同时,路体本身也分割了人们生产及生活活动的空间,这一切将给公路所在地区的生态环境、美学资源、美学环境、人流及物流流向等造成很大影响。公路美学不同于单纯的造型艺术、景观欣赏,而是为满足交通运输功能,有其自身的形态功能和组成结构。同时,公路美学还包含一定的社会文化地域等含义。公路美学既具有功能性、实用性、又具有艺术美学特性,同时还对城乡生态环境产生影响。

公路美学可以被看成是一个系统,公路美学评价可以运用系统工程的评价方法;在确定了公路美学评价元素和评价指标的基础上,对公路美学进行事前或事后评价,总结经验,不断改进美学设计理论方法和内容,使公路美学设计能够达到令人满意的程度。公路美学建设合理与否、是否能与环境有机协调,解决这些问题的关键在于认识公路美学系统的准确性、研究思路的正确性、评价指标的合理性以及评价方法的科学性。对公路美学的评价,是对公路建成前、施工期、运营期的公路美学进行鉴定和判断。不同阶段的公路美学评价,评价的出发点、侧重点和所要达到的目的应有所不同。公路美学的事先评价,具有前瞻性和预测性。评价主体自身不仅要具有合理性,而且必须对公路美学评价对象及其公路所处地区、环境有充分的了解,充分分析公路美学的特点及满意程度,予以合理的解释说明,提出可行性方案或替代方案。对公路美学的后评价,是为了更好地进行公路美学设计,为其他工程提供参考。公路美学评价具有一定程度的不确定性、主观性,会因评价的人、时间、地点等因素的不同而具有很大的差异,在价值取向上,强调主观印象。

7.1 公路美学评价的发展及现状

早在 1930 年,德国的公路工程师们为高等级公路的视觉品质问题投入了相当多的精力,建立了高等级公路工程专业的官方组织对高等级公路的景观问题进行研究。德国的 Fritz Heller 的研究分为两方面:一方面着力解决高等级公路与周围景观的关系,另一方面则主要关注高等级公路本身线形的视觉质量,却不管选址和路线所经过地区情况。这两方面的研究分别发展成为高等级公路的内部和谐(Internal Harmony)与外部和谐(External Harmony)理论。

道路景观美学评价在美国一直是研究和实践(道路景观规划设计)的主题之一,美国政府大多数职能部门和各州政府都有各自的一套道路景观美学评价方法,运输部的评价指标体系包含生动性(Vividness)、统一性(Unity)和完整性(Intactness),使用公式 $V+U+I/3$,对比公路建设前后道路景观质量变化;"国家风景公路规划"针对道路沿线风景的、自然的、历史的、文化的、考古学的和娱乐休闲的景观资源,应用可记忆性、独特性、原始性和完整性4个指标来评价;土地管理局应用变化性和协调性两个指标来评价公路建设前后所影响的7个因子,包括地形、植被、水体、色彩、临近风景、稀有性和文化特征的变化情况,因为他们认为这7个因子能够代表道路景观的美学价值;美国森林管理部门(US Forest Service)在1995年出版的《景观美学》一书既可用于公路景观管理又可用于森林景观管理。美国已经有专门立法对具有美学价值的道路景观进行保护,而且"视觉美"已经作为环境管理的核心领域之一。美学评价媒介多为照片、幻灯片、录像带、素描图,近年来3S和三维动态可视化技术也开始应用。许多研究表明照片评价和现场评价几乎没有区别,有的学者研究拍摄角度、地点选择、光线条件等对评价结果的影响;有的研究不同景观特征对景观美学感知贡献作用的大小;有的力图把景观生态学方法与3S技术相结合,如将景观格局指数与大众审美感知建立联系,结果显示约一半的景观感知的变化能用景观指数来解释,这在景观美学评价方法上是个新突破,但仍有待于进一步研究;路域景观视觉质量评价让广大道路使用者参与进来,公众的意见和建议可为当地公路管理部门制定相关政策、进行新建公路景观规划提供依据,还有学者指出未来3D空间模拟技术将会大大推动景观美学评价。1975年Crofts提出两种研究公路景观的评价方法:公众偏好模式(preference model)与成分代用模式(surrogate component model)。1983年Daniel和Vining将景观评价方法分为生态模式(ecological model)、形式美学模式(formal aesthetic model)、心理模式(psychological model)、心理与现象模式(psychological and phenomenogical mode)等不同类型进行分析研究。

在20世纪70年代前后涌现了大量景观评价的方法,这时大多数学者普遍认为景观主要是视觉意义上的景观。其景观评价的特点大多表现在两个极端方面,要么将评价标准放在人或团体的主观评价上,要么就放在评价物本身的属性上,这些方法可以细分为许多亚类。Arthur等将这些方法分为描述因子法和公众喜好法,而且两者都有定性和定量的方法;Briggs等利用直接和间接的方法进一步划分模型;Crofts描述了两种方法,即喜好性方法和代理组成方法;Daniel等将方法细化分为生态的、美学的、心理物理的、心理的、现象的和数量整体。描述因子法包括生态和美学方面,一般是专家评定。公众喜好法包括心理和现象方面,通常采用问卷方式评定。数量整体方法包括心理物理、代理组成分法,是将主观和客观相结合的方法。目前定性方法和定量方法相比,重点放在定量评价上。经过近40年的发展,景观评价研究领域建立了许多学派,目前世界较为公认的有四大学派:专家学派、心理物理学派、认知学派或称心理学派和经验学派或称现象学派,这些理论和方法各具特色。

专家学派认为凡是符合形式美原则的风景都具有较高的风景质量。所以,风景评价工作由少数几个训练有素的专业人员来完成,评价思想是把风景用4个基本元素来分析,即:线条、形体、色彩和质地,强调诸如多样性、奇特性、统一性等形式美原则在决定风景质量分级时的主导作用。另外,专家学派还常常把生态学原则作为风景质量评价的标准。心理物理学派的主要思想是把风景与审美的关系理解为刺激—反映的关系,于是把心理物理学信号检测方法应用到风景评价中来,通过测量公众对风景的审美态度,得到一个反映风景质量的量表,然后将该量表与各风景成分之间建立起数学关系。审美态度的测量方法有多种,目前公认为较好的有两种,一为评分法(SBE—Scenic Beauty Estimation procedure),由 Daniel 等人创立;二为审美态度测量法,以比较评判法为基础,被称为 LCJ(Law of Comparative Judgment)。认知学派是把风景作为人的认识空间和生活空间来理解,主张以进化论的思想为依据,从人的生存需要功能出发来评价风景的设计优劣,强调人对于风景环境的认识及情感上的反应;为了生存,人必须了解其生活的空间和该空间以外的存在,必须不停地获取各种信息,以便寻求更为合适的生存环境,进而试图以人的进化过程及功能需求来探索人类风景审美的过程。经验学派把景观作为人类文化不可分割的一部分,用历史的观点,以人及其活动为主体来分析景观的价值及其产生背景,而对客观景观本身并不注重。经验学派风景评价方法是把人对风景审美评判看作是人的个性及其文化、历史背景、志向与情趣的表现。经验学派的研究方法一般是考证与风景欣赏有关的文学艺术作品,分析人与风景的相互作用以形成一定审美评判的背景。经验学派也通过调查、询问、体会及对特定风景的感受诸方面,试图寻求具有普遍意义的影响风景审美评判的综合背景,认为风景能使人产生一种连续持久、潜在积淀的情感。具有代表性的 4 个学派的主要观点见表 7.1.1。

景观评价学派　　　　　　　　　　表 7.1.1

学派	代表人物	主　要　观　点
专家学派	Litton	以艺术设计、生态学和资源开发管理为理论基础,分析形体、色彩和质地等四个风景基本元素,强调多样性、统一性等美学原则
心理学派	Boster & Dabiel	通过测量公众对景观美感度的反映,得到体现景观质量数据,从而获得两者之间的数学关系,建立人类反映与景观刺激间的关系
认知学派	Appleton & Kaplan	景观作为人的认知空间和生存空间,使得人的认识和情感产生反映,从人类的进化过程及功能需要角度解释人类对景观的审美过程
经验学派	Lowentha	认为人类对于景观的评价由人的个性、文化、志向和情趣等因素综合影响,将人对景观的主观评价绝对化

国外道路景观美学评价多采用专家法和心理物理学法,近年来有相互融合的趋势。展望未来的景观美学(视觉景观)评价,生态系统的评价(时空尺度上)相比某时刻对于某些特定景观特征的评价更为重要,生态系统管理中对于复杂时空动态景观有效的表达是景观质量评价一个主要的挑战。随着 GIS、遥感和仿真技术、数学模型等的发展,将大大有助于应对这些挑战。同时,传统景观质量评价也遭到"生物中心论评价"和"社会文化中心论评价"的挑战,因此传统的专家法和基于感知的方法要相互整合,同时吸收其他学科知识,积极应对上述挑战。为了确定四大学派的优点和缺点,Daniel 等对每一学派的可靠性、敏感性、有效性和实用性进行了评估,对专家学派的生态模型和形式美学模型提出怀疑,因不同的专家评价的结果不具有重复性。由于 Visual Management System(VMS)仅将景观分为三大类,所以敏感性较差,标准的划分也未证明是准确的。由于可靠性和敏感性差,所以有效性较低。专家学派最占优势的是实用性,因为它是靠专家来评价的。由于缺乏公众参与,VMS 评价系统受到社会批评。心理物理学派采用了群体评价,而群体评价的结果是可重复的,所以有较高

的可靠性和敏感性,由于群体的数量高于专家数量,所以心理物理学派的方法比专家学派更具有有效性。在实用性方面,心理物理学派不如专家学派,因为心理物理学派需要较多时间拍照、制作幻灯、评估等。心理物理学派另一局限性是其所建立的数学模型仅能用于所研究的区域,其他区域不一定适用。认知学派和经验学派虽然有较高的可靠性、敏感性,但在实际生产中应用较少。专家学派和心理物理学派强调解决实际问题,而认知学派和经验学派更注重理论研究,在实际操作中应尽量采用心理物理学派的方法。国外道路景观美学评价多采用专家法和心理物理法,近年来有相互融合的局势。

综合上述观点,四家学派观点各有特点,把四家学派观点综合在一起即形成了现在我国景观设计的出发点和设计标准。我国的公路景观建设与相关理论的发展比发达国家晚。早期人们只认识到了方便快捷的交通网络的重要性,很少有人对其景观质量给予关注。但随着物质生活水平的不断提高,人们的生活方式有了很大的改观,对公路景观环境的要求亦将变得更高。目前,国内比较先进的景观理论和观点有:同济大学陈雨人提出了公路景观敏感区的概念,并且给出了基于视觉特性确定景观敏感区的方法;北京交通大学的王红瑞把公路工程的环境影响评价重点放在景观上,从更广阔的视角分析了公路工程的环境变化和有关的社会变化,探讨了由此引发的景观上的土地利用和土地覆被的变化机理;刘滨谊教授景观三元论认为:在满足道路的安全性、可驶性、便利性和耐久性的同时,要全面引入景观设计的三元论即景观环境形象、环境生态绿化、大众行为心理的概念,使公路的建设真正做到源于自然、融于自然、高于自然。

目前国内对景观的评价主要有定性和定量两种方法,但多数采用定性评价法,随着计算机的应用,对定量评价法的研究越来越多。定性评价法主要从自然景观、人文景观、环境质量等方面,用文字描述的方法进行评价。自然景观评价主要是对山水的评价,有的分为佳景、美景、胜景、奇景和绝景5个等级,但在具体操作时尚无严格的标准。环境质量评价主要考虑评价其生态状况、适用程度等,但对于景观方面的评价明显不足。刘滨谊对各派理论进行了深入研究,利用多种专业科学的现代理论,把各派理论与方法的优点综合在一起,编组成"景观元素周期表"的框架系列,并应用景观遥感、图像处理和电脑运算等技术,使景观资源从信息集取、转译、评价、规划到提供各类规划图纸,实行电子计算机一体化,总称"景观工程体系"。俞孔型认为心理物理学派是最科学最可靠的方法,并用其建立了森林公园景观质量评价的数量化模型。吴楚才根据层次分析法,结合森林公园的特点制定了中国森林公园等级划分标准。

Gary R. Clay(2004)利用彩色相片结合公路使用者评分研究了目前美国各州交通部普遍使用的公路景观评价因子的可靠性和有效性程度,结果显示美景的自然性并不能有效预测公众的美学感知程度,而生动性与公众审美情趣最相关,景观变化性、统一性也和自然性一样不能作为景观美学预测因子。K. F. Akbar(2003)利用调查表研究了英国北部高速公路路域植被景观美学感知情况,结果显示公众最偏好的植被美学组合是草坪与花卉在路侧,高大乔木在远处作为视域背景。Richard L. Kent(1995)研究了美国New England地区风景公路沿线各种自然景观类型、人文景观类型与人们偏好程度的相关性,结论显示两者共同对人们景观审美产生作用。可以说,影响公路美学的因素较多,而且相互作用,作用机理相当复杂,到目前为止,要把公路美学评价的各种因子分析提炼出来是相当困难的。

综合来看,国内外公路美学评价的研究,基本上是从景观(观感)方面进行评价,虽然也涉及到一些或很大一部分美学内容的评价,现在的公路美学评价(或者就称为公路景观评价)主要是从人类视觉的角度,研究"景"与"观"的感受,也进行了一些景观的生态效应问题,但没有考虑多感官感受,没有从不同人群的、不同关系(与公路不同关系)的各种感官和心理的美感进行评价,没有从公路的功能、安全、经济、生态环境、可持续发展等方面考虑公路内在美的内容,更多的是考虑外在美,在外在美方面主要是考虑视觉感官感受到的美,不够全面和深入,即不是真正意义上的公路美学评价。

7.2 公路美学评价的基本理论

公路美学评价是一项跨越自然科学和社会科学的边缘性科学工作,国外很早就对公路走廊的环境美学特性进行评价。其目的在于预测和评价拟将建设的公路项目在某一特定地区内造成的美学影响的显著性和强度,并采取相应的改善和减缓措施,从而使公路建设项目对美景产生的影响减少到最低程度。

公路美学评价是一个多目标、多层次的决策分析过程,它涉及对公路结构构造的美学、生态、功能、经济、维护、管理、社会、人文和自然环境等诸多因素的综合分析和比较,以选择整体最优的公路美学建设方案。在多目标决策中,各因素之间是相互影响的,有些因素很难量化,有的因素甚至不可能量化,不能直接判断其影响程度。为了得到较优的决策结果,必须借助一定的科学方法进行公路美学评价。

7.2.1 公路美学评价的特点

对公路美的评价在某种程度上说,是对公路建成、施工、营运不同时期的美进行鉴定和评判。对公路美的评价不同于一般评价,美学评价具有一定程度的不确定性,会因人、时、地而有很大的差异,在价值取向上强调主观印象。评价工作必须对美学评价对象及公路所处的地域、环境有充分的了解,然后利用客观的资料,分析美景美物的满意程度,予以合理的解释和说明,提出可行的替代方案,以供决策者参考。对已建成的公路进行美学评价,也是为了更好地进行公路美学设计,为其他工程提供参考。

由于美学评价的不确定性,对于美的偏爱同欣赏者的文化程度、个性、民族、生活环境、年龄、性别、爱好、视点、视角、心情等有很大的关联,对于美的评价定性分析很多,却很少能进行定量的分析。公路美学评价具有以下特点:

(1)系统性强。公路美学体系包含了自然美学、人文美学以及公路工程自身美学三大组成系统,涉及了工程学、社会学、经济学、美学、规划学、人体工程学、生态学、恢复生态学、环境心理学等内容,评价体系需要有很强的系统性。

(2)定性信息多、定量信息少。评价指标具有很大的模糊性,难以确定明确的信息,在具体评价时,给这些模糊性指标定量化难度很高。

(3)评价范围难以界定。公路美学评价范围不仅涵盖了公路用地范围内,而且还包含了公路界线以外的区域,评价范围不能有效界定,给公路美学评价工作造成很大难度。

(4)评价的基础信息收集难度大。公路美学评价的基础信息收集难度大,表现在四个方面:首先是跨越不同学科、不同领域;其次是主观性强;另外是没有统一的标准,现场资料收集对调查人员专业素养要求高;最后是信息具有动态性。

(5)缺乏标准。公路美学评价尚处于探索阶段,还没有统一的标准,在具体评价中,需要参考其他领域的美学评价方法,依据公路相关规范,借鉴一些指标,但很多评价指标需要界定。

7.2.2 公路美学评价的对象和范围

1)公路美学评价的对象

公路美学是指公路本身形成的美景美物以及公路通过地带的自然美景与人文美景,分为内部美景和外部美景两个部分,其中公路内部美景是公路路域范围内的工程构造物所构成的美学因子,如公路线形、桥梁、互通立交、收费站、服务区等;公路外部美景指公路路域外与公路及沿线设施关系较密切的环境美学因子。包括美景美物的表象(美感)及其为人类社会和自然所提供的服务、功能(内在美),这些美学因素都是公路美学评价的研究对象。

2)公路美学评价的范围

公路美学评价的范围相对较模糊,评价的范围过小,则评价对象不完整,评价没有系统性和实用性;评价范围过大,则评价过程和内容会复杂化。公路美学评价应以用路者和沿线群众、社会所感受到的服务质量和内容以及视觉、听觉、味觉等人体感官感受到的范围和公路交通影响范围为宜。

在确定公路美学评价对象区域范围时,不仅包括公路本身及其服务和影响的社会及环境,与公路产生视觉、听觉、味觉等感觉所触及的地带也应包括在内,具体范围为:

(1)直接区域即公路路界范围内的地带,另外,在与公路相邻,受公路物理影响的自然环境和社会环境,对公路美影响大的区域也应包括在直接区域中。

(2)间接区域包括受公路服务影响的自然环境和社会环境以及从公路上视觉、听觉、味觉等感觉能触及的地带和能视、听、闻等所触及公路的地带。间接区域内的交通服务及环境生态受到的影响和变化、地形地貌、自然美景、人文美景应包括在其中。

(3)相关区域包括公路对沿线居民环境产生影响的区域,公路影响和进入经过居民的活动圈、生活圈的区域以及生态学上相关的地区和公路交通影响或带动的区域。公路美学评价考虑的范围一般都会比规划对象范围更广,需要在"直接区域""间接区域"的基础上,加入"相关区域",即公路沿途区域中社会、经济、人文、环境、生态、心理、生态的相对应区域。

7.2.3 公路美学评价的内容

在公路美学评价的过程中,首先要熟悉系统设计方案和公路沿线环境。熟悉方案是指通过对设计的背景资料、设计说明书、计算书和图纸的阅读以及大量的现场调查、研究,了解和掌握公路美学系统的基本目标、功能、要求及其影响因素,确切掌握评价元素对评价指标的实现程度、实现条件和可能性等。明确公路美学评价的要求,熟悉评价对象,结合公路美学评价指标,选用适当的评价方法,先进行单项评价,最后做综合评价,从而对公路美学的优劣进行评判。

1)不同群体对公路美的要求

公路美学应根据人类在环境中的行为心理乃至精神活动的规律,利用心理文化的引导,研究如何创造使人生活及工作的舒适便利、赏心悦目、浮想联翩、积极上进的精神美学环境。在不同的用路者和受影响者的眼中,公路美学效应是不同的,对公路美学要求的侧重点也不同,因此在评价公路美学时必须明确评价者的身份,分析他们对公路美学那些因素感兴趣。通过美学感觉分析,可得到不同用路者和受影响者对公路美学要求的不同。对专业人员来说,关注的是公路美学的功能、生态环境质量、总体美学质量;对驾驶员来说,关心的是公路提供的服务所需的费用和时间、三维立体线形的视觉诱导性、公路内景空间构成,行车安全性和舒适性;对乘客讲,关心的是公路提供的服务所需的费用和时间、坐车的安全性和舒适性、公路两侧美景、公路美学区域个性的突出与否,旅途是否舒服、愉悦,公路附属设施及其绿化的完善程度;而对沿线居民来讲,关心的是公路本身及附属设施的完善程度,对他们及其子孙后代的生产、生活带来的影响和提供的便利,公路与当地环境的协调程度。不同的评价主体所要求的公路美学评价元素具体见表 7.2.1。

不同评价主体对公路美的要求 表 7.2.1

美学评价主体	对美学的要求	要考虑的因素	公路美学评价要素
驾驶员	公路交通的费用低、时间省、安全性高,公路三维立体线形优美、舒畅,公路美学空间构成合理	公路交通的费用、时间和安全性,公路线形主体、行驶速度的大小、公路空间构成	公路交通的费用、时间和安全性,公路自身美学元素,公路与地形的配合情况,公路空间构成情况,公路与环境配合情况,公路美景影响要素,公路美景的个性要素
乘客	公路交通的费用低、时间省、安全性高,公路美学侧景优美,公路线形舒适安全,公路美景与周边配合良好,公路美景具有个性,具有良好的公路美学空间,有愉悦感	公路交通的费用、时间和安全性,车辆行驶速度大小、公路美学空间构成情况	公路交通的费用、时间和安全性,公路美学个性评价,公路自身及其附属元素,公路美景与地形及周边环境的配合情况、公路美学空间构成
沿线居民	公路美学的总体效果、与周围环境的配合情况、没有破坏当地的生态平衡、公路附属美景美物要素设计合理,提高当地的生活质量、具有自己的个性	公路美学区域社会和自然环境的改善、个性、生态平衡的维持、周围地形及环境的充分利用、公路全景及夜景	公路美学个性、公路美学总体印象、公路美景与地形的配合、公路美景与沿线社会和自然环境的配合、公路附属美学元素
投资方	公路建设和交通运行费用、时间的节省、安全性高、线形流畅、具有良好的视线诱导、公路与地形及环境配合良好、公路美学空间结构良好	公路建设和交通运行的费用、时间和安全性,路线设计速度、当地地形图、环境及美景设置示意图、季节变化影响	公路建设和交通运行的费用、时间和安全性,公路美学个性、公路自身及其附属美学元素、公路美景与地形配合情况、公路美景与周围环境配合情况、公路美学要素、公路美学总体印象

2) 公路美学评价的制约因素

公路美学评价的制约因素分为外部因素和内部因素,见图7.2.1。

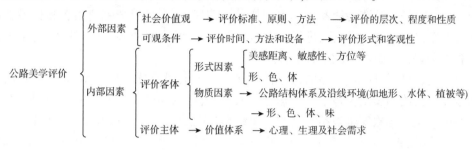

图 7.2.1　公路美学评价的制约因素

(1) 外部因素

外部制约因素是指评价活动的外部环境条件,包括社会价值观念和评价的客观条件。社会价值观念直接制约和规定公路美学的评价活动,进而决定评价标准、性质和层次。评价的客观条件是从时间、空间和设备等方面客观地规定了评价客观性、采用形式和方法。

(2) 内部因素

内部制约因素是指评价活动的客体和主体,决定了评价活动的性质、特征和水平。评价客体的客观价值由其物质要素与形式要素决定,评价主体的价值体系是由人的心理、生理和社会需求决定。因此,公路美学评价需要以公众的视角评价客体环境的价值意义。

3) 公路美学评价的过程

对公路美学进行系统评价,首先应该提出评价指标(即评价对象),构建评价指标体系,然后对各个评价指标元素进行分析评价,最后进行整个系统的综合评价。

4) 公路美学评价的内容

可从内在美和外在美两个方面来进行公路美学的分析评价,其中内在美包括功能美、安全美、经济美、和谐美及持续美;外在美包括人体感觉器官感受的美(美感),如好看、好听、好闻、好味、舒适、顺畅、平衡等美感。

(1) 内在美的评价内容

功能美,从宏观上说,规律建设要满足公路沿线地区的社会、经济、政治和国防的需求,对公路所在周围区域乃至整个地域的人流物流应有改善,即人流物流的快速、方便、经济、安全、舒适性的改善。从具体的要求出发,要满足规定线路和规定方向交通运输的运力、运量和速度要求,也就是要满足规定的车辆、车速、交通量、通行能力和服务水平的要求,达到相应的公路类型、等级和技术标准。

经济美应包括公路投资者、使用者、受影响者(主要指土地、房屋、基础设施等被占用,庄稼、树林、野生动植物被破坏或损伤损害的受影响者)的经济美好感受。从投资者的角度看,为了获得好的经济效益,总希望投资最小,收益最大。但是为了达到安全、社会和自然环境的和谐、人类的可持续发展、人们的美好享受,可能需要加大公路建设投资,如果为了美好享受而投资过大,就会影响投资者的经济效益和投资心情,这也会影响投资者的美感。同时,不能为了降低公路总投资而影响周围居民的经济效益,如对于公路建设占用的房屋及其附属设施、基础设施,不论是永久占用还是临时占用,都应给予补偿或等质等量替换;对于损失或损坏的青苗、树木等都应足额或大于其经济损失进行补偿;对于临时占用的土地,应按照其临时占用期间产生的经济效益,包括经济作物损失和附带的其他损失,进行补偿。所以公路的经济美应在满足公路功能和使用安全要求的前提下,在满足公路使用者和相关受影响人群的美好享受与经济投资之间进行合理的平衡。从投资的角度看,经济评估(包括国民经济评价和财务评价)都应满足相关的要求。

安全美,公路应是安全、可靠的,公路的外在美才会被驾乘人员所欣赏,也才能被沿线的群众所接受。公路的安全美包括交通运输的安全、公路结构设施的安全和其他因素对交通安全的影响。交通运输安全包括公路的平面线形(包括直线、圆曲线和缓和曲线的要素、超高及超宽、行车视距、线形要素的组合等)、纵断面线形(包括最大纵坡、最小纵坡、平均纵坡、坡长、合成坡度、竖曲线半径、爬坡车道、变速车道等)、平纵线形组合(包括平纵线形组合、平曲线与竖曲线组合、直线与纵断面的组合、平纵线形组合与景观的协调等)、横断面(包括横断面的组成、车道、路肩、中间带、边坡及边沟宽度、路拱等)、眩光(同一条道路对向车辆的眩光和邻近道路车辆的眩光,也包括本道路对本道路和其他道路对本道路产生的眩光)、暗适应(道路本身路侧或中央分隔带植树或其他建筑物产生的阴影造成的明暗变化,或者是隧道进出口产生的暗适应问题)都应符合相应的技术标准或行车的实际需求;在必要的路段是否设置加(减)速车道、紧急停车带、爬坡车道、错车道、慢车道、车道隔离设施等,且设置的标准是否符合相关要求。公路结构设施的安全,包括不能因公路本身的结构或设施(如隧道、桥梁、边坡、路基、路面等)的破坏和变形影响交通安全。其他因素对交通安全的影响,包括:①一般的地质或气候灾害(地震、泥石流、地表沉陷、雨雪冰冻等灾害)和交通事故影响正常的交通运输。②其他的生产、生活和工程的施工及运行影响公路结构设施的安全和正常的交通运输。

和谐美,和谐美包括公路与社会环境的和谐、公路与自然环境和人文环境的和谐。在社会和谐方面,首先,公路必须满足过往货物、旅客交通的需求,也应满足当地沿线群众使用公路进行人员、货物运输的要求。其次,不能因为公路的建设和运行而严重影响沿线群众的生产生活,不能影响他们的健康和安全,不能影响沿线城乡的发展和经济建设,不能隔断相邻社区的联系。再次,如果公路的建设和运行对周围群众产生利影响,沿线群众的不利影响是否得到应有的补偿。最后,公路的建设和运行要考虑其他设施(如铁路、水运、管道、电力、通信等)和城镇的建设对公路的建设和运行的限制和要求,公路建设也要为其他设施和城镇发展留下空间和余地,相互之间进行合理平衡。只有这样,公路的建设和运行才能得到沿线群众和社会的支持和协助。

在公路与自然环境和谐的方面,首先,一条公路的修建和运行不应该对周边环境造成太大的污染,不应占用或影响太多的自然资源,不应影响生态环境,不应影响动植物的生存和延续。其次,公路与自然生态环境的和谐还应包括公路结构和设施与周围环境的形象美的和谐统一。公路路线走向和布局要尽可能减少对自然美景的破坏,避开受保护的美景空间,如风景旅游点、温泉疗养区、文物保护区、自然保护区等。对生态美学空间(如河流、小溪、森林、沼泽地、湿地等),要避免割断它们之间的联系。公路必须穿越森林、果园、绿地时,应以曲线通过,避免以直线分割和贯通。对山区公路应避免大填大挖破坏自然美景。如挖方深度较大时,宜与隧道方案的进行比选论证,可能引起灾害的路段宜采用隧道方案。路线经过农田耕作区时,如路基高度较大,应考虑填筑路基对农作物通风、日照等的不利影响,必要时宜进行高路堤方案与高架桥方案的比选。公路沿途有影响到驾驶员视线、嗅觉的烟尘或刺激物发生时,路线应布设于发生源的上风向。

在公路与人文环境和谐的方面,公路的建设要保护沿线的文物古迹,尊重沿线群众的风俗习惯,并体现沿线的人文,美学建设应与当地的地域文化相结合。

持续美指的是当代的社会发展和工程建设需要考虑子孙后代的需求、生存和发展。首先,公路建设不但为当代人提供交通运输服务,还可以为子孙后代提供交通运输服务;其次,公路建设应尽量不占或少占资源(如矿产资源、动植物资源、土地资源、水资源等),在不可避免的情况下,占贫不占富(对矿产资源),占瘦不占肥(对土地资源);不污染水资源,特别是饮用水源;不破坏或少破坏生态环境,对于受到破坏和影响的生态环境,要进行恢复和补偿,保证生态环境的可持续发展。再次,倡导能源与物质的循环利用和沿线环境的自我维持。最后,要考虑社会和其他行业的发展以及公路自身的发展对公路建设的限制和要求,为今后公路的改扩建和社会、城镇的发展提供条件和空间。

(2)外在美的评价内容

公路的外在美包括人体感觉器官感受的美(美感),如好看、好听、好闻、舒适、顺畅、平衡等美感,以此为基础确定外在美的评价内容。

视觉美(好看)的评价内容:①不同路段以及不同结构设施之间的相互关系;②某段路或某个结构设施的形式及空间的长短、大小、强弱等数量关系;③公路与环境的协调统一;④一条公路整体结构中的多种因素和谐统一(或者形式美的法则):统一性与多样性、对比与相似、连续性、均衡、比例与尺度、节奏与韵律等。

听觉美(好听)的评价内容:①公路的建设和运行产生的噪声是否影响沿线群众、社会、单位的生产、生活和工作;②公路建设是否为驾乘人员和沿线群众带来一个"鸟语花香"的境界;③公路建设是否为驾乘人员和沿线群众提供了语音提醒服务。

嗅觉美(好闻)的评价内容:①公路的建设是否绕避了或存在臭味难闻、空气污染的路段;②公路的建设或运行是否造成空气污染或较同等道路产生的空气污染有所减轻;③公路本身和周围是否提供了一个空气清新,甚至为花香四溢的环境。

肤觉美(好摸)的评价内容:公路设施或结构(如桥墩)或绿化植物是否存在有好的肤觉感受。

舒畅(动觉美)的评价内容:公路的路面是否平整,路线是否顺畅,是否存在颠簸、振动或急速转弯过多,使人感到恶心,甚至呕吐的感觉。

舒适(机体觉美)的评价内容:①在车辆运行中,驾乘人员是否有饥、渴、气闷、恶心、窒息、牵拉、便意、胀和痛等感觉;②在同等条件下,某段路是否感到在热天有凉意或在冷天有暖意,或在同样的条件下,某段路会感觉舒适一些或难受一些。

平衡(平衡觉美)的评价内容:在车辆运行中,驾乘人员是否有恶心、呕吐等现象,如晕车或晕船等。

由于在乘车过程中,人们一般很难区分舒适、舒畅、顺畅、平衡等感觉,而这些感觉的美好感受可以由公路线形均衡、路面平整等方面来体现。所以,可以用线形均衡、速度均衡、路面平整等参数来进行评价。

7.2.4 公路美学评价的思路和程序

公路美学评价可把公路体系从外部环境中分离出来而成为一个独立的整体,明确系统中的各个子系统及其相互作用,及其与环境的作用。有了系统边界,就能对系统进行内部元素—结构分析和外部环境分析。系统的元素—结构分析是要找出组成系统的元素、元素之间的关系,分布的层次等主要内容,揭示系统组成的性质和规律。分析外部环境对系统的影响和系统对环境的影响,找出环境对系统输入的变化规律和系统对环境输出的变化规律,同时分析系统与环境之间的适应性。系统的评价就是对系统的目标(系统目标规定评价对象)的功能、特点及效果进行科学的鉴定。对一个系统来说,人们创造它的目的是通过改造客观世界来提高人的物质文化和精神文化水平,从而提高生活质量。这种提高表现在整个系统(包括物质的和精神的)从一个和谐状态达到了一个更新的和谐状态。而和谐一是表现在系统内部,二是表现在系统与环境之间。因此,对系统的评价就表现在对系统本身及其与环境和谐状态的评价。通过对系统元素—结构的评价,看其是否形成了动态平衡的有机整体,通过对环境的分析评价,看系统是否与外部环境或其他系统达到了协调。

公路美学评价系统就是对系统的总价值进行判断,衡量公路美学系统达到目标的程度。系统的各个评价因素可构成系统总价值的价值因素,它们之间相互作用,相互联系,共同决定系统总的价值。

1)公路美学评价的步骤

按照系统评价的基本原则,结合公路美学特点,总结公路美学评价的步骤如下:

(1)明确公路美学评价目标,熟悉公路美学设计方案

公路美学评价具有模糊的特性,是一个同评价主体密切相关的评价系统。为尽量减少美学评价过程中的不确定因素,科学地进行定量、定性评价,必须仔细调查公路构成情况,熟悉公路美学设计意图,掌握地形、地貌情况和沿线自然、人文美学资源,研究分析评价元素,从而确定美学评价的区域和内容,进行美学评价。

(2)收集评价资料,分析美学评价对象

根据美学评价的目标,收集有关系统功能、道路沿线自然美景、人文美景的资料及其保护费用的资料,对公路美学的各个评价元素进行分析,找出评价对象。为获取评价指标和美学评价做准备,背景资料收集主要包括以下几个方面的内容:

①公路规划设计的相关资料、图纸。

②相关区域的美景美物或其他研究,包括公路区域战略研究和环境影响评价等。

③地图,其中包含有关公路信息、土地利用规划(现行和历史)、地籍信息、地质、土壤、地标、动植物种群分布、自然灾害程度分布、生态质量现状、社会经济、基础设施以及地形等。

④相关区域的遥感、卫星影像资料,并进行解译编图。

⑤地方区域规划。

⑥有关的法规、标准、规范和规划。

⑦设计实地调查分析与评价表。

实地调查的主要目的是熟悉公路走廊带沿途区域的现场情况,验证、补充和细化在前期准备阶段收集的基础信息。调查人员通过踏勘、摄影、录像、走访等方法完成评价,实地勘察的主要工作有:

对地图、遥感卫星资料进行核对,修正相关信息,增添土地形式(土地和当地气候的物理性质)、地表形式(植被、生境、生物多样性、生态价值和城市环境建设的形式)、土地使用(土地使用和设施形式、文化和遗产情况)的信息。

⑧通过GPS定位,确定美学控制点,详细勘察周围区域,记录相关美景美物特征。

⑨拍照和摄像,掌握评价区域的特征,以备内业分析使用。

⑩敏感区美学感觉评价,确定美学感觉区域的美学特征信息,填写各类型的分析与评价表格。

(3)确定公路美学评价指标体系

指标是衡量系统总体目标的具体内容。对应所评价的系统,必须建立能对照和衡量各个方案的统一尺度,即评价指标体系。评价指标体系必须全面、科学、客观地考虑各种因素,包括公路功能、内部美景、外部美景和沿线的美学环境。这样就可以明确地对各方案进行对比和评价。公路美学评价的指标体系是由若干单项评价指标组成的整体,可以通过大量的资料调查、分析的基础上得到,应能反映所解决问题的各项目标要求。

(4)指导评价结构和评价准则

在公路美学各个因素的评价中,有定量的,也有定性的,但最终应归于评价函数的选取。对于一些定性评价的因素,可借助系统科学的方法定量化。一般的评价标准是能够选用更好表达评价项目的评价函数。各因素的评价函数一定,评价尺度也就相应确定。

每一个具体指标可能是几个指标的综合,是由评价系统的特性和评价指标体系的结构所决定,在评价时首先应制定评价结构。

由于各指标的评价尺度不一样,对于不同的指标,很难在一起比较。因此必须将指标体系中的指标规范化,制定评价准则,根据指标所反映要素的情况,确定各指标的结构和权重。

(5)确定评价方法

评价方法根据评价对象的具体要求有所不同,按照系统目标和系统分析结果及评价函数类型确定。

(6)综合评价

综合评价就是对系统进行技术、经济、社会等各方面的全面评价。一般是根据设立的指标体系,首先计算某大类下各单项指标的综合评价值,然后对各单项指标进行综合,得出对方案的总体评论。综合评价是最后判断方案优越的依据。公路美学评价工作程序见图7.2.2。

2)公路美学评价指标体系的构建

由于公路美学系统的多层次、多目标和复杂性,它的构建是一个反复协调、反馈、综合提炼的过程,需要不同地域、不同研究领域的专家对各方面的评价指标进行筛选,优化公路美学指标评价体系。公路美学评价指标体系构建流程如图7.2.3所示。

公路沿线的美学类型丰富,在分析评价时可以将行车时的人体感觉范围内美景美物的

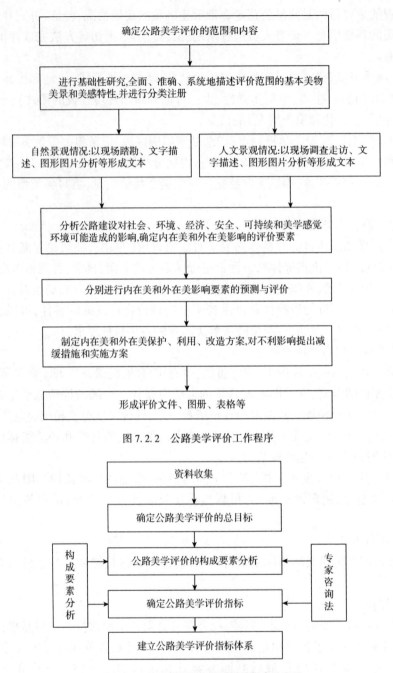

图 7.2.2　公路美学评价工作程序

图 7.2.3　公路美学评价指标体系构建的流程

出现顺序,理解为各种类型的美景美物依附在公路两侧依次顺序排布。首先对这些美景美物要给予分异性界定,标出段落性的美学类型,再逐一进行美学评价。由于公路的自身结构特性,界定后的单个美景美物段落范围将有较大的差别,有的美景美物可能只有一公里,如:河流美景、村镇美景,有的可能连续出现十几公里,甚至几十公里,如:农田美景、苇塘美景。评价时根据美学段落长度的不同,在采集样本时,从数量上要有所不同。

7.2.5 公路美学评价的方法

7.2.5.1 公路美学评价的方法

从宏观方面来说,公路美学评价领域目前公认的有四大学派:专家学派、心理物理学派、认知学派和经验学派。四个学派有其不同的思想理论基础和评价方法,见表7.2.2所示。

公路美学评价学派及理论技术　　表7.2.2

学派	主要理论方法	技术应用
专家学派	基于美学原则,认为凡是符合美学原则的景观都具有较高的质量,即属于优美的景观评价方法是将景观分解成线条、形体、质地和色彩等基本构成元素,以非数量化和数量化方法来评价风景	一般通过地形图、照片、航片、计算机三维模拟等手段,通过指标、因子的提取和分析,然后层层分解和加权,获得较为客观的美学质量数值
心理物理学派	把美景与美景审美的关系理解为刺激—反应的关系,将心理物理学的信号检测方法应用到美学评价中,通过测量公众对美景的审美态度,得到一个反映美学质量的表,并将该量表与各美学成分之间建立起数学关系	用黑白、彩色照片、幻灯片来模拟实际美景,由公众加以评价
认知学派	将美景作为人的生存空间、认识空间来评价,强调景观对人的认识和情感反映的意义;用人的进化过程及功能需要去解释人对美景的审美过程	以照片、地形图、航片等为测试手段
经验学派	以人对美景的主观评判为主旨,从人的性格、历史、文化背景、志向、情趣等方面研究人对美景的态度	多采用记录文字、描述、调查等手段

公路美学评价按是否可以定量,可分为定性评价和定量评价。按评价对象可分为客体或主体,或称为主观评价和客观评价。一般来说,主观评价法采用定性评价,客观评价法可采用定量评价。为此,公路美学评价综合有两种类型或其综合:一种侧重于个人或群体对美学质量进行主观的非量化评价,包括详细描述法、公众偏好法等;另一种方法是通过对美学质量的物理特性等进行理性分析研究而得出的客观量化评价,包括量化综合法、主成分分析法、灰色关联度分析法、综合评价法等方法。其中详细描述法可包含生态模式和形式美学模式,这两种方法多为客观研究公路美学的专家所采用;公众偏好法,诸如心理模式和现象模式,经常采用问卷调查及民意测试等方法研究,以期与公众的主观意见紧密相连;量化综合法将主观方法和客观理性方法结合在一起,包括心理生理模式和成分代用模式。

1)定性评价法

(1)详细描述法

详细描述法涵盖了公路美学资源评价方法的最大一个类别,这个类别包括以非量化及定性化的方法来分析描述美学元素,详细描述法可划分为两大类:可分类法和不可分类法。可分类法首先试图根据美景总体的相似性划分调研单元,然后评价各个单元,形式美学评价模式属于这一类方法。不可分类法(比如生态模型)试图弄清某些美学要素同环境质量之间的关系,然后用这些关系预测美学质量。

首先辨认及整理公路美学原型要素(例如自然美学资源、人文美学资源等),然后进行描述或打分,打分标准基本上以美学专业中的传统价值标准为基础,尽管这种美学评价的方法在单项上看是以主观选择提供美学质量评价结果的,但其美学原型要素是客观存在的,这种方法运用上的客观性弥补了其主观性。详细描述包含了好几种推断,其一是美学的价值能以其构成成分的价值来解释,另一种推断认为美景的美根植于美景的构成元素及其物理特性,它既依托于欣赏者,又依托于被欣赏者。

①形式美学模式

形式美学评价模式的理论立足点归结为美学价值是抽象美学对象所固有的,也就是说美学特质存在于美景的属性中。这种美可定义为基本形体、线条、色彩、肌理及它们之间的结构关系。在这种评价模式中,公路美景被分解为一些抽象的形式属性。首先,公路中的实质美景可以分为自然因素美景与人工因素美景。其中,自然因素美景可以分为地形与地势形态、水岸形态、山岳形态及风景区形态;人工因素美景包括公路中的公共空间形态、交通结构、交通设施等。

②生态模式

在生态评价模式中,与美学质量相关的环境特征主要可分为生物特征和生态特征。其中生物特征指动植物种类,生存范围及其发展过程;生态特征则指公路规模、大气环境、水环境、环境噪声等。

(2)公众偏好法

①心理模式

心理评价模式被运用于许多研究之中,这些研究针对人们对于不同美景的喜好进行分析,研究表明不同的心理构成(如复杂的、神秘的和连贯的)对于人们的美学偏好来说十分重要。心理模式指居住、访问或欣赏美景的人们的感情和感觉。高质量的美景能引发积极的感情,譬如安全感、轻松感、温暖感、愉悦感;低质量的景物使人压抑、恐惧、忧郁,还能引发其他消极的情感。而心理评价模式的建构重点是评价对象及其预测框架的建立,一个主要方法就是通过照片、摄像、素描来确认相关的心理变量。其方法是在景物记录的基础上,确定研究对象,然后从景物的生动性(vividness)、复杂性(variety)、独特性(uniqueness)、完整性(intactness)和统一性(unity)等标准进行评价。每项评价都根据先期预设的标准(所谓的专家美丑标准)将对象归入高品质到低品质的排序的序列中。最终可根据每项的实际重要程度进行加权打分。

因为心理模式运用多位观察者对每个被评价的景物产生一个或多个价值评价,具有相当的可靠性和敏感性,这是一个重要的优点,因为使用者可以得知景物的原有价值,而且对其产生信心。此类方法把使用景物者或体验景物反应和判断作为评价的基础。但是缺乏与客观环境的明确联系,使心理模式评论美学进入一个相互反应的封闭圈,对于景物的心理反应只能用其他心理反应来解释。

②现象模式(认知模式)

现象评价模式更加强调个人的主观感情、期望和理解。美学认知被定义为个人与环境之间亲密的体验与接触。该模式探究人类由美学刺激而引发的知觉审美观念如何受人的态度(情感满意程度或精神状态)和价值的影响。

这是一种借助于知觉心理学和格式塔心理学的公路美学评价方法,其分析结果直接建立在居民对公路空间形态和认知图示综合的基础上。Bordin 认为所有行为都依赖于意象,意象可定义为个人累计的、组织化的、关于自己和世界的主观认识。而意象的心理合成与认知地图(Cognitive Map)密切相关。K. Lynch 提出公路空间结构不只是凭客观物质形象与标准,而且要凭人的主观感受,他指出研究公路空间的方法有三种:请人默画公路意象与简要地图;详细的个人访谈或口头问卷调查;做简单的模型。

认知意象对公路空间提出两个基本要求,即易识别性(Legibility)和可意象性(imaginability),前者是后者的保证,但并非所有易识别性的环境都可导致可意象性。

现象评价模式为了获取高敏感性而不惜牺牲可靠性,通过强调极其个人的、体验的和感情的因素,建立美学的感觉特性与美学体验之间极其密切的关系。该模式代表了对于相关美学特征的极端主观性评判,而没有在心理反应和景观特征之间建立起系统的关系。

2)定量评价法

量化综合法是定量评价的一种,它结合了两种研究方法:心理物理模式与成分代用模式。这类模型更多用作研究工具而不是评价工具,此类方法倾向于评价可量化美学特征基础上的美学质量。心理物理模式运用物理特征的刺激变量评价人们对美景美物整体感觉质量的偏好,应用古典心理学探寻在环境刺激的物理特征和人类感知反应之间建立精确的量化关系。成分代用模型确认与偏好程度做比较的物理美学成分。

(1)心理物理模式

心理物理模式在美景的物理特征与欣赏者的判断之间寻求固定的数学关系,如在环境的自然物理特征(如地形、植被、水文等)和人们心理反应(典型偏好判断、美学价值或美景的美)之间存在一定的关系;分析美学特征,如土地覆盖、土地使用、森林结构和分布。然后与美学质量判断建立起数据联系,如成对比较模式、分类分等标准在数量上评价美景,多元线性回归法近来经常被用于决定这些关系。

此类方法需要各种美景以供挑选出代表显示出美景美的物理特征,还为不同的美景提供公众对于不同美学质量的偏好,这一推断的基础在公众的审美判断为美学质量提供了一个适当的尺度,这类模型也可能比较昂贵耗时,局限于某种美学类型和某一观察人群及角度,在短期内并不十分高效。

(2)成分代用模式

此类模式的理论基础是确认和衡量被看作美学质量替代的美学成分,当用已有方法确认和衡量美学成分以及它们共同作用时,单个的成分是孤立的。因为在这些模型中,成分的受欢迎程度同总体偏好程度相比较,某些成分对美景美的贡献可以用解释变化测得。

美学成分可以依照其决定美学质量的重要性分为三类。第一类成分类别包括以宏观形态成分(如土地类型衡量包括地貌分类,如山脉、高地、峡谷和海岸等),相对形态成分和水文特征(通过排水密度来测量)为表现的美学构架。第二类成分不如第一类重要,但属永久成分,是宏观成分的变化形式,这一类包括对象的整体变化(如表面肌理、相对凹凸起伏度、空间围合度、崎岖度等),特殊特征(如二维轮廓的不规则性和三维形式),还有个性成分,它对吸引欣赏者的注意力有立即的美感影响。第三类是暂时成分包括水体形态和表面肌理变化的特征等。以美学成分为基础的评价模式存在着一个主要弱点:此类模型假定美感美景相当于构成美景的成分,每一成分的美感质量可以分别测量,把它们叠加在一起就可以代表整个美景。

所有这些模式就逻辑方法问题而言都很复杂,有可能影响结果的解释,问题之一就是数不清的美景美受欢迎程度是否能代表人们对于美景的偏好,相当多专业人士认为美景美的判断不同于美学偏好。当欣赏者被要求表达他们对于不同美景的偏好时,他们人人从使用的角度来考虑问题,而不是考虑美景在内固有的美。所以,欣赏者的专业性与客观性的尺度把握是很重要的。

具体的美学评价方法有美学感觉文字描述法、感觉印象评价法、感觉心理测试评价法、计分评价法、平均信息量法、回归分析法、加权网络分析法、模糊集值统计法、系统评价法、图形叠置法以及运用CAD和地理信息系统等手段进行分析显示的方法等。

3)一些具体的公路美学评价方法

(1)环境美学敏感度评价方法

公路环境美学敏感度是衡量公路周围环境的美景被人们注意到的程度,它是美景的易见(易听、易闻、易嗅等)性、可视(可听、可闻、可嗅等)性、清晰性、美景的醒目、易听、易闻、易嗅程度等的综合反映,与环境美景本身的空间位置、美景与公路的相对位置关系、美景的物理、化学属性等有着密切的关系。考察环境美景的敏感度,目的是在找出美景敏感度高的景点,避免公路建设对它的伤害并加以合理的利用。因为敏感度高的美景往往很容易被损伤而形成美学感觉污点,反之,利用得好则会带来较好的美学效果。

公路使用者不同,对公路美景的注意内容会有所偏重,因而对环境美景的注意程度也不同;而且针对不同的公路,研究的注意内容和程度也应不同。如果从公路使用者(乘客、驾驶员)和公路周围的居民角度来讲,影响公路环境美学的因素很大,它实质是综合敏感度。

影响公路美学敏感度的客观因素有:美景相对于公路使用者感觉所处的位置;美景距离感觉者的距离;美景在公路使用者感觉域中出现的频率;美景的醒目、易听、易闻、易嗅程度等要素。

环境美学敏感度法首先是对公路中"某一点、段"的美景进行评价,然后依据各点、各段的敏感度级别求出整个公路美学的敏感度区划情况,从而在公路规划中予以关注。此方法选取的美学评价因素较少,并且仅从视(听、闻、嗅等)影响方面评价美学的优劣,而且并没有把公路美学的多个因素看作一个有机系统来考虑它的整体效果。此方法适合在公路可行性论证时,作为公路规划时沿线美景的美学感觉质量相对好坏的评价依据,以影响或指导公路的选线工作。

(2)公路与环境美景的协调度评价方法

公路与美学环境协调度(R)是用定性和定量的方法判断公路与美学环境协调发展状况的一种度量。其关系如下:

全面改善:公路与环境处于协调状态;

有所改善:公路与环境处于基本协调状态;

维护现状且有恶化趋势:公路与环境处于需要协调状态;

有所恶化:基本不协调状态;

全面恶化:不协调状态。

这五种情况用协调度加定量化来判断公路美学环境系统的协调状态。公路与美学环境协调度(R)的分级指标(采用百分值)见表7.2.3。

公路与环境美景协调度分级指标 表7.2.3

协调度分级范围	$100 \geqslant R > 90$	$90 \geqslant R \geqslant 70$	$70 > R \geqslant 50$	$50 > R \geqslant 30$	$R < 30$
协调状态	协调	基本协调	需要协调	基本不协调	不协调

协调度可用综合协调度综合评价值 Z_P 来评价,Z_P 数学表达式为:

$$Z_P = f(S_{P1}, S_{P2}, T_P)$$

式中:Z_P——公路协调度的综合评价;

S_{P1}——公路自身美学环境的综合评价;

S_{P2}——公路外部美学环境综合评价值;

T_P——美学建设投资环境综合评价值。

由于公路所处地区的不同,S_{P1}、S_{P2} 和 T_P 应根据该区域美学设计参数进行筛选,并确定单项指标的分级评分,可看成具有相同权重的子系统。从可持续发展的观点,S_{P1}、S_{P2} 和 T_P 三者是同步协调发展的。美学设计参数可包括自然环境、地质地貌、水文、植物与植被、野生动物及历史文化遗址等人文美景。

公路与环境美景协调度法是从公路内部美景、公路外部美景以及公路美景建设投资三方面对公路美学进行评价的,评价因素大都是定性的描述;而且这种方法没有将公路美学看作一个系统,没有用系统的观点评价公路美学。

(3)公路美学综合评价指数法

根据对公路美学构成要素的分析,任何一处公路美景均有多种要素组成,以群体出现,各自具有明显的特征和可比性。因此,公路美学评价是对群体美景的评价,是多因子评价。公路美学综合评价指数法中,其评价指数的数学表达式为:

$$B = \sum X_i \cdot F_i$$

式中:B——公路美学综合评价指数;

X_i——某评价因子的权值;

F_i——某美景在评价因子下的得分值;

$X_i \cdot F_i$——某美景评价分指数。

公路美学综合评价指数是由指数叠加而得出,该法适宜研究多属性、多因子评价体系结构问题。具体评价过程如下:

①权值确定

考虑到公路美学多数因子较抽象、宏观,故采用专家打分确定权值。权值是反映不同评价因子间重要程度差异的数值,也是体现各评价因子在总指标中的地位和作用,以及对总指标的影响程度。

②评价因子分级指标

每项评价因子设几个级别,一般为单数,如三、五、七等,根据其优劣程度赋值,分级指标数值越高表示美学质量越好。

③美学分级计算方法

首先根据公路建设前后,现场实地踏勘调查的资料,研究确定各美景类型在每一个评价因子下的级别 F_i,并按该级别的得分值乘以该因子的权重 X_i,得出这一因子下的美学评价分指数 $X_i \cdot F_i$。各分指数相加得出公路美学综合评价指数 B,B 占理想美学评价指数 B^* 的百分比,即为美学质量分数 M:

$$M = \frac{\text{美学综合评价指数 } B}{\text{理想美学评价指数 } B^*} \times 100\%$$

M 作为美学分级的依据,并以差值百分比分级法划分为 Ⅰ、Ⅱ、Ⅲ、Ⅳ 级,如表 7.2.4 所示:

Ⅰ级:公路建设与沿线美景协调;
Ⅱ级:公路建设与沿线美景比较协调;
Ⅲ级:公路建设对沿线美景轻度破坏;
Ⅳ级:公路建设对沿线美景严重破坏。

公路美学分级体系　　　　　　　　　表 7.2.4

M	100~80	79~60	59~40	<40
公路美学质量等级	Ⅰ	Ⅱ	Ⅲ	Ⅳ

公路美学综合评价指数法考虑了公路的系统性、多因素的特点,但是所选取的评价因素多是从定性方面分析,没有定性、定量相结合来对公路美学系统进行分析,权重的确定主观性太大。

(4)公路透视图和美学仿真法

公路几何设计中,主要研究汽车行驶与公路的各个几何元素之间的关系,以保证在设计速度、预计交通量以及地形和其他自然条件下,安全、舒服行驶。然而,在实际营运中,许多危险路段都是被认为技术上设计合理的路段。在高速行驶下,单纯的几何设计很难避免由于动态视觉、心理错觉而引发的交通事故。如何从驾驶员的立场和位置出发,以他们的视觉、心理特征为基础,进行公路的三维协调性和视觉连续性研究,是公路透视图和美学仿真所要解决的问题。

公路是一条带状构造物,公路美景所产生的心理、视觉印象用透视图评价最为直观。随着公路等级的提高,人们对公路线形的审美要求和公路与环境的协调性越来越重视。我国《公路工程技术标准》(JTJ 001—97)规定"对高速公路和一级公路以及风景区公路的必要路段,应采用透视图法进行检验"。公路透视图和公路三维动画可以使设计者在设计阶段获得形象逼真的公路全景图,用以检查路线设计的线形质量以及公路与环境的协调程度,并以此作为公路设计修改的真实直观的依据,从而避免一些在运营时期才可能暴露的公路交通安全问题和美学污染问题。

在我国,公路透视图和公路仿真已能成功实现,但公路美景的制作,由于计算机图形学水平的限制,还不能很好解决。在公路设计的三维仿真中,国内几乎所有的解决方案都是采用计算机自动处理数据+人工处理三维模型+长时间渲染着色的方式,实时性差,费用高,现在还不能经济地应用到工程实践中去。

4）评价指标定性描述的量化方法

公路美学定性描述的定量化方法有多种，以下是其中的几种：

(1) 语义差别量表法

语义差别量表法最初是在心理物理学中应用，心理物理学是用人的行为反应来测量人感知到的物理特性，目的是要建立物理参数与主观反应的函数关系。在美学研究中，一般都使用问卷、量表和量值评价法，将物理参数与主观反应联系起来。对于单个因素或者不复杂的问题可以得出一定的结果。这种方法一般采用语义差别量表法。这种量表是由一对反义的形容词和一个奇数的量表组成，例如评价一个环境的愉快程度就可以用下面语义差别量表：

愉快[+3、+2、+1、0、-1、-2、-3]不愉快

七个空格的中间这一格代表中性的，用 0 表示既不感到愉快也不感到不愉快，正号表示感到愉快，负号表示不愉快，数字是表示愉快和不愉快感的递增或递减。这种量表既说明了评价的情感倾向，也表示了程度。

科学量化法的基本思路(见图 7.2.4)是以系统的思维构建评价因素模型，通过数学模型来分析美学的内在关系，研究客观环境因素对规划行为的影响。用客观量化的方法确保评价结果的科学性和可靠性，其缺点是数学模型抽象僵化，且数据采集没有考虑心理情感因素，可信度受影响。人文评价法通过行为心理物理试验、图表调查、咨询访谈等形式，研究高速条件下用路个体内在的心理情感，考查社会经济文化因素对评价的影响。该方法的优点是通过研究主观评价态度，能精准地反映问题本质，同时复杂的美学评价容易化。两种方法各有其相应的适用条件，具有较强的差异性和互补性，因此，公路美学评价应将科学量化评价法和人文评价法融合成统一的二元体系，构建定量与定性相结合的综合评价体系，在美学评价实践中以互补和复合的方式共同研究和解决同一个问题。

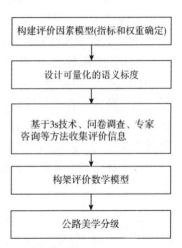

图 7.2.4　科学量化法评价的流程

(2) 心理物理学法

心理物理学法是由 C·E·奥斯顾德于 1957 年提出的一种心理测定方法，又称感受记录法，基本思想是利用人们对景观美学标准的趋同性，建立景观与审美的刺激—反映关系，将心理物理学信号检测方法应用到美学评价中来，通过测量公众对景观的审美态度，得到一个反映美学质量的量表，然后将该量表与各美学成分之间建立起数学关系。它通过言语尺度进行心理感受的测定，评价尺度常采用 5 段制。考虑到被欣赏的美景因视角不同，美景的美学效果也不同，因此，先通过放映各景观类型的多幅照片，让评价者对各类景观有一个全面的认识。然后，选取各类型景观的一些典型照片，逐一提供给评价者进行打分评价，采用多变量分析方法对评价结果进行因子分析。

心理物理学法流程为：确定评价对象→确定评价尺度→心理反应评价→试验数据的数量化→因子分析→抽出评价轴。

①取景：采用相机沿着公路取景，每隔一定距离照相或连续摄影，照片取景方法见

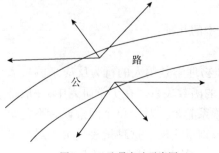

图7.2.5 取景方法示意图

图7.2.5。考虑到取景质量和重复性等,从中筛选出一定数量的照片或视频作为最后美学评价的媒介物[65]。

②测定公众的审美态度:考虑取样便利性与美学评价的专一性,可将选择的景观影像图做成Powerpoint或剪辑成视频。照片或片段的视频随机打乱次序,逐一编号。参与评价的人员可以是不同的专家或者一般居民。要求参与者设想自己正驾车行驶在公路上,眼前这些(照片或片段的视频)美景所带来的感受是不同的,按照美感程度给每张幻灯或每段视频评分,采用1~5分制,即1分表示美感度最差的美景,5分表示美感度最好的美景。正反次序放映幻灯或视频两遍,每隔6s换一张幻灯片或一段视频。进行美学评价的要求是:集中注意力,不要互相讨论;凭借第一印象评分,不必深思熟虑。让他们根据偏好程度进行评分,然后填写调查表,内容包括评价者背景资料、对不同美景组成要素评分。采用9(或7、或5、或3)分法,即1分表示最不喜欢的美景,9分表示最喜欢的美景。

③美学要素分解:公路美学是包括公路自身及其沿线地域内的自然美景(气候、水文、土壤、地质、地貌、生物等)和人文美景(村庄、民居、建筑、田园、雕塑、标志牌等)的综合美学体系。当公路使用者驾车行驶在公路上,可以认为水体、植被、地形、人工建筑、农田、天象等路域组成要素是主要美学影响因子,美学特征如质地、视野开阔度、美景自然性、美景完整性、美景生动性、公路在感官中显著度和美景多样性等也是很重要的美感影响因子。一种公路环境美学评价指标体系及指标体系中的每个指标量化值见表7.2.5。

公路环境美学评价指标及其量化　　　　表7.2.5

美景类型	评价指标	量化
水体	水体离公路距离	<200m=0,>200m=1
水体	水体大小	没有=0,河流=1,湖泊=2
植被	路域植被盖度	0~25%=0,25%~50%=1,50%~75%=2,75%~100%=3
植被	植被类型	无=0,单一草类=1,草+灌木=2,草+灌木+乔木=3
植被	植被色彩	无=0,一种=1,二种=2,多种=3
地形	地表起伏	平坦=0,一些山地=1,几乎全是山=3
人工美景	人工设施距公路距离	<200m=0;>200m=1
人工美景	人工设施特色	无明显特色=0,现代建筑特色=1,地方特色或古民居特色=2
人工美景	设施规模	无=0,零星=1,成片分布=2
人工美景	人工设施与周围自然环境的融合	对比强烈=0,对比不显著=1,相互融合=2
人工美景	农田面积	无=0,面积较小、视域内不占主导=1,面积较大、视域内占据主导=2
天象	天象特色	无明显特色=0,有白云缭绕、日出、晚霞精彩天象=1

续上表

美景类型	评价指标	量化
其他美景属性特征	质地	粗糙=0,无明显粗糙度=1,细腻=2
	视野开阔性	视野开阔、辽远、可见远景甚至达天际线=0,视野比较开阔=1,景观视野受限、只见近景=2
	美景自然性	自然美景=0,人为少量干扰=1,人工美景占据主导=2
	美景完整性	美景相互融合为一整体=0,稍微感觉有点割裂感=1,美景组成相互独立=2
	美景生动性	美景独特,给人印象深刻=0,美景一般,给人印象一般=1,美景毫无特色、过目即忘=2
	公路在视域中显著性	公路在视野中明显=1,公路在视野中不明显或无公路=2
	兼观多样性	少于两种美学要素=0,三种=1,四种=2,五种及以上=3

④填写调查表:调查填写在对美景相片或视频评分之后进行,内容包括个人背景情况,对公路两侧美景的注意程度、重视程度、理解程度的回答,对水体、原始植被、人工植被、草地、花卉、广告牌等公路美学组成要素的喜好情况,以及让他们根据美感重要性程度对美学特征如自然性、变化性、协调性、独特性、历史文化性等进行排序,结合口头描述以明晰被调查者对不同美景类型喜好差异的原因。

通过单向或总评分值的高低来判断边坡的总体美学效果或某一方面的美学效果。

(3) 项目调查法

项目调查主要是对背景资料的收集分析和实地勘察,将评价对象作为一个系统性的整体,把收集的信息汇总在一起,通过地图叠置、实地调查、专家修正等方法,查明区域美学格局以及区域环境的特征,确定相应的评价指标值。如图7.2.6所示为项目调查法的技术路线。

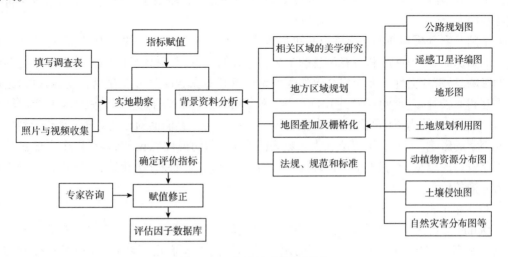

图 7.2.6 项目调查法的技术路线

(4) Delphi 法

Delphi法是在专家个人判断和专家会议基础上发展起来的一种专家调查法,避免了二者的缺陷，具有匿名性、反馈性和收敛性等特点。该法通过匿名函询的方法，通过一系列简明的调查对专家们进行咨询调查，通过有效的反馈控制，取得尽可能一致的意见；因此，Delphi法可能比其他方法的判断精度要高一些。具体操作方法就是向公路、美学、地理、规划、艺术等专业人士咨询调查，依据相关专业知识，确定相应的评价指标值。

7.2.5.2 公路美学评价指标的筛选方法

评价指标筛选主要根据头脑风暴法、Delphi法、会内会外法、聚类分析法等方法进行。由于各种方法都有其优缺点以及适用性，以下介绍一些公路美学评价指标筛选方法的具体内容和做法。

1）头脑风暴法

头脑风暴法的原理是通过众人的思维"共振"，引起连锁反应，产生联想，诱发出众多的设想或方案。

具体做法：召开10人以下的小型会议，围绕一个明确的议题，自由地发表各种意见和设想。会议要求有一名主持人和一名记录员，并要求与会人员严格遵守下述规则：①不允许批评他人的想法；②提倡自由思考、畅所欲言；③以议题为中心，提出的设想多多益善，并且全部记录下来；④不能在会议进行中作出任何总结和批判，不阻碍个别人的设想；⑤参加会议者不分资历、地位、水平如何，一律平等对待；⑥不允许私谈及代他人发言。

由于这种会议创造了一种健康自由的讨论氛围，与会者思想奔放，相互激励，其中虽然会有一些不切实际的想法，但往往有价值的供选方案更多。

2）会内会外法

这种方法是结合专家个人判断和专家会议两种方法的专家调查法。所谓专家调查法是运用一定方法，经专家们个人分散的经验和知识汇集成群体的经验和知识，从而对事物的未来作出主观预测。这里的"专家"是指对评价问题的有关领域或学科有一定专长或有丰富实践经验的人。

个别专家分析判断的主要优点是可以最大限度发挥专家个人的能力，但容易受到专家具有的知识面、知识深度和占有信息的多少，专家的经验以及对评价的问题是否感兴趣等因素的影响，易带片面性。而专家会议的优点是在召开专家会议时可以互相启发，通过讨论或辩论互相取长补短、求同存异，同时由于会议参加人多，占有信息多，考虑的因素会比较全面，有利于得出较为正确的结论。专家会议的缺点是在专家们面对面讨论时，容易受到一些心理因素的影响（如屈服于权威和大多数人的意见）和劝说性意见的影响，以至不愿意公开修正已发表的意见，不利于得出合理的评价结果。所以这两种方法相结合，取长补短可以获取更有效的信息。

3）Delphi法

Delphi法也是在专家个人判断和专家会议基础上发展起来的一种专家调查法。它是采用匿名函询的方法，通过一系列简明的调查征询表向专家们进行调查，并通过有控制的反馈，取得尽可能一致的意见。Delphi法的过程实际上是一个由被调查的专家集体交流信息的过程。Delphi法的主要特点是匿名性、反馈性和收敛性。

匿名性：指专家们以"背靠背"的方式接受调查，提供信息。被调查的专家们互不见面，不直接交流信息;再由调查工作者组织的书面讨论,通过匿名的方式向各位专家传递信息。这样做有利于使意见趋于统一,因为专家们可在无顾忌的情况下改变自己的观点,服从言之有理的意见。

反馈性:为了使专家们能进行书面讨论,Delphi 法采用多轮调查的方式(后一轮调查表一定附有前一轮调查结果)。即在每一轮调查表返回后,由调查工作组将各专家提供的信息和资料进行综合、整理、归纳与分类,再随同下一轮调查表一起函送给各位专家,使专家们了解调查的全面情况。这样可促使专家进行再思考、完善或改变自己的观点或者作出新的判断,调查信息的这种不断反馈有力地促进专家之间的信息交流和书面讨论。Delphi 法一般要进行三轮到四轮专家意见征询。

收敛性:多轮调查与反馈的过程,也是专家们在匿名状况下相互启迪和讨论的过程。通过书面讨论,言之有理的见解会逐渐为大多数专家所接受,分散的意见会向其集中,呈现出收敛的趋势。

采用 Delphi 法预测一般采取下列步骤:
(1)明确待咨询的任务;
(2)汇集背景材料;
(3)设计咨询调查表;
(4)初步选定咨询专家名单;
(5)初次联系,向专家发出邀请信和履历表;
(6)确定专家名单;
(7)发出第一轮咨询表和说明性资料;
(8)表格回收后,进行统计处理,处理方法可选用人数比重法、峰值法、均值法或四分位法;
(9)修改咨询表,转入下一轮活动;
(10)专题联系,根据不同情况,深入征求意见,确定咨询结果。一般通过 2~3 轮活动就能结束,利用计算机通信取代书面通信,可以加快咨询过程。

4)聚类分析法

聚类分析又称群分析,是研究如何将客观事物合理分类的一种数学方法。它是根据事物本身的特性对被研究对象进行分类,使同一类中的个体有较大的相似性,不同类中的个体有较大的差异。

聚类分析根据分类对象的不同,可分为样本聚类和变量聚类。样本聚类在统计学中又称为 Q 型聚类,它是根据被评价对象的各种特征,对各变量值进行分类。变量聚类在统计学中又称为 R 型聚类,反映同一事物特点的变量有很多,往往选择部分变量对事物的某一方面进行研究。

5)公路美学评价指标体系的构建方法

首先选取公路美学评价指标,组成初步的公路美学评价指标体系,由于公路美学系统的多层次、多目标和复杂性,因此需要不同地域、不同研究领域专家对各方面的指标进行筛选、优化公路美学评价指标体系。同时,对初选的指标体系应当进行科学性测验,包括单体测验和整体测验。

(1)单体测验

单体测验是指测验每个指标的可行性和正确性。可行性是指该指标的数值能否获得,那些无法或很难取得准确资料的指标,或者即使能取得但费用很高的指标,都是不可行的。正确性是指指标的计算方法、计算范围及计算内容应该是正确的。

(2)整体测验

整体测验主要是测验整个指标体系的指标重要性、必要性及完备性。

①重要性

重要性是指保留那些重要指标,剔除对评价结果无关紧要的指标。一般利用 Delphi 对初步拟出的指标体系进行匿名评议。如果设指标体系某层次有 M 个指标,请 P 位专家评议。对评议意见可做三个方面的统计分析:

a.集中程度

$$\overline{E}_i = \frac{1}{P}\sum_{j=1}^{5} E_j n_{ij}$$

式中:$\overline{E}_i$——第 i 个指标专家意见的集中程度,它的大小确定了指标重要程度的大小,反映了 P 位专家的评价期望值;

E_j——第 i 个指标第 j 级重要程度的量值(一般将重要程度分为 5 级,即 $j=1,2,3,4,5$,分别代表:极重要、很重要、重要、一般、不重要);

n_{ij}——对第 i 个指标评为第 j 级重要程度的专家人数。

b.离散程度

$$\sigma_i = \sqrt{\frac{1}{P-1}\sum_{j=1}^{5} n_{ij}(E_j - \overline{E}_i)^2}$$

式中:σ_i——专家对第 i 个指标重要程度评价的分散程度。

c.协调程度

用变异系数 V 和协调系数 K 表示:

$$V_i = \frac{\sigma_i}{\overline{E}_i}$$

式中:V_i——专家对第 i 个指标评价的协调程度。

$$K = \frac{12}{P^2(M^3-M)}\sum_{i=1}^{M}(\overline{E}_i - \overline{E})^2$$

式中:K——专家对一层指标整体评价的协调程度;

$\overline{E}$——全部指标集中程度的均值,即:

$$\overline{E} = \frac{1}{M}\sum_{i=1}^{M}\overline{E}_i$$

σ_i 越小,K 越大,说明专家意见越协调。由 $\overline{E}_i$、σ_i、K 综合分析决定是否需要进行下一轮咨询。如果满足要求,则以最后一轮各指标的 $\overline{E}_i$、σ_i 的大小为判断依据,决定保留哪些指标,删除哪些指标,最后把指标体系确定下来。

② 必要性

必要性是指构成指标体系的所有指标从全局考虑是否都是必不可少的,有无冗余现象。一般可用相关系数来进行检验。指标之间通常都存在着一定的相关关系,即观测数据所反映的信息有所重叠,若指标体系中存在着高度相关的指标,会影响评价结果的客观性。为此,必须对指标体系进行相关性分析。相关系数一般可采用简单相关系数法、斯皮尔曼相关系数法等方法求得。

a.简单相关系数

$$r_{ij} = \frac{\sigma_{ij}^2}{\sigma_i \sigma_j}$$

式中:r_{ij}——指标 i 和指标 j 的相关系数;

σ_{ij}^2——两个指标协方差;

σ_i——指标 i 的标准差;

σ_j——指标 j 的标准差。

b.斯皮尔曼相关系数

斯皮尔曼相关系数 p 是建立在等级基础上计算的反映两组变量之间联系密切程度的统计指标,它要求将数据变换成等级:

$$p = 1 - 6 \sum \frac{d^2}{n^3 - n}$$

式中:p——斯皮尔曼相关系数;

d——每一项样本的等级之差:

n——样本数。

(3)完备性

完备性是指指标体系是否全面地、毫无遗漏地反映最初描述的评价目的和任务。一般通过定性分析进行判断。

7.2.5.3 公路美学评价的数据处理方法

在应用综合评价方法时,需要对评价指标进行几个方面的处理,如:指标数据标准化、指标方向调整确定。

1)指标数据标准化

数据标准化,即数据的无量纲化、规格化,是指通过数学变换来消除原始变量量纲影响的方法。不同的评价指标具有不同的单位,并且即使是具有相同单位的不同指标,其数值的大小也有很大差异,这就是量纲的不同。如果直接用这些量纲不同的指标数值进行综合评价,将有可能夸大数值较大的指标的作用。因此,需要事先对所有数据进行标准化处理。

标准化的方法有很多种,归结起来主要有直线形方法、折线形方法和曲线形方法三大类。其中最常用的是直线形方法。直线形标准化方法是将指标实际值转化为不受量纲影响的指标评价时,假设二者之间呈线性关系,指标实际值的变化引起指标评价值一个相应的变化。直线形标准化方法主要有阈值法、Z-Score 法等。

(1)阈值法

阈值法是最常用的一种标准化方法,它是将指标实际值置于一个确定的标准值(阈值)

相对比较,从而使指标实际值转化成平均值的方法。在标准值的选择中通常有以下几种方法:①最高值;②最低值;③特定标准值;④理想值;⑤平均值;⑥标准差等。阈值法的优点是:简便易行,且对评价值易于解释,即评价值可解释为实际值对于评价标准的实现程度。但该方法的不足之处在于,以不同的标准对指标数据进行标准化处理,对计算结果会造成不同的影响。

(2)Z-Score 法

Z-Score 称为标准化值或 z 值,又称为标准分数,其计算公式为:

$$z_i = \frac{x_i - \bar{x}_i}{\dfrac{\sigma_i}{\sqrt{n}}}$$

式中:z_i——转化后的标准值;

x_i——转化前的数值;

$\bar{x}_i$——样本的平均值;

σ_i——标准差;

n——样本数。

Z-Score 法就是通过以上的公式计算标准分数对数据进行标准化的方法。原始指标数据经过标准化后,消除了数量级和计算主体不同的影响,成了与原指标数据同分布、同变异程度的数据。Z-Score 法的优点在于:对样本信息的利用较为充分,避免了人为确定评价标准所带来的主观因素的影响。但该方法也有局限性,即标准化分数不像阈值法得出的评价值那样具有明确的现实意义,而仅能表明评价值相对于样本水平的距离。

2)对指标方向的调整

对指标的方向进行调整实际上也是在对指标进行标准化,只是这种标准化是针对逆指标和适度指标而言的。在综合评价指标体系中,各指标对综合评价的影响方向是不同的。有些指标数值越大,表明在这一领域发展水平越高,该种指标被称为正指标。相反,有些指标数值越大,表明其发展水平越低,叫作逆指标。有些指标数值既不应过大,也不应过小,而是有一个适度点,叫作适度指标,还有一种指标数值为落在某一区间为最佳,叫作区间型指标。对于逆指标、适度指标和区间型指标,需要调整方向使其与正向指标的发展趋势一致。对逆向指标进行调整的方法通常有:用一个正常数减去逆指标,使其结果为正值;对逆指标求倒数;将逆指标的标准化值乘上常数-1。对于适度指标的调整可以取实际值与适度指标差的绝对值的倒数。对于区间型指标,如果指标的值域范围为 $[r_1, r_2]$,那么,

$$u = \begin{cases} d/r_1 & d \in [M, r_1] \\ 1 & d \in [r_1, r_2] \\ 1 + r_2/M - d/M & d \in [r_2, M] \end{cases}$$

式中:u——调整后的值;

d——调整前的值;

M——该项指标值中的最大值。

但在实际操作中,还需要根据不同的评价方法和指标的具体含义来确定逆指标、适度指标和区间指标的调整方法。

7.2.6 公路美学评价的标准

1) 公路美学评价的目标

公路美学评价就是对公路美学的价值判断和价值取向,依据其基本属性,可把公路美的内容分为内在美和外在美,其中内在美包括功能美、安全美、经济美、和谐美及持续美;外在美包括人体感觉器官感受的美(美感),如好看、好听、好闻、好味、舒适、顺畅、平衡等美感。公路的美既有物质层面上的美,也有精神层面上的美,不同类型的美的价值取向还存在内在的属性联系,且需要兼顾眼前利益和长远利益。公路美学评价必须具有科学性、系统性和准确性。评价标准应是一个系统的、多层次的体系,既需要主观评价标准,也需要量化的客观评价标准。公路美学评价的具体目标如下:

(1)公路建设需要满足既定的路线走向、运力运量、车型、速度、服务水平和相应的技术指标。

(2)公路的建设和运行需要保证交通运输的安全,同时也要保证在正常情况下交通结构设施的安全。

(3)公路的运行应在同等情况下达到投资少,维护管理费用低,效益高,路程运行时间短、损耗低。

(4)公路的建设和运行应便于沿线社会和人群使用,并对他们的影响和破坏小,且沿线社会和人群受到的不利影响和破坏应得到补偿,沿线人群对公路的建设和运行持支持态度;公路的建设和运行对生态环境的干扰和破坏小,且对生态环境的不利影响和破坏应得到必要的补偿和恢复。

(5)公路的建设和运行不但应保障当代人的生存和发展,而且还要为子孙后代的生存和发展保留必要的环境、资源和人类文化遗产。

(6)保障使用公路的人和沿线群众在公路的建设和运行过程中,都能获得美好感觉和享受。

(7)保护公路沿线的自然美景和人文美景资源,防止公路修筑过程中破坏这些美学资源或使美学资源的欣赏价值受到影响。

(8)识别和发现公路沿线有价值的自然美学资源和人文美学资源,并加以保护和利用,使其体现出应有的价值。

(9)为公路的美学规划、建成符合社会需要和时代特点的公路提供环境信息和规划建议。

(10)对公路建设造成的不良景观或受到破坏和影响的自然美景和人文美景提出减缓和恢复措施,减少公路建设造成的美学影响。

2) 公路美学评价的主客观标准

主观标准来源于评价主体,表现为隐性的心理标准,具有以下三个特征:①体现时代性、区域性和民族性;②从公路美学本体质量上确立评价标准;③大众化。

客观标准主要来源于以下几个方面:

(1) 相关法规基准

涉及公路美学评价的相关法规基准有:国际和国家法规基准、各级行政管理部门颁布的行政法规、地方规划、发展战略与政策等。

(2) 功能基准

从驾乘人员的感觉需要以及公路基本功能角度来说,公路美学的功能基准主要有以下4个方面:a.多样的美学空间;b.安全、舒适的美学尺度;c.易识别性与可感觉性;④社会经济性。

(3) 美学生态基准

美学生态基准统筹了环境美学和生态可持续性之间的协调关系,实质上是一种更深层的美。美学生态基准可以从美景的承载力和适宜性两个方面分析:美学环境承载力是美学环境有能力有条件承担、接受某类影响,或是一定区域的土地提供资源、服务以及容许资源利用的能力。适宜性是指某一区域对于其使用方式的适宜程度。

(4) 人文基准

人文基准主要是对公路美学文化属性的价值判断,一般是从公路美景形成的时间、公路美景的人文信息的数量和质量3个方面来衡量,见图7.2.7。

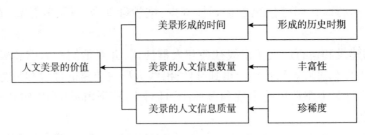

图7.2.7 公路美学的人文基准

(5) 感觉美基准

感觉美基准可用美学环境的多样性、协调性和奇特性等评价尺度进行体现。多样性是描述公路美学系统中所包含要素类型的差异性和丰富度;协调性是描述公路与周围环境的融合,以及美学要素与要素之间或者美学要素内部指标的大小、比例以及尺度等方面的协调关系;奇特性是指某种感觉美学要素或要素间的关系在整体环境中占有特别的优势或稀少性。

7.3 公路美学评价的原则

1) 公路美学评价应遵循的原则

(1) 科学性原则

所谓"科学性"系指评价方法能够真实地反映事物的本质,体现公路美学,科学合理,客观公正。公路美学评价的科学性主要体现在评价目标的确立、评价指标体系的建立、各指标值的测定,以及指标的合理合并等关键环节上。因而整个指标体系必须遵循系统观点,对评价对象作系统分析,包括评价对象的构成要素,以及各构成要素之间的相互联系与作用。指标体系应能充分反映公路美学的特点以及涉及的各个领域的综合,单个指标的选取要考虑数据的真实性。指标应尽可能采用国际上通用的名称、概念与计算方法,做到与其他国家或国际组织制定的相关指标具有可比性;同时,也要考虑与我国历史资料的可比性问题。指标概念明确,并且有一定科学内涵,能够反映公路美学评价的内容。

公路美学评价通常是对若干被选方案作横向分析比较,也要考虑到各条公路之间的可比性。因此,评价目标、评价指标体系、评价模型、指标价值的测定以及合并方法,都要具备可比性,只有这样,才能作出公平的评价。

(2)系统性原则

公路美学系统是由相互联系、相互作用和相互制约的各种美学要素按一定的规则组成的、具有特殊功能和特殊运动规律以及综合行为的有机整体。公路美学以公路的时代性和快速性为基本特点,融入了社会行为学、人类文化学、艺术、建筑学、当代科技、历史学、心理学、地域学、风俗学、地理、自然等众多学科的理论,并且相互交叉渗透,是一个复杂的系统;也有着其特定的结构、功能和运动规律,其评价也涉及经济、美学、心理学等诸多学科。为此,公路美学评价指标体系要成为一个相互联系的有着内在逻辑的有机整体,公路美景均由多重要素组成,以群体出现,各自具有明显特征和可比性。因此,公路美学评价应以群体美景作为评价要素,建立群体美景评价体系,选择的评价因子应注重群体效果。它不仅能够从不同角度反映公路美学的特点,还要能够全面地反映公路美学的基本内容,能全面地反映公路美学的诸多因素,不应遗漏其中的重要信息。与此同时,应对指标进行全面的识别与严格的筛选,避免指标的重复设置。必须运用系统论的观点,将总体目标层层分解,体现出系统的层次性。因此,必须对它的层次、结构和相互作用进行全面综合的分析,既不能以偏概全,又要突出主导因素的影响,每一个指标都可以从一个或几个方面来描述系统的特征,形成一个有机整体。评价指标体系应能系统地反映现象中的内在本质。

(3)客观性原则

公路美学评价应紧密联系实际,体现公路美景美物的客观现状,脱离客观情况去建立评价方法毫无意义。只有坚持客观性原则,才能通过评价,得出准确可靠的结论,为公路美学建设提供可靠的依据。实现客观性的难点是对那些模糊的难以量化指标的处理,应切忌主观随意性;影响客观性的另一个难点是对系统逻辑结构、层次及因果关系的正确分析。

评价资料应具有全面性和可靠性,防止评价人员的倾向性。评价人员应具有代表性,不能只邀请个别领域的专家或群众代表,行动应不受压力(如头脑风暴法或德尔菲法),并要保证不同层次评价人员的比例。另外,评价标准的制定也要具有代表性。

(4)导向性原则

公路美学评价指标体系的目的在于对各公路美景美物进行比较,从而为设计部门提供设计依据,为投资者提供决策依据,为公路持续发展提供参考。因此,公路美学评价指标体系必须具有一定的导向性,能够反映公路美学的发展方向,从而引导公路美学建设健康有序地可持续发展。

（5）动态性原则

公路美景与自然美景和人工美景的协调、适应，既是目标，又是过程，这就决定了公路美学指标体系应具有动态性。由于公路美学对整个公路带范围内的影响滞后性和影响因素的复杂性，不易在较短时间内取得其真实数值。此外，公路美学的发展情况也随着所处阶段的不同而有所区别。所以，公路美学指标体系的设计要具有动态性，反映其发展的过程或阶段。

（6）环境及生态性原则

公路工程的建设和运行对环境和生态的影响及破坏已经为社会、政府所重视，不能因为公路的建设和运行而造成沿线生态环境的恶化、破坏，应对沿线环境和生态的改善有所作为，至少不能恶化。环境和生态保护应贯穿公路规划、设计、施工和运行全过程，体现可持续发展的思想。因此，公路美学评价因子的选择要体现环境和生态恢复、保护、改善功能。

（7）可行性原则

所谓"可行性"或"可操作性"指的是指标应便于测量、计算、调查或搜集。公路美学评价指标和指标体系的设计必须明确计算方法、表达方法、建立具有普遍意义的数学模型，便于相关公路美学评价人员掌握使用。评价方法切实可行，包括对基础数据的采集切实可行，即应选择较少并容易采集的数据进行评价，也包括评价过程的切实可行，即评价过程应清晰明了，使用方便，易于计算或论证。设计指标体系必须简明易懂、符合数理逻辑、利于数学表达和统计计算。构建的评价指标体系要重点突出、一目了然、便于操作。只有坚持可操作性原则，评价的方法才能更好为公路美学建设服务，被使用人员或部门接受。

（8）独立性原则

各评价指标和相应标准应相互独立，若某些指标间存在显著的相关性，反映的信息重复，应择优保留。

（9）重要性原则

公路美学评价所选指标应是该领域的重要指标。

2）公路美学评价的一些处理方法和注意事项

上述原则，在具体应用时可能会出现一些矛盾，一般可做如下处理：

（1）应在满足有效性的前提下，尽可能使评价简单。

（2）若指标的系统性和指标的可获得性相矛盾，服从指标的系统性。因为指标体系需要包括全面的因素，有些指标从系统的角度考虑，比较重要，但不易获得或不易测出。因此，在构建指标体系时，对若干与系统评价关系重大的指标，虽然目前无法获取数据，仍应以建议指标提出，以保证评价指标体系的系统性和科学性。

（3）指标的精确度和指标的可信度问题。评价应尽可能精确，但不能为了精确而假设数据，或因目前无法获取数据而将一些指标舍弃。可以由专家根据经验作定性的描述，比给某些指标以质的规定更为可信。

（4）上述只是评价指标体系的一般规则，对具体的评价问题应具体对待，不一定全部用到，有些情况下也可以将某些原则细化。

3)公路美学评价的要求

公路美学评价依赖于人们的美学感受而定,易理解、等级、和谐、连贯、稳定、阈值、敏感度等准则常常用来描述和评价美学元素的特点。

(1)易理解:如果一个公路美学的美景美物很容易为欣赏者所理解领悟,则该公路美学美景美物是易理解的。

(2)等级:具有等级的公路美学路段或美景美物一定是一个重要的美学元素。如英国M40公路的做法就是将公路全线分为若干个美学路段或美景美物,分5个等级:极好的景观;有价值的景观;好的景观;一般景观和较差的景观。

(3)和谐:如果组成公路美学路段或美景美物的各个元素之间存在着一种合理的、符合大自然规律的几何关系,该公路美学路段或美景美物可称之为和谐。审美经验表明,美的,必定是和谐的。和谐是美学上的平衡,是共性与个性的统一,基调与特色的融合。

(4)连贯:如果一个公路美学路段或美景美物的各种组成部分,包括自然美景美物和人造美景美物,均是和谐的,该公路美学路段或美景美物可称之为连贯。整体的连贯与最广泛的多样化相适应又构成了整体的和谐。

(5)稳定:一个稳定的公路美学路段或美景美物,就是一个尽管有所变化,但始终保持同样特色和品质的美学路段或美景美物。

(6)阈值:美学阈值是指美景作为一个生态系统,对人类干扰的抵御、吸收、同化能力及受干扰后自我平衡和自我抵御能力的量度。它取决于美景的结构因素和外部因素(如气候因素、人为因素、地质因素等)。

(7)敏感度:美学敏感度指美景美物被人注意程度的量度。公路美学敏感度主要由相对坡度、美景美物相对于欣赏者的距离、美景美物在感觉域内出现的概率以及美景美物的醒目程度等因素决定。

7.4 公路美学评价指标

指标(indicator)原意是揭示、说明、宣布或者使公众了解的意思。指标是一种重要的信息工具,它能够帮助人们了解事物发展变化的过程,用这种方法也能够帮助人们了解周围的世界和传递关于复杂系统的信息。指标是在原始统计数据基础上通过分析和整理得到的、能够反映事物本质特征的一类信息,是统计理论与实践的结合点。

指标一般具有以下的基本特征:具有明确的含义;一般能够进行定量化;容易解释和说明;具有综合概括反映事物关键因素的能力;在时间上具有动态性,随事物的变化具有敏感性;指标是一定复杂事物或现象的替代物,力求逼真但却不能等同。

对于指标体系的含义,不同的研究者持有不同的观点。有的人认为:"指标体系一词,从字面上理解,它有'指示'、'表征'的含义"。还有的人认为:"指标体系是'描述和评价某种事物可量度参数的集合'"。另有人认为:"指标体系是'由反映复杂事物各个侧面的多个指标结成的有机整体'"。在研究复杂事物时,通常单个指标较难反映事物的主要特征,这就需要具有联系的指标体系,来全面、系统地反映复杂事物。这个指标体系,它不是很多指标的任意堆积或者简单叠加,而是从"体系"的角度上,各个指标通过围绕一个共同的主题或者核心建立起来的,这些指标之间既要有一定的内在联系,同时还要尽可能去除指标信息上的相关部分和叠加部分。

指标体系一般具有以下三个方面的特征:指标之间具有可比性,即指标是根据统一的原则和标准进行选取的;指标表达形式简单化,对指标进行简化处理,同时保持最大信息量;指标之间具有联系性,需要进行指标产生机理的研究,将指标统一在一个综合的框架中。

公路使用者不同,对公路美学的关注点则不同,因而对公路美学的注意程度就不一样。对不同的公路,研究的侧重点也有所不同。从不同公路使用者和受影响者(即行人、乘客和驾驶员、沿线居民、投资方、设计方或施工方)的角度出发分析,影响公路美学的因素很多,它实质是个综合敏感度。

公路美学评价指标的选取是评价过程中极为重要的一个环节,是对公路美学系统进行评价的必要前提,不同的评价指标体系,可能会导致不同的评价结果,评价指标选取的科学合理至关重要。公路美学评价无论采用那一种评价方法,根据公路美学评价要求构建的指标体系,既应是公路美学分析的准则,亦应是综合评价的尺度。

7.4.1 公路美学评价指标体系

公路的美首先自身应该是美的(包括要满足自身的功能、经济、安全、和谐及可持续等要求,且从美学法则出发,也应该是美的),还要"着床"在一个美的环境中,并且还要与周围环境协调。同时,所有的美应该是持久的,能抗干扰和抗破坏的。为此,对公路美学评价指标体系的研究可以从内在美和外在美两个方面入手,其中内在美包括功能美、安全美、经济美、和谐美及持续美;外在美包括人体感觉器官感受的美(美感),如好看、好听、好闻、好味、舒适、顺畅、平衡等。

1)内在美的评价指标

(1)功能美的评价是建设的公路满足规定线路和规定方向交通运输的运力、运量和速度要求等方面的评价,也就是判断是否满足预定的方向和规定的车辆、车速、交通量、通行能力及服务水平的要求。

方向:公路路线不能偏离太多的客货运输的总方向及其控制点。

车型:应满足公路规定的车型,包括路面宽度、转弯半径、外形尺寸;必要的路段还应考虑加(减)速车道、紧急停车带、爬坡车道、错车道、慢车道、车道隔离设施等。

车速:一条公路车速的规定除了要考虑技术等级外,还需考虑地形、用途、拆迁、环境保护等因素,在车速变更点应有明显的地形地物标志和人为的标志。

交通量:在规定的服务期限内,公路的通行能力是否满足实际的交通流量。

服务水平:服务水平是驾驶员感受公路交通流运行状况的质量指标,一般采用最大服务交通量 v 与基准通行能力 C 之比进行判断。

对区域交通状况的改善程度:公路网的面积密度、公路网综合密度、区域内公路网里程满意度、公路网连通度。

功能评价可以针对整条(或整段)公路进行评价,也可以只针对某段路或某个工程(如互通、桥梁、或隧道)进行功能评价。

(2)经济美的评价包括从投资者、公路使用者、公路建设运行服务者(设计、施工、供货、监理和管理等服务方)和受公路运行和运行受影响者的评价。

投资者的经济评价:可从国民经济评价和财务评价两个方面进行。在国民经济分析评价中,经济内部收益率等于或大于社会折现率则表明项目可以接受,或者经济净现值等于或大于零则表明项目是可以接受的,也即从公路项目对国民经济贡献率来说认为是美的。若第一年收益率大于社会折现率,表明项目投资时机成熟,在最佳投资时机进行公路投资建设时,从公路项目对国民经济贡献率出发认为是美的。在财务评价分析中,财务评价计算期包括建设期和运营期。财务内部受益率 $FIRR$ 必须与设定的财务基准折现率(回报率)I_c 相比较,当 $FIRR \geqslant I_c$,认为项目在财务上可接受。对于国内合资或联营项目或利用外资项目,可根据需要计算投资各方的财务内部收益率,以考虑投资各方的利益,并满足各方的最低要求后,表明项目在财务上是可以接受的。或者财务净现值等于或大于零时,项目在财务上可以考虑接受。或者当借款偿还期满足贷款机构的要求期限时,即可认为项目具有偿还能力,也即从财务分析的角度出发认为是美的。只要是在财务上是可以接受的,即可认为公路项目是美的。

对于不同方案的经济比选可按各个方案所含的全部因素(相同因素和不同因素)计算各方案的全部经济效益和费用,进行全面的对比;分别计算各比较方案的经济净现值后进行比较,以净现值较大的方案为优,也即净现值较大的方案从经济分析的角度出发认为更美。或者用净现值率进行方案比较时,以净现值率较大的方案为优,也即净现值率较大的方案从经济分析的角度出发认为更美。或者通过计算各比较方案的费用现值(PC)并进行对比,以费用现值较低的方案为优,也即费用现值较低的方案从经济分析的角度出发认为更美。

受影响者的经济评价:在受到影响或破坏、占用的物质和精神层面上,是否全部足额进行补偿和补助计算,并按规定的计算方法进行补偿和补助的计算(一般有规范和相关定额的情况下,应按相关规范和定额进行计算;如果没有规范和相关定额,应与受影响者协商同意的方案进行计算),其补偿和补助计算办法应该得到大多数受影响群众的赞同。

建设、运行服务者的经济评价:公路建设和运行的服务(包括设计、施工、供货、监理和管理等服务)是否按照公平、公开、公正的方法进行相关服务方及其服务内容、服务费用的确定,在服务过程中,服务内容和服务费用的改变是否经过投资方和服务方的协商一致的原则同意。

(3)安全美的评价:公路的安全美包括交通运输的安全、公路结构设施的安全和其他因素对交通安全的影响。交通运输安全包括公路的平面线形(包括直线、圆曲线和缓和曲线的要素、平曲线最小长度、超高及超宽、前后线形组合等)、纵断面线形(包括最大纵坡、坡长、竖曲线半径等)、平纵线形组合(包括平纵线形组合、平曲线与竖曲线组合、直线与纵断面的组合、平纵线形组合与景观的协调等,平纵横线形的配合应避免造成空间线形扭曲、暗凹、跳跃等美学线形缺陷)、横断面(包括横断面的组成、车道、路肩、中间带、边坡及边沟宽度、路拱等)、视距、眩光(同一条道路对向车辆的眩光和邻近道路车辆的眩光,也包括本道路对本道路和其他道路对本道路产生的眩光)、在必要的路段是否设置加(减)速车道、紧急停车带、爬坡车道、错车道、慢车道、车道隔离设施等,且设置的标准是否符合相关要求、视距的保证、暗适应(道路本身路侧或中央分隔带植树或其他建筑物产生的阴影造成的明暗变化,或者是隧道进出口产生的暗适应问题)、公路安全设施(交通标志、标线、安全护栏、隔离设施、防雪防风栅、视线诱导等)都应符合相应的技术标准或行车的实际需求。公路结构设施的安全,包括因公路本身的结构或设施(如隧道、桥梁、边坡、路基、路面等)的破坏和变形不能影响交通安全,应具有一定的稳定性和安全性,且路面、桥面有一定的耐磨、防滑性能。其他因素对交通安全的影响,包括:a.一般的地质或气候灾害(地震、泥石流、滑坡、滚石、地表沉陷、雨雪冰冻等灾害)和交通事故影响正常的交通运输;b.不能因为其他的生产、生活和工程的施工及运行影响公路结构设施的安全和正常的交通运输。

(4)和谐美的评价:和谐美包括公路与社会环境的和谐、公路与自然环境和人文环境的和谐。在社会和谐方面,首先,公路应满足当地沿线群众使用公路进行人员、货物运输的要求;其次,公路的建设和运行不能严重影响沿线群众的生产生活,不能影响他们的健康和安全,不影响沿线城乡的发展和经济建设;最后,公路的建设和运行要考虑其他设施(如铁路、水运、管道、电力、通信等)的存在和建设对公路的建设和运行的限制和要求,公路建设也要为其他设施和城镇的发展留下空间和余地,相互之间进行合理平衡。此外,公路的建设和运行应得到沿线政府和大部分群众的赞同。

在公路与自然环境和谐的方面,首先,公路的修建和运行不应该对周边环境造成太大的污染;其次,公路与地形地貌要和谐,可用公路占地面积、公路路基土石方工程量来衡量;再次,公路的建设和运行不影响原有野生动植物的生存和繁衍,或者受到影响的野生动植物种类、数量以及生长环境应得到恢复和补偿(如植被覆盖度的改善);最后,公路的建设是否诱发地质灾害,如滑坡、泥石流、地表沉陷等,是否进行综合比较选择了环境美景较好的路线方案,自然美景是否进行了诱、透、框等多种方式合理地展现。

在公路与人文环境和谐的方面,公路的建设要保护沿线的文物古迹,尊重沿线群众的风俗习惯,公路结构、设施、绿化和美化等工程设计应体现和结合沿线社会的地域文化,把公路建成具有沿线地域文化特色。

(5)持续美的评价:①公路建设不但为当代人提供交通运输服务,还可以为子孙后代提供交通运输服务;②公路建设应尽量不占或少占自然资源(如矿产资源、动植物资源、土地资源、水资源等),在不可避免的情况下,占贫不占富(对矿产资源)、占瘦不占肥(对土地资源);③公路建设占用的自然资源和人文资源是否进行恢复和循环利用,倡导能源与物质的循环利用和沿线环境的自我维持;④公路建设要考虑社会和其他行业的发展以及公路自身的发展对公路建设的限制和要求,为今后公路的改扩建和社会、城镇的发展提供条件和空间。

2)外在美的评价指标

公路外在美的评价指标包括好看、好听、好闻、好味、舒适、顺畅、平衡等。

(1)视觉美(好看)的评价:①不同路段以及不同结构设施之间的相互关系;②某段路或某个结构设施的形式及空间的长短、大小、强弱等数量关系;③公路与环境的协调统一;④公路整体结构中的多种因素和谐统一(或者形式美的法则):统一性与多样性、对比与相似、连续性、均衡、比例与尺度、节奏与韵律等,包括公路设施在使用者和沿线群众眼中的美,即动视觉和静视觉中的美,以及在公路之中和公路之外的都可欣赏之美。

(2)听觉美(好听)的评价:①公路的建设和运行产生的噪声是否影响沿线群众的生产、

生活和工作,是否采取了防噪措施及防噪措施的效果;②公路建设是否为驾乘人员和沿线群众带来一个"自然音响"的境界;③公路建设是否为驾乘人员和沿线群众提供了交通语音提醒服务。

(3)味觉美、嗅觉美(好闻、好味)的评价:①公路的建设是否绕避了或存在臭味难闻、空气污染的路段;②公路的建设或运行是否造成空气污染或较同等道路产生的空气污染有所减轻;③公路本身和周围是否提供了一个空气清新,甚至把环境空气改善为花香四溢的环境。

(4)肤觉(触觉)美(好摸)的评价:公路设施或结构(如桥墩)或绿化植物是否存在好的肤觉感受,如好摸的触觉感受。

(5)舒畅、平顺的评价:由于在行车过程中,驾乘人员很难区分舒畅、舒适、平衡、顺畅等感觉,而这些感觉的美好感受可以由公路线形均衡、平顺、路面平整、高级、次高级路面铺装率、信息提供、服务设施等方面来体现。所以,可以用路面平整度、高级及次高级路面铺装率、线形舒适性、交通信息提供、服务设施等参数来综合进行评价。

综上所述,把公路美学评价的指标综合归纳为表7.4.1的综合指标体系。

公路美学建设评价指标体系 表7.4.1

评价内容		评价指标
一级	二级	
内在美	功能	方向、车型、车速、交通量或服务水平、区域交通状况的改善程度(公路网的面积密度、公路网综合密度、区域内公路网里程满意度、公路网连通度)
	经济	投资经济评价(国民经济评价和财务评价)、受影响者的经济评价、建设及运行服务者的经济评价
	安全	①交通运输安全:a.平面线形,包括直线、圆曲线和缓和曲线的要素、平曲线最小长度、超高及超宽、前后线形组合等;b.纵断面线形,包括最大纵坡、坡长、竖曲线半径等;c.平纵线形组合,包括平纵线形组合、平曲线与竖曲线组合、直线与纵断面的组合、平纵线形组合与景观的协调等,平纵横线形应能很好地配合,应避免造成空间线形扭曲、暗凹、跳跃等美学线形缺陷;d.横断面,包括横断面的组成、车道、路肩、中间带、边坡及边沟宽度、路拱等;e.必要设施的设置,是否在必要的路段设置加(减)速车道、紧急停车带、爬坡车道、错车道、慢车道、车道隔离设施等,且设置的标准是否符合相关要求;f.视距的保证;g.眩光,包括同一条道路对向车辆的眩光和邻近道路车辆的眩光,也包括本道路对本道路和其他道路对本道路产生的眩光;h.暗适应,包括道路本身路侧或中央分隔带植树或其他建筑物产生的阴影造成的明暗变化,或者是隧道进出口产生的暗适应问题;i.公路安全设施(交通标志、标线、安全护栏、隔离设施、防雪防风栅、视线诱导等);j.公路结构设施间是否相互影响,如绿化是否加强了公路运营特性(如渠化交通和防止眩光、降低噪声等),还是影响了视线或产生阴影等 ②公路结构设施的安全:公路自身结构设施的安全性,包括隧道、桥梁、边坡、路基和其他附属设施的安全稳定性,以及路面、桥面等应具有一定的强度和耐磨、防滑性能 ③其他因素对交通安全的影响:a.地质灾害(地震、泥石流、滑坡、滚石、地表沉陷等灾害)对交通安全的影响;b.气候灾害(雨、雪、冰冻等灾害)对交通安全的影响;c.交通事故造成的次生交通事故;d.其他生产、生活和工程的施工及运行影响公路结构设施的安全和正常的交通运输

续上表

评价内容		评价指标
一级	二级	
内在美	和谐	①社会和谐:a.沿线群众使用公路进行客货物运输的便利性;b.公路的建设和运行是否影响沿线群众的生产生活;c.公路的建设和运行是否影响沿线群众的健康和安全;d.公路的建设和运行是否影响沿线城乡的发展和经济建设;e.公路的建设和运行是否考虑其他设施(如铁路、水运、管道、电力、通信等)的存在和建设对公路的建设和运行的限制和要求;f.公路的建设和运行应得到沿线政府和大部分群众的赞同 ②自然和谐:a.环境污染,公路的建设和运行是否对环境(土壤、水(地下和地表水体)、空气和噪声等)产生污染;b.公路与地形和谐,用公路占地面积、公路路基土石方工程量、水土流失强度来表示;c.是否改变地下和地表水的流量、流态和路径;d.是否使土壤退化和状态改变;e.与植物的和谐,公路的建设和运行不影响原有野生植物的生存和繁衍,或者受到影响的野生植物种类、数量,或者用生态系统稳定性指标来反映,以及生长环境应得到恢复和补偿(如植被覆盖度的改善),绿化是否采用当地植物或经过驯化的外来植物;f.与动物的和谐,公路的建设和运行不影响原有动物的生存和繁衍,或者受到影响的动物种类、数量以及生长环境应得到恢复和补偿;g.公路的建设是否诱发地质灾害,用地质灾害发生频率来表示;h.综合比较选择了环境美景较好的路线方案;i.自然美景进行了诱、透、框等多种方式合理地展现 ③与人文环境的和谐:a.保护原有的文物古迹;b.尊重沿线群众的风俗习惯;c.公路结构、设施、绿化和美化等工程设计是否并结合和体现沿线的地域文化
	持续	a.建设的公路工程是否可以为子孙后代所利用;b.公路工程相对同类公路是否少占或不占自然资源(如矿产资源、动植物资源、土地资源、水资源等);c.公路建设占用的自然资源和人文资源是否进行恢复和循环利用;d.公路建设是否考虑社会和其他行业的发展以及公路自身的发展对公路建设的限制和要求
外在美	视觉	①公路环境美(环境美和环境美的感觉效果); ②公路个体结构设施美(公路结构设施(桥梁、立交、边坡、路基、路面、隧道、服务区、交通工程设施)在使用者和沿线群众眼中的美、公路横断面、公路边坡和空地的绿化率、公路实施CBM工程率、隧道和大型桥梁照明设施完备率); ③公路个体结构设施之间的协调美; ④公路本身与环境的协调美(包括利用公路沿线周边美景、公路对植被的影响及其保护、公路对动物的影响及其保护、公路对水体的影响及其保护、公路沿线美景被感知的程度等
	听觉	①公路的建设和运行产生的噪声是否影响沿线群众的生产、生活和工作,是否采取了防噪措施及防噪措施的效果; ②公路建设是否为驾乘人员和沿线群众带来一个"自然音响"的境界; ③公路建设是否为驾乘人员和沿线群众提供了交通语音提醒服务
	味、嗅觉	①公路建设对存在沿线环境有空气污染的路段,是否采取了防污染措施及防污染措施的效果; ②公路的建设和运行是否造成空气污染; ③公路是否改善了空气环境质量
	触觉	公路设施或结构或绿化植物是否存在有好的肤觉(触觉)感受
	舒畅、平顺	①路面平整度; ②高级、次高级路面铺装率; ③线形舒适性; ④交通信息; ⑤服务设施

公路美学评价可以针对整条(或整段)公路进行评价,也可以只针对某段路或某个工程(如互通、桥梁、或隧道)进行评价。根据具体情况,公路美学的评价内容和指标可以进行增减,或运用各指标的权值进行各因素指标重要度的调节。

7.4.2 公路美学评价相关指标的定量计算

7.4.2.1 功能美指标的定量计算

1) 公路路线方向

公路的路线方向应与客货运输的方向基本吻合,不能偏离太多,且应基本通过公路的控制点,其评价标准或指标取值见表 7.4.2。

功能指标的评价标准或指标取值　　　表 7.4.2

评价指标	描述	评分	评价指标	描述	评分
方向	完全吻合	5	交通量(或服务水平)	完全吻合	5
	基本吻合	5~3		基本吻合	5~3
	部分吻合	3~0		部分吻合	3~0
车型	完全满足	5	区域交通状况的改善程度	很大改善	5
	基本满足	5~3		较好改善	5~3
	部分满足	3~0		略有改善	3~0
车速	完全满足	5			
	基本满足	5~3			
	部分满足	3~0			

2) 车型的满足度

建设的公路是否满足预定的车型,一般来说应该满足最大车型的要求,或者应满足绝大部分车型的通行,其评价标准或指标取值见表 7.4.2。

3) 车速的满足度

一般情况下,不同等级公路上的实际运行车速应与相应的公路等级的设计车速(表7.4.3)吻合。在高速公路特殊困难的局部路段,如因公路建设可能诱发工程地质病害时,设计速度可采用 60km/h,但长度不宜大于 15km。二级公路位于地形、地质等自然条件复杂的山区时,设计速度可采用 40km/h。其评价标准或指标取值见表 7.4.2。

各级公路设计速度　　　表 7.4.3

公路等级	高速公路		一级公路			二级公路		三级公路	四级公路
设计速度(km/h)	120	100	80	100	80	60	80	60	40	30	20

4) 交通量(或服务水平)的满足度

各级公路的通行能力和服务水平确定见《公路工程技术标准》,各级公路建设的服务水平应不低于表 7.4.4,其评价标准或指标取值见表 7.4.2。

各级公路设计服务水平　　　表 7.4.4

公路等级	高速公路	一级公路	二级公路	三级公路	四级公路
服务水平	三级	三级	四级	四级	—

5）区域交通状况的改善程度评价
（1）区域内公路网的面积密度
公路网面积密度＝区域公路网里程/区域面积

公路网里程可采用不同的里程指标，如：公路总里程、高速公路总里程、普通公路总里程等。公路网的面积密度反映了单位国土面积的公路里程拥有量。

（2）公路网综合密度
公路网综合密度如下：

$$M_{AR}=\frac{L}{\sqrt[4]{P\times A\times Q\times V}}$$

式中：L——公路网总里程(km)；
　　　P——区域人口(万人)；
　　　A——区域面积(百 km)；
　　　Q——区域工农业(或国民经济)总产值(万元)；
　　　V——车辆拥有量(万辆)。

（3）区域内公路网里程满意度
公路网实际里程与理论里程可用国土系数法、节点法等方法进行计算。

（4）公路网连通度
公路网连通度是构成路网的边数与节点数目的比值，计算公式为：

$$D_N=\frac{L}{\zeta\cdot H\cdot N}=\frac{L}{\zeta\sqrt{A\cdot N}}$$

式中：D_N——公路网连通度；
　　　L——公路网总里程(km)；
　　　H——相邻两个节点间的平均空间直线距离(km)，$H=\sqrt{\dfrac{A}{N}}$；
　　　A——区域面积(km^2)；
　　　N——区域内应连通的节点数目；
　　　ζ——区域公路网变形系数，取值与路线弯曲程度和节点分布的几何形状有关。

路网连通度从整体上表达了路网中各节点间的连通状况，当 D_N 接近于 1.0 时，公路网连通度较差，路网布局为树状，节点多为二路连通；D_N 为 2.0 时，连通度一般，路网布局为方格网状，节点多为四路连通；D_N 为 2.0~3.0 时，连通度较好；D_N 数大于 3.0 时，表示公路网处于成熟状态；路网布局为三角形网状，节点多为六路连通。

区域交通状况的改善程度评价可分别采用公路网的面积密度、公路网综合密度、区域内公路网里程满意度、公路网连通度等指标表示，或综合用这些指标来表示，因这些指标在各国和各地区的状况不同，只能用全国的平均水平，或当地的平均水平来进行评价；也可用这些指标的变化状况来表示，即用这些指标在拟评价的公路"有"与"无"的变化来单独评价或综合评价拟评价公路对这些指标的改善程度。其评价标准或指标取值见表 7.4.2。

7.4.2.2 经济美指标的定量计算

公路建设项目的经济评价分为国民经济评价和财务评价。国民经济评价是合理配置国家资源的前提下,从国家整体的角度研究项目对国民经济的净贡献,以判断项目的经济合理性。财务评价是在国家现行财税制度和价格体系的条件下,从财务角度,分析和测算项目的财务盈利能力和清偿能力,对项目的财务可行性进行评价。公路建设项目应进行国民经济评价,凡收费的公路项目和利用外资公路建设项目,应同时进行财务评价。

国民经济评价和财务评价结论均可行的项目,从经济美的角度看就是美的,否则就是不美或不是太美的。对某些具有重大政治、经济、国防、交通意义的公路项目,若国民经济评价结论可行,也可以认为是美的。

1) 经济美的评价总则

公路项目经济美的经济评价,应遵循费用与效益计算范围对应一致的原则。国民经济评价只计算项目直接效益和直接费用,同时对项目外部效果进行定性分析和描述。财务评价除计算项目的直接收益和直接费用外,还应计算与项目有关联的服务、开发等经营性设施所发生的间接收益和间接费用。

公路建设项目国民经济评价采用"有项目情况"与"无项目情况"(作为"基准情况")对比的方法。当现有相关公路拥挤度大于1.0时,宜用"无项目情况"作为"基准情况"。"做最少情况"是指用最少的投资来改造现有相关公路,使其能在最低服务水平下维持车辆运行的路网情况。

公路建设项目经济评价采用动态计算方法,项目计算期包括建设期和运营期。公路建设项目国民经济评价的运营期按20年计算。财务评价的运营期应根据项目特点或投资协议而定。对于内资项目和利用国家政策性贷款项目的财务评价运营期取项目要求的贷款偿还期;其他运营性项目运营期不应超过30年。对利用国外政府贷款或国际金融组织的公路建设项目,其运营期可取项目要求贷款偿还期;中外合资(合作)项目的运营期取合资(合作)期;BOT项目运营期取项目的特许经营期;在投资协议尚未签订时,可按政府或项目发起人的计划,根据可能的资金来源,预先假定运营期,但不应超过30年。

公路建设项目国民经济评价使用影子价格,计算期内各年均采用基年(开工前一年)价格,不考虑物价上涨因素。财务评价使用财务价格,对于价格变动因素,在进行项目财务盈利能力和清偿能力分析时,宜作不同处理。进行财务盈利能力分析时,计算期各年均采用基年价格,只考虑相对价格的变化,不考虑物价总水平的上涨因素;进行清偿能力分析时,计算期内各年采用预测价格,除考虑相对价格的变化外,还要考虑物价总水平上涨因素。物价总水平上涨因素一般只考虑到建设期末。

国民经济评价所采用的社会折现率、影子价格、贸易费用率等通用参数,应以国家最新发布值为准。

对与各种新开发区或重点工矿项目相配套的公路建设项目,应将其作为开发区或工矿项目的组成部分,其效益和费用纳入整个开发区或工矿项目内统一计算和评价。

在进行国民经济效益分析时,高速公路或收费公路建设项目应分车型计算,高速公路建设项目同时还应分时段(如:白昼高峰期、白昼非高峰期、夜间)计算效益。收费公路的财务收费收入必须分车型计算。

交通量是公路建设项目经济评价的主要输入数据之一。在经济评价之前应注意做好如下预测数据的准备:

(1)"基准情况"与"有项目情况"下的路段正常交通量；

(2)"有项目情况"下的总交通量(包括正常、诱增和转移三部分)；

(3)分车型交通量(拟建项目为高等级公路或为收费公路时)；

(4)分时段平均小时交通量(拟建项目为高速公路或利用外资项目时)；

对于有多条路线方案的同一公路建设项目，应根据交通量及建设费用的变化相应进行经济评价，以作为项目多方案比较选择的依据。

2)国民经济评价

(1)国民经济评价的一些基本概念

①社会折现率

社会折现率是国民经济评价中计算经济净现值时的折现率,并作为经济内部收益率的基准值,是项目经济可行性的判断依据。社会折现率表征社会对资金时间价值的估量,适当的社会折现率有助于合理分配建设资金,引导资金投向对国民经济贡献大的项目,调节资金供需关系,促进资金在短期和长期项目间的合理配置,我国社会折现率定为12%。

②影子价格

影子价格是计算项目的投入物和产出物所使用的价格,它反映了资源或货物真实价格的度量。影子价格常以直接值和换算系数两种形式给出。直接值指的是选用某一适宜的财务价格作为影子价格；由财务价格乘以换算系数得到货物的影子价格,换算系数法适用于规格繁杂的货物。货物影子价格一般不含长途运输费用和贸易费用。

③影子汇率

影子汇率是外汇与人民币之间换算的比率。它代表外汇的影子价格,反映外汇对国家的真实价值,其取值高低将会影响公路项目经济评价中的进出口抉择。影子汇率换算系数是影子汇率与国家外汇牌价的比值。在项目评价中,常采用国家外汇牌价乘以影子汇率换算系数得到影子汇率。

④影子工资

影子工资是指建设项目使用劳动力时国家和社会为此而付出的代价。它由两部分组成：一是由于项目使用劳动力而导致别处被迫放弃的原有净效益；二是劳动力的受业或转移所增加的社会资源消耗。在国民经济评价中,影子工资作为劳务费用计入经营成本。为方便起见,可将财务评价中的工资及提取的职工福利基金(合称为名义工资)乘以影子工资换算系数求得影子工资。

⑤贸易费用率

贸易费用率是指物资系统,各级商业批发站和外贸公司等商贸部门花费在生产资料流通过程中长途运输费用以外以影子价格计算的费用。它在国民经济评价中用以计量货物的贸易费用。贸易费用率是反映这部分费用的一个综合比率。若无特殊情况,贸易费用率一般为6%。

⑥交通运输影子价格系数

铁路货运影子价格换算系数为1.84,与其对应的基础价格是1992年调整发布的铁路货运价格。公路货运影子价格换算系数为1.26,与其对应的基础价格是1992年公路货运价格。沿海货运影子价格换算系数为1.73,内河货运影子价格换算系数为2.00,与其对应的基础价格是1992年调整发布的沿海、内河货运价格。

⑦残值

评价期末项目的残存价值,公路项目一般取建设费用的50%,以负值计入费用。

⑧影子价格的使用条件

在国民经济评价时,必须对在项目效益和费用中占比重较大或价格明显不合理的产品(服务)、劳动力和土地使用影子价格。公路建设项目国民经济评价中只涉及投入物的影子价格,以下三类投入物必须使用影子价格:①公路建设及养护所涉及的主要投入物,包括钢材、木材、水泥、沥青等一般投入物和劳动力及土地两种特殊投入物等。②维持车辆营运的投入物,即车辆营运成本的构成要素,如驾乘人员人工、燃料、轮胎、保修人工及零配件、折旧等。③对于公路交通涉及的货物(含车辆)损失。

(2)公路大修、养护费用及收费站管理费用

公路大修、养护费用,按公路建设费用中建筑安装构成费的影子价格换算系数调整确定。小修养护费用可通过项目所在地区公路养护情况的调查获得,高等级公路一般小修养护费用为5万元/年·km,考虑交通量逐年增长,公路的破损程度也将逐年加大,因此,公路每年所需的小修养护费用亦将同时增加,预计年增长速度为3%。

高等级公路大修费用一般为120万元/年·km,大修间隔为10年。

根据公路项目所需的收费站的数量,核算收费站的年管理费,并考虑一定比率的逐年增长。

(3)汽车运输成本调整

汽车运输成本是公路效益计算的主要参数,公路建设项目的效益主要以汽车运输成本的降低来反映。调整后的汽车运输成本主要包括以下几部分:与距离有关的燃油消耗、润滑油、轮胎和维修费;与时间有关的折旧、利息、工资、福利、奖金、保险费和运营管理费等。

车速-交通量模型:

不同车型的车速-交通量模型:

$$S = a \times e^{b\left(\frac{v}{c}\right)^2} \quad 当 \frac{v}{c} \leq 0.8(高速公路、一级公路)$$

$$S = a_1 \times e^{b_1\left(\frac{v}{c}\right)^2} \quad 当 \frac{v}{c} > 0.8(高速公路、一级公路)$$

$$S = a \times e^{\left(\frac{v}{c}\right)^2} \quad 当 \frac{v}{c} \leq 0.75(二级以下公路)$$

$$S = a_1 \times e^{b_1\left(\frac{v}{c}\right)^2} \quad 当 \frac{v}{c} > 0.75(二级以下公路)$$

式中: S——车速(km/h);

v——实际小时交通量(辆/h);

c——标准小时交通量(辆/h);

a、a_1、b、b_1——回归系数,见表7.4.5。

车速-运输成本模型:

$$VOC = A \times S^2 \times B \times S + D$$

式中：VOC——车辆运输成本(元/百车·km)；

A、B、D——回归系数，见表 7.4.6。

车速-交通量模型　　　　　　　　　　　　　　　　　　表 7.4.5

公路等级	车型	a	b	a_1	b_1
高速公路、一级公路	小客	96.55	-0.35	86.04	-0.65
	大客	79.08	-0.15	78.71	-0.56
	小货	73.67	-0.16	71.93	-0.47
	中货	68.31	-0.06	70.96	-0.46
	大货	65	-0.15	62.38	-0.33
	拖挂	61.43	-0.11	60.23	-0.29
二级公路	小客	80	-0.147		
	大客	53.9	-0.77		
	小货	60.5	-0.97	80	-60
	中货	56.7	-0.86		
	大货	58.4	-0.96		
	拖挂	50	-0.63		
三级公路	小客	60	-1.56		
	大客	46.9	-1.01		
	小货	50	-1.15	60.2	-45.2
	中货	47.6	-1.04		
	大货	45.5	-0.94		
	拖挂	41.5	-0.73		

车速-运输成本模型　　　　　　　　　　　　　　　　　　表 7.4.6

公路等级	系数	小客	大客	小货	中货	大货	拖挂
高速公路	A	0.01	0.03	0.01	0.02	0.03	0.04
	B	-2.74	-5.06	-2.26	-3.07	-4.71	-4.62
	D	217.55	368.80	188.41	247.88	362.20	419.35
一级公路	A	0.04	-0.01	0.05	0.06	0.01	0.07
	B	-5.17	-1.08	-5.88	-7.42	-1.86	-8.68
	D	284.40	266.14	279.33	352.66	284.63	465.89
二级公路	A	0.06	0.14	0.08	0.10	0.12	0.14
	B	-7.77	-15.86	-8.48	-11.68	-14.00	-14.60
	D	366.37	628.65	345.23	465.13	529.66	651.62

(4)国民经济评价的效益和费用计算原则

公路建设项目的效益是指项目对国民经济所作的贡献，分为直接效益和间接效益，一般只计算直接效益,并通过"有、无比较法"来确定。直接效益(B)是指公路使用者的费用节约,主要有拟建项目和原有相关公路的降低营运成本效益(B_1),旅客在途时间节约(B_2)和拟建项目减少交通事故效益(B_3)[53]。

公路建设项目所支出的费用,分为两部分:一部分是指建设期经济费用,应计入承诺费、报告编制年至开工前一年的物价上涨费用;第二部分是指运营期经济费用,包括日常养护费用、管理费用、大修费用、国外贷款利息等。

(5)效益计算方法

①降低营运成本效益(B_1)

$$B_1 = B_{11} + B_{12}$$

式中:B_{11}——拟建项目降低营运成本的效益(元);

B_{12}——原有相关公路降低营运成本的效益(元)。

$$B_{11} = (T_{1P} VOC'_{1b} \times L' - T_{2P} VOC_{2P} \times L) \times 365$$

或

$$B_{11} = 0.5 \times (T_{1P} + T_{2P}) \left(\frac{2T_{1P}}{T_{1P} + T_{2P}} VOC'_{1b} \times L' - \frac{2T_{2P}}{T_{1P} + T_{2P}} VOC_{2P} \times L \right) \times 365$$

式中:T_{1P}——"有项目情况"下,拟建项目的正常交通量(自然数,辆/d);

T_{2P}——"有项目情况"下,拟建项目的总交通量(自然数,辆/d);

VOC'_{1b}——"基准情况"下,在正常交通量条件下,原有相关公路上各种车型车辆加权平均单位营运成本(元/车·km);

VOC_{2P}——"有项目情况"下,在总交通量条件下,拟建项目上各种车型车辆加权平均单位营运成本(元/车·km);

L'——原有相关公路的路段里程(km);

L——拟建项目的路段里程(km)。

$$B_{12} = 0.5 \times L' \times (T'_{1P} + T'_{2P})(VOC'_{1b} - VOC'_{2P}) \times 365$$

式中:T'_{1P}——"有项目情况"下,原有相关公路正常交通量(自然数,辆/d);

T'_{2P}——"有项目情况"下,原有相关公路总交通量(自然数,辆/d);

VOC'_{2P}——"有项目情况"下,原有相关公路在总交通量条件下各种车型车辆加权平均单位营运成本(元/车·km)。

各种车型车辆的加权平均单位营运成本(VOC)和平均运行速度(S)(以高速公路为例,其他等级的公路可适当简化),在给定路段上某种车型(V)车辆的单位营运成本(VOC_V)和行驶速度(S_V)分别为:

$$VOC_V = \frac{\sum_{g=1}^{n}(h_g \times VOC_{vg})}{24}$$

$$S_V = \frac{\sum_{g=1}^{n}(h_g \times S_{vg})}{24}$$

式中:g——时段或流量组个数,$g=1,2,\cdots,n$;

h_g——第g组小时数(小时),$\sum_{g=1}^{n} h_g = 24$;

S_V——第 g 组,车型 V 的行驶速度(km/h);

VOC_V——第 g 组,车型 V 的单位营运成本(元/车·km)。

②旅客时间节约效益(B_2)

$$B_2 = B_{21} + B_{22}$$

式中:B_{21}——拟建项目旅客节约时间效益(元);

B_{22}——原有相关公路旅客节约时间效益(元)。

$$B_{21} = 0.5 \times W \times E \times (T_{1PP} + T_{2PP})(L'/S'_{1b} - L/S_{2P}) \times 365$$

$$B_{22} = 0.5 \times W \times E \times L'(T'_{1PP} + T'_{2PP})(1/S'_{1b} - 1/S'_{2P}) \times 365$$

式中:W——旅客单位时间价值(元/人·h);

E——客车平均载运系数(人/辆);

S'_{1b}——"基准情况"下原有相关公路在正常交通量条件下的各种车型客车加权平均行驶速度(km/h);

S_{2P}——"有项目情况"下,拟建项目在总交通量条件下的各种车型客车加权平均行驶速度(km/h);

T_{1PP}——"有项目情况"下,拟建项目客车正常交通量(自然数,辆/d);

T_{2PP}——"有项目情况"下,拟建项目客车总交通量(自然数,辆/d);

S'_{1b}——"基准情况"下原有相关公路在正常交通量条件下各种车型客车加权平均行驶速度(km/h);

S'_{2P}——"有项目情况"下,原有相关公路在总交通量条件下的各种车型客车的平均行驶速度(km/h);

T'_{1PP}——"有项目情况"下,原有相关公路客车正常交通量(自然数,辆/d);

T'_{2PP}——"有项目情况"下,原有相关公路客车总交通量(自然数,辆/d)。

③减少交通事故效益(B_3)

$$B_3 = B_{31} + B_{32}$$

式中:B_{31}——拟建项目减少交通事故效益(元);

B_{32}——原有相关公路减少交通事故效益(元)。

$$B_{31} = 0.5 \times (T'_{1P} + T_{2P})(r'_{1b} \times L' \times C'_b - r_{2p} \times L \times C_P) \times 365 \times 10^{-8}$$

$$B_{32} = 0.5 \times (T'_{1P} + T'_{2P})(r'_{1b} \times C'_b - r'_{2p} \times C'_P) \times 365 \times 10^{-8} \times L'$$

式中:C'_b——"基准情况"下,原有相关公路单位事故平均经济损失费(元/次);

C_P——"有项目情况"下,拟建项目单位事故平均经济损失费(元/次);

r'_{1b}——"基准情况"下,原有相关公路在正常交通量条件下的事故率(次/亿车 km);

r_{2p}——"有项目情况"下,拟建项目在总交通量条件下的事故率(次/亿车 km);

C'_b——"有项目情况"下,原有相关公路单位事故平均经济损失费(元/次);

r'_{2p}——"有项目情况"下,原有相关公路在总交通量条件下的事故率(次/亿车 km)。

事故经济损失费应由直接费和间接费两部分组成。

④独立工程项目的效益

跨越江(河、海)的独立项目(如大桥、隧道等)所产生的效益可分为两部分:一部分是"无项目情况"下,为满足日益增长的过江交通需求,需对现有过江设施进行改造和维护所需的投资和费用;而在"有项目情况"下,这些投资和费用则可以节约,即作为拟建项目所产生的效益,具体包括渡轮和装卸作业区营运维护费用的节约以及养河费的节约。另一部分是原来绕行的过江交通在"有项目情况"下,节约车辆营运成本和旅客在途时间所产生的效益。

a.轮渡和装卸作业区购置、建造费用的节约。这类费用包括:轮渡购置费、两岸泊位(包括码头工程、附属构造物)的投资、两端的引道改造或新建的投资。

b.渡轮及装卸作业区营运、维护费用的节约。这类费用包括:渡轮营运费用、码头维护费用。

c.养河费的节约。

d.过江车辆营运成本节约的效益(B_4)。拟建项目建成后,将吸引部分原来走邻近桥梁(隧道)、渡口的交通,从而缩短了运输距离,节约营运成本;与此同时,由于交通条件的改善,将产生诱增交通量。B_4的具体计算公式同B_{11},在计算过江交通的营运成本和时间节约效益时,必须注意:

a) 确定L和L'的值时,应分别根据"有项目情况"和"基准情况"下主要相同起讫点间最有可能选择或习惯线路的距离,计算其平均值。

b) VOC'_{1b}、VOC_{2P}、S'_{1b}和S_{2P}的差别主要是由于交通量水平的不同引起的,而非道路条件的不同所致。确定其值时,应分别先根据"基准情况"和"有项目情况"下主要相同起讫点间同等道路条件下,不同交通量水平进行计算,然后以各条线路的行驶量(车·km)为权值,确定其加权平均值。

(6)国民经济分析

公路建设项目的国民经济盈利能力主要用经济内部收益率、经济净现值等项指标来衡量。

①经济内部收益率($EIRR$)

经济内部收益率是反映公路项目对国民经济净贡献的相对指标,它是项目在计算期内各年经济净现金流量累计现值等于零时的折现率,计算方法为:

$$\sum_{t=1}^{n}(B-C)_t \times (1+EIRR)^{-t} = 0$$

式中:B——效益流入量;
C——费用流出量;
$(B-C)_t$——第t年的净效益流量;
n——计算期。

经济内部收益率等于或大于社会折现率表明项目可以接受,即从经济内部收益率的角度出发,等于社会折现率则可以认为基本满足美的要求;如果经济内部收益率大于社会折现率较多,可以认为是很美的。

②经济净现值($ENPV$)

经济净现值是反应项目对国民经济净贡献的绝对指标,是指用社会折现率将项目计算期内各年的净效益流量折算到开工前一年年末的现值之和,计算方法为:

$$ENPV = \sum_{t=1}^{n}(B-C)_t \times (1-I_S)^{-t}$$

式中:$ENPV$——经济净现值;

I_s——社会折现率。

经济净现值等于或大于零表明项目是可以接受的,也即从经济净现值角度出发,认为经济净现值等于零时基本上是美的;如果经济净现值大于零很多,可以是很美的。

③国民经济评价表

国民经济评价的基本报表分为全部投资和国内投资的国民经济效益费用流量表。前者以全部投资作为计算的基础,用以计算全部投资经济内部收益率、经济净现值等相应的评价指标;后者以国内投资作为计算的基础,将国外借款利息和本金的偿付作为费用流出,用以计算国内投资的评价指标。

④投资时机分析

可采用第一年收益率(FYRR)法,确定拟建项目最佳投资时机,其计算方法为:

$$FYRR = \frac{B_{m+1}}{\sum_{t=1}^{m} C_t \times (1+I_s)^{m-t}}$$

式中:B_{m+1}——拟建项目通车后第一年的国民经济效益(万元);

t——拟建期年序数($t=0$ 为基准年),$t=1,2,\cdots,m$;

C_t——第 t 年的建设费用(万元)。

若 FYRR 大于社会折现率,表明项目投资时机成熟,应立即投资;若 FYRR 小于社会折现率,则应推迟投资时间,需进一步计算 FYRR,直到最佳投资时机确定为止,也就是,当在最佳投资时机进行公路投资建设时,从国民经济角度出发认为是美的。

⑤不确定性分析

公路建设项目国民经济评价所采用的数据,大部分来自预测和估算。为分析不确定性因素对公路项目评价指标的影响,需进行敏感性分析,以估算项目可能承担的风险,确定项目在经济上的可靠性。

国民经济评价时,原则上应选取建设投资、交通量等可能发生变化的因素,重点测算这些因素变化对内部收益率的影响。

3)财务评价

(1)财务分析的一些基本概念

财务评价包括分析和计算项目直接发生的财务收益和费用,编制财务报表,计算评价指标,考察项目的盈利能力和清偿能力等财务状况,据以评判项目的财务可行性;利用外资公路建设项目,财务评价还应遵循国家涉外经济法规,考察各方的财务状况及盈利水平。

项目评价的基准年为项目开工前一年,财务评价计算期包括建设期和运营期。对利用国外政府贷款或国际金融组织的公路建设项目,其运营期可取项目要求贷款偿还期;中外合资(合作)项目的运营期取合资(合作)项目的营运期;BOT 项目运营期取项目的特许经营期;在投资协议尚未签订时,可按政府或项目发起人的计划,根据可能的资金来源,预先假定运营期,但不应超过 30 年。

公路建设项目财务盈利能力分析计算期内应采用基年价,不考虑物价上涨因素。清偿能力分析原则上采用计算期内的预测时价,考虑物价总水平的上涨因素,但物价总水平上涨因素一般只考虑到建设期末。

公路项目的财务评价是比较项目的财务支出(费用)与财务收益,遵行收益与费用计算口径对应一致的原则。公路项目的财务支出(费用)分为建设期财务支出和运营期财务支出。其中,建设期财务支出主要包括固定资产投资、固定资产投资方向调节税、建设期借款利息;运营期财务支出主要包括经营成本(主要由运营管理费、养护费和大修费构成)、运营期利息支出和税金。公路项目收入一般是指公路使用者收取的通行费,即收费收入。此外,对政府给予政策性补偿的项目,应将其政策性补偿转为以货币计量的收入,并计入项目收入。

收费年收入(R)的测算公式为:

$$R = \sum_{V=1}^{n}(T_V \times TR_V \times L) \times 365$$

式中: T_V——车型 V 的年平均日交通量(自然数,辆/d);

TR_V——车型 V 的收费标准(元/车·km)。

拟建公路项目附带的服务、开发等经营性项目,应将其财务收支分别计入公路项目的收益与支出,一并计算拟建项目的盈利能力及清偿能力。

收费标准的确定,应在考虑公路建设项目总投资费用、按期偿还借款本息、项目投资利率、公路使用者收益程度、使用者负担程度、收费标准对交通量的影响、不同车型车辆(使用者)所获得效益的大小及对公路的损坏程度等因素的基础上,根据项目特点,采用相应方法首先计算基年价分车型收费标准,然后考虑物价总水平上涨等因素测算实际收费标准。

(2)财务分析

公路项目财务评价的盈利能力分析应采用财务内部收益率、财务净现值、财务投资回收期等主要评价指标。

①财务内部收益率(FIRR)

财务内部收益率是指公路项目在整个计算期内,各年净现金流量累计现值等于零时的折现率。计算方法为:

$$\sum_{t=1}^{n}(CI-CO)_t \times (1+FIRR)^{-t} = 0$$

式中: CI——现金流入量(财务收益);

CO——现金流出量(财务支出);

$(CI-CO)_t$——第 t 年的净现金流量;

n——计算期。

财务内部收益率是根据财务现金流量表中净现金流量用试错法求得。在财务评价中,财务内部受益率 FIRR 必须与设定的财务基准折现率(回报率)I_c 相比较,当 $FIRR \geq I_c$,认为项目在财务上接受,也即从财务分析角度出发,财务内部收益率等于财务基准折现率(回报率)时,可以认为基本上是美的;财务内部收益率大于财务基准折现率(回报率)很多时,可任意认为是很美的。

对于国内合资或联营项目或利用外资项目,可根据需要计算投资各方的财务内部收益率,以考虑投资各方的利益,并满足各方的最低要求后,表明项目在财务上是可以接受的,也即从财务分析角度出发认为是美的。

②财务净现值(ENPV)

财务净现值是指按财务基准折现率,将项目计算期内各年的净现金流量折现到评价基准年(开工前一年年末)的现值之和,它是考察公路项目在计算期内盈利能力的动态评价指标,计算方法为:

$$ENPV = \sum_{t=1}^{n}(CT-CO)_t \times (1-I_c)^{-t} = 0$$

式中:I_c——财务基准折现率。

财务净现值可根据财务现金流量求得,财务净现值等于或大于零时,项目可以考虑接受,也即从财务净现值角度出发,当财务净现值等于零时,可以认为基本上是美的;当财务净现值大于零很多时,可以认为项目是很美的。

③财务投资回收期(pt)

投资回报期是指项目净收益抵偿全部建设所需要的时间,是反映项目在投资回收能力的重要指标。公路项目投资回收期一般从项目投入运营年算起,其计算方法为:

$$pt = 累计财务净收益开始出现正值年份 - 项目投入运营年份 + \frac{上年累计净收入的绝对值}{当年净收益}$$

④公路项目清偿能力分析

公路项目清偿能力分析主要是考察计算期内各年的财务状况及偿债能力,主要用以下几个计算指标表示:

a.资产负债率是反映项目各年所面临的财务风险及偿债能力的指标:

$$资产负债率 = \frac{负债合计}{资产合计} \times 100\%$$

b.国内借款偿还期,是指在国家财政规定及项目具体财务条件下,用项目建成投入运营后可用于还款的资金偿还国内借款本金和利息所需要的时间,其计算方法为:

$$I_d = \sum_{t=1}^{n} R_t$$

$$P_d = 借款偿还后开始出现盈余年份 - 开始借款年份 + \frac{当年应偿还借款额}{当年可用于还款的资金额}$$

式中:I_d——国内借款本金(含建设期利息);

P_d——国内借款偿还期(从借款开始年算起);

R_t——第 t 年可用于还款的资金(收费收入)。

当借款偿还期满足贷款机构的要求期限时,即可认为项目具有偿还能力,也即从借款偿还期角度出发认为是美的。如果还款时间与要求的还款时间相同,可以认为项目基本上是美的,如果还款时间大大短于要求的还款时间,可以认为项目很美。

⑤财务评价基本报表

a.现金流量表

该表反映项目计算期内各年的现金收入(现金流入和流出),用以计算各项动态评价指标,以考察项目投资的盈利能力。

b.损益表

该表反映项目计算期内的利润(亏损)的实现情况。

c.资金来源及应用表

该表反映项目计算期内各年的资金盈余或短缺情况,用于选择资金筹措方案,制定适宜的借款及偿还计划,并为编制资产负债表提供依据。

d.资产负债表

该表综合反映项目计算期内各年末的资产、负债和所有者权益的增减变化及对应关系,以考察项目资产、负债、所有者权益的结构是否合理;用以计算资产负债率等指标,进行清偿能力分析。

⑥不确定分析

为分析不确定性因素对公路项目评价指标的影响,需进行敏感性分析,以估计项目可能承担的风险,确定项目在经济上的可靠性。可选取建设投资、交通量、收费标准、物价总水平上涨率等因素,重点测算这些因素变化对财务内部收益率、必要时对借款偿还期的影响。

4)方案的经济美比选

方案比选可按各个方案所含的全部因素(相同因素和不同因素)计算各方案的全部经济效益和费用,进行全面的对比,要特别注意各个方案间的可比性,遵行效益与费用计算口径对应一致。

方案比选应注意在某些情况下不同指标导致相反结论的可能性,根据方案的实际情况(计算期是否相同,资金有无约束条件等)选用适当的比较方法和指标。

方案比选方法:

(1)净现值法

将分别计算的各比较方案经济净现值进行比较,以净现值较大的方案为优,也即净现值较大的方案从经济分析的角度出发认为更美。

(2)净现值率法

净现值率($NPVR$)是净现值与投资现值进行之比。其计算方法:

$$NPVR = ENPV/C_{cp}$$

式中:C_{cp}——方案的全部投资。

净现值率说明该方案单位投资所获得的超额净效益。用净现值率进行方案比较时,以净现值率较大的方案为优,也即净现值率较大的方案从经济分析的角度出发认为更美。

(3)最小费用法

若效益相同或效益基本相同,但难以具体估算的方案进行比较时,为简化计算,可采用最小费用法,即费用现值比较法。通过计算各比较方案的费用现值(PC)并进行对比,以费用现值较低的方案为优,也即费用现值较低的方案从经济分析的角度出发认为更美。其计算公式为:

$$PC = \sum_{t=1}^{n}(C_C + C_O - R_V)_t \times (P/F, I_S, t)$$

式中:C_C——建设期费用;

C_O——营运期各种费用;

R_V——回收资产余值;

$P/F, I_s, t$——现值系数。

5)经济评价评分标准或取值

经济评价的指标评分见表7.4.7。

经济指标的评价标准或指标取值 表7.4.7

评价指标		描 述	评分	备 注
国民经济	经济内部收益率	经济内部收益率大于社会折现率	3~5	根据经济内部收益率大于或小于社会折现率的情况,并参考国内相同类型的公路进行评分取值
		经济内部收益率等于社会折现率	3	
		经济内部收益率小于社会折现率	0~3	
	经济净现值	经济净现值大于零	3~5	根据经济净现值大于或小于零的情况,并参考国内相同类型的公路进行评分取值
		经济净现值等于零	3	
		经济净现值小于零	0~3	
	投机时机	$FYRR$ 大于社会折现率时建设	3~5	若 $FYRR$ 大于社会折现率,表明项目投资时机成熟;若 $FYRR$ 小于社会折现率,应推迟投资时间
		$FYRR$ 等于社会折现率时建设	3	
		$FYRR$ 小于社会折现率时建设	0~3	
财务	内部收益率	$FIRR>I_c$	3~5	财务内部收益率 $FIRR$ 等于财务基准折现率(回报率)I_c,可以认为基本上是美的;财务内部收益率大于财务基准折现率(回报率)很多时,可认为是很美。对于国内合资或联营项目或利用外资项目,可根据需要计算投资各方的财务内部收益率,以考虑投资各方的利益,并满足各方的最低要求,满足各方的最低要求即基本可认为是美的
		$FIRR=I_c$	3	
		$FIRR<I_c$	0~3	
	财务净现值	财务净现值大于零	3~5	当财务净现值等于零时,认为基本上是美的;当财务净现值大于零很多时,认为项目是很美的
		财务净现值等于零	3	
		财务净现值小于零	0~3	
	还款时间	还款时间短于要求的还款时间	3~5	还款时间与要求的还款时间相同,可以认为项目基本上是美的,如果还款时间大大短于要求的还款时间,可以认为项目很美
		还款时间与要求的还款时间相同	3	
		还款时间长于要求的还款时间	0~3	

注:把国民经济评价和财务评价在一起讨论时,国民经济评价和财务评价结论均可行的项目,从经济美的角度看就是美的,否则就是不美或不是太美的。对某些具有重大政治、经济、国防、交通意义的公路项目,若国民经济评价结论可行,也可以认为是美的。

不同方案的经济美对比评价标准见表 7.4.8。

不同方案的经济美对比评价　　　　　　　　　　　表 7.4.8

指标	说　　明
净现值法	净现值较大的方案为优,即净现值较大的方案更美
净现值率	净现值率较大的方案为优,即净现值率较大的方案更美
最小费用	费用现值较低的方案为优,即费用现值较低的方案更美

7.4.2.3 安全美指标的定量计算

1) 平面线形评价

(1) 直线评价

直线的最大与最小长度应有所限制,如表 7.4.9 所示。①同向曲线间直线的最小长度数值(以米计),当行车速度大于等于 60km/h 时,以不小于行车速度(以千米小时计)数值的 6 倍为宜,当行车速度小于等于 40km/h 时,可参照执行;②反向曲线间直线的最小长度(以米计),以不小于行车速度(以千米小时计)数值的 2 倍为宜;③相邻回头曲线间的最小长度,在二、三、四级公路上分别应不小于 200m、150m、100m。④直线最大长可参考表中数值。

直线最大长度及其在曲线间最小长度　　　　　　　　　表 7.4.9

计算行车速度 V(km/h)			120	100	80	60	40	30	20
直线最大长度(20V)(m)			2400	2000	1600	1200	800	600	400
直线最小长度(m)	同向曲线间	一般值(6V)	720	600	480	360	240	180	120
		最小值(2.5V)	—	—	—	—	100	75	50
	反向曲线间	一般值(2V)	240	200	160	120	80	60	40
		最小值	—	—	—	—	35	25	20

(2) 圆曲线评价

圆曲线最小半径应符合表 7.4.10 的规定。其他规定:圆曲线半径小于表 7.4.10 中不设超高最小半径时,应设置圆曲线超高。最大超高应符合下列规定:①一般地区,圆曲线最大超高应采用 8%;②积雪冰冻地区,最大超高值应采用 6%;③以通行中、小型客车为主的高速公路和一级公路,最大超高可采用 10%;④城镇区域公路,最大超高值可采用 4%。

圆曲线最小半径　　　　　　　　　　　　　　　表 7.4.10

设计速度(km/h)		120	100	80	60	40	30	20
最大超高	10%	570	360	220	115	—	—	—
	8%	650	400	250	125	60	30	15
	6%	710	440	270	135	60	35	15
	4%	810	500	300	150	65	40	20
不设超高最小半径(m)	路拱≤2.0%	5500	4000	2500	1500	600	350	150
	路拱>2.0%	7500	5250	3350	1900	800	450	200

(3)缓和曲线评价

直线与小于表 7.4.10 不设超高最小半径的圆曲线衔接处,应设置缓和曲线。各级公路缓和曲线的最小长度 L_s 见表 7.4.11。

各级公路缓和曲线最小长度　　　　　表 7.4.11

公路等级	高速公路			一级公路			二级公路		三级公路		四级公路
设计速度(km/h)	120	100	80	100	80	60	80	60	40	30	20
L_s(m)	100	85	70	85	70	50	70	50	35	25	20

(4)平曲线最小长度的评价

平曲线应有足够的长度。一般控制标准见表 7.4.12 和表 7.4.13。

各级公路平曲线最小长度　　　　　表 7.4.12

公路等级	高速公路			一级公路			二级公路		三级公路		四级公路
设计速度(km/h)	120	100	80	100	80	60	80	60	40	30	20
平曲线最小长度(m)	200	170	140	170	140	100	140	100	70	50	40

公路转角等于或小于 7°时的平曲线长度　　　　　表 7.4.13

公路等级		高速公路			一级公路			二级公路		三级公路		四级公路
设计速度(km/h)		120	100	80	100	80	60	80	60	40	30	20
平曲线最小长度(m)	一般值	1400/α	1200/α	1000/α	1200/α	1000/α	700/α	1000/α	700/α	500/α	350/α	280/α
	最小值	200	170	140	170	140	100	140	100	70	50	40

注:α 为路线转角值。

(5)超高和超宽的评价

①超高横坡坡度。高速公路、一级公路的超高横坡坡度不应大于 10%,其他各级公路不应大于 8%,积雪冰冻地区最大超高横坡坡度不宜大于 6%。路面由双向倾斜的形式过渡到具有超高的单向倾斜的形式,外侧先逐渐抬高,至路拱坡度后成单坡状,再绕旋转轴旋转直至超高横坡度。

②超高缓和段长度。超高缓和段必须设置一定长度的超高缓和段,超高的过渡则在超高缓和段全长范围内,双车道公路超高缓和段长度按下式计算:

$$L_c = \frac{B\Delta_i}{p}$$

式中:L_c——超高缓和段长度(m);
　　　B——旋转轴车行道(设路缘带时为路缘带)外侧边缘的宽度(m);
　　　Δ_i——超高坡度与路拱坡度的代数差(%);
　　　p——超高渐变率,即旋转轴线与车行道(设路缘带时为路缘带)外侧边缘线之间的相对坡度,其值见表 7.4.14。

第7章 公路美学评价

公路超高渐变率 表7.4.14

计算行车速度 (km/h)	超高旋转轴位置		计算行车速度 (km/h)	超高旋转轴位置	
	中线	边线		中线	边线
120	1/250	1/200	40	1/150	1/100
100	1/225	1/175	30	1/125	1/75
80	1/200	1/150	20	1/100	1/50
60	1/175	1/125	—	—	—

③为适应汽车在平曲线上行驶时,后轮轨迹偏向曲线内侧的需要,在平曲线内侧相应增加路面、路基宽度,公路平曲线加宽值见表7.4.15。

公路平曲线加宽值(m) 表7.4.15

加宽类别	汽车轴距(加前悬) (m)	平曲线半径(m)							
		200~250	150~<200	100~<150	70~<100	50~<70	30~<50	25~<30	20~<25	15~<20
1	5	0.4	0.6	0.8	1.0	1.2	1.4	1.8	2.2	2.5
2	8	0.6	0.7	0.9	1.2	1.5	2.0	—	—	—
3	5.2(+8.8)	0.8	1.0	1.5	2.0	2.5	—	—	—	—

④路面从正常宽度过渡到加宽段需设置加宽缓和段,加宽缓和段上的路面宽度是逐渐变化的,加宽过渡的设置根据道路性质和等级可采用不同的方法。加宽缓和段的长度应采用与缓和曲线相同的长度。对于不设缓和曲线,但设置有超高缓和段的平曲线,可采用与超高缓和段相同的长度。对于既不设缓和曲线,又不设超高的平曲线,减宽缓和段应按渐变率1∶15且长度不小于10m的要求设置。对于复曲线的大圆和小圆之间设有缓和曲线的加宽缓和段,均可以按上述方法处理。

(6)前后线形组合的评价

①保持平面线形的均衡与连贯,应注意如下几个方面:长直线尽头不能接以小半径曲线;高低标准之间要有过渡。

②应避免连续急弯的线形。

2)纵断面线形评价

(1)最大纵坡评价

最大纵坡应符合表7.4.16的规定,并应符合下列规定:①设计速度为120km/h、100km/h、80km/h的高速公路受地形条件或其他特殊情况限制时,经技术经济论证,最大纵坡值可增加1%。②公路改扩建中,设计速度为40km/h、30km/h、20km/h的利用原有公路的路段,经技术经济论证,最大纵坡值可增加1%。③二级及二级以下公路的越岭路线连续上坡(或下坡)路段,相对高差为200~500m时,平均纵坡不应大于5.5%;相对高差大于500m时,平均纵坡不应大于5%,任意连续3km路段的平均纵坡不应大于5.5%。④高速公路、一级公路应论证采用合理的平均纵坡。不同纵坡的最大坡长应符合表7.4.17的规定。

最 大 纵 坡　　　　　　　　　　　　表 7.4.16

设计速度(km/h)	120	100	80	60	40	30	20
最大纵坡(%)	3	4	5	6	7	8	9

最大纵坡长度　　　　　　　　　　　表 7.4.17

纵坡坡度(%)	设计速度(km/h)						
	120	100	80	60	40	30	20
3	900	1000	1100	1200	—	—	—
4	700	800	900	1000	1100	1100	1200
5	—	600	700	800	900	900	1000
6	—	—	500	600	700	700	800
7	—	—	—	—	500	500	600
8	—	—	—	—	300	300	400
9	—	—	—	—	—	200	300
10	—	—	—	—	—	—	200

(2)竖曲线评价

公路纵坡变更处应设置竖曲线。竖曲线最小半径和最小长度不应小于表 7.4.18 的规定值。

竖曲线最小半径和最小长度　　　　　　表 7.4.18

设计速度(km/h)	120	100	80	60	40	30	20
凸形竖曲线最小半径(m)	1100	6500	3000	1400	450	250	100
凹形竖曲线最小半径(m)	4000	3000	2000	1000	450	250	100
竖曲线最小长度(m)	100	85	70	50	35	25	20

3)平纵线形组合评价

(1)平曲线与竖曲线应相互重合,且平曲线应稍长于竖曲线。

(2)平曲线与竖曲线的大小应保持均衡。

(3)选择组合适当的合成坡度。

(4)暗、明弯与凸、凹竖曲线,暗弯与凸形竖曲线、明弯与凹形竖曲线组合。

(5)平、竖曲线应避免的组合:①避免凸形竖曲线的顶部或凹形竖曲线的底部与反向平曲线的拐点重合;②小半径竖曲线不宜与缓和曲线相重叠;③计算行车速度≥40km/h 的公路,应避免在凸形竖曲线顶部或凹形竖曲线底部插入小半径的平曲线。

(6)直线上只有一次变坡是很好的平纵组合:包括一个凹形线,次之;直线中短距离内二次以上变坡会形成反复凸凹的"驼峰"和"凹陷",不好。

将平纵线形协调性可分为平纵线形配合情况、平纵线形均匀情况、三维动态观测情况三个方面来用"特斐尔法"进行评价,如表 7.4.19 所示。

第7章 公路美学评价

路线平纵线形协调性评价表 表7.4.19

评价内容	说 明		评价值	备 注
平纵线形配合情况	路线平纵线形的变坡点配合情况	重合	5	
		相位错开	4~2	相位错开1/4时取3
		相反	1	
	立体线形设计中应避免的情况	无	5~4	根据有关平纵线形组合的分析内容
		有	3~2	
平纵线形均匀情况	平纵线形是否以平曲线为先导	是	5~4	平包纵
		否	3~2	
	平面及纵断面曲线半径配合是否良好	良好	5~3	满足平纵线形配合比的要求
		不好	2~1	
三维动态观测情况	视线诱导情况	良好	5~3	
		不好	2~1	
	线形情况	平顺	5~3	
		有扭曲	2~1	
	心理线形情况	良好	5~4	无视觉错觉现象
		一般	3~2	基本无视觉错觉现象,或不影响安全
		不好	0	有严重的视觉错觉现象
	与地形协调情况	良好	5~4	
		一般	3~2	
		不好	1	

4)横断面评价

(1)车道宽度

车道宽度应符合表7.4.20。

车 道 宽 度 表7.4.20

设计速度(km/h)	120	100	80	60	40	30	20
车道宽度(m)	3.75	3.75	3.75	3.50	3.50	3.25	3.00

其他规定:①八车道及以上公路在内侧车道(内侧1、2车道)仅限小客车通行时,其车道宽度可采用3.5m;②以通行中、小型客运车辆为主,且设计速度为80km/h及以上的公路,经论证车道宽度可采用3.5m;③四级公路采用单车道时,车道宽度应采用3.5m;④设置慢车道的二级公路,慢车道宽度应采用3.5m。

(2)车道数

各级公路车道数应符合表7.4.21。

车 道 数 表7.4.21

公路等级	高速、一级公路	二级公路	三级公路	四级公路
车道数	≥4	2	2	2(1)

注：四级公路应采用双车道，交通量小或困难路段可采用单车道。

（3）左侧路缘带宽度

左侧路缘带宽度应符合表7.4.22。

左侧路缘带宽度 表7.4.22

设计速度(km/h)	120	100	80	60
左侧路缘带宽度(m)	0.75	0.75	0.50	0.50

其他规定：①高速公路和一级公路，必须设置中间带。中间带由中央分隔带和两侧路缘带组成。②高速公路和作为干线的一级公路，中央分隔带宽度应根据公路项目中央分隔带功能确定。③作为集散的一级公路，中央分隔带宽度应根据中间隔离设施的宽度确定。④设计速度为120km/h、100km/h，受地形、地物限制的路段或多车道公路内侧车道仅限小型车辆通行的路段，左侧路缘带可论证采用0.50m。

（4）路肩宽度

路肩宽度应符合表7.4.23。分离式断面高速公路和一级公路左侧路肩宽度见表7.4.24。

路 肩 宽 度 表7.4.23

公路等级(功能)		高速公路			一级公路（干线公路）		一级公路（集散功能）和二级公路		三级公路、四级公路		
设计速度(km/h)		120	100	80	100	80	80	60	40	30	20
右侧硬路肩宽度(m)	一般值	3.00(2.50)	3.00(2.50)	3.00(2.50)	3.00(2.50)	3.00(2.50)	1.50	0.75	—	—	—
	最小值	1.50	1.50	1.50	1.50	1.50	0.75	0.25			
土路肩宽度(m)	一般值	0.75	0.75	0.75	0.75	0.75	0.75	0.75	0.75	0.50	0.25(双车道)0.50(单车道)
	最小值	0.75	0.75	0.75	0.75	0.75	0.50	0.50			

注：①正常情况下，应采用"一般值"；在爬坡车道，变速车道及超车道路段，受地形、地物等条件限制路段及多车道公路大桥，可论证采用"最小值"。
②高速公路和作为干线的一级公路以通行小客车为主时，右侧硬路肩宽度可采用括号内数值。

分离式断面高速公路和一级公路左侧路肩宽度 表7.4.24

设计速度(km/h)	120	100	80	60
右侧路缘带宽度(m)	0.50	0.50	0.50	0.50
左侧硬路肩宽度(m)	1.25	1.00	0.75	0.75
左侧土路肩宽度(m)	0.75	0.75	0.75	0.50

其他规定：①八车道及以上高速公路宜设置左侧硬路肩，其宽度应不小于2.50m，左侧硬路肩宽度包括左侧路缘带宽度。②高速公路和作为干线的一级公路右侧硬路肩宽度小于

2.5m 时,应设置紧急停车带。紧急停车带宽度应为 3.50m,有效长度不应小于 40m,间距不宜小于 500m。

5)必要设施设置的评价

(1)互通式立体交叉、服务区、停车区、客运汽车停靠站、管理设施等的出入口处,高速公路、一级公路应设置加(减)速车道,二级公路应设置过渡段。

(2)高速公路、一级公路以及二级公路的连续上坡路段,当通行能力、运行安全受到影响时,应设置爬坡车道。爬坡车道宽度不应小于 3.50m,六车道以上的高速公路可不设置爬坡车道。

(3)连续长、陡下坡路段,应结合交通安全评价设置避险车道。

(4)二级公路货车比例较高时,可根据需要局部增设超车道,超车道宽度应按相应路段的车道宽度确定。

(5)二级公路慢行车辆较多时,可根据需要加宽硬路肩的方式设置慢车道,并应增加必要的交通安全设施,加强交通组织。

(6)四级公路采用单车道时,应设置错车道,设置错车道路段的路基宽度不应小于双车道的路基宽度。

(7)公路路基宽度为车道宽度与路肩宽度之和,当设有中间带、加(减)速车道、爬坡车道、紧急停车带、超车道、慢车道、错车道、侧分隔带、非机动车道、人行车道等时,应计入这些部分的宽度。

6)视距保证的评价

高速公路、一级公路的停车视距应不小于表 7.4.25 的规定。二、三、四级公路的停车视距、会车视距、超车视距应不小于表 7.4.26 的规定。

高速公路、一级公路的停车视距 表 7.4.25

设计速度(km/h)	120	100	80	60
停车视距(m)	210	160	110	75

二、三、四级公路的停车视距、会车视距、超车视距 表 7.4.26

设计速度(km/h)	80	60	40	30	20
停车视距(m)	110	75	40	30	20
会车视距(m)	220	150	80	60	40
超车视距(m)	550	350	200	150	100

其他要求:

(1)互通式立交、服务区、停车区、客运区、客运汽车停靠站等各类出、入口应满足识别视距要求。

(2)双车道公路应间隔设置满足超车视距的路段。

(3)高速公路、一级公路以及大型车比例较高的二、三级公路,应采用货车停车视距对相关路段进行检验。

(4)积雪冰冻地区的停车视距宜适当增长。货车的停车视距见表 7.4.27、表 7.4.28 识别视距见表 7.4.29。

高速公路、一级公路的货车停车视距　　　　表7.4.27

设计速度(km/h)	120	100	80	60
停车视距(m)	245	180	125	85

二、三、四级公路的停车视距　　　　表7.4.28

设计速度(km/h)	80	60	40	30	20
停车视距(m)	125	85	50	35	20

识 别 视 距　　　　表7.4.29

设计速度(km/h)	120	100	80	60
识别视距(m)	350(460)	290(380)	230(300)	170(240)

注:括号中为行车环境复杂,路侧出入口提示信息较多时应采取的视距值。

在下坡路段,货车停车视距应随坡度大小进行修正,其值见表7.4.30。

货车停车视距　　　　表7.4.30

	纵坡坡度(%)	设计速度(km/h)										
		120	110	100	90	80	70	60	50	40	30	20
下坡方向	0	245	210	180	150	125	100	85	65	50	35	20
	3	265	225	190	160	130	105	89	66	50	35	20
	4	273	230	195	161	132	106	91	67	50	35	20
	5	—	236	200	165	136	108	93	68	50	35	20
	6	—	—	—	169	139	110	95	69	50	35	20
	7	—	—	—	—	—	—	—	70	50	35	20
	8	—	—	—	—	—	—	—	—	—	35	20
	9	—	—	—	—	—	—	—	—	—	—	20

7)眩光的评价

(1)防止对向车辆的眩光。在高速公路或一级公路的中分带上:①采取了防眩措施;②防眩效果有效。

(2)邻近道路车辆的眩光。当邻近道路上的车灯会在评价道路上产生眩光时:①采取了防眩措施;②防眩效果有效。

8)暗适应的评价

(1)在隧道进出口,采取了从明到暗的植物绿化方式,基本消除了从明到暗的不适应,车辆进入隧道后驾驶员不会产生"视而不见"的现象。

(2)隧道内照明效果好,车辆进入隧道后驾驶员不会产生"视而不见"的现象。(1)、(2)两条满足一条即可认为不产生隧道暗适应问题。

(3)在公路上,没有因为路侧或中央分隔带上的绿化树木或其他建筑在阳光照射下产生明暗变化的阴影。

9)公路安全设施的评价

(1)防撞护栏的评价

①凡符合下列之一者,必须设置路侧护栏:

a.道路边坡坡度 i 和路堤高度陡于图 7.4.1 的阴影范围之内的路段;

b.与铁路、公路相交、车辆有可能跌落到相交铁路或其他公路上的路段;

c.高速公路或一级公路在距路基坡角 1.0m 的范围内有江、河、湖、海、沼泽等水域,车辆掉入会有很大危险的路段;

d.高速公路互通式立交进、出口匝道的三角地带及匝道的小半径弯道外侧。

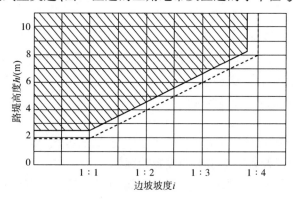

图 7.4.1　边坡、路堤高度与设置路侧护栏的关系

②凡符合下列之一者,应设置路侧护栏:

a.道路边坡坡度 i 和路堤高度陡于图 7.4.1 的虚线以上区域内的路段;

b.高速公路或一级公路在距土路肩边缘 1.0m 范围内,有门架结构、紧急电话、上跨桥的桥墩或桥台等构造物时;

c.与铁路、公路平行、车辆有可能闯入相邻铁路或其他公路的路段;

d.路基宽度发生变化的渐变段;

e.曲线半径小于一般最小半径的路段;

f.服务区、停车区或公共汽车路侧停车处的变速车道区段,交通分、合流的三角地带包括区段;

g.大、中、小桥两端或高架构造物两端与路基连接部分;

h.导流岛、分隔岛处认为需要设置护栏的地方。

③凡符合下列之一者,可设置路侧护栏:

a.高等级公路在距土路肩边缘 1.0m 范围内存在下列危险或障碍物时;

b.粗糙的石方开挖断面;

c.大孤石;

d.重要标志柱、信号灯柱、可变标志柱、照明灯注或路堑支撑壁、隔音墙等设施,高出路面 30cm 以上的混凝土基础、挡土墙;

e.道路纵坡大于 4% 的下坡路段;

f.路面结冰、积雪严重的路段;

g.多雾地区;

h.隧道入口附近及隧道内需保障人员安全的路段。

④防撞护栏的长度:路侧护栏最小设置长度为 70m,两端路侧护栏之间相距不到 100m 时,宜在该两端之间连续设置。夹在两填方区段之间长度小于 100m 的挖方区段,应和两端填方区段的护栏相连。

⑤中央分隔带设置护栏的原则:

a.高速公路、一级公路全线均应设置中央分隔带护栏。当中央分隔带宽度大于 10m 时,可不设中央分隔带护栏。

b.高速公路、一级公路采用分离式断面时,靠中央带一侧按路侧设置护栏。上、下行路基高差大于 2m 时,可只在路基较高一侧设置护栏。

c.高速公路、一级公路的中央分隔带开口处,原则上应设置活动护栏。

⑥应根据车辆驶出路外可能造成的伤害程度,结合公路设计速度、几何指标、交通量、交通组织等因素合理确定护栏防护等级。

不同形式的护栏相接时应进行过渡设计。

(2)轮廓标的评价

①高速公路、一级公路的主线及其互通式立体交叉、服务区、停车区等处的进出匝道、连接道、中央分隔带开口以及避险车道等应设置轮廓标。

②二级及二级以下公路的视距不良路段、车道数或车道宽度有变化的路段及连续急弯陡坡路段设置轮廓标,其他路段视需要可设置轮廓标。

③隧道内应设置轮廓标。

(3)隔离设施的评价

①高速公路、一级公路需要控制出入的路段两侧宜连续设置,也可利用天然屏障间隔设置。

②隔离设施的中心线,一般沿公路用地界线以内 20~50m 处设置。

③隔离设施遇桥梁、通道时,应朝桥头锥坡(或两端)方向围死,不应留有人、畜可以钻入的孔隙。

④隔离设施与涵洞相交时,如沟渠较窄,隔离设施可直接跨过;沟渠较宽,隔离栅难以跨越时,可采取桥梁、通道的处理方法。

⑤当受地形限制,隔离设施前后不能连续设置时,就以该处作为隔离设施的端部,并处理好端头的围封。

⑥当沿公路用地边界地形起伏较大时,隔离设施可设计成阶梯状。

(4)防落网的评价

防落网设置应符合下列规定:

①公路跨越铁路、通航河流、交通量较大的其他公路时;

②公路路堑边坡可能有落石并影响交通安全的路段;

③桥梁防护网的设置高度为 1.8~2.1m 时;

④在地势空旷上的桥梁防护网一般宜考虑防雷保护接地设计,阻抗一般应小于等于 10Ω。

(5)防雪防风栅的评价

①防雪栅的设计依据路段所在地区风雪的持续期、强度及具体的地物、地貌和风向而

定。防雪栅的高度一般为 1.0~1.8m。迎风面可以设置一道或数道,交错布置。

②在风害严重的地区风口应设置防风栅。

(6)视线诱导的评价

①高速公路和一级公路的主线上,以及互通立交、服务区、停车场等的进出匝道和连接道,应全线设置轮廓标。轮廓标在公路前进方向左右对称设置。高速公路和一级公路的主线段轮廓标设置间隔为 24~32m,大中桥及隧道轮廓标设置间隔应为 12~16m,匝道上的轮廓标设置间隔一般为 4~8m,路基宽度、车道数量有变化的路段及竖曲线路段,可适当加大或减少轮廓标的间隔。

②分、合流诱导标原则上应在互通立交的进、出口匝道附近有交通分、合流的地方设置。分流诱导标设在分流端部;合流诱导标设在合流端部前方适当地点。

③指示性线性诱导标,一般应设在最小半径或通视较差、对行车安全不利的曲线外侧,警告性线形诱导标应设置在局部施工或维修作业等需临时改变行车方向的路段。

(7)交通标志的评价

①指路标志用来提供指示沿线路径的地名、方向和距离,或与之相交道路的编号,著名的名胜古迹,游乐休息或服务等。

②警告标志用来提供道路沿线存在的危险路段或应注意的路段。需要视沿线情况、实际地形、线形、构造物等进行设置。

③禁令标志设于距禁止事项的适当位置,一般需设置在最醒目的地方,并随标志设置目的而改变。

④指示标志设置在车道的入口处,指示行进的信息主要用来指示准许形式的方向,如向左(向右)转弯,靠右侧(或靠左侧)行驶等。

⑤标志的设置应通盘考虑,整体布局,重要信息应重复设置或连续设置。

⑥标志的设置应确保行驶的安全快捷、通畅。

⑦标志给予道路使用者提供正确、及时的信息,避免提供过多的信息,防止信息过载。

⑧应保证内容、图形及其字体大小能够辨认,含义一致,有足够的认读时间,与其他标志或设施不应相互遮挡,且符合相关的规范。

⑨道路的标志设置不得侵占建筑界限,应保证侧向余宽。

(8)路面标线的评价

①路面标线可以起到警告、指示、禁止等作用。

②无论是白天或黑夜都能清晰地识别和辨认。

③标线应具有耐久性、防滑性、不变色,能经受车轮的长久磨耗,不会产生明显的裂缝。

④标线涂料应安全、无毒、无污染。

⑤路面标线的颜色、虚实、形态、方向、文字及其含义应清楚明晰,符合相关的规范。

10)公路结构设施间相互影响评价

(1)公路各结构物、设施之间的功能以及设置位置、含义等应相互补充。

(2)公路各结构物、设施之间不互相影响其功能和含义,在情况允许时,应互为增强。

11)公路结构设施安全的评价

公路自身结构设施的安全性,包括隧道、桥梁、边坡、路基和其他附属设施的安全稳定性,以及路面、桥面等应具有一定的强度和耐磨、防滑性能。评价标准是:a.公路的结构和设施本身应安全,且保证公路的正常运行。b.最低要求是公路的结构和设施有变形或一些小的破坏,但不能影响公路的正常运行。c.绝对不允许出现由于公路结构或设施的变形破坏影响公路的正常运行。

12)其他因素对交通安全影响的评价

影响交通安全的其他因素包括:a.地质灾害(地震、泥石流、滑坡、滚石、地表沉陷等灾害)对交通安全的影响,b.气候灾害(雨、雪、冰冻等灾害)对交通安全的影响,c.公路交通事故造成的次生交通事故,d.其他生产、生活和工程的施工及运行影响公路结构设施的安全和正常的交通运输。评价分为三档,标准如下:

(1)虽然其他影响交通安全的因素出现,但不对交通安全措施产生影响。

(2)其他影响交通安全的因素出现极端情况时,会对交通安全措施产生一定的影响。

(3)其他影响交通安全的因素正常值出现时,会对交通安全措施产生影响。

安全美指标的定量计算汇总见表7.4.31。

安全指标的评价标准或指标取值　　　　　　　　表7.4.31

评价指标		描述	评分	评价指标		描述	评分
平面线形	直线	完全满足	5	纵断面线形	最大纵坡	完全满足	5
		基本满足	5~3			基本满足	5~3
		部分满足	3~0			部分满足	3~0
	圆曲线	完全满足	5		竖曲线	完全满足	5
		基本满足	5~3			基本满足	5~3
		部分满足	3~0			部分满足	3~0
	缓和曲线	完全满足	5	横断面	车道宽度	完全满足	5
		基本满足	5~3			基本满足	5~3
		部分满足	3~0			部分满足	3~0
	平曲线最小长度	完全满足	5		车道数	完全满足	5
		基本满足	5~3			基本满足	5~3
		部分满足	3~0			部分满足	3~0
	超高和超宽	完全满足	5		左侧路缘带宽度	完全满足	5
		基本满足	5~3			基本满足	5~3
		部分满足	3~0			部分满足	3~0
	前后线形组合	完全满足	5		路肩宽度	完全满足	5
		基本满足	5~3			基本满足	5~3
		部分满足	3~0			部分满足	3~0
平、纵组合		完全满足	5	必要设施		完全满足	5
		基本满足	5~3			基本满足	5~3
		部分满足	3~0			部分满足	3~0

续上表

评价指标		描 述	评分	评价指标	描 述	评分
视距		完全满足	5	眩光	效果很好	5
		基本满足	5~3		效果可以	5~3
		部分满足	3~0		效果不好	3~0
公路安全设施	防撞护栏	完全满足	5	公路安全设施	完全满足	5
		基本满足	5~3		基本满足	5~3
		部分满足	3~0	防雪防风栅	部分满足	3~0
	轮廓标	完全满足	5		完全满足	5
		基本满足	5~3	视线诱导	基本满足	5~3
		部分满足	3~0		部分满足	3~0
	隔离设施	完全满足	5		完全满足	5
		基本满足	5~3	交通标志	基本满足	5~3
		部分满足	3~0		部分满足	3~0
	防落网	完全满足	5		完全满足	5
		基本满足	5~3	路面标线	基本满足	5~3
		部分满足	3~0		部分满足	3~0
公路结构设施间相互影响		相互增强	5	公路结构设施安全	无破坏,公路运行正常	5
		相互不影响	5~3		有变形,但不影响运行	5~3
		有增强,有影响	3~0		有变形破坏且影响运行	0
其他因素对交通安全影响		都不会出现交通安全问题	5			
		极端值出现时会有交通安全问题	5~3			
		正常值出现时会出现交通安全问题	3~0			

7.4.2.4 和谐美指标的定量计算

1) 社会和谐的评价

公路与社会的和谐可以按如下内容来进行评价:

(1) 沿线群众方便使用公路进行客货物运。

(2) 公路的建设和运行不影响沿线群众的生产、生活。

(3) 公路的建设和运行不影响沿线群众的健康和安全,如产生噪声、空气污染和交通事故等。

(4) 公路的建设和运行不影响沿线城乡的发展和经济建设。

(5) 公路的建设和运行考虑了其他设施(如铁路、水运、管道、电力、通信等)的存在和建设对公路的建设和运行的限制和要求。

(6) 公路的建设和运行得到了沿线政府和大部分群众的赞同。

社会和谐指标的评分标准见表 7.4.32。

社会和谐的评价标准　　　　　　　　　　表7.4.32

因　子	评 价 依 据	赋值
方便群众的生产、生活	很方便	4
	较方便	3
	与公路修建前相似	2
	造成了不方便	1
对其他设施的影响	几乎没影响	4
	以项目对其占用、干扰、拆迁等不利影响区域基础设施达到原区段内相应设施数量20%以下者为轻度影响	3
	20%~50%中度影响者	2
	50%以上重大影响者	1
沿线居民的支持度	支持率75%以上	4
	支持率50%~75%	3
	支持率25%~75%	2
	支持率低于25%	1

2) 自然和谐的评价

公路与自然和谐情况可以按如下内容来进行评价：

(1) 环境污染

环境污染指的是公路的建设和运行对土壤、水（地下和地表水体）、空气和噪声等产生污染。

①空气污染指数

空气污染是指空气在受到外在因素改变而使得其质量变化的程度。空气污染指数（API）是度量公路周围生态系统中空气质量状态改变的指标。空气污染指数是根据空气环境质量标准、各项污染物的生态环境效应及其对人体的影响，来确定污染指数的分级数值及相应的污染物浓度限制值。

②噪声影响程度

介入公路系统中的噪声，超过了一般生物的耐限度，从而对生物产生直接的或间接的影响和伤害。噪声影响程度可以受噪声影响的区域面积与公路总面积的比值来考虑。

环境污染指标的评分标准见表7.4.33。

环境污染指标的评价标准　　　　　　　　　　表7.4.33

因　子	评 价 依 据	赋值
水环境影响	距离饮用水体1000m以外	4
	距离饮用水体300~1000m	3
	距离饮用水体200~300m	2
	路基边缘距饮用水体小于100m或距养殖水体小于20m时	1

第7章 公路美学评价

续上表

因　子	评价依据	赋值
环境敏感区	不经过环境敏感区	4
	途经涉及三级环评的敏感区	3
	途经涉及二级环评的敏感区	2
	途经涉及一级环评的敏感区	1
空气质量	敏感路段,距路中线距离,>150m	4
	50~150m	3
	20~50m	2
	<20m	1
环境噪声	敏感路段,距路中线距离,>200m	4
	150~200m	3
	100~150m	2
	<100m	1

(2)公路与地形配合

公路与地形配合用公路占地面积、公路路基土石方工程量、水土流失强度、公路线形与地形的配合等指标来表示。

①公路建设项目占地面积

公路建设项目占地面积是公路用地范围内的土地面积。公路用地范围是指新建公路路堤两侧排水沟外缘(无排水沟时为路堤或护坡道坡脚)以外,路堑坡顶截水沟外边缘(无截水沟为坡顶)以外不小于1m的土地为公路用地范围。在有条件的地段,高速公路、一级公路不小于3m,二级公路不小于2m的土地为公路用地范围。

②公路建设项目路基土石方工程量

对土石方工程量可以采用下面公式进行简易计算:

$$V = \frac{1}{2}(F_1 + F_2)L$$

式中:V——体积,即土石方数量(m^3);

　F_1、F_2——相邻两断面的面积(m^2);

　L——相邻断面之间的距离(m)。

③水土流失强度

水土流失是指在水力、风力、重力等外力的作用下,水土资源和土地生产力的破坏和损失的大小。水土流失强度可采用水土流失量来表示。水土流失强度是衡量公路建设项目的修建对公路周围生态环境的土地资源状态的改变。

④公路线形与地形配合程度

公路线形与地形配合程度的取值可按表7.4.34进行。

公路与地形配合评价尺度表　　　　　　　　　表 7.4.34

评价项目	评价内容	评价分值	备注
路线与地形配合情况	路线与等高线平行	5	与自然地形相协调,顺着地形自然地延伸
	斜穿等高线的路线	4~3	注意其与等高线的角度
	与等高线成直角穿过	2~1	对公路美景的视觉影响大,注意挖方高度
挖方与地形配合	挖方的斜面如凸形	5~3	一般,挖填方3.3m时采用1:4的坡面;小于2m时采用最大坡面为1:6;大于4m时,推荐采用1:6的坡面
	挖方时留下陡斜面	2~1	
填方与地形配合	填方的斜面如凹形	5~3	
	填方时留下方形端部	2~1	

(3) 对地下和地表水的流量、流态和路径的改变

(4) 使土壤退化和状况改变

土地退化指数可采用下式表示:

$$土地退化指数 = K \times (0.7 \times 重度侵蚀面积 + 0.25 \times 中度侵蚀面积 + 0.05 \times 轻度侵蚀面积)/区域面积$$

式中: K——多样化指数的归一化系数。

环境状况评价标准见表 7.4.35。

公路沿线自然环境和谐的评价标准　　　　　　　表 7.4.35

因　子	评价依据	赋　值
景观要素连接度指数、景观要素空间相邻度、景观聚集度	>0.75	4
	0.75~0.5	3
	0.5~0.25	2
	<0.25	1
多样性指数	>0.75	4
	0.75~0.5	3
	0.5~0.25	2
	<0.25	1
土地退化指数	>0.75	4
	0.75~0.5	3
	0.5~0.25	2
	<0.25	1

(5) 与植物的和谐

与植物的和谐包括公路的建设和运行对原有野生植物的生存和繁衍的影响程度,可用生态系统稳定性指标来反映。

植物景观状况(取值见表7.4.35)的比较,如公路建设前后、不同公路建设方案植物景观状况的比较,可采用以下指标变化进行比较:

①景观要素连接度指数

景观要素连接度指数用来描述美景中同类美学斑块的联系程度,计算公式如下:

$$PX_i = \sum_{j=1}^{N_i} \left[\frac{A_{ij}}{\text{Min}(d_{ij}) \times \sum_{j=1}^{N_i} \frac{A_{ij}}{d_{ij}}} \right]^2$$

式中:PX_i——景观要素连接度指数;

A_{ij}——第 i 类景观要素第 j 斑块的面积;

d_{ij}——i 斑块到 j 斑块之间的距离。

PX_i 取值范围为 0~1,连接度指数的取值越大,说明该类斑块间的连接度越高,其相互联系越紧密。

②景观要素空间相邻度

景观要素空间相邻度表示某一类景观斑块与另一类景观斑块间相邻接的程度。可以反映所研究的美景中两类景观要素空间相互关系的密切程度。计算公式如下:

$$NI_{ij} = \frac{EN_{ij}}{EN_i}$$

式中:NI_{ij}——美景中第 i 类景观要素与第 j 类景观要素的空间相邻度;

EN_{ij}——第 i 与第 j 类景观要素斑块间相邻边界总长度;

EN_i——第 i 类景观要素斑块与相邻异质景观要素斑块间的边界总长度。

③景观聚集度

景观聚集度用来描述美景中不同景观要素的团聚程度,反映一定数量的景观要素在景观中的相互分散性。计算公式如下:

$$RC = 1 - \frac{C}{C_{\max}}, \quad C = -\sum_{i=1}^{m} \sum_{j=1}^{m} EP_{ij} \log_2 EP_{ij}, \quad C_{\max} = 2\log_2(m)$$

式中:RC——相对聚集度指数;

C——复杂性指数;

$C_{\max}$——C 的最大可能取值;

EP_{ij}——第 i 类景观要素与第 j 类景观要素相邻接的概率。

RC 的取值范围为 0~1,RC 取值小表明景观由少数较大斑块组成,异质程度较低;RC 取值大则说明景观总体是由相互分散、交错分布的许多异质小斑块组成,美景的异质性高。

④多样性指数

多样性指数=K×(0.28×水域湿地面积+0.35×林地面积+0.11×耕地面积+0.21×草地面积+0.04×建设用地面积+0.01×未利用地面积)/区域面积

式中:K——多样化指数的归一化系数。

多样性指数评价指标取值见表 7.4.35。

⑤植被覆盖率

植被覆盖率是指植被所覆盖的面积占研究区域面积的百分比,反映了一个区域生态质量及绿化功能的优劣。植被覆盖率可以通过下面的公式来计算:

$$D = \frac{\sum_{i=1}^{n} d_i \cdot s_i}{\sum_{i=1}^{n} s_i} \times 100\%$$

式中：D——区域植被覆盖率；

　　　d_i——i 种类型土地的平均覆盖率；

　　　s_i——i 种类型土地的面积；

　　　n——区域中 i 种类型土地的总数。

⑥生态系统的稳定性

生态系统的稳定性主要包括两个方面的内容：一是系统维持现行状态的能力，也就是抗干扰能力；二是系统受扰动后回归原有状态的能力，也就是干扰后的恢复能力。因为生物群落始终处于动态变化和不断演替的过程中，所以生态系统稳定性是一个相对的概念。影响生态系统稳定性的因素有外因和内因。生态系统群落的稳定性由于受到公路建设项目的影响，其稳定性将会有很大的变化。为此，生态系统的稳定性指标能够很好地反映出公路生态系统状态的改变。评价指标的取值见表 7.4.36。

与动植物和谐指标的评价标准　　　　表 7.4.36

因　　子	评　价　依　据	赋　　值
对动物影响	距离动物栖息地>250m，不影响动物栖息	4
	距离动物栖息地 150~250m 之间	3
	距离动物栖息地 100~150m 之间	2
	距离动物栖息环境小于 100m	1
对植物影响	植被覆盖率>75%，生长快，无珍贵稀有的植物物种分布	4
	植被覆盖率 50%~75%，植被类型小于三种	3
	植被覆盖率 25%~50%，植被类型单一	2
	植被覆盖率小于 25%，生长慢，植物生态环境敏感	1

（6）与动物的和谐

公路的建设和运行影响原有动物的生存和繁衍的程度，或者受到影响的动物种类、数量以及生长环境恢复和补偿的程度，评价指标的取值见表 7.4.36。

（7）对地质灾害的诱发

公路的建设是否诱发地质灾害（地震、泥石流、滑坡、滚石、地表沉陷等灾害）用地质灾害发生频率来表示。

灾害发生频率是指公路建设项目区域内一些地质灾害平均年度发生的频率。

（8）设计方案的合理性

设计方案的合理性指的是否综合比较选择了环境美景较好的路线方案，并在公路设计中进行了方案的比较和优化，是否对自然美景进行了诱、透、框等多种方式的展现。

在进行环境美景的方案比较时，可按表 7.4.37 的取值方法计算后进行评价。

环境美景的比较取值 表 7.4.37

评价内容	评价说明	评价值
公路沿线美学类型	植被覆盖率高且有大面积水体的山区	5
	视野开阔,完整性高的平原区或连绵起伏、绿化率高山岭区	4
	绿化较少的山岭区	3
	美景完整性低的平原区	2
	植被覆盖率低于5%高原、沙漠	1
特色美景	山水美景类型	5
	水域美景观类型或山川美景类型	4
	森林美景观类型	3
	田野美景类型	2
	裸露的高原、沙漠	1

(9) 施工方案设计的合理性

在公路施工过程中,进行多种可能施工方案的比较和选择,在施工方案、施工机具、施工时间、人员教育培训等方面开展了自然环境保护的相关工作。公路施工方案的合理性评估见公路与自然和谐指标的评分标准见表 7.4.38。

和谐指标的评价标准或指标取值 表 7.4.38

	评价指标	描述	评分		评价指标	描述	评分
社会和谐	沿线群众对公路的使用	步行即可使用	3~5	自然和谐	环境污染	环境有所改善	5
		需要进行换车使用	0~3			基本维持原有状况	3
		基本不能使用	0			某个或某些参数发生恶化	0
	对沿线群众生产生活的影响	较修建公路有改善	5		与地形和谐	耕地未发生变化,地形基本不变	5
		与未修建公路前基本一样	3~5			正常用地数量且占用劣质地	3
		造成了极大的不便	0~3			占地超标	0
	对沿线群众健康和安全的影响	较修建公路有改善	5		土壤退化和状况	土壤状况有所改善	5
		与未修建公路前基本一样	3~5			土壤基本维持原来状况	3
		造成了极大的影响	0~3			土壤产生退化和劣化	0
	对沿线城乡发展和经济建设的影响	较修建公路有极大改善	5		与植物的和谐(野生植物种类、数量、稳定性)	有所改善	5
		与未修建公路前基本一样	3~5			维持原状	3
		限制了城乡发展和经济建设	0~3			数量和种类减少,稳定性变差	0
	考虑了其他设施的存在和建设	考虑了其他设施的将来发展	5		与动物的和谐(野生动物种类、数量、稳定性)	有所改善	5
		保留了其他设施的原有功能	3~5			维持原状	3
		破坏了原有设施,且未恢复	0~3			数量和种类减少,生存环境变差	0
	公路得到了沿线政府和群众的赞同	得到了政府和极大部分群众的赞同	5		地质灾害(地震、泥石流、滑坡、滚石、地表沉陷等灾害)	地质灾害频度和严重程度减小	5
		得到了政府和部分群众的赞同	3~5			维持原状	3
		未得到政府和群众的赞同	0~3			地质灾害频度和严重程度增加	0

续上表

评价指标		描述	评分	评价指标		描述	评分
人文和谐	原有文物古迹的保护	掌握文物古迹的分布且进行保护	5	自然和谐	设计方案的合理性	最好的方案	5
		了解文物古迹的分布但未损坏	3			一般的方案	3
		没有勘查和调查公路沿线文物古迹	0			较差的方案	0
	尊重沿线群众的风俗习惯	尊重和宣传沿线群众的风俗习惯	5		施工方案的合理性	最好的方案	5
		了解沿线群众的风俗习惯也未破坏	3			一般的方案	3
		未调查了解沿线群众的风俗习惯	0			较差的方案	0
	公路建设体现沿线的地域文化	大力且合理地宣传了地域文化	5				
		了解地域文化也未破坏和宣传	3				
		未调查了解沿线的地域文化	0				1

3)人文和谐的评价

公路与人文环境的和谐情况可以按如下内容来进行评价：

(1)保护原有的文物古迹；

(2)尊重沿线群众的风俗习惯；

(3)公路结构、设施、绿化和美化等工程设计是否并结合和体现沿线的地域文化(包括人文和自然美景)。

在进行人文环境展现时的方案比较,可按表7.4.39的取值方法计算后进行评价。

人文环境展现方案的比较取值 表7.4.39

评价内容	评价说明	评价值
人文展现	民俗、宗教、习俗等进行了专门和艺术展现,且艺术效果好	5
	视域内有文物古迹,并展现了民俗、宗教、习俗等,艺术效果一般	4
	沿途有一般建筑和民居	3
	无	0
主题表现	划分美学单元序列,有恰当的主题思想	5~3,根据表达内容和形式,赋以不同分值
	划分美学单元序列,主题思想与景观特色不符	2
	没有主题表现	1

公路人文环境和谐指标的评分标准见表7.4.38。

7.4.2.5 持续美指标的定量计算

公路持续美可采用如下指标进行评价：

(1)建设的公路工程是否可以为子孙后代所利用。拟评价的公路在设计和规划时是否考虑了服务期后的发展和扩建,为未来的可能接口留了空间和结构设施,为运力增长保留了扩建的空间;拟评价的公路是否限制了其他行业的发展,如公路桥梁是否限制了所跨越的公路以后、作为航运或航运扩大吨位后净空是否满足，公路是否限制上跨道路或水利设施保留了可能，下穿通道是否考虑了以后用途的改变和功能的变化，等等。

(2) 公路工程相对同类公路是否少占或不占自然资源(如矿产资源、水资源、动植物资源、土地资源等)。拟评价的公路之下进行了全面的矿产地质和水文地质勘探，且在公路规划设计时应避开矿产资源、水资源；拟评价的公路沿线进行了较为详细的动植物资源调查，且在公路规划设计时应避让各级动植物保护区，或者在无法避让时走保护区的边缘地带，避开核心区，而且应进行动物通道的建设、动植物保护方案设计及保护措施的落实；在土地征用占用方面，面积为超过同类公路的占用征用面积，并且少占或不占耕地、园地、林地等农用土地；如果占用农用地或自然资源，选择占瘦不占肥，占贫不占富。

(3) 公路建设占用的自然资源和人文资源是否进行恢复和循环利用。如果占用农地，其永久占用地面积应得到等值等量的补偿，临时占用的农用地在施工结束后必须完全恢复甚至得到改善；对占用的植被资源和保护的动物生态区，应给予补偿，并保留动物迁徙的通道，通道需要按照动物迁徙的特性进行建设；对受影响的水文及水流特性，应按照水文流量和水流流态给予正常水道的恢复，减小对水生生物和水流冲刷的影响；对地表和地下景观资源进行调查，根据景观调查结果及其特性，采取相应的保护措施，如避让、保留、加固、保护等；路线应避让文物古迹保护区，如果无法避让，应根据对文物古迹的影响采取相应的保护措施；在施工中应采取对人文资源和自然资源的保护措施，并落实到位。对公路改扩建中拆卸的废旧工程和设施，如破除的路面、桥梁、指示牌架等，应物尽其用，尽量进行循环利用。

(4) 公路建设要考虑社会和其他行业的发展以及公路自身的发展对公路建设的限制和要求。在公路的规划设计中，调查和研究了相关行业(如农业、工业、城镇、水利、水电、通信、电力、水运、铁路、环境保护等)和公路本身的发展规划及可能的发展方向，考虑它们的发展对公路建设本身的限制和发展进行公路建设的规划设计，并落实在建设工作中。

公路可持续美的评价指标及取值见表 7.4.40。

持续美指标的评价标准或指标取值 表 7.4.40

评价指标	描述	评分	评价指标	描述	评分
公路可为后代所利用	全面、科学地考虑了服务期后所有可能	5	资源的保护与利用	完全保护了自然和人文资源，废物进行了物尽其用	5
	只考虑服务期改扩建的可能	3		只进行部分保护或循环利用	3
	基本未考虑	0		未进行任何保护和循环利用	0
占用资源情况	未占用土地和影响自然资源	5	考虑相关行业的发展	考虑相关行业和公路自身发展	5
	未占用农用地和需保护的自然资源	3		考虑了公路自身发展	3
	占用的土地及其他自然资源与同类型公路相当	0		未考虑任何发展	0

7.4.2.6 视觉美指标的定量计算

1) 公路环境美

可以从两个方面(即环境美评价和环境美的感觉效果)对公路环境美进行评价。

(1) 环境美评价

在进行公路环境美评价或进行不同路线方案的环境美比较时,可采用地形地貌、植被覆盖指数、水体、景观完整性、土地开发模式、景观奇特性、景观色彩、景观协调性、景观空间格局、人文景观特征、珍稀性、标志性美景、视觉吸引力等指标进行评价和比较,评价标准见表 7.4.41。

视觉美的评价标准　　　　表 7.4.41

因　子	评　价　依　据	赋值
地形和坡度	坡度>60°,险峻的山脊或大而高耸的地形	4
	坡度为 45°~60°,山腰或台地	3
	坡度为<45°的丘陵地区	2
	平原或平地地区	1
植被覆盖指数	植被种类丰富、植被覆盖率>75%	4
	植被种类>3 种、植被覆盖率 50%~75%	3
	植被种类>2 种、色彩协调、植被覆盖率 25%~50%	2
	植被种类≤2 种、植被覆盖率低于 25%	1
水体	岸型多变,水体清澈,有水生植物分布,水域面积大	4
	除水域面积外满足上述水体特征 2~3 项,且水域面积较大	3
	除水域面积外满足上述水体特征 1~2 项,且水域面积>2500km²	2
	岸型笔直,有大片硬质护坡或滩地,水域面积<2500km²、水体浑浊	1
景观完整性	景观环境融为一体	4
	稍微有些割裂,但结构和功能完整	3
	割裂较明显,景观结构和功能不完整	2
	整体环境的属性特征已经改变,形成各自独立景观环境	1
土地开发模式	原始	4
	田野	3
	城镇	2
	村落	1
景观奇特性	稀少、奇特、醒目、景观价值高	4
	有特色、引起较大兴趣	3
	常见但较为有趣	2
	普通,引不起人的兴趣	1
景观色彩	色彩多样,色彩生动、调和、对比明快	4
	上述色彩特征满足 2~3 项	3
	上述色彩特征满足 1~2 项	2
	色彩无变化或色彩是在一个色系内变化	1

续上表

因 子	评价依据	赋值
景观协调性	景观环境自然、协调、均衡,具有美感	4
	上述协调性特征满足2~3项	3
	上述协调性特征满足1~2项	2
	景观环境人为破坏严重,突兀整体效果明显差	1
景观空间格局	景观呈序列、有主导性景观结构、景观破碎度小、景观分离程度低	4
	上述空间格局特征满足2~3项	3
	上述空间格局特征满足1~2项	2
	景观结构杂乱、破碎分离明显	1
人文景观特征	美学感觉范围内分布的有古迹遗址、文物,以及能体现民俗、宗教的特色建筑	4
	美学感觉范围内分布城镇	3
	美学感觉范围内分布村落	2
	没有人文特征的自然区域	1
珍稀性	稀有程度为国家或世界级别	4
	稀有程度达到省级	3
	稀有程度达到市级	2
	稀有程度达到县级	1
标志性美景	标志性、主导性美景,且美学价值高、欣赏性好	4
	标志性、主导性美景明显,但美学价值不高	3
	在数量和结构上优势不明显	2
	无标志性美景	1
视觉吸引力	美景对美学感觉的吸引程度高,给人印象深刻	4
	美景对美学感觉有一定的吸引力	3
	美景对美学感觉作用一般,感觉后即忘	2
	吸引力差,不会被注视	1

(2)环境美的感觉效果

环境美的感觉效果可采用感觉空间类型、美景轮廓特征、感觉距离、视角、视线障碍、安全性等指标进行评价,评价标准见表7.4.42。

感觉效果的评价标准 表7.4.42

因 子	评价依据	赋值
感觉空间类型	开敞型视觉空间	4
	半开敞型	3
	垂直空间	2
	封闭空间	1

续上表

因　子	评价依据	赋值
美景轮廓特征	空间连续、顺次展开，循序渐进且具有导向性	4
	上行美景轮廓特征满足 2~3 项	3
	上前行美景轮廓特征满足 1~2 项	2
	美景轮廓特征杂乱	1
感觉距离	8~200m	4
	200~660m	3
	660~840m	2
	>840m	1
视角	>80°	4
	80~60°	3
	60~40°	2
	<40°	1
视线障碍	美景不佳处完全遮蔽、美景环境优美处感觉路线开敞	4
	美景不佳处没有完全遮蔽、美景优美处有障碍，但能完整欣赏美景	3
	美景不佳处部分遮蔽、美景优美处部分被遮蔽，不能完整欣赏美景	2
	美景不佳处没有遮蔽、美景观优美处完全被遮蔽	1
安全性	美景空间具有导向性、矢向性、连续性，方向感明确	4
	满足上行安全性特征 2~3 项	3
	满足上前行安全性特征 1~2 项	2
	美景空间方向感杂乱，容易使人迷失方向	1

2）公路个体结构设施美的评价

（1）公路结构设施美的评价

公路结构设施包括公路构造物（桥梁、跨线桥、互通立交、隧道等）、公路附属设施（服务区、收费站）与交通设施（标线、标牌紧急停车带等），主要从形态美学和地域文化表现等方面进行评价，见表 7.4.43。

公路附属工程美学效果　　　　表 7.4.43

评价对象	说　明	评价值	评价要点
桥梁美景	每满足一项评价要点，累加 1 分	5~1	造型美观、表面铺筑、色彩运用、灯光照明、人文要素、与周围环境融合
互通立交美景	每满足一项评价要点，累加 1 分	5~1	造型美观、绿化导向性、植物适应性、坡面修饰、与周围环境融合
跨线桥美景	每满足一项评价要点，累加 1 分	5~1	桥形选择、结构美观、灯光照明、锥坡美景、桥下视觉效果、色彩运用

第7章 公路美学评价

续上表

评价对象	说明	评价值	评价要点
隧道美景	每满足一项评价要点，累加1分	5~1	确定洞口位置、选择洞口形式、洞门边坡以及仰坡处理、洞口融合性处理
服务区、收费站美景	每满足一项评价要点，累加1分	5~1	总体布局、建筑风格、绿化、与周围环境处理、人文元素应用

(2) 公路横断面美的评价

公路横断面美学评价有以下四个方面：中央分隔带形式、横断面的美学设计、边坡美化以及取弃土场的处理，详见表7.4.44所示。

公路横断面评价尺度 表7.4.44

评价对象	说明	评价值	评价要点
中央分隔带形式	绿化分隔带	5~3	植物种植的尺度、形式、植物品种
	无绿化分隔带	2~1	防眩板有无特色，视情况赋值
横断面的美学设计	满足横断面的美学设计要点5~6项	5	横断面开阔、路基弧形修饰、横向填挖平衡、路基高度适当、和周围环境融合、途径敏感区的横断面形式选择
	满足横断面的美学设计要点4项	4	
	满足横断面的美学设计要点3项	3	
	满足横断面的美学设计要点2或1项	2~1	
边坡美化	合理	5~3	坡面的削平、坡谷、坡面处理、绿化、人文表现；路堤边坡的评价要点：边坡形式选择、坡率的选择
	不合理	2~1	
取、弃土场	距离公路较远、美学敏感度较低	5	当距离公路较近、视觉敏感度高时评价要点：按照是否采取了植被恢复、障景、诱导视线、设在视线以外等四项措施，分别赋值
	距离公路较近、美学敏感度高	4~1	

(3) 公路边坡和空地绿化美的评价

公路边坡和空地绿化美的评价应从树种、树形、种植方式等方面来研究绿化与公路、建筑协调的整体艺术效果，使绿化成为公路环境中有机的组成部分。绿化种植方法包括美化种植和功能种植。在绿化时，还存在着绿化方法的因素，在美学单调的区域内（草原、森林、大漠等）应使用对比绿化法，如用整齐的行道树，林边或林间公路与开阔地和小草地之间交替布置，种植装饰性林木和绿化群体；在重要的技术、文化和生活设施内建立视觉标识；而在美学多样的区域内（森林、山区等），则应运用连接绿化法，即重复邻近美学区域内的形态（绿化的形式、规模或树种等）。因此，评价也从这些方面入手，评价尺度见表7.4.45。

公路沿线绿化种植评价尺度 表7.4.45

评价项目	评价内容	评价尺度	评价分值
绿化手法	与公路沿线环境适应情况	单调区域内采用对比绿化法，在美学多样区域内采用连接绿化法	5~3
			2~1

续上表

评价项目	评价内容	评价尺度	评价分值
美化种植	是否加强了公路特性	采用不同的绿化方式将有助于加强公路特征	5~3
			2~1
	与地方特色协调情况	采用当地的植物种植80%以上	5
		依据采用当地植物种植的比例而定	4~2
		引入外来物种在80%以上	1
	种植有无韵律感及节奏感	适宜的种植方式可以为公路带来一定的韵律感及节奏感	5~3
			2~1
功能种植	1.视线诱导 2.遮蔽种植 3.原有植被的保持 4.孤树的种植 5.防眩种植 6.防风雪 7.遮挡噪声	满足主要功能种植,也兼顾其他作用	21~19
		有此功能种植,作用明显	19~16
		有此功能种植,作用一般	16~13
		有此功能种植,但作用不明显	13~10
		无此功能种植	0~7

(4) 公路绿化树木美的评价

在评价树木价值上,主要是考虑树木在生态上的重要性、它对人类的有益功能、树木美丽的姿态在感观上的价值以及它在美学上的重要价值。德国植物学家迈克尔·毛雷尔和沃伦·霍夫曼编制了一份树木价值评价表,结合公路绿化设计,可以得出公路沿线种植树木评价尺度,见表7.4.46所示。

公路沿线种植树木评价 表7.4.46

评价项目	评价分值			备注
生长能力	强	一般	弱	可以根据植物学确定
	5~4	3	2~1	
对病害抵抗能力	强	一般	弱	
	5~4	3	2~1	
树木间距	合理	一般	不合理	
	5~4	3	2~1	
植物美学	好	一般	不好	即树木的形状是否具有美学价值
	5~4	3	2~1	
种类数目	多于四种	三种	1~2种	种类少,景观单调,生态稳定性弱
	5~4	3	2~1	
整修情况	少	一般	多	整修面积大,耗费人力物力财力
	5~4	3	2~1	

(5) 实施 CBM 工程率

公路实施 GBM 工程率 δ：

$$\delta = 已实施了 GBM 工程的公路总里程/公路总里程$$

按照 δ 为 20%，取值为 1；δ 为 60%，取值为 3；δ 为 100%，取值为 5。

(6) 隧道、大型桥梁照明设施完备率

要求照明最少要能看清隧道内、大型桥上的标志标线，此时取值 1；一般应能看清楚路面、桥面状况，此时取值 3；最好能看清桥梁的壮观景象和隧道内部的侧墙，此时取值 5。

3) 公路结构设施之间的协调美

(1) 各结构设施之间的功能要协调，如不能因为有些结构或前后路段之间的通行能力不同而造成"肠梗阻"式的堵车现象。

(2) 各结构之间的美学形式要协调，如相邻结构的颜色、形态、大小等要协调，变化要有韵律、有节奏。

(3) 美学小品与公路景观和绿化景观要协调，欣赏者视觉空间构成取决于视点到美学小品的距离 D 与美景平均高度 H 的比例关系，即 $D/H = \text{ctg}\theta$。路侧的美学小品的边界线应远离公路，相应的美学小品平均高度 H 也应增大，以适应速度对人的视觉要求。视觉空间评价尺度详见表 7.4.47。

路视觉空间评价尺度 表 7.4.47

D/H 比值	评价分值	说　　明
≥4	5~4	形成开放性的背景空间，路面比例也适当时，一定程度的封闭增强空间的速度感
1.3~4	3~2	形成半开放性空间，具体分值应根据与周围环境适应程度确定
≤1.3	1	为完全封闭空间，易形成压抑感

4) 公路本身与环境的协调美

(1) 利用公路沿线周边美景的评价

利用公路沿线周边美景的评价标准见表 7.4.48。

利用公路沿线周边美景的评价标准 表 7.4.48

评价项目	评价说明		评价值
公路两侧美景利用评价	①两侧景物安排在眼睛自然地对公路进行扫视的方向 ②路侧优美景观的"显露"处理 ③方便赏景的"通透"处理 ④路侧较差景观的"屏封"处理 ⑤景观环境差又无法屏蔽的路段的"营造"处理	每有一项，累加 1 分	5~1
公路美景对比安排评价	①高低对比 ②明暗对比 ③宽窄对比 ④远近对比 ⑤内外空间对比	每有一项，累加 1 分	5~1

续上表

评价项目	评价说明		评价值
公路终端对景	视线焦点适宜	合适的视线焦点为驾驶员提供了注意力集中点	5
	视线焦点为大尺度建筑	大尺度建筑应该是符合公路尺度要求的,但其分值的确定要依据其同周围环境的协调程度而定	4~2
	终端对景焦点为小尺度建筑	此时还需要一些附加因素来完成视线焦点的设置	2
	无视线焦点	视线焦点对于公路景观来说,是非常重要的	1
公路空间转换	①一个区域终止而另一个区域开始; ②相邻区域具有相同要素,含有连续要素; ③后继空间要素在前一区域体现; ④前一区域的特征由强到弱,后一区域相反; ⑤不同特征区域之间有过渡区域	每有一项,累加1分	5~1
公路美景形成方式	①孤景; ②附景; ③多重景观; ④框景; ⑤空间屏蔽	每有一项,累加1分	5~1

(2) 公路对植被的影响

通过美学多样性指数、美学破碎度、自然景观分离度等指标的计算比较,比较不同方案之间及公路建设前后的植被景观变化状况,以确定方案的好坏或公路建设对沿线周边植物景观的影响。

①美学多样性指数

美学多样性是反映公路通过区域内美学类型的多样性,美学类型包括:林地、果园、草地、耕地、城市和居民用地、工厂、交通用地、水面、休闲地、荒地等。美学多样性指数可以通过下面的公式进行计算:

$$h_1 = -\sum (h_{1j}) \times \ln(h_{1j})$$

式中:h_1——美学多样性指数;

h_{1j}——美学类型 j 所占区域总面积的比率。

②美学破碎度

景观破碎度可以通过下面的公式进行计算:

$$h_2 = \frac{\sum n_i}{A}$$

式中:h_2——美学破碎度;

$\sum n_i$——美景中所有美学类型斑块的总个数;

A——美学区域的总面积。

③自然景观分离度

景观分离度是指某一美学类型中不同斑块个体分布的分离程度,可以采用下列公式计算自然植物景观的分离度:

$$h_3 = \frac{D_i}{S_i}$$

其中:$D_i = 1/\left(2\sqrt{\frac{n}{A}}\right)$

式中:h_3——自然美景分离度;

D_i——自然美学类型 i 的距离指数;

S_i——自然美景类型 i 的面积指数;

n——自然美学类型 i 中的斑块总个数;

A——自然美学类型 i 的总面积。

多样性指数、美学破碎度、自然景观分离度等三个指标的计算有任何一个指标劣化,取值为0;未出现劣化,也基本没改善,取值为3;三个指标都改善,取值为5。

(3)公路对动物的影响

以前可以见到的动物、鸟兽应在公路建设后也应能看到,如云南思小公路上的大象、蝴蝶等。这就要求保留相应的生态环境、动物通道,并在必要时根据不同情况采取禁行、缓慢行驶、禁止鸣笛等措施。

(4)公路对水体的影响及水体保护

①不侵占水岸线,不破坏原有的水岸形态;

②不破坏水中和岸边的植物,或者破坏以后应给予恢复和重建;

③注意对水体的防污染防护,在公路建设和运行过程中,未对水体产生污染,如果可能产生污染,应采取防护措施。

(5)公路沿线美景被感知的程度

公路沿线美景被感知的程度可由以下几个分量决定。

①相对坡度和坡向:相对于欣赏者的美景视觉界面的坡度和坡向,一般垂直于视线的美景视觉界面,其敏感性较高,随着视线与界面(法线)夹角的增大,界面可见面积减小,清晰度降低,敏感性也就减小。

②美景相对于欣赏者的距离(视距):美景相对于欣赏者的距离越近,美学敏感度就越高。这里可以设定一个标准距离,通过美景与欣赏者的距离和它的比较来确定相对距离的等级,依据这一等级可以确定敏感度分量的分级情况。美景离公路和主要观察点的距离不同,敏感度也不同,按前景带、中景带、远景带的三个距离划分,敏感度依次降低。

③美景在视域内出现的概率(视频):美景在欣赏者视域内出现的概率越大、持续时间越长,美学敏感度就越高。公路两翼美景出现概率评价美学敏感度分量,可以通过能够看到美景的路段里程与这一美学类型路段的比值来分析。

④特殊性景域:大范围内的名山胜地,小范围内的风景点、名胜古迹等,是敏感性较高的美景地带。

⑤公众关注程度:公众关注程度高的美学感觉环境,其敏感性也就高。这里包括了一定

的人文因素。

⑥自然程度：原始自然的美学环境比人工性较强的美学环境具有更高的敏感性。

对于上述诸因素根据表 7.4.49 进行评价打分，再根据总分划分出五类敏感性区域：高度敏感区、次高敏感区、中敏感区、次中敏感区及低敏感区。对于高敏感区的公路区域，尤其要注意对公路美学进行精心设计。

公路沿线美景被感知程度的评价表　　　　　　　　　　　　　　　表 7.4.49

评价内容	程度	敏感程度分值	评价内容	程度	敏感程度分值
视频	高	5	视距	近	5
	中	3		中	3
	低	0		远	0
相对坡度坡向	垂直	5	特殊景域	明显	5
	中	3		一般	3
	小	0		无	0
公众关注程度	高	5	自然程度	好	5
	中	3		一般	3
	低	0		不好	0

综合以上影响视觉美的相关因素的评价，其评价标准见表 7.4.50。

视觉美指标的评价标准或指标取值　　　　　　　　　　　　　　　表 7.4.50

评价指标		描述	评分	评价指标	描述	评分
公路环境美	环境美	评价的平均值为 4	5	公路结构设施之间的协调	三条都满足	5
		评价的平均值为 2.4	3		三条中满足两条	3
		评价的平均值 0.8 以下	0		任何一条都不满足	0
	环境美的感觉效果	评价的平均值为 4	5	利用公路沿线周边美景	评价的平均值为 5	5
		评价的平均值为 2.4	3		评价的平均值为 3	3
		评价的平均值 0.8 以下	0		评价的平均值 0	0
公路个体结构设施美	公路结构设施	评价的平均值为 5	5	公路对植被的影响及其保护	三个指标都改善	5
		评价的平均值为 3	3		未出现劣化，也基本没改善	3
		评价的平均值 0	0		有任何一个指标劣化	0
	公路横断面	评价的平均值为 5	5	公路本身与环境的协调	能见到较公路建设前的动物种类和频次增多	5
		评价的平均值为 3	3			
		评价的平均值 0	0			
		评价的平均值为 5	5	公路对动物的影响及其保护	见到公路建设前的动物种类和频次基本没变	3
		评价的平均值为 3	3			
		评价的平均值 0	0		基本见不到公路建设前的动物	0

续上表

评价指标		描述	评分	评价指标		描述	评分
公路个体结构设施美	公路边坡和空地绿化	评价的平均值为5	5	公路本身与环境的协调	公路对水体的影响及其保护	三条中有一条有改善	5
		评价的平均值为3	3			三条都基本满足	3
		评价的平均值0	0			三条中有任意一条不满足	0
	公路绿化树木	评价的平均值为5	5		公路沿线美景被感知的程度	评价的平均值为5	5
		评价的平均值为3	3			评价的平均值为3	3
		评价的平均值0	0			评价的平均值0	0
	实施CBM工程率	δ 为100%	5				
		δ 为60%	3				
		δ 为20%	0				
	隧道、大桥照明设施完备率	能看清桥的壮观景象和隧道内部的侧墙	5				
		能看清楚路面、桥面状况	3				
		能看清隧道内、大型桥上的标志标线	0				

7.4.2.7 听觉美指标的定量计算

1)公路建设和运行产生的噪声是否影响沿线群众的生产、生活和工作

(1)声环境功能区类型及环境噪声标准为:0类声环境功能区(指康复、疗养区等特别需要安静的区域):昼间50dB,夜间40dB;1类声环境功能区(指以居民住宅、医疗卫生、文化教育、科研设计、行政办公为主要功能,需要保持安静的区域):昼间55dB,夜间45dB;2类声环境功能区(指以商业金融、集市贸易为主要功能,或者居住、商业、工业混杂,需要维护住宅安静的区域):昼间60dB,夜间50dB;3类声环境功能区(指以工业生产、仓储物流为主要功能,需要防止工业噪声对周围环境产生严重影响的区域):昼间65dB,夜间55dB;4类声环境功能区(为高速公路、一级公路、二级公路、城市快速路、城市主干路、城市次干路、城市轨道交通(地面段)、内河航道两侧区域):昼间70dB,夜间55dB。本项要求是最低要求。

(2)超过以上标准时,可采取以下防治对策:①调整公路线位;②利用弃方降噪;③建筑物设置隔声设施;④设置声屏障;⑤宅址绿化林带;⑥拆迁建筑物或调整其使用功能。采取以上措施后应使其满足(1)的标准和要求。

2)公路建设是否为驾乘人员和沿线群众带来一个"自然声响"的境界

如果在公路建设运行后,其公路周边的声环境恢复到以前的自然声环境,还能听到公路建设前的鸟语、兽声,这是较好的境界。

3)公路建设是否为驾乘人员和沿线群众提供了交通语音提醒服务

如果在公路建设中投入资金,建设科学合理的语音提醒服务,方便行人,设置使盲人能够听到提醒服务,这就是最好的境界。

其听觉美指标的评价标准或指标取值见表7.4.51。

听觉美指标的评价标准或指标取值 表 7.4.51

评价指标	描述	评分
听觉美	满足 1)条且满足 2)、3)任一条	5
	满足 1)条	3
	不满足 1)、2)、3)任何一条	0

7.4.2.8 味、嗅觉美指标的定量计算

(1)公路沿线环境的空气污染质量。如果存在沿线环境有空气污染的路段,是否采取了防污染措施及防污染措施的效果。公路沿线是否存在难闻的空气,环境空气标准应达到国家规定的标准。如果存在难闻的空气环境或空气质量不达标准(规范规定值)时,应采取绕避、或植物绿化、或停产、或拆迁的办法解决难闻气体的问题,以满足相关要求。

(2)在施工期应满足:①沥青搅拌站距环境敏感点的距离不宜小于 300m,并设置在当地施工季节最小频率风向的被保护对象的上风侧。②石灰、粉煤灰等路用粉状材料宜用袋装、灌装方式运输,当采用散装方式运输时,应采取遮盖措施;该类材料的堆放应有遮盖或适时洒水措施以防止扬灰。③混合料拌和宜采用集中拌和方式,拌和站距环境敏感点的距离不宜小于 200m,并应设置在当地施工季节最小频率风向的被保护对象的下风侧。④施工组织设计中应考虑对施工路段及施工便道适时洒水。

(3)在公路运行期间,采取的植物绿化或其他措施使其空气环境质量超过公路建设前的空气环境质量,甚至还能嗅闻到"花香"。

其味、嗅觉美指标的评价标准或指标取值见表 7.4.52。

味、嗅觉美指标的评价标准或指标取值 表 7.4.52

评价指标	描述	评分
味、嗅觉美	满足(1)(2)条且满足(3)条	5
	满足(1)(2)条	3
	不满足(1)(2)(3)任何一条	0

7.4.2.9 触觉美指标的定量计算

根据建成后的公路设施或结构或绿化植物是否存在有好的肤觉(触觉)感受,并被人们注意和感觉到可以加分 0~5 分。

7.4.2.10 舒畅、平顺美指标的定量计算

1)路面平整度

(1)路面平整度用路面行驶质量指数(RQI)评价,公式为:

$$RQI = \frac{100}{1+a_0 e^{a_1 IRI}}$$

式中:IRI——国际平整度指数(m/km);

a_0——高速公路和一级公路采用 0.026,其他等级公路采用 0.0185;

a_1——高速公路和一级公路采用 0.65,其他等级公路采用 0.58。

(2)路面平整度评定标准见表7.4.53。

路面平整度评定标准　　　　　　表 7.4.53

技术等级	优	良	中	次	差
RQI	≥90	≥80,<90	≥70,<80	≥60,<70	<60
三米直尺(mm)	≤10	>10,≤12	>12,≤15	>15,≤18	>18
颠簸程度	无颠簸,行车平稳	有轻微颠簸,行车尚平稳	有明显颠簸,行车不平稳	严重颠簸,行车很不平稳	非常颠簸,行车非常不平稳
平整度美学评分	4.5~5.0	4.0~4.5	3.5~4.0	3.0~3.5	0.0~3.0

2)高级、次高级路面铺装率

路面铺装率 R_n 能综合反映车辆行驶的快速性和舒适性等,高级、次高级路面铺装率是其中的重要指标,计算公式为:

$$R_n = \frac{L_R}{L} \times 100\%$$

式中:L_R——公路网中高级、次高级路面的里程(km);

L——公路网的总里程(km)。

3)线形舒适性

线形的舒适性评价内容包括横向力系数、横向加速度、曲率变化率以及轴向加速度四个方面。评价标准和取值见表7.4.54。

公路线形舒适性评价尺度　　　　　　表 7.4.54

评价内容	说　明	评价值
横向力系数 μ(C_4)	$\mu \leq 0.10$	5
	0.10~0.15	4~2
	≥0.15	1
横向加速度 a_h(C_5)	$a_h \leq 1.8$	5
	3.6~5.0	4~2
	$a_h \leq 5.0$	1
曲率变化率 CCR_s(C_6)	$CCR_s \leq 180 \text{gon} \cdot \text{km}^{-1}$	5
	$180 \text{gon} \cdot \text{km}^{-1} \sim 360 \text{gon} \cdot \text{km}^{-1}$	4~2
	$CCR_s \geq 360 \text{gon} \cdot \text{km}^{-1}$	1
轴向加速度 a_z(C_7)	$a_z \leq 0.8$	5
	0.8~1.2	4~2
	$a_z \geq 1.2$	1

(1)横向力系数 μ

汽车在弯道处,受到离心力的影响,为了提高横向稳定性,设置了超高,μ 衡量稳定性程度,其值愈大,汽车的安全性和舒适性愈差。

$$\mu = \frac{v^2}{127R} - i_h$$

式中：R——圆曲线半径(m)；

v——汽车行驶速度(km/h)；

i_h——横向超高值。

(2)横向加速度

用路者感受到的横向加速度是指作用于汽车的总横向加速度减去被路面横向超高抵消部分的余值。横向加速度计算模型为：

$$a_h = \frac{1}{R\sqrt{h_c^2 + b^2}}(bv^2 - gRh_c)$$

式中：a_h——横向加速度(m/s²)；

R——圆曲线半径(m)；

h_c——相对旋转轴抬高值(m)；

b——弯道处路面宽度的一半(m)。

(3)曲率变化率

曲率变化率 CCR (curvature changing rate of curve) 是通过与曲线长度、半径、转角有关的弯曲过程来描述曲线的一个设计元素，表征平曲线曲率变化的连续性。用 CCR 核查公路线形可防止路线在视觉效果上产生突变、中断的感觉，使设计成果光滑流畅，公式为：

$$CCR = \frac{200}{\pi}\left(\frac{L_{s1}}{2R} + \frac{L_c}{R} + \frac{L_{s2}}{2R}\right) \cdot L^{-1}$$

式中：L_{s1}、L_{s2}——前后缓和曲线长度(m)；

L_c——圆曲线长度(m)；

L——曲线总长度(km)；

R——圆曲线半径(m)。

(4)轴向加速度

利用轴向加速度来评价纵断面线形舒适性的计算模型为：

$$a_z = \frac{\lambda g}{\delta}\left(D - \frac{R_R}{\lambda}\right)$$

式中：a_z——轴向加速度(m/s²)；

D——动力因子；

λ——动力因子的修正系数；

δ——惯性力系数；

R_R——道路阻力系数。

4)交通信息

交通信息提供设施包括：交通标志、标线、视线诱导设施、临时信息牌(电子显示屏)等，其布置要求如下：

(1)标志的设置应通盘考虑，整体布局，重要信息应重复设置或连续设置。

(2)标志的设置应确保行驶的安全快捷、通畅。

(3)标志应给予道路使用者提供准确、及时、清楚的信息,避免提供过多的信息,防止信息过载。

(4)应保证内容、图形及其字体大小能够辨认,含义一致,有足够的认读时间,与其他标志或设施不应相互遮挡,且符合相关的规范。

(5)信息内容根据行动点的距离需要逐级传递,通过重复设置或连续设置的方式加强公路使用者对信息的认知。

5)服务设施

服务设施包括服务区、停车区和客运汽车停靠站等。相关标准如下:

(1)服务区设置应符合下列规定:a.高速公路应设置服务区,作为干线的一、二级公路宜设置服务区。服务区的平均间距宜为50km;当沿线城镇分布稀疏,水、电供给困难时,可增大服务区间距。b.高速公路服务区应设置停车场、加油站、车辆维修站、公共厕所、室内外休息区、餐饮、商品零售点等设施。根据公路环境和需求可设置人员住宿、车辆加水等设施。c.作为干线的一、二级公路服务区宜设置停车场、加油站、公共厕所、室内外休息区等设施,有条件可设置餐饮、商品零售点、车辆加水等设施。

(2)停车区设置应符合下列要求:a.高速公路应设置停车区,作为一、二级公路宜设置停车区。停车区可在服务区之间布设一处或多处,停车区与服务区或停车区之间的间距宜为15~25km。b.停车区设置停车场、公共厕所、室内外休息区等设施。

(3)客运汽车停靠站应设置车辆停靠和乘客候车设施,可与服务区结合设置。

(4)作为集散的一、二级公路和三、四级公路可根据需要设置加油站、公共厕所及客运汽车停靠站等设施。

舒畅、平顺美指标的评价标准或指标取值如表7.4.55所示。

舒畅、平顺美指标的评价标准或指标取值 表7.4.55

评价指标	描述	评分	评价指标	描述	评分
路面平整度	无颠簸,行车平稳;$RQI \geq 90$	5	交通信息	基本没有因信息量不足而导致驾驶员操作失误	5
	有轻微颠簸,行车尚平稳;$90 > RQI \geq 80$	3		基本满足 5 条标准	3
	严重颠簸,行车很不平稳;$80 > RQI \geq 60$	1		有内容不符合 5 挑中的一条	0
高级、次高级路面铺装率	$R_n \geq 98\%$	5	服务设施	完全满足,且驾乘人员满意,无抱怨	5
	$98\% > R_n \geq 80\%$	3		基本满足	3
	$80\% > R_n$	1		部分满足,部分不满足	1
线形舒适性	根据横向力系数、横向加速度、曲率变化率以及轴向加速度的计算值按表7.4.54取值后进行平均确定	5 3 1			

7.4.3 公路美学评价相关指标的获取方法

公路美学评价过程是美学评价主体对美学客体做出价值判断的过程。美学评价元素提供给评价者一个评价的对象,评价尺度则提供了一个评价的标准,而评价是评价主体进行评价的具体办法,就是具体通过什么方法来获得评价者对评价对象的评价值。公路美学评价资料的收集手段一般有4种。

1)利用项目设计资料

拟评价公路项目的设计说明书、图纸、计算书等都有很多公路美学的内容,如填挖方量、用地面积、线形参数、边坡坡度、绿化形式、绿化图案、桥梁选型及设计、隧道设计、支护及装饰、环境保护、生态保护等内容,这些内容对于公路美学评价具有很多美学评价的很多信息,可以作为美学评价资料的主要来源。

2)实地调查法

由于不同的公路使用者对公路美学的要求与看法不同,因而要根据美学评价的内容选择不同的评价对象进行调查。对于公路而言,驾驶人员是调查的重点,可以通过向他们发放问卷,或者在收费站入口处向驾驶员发放一些贴好了回程邮票和地址的明信片式问卷,搜集关于公路美学的意见。对于沿线居民也可采用问卷形式,同时注意强调驾驶员和沿线居民的不同评价角度。对于专业技术人员,可以亲自体验一下对公路美景的感受,从而对公路美学做出专业上的评价,这对于公路美学的改善是非常重要的。

3)对图片、美景素描或录像进行美学评价

当需要仔细研究公路美学的某些因素或细节时,借助于图片、美景素描或录像,在室内研究一些美学元素,进行评价。这种评价手段可以很好地对公路美学元素进行研究,评价主体也容易掌握,评价效果也好,但一般局限于对建成公路美景进行评价。

4)利用计算机和3S技术进行评价

3S技术是以遥感(RS)、地理信息系统(GIS)、全球定位系统(GPS)为基础,将RS、GIS、GPS三种独立技术领域中的有关部分与其他高技术领域(如网络信息、通信技术)有机地构成一个整体而形成的一项新的综合技术。它集信息获取、信息处理、信息应用于一身,突出表现在信息获取与处理的高速、实时与应用的高精度、可定量化方面。通过这些技术的集成应用,可以实现公路美学信息的快速采集和处理,为公路美学决策提供强有力的基础信息资料和决策支持。

公路美学评价指标的获取方法见表7.4.56。美学评价资料的获取可以采用以上方法综合进行。

公路美学评价指标的获取方法 表7.4.56

公路美学评价指标	环境	公路对地形地貌的影响	公路建设项目占地面积	查项目资料
			公路建设项目路基土石方工程量	查项目资料
			公路设计合理性	咨询专家

续上表

公路美学评价指标	环境	公路对生态环境的影响	水土流失强度	可调查计算
			灾害发生的频率	可调查计算
			生态系统稳定性	咨询专家
			施工方案设计合理性	咨询专家
		公路对自然美景的影响	美学多样性指数	可调查计算
			美学破碎度	可调查计算
			自然美景分离度	可调查计算
	功能	公路对区域人流物流改善度	区域内公路网面积密度	可调查计算
			公路网综合密度	可调查计算
			区域内公路网里程满意度	可调查计算
			公路网连通度	可调查计算
			运输强度	查统计年鉴
		公路美化绿化功能	植被覆盖率	可调查计算
			空气污染指数	可调查计算
			噪声影响程度	可调查计算
			中央分隔带种植情况	查项目资料
			路边绿化带与路边的距离	查项目资料
		交通工程设施及服务区功能	交通标志、标线与视觉特性的协调程度	咨询专家
			视线诱导标与线形的一致程度	咨询专家
			服务区设施的完善程度	可调查分析
	美学	公路与沿线美景的协调性	美学敏感度	可调查分析
			公路与区域内美景的协调程度	可调查分析
			公路线形与地形的协调程度	可调查分析
		公路绿化视觉效果	公路与植被美景的协调程度	可调查分析
			公路边坡绿化处理率	查项目资料
			公路实施 GBM 工程率	查项目资料
		附属工程	公路废弃方利用率	查项目资料
			高级、次高级路面铺装率	查项目资料
			公路隧道、大型桥梁照明设施的完备率	查项目资料

7.4.4 公路美学评价相关指标的权重取值

在综合评价中,权重的确定直接影响着综合评价的结果,权重值的变动可能引起被评价对象优劣顺序的改变,科学确定指标权重在综合评价中具有举足轻重的作用。目前确定权重的方法较多,基本上可以归结为两大类:

1) 主观赋权法

主观赋权法是指评价者对指标的重要程度给出人为的评价,通常采用向专家征集意见的方法。主观赋权法得出的权值主要取决于提供意见的人对研究对象的认识,不同的人对同一问题会有不同的看法,所给出的权重也会千差万别,因此这种赋权方法带有较多的主观色彩。

2) 客观赋权法

客观赋权法是指根据指标数值变异的程度所提供的信息来计算相应的权重。客观赋权法利用指标数据提供的信息确定权重,避免了主观因素的影响,使不同的评价者就相同的数据可以得到相同的评价结果,因此,被认为是较为科学的确定权重的方法。

需要说明的是并不是只有客观赋权法才是科学的方法,主观赋权法也同样是科学的方法。因为,人们对指标重要程度的估计主要来源于客观实际,主观看法的形成往往与评价者所处的客观环境有着直接的联系,因此从某种程度来说,主观赋权法也具有一定的客观性,只要是以事实为依据,主观赋权法确定的权重也同样是科学的。

权值是反映不同评价因子间重要性程度差异的数值,也是体现各评价因子在总指标中的地位与作用以及对总指标的影响程度。由于公路美学多数评价因子较抽象、宏观,故一般采用专家打分定权,确定各评价因子的权值。

7.5 公路美学定量评价理论

由于公路美学系统的多层次、多目标和复杂性,存在定性评价指标和定量评价指标。公路美学评价需要进行多层次的分析,并进行综合评价,而多层次、多目标复杂评价目前并没有一种最好的方法,各综合评价方法有其各自的优缺点。

层次分析法在处理复杂的决策问题上有实用性和有效性,是一种定性和定量相结合的、层次化的分析方法。建立层次结构模型是关键的一步,构造成对比较矩阵是整个工作的数量依据,应当由经验和知识丰富、判断力强的专家给出,也可采用群体判断的方式。构造成对比较矩阵的运算过程相对复杂,可采用计算机编程实现。该方法把复杂问题中的各因素划分成相关联的有序层次,适合应用于影响因素较多的公路美学综合评价。

灰色物元分析法应用灰色系统理论把公路美学评价指标中的不确定因素进行量化,同时应用物元分析法对各个公路美学方案进行优劣排序,得出直观的评价结果。最佳事物灰元确定的恰当与否关系到最终的评价结果。公路美学方案总在一系列技术和经济等因素上存在不同程度的差异,灰色物元法可以解决这一问题。

多目标综合评价是系统优化原理在公路美学方案选择上的应用,关键是多目标综合评价体系的构成和多目标综合评价方法的确定,这两方面可以根据具体项目做不同的选择。该方法比较直观,选择性也比较大,应用相对简单,在公路美学方案的比选上可以应用于公路美学的可行性研究及初步设计阶段。

模糊数学作为研究模糊现象的定量处理方法,可将传统数学研究空间的应用范围从清晰现象扩大到模糊现象领域,克服了公路美学方案的比选过程中,由于主观的不确定性和客观的复杂性而存在的问题,将各指标的优劣都进行量化处理,采用模糊综合评价法,进行模糊选优。该方法在公路美学方案的比选上比较适合应用于公路美学的初步设计阶段。

7.5.1 模糊综合评价

模糊综合评价方法的具体评价步骤。

1) 模糊评价矩阵的建立

对混合型指标体系即包含定性和定量两类指标的指标体系做综合评价时,为了解决两类指标标值的不可公度性,首先需要将两类指标统一转换为模糊评价向量形式,以便统一处理。

(1) 模糊评价向量

模糊指标或叫灰色指标(介于完全清晰与完全不清晰之间的指标,或者说介于白色与黑色之间黑白混合的指标),这些指标的标值概念与确定性定量指标不同,它们的指标值不能用单一数值描述。因此要将评价指标的无量纲化即将各指标的实际值转化为评价值,以消除各指标量纲带来的影响。正向指标为:$y_i = x_i/x_0$,逆向指标为:$y_i = 1 - x_i/x_0$。通过无量纲化使所有数据在0~1的区间之内。其中,x_i为评价对象实际值,$i=1,2,3\cdots,m$;x_0为理想对象上限值。

(2) 模糊评价矩阵

设某子目标所属的指标集(称为评价集)为:

$$U = \{u_1, u_2, \cdots, u_n\} = (u_i), i=1,2,\cdots,n$$

为衡量模糊指标的优劣次序,需根据心理学测度原理,规定指标的评价等级集

$$V = \{v_1, v_2, \cdots, v_m\} = (v_j), j=1,2,\cdots,m$$

通常取$m = 5\pm2$,如$V = \{优,良,中,差\}$,或$V = \{一级,二级,三级,四级\}$

再规定各评价等级的标准集$V' = \{v'_1, v'_2, \cdots, v'_m\} = (v'_j), j=1,2,\cdots,m$

标准集V'是定义在V上的一个子集。各指标的标准集应根据指标的内涵,依据统计资料或经验确定,各级标准v'_j可以是某量化数、数值范围、评分值或一种定性描述。

现在需要依据评价标准集V'确定评价集$u_i \in U$中的任一指标在评价等级集V上的隶属度$u_i \in U, \mu_v(u_i) \in [0,1]$。确定隶属度的方法很多,如模糊统计法,图函数法等。由专家群体判断任一模糊指标$u_i \in U$所属的等级,然后再统计每一模糊指标隶属于V各等级的频数,各频数与专家总数的比值作为各模糊指标的隶属度,这种方法称为模糊统计法。具体做法如下:

① 请若干专家,根据提供的各指标的背景材料,按规定的标准集V',给出各指标u_i隶属的等级$v_i \in V$。

② 统计u_i隶属于v_i等级的频数(人数)m_{ij}。

③ 由专家总数P除各频数,得各指标的隶属度:

$$\mu_{vj}(u_i) \in m_{ij}/P, j=1,2,\cdots,m, i=1,2,\cdots,n$$

式中$\mu_{vj}(u_i) \in [0,1]$是指标u_i对等级v_i的隶属度。由此得到各指标的模糊评价向量$\widetilde{R}_i = (r_{i1}, r_{i2}, \cdots, r_{ij}, \cdots, r_{im})$。

$\widetilde{R}_i$为V上的模糊子集。同样可得到所有指标的模糊评价向量,于是得到子目标的模糊评价矩阵$\widetilde{R}$为:

$$\widetilde{R} = \begin{bmatrix} \widetilde{R}_1 \\ \widetilde{R}_2 \\ \vdots \\ \widetilde{R}_i \\ \vdots \\ \widetilde{R}_n \end{bmatrix} = \begin{bmatrix} r_{11} & r_{12} & \cdots & r_{1j} & \cdots & r_{1m} \\ r_{21} & r_{22} & \cdots & r_{2j} & \cdots & r_{2m} \\ \vdots & \vdots & & \vdots & & \vdots \\ r_{i1} & r_{i2} & \cdots & r_{ij} & \cdots & r_{im} \\ \vdots & \vdots & & \vdots & & \vdots \\ r_{n1} & r_{n2} & \cdots & r_{nj} & \cdots & r_{nm} \end{bmatrix}$$

2) 混合型指标体系的模糊评价模型与方法

(1) 确定单因素模糊评价矩阵。设综合评价指标体系为图 7.5.1 所示三层结构

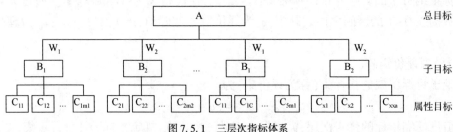

图 7.5.1　三层次指标体系

做综合评价时，先由最低层属性指标层开始，属性指标分属于上一层不同的子目标，因此要分别作各子目标的单因素模糊评价矩阵。现以子目标 B_1 为例说明。B_1 的属性指标集为：
$$U_l = \{C_{l1}, C_{l2}, \cdots C_{li}, \cdots, C_{lm_i}\}, l = 1, 2, \cdots, s$$

假定评价等级集 $V = \{v_1, v_2, \cdots, v_m\}$，及评价标准级 $V' = \{v'_1, v'_2, \cdots, v'_m\}$ 已定，并且指标集 U_l 的权重向量 A_l 已确定 $A_l = \{a_{l1}, a_{l2}, \cdots a_{li}, \cdots a_{lm_i}\}$，$a_{li} \geq 0$，且 $\sum_{i=1}^{m_i} a_{li} = 1$，$A_l$ 为 U_l 的一个模糊子集。按上述模糊评价矩阵的做法，分别确定指标集 U_l 中每一指标的模糊评价向量 $\widetilde{R}_i = (r_{i1}, r_{i2}, \cdots r_{ij}, \cdots r_{im})$。

R 是 V 上的一个模糊子集。由此得到指标集 U_l 的单因素模糊评价矩阵：

$$\widetilde{R} = \begin{bmatrix} \widetilde{R}_{i1} \\ \widetilde{R}_{i2} \\ \vdots \\ \widetilde{R}_{ij} \\ \vdots \\ \widetilde{R}_{im_i} \end{bmatrix} = \begin{bmatrix} r_{11} & r_{12} & \cdots & r_{1j} & \cdots & r_{1m} \\ r_{21} & r_{22} & \cdots & r_{2j} & \cdots & r_{2m} \\ \vdots & \vdots & & \vdots & & \vdots \\ r_{i1} & r_{i2} & \cdots & r_{ij} & \cdots & r_{im} \\ \vdots & \vdots & & \vdots & & \vdots \\ r_{m_11} & r_{m_12} & \cdots & r_{m_1j} & \cdots & r_{m_1m} \end{bmatrix} \quad (l = 1, 2, \cdots s)$$

作出单因素评价。建立一个因素集 U 到评价结论集 V 的模糊映射 f，再由 f 诱导出一个模糊关系 R_f，其矩阵表示记作 $R = (r_{ij})_{n \times n}$，即

第7章 公路美学评价

$$f: x_i \to f(x_i) = r_{i1}/y_1 + r_{i2}/y_2 + \cdots + r_{im}/y_m \quad (i=1,2,\cdots n)$$

称 R 为单因素评价矩阵。这里 r_{ij} 表示因素 x_i 对评语 y_j 的隶属程度。

(2) 由权重向量 A_l 与单因素模糊评价矩阵 $\widetilde{R}_l$,通过模糊矩阵并合运算,得到子目标 B_l 的综合评价矩阵 $\widetilde{B}_l = A_l * \widetilde{R}_l = (b_{l1}, b_{l2}, \cdots b_{lm})$ 式中"$*$"为广义模糊乘,通常采用普遍矩阵乘法规则运算,向量 $\widetilde{B}_l$ 及子目标 B_l 的综合评价结果。如果需要分析某因素的作用,考察 $\widetilde{B}_i$ 即可。

照上述做法可得到 $B_1, B_2, \cdots\cdots, B_s$ 各个子目标的综合评价结果 $\widetilde{B}_1, \widetilde{B}_2, \cdots\cdots, \widetilde{B}_s$。

由于各个因素在综合评价中的作用不同,为此给出一个 U 的模糊集合 $A = \{a_1, a_2, \cdots\cdots, a_n\}$,满足条件 $\sum_{i=1}^{n} a_1 + a_2 + \cdots\cdots + a_n = 1$,其中元素 x_i 关于 A 的隶属度 $\mu_A(x_i) = a_i$ 表示第 i 个因素 x_i 在综合评价中的作用,将 A 称为综合评价的权值向量(或权重),对于给定的权重 A,综合评价就是因素集 U 到评价结论集 V 的一个模糊变换 $T_f: A \to B = T_f(A) = A \times R$。综合结论是评价结论集 V 的一个模糊集合。

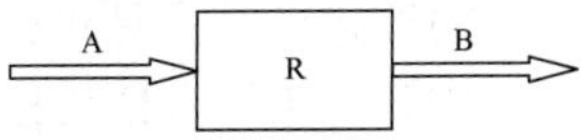

综合评价模型可用图 7.5.2 表示。

图 7.5.2 综合评价模型

(3) 由子目标综合评价矩阵 $\widetilde{B}_i$ 构造子目标层的单因素模糊评价矩阵 $\widetilde{B}_l$

$$\widetilde{R} = \begin{bmatrix} \widetilde{B}_1 \\ \widetilde{B}_2 \\ \vdots \\ \widetilde{B}_s \end{bmatrix} = \begin{bmatrix} b_{11} & b_{12} & \cdots & b_{1m} \\ b_{21} & b_{22} & \cdots & b_{2m} \\ \vdots & \vdots & \cdots & \vdots \\ b_{s1} & b_{s2} & \cdots & b_{sm} \end{bmatrix}$$

(4) 计算综合评价指标体系最高层 A 的综合评价结果。若已知子目标层的权重向量 W,则综合评价结果为:

$$A = W \times \widetilde{R} = (\omega_1, \omega_2, \cdots, \omega_s) \times \begin{bmatrix} b_{11} & b_{12} & \cdots & b_{1m} \\ b_{21} & b_{22} & \cdots & b_{2m} \\ \vdots & \vdots & \cdots & \vdots \\ b_{s1} & b_{s2} & \cdots & b_{sm} \end{bmatrix} = (a_1, a_2, \cdots a_m)$$

由于最初每个指标的隶属度 $\mu_v \in [0,1]$,故最后评价结果的各元素也是归一化的。

(5) 综合评价结果分析。对综合评价结果 A,一般可用最大隶属度原则确定方案所属的等级,如 $a_k = \max(a_1, a_2, \cdots a_m)$,则该方案属于 K 级标准。但只考虑最大隶属度,其他隶属度所提供的信息均未考虑,由此得出的结论可能会有较大误差,特别在多方案横向比较时,更容易出现错误判断。现有 N 个方案进行横向比较,照上述做法,已分别得到 N 个方案的综合评价结果:

$$A^{(1)}, A^{(2)}, \cdots A^{(j)}, \cdots A^{(N)}$$

上标"j"代表第 j 个方案。在作横向比较时,若仅按最大隶属度确定方案的优劣顺序,可能会遇到困难。如现有 I、II、III 三个方案,评价等级为 V={甲等,乙等,丙等,丁等},综合评价结果为:

$$A^{(1)} = (0.33 \quad 0.31 \quad 0.27 \quad 0.09)$$
$$A^{(2)} = (0.38 \quad 0.39 \quad 0.23 \quad 0.00)$$
$$A^{(3)} = (0.44 \quad 0.48 \quad 0.15 \quad 0.01)$$

按最大隶属度原则,I 方案属甲等,II、III 方案属乙等。但 I 方案属甲等的隶属度还不如 II、III 方案甲等的隶属度,而且 I 方案属丙、丁等级的隶属度也大于 II、III 方案,可见单纯按最大隶属度原则进行优劣排序有时是不合理的。

改进的方法之一是运用灰色系统理论中的关联度理论,它是用方案的模糊综合评价结果与清晰综合评价的关联度确定关联序,根据关联序确定多方案的优选排序。

3) 改进的综合评价模型

实际使用综合评价模型时常会遇到这样两类问题:一类是因素较多使得权重不易分配,且权重普遍太小,因而评价结论不易区分;另一类是在根据合成运算得出评价结论集 $B = T_f(A) = A \times R$ 时用的是扎德算子"$\wedge$"和"$\vee$",这种算子仅考虑了主要因素,因而会丢失一些重要信息,使得评价结果失真或不准确。为了减少这两个问题带来的影响,可以采用多层次评价模型或广义模糊算子评价模型对综合评价方法进行改进。

下面以多层次评价模型为例进行说明:

多层次评价模型的主要步骤有:先将因素集 U 按某种属性划分成 s 个子集合,分别记作 $U_1, U_2, \cdots U_s$,其中 $\bigcup_{i=1}^{s} U_j = U, U_i \cap U_j = \varphi (i \neq j)$,并且设 $U_j = \{x_{j1}, x_{j2}, \cdots x_{jn}\}$,这里 $\sum_{j=1}^{s} n_i = n$。

再确定评价结论集 $V = \{y_1, y_2, \cdots, y_m\}$,对于每一个 U_j 进行单因素评价得出单因素评价矩阵 R_j,给出 U_j 中各因素的权重 $A_j = \{a_{j1}, a_{j2}, \cdots a_{jn}\}$,满足 $\sum_{j=1}^{s} a_{ij} = 1$;于是得出 U_j 的综合评价结论:$B_j = A_j \times R_j = \{b_{j1}, b_{j2}, \cdots, b_{jm}\}$。

此后,将 U_j 视为一个单独元素,用 B_j 作为 U_j 的单因素评价,由此得出因素集 $\{u_1, u_2, \cdots, u_s\}$ 的单因素评价矩阵:

$$R = \begin{bmatrix} b_{11} & b_{12} & \cdots & b_{1m} \\ b_{21} & b_{22} & \cdots & b_{2m} \\ \vdots & \vdots & \cdots & \vdots \\ b_{s1} & b_{s2} & \cdots & b_{sm} \end{bmatrix}$$

根据每一 U_j 在 U 中所起作用的重要程度给出权重 $A = \{a_1^*, a_2^*, \cdots, a_s^*\}$。

最后,得出综合评价结论:$B = A \times R$。

这个过程称为二级综合评价模型,同样也可以建立多级综合评价模型,所有这些统称为多层次评价模型。二级综合评价模型可用图 7.5.3 表示。

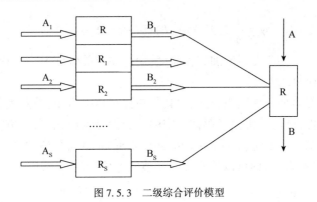

图 7.5.3　二级综合评价模型

7.5.2　灰色关联度法评价

灰色系统的关联分析是系统态势的量化比较分析。灰色关联度的原理是,若干个统计数列所构成的各条曲线几何形状越接近,即越相平行,则它们的变化趋势越接近,其关联度就越大。关联序反映各评价对象对理想对象(参考对象)的接近次序,即评价对象的优劣次序,其中关联度最大的评价对象为最佳。因此,可利用关联序对评价对象进行排序,以对评价对象进行比较。灰色关联度分析模型建立的步骤如下:

1)被评价对象数列和参考数列

参考数列(理想对象数列)为:$x_0 = \{x_0(1), x_0(2), \cdots\cdots, x_0(n)\}$

被评价对象数列为:$x_i = \{x_i(1), x_i(2), \cdots\cdots, x_i(n)\}, i = 1, 2, \cdots\cdots m$

2)关联系数 $\xi_i(k)$

$$\xi_i(k) = \frac{\min\limits_{i}\min\limits_{k}|x_0(k) - x_i(k)| + \rho\max\limits_{i}\max\limits_{k}|x_0(k) - x_i(k)|}{|x_0(k) - x_i(k)| + \rho\max\limits_{i}\max\limits_{k}|x_0(k) - x_i(k)|}$$

为 x_0 与 x_i 在 k 点的关联系数。

式中:　$|x_0(k) - x_i(k)|$——X_0 数列与 X_i 数列在 k 点的绝对差;

$\min\limits_{k}|x_0(k) - x_i(k)|$——$x_0$ 与 x_i 在点 $k = 1, 2, \cdots, n$ 上的最小绝对差,也称一级最小差;

$\min\limits_{i}\min\limits_{k}|x_0(k) - x_i(k)|$——因素 $i = 1, 2, \cdots, m$ 在点 $k = 1, 2, \cdots, n$ 上的最小绝对差,也称二级最小差;

$\max\limits_{i}\max\limits_{k}|x_0(k) - x_i(k)|$——二级最大差;

ρ——分辨系数,其取值在 $0 \sim 1$ 之间,一般取 $\rho = 0.5$。

3)关联度(γ_i)

被评价类型与参考类型各指标的关联系数的平均值称为被比较数列 X_i 与参考数列 X_0 之间的关联度。计算曲线各点的关联系数之后,按下列公式:$\gamma_i = \frac{1}{n}\sum\limits_{k=1}^{n}\xi_i(k)$ 可求得曲线 X_i 与曲线 X_0 之间的相对关联度 γ_i,此时所求得的仅是被评价类型与参考类型的等权关联度。但是,评价公路美学的各项指标的重要性是不同的。因此,根据各项指标作用的大小,分别给以不同的权重 $W(k)$,按下列公式:

$$\gamma_i = \frac{1}{n}\sum_{k=1}^{n}W(k)\xi_i(k) \quad (i=1,2,\cdots,n)$$

求得被评价类型与参考类型的加权关联度,通过加权关联度大小的比较,可对公路美学进行数量化的综合评价。

量化评价公路美学是一种理想方法,尤其是在计算机上应用,效果尤佳。但公路美学的发展是个动态的过程,量化评价模式存在一定的片面性,所以与非量化方法有机结合研究问题的关键在于把经验关系系统(Empirical Relational System)与数值关系系统(Numerical Relational System)连接起来,这样可以达到较为完整的评价结论。

7.5.3 层次分析法

层次分析法是将决策总是有关的元素分解成目标、准则、方案等层次,在此基础之上进行定性和定量分析的决策方法。该方法的特点是在对复杂的决策问题的本质、影响因素及其内在关系等进行深入分析的基础上,利用较少的定量信息使决策的思维过程数学化,从而为多目标、多准则或无结构特性的复杂决策问题提供简便的决策方法。尤其适合于对决策结果难于直接准确计量的场合。

公路美学评价为多目标、多判据的系统评价。如果仅仅依靠评价者的定性分析和逻辑判断,缺乏定量分析依据来评价方案的优劣,显然是十分困难的。同时,公路美学评价十分难以做出精确的定量分析。如果能在评价中引入定量分析,并吸收人们在两两比较中所获得粗略的量化评价,那么,就有可能获得较为科学的评价结果。

1)应用层次分析法进行系统评价的步骤

(1)对构成评价系统的目的、评价指标(准则)及替代方案等要素建立多级递阶的结构模型。

(2)对同属一级的要素以上一级的要素为准则进行两两比较,根据评价尺度确定其相对重要度,据此建立判断矩阵。

(3)计算判断矩阵的特征向量以确定各要素的相对重要度。

(4)最后通过综合重要度的计算,对各种方案要素进行排序,从而为决策提供依据。

2)判断矩阵

判断矩阵是层次分析法的基本信息,也是进行相对重要度计算的重要依据。为了方便,一般采用表7.5.1所示标度方法进行每两元素的相对比较。

标度及其描述 表7.5.1

标度 a_{ij}	定义描述
1	i因素与j因素同等重要
3	i因素比j因素略重要
5	i因素比j因素较重要
7	i因素比j因素非常重要
9	i因素比j因素绝对重要
2,4,6,8	为以上两判断之间的中间状态对应的标度值
倒数	若j因素与i因素比较,得到判断值为$a_{ji}=1/a_{ij}$、$a_{ii}=1$

3）相对重要度的计算

理论上讲，对以上某个上级要素为准则所评价的同级要素之相对重要度可以由计算比较矩阵 A 的特征值获得。但因其计算方法较为复杂，而且实际上只能获得对 A 的粗略估计（从评价值的尺度可以看到这一点），因此计算其精确特征值是没有必要的。实际应用中可以采用求和法或求根法来计算特征值的近似值。

（1）求和法

①将矩阵按列归一化（即使列和为 1）：$b_{ij} = \dfrac{a_{ij}}{\sum a_{ij}}$

②按行求和：$v_i = \sum\limits_j^i b_{ij}$

③归一化：$\omega_i^\tau = \dfrac{v_i}{\sum v_i}$ $i = 1, 2, \cdots, n$

所得 ω_i^τ 即为 A 的特征向量的近似值。

（2）求根法

①将矩阵按行求：$v_i = \sqrt[n]{\prod\limits_j a_{ij}}$

②归一化：$\omega^i = \dfrac{v_i}{\sum v_i}$ $i = 1, 2, \cdots, n$

4）一致性检验

在实际评价中评价者只能对 A 进行粗略判断，甚至有时会犯不一致的错误，如已判断 C_1 比 C_2 重要，C_2 比 C_3 重要，那么，C_1 应当比 C_3 更重要。如果判断 C_3 比 C_1 较重要、或者同样重要就犯了逻辑错误。为了检验判断矩阵的一致性（相容性），根据层次分析法（AHP）的原理，可以利用 k 与 n 之差检验一致性。

引入一致性指标 $CI = \dfrac{\lambda_{\max} - n}{n - 1}$，其中 $\lambda_{\max}$ 为矩阵 A 的最大特征值，n 为判断矩阵的维数。

Saaty 教授给出了平均随机一致性指标 RI（如表 7.5.2），当 $n \geqslant 3$ 时，令 $CR = \dfrac{CI}{RI}$ 作为一致性比例，当 $CR < 0.1$ 时，认为比较判断矩阵的一致性可以接受，否则就对判断矩阵作适当的修改。

平均随机一致性指标   表 7.5.2

n	1	2	3	4	5	6	7	8	9
RI	0	0	0.58	0.94	1.12	1.24	1.32	1.41	1.45

5）综合重要度的计算

在分层获得了同层各要素之间的相对重要程度后，就可以自上而下地计算各级要素关于总体的综合重要度。设 C 级有 m 个要素 $C_1, C_2, \cdots, C_m$，总值的重要度为 v_{ij}，则 P 级的要素 P_i 的综合重要度：

$$W_i = \sum_j \omega_j v_{ij}$$

7.5.4 基于层次分析法（AHP）的多级模糊综合评价方法

模糊评价法是利用模糊集理论进行评价的一种方法。由于模糊的方法更接近于东方人的思维习惯和描述方法,因此它更适应于对社会经济系统及工程的技术问题进行评价。

基于层次分析法(AHP)的多级模糊综合评价方法,集成了模糊评价与层次分析法的双重优点,以模糊理论为基础,将公路美学评价中一些边界不清、不易定量的因素定量化。在具体评价中,各定性评价指标的量化,采用专家咨询方法,而在建立评价指标权重集时,采用层次分析法,这样可以更加科学合理地体现指标重要性程度及指标之间的差异性程度。公路美学评价指标体系结构如图 7.5.4 所示。

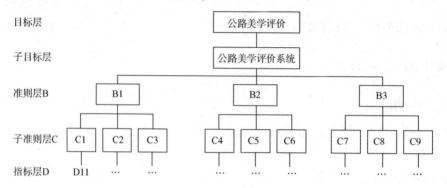

图 7.5.4 公路美学评价指标体系结构图

根据模糊综合评价理论,结合公路美学评价指标体系结构,美学评价过程是一个多级评判过程,第一级为指标层因素对子准则层因素的综合评判。第二级为子准则层因素对准则层因素的综合评判,准则层的所有因素进行二级综合评判的单因素评判矩阵应为一级综合评判的结论向量所组成的矩阵。第三级为准则层因素对子目标层因素的综合评判,同理确定单因素评判矩阵。

1) 建立因素集

因素集是指由影响评价对象取值(得分)的各因素组成的集合,因素集是普通的集合,通常用字母 U, 来表示,即:

$$U = \{U_1, U_2, \cdots, U_m\}$$

因素集中的这些因素(U_i)均具有模糊性。

2) 建立权重集

由于各因素 U_i 影响评价对象取值的重要程度不尽相同,为此,对各因素 $U_i(i=1,2,\cdots m)$ 要赋予相应的权数 $a_i(i=1,2,\cdots m)$,用权重来反映各评价因素对评价对象影响程度的大小,各权数组成的集合为:

$$A = \{a_1, a_2, \cdots, a_m\}$$

A 称为因素权重集。

通常各权数应满足归一性和非负性条件,即:

$$\sum_{i=1}^{m} a_i = 1 \quad (i=1,2,\cdots m)$$

$$a_i \geq 0 \quad (i=1,2,\cdots m)$$

权重集也是一个模糊集合。在模糊综合评价中,权重是体现其重要性程度的数值,具有权衡比较不同评价因子间重要性差异程度的作用。为了使确定的权重更加合理,在此,采用层次分析法(AHP)确定权重。

对图 7.5.4 所示的递阶层次结构,采用表 7.5.1 所示标度方法进行每两元素间的相对比较,构造判断矩阵 $A=(a_{ij})$,求解判断矩阵 A 的特征根。

$AW=\lambda_{\max}W$,计算最大特征根 $\lambda_{\max}$,找出它所对应的特征向量 W 即为同一层各因素相对于上一层某因素相对重要性的排序权重,然后进行一致性检验。

关于 $\lambda_{\max}$ 与 W 的计算,可采用方根法,步骤是:

(1) A 的元素按行相乘;

(2) 所得乘积分别开 n 次方;

(3) 将方根向量归一化得排序权重 W;

(4) 按后式可计算 $\lambda_{\max}$: $\lambda_{\max}=\sum_{i=1}^{n}\dfrac{(AW)_i}{nW_i}$

最后再计算判断矩阵一致性指标,检验其一致性。

(5) 建立评价集

评价集是评价者对评价对象可能做出的各种评价结果所组成的集合,通常用大写字母 V 来表示,即:

$$V=\{v_1,v_2,\cdots,v_n\}$$

在对公路美学的评价中,可取评价集为:

$$V=\{优(v_1),良(v_2),中(v_3),差(v_4)\}$$

(6) 单因素模糊评价

单独从一个因素出发进行评价,以确定评价对象对评价集中元素的隶属度,称为单因素模糊评价。

一般情况下,设评价对象按因素集中第 i 个因素 U_i 进行评价,对评价集中第 j 个元素 v_j 的隶属度为 γ_{ij},其结果可表示成模糊集合:

$$R_i=\{\gamma_{i1},\gamma_{i2},\cdots,\gamma_{in}\} \quad (i=1,2,\cdots,n)$$

R_i 称为单因素评价集,将各因素评判集的隶属度为行组成的模糊矩阵 R 称为单因素评价矩阵,即:

$$R_i=\begin{bmatrix}\gamma_{11}&\gamma_{12}&\cdots&\gamma_{1n}\\ \gamma_{21}&\gamma_{22}&\cdots&\gamma_{2n}\\ \cdots&\cdots&\cdots&\cdots\\ \gamma_{m1}&\gamma_{m2}&\cdots&\gamma_{mn}\end{bmatrix}$$

(7) 一级模糊综合评判

一般来说,同一事物均有多种属性,事物的不同侧面反映了它们的不同特征,所以在评价事物时不能只考虑一种因素,而必须兼顾事物的各个方面。为了综合考虑全部因素对评价对象取值的影响,需做模糊综合评价。

如果各因素的重要程度一样,也就是权重集中的诸权数 a_i 均相等,这时只要将 R 矩阵中各列元素相加,便分别得到评价集中各元素的"得分"多少,若各因素权重不等,则需做模糊矩阵运算,B 为一级评判准则的结论向量:

$$B=A*R$$

式中"*"表示某种合成运算。

（8）多级模糊综合评判

由于公路美学评价指标体系是多层次的结构，因此，还需对其进行多级模糊综合评判，多级综合评判是将一级综合评判的结论向量所组成的矩阵作为二级综合评判的单因素评判矩阵，二级综合评判单因素评判矩阵如下式所示：

$$R_{二级} = \begin{bmatrix} B_{1一级} \\ B_{2一级} \\ \cdots \\ B_{m一级} \end{bmatrix} = \begin{bmatrix} A_1 * R_{1一级} \\ A_2 * R_{2一级} \\ \vdots \\ A_m * R_{m一级} \end{bmatrix}$$

则二级评判准则的结论向量为：

$$B_{二级} = A_{二级} * \begin{bmatrix} A_1 * R_{1一级} \\ A_2 * R_{2一级} \\ \vdots \\ A_m * R_{m一级} \end{bmatrix} = [b_{1二级}, b_{2二级}, \cdots b_{n二级}]$$

式中：$R_{二级}$——二级综合评判单因素评判矩阵；

$B_{一级}$——一级综合评判的结论向量所组成的矩阵；

A_i——一级评判的权重向量；

$R_{i一级}$——一级单因素评判矩阵；

$B_{二级}$——二级综合评判结论向量；

$A_{二级}$——二级评判的权重向量；

$b_{i二级}$——评判对象按二级评判因素层评判时的隶属度。

同理，可以推出二级以上的多级模糊综合评判的单因素评判矩阵，并最终求得评价结论向量，通常按最大隶属度原则对公路美学等级进行评价，得出评价结果。

7.5.5 主成分法评价

在评价工作中，常常需要将很复杂的数据集简化，即将 p 个指标所构成的 p 维系统简化为一维系统。主成分分析就是把多个指标化为少数几个综合指标的一种统计分析方法。在多指标（变量）的研究中，往往由于变量个数太多，且彼此之间存在着一定的相关性，因而使得所评价数据在一定程度上有信息的重叠。当变量较多时，在高维空间中研究样本的分布规律就更麻烦。主成分分析采取一种降维的方法，找出几个综合因子尽可能地反映原来变量的信息量，而且彼此之间互不相关，从而达到简化的目的。主成分分析的计算步骤如下：

设观测样本矩阵为：

$$X = \begin{bmatrix} x_{11} & \cdots & x_{1p} \\ \vdots & \ddots & \vdots \\ x_{n1} & \cdots & x_{np} \end{bmatrix}$$

n 为样本数，p 为变量数。为使该样本集在降维中所引起的平方误差最小，必须进行两方面的工作：一是进行坐标变换，即用雅可比方法求解正交变换矩阵；二是选取 $m(m<p)$ 个主成分。

（1）原始数据标准化。将样本集中的元素 $x_{ik}(i=1,2,\cdots,n;k=1,2,\cdots,p)$ 按照公式进行变换，即

$$x_{ik} = \frac{x_{ik} - \overline{x_k}}{s_k}, \text{其中} \overline{x_k} = \frac{1}{n}\sum_{i=1}^{n} x_{ik}, s_k = \sqrt{\frac{1}{n-1}\sum_{i=1}^{n}(x_{ik} - \overline{x_k})^2}$$

式中：n——参与评价的指标个数。

主成分分析的明显特征是每个主分量依赖于测量初始变量所用的尺度，当尺度改变时，会得到不同的特征值 λ。克服这个困难的方法是对初始变量进行以上标准化处理，使其方差为 1。

（2）计算样本矩阵的相关系数矩阵

$$R = \begin{bmatrix} r_{11} & \cdots & r_{1p} \\ \vdots & \ddots & \vdots \\ r_{p1} & \cdots & r_{pp} \end{bmatrix}$$

（3）对应于相关系数矩阵 R，用雅可比方法求特征方程 $|R-\lambda_i|=0$ 的 p 个非负的特征值 $\lambda_1 > \lambda_2 > \cdots > \lambda_p \geq 0$，对应于特征值 A 的相应特征向量为 $C^{(i)} = (c_1^{(i)}, c_2^{(i)}, \cdots c_p^{(i)})$，$i=1,2,\cdots p$，并且满足：

$$C^{(i)}C^{(j)} = \sum_{k=1}^{p} c_k^{(i)} c_k^{(j)} = \begin{cases} 1(i=j) \\ 0(i \neq j) \end{cases}$$

（4）选择 $m(m<p)$ 个主分量。当前面 m 个主分量 $Z_1, Z_2, \cdots Z_m(m<p)$ 的方差和占全部总方差的比例 $a = \dfrac{\sum\limits_{i=1}^{m}\lambda_i}{\sum\limits_{i=1}^{p}\lambda_i}$ 接近于 1 时（例如 $a \geq 0.85$），选取前 m 个因子 $Z_1, Z_2, \cdots Z_m$ 为第 1、2、$\cdots m$ 个主因。这 m 个主分量的方差和占全部总方差的 85%以上，基本上保留了原来因子 $X_1, X_2, \cdots X_p$ 的信息，由此因子数目将由 p 个减少为 m 个，从而起到筛选因子的作用。

由其主要特点和计算步骤可看出，主成分分析法在操作过程中要去掉部分的评价指标，此方法在作整体评价时并不适用，但若分析某项主要指标的评价结果则可应用此方法。

7.5.6 集对分析法评价

集对分析理论是科学量化评价法与人文评价法相结合的二元评价体系的具体应用，由我国学者赵克勤首次提出。作为一种新的不确定性理论，可以将各种不确定性的辩证性关系转换为明确的数学问题，方法客观合理、计算简单有效、易于理解，是公路美学研究中重要的分析手段。

集对分析的核心就是集对构建和联系度计算。集对分析的原理是指在一定的问题背景下对一对向量集合 $H(A,B)$ 所具有的关系特性展开同一度、差异度、对立度三个方面的分

析,并建立起这两个集合 A、B 在目标问题下的同异反联系度表达式:

$$\mu = \frac{S}{N} + \frac{F}{N}i + \frac{P}{N}j$$

式中: μ——一个集对 $H(A,B)$ 下两个集合 A、B 的联系度;

N——集对特征总数;

S——集对中共有的特性数;

P——集对中相反的特征数;

F——两个集合中既不共有也不相互对立的特性数;

$\frac{S}{N}$、$\frac{F}{N}$、$\frac{P}{N}$——两个集合在目的问题背景下的同一度、差异度、对立度;

i——差异度标识数,$i \in [-1,1]$,反映微观层次上的不确定性,i 越接近 0 系统所包含的不确定性信息越大;

j——对立度系数,一般 $j = -1$。

另外,根据不同的研究对象可以将式(7.5.6.1)作不同层次的展开,得到多元联系数:

$$\mu = \frac{S}{N} + \frac{F_1}{N}i_1 + \frac{F_2}{N}i_2 + \cdots + \frac{F_{n-2}}{N}i_{n-2} + \frac{P}{N}j$$

简写为

$$\mu = a + b_1 i_1 + b_2 i_2 + \cdots + b_{n-2} i_{n-2} + cj$$

1) 基于四元联系数的公路美学评价模型

设评价对象空间 $A = \{$公路美学评价指标$\}$,属性空间 $C = \{$美学质量$\}$,I_j 评价指标的权重,评价集 $C = \{C_1, C_2, C_3, C_4\}$,其中 C_1, C_2, C_3, C_4 构成属性空间 C 的一个有序分割类,且 $C_1 > C_2 > C_3 > C_4$,每个指标的分类标准已知,写成分类标准矩阵为:

$$\begin{array}{c c c c c} & C_1 & C_2 & C_3 & C_4 \\ I_1 & \begin{bmatrix} a_{11} & a_{12} & a_{13} & a_{14} \\ I_2 & a_{21} & a_{22} & a_{23} & a_{24} \\ I_3 & a_{31} & a_{32} & a_{33} & a_{34} \\ I_4 & a_{41} & a_{42} & a_{43} & a_{44} \end{bmatrix} \end{array}$$

其中 $a_{mp1} < a_{mp2} < \cdots < a_{mpn}$,或 $a_{mp1} > a_{mp2} > \cdots > a_{mpn}$ 从而建立一级、二级子系统及总指标的公路美学分级评价的 4 元联系度,进而通过均分原理划定公路美学等级,具体步骤如图 7.5.5 所示。

2) 二级指标的综合评价 4 元联系数确定

$$\mu_{mq} = r_{mq1} + r_{mq2}i_1 + r_{mq3}i_2 + r_{mq4}j$$

其中 $r_{mqn} \in [0,1]$,$n \in [1,2,3,4]$ 为公路美学评价指标 I_{mq} 相对 C_n 等级的联系度分量。μ_{mq} 代表二级指标综合评价的 4 元联系数,即二级指标的质量级 $r_{mq1}, r_{mq2}, r_{mq3}, r_{mq4}$ 代表各级评价等级的相关系数,μ_{mq} 根据下述方法来确定:设公路美学二级指标 I_{mqn} 的测量值为 t_{mqn},代入表 7.5.3 中相应的计算公式,计算出二级指标 I_{mqn} 的综合评价 4 元联系 μ_{mq}。i_1, i_2 代表指标与二级到三级标准的不确定性差异度系数;$j = -1$ 为对立系数,即 4 级指标的系数。

第7章 公路美学评价

```
公路美学评价
    ↓
集对分析理论
    ↓
构建集对
  ↙     ↘
评价指标   评价等级
    ↓
分级指标综合评价联系数 ─┐
    ↓                 │
总指标联系数           │ 不确定性分析
    ↓                 │
联系数主值           ─┤ 均分原则
    ↓                 │
确定评价等级         ─┘
```

图 7.5.5 公路美学评价的集对分析流程数

二级指标 I_{mqn} 的综合评价 4 元联系数计算方法　　　　　　　表 7.5.3

4 元联系数 μ_{mq}	成本型指标体系	效益型指标体系
1	$t_{mq} \leq a_{mq1}$	$t_{mq} \geq a_{mq1}$
$\dfrac{\|t_{mq}-a_{mq2}\|}{\|a_{mq1}-a_{mq2}\|} + \dfrac{\|t_{mq}-a_{mq1}\|}{\|a_{mq1}-a_{mq2}\|}i_1$	$a_{mq1} \leq t_{mq} \leq a_{mq2}$	$a_{mq1} \geq t_{mq} \geq a_{mq2}$
$\dfrac{\|t_{mq}-a_{mq3}\|}{\|a_{mq2}-a_{mq3}\|}i_1 + \dfrac{\|t_{mq}-a_{mq2}\|}{\|a_{mq2}-a_{mq3}\|}i_2$	$a_{mq2} \leq t_{mq} \leq a_{mq3}$	$a_{mq2} \geq t_{mq} \geq a_{mq3}$
$\dfrac{\|t_{mq}-a_{mq4}\|}{\|a_{mq3}-a_{mq4}\|}i_2 + \dfrac{\|t_{mq}-a_{mq3}\|}{\|a_{mq3}-a_{mq4}\|}j$	$a_{mq3} \leq t_{mq} \leq a_{mq4}$	$a_{mq3} \geq t_{mq} \geq a_{mq4}$
j	$t_{mq} \geq a_{mq4}$	$t_{mq} \leq a_{mq4}$

3）一级指标的综合评价 4 元联系数确定

$$\mu_m = r_{m1} + r_{m2}i_1 + r_{m3}i_2 + r_{m4}j$$

其中

$$r_n = \sum_{q}^{4} w_{mn} r_{mn}, n \in [1,2,3,4]$$

是公路美学质量的一级指标 I_m 相对 C_n 等级的联系度分量，w_{mn} 为指标 I_{mn} 的权重，且

$$r_{mn} \in [0,1], \sum_{n=1}^{4} r_{mn} = 1$$

4）总指标的综合评价 4 元联系数确定

$$\mu = r_1 + r_2 i_1 + r_3 i_2 + r_4 j$$

其中 $r_n = \sum_{n=1}^{4} w_n r_{mn}$, $(1 \leq n \leq 4)$ 是公路美学分级评价的总指标相对 C_n 等级的联系度分量，w_m 为指标 I_m 的权重。

5) 排序、择优及划分等级

设 $\mu = a + b_1 i_1 + b_2 i_2 + cj$ 为 4 元联系数，由于 $\mu \in [-1,1]$，根据"均分原则"，将区间 $[-1,1]$ 进行 3 等分，当 i_2, i_1 从左至右依次取 3 个分点值及 $j = -1$ 时所得到的 4 元联系数的值称为 4 元联系数 $\mu = a + b_1 i_1 + b_2 i_2 + cj$ 的主值：

$$\hat{\mu} = a + b_1 \cdot \frac{1}{3} - b_2 \cdot \frac{1}{3} + c \cdot (-1)$$

(1) 根据上式计算公路美学分级综合评价联系数主值 $\hat{\mu}$；

(2) 根据联系数主值 $\hat{\mu}$ 对公路美学规划设计方案进行排序择优，$\hat{\mu}$ 的值越大，表示公路美学等级越好。

(3) 根据联系数主值 $\hat{\mu}$ 确定公路美学的综合评价等级，根据"均分原则"，将区间 $[-1,1]$ 进行 4 等分，则从右至左每个区间依次分布对应 C_1, C_2, C_3, C_4 共 4 个等级，即：一级美学标准 $C_1 \in (0.5, 1]$，二级美学标准 $C_2 \in (0, 0.5]$，三级美学标准 $C_3 \in (-0.5, 0]$，四级美学标准 $C_4 \in [-0.5, -1]$。若 $\hat{\mu}_l = \left[\frac{4-2l}{4}, \frac{4-2(l-1)}{4} \right]$ 公路美学等级就属于 C_l 等级（$1 \leq l \leq n$）。

7.5.7 粗糙集理论评价法

粗糙集理论作为一种处理模糊和不确定性信息的数据分析理论，其主要思想是在保持分类能力不变的条件下，利用知识约简手段导出问题的决策或分类规则。

1) 知识约简

粗糙集理论中的属性约简原理为剔除冗余指标提供了方法。当 $a \in A$ 时，若指标 a 不影响 A 对论域 U 的分类，即 $U/IND(A) = U/IND(A - \{a\})$，则表示评价体系中的指标 a 是多余的，可以剔除；否则，指标 a 就是必要的。粗糙集属性约简方法不仅适用于定量指标的约简，也适用于定性指标的约简，在处理既有定性指标又有定量指标的公路美学评价上具有优势。区分矩阵的约简算法对公路美学评价指标体系进行约简，过程如下：

(1) 构造区分矩阵。属性集 $A = C \cup D$, $C \cap D = \varphi$，其中 C 为条件属性集（即评价指标集），D 为决策属性集（即评价结果集），D 一般只有 1 个元素。令 C_{ij} 为区分矩阵中第 i 行第 j 列元素，且满足：

$$C_{ij} = \begin{cases} \{a \in A \mid a(x_i) \neq a(x_j)\} & D(x_i) \neq D(x_j) \\ 0 & D(x_i) = D(x_j) \end{cases}$$

式中，U 为由所有评价对象组成的集合，$U = \{x_1, x_2, \cdots, x_m\}$；$j, i = 1, 2, \cdots, m$；$m = |U|$，（集合的长度，即所包含元素的个数）。所得区分矩阵为一个对称的 n×n 阶矩阵。

(2) 构造区分函数。先求 C_{ij} 中各属性（即各评价指标）的析取，然后求所有 C_{ij} 的合取。

(3) 运用吸收律将区分函数化简成标准式，所得蕴含式包含的指标就是约简后的指标集。

2) 属性重要性

定义 1：设 $S=(U,A,V,f)$ 是一个信息系统，$P\subseteq A$，$U/IND(P)=\{X_1,X_2,\cdots,X_n\}$。知识 P 的信息量为：

$$I(P)=\sum_{i=1}^{n}\frac{|X_i|}{|U|}\left|1-\frac{|X_i|}{|U|}\right|=1-\frac{1}{|U|^2}\sum_{i=1}^{n}|X_i^2|$$

式中：$|X_i|$——集合 X_i 的基数；

$\dfrac{|X_i|}{|U|}$——等价类 X_i 在 U 中的相对基数。

定义 2：设 $S=(U,A,V,f)$ 是一个信息系统，若属性 $a\in A$，则 a 在 A 中的重要性为：

$$SGF_{A-\{a\}}(a)=I(A)-I(A-\{A\})$$

上述定义表明属性 $a\in A$ 在 A 中的重要性由 A 中去掉 $\{a\}$ 后所引起的信息量变化大小来度量。

定义 3：设 $S=(U,A,V,f)$ 是一个信息系统，$A=\{a_1,a_2,\cdots,a_n\}$，若属性 $a_i\in A$ 在 A 中的重要性 $SGF_{A-\{a_i\}}(a_i)$，则 $a_i\in A$ 的权重为：

$$\omega(a_i)=S\frac{GF_{A-\{a_i\}}(a_i)}{\sum_{i=1}^{m}GF_{A-\{a_i\}}(a_i)}$$

基于属性重要性的权重确定法以指标数据为依据，通过挖掘指标数据本身来找出内在规律，故比一般的主观赋权法更客观，所得评价结果也更真实。

7.6 公路美学分级

对于特定的公路，在综合分析各种影响因素后，通过具体调查公路沿线的环境情况和运营时期交通量的组成，可划分公路美学等级如下：

1）一级公路美景

公路沿线的美学资源丰富且质量较好，生态环境良好，对公路美学设计的要求最高，除了满足基本的交通运输路径、运力和行驶安全性、舒适性等要求外，更多的是设计创造优美的行车环境和美学效果，美学环境的设计注重保护自然生态美，强调地域特色和人文风格，对公路本身的线形美学设计要求不高。适宜于穿过公园、自然生态保护区、野生动物保护区、娱乐中心、旅游胜地的公路，这种公路一般限制商业性客运或货运车辆入内，对环境不造成污染，能够保证生态环境的基本完整性和可持续性。大部分情况下，具有一级美学环境的公路应有比较低的设计速度，以保证驾乘人员在行驶状态下尽情欣赏沿线美景。

2）二级公路美景

公路美学设计要求较高，除了满足基本的交通运输路径、运力和行驶安全性、经济性、舒适性等要求外，注重公路内部协调性研究（线形美），以适应快速舒适行驶；同时，强调宏观线形与地形、地势的协调，尊重完整的自然生态美；对环境不造成污染；不提倡在公路沿线过多的人工造景。适用于主要作为旅游路线，但并不限制部分路段兼作为商业性货物运输主线的公路。属于这类公路的有：

(1)公路穿过或邻近公园、各种自然保护区、娱乐中心或野生动物保护区的公路；

(2)交通组成中客运车和旅游车所占比例很大的公路。

3)三级公路美景

适用于商业性货物运输路线，公路美学设计强调公路线形的动态视觉心理效果，以保证驾驶员经济、安全、快速、舒适行驶；基本不造成环境污染，被破坏的生态环境基本得到恢复；沿线只进行基本的绿化、美化设计，并且以恢复自然植被为主，尽量减小公路对沿线美学感觉质量的负面影响。

一般来说，公路建设前后，公路美学质量等级若为同级或建设后公路美学质量等级高于建设前美学质量等级，公路建设不需做美学改造及补偿设计；若公路建设后公路美学质量等级低于建设前美学质量等级，则公路建设项目需进行美学保护、再造等补偿措施研究。

后　记

　　作者从事公路工程勘察设计、教学、咨询审查和技术服务近30年，一直忘不了儿时装在小书包里的长江大桥那雄伟漂亮的画面，她启发我对美的审视，激励我坚持培养赏美、探美、造美的秉习和技能。

　　公路建设是人类为不断改善交通出行条件，集物质和非物质资源，创造新的存在物的活动，是人类应用自然知识工程经验以及科学技术改造自然的活动。

　　几十年来，我跋山涉水于崇山峻岭间，穿行于儿时记忆的羊肠小道、田间地头、云山雾海，勘察公路路线、地形地貌、山脉走势、溪河流态、地质水文和气候，同时像徐霞客一样品味沿途的自然风光和乡村的山茅野菜，并总结与反思自身的职业历程。

　　每一次乘车于曾经参与勘察设计、咨询审查或技术服务的公路上，欣赏着公路大自然画卷般的背景和沿途自然风光形成的路径图，思索着路径图与背景到底怎么耦合、镶嵌才会更美？思绪就像电影一样随行回放，惊喜与遗憾交织，提笔的动机不断被激发和固化。在朋友们的鼓励和指导之下，整理回放的思绪和驱车沿途的惊喜与遗憾，忐忑之中完成拙笔《公路美学》，以祈求有更多的机缘聆听前辈和同仁们的谆谆教诲与指正。借此，衷心感谢一直指导、帮助和激励我们的朋友们！

　　反复回味，自然流露的字符爬满纸页，但涉及的内容庞大深奥，仍不知何为美？何为美学？越感朦胧，认识而不认知，赏而识也！

　　美是奥妙无穷的，是丰富人生和职业不可缺少的要素，是表达感情，舒展闲情逸致，锤炼洞察力、理解力、表现力和交流沟通能力的媒介，与人性的思维息息相通。

　　美，道不清，说不明，只有不断修行！

2019年2月16日

参 考 文 献

[1] 宁华忠.公路建设项目景观分析评价研究[D].北京:北京工业大学,2005.
[2] 杨卓,滕家俊.初论道路立交美学设计问题[J].公路,2001(12).
[3] 李博.高速公路跨线桥建筑美学与景观研究[D].长沙:长沙理工大学,2003.
[4] 柳孟松.基于三维动态模型的公路景观视觉影响评价研究[D].西安:长安大学,2008.
[5] 胡圣能.高速公路景观规划与设计技术研究[D].西安:长安大学,2011.
[6] 阿诺德·柏林特.环境美学政治[J].索宇环,译.马克思主义美学研究,2010,2.
[7] 张弓,张玉能.关于中国当代美学进一步发展的几个问题[J].江汉论坛,2016,12.
[8] 宋婷.和谐社会视阈下当代中国马克思主义美学思想研究[D].西安:长安大学,2012.
[9] 陈望衡.园林与政治——柳宗元的园林美学思想[J].鄱阳湖学刊,2016,5.
[10] 石长平.当下实践论美学发展的六种路向[J].湖南社会科学,2011,6.
[11] 杜羿纬.当代中式风格设计美学的发展路线初探[J].美术学报,2016,4.
[12] 崔柳.东西方园林美学中的自然观比较及现实之考[J].建筑与文化,2014,6:123.
[13] 汤里平.以美学为背景的中国建筑审美发展观[D].上海:同济大学,2005.
[14] 沈惊宏.中国传统民居建筑美学及其地域文化概论[J].巢湖学院学报,2014,16(5).
[15] 苏子琪.论当代建筑美学发展[J].建筑设计,2015,5(34).
[16] 马草.生态美学视野中的建筑美学研究[J].乐山师范学院学报,2013,28(6).
[17] 张嘉顾.生态建筑美学的可持续发展探析[J].大众文艺学术版,2015,4.
[18] 叶燕玲.园林美的创造与鉴赏[J].现代园艺,2014,2.
[19] 李莎.从中国哲学美学看传统园林艺术思想[J].中国园林,2015,11.
[20] 王守富,何利华,陈前余."本于自然,高于自然"与中国园林山水造景[J].中国园艺文摘,2012,11.
[21] 宋峰.试谈中西园林美学之间的差异[J].文艺生活,2011,12.
[22] 李昭.典园林美学的中西对比[J].文艺生活,2015,1.
[23] 王春妹.影响园林植物景观美感的要素分析[J].现代园艺,2012,7.
[24] 来强.浅谈园林美学中花木之美[J].现代园艺,2016,6.
[25] 龚天雁.中国园林美学三种研究视野分析[D].济南:山东大学,2015.
[26] 王燚.近十年来国内环境美学研究述评[J].上海大学学报(社会科学版),2011,3.
[27] 张学庆.生态建筑美学的中国实践——钢结构绿色建筑[J].青年文学家,2013,16.
[28] 程相占.西方环境美学在新世纪的深化与拓展[J].学术论坛,2015,4.
[29] 廖建荣.中国环境美学的回顾与展望[J].牡丹江大学学报,2016,25(2).
[30] 李天道.中国古代美学之自然审美意识[J].天府新论,2014,5.
[31] 杨文臣.当代西方环境美学研究[D].山东:山东大学,2010,5.
[32] 谭好哲.当代环境美学对西方现代美学的拓展与超越[J].天津社会科学,2013,5.
[33] 侯令.对欣-皆"自然美"的思考——读《美学走向荒野》有感[J].中国美术教育,2013,4.
[34] 薛富兴.环境伦理学视野下的美善关系[J].社会科学,2016,7.
[35] 薛富兴.环境美学的基本理念[J].美育学刊,2014,4.
[36] 陈红兵.生态美学的视域融合与当代美学发展趋势[J].贵州社会科学,2006,199(1).
[37] 薛富兴.从美到德性:环境美学的薪方向[J].烟台大学学报(哲学社会科学版),2009,22(4).
[38] 宋薇.生态美学、环境美学与自然美学辨析[J].晋阳学刊,2011,4.
[39] 赵茜."人化自然"与"人工自然"——谈可持续发展与生态建筑美学[J].现代城市研究,2016,4.

[40] 艾伦·卡尔松.当代环境美学与环境保护论的要求[J].刘心恬译.学术研究,2010,4.

[41] 曹苗,边秀武.生态中国与美丽中国理论与实务——以考利科特等学者视角[J].山东社会科学,2014,12.

[42] 王冬立.浅析公路交通标志在公路景观中的协调和设置[J].科技资讯,2012(2).

[43] 华学礼.公路美学的建立与发展[J].交通标准化,2007(1).

[44] 王军锋.道路景观评价指标体系研究[D].西安:长安大学学位论文,2005,5.

[45] 孙国丽.高速公路景观设计方法与应用[D].西安:长安大学,2007,7.

[46] 陈建新.高速公路路际景观系统研究[D].武汉:武汉理工大学,2005,5.

[47] 乔国栋.草原区一级公路升级改造项目景观评价[D].西安:长安大学,2009,5.

[48] 马南.高速公路互通景观设计研究[D].长沙:湖南大学,2011,6.

[49] 肖鹏,施伟,施秋香.从审美角度看道路设计[J].中外公路,2006,26(4).

[50] 王大龄.高速公路系统景观的特点与美学特征[J].城市道桥与防洪,2005(1).

[51] 王扬振.从美学角度探讨深圳市南坪快速路设计[J].公路交通技术,2007(5).

[52] 蔡爱萍.高速公路生态景观规划设计营造技术研究[D].长沙:长沙理工大学,2008,5.

[53] 刘伯莹,姚祖康.公路设计工程师手册[M].北京:人民交通出版社,2004.

[54] 张铮.从满足驾驶安全角度谈高速公路景观可控因素设计[J].交通世界(运输车辆),2012(11).

[55] 金圣临.高速公路的绿化与景观美学探讨[J].湖南交通科技,2008,34(3).

[56] 王建军.城市道路交通美学分析[J].交通标准化,2005(10).

[57] 蔡旌.高速公路景观设计前置评价方法研究[D].武汉:武汉理工大学,2008,4.

[58] 庞静.高速公路景观设计中若干问题的研究[D].济南:山东大学,2007,5.

[59] 张秀丽.公路景观评价研究[D],长安大学博士学位论文,2007,4.

[60] 方坚宇,丛银霞,冯雄辉,等.常吉混凝土桥梁防侧翻景观护栏设计[J].公路工程,2008,33(6).

[61] 姚阳.高速公路景观系统设计——基于人文、生态、视觉、心理行为的视野角度[D].重庆:重庆大学,2007,4.

[62] 汤传红.基于交通安全的高速公路美学设计研究[J].现代商贸工业,2011,23(24).

[63] 张秀丽.道路建设与景观协调性研究[D].西安:长安大学,2002,5.

[64] 李树华,李苓苓.公路的环境美学与景观[J].交通环保,2001,22(6).

[65] 王云,李海峰,陈学平.公路路域景观美学评价[J].公路,2009(3).

[66] 徐礼萍,吴剑刚,刘珊,等.山区高速公路建设项目景观环境影响评价[J].安全与环境工程,2009,16(2).

[67] 武廷江.浅谈勘察设计工作中公路之美学[J].公路,2009(10).

[68] 李伟,常书珍.谈勘察设计工作中公路之美学[J].甘肃科技,2005,21(9).

[69] 吴志欢.风景区道路路线设计技术研究[D].南京:东南大学,2007,11.

[70] 王云,李海峰,崔鹏,等.卧龙自然保护区旅游公路景观规划与设计[J].公路,2006,(5).

[71] 杨彩艳.融合地域人文的高速公路景观设计[D].西安:长安大学,2012.

[72] 冯志慧.基于驾驶员认知特征和视觉特性的高速公路景观设计方法研究[D].西安:长安大学,2012,10.

[73] 李欣欣.地域文化在高速公路隧道洞口中的景观设计研究——以承秦高速公路隧道洞口景观设计为例[D].北京:北京交通大学,2011.

[74] 张映雪,张起森,刘朝晖,等.常吉高速公路文化遗产及自然环境选线设计[J/OL].http://d.g.wanfangdata.com.cn/Conference_6703037.aspx.

[75] 吴刚,张鲲.马头墙式桥墩造型设计[J].公路,2009(3).

[76] 赵新飞,蒋敏.南岳高速公路景观与地域文化融合技术研究[J].湖南交通科技,2011,37(2).
[77] 蔡志洲.公路景观与传统文化研究[J].中国公路,2004(18).
[78] 谢文怀,陈冰.道路行车安全与美学设计[J].林业科技情报,2002,34(1).
[79] 冯亚刚.美学原理在公路设计中的应用[J].散装水泥,2006(2).
[80] 张荣洁.道路曲线间最短直线长度研究[D].南京:东南大学,2010.
[81] 刘志勇.桥梁美学的应用研究[J].交通标准化,2009(8).
[82] 周迅.桥梁美学设计方法研究[D].武汉:武汉理工大学,2010.
[83] 赵国.公路景观与桥梁美学研究[D].西安:长安大学工程,2007.
[84] 邱志勇.刍议桥梁设计的美学考虑[J].中国科技投资,2013(27).
[85] 吴刚,苏高裕.东莞南岸三桥设计中的美学思考[J].城市道桥与防洪,2005(5).
[86] 施春晖.浅析桥梁造型[J].城市建设,2010(24).
[87] 陈静.浅谈桥梁设计的美学思考[J].科技资讯,2009(1).
[88] 余钱华,黄进军,宋泽冈.桥梁的情感功能内涵[J].中外公路,2008,28(4).
[89] 张斌.桥梁选型与桥梁选型探究[J].城市建设理论研究(电子版),2011(15).
[90] 蒋含莞,刘健新.大跨度桥梁主梁造型研究及其综合评价[C].第十七届全国桥梁学术会议论文集,2006.
[91] 陈红儒.桥梁栏杆的美学设计[J].甘肃科技,2004,20(10).
[92] 王锡辉.浅谈桥梁栏杆的设计[J].科技资讯,2007,(15).
[93] 金增洪.20世纪悬索桥的历史和美学[J].公路 2004,(9).
[94] 吴桂胜.大洲岛大桥桥型方案比选[J].广东交通职业技术学院学报,2010,09(4).
[95] 王卫涛,陈宝春,彭桂瀚.部分斜拉桥美学实例分析[Z],http://d.wanfangdata.com.cn/Conference_6347846.aspx.
[96] 王莹,姚勇,杨大禹,等.保龙高速公路桥梁景观设计初探[J].太原科技,2008(11).
[97] 胡兔缢,周水兴,周先颖.大跨中承式钢管混凝土拱桥桥道系合理位置分析[J].公路交通科技,2005,22(6).
[98] 谈君,孙家驷,贾海燕.城市立交美学影响因素分析[J].公路交通技术,2009(5).
[99] 张静.高速公路互通立交绿地景观规划设计研究[D].南京:南京林业大学,2004,6.
[100] 祺小疑.高速公路互通立交桥建筑的景观设计研究[D].长沙:长沙理工大学,2006,4.
[101] 周卫红,张鹏.公路立体交叉景观设计的美学研究[J].美与时代(下半月),2005(11).
[102] 袁卓亚.高等级公路跨线桥设计探讨[J].西安公路交通大学学报,2000,20(1).
[103] 陈建平.高速公路跨线桥的美学探讨[J].湖南交通科技 2002,28(1).
[104] 张劲文,廖坤伦.高速公路上跨天桥优化设计[Z].http://d.wanfangdata.com.cn/Conference_3209956.aspx.
[105] 陈曦,王林涛.高速公路边坡景观设计原则和思路研究[J].交通标准化,2010(9).
[106] 郑平,陈飞.公路边坡整饰技术[J].交通科技与经济,2007,9(6).
[107] 孟强,沈毅,王丹,等.福州长乐国际机场高速公路边坡防护设计优化[J].中国水土保持,2007(10).
[108] 韩一楠.高速公路路体植物景观设计研究[D].福州:福建农林大学,2008,4.
[109] 刘纯青,李峰,龙春英.高速公路路堑边坡景观营建艺术模式初探[J].安徽农业科学,2005,33(12).
[110] 贾致荣,郭忠印,刘学博.公路边坡景观视觉效果的定量评价研究[J].公路交通科技,2008,25(11).
[111] 凡杰.浅谈高速公路隧道洞口景观设计[J].城市建设理论研究(电子版),2012(12).
[112] 贾致荣.路堑环境协调性设计与评价方法研究[D].上海:同济大学,2008.
[113] 彭波,李文瑛,杜迁,等.道路绿化美学在高速公路中应用[J].长安大学学报(自然科学版),2002,22(2).

[114] 杨寅.高速公路绿化景观如何营造[J].中国科技博览,2012(8).
[115] 邓云潮,张倩.高速公路绿化设计基本原则的探讨[J].筑路机械与施工机械化,2007,24(11).
[116] 彭波,林立,薛辉.高速公路建设中的生态治理对策[J].重庆交通学院学报,2004,23(5).
[117] 尤晓暐.道路工程概论[M].北京:人民交通出版社,2005.
[118] 中华人民共和国行业标准.JTG B01—2014 公路工程技术标准[S].北京:人民交通出版社,2014.
[119] 谭绍富.基于粗糙集理论的浏醴高速公路景观质量评价[J].公路与汽运,2013(1).
[120] 韩文革,曲二龙.论桥梁建筑造型美的要素[J].科学之友,2008,(9).
[121] 朱曲平,曾德荣,王雷,张庆明.桥梁美学设计及其进展[J].公路交通技术,2006,(4).
[122] 毛淑燕.桥梁美学研究[J].黑龙江交通科技,2008,31(1).
[123] 徐海静.基于审美角度的桥梁设计研究[J].知识经济,2011,(7).
[124] 昂剑锋.桥梁景观中形的研究与设计[J].中国水运(学术版),2007,7(9).
[125] 姜友生,等.公路桥涵设计手册——桥梁总体设计[M].北京:人民交通出版社,2012.